Le conflit d'intérêts du banquier

Logiques Juridiques

Fondée par Gérard Marcou

Dirigée par Jean-Paul Céré

Le droit n'est pas seulement un savoir, il est d'abord un ensemble de rapports et pratiques que l'on rencontre dans presque toutes les formes de sociétés. C'est pourquoi il a toujours donné lieu à la fois à une littérature de juristes professionnels, produisant le savoir juridique, et à une littérature sur le droit, produite par des philosophes, des sociologues ou des économistes notamment.

Parce que le domaine du droit s'étend sans cesse et rend de plus en plus souvent nécessaire le recours au savoir juridique spécialisé, même dans des matières où il n'avait jadis qu'une importance secondaire, les ouvrages juridiques à caractère professionnel ou pédagogique dominent l'édition, et ils tendent à réduire la recherche en droit à sa seule dimension positive. À l'inverse de cette tendance, la collection « Logiques juridiques » des éditions L'Harmattan est ouverte à toutes les approches du droit. Tout en publiant aussi des ouvrages à vocation professionnelle ou pédagogique, elle se fixe avant tout pour but de contribuer à la publication et à la diffusion des recherches en droit, ainsi qu'au dialogue scientifique sur le droit. Comme son nom l'indique, elle se veut plurielle.

Dernières parutions

Tenile MASCOLO GIL, *Les droits de l'homme dans le Mercosur,* 2018.
Mohammed BERRAOU, *La responsabilité des acteurs de la gestion publique devant la Cour des comptes. Le modèle marocain*, 2017.
Eric GILARDEAU, *Cicéron, père de la codification du droit civil*, 2017.
Daphne AKOUMIANAKI, *Les rapports entre l'ordre juridique constitutionnel et les ordres juridiques européens. Analyse à partir du droit constitutionnel grec*, 2016.
Boris BARRAUD, *La Recherche juridique. Sciences et pensées du droit*, 2016.
Bolleri PYM, *Le statut juridique des établissements de microfinance (EMF) en zone CEMAC, L'encadrement de la « petite finance » du secteur informel vers le secteur formel,* 2016.
Aurore GRANERO, *Les personnes publiques spéciales,* 2016.
Khaled MEJRI, *Le droit international humanitaire dans la jurisprudence internationale*, 2016.
Tiphaine THAUVIN, *Les services sociaux dans le droit de l'Union européenne*, 2016.
Louis-Marie LE ROUZIC, *Le droit à l'instruction dans la jurisprudence de la Cour européenne des droits de l'Homme*, 2015

Soror BAHBOUHI

Le conflit d'intérêts du banquier

Préface de François Pasqualini

L'Harmattan

5-7, rue de l'Ecole-Polytechnique, 75005 Paris

http://www.editions-harmattan.fr

ISBN : 978-2-343-10988-6
EAN : 9782343109886

PREFACE

Madame Bahbouhi, après avoir obtenu une maîtrise en droit privé à l'université Mohamed V de Rabat, est venue en France et a été brillamment diplômée notamment du master recherche de droit approfondi de l'entreprise de l'université Paris-Dauphine, consacrant son mémoire au devoir de mise en garde du banquier. C'est à cette époque que je l'ai connue, puisqu'elle avait suivi mon cours de droit du crédit. Elle s'est ensuite engagée dans la voie doctorale, toujours à l'université Paris-Dauphine. J'ai eu le plaisir de diriger ses recherches. La soutenance a eu lieu le 27 novembre 2015, le jury réunissant mes collègues Thierry Bonneau, Hervé Lécuyer et Nicolas Mathey ainsi que monsieur Didier Lamèthe, secrétaire général du Centre français de droit comparé. En parallèle, madame Bahbouhi a enseigné à l'université d'Orléans, à l'université Paris-Dauphine et à l'université de Paris Ouest Nanterre La Défense. Son engagement universitaire s'est également situé sur le terrain associatif puisqu'elle a participé à la création de l'association des docteurs et doctorants de l'université Paris-Dauphine, occupant durant plusieurs années la fonction de trésorier.

Le sujet abordé mérite bien l'attention que madame Bahbouhi lui a portée. En effet, le conflit d'intérêts du banquier a acquis droit de cité notamment à la faveur des crises bancaires et financières qui ont lourdement affecté l'économie mondiale. Il n'a pourtant guère fait l'objet d'analyse. Le juge emploie l'expression « conflit d'intérêts » tout en présumant de sa signification, tandis que le législateur conçoit ses textes en fonction de circonstances caractérisées dans des domaines déterminés, en d'autres termes sans aucune vue d'ensemble. Or, c'est justement parce que les contours du conflit d'intérêts sont imprécis et, en pratique, sources de confusion que la notion est délaissée. Le plus souvent, la responsabilité de l'établissement de crédit qui a exploité un conflit d'intérêts est recherchée sur le fondement d'une obligation d'information, de mise en garde, de conseil ou de loyauté, voire sur des fondements encore plus éloignés. Certains sont allés jusqu'à penser que le conflit d'intérêts du banquier, décidément rebelle à toute tentative de synthèse, devait rester en dehors du droit.

Cependant, la notion de conflit d'intérêts en matière bancaire est particulière dans la mesure où elle fait référence à deux situations d'opposition d'intérêts. La première, qui correspond au conflit d'intérêts personnel, survient entre les intérêts qu'un banquier a la charge de gérer et son intérêt personnel. La seconde, le conflit extra-personnel, traduit l'opposition entre deux ou plusieurs intérêts que le banquier prend concomitamment en charge.

Pour être identifiée, la situation suppose précisément une simultanéité d'intérêts considérés comme ayant la même importance. Si l'un des intérêts prévaut sur l'autre ou s'ils s'imposent l'un après l'autre, ils entreront peut-être en conflit, mais pas en conflit d'intérêts. En raison de cette spécificité, la notion de conflit d'intérêts du banquier semble aspirer à une vie juridique. L'ambition de la thèse de madame Bahbouhi est de l'aider à en trouver une.

Pour ce faire, l'auteur, dans une première partie, commence par poser une définition. Cette réflexion est suivie d'un essai de synthèse du dispositif actuel de prévention et de traitement des conflits d'intérêts bancaires et financiers. Il est naturellement assorti d'une appréciation critique, des insuffisances parfois lourdes de conséquences étant relevées. Dans une deuxième partie, l'ouvrage s'intéresse aux fondements de l'obligation de gérer le conflit d'intérêts pesant sur le banquier et à sa nature à travers différentes manifestations du droit positif.

La thèse de madame Bahbouhi est d'une grande richesse. Elle comprend de nombreux développements de droit anglais et américain et fait ainsi honneur aux enseignements du droit comparé. L'ouverture pratiquée en direction de l'économie et de l'analyse économique est heureuse et est typique des travaux de l'université Paris-Dauphine, tandis que la démarche prospective adoptée s'avère tout à fait pertinente. Son objectif est clair : la reconnaissance d'une véritable obligation de garantie du fait personnel en cas de conflit d'intérêts. Et il est parfaitement atteint. C'est pourquoi je me réjouis aujourd'hui de cette publication.

François Pasqualini
Professeur à l'Université Paris-Dauphine, Université PSL

Principales abréviations (français)

—

ACAM	Autorité de contrôle des assurances et des mutuelles
ACP	Autorité de contrôle prudentiel
ACPR	Autorité de contrôle prudentiel et de résolution
Actes prat. ing. sociétaire	Actes pratiques ingénierie sociétaire
Act.	Actualité
Act. bancaire	Actualité bancaire
Act. communautaires	Actualités communautaires
Act. dr. entr.	Actualités de droit de l'entreprise
adde	*Addenda*
AEDBF	Association européenne pour le droit bancaire et financier
aff.	Affaire
AFB	Association française des banques
ALD	Actualité législative Dalloz
ann.	Annexe
AMF	Autorité des marchés financiers
AN	Assemblée nationale
ANSA	Association Nationale des Sociétés par Actions
arch. phil. droit	Archives philosophiques du Droit
art.	Article
Ass.	Assemblée
assoc.	Association
avis	Avis
av.	Avocat
av. gén.	Avocat général
Banque	Banque magazine
Banque et droit	Revue banque et droit
BALO	Bulletin des annonces légales obligatoires
BCE	Banque centrale européenne
BEI	Banque européenne d'investissement
BID	Bulletin de la direction générale de la concurrence, de la consommation et de la répression des fraudes

BOCC	Bulletin officiel de la concurrence de la consommation et de répression des fraudes
BRDA	Bulletin rapide de droit des affaires Francis Lefebvre
Bull.	Bulletin
Bull. BCE	Bulletin de la Banque centrale européenne
Bull. Banque Fr.	Bulletin de la Banque de France
Bull. Civ.	Bulletin des arrêts de la Cour de cassation, chambres civiles
Bull. COB	Bulletin mensuel de la commission des bourse et valeurs
Bull. inf. C. Cass.	Bulletin d'information de la Cour de cassation
Bull. Joly	Bulletin Joly sociétés
Bull. Joly Bourse	Bulletin Joly bourse et produits financiers
C.	Code
c/	Contre
CA	Cour d'appel.
Cah. Dr. ent.	Cahiers de droit de l'entreprise du JCP édition Entreprise
Cah. jurispr.	Cahier de jurisprudence
Cass.	Cassation
Cass. ch. mixte	Cour de cassation, chambre mixte
Cass. ch. réunies	Cour de cassation, chambres réunies
Cass. 1ère civ.	Première chambre civile de la Cour de cassation.
Cass. civ. 2ème	Deuxième chambre civile de la Cour de cassation.
Cass. civ. 3ème	Troisième chambre civile de la Cour de cassation.
Cass. com.	Chambre et commerciale financière et économique de la Cour de cassation
Cass. crim.	Chambre criminelle de la Cour de cassation
Cass. req.	Chambre des requêtes de la cour de cassation
Cass. plén.	Cour de cassation, assemblée plénière
CBV	Conseil des bourses et valeurs
CCI	Chambre de commerce internationale
C. Civ.	Code civil

C. Com.	Code de commerce
C. Consom.	Code de la consommation
CCIP	Chambre du commerce et de l'industrie de Paris
C. déont.	Code de déontologie
CE	Conseil d'État
CECEI	Comité des établissements de crédit et des entreprises d'investissement
ch.	Chambre
chron.	Chronique
CJCE	Cour de justice des communautés européennes
CMF	Conseil des marchés financiers
CNCT	Conseil national du crédit et du titre
COB	Commission des opérations de bourse
C. monét. et fin.	Code monétaire et financier
comm.	Commentaire
Comm. clauses abusives	Commission des clauses abusives
comp.	Comparer
concl.	Conclusions
CRBF	Comité de la réglementation bancaire et financière
crit.	Critique
D.	Recueil Dalloz
D. Aff.	Recueil Dalloz Affaires
DA	Dalloz analytique
D. appl	Décret d'application
D.-L.	Décret-loi
doc. fr.	Documentation française
doctr.	Doctrine
DC	Dalloz critique
Déc.	Décision
Décr.	Décret
déont.	Déontologie
DP	Dalloz périodique
Dr. sociétés	Droit des sociétés
Dr. et sociétés	Droit et sociétés
éd.	Édition
Etudes Doc. fr.	Etudes de la Documentation française
fasc.	Fascicule
FBF	Fédération française des banques
GAD aff.	Grands arrêts du droit des affaires

Gaz. Pal.	Gazette du Palais
ibid.	Ibidem
idem.	Idem
J. Cl.	Jurisclasseur encyclopédie
JCP	Semaine juridique
JCP E	Semaine juridique édition Entreprise
JCP G	Semaine juridique édition générale
JO	Journal officiel
JOCE	Journal officiel des communautés européennes
JOUE	Journal officiel de l'union européenne
Juris-Data	Juris-Data banque de données juridiques
LPA	Les petites affiches
Loc. cit.	Loco citato
Mél.	Mélanges
obs.	Observation
op. cit.	Opere citato
Quot. jur.	Quotidien juridique
rapp.	Rapport
rappr.	Rapprocher
RD banc. et bourse	Revue de droit bancaire et de la bourse
RD banc. et financier	Revue de droit bancaire et financier
RDC	Revue des contrats
REDC	Revue européenne de droit de la consommation
règl.	Règlement
Règl.	Règlement communautaire
Rép. Dalloz	Dalloz, encyclopédie
Rép. méth.	Dalloz, répertoire méthodique alphabétique
Rép. prat.	Dalloz, répertoire pratique
Rev. AMF	Revue mensuelle de l'AMF
Rev. éco. fin.	Revue d'économie financière
Rev. crit. législ. et jurispr.	Revue critique de législation et de jurisprudence
Rev. hist. dr. fr. et étranger	Revue historique de droit français et étranger
Rev. sociétés	Revue sociétés
Rev. sc. législ. fin.	Revue de science et de législation financière
RGDA	Revue générale du droit des assurances
RID comp.	Revue internationale de droit comparé

RJ com.	Revue de jurisprudence commerciale
RJDA	Revue de jurisprudence de droit des affaires
RRJ	Revue de recherche juridique
RTD civ.	Revue trimestrielle de droit civil
RTD com.	Revue trimestrielle de droit commercial et de droit économique
S.	Recueil Sirey
Savoir	Revue Savoir
SBF	Société des bourses françaises
somm.	Sommaire
suppl.	Supplément
supra	Supra
t.	Tome
T. com.	Tribunal de commerce
V.	Voir
v°	Verbo
vol.	Volume

Principales abréviations (anglais)

A	Atlantic Reporter
A (2d)	Atlantic Reporter (Second Series)
ALR (2d)	American Law Reports, Second Series
All ER	All England Law Reports
All ER (Comm)	All England Law Reports (Commercial Cases)
American Law Reports (Ann)	American Law Reports (Annotated)
Bank LR	Banking Law Reports
Banking L.J.	Banking Law Journal
Bar News	Journal of Bar Association
Boston U.L.Rev	Boston University Law Review
Brook. L. Rev	Brooklyn Law Review
Brook. J. Corp. Fin. & Com. L.	Brooklyn Journal of Corporate, Financial & Commercial Law
Bus LJ	Business Law Journal (US)
Business Law Review	Business Law Review (UK)
CLJ	Cambridge Law Journal
F.	Federal Reporter
F. (2d)	Federal Reporter, Second series
F. (3d)	Federal Reporter, Third series Federal
Fed. Res. Bull.	Federal Reserve Bulletin
FL Rev	Federal Law Review
FLR	Federal Law Reports
Fordham J. Corp. & Fin. L.	Fordham Journal of Corporate and Financial Law
F. Supp.	Federal Supplement
F. Supp.2d	Federal Supplement, Second series
Fed. Sec. L. Rep.	Federal Securities Law Reporter
Capital Markets L. J.	Capital Markets Law Journal
Colum. L. Rev.	Columbia Law Review
Cornell L. Rev.	Cornell Law Review
Dist.	District
Duke L. J.	Duke Law Journal
Geo. L.J.	Georgetown Law Journal
Harvard Law Rev	Harvard Law Review
Iowa L. Rev	Iowa Law Review
JCC	Journal of Corporate Citizenship

J.I.B.L.R.	Journal of International Banking Law and Regulation
J.L. Econ. & Org	Journal of Law Economics & Organization
J.L. Econ. & Policy	Journal of Law Economics & Policy
J. Pol. econ.	Journal of Political Economy
Law & Contemp. Probs	Law and Contemporary Problems
L. & Financial Markets Rev.	Law and Financial Markets Review
NASD	National Association of Securities Dealers
NY	New York Court of Appeals
NY(2d)	New York Court of Appeal Reports (Second Series)
NYLJ	New York Law Journal
NYL Sch. L. Rev.	New York Law School Law Review
NYS (2d)	New York Supplement Reporter (Second Series)
NYSE	New York Stock Exchange
N.Y.U.J.L. & Bus.	New York University Journal of Law & Business
N.Y.U.L. Rev.	New York University Law Review
S.Ct.	United States Supreme Court Reporter
SEC	United States Securities and Exchange Commission
Sec. Reg. L.J	Securities Regulation Law Journal
Sec. Reg. & L. Rep.	Securities Regulation & Law Report
Tul. L. Rev	Tulane Law Review
U. Chi. L. Rev.	University of Chicago Law Review
U. Pa. J. International Econ. L.	University of Pennsylvania Journal of International Economic Law
U. Pitt. L. Rev	University of Pittsburgh Law Review
U. Ill. L. Rev.	University of Illinois Law Review
USC	United States Code
US	United States Supreme Court Reports
Va. L. Rev.	Virginia Law Review
Wash. & Lee L. Rev	Washington & Lee Law Review
Wash. U. L. Q.	Washington University Law Quarterly
Wm. & Mary L.	William and Mary Law Review
Yale L. J.	Yale Law Journal

SOMMAIRE

INTRODUCTION

1. Dénoncé, combattu, toléré, le conflit d'intérêts du banquier effectue un grand retour sur le devant de la scène à la faveur des récentes crises financières (I). Inhérent au métier de banquier et ayant accompagné son histoire, le conflit d'intérêts du banquier est un concept original (II) qui n'a toutefois pas encore trouvé le traitement juridique auquel il aspire et pose de ce fait de nombreuses questions (III).

I - Le conflit d'intérêts : une attention renouvelée

2. L'attention portée au conflit d'intérêts, affaire pourtant ancienne, semble s'être aujourd'hui renouvelée (A) même s'il a de tout temps été partie intégrante de l'activité du banquier (B).

A/ Le conflit d'intérêts : une affaire ancienne

3. Au sujet des conflits d'intérêts, Ferdinand grand-duc de Florence disait déjà au Cardinal de Richelieu « qu'il aimait mieux un homme corrompu, que celui dont la facilité était extrême »[1] parce que « le sujet corrompu ne se peut pas toujours laisser gagner par ses intérêts, qui ne se rencontrent pas toujours, au lieu que le facile est emporté de tous ceux qui le pressent »[2]. De fait, le conflit d'intérêts s'inscrit dans l'acte de naissance de l'État de droit et émaille l'Histoire. Solon déjà, législateur vénéré de Platon et d'Aristote qui a pensé et établi la première constitution d'Athènes, en a été suspecté[3]. Puis, pendant la Révolution française, le député Vicomte Barras a été largement accusé d'avoir dilapidé les finances publiques dont il était le gardien et d'avoir introduit corruptions et vénalités en tous genres dans l'administration[4], si bien qu'il aurait pu inspirer la formule de La

---

[1] PLESSIS RICHELIEU (A.-J. du), *Oeuvres du cardinal de Richelieu*, Plon, 1933, t. 1, p. 33.

[2] *Ibid.*

[3] Pour répondre aux abus de pouvoir des grands propriétaires terriens de l'Attique qui réduisaient fréquemment à l'esclavage les petits propriétaires ne pouvant plus honorer leurs dettes, Solon a élaboré une ordonnance portant sur l'effacement de toutes les dettes relatives à la terre. Il en a communiqué le projet à trois de ses meilleurs amis, Conon, Clinias et Hipponicus, en qui il avait toute confiance. Ainsi informés de ce que le texte n'aurait pas d'impact sur la propriété, mais qu'il abolirait seulement les dettes, ceux-ci ont alors emprunté des sommes considérables et acquis d'importants domaines terriens. Le décret parut, ils ont pu conserver les biens sans payer leur dû. Leurs agissements ont « excit[é] des plaintes amères contre Solon, que l'on accusa d'avoir été non la dupe de ses amis, mais le complice de leur fraude ». PLUTARQUE, *La vie des hommes illustres*, trad. Ricard (D.), Didier libraire éditeur, 1844, t. 1, n° I-XLII.

[4] BIARD (M.), « Contrainte ou liberté économique ? Les représentants du peuple en mission et le ravitaillement de Paris en l'an III », *in Annales historiques de la Révolution française*, 2005, n° 339, p. 35 et s.

Rochefoucauld, « les vertus se perdent dans l'intérêt, comme les fleuves dans la mer »[5]. D'ailleurs, le Siècle des lumières a été celui de la réflexion sur la nature humaine et les conflits d'intérêts y ont pris une grande part, pour ne pas dire la place centrale[6]. Ensuite, au XIXe siècle, les discussions que rapporte Zola dans « La Curée », relatives à la corruption électorale et parlementaire de son époque et dont on peut vérifier qu'elles ne sont en rien romancées[7], illustrent combien vie politique et conflits d'intérêts faisaient bon ménage. Certains les conçoivent même fatalement inévitables[8]. « Il est [ainsi] de la nature de l'homme de penser avant tout à ses intérêts [...] à l'intérêt, le devoir cédera le pas »[9]. De tous temps, en réponse à ces conflits d'intérêts, des règles ont été érigées pour lutter contre l'apparition du phénomène ou, tout au moins, pour le traiter lorsqu'il était survenu.

4. Au temps de Rome, une formule a tranché ce qui a peut-être été l'un des premiers conflits d'intérêts reconnu. Pline le Jeune a en effet répondu à un avocat qui le consultait sur la possibilité de continuer à plaider alors qu'il venait d'être nommé tribun de la plèbe que, pour sauvegarder l'indépendance et la dignité de sa fonction, il préférerait se montrer le tribun de tous plutôt que l'avocat de quelques-uns. En droit romain toujours, un vieux principe du Digeste a interdit « aux gouverneurs l'acquisition, par achat, donation ou quelque autre contrat que ce fût, dans les provinces où ils étaient établis et pendant le temps de leur administration »[10].

Au Moyen-Âge, en France, une règle identique a été reprise dans quatre ordonnances. La première de Saint-Louis en 1254 par laquelle Louis IX a exigé de ses officiers la réformation de tout abus moral et politique et a demandé aux baillis d'agir avec désintérêt et indépendance. La seconde de Charles VI en 1388 qui a fait interdiction aux gouverneurs de passer contrat avec les personnes qu'ils contrôlaient dans leurs provinces. Une autre

---

[5] LA ROCHEFOUCAULD (F.), *Réflexions ou Sentences et Maximes morales du duc de La Rochefoucauld, Réflexions morales*, p. 171. La première édition connue, qui fut imprimée en Hollande en 1664 et désavouée par son auteur, contient une formulation légèrement différente : « Toutes les vertus des hommes se perdent dans l'intérêt, comme les fleuves se perdent dans la mer. » – *Adde.* : VAUVENARGES, *Réflexions et maximes*, n° XLIII.

[6] V. CHALMIN (R.), *Lumières et corruption*, Champion, 2010.

[7] CORMENIN (L.-M. de), *Ordre du jour sur la corruption électorale et parlementaire*, Pagnerre, 1846.

[8] « Le plus important est sans aucun doute de savoir qu'ils sont inévitables », BOISSEL (J.-P.), « Conflits d'intérêts : acteurs et processus », *Médecine*, 2007, p. 35 ; en ce sens : « aucune règle ne garantira jamais la prééminence de l'intérêt des investisseurs sur celui de l'analyste ou du prestataire habilité », PACLOT (Y.), « Les conflits d'intérêts des analystes financiers », *in Les conflits d'intérêts dans le monde des affaires, un Janus à combattre ?*, PUF, 2006, p. 40 ; GOODE (R.-M.) (dir.), *Conflicts of Interest in the Changing Financial World*, Hyperion Books, 1986, p. XV ; THEVENOZ (L.), « Le conflit d'intérêts : une composante inéluctable des marchés financiers », *Finance & Bien commun*, 2006/1, n° 24, p. 65 et s.

[9] BENTHAM (J.), cité par BEIGNIER (B.), « Interrogations sur la déontologie », *in La morale et le droit des affaires*, Montchestien, 1995, p. 28.

[10] VITU (A.), « Prise illégale d'intérêts », *J.-Cl. Pén.*, fasc. n° 20.

ordonnance encore avait disposé que « nul sénéchal, ni bailli ne pourra[it] avoir pour prévôt, lieutenant, ou juge, aucun qui lui soit parent ou avec qui il ait affinité ou en liaison par la nourriture, de crainte qu'ils soient hors d'état de rendre des jugements justes, dans les appellations interjetées de ces sortes de personnes »[11]. Une autre enfin, datant du 5 août 1530, a interdit aux avocats d'être le conseil de parties adverses[12].

Plus tard, Domat a condamné certaines pratiques correspondant à des situations de conflits d'intérêts et a pointé le risque de fraude lorsque le tuteur se fait acheteur des biens du mineur[13]. Puis Portalis, à l'article 1596 du Code civil de 1804, a introduit une règle, toujours en vigueur, qui édicte que ne peuvent se rendre adjudicataires les tuteurs, des biens de ceux dont ils ont la tutelle ; les mandataires, des biens qu'ils sont chargés de vendre ; les administrateurs, de ceux des communes ou des établissements publics confiés à leurs soins ; les officiers publics, des biens nationaux dont les ventes se font par leur ministère. Par ce texte, il a voulu éviter la situation de conflit d'intérêts et exprimer cette idée : « quand on autorise, on est juge et partie quand on traite. On peut, comme partie, chercher son bien propre et particulier ; comme autorisant, on ne doit travailler qu'au bien d'autrui »[14]. Le Tribun Faure affirme à ce propos que « rien n'est plus louable que le motif de cette disposition. On n'a pas voulu mettre l'intérêt personnel aux prises avec le devoir [...] les divers agents qui vendent pour le compte d'autrui, doivent, par devoir, faire en sorte d'obtenir le plus haut prix possible, puisque c'est le plus grand avantage de ceux qu'ils représentent. S'il leur était permis de se rendre adjudicataires, leur propre intérêt les inviterait à vendre au plus bas prix. Cet inconvénient disparaît au moyen de la prohibition »[15].

5. S'il apparaît de la sorte que la situation de conflit d'intérêts est ancienne, elle n'appartient pas à une époque révolue bien que l'attention qu'on lui porte aujourd'hui relève plutôt d'une renaissance. Les réflexions sur les conflits d'intérêts se sont en effet récemment multipliées dans des

---

[11] Ord. 18 mars 1303 de LE BEL (Ph.), « Grande ordonnance de réformation », du Royaume, codifiant et limitant les prérogatives des officiers de la couronne, art. 18. « Même si elle ne peut être extraite du contexte de sa lutte avec l'Eglise, [cette ordonnance] est un code de déontologie des fonctions publiques pratiquement utilisable de nos jours » : VIGOUROUX (C.), *Déontologie des fonctions publiques*, Dalloz, 2006, p. 1.

[12] Cass. req., 19 janv. 1898, *DP*. 1898, jurispr. p. 80. La règle est d'ailleurs toujours d'actualité puisque « sauf accord écrit des parties [l'avocat] s'abstient de s'occuper des affaires de tous les clients concernés lorsque surgit un conflit d'intérêts, lorsque le secret professionnel risque d'être violé ou son indépendance risque de ne plus être entière ». D. n° 2005-790, 12 juill. 2005, relatif aux règles de déontologie de la profession d'avocat, art. 7.

[13] DOMAT (J.), *Les lois civiles dans leur ordre naturel*, Hérissant, 1705, p. 149 et s.

[14] PORTALIS (J.-É.), *Code civil, suivi de l'exposé des motifs de la loi relative à la vente*, t. VI, art. 1595, Firmin Didot imprimerie, 1820, n° 70, p. 9.

[15] FAURE (V.), rapport fait au Tribunat par le Tribun Faure, FENET (A.-P.), *Recueil complet des travaux préparatoires du code Civil*, Videcoq, T. XIV, p. 155.

domaines aussi divers que variés[16]. Si pour certains auteurs les conflits d'intérêts participent du « juridisme souple »[17], pour d'autres ils sont sans uniformité et donc rebelles à toute tentative de synthèse[18], et pour d'autres encore ils forment une problématique qui n'a pas été suffisamment traitée par le juriste[19], en fait, ils « vivent au cœur du droit ». Bien que la notion demeure absente des dictionnaires juridiques et qu'il n'existe pas de rubriques « conflits d'intérêts » dans les codes, traités ou manuels de droit civil ou commercial, pouvant par exemple éclairer sur son régime, la question n'échappe pas à la doctrine qui s'est saisie du sujet et en a eu plusieurs approches[20]. La succession de colloques et d'ouvrages traitant du sujet en témoigne[21]. Il semble d'ailleurs s'en dégager une « vision d'ensemble » qui apparaît nouvelle[22]. Ainsi, le conflit d'intérêts, par les questions qu'il suscite et les difficultés qu'il engendre, est aujourd'hui un sujet de première importance pour toutes les branches du droit. Il faut dire que la question traverse la plupart des professions et des activités privées ou publiques, lucratives ou non.

6. C'est toutefois dans le monde des affaires que le conflit d'intérêts se rencontre le plus souvent parce « que le commerce puise précisément sa source et trouve même sa dynamique dans l'intérêt personnel et égoïste que tout individu au comportement rationnel cherche à satisfaire par son activité »[23]. Ainsi, à l'heure actuelle, les conflits d'intérêts économiques sont pointés du doigt, nommés et surveillés et ces conflits « situationnistes [...] aspirent, rejettent ou génèrent une éthique des affaires »[24], sans doute parce

---

[16] Le développement du travail en réseau dans des secteurs entiers d'activités, favorable à l'accroissement des situations de conflit d'intérêts, peut en être une première explication.
[17] BORDAS (F.), « Devoirs professionnels des établissements de crédit. - Déontologie d'opérations de banque. - Conflits d'intérêts », *J.-Cl. Banque, crédit, bourse*, fasc. 140, n° 113.
[18] SIMONART (V.), « Conclusions générales », *in Les conflits d'intérêts* : *Les conférences du centre de Droit privé*, coll. de la faculté de droit de l'université libre de Bruxelles, Bruylant, 1997, p. 300 et s.
[19] PEYRAMAURE (Ph.), « Propos d'accueil », *in Les conflits d'intérêts*, *op. cit.*, p. 3.
[20] LAMÈTHE (D.), art. préc., p. 162.
[21] M. EKELMANS, [et al.], *Les conflits d'intérêts* : *Les conférences du centre de Droit privé*, Bruylant, 1997 ; MAGNIER (V.) (dir.) *Les conflits d'intérêts dans le monde des affaires, un Janus à combattre ?*, PUF, 2006, *Les conflits d'intérêts dans le monde des affaires, un Janus à combattre ?*, PUF, 2006 ; Association Henri Capitant, *Les conflits d'intérêts*, Dalloz, 2013 ; PASQUALINI (Fr.) (dir.), *Les conflits d'intérêts : fonction et maîtrise,* publications de la Société de législation comparée, 2013.
[22] SCHMIDT (D.), *Les conflits d'intérêts dans la société anonyme*, 2e éd., Joly éd., 2004, p. 1 et s.
[23] MAGNIER (V.), « Avant propos », *op. cit.*, p. 5.
[24] LAMÈTHE (D.), « Les clauses relatives aux conflits d'intérêts dans les contrats internationaux : art de vivre ou tactique guerrière ? », *in* Pasqualini (Fr.) (dir.), *Les conflits d'intérêts : fonction et maîtrise*, *op. cit.*, p. 162.

que la morale influence la vie des affaires [25]. Pourtant, l'obligation d'être éthique ou d'adopter un comportement éthique est une règle ancienne dans le secteur du commerce. En effet, dès le XIVe siècle, une forme d'éthique marchande est apparue : « ni rois ni princes ni aucun homme de n'importe quel rang n'a autant de réputation et de crédit qu'un bon marchand... Aussi les marchands doivent être fiers de leur éminente dignité... ils ne doivent pas avoir les manières brutales des rudes soldats ni les manières doucereuses des bouffons et des comédiens, mais le sérieux doit toujours apparaître dans leur langage, leur démarche, et toutes leurs actions, pour qu'ils soient à la hauteur de toutes leurs actions, pour qu'ils soient à la hauteur de leur dignité » [26]. Puis, dans les manuels à l'usage des marchands du Moyen-Âge, on a pu également lire que « le marchand qui souhaite un grand mérite doit toujours agir suivant l'équité, qu'il soit d'une grande prévoyance et qu'il tienne toujours ses promesses. [...] Franc quand il vend, attentif quand il achète, [...] il refuse absolument de pratiquer l'usure » [27]. C'est cependant au cours des dernières décennies que l'éthique des affaires est devenue un sujet de passion et s'est apparentée à une sorte de philosophie des affaires qui irrigue tous les secteurs de l'économie et « s'emploie à restaurer la légitimité de l'économie de marché en ne l'abandonnant pas à ses pires déviations » [28]. La lutte contre le conflit d'intérêts du banquier, pourtant indissociable de son métier, s'inscrit dans ce contexte.

---

[25] V. not. KELSEN (H.), *Théorie pure du droit*, trad. Eisenmann (Ch.), LGDJ, 1999, p. 78 ; JESTAZ (Ph.), « Pouvoir juridique et pouvoir moral », *RTD civ.* 1990, p. 625. Cette idée générale de « moralisation » du droit était déjà évoquée par le Doyen Ripert, pour qui il était impossible « de nourrir uniquement le Droit de constructions juridiques » (RIPERT (G.), *op. cit.*, nos 14 et 15), ou par René Savatier, qui soulignait la double nature du droit à la fois une technique et une éthique (cité par MAGNIN (F.), « Réflexions critiques sur une extension possible de la notion de dol dans la formation des actes juridiques. L'abus de situation », *JCP* 1976, I, 1780, n° 18).

[26] Benedetto Cortuglu, marchand de Raguse cité par LE GOFF (J.), *Marchands et banquiers du moyen-âge*, PUF, 2001, p. 81.

[27] Par ex. : *Conseils sur le commerce* Francesco Pegolotti où sont recopiés les vers de Dino Compagni, *ibid.*

[28] OPPETIT (B.), *Droit et modernité*, PUF, 1998, p. 61.

B/ Le conflit d'intérêts : une caractéristique du métier de banquier

7. En 3000 avant Jésus-Christ, à l'époque des Sumériens de Mésopotamie, le temple rouge d'Ourouk faisait déjà office de banque et, au cours des millénaires qui ont suivi, les temples d'Our et de Larsa ont continué cette activité. En Grèce, les temples d'Apollon à Delphes, d'Héra à Samos et d'Aphrodite à Ephèse recevaient des dépôts et prêtaient à long terme aux cités, aux marchands et aux citoyens. Ensuite, au temps des Templiers, l'essor du négoce et des foires, le dynamisme des places commerciales et les besoins financiers du pouvoir royal[29], qui a dû largement emprunter à l'ordre, ont rendu indispensables certaines pratiques bancaires[30]. L'activité de crédit est en fait une activité *sui generis*[31].

8. De la sorte, le banquier n'est pas un simple vendeur[32]. Les banques, acteurs majeurs de l'économie, permettent l'intermédiation bancaire[33] et financière [34] et représentent, malgré le développement des marchés financiers, la première source de financement externe des entreprises[35] et des

---

[29] FLEURIET (M.), *Banques d'investissement et de marché : Les métiers des banques d'affaires, op. cit.*, p. 11. Ces ancêtres de la banque d'investissement sont ceux que l'on nomme « financiers du Prince ». Parmi ceux-ci, on compte de grandes familles de banquiers, majoritairement italiennes, qui utilisaient leur expertise pour financer les opérations des souverains européens et de la papauté au début du XIIIe siècle, *Frescobaldi, Bardi, Perruzi* et *Médicis*, les *Fugger* en Allemagne ou *Jacques Cœur* en France.

[30] PLESSIS (A.), *Histoire de la banque de France*, Albin Michel, 1998.

[31] Ayant toujours existé, l'activité de crédit s'est principalement développée depuis le XVIIe siècle à la demande des clients Les méthodes de la banque, qui ont généralement été inventées en Italie, gagnent la France à cette époque : il s'agit du change manuel, de l'usage des lettres de change pour transférer des fonds, d'opérations de crédit qui se greffent sur les opérations précédentes, de dépôts, de virements et de placements divers.

[32] Dans *Don juan*, on peut lire que Lord Byron écrivait en 1803, « Qui maintient le monde, l'ancien comme le nouveau, dans la douleur ou dans le plaisir ? […] L'ombre de la noble audace de Bonaparte ? Non : le juif Rothschild et son rival chrétien Baring », à propos des maisons Baring et Rothschild placées alors au premier rang de la finance internationale : *Don juan*, chant XVII, 5.

[33] L'intermédiation bancaire vise à faire coïncider les choix de portefeuilles de deux types d'agents non financiers, les emprunteurs et les prêteurs par le biais d'un organisme intermédiaire qui a pour fonction de recueillir des fonds des agents à excèdent de ressources et de les transformer en ressources positives au bénéfice des agents à déficit de financement. Les prêteurs initiaux (déposants, épargnants) reçoivent des intermédiaires des rémunérations (taux d'intérêt) ou des titres de la dette secondaire : ULLMO (Y.), « Intermédiation, intermédiaire financier et marché », *Revue d'économie politique*, 1988, p. 639.

[34] On parle d'intermédiation financière lorsque le monde financier sert d'écran entre demandeurs et pourvoyeurs de capitaux, c'est-à-dire lorsque les intermédiaires financiers achètent les titres émis par les entreprises et, pour se financer, émettent eux-mêmes des titres placés auprès des épargnants ou collectent des fonds sous forme de dépôts ou de livrets (finance indirecte). L'intermédiation financière a un rôle au-delà de l'intermédiation bancaire.

[35] Banque de France, fiche n° 101, « Les différentes sources de financement des entreprises : schéma général et encours », 2012, p. 2 et s. Cet état de fait dans la majorité des pays industrialisés est cohérent avec la théorie du *Pecking Order* selon laquelle les entreprises

particuliers[36], pour qui elles sont par ailleurs les principaux organismes de gestion de l'épargne[37]. Autrement dit, les banques demeurent toujours les intermédiaires par excellence entre ceux qui ont besoin d'argent et ceux qui en possèdent. Cette position même crée les circonstances du conflit d'intérêts[38] et a valu au banquier toute sorte de vicissitudes[39]. Le conflit d'intérêts des banques n'est ni le propre, ni la cause des crises bancaires et financières[40], il est inhérent à la nature particulière du métier. Pour comprendre cette affirmation, il convient d'abord de comprendre l'institution.

9. Historiquement, la plupart des banques françaises et européennes se sont d'abord développées sur le modèle de la banque universelle[41], puis

---

préfèrent avoir recours en priorité à l'autofinancement, puis à l'endettement, à commencer par le moins risqué : MYERS (S. C.), « *The Capital Structure Puzzle* », *The Journal of Finance*, 1984, vol. 39, n° 3, p. 575 et s. Cela place naturellement les banques en bonne position dans les choix de financement par les entreprises : DE HAAN (L.) et HINLOOPEN (J.), « *Preference Hierarchies for Internal Finance, Bank loans, Bond, and Share issues : Evidence for Dutch firms* », *Journal of Empirical Finance* 2003, vol. 10, p. 661 et s.

[36] « Le financement de l'économie est le cœur de métier des banques françaises », Féderation française des banques, *La banque et le crédit*, 12 avr. 2012, p. 2.

[37] Observatoire des Crédits aux Ménages dans son rapport de janv. 2012.

[38] Par exemple en 1720, à l'heure de la spéculation sur les actions de la Compagnie des mers du sud, puis en 1745 encore, lors de la tentative de restauration des Stuarts, la Banque d'Angleterre, déjà accusée de conflit d'intérêts, n'a servi le public qui présentait ses billets au remboursement que de petite monnaie, de manière à ralentir les opérations, et a fait en sorte de rembourser par priorité un certain nombre d'opérateurs complaisants dont elle savait qu'ils reviendraient déposer leurs espèces quelques heures plus tard. Ainsi, chacune des deux crises a finalement tourné à l'avantage de la banque, RIVOIRE (J.), *Histoire de la banque*, PUF, 1992, p. 33.

[39] Le banquier a été notamment stigmatisé par l'église qui prêche que le marchand ne peut jamais plaire à Dieu et prescrit « prêtez sans rien attendre en retour et votre espérance sera grande », Luc. VI - *Adde* « Tu ne prêteras pas à intérêt à ton frère, intérêt d'argent ou intérêt de nourriture, de toute chose qui se prête à intérêt », *Ancien Testament, Deutéronome*, 23-19.

[40] Une crise financière peut se définir simplement comme l'éclatement d'une bulle. RAYMOND (H.) et BOUCHER (Ch.), « Les bulles spéculatives », *in Les systèmes financiers : mutations, crises et régulation*, 3e éd., Economica, 2009. Pour une vue d'ensemble de la trajectoire d'une crise financière : KINDLEBERGER (Ch. P.), *Manias, Panics and Crashes : A History of Financial Crisis*, Palgrave Mac Millan, 2005. L'auteur distingue cinq périodes : l'essor, l'euphorie, le paroxysme et le retournement, le reflux et l'instauration du pessimisme, la déflation de la dette et la restructuration du bilan. V. égal. AGLIETTA (M.) et RIGOT (S.), *Crise et rénovation de la finance*, Odile Jacob, 2009.

[41] Selon le rapport de la BCE, « *EU Banking Structures* », sept. 2010, une majorité écrasante de 8.358 institutions bancaires européennes opéraient sous le modèle de la banque universelle en 2010. Il est par ailleurs communément admis que la banque universelle a probablement vu le jour en France à la fin du XIXe siècle. Mais, dans les temps suivant leur apparition, les premières banques universelles françaises sont tombées en faillite les unes après les autres. Ce modèle prospéra en revanche en Allemagne. MUNRO (J.), *The Economic History of Modern Europe to 1914*, cours du 27 févr. 2007, *University of toronto*, cité par FLEURIET (M.), *Banques d'investissement et de marché : Les métiers des banques d'affaires*, Economica, 2007, p. 16.

différentes séparations d'activités se sont progressivement opérées en leur sein, sans pour autant qu'elles ne s'inscrivent dans la logique de spécialisation qui s'est développée dans les banques britanniques et américaines. Le seul point qui peut leur être commun est l'association des appellations « *Merchant* » et « *Banker* »[42]. S'agissant en effet des banques d'affaires, nombre d'entre elles sont apparues au Moyen-Âge en Italie sous la forme de maisons de commerce ou d'armement maritime[43], puis au XVIIIe siècle certaines se sont engagées à titre de courtiers, conseillers ou mandataires ce qui leur valu l'appellation de *banques privées*.

10. Les banquiers ont toujours développé un savoir-faire dans le domaine du crédit[44] mais, lui ont « succédé une multitude de produits et de services dont certains très sophistiqués»[45], si bien que définir ce qu'est aujourd'hui une banque est un exercice difficile tant le secteur a connu d'évolutions. Quantité de banques ont diversifié leurs activités[46] mais plusieurs entreprises non bancaires se sont aussi lancées dans les services financiers. En France, la notion de banque est définie par les activités qui entrent dans le monopole à l'article L. 311-1 du Code monétaire et financier qui dispose : « les opérations de banque comprennent la réception de fonds remboursables du public, les opérations de crédit, ainsi que les services bancaires de paiement ». Aux Etats-Unis, la définition – tardive[47] – de l'institution ne s'éloigne guère de la vision française de l'activité[48], même si davantage

---

[42] Ce terme existe au moins depuis 1859. Une revue « *Merchant and Bankers Register* » est mentionnée cette année-là à la bibliothèque de l'Université Cornell : HAUBRICH (J. G.) et SANTOS (J. A. C.), « *Alternative Forms of Mixing Banking with Commerce : Evidence from American History* », *Financial Markets, Institutions & Instruments* vol. 12, n° 2, p. 9. L'activité des banques d'affaires du vieux continent était de manière générale, dès l'origine, très dissemblable de celle des entités américaines qui étaient prioritairement orientées vers la stratégie industrielle qui domine encore aujourd'hui leur activité. Le *Merchant banking* est en fait l'activité d'investissement dans les affaires industrielles et commerciales.

[43] D'où l'appellation anglaise *merchant banks*, CAIRNCROSS (A. K.), *Home and foreign investment, 1870-1913*, Cambridge University Press.

[44] Contrairement aux entreprises qui pratiquent le crédit interentreprises par exemple.

[45] CANIVET (G.), « Les effets économiques de la jurisprudence bancaire », *in Les banques entre droit et économie*, LGDJ, 2006, p. 12.

[46] Les banques se lancent aujourd'hui jusque dans la téléphonie mobile.

[47] Il est intéressant de constater ici que bien qu'ils imposèrent la séparation entre banques d'affaires et banques commerciales, les actes qui se succédèrent ne donnaient jamais de définition de l'une ou l'autre. La « *Bank* », ne reçut de définition légale qu'en 1966 à l'occasion d'un amendement de la loi de 1956 qui elle désignait comme banque … une banque : « tout groupement bancaire national ou toute banque de l'un des États, banque d'épargne ou trust ».

[48] L. 113-99, 26 USC, § 581 : « *the term "bank" means a bank or trust company incorporated and doing business under the laws of the United States (including laws relating to the District of Columbia) or of any State, a substantial part of the business of which consists of receiving deposits and making loans and discounts, or of exercising fiduciary powers similar to those permitted to national banks under authority of the Comptroller of the Currency, and which is subject by law to supervision and examination by State, Territorial, or Federal authority*

d'entités y sont autorisées à réaliser des opérations de banque. Le terme « banque » désigne donc tout à la fois l'activité commerciale consistant à mener des opérations de banque et les entreprises qui s'y livrent. Nous choisirons de retenir une conception large, fidèle à la réalité du métier tel qu'il s'exerce aujourd'hui. Habituellement défini comme « celui qui fait la banque »[49], le banquier désignera tout au long de cette étude celui qui pratique une activité « bancaire et financière ». Sous ce dernier vocable, nous engloberons aussi bien les opérations de banque et les opérations d'investissement que les opérations connexes citées à l'article L. 311-2 du Code monétaire et financier. Inclure ces services est légitimement justifié par le fait que ces opérations sont en pratique effectuées par les mêmes établissements qui réalisent des opérations bancaires. Il reste enfin à préciser que les termes « banque », « banquier » et « établissement de crédit » seront indifféremment utilisés dans les développements qui suivent.

11. Aujourd'hui, à côté de la distribution du crédit, tout établissement que l'on peut qualifier de « banque » propose, que ce soit dans le cadre de son activité principale ou d'une activité annexe, des offres de gestion de patrimoine ou de portefeuilles[50] et des « services connexes aux services d'investissement » tels qu'énumérés à l'article L. 321-2 du Code monétaire et financier.

Auprès des particuliers, en plus de l'offre de produits d'épargne ou d'assurance, de la tenue de compte et de la conservation d'instruments financiers[51], le banquier intervient en gestionnaire de patrimoine[52] réalisant des placements financiers. Le client s'adresse la plupart du temps à un « conseiller » ou à un « conseiller patrimonial »[53] qui lui offre des « services financiers »[54] ou plus spécifiquement des « services d'investissement »[55],

---

having supervision over banking institutions. Such term also means a domestic building and loan association ».

[49] V. « Banquier » Dictionnaire de la langue française LITTRÉ.

[50] Rappelons qu'il faut ici distinguer le contrat de gestion de portefeuille individuel du mandat de gestion collective. Dans le premier cas, le mandant intervient directement vis-à-vis du mandataire qui lui a confié les fonds à gérer. Dans le cadre d'un OPCVM, le gestionnaire de portefeuille agit pour le compte de l'OPCVM dont chacun des investisseurs détient des parts en qualité de propriétaire associé.

[51] Tenue de comptes d'espèces correspondant à ces instruments financiers ou la gestion de garanties financières.

[52] Ce patrimoine étant défini par « l'ensemble des biens d'une personne, envisagé comme formant une universalité de droit » : AUBRY (C.) et RAU (R.), *Cours de droit civil français,* 6e éd., 1953, nos 573 à 575, cités *in* « Cours de droit civil français - Aubry et Rau par Paul Esmein », *revue de droit Henri Capitant*, n° 2, mai 2010.

[53] Et déjà là commence une ambiguïté et un manque de garantie pour le client, les règles n'étant pas communes à l'ensemble de ceux qui se présentent en tant que conseiller en gestion de patrimoine et le client n'étant pas toujours en mesure de distinguer un « CGP », un « CIF » des autres, réglementés ou non.

[54] C. monét. fin., art. L. 121-20-8.

sous-produits du conseil en gestion de patrimoine. Le banquier qui propose au particulier l'acquisition de produits financiers exerce une activité de prestataire de services d'investissement[56] telle que définie à l'article L. 531-1 du Code monétaire et financier[57]. L'expression « produits financiers » ou « instruments financiers »[58] est ici employée pour désigner des placements en titres négociables divers et variés, notamment ceux qui sont traités sur les marchés financiers. En premier lieu, il s'agit des titres de capital ou donnant accès au capital[59], des titres de créances émis par les sociétés ainsi que des parts ou actions émises par les organismes de placement collectif. Ces différents titres sont négociés sur des marchés au comptant, sur lesquels les opérations sont exécutées immédiatement, le règlement du prix et la livraison des titres suivants en principe la conclusion de l'opération. En second lieu, il s'agit des contrats à terme qui peuvent porter sur des titres financiers, des taux d'intérêts, des marchandises ou des options d'achat ou de vente d'instruments financiers, lesquels constituent des « sous-jacents » du contrat dont la variation de cours conditionne celui de la valeur. Ils sont négociés sur des marchés à terme, comme le marché d'options négociables de Paris[60] ou le marché à terme international de France[61]. Les produits les

---

[55] C. monét. fin., art. L. 321-1. Notamment la réception, transmission et exécution d'ordres, la gestion de portefeuille, le conseil en investissement et le placement garanti ou non garanti.

[56] La notion d'activité de prestation de services d'investissement, telle que créée par la loi n° 96-597 du 2 juillet 1996 de modernisation des activités financières, comprenait les établissements de crédit et les entreprises d'investissement, LE CANNU (P.), « Du monopole en matière financière », *in La modernité des activités financières*, Joly, 1996, p. 127 ; BONNEAU (Th.), *ibid.*, p. 1 et s. ; COURET (A.), « Les entreprises d'investissement », *ibid.*, p. 57.

[57] Les « entreprises d'investissement et les établissements de crédit ayant reçu un agrément pour fournir des services d'investissement ».

[58] Il ne s'agit pourtant pas de l'outil conceptuel espéré et tant attendu. Le choix du vocable « instrument financier », à son apparition, a été vivement critiqué par la doctrine pour qui le terme est « mal assuré, d'acceptation trop poreuse encore pour en risquer une définition labellisante » : MARTIN (D.-R.), « Du gage d'actifs scripturaux », *D.* 1996, chron. n° 5, p. 263 ; une « notion catalogue » : CAUSSE (H.), « Les services d'investissement », *in La modernisation des activités financières*, *op. cit.*, p. 13. L'auteur nuance néanmoins quelques années plus tard son avis, puisque selon lui, le but de la notion était d'« aider le législateur à ordonner la finance » : CAUSSE (H.), « Titres et instruments financiers : quelles concurrence ? », *LPA* 28 mars 2002, p. 9 ; v. égal. LE CANNU (P.) : « Réflexions sur l'apport de la loi du 2 juillet 1996 au droit des sociétés », *Bull. Joly,* 1996, n° 14, p. 278 ; DUBERTRET (M.) et MANGENET (D.) : « Réforme du droit des titres : commentaire de l'ordonnance du 8 janvier 2009 », *D.* 2009, p. 448.

[59] Prévus notamment par les articles L. 212-7 du Code monétaire et financier et L. 228-91 à L. 228-106 du Code de commerce : obligations avec bons de souscription d'actions, obligations convertibles en actions et obligations échangeables contre des actions.

[60] Marché où se négociaient des options sur l'indice CAC 40 et des options sur actions. Il a été intégré au *Nyse Liffe* qui regroupe l'ensemble des marchés dérivés de Nyse-Euronext.

[61] Marché organisé des produits dérivés comprenant les contrats à terme et les options sur les taux d'intérêt et les marchandises. Le MATIF offre aux intervenants la possibilité d'assurer la

plus connus sont les valeurs mobilières et les titres d'organismes de placements collectifs en valeurs mobilières, mais la notion reste cependant large, certains auteurs[62] y incluant aussi des produits tels que l'assurance-vie et de capitalisation par exemple.

Auprès des professionnels, le banquier a davantage un rôle de conseiller, d'accompagnateur de la croissance et de la vie des entreprises. Sa prestation consiste en la fourniture de conseils en matière de structure de bilan, de stratégie industrielle ou commerciale ou encore en matière de fusions et de rachat d'entreprises. Il fournit aussi des services liés à la prise ferme[63], des services de recherche en investissements et d'analyse financière ou toute autre forme de recommandation générale concernant les transactions sur instruments financiers. Pour un émetteur de titres, le banquier peut proposer de lever des capitaux, des fonds propres ou des emprunts. Il peut garantir l'émission qu'il s'agisse d'actions, d'obligations simples ou composées, d'actions de préférence ou de titres structurés. De manière générale, la banque apparaît pour l'émetteur comme une entreprise de gestion des risques adossée au marché financier. À un investisseur financier, elle peut offrir sa connaissance du marché, tandis qu'à un groupe industriel, elle suggérera une gamme complète de couvertures. Lors d'une fusion-acquisition, ce sont les missions d'évaluation financière ou d'analyse stratégique qui seront proposées.

Les autres intervenants de marché, les compagnies d'assurance, les sociétés de gestion d'actifs et les différents fonds d'investissement, sollicitent les services de négociation (*trading*) de devises ou de matières premières aussi bien sur le marché comptant, le marché d'options ou le marché à terme.

12. Pour mener à bien ses missions, l'institution bancaire regroupe autant, voire plus, de spécialistes que d'activités : du dispensateur de crédit au gestionnaire de coffres-forts, de l'analyste au preneur ferme, en passant par le gestionnaire de fonds communs de placement ou d'assurance, le teneur de marché ou *broker*, l'opérateur de marché ou *trader* (passation des ordres d'achat et de vente de titres sur le marché), le *quant joker* (développement des modèles de mathématique financière) ou l'*hedger* (mise en place des opérations de couverture de différents risques), pour ne citer que ceux-là.

---

gestion des risques financiers inhérents à la détention d'actifs ou à la présence de passifs. Le MATIF est exploité par Euronext Liffe.

[62] STORCK (M.), « L'activité de gestion de portefeuille », *RD bancaire et bourse* sept.-oct. 1990, p. 192.

[63] La prise ferme consiste pour un syndicat de banques à acheter l'emprunt obligataire ou l'émission d'actions d'un émetteur, lui offrant de cette manière la garantie du versement correspondant au montant du placement de la totalité de son émission, moyennant la prise de commissions par les banques en charge du placement.

13. Tous les ingrédients sont donc réunis pour que naissent au sein des banques des conflits d'intérêts en tous genres. Lorsqu'une telle situation est révélée, le capitalisme de marché semble complètement égaré, les marchés affolés et si les médias s'emparent des faits, le public s'anime d'un mouvement de défiance généralisée à l'égard des banques. Qu'ils soient relayés ou non par la presse[64], il n'en demeure pas moins que ces conflits d'intérêts font partie de la réalité économique. Or, bien que le marché de concurrence pure et parfaite dont rêvent des générations de théoriciens, toutes disciplines confondues, ne soit pas une donnée d'expérience[65], le conflit d'intérêts du banquier a toujours été perçu comme une entrave au bon fonctionnement du marché.

14. De manière générale d'ailleurs, parce que le conflit d'intérêts stigmatise l'intérêt individuel, met l'accent sur l'égoïsme et rappelle la faiblesse de l'homme, il réveille à chacune de ses apparitions l'aversion qu'il suscite naturellement. En effet, la notion de conflits d'intérêts revêt quasi automatiquement une connotation péjorative dans les esprits parce qu'elle est souvent associée à la malversation, voire à la corruption. Son évocation « indispose car elle concerne trop de personnes, affecte l'intimité de leurs choix et met en cause la légitimité de leurs profits »[66]. Le conflit d'intérêts est donc souvent perçu comme une tare à combattre, à bannir, à punir. Mais jusque-là attente morale, cette question espère désormais une existence juridique. Or, pour des « juristes soucieux de préserver la cohérence […] du système dont ils ont la garde »[67], « avant de commencer par dire d'un objet qu'il ne doit pas être, pour le condamner, ou au contraire dire qu'il peut ou doit être, afin de permettre son existence, le tolérer ou exiger son advenue, il faut bien commencer par dire ce qu'il est »[68]. En effet, face à une notion n'appartenant pas historiquement ou culturellement à la sphère juridique, mais qui commence à se faire une place dans le monde du droit, le réflexe

---

[64] Il est vrai que le banquier, souvent inquiété, l'est davantage encore en temps de crise, car les écarts de conduite ne peuvent plus être aussi aisément masqués par la bonne performance des marchés. Le célèbre financier Warren Buffet l'a déjà si bien imagé: « *It's only when the tide goes out that you know who's been swimming naked* », *The Economist*, 6 août 2007, p. 4.

[65] Le marché concurrentiel est défini théoriquement par cinq critères : l'atomicité de l'offre et de la demande : un nombre suffisant d'intervenants de sorte que chaque acteur soit amené à considérer le prix du marché indépendamment de son action ; la fluidité du marché : aucune entrave règlementaire ou législative à la liberté des opérateurs sur le marché ; la transparence du marché : chaque acheteur et vendeur doit être parfaitement informé des conditions de marché (quantités offertes, prix) ; l'homogénéité du produit : livraison de biens considérés comme identiques par les acheteurs ; la mobilité des produits et des facteurs de production. FLOUZAT (D.), *Économie contemporaine,* PUF, 1986, p. 186 ; ALBERTINI (J.-M.) et SILEM (A.), *Comprendre les théories économiques,* Seuil, 1983, p. 80.

[66] SCHMIDT (D.), « Les conflits d'intérêts dans les opérations de marché », *Bull.* Joly bourse, 01 déc. 2008, n° spécial, p. 547.

[67] OST (Fr.), *Droit et intérêt. Entre droit et non-droit : l'intérêt, in* Gérard (P.), Ost (Fr.) et Van de Kerchove (M.) (dir.), éd. Pub. Fac. Univ. Saint Louis, 1990, p. 185.

[68] CAYLA (O.) cité par BERGEL (J.-L.), *Méthodologie juridique*, PUF, 2001, p. 201.

que peut avoir le juriste qui doit l'appréhender est de se référer en premier au sens commun, de raisonner d'abord à partir du langage ordinaire. Il convient alors de s'attarder un temps sur la locution.

II - Le conflit d'intérêts : une notion originale

15. Conflit d'intérêts. Des intérêts qui entrent en conflit. « La réunion des deux termes ouvre un terrain d'étude assez vertigineux »[69] que nous n'entendons exposer que sommairement. Le thème est vaste et étendu comme celui de chacun des mots qui le compose : conflit (B) et intérêts (A).

A/ Des intérêts pluriels

16. Les auteurs ne s'y sont pas trompés qui ont soulevé que l'« intérêt »[70], terme aux sens variés et à l'élasticité avérée[71], aux objets et aux titulaires multiples, est difficilement conceptualisable[72]. Cette notion protéiforme, souple, subversive, omniprésente mais imprécise, « résiste à la classification, la systématisation, et la définition »[73]. C'est d'ailleurs cette nature de l'intérêt qui conduit en grande majorité les auteurs soit à se détourner d'une véritable entreprise d'analyse, le cataloguant étonnamment parmi les droits subjectifs, alors que clairement l'intérêt n'est pas une

---

[69] CONSTANTIN (A.), « Dispositif de prévention des conflits d'intérêts par l'information en droit des sociétés », *in Les conflits d'intérêts dans le monde des affaires, un Janus à combattre ?, op. cit.*, p. 58.

[70] Le terme *interest*, dérivant du verbe latin *interesse*, apparaît à partir de 1251. Jusqu'à la moitié du 15ᵉ siècle, ce vocable signifie « dommage » ou « préjudice ». Des textes racontent ainsi des « vignes qui furent fort intéressées par l'orage. » Dans le langage juridique, le terme intérêt signifie bien le « dommage », mais en 1530, dans un texte des Hautes-Alpes françaises, on retrouve la locution « dommages et intérêts », incluant sa réparation également : BRAIVE (G.), « L'historien et l'équivocité du concept d'intérêt, aspects critiques et sémantiques », *in* Gérard (P.), Ost (Fr.) et Van de Kerchove (M.) (dir.), éd. Pub. Fac. Univ. Saint Louis, 1990, p. 25 et s.

[71] Le dictionnaire LITTRÉ, *op. cit.*, propose neuf acceptions de ce terme. Dans ses premières éditions, le Grand Robert de la langue française en donnait sept et le *Trésor de la langue française*, éd. CNRS, 1983, distingue deux acceptions principales et en propose plusieurs autres accessoires. Le dictionnaire de l'Académie française le définit comme « la qualité de certaines choses qui les rend propres à capturer l'attention, à toucher l'esprit », 8ᵉ éd. 1932-1934.

[72] Rappelons par exemple la difficulté que l'on connaît à définir la notion « d'intérêt social ». V. par ex. BAILLY-MASSON (C.), « L'intérêt social, une notion fondamentale », *LPA*, 9 nov. 2000, p. 6 ; BÉZARD (P.), « L'intérêt social, il faut déterminer avec précision la portée de l'intervention du juge », *Dr. et patrimoine* avr. 1997, p. 53 ; BENNINI (A.), *Le voile de l'intérêt social*, préf. Hannoun (C.), Lextenso, 2010.

[73] OST (Fr.), *Droit et intérêt. Entre droit et non-droit : l'intérêt, op. cit.*, p. 185 et p. 10.

norme[74], soit à le réduire au non-droit, ce qui semble paradoxal si l'on considère l'importance qu'il revêt en droit positif. De la sorte, si l'on ne peut toujours pas être certain de ce qu'est cet intérêt, on est sûr qu'il demeure complexe et qu'il faut l'appréhender avec justesse pour en retenir une définition pertinente.

17. La sociologie définit l'intérêt par « ce qui nous importe à un moment donné, ce qui a une valeur d'action parce que cela répond à un besoin »[75]. Toute conduite est considérée comme dictée par un intérêt, « toute action consiste à atteindre la fin qui nous importe à un moment considéré »[76].

En matière économique, le terme entre en usage en 1462 dans les textes constituant aujourd'hui les fondements de la théorie. Il y est associé à la notion de profit puis, progressivement, aux sentiments accompagnant ce profit[77].

Enfin, notion procédurale[78], l'intérêt désigne l'avantage matériel ou moral auquel peut prétendre celui qui prend l'initiative d'engager une action judiciaire[79].

18. Il en ressort qu'inclus ou en marge d'un cadre légal ou d'un système juridique[80], les intérêts restent « ce qui importe ou ce qui convient à l'utilité d'une personne, d'une collectivité, d'une institution, en ce qui concerne, soit leur bien physique ou matériel, soit leur bien intellectuel ou moral, leur honneur, leur considération »[81]. Théoriquement, les intérêts sont « d'ordre général, mais [ils] relèvent de sphères différentes, qu'elles soient géographiques, sectorielles ou simplement fonctionnelles »[82]. Fondamentalement, il s'agit de ce qui est « avantageux »[83] pour une personne[84] sur le plan moral ou économique. Finalement, nous retiendrons que l'intérêt est simplement « ce qui importe »[85].

---

[74] V. en ce sens OST (Fr.), *op. cit.*, p. 10.

[75] KAUFMANN (P.), « Intérêt, philosophie et sciences humaines », Encyclopédie Universalis.

[76] *Ibid.*

[77] BRAIVE G., art. préc., p. 25 s.

[78] C. proc. civ., art. 31.

[79] L'adage le dit : « pas d'intérêt, pas d'action ». L'action n'est en effet envisageable que si elle est susceptible de modifier en l'améliorant la condition juridique du demandeur. La recevabilité de toute action en justice est subordonnée à la preuve de l'existence de cet « intérêt » qui doit être né et actuel. L'intérêt, licite évidemment, doit aussi être juridique et légitime. La menace d'un trouble suffit.

[80] CARBONNIER (J.), *Flexible droit*, 10e éd., LGDJ, 2004, p. 25 et s.

[81] V. « Intérêt », *Dictionnaire de l'Académie française*, 9e éd. 1986-1992.

[82] DECOOPMAN (N.), « Conflits d'intérêts, impartialité, incompatibilités », *in Les conflits d'intérêts dans le monde des affaires, un Janus à combattre ?*, *op. cit.*, p. 119.

[83] V. « intérêt », *Dictionnaire de la langue française*, LITTRÉ, Hachette, 1873, et « intérêt », *Le Grand Robert de la langue française*, Le Robert, 2013.

[84] *Ibid.*

[85] V. « intérêt », CORNU (G.) (dir), *Vocabulaire juridique*, 10e éd., PUF, 2014, p. 562.

Dès lors que cet intérêt existe, il lui suffit d'un autre intérêt avec lequel il diverge pour créer une situation de « conflit ».

B/ Un conflit singulier

19. Le conflit d'intérêts est avant tout un conflit tel qu'emprunté du latin *conflictus,* « lutte, combat ». Le terme désigne, selon l'emploi qu'on en fait, parfois le combat, la mêlée, la collision, d'autres fois, dans un sens plus large, le désaccord, l'antagonisme. Or, parce que les individus n'ont ni la même logique, ni les mêmes intérêts, ni les mêmes droits ou parce qu'ils relèvent d'une instance ou d'un principe de régulation dont la validité à un moment donné n'est pas acceptée par tous, les sources de ce conflit sont continuellement renouvelées. Le sociologue dira d'ailleurs que l'« état de nature » est « radicalement conflictuel »[86], qu'il existe autant d'intérêts que de personnes. Cette volonté plus ou moins irréductible des individus intervient directement dans la notion. Le conflit, c'est l'opposition[87].

20. Pour autant, le conflit d'intérêts ne se réduit pas à un conflit. L'étymologie du conflit *cum/fligere* (se heurter avec), comme nous venons de le voir, exprime une violente interférence des intérêts entre différents individus. Et c'est là que commence la nuance entre le « conflit » et le « conflit d'intérêts ». Si l'hétérogénéité d'intérêts est le premier point aidant à comprendre la spécificité du conflit, cet élément à lui seul ne permet pas de saisir la particularité du conflit d'intérêts. Les « conflits d'intérêts » ne se réclament pas d'une lutte, mais d'une compétition au sein d'une même entité, individu ou groupe d'individus poursuivant un intérêt commun, entre logiques, droits ou intérêts autonomes. Distinction apparemment banale, elle est pourtant essentielle puisqu'elle dessine un cercle démarquant ce dernier au sein de la sphère des conflits étudiés dans la construction juridique.

Cette notion, telle qu'elle vient d'être définie, connaît-elle parmi les sciences humaines théorisant le conflit une existence autonome ? La situation d'opposition d'intérêts différents portés par une seule personne y est-elle évoquée en tant que telle ?

21. L'analyse démontre que si ces sciences retiennent et étudient en grande majorité les « conflits », elles n'excluent pas pour autant le traitement des « conflits d'intérêts » et que si la terminologie utilisée n'est pas exactement identique, l'idée est bien la même.

---

[86] ARNAUD (A.-J.) (dir.), *Dictionnaire encyclopédique de théorie et de sociologie du droit*, 2e éd., LGDJ, 1993, p. 91 ; rappr. BIRNAUM (P.), « Conflits », *in* BOUDON (R.) (dir.), *traité de sociologie*, PUF, 1992, p. 277 et s. ; FREUND (J.), *Sociologie du conflit*, PUF, 1992 ; SIMMEL (G.), *Le conflit,* Poche, 1995.

[87] V. « Conflit », *Le Robert, dictionnaire alphabétique et analogique de la langue française*, 2007; *Dictionnaire de la langue française*, LITTRÉ, Hachette, 1873.

La sociologie par exemple s'intéresse aux conflits sociaux et, dans son approche classique, considère que c'est au législateur de fixer la trame des rapports humains. Elle reconnaît aux institutions la fonction d'assurer la continuité et la stabilité des rapports sociaux, en leur imposant un sens – et par là une limite – acceptable. Or, cette fonction apparaît d'autant plus nécessaire que ces rapports sont de nature conflictuelle. Enfin, elle considère souvent le conflit comme le symptôme d'un dysfonctionnement de l'organisme social ou comme l'expression d'une déviance ou d'une rupture du lien social. Aussi, juriste et sociologue ont-ils longtemps partagé la même conception de la norme et du droit.

Au-delà de cette approche générale, la sociologie s'est intéressée au problème du conflit social dans la foulée des travaux de Georg Simmel tout en lui donnant une autre signification[88]. Le conflit est alors graduellement apparu, à la suite des écrits de Lewis A. Coser[89] puis de Vilhelm Aubert[90], comme une des formes possibles de la relation sociale, c'est-à-dire comme une forme particulière d'entrer en rapport avec les autres. La sociologie explique toutefois qu'il existe une certaine dichotomie du terme et partant, qu'une même appellation peut aussi bien désigner le conflit original tel qu'on le connaît et le conflit d'intérêts.

La science politique a été toute entière construite autour de la tentative de résolution des conflits y compris, pour une grande partie, des conflits d'intérêts.

La psychologie aussi, à travers ses apports sur le sujet du conflit, a reconnu depuis longtemps l'existence autonome d'un conflit d'intérêts porté par une même personne. Ainsi, toute une théorie appelée « dissonance cognitive », liée fondamentalement à L. Festinger, entoure cet « état psychologiquement inconfortable auquel l'être humain est exposé lorsqu'il dispose à l'esprit de deux éléments incompatibles »[91]. Parmi les différentes conceptions que cette science avance du conflit, elle en propose une qui s'accorde bien à l'acception juridique du conflit d'intérêts, un « état survenant lorsque deux tendances à l'action ou deux impulsions opposées surviennent ensemble et se présentent, à la conscience de l'intéressé, comme des alternatives quant à l'objectif d'une action possible »[92].

Même les mathématiques se sont intéressées à la question qui a donné naissance à une théorie probabiliste[93].

---

[88] Cet auteur souligne en effet tout le long de son ouvrage l'apport positif des conflits dans la vie sociale, SIMMEL (G.), *Le conflit*, Circé, 1992, p. 10 et s.

[89] COSER (L.-A.), *Les fonctions du conflit social*, PUF, 1982, p. 5.

[90] AUBERT (V.), *The Hidden society*, Transaction Publishers, 1965, p. 42 et s.

[91] VAIDIS (D. C. F.), *Dissonance cognitive*, Dunod, 2012, p. 9 et s.

[92] V. « Conflit », *Dictionnaire de la psychanalyse*, Larousse, 2007, p. 462.

[93] Les mathématiques s'y sont notamment intéressés à travers de l'étude au concept de muraille de chine : T. Y. *Chinese wall security model and conflict analysis*, 10.1.95, citeseerx.ist.psu.edu., cité par LAMÈTHE (D.), « Les clauses relatives aux conflits d'intérêts

C'est cependant en sciences économiques que le nombre d'écrits afférents au sujet est le plus important, illustrant clairement l'attention qu'elles y portent. Pareto, par exemple, parle d'une cause de conflit avec autrui : le conflit intérieur de chacun, c'est-à-dire le conflit entre ses passions et la raison. Dans son épistémologie des comportements, il relève qu'à l'intérieur même de l'acteur économique, un conflit s'épanouit entre volonté d'action « non logique » et « logique » ou au sein même des actions logiques qu'il faut ordonner entre elles[94]. Un autre exemple peut être trouvé dans un article initiateur de ce qui va devenir « la théorie positive de l'agence »[95], qui met en exergue le « risque d'agence » survenant dans « tout contrat par lequel une, ou plusieurs personnes, (le principal) engage une autre personne (l'agent) pour exécuter en son nom une tâche quelconque qui implique une délégation d'un certain pouvoir de décision à l'agent »[96]. L'action déléguée influence ainsi le bien-être[97] de celui qui la délègue et la théorie établit qu'une convention de ce type - rappelant celle du mandat en droit des contrats - est une assise de prédilection pour les conflits d'intérêts. En effet, un aléa moral survient lorsque les actions mises en œuvre par l'agent, titulaire d'un pouvoir, ne peuvent être entièrement observées par celui qui le lui a confié, appelé le principal, parce qu'en dépit des forces disciplinaires du marché, « chaque agent économique cherche à maximiser son intérêt particulier avant l'intérêt général, son comportement étant conditionné par la structure économique et juridique dans lesquels il opère »[98]. Il en ressort que l'agent est donc enclin à poursuivre son intérêt personnel aux dépens des intérêts du principal.

---

dans les contrats internationaux : art de vivre ou tactique guerrière ? », *in Les conflits d'intérêts : fonction et maîtrise*, *op. cit.*, p. 177.

[94] Ce conflit entre les déterminations non rationnelles de l'action sera alors posé en termes parétiens de « dérivations et de résidus » : PARETO (V.), *Traité de sociologie générale*, éd. Payot, 1917, n°s 851 et s. De la sorte, Pareto essaie-t-il de rationaliser le comportement humain et fournit un premier traitement du conflit d'intérêts intérieur à l'individu. Ce conflit d'intérêts a aussi auparavant été examiné par Smith. Pour ces économistes, le projet rationnel de l'économie pure est un effort de pacification des conflits entre plusieurs unités mais, avant, il s'agit d'un effort de pacification des conflits interne « de passions ».

[95] JENSEN (C.) et MECKLING (W.-H.), « *Theory of the Firm : Managerial Behavior, Agency Cost, and Ownership Structure* », *Journal of Financial Economic* oct. 1976, vol. 3, n° 4, p. 305 et s. Rappr. JENSEN (M. C.), *A Theory of the Firm : Governance, Residual Claims and Organizational Forms,* Harvard University Press, 2000 ; *Foundations of Organizational Strategy*, Harvard university Press, 1998.

[96] CHARREAUX (G.), « La théorie positive de l'agence : positionnement et apports », *Rev. d'économie industrielle*, 2000, vol. 92, n° 1, p. 193.

[97] LAFFONT (J.-J.), *Cours de théorie microéconomique, Économie de l'incertain et de l'information*, Economica, 1991, vol. 2, p. 189.

[98] CHARREAUX (G.), « La théorie positive de l'agence : une synthèse de la littérature », *in* COURET (A.) et *alii* (dir.), *De nouvelles théories pour gérer l'entreprise*, Economica, 1987, p. 25.

Le droit aussi définit le traitement des conflits d'intérêts comme la réponse juridique apportée au « risque d'agence » mis en évidence par l'analyse économique. Plus exactement, il appréhende la question au travers de la notion de représentation : tout représentant risque d'en abuser au détriment du représenté, notamment en raison de l'existence d'une asymétrie d'information entre eux[99].

22. L'expression « conflit » semble à première vue réservée aux hypothèses où plusieurs agents s'affrontent[100] et supposerait donc une pluralité de personnes. Cependant, le vocable « conflit » ne se cantonne pas à une rivalité d'intérêts concurrents portés par des personnes distinctes. De la masse des conflits connus, il ne faut pas écarter un conflit d'un genre différent, le conflit d'intérêts divergents portés par une seule et même personne. Le conflit d'intérêts présente une certaine originalité dans la mesure où il fait référence à deux situations d'opposition d'intérêts. La première, le conflit d'intérêts personnel, se produit entre les intérêts qu'un acteur a la charge de protéger et son intérêt personnel, la seconde, le conflit d'intérêts extrapersonnel, entre deux ou plusieurs intérêts qu'un acteur doit concomitamment protéger. Le conflit d'intérêts n'est autre qu'un état de fait où des intérêts concomitants, préalablement hiérarchisés, se retrouvent en conflit parce que liés à une même personne. Pour être caractérisée, la situation de « conflit d'intérêts » suppose une simultanéité dans l'appréciation de deux choix possibles : si l'un des intérêts prédomine l'autre ou s'ils s'imposent l'un après l'autre, ils entreront peut-être en conflit, mais pas en « conflit d'intérêts ».

23. L'usage même de l'expression « conflit d'intérêts » est relativement récent. Bien qu'elle se retrouve dans un certain nombre d'écrits d'outre-Atlantique dès 1880, ce n'est qu'à partir de la fin de la Deuxième Guerre mondiale que son emploi s'est répandu[101]. Depuis cette probable genèse, elle a revêtu successivement trois sens différents. Le premier, d'un usage marginal, a caractérisé une situation où deux événements intéressant un même groupe de personnes se trouvaient temporellement en conflit et pourrait être rapproché de la notion « *conflict of commitment* » tel qu'utilisé aujourd'hui[102]. Ensuite, elle a caractérisé un différend entre deux individus ou groupes distincts, chacun prenant le parti d'un intérêt économique, politique ou environnemental. Elle était alors utilisée pour témoigner de

---

[99] DIDIER (Ph.), *De la représentation en droit privé*, préf. Lequette (Y.), LGDJ, 2000, p. 154 ; CUIF (P.-F.), art. préc., p. 14 ; CONSTANTIN (A.), « Dispositif de prévention des conflits d'intérêts par l'information en droit des sociétés », *in Les conflits d'intérêts dans le monde des affaires, un Janus à combattre ?, op. cit.*, p. 59.
[100] TOURRAINE (A.), « Conflits sociaux », Encyclopédie Universalis.
[101] ETZKOWITZ (H.), « *Conflicts of Interest and Commitment in Academic Science in the United States* », Minerva, 1996, p. 259 et s.
[102] *Ibid.*

l'existence d'une controverse exprimée entre les acteurs[103]. La dernière signification, mais aussi la plus proche de son acception actuelle, est apparue à la fin des années 1950[104]. Au cours de cette décennie, elle a d'abord porté sur des questions politiques dans le contexte de la Deuxième Guerre mondiale, puis elle s'est actualisée autour d'un seul individu, groupe ou institution à partir de 1948[105]. Vers la fin de la décennie 1980, les allégations au « conflit d'intérêts » ont été fortement liées à des « inconduites professionnelles » *(misconduct)* ou à des fraudes, et ce sont principalement les acteurs du champ politique qui ont soulevé ce problème[106] dans le cadre d'audiences publiques. On a cependant aussi parlé de conflit d'intérêts pour dénoncer une situation d'influence perçue comme illégitime au regard de valeurs jugées légitimes, lui conférant une dimension éthique, voire déontologique prépondérante[107]. Et c'est de la sorte qu'on a vu apparaître les premières discussions concernant la protection des délateurs *(whistle-blowers)* et les politiques de divulgations d'intérêts financiers *(disclosure policies)*. En France, la formule « conflit d'intérêts » est apparue tardivement en 1932 dans le dictionnaire de l'Académie française[108] et n'a, jusqu'à très récemment, pas été revêtue de signification juridique.

24. Dans ces conditions, il n'est pas surprenant qu'il ait fallu attendre plus longtemps encore pour que l'expression apparaisse dans les textes juridiques.

En particulier le droit français l'a longtemps ignorée avant de la reconnaître depuis peu soit expressément[109], soit implicitement[110].

---

[103] KOOP (C.), « *The Origins of the American Scientific Debate over Fallout Hazards* », *Social Studies of Science* 1979, vol. 9, n° 4, p. 403 et s. ; BALDWIN (W.), « *Conflict of Interest and its Significance in Science and Medecine* », *Science and Engeniering Ethics* 2002, vol. S, n° 3, p. 472.

[104] MARX (L.), « *Technology : The Emergence of a Hazardous Concept* », *Social Research* 1997, vol. 64, n° 3, p. 965 et s.

[105] Plus exactement, le terme semble avoir pris son sens à partir d'une remise en question, par des acteurs politiques, des interdépendances entre gouvernement, industries et universités, dans le contexte d'embauche massive par le gouvernement fédéral, de consultants et d'experts scientifiques en provenance des secteurs industriel et universitaire : WALSH (J.), « *Universities: Industry Links Raise Conflict of Interest Issue* », *Science* 1969, vol. 164, n° 3878, p. 411 et s.

[106] *The association of the bar of the city of new york*, *Conflict of Interest and federal service*, Harvard University press, 1960, p. 8 et s.

[107] *Ibid.*

[108] *Dictionnaire de l'Académie française*, 8e éd., 1932-1934 : « conflit des intérêts » qui devient par la suite « conflit d'intérêt » pour désigner « Antagonisme entre des forces contraires, d'idées, de devoirs ... » dans la 9e éd., 1986-1992, mais ne semble pas encore prendre le sens qui lui est aujourd'hui attribué.

[109] V. par ex. L. n° 2001-420 relative aux nouvelles régulations économiques du 15 mai 2001, qui vise expressément les conflits d'intérêts des commissaires aux comptes.

[110] V. L. n° 2003-706 de sécurité financière, 1er août 2003, qui fait allusion à ces conflits sans les nommer expressément.

Cependant, si la locution est jeune, l'idée qu'elle rend est au moins aussi vieille que le Code civil. En effet, comme évoqué précédemment[111], le Code Napoléon l'a enseignée dès 1804, même si c'est le plus souvent de manière sous-jacente et à cette époque, le conflit d'intérêts n'était pas non plus méconnu des autres pans du droit[112].

En revanche, en droit anglais ou américain, l'expression telle que nous la connaissons aujourd'hui est plus ancienne. Son sens était bien déterminé et il correspondait à une situation particulière où un professionnel ne faisait pas face à ses obligations avec équité. Outre-Manche, le conflit d'intérêts a été défini dès 1896 lorsque les juges ont imposé aux personnes soumises à des devoirs fiduciaires[113] (*fiduciary duties*), prescrits par le droit de l'*Equity* (*Equity law*), de s'abstenir de se placer dans une situation de conflit d'intérêts[114]. Outre-Atlantique, les juges ont systématiquement annulé toute opération comprenant un conflit caractérisé de la sorte : « de nombreuses formes de conduite, admissibles dans la vie quotidienne pour ceux qui agissent face à face, sont interdites à ceux qui sont liés par des liens fiduciaires. Un *trustee* est tenu à quelque chose de plus strict que la morale du marché… »[115]. C'est précisément cette première apparition du terme en droit anglo-américain qui conduit certains à déduire qu'il pourrait se confondre avec une simple traduction [116] de l'expression « *Conflict of interest* » et d'autres à y voir un point de départ, de naissance du droit des conflits d'intérêts[117].

25. Par ailleurs, la doctrine s'est saisie de la question du « conflit d'intérêts », mais les approches divergent selon les auteurs et l'idée

---

[111] V. *supra*, n° 4.

[112] L'art. 85 du C. com. de 1807, par exemple, interdisait déjà aux agents de change et courtiers de faire des opérations de commerce pour leur propre compte.

[113] Il s'agit notamment des *Trustees*. Sont qualifiés comme tels les mandataires, et certains professionnels que sont les avocats, les conseils, etc.

[114] Bray v. Ford [1986] AC 44. Lord Herschell s'exprime ainsi : « *It's an inflexible rule of a Court of Equity that a person in a fiduciary position... is not unless otherwise expressly provided, entitled to make profit; he is not allowed to put himself in a position where his interest and duty conflict* ». Dans le même sens : Ex parte Lacey [1802] 6 Ves 625, dans lequel Lord Eldon pose la règle du conflit d'intérêts s'agissant du *Trustee* qui achète des biens faisant partie du *Trust*, peu important, que le *trustee* soit honnête et que le prix de la vente soit celui du marché ; Charitable Corp. V. Sutton, 2 Atk. 400 (1742), cité par BLOCK (D. J.), BARTON (N. E.) et RADIN (S. A.), *The business judgment rule-fiduciary duties of corporate directors*, 4e éd., prentic Hall Law & Business, 1993 et TREBILCOCK (M J), « *The Liability of Company Directors for Negligence* », *Modern Law Review* 1969, n° 32, p. 499.

[115] Déclaration du juge Cardozo dans l'affaire *Meinhard v. Salmon,* 249 NY 458 NE 545 (1928) citée par TUNC (A.), *Le droit américain des sociétés anonymes,* Economica, 1985, p. 137.

[116] « Il pourrait bien s'agir d'un anglicisme, c'est-à-dire de la francisation de la notion anglaise de *conflicts of interests* » : CUIF (P.-F.), art. préc., p. 2.

[117] COHEN-TANUGI (L.), « La question des conflits d'intérêts dans le droit américain » *in Les conflits d'intérêts*, *op. cit.*, p. 113.

exprimée l'est de manière plus ou moins nette. On a ainsi pu lire que le conflit d'intérêts naît quand existe une mission, un devoir[118] ou, de manière plus générale, quand un acteur est responsable de l'intérêt d'un tiers[119]. Le conflit d'intérêts a aussi désigné « la situation dans laquelle les intérêts personnels d'une personne sont en opposition avec ses devoirs »[120] ou la situation dans laquelle un acteur est écartelé entre l'intérêt à défendre et son intérêt personnel[121]. Il « prend naissance lorsqu'une même personne poursuit deux ou plusieurs intérêts et lorsque ces intérêts sont contradictoires »[122] ou « lorsque l'intérêt personnel s'oppose à l'intérêt que l'on est en charge de défendre »[123]. Dans d'autres articles, il a été défini au travers de ses conséquences et plus ou moins explicitement des valeurs qu'il peut altérer. Il est alors question de « la situation dans laquelle le jugement professionnel concernant un intérêt primaire [...] peut indûment être influencé par un intérêt secondaire (tel que le gain pécuniaire) »[124]. S'agissant des professionnels, on a pu considérer qu'ils sont « en situation de conflit d'intérêts lorsque leurs intérêts ou engagements compromettent l'indépendance de leur jugement ou leur loyauté »[125]. Mais le conflit d'intérêts se produit aussi quand une entreprise se voit confier les intérêts d'un client et que les intérêts de ce client entrent en conflit avec les intérêts d'un autre client ou avec ceux de l'entreprise elle-même[126].

26. En France, présent dans le discours juridique, le « conflit d'intérêts », au travers des mentions faites et des définitions posées, est toutefois déterminé par le cadre dans lequel il est employé. Ainsi, la référence au conflit d'intérêts de l'avocat réside-t-elle dans l'interdiction qui lui est faite d'être le conseil, le représentant ou le défenseur de plus d'un client dans une même affaire[127]. Au commissaire aux comptes, il est interdit de « prendre, recevoir ou conserver, directement ou indirectement un intérêt auprès de la personne dont il est chargé de certifier les comptes »[128]. Pour un ministre,

---

[118] MAGNIER (V.), art. préc., p. 8 ; CUIF (P.-F.), art. préc., p. 1.

[119] ZEIDENBERG (G.), « Le droit de la famille face à la contrariété d'intérêts », *RRJ* 2003, vol. 1, n° 1.

[120] CUIF (P.-F.), *ibid.*

[121] SCHMIDT (D.), *op. cit.*, p. 27.

[122] VAUPLANE (H. de), « Contrôle interne, conflits d'intérêts et risque de réputation », *Banque magazine* déc. 2005, n° 675, p. 100.

[123] SCHMIDT (D.), art. préc., p. 11et s.

[124] THOMPSON (D.), « *Understanding financial conflicts of interest* », *New England journal of medicine*, 19 août 1993, vol. 329, p. 573 et s.

[125] RODWIN (M.), *Medicine, money and morals. Physicians conflicts of interest*, Oxford University Press, 1993, p. 9.

[126] THÉVENOZ (L.), « Le conflit d'intérêts : une composante inéluctable des marchés financiers », *op. cit.*, p. 65.

[127] D. n° 91-1197, 27 nov. 1991, organisant la fonction d'avocat, art. 155, al. 1er.

[128] C. com., art. L. 822-11. Sans abandonner totalement les incompatibilités, le législateur raisonne désormais en termes de conflit d'intérêts. Le code de déontologie des commissaires aux comptes (art. 6) complète : « Le commissaire aux comptes évite toute situation de conflit

l'article 23 du décret du 2 mai 2007 relatif aux cumuls d'activité des fonctionnaires, dispose que « les fonctions de membres du gouvernement sont incompatibles avec l'exercice de tout mandat parlementaire, de toute fonction de représentation professionnelle à caractère national et de tout emploi public ou de toute activité professionnelle ». En médecine, on parle de conflit d'intérêts lorsque « les choix opérés par le médecin, le chercheur ou l'expert dans un domaine essentiel comme le bien-être du patient, l'intégrité de la recherche ou le bien-fondé d'une recommandation, risquent d'être compromis de manière significative par un objectif concurrent tel le gain financier, la notoriété ou la capacité à lever des fonds de recherche »[129]. La loi régissant l'activité des rédacteurs d'actes et des consultants juridiques[130], en des termes plus larges, oblige le professionnel à s'interdire d'intervenir s'il a un intérêt direct ou indirect à l'objet de la prestation fournie[131]. Les notaires connaissent pareillement une règle déontologique leur prohibant « de s'intéresser dans aucune affaire pour laquelle ils prêtent ministère »[132]. Dans les contrats internationaux[133], l'usage a même permis que soient stipulées des clauses de « conflits d'intérêts ».

L'exploration des lexiques anglais et américains conduit au même constat. En effet, le *conflict of interest* peut désigner l'opposition de l'intérêt privé et de l'intérêt public à la tête d'une personne investie d'une mission de service public[134], mais il caractérise également l'opposition de deux intérêts privés, comme celui du médecin et de son patient[135], des actionnaires et du mandataire social[136], etc. Le *Black's Law Dictionary* prend en compte les deux aspects et définit le conflit d'intérêts comme une incompatibilité réelle ou apparente entre un intérêt privé et un intérêt public ou une obligation fiduciaire[137].

---

d'intérêts [et] évite de se placer dans une situation qui compromettrait son indépendance à l'égard de la personne ou l'entité dont il est appelé à certifier les comptes ».

129 JEANRENAUD (C.), « Conflits d'intérêts dans le système de santé », *Colloque de l'institut de droit de la santé de l'université de Neuchâtel*, 30 oct. 2008.

130 L. n° 77-1130, 31 déc. 1971, portant réforme de certaines professions judiciaires et juridiques.

131 *Ibid.*, art. 55, al. 3.

132 D. n° 45-0117 du 19 déc. 1945 pris pour l'application du statut du notariat, art. 13-4°.

133 LAMÈTHE (D.), art. préc., p. 161.

134 « *A situation in wich public official's decisions are influenced by the official's personal interest* », *Farlex inc Dictionnary*, Princeton University, 2003 ; « *A conflict between a person's private interests and public obligations* », *The American Heritage Dictionary of the English Language*, 4e éd., Houghton Mifflin Company, 2009.

135 LAST (J. M.), *Dictionnary of Public Health*, Oxford University Press, 2012.

136 « *The circumstance of a public officeholder, corporate officer, etc., whose personal interests might benefit from his or her official actions or influence* », *K Dictionaries Ltd.*, Random House, Inc. 2010.

137 « *A real or seeming incompatibility between one's private interests and one's public or fiduciary duty* », GARNER (B. A.) (dir.), *Black's Law Dictionary*, 9e éd., Thomson Reuters, 2009, p. 341. « *The situation in which a public official or fiduciary who, contrary to the*

Si le conflit d'intérêts est une notion originale, il prend une toute autre dimension quand il surgit dans le domaine bancaire et financier.

III. Le conflit d'intérêts du banquier : une problématique

27. Le sujet de notre étude réunit une notion particulière et un acteur hors du commun, ce qui confère à la problématique un attrait au départ insoupçonné. Ce constat (A) soulève des interrogations (B).

A/ Un constat

28. Sous l'angle qui nous intéresse, la vie financière se révèle une course effrénée pour être le *leader*, *leader* du marché bien sûr mais, plus curieux, *leader* de « l'éthique ». Ainsi voit-on fleurir des chartes et des codes de conduite, plus rigoureux et sévères les uns que les autres, « avec un ton de surenchère vertueuse »[138]. On nomme des déontologues et on participe activement aux réflexions sur la question. On fait des efforts d'architecture et de construction : des « murailles de Chine »[139] plus hautes encore que les tours où siègent les plus grands professionnels de la place. Cependant, les scandales bancaires et financiers ne s'éteignent pas, du moins autant que le souhaiterait le législateur au vu de son effort de réglementation.

Le constat est celui d'un cadre juridique foisonnant,[140] comme il est habituel que le soient les règles régissant les rapports sur les marchés financiers. Il existe à l'évidence « peu de domaines ayant donné lieu à une

---

obligation and absolute duty to act for the benefit of the public or a designated individual, exploits the relationship for personal benefit, typically pecuniary », *Short Dictionary of (mostly American) Legal Terms and Abbreviations* ; *Dictionary from West's Encyclopedia of American Law*.

[138] LAMÈTHE (D.), « Les clauses relatives aux conflits d'intérêts dans les contrats internationaux : art de vivre ou tactique guerrière ? », *in Les conflits d'intérêts : fonction et maîtrise*, *op. cit*, p. 163.

[139] Expression imagée qui désigne l'ensemble des procédures dont l'objet est de prévenir la circulation indue d'informations confidentielles, notamment privilégiées, susceptibles d'engendrer des conflits d'intérêts. À titre d'exemple, au sein d'un établissement bancaire prestataire de services d'investissement, il est interdit à un analyste financier en charge d'une opération sur le marché primaire d'informer le ou les gérants de portefeuilles concernés par cette opération.

[140] Le même constat peut être dressé pour d'autres disciplines, la multiplication des textes étant un phénomène généralisé. Le conflit d'intérêts, comme nous l'avons vu, concernait à l'origine principalement les mandataires. Il s'étendit peu à peu aux professions de la santé, aux professions libérales, aux professionnels du chiffre, aux experts, aux architectes, aux professions artistiques …

réglementation [aussi] abondante, dense »[141] et « pour le juriste qui s'absorbe dans le droit boursier, conflit d'intérêts signifierait plutôt confluence d'intérêts [car] bien des branches traditionnellement distinctes, droit des obligations, droit des sociétés, droit du marché boursier, droit de la concurrence, voire droit du travail et sans oublier le droit pénal, convergent en la matière »[142]. Ainsi, la prévention des conflits d'intérêts est un sujet loin d'être inconnu des textes régissant la matière bancaire et financière et la défense de l'intérêt du client s'inscrit au cœur des préoccupations du législateur et de son action.

Cependant, les règles de traitement demeurent parcellaires et forment un cadre diffus et relativement méconnu, surtout de ceux qu'elles sont censées protéger. Cette situation désordonnée et lacunaire ne peut que nuire à leur appropriation par les professionnels et à leur compréhension par les clients, ainsi bien sûr qu'à leur application par l'ordre juridique.

29. Aux États-Unis, les scandales[143] qui ont accompagné l'éclatement de la bulle[144] boursière des sociétés d'Internet[145] ont provoqué une réaction très ferme avec l'adoption de la loi *Sarbanes-Oxley*[146]. La *Securities and Exchange Commission* et les bourses américaines ont alors élaboré une réglementation lourde pour assurer l'indépendance des professionnels de la place et les dissuader de profiter de leurs positions. Cette préoccupation n'y date pourtant pas de la dernière décennie.

Le *National Banking Act* de 1863, la première loi fédérale à régir les banques, avait interdit aux banques agréées de mêler les métiers de banque

---

[141] STOUFFLET (J.), « Postface », *in* Gauvin (A.) (dir.), *Crise financière et la veuve de Carpentras dans tous ça ?*, éd. Milelli, 2011, p. 133.
[142] DUCOULOUX-FAVARD (Cl.), « L'offre publique, conflits d'intérêts en présence », *LPA* 22 nov. 1995 n° 140, p. 3.
[143] Les années 1999 et le début des années 2000 ont vu beaucoup de scandales éclater aux Etats-Unis. À quasiment tous (Enron, Global Crossing, Worldcom, etc.) les banques étaient mêlées. Tout le monde se souvient de la disparition de la banque Baring après 200 ans d'existence. À des titres différents, les banques (notamment d'investissement) étaient impliquées que ce soit la recherche financière (Salomon Smith Barney et Merill Lynch, 2001), la négociation de titres sur les marchés réglementées (disparition de Long-Term Capital management), les produits de taux (faillite d'Orange County), les allocations d'introduction en bourse sur les marchés primaires d'actions (Banque CSFB), ou encore la gestion d'actif (Janus Capital Group Inc., Strong Financial Corp. et Putnam Investments : V. *infra*. n° 118 et s.
[144] Dans la sphère financière (ou immobilière), une bulle caractérise une situation d'excès, de spéculation, dans laquelle le niveau des prix sur un marché ne reflète plus la valeur fondamentale du bien échangé : KARYOTIS (C.) (dir.), *La crise en 40 concepts* clés, Revue banque édition, 2013, p. 18.
[145] Les analystes financiers avaient largement contribué à gonfler cette bulle en accordant des évaluations optimistes aux « start-up » qui allaient de pertes en pertes. V. « Les analystes financiers en panne de crédibilité », *Le Monde*, 8 juill. 2002.
[146] *Sarbanes-Oxley Act of 2002*, Corporate responsibility, 30 juill. 2002 [H. R. 3763].

de détail et de banque d'affaires[147]. Celles-ci ne s'en étaient cependant pas privées[148] puisque l'activité entière de banque d'affaires s'est développée en marge de cette interdiction[149].

Mais c'est dans les années 1930, au plus fort de la tourmente, que la volonté de mettre fin aux conflits d'intérêts s'est véritablement affichée. En effet, si jusque dans les années 1920, l'activité bancaire s'était principalement exercée au travers du modèle de la banque « universelle » apparu vers la fin du XIXe siècle, voire le début du XXe siècle, le paysage bancaire américain s'est radicalement transformé le 24 octobre 1929. Ce jeudi noir, tout a commencé par une chute brutale du cours des actions cotées à Wall Street[150] puis, pendant le mois suivant, la totalité des gains engrangés depuis le début de l'année s'est évaporée[151]. Le Sénat a alors mis en place une commission, la *United States Committee on Banking and Currency*, pour enquêter sur les causes de la crise qui a très vite mis au jour un certain nombre de pratiques et de comportements abusifs des banques[152]. Elle a notamment découvert que les banques d'investissement (*investment banks*) avaient été massivement impliquées dans des transactions mensongères et frauduleuses. Les révélations sur les banques commerciales se sont aussi accumulées[153]. Elles avaient accordé des prêts risqués ou inadéquats à des sociétés aux seules fins, spéculatives, de faire monter le cours de leurs titres, qu'elles présentaient ensuite comme de bons investissements à leurs clients[154]. Elles avaient aussi utilisé les avoirs de leurs déposants pour prendre des participations, parfois considérables, dans

---

[147] Notamment l'introduction en bourse et le négoce de valeurs mobilières, KROSZNER (R. S.) et RAJAN (R. G.), « *Is the Glass-Steagall Act justified ?* », *The American Economic Review*, sept. 1994, vol. 84, n° 4, p. 810 et s.

[148] Ainsi, la banque privée John. E. Thayer & Brother investissait dans les actions de chemins de fer, en faisait simultanément le négoce et gérait les dépôts liés à cette activité : HAUBRICH (J.-G.) et SANTOS (J. A.-C.), art. préc., p. 9.

[149] Les plus grandes institutions créèrent des filiales dépourvues du statut légal de « banque » pour continuer à exercer les différents métiers.

[150] Cette crise boursière provoqua une panique générale chez les déposants qui retirèrent en masse leurs dépôts, menant les banques à une crise de liquidités causant des milliers de faillites bancaires en chaîne. En 1933, la crise bancaire avait atteint son paroxysme : 11.000 banques avaient fait faillite ou avaient été forcées de fusionner. Le nombre des banques avait été réduit de 40%, passant de 25.000 à 14.000 : BENSTON (G. J.), *The Separation of Commercial and Investment Banking : The Glass Steagall Act Revisited and Reconsidered,* Oxford University Press, 1990, p. 1.

[151] Malgré quelques brèves reprises, cette baisse se prolongea jusqu'à 1932 où elle dépassa les 80% : HAUTCOEUR (P.-C.), « La crise de 1929 et ses enseignements », *in* Ravereau (J.) et Trauman (J.) (dir.), *Crises financières,* Economica, p. 1.

[152] Conclusions disponibles dans un document publié sous le nom *Stock Exchange Practices,* U.S. Govt. Print. Off, 1933.

[153] ZUMELLO (C.), « *From National City bank to Citygroup – An American Bank or a world Bank ?* », *Society and Economy* déc. 2007, vol. 29, n° 3, p. 325 et s.

[154] HENDRICKSON (B. M.), « *The Long and Bumpy road to Glass-Steageall Reform* », *American Journal of Economics and Sociology*, oct. 2001, vol. 60, n° 4, p. 849 et s.

des sociétés industrielles qu'elles contrôlaient d'ailleurs le plus souvent[155]. Elles avaient encore octroyé des prêts à des sociétés dont elles négociaient les titres[156]. La réponse du Congrès aux conclusions de la commission ne s'est évidemment pas fait attendre et les banques ont été forcées de choisir entre leurs activités sur les marchés financiers et celles des prêts et dépôts. C'est ce que l'on a appelé le « *New deal* » et qui a vu, entre autres, la promulgation en 1933 du *Securities and Exchange Act* instaurant la *Securities and Exchange Commission* et, la même année, l'adoption du *Banking Act*.

Ce dernier a instauré la *Federal Deposit Insurance Corporation* dont la mission principale était de proposer une assurance fédérale des dépôts bancaires pour éviter que l'épargnant ne perde la totalité de ses dépôts en cas de faillite de sa banque. À cette fin, la loi a séparé les opérations dites de banque commerciale des opérations dites de banque d'investissement liées aux opérations sur titres. Ces dispositions ont correspondu à ce que l'on a communément désigné sous le terme de *Glass-Steagall Act*[157]. Il s'est appliqué aux membres de la Réserve fédérale (*Federal Reserve Board*), aux banques nationales ou banques d'État, ainsi qu'à leurs filiales, auxquels ses articles 16, 20, 21 ont interdit d'acheter des titres pour leur propre compte et de garantir l'émission d'actions ou d'obligations pour le compte de sociétés. Il a également empêché les établissements financiers recevant des dépôts de s'engager dans l'émission, la souscription, la vente, la distribution, en gros ou en détail, à titre individuel ou collectif, de valeurs mobilières[158], à l'exception des obligations d'État. Il leur a également rendu impossible tout rapprochement avec une entité exerçant ces activités. Il a encore, à son article 32, défendu à une banque de dépôt et une banque d'investissement d'avoir des administrateurs en commun (*Interlocking Directors)* et a veillé à ce que les dirigeants respectifs d'une banque de dépôt et d'une banque d'investissement ne puissent pas entretenir de relations (*Close Officer*

---

[155] Entre 1910 et 1915, par exemple, General Motors était contrôlée par un syndicat bancaire (*voting trust*). J. P. Morgan contrôlait de 1901 à 1913 les plus grandes entreprises d'acier, était membre de leur comité de direction et du comité d'exécutifs dont elle nommait le plus souvent les nouveaux membres : HAUBRICH (J.-G.) et SANTOS (J. A.-C.), art. préc., p. 12. Certes, le *Clayton Act* interdisait aux administrateurs qui siégeaient dans des banques les contrôles réciproques, mais l'institution elle-même ne connaissait pas cette interdiction.

[156] Durant cette période, et surtout au lendemain de la première guerre mondiale, les États-Unis connaissaient une croissance économique impressionnante. Ce fût une décennie de prospérité et de hausse rapide des cours des titres que l'on qualifie de « *bull market* » qui justifiait peut-être une certaine tolérance à l'égard des comportements des banques de la place.

[157] Du nom du sénateur Carter Glass et du représentant Henry Steagall qui souhaitaient vivement une séparation claire entre les activités bancaires de nature commerciales et celles liées à la vente, l'émission et la garantie des titres.

[158] « *In the issue, flotation, underwriting, public sale, or distribution at wholesale or retail or through syndicate participation of stocks, bonds, debentures, notes, or other securities* ».

relationships). Enfin, ce même article a disposé que ces mêmes directeurs de banque ne pouvaient pas acheter, vendre ou négocier des titres.

Au terme de ces nombreux bouleversements, le Congrès a adopté en 1956 le *Bank Holding Company Act,* une loi dont l'un des effets a été de proscrire la combinaison des activités de banque de dépôt et d'assurance.

Cette suite de restrictions s'est donc attaquée, même si ce n'est qu'implicitement, aux conflits d'intérêts. En effet, sous la dénomination de dangers subtils ou « *subtle hazards* »[159], ce sont bel est bien des situations de conflit d'intérêts, au sens où nous les entendons aujourd'hui, qui étaient visées. Pourtant, les fortes controverses[160] sur les conclusions de la *United States Committee on Banking and Currency,* apparues très tôt, ont progressivement conduit à un abandon de ces mesures au profit d'une réglementation plus libérale[161]. On a ainsi assisté à une lente érosion du *Glass-Stegall Act,* dont le glas a sonné en novembre 1999 avec le *Gramm-Leach-Bliley Act,* qui a autorisé la constitution de *Financial Holding Companies* conduisant simultanément des activités de banque commerciale, de banque d'investissement, de courtier en titres et d'assurance[162].

30. En France, on a pu observer une évolution plus ou moins similaire. Jusque dans les années 1930, auxquelles remontent les premières interventions de l'État pour moraliser la profession bancaire, le secteur bancaire n'avait pas connu de réglementation particulière et l'activité s'était par conséquent développée librement. Puis, comme aux Etats-Unis, la

---

159 Expression de la Cour suprême des États-Unis qui à eu l'occasion de s'exprimer plus tard sur les justifications de ces mesures dans une décision : *Investment Co. Institute* v. *Camp,* [1971] U.S. 617.

160 HENDERSON (K.-J.), « *Destroying the barriers between commercial and investment banking : Should congress repeal the Glass-Steagall Act ?* », 45 Wash. & Lee L. Rev. p. 1115 et s. - Certains sont d'avis que les activités de marché des banques commerciales n'auraient pas eu d'incidences significatives sur le krach boursier de 1929, HAWKE (J. D.), « *The Glass-Steagall Act : a Historical Perspective* », *N.Y.L. Sch. L. Rev.*, 1986, vol. 31, n° 255, p. 258 - ou considèrent que les mesures sont uniquement punitives, LITAN (R. E.) et RAUCH (J.), *American Finance for the 21st Century,* Brookings Institution Press, 1998, p. 27. D'autres n'y voient qu'un mouvement de *lobby* des banques d'affaires voulant empêcher la concurrence des banques de dépôt : RAJAN (R. G.) et ZINGALES (L.), *Saving Capitalism From the Capitalists,* Crown Business, 2003, p. 219 et s.

161 Une décision notamment d'avril 1987 fut à l'origine de la consécration du nouveau régime. Elle permit aux banques de dépôt de se livrer à certaines activités des banques d'affaires, si celles-ci étaient effectuées par le biais de filiales (que l'on appela les « filiales de l'article 20 ») et si les revenus de ces activités ne dépassaient pas un plafond de 5% ; *Securities Industry Association* v. *Board of Governors of the Federal Reserve System,* [1988], S. Ct. 2830. - Et en 1998, la Réserve fédérale permit à *Citicorp*, une des plus grandes banques commerciales américaines, de fusionner avec *Travelers Group.*

162 *Gramm-Leach-Bliley Act of 1999,* 12 nov.1999, L. n° 106-102, Stat. 1338. - *Adde*, comm. O'NEAL (M. K.), « *Summary and analysis of the Gramm-Leach-Bliley Act* », *Sec. Reg. L.J.*, 2000, n°28, p. 95.

tendance s'est renversée à partir des années 1980[163], pour plusieurs raisons : la vague de privatisation partielle du secteur bancaire en 1986, les recommandations de l'*International Organization of Securities Commissions* d'utiliser les *Self Regulatory Organizations* et l'apparition d'innovations financières en matière de produits et de marchés, dont l'imbrication dans un système déjà complexe ne pouvait être comprise par une personne extérieure.

31. Plus récemment, l'étau autour des conflits d'intérêts, qui s'était desserré à la fin du XXe siècle, s'est à nouveau resserré. C'est avant tout la conséquence d'une volonté européenne. La question intéresse en effet la construction de l'Union européenne qui aspire à un marché harmonisé[164]. Plusieurs directives[165] témoignent de l'exigence de prévention des conflits d'intérêts et viennent imposer aux acteurs concernés des règles de comportement. Parmi les règles, quelques textes retiennent l'attention. D'abord, le rapport du Conseil de l'Europe sur « l'éthique d'entreprise en Europe » du 26 février 2004, qui recommande de renforcer « l'obligation faite aux banques de mettre en place des Murailles de Chine afin d'éviter à

---

[163] Se crée à l'époque une sorte de « clôture normative du système », une normativité construite sur un mode circulaire voyant le jour, selon le modèle décrit par LUHMANN (K.), « L'unité du système juridique », Sirey 1986, p. 163 et s. V. aussi FRISON-ROCHE (M.-A.) et GERMAIN (M.), *Droit, finance, Autorité,* Rapport à la Chancellerie, Laboratoire de sociologie juridique de l'Université Paris II, 1999.

[164] VASSEUR (M.), « Des aspects juridiques de l'Europe financière et, plus particulièrement, bancaire », *Rev. dr. aff. int.* 1991, n° 2, p. 171; MAROIS (B.), « Les conséquences de l'acte unique sur la stratégie des banques françaises », *Rev. Banque*, avr. 1990, n° 504, p. 371 ; LEBÈGUE (D.), « L'Europe bancaire et financière », *Rev. Banque* 1991, nov-déc., n° 28, p. 219 ; SIMON (D.) et GAUTIER (Y.), « Maastricht : progrès quantitatifs ou saut qualitatif ? », *Europe*, 1992, janv., p. 1 ; BONNEAU (Th.), « Législation "financière" et droit communautaire », *in Livre bicentenaire du Code de commerce,* Dalloz, 2007, p. 707 et s.

[165] Dir. n° 93/22 CEE, 10 mai 1993, dite « directive DSI », concernant les services d'investissement dans le domaine des valeurs mobilières, *JOCE*, n° L 141, 11 juin 1993 ; dir. n° 97/9 CE, 3 mars 1997, relative aux systèmes d'indemnisation des investisseurs, *JOCE*, n° L 84, 26 mars 1997 ; dir. n° 2001/34 CE, 28 mai 2001, concernant l'admission de valeurs mobilières à la cote officielle et l'information à publier sur ces valeurs, directive qui codifie quatre directives antérieures, *JOCE*, n° L 184/1, 6 juill. 2001 ; dir. n° 2003/6 CE, 26 janv. 2003 dite « directive abus de marché sur les opérations d'initiés et les manipulations de marchés », *JOUE* n° L 96/16, 12 avr. 2003 ; dir. n° 2003/124 CE, 22 déc. 2003 portant modalités d'application de la dir. 2003/6/CE Parlt. et Cons. CE, en ce qui concerne la définition et la publication des informations privilégiées et la définition des manipulations de marché, *JOUE*, n° L 339/70, 24 déc. 2003 ; dir. n° 2003/125/CE, 22 déc. 2003 portant modalités d'application de la dir. 2003/6/CE en ce qui concerne la présentation équitable des recommandations d'investissement et la mention des conflits d'intérêts, *JOCE* n° L 339/70, 24 déc. 2003 ; dir n° 2004/72 CE du 29 avr. 2004 portant modalités d'application de la dir. 2003/6/CE en ce qui concerne les pratiques de marchés admises, la définition de l'information privilégiée pour les instruments dérivés sur produits de base, l'établissement de listes d'initiés, la déclaration des opérations effectuées par les personnes exerçant des responsabilités dirigeantes et la notification des opérations suspectes, *JOUE* n° L 162/70, 30 avr. 2004.

l'avenir d'autres conflits d'intérêts dans la sphère financière »[166]. Ensuite, la directive « abus de marché », accompagnée de sa directive de mise en œuvre, qui prévoit l'obligation pour les émetteurs et leurs conseils d'établir une liste de personnes initiées par opération et de la communiquer à l'Autorité des marchés financiers et vise explicitement les banques. En fait, les banques font aujourd'hui l'objet d'une réglementation abondante du point de vue des conflits d'intérêts, notamment au titre de deux fonctions qu'elles assurent généralement : prestataire de services d'investissement et analyste financier.

32. Cependant, aussi prolifique que soit le corpus réglementaire, son examen illustre au travers de cinq enseignements que la réponse qu'il apporte aux conflits d'intérêts est parfois insatisfaisante :

(I) Les sources de droit régissant la situation de conflit d'intérêts sont de nature duale.

(II) De cette dualité, résultent des notions et des portées dissemblables. Les situations ne relevant pas de surcroît de notions juridiques précises, les solutions qui en résultent diffèrent souvent les unes des autres.

(III) La réglementation se développant au gré des événements, les règles applicables sont de ce fait nombreuses et dispersées et leur efficacité en est affectée.

(IV) Les dispositifs en vigueur ne sont pas systématiquement assortis de sanctions et lorsqu'ils le sont, celles-ci semblent parfois inadaptées.

(V) La réglementation est à géométrie variable, des pans d'activités étant surchargés alors que d'autres sont désertés.

De règles il ne manque apparemment pas, mais le constat demeure celui d'une déformation de fait et de droit dans la relation bancaire, l'avènement du conflit d'intérêts n'en étant que le résultat, et ce constat suscite de nouvelles interrogations.

B/ Des interrogations

33. Si le conflit d'intérêts a longtemps été considéré comme un mal nécessaire aux « synergies »[167] ou aux économies d'échelle, à l'inverse il est aujourd'hui plutôt assimilé à un élément à l'origine des déséquilibres dont

---

[166] VAUPLANE (H. de), « La gestion des conflits d'intérêts dans les banques vis-à-vis de leurs clients », *in Droit de la personne : éthique et mondialisation,* éd. Yvon Blais, 2004, p. 31.

[167] Déclaration, souvent répétée lors des déboires juridiques de Citygroup, par Jack Grubman, analyste-vedette de Salomon Smith Barney, la firme américaine de courtage de la banque Citygroup : « *What used to be a conflict is now a synergy* ».

peut souffrir le marché[168]. En effet, les dernières crises économiques et leurs violentes conséquences ont remis en question un équilibre fragile jusque-là préservé. La notion de conflit d'intérêts a ainsi acquis en peu de temps un droit de cité considérable, s'invitant en droit interne, communautaire et international, créant des coopérations et des unions, irriguant le droit dur aussi bien que le droit mou, émaillant codes et chartes, se faisant sujet de la régulation comme de l'autorégulation, etc. En bref, on assiste depuis peu à un déferlement de sources variées et abondantes y faisant référence. Doit-on y voir la traduction d'une vision défaitiste du marché ou l'expression de la vision réaliste d'un certain nombre de comportements déviants ? S'il est vrai que le conflit d'intérêts fait l'objet de toutes les critiques, est-ce la situation en soi qui mérite la critique ou plutôt le préjudice né de l'exploitation de cette situation ? Veiller à son intérêt en même temps qu'à celui de son client n'est pas en soi condamnable. Richelieu disait d'ailleurs qu'« il est normal qu'un ministre veille sur sa fortune en même temps que sur celle de l'État »[169]. Il n'y aurait donc rien d'illégitime à ce que le banquier protège son intérêt. Cependant, cet intérêt prend parfois des proportions qui le rendent menaçant parce qu'il se trouve directement opposé à celui de son client ou que la recherche de la satisfaction du banquier est susceptible d'affecter celle de son client.

34. Faut-il pour autant légiférer davantage pour protéger le second du premier alors qu'il est par ailleurs indispensable de remédier à l'écart paradoxal entre, d'une part, l'ampleur et la sophistication du dispositif réglementaire, et d'autre part, son efficacité relative ? Ne suffirait-il pas d'appliquer véritablement et de bonne foi les textes qui composent l'arsenal des règles en vigueur et de mettre en œuvre les sanctions associées, à moins que ce domaine spécifique ne souffre encore de lacunes réelles et importantes ? Ou se pourrait-il au contraire qu'après le laisser-faire, l'interventionnisme ardu, l'autorégulation, la régulation coopérée, l'heure soit venue de laisser place à une certaine forme de tolérance ?

L'élaboration de la règle de droit ou, tout au moins, l'organisation juridique de cette règle[170] est au cœur de la question. En même temps, se

---

[168] MARTEL (P.), art. préc., p. 67.

[169] *Oeuvres du cardinal de Richelieu*, Librairie Plon, 1933, p. 33. Il ajoute : « Je ne puis passer en cette rencontre sans dire ce que Ferdinand, grand-duc de Florence, qui a vécu de notre temps, disait à ce propos qu'il aimait mieux un homme corrompu, que celui dont la facilité était extrême, parce que, ajoutait-il, le sujet corrompu ne se peut pas toujours laisser gagner par ses intérêts, qui ne se rencontrent pas toujours, au lieu que le facile est emporté de tous ceux qui le pressent, ce qui arrive d'autant plus souvent qu'on connaît qu'il n'est pas capable de résister à ceux qui l'entreprennent. »

[170] PAILLUSSEAU (J.), « Le droit des activités économiques à l'aube du XXIe siècle », *D.* 2003, chron. n° 35, p. 260.

demander si le droit reflète de manière satisfaisante les mouvements économiques n'est pas sans importance[171].

35. Parce que les contours du conflit d'intérêts sont dessinés par l'environnement économique au sein duquel il prend naissance – la condition des investisseurs, le contexte économique général d'essor ou d'internationalisation des capitaux et des marchés financiers, etc. – le droit ne peut pas échapper à une adaptation au secteur de l'économie qu'il régit, plus encore que dans d'autres domaines. En somme, l'acteur dont l'intérêt se trouve au cœur d'un conflit a-t-il exactement le traitement qu'il mérite, sans abus ni excès ? Existe-t-il un équilibre « de juste mesure »[172] des intérêts en présence permettant d'atteindre un « juste objectif »[173] ?

36. Le contexte actuel de concurrence exacerbée entre les différents agents économiques inspire la volonté d'organiser le rapport au client et aux autres acteurs du marché dans un cadre qui soit le plus rigoureux, le plus strict et le plus détaillé possible. Pour autant, un tel dispositif ne peut pas entièrement donner satisfaction. En effet, pour qu'il soit efficace, il faudrait envisager un niveau d'atteinte à la liberté inacceptable pour les banques ou plus exactement pour leurs salariés. Comment alors repenser les liens d'affaires du banquier en évitant qu'ils n'engendrent des atteintes sérieuses aux libertés et droits de chacun des acteurs concernés ? Entre l'asservissement de tous à un principe moteur unique ou un processus de régulation au cas par cas, une solution médiane peut-elle être trouvée ? Michel Villey disait : « Je ne conçois pas la justice comme une créature éthérée qui rêverait dans sa tour d'ivoire à je ne sais quoi d'incorporel ; je vois une femme bien en chair, qui a les pieds sur terre et les yeux constamment fixés sur l'utilité, parce que sa tâche est justement d'arbitrer des utilités »[174] invitant ainsi à « rouvrir les yeux sur le monde et abandonner la superbe de l'idéalisme moderne qui réduit l'expérience à l'objet de la pensée ou du langage »[175]. Une chose est certaine, un effort de réalisme[176] est

---

[171] JOSSERAND (L.), « Comment les textes de loi changent de valeur au gré des circonstances économiques » *in Études de droit civil à la mémoire de Henri Capitant*, Dalloz, 1939, p. 369.

[172] VATINET (R.), « Existe-t-il un principe de proportionnalité en droit des sociétés ? », *LPA*, 30 sept. 1998, n° 117, p. 58.

[173] GOUNOT (E.), *Le principe de l'autonomie de la volonté en droit privé, étude de l'individualisme juridique*, Thèse, Dijon, 1912, p. 212.

[174] VILLEY (M.), *Une définition du droit*, 1959, cité par PUNZI (A.), « Pour une philosophie réaliste du Droit. Villey et les équivoques du droit naturel », *Droit et société* 2009, p. 70.

[175] *Ibid.*

[176] L'évaluation du droit sous l'angle de ses effets figure à cet égard parmi les éléments-clé de la vision pragmatique présentée par Karl Llewellyn (*Uniform Commercial Code*). Il est également une dimension importante du mouvement *Law and Economics* dont Posner a été le maître d'œuvre. LLEWELLYN (K. N.), « *The Effects of Legal Institutions upon Economics* », *American Economic Review*, vol. 15 n° 4, déc. 1925, p. 665 et s. ; « *A Realistic Jurisprudence: the Next Step* », *Columbia Law Review*, 30, 1930 cité dans *American Legal*

nécessaire au traitement des conflits d'intérêts du banquier. Pour la bonne marche du « système », il convient de trouver une voie médiane qui permette de satisfaire les exigences d'un des intérêts en jeu en s'éloignant le moins possible des exigences de l'autre.

Sans demander au professionnel d'être charitable, comme le chancelier Thomas Moore qui s'est enrichi avec mesure en pratiquant la charité avec démesure, il lui est simplement suggéré, voire ordonné, de respecter les intérêts qu'il rencontre dans le cadre de ses multiples missions. L'objectif n'est pas tant de moraliser les milieux économiques que de maintenir la confiance nécessaire à l'ordre économique[177]. Un équilibre entre l'efficience et l'équité des marchés financiers, objectifs parfois, sinon souvent, contradictoires, peut-il être trouvé ? Dans l'affirmative, il devra probablement s'inscrire dans le prolongement de la tendance réglementaire du marché [178] et en application du « principe d'efficacité » [179], sorte de principe directeur[180] selon lequel un environnement réglementaire efficace est également un environnement réglementaire attractif[181], c'est-à-dire ni trop strict pour éviter la fuite des émetteurs, ni trop laxiste au risque d'en écarter d'autres[182].

Realism, Oxford University Press, 1993, p. 53 et s. « *Some Realism about Realism – Responding to Dean Pound* », *Harvard Law Review*, vol. 44, 1931 cité dans *American Legal Realism*, *op. cit.*, p. 68 ; *My Philosophy of Law*, Boston Law Co., 1941. Rappr. avec la philosophie des juristes réalistes comme John Chipman Gray ou Jerome Frank qui ont développé des analyses de la décision judiciaire avec l'ambition de saisir le droit en action, entendu au sens de technologie de la régulation sociale.

[177] OPPETIT (B.), « L'éthique » *in Droit et modernité*, *op. cit.*, p. 270.

[178] De manière implicite le plus souvent, les normes applicables au marché sont parfaitement dérogatoires au droit commun et ne trouvent de justification que dans l'idée d'intérêt du marché exclusivement. Pour illustration : les règles de procédures collectives des professionnels des marchés, ROBINE (D.), *La sécurité des marchés financiers face aux procédures* collectives, LGDJ, 2003 ; ou encore les art. 237-1 s. du règl. gén. AMF dérogeant à la règle de l'expropriation d'utilité publique autorisant l'expropriation des actionnaires minoritaires qui, dans des sociétés dont les titres sont admis à la cote sur un marché financier, ne représentent plus qu'une fraction inférieure à 5% du capital social, afin d'éviter à la société les contraintes d'un régime de cotation.

[179] Le principe d'efficacité est à l'origine de ce qu'on a pu appeler la « *lex mercatoria* » financière, mode de régulation ou d'autorégulation des marchés financiers surtout internationaux qui serait particulièrement efficient. SIEUZAC (C.), *Contribution à l'étude de la lex mercatoria financière,* thèse Paris I, 2006.

[180] « Le bon fonctionnement des marchés financiers est une fin qui justifie les techniques juridiques mises en œuvre pour y parvenir » : RONTCHEVSKY (N.), STORCK (J.-P. et M.), *Mélanges Schmidt (D.)*, éd. Joly, 2005, p. 447.

[181] ARSOUZE (C.), *Procédures boursières. Sanctions et contentieux des sanctions,* thèse Paris I, 2007, p. 21. L'auteur observe que les éléments qui rendent la place attractive par ordre d'importance sont : sa liquidité, la qualité de l'analyse financière, la base d'investisseurs à laquelle elle permet d'accéder et l'environnement réglementaire. Lorsqu'une réglementation est absente ou insuffisante, le marché financier est discrédité.

[182] La place faite à l'ordre public reste cependant considérable : MEADEL (J.), *L'ordre public et les marchés financiers,* LGDJ, 2007, p. 1. Des exigences semblent être ancrées et

Il ne fait pas de doute qu'une étude de ce genre ne relève pas exclusivement du travail du juriste, mais se doit d'être interdisciplinaire en faisant également appel à l'économiste et au financier. Pour autant, peut-on se satisfaire du constat partagé du caractère mal connu d'un conflit d'intérêts confiné dans les rouages les plus profonds de l'ingénierie bancaire et financière et ne pas tenter d'en rechercher la nature, les formes, les causes et le traitement ?

37. Le traitement du conflit d'intérêts ne peut pas se réduire à un ensemble copieux de normes abstraites restreignant à l'excès la marge d'action du banquier ou créant au contraire, parce que les règles seraient, volontairement ou involontairement, trop douces, des situations susceptibles de le favoriser systématiquement. Une étude approfondie du sujet passe par une relecture des textes à la lumière des principes propres à la matière bancaire et financière et des exigences actuelles du législateur et des acteurs du marché de manière générale. S'interroger de cette manière sur les frontières de ce conflit d'intérêts n'est pas un simple exercice de style. L'attention suscitée par le thème du conflit d'intérêts du banquier se justifie pleinement au regard des enjeux, tant théoriques que pratiques.

En effet, de façon générale, si certains moyens du contrôle de l'activité bancaire, notamment les règles mises en place pour préserver l'intégrité du marché ou assurer les avoirs des déposants, ont participé à lutter contre le risque de conflits d'intérêts, ils n'avaient pas pour autant été créés dans ce dessein. C'est en fait progressivement que la prise de conscience de la nécessité d'appréhender de façon ciblée les risques de conflits d'intérêts et les abus en découlant s'est opérée dans l'esprit du législateur. Finalement, c'est aujourd'hui une politique spécifique de gestion des conflits d'intérêts qui est menée, dont l'objectif est exposé jusque dans les textes juridiques, et plus seulement dans les considérants des directives européennes ou dans les motifs et rapports de présentation des lois nationales[183].

---

dominantes : transparence, égalité dans l'information, sécurité et intégrité des marchés, intérêt des investisseurs et loyauté dans les transactions comme dans la compétition. Par ailleurs, la jurisprudence a eu l'occasion de rappeler en diverses circonstances que les principes de droit commun ont toujours trouvé application et continuent à le faire. Le droit des offres publiques, par exemple, comporte une part non négligeable de droit commun, POZZO DI BORGO (V.), *Droit boursier et droit des contrats dans la régulation des OPA*, thèse Nice, 2004.

[183] Cet affichage délibéré de l'objectif recherché est d'ailleurs cohérent avec la démarche plus globale du législateur ces dernières années, la tendance étant à la formulation d'objectifs (Par ex., L. n° 2008-776 du 4 août 2008 de modernisation de l'économie qui se donne ouvertement pour objectifs de renforcer l'attractivité de l'économie et de faciliter le développement des entreprises en constitue une illustration intéressante), y compris dans le corps même de la loi (*Les formulations d'objectifs dans les textes législatifs*, *RRJ*, 1989, n° spécial Cahiers de méthodologie juridique. Le plus souvent, les objectifs sont formulés en début de texte, dans un article en particulier, le premier généralement, par ex. pour expliciter la loi ou pour consacrer un principe ou fixer une orientation en indiquant si l'obligation qui y est assortie est de moyens ou de résultat). Cette tendance s'inscrit dans un mouvement plus général vers un

Toutefois, même s'il est vrai que la question fait l'objet d'une littérature pertinente, ses contours exacts demeurent impossibles à délimiter faute de critères fiables permettant d'en déterminer le domaine. Tout au plus peut-on lire que le conflit d'intérêts désigne « la situation ou l'intérêt d'un intermédiaire de marché peut être incompatible ou divergent de ceux de ses clients investisseurs ou autres ou lorsque les intérêts d'un groupe de clients entrent en conflit avec les intérêts d'un autre groupe »[184] ou la situation dans laquelle une partie à une transaction peut potentiellement obtenir un gain en effectuant des actes qui affectent négativement la partie opposée[185].

Notre étude commence donc par une lecture des mentions faites par le droit positif du conflit d'intérêts en matière bancaire et financière[186]. L'article L. 533-10-3° du Code monétaire et financier notamment, indique que les conflits d'intérêts sont « ceux qui se posent entre, d'une part, les prestataires [de services d'investissement] eux-mêmes, les personnes placées sous leur autorité ou agissant pour leur compte ou toute autre personne directement ou indirectement liée à eux par une relation de contrôle et, d'autre part, leurs clients, ou bien entre deux clients, lors de la fourniture de tout service d'investissement ou de tout service connexe ou d'une combinaison de ces services »[187]. Ce texte ne semble pas satisfaisant. Le

---

droit « post moderne » (CHEVALLIER (J.), « Vers un droit postmoderne ? », *in Les transformations de la régulation juridique*, LGDJ, 1998, p. 677. V. égal. ARNAUD (A.-J.), « De la postmodernité », *in Entre modernité et mondialisation*, LGDJ, 1998, p. 141. Rappr. PÉRÈS (C.), « Propos introductif », *in Mesurer l'efficacité économique du droit*, Economica, 2010, p. 2 qui écrit à propos de l'efficacité économique spécifiquement qu'elle constitue « sinon une mutation majeure au moins une orientation marquée du droit contemporain. »), vecteur de programmes d'actions finalisés, MORAND (C.-A.), *Le droit néo-moderne des politiques publiques*, LGDJ, 1999, p. 74.

[184] « *A situation where the interest of a market intermediary may be inconsistent with, or diverge from, those of its clients, investors, or others, or where the interests of one group of clients conflict with those of another group* ». Définition de conflit d'intérêts posée par l'organisation internationale des commissions et des valeurs OICV : *Market Intermediary Management of Conflicts that Arise in Securities Offering,* Rapport du comité technique, nov. 2007, p. 4

[185] MEHRAN (H.) et STULZ (R. M.), « *The Economics of Conflicts of Interests in Financial Institutions* », *Journal of Financial Economics* n° 85, 2007, p. 267.

[186] Soulignons ici la relative rareté de la jurisprudence en la matière. Quelques arrêts évoquent les conflits d'intérêts, mais sans en donner les critères déterminants. Cependant, lorsqu'une décision est rendue, elle accède à une notoriété considérable. Par ex., LVMH c. Morgan Stanley, T. com., Paris, 12 janv. 2004, SA LVMH Moet Henessy Louis Vuitton c/ Sté Morgan Stanley & Co international limited, *Juris-Data* n° 227691 ; *JCP G* 2004, p. 219, obs. Daigre (J.-J.) ; *D.* 2004, p. 335, note Couret (A.) et somm. p. 1800, obs. Reinhard (Y.) ; *Bull. Joly* 2004, p. 388, obs. Schmidt (D.) ; *RD banc. et fin.* 2004, p. 131, note Piétrancosta (A.) ; *RTD com.* 2004, p. 337, obs. Rontchersky (N.) ; *Banque et droit* janv.-févr. 2004, p. 31, obs. Vauplane (H. de) et Daigre (J.-J.) ; *LPA* n°43/2004, p. 4, note Boucobza (X.) ; *Dr. sociétés* 2004, n° 66, obs. Bonneau (Th.) ; *Rev. sociétés* 2004, p. 297, obs. Simon (F.-L.).

[187] Dans le même sens : « *a conflict arises where, in a matter, an adviser has a personal interest or an inconsistent engagement with a third party or uses his or her position to self advantage or to advantage a third party* » : TUCH (A.), « *The paradox of financial services*

législateur emploie la terminologie « conflit d'intérêts » tout en présumant de sa signification et conçoit son texte en fonction de situations précises desquelles surgissent les conflits d'intérêts auxquels il fait référence. Or, c'est précisément parce que les contours de cette notion sont imprécis et en pratique sources de confusion, que le concept est délaissé, notamment par le juge. Le plus souvent, la responsabilité du banquier qui a exploité un conflit d'intérêts n'est recherchée que sur le fondement d'une obligation d'information, de mise en garde, de conseil ou de loyauté, voire sur des fondements plus éloignés encore.

Il semble dès lors nécessaire de se poser une première question : qu'est fondamentalement un conflit d'intérêts spécifiquement pour un banquier ? C'est par cette interrogation que s'amorcera notre réflexion.

Dans une première partie, il conviendra donc de commencer par poser une définition qui rende compte de la mécanique d'un concept qui « ne se laisse pas aussi facilement traiter en termes exclusifs de luttes et d'antagonismes desquels il y aura un vainqueur et un vaincu »[188] car s'« il ne faut pas songer à tout définir », comme le disait Pascal, les conflits d'intérêts se présentent dans bien des domaines « comme une notion grave et obscure, teintée de culpabilité collective et évoquant [...] un problème irrésolu »[189]. La crainte est alors que ces conflits « ne deviennent insolubles si on les double de querelles de mots »[190]. En effet, même si le souci du concept, comme le disait Jean Dabin, ne saurait l'emporter ni sur « la considération des intérêts vivants », ni sur « les valeurs profondes de l'ordre social », le droit ne peut se passer d'un appareil conceptuel suffisant[191]. La définition de la notion de conflit d'intérêts est donc « l'objet d'enjeux importants »[192] car elle permet « de mettre en musique les valeurs qui sous-tendent une profession ou une activité et délimite la marge de manœuvre dont dispose un

---

regulation : preserving Client expectations of loyalty in an industry rife with conflicts of interest », University of sydney, law school, Legal Studies Research Paper, n° 08/21, janv. 2008, p. 8.

188 TERRÉ (Fr.), « Les conflits d'intérêts dans le monde des affaires », *in* MAGNIER (V.) (dir.), *Les conflits d'intérêts dans le monde des affaires, un Janus à combattre ?, op. cit.*, p. 196.

189 KARSENTY (S.), « La notion de "conflit d'intérêts" dans le monde de la santé », *in* Menard (O.) (dir.), *Le conflit*, L'Harmattan, 2006, p. 131.

190 COURET (A.), « Rapport de synthèse », *Les conflits d'intérêts, op. cit.*, p. 117.

191 DABIN (J.), *Théorie générale du droit*, Dalloz, 1969, p. 268. Et puis comment se passer de définition alors même qu'on a pu qualifier le juriste de « professionnel de la définition » ? *Idem*, *La technique de l'élaboration du droit positif, spécialement du droit privé*, Sirey, 1935, p. 111. Que l'on soit d'accord ou non avec cette vision du professionnel du droit, il reste que les définitions sont un aspect essentiel du droit comme de toute autre science. Il s'agit en particulier ici d'une étape nécessaire pour éliminer l'équivoque et introduire la clarté et la précision sur ce qu'on s'apprête à étudier : BERGEL (J.-L.), *Méthodologie juridique*, PUF, 2001, p. 110.

192 DECOOPMAN (N.), « Conflits d'intérêts, impartialité, incompatibilités », *in Les conflits d'intérêts dans le monde des affaires, un Janus à combattre ?, op. cit*, p. 137.

professionnel » [193]. Tenter de supprimer le sentiment de confusion ou d'incompréhension suscité par ce « Janus juridique, aux visages multiples et protéiformes »[194] est selon nous un préalable indispensable.

Pour ce faire il conviendra d'observer de près les activités du banquier. Cette exploration liminaire sera suivie d'une analyse de la jurisprudence à ce sujet. En effet, c'est en répertoriant les conflits d'intérêts en zones de risques, à partir d'une étude des cas amenés devant le juge, que seront dégagés les points communs du conflit d'intérêts du banquier. L'objectif de cette première approche est à d'abord de mettre en lumière le contexte d'apparition du conflit d'intérêts, d'en comprendre la genèse aussi bien que les conditions d'émergence pour ensuite en dégager les critères communs. Une fois esquissés les premiers contours du champ conflictuel, c'est-à-dire celui où le conflit d'intérêts exprime sa potentialité, il sera sans doute plus aisé d'en comprendre les différentes étapes d'évolution depuis la simple situation de déséquilibre où il lui plaît de prendre naissance jusqu'à la situation d'abus que son exploitation crée.

Puis, parce que le droit constitue le reflet de valeurs et que, par voie de conséquence, la règle de droit ne peut être saisie qu'en liaison avec ces valeurs[195], une appréciation critique sur les règles actuelles de prévention comme de traitement des conflits d'intérêts bancaires et financiers sera portée. En effet, il nous semble pertinent à l'issue de l'opération d'identification du conflit d'intérêts, d'une part d'organiser les règles lapidaires qui le régissent aujourd'hui, et d'autre part, de mener, une étude de son régime actuel sous les angles de l'effectivité, de l'efficacité et de l'efficience, tant au stade de la prévention qu'à celui du traitement de la situation. L'idée étant de mesurer l'efficacité des normes encadrant la prévention et le traitement du conflit d'intérêts du banquier : comprendre si elles atteignent ou non l'objectif qui leur a été assigné, et relever, le cas échéant, les difficultés qui y font obstacle et avec l'ambition d'en compléter les lacunes.

Dans une deuxième partie, face aux limites d'une réglementation parcellaire et lacunaire analysée dans la première partie, la démarche adoptée sera sensiblement différente. Contraints par les enseignements tirés de la première partie de se résoudre, pour encadrer le conflit d'intérêts du banquier, à énoncer un postulat en termes larges, c'est une approche prospective qui sera cette fois suivie.

---

[193] *Ibid.*

[194] MAGNIER (V.), art. préc., p. 5.

[195] Ripert est allé jusqu'à affirmer dans ce sens qu'« il y a des règles juridiques pour lesquelles il n'est d'autre justification que la règle morale qui leur sert de base », *La règle morale dans les obligations civiles*, 4e éd., LGDJ, p. 28 ; V. égal. VIRALLY (M.), *La pensée juridique*, LGDJ, 1960 ; GHESTIN (J.), « Les données positives du droit », *RTD civ.* 2002, p. 11 et s.

L'idée est de comprendre quelle est la véritable ambition de chacune des normes participant, dans l'état actuel du droit positif, à contrôler le conflit d'intérêts du banquier, principalement ou accidentellement. L'approche décrite tente ainsi d'éclairer sur les fondements du devoir du banquier face au conflit d'intérêts tel que le législateur et le juge semblent en avoir l'ambition et sur la nature d'un tel devoir. Celui-ci trouve son fondement aussi bien dans le droit commun des obligations et des contrats que dans le droit spécial. En effet, il est certes demandé au banquier de se conformer à ce qui découle explicitement du contrat mais, au-delà, il est attendu de lui une obligation spécifique de préserver l'intérêt de son contractant contre son propre agissement lorsque par ce contrat son client lui confie ses intérêts. La violation en est sanctionnée par une multitude de techniques juridiques, qui souvent se superposent, attachant à cette obligation de protection une responsabilité aggravée. Par conséquent, il semble préférable d'indiquer clairement au banquier ce dont il devra s'acquitter en cas de conflit d'intérêts – une garantie de protection de l'intérêt supérieur contre son propre fait – plutôt que de prendre prétexte du moindre dommage causé par son conflit d'intérêts pour le déclarer responsable. Il serait, en effet, probablement plus judicieux de reconnaître *a priori* une obligation positive de garantie au contenu déterminé dont le banquier serait éclairé, que de contraindre *a posteriori* les juges à juxtaposer des textes inadaptés. Toutefois pour éviter le caractère arbitraire qui a quelques fois été reproché à la garantie traditionnelle, et qui pourrait susciter des critiques, nous nous attacherons à préciser en amont les caractères de l'obligation envisagée et ses modalités spécifiques d'exécution.

Cet exercice accompagné d'une approche comparative implique de comprendre dans un premier temps la réalité du conflit d'intérêts du banquier (**Première partie**) dans l'objectif, dans un second temps, de le doter d'une véritable existence et d'un régime juridiques propres (**Deuxième partie**).

PREMIERE PARTIE

LA REALITE DU CONFLIT D'INTERETS DU BANQUIER

38. Aujourd'hui, le banquier n'exerce pas un, mais plusieurs métiers et la banque ne se définit plus par l'institution, mais plutôt par la gamme d'activités qu'elle pratique et de prestations qu'elle offre. Et au sein de cette entité bancaire, de nombreux acteurs travaillent. Or, parce que ces acteurs servent concomitamment l'intérêt de la banque, qui peut certaines fois aller dans le sens du leur et d'autres fois dans le sens contraire, et celui de leurs clients [196], voire de plusieurs clients aux intérêts potentiellement concurrentiels, ils se trouvent perpétuellement exposés au risque de conflits d'intérêts dont les scénarios sont en constant renouvellement. Mais fondamentalement, qu'est-ce qu'un conflit d'intérêts spécifiquement pour un banquier ?

C'est par cette interrogation qu'il convient d'amorcer toute réflexion. N'a-t-on pas affirmé que « le facteur premier de la praticabilité du droit consiste dans une suffisante définition » [197] ? Un droit « non défini ou insuffisamment défini n'est [-il] point praticable »[198] ? N'a-t-on pas dit que toute notion abstraite est « un piège », car elle risque d'englober des objets auxquels les auteurs de la définition n'avaient pas pensé[199] ?

Observer de près les activités du banquier, étape incontournable, ne donne pas un éclairage suffisamment précis sur ce qu'est le conflit d'intérêts, mais soumet par contre à la tentation de qualifier toute son activité d'immense conflit d'intérêts tant la transposition au cas du banquier de certaines des définitions qui en sont données mène à cette seule conclusion : la situation d'opposition d'intérêts est partout et tout le temps[200].

En revanche, compléter cette exploration d'une analyse de la jurisprudence à ce sujet permet de mettre en lumière le contexte d'apparition du conflit d'intérêts et d'en dégager non seulement les critères communs, mais aussi l'effet déclencheur.

À l'issue de cette opération d'identification, objet du premier titre, le second se proposera d'étudier le régime du conflit d'intérêts du banquier sous les angles de l'effectivité, de l'efficacité et de l'efficience, tant au stade de la prévention qu'à celui du traitement de la situation.

---

[196] La notion de client doit être entendue dans un sens large. Un banquier ne peut par exemple réserver à sa seule clientèle une souscription publique à une émission de titres disponibles en ses guichets : CA Paris, mars 1961, *D.* 1962, p. 310, note Dalsace (A.) ; *RTD com.* 1961, p. 873, obs. Houin (R.). Même lorsqu'il n'est pas émetteur, il a l'obligation de garantie des vices cachés quand il délivre les titres, comme tout vendeur : Cass. civ., 30 juill. 1912, *D.* 1913, p. 495.

[197] BERGEL (J.-L.), *Théorie générale du droit*, Dalloz, 5e éd., 2012, no 172, p. 229.

[198] *Ibid.*

[199] JESTAZ (Ph.), *Le droit*, Dalloz, 8e éd., 2014, p. 100.

[200] DONDERO (B.), « Le traitement juridique des conflits d'intérêts : entre droit commun et dispositifs spéciaux », *D.* 2012, p. 1686, l'auteur arrive à ce même constat concernant les conflits d'intérêts en droit privé : « À défaut d'instrument de classification spécifique, tout peut être vu comme un conflit d'intérêt … »

TITRE PREMIER

L'IDENTIFICATION DU CONFLIT D'INTERETS DU BANQUIER

39. Le conflit d'intérêts du banquier est marqué par un certain juridisme parce qu'il est généralement appréhendé comme une anomalie à corriger ou une menace pour la neutralité, l'impartialité, la loyauté ... ou toute autre valeur considérée comme supérieure. En effet, loin d'être une donnée objective intemporelle, tel que certaines définitions pourraient le suggérer, il a une genèse aussi bien que des conditions d'émergence.

Ainsi, le conflit d'intérêts du banquier est avant tout le résultat de l'incompatibilité que révèlent deux éléments- un pouvoir et un devoir - dans un contexte où le pouvoir prend le dessus sur le devoir. Mais encore ? Il y a quantité de situations où se produisent des déséquilibres entre devoirs et pouvoirs. Quel est alors le dénominateur commun des situations de conflit d'intérêts ? C'est le heurt brutal que provoque la rencontre d'un pouvoir et d'un devoir lorsqu'ils se trouvent concomitamment entre les mains d'un même acteur. Mais les situations où un acteur, qu'il soit personne physique ou morale, dispose de pouvoirs tout en assumant des devoirs, sont innombrables. La situation de conflit d'intérêts est donc encore plus spécifique. Elle est caractérisée par le fait que le pouvoir et le devoir ont un objet et une finalité identique, la protection d'un ou plusieurs intérêts déterminés. Qu'est-ce que cela veut dire ? Cela signifie que le conflit d'intérêts ne prend naissance qu'à trois conditions, cumulatives :

(i) un intérêt spécifique, individuel ou collectif, a préalablement été déclaré comme intérêt supérieur aux autres intérêts ;
(ii) un pouvoir d'affecter cet intérêt est détenu par un seul acteur ;

(iii) un devoir de protection déterminé à l'égard de cet intérêt pèse sur cet acteur.

Dès lors, si l'on admet que la première condition à la survenance du conflit d'intérêts est le pouvoir et que l'on veut bien croire la pensée de Montesquieu selon laquelle « c'est une expérience éternelle que tout homme qui a du pouvoir est porté à en abuser, il va jusqu'à ce qu'il trouve des limites »[201], on conçoit que le devoir de protection apparaît comme la réponse à la possibilité pour le banquier de porter atteinte à l'intérêt qui lui est confié. C'est par conséquent le pouvoir détenu qui dicte l'intensité du devoir qui s'impose à l'égard de l'intérêt[202]. Une situation d'opposition d'intérêts à elle seule ne suffit donc pas à caractériser le conflit d'intérêts qui ne se rencontre pas tant que n'existe pas un devoir qui s'oppose au pouvoir.

Pour vérifier cette hypothèse, il convient de procéder par étapes.

En premier lieu, nous chercherons à identifier cette notion de pouvoir dans le contexte spécifique de la relation du banquier à son client ou au marché, relation en soi porteuse de conflits d'intérêts[203]. Et comme « pour qu'on ne puisse abuser du pouvoir, il faut que par la disposition des choses le pouvoir arrête le pouvoir »[204], la seconde étape consistera naturellement à définir le devoir qui le limite. Ce faisant, on découvrira les principaux instruments du pouvoir du banquier ainsi que ses devoirs, l'objectif étant de dessiner les frontières du pouvoir pour ensuite esquisser les premiers contours du champ conflictuel, c'est-à-dire celui où le conflit d'intérêts exprime sa potentialité. Puis, c'est en répertoriant les conflits d'intérêts en zones de risques, à partir d'une étude des cas amenés devant le juge, que seront dégagés les points communs du conflit d'intérêts du banquier. En mettant de cette manière en lumière les situations de conflits d'intérêts, chaque fois qu'existe un devoir concomitamment au pouvoir, c'est le terrain de la réalité du conflit d'intérêts qui sera exploré (Chapitre I).

---

[201] De SECONDAT de MONTESQUIEU (Ch. L.), *L'esprit des lois*, 1748, livre XI, chap. IV, p. 264.

[202] Si cet intérêt est remis en vertu d'une délégation de son client, c'est cette délégation qui justifie le devoir de protection qui oblige le banquier dès qu'il y a consenti. Lorsque l'intérêt est collectif, le fondement du devoir est différent ; il n'apparaît plus comme la conséquence d'une délégation, mais plutôt comme une contrepartie du pouvoir économique. Sur le débat : faut-il vénérer ou exécrer le pouvoir économique, v. parmi ceux pour qui le pouvoir économique privé suscite des mécanismes compensateurs : GALBRAITH (J.-K.), *American capitalism, The countervailing power*, H. Hamilton, 1957, chap. IX. *Contra*, JACQUEMIN (A.), *L'entreprise et son pouvoir de marché*, éd. Presses de l'université de Laval, 1967, p. 197 ; LHOMME (J.), *Pouvoir et société économique*, éd. Cujas, 1966, p. 38 ; BARRE (R.), « Quelques aspects de la régulation du pouvoir économique », *Rev. économique*, 1958, vol. 9, n° 6, p. 912 et s.

[203] ANDERSON (A. G.), « *Conflict of interest : efficiency, fairness and corporate structure* », *UCLA Review of University of california*, 1978, vol. 25, p. 738.

[204] De SECONDAT de MONTESQUIEU (Ch. L.), *op. cit. & loc. cit.*

Enfin, nous tirerons également de l'examen des enseignements sur les différents intérêts exploités et les préjudices qui en découlent, affinant de la sorte la compréhension de la nature juridique du conflit d'intérêts et de la qualification à lui donner (Chapitre II).

Chapitre Premier. La mise en scène du conflit d'intérêts

40. Découvrir les éléments nécessaires à l'avènement du conflit d'intérêts du banquier exige de s'attarder sur les conséquences du décalage entre les effets et la finalité du pouvoir du banquier. Déterminer de cette manière le risque du conflit d'intérêts suppose au préalable de comprendre la nature d'un pouvoir qui prend différentes formes. Mais assurément, dans le sujet proposé, le concept de pouvoir éveille la curiosité, car il est chargé d'ambiguïté. Envisager son étude est donc une chose, l'amorcer en est une autre. En effet, la seule évocation du terme suffit, dans certains esprits, à animer la polémique.

Le mot « pouvoir » englobe bien des définitions, intéresse plusieurs disciplines, donne le jour à nombre de théories et tourmente des penseurs[205]. En conséquence, le domaine exploré ici étant exclusivement celui du financement bancaire, le pouvoir auquel il est fait allusion sera cantonné à la relation duale du banquier à son client et au marché. La notion de pouvoir au sens large est, on le sait, extrêmement étendue, excessivement sans doute, mais tous ses aspects ne sont pas utiles à notre étude. Et puis doit-on présenter à nouveau ses caractères et en rappeler les critères, lorsque d'autres l'ont fait avec talent et conviction[206] ? Pléthore de discussions riches et de dissertations longues sur ce concept témoignent au final que le profit que pourrait en tirer le juriste, du moins en notre matière, ne deviendrait appréciable qu'à la condition d'en limiter les contours à l'objectif qui a motivé son examen.

41. L'exploitation de la notion dans le contexte choisi commence par sa définition, sauf qu'il s'en faudrait de beaucoup pour y parvenir, comme le

---

[205] Sur la notion de pouvoir : MACHIAVEL (N.), *Le Prince*, Folio classique, 2007 ; ROUSSEAU (J.-J.), *Discours sur l'origine et les fondements de l'inégalité parmi les hommes*, Garnier-Flammarion, 1971 ; WEBER (M.), *Le Savant et le politique*, Plon, 1959.

[206] Sur la notion de pouvoir en droit privé, v. not. GAILLARD (E.), *Le pouvoir en droit privé*, préf. CORNU (G.), Economica, 1985 ; LOKIEC (P.), *Contrat et pouvoir. Essai sur les transformations du droit privé des rapports contractuels*, préf. Lyon- Caen (A.), LGDJ, 2004.

démontre le volume des travaux de recherches à ce sujet. Et si l'appréhender du point de vue du seul langage courant suffit à mettre dans l'embarras, le mot s'avère, lorsque l'on s'intéresse aux usages savants[207], surchargé de significations. Noyau dur et nœud dans les sciences sociales, ce concept se trouve dans plusieurs « citadelles »[208] et souffre d'une polysémie bien singulière. L'idée n'est donc pas de « reformuler en termes adéquats une notion polymorphe, qui se rattache à des domaines obscurs »[209], mais plutôt de partir du constat que le pouvoir du banquier est une condition *sine qua non* de l'apparition d'une situation de conflit d'intérêts. Ainsi, parce que s'il n'existe pas de pouvoir, il n'y a pas de conflit d'intérêts, il est nécessaire de comprendre son lien avec le conflit d'intérêts. À cette fin, nous empruntons à Jean Lhomme sa définition qui nous semble adaptée au contexte étudié : le pouvoir réside dans la « capacité consciente d'exercer une influence nette »[210].

42. Le choix s'est porté sur cette proposition qui en écarte tant d'autres pour trois raisons.

La première tient au fait que la capacité consciente d'exercer une influence nette caractérise la situation de fait du banquier avec une extrême exactitude. Les termes, selon nous, sont pertinents et servent au mieux notre démonstration.

Capacité d'abord, du latin *capacitas*, de *capas*, qui peut contenir[211], englobe aujourd'hui plusieurs significations, mais toutes participent à la définition, comme nous allons le voir, du pouvoir du banquier. La capacité désigne la « puissance de faire quelque chose »[212], elle est assimilée à la faculté, l'aptitude, la compétence ou la force[213]. Or, le banquier a cette « qualité de quelqu'un qui est en état de comprendre »[214] sans laquelle il n'exercerait pas ce métier. Il est apte à offrir la prestation pour laquelle on s'adresse à lui, il a la faculté, la possibilité, d'accomplir le service sollicité. Et il a bien sûr l'aptitude juridique à agir valablement pour lui-même, il a la capacité juridique[215]. La compétence, voire le talent, ne sont pas moins des composantes de son pouvoir et s'agissant de la force, il est inutile de s'étendre dessus, tant il est évident qu'il la tire de sa position même[216].

---

[207] BRAUD (Ph.), *Sociologie politique*, LGDJ, 10e éd., 2011, p. 23.

[208] DUPUIGRENET-DESROUSILLES (G.), « Pouvoir contre pouvoir », *Mélanges François Perroux*, PUG, 1978, p. 351.

[209] RUSS (J.), *Les théories du pouvoir*, Le livre de poche, 1994, p. 7.

[210] LHOMME (J.), *op. cit.*, p. 7 et s. ; « Considérations sur le pouvoir économique et sa nature », *Rev. économique*, 1958, vol. 9, n° 6, p. 860.

[211] *V°* « capacité », *Dictionnaire de l'Académie française*, 9e éd., 1992.

[212] *V°* « capacité », *Le Petit Robert de la langue française*, 2013, p. 345.

[213] *V°* « capacité », *Dictionnaire de l'Académie française*, *op. cit.*

[214] *V°* « capacité », *Le Petit Robert de la langue française*, *op. cit.*, loc. cit.

[215] *V°* « capacité », *Dictionnaire de l'Académie française*, *op. cit.*

[216] À ce propos, on notera sans s'y attarder que si ce choix d'assimiler capacité et pouvoir est d'apparence anodine, il tranche sur une controverse qui a divisé profondément la doctrine

Ensuite, cette capacité, ce pouvoir, le banquier en est conscient. Du mot latin *conscientia*, décomposé en *cum scientia*, l'étymologie suggère la connaissance de l'objet par le sujet, la perception lucide de détenir celui-ci. Or, le banquier possède cette dernière faculté, celle de savoir sa propre réalité, la réalité de son pouvoir d'influence[217].

Cette influence, selon le contexte, peut s'offrir sous deux aspects en même temps. D'une part, elle traduit une pression provenant de l'extérieur, et d'autre part, elle correspond à une figure de contrôle nécessaire. Le banquier cumule les deux. Son influence est permanente et sans doute déterminante.

La seconde raison qui a conduit à privilégier cette définition du pouvoir est liée au fait qu'elle trouve également à s'appliquer lorsque le banquier possède son pouvoir en vertu d'une délégation, principalement après la conclusion d'un contrat.

Enfin, la dernière raison tient à ce qu'elle convient aux multiples rôles du banquier, personne physique comme personne morale, en situation de conflit d'intérêts.

43. Au départ, il y a donc un acteur, le banquier, au sens d'établissement ou d'employé de banque[218]. Ensuite, il y a son environnement, la conjoncture

---

française dont les deux principaux courants, à l'origine irréductibles l'un à l'autre, coexistent aujourd'hui paisiblement. Un première tendance distingue la « capacité à agir valablement pour soi-même » et le pouvoir, « puissance d'agir sur le patrimoine d'autrui » : PLANIOL (M.), *Traité élémentaire de droit civil*, 8e éd., LGDJ, 1920, t. 1, p. 496. Dans le même sens, selon Josserand, la capacité est l'aptitude à exercer ses propres droits et les droits d'autrui : JOSSERAND (L.), *Cours de droit civil positif français*, 3e éd., Sirey, 1938, t. 1, p. 202 et s. ; BONNECASE (J.), *Introduction à l'étude du droit*, Librairie du recueil Sirey, 1939, p. 77 ; TERRÉ (Fr.) et LASZLO-FENOUILLET (D.), *Droit civil. Les personnes, la famille, les incapacités*, Dalloz, 2012, p. 289. Un second courant considère que la capacité serait réduite à « l'aptitude à faire des actes juridiques valables », alors que le pouvoir serait « l'aptitude à engager des biens par ses actes » : COLIN (A.) et CAPITANT (H.), *Cours élémentaire de droit civil français*, t. 1, par JULLIOT de la MORANDIÈRE (L.), Dalloz, 1947, p. 77. Mais conformément à la prédiction d'Ancel énoncée dès 1938 : la démarcation « ne s'implantera jamais dans la doctrine française comme une des notions nécessaires à l'intelligence de la théorie générale des contrats », ANCEL (M.), *Traité de la capacité civile de la femme mariée*, p. 117, cité par GAILLARD (E.), thèse préc., p. 51. D'ailleurs n'est-il pas vrai que dans bien des cas, il est parfaitement possible d'étudier le droit positif sans qu'il soit indispensable de s'être livré préalablement à une analyse de langage ou de vocabulaire, un critère de la distinction entre capacité et pouvoir, même approximatif, pouvant s'avérer satisfaisant. Le droit des incapacités, par exemple, s'en accomode parfaitement.

[217] Ce pouvoir, cette capacité de persuasion n'est pas caractéristique de cette seule personne juridique. En effet, l'influence - en latin *influentia* - désigne l'action, volontaire ou non d'ailleurs, exercée sur une chose, une situation, une personne, un groupe, (*V°* « influence », *Dictionnaire de l'Académie française*, *op. cit.*) ou sur quelque chose (*V°* « influence », *Le Petit Robert de la langue française*, *op. cit.*, p. 1327.). Cette influence se retrouve par exemple dans la relation juridique parents-enfants, tuteur-incapable, employeur-salarié, etc.

[218] La distinction entre le banquier personne physique ou personne morale sera opérée dans ce travail lorsqu'il s'agira de mettre en exergue des particularités de l'une ou l'autre de ces deux catégories.

économique, les circonstances, la faible rentabilité de certaines opérations ou l'accroissement de la concurrence, qui l'incitent à diversifier les services offerts[219] afin d'améliorer les marges bénéficiaires. Or, quand l'acteur multiplie ses activités, ses pouvoirs s'en trouvent renforcés (Section 1). Alors, adoptant parfois la philosophie de Malraux dans la Voie royale, « le pouvoir doit se définir par la possibilité d'en abuser », il ne peut résister à la tentation d'exploiter la situation de conflit d'intérêts à son profit. Mais, si les scénarios divergent, le principe reste inchangé (Section 2)

[219] L'évolution du marché boursier et des techniques de levée de capitaux a en plus provoqué une explosion de la gamme de produits financiers mis à la disposition des investisseurs. Qu'il s'agisse de personnes physiques désirant placer leurs économies à la bourse ou d'entreprises souhaitant optimiser le placement de leur trésorerie, toutes se tournent inévitablement vers ce spécialiste.

Section 1. Les acteurs

44. Le conflit d'intérêts réintroduit le débat sur le pouvoir du professionnel, le célèbre « pot de terre contre pot de fer » trouvant toujours sa place en la matière.

Le pouvoir du professionnel a d'abord été reconnu aux Etats-Unis, plus tôt qu'ailleurs parce que des abus répétés ont déclenché la discussion qui a conduit à le constater. Ainsi, en 1873 déjà, exprimant l'avis de la Cour suprême, le juge Bradley faisait remarquer que « le transporteur et son client ne sont pas sur un pied d'égalité. Le second est un individu parmi un million. Il ne peut se permettre de se débattre ou de chercher un recours auprès des tribunaux. Il préfère plutôt... signer le papier que le transporteur lui présente »[220].

Les voix de la doctrine et des juges qui se sont élevées pour dénoncer les excès sont toutefois longtemps restées ponctuelles et isolées, pour être ensuite abandonnées pendant plusieurs décennies. Ce n'est que dans les années 1940 que cette pensée est réapparue. En effet, alors que le gouvernement américain reprochait à la *Bethleem Steel Corporation* de l'avoir astreint, en raison des impératifs de la guerre, d'agréer à ses conditions pour la construction de transports de troupes, et même si la Cour suprême a réfuté l'argument de contrainte économique évoqué, le Juge Frankfurter déplora que « parce que les circonstances de [l'affaire] ne peuvent être rangées dans les nids de pigeons bien creusés dans le droit des contrats, la Cour suprême se prête à l'agression en plein jour et l'exploitation éhontée des nécessités de la Nation en guerre » [221].

La même idée a été exprimée dans une série d'espèces ultérieures, notamment à l'occasion de l'arrêt *Siegelman v. Cunard Line*[222], dans laquelle le litige concernait un passager qui contestait avoir consenti au choix de la loi compétente du fait du simple achat d'un billet de transport, et au cours de laquelle le juge Jerome Franck s'est longuement attardé sur le fait que les règles habituelles des contrats ne peuvent raisonnablement s'appliquer lorsqu'une des parties n'a aucun pouvoir de discussion.

45. Comme tout professionnel, le banquier possède ce pouvoir. Or l'inégalité des cocontractants est « fatale »[223] et constitue la cause principale de l'asymétrie contractuelle[224] entourant le contrat mixte comme peut en

---

[220] *NY Central R. v. Lockwood*, 84 U.S. (17 Wall.) [1873] 357.
[221] *United States v. Bethleem Steel Corporation*,. 315 U.S [1942] 289.
[222] *Siegelman v. Cunard Line white star ltd*, 221 F. 2d. [1955] 189 2d Cir.
[223] RIPERT (G.), *La règle morale dans les obligations civiles*, *op. cit.*, p. 101.
[224] PERROUX (F.), *Pouvoir et économie généralisée*, PUG, 1994, p. 164.

connaître la relation bancaire. Cette dissymétrie, ainsi que droit et économie en partagent le constat[225], place presque toujours le banquier dans une position privilégiée par rapport à ses clients : il garde un pouvoir permanent sur eux. Puisque capable et compétent, car averti, parce qu'intermédiaire obligé, soit il détient un pouvoir sur un client ou un client potentiel, pouvoir factuel, soit il obtient un pouvoir de son client[226], entendu comme le fait de disposer de moyens qui permettent une action[227], pouvoir juridique. Bien que l'un comme l'autre participent à l'apparition du conflit d'intérêts, une différenciation est toutefois à opérer. Il faut distinguer entre le pouvoir appréhendé dans sa dimension relationnelle, factuelle, le pouvoir au sens capacité d'influence sur un intérêt tiers en l'absence de toute convention, et le pouvoir qui s'assimile à une une capacité d'agir, c'est-à-dire une prérogative. Le pouvoir consiste ici à faire quelque chose, à atteindre un résultat dans le but de satisfaire un intérêt tiers transmis contractuellement[228], il est le contenu de la convention conclue, voire l'objet du contrat.

Ce pouvoir, pris comme « la faculté d'imposer sa volonté à autrui »[229], s'il semble rétif à toute identification, se laisse pourtant approcher lorsque l'on observe plus attentivement l'activité bancaire (§ 1). Et, une fois les situations où le pouvoir est susceptible d'affecter l'intérêt supérieur dépistées, il est possible de les confronter aux devoirs prescrits pour le protéger (§ 2), éclairant ainsi sur la première phase du conflit d'intérêts telle que nous la définissons.

§ 1 - Un pouvoir distinct

46. Certains ont considéré l'asymétrie contractuelle comme une vraie « crise du contrat »[230]. Que l'on partage ou non cette idée, force est de

---

[225] DOCKÈS (P.), *Pouvoir et autorité en économie*, Economica, 1999, p. 2.

[226] Le client, lorsqu'il s'adjoint les services de son banquier, lorsqu'il le sollicite et conclut un contrat par exemple, va créer le pouvoir juridique de ce dernier.

[227] « La capacité à mener des actions à bien et d'arriver à un résultat recherché », HOBBES (Th.), *Léviathan, Traité de la matière, de la forme, et du pouvoir de la république ecclésiastique et civile*, Sirey, 1971, p. 81.

[228] Lorsque ce pouvoir est synonyme de prérogative, il se traduit « par l'émission d'une volonté destinée à produire des effets de droits » (GAILLARD (E.), thèse préc., p. 140). Il se définit aussi comme « l'aptitude d'origine légale, judiciaire ou conventionnelle à exercer les droits d'autrui » (*V°* « Pouvoir », CORNU (G.) (dir.), *Vocabulaire juridique*, 10ᵉ éd., PUF, 2014, p. 782 et s.) qui offre la possibilité d'« agir pour le compte de cette personne dans les limites de l'investiture reçue » (*V°* « Pouvoir », CORNU (G.) (dir.), *op. cit.*, p. 782 et s.). Il s'assimile encore à la faculté autorisant l'exercice d'un droit spécifique qui correspond en général, pour celui qui l'exerce, « à un droit d'agir qui fonde son intervention » (*Ibid.*).

[229] LOKIEC (P.), thèse préc., p. 12.

[230] BATIFFOL (H.), « La "crise du contrat" et sa portée », *Arch. phil. dr.* 1968, t. 13, p. 13.

constater la réalité de la distorsion entre la théorie et les faits du contrat bancaire. Or, plus la distance s'étend entre la volonté du contractant du banquier et le résultat qu'il obtient, plus le pouvoir s'agrandit, et plus le risque de conflit d'intérêts devient élevé. Si à la fin du XIXe siècle, l'intervention du législateur a amorcé le déclin du principe de l'autonomie de la volonté qui prévalait en matière de contrat, en fait, cette volonté se transférait plutôt vers une seule des parties, la plus forte[231]. Au XXe siècle puis à l'époque contemporaine, loin de s'affaiblir, la volonté n'a pas cessé de se renforcer. Mais plus le temps a passé et plus il s'est agi de celle d'entités économiques privées puissantes, dont font partie les établissements bancaires. De nos jours, il semble que cette volonté, ou plutôt son absence, est un des éléments composant le conflit d'intérêts. D'évidence c'est dans certaines situations où la volonté ne peut s'exprimer telle qu'elle le souhaiterait, en raison d'un pouvoir qui l'opprime, que le conflit d'intérêts trouve son existence[232]. Cette affirmation se doit cependant d'être vérifiée. À cet effet, il convient de confronter les caractéristiques majeures de l'environnement de travail du banquier à ses différents métiers[233]. Cette analyse, mettra en particulier en lumière le rôle déterminant que joue l'institution, la nature et l'intensité du pouvoir qu'elle exerce sur l'intérêt d'autrui non seulement dans les principaux contrats qui assoient la relation entre le banquier et son client, mais aussi en dehors de toute investiture conventionnelle.

47. Sans prétendre à l'exhaustivité, les traits prédominants de ce pouvoir seront mis en exergue en distinguant entre l'usage de mécanismes contractuels qui font du pouvoir un droit contractuellement obtenu (A) et les situations non négligeables de pouvoir factuel classiquement détenu (B).

A/ Un droit contractuellement obtenu

48. Pour qui souhaite recevoir un service, le plus simple reste de conclure un contrat personnellement conformément à l'article 1119 du Code civil[234].

---

[231] Il s'agissait alors durant la première moitié du XXe siècle de rétablir l'équilibre dans les contrats, RIPERT (G.), *Le régime démocratique et le droit civil moderne*, LGDJ, 1936, p. 165 et s., L'auteur considère que lorsque le législateur empêche l'adhésion irréfléchie, interdit la lésion, arrête l'abus de droit, il défend au fond l'idée de force contractuelle et que, de ce fait, il peut se flatter de parachever l'œuvre du Code civil. L'effort consistait aussi à remédier à ce qui était parfois considéré comme la « dégénérescence contractuelle », RIEG (A.), « Contrats types et contrats d'adhésion », *in Étude du droit contemporain*, Trav. et Recherches de l'Institut de Droit comparé de Paris, 1970, t. 33, 1970, p. 108.

[232] V. *infra* n° 113 et s.

[233] L'octroi de crédit, l'activité de marché, le conseil aux entreprises.

[234] « On ne peut, en général, s'engager, ni stipuler en son propre nom que pour soi-même ». La théorie du contrat, tel qu'héritée des idées de Pothier[234] et appréhendée par le Code civil, souhaite que la rencontre des volontés de deux ou plusieurs individus soit une source de droit

Mais cette disposition, ainsi que l'article 1165[235] et l'ancienne règle romaine *alteri nemo stipulati potest*[236], souffrent une exception : la catégorie des contrats pour le compte d'autrui[237] à laquelle s'intéresse cette partie de notre étude. Or, ce contrat, que Rousseau pensait être la « base de toute autorité légitime parmi les hommes »[238], et auquel le Code civil abandonnait les relations économiques[239], forme, comme nous allons le voir, une assise privilégiée pour les conflits d'intérêts du banquier.

49. En effet, ces derniers prennent naissance lorsque l'objet principal ou accessoire d'un contrat confère au banquier un pouvoir, au sens de « privilège » comme le considère Max Weber, lui permettant d'édicter des actes juridiques unilatéraux[240]. Ce pouvoir est « la faculté dont dispose une personne d'obtenir d'une autre qu'elle agisse selon sa volonté, en raison d'une inégalité de statut entre elles »[241], c'est la « capacité d'action »[242], telle qu'expressément visée à l'article 1170 [243] et prévue par l'article 1984 (mandat) du Code civil. Il est obtenu par le banquier quand le client le lui

---

se suffisant à elle-même, la source de droit par excellence VILLEY (M.), « Préface historique à l'étude des notions de contrat », *in Sur les notions de contrat, op. cit.*, p. 5.

[235] « Les conventions n'ont d'effet qu'entre les parties contractantes ; elles ne nuisent point au tiers, et elles ne lui profitent que dans le cas prévu par la loi ».

[236] TODOROVA (L.), *L'engagement en droit. L'individuation et le Code civil au XIX*[e] siècle, éd. Publibook, 2007, p. 211. Le principe de l'article 1165 du Code civil est issu de l'interprétation de l'adage *aleri nemo stipulari potest*, lui même inspiré d'un adage latin *Res alios acta aliis neque nocere neque prodesse potest* (la chose convenue entre les uns ne nuit ni ne profite aux autres) qui n'est en vérité que la simple résultante approximative de l'agencement du principe selon lequel nul ne peut aggraver la situation d'un tiers sans son consentement. Initialement propre aux seuls contrats *verbis*, il s'est accidentellement généralisé lors de la codification. Les auteurs traditionnels sont par la suite eux-mêmes amenés à convenir que le principe de « l'effet relatif » a en pratique été solidement assis pour de longs siècles sur une base purement verbale.

[237] CUIF (P.-F.), *Les contrats de gestion*, préf. Aynès (L.), Economica, 2004 ; FLATTET (G. H.), *Les contrats pour le compte d'autrui : essai critique sur les contrats conclus par un intermédiaire en droit français*, Sirey, 1950 ; DISSAUX (N.), *La qualification d'intermédiaire dans les relations contractuelles*, préf. Jamin (C.), LGDJ, 2007.

[238] ROUSSEAU (J.-J.), *Le contrat social*, livre I, chap. 4, p. 9 ; rappr. MARTY (G.) et RAYNAUD (P.), *Les obligations*, 2e éd., Sirey, 1988, vol. 1, p. 30 : « il n'y a pas de meilleures règles que celles qui naissent de la convention librement conclue par des hommes également libres puisque c'est une loi qu'ils ont voulu modeler à leur usage particulier, cette règle réalisera certainement la justice. »

[239] RIPERT (G.), « L'ordre économique et la liberté contractuelle », *in Mélanges GÉNY (Fr)*, vol. 2, Sirey, 1934, p. 347. La vision des rédacteurs du Code civil était en harmonie avec la vie économique de l'époque où le commerce et l'industrie se pratiquaient dans un cadre artisanal étroit ou dans un cadre familial.

[240] WEBER (M.), *Sociologie du droit*, trad. GROSCLAUDE (J.), PUF, 1986, p. 28.

[241] CONSTANTIN (A.), *Les rapports de pouvoir entre actionnaires*, (dir.) Ghestin (J.), thèse Paris I, 1998, p. 383.

[242] CROZIER (M.) et FRIEDBERG (E.), *L'acteur et le système*, Seuil, 1977, p. 67.

[243] « La condition potestative est celle qui fait dépendre l'exécution de la convention d'un événement qu'il est au pouvoir de l'une ou l'autre des parties cocontractantes de faire arriver ou empêcher. »

confère dans un but déterminé. Cette mission ainsi confiée rend le banquier titulaire d'un pouvoir de décider pour lui, de poursuivre ses droits et aussi d'affecter son intérêt.

Premièrement, le professionnel va porter un intérêt tiers, celui de son cocontractant, et ce seul fait lui donne une emprise certaine sur l'intérêt qu'il est ainsi venu à détenir. Cette charge, parce qu'elle additionne le pouvoir d'agir de manière directe sur un intérêt particulier, crée un déséquilibre, une situation fragile. Par exemple, quand un client signe un mandat de gestion de portefeuille, il se dessaisit de ses intérêts, les abandonne entre les mains de son conseiller, et lui confère par là le pouvoir d'agir. Le conflit d'intérêts peut alors surgir si entre en plus dans le jeu un autre intérêt détenu par le professionnel, personnel ou non d'ailleurs.

Deuxièmement, le banquier est généralement libre d'arrêter les actions à mener en conformité avec l'intérêt qu'il gère et de prendre toute décision l'affectant. Ainsi en est-il de l'hypothèse des mandats de gestion ou d'intermédiation. Le banquier est dès lors en position de prédominance, de supériorité sur l'intérêt qu'il possède.

Troisièmement, les informations que le client confie au professionnel pour permettre la bonne conduite de sa mission renforcent son avantage. C'est le cas d'une société qui délivre un mandat d'émission au service d'ingénierie financière d'une banque. D'abord, elle donne au banquier un pouvoir déterminant d'agir sur ses intérêts. Ensuite, quand les titres auront commencé à circuler sur le marché, la même société nourrira ce pouvoir et accentuera sa fragilité à chaque fois qu'elle lui livrera, directement ou indirectement, une information précise la concernant[244].

50. Ce dernier exemple offre une illustration évidente du pouvoir du banquier. Mais les rouages les plus insoupçonnés de cette activité en dissimulent bien d'autres tant le déséquilibre qui domine la relation entre le banquier et son client crée les conditions pour que les conflits d'intérêts s'y développent. Il convient donc de s'intéresser ici à la nature de ce pouvoir

---

[244] Les données communiquées peuvent, en effet, sous certaines conditions, constituer des informations privilégiées telles que définies par les articles 621-1, alinéa 1er du règlement général de l'autorité des marchés financiers, et visées par l'article L. 465-1 du Code monétaire et financier. Pour être qualifiée d'« information privilégiée », celle-ci doit présenter un caractère confidentiel. V. en ce sens : RONTCHEVSKY (N.), « Instruments financiers et délits boursiers », *LPA* 28 mars 2002, p. 25. Dès lors, l'information peut être de nature à affecter les intérêts de cette société, qu'il s'agisse de renseignements relatifs à des signatures de contrats (TGI Paris, 15 oct. 1976, *JCP G* 1976, II, 18329, note Tunc (A.)), au montant exact des pertes (*Ibid.*) ou des dividendes enregistrés (TGI Paris, 28 janv. 1985, *D.* 1985, p. 357, note Marchi (J.-P.) ; Cass. crim., 15 mai 1997, *Rev. sociétés* 1998, p. 135, obs. Bouloc (B.)), ou encore afférents à des prises de contrôle (Opérations de prises de contrôle, restructurations ou opérations de stellage : Cass. crim., 29 nov. 2000, *Bull. crim.* n° 359 ; *Rev. sociétés* 2001, p. 380, obs. Bouloc (B.) ; préparation d'une offre publique d'achat : Cass. crim., 26 oct. 1995, Aff. Péchiney-Triangle, *Bull. crim.* n° 324 ; *Bull. Joly Bourse* 1996, p. 120, obs. Rontchevsky (N.) ; *Rev. sociétés* 1996, p. 326, obs. Bouloc (B.)).

dans les catégories de contrats que l'on retrouve le plus fréquemment en pratique, et où le conflit d'intérêts semble capable de se loger en raison principalement des prérogatives que les cocontractants délèguent au banquier, étant par ailleurs entendu qu'une étude de la nature du pouvoir dans tous les contrats bancaires et financiers n'entrerait pas dans le cadre de ce travail[245].

51. Le pouvoir contractuel ainsi délimité et caractérisé [246] doit être compris comme une prise de possession d'un droit contractuel d'agir. Suivant les circonstances, les prérogatives du banquier ne seront pas identiques et le risque de conflit d'intérêts en résultant non plus, même si, dans tous les cas, ce dernier naît de la situation dans laquelle le banquier exerce une fonction sans en être le bénéficiaire direct, selon qu'il est fait appel à la logique propre des contrats de droit français (1°) ou de droit anglo-américain (2°).

1° - Dans les contrats de droit français

52. En droit français, le contrat est l'accord intervenu entre deux ou plusieurs personnes destiné à créer un droit, à le modifier, à le transmettre ou à l'éteindre. Il engendre de la sorte des obligations à la charge ou au profit des parties. La conclusion du contrat nécessite parfois, comme en matière bancaire et financière, l'intervention d'un représentant. La représentation est le mécanisme en vertu duquel l'acte accompli par une personne en qualité de représentant avec un tiers à la représentation, dit le tiers contractant, engendre des droits et obligations pour la personne remplacée, appelée le

---

[245] Pour une étude sur les contrats bancaires, v. GRUA (F.), *Contrats bancaires, contrats de services*, Economica, 1990, t. 1 ; *Les contrats de base de la pratique bancaire*, Litec, 2000.

[246] Rappelons également, avant d'amorcer cette exploration, qu'en doctrine, le terme pouvoir évoque immanquablement la querelle de définition des droits subjectifs, deux notions qu'elle a souvent rapprochées l'une de l'autre. Savigny a fait du droit subjectif « un pouvoir de volonté » (SAVIGNY (F. C.), *Traité de droit romain*, Firmin Didrot, 1840, t. 1, p. 326 et s.), alors que pour Saleilles, il s'agissait plutôt de « pouvoir égoïste » (SALEILLES (R.), *De la personnalité juridique. Histoire et théories*, 2e éd., Rousseau, 1922, p. 546 et s.); Ripert y a vu « la caractéristique même du droit subjectif » (RIPERT (G.), *Le régime démocratique et le droit civil moderne,* LGDJ, 1936, p. 220.) et Ihering a ajouté au « pouvoir de maîtrise » de Dabin une référence à « l'intérêt protégé » (DABIN (J.), *Droit subjectif*, Dalloz, 1952, p. 103 et s.). Aujourd'hui, en définitive, toute définition du droit subjectif fait référence au « pouvoir ». Pour les besoins de cette partie, et compte tenu du fait que nous assimilons le pouvoir dans son sens primaire à la capacité, nous nous rallierons à la doctrine actuelle qui conçoit le pouvoir comme une « prérogative » (La prérogative constituant la caractéristique du droit subjectif, la qualifier de pouvoir peut susciter des interrogations. Pourtant, il faut admettre que dans les contrats que l'on s'apprête à étudier, elle constitue bel et bien un pouvoir) dans le sens de capacité d'agir sur sa chose, conféré à la personne par le droit objectif (ROUBIER (P.), « Les prérogatives juridiques », *Arch. phil. dr.*, 1960, t. 5, p. 65 et s.). Du reste, l'utilisation de la notion dans le droit positif appelle davantage l'idée de mission, ce qui la rapproche de la conception doctrinale.

représenté[247]. Le banquier peut par conséquent tirer son pouvoir d'un contrat de représentation [248], qu'on a pu qualifier parfois de représentation imparfaite[249], comme lorsque la relation du banquier à son client trouve son assise dans un contrat de commission (a), ou d'autres de représentation parfaite, sa mission s'exerçant au travers d'un contrat de mandat (b).

a - Le contrat pour le compte d'autrui : la commission

53. Le contrat de commission, après avoir connu un nombre important de réformes législatives et de débats doctrinaux, est aujourd'hui défini par l'article L. 132-1 du Code de commerce[250]. Ce contrat s'utilise dans le cadre de certaines activités du banquier, par exemple lorsqu'il mène une opération de prise ferme pour des entreprises en syndication ou encore quand il exécute pour un tiers un ordre de bourse, relatif à des titres de l'émission issue de cette prise ferme. Le contrat de commission est aussi fréquemment le support de son activité d'exécution d'ordres pour compte de tiers[251], qu'il s'agisse d'entreprises ou de particuliers, l'ordre de bourse étant une

---

[247] ROUAST (A.), *La représentation dans les actes juridiques*, 1949, Dalloz, p. 110 et s. Sur la notion de représentation, v. DUVERGIER (J.-B.), *Le droit civil suivant l'ordre du code*, éd. J. Renouard Libraire, 1837, p. 307 et s. ; GAILLARD (E.), « La représentation et ses idéologies en droit français », *Droits* 1987, n° 6, p. 91 ; DIDIER (Ph.), *De la représentation en droit privé*, préf. Lequette (Y.), LGDJ, 2000 ; PILLET (J.), *La substitution de contractant à la formation du contrat en droit privé*, préf. Jourdain (P.), LGDJ, 2004 ; STORCK (M.), *Essai sur le mécanisme de la représentation dans les actes juridiques*, préf. Huet-Weiller (D.), LGDJ, 1982 ; WICKER (G.), *Les fictions juridiques. Contribution à l'analyse de l'acte juridique*, préf. Amiel-Donat (J.), LGDJ, 1997 ; PILON (E.), *Essai d'une théorie générale de la représentation dans les obligations*, thèse Caen, 1897 ; MADRAY (G.), *De la représentation en droit privé. Théorie et pratique*, Sirey, 1931 ; CLARISE (J.), *De la représentation. Son rôle dans la création des obligations*, thèse Lille, 1949 ; SAVATIER (R.), « L'écran de la représentation devant l'autonomie de volonté de la personne », *D.* 1959, chron. p. 47.

[248] La représentation est une construction de la doctrine : GÉNY (Fr.), *Science et technique en droit privé positif, Nouvelle contribution à la critique de la méthode juridique*, partie III, *Elaboration technique du droit positif*, Sirey, 1921, p. 191.

[249] Sur la représentation imparfaite v. OUDINOT (M.), *De la représentation en droit français*, thèse Paris, 1909 ; STARCK (B.), « Les rapports du commettant et du commissionnaire avec les tiers », *in Le contrat de Commission - Études de droit commercial*, (dir.) Hamel (J.), Dalloz, 1949, p. 147.

[250] « Le commissionnaire est celui qui agit en son propre nom ou sous un nom social pour le compte d'un commettant ». Sur cette notion v. DUMONT (M.-P.), *L'opération de commission*, préf. Mousseron (J.-M.), Litec, 2000 ; HAMEL (J.) (dir.), *Le contrat de commission. Études de droit commercial*, Dalloz, 1949 ; JAUBERT (P.), *Commission commerciale. Courtage*, Sirey, 1960 ; VINCENS (É.), *Exposition raisonnée de la législation commerciale et examen critique du Code de commerce*, éd. Barrois l'aîné, 1821 ; DELEBECQUE (Ph.), « Le privilège du commissionnaire », *Mélanges Bézard (P.)*, éd. Petites Affiches/Montchrestien, 2002, p. 211.

[251] Règl. gén. AMF, art. 314-62.

instruction par un client à son intermédiaire financier afin que celui-ci procède pour son compte à l'achat ou à la vente d'instruments financiers[252].

Le banquier est ainsi commissionnaire dans le sens où il opère sous son nom propre, mais pour le compte des donneurs d'ordres, les commettants. Relativement aux conflits d'intérêts que ce schéma peut créer, qu'attendre légitimement d'un commissionnaire agissant « en son propre nom », mais « pour le compte d'autrui » ? Nous l'avons admis, l'intensité du devoir dépend de l'intensité du pouvoir obtenu grâce à l'assise conventionnelle, mais quelle étendue donne alors ce premier contrat au pouvoir du banquier commissionnaire ? La réponse à cette question s'avère délicate compte tenu de la nature même de l'opération de commission dont on a pu affirmer qu'elle constitue « l'une de ces opérations à trois personnes (commissionnaire, commettant, tiers) qui, comme le mandat, la subrogation, la délégation, la stipulation pour autrui, le cautionnement, suscitent, depuis des siècles, des controverses toujours renaissantes »[253]. En réalité, il convient, pour répondre à ces interrogations, de dessiner les bordures d'un champ de pouvoir controversé dès son origine.

54. Ainsi, l'article L. 132-1 du Code de commerce dispose dans un premier alinéa, que « le commissionnaire est celui qui agit en son propre nom ou sous un nom social pour le compte du commettant » et, dans un second, que « les devoirs et les droits du commissionnaire qui agit au nom d'un commettant sont déterminés par le titre XIII du livre III du Code civil ». Mais n'est-ce pas contradictoire de rattacher les règles du contrat de commission à celles du mandat alors que l'objectif est d'en faire un contrat distinct[254] ? Faut-il comprendre que seule la définition peut varier, selon la qualité de l'intermédiaire, le principe restant le même ? Et dans ce dernier cas, le banquier commissionnaire ne différerait-il du mandataire que par son nom, jouissant en fait du même pouvoir ? Pour tenter d'y répondre, il est nécessaire de considérer les deux lectures auxquelles a donné lieu cet article.

Dans la première, qui le conçoit globalement, les deux alinéas sont appréhendés dans leur ensemble. Ils sont lus conjointement. Le commissionnaire serait dans ce cas celui qui agit pour le compte d'un commettant. La commission ne serait rien d'autre que la forme commerciale du mandat général, pouvant éventuellement comporter une représentation. Or, les adeptes de cette lecture ont vite été confrontés à une difficulté. Si ce

[252] Les transactions sont mises en œuvre par le banquier intermédiaire qui en assure la sécurité, l'investisseur et le vendeur du titre ne se connaissant pas. Sur ce point v. RUET (L.), « Ordre de bourse », *in Bourse et produits financiers*, éd. Joly, 2000.

[253] HAMEL (J.), « Préface », *in Le contrat de commission. Études de droit commercial*, Dalloz, 1949, p. 2.

[254] En effet, l'ancien droit avait recours au terme commission pour désigner tous les mandats commerciaux par opposition aux mandats civils quel que soit le mode de réalisation de ces contrats. L'effort de distinction du législateur peut vraisemblablement être synonyme d'un désir d'identification particulier du contrat de commission.

n'est pas « l'action » du commissionnaire qui distingue le contrat de commission des contrats qui s'en approchent, qu'est-ce qui le caractérise ? Sur ce point, les théories ont été nombreuses et convergentes.

Certains, estimant que seule la nature des objets sur lesquels intervient le commissionnaire conditionne sa qualité[255], ont considéré que la commission serait le mandat qui vise l'accomplissement d'un acte intéressant la circulation d'un titre, d'un produit ou d'un crédit. Les défenseurs de cette thèse ont toutefois posé eux-mêmes les limites de ces critères en affirmant ultérieurement que ceux-ci dépendaient non seulement de la nature de l'opération à accomplir, mais également du mode de réalisation de l'opération[256].

D'autres ont plutôt considéré que le commissionnaire doit nécessairement accomplir une opération commerciale individuellement déterminée et que celle-ci disparaît une fois l'acte commandé réalisé[257]. C'était donc pour eux la nature des opérations dont le commissionnaire est chargé qui définissait le contrat de commission[258]. Mais ils ont aussi reconnu la faiblesse de leur thèse qu'ils ont nuancée par plusieurs exceptions, en incluant finalement le critère de l'action du commissionnaire pour corroborer un raisonnement qui l'écartait au point de départ.

Une seconde lecture, d'une conception restrictive, repose sur le premier alinéa de l'article L. 132-1 du Code de commerce uniquement. Ne serait commissionnaire que celui qui traite en son nom propre une opération pour le compte d'autrui. L'opération de commission traduirait un défaut de représentation.

Cependant, au fur et à mesure que la jurisprudence affine la position qui est la sienne, les controverses issues de cette dualité d'approche s'estompent. En effet, celle-ci a commencé par admettre que n'est pas commissionnaire celui qui « agissant en son nom, ne [contracte] néanmoins aucune obligation personnelle » [259], et qu'à l'inverse, le commissionnaire commercial proprement dit est l'intermédiaire qui conclut en son propre nom, est le seul

---

[255] THALLER (E.) et PERCEROU (J.), *Traité élémentaire de droit commercial*, éd. A. ROUSSEAU, 8e éd., 1931, t. 1, p. 702 et s.

[256] PONSARD (A.), « Le contrat de commission dans le Code de commerce et dans la doctrine postérieure », *in Le contrat de commission. Études de droit commercial*, Dalloz, 1949, p. 81 et s.

[257] Cette doctrine considère en effet que l'objet de la commission n'est autre qu'une opération commerciale qu'elle définit comme étant un acte de commerce.

[258] DELAMARRE (E.) et LEPOITVIN (M.), *Traité du contrat de commission ou des obligations conventionnelles en matière de commerce*, éd. Joubet et Cosse, 1841, vol. 2, p. 219 et s. Contrairement aux premiers, ces auteurs estiment que le critère de la définition de l'acte de commerce n'est pas sa nature, mais l'opération qu'il régit. Il suffit que « le trafic de l'objet implique le ministère d'une ou plusieurs autres personnes » pour que « cette interposition relève de la législation commerciale ». La « matière de son trafic » justifie alors à leurs yeux de caractériser le contrat de commission.

[259] Cass. crim., 30 avr. 1853, *DP* 1853, 5, p. 140.

qui s'oblige, qui peut être actionné et qui est tenu envers son commettant[260]. Et cette position est celle qui a été rappelée par les juges du fond[261] jusqu'à ce que la chambre civile vienne, par un arrêt de principe, pleinement la consacrer : « l'arrêt attaqué ne spécifie pas que S. agissait "en son nom propre" : que dès lors, la condition essentielle [...] ne résulte pas de la décision attaquée »[262]. Dans le même sens, elle a confirmé peu de temps après que « le commissionnaire qui agit en son nom propre pour le compte d'un commettant est personnellement tenu des obligations [découlant du contrat de commission] qu'il conclut en cette qualité »[263]. Finalement, on retiendra que le commissionnaire est un intermédiaire concluant en son nom personnel, différent de celui qui, agissant au nom de son commettant, est soumis au régime de mandat.

Ce régime est celui du banquier-commissionnaire. Traditionnellement appliquée aux intermédiaires boursiers, la règle décrite était aussi retenue pour les sociétés de bourse[264] et, auparavant, pour les agents de change, ancêtres des prestataires de services d'investissement. La Cour de cassation a d'ailleurs longtemps considéré que les agents de change « dans l'achat et la vente des valeurs qu'ils négocient à la Bourse agissent non comme des mandataires des parties, mais comme des commissionnaires stipulants en leur nom personnel... »[265]. Ainsi, le banquier prestataire de services d'investissement, tout comme ses ancêtres, est un commissionnaire de type particulier, car doté d'un monopole d'intervention sur le marché des valeurs mobilières.

Des développements qui précèdent, on peut conclure que le banquier commissionnaire ne peut agir indifféremment pour son compte ou pour le compte d'autrui. Dans un arrêt de 1961, la Cour de cassation a d'ailleurs précisé que « la cour d'appel [constatant] que le cabinet n'a jamais avisé qu'il n'agissait pas pour son propre compte ; que de ces constatations, elle a pu déduire [à bon droit] que ledit cabinet, dans ses rapports avec les sociétés défenderesses au pourvoi a agi en qualité d'intermédiaire s'obligeant personnellement »[266].

55. Mais quelle est réellement la situation du banquier qui agit pour le compte d'autrui, mais en son propre nom ? Le fait qu'il procède de la sorte a-t-il des effets particuliers ou est-il possible de ne tenir compte que de

---

[260] Cass. crim., 24 juill. 1852, *DP* 1852, 1, p. 254.

[261] CA Poitiers, 13 déc. 1927, *S.* 1928, 2, p. 1981, note Garaud (R.) : « Le représentant [...] se distingue essentiellement du commissionnaire en ce qu'il traite en son nom et pour le commettant derrière lequel sa personnalité s'efface. »

[262] Cass. 2e civ., 2 nov. 1954, *D.* 1955, p. 5.

[263] Cass. com., 18 janv. 1955, *Bull. civ.* III n° 30.

[264] L. n° 88-70 du 22 janv. 1988 sur les bourses et valeurs, *JORF*, 23 janv. 1988.

[265] Cass. civ., 14 juin 1892, *DP* 1893, 1, p. 500.

[266] Cass. com., 1er févr. 1961, *Bull. civ.* III n° 60 ; *rappr.* Cass. com., 8 déc. 1980, *JCP G.* 1981, IV, 76.

l'agissement pour le compte d'autrui ? Cette position est-elle de nature à lui conférer un pouvoir quelconque d'affecter l'intérêt de son client ? S'il s'oblige pour son compte et que le client reste libre de conclure ou non le contrat obtenu par son entremise, peut-il être affirmé qu'il a réellement un pouvoir ? C'est à cette interrogation qu'il convient à présent de répondre.

La prestation caractéristique attendue dans le contrat de commission est l'accomplissement d'actes, et de toutes les opérations accessoires, à la fois juridiques et matériels, nécessaires à la réussite de l'opération. Par conséquent, le commissionnaire, d'abord, crée un premier lien contractuel entre le tiers-contractant et le commettant, qui ensuite, a aussi vocation à lier le commettant et le tiers contractant. L'influence de l'agissement du banquier commissionnaire est-elle donc dans ce cas assez forte pour parler d'un pouvoir d'agir pour le compte du client commissionnaire et non plus simplement d'une action au nom du commettant ?

À l'égard du client commettant, tout se passe comme si le banquier commissionnaire agissait pour son propre compte. Il est par conséquent personnellement engagé dans les liens du contrat qu'il conclut avec le tiers cocontractant. L'ensemble des effets des actes qu'il effectue se produit dans sa personne. Selon sa situation, il est créancier ou débiteur face au tiers avec qui il contracte. Cette solution est reconnue et affirmée[267] depuis longtemps par la jurisprudence. On peut alors penser que le seul intérêt que le commettant est susceptible d'affecter est le sien. Cependant, conformément à la théorie générale des contrats, le contrat commissionné lie juridiquement le tiers contractant au commissionnaire. C'est là où réside le pouvoir du banquier commissionnaire. L'influence de l'agissement du commissionnaire intervenant en son nom propre se manifeste au sein des conséquences obligatoires du contrat commissionné, en ce qu'ils se produisent non seulement dans la personne du commissionnaire, mais aussi dans celle du commettant.

C'est assurément sur ordre du client commettant que le banquier commissionnaire agit. Dans ce cas, l'opération de commission produit-elle deux liens successifs bien distincts, entre le commettant et le commissionnaire d'abord, et entre le commissionnaire et le tiers contractant plus tard, ou entraîne-t-elle une suite de liens indissociables entre le commettant et le commissionnaire, le commissionnaire et le tiers contractant et enfin le tiers contractant et le commettant ? Ce qui est certain, c'est que

---

[267] Cass. com., 13 mai 1958, *Bull. civ.* III, n° 187 : « Si la décision déférée relève que la commande a été passée par B. et L. [commissionnaires à l'achat] "d'ordre et pour le compte de la maison S. à Téhéran", il ressort de l'ensemble des constatations de la Cour d'appel que B. et L. étaient non pas de simples intermédiaires, mais les commissionnaires en France de la Maison S. ; que c'est, dès lors, sans aucune contradiction que la Cour d'appel a, en tirant les conséquences par elles déduites, reconnu la qualité d'acquéreurs personnels, qualité qui fondait précisément l'action même du tiers cocontractant, qui n'a à aucun moment, été contestée devant les juges du fond. »

dans un cas comme dans l'autre, l'opération conclue par le commissionnaire affectera, certes de manière indirecte, mais affectera quand même, l'intérêt du commettant. Il s'agit là de toute la spécificité du banquier commissionnaire, par différence avec le commissionnaire dont la théorie générale des contrats gère l'action. En effet, c'est parce que le banquier commissionnaire détient un monopole que son intermédiation n'est guère appelée par choix, mais par obligation. Commettant et tiers contractant ne peuvent ainsi pas passer au-dessus de la personne du commissionnaire. Il faut cependant apporter à cette conclusion une nuance en rappelant que, sur le point de révéler le degré d'influence de l'agissement du commissionnaire en son propre nom sur les conséquences du contrat commissionné, la doctrine s'interroge depuis longtemps en distinguant les contrats commissionnés translatifs de propriété de ceux qui ne la transmettent pas[268].

Si le contrat de commission régit les relations entre le client, le banquier et une tierce personne, les seules relations du commissionnaire et de son commettant obéissent, quant à elles, aux règles du mandat, autre mécanisme par le biais duquel la prestation du banquier peut s'opérer.

b - Le contrat de représentation : le mandat

56. Malgré le manque de précision reproché à l'article 1984 du Code civil[269], la portée du mandat[270] est dorénavant bien connue. Le mandat est un

---

[268] DUMONT (M.-P.), *L'opération de commission*, préf. Mousseron (J.-M.), Litec, 2000 ; JAUBERT (P.), *Commission commerciale. Courtage*, Sirey, 1960 ; VINCENS (É.), *Exposition raisonnée de la législation commerciale et examen critique du Code de commerce*, éd. Barrois l'aîné, 1821 ; DELEBECQUE (Ph.), « Le privilège du commissionnaire », *Mélanges Bézard (P.)*, éd. Petites Affiches/Montchrestien, 2002, p. 211.

[269] On a en effet pu reprocher à la définition du mandat donnée par ce texte d'être ambiguë car, premièrement, elle assimile le mandat et la procuration ; or, la procuration est le pouvoir confié par le mandant au mandataire alors que le mandat est le contrat qui confère le pouvoir. Deuxièmement, parce que l'expression de « faire quelque chose » donne à penser que le mandat peut avoir n'importe quel objet, c'est-à-dire l'accomplissement d'actes matériels comme juridiques, quand l'objet de ce contrat se limite à titre principal à l'accomplissement d'actes juridiques. On a pu également la considérer comme incomplète dans la mesure où d'abord elle ne nomme que l'une des deux parties au contrat, le mandant, désignant l'autre par « une personne », et enfin parce qu'elle n'indique pas que ce contrat est généralement conclu *intuitu personae*, même lorsqu'il est conclu entre professionnels : Le TOURNEAU (Ph.), *Rép. civ. Dalloz*, *V°* « Mandat ». V. égal. sur l'histoire du mandat : PFISTER (L.), « Un contrat en quête d'identité. Jalons pour une histoire de la qualification du mandat », *in* Dissaux (N.) (dir.), *Le mandat. Un contrat en crise ?*, 2011, Economica, p. 1 et s. ; GIVERDON (Cl.), *L'évolution du contrat de mandat*, thèse, Paris, 1947.

[270] Sur cette notion, v. POTHIER (R.-J.), *Traité du contrat de mandat*, éd. Siffrein Chanson Imprimeur-Libraire, 1821 ; TROPLONG (R.-T.), *Le droit civil expliqué, Du mandat*, Hingray (Ch.) (dir.), 1846 ; PÉTEL (Ph.), *Le contrat de mandat*, Dalloz, 1994 ; CALAIS-AULOY (J.), *Essai sur la notion d'apparence en droit commercial*, préf. Cabrillac (H.), LGDJ, 1959 ; LARROUMET (Ch.), *Les opérations juridiques à trois personnes*, thèse Bordeaux, 1968.

« mécanisme de représentation conventionnelle dans lequel le mandataire, représentant parfait, n'agit plus pour lui-même, mais au nom d'autrui »[271]. C'est l'acte par lequel le mandant permet à une autre personne « de conclure en son nom et pour son propre compte un ou plusieurs actes juridiques avec un tiers »[272]. Ainsi, le mandat peut consister dans la prise en charge de toutes sortes d'affaires au nom et pour le compte d'autrui. Il s'agit d'exercer des actes juridiques dans un intérêt « au moins partiellement distinct du sien »[273]. Le mandat est donc le contrat par lequel une personne, le mandant, donne le pouvoir à une autre, le mandataire, d'agir en son nom et pour son compte[274]. Dès 1886, la Cour de cassation admit que « le caractère essentiel de ce contrat consiste dans le pouvoir donné au mandataire »[275] ; depuis, la solution est constante. Or, le banquier est souvent le mandataire de son client[276].

57. Mandaté par le donneur d'ordre, le banquier va, pour le compte de ce dernier, mener à terme une opération de rapprochement d'entreprises, une introduction en bourse, une augmentation de capital ou transmettre des ordres à un prestataire habilité en vue de leur exécution. Dans ce dernier cas, on parle de gestion de portefeuille[277], sur laquelle il convient de s'attarder pour illustrer notre démonstration[278].

La gestion de portefeuille peut prendre différentes formes : gestion directe[279], assistée ou conseillée, déléguée. Mais elle peut être aussi collective, la gestion étant dans ce cas opérée à travers un organisme de placement, ou individuelle, reposant alors sur un contrat de mandat aux

---

[271] DUMONT (M.-P.), thèse préc., p. 7.

[272] C. civ., art. 1984, al. 1er. Cette définition existe depuis 1804, mais l'origine du mandat est en revanche controversée. Pour certains, au moins deux cents ans avant la naissance de ce que l'époque classique appelait le mandat général *procuratio omnium bonorum*, il existait déjà en droit romain une telle institution nommée *commendatio* : PETEL (Ph.), *Les obligations du mandataire*, préf. Lequette (Y.), Litec, 1988, p. 1. Pour d'autres, ce mandat n'a pas pu exister à l'époque du droit romain, car ce dernier interdisait toute stipulation pour autrui *alteri stipulari nemo potest*, ÉE TOURNEAU (Ph.), « Mandat », *op. cit.*, nos 169 et s.

[273] GAILLARD (E.), thèse préc., p. 9.

[274] IZORCHE (M.-L.), « Mandat sans représentation », *D.* 1999, chron. p. 369

[275] Cass. civ., 14 avr. 1886, *DP* 1886, 1, p. 220.

[276] Le banquier est souvent mandataire de son client même pour les opérations les plus simples, comme le paiement d'un chèque ou le traitement d'un ordre de virement. Le système du paiement par avis de prélèvement s'apparente pareillement à un mandat permanent donné par le client à son banquier de payer le bénéficiaire. Somme toute, s'analyse généralement comme un mandat donné au banquier toute affectation spéciale d'effets à encaisser ou de sommes au paiement d'une personne désignée : Cass. com., 30 oct. 2007, n° 06-12.677, *Bull. civ.* IV, n° 227 ; *D.* 2007, p. 2870, obs. Delpech (X.).

[277] Règl. gén. AMF, art. 314-60 et s.

[278] « La personnalité du mandataire choisi [en constituant] un élément essentiel » : Cass. com., 9 avr. 1996, n° 94-11.395, *D. affaires* 1996, p. 671.

[279] Elle est directe lorsque le client détient un portefeuille dont il assure directement la gestion.

termes duquel le gestionnaire détient tous pouvoirs pour administrer l'épargne de son client investie en instruments financiers.

58. Si la gestion de portefeuille passe par un contrat de commission lorsqu'elle est dite libre, elle s'opère le plus souvent par un contrat de mandat adapté. Dans ce dernier cas, le pouvoir du banquier mandataire transparaît dès la définition de ce service posée à l'article D. 321-1, 4° du Code monétaire et financier énonçant que « constitue le service de gestion de portefeuille pour le compte de tiers le fait de gérer de façon discrétionnaire et individualisée des portefeuilles incluant un ou plusieurs instruments financiers dans le cadre d'un mandat ». Le contrat de mandat conclu entre le client et son banquier prestataire n'est pas soumis à une réglementation particulière [280]. Il répond donc à la définition du mandat donné à l'article 1984 du Code civil, c'est-à-dire « l'acte par lequel une personne donne à une autre le pouvoir de faire quelque chose pour le mandant et en son nom », et par conséquent, fait bénéficier le professionnel d'un pouvoir discrétionnaire de son client d'accomplir pour lui et en son nom[281]. En effet, le corollaire de ce principe selon lequel le pouvoir est de l'essence du mandat est que le mandataire doit jouir d'une autonomie certaine et d'une liberté, même relative, dans la négociation ou la rédaction de l'acte juridique[282]. Il peut aussi adopter les voies et moyens qui lui paraissent les mieux adaptés à la mission confiée. C'est toute « l'originalité du mandat : celui qui est lié par l'acte juridique noué entre le mandataire et un tiers se trouve ainsi obligé par l'acte de volonté finale d'autrui »[283].

59. Dans ces conditions, non seulement le contrat de mandat donne au banquier un pouvoir considérable, mais celui-ci est encore renforcé par une formule, « faire le nécessaire », qui y apparaît le plus souvent. Cette clause qui stipule que le mandataire s'engage à « faire le nécessaire » ou à « faire tout le nécessaire » pour l'accomplissement de sa mission confère au banquier une latitude assez considérable dans l'exécution du contrat. La jurisprudence n'admet-elle d'ailleurs pas que le mandataire peut ne pas s'en

---

[280] Les relations entre les parties s'inscrivent toutefois dans le cadre des règles de bonne conduite édictées par la loi et le règlement aménageant notamment les relations qui s'instaurent entre un prestataire de services d'investissement et son client. V. sur ce point : PÉLISSIER TANON (A.), « La déontologie du conseil en gestion de patrimoine : bilan et perspective », *Gaz. Pal.* 2000, doctr. p. 727.

[281] PELTIER (M.), « Marchés financiers et droit commun », *Revue banque édition* 1997, p. 173.

[282] Cass. soc., 23 juin 2010, n° 09-40.093, *D.* 2011, p. 540, obs. Ferrier (D.).

[283] Le TOURNEAU (Ph.), « Mandat », *op. cit.*, n° 76. 1. Si le mandat est par ailleurs exclusif, l'exclusivité au profit du mandataire accroît les prérogatives de ce dernier, en ce qu'elle lui garantit qu'il ne sera pas, d'une part, concurrencé par un autre professionnel et, d'autre part, que son mandant ne contractera pas sans son intermédiaire : Cass. 1re civ., 16 févr. 1960, *Bull. civ.* I, n° 101.

tenir à la lettre de sa procuration, mais dispose d'une faculté d'initiative[284] et d'adaptation lui permettant d'accomplir tous les actes qui sont dans la dépendance nécessaire de sa mission ? On pourrait alors en conclure que le banquier est autorisé à effectuer tous les actes qui sont indispensables à la réalisation de la mission qu'il doit mener à terme, à titre de préliminaire ou de suite obligée[285], ce qui n'est pas un pouvoir négligeable. Cette relation de mandat est, par conséquent, un milieu favorable à l'éclosion de conflits d'intérêts, « la notion [même] de conflit d'intérêts [étant] de nature à remettre en cause la régularité des mandats »[286].

La gestion de portefeuille que l'on a pris comme exemple, quel que soit le mode de gestion choisi, repose sur l'un ou l'autre des deux principes suivants. Soit l'investisseur conserve la propriété du portefeuille et en confie la gestion à un tiers dans le cadre d'un mandat ou d'un contrat de commission, soit il la transfère au gestionnaire, charge à lui de gérer le portefeuille dans l'intérêt du client qui le lui a confié et de le lui restituer en fin de contrat. Cette seconde forme de gestion s'apparente à la fiducie originaire du droit anglo-américain comme l'est l'*agency*, contrats auxquels il convient maintenant de s'intéresser.

2° - Dans les contrats d'inspiration anglo-américaine

60. Comme en droit français, en droit anglo-américain, le simple *contract*, résultant d'un échange de promesses mutuelles, engendre des droits et obligations pour chaque partie. L'*Agency* en revanche n'est pas à proprement parler un contrat spécial, au sens du droit français, mais plutôt une dérogation aux contrats classiques. Dépassant le domaine couvert par le droit des obligations, le droit de l'*Agency* comporte des règles dérogatoires au droit commun des contrats. Il forme un corps de règles générales selon lequel une personne a le pouvoir de changer les relations juridiques d'une autre[287] et, à ce titre, il est nécessaire de s'y intéresser (b). Le *trust*, institution fondamentale née de l'*Equity*, permet également de se faire une idée précise du pouvoir du banquier[288] (a).

---

[284] MALAURIE (Ph.), AYNÈS (L.) et GAUTIER (P.-Y.), *Droit civil, les contrats spéciaux*, 6e éd., Défrenois, 2012, p. 311 ; PÉTEL (Ph.), thèse préc., p. 74.
[285] Cass. com., 24 juin 1986, *Bull. civ.* IV, n° 143.
[286] CA Bordeaux, 20 nov. 2007, n° 06/00331.
[287] POPESCO-RAMNICEANO (R.), *De la représentation dans les actes juridiques en droit comparé*, thèse Paris, 1927, p. 3 et s.
[288] Notamment sur les marchés internationaux, VAUPLANE (H. de), « La fiducie avant la fiducie : le cas du droit bancaire et financier », *JCP E.* 2007, 2051.

a - Le contrat de confiance : la fiducie (Trust)

61. La fiducie remonterait à l'Égypte des pharaons, à la Grèce antique ou à Rome[289]. Elle a ensuite prospéré dans la *Common law*, puis depuis des décennies, en Allemagne fédérale et en Suisse, avant de ne regagner[290] la France que récemment[291]. La fiducie[292] définie à l'article 2011 du Code civil « de manière résumée, implique le transfert de droits patrimoniaux par une personne (le constituant) à une autre (le fiduciaire), à charge pour cette dernière de réaliser une affectation déterminée au profit d'un bénéficiaire » [293]. L'intérêt pour cette institution s'explique par sa souplesse[294], très appréciée notamment de la profession bancaire[295]. Au

[289] WITZ (C.), « Rapport introductif », *in Les opérations fiduciaires*, LGDJ, 1985, p. 3 : il s'agissait d'un pacte adjoint à un retransfert volontaire et solennel du droit de propriété par lequel l'acquéreur s'engageait à retransférer le bien à l'époque et dans les conditions fixées dans la convention. À son apparition, la fiducie était dépourvue de toute sanction juridique et reposait uniquement sur la *fides*, la bonne foi de l'acquéreur. Le droit romain prévoyait, en effet, pour gérer un bien, le *pactum fiduciae cum amico* ou, pour garantir le paiement d'une créance, le *pactum fiduciae cum creditore*. Ce n'est que plus tard que le fiduciant se vit accorder une action pour lui garantir l'exécution du pacte de fiducie.

[290] *Ibid.*, p. 5 : la fiducie disparaît sous le Bas-Empire concurrencée par de nouvelles institutions. Ce sont les insuffisances de ces mêmes institutions qui ont provoqué, pour une large part, sa renaissance en droit moderne, car il est nécessairement des cas où le recours à un intermédiaire investi de la propriété des biens s'avère indispensable, ne serait-ce que pour des raisons de discrétion.

[291] Longtemps réticent à l'idée d'instituer ce mécanisme en droit français, le législateur a introduit la fiducie par la L. n° 2007-211 du 19 févr. 2007, *JORF*, 21 févr. 2007, insérée dans le Code civil aux articles 2011 à 2030. – *Adde*, comm. BARRIÈRE (F.), « La fiducie. Commentaire de la loi n° 2007-211 du 19 février 2007 », *Bull. Joly Sociétés* 2007, p. 440 et p. 556 ; DUPICHOT (h.), « Opération fiducie sur le sol français », *JCP G.* 2007, actu. p. 121 ; BOUTEILLER (P.), « Loi n° 2007-211 du 19 février 2007 instituant la fiducie », *JCP E.* 2007, 1404. L'introduction de cette loi avait divisé la doctrine. Des auteurs y étaient favorables, not. MARINI (Ph.), « Enfin la fiducie à la française ! », *D.* 2007, chron. p. 1347, alors que d'autres s'étaient montré plus critiques : LARROUMET (Ch.), « La loi du 19 février 2007 sur la fiducie. Propos critiques », *D.* 2007, chron. p. 1350 ; PIEDELIÈVRE (S.), « La timide consécration de la fiducie par la loi du 19 février 2007 », *Gaz. Pal.* 25-26 mai 2007, doctr. p. 2 ; KHUN (C.), « Une fiducie française », *Dr. et patrimoine* avr. 2007, p. 32.

[292] Sur cette notion : BARRIÈRE (F.), *La réception du trust au travers de la fiducie*, préf. Grimaldi (M.), Litec, 2004 ; LEGEAIS (D.), « La fiducie », *RTD com.* 2007, p. 581 ; KHADEM RAZAVI (G.), « Recherche sur la fiducie en droit privé », *LPA* 23 août 2010, p. 5 et s.

[293] BARRIÈRE (F.), *Rép. civ. Dalloz*, *v°* « La fiducie », 1.

[294] CANTIN CUMYN (M.) (dir.), *La fiducie face au trust dans les rapports d'affaires*, Bruylant, 1999, p. 6 et s.

[295] GROS (F.), « Introduction de la fiducie. Une réelle opportunité pour le banquier », *Rev. banque* juin 2007, p. 57 ; GRANIER (Th.) et TESTON (B.), « La gestion structurelle du risque », *Journ. sociétés* janv. 2013, p. 51 ; MARRAUD DES GROTTES (G.), « Les établissements de crédit : de nouveaux fiduciaires ? », *LPA* 12 mars 2007, p. 5 ; rappr. LUCAS (Fr.-X.), *Les transferts temporaires de valeurs mobilières. Pour une fiducie de valeurs mobilières*, préf. Lorvellec (L.), LGDJ, 1997.

départ, le succès de cette technique a notamment tenu à trois de ses aspects[296]. Premièrement, le dépôt fiduciaire permettait à l'investisseur individuel d'accéder à un marché avant tout tenu par les banques et les grandes sociétés financières. Le second point est d'ordre fiscal : l'opération se déroulant avec un débiteur étranger, elle n'était pas toujours assujettie à l'impôt à la source[297]. En troisième lieu, les autorités de surveillance des banques considéraient que ces dépôts, opérés pour le compte de clients, n'avaient pas à être portés au bilan des banques, ce qui leur évitait d'augmenter leurs fonds propres pour respecter les exigences légales.

62. La fiducie trouve son origine dans la technique anglo-américaine du *Trust*[298], concept très souple issu de l'*Equity*. Le *Trust*, depuis le 1er juillet 1985, est défini par la convention de La Haye relative à la loi applicable au *Trust* et à sa reconnaissance, et vise les relations juridiques créées par une personne, le constituant, lorsque ses biens ont été placés sous le contrôle d'un *trustee* dans l'intérêt du bénéficiaire et dans un but déterminé. Le *trustee* se voit remettre des biens, ceux du *Settlor* dans l'intérêt d'un bénéficiaire, le *cestui que trust*.

63. Mais le *Trust* reste également délicat à cerner[299]. Il existe ainsi lorsqu'une personne, appelée fiduciaire (*trustee*), détient des biens à titre de propriétaire, soit dans l'intérêt d'une ou de plusieurs personnes, appelées bénéficiaires (*beneficiary* ou *cestui que trust*), soit en vue de la réalisation d'un but particulier. Or, « cette personne est véritablement la propriétaire en *Common law* des biens (*legal owner*), alors que les bénéficiaires en sont les propriétaires en *equity* (*equitable owners*) »[300]. La difficulté réside dans le fait que le concept même de propriété diffère singulièrement en droit anglais et en droit français, et que le *Trust* est le résultat de la distinction en droit anglais entre *Common Law* et *Equity,* en soi ardue à comprendre. En effet, le *trustee* bénéficie du *legal ownership* par la *Common Law* en même temps que le *cestui que trust* se voit reconnaître un droit de propriété tel que prévu par les règles de l'*Equity*. Le *Trust,* ou la fiducie, emportent un réel éclatement de la propriété entre *the legal ownership*, les pouvoirs de gestion, et *the cestui que trust's equitable ownerships*, la jouissance des fruits et des revenus de cette gestion[301]. Il s'opère alors un dédoublement de la propriété

---

[296] REYMOND (C.), « Aspects fiduciaires de quelques opérations bancaires principalement dans l'euromarché », *in Les opérations fiduciaires*, LGDJ, 1985, p. 13.

[297] Ceci était valable pour la Suisse mais non pour l'Allemagne par exemple.

[298] HAYTON (V.) (dir.), *Principles of European Trust Law, Kluwer Law International,* 1999 ; MAERTEN (L.), *Le trust patrimonial anglo-américain en droit privé français*, Y. Loussouarn (dir.), thèse Lille III, 1992 ; EL KHOURY (M.), *La fiducie, étude de droit comparé*, M. GRIMALDI (dir.), thèse Paris II, 2002.

[299] CANTIN CUMYN (M.), *op. cit.*, p. 7 et s. ; BARRIÈRE (F.), thèse préc., p. 9 et s.

[300] GRENON (A.), *Les fiducies,* éd. Yvon Blais, p. 7.

[301] TALLON (D.), « Trust », *in* Alland (D.) et RIALS (S.) (dir.), *Dictionnaire de la culture juridique*, PUF, 2003, p. 1487.

qui n'est pas si évident au regard des principes de droit français, notamment de la règle de l'indivisibilité du patrimoine[302].

À cette première difficulté s'ajoute que le *Trust* ou la fiducie prennent de multiples formes parce que leurs fonctions se révèlent extrêmement variées[303]. Ils peuvent être d'origine légale ou volontaire, comme en matière bancaire, intervenir à cause de mort ou *inter vivos*, servir à réaliser une opération à titre onéreux ou une libéralité. De surcroît, ayant pour fonction d'organiser, par le biais d'une convention entre le fiduciant et le fiduciaire, la façon dont celui-ci exercera les droits dont il sera saisi, la fiducie s'étale sur des durées variables, longues ou brèves, déterminées ou indéterminées[304].

Lorsque la fiducie a pour finalité de servir de sûreté garantissant l'exécution d'une obligation avec toute l'efficacité que confère la propriété, elle prend le nom de fiducie-sûreté. Cette technique, ouverte aux créanciers, personnes morales et personnes physiques[305], est utilisée à des fins de garanties de crédit[306]. Dans ce cas, il faut néanmoins préciser que les créances affectées en garantie qui font partie d'un patrimoine fiduciaire ne sont pas immédiatement attribuées au créancier bénéficiaire de cette sûreté[307]. Il en est ainsi même si l'établissement de crédit peut être désigné comme fiduciaire en garantie de ses créances à l'égard de sa clientèle. Lorsque la fiducie est plutôt utilisée pour confier, souvent dans la durée, la gestion de biens ou de certaines activités à un tiers de confiance, il s'agira de la fiducie-gestion, notamment, dans le cas du banquier, de portefeuilles[308] ou de sommes d'argents[309].

---

302 Sur les effets de la fiducie sur cette règle v. COURTIER (A.-S.), « La fiducie et le principe d'unité du patrimoine », *Gaz. Pal.* 15 févr. 2007, doctr. p. 3 et s.

303 WITZ (C.), « Rapport introductif », *in Les opérations fiduciaires*, LGDJ, 1985, p. 3. À l'origine, la fiducie avait une double finalité. Conclue avec un ami, la fiducie permettait à un proscrit obligé de prendre la fuite de mettre ses biens à l'abri, ou à un donateur de confier l'administration de l'objet de la libéralité à un tiers de confiance à charge de le transférer ensuite au gratifié. Conclue avec un créancier, la fiducie permettait de constituer une sûreté conférant *ab initio* la propriété du bien à celui-ci.

304 Il peut s'agir de la durée de l'opération prévue dans la convention de fiducie ou d'une gestion sans limite initiale dans le temps. Dans la fiducie, le moment et les conditions du transfert au fiduciaire des droits dépend fondamentalement de l'accord des parties.

305 Depuis l'ord. n° 2009-112 du 30 janv. 2009. – *Adde*, GRIMALDI (M.) et DAMAN (R.), « La fiducie sur ordonnances », *D.* 2009, p. 670 ; AYNÈS (L.) et CROCQ (P.), « La fiducie préservée des audaces du législateur », *D.* 2009, p. 2559 ; CERCLES (A.), « Simplication du régime de la fiducie à titre de sûreté », *RD bancaire et fin.* 2009., comm. 124.

306 COMBE (M.), « L'efficacité de la fiducie-sûreté », *LPA* 11 févr. 2011, p. 8 et s. ; GALLIEZ (L.) et POUZENC (F.), « La fiducie-sûreté : modes d'emploi », *Dr. et patrimoine* sept. 2011, p. 34 et s.

307 C. civ., art. 2011, 2018 et 2018-2.

308 STUCKI (D.), « La fiducie de droit français : un outil juridique adapté à la gestion de portefeuille ? », *Actes pratiques* mars-avr. 2010, p. 1 et s. et sept.-oct. 2010, p. 1 et s.

309 DUBERTRET (M.), « La fiducie-gestion de sommes d'argent ou la garantie illimitée des dépôts », *Banque et droit*, hors-série mars 2012, p. 95.

64. La fiducie, qui peut prendre différentes formes, demeure également une source de pouvoir conventionnel pour le banquier. Comme nous venons de le voir, le *trustee* devient le véritable propriétaire du bien, il possède le « *legal title* », car, contrairement au mandat, le concept de représentation est étranger à la notion de fiducie. Le procédé de transfert de pouvoir du porteur initial de l'intérêt supérieur vers le banquier est quasiment le même lorsqu'il s'agit de la fiducie que dans les contrats précédemment étudiés, « dès la signature du contrat de fiducie, la titularité des droits qui en est l'objet est transférée du constituant au fiduciaire. La situation est équivalente à celle d'une vente : sauf volonté contraire des parties, la signature du contrat emporte transfert de propriété et obligation de délivrance, c'est-à-dire de mise à disposition de la chose au fiduciaire (sauf à ce que le contrat stipule que le constituant en conserve la détention sous certaines conditions) »[310]. Ce transfert révèle trois caractéristiques propres à la fiducie. D'abord, le fiduciaire exerce les pouvoirs conformément au contrat passé avec son fiduciant, mais il ne le représente pas. Ensuite, à l'égard du tiers, le fiduciaire apparaît comme seul et exclusif titulaire des biens ou des droits qui lui ont été transmis. Il contracte en son nom propre et est seul créancier de l'obligation du tiers. Enfin, il en résulte que le fiduciant ne devient pas partie au contrat avec le tiers.

Pour exemple, le client fiduciant peut convenir avec le banquier fiduciaire d'un dépôt-fiduciaire. Le banquier, dans ce cas, utilise en son nom les fonds que le client met à sa disposition, mais pour le compte et aux risques et profits du client. C'est le second des éléments classiques de l'acte fiduciaire, le transfert de biens du fiduciant au fiduciaire. Ensuite, la banque place les fonds en son propre nom et sans nécessairement indiquer qu'elle agit à titre fiduciaire pour un de ses clients[311]. Au dénouement de l'opération, intervient la rétrocession, le dépositaire des fonds remboursant les fonds au banquier fiduciaire, augmentés de l'intérêt convenu.

Autre illustration, celle dans laquelle le banquier agit pour l'octroi de prêts à des tiers que désigne son client, en son nom, mais aux risques du client. Le principe est le même que le dépôt fiduciaire, sauf que le prêt remplace le dépôt. Mais la fiducie peut également être utilisée comme technique de portage de titres ou servir de support à l'activité de *Nominee*, dont elle se rapproche par certains aspects. Le banquier intervient comme *Nominee* pour faciliter la circulation de titres américains ou anglais sur les marchés européens. Il peut alors apparaître lui-même comme *Nominee* en mettant en circulation les titres dont il est titulaire, munis d'un endossement

---

[310] BARRIÈRE (F.), *Rép. civ. Dalloz*, *v°* « La fiducie », 1.

[311] Ce mécanisme étant d'ordre général, il faut remarquer qu'il peut selon les situations être admis que les fonds soient fournis par le fiduciaire. Par exemple, la banque fiduciaire peut être chargée d'acquérir un bien pour le compte de son client fiduciant tout en finançant elle-même cette opération.

en blanc, ou, émettre à son tour des certificats représentatifs des titres moyennant l'accord de la société[312]. Le *Nominee* a qualité de fiduciaire des porteurs ; à l'égard de la société étrangère, il est seul actionnaire, mais il est tenu de gérer dans l'intérêt des porteurs[313].

65. Il ressort de ces exemples que ce sont, dans le cas de la fiducie, l'absence de représentation et le transfert de propriété qui caractérisent le pouvoir. Le fiduciaire a en effet tout pouvoir, non seulement d'administrer le bien, mais aussi, sauf stipulation contractuelle expresse, d'en disposer. Comme dans l'opération de commission, le banquier agit en son nom, mais pour le compte du client dans le patrimoine duquel se produisent les conséquences juridiques de l'action du banquier. Cependant, contrairement au commettant, le fiduciaire ne devient jamais cocontractant. Dès lors, on peut remarquer un premier pouvoir dû à la disproportion entre les droits que confère au fiduciaire sa pleine titularité et les obligations qu'il assume envers le fiduciant.

Or, comme le fiduciaire est tenu d'agir dans l'intérêt du bénéficiaire, apparaît encore une autre distorsion synonyme de pouvoir, cette fois entre sa qualité de propriétaire et son devoir d'agir dans l'intérêt du bénéficiaire, dont il est en mesure d'abuser au détriment du fiduciant lorsqu'apparaît un conflit d'intérêts.

L'*Equity* reconnaît d'ailleurs ce pouvoir puisqu'elle le contrôle, impose de respecter le but du *trust* et sanctionne toute infraction qui constituerait un *breach of trust*. Et la lecture de la jurisprudence française montre qu'elle raisonne à l'identique. La Cour d'appel de Paris, par exemple, a estimé que c'est bien le *trustee* et non le groupement dont il gère les intérêts, le *trust*, qui a qualité d'agir parce que disposant justement de « la propriété juridique du bien »[314], et ce « en son seul nom »[315], et non comme représentant des bénéficiaires. La cour d'appel d'Aix est également allée dans ce sens, considérant le *trust* comme une entité juridique dépourvue de personnalité, seul le *trustee* « chargé de gérer le patrimoine propre du *trust*, dispose du pouvoir d'agir [...] afin de défendre les intérêts de ce dernier »[316]. La qualité à agir, selon elle, est même fondée sur ce pouvoir et non plus sur la titularité du droit de propriété.

---

[312] SEKFALI (Z.) et VALUET (J.-P.), « La société émettrice et l'intermédiaire français face au trustee et au nominee », *RD bancaire et bourse* 1993, p. 147.

[313] REYMOND (C.), « Aspects fiduciaires de quelques opérations bancaires principalement dans l'euromarché », *in Les opérations fiduciaires*, LGDJ, 1985, p. 16 et s. Précisons ici qu'en droit anglais, le *Nominee* est considéré comme un *Trustee*. Le tiers porteur du titre a la qualité de *beneficial owner*. En revanche, dans le système américain, le *Nominee* ne peut être assimilé à un *Trustee*. Le recours à un *Nominee* permet aux titres traités en bourse de rester inscrits soit au nom d'un *broker*, soit au nom d'une société *Nominee* qui acquiert la qualité d'actionnaire de la société dont les titres sont inscrits à son nom.

[314] CA Paris, 11 mars 2005, *Rev. crit. DIP* 2005, p. 627, note Fohrer (E.).

[315] *Ibid.*

[316] CA Aix, 4 févr. 2004, *LPA* 12 oct. 2004, p. 11, note Zulian (I.).

Demogue s'étonnait déjà en 1937 de ce que « le fiduciaire a des pouvoirs plus étendus que ne l'impliquerait normalement une mission de gestion ou la constitution d'une garantie »[317]. C'est en effet ce seul pouvoir, et non la notion de représentation, qui permet de rendre compte de la relation même de fiducie sans en dénaturer l'institution.

Le pouvoir du banquier dans les contrats d'intermédiation se retrouve également au sein de la relation d'agence, concept se rapprochant par certains aspects des notions étudiées, mais s'en éloignant toutefois par de nombreux autres.

b - Le contrat de courtage : l'Agency

66. L'intervention du banquier courtier, prévue notamment par l'article L. 131-1 du Code de commerce, est spécifique au droit français par opposition aux droits anglais et américain, où elle recouvre un sens beaucoup plus large. Le courtage « permet aux personnes porteuses d'offres d'entrer en contact avec celles qui recherchent les produits ou services dont leur offre fait l'objet »[318]. Il fait intervenir deux personnes, le donneur d'ordre et le courtier, la caractéristique principale de cet intermédiaire étant de demeurer étranger à la conclusion du contrat entre son client et un tiers[319].

En conséquence, le courtier est d'autant moins garant de l'exécution du contrat dont il recherche la conclusion, que les cocontractants mis en relation sont libres de conclure ou non leur opération. Sa responsabilité ne peut dès lors être engagée que sur les caractères de la conclusion du contrat[320]. Son pouvoir est limité à cette mission.

67. En droit anglo-américain, le courtage n'est pas une opération aussi particulière. Le courtier y agit comme *agent*, intermédiaire de façon générale. Ainsi, le banquier *agent* qui offre ses services à un actionnaire ou un émetteur aux fins de trouver, contre rémunération, un acquéreur pour ses titres, agit comme un courtier professionnel, et non en qualité de mandataire ou commissionnaire[321]. La différence des concepts est considérable entre les notions de mandat et de commission, et le contrat de courtage, hérité du concept d'*agency*[322].

Les activités des *investments banks* américaines relèvent par excellence du métier de courtier. En France, les banquiers intermédiaires, lorsqu'ils

[317] « Pourquoi, en effet, concéder à un tiers un droit plus étendu que nécessaire ? » : R. DEMOGUE, *Travaux de la semaine internationale de droit*, Sirey, 1938, p. 7.
[318] DEVÉSA (Ph.), *L'opération de courtage*, Litec, 1993, p. 7.
[319] Cass. com., 3 janv. 1967, *D.* 1967, p. 369.
[320] Comme l'insolvabilité ou l'incapacité de l'un ou l'autre des cocontractants.
[321] GADBIN-GEORGES (G.), *Glossaire de droit anglais*, Dalloz, 2014, p. 49.
[322] MULLER-FREIENFELS (W.), « *Legal Relations in the Law of Agency* », *American Journal of Comparative Law*, 1964, vol. 13, p. 193 et 341.

remplissent le rôle de commissionnaires, agissent en leur nom propre, mais en droit américain comme en droit anglais, on ne retrouve pas de contrat nommé équivalent. Le terme commission est utilisé exclusivement pour désigner la rémunération de l'*agent* (courtier, intermédiaire), au sens particulier que lui confère la théorie de l'*agency*[323] comparable en de nombreux points à la théorie des contrats de stipulation pour autrui, notamment le mandat lorsque des obligations fiduciaires (*fiduciary duties*) sont spécifiquement rattachées au contrat qui lie l'*agent*[324].

L'*agency* est le plus fréquemment définie comme « un rapport qui s'établit au moyen du pouvoir donné par une personne, appelée *principal*, à une autre personne, appelée *agent*, qui l'accepte, d'agir en son nom »[325]. Cette opération peut dès lors couvrir une variété d'actes pour l'accomplissement desquels l'*agent* reçoit le pouvoir[326]. Aussi convient-il de préciser que nous songeons uniquement aux situations d'*agency* où le pouvoir, en vertu d'un accord[327], dont le banquier *agent* est investi, lui permet d'établir des relations contractuelles entre son *principal* et les tiers. Cet accord désigne donc une relation tripartite, contractuelle et souhaitée[328] par laquelle le *principal*, sans être intervenu lui-même dans la formation du contrat, va acquérir des droits et encourir des obligations du fait de ce contrat, car il faut préciser que la création d'un rapport d'*agency* n'implique pas obligatoirement l'existence d'un lien contractuel entre l'*agent* et le *principal*. Certains auteurs considèrent d'ailleurs que l'*agency* n'a pas de place dans une étude des contrats[329], pour d'autres aucune étude des contrats

---

[323] Le droit de l'*Agency* est fondé sur la simple idée qu'une personne qui a reçu des bénéfices à la suite d'une transaction doit supporter sa part dans toutes les pertes issues de cette opération. La responsabilité du représenté est alors engagée par les actes réalisés par le représentant, dans une situation de pouvoirs apparents. L'*Agency* s'est développée en raison des nécessités commerciales. Elle est par principe une représentation volontaire. Elle est une relation qui existe entre deux personnes, une qui consent à ce que l'autre agisse pour son compte et l'autre qui, de la même façon, consent à agir ainsi.

[324] DAVID (R.), *Les contrats en droit anglais*, 2e éd., LGDJ, 1985, p. 220. On explique de manière variée l'origine et la forme actuelle de l'*agency* dans le droit anglais. Ainsi fait-on valoir la parenté lointaine entre l'*agency* et le *mandatum* de droit romain ou entre l'*agency of necessity* et la *negotiorum gestio*.

[325] TREITEL (G. H.), *The Law of contract*, 13e éd., Sweet & Maxwell, 2011, p. 523 ; MUNDAY (R. J. C.), *Agency : law and principles*, Oxford University Press, 2010, p. 1 ; FRIDMAN (G. H. L.), *The law of agency*, 7e éd., Butterworths, 1996.

[326] *Kennedy vs. De Trafford* [1932] 1 KB 710 ; *Potter vs Customs excise commissioners* [1985] STC 45.

[327] L'*agency* peut, en effet, couvrir des situations où elle n'est pas voulue par les parties comme dans le cas où elle est justifiée par la nécessité.

[328] FURMSTON (M. P.), CHESHIRE (G.-C.) et FIFOOT (C.-H. S.), *The Law of contract*, Oxford University press, 2007, p. 400 et s. La terminologie afférente à cette opération reste assez variée : « *agency by consent* », « *agency by act of the parties* », « *agency by agreement* », etc. :

[329] *Ibid.*

ne saurait être complète sans un exposé du droit relatif à l'*agency*[330]. Reste qu'en pratique, lorsqu'il s'agit de relations bancaires, l'*agency* est le plus souvent établie par contrat.

68. Quelle est la nature du pouvoir dans ce rapport en particulier ? Le pouvoir semble ici s'apparenter à celui de l'entremise et de la représentation. En effet, l'*agency* repose sur une fiction. Le *principal* qui n'intervient pas dans le contrat passé avec le tiers est réputé avoir conclu lui-même le contrat[331]. Les actes de l'*agent* avec les tiers produisent leurs conséquences, non pas à l'égard du tiers et de l'*agent*, mais à l'égard du tiers et du *principal*. Ce dernier est seul créancier des obligations issues d'un contrat avec les tiers envers qui il demeure unique responsable, mais sa personnalité s'efface au profit de celle du représenté. De cette manière, le contrat conclu par l'*agent* procure au *principal*, par dérogation au droit commun[332], la *privity of contract*, c'est-à-dire des avantages semblables à ceux d'un contrat conclu par lui-même, mais ce pouvoir s'avère variable.

Dans la situation, particulière au droit de l'*agency,* où l'*agent* n'informe pas le tiers de sa véritable qualité, le laissant croire qu'il contracte pour son compte propre, le pouvoir est renforcé, car le client ne pourra pas intervenir pour obtenir exécution chaque fois qu'il apparaîtra que l'*agent* a entendu contracter personnellement avec le tiers. L'on devine alors le risque en situation de conflit d'intérêts. Il en est ainsi dans l'hypothèse du banquier *agent* agissant en qualité de négociateur, le client *principal* souhaitant faire l'acquisition d'une quantité d'un actif donné auquel le banquier s'intéresse également. Si la demande formulée par le client *principal* révèle pour le banquier une tendance sur un marché par exemple, qu'il décide d'acquérir pour lui-même l'actif, le *principal* n'aura pas de moyen pour obtenir exécution de sa demande et ce indépendamment de la difficulté qu'il aura à apporter la preuve que sa demande a dicté l'action du banquier.

En revanche, dans la situation où la qualité de l'*agent* est révélée, et clairement[333], les parties peuvent prévoir au contrat des modalités précises[334] qui réduisent son pouvoir. C'est le cas lorsque l'*agent* s'engage à garantir au *principal* l'exécution par le tiers, il est ce qu'on appelle un *del credere agent*[335].

---

330 HANBURY (H. G.), *The principles of agency*, 2e éd., Stevens, 1960, p. 1.

331 MUNDAY (R. J. C.), *op. cit.*, p. 41.

332 DAVID (R.), *op. cit.*, p. 274 : « L'existence de rapports entre le principal et le tiers constitue une anomalie au regard de l'une des règles essentielles régissant le droit anglais des contrats, à savoir la règle de "privity of contract", puisque le principal, sans être intervenu dans le contrat, va acquérir des droits et encourir des obligations du fait de ce contrat » :

333 *Herson v. Bernett* [1954] 3 All E. R., p. 370.

334 Un tel engagement, pour être valable, doit être formulé en termes exprès : *Chapman vs. Smith* [1907] 2 Ch. p. 97.

335 HANBURY (H.), *op. cit.*, p. 22 ; MUNDAY (R. J. C.), *op. cit.*, p. 4.

69. Chacun des quatre actes juridiques que nous venons de présenter confère un réel pouvoir au banquier qui est susceptible de devenir, à un moment ou à un autre, source de conflit d'intérêts. Le raisonnement est le suivant : le conflit d'intérêts peut s'expliquer sommairement comme une compétition entre les objectifs économiques du banquier et ceux de son client, une concurrence d'utilités économiques[336]. Le second s'adresse au premier pour retirer de son intervention un bénéfice, un profit économique qu'il est incapable d'atteindre lui-même n'ayant pas les compétences ou la capacité juridique nécessaire pour le faire. L'investisseur ne pouvant exécuter son opération lui-même, a le choix de s'abstenir, mais s'il souhaite le faire, il est contraint d'en confier la tâche au banquier. Dès cet instant apparaît le risque que celui-ci profite de la situation et privilégie son propre intérêt, ou l'intérêt d'un tiers, au détriment de celui de son client. En effet, mis à part les cas où il ne fera qu'exécuter des ordres de son client sans initiative particulière, le banquier dispose contractuellement d'une liberté considérable pour exécuter sa mission. Il bénéficie d'une grande discrétion dans la manière de gérer les actifs de son client et sans que le bien-fondé des décisions qu'il prend ne soit véritablement soumis à un contrôle quelconque. C'est souvent lui qui définit les objectifs à atteindre et les moyens d'y parvenir. Par conséquent, du fait de sa fonction et de sa qualité de professionnel, il est placé dans une position privilégiée pour délimiter les droits qu'il est prêt à assumer et se voit confier généralement les pouvoirs de gestion les plus étendus pour réaliser sa mission[337].

70. Ces constatations rappellent en certains points celles établies par la théorie d'agence[338] en économie. Ainsi, l'*agent* fournit en principe un effort pour produire un résultat qui intéresse le *principal*, son client, en contrepartie duquel ce dernier rémunère l'*agent*. Dans une relation d'optimum, il existe un lien clair, univoque, entre l'effort de l'*agent* et le résultat de son action. Le *principal* peut alors déduire sans aucune erreur l'effort fourni par l'*agent* à partir de son résultat, inciter ce dernier à un niveau d'effort exactement désiré et le rémunérer en conséquence. Cependant, l'*agent* a plus d'information sur ses propres actions et surtout sur ses intentions que ne pourra jamais en avoir le *principal*. Il devient dans ce cas difficile, voire impossible, pour le *principal* de contrôler entièrement les

---

[336] Notion d'utilité économique définie par rapport à la « théorie de l'utilitarisme » de MILL (S.), *L'utilitarisme*, Flamarion, 2008.

[337] Signalons toutefois qu'au vu des risques inhérents à l'investissement à effet de levier sur certains marchés (marché à terme, options, warrants), le contrat de gestion peut comporter une limitation concernant les classes de produits financiers sur lesquels le gestionnaire est autorisé à intervenir. Il est fait de toute manière obligation au gestionnaire d'informer son client de la nature des risques pris dans le cadre de la gestion : CA Paris, 28 févr. 1994, *Bull. Joly Bourse* 1994, p. 287.

[338] V. *supra* n° 21.

actions de l'*agent* et de s'assurer à coût nul[339] que l'*agent* prendra des décisions optimales.

Cette absence de contrôle est due notamment à la difficulté d'accès à l'information détenue essentiellement par le banquier lui-même. Ce décalage est une des principales manifestations du pouvoir factuel du banquier marquant la relation bancaire, qui est peut-être d'ailleurs en cela plus important que le pouvoir contractuel étudié auparavant.

Comme il apparaîtra de ce qui suit, bien que le pouvoir factuel semble apparent, sa délimitation exacte relève parfois du défi tant ses aspects sont paradoxalement opaques et changeants.

B/ Un fait classiquement détenu

71. Le concept de pouvoir ne se réduit pas forcément à l'exercice d'un pouvoir donné. Il est « relations »[340] et ne se conçoit pas sans l'interaction de personnes entre elles. Tout rapport social se fonde sur un rapport de pouvoir, la relation client-professionnel n'y faisant nullement exception. En ce sens, seule sera ici envisagée la dimension factuelle de domination et ses conséquences, abstraction faite de tout élément intentionnel. Il s'agit non plus seulement d'une capacité d'action, mais aussi d'une « capacité d'influence »[341]. Le pouvoir du professionnel[342] est en effet de taille et son importance ne date pas d'aujourd'hui[343]. En matière bancaire et financière, cette affirmation se vérifie facilement. Déjà, au moyen-âge, il se disait de ces banquiers qu'ils « fréquentent artisans, gentilshommes, barons, princes et prélats de tout rang qui accourent tous en foule pour visiter les marchands dont ils ont toujours besoin »[344], que l'on voyait « même bien souvent de grands savants venir visiter les marchands chez eux.... Car aucun homme de

[339] C'est-à-dire sans coûts additionnels au prix du service, appelés coûts de surveillance.
[340] BILLIER (J.-C.), *Le Pouvoir*, Armand Colin, 2000, p. 16. Certains affirment à ce propos que « tous les rapports sociaux sont des rapports de pouvoir » : TOURAINE (A.), *La voix et le regard*, Seuil, 1978, p. 151. D'autres que toute relation « comporte une composante de pouvoir, si refoulée ou sublimée soit-elle », CROZIER (M.) et FRIEDBERG (E.), *L'acteur et le système*, Seuil, 1977, p. 131.
[341] PERROUX (F.), *Pouvoir et économie généralisée*, PUG, 1994, p. 171 ; *Pouvoir et économie*, Bordas, 1973, p. 31.
[342] Il est communément admis que le substantif « professionnel » désigne tout individu qui détient une spécialisation dans un domaine et qui n'agit pas à titre particulier. Les notions de professionnel et de profession font l'objet de définitions multiples et de sens hétérogènes. Sur cette discussion v. SAVATIER (J.), « Contribution à une étude juridique de la profession », *in Mélanges HAMEL (J.)*, Dalloz, 1961, p. 6 ; VIALLE (S.), *La profession, études de ses principales incidences sur l'état et l'activité des personnes*, thèse Grenoble, 1990 ; rappr. DUBAR (C.) et TRIPIER (P.), *Sociologie des professions*, Armand Colin, 1998.
[343] HEILBRONNER (A.), *Le pouvoir professionnel, Rapport au Conseil d'État, Études et documents du conseil d'État*, 1952, p. 33 et s.
[344] LE GOFF (J.), *Marchands et banquiers du moyen-âge*, *op. cit.*, p. 81.

métier n'a jamais su, en aucun royaume ni aucun État, manier l'argent - qui est la base de tous les états humains - comme le fait un marchand ... »[345]. Or, le savoir est lui-même un pouvoir comme le pensait Bacon, « savoir c'est pouvoir »[346].

Ce pouvoir peut se présenter sous de multiples facettes. La catégorisation ici proposée ne prétend pas à l'exhaustivité, le caractère factuel du pouvoir, on le sait, rendant son classement difficile. Des sphères de pouvoir peuvent néanmoins être isolées, le pouvoir factuel étant en fait en lien soit avec la compétence (1°), soit avec la position du banquier (2°).

1° - Un pouvoir en lien avec une compétence

72. Le pouvoir trouve ici sa source dans l'expérience, dans la maîtrise par le banquier de son art (a) et prend des formes plurielles. Il s'exprime notamment à la phase d'élaboration des contrats servant d'assises aux différentes relations que le banquier noue avec ses clients (b), que l'on qualifie respectivement de pouvoir-maîtrise et de pouvoir rédactionnel.

a - Pouvoir-maîtrise

73. C'est un fait, le simple rapport de vente abrite un rapport de pouvoir, le vendeur connaissant le mieux la chose vendue. N'est-ce pas la raison d'être de l'article 1602 du Code civil : « le vendeur est tenu d'expliquer clairement ce à quoi il s'oblige. Tout pacte obscur ou ambigu s'interprète contre le vendeur »[347] ou de l'article L. 111-1 du Code de la consommation : « tout professionnel vendeur de biens ou prestataire de services doit, avant la conclusion du contrat, mettre le consommateur en mesure de connaître les caractéristiques essentielles du bien » ? En effet, ceux qui ont moins de connaissances et ne sont pas au contact des réalités professionnelles sont plus démunis et plus vulnérables[348]. La compétence et l'expertise du professionnel, sa dimension financière, la complexité croissante des produits, le développement du *marketing* et de la publicité, lui permettent, sinon de dicter sa loi, à tout le moins d'avoir une emprise réelle sur certaines

---

[345] *Ibid.*

[346] RUSS (J.), *Savoir et pouvoir*, Hatier, 1980, t. 1, p. 8.

[347] C'est aussi la justification de l'absence d'une obligation d'information pesant sur l'acheteur : Cass. 1re civ., 3 mai 2000, *JCP G* 2000, IV, 2080. Le principe connait toutefois plusieurs exceptions. Ainsi, l'assuré est tenu d'informer son banquier assureur de l'existence des autres polices qu'il a pu souscrire : Cass. 1ère civ., 13 mai 1997, *D.* 1997, p. 351, note Aubert (J.-L.) ; *RTD civ.* 1997, p. 923, note Mestre (J.).

[348] Sénat C. R. du 15 nov. 1994, p. 5581 ; LOKIEC (P.), thèse préc., p. 30. Cette constatation permet généralement une définition du professionnel par opposition au consommateur : le premier se trouvant dans sa spécialité est plus compétent que le second. CALAIS-AULOY (J.) et STEINMETZ (F.), *Droit de la consommation*, 8e éd., Dalloz, 2010, p. 4.

catégories de clients à l'image de celle du médecin sur son patient[349] par exemple.

Ce pouvoir-maîtrise est extrêmement diffus, il se caractérise autant par l'expertise et la faculté de savoir que par la capacité de persuasion, voire d'orientation tirée de ce savoir (I), les deux réunis donnant naissance à une troisième catégorie de pouvoir non apparent (II).

I - Ayant pour objet une expertise ou une orientation

74. Le banquier exerce ses fonctions de manière quotidienne alors que le client, même professionnel, ne met en œuvre que de manière ponctuelle son droit d'information. Le banquier est doté d'un savoir, d'une compétence[350], d'une qualification, que le client exige et, s'il s'adresse à lui, c'est justement parce qu'il détient un savoir. Prenons le cas d'une opération de changement de contrôle qui entraîne des répercussions significatives sur la société concernée et ses mandataires sociaux. Dans ce cadre, la relation n'est pas celle d'un acheteur à un vendeur, car c'est de la capacité de conseil de la banque que dépend toute la réussite de l'opération. Le banquier a en effet une dimension centrale tout au long du processus et les enjeux sont de taille pour le client dans la mesure où ce professionnel est susceptible d'affecter, par exemple, le montant de capital levé et son coût pour la société émettrice, ou d'influencer la valeur de la société et sa capacité de refinancement aussi bien auprès des banques que du marché. Et si le client délivre au banquier une quantité importante d'informations relatives à ses affaires, d'ailleurs souvent confidentielles, la banque lui offre en échange son savoir[351], au sens de son expertise, de ses connaissances des différents marchés, de son expérience sur ces places, de sa maîtrise de l'ingénierie financière et des divers mécanismes de financement.

Dans le domaine de l'intermédiation boursière aussi, les investisseurs qui n'ont pas les connaissances nécessaires pour agir directement sur le marché, en raison de la complexification des produits boursiers, de la diversification des instruments financiers et des marchés, se tournent vers le banquier dans le but de retirer un gain économique qu'ils ne peuvent atteindre par eux-mêmes.

75. La jurisprudence a reconnu ce pouvoir-maîtrise et a amorcé son contrôle en se fondant sur le critère de compétence. Ainsi, l'identification de ce pouvoir-maîtrise a permis à la Cour de cassation de déclarer une clause non écrite en raison du défaut de compétence du professionnel qui se trouvait dans un état d'ignorance identique à n'importe quel

[349] Cass. 1re civ., 11 oct. 1988, *JCP G* 1989, II, 21358, note Dorsner-Dolivet (A.).
[350] VIALLE (S.), *op. cit.*, p. 55.
[351] Ce savoir s'entend à la fois des connaissances, de l'expérience, du savoir-faire et des conduites professionnelles : AUBRET (J.), GILBERT (P.) et PIGEYRE (F.), *Savoir et pouvoir : les compétences en question*, PUF, 1993, p. 38.

consommateur[352]. Mais l'avènement de la réglementation anti-clauses abusives a fait abandonner à la Haute Juridiction sa démarche[353] et elle s'est alors basée sur la qualité du cocontractant[354] avant de s'apercevoir de ses faiblesses et de lui préférer finalement le critère de rapport direct avec l'activité professionnelle[355].

Le pouvoir-maîtrise se limite toutefois rarement à cette détention de savoir. Il a également pour objet une orientation.

76. Le pouvoir, comme évoqué[356], est la « capacité consciente d'exercer une influence nette ». C'est « une capacité à orienter la conduite de l'autre, à l'influencer, à la diriger »[357]. L'affirmation concerne non seulement l'institution, on l'a vu, mais aussi la personne physique représentant le banquier par exemple, qui s'affirme naturellement par l'ensemble de la structure l'entourant. Dans le couple client-banquier, le banquier est le seul « à savoir », et de ce fait, il a sans nul doute un pouvoir sur son client dès le moment où ce dernier se réfère à lui. Il ne s'agit nullement ici d'une quelconque autorité naturelle qu'il peut éventuellement avoir, charme, éloquence, charisme, ou « grâce personnelle »[358], mais du savoir et de la compétence qui lui donnent un crédit lui permettant de s'affirmer dans la prise de décision. Le banquier induit ainsi nécessairement les choix de ses clients. En pratique d'ailleurs, les salariés des banques qui sont en contact avec la clientèle sont choisis pour leur capacité de persuasion, leur compétence commerciale.

77. Ce pouvoir-maîtrise s'exprime aussi avec force en matière de recherche financière. Celui dont le métier est de procéder à des recherches, des études et des analyses dans les domaines économiques et financiers possède en réalité un pouvoir non négligeable, car il a accès à des informations permettant, par exemple, d'assurer une tarification appropriée, d'aider les émetteurs à se financer ou de garantir la profondeur et la liquidité des marchés, grâce notamment à des recommandations d'investissement. Ces recommandations s'entendent « de toute étude, information ou opinion, produite dans un cadre professionnel et destinée à être rendue publique, recommandant ou suggérant une stratégie d'investissement relative : a) A une personne dont les instruments financiers sont admis aux négociations sur un marché réglementé ; b) Aux instruments financiers émis par une telle

---

[352] Cass. 1re civ., 28 avr. 1987, *D.* 1988, p. 1, note Delebecque (Ph.) ; Cass. 1re civ., 25 mai 1992, *D.* 1992, somm. p. 401, obs. Kullmann (J.).
[353] V. *infra* n° 470.
[354] Cass. 1re civ., 24 nov. 1993, somm., p. 236, obs. Paisant (G.) ; Cass. com. 10 mai 1994, *D.* 1995, somm. p. 89.
[355] Pour illustration : Cass. 1re civ., 24 janv. 1995, *D.* 1995, p. 327, note Paisant (G.).
[356] V. *supra* n° 41 et 42.
[357] AMBLARD (H.), BERNOUX (P.), HERREROS (G.) et LIVIAN (Y.-F.), *Les nouvelles approches des organisations*, Seuil, 1996, p. 35.
[358] WEBER (M.), *Le Savant et le politique*, Plon, 1959, p. 120.

personne ; c) Aux actifs mentionnés au II de l'article L. 421-1 admis à la négociation sur un marché réglementé »[359]. La recommandation selon cet article peut-être directe, se caractérisant par « une indication explicite de la décision d'investissement recommandée, telle que la décision d'acheter, de conserver ou de vendre »[360], ou indirecte, « correspondant alors à une indication implicite, notamment par la référence à un objectif ou à une projection de cours, à l'évolution de la situation d'un émetteur ou de toute autre manière de la décision d'investissement recommandée »[361]. Dans les deux cas, elle n'est pas assimilable à la fourniture de conseils en investissement. En effet, s'il n'existe pas de contrat liant directement l'analyste au client, il ne peut s'agir de recommandations personnalisées au sens de l'article 314-43 du règlement général de l'Autorité des marchés financiers, adressées à une personne en raison de sa qualité d'investisseur ou d'investisseur potentiel, ou de sa qualité de représentant d'un investisseur ou d'un investisseur potentiel. Aussi, pour être ainsi qualifiée, elle doit être présentée comme adaptée à cette personne ou fondée sur l'examen de la situation propre de cette personne et doit recommander la réalisation d'une opération relevant de catégories particulières[362]. Les recommandations commerciales informelles, adressées par l'établissement de crédit à un groupe limité de clients concernant une ou plusieurs opérations sur des instruments financiers, qui ne sont pas destinées à être rendues publiques[363], en sont exclues.

La recherche visée concourt également à l'efficience des marchés financiers[364] parce qu'elle « limite la volatilité des cours en introduisant une certaine rationalité dans les décisions d'investissement des différents opérateurs »[365]. Elle accompagne l'investisseur dans ses choix et facilite le travail de conseil en investissement et d'information publicitaire des intermédiaires. Le rapport de l'analyste a donc véritablement un impact

---

[359] C. monét. fin., art. R. 621-30-1. Constituent des recommandations d'investissement : l'ensemble des études, informations ou opinions qui recommandent ou suggèrent, directement ou indirectement, une stratégie d'investissement lorsqu'elles sont produites par un établissement de crédit notamment.
[360] *Ibid.*
[361] *Ibid.*
[362] Dans ce cas, la recommandation concerne deux catégories d'opérations : soit l'achat, la souscription, l'échange, le remboursement, soit l'exercice du droit conféré par l'instrument financier particulier d'acheter, de vendre, de souscrire, d'échanger un instrument financier. Dans cette hypothèse, elle ne sera pas réputée personnalisée si elle est exclusivement diffusée par des canaux de distribution ou destinée au public.
[363] C. monét. fin., art. R. 621-30-4.
[364] Sur ce point V. *infra* n° 310 et s.
[365] PACLOT (Y.), « Les conflits d'intérêts des analystes financiers », *in* MAGNIER (V.) (dir.), *Les conflits d'intérêts dans le monde des affaires, un Janus à combattre ?*, PUF, 2006, p. 31.

important sur le marché, surtout pour les particuliers qui ont plutôt tendance à suivre les orientations proposées dans les notes des analystes[366].

De plus, si la recherche n'est pas une activité directement rentable, ce qui explique le faible nombre d'analystes financiers indépendants[367], elle l'est tout à fait lorsqu'elle est intégrée dans un ensemble de services offert et rendu par la banque. Or, dans ces conditions, le traitement de l'information et de l'analyse financière s'avère un des domaines favoris des conflits d'intérêts[368].

L'expertise du banquier et sa capacité d'orientation ainsi définies révèlent, lorsqu'elles sont mises en commun, un « sous-pouvoir » non apparent.

II - Ayant pour effet un pouvoir-opacité

78. En pratique, il est impossible pour le client de prévoir contractuellement toutes les éventuelles conduites de son banquier. Et, n'ayant pas l'expertise financière de la banque, il lui est d'autant plus difficile d'évaluer *a posteriori* la performance de celle-ci. La plupart des clients, y compris les professionnels les plus avertis, ressentiront des difficultés à discerner la qualité du service qu'ils ont reçu par rapport à celle du même service qu'ils pourraient recevoir ailleurs[369]. En conséquence, si les juges recourent aujourd'hui à l'obligation générale de contracter de bonne foi énoncée à l'article 1134 du Code civil ou dans les maximes d'interprétation des articles 1160[370] et 1135[371] du Code civil, principes pourtant issus des sources du droit les plus anciennes, c'est parce qu'ils y trouvent la justification du renforcement des obligations de la partie qu'ils admettent « forte » dans l'intérêt de la partie « faible », la protégeant de cette manière de la puissance économique de son cocontractant.

---

[366] Groupe de travail AMF, « Pour un nouvel essor de l'analyse financière indépendante sur le marché français », *op. cit.*, p. 5.

[367] En France comme ailleurs, l'analyse financière indépendante ne bénéficie pas du cadre réglementaire ou des moyens financiers lui permettant de se développer, alors qu'elle pourrait constituer une réponse appropriée aux différents problèmes constatés. L'AMF a tenté en mai 2007 de promouvoir cette activité notamment en instaurant un mécanisme de commission de courtage à facturation partagée, puis en février 2011, un groupe de travail étudia de plus près les modalités de fonctionnement d'un conseil national destiné à financer l'analyse indépendante.

[368] BISSARA (Ph.), « Analyse financière et agence de notation », *Bull. Joly Bourse* 2004, p. 11.

[369] WOLFE (M.), « *Why Regulators Should Intervene in Bankers' Pay* », *Financial Times* 16 janv. 2008, p. 18.

[370] « On doit suppléer dans le contrat les clauses qui y sont d'usage, quoiqu'elles n'y soient pas exprimées. »

[371] « Les conventions obligent non seulement à ce qui y est exprimé, mais encore à toutes les suites que l'équité, l'usage ou la loi donnent à l'obligation d'après sa nature. »

79. Une autre des particularités du pouvoir-opacité – une particularité non négligeable qui ajoute à la puissance, au pouvoir du banquier – réside dans le fait que le client, principal intéressé, est toujours ou presque tenu à l'écart du conflit d'intérêts et de sa résolution. Le client n'a généralement qu'une connaissance *ex post* de l'existence du conflit : soit que le banquier a bien voulu appliquer son obligation de révélation[372], parce que les conditions pour qu'il le fasse sont satisfaites, soit que ce dernier n'a pas servi au mieux les intérêts de son client et que celui-ci, grâce aux informations qu'il détient, a découvert l'existence de ce conflit. Ces deux cas restent au demeurant relativement rares et il est permis de penser que, dans la réalité, le client se trouve dans une situation où il ne peut pas avoir accès aux mêmes informations que l'intermédiaire et, par conséquent, ne peut avoir connaissance des conflits d'intérêts existants ou susceptibles d'exister.

Le pouvoir-opacité marque la difficulté à contrôler l'action du banquier dans le cadre ou hors du cadre contractuel, même si les différentes interventions du banquier reposent en général sur un fondement contractuel. Pour effectuer des opérations sur le marché par exemple, une véritable chaîne de traitement est instaurée. L'épargnant qui souhaite placer ses disponibilités sur un marché ou la société qui veut se financer sur une place doivent tous deux passer obligatoirement par un intermédiaire, généralement un banquier373. L'opération de placement implique la conclusion d'une convention de services entre le banquier et son client aménageant principalement les conditions d'exécution des ordres et s'accompagnant de l'ouverture d'un compte. La présence de ces deux contrats est indispensable[374], mais ils sont le plus souvent des contrats d'adhésion comme diverses autres conventions qui, de fait, dans leur ensemble, révèlent un autre pouvoir : le pouvoir rédactionnel, que la figure du contrat d'adhésion[375] explique notamment.

---

[372] Sur ce point V. *infra* n° 345.

[373] De la même manière, celui qui possède des instruments financiers et désire les vendre fera appel au banquier qui accomplira l'opération sur le marché réglementé. Toutefois, rappelons que si, en toute hypothèse, il faut passer par un membre du marché pour pouvoir accéder à ce marché, les membres du marché ne sont pas systématiquement des prestataires de services d'investissement et peuvent être admis selon des conditions posées à l'article L. 421-17 du C. monét. fin.

[374] Le contenu des contrats est défini par le règl. gén. AMF. Les articles 314-62 et 314-64 déterminent le contenu minimum des conventions de services qui servent de cadre aux relations entre le donneur d'ordre et l'intermédiaire financier. Doivent être précisées notamment les caractéristiques des ordres adressés, le mode de leur transmission, leur contenu et les modalités d'information du donneur d'ordre sur la réalisation de la prestation telles qu'exigées par les articles 314-86 et 314-89 du règlement.

[375] DOLLAT (J.), *Les contrats d'adhésion*, thèse Paris, 1915 ; SALEILLES (R.), *De la déclaration de volonté*, LGDJ, 1929 ; DOMERGUE (M.), *Étude d'ensemble sur le contrat d'adhésion*, thèse Toulouse, 1935 ; BERLIOZ (G.), *Le contrat d'adhésion*, préf. Goldman (B.), LGDJ, 1973 ; JOSSERAND (L.), « Aperçu général des tendances actuelles de la théorie des contrats », *RTD civ.* 1937, p. 8.

b - Pouvoir rédactionnel

80. L'essentiel de l'activité bancaire se traduit par la conclusion de contrats de prêt, de dépôt, de mandat, de cautionnement, de nantissement, etc. À l'origine, ils n'étaient pas autre chose que de purs arrangements amicaux dominés par une exigence de gratuité et de confiance personnelle, si bien que le Doyen Carbonnier les a qualifié de « petits contrats »[376]. Mais, arrivés à l'âge adulte, il a fallu que les tribunaux adaptent à la morale des affaires ce qui avait été conçu pour la morale de l'amitié[377]. Et aujourd'hui, pour « exercer sur la volonté de toute une catégorie d'autres, une puissance de droit ou de fait, capable de la décider à l'acceptation des conditions stipulées »[378], ambition qui n'est pas récente[379], les banques ont établi ces contrats selon des formules et des conditions prédéterminées qu'elles n'imaginent pas négocier, exception faite d'opérations d'une particulière importance.

Le contrat bancaire est un exemple de choix du déséquilibre en faveur d'un professionnel qui détient le savoir, les compétences et aussi, exclusivement, le pouvoir rédactionnel[380], car, comme chacun sait, l'usager d'un contrat de service bancaire est de manière générale en condition d'infériorité par rapport au professionnel qui dicte ses règles aussi bien dans la phase contractuelle que précontractuelle. La volonté n'est donc plus seulement diminuée, elle n'existe pas, au moins dans le domaine de l'élaboration du contenu contractuel.

Les contrats d'adhésion, instruments économiques ou cadres normatifs spécifiques, expriment tout particulièrement l'idée de contrainte induite par le pouvoir du professionnel. Si le contrat d'adhésion, en tant que mode de conclusion, se justifie par le fait que les techniques de conclusion des contrats uniformes sont économiquement indispensables sous peine d'en arriver à un processus incroyablement coûteux, extrêmement lent et réellement inadapté au volume d'opérations commerciales, il n'en est pas moins éloigné du contrat considéré comme « un instrument de comportement réfléchi »[381], fondement de la nécessité de respecter les

---

[376] Par opposition à la vente, au louage et à la société, v. CARBONNIER (J.), *Flexible droit, Pour une sociologie du droit sans rigueur*, LGDJ, 2013, p. 313.

[377] *Ibid.*, p. 315 et s.

[378] PERREAU (E. H.), « Une évolution vers un statut légal des contrats », *in Mélanges GÉNY (Fr.)*, Edouard Duchemin, 1977, t. 2, p. 354.

[379] LIEBAERT (J.), « À propos du règlement général des opérations de banque, les usages et le contrat d'adhésion », *Rev. de la banque* juin 1968, p. 345.

[380] La pré-rédaction du contenu contractuel, rendue possible par l'uniformité des produits et services et la similitude des besoins, est imposée par la multiplication des échanges, la préparation de milliers de contrats personnalisés devenant économiquement impossible : COHEN (M.), *Law and social order*, 1967, p. 3 et s. ; FRIEDMAN (M.), *Law in changing society,* Stevens and sons, 1959, p. 7 et s.

[381] BERLIOZ (G.), thèse préc., p. 15.

engagements pris, idée fédératrice qui a dominé toute la conception juridique.

81. Pour les raisons que l'on vient de dire, la règle est aujourd'hui celle de l'adhésion à un contrat standardisé soumis par un intermédiaire. Et cette détermination unilatérale du contenu contractuel fixe l'économie du contrat, la volonté de l'adhérent n'intervenant que pour donner une efficacité juridique à cette volonté [382]. En effet, depuis Saleilles [383], les contrats d'adhésion sont tous ceux dont les conditions et le contenu sont préformés, prérédigés et qui ne peuvent plus, sauf exception, être modifiés. La situation est celle d'une partie qui fixe seule le contenu du contrat, ses modalités d'exécution et les risques qu'elle entend assumer. Mais, au fur et à mesure, la théorie du contrat d'adhésion n'a pas cessé d'être enrichie d'autres critères de contrôle, objets de discussions innombrables [384], tels la position de supériorité économique du rédacteur, sa capacité d'offre permanente et générale [385], le cantonnement de la qualification « d'adhésion » à la prérédaction unilatérale de l'ensemble des clauses par l'une des parties imposable en bloc à l'autre, ou encore la complexité du contenu contractuel rendant difficile la distinction entre les clauses essentielles et accessoires[386].

Il n'est évidemment pas question ici de reprendre l'ensemble de la théorie du contrat d'adhésion, seulement l'idée qui domine et qui suffira pour la présente démonstration : le contrat d'adhésion intervient comme un degré supérieur de contrainte puisque le choix, pour l'un des contractants, s'y limite à contracter ou à s'abstenir de le faire. Par conséquent, l'adhérent doit forcément insérer sa volonté dans l'un de blocs contractuels proposés[387]. Josserand compara d'ailleurs de façon imagée cette sorte de contrat à un « cliché » dont on « tirera des épreuves, indéfiniment, sans pouvoir le retoucher »[388]. C'est de cette manière que l'adhérent se retrouve en condition de dépendance envers le stipulant.

Cette dépendance n'est pas à apprécier sous le seul angle des puissances en présence. Bien au-delà, elle est le résultat particulier de la volonté unilatérale du stipulant. Cette dépendance met alors le client contractant en infériorité avant tout relativement à la prévision du contrat. Un auteur écrivait que « la qualité de la prévision est l'un des éléments qui, dans le

---

382 *Ibid.*, p. 28.

383 SALEILLES (R.), *op. cit.*, p. 299 et s.

384 DOMERGUE (M.), thèse préc., p. 24 ; DEREUX (G.), « De la nature juridique des contrats d'adhésion », *RTD civ.* 1910, p. 503 et s. ; BRICKS (H.), *Les clauses abusives*, préf. Calais-Auloy (J.), LGDJ, 1982, p. 15 et 116. – *Adde*, DOLLAT (J.), thèse préc.

385 RIEG (A.), « Contrats types et contrats d'adhésion », *in Étude du droit contemporain*, Trav. et Recherches de l'Institut de Droit comparé de Paris, 1970, t. 33, 1970, p. 107.

386 DEREUX (G.), art. préc., p. 527.

387 TROCHU (M.), « Les silences de l'adhésion », *in Le contrat de consommation. Congrès national des Huissiers de justice (Tours 12-16 juin 1974)*, LGDJ, 1974, p. 23.

388 JOSSERAND (L.), art. préc., p. 8.

contrat d'adhésion, différencient les "forts" et les "faibles" »[389]. Pour le banquier, la prévision du contrat est facilitée par l'expérience qu'il a pu avoir, une opération ou une situation habituellement répétée lui permettant d'apporter des modifications à un contrat dont il a, au fil du temps, appris à mesurer la portée. Mais le manque de prévision pour le client n'illustre pas à elle seule sa dépendance qui se manifeste également lorsque des clients profanes restent perplexes devant le « magma typographique de lecture malaisée »[390] qu'on leur tend.

Et s'il est de la sorte possible au banquier de dicter le contenu des contrats qu'il propose, c'est en raison de sa position.

2° - Un pouvoir en lien avec une position

82. Le pouvoir qui se forme et s'exerce entre sujets inégaux[391] est inséparable de la relation à travers laquelle il existe[392]. En effet, la position du banquier intermédiaire de marché est source de pouvoir-information (a) et celle du banquier prêteur, source de pouvoir-créancier (b).

a - Pouvoir-information

83. Selon des générations d'économistes, les agents économiques individuels étaient, par hypothèse, réputés capables de procéder à leurs achats et ventes de manière rationnelle, au mieux de leur intérêt, et ainsi supposés aborder les marchés en étant sans effort pleinement informés des conditions d'offre et de demande. Hayek récusa ce postulat qu'il qualifia de pur reflet d'une société parfaitement idéalisée. D'après lui, les connaissances scientifiques que des savants d'une même discipline partagent aisément sont à distinguer des connaissances empiriques et particulières aux circonstances de lieu et de temps qui influencent les décisions des agents économiques. La prééminence accordée généralement à la connaissance scientifique et aux experts qui s'en prévalent négligerait le rôle des informations pratiques dont se servent les individus pour prendre la décision d'achat. Les connaissances scientifiques respectent des protocoles rigoureux et débouchent sur des résultats contrôlables et transmissibles, alors que les agents économiques glanent leurs informations avec l'espoir d'en tirer le meilleur parti possible pour eux-mêmes et leur famille. Ils font donc face aux marchés avec des

---

[389] MARTINE RÉMOND (N.), note sous Cass. 1re civ., 28 avr. 1972, *JCP G* 1972, II, 17083.
[390] JOSSERAND (L.), *Cours de droit civil positif français,* 3e éd., Sirey, 1939, t. 2, p. 24.
[391] PERROUX (F.), *Pouvoir et économie généralisée*, PUG, 1994, p. 30 et s.
[392] FRIEDBERG (E.), *Le pouvoir et la règle : dynamiques de l'action organisée*, Seuil, 1993, p. 114.

informations fragmentaires, dispersées et de qualité inégale[393]. Cette analyse d'Hayek révèle trois sources d'imperfection de l'information que les économistes ont étudiées de manière approfondie et qui figurent aujourd'hui à la base du thème, devenu désormais central et bien établi, des asymétries d'information :

- il faut nécessairement consacrer du temps et de l'argent pour s'informer ;
- les informations reçues sont inégalement accessibles d'un point de vue technique et sont plus ou moins assimilables par le récepteur ;
- nombre de décisions se prennent comme des paris sur la base d'informations le plus souvent incomplètes.

84. Ainsi, du point de vue de la théorie économique et financière, l'existence même de l'intermédiaire financier est fondée sur les coûts de transaction et l'asymétrie d'information[394]. C'est ce dernier élément qui nous intéresse parce qu'un des rôles majeurs reconnu aux banques est le contrôle et la production d'informations dans un contexte d'imperfection de l'information[395] sur les emprunteurs et leurs projets[396]. Notamment, une grande majorité d'économistes[397] prouve que les banques créent et contrôlent

---

393 AKERLOF (G. A.), « *The Market for Lemons : Quality Uncertainy and the Market Mechanism* », *Quarterly journal of economics*, n° 84, 1970, p. 488 et s. ; « *Economics and knowledges* », *Cahiers d'économie Politique, Papers in Political Economy* 2/2002, n° 43, p. 119 et s. ; « *The use of Knowledge in Society* », *American Economic Review*, XXXV, sept. 1945.

394 Sur ce point v. LANGLOIS (R.), « *Transaction-cost Economics in Real time* », *Industrial and Corporate Change*, 1992, vol. 1, n° 1 ; RICHARDSON (G.), *Information and Investment. A study in Working of Competitive Economy*, Cambridge University Press, 1960, p. 2 et s. ; rappr. GAJEWSKI (J. F.), *Frictions et asymétrie d'information sur les marchés d'actions*, Economica, 2000.

395 L'information est dite imparfaite lorsque les agents économiques (entreprises, consommateurs, etc.) ont accès à une information partielle ou coûteuse au cours de leur prise de décision. Ainsi, un individu observera directement un événement ou une action, alors que l'autre individu devra s'en remettre aux indications que lui transmet l'individu informé. On parle en revanche d'incomplétude de l'information quand il ne s'agit plus d'une différence d'appréciation de l'information qui favorise certains individus par rapport aux autres, mais d'une incertitude globale qui affecte les individus dans leur ensemble, de manière égale pour tous. Sur ce point v. RIEDEL (F.), *Imperfect information and investor heterogeneity in the bond market*, Heidelberg, 2000, p. 123 ; PHILIPS (L.), *The economics of imperfect information*, Cambridge university press, 1988, p. 7 et s.

396 Les économistes listent généralement deux autres fonctions principales des banques : la transformation d'actifs (transformations de la qualité et de la maturité principalement) et la gestion des risques (risque de crédit, de taux et de liquidité) : FREIXAS (X.) et ROCHET (J.-C.) cités par GODLEWSKI (Ch.), « Rôle de la nature de l'information dans l'intermédiation bancaire », *in Publications de l'institut d'études politiques de l'université Robert Schuman, Strasbourg III*, 2004, p. 2.

397 ROCHET (C.), *Microeconomics of Banking*, M.I.T. Press, 1998 ; ALLEN (F.) et GALE (D.), « *Financial Markets, intermediaries, and intertemporal smoothing* », *Journal of Political Economy*, 1997, vol. 105, p. 523 et s. ; ALLEN (F.) et SANTOMERO (A.), « *What*

les marchés financiers de l'information, « *information marketplace* ». Il ne s'agit là que des marchés financiers au sein desquels les entreprises qui recherchent du capital, les investisseurs importants qui y apportent leurs liquidités comme les plus petits investisseurs échangent au travers de leur activité, en quelque sorte, des droits de propriété informels relatifs à l'information[398]. Les banquiers, intermédiaires incontournables de cette activité, et du seul fait de cette position, sont les récipiendaires de l'information[399], sans nécessairement que les acteurs du marché aient souhaité la leur transmettre. Dans ce contexte, bien que les décisions d'investissement reposent sur cette information, il est impossible d'établir des droits de propriété sur celle-ci et, par conséquent, il est très difficile de coordonner son échange autrement que par l'intermédiaire de la banque[400]. De même, si par nature l'information concernant les affaires d'une société est dispersée parmi plusieurs acteurs économiques, lorsque ses titres se négocient publiquement, cette information pénètre de manière invisible les cours par l'effet concurrentiel des acteurs intéressés et les banques, intermédiaires obligés, se trouvent alors à nouveau détenir l'information, tant sur les émetteurs que sur les investisseurs[401].

85. Mais, dans le domaine du crédit aussi, les banques ont un accès privilégié à l'information, que ce soit par leur statut de prêteur qui conduit les entreprises, pour accéder au financement et en réduire le coût, à leur dévoiler les informations qu'elles sollicitent[402], ou par les possibilités qu'elles ont généralement de se procurer des données concernant l'entreprise emprunteuse ou des entreprises du même secteur d'activité.

86. Une autre source d'information privée informelle est à la disposition des banques : l'« information de place ». Il s'agit des informations que les banquiers peuvent s'échanger sur leurs « relations ». Elles ont alors, en fait, pour rôle de combler les disparités d'information entre les vendeurs et les

---

do financial intermediaries do ? », *Journal of Banking and Finance* 2001, vol. 25, p. 271 et s. ; DIAMOND (D.), « *Financial intermediation and delegated monitoring* », *Review of Economic Studies*, 1984, vol. 51, p. 689.

[398] Sur l'information envisagée comme un bien appropriable et susceptible de valorisation à l'occasion de sa transmission à autrui : CATALA (P.), « La transformation du patrimoine dans le droit civil moderne », *RTD civ.* 1966, p. 185 et s. ; ROCHFELD (J.), *Les grandes notions du droit privé*, PUF, 2011, p. 272 et s.

[399] V. MATHEY N., « Information et asymétrie d'information dans la relation bancaire », Mélanges AEDBF, 2013, p. 423.

[400] MORRISON (A.-D.) et WILHELM JR (W.-J.), *Investment Banking : Institutions, Politics and Law,* Oxford University Press, 2007, p. 5.

[401] *Ibid.*

[402] FAMA (E. F.) et JENSEN (M. C.), « Organizational Forms and the Investment Decisions », *Journal of Financial Economics*, 1985, n° 1, p. 101 et s. ; MESTER (L. J.), NAKAMURA (L. I.) et RENAULT (M.), « *Checking accounts and bank monitoring* », *Federal Reserve Bank of Philadelphia*, 1998, *Working Paper* n° 98, p. 25.

acheteurs sur les marchés primaires[403]. Le prix obéit à des considérations certes rationnelles du point de vue de ce banquier informé, mais bien mystérieuses pour le client ordinaire, pour lequel le système semble organisé pour susciter son envie de participer au lancement d'une nouvelle génération de produits[404]. N'est-ce pas là un pouvoir considérable ? Le banquier ne détient-il pas dans ces conditions les rênes d'un marché qu'il pourrait facilement manipuler ? En plus, la taille de son réseau lui donne un pouvoir de placement et de contact avec un très large public.

87. Enfin, les banques qui animent le marché ont une activité pour compte propre consistant à détenir, soit directement, soit par l'intermédiaire de fonds d'investissement, des portefeuilles substantiels. Les informations collectées dans le cadre de leur activité avec la clientèle sont donc susceptibles d'être utilisées pour cette activité. La contradiction entre ces deux pouvoirs est un facteur absolument considérable d'apparition des conflits d'intérêts.

Ces aspects essentiels du pouvoir-information mis en exergue, il nous reste à présent à découvrir le dernier pouvoir du schéma proposé : le pouvoir créancier.

b - Pouvoir créancier

88. Par leur statut, les banques jouissent de grandes possibilités d'action qui constituent sans doute une de leurs plus vieilles caractéristiques. En outre, à certaines périodes, la législation bancaire leur a été favorable, ce qui a permis leur expansion[405]. Enfin, l'universalité des fonctions leur a offert, notamment aux plus grandes, la possibilité d'exercer une influence considérable sur les entreprises industrielles. Quelle restructuration, quelle fusion, quel investissement majeur de groupes industriels s'est réalisé sans la collaboration de loin ou de près d'une banque ? À travers l'analyse des principaux instruments dont elles disposent, il apparaît que les activités de crédit, de marché, de prise de participations ou d'exercice des droits de vote délégués par les petits actionnaires, les mandats sociaux, sont autant d'instruments permettant l'expression de ce pouvoir. Si le cas de cumul de ces cinq fonctions à l'égard d'une même entreprise, qui autrefois constituait la généralité pour les grandes banques universelles en France comme ailleurs, se raréfie à force d'interventions législatives, ces entités gardent néanmoins encore, à côté des pouvoirs déjà cités, un autre pouvoir absolu, sur les entreprises en particulier. C'est un pouvoir qu'on a pu désigner

---

[403] GILSON (R.-J.) et KRAAKMAN (R. H.), « *The Mecanisms of Market Efficiency* », *Va. L. Rev.* 1984, n° 70, p. 549 et s.

[404] JUVIN (H.), *Produire le monde. Pour une croissance économique*, Gallimard, 2008, p. 106 et s.

[405] Sur cette évolution V. *infra* n° 277.

parfois par pouvoir bancaire par opposition au pouvoir financier, ou encore pouvoir de finance intermédiée par opposition à la finance de marché[406], mais quelque soit le nom qu'on lui donne, c'est de la puissance obtenue par la position habituelle du banquier apporteur de fonds (I), du banquier créancier, dont il s'agit. Ce pouvoir s'apparente à une sorte de menace permanente de dénonciation au marché (II).

I - L'apport de financement aux entreprises

89. Ce pouvoir devient souvent synonyme d'une influence dont la nature est protéiforme sur les entreprises, qui nous est perçue comme une conséquence directe de l'apport de financement. Le pouvoir bancaire est sans doute une des composantes essentielles du pouvoir économique du banquier. Il repose sur une des caractéristiques propres de la banque universelle qui est de mener une activité financière aussi importante que l'activité de crédit. Il est bien évident que la fonction de pourvoyeur de moyens de financement à elle seule offre à toute banque des possibilités d'influence sur les entreprises clientes[407]. La relation de dépendance des entreprises à l'égard de leurs principaux fournisseurs de ressources financières est une réalité et il s'agit d'un pôle d'activité considérable de la banque universelle. Contrairement aux très grandes entreprises qui peuvent jouer de leur taille pour diversifier leurs sources de financement et accéder plus facilement aux financements de marché, les entreprises petites et moyennes[408] restent très dépendantes du crédit bancaire[409]. Cette dépendance est accentuée par la prépondérance des relations monobancaires qui limite le champ des possibles, surtout pour les petites entreprises[410].

---

[406] Le financement intermédié désigne un financement d'origine bancaire. L'entreprise qui recherche des fonds fera appel à un intermédiaire financier qui lui apportera les capitaux nécessaires à son développement sous forme d'emprunts, et ces capitaux proviendront de dépôts. Un financement désintermédié consisterait à obtenir ces mêmes capitaux sur les marchés financiers, sans intermédiaire.

[407] Banque de France, « Les différentes sources de financement des entreprises : schéma général et encours », p. 2 et s. disponible sur www.banquedefrance.fr ; MYERS (S. C.), « *The Capital Structure Puzzle* », *The Journal of finance*, vol. 39, n° 3, 1983, p. 575 et s. ; DE HAAN (L.) et HINLOOPEN (J.), « *Preference Hierarchies for Internal Finance, Bank loans, Bond, and Share issues : Evidence for Dutch Firms* », *Journal of empirical finance*, 2003, p. 661 et s. ; Féderation française des banques, *Observatoire des Crédits aux Ménages*, rapp. janv. 2012, p. 2.

[408] Qui constituent la grande majorité des entreprises françaises : Chambre de commerce et de l'industrie, *Quel avenir pour le financement à long terme des entreprises non cotées*, rapp. 6 oct. 2011.

[409] *Ibid :* le poids des dettes bancaires a ainsi atteint près des deux tiers de l'endettement financier des PME en général et plus des trois quarts pour les PMI en 2007.

[410] *Ibid :* 86% des TPE n'ont qu'une seule banque, contre 43% des PME et seulement 21% des plus grandes entreprises.

Pour autant, les plus grandes entreprises n'échappent pas à cette influence qui s'exerce notamment lors des assemblées d'actionnaires (i) comme par le biais de contrats ou de recommandations extracontractuelles (ii).

i - L'exercice du droit de vote dans les sociétés cotées

90. Cette expression de ce pouvoir s'illustre par la possibilité pour les banques d'exercer une influence sur les entreprises par l'intermédiaire des mandats de gestion de portefeuille qui leur sont confiés[411]. Une partie de la doctrine a vu dans ce pouvoir une « révolution de l'actionnariat »[412], un « renouveau des assemblées d'actionnaires »[413], voire la disparition entre actionnaires de contrôle et actionnaires[414], tandis qu'une autre y voyait plutôt une métamorphose profonde de la condition de l'apporteur de capitaux davantage sous « l'effet d'entraînement » de l'internationalisation[415].

Quoi qu'il en soit, il est clair que le réseau de relations professionnelles et d'imbrication des intérêts peut conférer aux banques une possibilité d'immixtion – ou au moins de pression – dans les grandes décisions des entreprises. En effet, la généralisation de l'épargne gérée collectivement a provoqué une évolution inattendue en permettant à l'organisme gérant de concentrer en une seule main une capacité d'investissement significative, alors qu'elle serait dispersée sur le marché sans son intervention. L'activité de la banque, lorsqu'elle consiste à assurer la gestion collective de l'épargne, a pour finalité de la faire fructifier avec « l'activisme »[416] qu'exige son statut. À cette fin, elle se voit concéder la totalité des droits des associés-clients, l'épargnant lui déléguant volontiers l'exercice de son droit de vote, qui ne représente pour lui qu'une faculté virtuelle inutilisée[417] dans la mesure

---

[411] L'obligation d'exercer le droit de vote est exigée par le législateur aux sociétés de gestion, pour les parts et actions d'OPCVM qu'elles gèrent, en tant que règle de bonne conduite destinée à garantir la protection des investisseurs et la régularité des opérations ; les sociétés de gestion sont tenues de rendre compte aux porteurs de parts ou actionnaires de l'exercice des droits de vote, ou d'expliquer les motifs de non exercice de ces droits de vote : C. monét. fin., art. L. 533-22. Ces obligations ont été renforcées dans le cadre de la transposition de la directive d'application 2010/43/UE du 1er juill. 2010, préc., qui impose aux sociétés de gestion l'élaboration de stratégies appropriées et efficaces d'exercice des droits de vote, afin que ces droits bénéficient exclusivement à l'OPCVM concerné (art. 21).

[412] PAILLUSSEAU (J.), « Entreprise, société, actionnaires, salariés, quels rapports ? », *D.* 1999, chron. p. 157.

[413] GUYON (Y.), « La société anonyme, une démocratie parfaite ! » *in Mélanges Gavalda (J.)*, Dalloz, 2001, p. 133.

[414] PAILLUSSEAU (J.), *ibid.*

[415] PIETRANCOSTA (A.), *Le droit des sociétés sous l'effet des impératifs financiers et boursiers*, Guyon (Y) (dir.), thèse Paris I, 2000, p. 131.

[416] MANIN (F.), *Les investisseurs institutionnels*, thèse Paris I, 1996, p. 361.

[417] PEYRELEVADE (J.), *Le gouvernement d'entreprise ou les fondements incertains d'un nouveau pouvoir*, Economica, 1999, p. 4.

où il n'a ni le temps, ni la compétence, ni même parfois le désir de participer à la vie sociale des entités dans lesquelles il investit[418]. Le fait que nombre de souscripteurs individuels se fassent relayer de la sorte par le professionnel place celui-ci dans une position solide. Et, pour peu que les banques agissent simultanément pour leur propre compte, ceci en fait des vrais actionnaires, voire des actionnaires de contrôle dans le sens classique du terme[419], veillant à la valorisation des titres qu'ils détiennent par l'exercice de ce droit de vote. Elles deviennent ainsi à la fois partenaires financiers indispensables et actionnaires puissants et bénéficient de cette manière d'une puissance de pression « psychologique »[420].

Certains affirment, à propos de cette dernière décennie, que « pour la première fois dans l'histoire de la société cotée, un spéculateur joue pleinement et utilement son rôle d'actionnaire [...] Il se trouve impliqué dans les jeux des pouvoirs »[421], dans le sens, pensent-ils, du rôle d'un actionnaire sollicitant des décisions qui soient conformes à l'objectif de « création de valeur actionnariale »[422]. Ils avancent que le banquier investisseur, à compétence équivalente à celle des dirigeants[423], fait un usage effectif des mécanismes juridiques offerts et va même parfois jusqu'à soumettre aux assemblées générales des politiques par lui commandées, reléguant quelques fois les actionnaires de « noyau dur » de grandes sociétés anonymes cotées, au rang de minoritaires[424]. Il n'est pas nouveau d'avancer que bon nombre de décisions dans les sociétés dont les titres sont admis à la négociation sur un marché réglementé sont exclusivement dictées par l'impératif financier de valorisation de l'investissement[425] et, à y regarder de plus près, le rôle du banquier investisseur semble en effet participer d'une toute autre préoccupation que celle de la recherche d'un exercice optimal des droits de vote des petits apporteurs ou d'un fonctionnement démocratique des sociétés cotées. Insensible aux débats doctrinaux, le banquier investisseur veille surtout à éviter que ses titres ne perdent leur valeur

---

418 Il s'agit là de ce que l'on appelle « les trois L » : litanie, liturgie, léthargie : GUYON (Y.), *Droit des affaires*, 12e éd., Economica, 2003, t. 1, p. 305.

419 CHAMPAUD (Cl.), *Le pouvoir de concentration de la société par actions*, Sirey, 1962, p. 68 et s.

420 PAILLUSSEAU (J.), art. préc., p. 165.

421 *Ibid.* p. 12.

422 V. Étude de la COB, « Création de valeur actionnariale et communication financière », *Bull. COB* mai 2000.

423 GUYON (Y.), « L'évolution récente des assemblées d'actionnaires en droit français », *in Mélanges Flattet (G.)*, Payot, 1985, p. 42.

424 PARACHKÉVOKA (I.), *Le pouvoir de l'investisseur dans la société cotée*, préf. Gastaud (J.-P.), LGDJ, 2005, n° 16, p. 11.

425 Ce lien étroit entre l'objectif de rentabilité de l'investissement et les stratégies industrielles est souligné par quantité d'analyses économiques. V. DELAPIERRE (M.), MADEUF (B.), MICHALET (Ch.-A.) et MILELLI (Ch.), « La présence des investisseurs institutionnels étrangers dans les grandes entreprises françaises : logique financière ou logique industrielle ? », *Rev. d'éco. fin.* 2002, p. 280 et s.

spéculative[426], n'hésitant pas, quand il le peut et à cette fin, à s'attribuer un certain pouvoir décisionnel que l'on a pu estimer « suffisant pour faire jouer à [son] profit la loi de la majorité »[427]. Un bon nombre d'exemples illustre le fait que le banquier, dans le rôle d'investisseur institutionnel, est systématiquement force de proposition[428] au sein des assemblées.

Ainsi du rachat d'actions qui, s'opérant aujourd'hui principalement au service du rendement des titres et de moins en moins pour en stabiliser le contrôle, devient « une technique de revalorisation du capital »[429].

En matière de fusions-acquisitions, le pouvoir du banquier s'exprime au travers des importantes participations qu'il prend dans des fonds de pension, investisseurs parfois agressifs, qui conduisent à ce que des décisions de rapprochement, de cession, de fermeture d'unités etc., soient prises indépendamment de tout intérêt économique pour la société qui en fait l'objet.

Et lorsqu'il est question de distribution de dividendes, il arrive que le banquier « joue habilement de la procédure de tenue des assemblées [...] afin de tirer parti de l'absentéisme des épargnants »[430] et des mécanismes de procurations pour la favoriser au détriment de la mise en réserve quand bien même elle serait dans l'intérêt de la société.

Rappelons enfin que les banquiers ne sont pas étrangers à la professionnalisation de l'actionnariat[431] dont résulte la généralisation des actions de priorité qui confèrent au porteur des avantages pécuniaires renforcés[432].

Or, ce pouvoir augmente le risque de conflit d'intérêts qui devient « manifeste lorsque la société de gestion est affiliée à un groupe bancaire ou à une compagnie d'assurance qui interviennent en tant qu'actionnaires significatifs ou en tant que conseils dans des opérations réalisées sur les titres d'une société cible »[433].

En dehors des assemblées, le banquier investisseur professionnel fait en sorte de pérenniser sa stratégie, en y soumettant les organes de direction des sociétés dans lesquelles il est investi grâce à la technique contractuelle et aux recommandations extracontractuelles.

---

426 GASTAUD (J.-P.), *Personnalité morale et droit subjectif*, LGDJ, 1977, p. 143.
427 LE CANNU (P.), « Légitimité du pouvoir et efficacité du contrôle dans les sociétés cotées », *Bull. Joly Sociétés* 1995, p. 637.
428 MANIN (F.), thèse préc., p. 365.
429 LE BARS (B.), *Les associations de défense d'actionnaires et d'investisseurs*, Guyon (Y.) (dir.), thèse Paris I, 1998, p. 363.
430 PARACHKÉVOKA (I.), thèse préc., p. 49.
431 SCHILLER (S.), « L'influence de la nouvelle économie sur le droit des sociétés », *Rev. sociétés* 2001, p. 47.
432 *Ibid.*
433 STORCK (M.), « L'AMF apporte des précisions sur les conditions d'application des dispositions relatives à l'exercice des droits de vote par les sociétés de gestion », *RTD com.* 2005, p. 558.

ii - La technique contractuelle et les recommandations extracontractuelles

91. Le banquier investisseur institutionnel fait usage de la technique contractuelle pour sauvegarder, stabiliser, ou renforcer son pouvoir. Ainsi, les différents pactes et conventions[434], que les dirigeants et les actionnaires n'ont pas d'autre choix que d'accepter au regard de l'importance du financement apporté, ont pour seul objectif d'orienter la gestion des sociétés dans le sens qui convient au banquier qui les initie. Cette réalité est avérée dès l'intégration au capital puisque l'accord à la participation du banquier est conditionné par des contrats (clauses managériales, de garantie, d'amélioration de résultat, etc.), assortis de mécanismes de sanction, confortant la situation qui a motivé son choix d'entrée. Le banquier exige ensuite une information et un droit de contrôle renforcés[435] pour être mieux préparé aux décisions insatisfaisantes, voire demande à être consulté sur celles qui lui importent le plus[436]. On retombe finalement dans le schéma classique du contrat conforme à la seule volonté de la partie économiquement forte.

Ce schéma est par ailleurs solidifié par toute sorte de recommandations extracontractuelles.

92. L'édiction de réglementations privées forme également une manifestation du pouvoir. Certaines règles de *soft law* (chartes, codes de bonne gouvernance, etc.) ne se contentent plus d'autoréguler leur propre branche d'activité ; elles viennent aussi imposer leur contenu à des entités ne relevant plus de leur domaine, par exemple des recommandations sont adressées par les organismes de gestion collective à des sociétés dont elles détiennent les titres pour le compte de leurs clients. Et c'est ainsi que, paradoxalement, des principes de gouvernance d'entreprise (*Corporate gouvernance*) sont suggérés par des acteurs dont on dénonce souvent la conduite. Or, pour ne pas offenser l'investisseur dont on a tant besoin, on les applique. Autrement dit, parce que l'inobservation des prescriptions recommandées risque de faire déserter l'investisseur (institutionnel), la crainte de la sanction économique pousse à se conformer à ses préceptes[437]. La situation nous fait penser, avec d'autres[438], à un rapprochement de cet état

---

[434] Le droit des sociétés reste en effet largement empreint par l'utilisation de l'outil contractuel : GUYON (Y.), « Liberté contractuelle et droit des sociétés », *RJ com.* avr. 2003, p. 147.

[435] RONTCHKEVSKY (N.), « L'information du marché par les émetteurs », *RJ com.* nov. 2003, p. 103.

[436] Rappelons toutefois que l'utilisation des différents outils contractuels peut n'avoir qu'un effet relatif parce qu'ils sont soumis au contrôle du juge qui peut les requalifier éventuellement.

[437] PEYRELEVADE (J.), *op. cit.*, p. 4.

[438] TERRÉ (Fr.), SIMLER (Ph.) et LEQUETTE (Y.), *Droit civil, les obligations*, 11e éd., Dalloz, 2013, p. 268.

avec la violence, vice de consentement. Dans ce cas particulier, la pression sur les dirigeants les conduit, et à travers leur personne, la société, à agir sous une menace qui fait naître un sentiment de crainte[439], celle pour la société de se retrouver désavouée par le marché si l'investisseur venait à se désengager. Ces derniers propos ont été prouvés spécifiquement dans le cas des banquiers investisseurs et une thèse démontre également « une intrusion »[440] dans la gestion des sociétés.

Si la société dont les titres sont admis à la négociation sur un marché financier se conforme bien souvent aux nombreuses exigences du banquier, c'est également parce que, même lorsqu'il n'agit pas comme investisseur professionnel, il s'apparente à un agent indicateur de la bonne ou mauvaise santé de cette société auquel le marché se réfère en toute confiance.

II - La possibilité de dénonciation sur les marchés financiers

93. Un célèbre chercheur français, d'une autre discipline, a souligné que l'argent reste « source de pouvoir lorsqu'il prend la forme de fonds prêtables dont les entreprises ont impérativement besoin pour continuer à produire »[441]. Cet auteur a démontré qu'il ne s'agit pas là d'un pouvoir abstrait, mais qu'il est bien effectif et qu'il s'exerce tant sur la production ou l'investissement que sur le salariat[442]. Ce qu'il a appelé la « puissance créancière » se mesure à la capacité d'influer directement sur des entreprises. Le cadre de cette étude n'exige pas d'étayer tous les résultats d'une littérature abondante dans les matières économiques et financières, mais il est intéressant d'observer que les constats de ces disciplines rejoignent ceux de la nôtre et que, dans les économies contemporaines, ce pouvoir est porté à un niveau important.

94. Pour avancer dans cette analyse, il faut distinguer les deux principales formes de financement offertes aux entreprises pour répondre à leurs besoins de liquidités. D'une part, le crédit bancaire que l'on a eu l'occasion d'aborder[443] et, d'autre part, les titres négociables. Les règles juridiques encadrant l'une et l'autre forme ne sont pas les mêmes, mais l'objectif recherché, en revanche, l'est : limiter le pouvoir d'arbitrage que confère la possession de la liquidité. En effet, le créancier tire sa puissance de la menace permanente de retirer son financement vers un investissement qui lui rapportera de meilleurs rendements. C'est exactement cette recherche de rendement, ce pouvoir d'évaluation ou d'arbitrage qui viendra pénaliser ou favoriser une entreprise. Ce pouvoir bancaire procède d'un rapport de force bâti sur une information et des relations bilatérales. Mais ce n'est pas

---

[439] *Ibid.*
[440] MANIN (F.), thèse préc., p. 72.
[441] ORLÉAN (A.), *Le pouvoir de la finance*, Odile Jacob, 1999, p. 194.
[442] *Ibid.*
[443] V. *supra* n° 153.

tout : ce pouvoir, dit pouvoir financier lorsque le financement s'opère sur le marché, permet de contrôler le débiteur en le soumettant à l'opinion du marché. En ce sens, l'évaluation faite d'une entreprise par la banque à un moment considéré a une portée qui dépasse l'octroi ou le refus d'un crédit en ce qu'elle va renseigner toute la communauté financière et, par ricochet, influer sur plusieurs autres décisions ou exercer une influence indirecte, mais immédiate, sur les équipes dirigeantes du fait de la pression entourant l'ébruitement de pareilles décisions. Ce point est réellement central pour celui qui cherche à comprendre ce pouvoir.

De manière générale, le banquier investisseur, pour son compte ou au nom d'autrui, tend à faire usage de ce pouvoir, dont il est conscient quelques fois[444], de la façon qui s'accommode le mieux aux intérêts de ses mandants, mais d'autres fois aussi aux siens, se plaçant alors en situation de conflits d'intérêts.

95. Nous venons d'exposer une série, non exhaustive sans doute, de pouvoirs légaux ou factuels sans lesquels le risque de conflit d'intérêts serait tout simplement absent, car le pouvoir, on l'a dit, est le premier élément du conflit d'intérêts. Cette revue amène deux conclusions. Les instruments de pouvoir du banquier sont identifiables et redoutables. En revanche, s'il apparaît que cerner des sphères de pouvoirs est concevable, il s'avère que cela n'est pas suffisant pour opérer une identification des zones de conflit d'intérêts. Autrement dit, s'il est possible de dresser un premier schéma des sphères de pouvoir du banquier susceptibles de donner naissance à un conflit d'intérêts, il est néanmoins impossible pour l'instant d'y dessiner celles de conflit d'intérêts.

Considérer les obligations qui s'imposent au banquier détenteur du pouvoir va permettre de compléter cette analyse. C'est d'ailleurs une démarche qu'utilisent bien souvent les théories traditionnelles pour justifier que le pouvoir doit s'exercer dans « l'intérêt général »[445], dans « l'intérêt commun »[446], dans l'intérêt du « bien commun »[447], dans « l'intérêt d'un groupement commun »[448], ou dans un intérêt étranger à « l'intérêt personnel de son titulaire »[449], pour une finalité « extérieure à la personne du titulaire »[450].

---

[444] PARACHKÉVOKA (I.), thèse préc., p. 47.

[445] Conseil d'État, *L'intérêt général*, La documentation française, 1999.

[446] LEGAL (A.), BRETHE DE LA GRESSAYE (J.), *Le pouvoir disciplinaire dans les institutions privées, étude de sociologie juridique,* Sirey, 1938, p. 35.

[447] LOKIEC (P.), *Contrat et pouvoir. Essai sur les transformations du droit privé des rapports contractuels*, préf. Lyon- Caen (A.), LGDJ, 2004, p. 7 et s.

[448] ROUBIER (P.), *Droits subjectifs et situations juridiques*, Dalloz, 1963, p. 190.

[449] *Ibid.*

[450] JOSSERAND (L.), *De l'esprit des droits et de leur relativité, Théorie dite de l'abus de droit*, 2e éd., Dalloz, 1939, p. 120.

Et, de fait, le banquier, comme tout titulaire d'un pouvoir finalisé, doit se conformer en contrepartie à des exigences qui font sortir ses décisions de l'ère de la « discrétionnarité »[451]. Ces « prérogatives particulières sont le siège naturel des conflits d'intérêts parce qu'elles sont finalisées : leur titulaire ne peut pas les exercer dans un intérêt contraire à leur finalité »[452] ; par conséquent, pour veiller au respect de cette considération, des exigences, des devoirs, sont définis.

C'est alors l'existence de ces derniers qui va finir par concrétiser la situation de conflit d'intérêts : le conflit d'intérêts provient de l'opposition du pouvoir et du devoir du banquier, un contrat n'étant pas une condition *sinequanone* à sa naissance.

Reste maintenant à déterminer les formes de devoirs reconnus par le droit.

§ 2 - Un devoir spécifique

96. L'existence d'intérêts divergents, voire contradictoires, ne se traduit pas nécessairement en terme de conflit d'intérêts. Les conflits caractérisent toute relation sociale et sont inhérents à la création du droit[453]. Le droit lui-même crée d'ailleurs des conflits qu'il est le seul à dénouer[454]. Ces conflits-là, en soi, ne suscitent pas de réprobation. De manière générale, chaque acteur économique peut rechercher la satisfaction de son intérêt personnel comme chaque individu est en droit de défendre ses propres intérêts (à la condition de ne pas nuire à autrui) et les litiges qui en découlent ne répondent pas à la définition des conflits d'intérêts. Pareillement, la simple concurrence ou convergence des intérêts au sein d'un même acteur ne suffit pas à créer le conflit d'intérêts.

97. La définition communément admise du conflit d'intérêts repose sur le fait, pour un intérêt, de chercher à prendre le dessus sur un autre, de valeur équivalente, alors que tous deux sont envisageables simultanément. On estime en fait que c'est parce qu'ils sont de valeur égale que la confrontation entre des intérêts débouche sur un conflit d'intérêts. Dès lors, on peut dire *a*

---

[451] Terme emprunté au professeur LYON-CAEN (A.).

[452] CUIF (P.-F.), art. préc., p. 14.

[453] Ils participent en fait de la définition même du droit, qu'elle qu'en soit la conception retenue. Pour une conception belliqueuse v. VON JHERING (R.), *La lutte pour le droit*, Dalloz, 2006, p. 5 ; JESTAZ (Ph.), « Pouvoir juridique et pouvoir moral », *RTD civ.* 1990, p. 633. Pour une conception pacifique v. OST (Fr.), « Jupiter, Hercule, Hermès : trois modèles du juge », *in* Bouretz (P.) (dir.) *La force du droit, Panorama des débats contemporains*, Esprit, 1991, p. 266 ; CARBONNIER (J.), *Sociologie juridique*, 2e éd., PUF, 2004, p. 319.

[454] TERRÉ (Fr.), « Crise du juge et philosophie du droit : synthèse et perspective », *in* LENOBLE (J.) (dir.) *La crise du juge*, LGDJ, 1990, p. 168.

contrario que le conflit ne naît pas si une hiérarchie entre les intérêts est établie, car elle permettrait d'identifier de manière claire les intérêts devant primer. Dans un tel contexte, le conflit d'intérêts ne peut *a priori* pas exister dans cette acception liminaire. Seulement, cette affirmation est fausse.

À notre sens, une fois la supériorité de certains intérêts affirmée, le conflit d'intérêts demeure, mais devient l'état de fait où le banquier a la possibilité d'affecter un intérêt prédéfini comme supérieur qu'il est tenu de protéger par devoir. En conséquence, pour compléter notre analyse du conflit d'intérêts, il est nécessaire de rechercher les intérêts considérés comme supérieurs et les devoirs qui y sont attachés.

98. Mais ce n'est pas dans la morale ou dans le droit naturel qu'on pourra trouver comment donner une assise à ces intérêts élevés à un rang supérieur et une justification aux devoirs qui les protègent, c'est au sein du droit positif. C'est d'ailleurs de la sorte que procède l'ordre juridique en général, notamment lorsqu'il met en exergue une série de justifications qui aide d'une certaine manière le législateur ou le juge à appuyer la règle de droit sur un système de valeurs qui en corroborent la légitimité.

Or, la relation bancaire étant le plus souvent, comme on l'a vu, marquée par plusieurs formes de pouvoirs, le droit bancaire et financier est composé d'un pluralisme de devoirs, auxquels ils sont finement corrélés, et qui, dans les contrats comme hors des contrats, s'expriment en termes variables et multiples. De l'analyse de ces devoirs, il ressort qu'ils font écho en réalité à la supériorité de l'intérêt du client et de l'intérêt du marché, placés en haut de l'échelle de valeurs[455].

En France, c'est en assurant la protection de ces deux intérêts qu'on cherche à arriver à un fonctionnement correct du marché, par différence avec les Etats-Unis où sont plutôt mis sur un piédestal la protection des investisseurs (*Protection of investors*) et l'efficacité du marché (*Market efficiency*).

---

[455] Le Conseil des bourses et valeurs avait initié le mouvement en posant les principes primordiaux de diligence, de loyauté, de neutralité et d'impartialité des intermédiaires qui seuls peuvent préserver les intérêts des clients et assurer l'intégrité du marché. Notons à ce sujet que la doctrine s'était alors accordée à reconnaître que les donneurs d'ordres pouvaient se prévaloir de ces principes lorsqu'ils étaient transgressés. En ce sens, LEGEAIS (D.), *JCl. Banque et crédit*, fasc 1670, n° 23 ; LEBORGNE (A.), « Responsabilité civile et opérations sur le marché boursier », *RTD com*. 1995, p. 275. Ensuite, la loi du 23 décembre 1988 relative aux organismes de placements collectifs en valeurs mobilières et portant création des fonds communs de créances est venue ajouter que les OPCVM, le dépositaire et la société de gestion doivent agir au bénéfice exclusif des souscripteurs, présenter des garanties suffisantes en ce qui concerne leur organisation, leurs moyens techniques et financiers, l'honorabilité et l'expérience de leurs dirigeants, assurer la sécurité des opérations et agir de façon indépendante . Tout manquement à ces attentes ici aussi était déjà susceptible de responsabilité. Ces exigences sont d'ailleurs toujours d'actualité, v. C. monét. fin., art. L. 214-3.

99. Ces deux notions, intérêt du client et intégrité du marché, récurrentes dans les textes, ne sont pourtant pas définies, ou du moins pas avec toute la précision qu'exigerait réellement leur application. Que signifient-elles, en effet, de façon précise ? Rien de bien déterminé et il nous semble que c'est précisément pour cette raison qu'elles sont utilisées. On ne dira jamais assez combien des formules apparemment vagues ont souvent le mérite de conférer un pouvoir souverain au juge. Néanmoins, en l'état, elles imposent d'esquisser leur contenu si l'on espère comprendre dans quelle mesure un devoir imposé au banquier peut, en fonction de son intensité, être un facteur préalable à la naissance du conflit d'intérêts. Plus l'étendue de ce devoir sera délimitée, plus le champ conflictuel sera connu, plus le risque de conflit d'intérêts sera maîtrisé.

Il convient donc de s'intéresser à la substance de ces devoirs[456], à savoir l'action dans l'intérêt du client (A) ou de l'intérêt du marché (B).

---

[456] Ainsi posées, ces conduites obligatoires peuvent susciter d'ores et déjà un questionnement quant à leur nature : s'agit-il de « devoirs » ou « d'obligations » ? Sans revenir sur les études sur le sujet et sans qu'il y ait besoin de rouvrir le débat, (*V°* « Obligation », CORNU (G.) (dir.), *Vocabulaire juridique*, 10e éd., PUF, 2014, p. 699 et s. ; BURLAMAQUI (J.-J.) et BOISTEL (A.), cités par PIERI (G.), *Vocabulaire fondamental du droit,* Sirey, 1991, t. 35, p. 221 et 231 ; CHAZAL (J.-P.), « Les nouveaux devoirs des contractants, est-on allé trop loin ? », *in* Jamin (Ch.) et Mazeaud (D.) (dir.), *La nouvelle crise du contrat*, Dalloz, 2003, p. 104 ; GUTMANN (D.), « L'obligation déontologique entre l'obligation morale et l'obligation juridique », *Arch. phil. dr.* 2000, p. 115), nous faisons nôtres leurs conclusions et soulignons simplement une chose : à côté des lois et des usages existent d'autres règles, des normes prudentielles, des normes de comportement ou des engagements inscrits dans des documents d'une autorité de contrôle, dans des accords interbancaires ou dans des chartes élaborées par la profession, qui contribuent tous à dicter la conduite d'un banquier. Ces règles ne peuvent pas exactement être qualifiées d'obligations, notamment quand il n'y a pas de contrat conclu, comme c'est le cas pour le devoir de mise en garde avant octroi de crédit, ou lorsque l'une des règles précédentes n'est pas assortie de sanction. On parle alors de « devoir » et non plus « d'obligation ». Dès lors, il nous semble peut-être plus adéquat d'utiliser le terme « devoir » d'agir au mieux des intérêts des clients ou « devoir » de préserver l'intégrité du marché. D'ailleurs, habituellement lorsqu'il s'agit de professionnels, et le banquier en est un, on utilise davantage la formulation « devoirs professionnels » (MORET-BAILLY (J.), « Qu'est-ce que la déontologie ? », *in* Beigner (B.), Blanchard (B.) et Villacèque (J.) (dir.) *Droit et déontologie de la profession d'avocat*, LGDJ, 2007, p. 55). Il est à noter, en outre, que les juges emploient l'expression de « devoir » pour désigner une règle de conduite d'origine légale ou résultant d'un principe général non écrit, plutôt que celle « d'obligation », souvent préférée pour envisager le rapport découlant d'un contrat. Le recours à l'expression « devoir », dans le sens de devoir professionnel, traduit ainsi l'évolution - d'origine essentiellement prétorienne - qui s'opère en droit bancaire depuis quelques décennies, car c'est la jurisprudence qui a consacré au fil des arrêts différentes normes professionnelles de prudence et de vigilance que les établissements de crédit sont tenus d'observer.

A/ L'action dans l'intérêt du client

100. La règle « agir au mieux des intérêts de son client » se comprend intuitivement. Il est assurément légitime de considérer que lorsqu'un client s'adresse au professionnel, il entend forcément cantonner son office à ce qui peut lui profiter. Autrement dit, agir au mieux de l'intérêt de son client veut dire faire ce qui est avantageux pour son client. Mais la règle mérite néanmoins qu'on s'y attarde. Signifie-t-elle que le banquier doit faire primer l'intérêt de son client sur tout autre intérêt, et ce en toutes circonstances ? Pourquoi alors le législateur n'a-t-il pas utilisé la terminologie du Code civil et a privilégié une formulation différente ? Faut-il encore déduire de ce libellé que l'idée est plutôt celle d'imposer un devoir d'intensité variable ? Dans l'affirmative, cela voudrait-il dire, par exemple, qu'un banquier commissionnaire, simple exécutant des ordres de bourse de son client, devrait se voir imposer une obligation moins contraignante en matière de conflits d'intérêts qu'un banquier-conseil d'un émetteur ? La règle « agir au mieux dans l'intérêt du client » ou son ancêtre « servir les clients en privilégiant leurs intérêts »[457], formulation interprétée par la suite dans le sens de « la primauté des intérêts du client »[458], explique en tout cas que si plusieurs intérêts peuvent graviter autour de lui, le banquier doit cependant toujours donner la priorité à l'un d'entre eux, notamment à celui de son client identifié comme intérêt supérieur.

L'articulation des différentes règles régissant l'ensemble des activités permet de présenter ainsi le principe « agir au mieux dans l'intérêt du client » : une prise en considération de la supériorité de l'intérêt du client (1°), ce qui suppose d'obtenir le meilleur résultat possible pour lui (2°).

1° - La considération de la supériorité de l'intérêt du client

101. Aux Etats-Unis, la règle est quelques fois claire. Goldman Sachs avait montré l'exemple, il y a trente ans, en adoptant quatorze « *business principles* » qui ont été fortement réaffirmés en 1999 lors de son introduction en bourse. Ces *business principles* exprimaient très clairement le primat de l'intérêt du client : « *client first* ». Encore aujourd'hui, on peut lire dans les rapports annuels de *Goldman Sachs*[459] : « Bien que notre offre de services nous ait aidé à devenir l'une des premières banques au monde, ce sont véritablement nos valeurs (l'engagement au service de nos clients, le travail d'équipe, l'honnêteté, le souci d'excellence et l'esprit d'entreprise) qui nous

---

[457] V. « Rapport d'étape du groupe de déontologie des activités financières », *Rev. banque*, nov. 1987, p. 998.

[458] Commission des opérations de bourse, « Les objectifs fondamentaux de la déontologie sont l'intégrité du marché et la primauté des intérêts du client », *Bull. COB* sept. 1989, p. 10.

[459] Disponibles sur www.goldmansachs.com

ont permis de contribuer à la réussite de nos clients ». Des valeurs très voisines se retrouvent dans les *factbook*[460] de Merill Lynch : l'obsession du client, le respect des individus, le travail en équipe, la citoyenneté responsable et l'intégrité.

En France, certaines dispositions posent explicitement un devoir d'agir dans l'intérêt exclusif du client[461], mais la règle se fait moins claire et la supériorité de l'intérêt du client transparaît de manière plus implicite, même si cela n'a pas toujours été le cas. Il en est ainsi des textes qui insistent plutôt sur le devoir du professionnel de rendre compte au client, de lui apporter le concours de son savoir, de son expérience, de respecter ses besoins et les demandes qu'il peut exprimer, et ce pendant toute la durée du contrat.

L'article 1.3 du Code de la société française des analystes financiers[462], intitulé « primauté de l'intérêt des clients », dispose par exemple que « les études rédigées et les conseils donnés par les membres de la SFAF doivent avoir comme objectif premier l'intérêt des destinataires de ses travaux d'analyse ». Et les « grands principes d'exercice »[463] posés par l'Association française de la gestion financière invitent à « se comporter avec loyauté et agir avec équité au mieux des intérêts de ses clients ».

Dans le même ordre d'idées, on retrouve à l'article L. 533-11 du Code monétaire et financier un principe général selon lequel les prestataires de services d'investissement agissent de manière honnête, loyale et professionnelle, l'objectif étant de servir au mieux les intérêts du client. Ils doivent de la sorte fournir le « meilleur résultat possible »[464].

2° - La fourniture du meilleur résultat possible

102. Cette règle s'inspire du principe de *best execution* développé par la *Securities and Exchange Commission*[465], lequel a été repris dans le règlement de différentes bourses, notamment celui du *New york stock*

---

[460] *Merill Lynch 2007 factbook.*

[461] Ainsi, le règlement de déontologie des organismes de placement collectif en valeurs mobilières (OPCVM) indique dès son préambule que quels que soient le type d'établissement concerné et la diversité des métiers qu'il exerce, il apparaît impératif de n'agir que dans l'intérêt exclusif du porteur, tout en respectant l'intégrité du marché : AFG, *Règlement de déontologie des OPCVM et de la gestion individualisée sous mandat*, 10 déc. 2009. On pourrait encore citer la charte de la gestion de fonds commun de placement d'entreprise qui dispose à son point 10 que « les opérations ne doivent pas nuire à l'intégrité du marché et doivent être réalisées en prenant uniquement en considération la défense de l'intérêt du porteur ».

[462] Code disponible sur www.sfaf.com

[463] Règles disponibles sur www.afg.com ou sur www.amf.fr.

[464] C. monét. fin., art. L. 533-18.

[465] Qui précise que « *the duty of best execution requires a broker-dealer to seek the most favourable terms reasonably available under the circumstances for a customer's transaction* » : US SEC, *Order execution obligations, Exchange act release*, n° 34-37619A.

exchange, et marchés alternatifs ainsi que dans les lois fédérales américaines contre la fraude[466].

À l'origine, la *best execution*, ou obligation d'atteindre le meilleur résultat possible, a suscité la crainte des banques et des entreprises d'investissement en général, qui y ont vu un devoir de justifier à l'égard de leur clientèle que chacun des ordres traités par elles a été exécuté dans les meilleures conditions, et ont donc redouté qu'elle ne consiste en une obligation lourde, voire impossible à respecter. L'avis technique du *Committee of European Securities Regulators* est toutefois venu dissiper ce doute : la *best execution* est une obligation de moyens, d'une contrainte principalement d'ordre organisationnel, et de contrôle d'un dispositif efficace de prise de décision dans l'intérêt du client[467].

Le règlement général de l'Autorité des marchés financiers explique aussi la notion de « meilleur résultat possible » et guide sur la façon d'y parvenir. Ce meilleur résultat possible semble reposer sur la vision communément admise du placement idéal. Le placement idéal présenterait en théorie trois caractères principaux : la liquidité, qui suppose que ce placement soit convertible à tout moment en numéraire, sans frais ni perte dus à cette conversion ; la sécurité, qui signifie non seulement que la performance minimum du placement à sa revente soit connue et éventuellement garantie dès sa souscription, mais aussi qu'il soit possible de récupérer le principal investi ; et enfin la rentabilité, celle-ci s'analysant comme le gain total procuré par un placement au cours d'une période de référence[468]. Dans ces conditions, le « meilleur résultat possible » se détermine en fonction du coût global supporté par le client. Dans cette évaluation, le banquier prestataire tenu à l'obligation évoquée doit prendre en compte les caractéristiques du client, le prix, la rapidité[469], la probabilité d'exécution et de règlement, la nature de l'ordre concerné, les instruments financiers en cause et les lieux d'exécution[470] ou toutes autres considérations relatives à l'exécution de

---

[466] Pour une présentation de la règle selon le droit américain : JEANMART (N.), « Quelles mesures pour assurer l'intégrité des marchés d'actions américains ? Un débat de trente ans, toujours d'actualité », *Euredia rev. européenne de droit bancaire et fin*. 2004, p. 249 et s.

[467] Selon le CESR, le principe de la meilleure exécution se traduit par une comparaison « multicritère » des transactions et la mise en place de procédures tendant à garantir la meilleure exécution possible : « *take all reasonable steps to achieve the best possible result* », *CESR's Technical Advice on Possible Implementing Measures of the Directive 2004/39/EC on Markets in Financial Instruments*, avr. 2005.

[468] PAYS (B.), *La gestion de patrimoine*, PUF, 1992, p. 30.

[469] Le banquier engage sa responsabilité, par exemple en cas d'information tardive de l'exécution d'un ordre de bourse, cf. *Bull. COB* mars 1985, p. 7.

[470] Marchés réglementés ou non, *multi-facility trading*, entreprises d'investissements, etc.

l'ordre[471]. Il a de la sorte l'obligation de comparer les résultats qui seraient obtenus par le client sur les différents lieux d'exécution[472].

103. La Cour de cassation a également eu l'occasion d'éclairer sur le contenu de l'obligation de fournir le meilleur résultat possible, qu'elle entend comme une obligation d'action positive, celle de mettre en œuvre les moyens techniques au service du client. À l'origine de l'arrêt du 4 novembre 2008[473] ayant donné lieu à ces précisions, le client d'une banque avait conclu avec cette dernière une convention ayant pour objet la réception-transmission d'ordres de bourse pour le compte de tiers, la banque ne faisant que transmettre ces ordres pour le compte du donneur d'ordre à un prestataire habilité en vue de leur exécution. Le contrat prévoyait un accès direct sur le marché par l'intermédiaire du service de bourse en ligne de la banque. Autrement dit, toutes les opérations s'effectuaient sur le site internet de la banque, automatiquement, sans intervention humaine. Ce client avait effectué, au cours d'une même journée, des opérations d'achat et de vente au comptant portant sur le même titre dont le nombre de ventes était visiblement supérieur à celui des achats. Par conséquent, il n'avait pu livrer la totalité des titres qu'il avait vendus. Les comptes à partir desquels avaient été effectués les ordres ont donc présenté un solde débiteur dont la banque a demandé le paiement en justice. Le client opposa à la banque qu'elle avait manqué à ses obligations contractuelles, revendication rejetée les juges du fond, mais accueillie en revanche par la Cour de cassation. En effet, la Cour a relevé l'inaction de la banque qui n'avait pas, au nom de l'obligation de *best execution* qui pèse sur elle, mis en œuvre des moyens techniques pour empêcher la passation des ordres de bourse du client alors que le contrat prévoyait un plafond à ne pas dépasser.

104. L'éclairage vient finalement des décisions de la commission des sanctions de l'Autorité des marchés financiers qui assimile la *best execution* au principe d'égalité de traitement entre les clients. Elle l'a notamment exprimé à l'occasion d'un litige où il était reproché à une société de gestion d'avoir utilisé de façon abusive des comptes d'attente[474], où sont habituellement stockées des valeurs peu liquides, en attendant la réalisation complète d'un ordre grâce à diverses interventions sur le marché, avant de

---

[471] Règl. gén. AMF, art. 314-69. Cependant, si le client fournit une instruction spécifique, le prestataire doit l'exécuter.

[472] Règl. gén. AMF, art. 314-76.

[473] Cass. com. 4 nov. 2008, n° 07-21.481, *D.* 2008, p. 2859, note Delpech (X.).

[474] Appelés aussi comptes de stockage ou encore comptes parking. Il s'agit des comptes sur lesquels figurent des titres en attente d'affectation sur les comptes bénéficiaires finaux, entre la date de leur acquisition ou de leur vente sur le marché et la date de leur inscription en compte.

l'affecter au cours moyen à un ou plusieurs clients[475]. À l'époque des faits, le règlement de la Commission des opérations de bourse exigeait des prestataires de services d'investissement « d'obtenir la meilleure exécution possible des ordres » en veillant notamment « à réduire de manière aussi brève que possible le délai total d'exécution des ordres depuis leur enregistrement initial jusqu'à l'exécution et la comptabilisation des opérations »[476]. Appliquée aux comptes d'attente, la règle ainsi édictée supposait que les durées de stockage des titres sur ce type de compte ne soient pas excessives au regard surtout de la nature des titres stockés. Le règlement précité prévoyait par ailleurs que le prestataire « doit obtenir la meilleure exécution possible des ordres » en veillant à « l'horodatage des ordres par les intermédiaires et les dépositaires ; - il définit au préalable les règles d'affectation des ordres groupés ; - il ne doit pas réaffecter *a posteriori* les opérations effectuées »[477]. Or, en l'espèce, il a été constaté d'une part, que des titres très liquides étaient stockés pendant des durées dépassant parfois trois semaines, ce qui ne pouvait que caractériser une utilisation abusive des comptes d'attente, et d'autre part, que le prestataire a procédé à plusieurs reprises à une post-affectation des ordres. Il résultait de ces agissements, comme l'a constaté la commission des sanctions, que les opérations favorables, dégageant une plus-value, ont été passées en faveur de certains comptes au détriment d'autres, dont notamment le compte de l'épouse du gestionnaire.

En outre, pour sanctionner le dirigeant de la société de gestion, la commission des sanctions a constaté qu'il avait en charge les procédures de contrôle interne relatives à ces comptes et à la préaffectation des ordres, procédures qui se sont révélées insuffisantes. Tant dans cette décision que dans la précédente, le régulateur comme la Cour de cassation considèrent que la gravité de la faute met en évidence la défaillance des procédures de contrôle interne.

105. En fait, la proposition « fournir le meilleur résultat possible » exige d'établir une véritable politique interne d'exécution des ordres devant inclure l'ensemble des informations sur les différents systèmes sur lesquels les ordres sont exécutés et de la soumettre au consentement préalable des clients. L'article 314-66 du règlement général de l'Autorité des marchés financiers ajoute que les ordres exécutés pour le compte des clients doivent être enregistrés et répartis avec célérité et précision, transmis ou exécutés en fonction de leur arrivée si cela est possible. Le régulateur pose aussi un principe selon lequel le prestataire ne doit pas grouper les ordres de clients

---

[475] AMF, 21 juin 2007, sanct. n° 2007-28. – *Adde*, comm. STORCK (M.), « Manquement aux règles de bonne conduite applicables en matière d'ordres groupés : application anticipée du principe de best execution », *RTD com.* 2007, p. 809.

[476] Règl. COB, art. 16.

[477] Le traitement des ordres groupés est aujourd'hui régi par les articles 314-67 et 314-68 du règlement général de l'AMF.

entre eux, sauf si une telle opération ne risque pas de porter préjudice aux porteurs. De plus, le banquier prestataire est tenu d'informer les clients non professionnels de toute difficulté sérieuse susceptible d'influer sur la bonne transmission ou l'exécution des ordres. Enfin, cette politique d'exécution doit être revue au moins une fois par an ou dès que l'établissement financier est informé de la survenance d'un évènement ou d'un changement de nature à affecter l'obtention du meilleur résultat possible pour l'exécution des ordres reçus.

106. Le banquier prestataire de services d'investissement est également invité à faire ses meilleurs efforts (*best efforts*) lorsqu'il émet des recommandations personnalisées [478] dans le cadre de conseils en investissement, qu'il s'agisse d'une sélection d'opportunités, d'une stratégie d'investissement relative à un ou plusieurs instruments financiers ou concernant les émetteurs d'instruments financiers, d'opinions prédictives émises sur le cours d'un titre[479] ou de rapports sur une société ou sur son évolution prévisible[480]. Bien sûr, les recommandations ne sont assimilables qu'à des opinions et non à des informations. Il peut légitimement se tromper, mais le banquier n'a pas toutefois le droit de tromper sciemment le marché.

107. Agir au mieux de l'intérêt du client s'entend donc comme une action positive du banquier, ce qui exclut toute inaction dès lors que l'intérêt supérieur est en jeu et suppose que le banquier mette en œuvre des moyens techniques et humains suffisants pour fournir le meilleur résultat possible, tout en veillant à assurer entre les clients une égalité de traitement.

Parmi toutes les valeurs dont le respect s'impose au banquier et qui confirment la supériorité de l'intérêt du client, certaines servent par ailleurs à définir l'intégrité du marché comme un autre intérêt supérieur et à poser un devoir de protection spécifique à son égard.

B/ L'action dans l'intérêt du marché

108. Le rôle incontournable des marchés financiers comme outil de financement de l'économie n'étant plus à rappeler, leur attractivité passe nécessairement par leur encadrement, en ce sens que la réglementation cherche à établir une moralisation des comportements et à prohiber

---

[478] Les faits notamment doivent être clairement exposés et actualisés, les sources fiables, les méthodes utilisées vulgarisées et les avertissements nécessaires dispensés. Sur la notion de recommandation personnalisée, v. Règl. gén. AMF, art. 314-43.

[479] RONTCHEVSKY (N.), note sous T. com. Paris, 12 janvier 2004, SA LVMH c/ Sté Morgan Stanley, *RTD. com.*, 2004, p. 339.

[480] SMITH (W.-H.), « La mise en place d'une réglementation de l'analyse financière », *Lamy Droit des affaires* sept. 2003 p. 25 et s. ; ZIMMERMANN (J.-P.), « Les analystes financiers », *Rev. sociétés* 2003, p. 741. Sur la réglementation antérieure à la L. n° 2003-706 de sécurité financière, du 1er août 2003, v. DAIGRE (J.-J.), « Une nouvelle profession : analyste financier », *RD bancaire et fin.* 2002, p. 175.

fermement les abus, conditions sans lesquelles ces marchés seraient désertés. De cette conscience, il résulte que le devoir de préserver l'intégrité du marché s'inscrit, contrairement au devoir d'agir dans l'intérêt du client, dans une stratégie globale affirmée en plus par un effet d'entraînement que peut avoir le développement des réglementations financières. Cet objectif d'intégrité inspire le législateur tant à l'échelon national ou européen qu'international. Or, si les domaines où s'opèrent les interventions sont pluriels, il suffit de prendre un exemple pour rendre compte de ce que signifie l'action dans l'intérêt du marché. Celui de l'analyse financière est assez révélateur.

Pour ce faire, il faut présenter brièvement le préalable à la réglementation, la stigmatisation morale d'un comportement de marché (1°), qui contribue exclusivement à faire exister la règle qui l'évince (2°).

1° - L'origine : la stigmatisation morale d'un comportement

109. Les débuts de l'activité d'analyse financière remontent aux années 1950, quand les sociétés cotées ont été obligées de publier leurs comptes. Son encadrement, en revanche, est beaucoup plus récent. À commencer par la définition de la fonction qui n'a été posée qu'au début des années 2000 par le Conseil des marchés financiers[481] et a été précisée par la loi sur la sécurité financière[482].

Quant à la réglementation de cette activité, elle est la conséquence des conflits d'intérêts à l'origine desquels elle s'est trouvée à plusieurs reprises dans la dernière décennie et qui ont causé à chaque fois un fort émoi dans l'opinion publique. En 2002, notamment, l'éclatement de la bulle Internet et

---

[481] Règl. CMF, art. 2-4-1.

[482] L'article 42 de la loi n° 2003-706 du 1er août 2003, préc. était venu compléter le titre IV du livre V du C. monét. et fin. par un chapitre IV intitulé « Services d'analyse financière et agences de notation » et comprenant les articles L. 544-1 à L. 544-4. Ce chapitre avait créé le statut légal de l'analyse financière en France. L'article L. 544-1 du C. monét. et fin. définissait alors l'analyse financière comme suit : « exerce une activité d'analyse financière toute personne qui, à titre de profession habituelle, produit et diffuse des études sur les personnes morales faisant appel public à l'épargne, en vue de formuler et de diffuser une opinion sur l'évolution prévisible desdites personnes morales et, le cas échéant, sur l'évolution prévisible du prix des instruments financiers qu'elles émettent ». L'ord. n° 2007-544 du 12 avr. 2007 relative aux marchés d'instruments financiers (transposition de la directive MIF) est venue modifier l'article L. 544-1 pour rappeler notamment que l'activité d'analyse financière n'est pas assimilable à la fourniture de conseil en investissement et doit être effectuée conformément aux dispositions du règlement général de l'Autorité des marchés financiers. L'article L. 554-2 du C. monét. et fin. vise à prévenir l'existence de conflits d'intérêts liés à la rémunération des analystes par les émetteurs : « les dirigeants d'une entreprise doivent s'abstenir de toute initiative auprès des analystes financiers dont ils rémunèrent les services qui aurait pour objet ou pour effet de privilégier leurs intérêts propres, ou ceux de leurs actionnaires, au détriment d'une information sincère. »

l'affaire Enron ont jeté le discrédit, à un niveau jusque là inégalé dans l'histoire de la finance New-yorkaise[483], sur la profession d'analyste financier. Ces évènements ont eu pour conséquence que les principales banques ont fait l'objet d'enquêtes de la *Securities and Exchange Commission* pour éventualité de conflits entre leur activité d'analyste et les prestations réalisées pour leur département de banque d'affaires, voire de conflits d'intérêts moins subtils entre leur activité professionnelle et leur portefeuille boursier personnel. Et les analystes n'ont pas été épargnés pour avoir recommandé les actions du courtier américain en énergie Enron jusqu'à la veille de sa faillite[484]. Mais les problèmes ne sont pas cantonnés à Wall Street, puisqu'ils ont également concerné le fonctionnement du marché en Europe et en Asie.

Ces écarts de conduite justifient donc que le droit positif définisse aujourd'hui les règles professionnelles de bonne conduite et d'organisation applicables aux analystes financiers et s'assure de leur respect.

2° - Le contenu : la moralisation de ce comportement

110. L'analyse financière comprend généralement deux volets : soit l'analyse correspond à une présentation et une interprétation de faits, soit à des recommandations visant à acheter, vendre ou conserver des titres des sociétés analysées. Les règles d'organisation diffèrent en fonction du statut de l'analyste financier[485]. Ainsi, si les analystes du *sell side*, selon la

---

[483] « Les analystes financiers en panne de crédibilité », *Le Monde*, 8 juill. 2002. Certains analystes avaient publié des opinions divergentes de celles qui étaient fondamentalement la leur et qu'ils avaient exprimées en privé : 16 des 17 analystes émettaient des recommandations d'« achat » et même d'« achat fortement recommandé » (*strong buy*) à l'égard de ses actions.

[484] Dans les deux semaines précédant sa faillite, la société Enron bénéficiait encore d'une excellente notation.

[485] Lorsque l'analyste financier relève d'un PSI, il est tenu de respecter les règles d'organisation imposées à tous les PSI (notamment les articles 313-1 s. du Rég. gén. AMF, en particulier les articles 313-25 à 313-28, ainsi que les articles 315-5 s.) telles que l'élaboration et le maintien de politiques, procédures et mesures adéquates visant à détecter tout risque de manquement aux obligations professionnelles, la mise en place et le maintien d'une fonction de conformité efficace exercée de manière indépendante, l'établissement et le maintien d'une politique efficace de gestion des conflits d'intérêts. Il doit en outre s'assurer que les personnes physiques placées sous son autorité ou agissant pour son compte disposent des qualifications et de l'expertise appropriées ainsi que d'un niveau de connaissances suffisant, etc. Lorsque l'analyste financier ne relève pas d'un PSI, il est tenu de respecter des règles d'organisation spécifiques (articles 327-2-1 s. du Règl. gén. AMF). En particulier, ces règles concernent les dispositions propres à assurer l'indépendance d'appréciation des analystes financiers et la prévention des conflits d'intérêts, et les obligations en matière de déontologie, notamment l'obligation de se doter d'une charte d'éthique définissant les principes d'intégrité, d'indépendance, de compétence et d'organisation, ainsi que les méthodologies utilisées pour élaborer les analyses, ou à défaut, l'adhésion à une association représentative de l'activité

terminologie anglo-américaine, effectuent pour le compte des banques qui les emploient une analyse des titres que ces dernières sont chargées de placer auprès d'un large public et qui est par conséquent publiée, les analystes du *buy side*, qui travaillent quant à eux exclusivement pour leurs employeurs, prestataires de services d'investissement, sociétés de bourse, ou, ce qui nous intéresse, banques, produisent des analyses à usage interne qui n'ont pas vocation à être publiées. De ce fait, leur indépendance semble plus assurée que celle des analystes du *sell side* qui, lorsqu'ils préparent leurs études, se trouvent dans la situation délicate où ils doivent concilier l'intérêt du public investisseur, l'intérêt de leur employeur et le leur. En effet, lorsqu'un analyste du *sell side* émet une recommandation sur une société, il est potentiellement en conflit d'intérêts à chaque fois que son employeur accorde un prêt à cette société, dirige une opération de marché pour elle, investit dans cette entreprise pour compte propre, ou achète des titres qu'elle émet pour ses clients et leur prélève de ce fait des commissions de courtage[486]. De plus, sa rémunération, au travers de ses primes, étant indirectement liée à la rentabilité des autres activités de la banque, l'analyste a toujours intérêt à éviter d'émettre une recommandation négative sur les titres d'un client aussi bien que sur les titres que la banque qui l'emploie.

111. Pour réduire le risque de conflit d'intérêts ainsi exprimé, un contrôle de l'activité a été initié d'abord aux Etats-Unis, en 2002, par la loi *Sarbanes-Oxley*[487], en écho à la demande du Congrès américain adressée à la *Securities and Exchange Commission* d'adopter ou de faire adopter des règles destinées à protéger et assurer l'indépendance des analystes financiers travaillant pour un *broker dealer*.

En Europe, la directive n° 2003/6/CE « abus de marché » du 28 janvier 2003 et sa directive d'application n° 2003/125/CE du 22 décembre 2003 ont imposé aux États membres de mettre en place un dispositif de nature à éviter les conflits d'intérêts[488]. Et la directive n° 2004/39/CE du 21 avril 2004 « marchés d'instruments financiers » a soumis les prestataires de services d'investissement qui exercent l'activité d'analyste au respect des règles de bonne conduite.

---

d'analyse financière dûment reconnue par l'AMF conformément à la procédure définie aux articles 327-7 à 327-18 du Règl. gén. AMF.

[486] LEVEY-LANG (A.), « Gérer les conflits d'intérêts dans la banque d'investissement », *Rev. d'éco. fin.* mars 2003, p. 12 ; GAUTIER (P.-Y.), « Rôle et indépendance des analystes financiers », *in Rapport moral sur l'argent dans le monde en 2002*, publications de l'Association d'économie financière, 2002, p. 115 et s.

[487] L. Sarbanes-Oxley, 30 juill. 2002, préc. – *Adde*, comm. CONAC (P.-H.), « L'influence de la loi Sarbanne-Oxley en France », *Rev. sociétés* 2003, p. 839.

[488] La Commission européenne avait également entamé une réflexion sur le sujet et avait formulé un certain nombre de recommandations dans le cadre d'un « *forum group* », fin 2002, qui élabora un document à la suite de ses travaux posant différents principes visant à lutter contre les risques de conflits d'intérêts de l'analyse financières : doc. disponible sur www.europa.fr

À l'échelle internationale, l'Organisation internationale des commissions de valeurs (OICV-IOSCO) a publié en septembre 2003 un rapport sur les conflits d'intérêts des analystes financiers et une série de principes destinés à les prévenir a été dressée[489].

En France, le législateur, depuis la loi sur la sécurité financière[490], a encadré la profession par deux corps de règles : celles visant à prévenir les abus de marché (Livre VI du règlement général de l'Autorité des marchés financiers) et celles visant à organiser la prestation du service financier auxiliaire de recherche en investissement et d'analyse financière en application de la directive MIF (articles 313-25 et suivants du règlement général de l'Autorité des marchés financiers). S'est alors au fur et à mesure des ordonnances institué un véritable statut légal d'analyste financier. L'Autorité de régulation peut par conséquent procéder à des contrôles et à des enquêtes suivis d'éventuelles sanctions. Notamment, l'autorité a eu l'occasion de rappeler que le banquier, comme toute société qui produit une analyse, doit décrire les modalités administratives et organisationnelles qu'il a prévues afin de prévenir le conflit d'intérêts[491]. Les règles de bonne conduite portent, en particulier, sur les exigences auxquelles doit répondre toute analyse financière en termes de probité, d'équité, d'impartialité, de présentation (s'agissant de l'identité de son producteur, l'indication des sources importantes, la fréquence prévue des mises à jour, la mention des intérêts et conflits d'intérêts, etc.) et sur les obligations applicables à la diffusion d'une analyse financière.

Ces dispositions ont été complétées par un certain nombre de chartes professionnelles. Ainsi en est-il du Code de déontologie de la Société française des analystes financiers[492] qui comprend des règles précises obligeant ces professionnels à respecter les orientations définies par les différentes directives. Le règlement général de l'Autorité des marchés financiers institue pareillement que la violation des dispositions qu'il comporte constitue un manquement disciplinaire exposant son auteur à la

---

[489] *Report on analyst conflicts of interest,* sept. 2003, disponible sur www.iosco.org ; Communiqué COB du 1er oct. 2003 : « Le comité technique de l'OICV publie une série de principes destinés à prévenir les conflits d'intérêts dans la profession d'analyste ». Parallèlement, la *Financial Services Authority* (FSA) a publié un rapport sur l'analyse financière en février 2003, v. LE BARS (B.), « Adoption d'un statut des services d'analyse financière et des agences de notation », *LPA* 14 nov. 2003, p. 63.

[490] Loi sur la sécurité financière préc.

[491] Sanct. AMF, 23 sept 2010, *Bull. Joly Bourse* 2011, p. 24 note Granier (Th.).

[492] La SFAF a élaboré un Code de déontologie en 1992 qui a été actualisé plusieurs fois depuis, notamment en 2002, époque à laquelle le Conseil des marchés financiers a entrepris d'encadrer la profession dans son règlement général (art. 2-4-1, issu d'un arr. du 2 mai 2002) et surtout par une décision générale n° 2002-01 du 27 mars 2002 (v. not. art. 5, prévoyant qu'une analyse doit comporter un avertissement permettant de « mettre clairement en valeur les éléments susceptibles de limiter les indépendances de l'analyste » ; cf. *Rev. CMF*, mai 2002, p. 3).

palette de sanctions. Autre illustration, le Code de « bonne conduite sur la gestion des conflits d'intérêts en matière d'analyse financière » [493] de l'Association française des entreprises d'investissement et de la Fédération des banques françaises, approuvé aussi par l'Autorité des marchés financiers, éclaire dès le titre sur la nécessité de prévenir les conflits d'intérêts et pose à son principe n° 2 que « les analyses et conseils émis doivent être formulés avec clarté et refléter l'indépendance de jugement de l'analyste ». La Société française des analystes financiers et le Cercle de liaison des informateurs financiers en France[494] se sont également dotés d'une charte de la communication financière rappelant que « l'intégrité du marché est avant tout une question d'éthique que doit respecter la communauté financière » [495]. Les analystes se trouvent par ailleurs dans l'obligation de se conformer à la décision n° 2002-01 du Conseil des marchés financiers du 27 mars 2002 prise à la suite des célèbres affaires *Enron* et *Worldcom*, relative aux prescriptions applicables aux prestataires de services d'investissement produisant et diffusant les analyses financières. Enfin, il faut compter avec les règlements internes et les écrits propres à chaque professionnel et groupement de professionnels.

Dans un autre registre, mais avec le même objectif, la loi interdit aux dirigeants d'entreprise « toute initiative auprès des analystes financiers dont ils rémunèrent les services qui aurait pour objet ou pour effet de privilégier leurs intérêts propres, ou ceux de leurs actionnaires, au détriment d'une information sincère »[496].

L'article 327-6 du règlement général de l'Autorité des marchés financiers résume bien l'ensemble des contraintes qui s'appliquent aux analystes financiers en énonçant qu'ils doivent se doter d'une charte d'éthique qui définit les principes d'intégrité, d'indépendance, de compétence et d'organisation et les méthodologies selon lesquelles ils élaborent leurs analyses[497]. Mais ce règlement va encore plus loin, allant jusqu'à établir de manière très claire et précise les règles de bonne conduite applicables à l'activité et soumettant son exercice à la délivrance d'une carte professionnelle qui, pour être obtenue, suppose la connaissance des obligations professionnelles[498]. On le voit, force et précision caractérisent ces exigences.

---

[493] Disponible sur www.euro.fbf.fr

[494] Le cercle regroupe les « informateurs financiers », qui exercent au sein des sociétés cotées, avec lesquels dialoguent les analystes financiers. Le cercle a aussi un Code qui lui est propre qui incite l'informateur financier à éviter toute pratique qui pourrait altérer ou fausser les règles du marché.

[495] Charte CLIFF - SFAF de la communication financière, avr. 2003, disponible sur www.afei.org

[496] C. monét. fin., art. L. 544-2.

[497] Sauf si ceux-ci adhèrent à une association professionnelle reconnue par l'AMF.

[498] Règl. gén. AMF, art. 313-39.

112. Finalement, il apparaît qu'en sa qualité de prestataire de services d'investissement, le banquier doit désormais agir « d'une manière honnête, loyale et professionnelle »[499], qui favorise l'intégrité du marché et sert au mieux les intérêts des clients[500]. Il doit aussi disposer « de procédures administratives saines, de mécanismes de contrôle interne, de techniques efficaces »[501] pour atteindre ces objectifs. Il doit faire en sorte que les droits et les intérêts sur le marché ou ceux que ses clients mettent entre ses mains et qu'il peut affecter soient sauvegardés. Si le devoir d'« agir dans l'intérêt du client » semble constituer une exigence équivalente à celle de « l'action dans l'intérêt du marché », les nomenclatures réglementaires protégeant l'un et l'autre des intérêts supérieurs ne le sont pas quant à elles, car les règles ou les procédures relatives au marché encadrent très étroitement l'activité, édictent des interdictions, précisent des conduites, imposent des actes, alors que celles censées protéger l'intérêt du client énoncent des valeurs et des principes généraux.

C'est peut-être une première explication à l'apparition, malgré ce dispositif, de bon nombre de conflits d'intérêts, car les scénarios où un pouvoir distinct (factuel ou contractuel) et un devoir spécifique (à l'égard du client ou du marché) s'affrontent demeurent très variés. L'étude de ces scénarios permettra de découvrir l'élément déclencheur de l'exploitation du conflit d'intérêts (une volonté), qui le fait évoluer du stade de potentialité au stade de réalité, éclairant ainsi sur la deuxième phase du conflit d'intérêts.

[499] C. monét. fin., art. L. 533-1.
[500] C. monét. fin., art. L. 533-11.
[501] C. monét. fin., art. L. 533-2.

Section 2 : Les scénarios

113. Le conflit d'intérêts présente une genèse et des conditions d'émergence. Il faut en réalité plutôt parler d'émergences si l'on veut restituer un portrait cohérent du conflit d'intérêts qui, tel un dieu hindouiste, peut apparaître sous de multiples facettes.

Pour mieux contrôler le conflit d'intérêts et, de là, en éviter la nocivité, il faut pouvoir identifier les situations où des intérêts sont en conflit pour en saisir le point commun, une volonté contradictoire. Mais répertorier la totalité des situations où les intérêts de la banque sont, potentiellement ou actuellement, en conflit avec les intérêts de ses clients, ou celles où la banque doit faire un choix entre les intérêts de clients multiples, serait un exercice bien fastidieux[502]. En effet, l'étude des activités de la banque révèle qu'elle devient un centre puissant d'attraction et de conjugaison des intérêts et qu'elle est le lieu de liens si étroits et tellement enchevêtrés que les sources potentielles de conflits d'intérêts y sont mouvantes, en constant renouvellement et, par là même, très difficiles à localiser. Prenons à titre d'exemple une situation habituelle pour le banquier qui est celle dans laquelle il conseille un émetteur. Que de risques cumulés s'il vient en plus à prendre une participation dans son capital, puis à siéger à son conseil d'administration[503], à lui prêter ses concours financiers, et en même temps à réaliser des actes identiques pour un concurrent. Et cet accroissement du risque de conflits d'intérêts se constate que l'on se place au niveau des établissements eux-mêmes ou à celui des personnes.

114. Les situations susceptibles de donner naissance à des conflits d'intérêts sont dressées, d'une manière non exhaustive, à l'article 17 de la directive du 1er juillet 2010[504]. Il s'agit des situations dans lesquelles la banque, ou une personne qui lui est liée, est susceptible « de réaliser un gain financier ou d'éviter une perte financière aux dépens du client », « a un intérêt dans le résultat d'un service fourni au client ou d'une transaction réalisée pour le compte de celui-ci, qui est différent de l'intérêt du client dans ce résultat », « est incitée [...] à privilégier les intérêts d'un autre client ou groupe de clients par rapport à ceux du client concerné », « a la même activité professionnelle que le client », ou encore où la banque ou cette

---

502 « The Price of Atonement », *The Economist,* 16 nov. 2002, p. 61 et s.

503 Le double rôle des institutions bancaires à la fois créancières et actionnaires est surtout fréquent en Allemagne aujourd'hui.

504 Dir. 2010/43/UE, 1er juill. 2010, portant mesures d'exécution de la directive 2009/65/CE en ce qui concerne les exigences organisationnelles, les conflits d'intérêts, la conduite des affaires, la gestion des risques et le contenu de l'accord entre le dépositaire et la société de gestion, *JOUE*, 10 juill. 2010, L 176/42.

personne « reçoit ou recevra d'une personne autre que le client, un avantage en relation avec le service fourni [...] autre que la commission ou les frais normalement facturés pour ce service ». Cela confirme que les rechercher reviendrait à dresser un inventaire à la Prévert.

115. À défaut de s'y livrer, il est possible de regrouper les conflits d'intérêts au sein de trois sphères. On distinguera ceux qui opposent :

- l'intérêt du client à celui du banquier. Depuis les banquiers d'Arras, les Florentins peints par Dante, les marchands toulousains et rouennais du XVe siècle jusqu'aux géants contemporains, « tous pensent comme un marchand florentin du XIVe siècle : " Ton aide, ta défense, ton honneur, ton profit, c'est l'argent" »[505]. Or, dès l'instant où la banque exerce des activités pour compte propre et des activités pour compte de tiers, elle se trouve potentiellement en situation de conflit d'intérêts. Elle est constamment à la recherche d'un équilibre entre un devoir d'agir au mieux des intérêts du client et de son intérêt, d'autant que son rôle dans l'organisation économique et financière peut lui faire revêtir plusieurs qualités lors d'une même opération ;
- deux clients aux intérêts contraires. Il n'est en effet pas exceptionnel que, dans une même affaire, le banquier soit amené à conseiller, assister ou assurer le financement de clients ayant des intérêts opposés, et dans cette situation aussi son intérêt peut interférer ;
- deux intérêts contraires du banquier. Cette situation se révèle en pratique probablement la plus délicate pour le banquier, qui doit alors faire prévaloir en interne un intérêt sur l'autre, l'intérêt qui prime pouvant aller à l'encontre de celui d'un client ou du marché.

Dans chacune des catégories, lorsqu'émerge un conflit d'intérêts potentiel, il mue en conflit d'intérêts réel par le biais exclusif de la volonté du banquier, contraire à celle de son client ou à celle plus générale du marché. Par ailleurs, si le droit communautaire tel que transposé en droit interne estime que « les dispositions encadrant les conflits d'intérêts ne doivent couvrir que les cas dans lesquels un service d'investissement ou un service auxiliaire est fourni par l'entreprise d'investissement »[506], il s'avère que la sphère conflictuelle apparaît bien plus extensible. Toutefois, conscients que la matière est trop riche et trop vivante pour qu'il nous soit autorisé à l'enserrer en une liste exhaustive, nous nous contenterons d'une approche indicative tirée notamment de situations concrètes.

Les conflits d'intérêts ainsi catégorisés peuvent s'analyser selon qu'ils sont d'ordre institutionnel (§ 1) ou qu'ils relèvent de l'intérêt de personnes physiques (§ 2).

---

[505] LE GOFF (J.), *Marchands et banquiers du moyen-âge*, *op. cit.*, p. 80.
[506] Dir. 2010/43/UE préc.

§ 1 - Conflits d'intérêts institutionnels

116. Dans bien des cas, la banque a un intérêt évident à diversifier ses opérations, intérêt variablement aligné sur ceux de ses clients. Or, le risque de conflit d'intérêts est inhérent à la combinaison des activités pour compte propre et pour le compte de la clientèle au sens de l'annexe I de la directive du 14 juin 2006 [507]. Il s'agit en l'occurrence des activités qualifiées d'opérations de banque[508] et de celles non constitutives d'opérations de banque, notamment des services d'investissement, des services connexes, ou de la combinaison de tout ou partie de tels services. Autant dire que le conflit d'intérêts trouve à se nicher dans des activités, pour ne citer que celles-ci, aussi variées que la gestion sous mandat et le conseil aux entreprises [509] (finance d'entreprise *corporate finance*, gestion de trésorerie[510], ingénierie financière[511], analyse financière, etc.), la gestion de patrimoine (gestion de portefeuilles, réception et transmission d'ordres pour le compte de tiers[512], exécution d'ordres pour le compte de tiers[513], recherche

---

[507] Dir. 2006/48/CE, 14 juin 2006, du Parlement et du Conseil, concernant l'accès à l'activité d'établissement de crédit et son exercice, *JOUE*, 30 juin 2006, 177/1 (modifiée : dir. 2008/24/CE, 11 mars 2008, *JOUE*, 20 mars 2008, 81/38 et dir. 2009/111/CE,16 sept. 2009, *JOUE*, 17 nov. 2009, 302/97).

[508] À ce sujet, la notion d'opération de banque est visée à l'article L. 110-1 du C. com. et par les articles L. 311-1 et s. du C. monét. fin, mais ces dispositions ne la définissent pas. L'article L. 311-1 du C. monét. fin. indique simplement quelles opérations peuvent être désignées comme telles. Cependant, en général, reçoivent cette qualification les activités caractéristiques des établissements de crédit sur lesquelles ils se sont vus reconnaître, sauf exception, un monopole : la réception de fonds du public, les opérations de crédit, les services bancaires de paiement.

[509] Soit en structure de capital (ex. : émission d'instruments financiers), soit en stratégie industrielle (ex. : fusions - acquisitions).

[510] La gestion des liquidités dont disposent les entreprises implique que ces liquidités soient placées en des produits divers, notamment dans des titres OPCVM.

[511] L'ingénierie financière fait l'objet de deux conceptions. Restrictive : BERTREL (J.-P.) et JEANTIN (M.), *Droit de l'ingénierie financière*, Litec, 1990, p. 1 et s. Extensive : VASSEUR (M.), « L'ingénierie financière », *Rev. banque* janv. 1990, p. 7. La seconde conception semble devoir être écartée, car elle revient à inclure sous cette appellation tous les services rendus aux entreprises. Or, semble-t-il, l'ingénierie se caractérise essentiellement par la mise en œuvre de montages financiers qui sont eux-mêmes au cœur de cette activité : BERTREL (J.-P.) et JEANTIN (M.), *op. cit.*, p. 2 et s.

[512] C. monét. fin., art. D. 321-1 : Il s'agit ici de recevoir et de transmettre à un prestataire de services d'investissement, pour le compte d'un tiers, des ordres portant sur des instruments financiers, sans possibilité de modification.

[513] *Ibid :* Le fait de conclure des accords d'achats ou de vente portant sur un ou plusieurs instruments financiers pour le compte de tiers. L'exécution des ordres dans le cadre de la gestion de portefeuille pour le compte de tiers relève naturellement de cette activité. L'exécution comprend également l'exploitation d'un système multilatéral de négociation, sans avoir le statut de marché réglementé.

et conseil en investissement[514]) et la fourniture de produits ou services de couverture (ou de modification substantielle d'un produit ou service existant). Et ce risque est augmenté par le fait que, contrairement à l'activité de banque de détail dont les revenus proviennent principalement des marges d'intérêt, c'est-à-dire de la différence entre le taux d'intérêt que paie un établissement financier sur les dépôts et le taux plus élevé auquel il prête l'argent, les revenus des activités de banques d'affaires sont composés autrement. Si les activités pour le compte de la clientèle sont rémunérées, le conseil par des honoraires consultatifs[515] (*Advisory fee*), les placements de valeurs mobilières par des commissions de placement (*Underwriting and placement fee*), généralement fonction du produit total du placement, la gestion sous mandat et la gestion de patrimoine par des commissions, l'activité pour compte propre valorise pour sa part directement les fonds propres de la banque[516].

117. La directive du 10 décembre 2006 l'avait bien relevé en signalant, dans son article 21, qu'en la matière il faut surveiller les activités de recherche et de conseil en investissement, de négociation pour compte propre, de gestion de portefeuille et de services financiers aux entreprises, y compris la prise ferme ou le placement de titres dans le cadre d'une offre et les conseils en matière de fusions et d'acquisitions. Elle indiquait aussi que « toute l'attention requise doit notamment être accordée aux cas dans lesquels l'entreprise ou une personne qui lui est directement ou

---

[514] C. monét. fin., art. D. 321-1 : constitue le service de conseil en investissement financier le fait de fournir des recommandations personnalisées à un tiers, soit à sa demande, soit à l'initiative de l'entreprise qui fournit le conseil, concernant une ou plusieurs transactions portant sur des instruments financiers.

[515] En fonction de la nature de l'opération, de la qualité du service et des caractéristiques spécifiques de l'entreprise (principalement la taille). Les honoraires du banquier sont généralement constitués d'une partie fixe censée rémunérer le travail de fond (montage, évaluation) et d'une partie variable, payée dans le cas de réussite de l'opération. Il est possible de fragmenter le prix en fonction du succès des étapes clés qui jalonnent la proposition commerciale.

[516] Le revenu des banques d'investissement américaines se décompose ainsi en cinq types de rémunération. D'abord, les commissions de courtage qui rétribuent la banque lorsqu'elle agit en pur intermédiaire et s'expriment souvent en pourcentage de la valeur de la transaction. Ensuite, les gains nets sur négociations (*trading income*) qui sont les plus-values en capital, nettes des moins-values, lorsque la banque est teneur de marché, c'est-à-dire qu'elle agit en contrepartie des ordres de ses clients. Après, les commissions de prise ferme (*underwritting commission*). Puis les intérêts perçus sur la clientèle, principalement pour le financement de transactions sur titres (lorsque des clients empruntent pour financer des achats de titres) ou bien les intérêts sur les portefeuilles de titres négociables (ce qui inclut les réméré dont les banques d'investissement américaines sont de grandes utilisatrices). Enfin, diverses sortes d'honoraires qui recouvrent l'ensemble des produits rétribuant les services fournis à des tiers et qui ne s'expriment pas en pourcentage, contrairement aux commissions, mais en valeur absolue, les principaux étant les honoraires de conseil dans les opérations de fusion-acquisition : FLEURIET (M.), *Banques d'investissement et de marché : Les métiers des banques d'affaires,* Revue banque éd., 2011, 2ème éd., p. 46 et s.

indirectement liée par une relation de contrôle combine l'exercice de deux de ces activités ou plus »[517]. Mais si la directive citée et celle de 2010[518], en vigueur aujourd'hui, accordent une attention singulière à ces activités, le conflit d'intérêts n'est nullement exclusif du champ qu'elles en définissent et, face à la multiplicité de ses facettes, il convient de les regrouper en fonction de leur nature : l'activité pour compte propre *versus* l'activité pour compte de tiers (A), les services offerts simultanément à plusieurs clients, qu'on appellera la multigestion (B), enfin les activités n'entrant ni dans l'une, ni dans l'autre des deux premières catégories, mais où le conflit peut survenir en raison de l'évaluation par la banque de son ratio profit-risque (C).

A/ L'activité pour compte propre vs. l'activité pour compte de tiers

118. Le banquier est défini classiquement comme « un commerçant qui spécule sur l'argent et le crédit »[519] ou un commerçant « qui fait profession habituelle de recevoir du public, sous forme de dépôts ou autrement, des fonds qu'il emploie pour son propre compte »[520]. Cette activité de « négociation pour compte propre » (*proprietary trading*) consiste à conclure des transactions portant sur un ou plusieurs instruments financiers en engageant ses propres capitaux[521]. Les banques qui l'exercent, que la terminologie anglo-américaine désigne par « *dealers* »[522], sont considérées comme des spéculateurs professionnels. Or, une des missions de la banque de dépôt consistant à assurer la sécurité des dépôts, celle-ci n'est pas entièrement compatible avec certaines de ses activités spéculatives. Les conflits d'intérêts peuvent provenir à la fois de la réalisation d'opérations sur

[517] Dir. 2006/73/CE, 10 août 2006, de la Commission, portant mesures d'exécution de la dir. 2004/39/CE du Parlement et du Conseil du 21 avr. 2004 en ce qui concerne les exigences organisationnelles et les conditions d'exercice applicables aux entreprises d'investissement et la définition de certains termes aux fins de ladite directive. JOUE 2 sept. 2006, p. 114.

[518] Dir. 2010/43/UE, préc.

[519] RIPERT (G.) et ROBLOT (R.), *Traité de droit commercial*, 16e éd., LGDJ, 2000, t. 2, p. 279.

[520] *V°* « banquier », CORNU (G.) (dir.), *Vocabulaire juridique*, 10e éd., PUF, 2014, p. 121 ; articles 1er et 2 de la L. du 24 janv. 1984.

[521] Cette activité de négociation est prévue comme un service d'investissement à l'article L. 321-1 du C. monét. fin. qui renvoie s'agissant de la définition à l'article D. 321-1 figurant dans la partie réglementaire du même code.

[522] Pour certaines opérations (placement de blocs d'actions déjà cotées ou placement d'obligations par exemple), les banques en charge de l'opération peuvent acheter les titres à l'émetteur puis les placer auprès des investisseurs. L'engagement ferme de la banque est alors dénommé prise ferme ou *bought deal*. Si la banque n'arrive pas à replacer l'ensemble des titres, elle sera contrainte d'en conserver une partie à son bilan, on parle dans le jargon de « colle ».

titres pour le compte de tiers et pour le compte propre des banques, ainsi que de la simultanéité d'opérations sur titres et d'opérations de dépôt ou de crédit, ou encore lorsque les interventions pour compte propre créent un déséquilibre de marché et, par conséquent, un risque de marché pour les clients des activités pour compte de tiers. Surtout qu'à la différence « des autres entreprises, industrielles et commerciales, [les banques] initient quotidiennement des opérations dépassant très largement leurs fonds propres »[523].

Mais, si dans l'esprit commun c'est l'activité de négociation (1°) qui est source de conflits d'intérêts, ces derniers trouvent aussi à se nicher dans des domaines moins évidents comme les opérations de banque (2°).

1° - Les opérations de marché

119. L'activité de marché est source de conflits d'intérêts, qu'il s'agisse de tenue de marché (a), des activités de couverture (b) ou de la négociation (c).

a - Tenue de marché

120. En tant que teneur de marché, *market maker* selon le langage anglo-américain[524], le banquier agit comme contrepartiste. À notre connaissance, la notion de « contrepartie » [525] n'est pas définie en droit commun. Généralement, on parle du fait, pour un mandataire, de prendre à son propre compte l'opération qu'il était chargé de conclure avec un tiers [526]. Le banquier prestataire agissant comme contrepartie reste intermédiaire, mais se porte lui-même acquéreur ou, à l'inverse, vendeur des instruments financiers de son client, en son nom propre, à la place du tiers. En cette qualité, il peut également passer des accords avec l'entreprise de marché visant à améliorer la liquidité d'un instrument financier et, pour ce faire, se pose en contrepartie des intervenants. Ces opérations de contrepartie (I) visant à la tenue de

---

[523] B. GOURISSE, « La déontologie et les conflits d'intérêts : un point de vue libre d'un ancien déontologue », *in* MAGNIER (V.) (dir.), *Les conflits d'intérêts dans le monde des affaires, un Janus à combattre ?*, PUF, 2006, p. 75.

[524] *Jobbers* en grande Bretagne. Sur le rôle de teneur de marché v. BITO (C.) et PONCET (P.), « Un nouveau métier sur la place financière de Paris : *Market maker* », *Rev. banque* janv. 1989, p. 56.

[525] Cette pratique a été admise par l'Autorité des marchés financiers par une décision du 22 mars 2005, mais conditionnée à l'existence d'un contrat de liquidité conforme à une charte de déontologie élaborée par l'association française des entreprises d'investissement (AFEI) : déc. AMF, 22 mars 1995, concernant l'acceptation des contrats de liquidité en tant que pratique de marché.

[526] *V°* « Contrepartie », CORNU (G.) (dir.), *Vocabulaire juridique*, 10e éd., PUF, 2014, p. 264.

marchés se déroulent aussi bien sur des marchés organisés que sur des marchés de gré à gré (II).

I - La contrepartie

121. L'activité de contrepartie [527], au sens strict, consiste pour le mandataire à se porter contractant du mandant à l'occasion d'un contrat qu'il est chargé de conclure pour le compte de celui-ci[528]. La validité de cette activité a divisé la doctrine, ce qui n'est pas sans rappeler la discorde, plus ancienne, relative au contrat avec soi-même qui est aujourd'hui admis[529]. Au-delà de la dimension législative, la finalité économique de la contrepartie peut aussi justifier qu'elle soit aujourd'hui admise, car elle a pour objet d'assurer la liquidité du marché et la régularisation des cours. Le banquier, agissant comme intermédiaire de marché, achète ou vend des titres pour son compte propre, soit pendant la séance de bourse, sur le marché ou à un client, soit hors séance de bourse, à un autre intermédiaire ou à un client. Lorsqu'il agit en tant que contrepartie « générale », anciennement contrepartie « de développement de marché », le cours auquel l'opération est effectuée doit alors avoir un lien avec les cours de marché[530]. Lorsqu'elle est « en régularisation », la contrepartie vise à garantir la continuité des cotations et la liquidité sur des marchés étroits ou en cas d'insuffisance d'offres ou de demandes. Enfin, quand il s'agit de contrepartie « sur blocs de titres », le prix auquel la négociation a lieu est librement débattu, sans référence obligée au marché[531]. En somme, la fonction économique de la contrepartie, telle qu'elle a été définie par la commission Pérouse[532], consiste à corriger les déséquilibres accidentels du marché d'une valeur en achetant en cas d'offre importante, en vendant en cas de demande importante, réduisant ainsi les fluctuations du cours de la valeur.

122. Historiquement, les *market-makers* furent autorisés dans les années 1980 en Grande- Bretagne à proposer des titres qu'ils avaient eux-mêmes

---

[527] Sur la contrepartie en général : DE VAUPLANE (H.) et BORNET (J.-P.), *Droit des marchés financiers,* 3e éd. Litec, 2001, p. 192 et s. Sur la contrepartie sur actions : LEFORT (C.), « La contrepartie sur actions : un nouveau marché », *Marchés et techniques financières* nov.-déc. 1989, p. 53.

[528] PÉTEL (Ph.), *Les obligations du mandataire*, préf. Lequette (Y.), Litec, 1988, p. 134.

[529] Cette discorde ne date pas d'aujourd'hui : GOUGET (L.), *Théorie générale du contrat avec soi-même : étude de droit comparé*, 1903, p. 253.

[530] Le prix négocié doit ainsi s'inscrire dans ou à la limite d'une fourchette de prix incluant la meilleure offre et la meilleure demande présentées sur le marché au moment de la transaction. Lorsque la transaction a lieu hors séance de bourse, le prix de négociation peut varier de 1% par rapport au dernier prix affiché à la clôture de la séance précédente.

[531] Néanmoins, une opération dont le prix est situé en dehors de la fourchette de la meilleure offre et de la meilleure demande impliquera le désintéressement du marché à concurrence de la quantité de titres ou du prix net de la transaction.

[532] Dont le rapport fut rendu le 30 oct. 1980 et avait pour objectif d'étudier les mesures nécessaires à la modernisation de la place financière de Paris.

acquis et qu'ils détenaient en nom propre en réponse aux ordres de leurs clients. En France, cette faculté de contrepartiste, offerte ensuite aux sociétés de bourse, a été élargie par le règlement du conseil des Bourses de valeurs le 26 avril 1989[533] pour permettre aux opérateurs français de concurrencer sur leur propre terrain les *market makers* anglais et américains. Le concept de la contrepartie outre-mer, sous la forme d'un marché dirigé par les prix[534], reste toutefois différent du système français basé sur une centralisation des ordres[535] destinée à préserver l'égalité des investisseurs en offrant à ces derniers un prix unique pour une valeur à un instant donné.

123. Les controverses que cette autorisation de la contrepartie n'a pas manqué de soulever trouvent en fait leurs racines à la fin du XIXe siècle lorsqu'un intermédiaire boursier, commissionnaire agissant en qualité de contrepartie face à son commettant, se portait acheteur des marchandises qu'il était chargé de vendre pour son commettant ou se portait vendeur des marchandises qu'il était chargé d'acheter. Déjà, jurisprudence et doctrine ne s'accordaient pas sur la manière d'y répondre. Aucun texte n'était directement applicable à ce cas de figure. Le décret du 7 octobre 1890[536] énonçait simplement que « l'exécution par voie d'application des ordres en sens contraire reçus par un même agent se fait sous le contrôle de la chambre syndicale »[537]. La doctrine[538] soutenait alors que l'interdiction de la contrepartie ne devait pas s'appliquer dans le cas du commissionnaire de marchandises : il ne pouvait y avoir de conflit d'intérêts, le prix étant fixé en bourse indépendamment de la volonté du commissionnaire contrepartiste qui n'était pas en mesure de retirer un avantage particulier de la transaction, les conditions de celles-ci étant indépendantes de sa volonté. La jurisprudence, en revanche, s'appuyant sur les articles 1582, 1584 et suivants du Code civil et sur l'article 94 du Code de commerce en vigueur à l'époque, interdisait la qualité de contrepartiste au commissionnaire, sauf dans le cas où ce dernier y était expressément autorisé par son commettant[539]. Toute contrepartie occulte était considérée comme un dol ou une erreur quant à la nature de la convention conclue entre le commissionnaire et le commettant requalifiée

---

[533] *Ibid.*

[534] Un marché dirigé par les prix, dit aussi « marché de contrepartie », est un marché boursier où sont échangées des actions grâce à l'intervention d'un spécialiste à la surface financière et l'expérience suffisantes pour bien connaître le marché et se porter directement contrepartie.

[535] Dans un marché centralisé, les ordres sont centralisés dans un carnet d'ordres qui permet de confronter l'offre et la demande et d'établir le prix d'équilibre.

[536] Décret du 7 oct. 1890 pris pour l'exécution de l'article 90 du C. com. [ancien] et de la L du 28 mars 1885 sur les marchés à terme.

[537] La chambre syndicale devait être prévenue lorsque la transaction était d'au moins 500.000 francs de capitaux.

[538] DREYFUS (A.), *Du commissionnaire en bourse de marchandises et de la contrepartie*, Sirey, 1898, t. 1, p. 498, et Sirey 1903, t. 2, p. 145. V. égal. MOREL (R.-L.), *Du commissionnaire contrepartiste*, thèse Lille, 1904.

[539] Cass. civ., 28 oct. 1903, *Rec. Dalloz-Sirey* 1904, t. 3, p. 463.

pour l'occasion en contrat de vente et parfois en délit pénal d'escroquerie[540]. C'est finalement la réintroduction de la contrepartie pour les agents de change par le décret du 11 juillet 1972[541] sur les sociétés de contrepartie qui a mis fin au débat.

124. Aujourd'hui, finalement, si la diversité des intérêts en jeu peut expliquer que la tolérance soit de mise, le principe reste celui de la prohibition de la contrepartie occulte[542], les juges ayant déjà considéré que « les banques ont commis des fautes en se portant cessionnaires des parts qu'elles avaient pour mandat de céder » et manqué « à leur obligation d'informer loyalement leur mandant »[543], la sanction étant alors celle de la nullité relative puisqu'il s'agit de protéger l'intérêt du mandant[544].

125. Les avantages attribués à la contrepartie ont été régulièrement discutés[545]. Des craintes ont notamment été formulées relativement à son exercice sur les marchés d'application[546], qu'on a pu qualifier de terrain de suspicion du mandat double[547] et donc de conflit d'intérêts. Mais si la suspicion est naturelle, la réalité pousse à admettre la validité de ces marchés d'application. En effet, la majorité de la doctrine[548], que nous rejoignons,

---

540 *Ibid.*

541 L. n° 72-650 du 11 juill. 1972 portant diverses dispositions d'ordre économique et financier, *JORF*, 13 juill. 1972, p. 7368. Cette disposition fut inspirée par les recommandations contenues dans le rapport Baumgartner qui soutenaient que « l'une des fonctions essentielles du marché est d'assurer la mobilité de l'épargne. Les investisseurs doivent pouvoir entrer sur le marché et en sortir dans des conditions telles que leurs ordres soient exécutés immédiatement et sans rupture de cours ». DIDIER (P.), *Droit commercial, le marché financiers et les groupes de sociétés,* PUF, 1993, p. 229.

542 RIPERT (G.) et ROBLOT (R.), *op. cit*., p. 685.

543 Cass. Plén., 9 oct. 2006, n° 06-11.056 et 06-11.307, *Bull. ass. plén.*, n° 11.

544 Cass. 1re. civ., 29 nov. 1988, *Bull. civ.* I, n° 341, *D.* 1989, somm. p. 231, obs. Aubert (J.-L.).

545 Les résultats escomptés par la mise en place de ce système ne furent pas réellement atteints. Si certains auteurs expliquaient cette situation par l'existence de l'impôt de bourse pour les transactions effectuées pour le compte d'investisseurs étrangers aujourd'hui supprimé, la majorité la justifiait par la différence de philosophie du marché français basé sur la cotation « latine » (marché dirigé par les ordres) face à la philosophie anglo-américaine (dirigé par les prix). Les auteurs regrettaient que « Le *market making* démultiplie artificiellement les transactions, et ne soit pas significatif d'une aussi parfaite liquidité du marché que le proclament nos amis » : Entretien avec ROUSELL (R.), *Marchés et technique financières* nov.-déc. 1989, p. 55 ; – *Adde,* BERNARD (M.), « La bourse n'aime pas les révolutions », *Marchés et technique financières* févr. 1993, p. 70.

546 L'application étant une négociation comportant un achat et une vente exécutés simultanément sur une même valeur pour une quantité égale de titres, à une date inchangée et à un cours identique, pour le compte de donneurs d'ordres qui ont demandé à un ou plusieurs intermédiaires d'enregistrer sur leur répertoire la négociation à conclure entre eux.

547 BONNEAU (Th.) et DRUMMOND (F.), *Droit des marchés financiers*, Economica, 2002, p. 904. Rappr. : MULLER (A.-C.), *Droit des marchés financiers et droits des contrats*, Synvet (H.) (dir.), thèse Paris II, 2001.

548 RIPERT (G.) et ROBLOT (R.), *op. cit.*, p. 686.

tout comme la jurisprudence[549], reconnaît que l'intermédiaire qui combine deux ordres en sens contraire exécute parfaitement ses différents contrats et, son intérêt personnel à l'opération, à savoir la double commission qu'il perçoit ne suffit pas à invalider ce genre d'actes. Il apparaît ainsi qu'il n'y a pas lieu de remettre en cause la validité de ces marchés pour autant ils n'en sont pas moins le siège de différents types de conflits d'intérêts.

II - La négociation privée sur les systèmes multilatéraux

126. Sur les marchés organisés, les marchés boursiers, les produits négociés sont fongibles et standardisés. Le volume du contrat, les caractéristiques de l'actif, les lieux et les dates de livraison sont exactement définis. Les transactions sont garanties par une chambre de compensation (*clearing*) dont le rôle est de protéger les opérateurs contre le risque de défaut de leur contrepartie. Cette prise en charge du risque de contrepartie par la chambre de compensation implique une gestion administrative assez lourde et un contrôle quotidien des flux de trésorerie. De nombreux opérateurs, en recherche de gain ou de souplesse, préfèrent alors traiter avec une banque sur un marché de gré à gré, lui laissant ensuite reporter sur un marché organisé le risque qu'elle ne peut assumer. Sur les marchés de gré à gré (*over the counter*), les produits négociés ne sont pas standardisés. Ils correspondent aux besoins des opérateurs notamment ceux de l'acheteur de protection[550]. Les transactions effectuées sont bilatérales, entre un acheteur de couverture, une entreprise par exemple, et un vendeur de protection[551], un spéculateur ou des arbitragistes, sans l'intervention d'une chambre de compensation ou d'un régulateur [552]. Grâce aux marchés dérivés, les demandeurs de couverture transmettent leur risque à d'autres opérateurs qui acceptent de l'assumer à leur place. Par conséquent, le risque n'est pas mis en commun, il est simplement réalloué entre différents acteurs, mais sans jamais disparaître.

127. En Europe comme aux Etats-Unis, les règles fixant le cadre des échanges sur les marchés de gré à gré ont longtemps été librement adoptées par les contreparties elles-mêmes. Pourtant, sur le vieux continent, des

---

[549] Par ex. : Cass. 1re civ., 13 mai 1998, *RTD civ.* 1998, p. 54, note Gautier (P.-Y.).

[550] Les plus importants sont le *swap*, le *FRA*, l'option, le *cap*, le *floor* et le *collar*.

[551] Ces opérations sont souvent opaques et complexes même pour des professionnels : v. une affaire allemande : Bundesgerichtshof, 22 mars 2011 : XI ZR 33/10 où le Bundesgerichtshof (la juridiction suprême qui statue en matière civile et pénale) a relevé que la Deutsch Bank conseillait des investissements dont le mécanisme faisait en sorte que le pari sur les intérêts pour être favorable à la banque suppose une perte chez le client. Décision citée par JEHL (J.), « Allemagne : la banque, entre devoir de conseil et conflit d'intérêts », *JCP G* 2011, 464.

[552] C'est la présence ou non de la chambre de compensation qui permettait à l'origine la distinction entre le marché organisé et le marché de gré à gré. Depuis la fin de la décennie 1990 en revanche, le paysage allait changer avec les garanties offertes par certaines chambres de compensation aux opérations qui négocient les *swaps*.

appels au loin ont, à différentes époques, fait entendre la volonté d'encadrer quelque peu ce domaine sombre dont on ne maîtrisait pas tellement les mécanismes. Outre Atlantique en revanche, les marchés de gré à gré, naturellement fondés sur des relations contractuelles bilatérales privées, ont échappé à la réglementation et l'encadrement réglementaire n'a jamais été à l'ordre du jour, le Congrès s'opposant d'ailleurs à toute surveillance renforcée. La recommandation de la *Commodity futures trading commission* et du *President's working group on financial Markets* en 1998, après la faillite de LTCM, de mettre en place un filet réglementaire pour ces marchés, fut refusée[553].

128. Cependant, à la suite des dernières crises financières, le titre 7 de loi *Dodd Frank* ou *The Wall Street Reform and Consumer Protection Act* a introduit en juillet 2010 des modifications à ce mode de fonctionnement. Notamment, ce texte atténue, voire supprime, la distinction entre les marchés boursiers et les marchés de gré à gré. Par exemple, des *swaps*[554] négociés sur les marchés de gré à gré doivent désormais l'être sur une plate-forme électronique et nécessitent la garantie d'une chambre de compensation, pour ceux qu'il est possible de standardiser. Pour ceux qui ne sont pas susceptibles de l'être, ils doivent être répertoriés dans des registres. Ce faisant, la loi modifie l'utilité économique des marchés de gré à gré, ou du moins l'utilisation qui en était faite jusqu'alors, mais permet un meilleur contrôle qui peut s'opérer plus aisément. Les chambres de compensation ont ainsi aujourd'hui la tâche de concentrer en leur sein le risque de crédit, auparavant disséminé dans les livres des banques, mais force est d'avouer que la mesure ne fait que déplacer le risque sans réellement le supprimer.

129. Et c'est paradoxalement le recours à des instruments de couverture de risques divers et variés qui peut contribuer à l'apparition de ce risque de conflits d'intérêts de tout genre.

b - Couverture de risque

130. Les rapports des contrôles effectués par les régulateurs relèvent que les ratios d'engagement de certains fonds sur les marchés sont parfois supérieurs, de manière récurrente, aux actifs nets, ces dépassements pouvant intervenir tant en cours de journée, avec régularisation et ajustement avant la

---

[553] V. section 8 « *Additionnal potential steps* » qui dresse une liste d'éléments « à surveiller », mais pour lesquels aucune réglementation n'était alors préconisée : *President's working group on financial markets, Report on Hedge funds, leverage and the Lesssons of long term capital management*, avr. 1999, www.ustreas.gov.

[554] Dérivé de crédit permettant à l'acheteur de transférer les conséquences financières d'un risque de défaut, ou tout autre événement de crédit précisé par le contrat associé à un titre financier ou à un portefeuille d'actifs, à un vendeur de couverture prêt à effectuer un paiement conditionné à la réalisation de ce défaut en contrepartie d'une commission annuelle.

clôture de la séance de bourse (*intra-day*), qu'au cours de la nuit (*overnight*), et peuvent être quelques fois supérieurs à 100% de l'actif net[555]. L'enchaînement d'opérations réalisées quelques minutes avant la clôture de la bourse est dans ce contexte une pratique utilisée pour permettre d'afficher des ratios compris dans la limite réglementaire et dissimuler les risques de gestion réellement pris. Mais il existe d'autres techniques ayant pour but d'échapper aux exigences strictes en matière de ratios réglementaires et de gestion du risque dont la titrisation de crédits qui concerne plus spécifiquement le banquier.

131. Après avoir défini le système de titrisation, en soi conflictuel (I), l'étude de son usage mettra en exergue l'élément de contradiction de volonté sans lequel le conflit d'intérêts n'aurait pas dépassé le stade de potentialité (II).

I - La titrisation

132. La titrisation[556] est une technique venue des États-Unis où elle a vu le jour dans les années 1970. En France, l'introduction de la titrisation[557] portait plutôt la marque de la politique d'incitation à la baisse des taux menée jusque là, car le recours à la titrisation a été motivé davantage par la nécessité d'améliorer les fonds propres des banques et la recherche de gains de productivité, c'est-à-dire la réduction des coûts de financement des

---

[555] L'AMF a relevé au sein d'un FCP géré par une société de gestion que le ratio d'engagement de ce fonds sur les marchés à terme avait été supérieur de manière récurrente à 100 % de son actif net : CA Paris, 27 nov. 2008, n° 07/09685, Vernes c/ Selafa MJA. – *Adde*, STORCK (M.), « Détermination du préjudice subi par des porteurs de parts de FCP du fait du non-respect des ratios prudentiels de division des risques et des règles de composition de l'actif des OPCVM », *RTD com.* 2009, p. 588. Dans le même sens, AMF, 13 mars 2008, Sanct. n° 2008-10, JP Klein Investissement.

[556] Sur la titrisation, v. not. BERTREL (J.-P.), « La titrisation », *LPA* 24 mars 1989, p. 7 et 11 ; BOSSIN (J.-M.) et GOURMELON (A.), « Titrisation : vie d'un fonds commun de créances », *Rev. banque* 1989, p. 623 ; BRICK (J.-R.), « *A primer on Mortage-Baked Securities* », *The Bankers Magasine* 1986, p. 44 ; PELTIER (F.), « L'adaptation du droit positif français à la titrisation : les fonds communs de créances », *Banque et droit* mai-juin 1989, p. 85 ; BRUYÈRE (R.), *Les produits dérivés de crédit*, 2e éd., Economica, 2009 ; CERESOLI (M.) et GUILLAUD (M.), *Titrisation, gestion financière de la banque*, Eska, 1992 ; RÜM (A.) (dir.), *La titrisation*, Anthémis, 2008.

[557] L'avènement de la titrisation dans le contexte institutionnel français nécessitait d'écarter un certain nombre d'obstacles législatifs et conceptuels, ce qui explique une introduction relativement progressive par rapport à d'autres réformes. V. comm. L. n° 88-1201 du 23 déc. 1988, relative aux organismes de placement collectif en valeurs mobilières et portant création des fonds communs de créances et du le décret n° 89-158 du 9 mars 1989 portant application des articles 26 et 34 à 42 de la L. n° 88-1201 du 23 déc. 1988 – *Adde*, COURTIER (J.-L.), « Premiers commentaires sur la loi du 23 décembre 1988 relative aux organismes de placement collectif en valeurs mobilières portant création des fonds communs de placement collectif en valeurs mobilières et portant création des fonds communs de créances », *Quot. jur.* 9 févr. 1989, p. 4 et s.

crédits consentis[558] grâce à la diminution de l'intermédiation financière que la titrisation était supposée impliquer[559]. La titrisation est apparue ainsi comme un substitut à la technique régnant jusqu'alors dite de « transformation » qui prévalait sur le marché hypothécaire et qui consistait à transformer les dépôts à court terme des clients des banques en crédits immobiliers à long terme[560].

133. En effet, la banque qui octroie un crédit assume traditionnellement trois fonctions principales constitutives du coût d'intermédiation bancaire, à savoir la recherche du client et la confection du crédit, ensuite le recouvrement des créances et, enfin, l'assomption des risques de défaillance de remboursement. La titrisation permet le fractionnement de ces fonctions : l'établissement initiateur du crédit conserve la possibilité de collecte et de recouvrement de créances, mais s'affranchit des risques notamment de défaillance du débiteur qui sont transférés directement aux porteurs de parts du fonds commun de créances (défini à l'époque comme une copropriété portant des créances, qui donne lieu à l'émission de parts représentant une fraction indivise de ces créances)[561]. Plus précisément, la titrisation consiste à extraire du bilan un actif, de le cantonner dans une structure indépendante par le biais d'une cession et de le financer par l'émission sur les marchés de capitaux de titres adossés à cet actif. Il s'agit d'une opération par laquelle

---

[558] Rapport n° 85 au Sénat présenté par LARCHÉ (J.), annexé au PV de séance du 16 nov. 1988, débat du Sénat du 19 nov. 1988, *JORF*, 20 nov. 1988, La documentation française.

[559] Toutefois, l'intérêt économique d'une introduction de la titrisation avait divisé à l'époque. Certains n'y voyaient qu'un emploi différent des disponibilités dont l'incidence serait neutre : DE LAROSIÈRE (J.), « Titrisation : politique monétaire et contrôle de l'activité bancaire », *in La France à l'heure de la titrisation, colloque de la revue Banque, 24 et 25 janvier 1989*. D'autres y avait vu un risque de favoriser les crédits à la consommation (pour cette raison, la titrisation était à l'origine réservée aux crédits dont la durée était supérieure à deux ans) : Avis présenté par OUDIN (J.) au nom de la commission des finances, du contrôle budgétaire et des comptes économiques de la Nation sur le projet relatif aux OPCVM et aux fonds communs de créances, annexé au PV de la séance du 15 nov. 1988, n° 83, La documentation française.

[560] Notons ici que le refinancement des prêts hypothécaires était jusqu'alors confié principalement à deux institutions. D'une part, la caisse de refinancement hypothécaire (CRH), dotée du statut de société financière dont l'objet préfigurait déjà en quelque sorte le procédé de titrisation puisque la CRH faisait l'acquisition de billets qui représentaient le droit aux flux qu'engendraient les créances hypothécaires qu'elle avait la charge de refinancer. D'autre part, la caisse autonome de refinancement (CAR) dont l'objet était de permettre le refinancement par appel au marché des prêts au logement social.

[561] La définition est celle posée par la L. du 23 déc. 1988 préc., art. 34, al. 2. La majorité des auteurs s'était accordée sur cette définition : V. en ce sens, VIANDER (A.), « Les nouveaux fonds communs de placement », *Rev. sociétés* 1980, p. 245 et s. ; CHARTIER (Y.), « Les nouveaux fonds communs de placement », *JCP G* 1980, I, 3001. Mais un auteur avait fait observer que les investisseurs dans ces fonds n'ont aucun des droits dont disposent ordinairement un propriétaire indivis, alors que l'entité de gestion se comportait comme le véritable propriétaire ; il concluait donc qu'il s'agissait plutôt d'une adaptation du *trust* : JESTAZ (Ph.), art. préc.

une banque, une institution financière ou une entreprise (on parle d'un cédant) apporte à un « véhicule de titrisation », fonds communs de titrisation en France ou *special purpose vehicule* chez les anglo-américains, un portefeuille de créances, au départ hypothécaires[562], sur lequel est adossée une émission de titres, d'où l'appellation de titres dérivés. Le produit de cette émission permet au gérant du véhicule de titrisation de financer l'acquisition des créances apportées par le cédant, le paiement des intérêts et le remboursement du capital emprunté étant assurés par le portefeuille de créances et les flux qu'il occasionne. Le *special purpose vehicule* est une structure *ad hoc* créée par une institution financière ou par le cédant qui est à l'origine de la titrisation, en l'occurrence la banque, et les titres que la structure émet sont placés auprès du public investisseur. À terme, les créances s'amortissant, le SPV peut être « rechargé » selon la terminologie en usage dans le milieu professionnel. En effet, soit le cédant revend de nouvelles créances au SPV qui les achète en utilisant les liquidités provenant des créances arrivées à échéance ou remboursées par anticipation, soit le SPV se procure lui-même de nouveaux actifs qu'il finance par l'émission de nouvelles dettes.

134. La titrisation n'est qu'une technique, pas un mal en soi. Celle-ci a cependant « pris un tel essor, en permettant le financement de l'économie dans une mesure jamais atteinte, allant jusqu'à suppléer les carences de l'assurance […] principalement dans le domaine des grands risques : catastrophes naturelles, pandémies, etc. »[563], que des auteurs observent, depuis déjà plus d'une vingtaine d'années, que le recours à la titrisation peut fragiliser le système bancaire[564]. De la sorte, ce n'est pas la technique, mais ce que l'on en a fait qui est devenu un problème qui n'est pas à rechercher dans la titrisation[565], mais dans les comportements des différents acteurs de marché. L'effondrement de la bulle spéculative immobilière par exemple aurait sans doute eu lieu sans les mécanismes de titrisation, les banques auraient certes été en difficulté ou en faillite, mais la situation serait certainement restée « limitée aux foyers des excès, si ces crédits n'avaient pas été titrisés, rassemblés en *pools*, coupés en tranches et répartis à travers le monde […] d'autant plus que nombre de ces grandes banques s'étaient

[562] Au départ, les portefeuilles cédés contenaient des créances hypothécaires destinées au financement de l'immobilier résidentiel (*residential mortgage backed securities RMBS*) ou de l'immobilier commercial (*commercial mortgage backed securities CMBS*), mais par la suite, de nombreux autres actifs ont été utilisés : les *Collateralized Debt Obligation CDO* lorsqu'un portefeuille de titres est titrisé ou *Asset Backed Commercial Paper ABCP* quand le titre est adossé à des titres longs, mais financé par des titres courts.

[563] GAUVIN (A.), *Crise financière et la veuve de Carpentras ?*, Milléli, 2011, p. 34

[564] TERRAY (J.) et KERGOMMEAUX (X.), « Titrisation : enfin du nouveau ! », *Bull. Joly Bourse* 1993, p. 120.

[565] La valeur des financements ou des produits structurés résultant d'une opération de titrisation est directement dépendante du prix des actifs leur servant de sous-jacents.

laissées emporter par une surenchère d'offres d'autres crédits titrisés [...] pour financer des OPA et des restructurations, cartes de crédit, crédits à la consommation, prêts à des étudiants...etc. »[566]. Ce sont donc certaines conduites volontaires qui ont accentué les effets négatifs de cette bulle. De quelle manière ?

135. Dans le domaine de la titrisation, parallèlement à ces cessions-achats-émissions-rachats, il est procédé à des opérations de tranchage qui consistent à émettre les dettes adossées au portefeuille de créances en tranches dont chacune a des caractéristiques de risque et de rendement spécifiques[567]. Les flux financiers engendrés par les actifs détenus par le SPV sont ainsi attribués aux différentes tranches selon un ordre de priorité déterminé, en cascade (*waterfall*) comme il se dit dans le jargon, d'abord aux détenteurs de la tranche *senior*, puis aux investisseurs des tranches mezzanines supérieures, si la première tranche a été servie en totalité, la dette mezzanine *junior* bénéficiant d'un revenu quand la tranche mezzanine supérieure est totalement rémunérée, le reliquat (*excess cash flow*) étant enfin attribué à la tranche *equity*. Grâce ensuite à de nombreuses techniques (tranchage, sur-nantissement, garanties externes, etc), l'opération de titrisation transforme des créances risquées et illiquides en titres négociables[568] ... au moins jusqu'à ce la bulle n'éclate.

136. Toutes les formes de titrisation permettent en fait aux opérateurs qui y font appel, notamment les banques[569], de réduire le coût de leur

---

566 DE MÉNIL (G.), « La crise après le 15 septembre », *Rev. Commentaire* 124, vol. 31, hiver 2008-2009, p. 973. En effet, à l'origine de la crise, les producteurs primaires (les courtiers de crédit) incitaient consciemment des ménages à s'endetter davantage à la faveur de la hausse spéculative des prix des biens immobiliers : ventes forcées d'options inutiles, usage d'amortissements négatifs, opérations de refinancement défavorables à l'emprunteur, clauses de non-recours en justice imposant un arbitrage discrétionnairement choisi par l'organisme prêteur dont les décisions sont insusceptibles de recours, dont les séances ne sont pas publiques et dont le coût était largement dissuasif, etc.

567 En règle générale, trois ou quatre tranches sont émises, mais il y eut dans le passé des montages comprenant jusqu'à 100 tranches et, dans les années 2005-2006, de nombreuses titrisations se sont faites avec une tranche unique.

568 Grâce aux techniques spécifiques à la titrisation, il était en effet possible et même fréquent pour un SPV d'émettre des billets de trésorerie ou des obligations bénéficiant d'une note supérieure à celle attribuée au cédant par les agences de *rating*.

569 Bien que des filiales financières de groupes industriels aient, elles aussi, procédé à ces émissions, l'essentiel des opérations de titrisations en amont de la crise de 2008 a été le fait des banques. Les titrisations adossées à des crédits bancaires sont des *collateralized loan obligations* (CLO). L'opération a comme actif de base des crédits accordés aux entreprises de tailles différentes, plus particulièrement les financements avec effet de levier comme les *leverage buy out* (LBO). Les CDS et les titrisations synthétiques ont permis par exemple aux investisseurs d'acheter des financements structurés avec leviers supérieurs à 10, et les rehausseurs de crédit ont garanti près de 1.000 milliards de dollars avec un effet de levier supérieur à 100. À côté de ces CLO, un autre sous-ensemble de financements structurés n'allait pas tarder à apparaître sous l'appelation CBO (*Collateralized bonds obligations*). Les CLO et les CBO furent ensuite regroupés vers les années 1990 sous le libellé de CDO

financement et de bénéficier d'une plus grande flexibilité dans la gestion de leur bilan. Mais il n'y a pas que cela. Lorsqu'elles y recourent, les banques cèdent en réalité des actifs risqués et, ce faisant, réduisent leurs engagements, car ces opérations ne sont pas retenues au bilan du cédant. Elles peuvent alors financer davantage d'opérations, en toute conformité avec les réglementations internationales relatives aux ratios de solvabilité et à l'obligation de gestion du risque crédit, et c'est là le point de départ d'un cercle vicieux. Pour n'en prendre qu'un, citons l'exemple assez révélateur des ratios d'endettement que les banques ont pu atteindre à la veille de la crise de 2008, celui de *Bank of America* qui s'établissait en septembre 2008 au niveau de 73,7 à 1[570]. De plus, si en apportant ces actifs à un véhicule de titrisation, les banques allègent leur bilan, elles ne font pas autre chose que se débarrasser purement et simplement du risque de crédit associé d'une manière expéditive et particulière, en toute conscience de leur devoir de préserver l'intégrité du marché.

137. Dans la littérature financière, la gestion rationnelle du risque, quel que soit ce risque[571], est un processus qui comprend cinq étapes : la détermination de la position exposée au risque, la surveillance de cette exposition, l'évaluation pour différents horizons de la probabilité de variation des facteurs à l'origine du risque, le calcul des coefficients de risque spécifiques à chaque horizon, la mise en œuvre de la couverture et le choix des instruments adaptés à la gestion du risque[572]. Ainsi, l'argument selon lequel, au regard de la complexité atteinte par ces montages financiers, les banques n'auraient pas compris le risque de leurs actions, ce qui n'est pas du tout acquis, ne tient pas. Elles auraient dû le connaître[573]. Les banques prêteuses du premier rang avaient parfaitement la capacité de procéder à une évaluation relativement exacte de la qualité des crédits injectés dans le

---

(*collateralized debt obligation*). Les CLO/CBO/CDO allaient être adossés les uns les autres pour devenir des produits complexes. Notamment, les CDO de *RMBS residential mortgage backed securities* ou de *CMBS commercial mortgage backed securities*, sorte de titrisation à la puissance 2, avec les CDO d'ABS, des CDO à la puissance 3, adossés pour l'essentiel à des crédits *subprime* de mauvaise qualité.

570 FERGUSON (N.), « *The Descent of Finance* », *Harvard Business Review* juill.-août 2009, p. 48.

571 Change, taux d'intérêt, prix des matières premières, crédit, etc.

572 LAUTHIER (D.) et SIMON (Y.), *Les 100 mots des marchés* dérivés, PUF, 2012, p. 49.

573 En 2000, le mathématicien LI (D.) publia un article « *On Default Correlation : A Copula Function Approach* », *Journal of Fixed Income*, cité par KARYOTIS (C.) (dir.), *La crise en 40 concepts clés*, LGDJ, 2013, p. 89, proposant un modèle d'évaluation des risques fondé sur une corrélation entre différents actifs financiers. Considéré comme une innovation majeure, c'est ce modèle inventé par cet auteur qui fût utilisé pour de multiples modèles de CDS. Ainsi, le risque de défaillance d'un propriétaire-emprunteur était mesuré par la probabilité de défaut d'un de ses voisins. C'est l'utilisation de ce procédé comme indicateur valable de mesure du défaut réel qui paraît totalement dénuée de sens. Rappr. LEQUESNE-ROTH (C.), « Retour sur la crise des "subprimes" – autopsie d'une déraison d'État », *Rev. dr. éco.* 2009/2, p. 237 et s.

système et les banques d'investissement ont commis une erreur en utilisant, pour évaluer la sécurité des produits basés sur ces crédits, des statistiques reposant sur des séries historiques trop courtes, ne prévoyant pas les cas limites, notamment les possibilités et les conséquences d'une baisse forte des prix de l'immobilier dans une région donnée. Nuançons toutefois ces accusations en rappelant que « contrairement à l'opinion commune, c'est une erreur courante dans l'activité bancaire de retenir souvent des scénarios trop optimistes sans lesquels beaucoup de grands projets n'auraient pas vu le jour (Tunnel sous la manche) »[574]. Sauf que, dans le cas présent, ces produits étant destinés à une vaste diffusion et pour des montants excessivement élevés, les banques distributrices et les investisseurs finaux auraient dû approfondir les hypothèses pessimistes alors que « les produits qui leur étaient proposés étaient constitués de millefeuilles de créances de diverses origines, de diverses natures, régies par des dispositions contractuelles différentes quant à leur degré de sécurité. L'erreur [a été] d'accepter cette complexité allant jusqu'à l'opacité en prenant au mot le discours vendeur des emballeurs et le pseudo confort de l'hypothèque »[575].

138. De surcroît, à l'époque où le risque fût connu de tous, même des plus profanes, les départements du compte propre de la banque d'affaire américaine Goldman Sachs (comme bien d'autres) continuaient à vendre des

[574] JEANCOURT-GALIGNAN (A.), « La crise de 2008 ou le dérapage de l'innovation financière », *Commentaire*, 2008-2009, vol. 31, n° 124, p. 979.

[575] JEANCOURT-GALIGNAN (A.), art. préc., *loc. cit.* En réalité, ce qu'il faut retenir de ces développements, c'est la réelle porosité entre les trois secteurs d'activités qui a pour conséquence un transfert de risque intersectoriel (*cross-sector risk transfer*) permanent entre les activités de banque, de titre et d'assurance qui se propage à travers des zones géographiques parfois de manière aléatoire et que le professionnel lui même n'imagine pas : AGLIETTA (M.), « Entretien », *L'AGEFI* 13 déc. 2002, p. 3. Le forum tripartite (*joint Forum*) avait déjà mis en lumière en 2001 ce phénomène dans un rapport sur la gestion des risques de ces secteurs. En effet, depuis sa création en 1996, cette entité a pour rôle de pérenniser les travaux qu'entreprennent les autorités de contrôle de la finance internationale : le comité de Bâle, l'association internationale des contrôleurs d'assurance (AICA- IAIS) et l'organisation internationale des commissions de valeurs mobilières (OICV-IOSCO) : *Joint Forum*, Risk management practices and regulatory Cross-Sectoral Comparison, 2001, disponible sur le site de l'OICV www.iosco.org. Au niveau national, la question fût soulevée par le rapport Marini et le rapport Peillon-Montebourg sur la lutte contre le blanchiment de capitaux : MARINI (Ph.), *Pour un nouvel ordre financier mondial : responsabilité, éthique et efficacité*, rapp. d'information au nom de la commission des finances, du contrôle budgétaire et des comptes économiques de la Nation sur la régulation financière et monétaire internationale, *Les rapports du Sénat*, 1999-2000, n° 284 ; PEILLON (V.) et MONTEBOURG (A.), *La lutte contre le blanchiment des capitaux en France : un combat à poursuivre*, rapp. d'information 11 avr. 2002, n° 2311. La doctrine a également relevé ce fait ainsi que l'impuissance de la réglementation devenue obsolète : ELIET (G.), « Le droit et la place financière française : quelques remarques », *Rev. d'éco. fin.* 2000, n° 57, p. 195 ; GAUVIN (A.), *Droit des dérivés de crédit*, Banque-éditeur, 2003, p. 29. Ces opérations de titrisation mises sur le marché disparurent en 2008/2009, puis sont revenues sur le marché l'année suivante aux Etats-Unis et un peu plus tard en Europe.

titres adossés à des *subprimes*[576] et à s'en libérer agressivement auprès de leurs clients.

II - Le transfert de risques

139. Les contrats de couverture sont également des assises privilégiées du conflit d'intérêts. Par exemple, au début, il y avait les *Credit Default Swaps*, plus connus sous l'abréviation anglaise CDS, qui peuvent être qualifiés de contrats de couverture de défaillance ou des dérivés sur évènement de crédit ou permutations de l'impayé. Ils avaient été créés et développés à partir de 1994 par le département dérivés de crédit de la banque JP Morgan pour permettre de garantir les investisseurs contre la gradation du risque associé aux actifs qu'ils détiennent en portefeuille. Le principe est le suivant. L'acheteur de protection verse *ex ante* une prime égale au taux Libor[577] du marché augmenté d'une marge dite « prime de CDS » annuelle calculée sur le montant de l'actif à couvrir souvent dit *de référence* ou *sous-jacent* (ce montant étant également appelé encours notionnel du CDS). Cette prime est versée au vendeur de protection qui promet de compenser *ex post* les pertes de l'actif de référence en cas d'*évènement* de crédit précisé dans le contrat, une sorte de contrat d'assurance. Il s'agit surtout d'une transaction non financée : sans obligation d'affecter des fonds pour garantir la transaction, le vendeur de protection reçoit des primes périodiques et augmente ses avoirs sans investissement en capital si aucun évènement de crédit n'a lieu jusqu'à maturité – la fin – du contrat. Dans le cas contraire, il est contraint de faire un paiement, donc de fournir des fonds *ex post*. C'est ce qui est habituellement désigné d'exposition hors-bilan. Ces CDS ont été, déjà à leur naissance, largement critiqués puis largement incriminés à l'époque des dernières crises.

140. La pratique est bien sûr plus complexe, mais le schéma initial est en synthèse le suivant. Une banque souhaitant gérer le risque de crédit lié à un portefeuille de créances ou d'actifs associés conservés dans son bilan, achète un *Credit Default Swaps* grâce auquel son risque de crédit est transféré à un investisseur qui accepte de le prendre en charge en contrepartie d'une rémunération suffisamment motivante versée par la banque acheteuse de la protection. Sauf qu'à la veille de la crise des *subprimes*, les CDS, comme quantité d'autres produits structurés, ne servaient plus d'instrument de protection depuis un moment déjà. Ils n'avaient plus d'autre objet que de permettre aux banques de se débarrasser au plus vite du risque qu'elles

---

[576] SEC, « *The SEC charges Goldman Sachs with Fraud in Connection with the Structuring and Marketing of a Synthetic CDO* », *Litigation release* n° 21489, 16 avr. 2010.

[577] Le *Libor* est une série de taux de référence du marché monétaire de différentes devises. Son nom a été formé à partir des initiales de la dénomination anglaise *London interbank offered rate*, « taux interbancaire pratiqué à Londres ».

détenaient dans leur propre portefeuille auprès d'investisseurs qu'elles conseillaient et, parfois, en spéculant sur ce même risque.

141. S'il y peut y avoir des doutes sur la nature des intentions des acteurs dans l'usage fait des CDS, l'affaire des titres *CDO Abacus*, imaginés par la firme *Goldman Sachs,* est en revanche symptomatique de la volonté d'exploitation du conflit d'intérêts telle qu'elle peut se manifester dans les banques d'investissement ou les banques universelles pratiquant majoritairement des activités de banque d'affaires[578]. En effet, alors que la crise s'était déjà déclenchée, *Goldman Sachs* a décidé de créer les CDO *Abacus,* de nouveaux produits adossés à des CDS sur *subprimes*, et au plus fort de la crise des *subprimes*, de les vendre à des investisseurs institutionnels en vingt-cinq accords (*deals*)[579], en en cachant l'origine grâce au recours à une interface (le cabinet ACA). Le produit *Abacus* a ensuite perdu 99 % de sa valeur, ce qui a provoqué fin 2009 l'ouverture d'une enquête de la *Securities and Exchange Commission* qui a annoncé, le 16 avril 2010, une plainte pour fraude[580] contre *Goldman Sachs*[581].

142. En France, une affaire en particulier illustre la problématique, celle impliquant le groupe financier Oddo, qui a procédé à des transferts d'actifs de titrisation entre fonds monétaires du groupe afin d'atténuer l'impact de la crise des *subprimes* pour le fonds Oddo cash, au détriment des intérêts des

---

578 DAVIDOFF (S.), MORRISON (A.) et WILHEM (W.), « *Computerization and the ABACUS : Reputation, trust, and fiduciary duties in investment banking* », *The journal of coporation law* janv. 2011, vol. 37/3.

579 Pour un total de 10,9 milliards de dollars : « *Banks Bundled Bad Debt, Bet Against It and Won* », *New York Times*, 23 déc. 2009.

580 « *The Securities and Exchange Commission [...] charged Goldman, Sachs & Co. and one of its vice presidents for defrauding investors by misstating and omitting key facts about a financial product tied to subprime mortgages as the U.S. housing market was beginning to falter [...] The SEC alleges that Goldman Sachs structured and marketed a synthetic collateralized debt obligation (CDO) that hinged on the performance of subprime residential mortgage-backed securities (RMBS). Goldman Sachs failed to disclose to investors vital information about the CDO, in particular the role that a major hedge fund played in the portfolio selection process and the fact that the hedge fund had taken a short position against the CDO* », *Litigation Release* n° 21489 / April 16, 2010, *Securities and Exchange Commission v. Goldman, Sachs & Co. and Fabrice Tourre*, 10 Civ. 3229 (BJ) S.D.N.Y. filed April 16, [2010].

581 Les CDO *Abacus* ne sont qu'un exemple de pareilles pratiques. À cette époque, la même banque d'investissement proposait à ses clients jusqu'à la mi mai 2007 des produits AC 1 (version 2007 du produit du fonds Paulson - IKB, ABN Amro - alors qu'elle avait commencé à vendre ceux qu'elle détenait en compte propre à partir de décembre 2006) : QUINN (J.), « *Goldman Sachs, Fabrice Tourre and the Complex Abacus of Toxic Mortgages* », *Daily Telegraph*, 16 avr. 2010 ; ROCHE (M.), « Le système Goldman Sachs en accusation », *Le Monde*, 17 avr. 2010 ; « Goldman Sachs vendait à ses clients des subprimes... dont il se débarrassait en douce », *Le Monde*, 29 déc. 2009 ; GALLOIS (D.), « Les Bourses douchées par Goldman Sachs », *Le Monde*, 18 avr. 2010 ; McCOOL (G.), « *Goldman's Tourre seeks appeal in SEC fraud case* », *Reuters* 22 sept. 2011 ; « *Fraud Lawsuit Survives over Goldman's Abacus CDO* », *Reuters* 24 avr. 2012.

porteurs. En effet, les OPCVM dynamiques du groupe avaient acheté des produits titrisés pour des quantités au total proches de celles dont Oddo cash souhaitait se défaire, sans que ces OPCVM, et par conséquent les porteurs de leurs parts, n'y trouvent un intérêt. De plus, les opérations entre Oddo cash et les fonds monétaires dynamiques ont été réalisées au pair, tandis que les cessions réalisées par Oddo cash sur le marché l'ont été bien en dessous du pair. La société de gestion OAM a délibérément privilégié l'intérêt du fonds Oddo cash qui attirait habituellement des investisseurs professionnels au détriment des fonds Oddo dynamiques qui comptaient des investisseurs jugés sans doute moins intéressants. La Commission des sanctions de l'Autorité des marchés financiers, dans la décision prise contre la société de gestion OAM[582], a donc naturellement conclu qu'« une prise de position de la société OAM pour le compte du fonds Oddo cash, suivie de son débouclage avec les OPCVM monétaires dynamiques comme contrepartie, a permis à Oddo cash de réaliser un profit sans aucun risque au détriment des OPCVM monétaires dynamiques qui ont été placés dans une situation moins favorable que celle qui aurait été la leur s'ils avaient été la contrepartie directe de Bank of America »[583].

143. Si les scénarios du conflit d'intérêts liés à l'activité de couverture sont nombreux, il ne s'agit pas d'une particularité de cet aspect du métier ainsi qu'en témoigne la variété de ceux liés à la négociation de marché

c - Négociation de marché

144. Dans le domaine de la négociation de marché, les exemples ne manquent pas qui démontrent que le conflit d'intérêts du banquier ne peut être compris sans prendre en compte l'élément de volonté. Le conflit d'intérêts reflète l'expression de volontés concomitantes et contradictoires qui peuvent s'avérer profitables généralement au banquier du fait de son pouvoir d'action qu'il s'agisse de commercialisation de titres en inventaire (I), de transactions en avance (II), d'opérations tel l'étranglement de marché (III), la vente à découvert (IV) ou la manipulation de cours (V).

I - Titres en inventaire

145. La banque, dans le cadre de son activité pour compte propre, est en droit de vendre à ses clients mandants des titres qu'elle détient en inventaire. Dans ce contexte, le conflit d'intérêts est caractérisé lorsque cette dernière

---

[582] AMF, 6 juill. 2012, Sanct. 2012-10. – *Adde*, STORCK (M.), « La Commission des sanctions de l'AMF prononce des sanctions à l'égard des sociétés Oddo et Cie et Oddo-Asset Management pour des manquements à des règles de bonne conduite dans la gestion et la dissolution anticipée d'OPCVM monétaires : respect de l'intérêt des porteurs », *RTD com. 2009*, p. 775

[583] *Ibid.*

procède ainsi dans son intérêt, en ignorant délibérément celui de son client auquel elle aurait pu proposer un meilleur investissement. Il l'est aussi lorsque le banquier recommande des produits peu performants qui malgré tout assurent une bonne rémunération, au détriment d'autres qui seraient plus intéressants pour ses clients, mais moins pour lui. Ce type de conflit d'intérêts se rencontre également lorsqu'un service d'émission n'arrive pas à placer un reliquat de titres et que les portefeuilles individuels ou collectifs sont utilisés pour les absorber. Il en va de même lorsque le département crédit d'un établissement bancaire apprend qu'une de ses sociétés clientes prévoit des pertes et qu'il prévient le département de compte propre pour que ce dernier puisse se débarrasser à temps des titres de cette société.

146. Les juges du fond ont eu l'occasion de sanctionner pareils agissements considérant que la banque « bien que non titulaire d'un mandat de gestion avait l'obligation d'informer [ses clients] sur les risques qu'ils prenaient et ce d'autant plus [que la banque] avait un intérêt personnel à ce qu'ils achètent les titres » dont il s'agissait[584].

II - Transactions en avance

147. Dans le même ordre d'idées, il n'est pas rare que la banque négocie pour son propre compte en concurrence avec les comptes détenus par ses partenaires intermédiaires ou en concurrence avec les gestionnaires de ses fonds d'investissement[585] ou autres gros clients. Dans ce cadre, elle est susceptible d'effectuer des transactions en avance sur le marché (*front running*), c'est-à-dire de placer un ordre pour compte propre devant un ordre provenant d'un client dans la perspective d'une plus-value lors d'une passation d'un ordre en sens contraire peu après. Une telle opération est d'autant plus facile à réaliser que l'ordre du client est de taille importante et placé « au mieux », autrement dit, sans prix déterminé[586]. Mais cette manière d'opérer n'est rendue possible que par la connaissance d'une information privilégiée, en l'occurrence le carnet d'ordres de la clientèle, et relève donc

---

[584] CA Paris, 27 sept. 1996, RG n° 94/018264, Epx Mounier c/ Crédit Lyonnais, Juris-Data n° 02233 ; *Banque et droit* janv.-févr. 1997, p. 38, note De Vauplane (H.).

[585] ROSS SORKIN (A.), « *Goldman Acknowledges Conflicts with Clients* », *The New York Times* 12 janv. 2010, p. 26.

[586] Par exemple, si un client transmet à son banquier un ordre d'achat de 600.000 titres d'une action donnée, le courtier peut temporiser la transmission de cet ordre sur le marché et y faire exécuter préalablement un achat de 35.000 titres, par exemple. De plus petite taille, cet ordre s'exécutera à un cours proche du dernier cours exécuté, tandis que l'ordre du client, de plus grosse taille, fera décaler le marché à la hausse. Le banquier pourra céder ses 35.000 titres à un cours proche de celui du client et dégager ainsi une plus-value. Comme l'ordre du banquier peut lui aussi avoir fait décaler le marché à la hausse, le client voit son ordre exécuté *a priori* à un cours moins favorable ; ses intérêts sont lésés.

du délit d'initié. De ce fait, elle est interdite en France[587] comme aux États-Unis[588].

148. Une autre forme de *front-running* d'une certaine façon est la négociation haute fréquence [589] (*High frequency Trading*). L'Autorité européenne des marchés financiers la définit comme une « activité de *trading* utilisant une technologie algorithmique sophistiquée pour interpréter les données de marché et, en réponse, mettre en œuvre des stratégies de *trading* résultant généralement en l'émission d'ordres à très haute fréquence et leur transmission en des temps de latence extrêmement réduits » [590]. Ces stratégies consistent le plus souvent « en une tenue de marché non contractuelle ou en arbitrage sur des horizons à très court terme. Elles impliquent une négociation essentiellement pour compte propre et un dénouement des positions à la fin de chaque séance »[591]. Le principe de cette technique consiste à utiliser de puissants algorithmes mathématiques et des ordinateurs ultrarapides afin de détecter et d'exploiter les micromouvements de marché avec une échelle de temps de l'ordre de la dizaine de millisecondes.

149. On peut citer plusieurs types d'algorithmes mathématiques utilisés par le *trading* haute fréquence[592]. Ainsi, afin d'éviter de signaler leurs intentions au marché, les ordres peuvent être découpés en petits lots (de 100 à 500 pièces) à des prix bien définis. Dans le but de découvrir à quel prix les investisseurs sont prêts à acheter ou vendre un titre, les algorithmes envoient une série d'ordres à des prix différents qui seront rapidement annulés dès que la réponse souhaitée sera ressortie. À ce moment, les ordinateurs achètent (ou vendent) le titre juste avant l'investisseur, puis le lui revendent (ou le lui rachètent) quelques millisecondes plus tard avec un léger profit. Un deuxième algorithme va permettre de faire exploser la volatilité d'une action en « jouant» sur ses phases de forts mouvements d'augmentation. Cette manipulation va de la sorte permettre d'augmenter la valeur des options détenues par les opérateurs. Mais cette technique parasite à tout le moins le marché et rend plus difficilement lisible le processus de formation

---

[587] C. monét. fin., art. L. 465-1.

[588] NASD Rule IM-2110-3 - *Front Running Policy*.

[589] V. sur ce point : STORK (M.), « L'encadrement du négoce à haute fréquence », *LPA* 27 sept. 2013, p. 29 ; DANIEL (S.), « Trading haute fréquence et manipulation de cours », *RTDF* 2012, p. 55, GOUPIL (L.), « Trading haute fréquence : empreinte de marché et enjeux de régulation », *Rev. éco. fin.* 2013/ 2, p. 277 et s.

[590] ESMA, « *Guidelines on Systems and Controls in a Highly Automated Trading Environment for Trading Platforms, Investments Firms and Competent Authorities* », Consultation paper, p. 10.

[591] *Ibid.*

[592] Les exemples sont tirés de ALDRIGDE (I.), *High-Frequency Trading : A Practical Guide to Algorithmic Strategies and Trading Systems*, 2e éd. John Wiley & Sons, 2013 et SOLTANI (A.), *Pratique de l'asset management. Fondamentaux, contexte légal et meilleures pratiques*, Eyrolles, 2012.

des prix, ce qui justifie que les régulateurs européens et nationaux s'y intéressent de plus près aujourd'hui.

150. En effet, l'association des algorithmes à l'hyperréactivité dans le traitement des données et des ordres met à la portée des *traders* des manipulations de marché différentes. Tout d'abord, le *spoofing*, ou *layering*, une « stratégie qui consiste à exercer une pression d'un côté du carnet d'ordres par le biais d'une émission massive d'ordres à l'achat ou à la vente, ce aux meilleures limites de prix pour diminuer au maximum le risque d'exécution »[593]. En conséquence de ce déséquilibre, « parfois renforcé par la présence de *traders* suiveurs croyant déceler une opération imminente, la fourchette de prix se décale »[594]. Aussitôt, le négociateur « opère une passation d'ordres en sens inverse et procède à l'annulation subséquente des ordres entrés dans le sens initial »[595]. Généralement, cette technique est utilisée « sur des laps de temps très réduits et pour des gains infimes, ce afin de ne pas attirer l'attention du régulateur. Le profit dégagé est fonction de la répétition du stratagème illicite »[596].

151. Ensuite, on peut citer la stratégie d'*order anticipation* : il s'agit essentiellement des ordres test (*ping orders*), ordres binaires (*immediate-or-cancel orders*), exécutés immédiatement en cas d'existence de liquidité ou annulés instantanément à défaut de liquidité. L'objectif est, « par l'envoi d'ordres isolés, de deviner les intentions et les stratégies des autres intervenants et de les devancer dans la réalisation des négociations. Il est dès lors possible de détecter la présence d'un important intérêt acheteur ou vendeur sur le marché (*iceberg order*), de l'anticiper en opérant une première transaction de même sens sur le marché, de se placer en situation de seule contrepartie disponible, puis d'intervenir opportunément pour réaliser une transaction en sens contraire avec ce vendeur ou acheteur »[597].

152. Une autre pratique encore est le *momentum ignition* « qui consiste en la passation d'ordres dans un seul et même sens, afin d'attirer et d'inciter les autres intervenants à faire de même et provoquer un mouvement directionnel de prix »[598]. Mais les algorithmes les plus fréquents et les plus contestés restent les algorithmes utilisant les « ordres flashs ». Des informations confidentielles sur l'ordre en question sont révélées durant une fraction de seconde lors du passage de l'ordre avant d'être transmis au système national de marché. Ainsi, si un opérateur ayant accès à ces données est en mesure d'égaler la meilleure offre ou demande du système, il peut exécuter l'ordre avant que le reste du marché en ait pris connaissance. Une

---

[593] DANIEL (S.), art. préc., p. 55.
[594] DANIEL (S.), art. préc., p. 55.
[595] *Ibid.*
[596] DANIEL (S.), art. préc., p. 55.
[597] *Ibid.*
[598] *Ibid.*

transaction étant susceptible de se réaliser en moins de 500 microsecondes, la fréquence de passages d'ordres atteint parfois jusqu'à 1.000 exécutions de transactions par seconde.

153. Les stratégies décrites ont pour objectif commun d'exercer une influence malicieuse sur les cours des actions visées. Lors de la formation des prix, elles prennent au dépourvu les anticipations des autres acteurs sur le marché.

154. Manipuler, on le voit, peut s'opérer par différentes méthodes, entre autres par celle dite du « *squeezing* ».

III - Etranglement de marché

155. Étrangler[599] ou « *squeezer* » le marché, comme il se dit dans le langage de la finance, signifie manipuler les cours d'une matière première pour en tirer profit. Ainsi, la banque va d'abord accumuler des stocks de matières physiques sur le marché des matières premières et prendre simultanément une position acheteuse importante sur le marché à terme. Lorsque les contrats vont arriver à échéance, au lieu d'une compensation, la banque va exiger une livraison effective. Les opérateurs qui ont généralement vendu des contrats sans détenir le physique sous-jacent se retrouveront par conséquent « étranglés ». Deux solutions s'offriront alors à eux : acheter des contrats pour compenser leurs positions, ce qui fera monter les cours d'autant plus vite et plus haut que les « étrangleurs » ne consentiront naturellement à compenser leur position que lorsque les prix seront élevés, ou bien acquérir la matière première pour honorer leur engagement, c'est-à-dire pour la livrer, ce qui aura également pour conséquence de faire monter les cours, car ceux qui détiennent un stock important sont ces mêmes « étrangleurs » qui les conserveront évidemment.

156. Soulignons toutefois que ces étranglements, s'ils n'ont pas totalement disparus[600], sont devenus plus rares qu'avant. En effet, dans le but de réfréner la spéculation sur les marchés de matières premières par le biais d'instruments financiers à terme, la loi n° 2013-672 du 26 juillet 2013 de séparation et de régulation des activités bancaires[601] oblige désormais toute

---

[599] SUEUR (A.), *Les outils de la stratégie boursière*, Eyrolles, 2007, p. 189 ; PETIT (J.-P.), *La bourse : rupture et renouveau*, Odile Jacob, 2003, p. 142.

[600] Quelques tentatives ont vu le jour sur les *financial futures* (contrats *futures* basés sur des instruments financiers, bons du trésor, taux de changes, CDS…), mais les avis des professionnels restent partagés. Au dire de certains, il est beaucoup plus difficile de « *squeezer* » ces marchés au regard de l'importance du gisement.

[601] L. n° 2013-672 du 26 juill. 2013 de séparation et de régulation des activités bancaires, *JORF*. – *Adde*, comm. BONNEAU (Th.), « Séparation et régulation des activités bancaires, Commentaire des titres 1, 4, 5 et 8 de la loi du 26 juillet 2013 », *JCP E* 2013, 1483 ; LASSERRE CAPDEVILLE (J.), « Séparation et régulation des activités bancaires, une avancée du droit », *JCP G* 2013, doctr. 925 ; « Commentaire des art. 20 à 22 de la loi n° 2013-672 du 26 juillet 2013 », *Banque et droit* sept.-oct. 2013, p. 53 ; « Loi n° 2013-672 du

personne détenant des instruments financiers dont le sous-jacent est constitué d'une matière première agricole à communiquer quotidiennement à l'Autorité des marchés financiers le détail de ses positions, dès qu'elles excèdent une certaine taille. L'autorité de régulation publie un rapport hebdomadaire présentant les positions communiquées, sur un marché réglementé ou sur un système multilatéral de négociation, et peut, en outre, imposer des limites aux positions qu'une personne est autorisée à détenir comme fixer des dérogations, notamment lorsque les positions en cause ont été constituées à des fins de couverture.

157. Les autorités de contrôle sont, comme on le voit, plus attentives et plus sévères[602] à leur propos et à l'égard d'autres pratiques qui s'en rapprochent, comme la vente à découvert.

IV - Vente à découvert

158. Vendre à découvert les actions[603] d'une société cliente aux fins de réaliser un profit pour son propre compte et, peut-être même, les vendre à d'autres clients en les leur conseillant, revient aussi à jouer contre l'intérêt du client. Faute de posséder des titres, il y a une solution plus originale, la vente à découvert (*short selling*). Cette opération consiste à emprunter les titres pour les vendre sur le marché au comptant avec l'idée de les racheter une fois la baisse anticipée enregistrée afin de rembourser l'emprunt de titres[604]. La différence entre le prix de vente et le prix d'achat constitue le profit. Il existe des variantes de cette opération, comme les ventes à nu (*naked short selling*) où le donneur d'ordres prend des positions vendeuses sans disposer de l'assurance de pouvoir, notamment par le recours à des emprunts de titres, procéder en temps voulu à la livraison des instruments financiers correspondants.

159. Dans cette situation, le vendeur ne supporte pas le coût de l'emprunt de titres et l'acheteur risque de ne pas se voir reconnaître la propriété des titres à la date de règlement-livraison. Or, si les critiques, également étendues aux ventes à découvert simples, avaient conduit la *Securities and Exchange Commission* à suspendre ou interdire des ventes à découvert portant sur des sociétés financières[605], la réglementation française continuait à les autoriser. En revanche, l'article 570-2 du règlement général de l'Autorité des marchés financiers exigeait, qu'à la date normale de livraison

---

26 juillet 2013 de séparation et de régulation des activités bancaires », *LPA* 27 sept. 2013, p. 67.

[602] BONNEAU (Th.), art. préc., 1483.

[603] LASSER (J. D.), WANG (X.) et ZHANG (Y.), « L'incidence de la vente à découvert sur les réactions du marchéà la publication des résultats », *Contemporary Accounting Research* 2010, vol. 27(2), p. 356 et s.

[604] ELDER (A.) et DUBLANC (A.), *Vendre et vendre à découvert*, Valor éditions, 2013, p. 5.

[605] SEC, *Release* n° 34-58592, *Emergency Order*, 18 sept. 2008.

(trois jours après la date d'exécution des ordres), l'investisseur dispose des titres qu'il cède sur son compte-titres pour être en mesure de les livrer. Le règlement européen 236/2012 sur les ventes à découvert entré en application le 1er novembre 2012[606] a interdit les ventes à découvert et instauré un nouveau cadre harmonisé au niveau européen visant plus de transparence sur le régime applicable aux positions courtes. Ainsi, toute personne physique ou morale détentrice d'une position courte nette égale ou supérieure à 0,2 % du capital d'une société dont les actions sont admises aux négociations sur un marché européen, et dès lors que le marché principal de l'action considérée est situé en Europe, déclare cette position à l'autorité compétente dans un délai d'un jour de négociation. Dès que la position courte nette déclarée est égale ou supérieure à 0,5% du capital, l'autorité compétente rend publique cette information. La même obligation de déclaration et de publicité de l'autorité compétente s'applique en cas de franchissement à la hausse ou à la baisse d'un des seuils successifs supplémentaires fixés par palier de 0,1%. La loi du 22 octobre 2010[607] est également intervenue. Cette loi a, d'une part, étendu les pouvoirs d'urgence de l'Autorité des marchés financiers pour permettre au régulateur d'interdire les ventes à découvert[608],

---

[606] Règl. UE n° 236/2012 du Parlement européen et du Conseil du 14 mars 2010 sur la vente à découvert et certains aspects des contrats d'échange sur risque de crédit, *JOUE*, 24 mars 2012, L 86, p. 1, art. 6-2, et règl. n° 827/2012 de la Commission du 29 juin 2012 définissant des normes techniques d'exécution concernant les modalités de publication des positions courtes nettes sur actions, le format des informations à fournir à l'Agence européenne des marchés financiers sur les positions courtes nettes, les types d'accords, d'arrangements et de mesures permettant de garantir de manière adéquate que les actions ou instruments de dette souveraine seront disponibles pour le règlement, et les dates et périodes de détermination de la plate-forme principale de négociation d'une action, conformément au considérant n° 6 du règl. n° 236/2012 du Parlement européen et du Conseil sur la vente à découvert et certains aspects des contrats d'échange sur risque de crédit.

[607] L. n° 2010-1249 du 22 oct. 2010 de régulation bancaire et financière, *JORF*, 23 oct. 2010, p. 1898. – *Adde*, comm. *JCP E* 2010, actu. 579 ; LASSERRE CAPDEVILLE (J.), « Présentation générale de la loi de régulation bancaire et financière », *LPA* 16 déc. 2010, p. 3 ; BONNEAU (Th.), « Commentaire de la loi n° 2010-1249 du 22 octobre 2010 de régulation bancaire et financière », *JCP E* 2010, 195 ; YVON (S.), ALLAIN (Th.) et BERARD-GOURISSE (C.), « Panorama de la loi de régulation bancaire et financière », *Bull. Joly Bourse* 2010, p. 492 ; LE NABASQUE (H.), « Commentaire des principales dispositions de la loi de régulation bancaire et financière du 22 octobre 2010 intéressant le droit des sociétés et le droit financier », *Rev. sociétés* 2010, p. 547 ; dossier spécial *Bull. Joly Bourse* 2011, p. 113 et s. ; dossier spécial *LPA* 16 déc. 2010.

[608] C. monét. fin., art. L. 421-16. Cette disposition conférait au président de l'Autorité le pouvoir de suspendre tout ou partie des négociations d'instruments financiers sur un marché réglementé. Avec la loi du 22 octobre 2010, le président de l'AMF s'est vu attribuer également la capacité de prendre des mesures d'urgence restreignant les conditions de négociation des instruments financiers pour faire face aux situations exceptionnelles de marché. Cette modification était jugée nécessaire car il est apparu en effet que les mesures exceptionnelles adoptées par l'AMF sous forme de communiqué le 19 septembre 2008, destinées à proscrire les ventes à découvert sur certaines valeurs financières cotées, ne

et, d'autre part, introduit un nouvel article au Code monétaire et financier (L. 211-17-1, al. 2) qui interdit les ventes à nu, sauf si le vendeur dispose d'assurances raisonnables garantissant sa propre capacité à livrer les instruments financiers à la date prévue pour la livraison. Le prestataire final en charge de l'exécution de la transaction a en effet la faculté « d'exiger, lors de la réception de l'ordre ou dès son exécution, la constitution dans ses livres, à titre de couverture, d'une provision en espèces en cas d'achat, en instruments financiers objets de la vente en cas de vente »[609]. Le III de l'article étend le régime des sanctions applicables en cas d'abus de marché aux ventes à découvert qui ne respecteraient pas les conditions ainsi posées. Cette règle ne concernant cependant pas les *markets makers*, les banques sont dès lors susceptibles d'échapper à cette interdiction.

160. Dans cette famille, on peut encore citer les autres agissements illicites à regrouper sous l'appellation générale de manipulations de cours.

V - Manipulation de cours

161. La définition de la manipulation de cours est issue de l'article 631-1 du règlement général de l'Autorité des marchés financiers. Constitue une manipulation de cours, premièrement, le fait d'effectuer des opérations ou d'émettre des ordres qui donnent ou sont susceptibles de donner des indications fausses ou trompeuses sur l'offre, la demande ou le cours d'instruments financiers ou qui fixent, par l'action d'une ou de plusieurs personnes agissant de manière concertée, le cours d'un ou plusieurs instruments financiers à un niveau anormal ou artificiel. Deuxièmement, une manipulation de cours peut-être caractérisée par le fait d'effectuer des opérations ou d'émettre des ordres qui recourent à des procédés donnant une image fictive de l'état du marché ou à toute autre forme de tromperie ou d'artifice. En particulier, constitue une manipulation de cours le fait de s'assurer une position dominante sur le marché d'un instrument financier. Est également considérée comme une manipulation de cours la création de conditions de transaction inéquitables ou le fait d'émettre au moment de l'ouverture, de la clôture ou lors du fixage, des ordres d'achat ou de vente d'instruments financiers du marché ayant pour objet d'entraver l'établissement du prix sur ce marché ou pour effet d'induire en erreur les investisseurs agissant sur la base des cours concernés.

162. Ainsi, les pratiques constitutives de manipulations de cours peuvent être de trois ordres : les manœuvres d'entrave au libre établissement de cours (i), l'induction du public investisseur en erreur (ii) ou des pratiques assurant

---

reposaient pas sur des bases légales suffisantes : BONNEAU (Th.), « Crise financière : l'AMF hors la loi... Pour la bonne cause », *RD bancaire et fin.* 2008, repère, 12.

[609] C. monét. fin., art. L. 211-17-1, I, al. 4.

une position dominante sur le marché avec pour effet la création de transactions inéquitables (iii).

i - L'entrave au libre établissement de cours

163. Certaines de ces pratiques sont parfois évidentes. Les opérations d'« achetés-vendus » constituent la première de cette catégorie. La transmission d'« achetés-vendus » peut, selon les circonstances, permettre la cotation artificielle de titres pour lesquels il n'existe pas de marché ou, lorsqu'un marché existe, provoquer la cotation des titres concernés à un cours prédéterminé, en évitant que le cours des titres visés ne résulte de la libre confrontation des ordres d'achat et de vente, ce qui caractérise une entrave au libre établissement des cours[610]. Il en va de la sorte pour les ordres fictifs y compris portant sur des quantités non significatives[611], ou les entraves avérées au libre établissement des cours tel un gel ou une réservation des cotations à la suite d'un fort décalage du cours provoqué par des « manœuvres »[612]. C'est également le cas lorsque, d'une part, la demande de titres étant artificielle, les ordres d'achat émis en début de séance sont appelés à être « coiffés » par un dernier ordre transmis juste avant le fixage, et ne résultant pas d'une réelle volonté d'acquérir les titres, et que, d'autre part, certains des intervenants n'ont pu être servis[613]. Toujours dans cette catégorie, les juridictions civiles se sont prononcées sur les interventions ayant pour seul objet l'obtention d'un cours précis et ont caractérisé l'abus. Les interventions sur le cours d'un titre, par l'achat massif de ce titre, qui n'avaient pour objet que l'obtention d'un cours de clôture précis et non l'achat d'un nombre de titres déterminé afin de renforcer une position acheteuse (objectif qui aurait pu être atteint par des achats à des cours moins élevés), dans le but de se soustraire à l'obligation de répondre à des appels de fonds que l'insuffisance de financement de la position rendait nécessaires, sont assimilées à un manquement de manipulation de cours, car elles ont pour effet d'entraver le libre établissement des cours[614].

[610] AMF, 19 oct. 2006, Sanct. 2007-03 : Des « achetés-vendus » fortement concentrés et dénués de toute raison économique ne peuvent avoir pour objet que d'induire autrui en erreur quant aux volumes traités sur la valeur ; *Ibid* : le nombre et la fréquence d'« achetés-vendus », sur quelques séances rapprochées, et leur prix systématiquement à la baisse et à un niveau proche du seuil de réservation, excluent la justification avancée par la personne mise en cause de faire coter la valeur et établissent l'intention de faire décaler le cours.

[611] AMF, 26 janv. 2006, Sanct., 2006-1.

[612] AMF, 16 juin 2005, Sanct. 2005-14 ; AMF, 19 oct. 2006, préc.

[613] CA Paris, 20 nov. 2007, n° 07/00369.

[614] CA Paris, 29 janv. 2008, n° 07/00082 ; Cass. com., 7 avr. 2009, n° 08-13077. Rappr. CA Paris, 29 janv. 2008, n° 07/00082, des ordres d'achat qui ont induit les tiers en erreur dès lors que leur exécution a fait coter le cours d'un titre à la hausse en séance, puis à 1 euro au fixage de clôture, alors que le marché subissait plusieurs gels aux seuils dynamiques bas ou réservation à la baisse de la valeur du fait d'autres intermédiaires, cette situation étant de nature à tromper les investisseurs.

164. Ensuite, on peut relever que les interventions massives sur des titres provoquant une hausse du cours[615], effectuées dans un laps de temps très court, sur le marché de titres très peu liquides ne peuvent avoir d'autre objet que d'agir sur le cours des titres concernés[616].

165. Les annulations d'ordres aussi peuvent être utilisées dans le seul dessein de manipuler le cours. S'il peut être justifié, dans certaines circonstances, d'annuler des ordres, des annulations d'ordres répétées[617], ou le passage de très nombreux ordres d'achat visant à donner l'apparence d'un intérêt acheteur, qui n'ont pas vocation à être exécutés, mais à être annulés enfreint le libre fonctionnement du marché[618]. La Cour d'appel de Paris a jugé en ce sens que l'intervention sur des valeurs très liquides dont le cours est proche d'un euro, en remplaçant systématiquement un ordre ancien par un ordre plus récent, donc moins prioritaire, ayant les mêmes caractéristiques (sens, limite) et portant sur des volumes de titres significatifs, selon une chronologie conçue pour éviter ou retarder leur exécution en repoussant leur priorité temporelle dans le carnet d'ordres et pour créer et maintenir un intérêt renforcé pour le titre considéré, est constitutive d'une entrave au libre établissement des cours[619]. Un autre mode opératoire privilégiant les annulations a été sanctionné par l'Autorité des marchés financiers : les ordres « en rafale » entrés dans le carnet d'ordres à des cours ne permettant pas leur exécution immédiate, puis annulés aussitôt après avoir produit leur effet baissier ou haussier, ce qui a permis à l'auteur de ces mouvements d'acheter des titres sur la tendance baissière et d'en vendre sur la tendance haussière[620].

166. On vise encore les manipulations de clôture. Le cours d'ouverture ou de clôture d'un titre peut servir de variable de calcul dans la valorisation d'un autre instrument financier. Le détenteur de ce dernier instrument pourrait avoir un intérêt à ce que le cours de l'action sous-jacente atteigne, dépasse ou au contraire reste en deçà d'un certain seuil. Effectuer des transactions sur l'instrument sous-jacent en vue de lui faire atteindre un cours de clôture spécifique induit le marché en erreur. Cette manipulation relève de l'abus de marché comme de la manipulation de cours et est sanctionnée à ce titre lorsqu'elle est découverte. Ainsi en est-il des interventions effectuées au moment du *fixing* d'ouverture ou de clôture lorsqu'il est avéré que l'objectif recherché était de toucher des ordres de vente à prix élevé pour faire coter le titre à la hausse[621]. Il en va pareillement des ordres d'achat ou de vente précédant des achetés-vendus, passés à

---

615 AMF, 26 mai 2011, Sanct. 2011-11.
616 AMF, 7 oct. 2004, Sanct. 2004-17 ; AMF, 28 oct. 2011, Sanct. 2011-19.
617 AMF, 9 mars 2006, Sanct., 2006-14.
618 AMF, 16 juin 2005, Sanct., 2005-14.
619 CA Paris, 9 oct. 2007, n° 06/12937.
620 AMF, 12 mai 2011, Sanct. 2011-09.
621 AMF, 19 oct. 2006, Sanct. 2007-03.

quelques secondes des heures de *fixing* et à des cours en fort décalage par rapport à ceux précédemment cotés, qui ont tous entraîné une forte baisse du cours du titre lors de sa cotation, de sorte que le manquement est caractérisé[622].

167. Le manquement de manipulation de cours est également constitué par l'utilisation d'instruments financiers particuliers comme des *penny stock*[623], par la méthode d'intervention du prestataire[624] ou par le recours à plusieurs intermédiaires[625]. La manœuvre litigieuse peut d'ailleurs résulter d'un cumul de moyens tout à fait licites lorsqu'ils sont pris isolément. Ce n'est qu'en analysant les ordres et leurs annulations dans leur ensemble, et en particulier dans leur ordonnancement chronologique, et non en les considérant un par un, que peuvent apparaître les stratégies dont ils procèdent[626].

ii - L'induction du public investisseur en erreur

168. D'abord, on peut prendre l'exemple des opérations réalisées en « face à face », c'est-à-dire la passation d'un ordre d'achat ou de vente, rapidement suivi du passage, à partir d'un autre compte, d'un ordre en sens contraire et portant sur un volume identique ou peu différent, sur quelques séances. Ce mouvement est susceptible de donner au marché des indications fausses ou trompeuses quant au volume de l'offre et de la demande en ce qu'il tend à animer fictivement le titre illiquide du marché. Il peut être interprété par les investisseurs comme témoignant d'un intérêt renforcé pour le titre, les incitant ainsi à s'en porter acquéreurs en misant sur une hausse future[627]. L'annulation de quantités importantes d'ordres passés sur un titre très peu liquide avant leur exécution, même partielle, est également de

---

[622] *Ibid.*

[623] Ainsi, pour un cours compris entre 0 et 50 euros, les règles de fonctionnement d'Euronext prévoient un pas de cotation (ou *tick*) de 0,01 euro. En d'autres termes, pour un instrument financier cotant 1 euro, l'augmentation d'un seul *tick* correspond à un gain immédiat de 1 %, le ratio étant d'autant plus élevé que le cours est proche de 0 euro. De ce fait, le choix de *penny stocks*, une action généralement volatile d'une entreprise à risques avec une faible capitalisation boursière, dont le cours ne s'élève souvent qu'à quelques dizaines de cents, peut révéler une « stratégie » de manipulation de cours : AMF, 9 mars 2006, Sanct. 2006-14.

[624] Les clients d'un prestataire de services d'investissement ont demandé que les achats réalisés sur les valeurs concernées soient effectués à des cours aussi élevés que possible, l'exécution de la totalité des ordres n'étant pas leur objectif. Les préposés de la société sont intervenus activement dans la recherche du résultat souhaité, en mettant en place une méthodologie. Cette méthodologie a consisté à passer des ordres sur plusieurs valeurs, exécutés pour la plupart au moment de la clôture du marché, le dernier jour de Bourse, et ont eu un impact sur les cours. Enfin, le prestataire a modifié certains de ses ordres, au moment de la clôture, en affichant un cours anormalement élevé : AMF, 24 janv. 2008, Sanct. 2008-17.

[625] AMF, 16 juin 2005, Sanct. 2005-14.

[626] AMF, 9 mars 2006, Sanct. 2006-14.

[627] AMF, 20 déc. 2007, Sanct. 2008-09.

nature à créer un intérêt acheteur artificiel[628]. De la même façon, des ordres d'achat dont l'exécution a fait coter le cours d'un titre à la hausse en séance, puis à un euro au fixage de clôture, alors que le marché subissait plusieurs gels, sont de nature à tromper les investisseurs[629].

iii - La position dominante

169. La Commission des sanctions a eu l'occasion de donner des éclairages intéressants sur les critères qui permettent d'identifier une situation de position dominante et d'établir la manipulation de cours[630]. Ainsi, pour l'application de l'article 631-1, 2) a) du règlement général de l'Autorité des marchés financiers, la Commission des sanctions a d'abord recherché si les ordres passés ont été à l'origine d'une position dominante, ensuite si, dans l'affirmative cette position dominante avait créé pour les tiers des « conditions de transaction inéquitables ». La Commission des sanctions a donc considéré en l'espèce que la société devait être regardée comme se trouvant en position dominante. En premier lieu, la société accusée avait été, par le volume des ordres, la première intervenante sur le marché des titres concernés. En second lieu, elle avait provoqué près de la moitié du nombre total de changements de fourchette sur la période considérée. Par ailleurs, ces décalages avaient eu pour effet de lui permettre de se trouver pour des volumes de titres importants en première position aux meilleures limites à l'achat et à la vente des carnets d'ordres en cause[631]. Enfin, les titres échangés avaient représenté une proportion considérable du total des échanges sur ces titres de sorte qu'un intervenant, souhaitant vendre ou acheter, était amené, soit à renoncer à l'exécution de son ordre à ses conditions initiales, soit à passer à des conditions financières dégradées un ordre à une nouvelle limite. Par conséquent, étaient, selon la Commission des sanctions, déjà créées des conditions de transactions inéquitables.

170. Les opérations de marchés constituent comme on peut le constater un premier champ conflictuel. Les opérations de banque en constituent un autre.

---

[628] CA Paris, 24 sept. 2008, n° 08/02369.
[629] Cass. com., 7 avr. 2009, n° 08-13077.
[630] AMF, 9 avr. 2009, Sanct. 2009-17.
[631] La situation de position dominante a en fait été caractérisée grâce à une combinaison d'indices concernant le volume des ordres passés par les personnes mises en cause, le nombre de décalages de fourchette provoqués par les ordres, l'importance du volume de ces ordres situés aux meilleures limites à l'achat et à la vente et le volume relatif et absolu représenté par l'émetteur dans les exécutions d'ordres. La position dominante a aussi été caractérisée lorsque les ordres représentent la quasi-totalité des volumes vendeurs et acheteurs entrés dans le carnet d'ordres et que de telles positions témoignent, au moment où elles ont été prises, d'un contrôle complet de l'offre et de la demande, par une mainmise sur les meilleurs prix vendeurs ou acheteurs : AMF, 12 mai 2011, Sanct. 2011-09.

2° - Les opérations de banque

171. Sont ici visées les activités qualifiées classiquement d'opérations de banque, qui n'échappent pas non plus à l'opposition de volontés, à savoir la conservation (a), le dépôt (b) et le crédit (c).

a - La conservation

172. Lorsqu'un client confie la conservation de ses titres à un banquier, il existe un risque de conflit d'intérêts pouvant mener à un détournement de pouvoir et à un abus de confiance[632]. Ainsi en est-il du détournement de valeurs mobilières dématérialisées[633].

173. Pour protéger les avoirs des déposants contre une telle pratique, est désormais formalisé un contrat de tenue de compte conservateur ou un mandat de conservation dont les règles s'imposent au banquier qui est alors dans l'obligation d'inscrire en compte les instruments financiers au nom de leur titulaire et de conserver les avoirs correspondants[634]. Pour éviter que le banquier n'utilise à une autre fin les instruments inscrits ou des droits attachés, lui sont interdits l'usage et le transfert de propriété de ces titres sans accord exprès du titulaire[635].

174. Des procédures internes doivent également être définies de manière, d'une part, à garantir qu'un mouvement affectant la conservation d'instruments financiers confiés est justifié par une opération régulièrement enregistrée dans le compte du titulaire, et d'autre part, pour que soient distingués, dans les livres centraux, les avoirs des organismes de placement collectif en valeurs mobilières dont le banquier est dépositaire, les avoirs de ses clients et ses propres avoirs[636].

b - Le dépôt

175. L'activité de dépôt aussi est sujette à certaines opérations particulières de cession d'instruments financiers qui peuvent conduire à des

---

[632] Il est plus exactement à craindre que le banquier n'utilise pour son compte personnel les actifs confiés à sa garde. Les titres conservés en portefeuilles peuvent en effet faire l'objet de prêts de titres ou être utilisés pour garantir des engagements ou servir à satisfaire la demande d'autres clients.

[633] Cass. crim., 30 mai 1996, n° 95-82.487, *RJ com.* 1er mars 1997, p. 101 ; *LPA* 18 nov. 1996, p. 7, comm. Lassalas (C.) ; *Bull. Joly Bourse* 1996, p. 597, note Le Cannu (P.) ; *RJDA* 1996, p. 728, note Dintillac (J.-P.) ; *Banque et droit*, juill.-août 1996, p. 30, note Peltier (F.) et VAUPLANE (H. de).

[634] Règl. gén. AMF, art. 322-3, al. 1 et 2.

[635] Règl. gén. AMF, art. 322-7, al. 4.

[636] Règl. gén. AMF, art. 322-19.

abus ou détournements. Ainsi de l'opération de portage[637], par laquelle une personne, le porteur, acquiert des titres sur instructions d'un donneur d'ordre, les détient puis les cède à un bénéficiaire pour un prix et à une date fixés *ab initio*[638], ou de l'opération de pension[639], opération consistant à céder en pleine propriété des valeurs mobilières cotées, des titres de créances négociables ou des effets moyennant un prix convenu, le cédant et le cessionnaire s'engageant irrévocablement, le premier à reprendre les valeurs, titres ou effets, le second à les rétrocéder pour un prix et à une date convenus.

176. Et, dans une période où les ressources se font plus rares, la recherche de dépôts peut par exemple pousser les banques à conseiller à ceux de leurs clients qui souhaiteraient se livrer à des opérations sur titres, de plutôt conserver leurs avoirs sur des comptes de dépôt à terme ou des comptes d'épargne, sous couvert d'incitation à la prudence.

c - Le crédit

177. L'évocation du conflit d'intérêts dans le domaine du crédit commence ici par le cas de la *Deutsche Bank* accusée d'avoir joué contre les intérêts d'un de ses clients. La banque avait en effet conseillé à son client

---

[637] Sur la notion de portage : SOUMRANI (P.), *Le portage d'actions*, LGDJ, 1996, préf. Oppetit (B.) ; SCHMIDT (D.), « Les opérations de portage de titres de sociétés », *in Les opérations fiduciaires*, LGDJ, 1985, p. 30 ; BERTREL (J.-P.) et JEANTIN (M.), « Le portage d'actions », *RJDA* 1991, p. 683. Si, par contre, le rachat est immédiat, c'est-à-dire le jour même, sans qu'il ne soit précisé que le transfert de propriété se fera ultérieurement, il ne s'agit pas de portage. Selon les juges, le donneur d'ordre n'a pas perdu et les cessionnaires n'ont pas acquis la propriété de ces titres. Cass. com., 23 janv. 2007, n° 05-15.652, *Bull. civ.* IV, n° 13 ; *D.* 2007, p. 514, note Delpech (X.) ; *Dr. sociétés* 2007, p. 213, note Ginestet (C.).

[638] Il s'agit de la convention par laquelle une personne, dénommée porteur, accepte, à la demande et pour le compte d'un donneur d'ordre, de se rendre actionnaire par acquisition ou souscription d'actions, étant expressément convenu qu'après un certain délai, ces actions seront transférées à des conditions prédéfinies au donneur d'ordre ou à toute personne désignée par lui. C'est aussi le nom donné à l'opération par laquelle un emprunteur cède à son prêteur, en garantie du prêt, la propriété d'actions ou d'obligations, étant convenu que les titres lui seront restitués à l'échéance et après remboursement du prêt.

[639] BOSSIN (J.-M.) et LEFRANC (D.), « Le régime juridique des opérations de pension », *Banque et droit*, mai-juin 1995, p. 3 ; CAUSSE (H.), « Contrats sur titres : de la vente au parking de titres ? », *Marchés et techniques financières* déc. 1993, p. 51 ; FERRY (C.) et BIGNON (J.-C.), « Les opérations de pension, Commentaire du titre V de la loi n° 93-1444 du 31 décembre 1993 portant diverses dispositions relatives à la Banque de France, à l'assurance et aux marchés financiers », *JCP E* 1994, I, 389 ; GUYON (Y.), « Prêts de titres », *J.-Cl. banque et crédit* 1991, fasc. 2125 ; LAPASSE (P. de), « Le nouveau régime juridique des opérations de pension », *Bull. Banque de France* juill. 1994, p. 101 ; NORMAND (J.), « Les opérations bancaires de pension », *RTD com.* 1966, p. 791 ; PELTIER (F.), « Le transfert de propriété des titres sur les marchés réglementés », *Banque et droit* janv.-févr. 1994, p. 53 et s.

d'investir dans un produit financier complexe[640] dont l'achat, en résumé, revenait pour le client à échanger des crédits à long terme contre des crédits à court terme, spéculant de ce fait sur une baisse des taux d'intérêt à court terme. Parallèlement à la vente de ces titres, la première banque allemande avait fait en compte propre le pari inverse de son client, ce qui revenait à dire que si le client perdait de l'argent, elle en gagnait, chose qui ne manqua pas d'arriver quand les taux d'intérêt se sont relevés[641].

178. Les situations ne sont pas rares au sein de l'activité de crédit qui offrent aux banques universelles la possibilité de conflits d'intérêts. Ainsi de celle dont l'activité de crédit est conséquente qui peut être tentée de préférer, pour des raisons de rentabilité, continuer à prêter de l'argent aux entreprises dont la structure nécessiterait plutôt une augmentation de capital, ou, en période de restriction des liquidités, de poursuivre son financement à une entreprise dont elle détient une partie du capital, plutôt que de distribuer ce crédit à des entreprises dont le profil est meilleur, mais dans lesquelles elle n'a pas investi. Ou encore du cas de celle qui, relayant les crédits qu'elle a consentis à une entreprise par une levée de capital sur les marchés financiers, met dans son portefeuille pour compte propre une partie des actions émises, qu'elle conservera en cas d'évolution favorable des cours ou qu'à l'inverse, elle sera tentée de placer auprès de clients investisseurs.

179. Après cette analyse des conflits d'intérêts relatifs à la gestion pour compte propre *versus* compte de tiers, il convient d'envisager les conflits d'intérêts inhérents à la multigestion.

B/ La multigestion

180. Par multigestion on entend le fait pour un banquier de jouer plusieurs rôles ou d'agir avec des qualités différentes[642] dans une opération déterminée. Il en est ainsi lorsqu'il est souscripteur pour deux sociétés d'un seul secteur ou conseiller à la fois de l'acquéreur et du cédant dans le cadre d'une offre publique d'achat[643]. Cette multigestion, on le devine, est à l'origine de bon nombre de conflits d'intérêts, l'intérêt pour le banquier d'une opération donnée pouvant varier selon la qualité qu'il revêt.

---

[640] Deutsche Bank, comme nombre de ses concurrents, a vendu plusieurs centaines de produits de ce type à des villes allemandes. La banque a dû déjà faire face à huit contentieux similaires en Allemagne.

[641] *Le figaro, Bourse et marchés*, 22 mars 2011.

[642] SIMING (L.), « *Dual Role Advisors and Conflicts of Interest* », *Bocconi University working paper*, 23 sept. 2009, p. 9 et s.

[643] En plus des conflits susceptibles de surgir lors du déroulement de ces opérations, la banque éprouve le plus souvent des difficultés sérieuses d'ordre pratique dans la gestion de l'information confidentielle qu'elle obtient en ces moments là : CALOMIRIS (C. W.) et SINGER (H.-J.), « *How often do "Conflicts of interests" in the Investment Banking Industry Arise During Hostile Takeovers* ? », *Columbia University working paper*, 26 févr. 2004.

181. L'élément de volonté intervient alors quand il s'agit d'arbitrer entre deux intérêts tiers se retrouvant en conflit lors d'une opération gérée dans le cadre d'une même activité (1°), ou lorsqu'il s'agit d'arbitrer entre deux intérêts tiers dans le cadre d'une seule opération sollicitant l'intervention de plusieurs activités (2°).

1°- Prise de partie en interne

182. Il existe un certain nombre d'exemples de conflits d'intérêts dans le domaine de la multigestion qui résultent de ce que la banque, parce qu'elle a plus à y gagner, choisit de « sacrifier » volontairement l'intérêt d'un client pour en obtenir un nouveau ou en fidéliser un ancien[644]. Ainsi de l'affaire *Toys R us*[645] à l'occasion de laquelle la banque a accordé à un fonds qui souhaitait en faire l'acquisition un crédit largement avantageux, et qu'au surplus elle délivra un avis garantissant le caractère équitable de l'opération, ce qui était loin d'être le cas. Dans l'affaire *EBC I* contre *Goldman Sachs*[646], la banque a volontairement fixé le prix d'émission des titres de *eToys,* entité du groupe *EBC,* à un montant très bas dans le but de privilégier quelques clients dans le marché secondaire auxquels elle allouait des actions fortement sous-évaluées, ce que l'on appelle des « *hot shares* », en échange d'arrangements de partage de gains, des « *kickbacks* », ou en retour de relations d'affaires anticipées (*spinning*)[647]. Dans cette espèce, la Cour a conclu que *Goldman Sachs*[648] avait l'obligation de divulguer ses conflits d'intérêts à son client et a accordé aux créanciers de la société *eToys* le droit de demander réparation. Dernier exemple de cette liste, loin d'être exhaustive[649], de pratiques qui ne sont pas uniques[650], celui de la *Deutsche*

---

[644] Pour un rapport sur les différents abus commis dans l'intention de gagner ou fidéliser sa clientèle : WOLFSON (N.), « *Investment Banking* », *in Abuse on Wall Street : Conflicts of interest in the securities markets, Report of the twentieth century fund, steering committee on conflict of interest in the securities market,* Quorum, 1980, p. 365 et s.

[645] *Toys R us*, 877 Atlantic Reporter, Second series, [2005], 975. Dans cette affaire, la cour de chancellerie du Delaware qualifia la pratique par laquelle le conseiller financier du vendeur fournissait le financement à l'acheteur de pratique reflétant un manque d'honnêteté et estima qu'elle était à l'origine des plus hautes suspicions concernant l'éthique des banques d'affaires : « *was unfortunate and tends to raise eyebrows by creating the appearance of impropriety, playing into already heightened suspicions about the ethics of investment banking firms.* »

[646] *EBC I, Inc.* v. *Goldman Sachs & Co.,* 799 N.Y.S.2d [2005], 170.

[647] MAYNARD (T.- H.), « *Spinning in Hot IPOs : A Matter of Business Ethics* », *Loyola-LA Public Law Research Paper* oct. 2002, n° 22.

[648] Qui agissait comme chef de file du syndicat des preneurs fermes lors du premier appel public à l'épargne de e-Toys.

[649] LJUNGQVIST (A.-P.) et WILHELM JR. (W.-J.), « *IPO Allocations : Discriminatory or Discretionary ?* », *Journal of Financial Economics* 2002, n° 65, p. 167.

[650] V. les arrêts : *MDCM Holdings Inc. v. Credit Suisse First Boston Corp.*, 216 Federal supplement, second series, [2002], 251 ; *Xpedior Creditor Trust* v. *Credit Suisse First Boston*

Bank qui, ayant publié une recommandation d'achat des actions de *Deutsche Telekom* entraînant une hausse de son cours, a le lendemain vendu 44 millions d'actions de cette société, soit 1% du capital de l'opérateur, pour le compte d'un de ses clients. Cette transaction, lorsqu'elle a été connue, a déclenché une chute brutale du cours et la banque fut soupçonnée d'avoir voulu manipuler le cours de l'action pour assurer un bon prix de vente à son client[651].

183. Une autre pratique peut se développer qui consiste à conclure un accord avec des participants au marché pour que ces derniers achètent des titres émis lors d'une introduction en bourse pour soutenir les cours, en contrepartie de la promesse de leur allouer, après le début de la cotation du titre, davantage d'actions à un prix convenu d'avance et sous-évalué. Le cours de l'action augmente ainsi de façon « artificielle » dès les premiers jours de cotation, ce qui attire les investisseurs en nombre et permet au banquier de garantir le succès de l'introduction, tandis que ses alliés, qui revendent alors tous leurs titres, peuvent réaliser des gains considérables, au détriment bien sûr des investisseurs non informés qui se retrouvent avec des titres dont la valeur a été surévaluée.

184. Et le risque de conflit d'intérêts est encore plus important lorsque le banquier est à la fois banquier d'un candidat à la reprise et d'une entreprise à restructurer. Le risque d'impartialité, voire de pression sur l'actionnariat de l'une pour favoriser l'autre n'est pas nul, qu'il s'agisse d'une subordination des concours à des conditions particulières ou simplement d'un refus de financement de l'acquisition concurrente pour faire échouer l'opération, car, on le sait, il n'y a pas de droit au crédit. Le banquier reste libre de l'accorder ou pas et libre de recourir aux éléments d'appréciation de son choix. Dans tous les cas, les repreneurs ne peuvent pas se retourner contre lui pour leur avoir dissimulé la situation de la société dont il était le banquier et avoir financé leur prise de contrôle, même si c'est ce banquier qui a pu rapprocher les deux clients[652].

(USA), Inc., 309 Federal supplement, second series, [2003], 459. V. égal. « *NASD charges Robertson Stephens with sharing in millions of dollars of customers profits in exchange for "hot" IPO shares* », *News Release,* 9 janv. 2003, et « *NASD Sanctions investment banks for IPO violations* », *News release,* 18 mai 2004, disponible sur www.finra.org/Newsroom/NewsReleases.

651 *Alternatives Economiques* sept. 2001, n° 195.

652 T. com. Paris, 14 juin 1994, *Dr. sociétés* 1994, n° 204, obs. Chaput (Y.). V. égal. Cass. com., 8 janv. 1991, n° 89-17.477. La banque, en effet, « ne saurait se substituer à [l'emprunteur] pour en apprécier l'opportunité et engager sa responsabilité faute de l'avoir mis en garde, en l'absence de circonstances établissant qu'elle aurait incité son client à contracter un tel investissement et hors le cas où ce dernier établirait qu'il a sollicité un tel conseil » : Cass. com., 7 juill. 2004, n° 02-15.208, *Laffite et a. c/ CDR Créances*. La solution retenue par les juges n'est pas surprenante. D'une part, elle correspond à une jurisprudence bien établie qui veut que la responsabilité du banquier ne puisse être engagée en se fondant sur son obligation de conseil si le client « avait toutes les raisons de connaître la situation

2°- Prise de partie en externe

185. Pour illustrer ce cas de figure, prenons l'exemple du banquier qui propose les services de sa filiale spécialisée en investissements à une société cliente connaissant des difficultés et établit à cette occasion un pacte d'actionnaires qui fixe à l'entreprise un certain nombre d'objectifs à atteindre, faute de quoi les obligations seront convertibles en actions. Les objectifs n'étant jamais atteints, le contrôle de l'entreprise est transféré au fonds d'investissement qui a souscrit à l'emprunt obligataire et dont on découvre finalement que le banquier est actionnaire[653].

186. L'indéniable élément de volonté illustré dans ce cas qui n'est pas d'école apparaît aussi souvent lors des missions de conseil (b), ou lors de prestation de services accessoires (c) et plus particulièrement lors des opérations d'introduction ou d'émission en bourse (a).

a - Le cas particulier de l'introduction et de l'émission sur les marchés financiers

187. Lorsqu'il est titulaire d'un mandat d'introduction en bourse, le banquier doit guider la société souhaitant cette introduction dans le choix de la procédure à suivre, et sur la détermination de la taille et du prix de l'offre. Le banquier n'a alors qu'une obligation de moyens et n'est pas responsable du simple fait de l'échec de l'opération[654], mais sa responsabilité peut être engagée si, se plaçant en situation de conflit d'intérêts, il privilégie son intérêt en ignorant son devoir d'agir dans l'intérêt de son client, par exemple lorsqu'il n'établit pas de note de recherche ou arrête un calendrier incompatible avec la réussite de l'introduction en bourse [655]. La responsabilité de la banque dans ce genre de conflits d'intérêts dépend du rôle qu'elle a pu effectivement jouer. Ainsi, elle sera plus étendue quand le banquier se porte garant de l'émission en s'engageant fermement à prendre

réelle » qu'il reproche à la banque de ne pas lui avoir communiquée : Cass. com., 4 juin 1991, *RD bancaire et bourse* 1992, p. 151. D'autre part, le repreneur, emprunteur, a une obligation de vigilance sur la conduite de ses propres affaires, sauf à la banque de lui avoir dissimulé des éléments dont elle avait connaissance et alors qu'elle avait des raisons de penser que l'emprunteur ne les connaissaient pas. En réalité, en cette matière, tout dépendra de la qualification du contrat et de la teneur des obligations qui lient le banquier à ses clients. Un banquier, intermédiaire et courtier, peut toujours indiquer légitimement à son client les possibilités de développement de la société cible, à la condition que « les renseignements fournis [soient] exacts en eux-mêmes [et communiqués] de façon neutre » : Cass. com., 18 oct. 1988, n° 87-11.082, Revay c/ Banque privée de gestion financière. Encore faut-il se demander ce que donne en pratique cette neutralité.

[653] CA Paris, 7 oct. 2004, n° 262342, *JCP G* 2005, II, 10071, note Jacquet (J.-M.).

[654] T. com. Paris, 29 avr. 2003, *Bull. Joly Bourse* 2004, p. 193, note Ruet (L.) ; *Banque et droit* janv.-fév. 2004, p. 36, obs. Vauplane (H. de) et Daigre (J.-J.).

[655] CA Paris, 23 mars 2006, *Bull. Joly Bourse* 2006, p. 332, note Ruet (L.).

un certain volume de titres émis que quand il ne se charge que de les proposer à ses guichets. Et une banque à laquelle a été reprochée sa participation dans la décision d'émission pour une société en difficulté a vu sa responsabilité écartée bien qu'elle en ait été chargée et ait bien connu l'émetteur pour être son banquier habituel[656]. En l'espèce, un mois à peine après l'émission, la situation de l'entreprise émettrice s'est dégradée sérieusement avant d'entraîner finalement sa liquidation moins d'un an plus tard. Les juges ont toutefois considéré que la banque, qui ne contrôlait pas la société émettrice, ni ne se comportait en dirigeant de fait, et qui n'avait d'ailleurs pas rédigé la note d'information, ni même conseillé le recours à cette opération, n'avait aucune raison de douter des informations extraites des comptes de la société émettrice certifiés par les commissaires aux comptes, la situation réelle ne lui ayant été révélée qu'après le déroulement de l'opération.

188. Le conflit d'intérêts peut également être préjudiciable au souscripteur, comme en témoigne un arrêt récent de la cour d'appel de Grenoble[657]. Le banquier en l'espèce avait proposé à son client de souscrire à des actions d'une société, dont il était actionnaire majoritaire, dans le cadre d'une offre publique à prix ouvert lors de la procédure d'introduction en bourse, mais la valeur des titres s'est effondrée peu de temps après. Les juges ont eu l'occasion de relever une série de manquements de la banque à ses obligations de conseil, d'information, de loyauté et de mise en garde. Mais l'originalité de l'arrêt réside dans la reconnaissance en termes clairs d'un manquement supplémentaire : le manquement à son obligation de s'efforcer d'éviter les conflits d'intérêts et de veiller à ce que les clients soient équitablement traités. Dans ce litige, les magistrats de la cour d'appel ne se sont pas contentés de remarquer l'existence du conflit d'intérêts, et de le sanctionner sur le fondement du devoir général d'information, ils ont aussi reproché au banquier le fait de se placer volontairement en situation de conflit d'intérêts et de ne pas éclairer ses clients sur l'existence de ce conflit d'intérêts, ni de leur expliquer l'intérêt majeur qu'il avait à la souscription massive des actions qu'il avait la charge de commercialiser.

189. Ces exemples mis à part, le conflit d'intérêts reste en fait inhérent à toute introduction en bourse et à toute émission sur un marché réglementé même si la banque ne viole pas intentionnellement les règles de bonne conduite qui lui sont imposées. En effet, les procédures d'introduction, dites aussi procédures de marché, tendent à garantir concomitamment deux fonctions : diffuser des titres dans le public et permettre de trouver un point d'équilibre entre l'offre et la demande. Ainsi, dans une telle opération sont regroupés un émetteur qui cherche à obtenir le prix le plus élevé ou les modalités les plus avantageuses pour ses titres, et des clients investisseurs

---

[656] Cass. com., 25 janv. 2005, n° 02-16.689.
[657] CA Grenoble, 17 déc. 2013, n° 11/04208 : JurisData n° 2013-029583.

qui souhaitent souscrire au plus bas prix possible, la question de l'évaluation du prix des valeurs mobilières étant généralement aux mains du banquier qui jouit donc d'une discrétion considérable[658].

190. En France, quatre procédures d'introduction différentes sont généralement utilisées, séparément ou de façon combinées[659]. Lorsqu'il s'agit d'une offre à prix minimal, les ordres d'achat sont passés à des cours limités, centralisés par l'entreprise de marché, et après élimination des ordres assortis d'une limite paraissant anormalement excessive par rapport au prix d'offre minimal, ils sont répartis en plusieurs lots selon les prix proposés[660]. Une fourchette de prix est ensuite retenue à l'intérieur de laquelle les ordres seront servis. Le cours unique auquel seront finalement cotés les titres correspond à la limite inférieure de la fourchette. Le banquier intermédiaire peut néanmoins, avec l'accord de l'entreprise de marché, se réserver la faculté de modifier le prix d'offre minimal initialement prévu si pareille possibilité a figuré dans l'avis d'introduction. Quand c'est la méthode de l'offre à prix ferme qui a été choisie, le prix de vente des actions est fixé à l'avance. Si la demande s'avère trop importante par rapport à l'offre, le banquier peut, après accord de l'entreprise de marché et sous réserve que l'avis le prévoit, modifier le prix ou répartir les ordres d'achat en catégories différentes en fonction de la qualité des donneurs d'ordres ou de la quantité des instruments demandés[661]. L'offre à prix ouvert consiste inversement à proposer une fourchette de prix, et le premier cours coté est obtenu après confrontation de l'offre et de la demande. Dans les mêmes conditions que dans les deux premières méthodes, le prix peut être modifié et les titres répartis en catégories différentes. Enfin, la cotation directe, anciennement connue comme la procédure ordinaire, réalise l'introduction dans les conditions habituelles du marché, le prix étant alors fixé en fonction de l'offre et de la demande sur ce marché, offres à prix minimal avec cours limité, ou des ordres « au mieux » non limités. Ces procédures sont supervisées par l'entreprise de marché et la première cotation n'est annoncée qu'après l'avis de cette entité contenant un certain nombre d'informations nécessaires au public[662]. Mais la cotation peut encore se réaliser sans cette supervision quand le placement s'effectue hors marché, les allocations y

---

[658] Notamment parce que l'on se fie à son expertise et qu'on n'a pas la capacité de contrôler son action. V. *supra*. n° 85.

[659] AL MASRI (M.), *L'intervention de la banque intermédiaire financier en vue de l'introduction en bourse et de la négociation*, Conac (P.-h) (dir.), thèse Paris I, 2010, p. 47 et s.

[660] Règles Euronext Paris, art. P. 1.2.1.2.

[661] Règles Euronext Paris, art. P. 1.2.1.3.

[662] Règles Euronext Paris, art. P. 1.2.6.

étant alors discrétionnaires et aucun taux de service[663] minimum n'étant exigé. Il s'agit dans ce cas pour le banquier de rechercher des souscripteurs, par voie de sollicitation, de publicité et de démarchage. La centralisation des ordres et leur répartition ne sont plus ici effectuées par l'entreprise de marché, mais par la banque elle-même et les règles du marché ne s'appliquent pas[664] de manière générale. C'est pour limiter les risques d'une telle opération, lorsque son usage résulte d'une combinaison avec une procédure de marché pour les premières cotations, que l'entreprise de marché reçoit un état récapitulatif sur le résultat du placement[665], mais à l'issue seulement de l'opération.

191. Aux Etats-Unis, l'évaluation se fait par la méthode du « *bookbuilding* »[666], parfois avec quelques variantes, dont la première étape consiste à collecter, lors de *road shows,* tournées de promotion, des informations sur les intentions d'achat des investisseurs potentiels. Aucune procédure équivalente aux procédures de marché centralisées par l'entreprise de marché n'existe, l'ensemble des titres étant diffusé au moyen d'un placement global. Les investisseurs individuels n'ont pas d'accès direct aux titres introduits et doivent en conséquence passer leurs ordres auprès d'un *retail broker*, une banque d'investissement. La réunion de détermination du prix final d'émission est une des dernières étapes du processus, et elle intervient à un moment où, même si l'émetteur est insatisfait du résultat de la négociation, il ne peut plus se permettre de remplacer le banquier chef de file et/ou certaines banques partenaires et de poursuivre ou recommencer la procédure avec d'autres banques. D'une part, son besoin de financement est pressant, et d'autre part, les banques auxquelles l'information confidentielle a été délivrée seraient peut-être maintenant tentées de l'utiliser, malgré la protection offerte par les clauses de confidentialité, ne serait-ce qu'en interne. Il est d'ailleurs à noter que si l'émetteur souhaitait malgré tout se délier de la banque, il se heurterait, sous certaines conditions[667], aux règles

---

[663] Le taux de service est un pourcentage d'actions obtenues par rapport au nombre d'actions demandées ; pour une OPM le taux de service est de 5%, pour une OFP ou une OPO, il ne peut être inférieur à 1% (art. 5 et 10 de l'instruction n° 3-07 applicable au marché Eurolist).

[664] DAIGRE (J.-J.), « De la sélection discrétionnaire des investisseurs lors d'une introduction ou d'une émission en bourse », *Mélanges AEBDF*, Revue banque édition, 2004, p. 137 et s.

[665] Règles Euronext Paris, art. P. 1.2.3

[666] Cette technique fait l'objet de vives critiques notamment celle de laisser dans les faits l'émetteur en dehors de l'opération de détermination de prix. MALONE (M.-S.), *Going Public : MIPS Computer and the entrepreneurial dream,* Burlingame books, 1991, p. 197 et s. : « *The company executives, in turn, often come away from the pricing session embittered.*» Elle constituerait l'origine des abus dans ces opérations d'appel public à l'épargne : « *The root cause of the abuses in the IPO process* », HURT (C.), « *Moral Hazard and the Initial Public Offering* », 25 *Cardozo Law Review* 711, [2004] 724.

[667] On le sait, le fait de rompre une négociation et de mettre fin aux pourparlers engagés en vue de la conclusion d'un contrat ne saurait certes être considéré en soi comme fautif, mais lorsqu'il est injustifié, il peut donner droit à une réparation du préjudice qui en découle : GROSS (B.), « Pourparlers », *J.-Cl. Contrats-distribution*, fasc. 20.

encadrant les pourparlers qui peuvent parfois constituer un sérieux barrage à toute action de retrait de sa part[668].

192. Si la méthode diffère entre la France et les Etats-Unis, le problème de l'émetteur face au conflit d'intérêts demeure, surtout que « sur un plan essentiellement psychologique, la facilité d'accès à l'information peut entraîner un désintérêt de la part de l'acheteur. Sur certains points, le processus ressemble à une relation de séduction. Il faut savoir conserver l'information clé jusqu'au dernier moment afin de susciter un investissement émotionnel de la partie adverse »[669].

193. En définitive, si la rémunération des banques engagées était le corollaire du produit du placement, on pourrait penser que leur intérêt s'aligne naturellement sur celui de l'émetteur, c'est-à-dire la maximisation de ce produit, et qu'elles seraient par conséquent moins en proie à des conflits d'intérêts. Toutefois, les faits indiquent que les entreprises sont en réalité le plus souvent introduites en bourse à un prix d'émission sous-évalué par rapport à celui établi par le marché[670].

---

[668] La rupture est généralement considérée comme abusive lorsqu'elle intervient à un stade avancé des pourparlers, ce qui ne signifie pas nécessairement que la négociation a été longue : Cass. 1re civ., 6 janv. 1998, *JCP G* 1998, II, 10066, note Fages (B.). La rupture est encore qualifiée de brutale lorsque rien ne la laissait présager ou qu'elle s'opère « sans motif légitime » : Cass. com., 22 avr. 1997, note Chauvel (P.). Dès lors que la brutalité avec laquelle un négociateur met fin aux pourparlers ne se recommande d'aucune justification, la rupture sera jugée fautive, la faute étant généralement de nature délictuelle, sauf en cas d'accord écrit, car intervenant en dehors de tout contrat : Cass. com., 20 mars 1972, *Bull. civ.* IV, n° 93 ; Cass. com., 11 janv. 1984, *Bull. civ.* IV, n° 16 ; Cass. com., 9 avr. 1996, *Bull. civ.* IV, n° 117, *Defrénois* 1997, art. 36516, obs. Delebecque (Ph.) ; Cass. 1re civ., 6 janv. 1998, préc. ; – Adde, MOUSSERON (P.), « Conduite des négociations contractuelles et responsabilité civile délictuelle », *RTD com.* 1998, p. 244 et s. ; LE TOURNEAU (Ph.), « La rupture des négociations », *RTD com.* 1998, p. 479 et s. La rupture fautive de la négociation n'est pas cantonnée aux situations où elle est inspirée par l'intention de nuire ou par la mauvaise foi : Cass. 1re civ., 12 avr. 1976, *Bull. civ.* I, n° 122 ; *Defrénois* 1977, art. 31434, obs. Aubert (J.-L.) ; Cass. com., 26 nov. 2003, *D.* 2004, p. 869, note Dupré-Dallemagne (A.-S.) ; rappr., pour des cas où la rupture de la négociation a été analysée comme empreinte d'une « légèreté blâmable » : Cass. com., 22 févr. 1994, *Bull. civ.* IV, n° 79. En tout cas, la survenance d'un conflit d'intérêts correspondra sans aucun doute à une justification écartant la qualification de rupture abusive d'autant que la jurisprudence appréhende l'éventualité où la rupture révèle un abus avec une certaine souplesse.

[669] CERNÈS (B.), *La levée de fonds : facteurs clés de* succès, Dunod, 2007, p. 34.

[670] Sur le manque à gagner occasionné par la sous-évaluation aux Etats-Unis, RITTER (J.-R.), « *Some Factoids about the 2009 IPO Market* », *University of Florida,* 6 avr. 2010. Certains auteurs expliquent la sous-évaluation opérée par le banquier souscripteur sur le prix d'émission par la nécessité de compenser les investisseurs institutionnels qui lui fournissent des informations relatives au prix durant la période de *bookbuilding* : SHERMAN (A.) et TITMAN (S.), « *Building the IPO Order Book : Underpricing and Participation Limits With Costly Information* », *Journal of Financial Economics* 2001, n° 65, p. 3. Certains la considèrent comme une sorte d'assurance contre les poursuites éventuelles de la part des épargnants : COOPER ALEXANDER (J.), « *The Lawsuit Avoidance Theory of Why Initial Public Offerings are Underpriced* », [1993] 41 *UCLA Law Review*, n° 17, p. 24. D'autres

b - Le double conseil

194. Le conflit d'intérêts se produit notamment lorsqu'une banque se trouve, concomitamment, conseil d'une société souhaitant faire l'acquisition d'une autre entreprise avec laquelle elle est en relation[671]. Ainsi de cette affaire dans laquelle l'unité d'« *investment banking* » de *Citigroup global capital markets australian pty limited*[672] a été choisie par une filiale de la société *Toll Holdings Ltd.* comme conseiller financier relativement à une offre publique d'achat des actions de *Patrick Corporation*, une société cotée à la bourse d'Australie. La banque d'investissement a quelques jours plus tard acheté, en compte propre, environ un million d'actions de *Patrick Corporation,* par le fait d'un *trader* de l'unité « *Equities* » exerçant des activités de négociation pour le compte de clients institutionnels et pour compte propre. L'*Australian Securities and Investments Commission* (ASIC) a engagé des procédures contre *Citigroup* aux motifs que cette dernière n'avait pas mis en place des mesures adéquates pour gérer les conflits d'intérêts[673]. En effet, cette opération plaçait *Citigroup* dans une situation où son devoir envers *Toll* entrait en conflit avec son propre intérêt puisqu'actionnaire de la société *Patrick*, elle avait un intérêt évident à ce que le cours de ses actions augmente, et donc à ce que le prix offert par *Toll* dans le cadre de l'OPA soit le plus élevé possible, alors qu'il était dans l'intérêt de *Toll* que le cours demeure au plus bas.

195. Le portage en offre un autre exemple. L'opération de portage, parce qu'elle intervient souvent pour permettre un usage discret, voire confidentiel, de titres[674], ce qui peut expliquer la rareté des décisions judiciaires la concernant, est bien connue du banquier. Un industriel désireux de prendre une participation dans une société concurrente, dont il craint l'hostilité des dirigeants, demandera à son banquier d'acquérir cette participation, ou de la faire acheter par une filiale, de la garder un temps,

---

l'estiment nécessaire, dans le cas de prise ferme, afin de se prémunir du risque d'une demande de titres inférieure à l'offre : GRIFFITH (S.-J.), « *Spinning and Underpricing, a Legal and Economic Analysis of the Preferential Allocation of Shares in Initial Public offerings* », *Brooklyn Law Review* 2003, n° 69, p. 583 et s. Enfin, selon d'autres encore, il ne s'agit que de « *pump-and-dump scheme* » selon le jargon du milieu, c'est-à-dire une faveur à certains clients influents, notamment des investisseurs institutionnels, ou à des clients potentiels.

[671] Le critère de concomitance peut même ne pas être déterminant. Ainsi, au Canada, la Cour supérieure de l'Ontario a eu l'occasion d'accorder une injonction en faveur de Gold Reserve Inc., interdisant à Rusoro Mining Ltd. son offre hostile sur Gold Reserve aux motifs que Rusoro avait bénéficié d'informations confidentielles obtenues par son conseiller financier dans le cadre d'un mandat antérieur à titre de conseiller financier de *Gold Reserve* : *Gold Reserve Inc. v. Rusoro Mining Ltd.*, 2009,16291 (on sc).

[672] TUCH (A.), « *Obligations of Financial Advisers in Change-of-control Transactions : Fiduciary and Other Questions* », *Company and Securities Law Journal* 2006, n° 24/88, p. 488 et s.

[673] En violation de l'art. 912 A (1) du *Corporations Act* (2001).

[674] ALLOMAR (M.), *Financement du développement de l'entreprise*, PUF, 1981, p. 304 et s.

puis de la lui céder. Deux groupes d'actionnaires détenant chacun pour moitié la totalité du capital social d'une société et s'opposant sur la conduite de ses affaires conviendront de céder chacun au banquier une faible participation pour lui permettre d'arbitrer le conflit, et une fois la situation débloquée, celui-ci leur rétrocédera les titres au prix d'achat majoré d'une rémunération. Un actionnaire qui souhaite vendre sa participation, minoritaire, mais d'une valeur importante, et ses coassociés ne disposant pas des fonds nécessaires pour acquérir et s'opposant à l'achat par un tiers, demanderont au banquier d'acquérir les actions du cédant et de les porter pendant un délai jugé suffisant pour que les coassociés trouvent les sommes nécessaires au rachat.

196. Les conventions de portage sont néanmoins susceptibles de fausser le prix des titres et de nuire gravement aux investisseurs[675] et le banquier, qui participe à la fois à un portage et au financement du nouvel actionnaire, devrait le révéler compte tenu de son obligation d'information, d'autant plus que son devoir de discrétion dans ce genre de situation n'est que relatif selon la nature des titres portés[676], dans une annexe par exemple[677]. En France, les clauses d'une convention prévoyant des conditions préférentielles de cession ou d'acquisition d'actions admises aux négociations sur un marché réglementé et relatives au moins à 0,5% du capital ou des droits de vote doivent être transmises à l'Autorité des marchés financiers dans les cinq jours de bourse[678]. À défaut, les effets de ces clauses sont suspendus et les parties déliées de leur engagement en période d'offre publique.

---

[675] La révélation des conventions de portage des *Ciments français* par exemple occasionna une forte dégradation du cours de l'action de 269 francs à 63 francs : CA Paris, 6 avr. 1994, *RD bancaire et bourse* 1994, p. 177 ; *Rev. sociétés* 1994, p. 735, note Médus (J.-L.).

[676] Si les titres objets du portage sont des titres cotés, les obligations habituelles d'information et de déclaration s'appliquent en la matière, notamment les obligations de déclaration de franchissement de seuils de capital détenu ou des droits de vote acquis : L. n° 2005-842, 26 juill. 2005, pour la confiance et la modernisation de l'économie, ou encore l'obligation de celui qui est en droit d'acquérir en vertu d'un accord de portage les titres d'une société ayant son siège en France, d'en informer la société émettrice et l'Autorité des marchés financiers dans les délais et selon les modalités prévus par les articles 223-14 du règlement général AMF, et les articles L. 233-7, al. 2, et L. 233-9 du Code de commerce.

[677] CA Paris, 6 avr. 1994, préc.

[678] C. com., L. 233-11. La clause n'étant pas nulle ni de nul effet, le banquier doit néanmoins pouvoir exécuter ses obligations vis-à-vis du donneur d'ordre une fois que la suspension aura pris fin, au risque de devoir réparer le préjudice qu'il aura causé à ce dernier. Auparavant, la responsabilité à l'égard du donneur d'ordre dépendait de la qualification qui allait être donnée à l'opération de portage et faisait l'objet de controverse. Le banquier porteur était assimilé soit à un prêteur sur gage, soit à un promettant de vendre, mais en même temps bénéficiaire d'une promesse d'achat, et l'on considérait parfois que cette double promesse valait vente : CA Paris, 20 mai 1987, *D.* 1989, somm. p. 326, obs. Vasseur (M.). V. égal. TCHAGUINE SEGURET (D. de) et FRANÇOIS-MARSAL H., « Portage : la clarification nécessaire », *Gaz. Pal.* 21-23 mai 1989, p. 244. Cette opinion est aujourd'hui dépassée.

197. Les cessions temporaires de titres de sociétés cotées présentent des avantages[679], « mais sur des durées très courtes elles risquent toutefois d'être utilisées dans le seul but d'influencer le déroulement de l'assemblée générale ou d'obtenir le contrôle d'une société, sans en assumer le risque capitalistique et en toute opacité à l'égard des autres actionnaires et du marché »[680]. La loi du 22 octobre 2010 a par conséquent introduit dans le Code de commerce[681] des dispositions relatives aux opérations de prêt de titres en période d'assemblée générale d'actionnaires. L'objectif affiché était de mettre un terme à la pratique dite d'*empty voting*, qui consiste à dissocier, par des techniques d'acquisition temporaire de la propriété des titres, le droit de vote du risque économique qui devrait lui être attaché. Cette loi instaure notamment une obligation de transparence des opérations de cessions temporaires[682].

198. Dernières illustrations du conflit d'intérêts dans la situation de double conseil, celles concernant le droit de vote attaché aux titres des clients, le détachement de coupons ou le droit préférentiel de souscription en cas d'augmentation du capital, et celles relevant du rôle du banquier dans les conseils d'administration. Des premières, l'affaire *Deutsche Asset Management*, relative à la fusion de *Hewlett Packard (HP)* et de *Compaq*, offre un bon exemple. La filiale de la Deutsche Bank a en effet approuvé l'opération de fusion en utilisant les procurations données par un certain nombre d'actionnaires de *Hewlett Packard* pour voter à leur place, sans les avoir informés que son groupe agissait comme conseiller de *Compaq* dans l'opération de rachat. Le tribunal du Delaware jugea que la fusion n'avait pas à être annulée, mais la *Securities and Exchange Commission* condamna la banque pour manquement à l'obligation de déclarer un conflit d'intérêts[683].

199. Par ailleurs il convient de mentionner le cas des banquiers administrateurs qui n'est pas isolé puisqu'à certaines périodes les banques, grâce aux titres dont on leur avait confié la gestion, disposaient parfois de

---

[679] RONTCHEVSKY (N.) et STORCK (M.), « Une tentative de réponse française à la crise financière : commentaire de la loi de régulation bancaire et financière du 22 octobre 2010 », *RTD com.* 2011, p. 138.

[680] *Ibid.*

[681] C. com., art. L. 225-226.

[682] Toute personne détenant, seule ou de concert, au titre d'une ou plusieurs opérations de cession temporaire, ou de toute opération donnant droit ou faisant obligation de revendre ou de restituer les actions au cédant, un nombre d'actions représentant plus de 0,5 % des droits de vote de la société, est tenue d'en informer l'Autorité des marchés financiers et l'émetteur, au plus tard le troisième jour ouvré précédant l'assemblée générale, qui doit à son tour publier ces informations: C. com., art. L. 225-126.

[683] *U.S. Securities and Exchange Commission v. Deutsche Asset Management Inc.*, Admin. Proc. Rel. n° 2160, 19 août 2003, disponible sur www.sec.gov/litigation.

90% des voix dans les assemblées générales[684] de sociétés aussi grandes que Bayer ou Benz par exemple. Évidemment, on est amené à s'interroger sur l'usage que le banquier peut être tenté de faire des informations négatives qu'il recueille au cours d'un conseil d'administration d'une société à un moment où le département crédit s'apprête à lui consentir un financement[685]. Du fait qu'elles sont actionnaires, elles attestent certainement un intérêt pour la société dont elles acquièrent les titres, mais « quand les choses vont mal, les conflits d'intérêts peuvent rendre les choix du banquier, de l'actionnaire et de l'obligataire fort difficiles »[686], comme ce fut le cas de la compagnie financière Paribas dans l'affaire Paribas contre SA Métrologie international[687].

200. En dernier lieu, se pose la question de savoir si les conflits d'intérêts inhérents à cette multigestion peuvent affecter les activités du banquier qui ne sont qu'accessoires comme celle de l'assurance par exemple. Ce rapprochement des spécialités peut-il être source de conflits d'intérêts ? Est-il à craindre que le banquier néglige un service au profit de l'autre, et existe-t-il un risque que cette négligence porte préjudice à son client ?

c - Les services accessoires

201. Prenons l'assurance en matière de prêt, dite assurance de prêt, qui est assortie au concours octroyé ou à la chose financée[688]. S'il n'est sans doute pas de l'intérêt du banquier, intérêt de l'institution, de proposer une mauvaise assurance, ne peut-il pas chercher, commerçant rémunéré à la performance, à proposer une assurance moins adaptée aux besoins de son client si la commission est meilleure ? À notre sens, la situation reste isolée. Avant tout, la bonne assurance sert le banquier lui-même : n'entend-t-il pas de la sorte se protéger indirectement de la défaillance de son client et les intérêts de chacun ne se rejoignent-ils pas ainsi pour l'intérêt de tous ? Et aussi parce que, si la question venait à se poser, sans rechercher un conflit d'intérêts aux éléments difficiles à établir, le terrain de l'information, de la mise en garde ou du conseil offrirait une large palette de moyens d'action au

---

[684] LAURENS (J.-L.), *Le pouvoir économique des grandes banques allemandes*, Cotta (A.) (dir.), thèse Paris IX, 1981, p. 116.

[685] Aujourd'hui, les banques ont pour la plupart exigé que les gestionnaires abandonnent les postes d'administrateurs qu'ils occupaient afin d'éviter tout conflit ou l'utilisation d'information confidentielle dans le cadre de leur mandat de gestion.

[686] GERMAIN (M.) et FRISON-ROCHE (M.-A.), note sous CA Versailles, 2 nov. 1994, *RD bancaire et bourse* 1995, p. 31.

[687] CA Versailles, 2 nov. 1994, préc.

[688] Le plus souvent, le montant des primes est prélevé directement sur le compte de l'emprunteur, car faisant généralement partie intégrante de la mensualité de remboursement prélevée.

client qui ne laisserait sans doute pas dans l'impunité l'acte intéressé du banquier.

202. Ce qui peut être vrai pour un produit d'assurance ne l'est pas pour autant pour un autre. Il y a un cas en particulier qu'il est intéressant d'évoquer : celui de l'assurance protection juridique. L'assurance concerne directement la protection de l'assuré et l'envisage d'ailleurs à l'égard du banquier-assureur lui-même. Le gestionnaire se retrouve dans une situation bien délicate : l'intérêt qu'il doit protéger lui est-il si évident ? Va-t-il agir aux mieux dans l'intérêt de son client ? Que penser également de cette drôle de pratique : l'assureur insère une clause dans le contrat d'assurance, peu important sa nature, en vertu de laquelle il reçoit mandat de son client pour le représenter si le client vient à engager une action contre ce même assureur. La Cour de cassation a eu l'occasion de la condamner[689], mais de telles clauses ont continué de figurer dans des contrats d'assurance. Ce nid de conflits d'intérêts n'échappe toutefois pas à la vigilance du législateur français[690] et européen, intervenu aussi pour prendre en compte les liens étroits pouvant exister, notamment entre les établissements financiers et les assurances, lorsque ceux-ci sont de nature à entraver la mission des autorités de contrôle[691].

203. En outre, le conflit d'intérêts peut provenir du fait que soient proposées aux souscripteurs de contrat d'assurance-vie des unités de compte composées de titres de créances d'un établissement de crédit lié financièrement à l'organisme d'assurance. Il en est ainsi des titres que les établissements de crédit émettent pour se financer et qu'ils placent directement auprès de clients démarchés par leur filiale d'assurance. En effet, un même groupe peut de la sorte être à la fois producteur du contrat d'assurance, émetteur du titre de créance, distributeur du contrat et valorisateur du titre. Dans cette situation, deux sources de conflits d'intérêts potentiels ont attiré l'attention de l'Autorité de contrôle prudentiel[692], notamment ceux qui se présentent lors de la fixation du taux à l'émission et

---

[689] Cass. 1re. civ., 27 févr. 1980, n° 78-15.701.

[690] L. n° 2003-706 du 1er août 2003 préc. est venue améliorer la situation. Un « comité consultatif du secteur financier » et une « commission de contrôle des assurances, des mutuelles et des institutions de prévoyance » ont été mis en place. Le comité est chargé d'étudier les questions liées aux relations entre les établissements de crédit, les entreprises d'investissement et les entreprises d'assurance ainsi que leur clientèle, v. C. assur., art. L. 411-1 et s.

[691] Dir. 95/26/CE, 29 juin 1995, du Parlement et du Conseil modifiant les directives : Dir. 79/267/CEE et 92/96/CEE (assurance vie) ; Dir. 73/232/CEE et 92/49/CEE (assurance non vie) ; Dir. 77/780/CEE et 89/646/CEE (établissements de crédit) ; Dir. 85/611/CEE (OPCVM) et Dir. 93/22/CEE (entreprises d'investissement).

[692] ACP recomm. n° 2011-R-2003, 6 mai 2011, sur la commercialisation de contrats d'assurance-vie en unités de compte constituées de titres de créance émis par une entité liée financièrement à l'organisme d'assurance.

en cas de demande de rachat, d'arbitrage ou de dénouement du contrat avant l'échéance.

204. L'exploration de la multigestion illustre clairement la contradiction de volonté entre le porteur d'un intérêt supérieur et le banquier. Pour compléter l'analyse, regardons toutefois une dernière catégorie conflictuelle qui se distingue des deux précédentes en ce que les conflits d'intérêts qu'elle englobe ne naissent pas du heurt entre un intérêt du compte propre et un intérêt tiers, ni des intérêts de deux services pour compte de deux ou plusieurs clients, mais d'une évaluation, d'un arbitrage entre deux services proposés à un même client.

C/ Le rapport profit-risque

205. Un tel arbitrage se produit par exemple dans le cas où le banquier agit tout à la fois comme souscripteur[693] et créancier d'une société émettrice, surtout lorsque cette dernière connaît des difficultés financières et que le produit du placement est destiné à rembourser tout ou partie de sa créance. L'intérêt du banquier serait de surévaluer le prix initial des titres de sorte que le produit du placement lui permette de diminuer son exposition au risque de crédit ou de conseiller ce placement à des clients investisseurs, en réalisant en plus des commissions de placement des titres. C'est le contexte de l'affaire *Parmalat*[694] dans laquelle les banques, créancières d'une importante dette et chargées de l'émission d'obligations de *Parmalat* dont elles connaissaient le risque, ont été accusées d'avoir participé aux déboires de cette dernière.

206. Un autre exemple est celui du banquier-conseil qui suggère le financement par voie d'*Equity* alors qu'un emprunt est plus approprié au client, ou que cette opération d'*Equity* est significativement préjudiciable aux investisseurs. Les *Equity line* ou PACEO (Programmes d'augmentation de capital par exercice d'options) peuvent se matérialiser en une augmentation de capital par tranches successives ou en une augmentation par émission de bons de souscription d'actions réservée à un intermédiaire chargé de les exercer à la demande de l'entreprise cliente au fur et à mesure de ses besoins en capitaux. Les actions ainsi émises sont revendues par le banquier intermédiaire sur le marché. Les conséquences pratiques de l'augmentation sont visées en premier lieu, notamment le manque de transparence pour les actionnaires et pour le marché. L'ambiguïté de la formule est aussi visée. En effet, celle-ci pourrait laisser penser que l'établissement de crédit investit dans le capital de la société alors que ce

---

693 Ou lorsqu'une entité du même groupe agit en cette qualité.

694 Furent mises en cause notamment les banques Citigroup, *UBS*, *Deutsche Bank*, *Crédit Suisse et Bank of America*.

n'est pas le cas[695], car les actions souscrites par l'intermédiaire sont recédées, dans des délais généralement très brefs, pour partie auprès d'investisseurs institutionnels et pour partie sur le marché. Ces opérations exigent un encadrement et une précaution particuliers[696] même si l'on peut voir que les règles des procédures collectives servent en la matière de garde-fou, en ce sens que « l'intervention de l'intermédiaire auprès d'une société qu'il sait en difficultés financières [pourrait être qualifiée de] soutien abusif en ce qu'elle retarde l'ouverture d'une procédure de redressement ou qu'elle donne à croire aux autres créanciers à la possible continuation de l'activité de l'émetteur »[697]. Dans tous les cas, l'Autorité des marchés financiers rappelle que demeurent applicables les conditions énoncées dans le communiqué de la Commission des opérations de bourse du 25 juillet 2002[698] relatives à l'information du marché en amont de la mise en place du mécanisme et à l'abstention de toute intervention sur le marché du titre pendant les périodes de référence de la part de l'intermédiaire réservataire[699].

207. Clôturant ainsi les développements sur les conflits d'intérêts institutionnels du banquier, nous rechercherons maintenant si l'opposition de volontés constitue aussi un point commun lorsque les conflits d'intérêts concernent non plus l'établissement, mais des personnes en son sein.

§ 2 - Conflits d'intérêts personnels

208. L'élément volonté, constitutif de la situation de conflit d'intérêts, s'avère étonnamment palpable lorsque les conflits d'intérêts sont d'ordre personnel. Cette volonté, censée être dirigée vers la protection de l'intérêt supérieur, se retrouve détournée et directement en contradiction avec la volonté du porteur de l'intérêt supérieur, faisant évoluer le conflit d'intérêts tel que nous le définissons vers sa deuxième phase.

209. La mutation s'opère en effet dès qu'entrent en jeu des incitations financières comme la rémunération (A) ou les gains d'opérations

---

[695] Rapp. groupe de travail sur les nouvelles formes d'augmentation du capital, juin 2002, p. 11.

[696] Dans un communiqué du 25 juillet 2001, la COB avait indiqué que les mécanismes d'augmentation de capital appelés *equity lines* étaient acceptables sous réserve notamment d'une information claire du marché préalablement à leur mise en œuvre. Compte tenu du développement des *equity lines*, un groupe de travail avait poursuivi la réflexion et formulé, en 2002, des propositions afin d'encadrer la réalisation de ces montages.

[697] *Ibid.*

[698] Modifié en juillet 2002, Rapp. annuel COB 2002, p. 97 et 98.

[699] Il en va de même des pré-ventes des titres souscrits et des couvertures directes ou indirectes préalablement à la souscription effective des titres

personnelles (B). Mais le risque de contradiction s'avère présent même en dehors de toute considération financière (C).

A/ La rémunération

210. La rémunération est sans doute un « point de rencontre d'intérêts susceptibles d'être en conflits »[700]. La question « reste l'une des plus sensibles qui soit »[701]. L'article 313-19 du règlement général de l'Autorité des marchés financiers présente un inventaire des situations de conflit d'intérêts et vise la situation dans laquelle le banquier est « susceptible de réaliser un gain financier ou d'éviter une perte financière aux dépens du client », formulation qui recouvre les conditions de la rémunération dont il ressort ainsi qu'elles ne doivent pas être de nature à le placer en situation de conflit d'intérêts avec les clients.

211. Les conflits d'intérêts dont la source est la rémunération peuvent assurément mener à bien des dérives[702]. L'hypothèse se vérifie à plusieurs échelons de l'institution financière, à commencer par le management et le conseil d'administration, parce que si l'endettement des banques commerciales est strictement contrôlé par les autorités de tutelle, l'endettement des banques d'affaires l'est en revanche un peu moins, voire ne l'était parfois pas jusqu'à des temps récents en France comme aux États-Unis[703]. Or, les systèmes de rémunération ont évolué dans un sens propre à affaiblir la prudence naturelle des dirigeants face à l'endettement, et peuvent les tenter de mettre en place l'opération risquée de trop, celle qui peut rapporter des sommes considérables, mais faire perdre plus encore.

212. L'exemple des négociateurs est très révélateur[704]. Dans l'esprit du public, les opérateurs de marché connus sous le nom de *traders* sont des

---

[700] Cass. 1re civ., 29 juin 1999, n° 96-14.210, inédit.

[701] CONSTANTIN (A.), « Dispositif de prévention des conflits d'intérêts par l'information en droit des sociétés », *in* MAGNIER (V.) (dir.), *Les conflits d'intérêts dans le monde des affaires, un Janus à combattre ?,* PUF, 2006, p. 61, à propos de la rémunération des dirigeants sociaux, mais la remarque est tout aussi vraie dans notre domaine.

[702] V. plainte déposée par la SEC, devant le tribunal fédéral de Manhattan, *Litigation Release* n° 21489 / April 16, 2010, *Securities and Exchange Commission v. Goldman, Sachs & Co. and Fabrice Tourre*, 10 Civ. 3229 (BJ) S.D.N.Y. filed April 16, [2010]. Le 10 juin 2011, le tribunal a accepté partiellement la plainte, estimant que le salarié « Tourre était le principal responsable du produit Abacus et de ses prospectus de vente », et que la SEC a produit suffisamment d'arguments montrant qu'il avait trompé ses clients ; le 22 sept., Fabrice Tourre a fait appel de cette partie de la décision, mais l'appel a été rejeté le 18 octobre de la même année.

[703] *La crise bancaire et la régulation financière*, Avis du Conseil économique, social et environnemental, 26 févr. 2009, p. 31 et s.

[704] V. par ex. les sanctions de l'AMF à l'égard des sociétés Oddo et Cie et Oddo-Asset Management, préc. : « Il est apparu en l'espèce que plusieurs rachats de parts des trois fonds monétaires dynamiques ont été effectués par des personnes exerçant des fonctions sensibles

criards agités, confinés dans une salle, entourés d'écrans sur lesquels défilent chiffres et graphiques. En réalité, le terme *trader* est générique et englobe bien des fonctions[705], dont celle des teneurs de marché. Les *market makers* exécutent des offres d'achat et de vente sur des instruments financiers pour le compte de l'institution qui les emploie, le plus souvent une banque. Ces *traders* bénéficient de rémunérations jugées, selon les avis, comme intéressantes, très élevées, mirobolantes ... en tout cas trop souvent en décalage par rapport à la prestation fournie[706]. Surtout, si les années fastes, les rémunérations variables s'envolent, quand les temps sont durs, elles ne sont jamais négatives.

213. La situation des dirigeants offre également une illustration éclairante. Dans les années 1970, les spécialistes ont prôné une rémunération directement liée aux résultats, considérée comme plus incitative. L'argumentation a été entendue et la pratique de l'intéressement aux résultats mise en œuvre, d'abord aux Etats-Unis, puis ensuite en Europe et ailleurs. Mais le système n'est pas sans faille et s'avère dissymétrique : les dirigeants participent aux bénéfices lorsqu'un pari s'avère bon, mais pas aux pertes lorsque le pari est perdu[707]. En toute logique, leur intérêt les conduit donc à une prise de risques semblant contraire à l'intérêt non seulement des clients, mais aussi de la banque[708]. C'est ce que voulait sans doute dire le président de *Citigroup* lorsqu'il a déclaré : « il fallait bien continuer de danser puisque la musique ne s'arrêtait pas »[709].

214. Cette imperfection du système ne présente pourtant pas un caractère inévitable. Une solution consisterait à payer ces bonus en actions de l'établissement financier employeur pour que les agents soient incités à adopter un comportement responsable sans prendre de risques déviants, conscients que cela impacterait la valeur de leurs titres, ce qui résoudrait le problème de l'intérêt de la banque, mais pas celui de l'intérêt des clients. Il

---

au sein du groupe Oddo, pour leur compte propre ou pour le compte d'entités dont elles avaient le contrôle ou dont elles assuraient la gestion ; ces opérations ont été réalisées peu de temps avant la décote des valeurs liquidatives ou la suspension des souscriptions-rachats de ces fonds. »

[705] V. *supra* n° 120.

[706] Dans plusieurs établissements, pendant les années 1995-2006, du fait des bonus, les revenus des opérateurs de marché les plus talentueux étaient supérieurs à ceux des présidents et directeurs généraux.

[707] Lorsque la banque dégage des bénéfices importants une année N, mais subit des pertes sérieuses l'année N+1, les dirigeants gardent leurs bonus. On pensera ici au cas qui a fait beaucoup parler les médias du versement envisagé des bonus de l'exercice 2007 aux dirigeants des neufs grandes banques américaines dont les difficultés en 2008 ont conduit à des injections de fonds publics.

[708] Le taux d'endettement de certaines institutions financières est ainsi monté jusqu'à soixante pour un, autrement dit pour chaque euro en capital propre, 60 euros sont de l'endettement. Un système financier avec ce degré d'endettement est par nature extrêmement vulnérable : une banque d'affaires moyenne qui perdrait 2% des ses actifs ferait faillite.

[709] Déclaration télévisée le lendemain de la faillite de Lehmann Brothers.

pourrait alors être imaginé que les intéressements, plus communément appelés bonus, reçus pendant les années de bénéfice seraient conservés pour n'être reversés qu'après une période définie pendant laquelle, en cas de pertes dues à des manquements des acteurs, sous réserve de parvenir à définir ces manquements ce qui n'est pas sans difficulté, des bonus négatifs seraient imputés sur les bonus en réserve.

215. Lors du sommet qui s'est tenu à Pittsburgh en 2009, les membres du G20 ont souhaité encadrer les rémunérations des *traders*, et l'année suivante l'Union Européenne a élaboré une législation qui se voulait rigoureuse, tandis que les États-Unis ont préféré définir des principes non contraignants mettant davantage l'accent sur l'excès de prise de risques que sur la prise de risques en elle-même, jugée utile. Au final, la politique de rémunération n'est encore pas aujourd'hui totalement harmonisée, mais législateurs et autorités de contrôle veillent à ce que la politique de rémunération des dirigeants, des personnes exerçant une fonction de contrôle et de ceux qui décident de la prise de risques ne soit pas de nature à l'encourager excessivement[710].

216. Mais les rémunérations élevées, susceptibles de favoriser les situations de conflit d'intérêts, ne sont pas l'apanage des *traders*. Considérons les gestionnaires de portefeuilles. Partagés entre les indications du client et les consignes de l'établissement dépositaire, ils peuvent être tentés de prendre la décision qui offre la rémunération la plus alléchante. Et si le calcul de la rémunération est fait sur une base de commissions[711], prendre des risques, parfois inconsidérés, avec les dossiers qu'ils gèrent dans le but d'augmenter leurs commissions variables, sont des pratiques à l'appel desquelles il leur est difficile de ne pas céder. Il en va de même des techniques que l'on appelle le « barattage financier », le « moulinage », les « allers-retours » ou le « *churning* », c'est-à-dire multiplier les opérations d'achat-vente dans le seul but de gonfler les frais de gestion et d'augmenter les commissions. Ce genre de manœuvres place le gestionnaire dans une situation de « double » conflit d'intérêts : avec son client et également avec son employeur si c'est à lui qu'il revient de payer les commissions.

217. Un autre exemple serait celui de l'employé de banque qui affecterait à son compte personnel les opérations dont le résultat est positif, dites « gagnantes », et au compte portefeuille de son client ou à celui de la

---

[710] V. par ex. les nouvelles règles mises en place par l'ord. n° 2013-676 du 25 juill. 2013 (transposant en droit français de la directive AIFM) modifiant le cadre juridique de la gestion d'actifs, *JORF*, 27 juill. 2013, p. 12568. L'ordonnance préconise notamment que le paiement de 50% de la rémunération variable soit assuré en parts de fonds ou instruments financiers liés et le paiement d'au moins 40% de façon échelonnée. Un Comité de rémunération doit également être institué pour les sociétés d'une certaine importance (art. 13 et annexe II de la directive AIFM et Guidelines ESMA du 11 févr. 2013 ; Règl. gén. AMF, art. 319-10 s.).

[711] Pourcentages ou des plus-values réalisées ou de la valeur liquidative du portefeuille en fin d'année.

banque[712] les opérations se soldant par une moins-value. Si le calcul de la rémunération est déterminé en fonction de la performance[713] dégagée par les opérations du gestionnaire, la tentation devient grande de se servir de procédés opérationnels qui permettent d'obtenir cette rémunération, mais sans prise en compte de l'intérêt des clients, comme acheter des valeurs sur un marché étroit en fin de période de cotation et à la veille du calcul de la valeur liquidative du fonds. L'opération vient ainsi stimuler artificiellement la cotation du titre et améliore de cette manière la valeur du portefeuille[714].

218. Une rémunération fixe[715] n'est pas non plus le meilleur moyen d'inciter le gestionnaire à agir dans l'intérêt de l'investisseur ou à fournir un réel effort de gestion, sa rétribution demeurant en toute hypothèse identique. Par ailleurs, lorsqu'il exerce son activité, l'ordre séquentiel de ses interventions, le prix qu'il peut obtenir pendant la séance et la répartition du nombre de titres acquis représentent autant d'aspects de sa fonction qu'il va devoir traiter d'une manière particulière dans l'hypothèse d'une concurrence entre les intérêts des clients. Pendant une seule séance de bourse, il pourra acquérir à des prix d'achat ou de vente différents selon le nombre de titres voulus, et choisir d'obtenir le meilleur prix pour ceux qui vont lui rapporter la rémunération la plus intéressante.

219. Généralement, le gestionnaire qui donne un conseil sur des titres à un client s'appuie sur la recommandation d'analystes financiers. Les investisseurs se réfèrent également à de telles analyses, qui les atteignent par le biais de la presse ou des sites Internet, pour décider ou non d'acquérir les titres. Bien souvent d'ailleurs, les investisseurs, notamment individuels, utilisent peu les documents d'information et suivent le jugement des analystes financiers reconnus. Or, la question de la rémunération de ces analystes reste cruciale. La rémunération qui leur sera versée sera plus ou moins directement proportionnelle au volume des courtages encaissés par l'établissement[716]. Leur promotion pouvant aussi dépendre directement ou indirectement du nombre d'affaires qu'ils apportent à l'intermédiaire qui les emploie, ils ont ainsi cette tentation de poursuivre l'intérêt de leur employeur, car il rejoint indirectement le leur. À l'évidence, la rémunération de l'analyste financier ne devrait jamais dépendre du succès des opérations

---

[712] Cass. crim., 30 nov. 2005, n° 04-86.905.

[713] C'est le cas le plus souvent. La rémunération du gestionnaire, qui est prélevée généralement une fois par an, n'inclut pas les frais d'intermédiation et ceux de courtage qui doivent normalement être indiqués par avance selon des tarifs fixés par le gestionnaire. En matière d'OPCVM, la rémunération des gestionnaires est effectuée directement par l'OPCVM.

[714] LA BRUSLERIE (H. de), « Réflexions sur la déontologie des activités financières », *Rev. d'éco. fin.* 1988, p. 14.

[715] Rémunération sous forme d'un forfait éventuellement assorti d'une prime de succès.

[716] JOSELIN (F.), « Analyse financière et conflit d'intérêts », *Management & Finance* 1er déc. 2000, p. 21 et s.

réalisées par son employeur. Le règlement général de l'Autorité des marchés financiers encadre d'ailleurs rigoureusement tout intéressement d'un analyste à des opérations de prise ferme, de placement, de conseil aux entreprises en matière de structure du capital, de stratégie industrielle et de questions connexes, ou aux services concernant les fusions[717]. Ces règles sont rappelées dans le Code de la Société française des analystes financiers[718].

220. Cette question n'est pas pour autant entièrement résolue. L'analyse étant utile aux clients qui passent des ordres, son coût devrait s'imputer sur les commissions de courtage qu'ils versent. Mais, dans la pratique, la concurrence étant de plus en plus féroce[719], les banques ne peuvent répercuter le coût de l'analyse sur les commissions payées par leurs clients. Cette activité est par conséquent rattachée économiquement à une division qui gère les marchés de titres et qui a en charge à la fois les comptes tiers et l'activité de banque-conseil. Par exemple, l'analyste est souvent rémunéré, entre autres critères, en fonction du nombre de « *road shows* »[720], c'est-à-dire toute rencontre investisseur/émetteur qui n'est pas à l'initiative de l'émetteur. Il existe bien entendu des séparations entre les deux départements, mais cette dépendance économique n'apparaît pas saine. En outre, le mode de calcul des primes que les analystes peuvent recevoir demeure souvent opaque. Il est donc particulièrement difficile de vérifier si les interdictions d'intéressement prévues par la loi sont effectivement respectées. Depuis quelques années, certaines affaires dévoilent des dysfonctionnements sérieux tant sur les modes d'attribution que sur les montants des rémunérations accusées d'être sans rapport avec les performances réelles des auteurs des analyses. Si l'on peut toujours débattre d'une « juste » rémunération, il est difficile toutefois de s'empêcher de remarquer qu'aucune sanction spécifique n'est prévue en cas d'absence ou d'erreur dans l'information communiquée.

221. Il faut songer alors à imposer une communication claire des rémunérations ainsi que de leur mode de calcul et une information précise sur les rétributions, primes et toutes autres contreparties financières perçues au profit du réseau auquel appartient le professionnel, et trouver une sanction adéquate.

---

[717] Par ex., l'article 313-21, 3° Règl. gén. AMF demande « la suppression de tout lien direct entre la rémunération des personnes concernées exerçant principalement une activité particulière et la rémunération d'autres personnes concernées exerçant principalement une autre activité, ou les revenus générés par ces autres personnes, lorsqu'un conflit d'intérêts est susceptible de se produire en relation avec ces activités », ce qui revient à interdire d'indexer la rémunération des analystes sur les revenus générés par une opération primaire.

[718] Art. 6.1.

[719] Notamment celle des courtiers en ligne offrant les mêmes services à des prix beaucoup plus intéressants.

[720] Position – recommandation AMF n° 2013-25, *Guide relatif à l'analyse financière*, p. 13.

B/ Les opérations personnelles

222. Citons tout d'abord un exemple venu d'un Etat voisin, l'Allemagne[721], évocateur de la volonté sous-jacente au conflit d'intérêts. À une période où la société AEG Telefunken réalisait de très grosses pertes, trois grandes banques allemandes ont décidé d'un plan de sauvetage qui permit l'assainissement de la situation, là où d'autres entreprises auraient sans aucun doute connu la faillite. Mais le soutien apporté à cette société ne résultait en réalité que d'un intérêt personnel, celui des dirigeants de ces banques. En effet, le président du directoire de l'une d'entre elles, la Dresdner Bank, étant devenu provisoirement le président du directoire d'AEG, les trois banques augmentèrent de façon considérable et exceptionnelle leurs engagements et organisèrent la cession de la filiale nucléaire d'AEG, Kraftwek Union, à la société Siemens dans laquelle la Dresdner Bank était également associée. Dans ce cas, les trois grandes banques ont donné une mesure de leur pouvoir en prenant entièrement en main le sort de la Société AEG, et en obligeant une autre société à racheter une de ses filiales. À cette époque, il a même été affirmé que ces trois banques, voire leurs présidents, centralisaient tout le pouvoir économique en Allemagne[722]. Si les faits n'autorisent pas une appréciation de l'impact de cette décision sur l'intérêt de Siemens, le conflit d'intérêts était bien caractérisé.

223. Citons ensuite le cas des analystes financiers. En France comme aux Etats-Unis, la détention par les analystes de titres d'émetteurs pouvant faire l'objet d'analyses en général et de recommandations en particulier est très strictement encadrée.

224. Ainsi, en France, est interdit aux analystes financiers d'exécuter des ordres pour leur propre compte sur un instrument d'un émetteur sur lequel ils sont susceptibles de produire une analyse ou sur des instruments relevant du secteur auquel appartient l'émetteur sur lequel l'analyse peut porter[723]. Par ailleurs, durant la période « silencieuse »[724] suivant une opération de marché, telle une introduction en bourse, l'analyste ne peut pas publier de recommandations. Mais, par la suite, s'il existe un conflit relatif à la détention personnelle de titres, ce conflit existera toujours. Il est aussi interdit à un analyste d'investir dans un titre pendant une période déterminée précédant sa participation à l'opération[725]. La prohibition ne vise cependant que le secteur suivi par cet analyste. Rien ne lui interdit par conséquent d'investir dans des titres d'autres sociétés du même groupe opérant dans un

---

[721] LAURENS (J.-L.), thèse préc., p. 110 et s.
[722] SCHONFIELD (A.), cité par LAURENS (J.-L.), *ibid.*, p. 111.
[723] Règ. gén. AMF, art. 313-27.
[724] « *Quiet period* », période de quarante jours aux États-Unis.
[725] Règ. gén. AMF, art. préc.

secteur différent. Mieux, sa position lui permet même de s'adresser à un collègue[726] qui peut le renseigner sur le secteur où il est envisagé d'investir, si bien qu'un analyste œuvrant dans le secteur pharmaceutique pourra investir dans des titres de sociétés de haute technologie, avant leur placement initial, et bénéficier des recommandations positives de ses collègues couvrant ce secteur[727].

225. Aux États-Unis, si la Règle 2711 de la *National association of securities dealers* (NASD) encadre l'achat et la vente de titres par les analystes, elle ne les prohibe pas totalement et une étude réalisée par la *Securities and Exchange Commission* en 2001 a indiqué que près du tiers des analystes avaient, avant l'appel public à l'épargne, fait des placements dans une société dont ils ont par la suite suivi les titres[728].

226. Les analystes ne sont pas les seuls susceptibles de tirer parti de leur position pour agir en nom personnel sur des titres, le négociateur pour compte de tiers pouvant aussi profiter de la connaissance qu'il a de la nature des ordres de ses clients pour intervenir lui-même sur le titre concerné. Les ordres de bourse de gros volume ayant, selon la liquidité du marché, un impact important sur le cours du titre, il est possible pour le négociateur chargé d'exécuter un tel ordre d'achat de décider pour le compte de la société qui l'emploie ou pour son compte personnel d'acheter une certaine quantité des titres visés, d'ensuite exécuter l'ordre d'achat de son investisseur, puis de revendre les titres acquis par lui en profitant de la hausse du cours. À l'inverse, s'il souhaite mettre sur le marché un bloc de titres, ce qui conduira à une baisse mécanique du cours, il a un intérêt personnel à revendre les titres détenus sur son propre compte avant de réaliser l'opération pour ses clients.

227. Une décision du conseil de discipline de la gestion financière du 10 septembre 2002[729], sanctionnant un gestionnaire de portefeuilles, constitue également une illustration intéressante de ce type de conflits d'intérêts. En l'espèce, des titres ont été attribués à une société de gestion dans le cadre d'une offre à prix ouvert. Le gestionnaire chargé de procéder à la répartition de ces titres entre les portefeuilles a privilégié le portefeuille géré pour le compte de la société mère du groupe à laquelle la société de gestion en question appartient. Il a en outre affecté des titres au profit d'un autre salarié de la société de gestion, qui lui n'était pas titulaire d'un compte géré par cette société, alors que le cours de l'action était en forte hausse et qu'une

---

[726] Peut-être celui à côté de lui, aucune muraille de chine n'est prévue - et il n'y aurait de toute façon pas de sens à la créer - pour l'exercice d'une même activité.

[727] FISCH (J. E.) et SALE (H. A.), « *The Securities Analyst as Agent : Rethinking the Regulation of Analyst* », *Iowa Law review* 2002-2003, n° 88, p. 1035 et s.

[728] WITMER MCTAGUE (R.), « *Unger Says Securities Firms Complied poorly with Rules Relating to Analyst's Investments* », *Securities Regulation & Law Report,* n° 33, p. 1136 et s.

[729] Déc. de sanction du conseil de discipline de la gestion financière, 10 sept. 2002, *Bull. COB* déc. 2002, p. 52.

revente le jour même de l'affectation a dégagé une importante plus-value profitable aussi bien à la société mère qu'au salarié. Le conflit d'intérêts caractérisé fût sanctionné en raison de la méconnaissance des intérêts des autres clients de la société et de la violation de la règle d'égalité de traitement entre portefeuilles gérés, conformément aux dispositions en vigueur à l'époque des faits, règle qui s'inscrit dans le cadre plus général de l'obligation faite aux gestionnaires de se comporter avec loyauté et d'agir avec équité au mieux des intérêts de leurs clients en évitant les conflits d'intérêts.

228. Loin de la recherche financière ou de la prestation de services d'investissement, les conflits d'intérêts peuvent trouver naissance dans un domaine d'une toute autre nature. Ainsi en est-il des dirigeants d'une filiale d'une banque qui ont profité de leurs fonctions pour orienter la banque vers le financement d'équipements destinés à être exploités dans le cadre de la loi Pons[730], alors qu'ils détenaient des participations dans les structures chargées de l'achat de ces équipements et qu'en l'occurrence, ces opérations leur étaient profitables au détriment de la banque[731].

229. Il semble cependant que la dimension économique ne soit pas la seule susceptible d'entacher l'objectivité des acteurs de la banque et il existe des cas où le conflit d'intérêts ne résulte ni du cumul de fonctions insuffisamment séparées, ni de la rémunération, mais de liens de nature bien différente.

C/ Les liens particuliers

230. Ce dernier type de conflits d'intérêts peut toucher une large catégorie d'acteurs et il est sans doute le plus difficile à identifier parce que le plus imprévisible.

231. Revenons aux analystes financiers. Etant principalement jugés en fonction de leur performance, qui s'évalue nécessairement en comparaison avec celles de leurs pairs, ils pourront, de crainte d'être dans l'erreur, préférer suivre l'opinion favorable ou défavorable majoritaire même si la leur est différente[732], créant de ce fait un effet « boule de neige » qui peut se révéler dangereux lorsque les analyses majoritaires s'avèrent erronées.

232. Ces mêmes analystes, pour mener au mieux leur mission, doivent être en relation plus ou moins directe avec l'entité qu'ils évaluent, ne serait-ce que parce qu'ils ont besoin des informations que celle-ci leur

---

[730] L. n° 86-824, 11 juill. 1986, relative à la défiscalisation des investissements effectués outre-mer, *JORF*, 12 juill. 1986, p. 8691.

[731] Cass. crim., 26 sept. 2001, n° 00-84.368.

[732] WELCH (I.), « *Herding Among Security Analysts* », *Journal of financial economics* 2000, n° 58, p. 369.

communique. Il existe alors un risque permanent qu'une société à laquelle ils ont attribué une évaluation négative, ou qu'ils ne recommandent pas, se tourne vers leurs concurrents. Par conséquent, ils ont de fait un intérêt à garder une bonne entente[733] avec l'objet de leur évaluation, car malgré une certaine standardisation de l'information financière, la pression exercée par les émetteurs sur les analystes reste « une réalité, qui peut prendre différentes formes »[734] : la relecture des analyses, la pratique de pilotage de consensus de la part des émetteurs, une pression par le biais du « corporate access », à savoir la mise en relation des émetteurs et des investisseurs, l'un des critères importants d'appréciation des bureaux de recherche par le *buy side*, ou bien encore l'interdiction aux analystes dont les opinions ne sont pas favorables à l'émetteur d'accéder aux réunions d'information organisées par ce dernier.

233. Dans le même esprit, les investisseurs institutionnels sont de précieux clients pour les banques, des clients qu'il faut éviter de vexer[735] au vu des rémunérations qu'ils versent. Or, lorsque ces investisseurs détiennent des blocs considérables de titres difficilement liquidables sur le marché, ils n'apprécient pas les recommandations publiques de vente émises par les analystes de la banque. Il arrive alors que ces banques s'abstiennent d'émettre des recommandations très négatives. Ainsi, aux États-Unis, des actionnaires d'Amazon et d'eBay, dont les titres ont quasiment perdu toute valeur, ont entamé des poursuites contre les analystes vedettes de *Morgan Stanley*, *Merril Lynch* et *Salomon Smith Barney*, les accusant de les avoir sciemment induits en erreur pour servir les intérêts des firmes qui les employaient. Un soupçon confirmé par Laura Unger, dirigeante de la *Securities and Exchange Commission*[736], qui a présenté devant la Chambre des représentants une étude montrant que les banques qui pilotent les introductions en bourse publient systématiquement des recommandations d'achat auprès de leurs clients[737].

234. Mais les analystes ne sont pas, ici non plus, les seuls concernés par le risque de conflit d'intérêts. La même observation est valable pour l'activité des gestionnaires des titres de fonds communs de placement. Les commissions de ces derniers reliées à la distribution des instruments financiers détenus par le fonds sont versées indirectement par les porteurs des titres par l'intermédiaire de l'organisme de gestion collective. Généralement, cet organisme fait appel à ces gestionnaires pour d'autres

---

[733] Pour cette raison, aux États-Unis, un tel comportement est prohibé par une règle de la SEC *selective disclosure and insider Trading* qui interdit aux émetteurs de faire de la divulgation sélective aux analystes. Règl. SEC n° 33-7881, 21 août 2001.

[734] Position – recommandation AMF n° 2013-25, *Guide relatif à l'analyse financière*, p. 11.

[735] BRADLEY (D.-J.), RITTER (J-R.) et JORDAN (B.-D.), « *Analyst Behavior Following IPOs : The "Bubble period" Evidence* », *Review of financial studies* avr. 2006, p. 5.

[736] *Alternatives Economiques*, n° 195, sept. 2001.

[737] *Ibid.*

services que les services de placement, comme des services de recherche qui sont en revanche rémunérés par des « frais de gestion »[738]. De ce fait, il est plus intéressant de gonfler les commissions des gestionnaires[739] en échange desquelles ils pourront réclamer gratuitement les services connexes qui leur sont facturés d'habitude[740].

235. L'origine du conflit d'intérêts du banquier, le contexte où il se déploie, et les formes qu'il prend, tels que nous venons de les délimiter, ont mis en exergue son champ de potentialité et de réalité. L'étude de son expression est l'étape suivante de notre entreprise de définition.

---

[738] Evalués en fonction de la valeur des actifs du fonds. La part du gestionnaire équivaut donc à ces frais de gestion diminués des dépenses d'opérations reliées aux services rendus par le gestionnaire.

[739] Ces commissions dans ce contexte sont connues sous l'appellation « *soft dollars* ».

[740] Opérer de cette manière permet également aux organismes de placement de réduire leurs dépenses et ainsi de se démarquer dans les listes comparatives de fonds qui sont évalués selon leurs coûts d'opération.

Chapitre deux. L'expression du conflit d'intérêts

236. Identifier le conflit d'intérêts du banquier suppose de mettre en lumière sa spécificité. Mais comme souvent, lorsque des constructions juridiques nouvelles prennent naissance, elles présentent, pendant leur phase de développement, le visage de théories voisines avec lesquelles elles montrent des similarités. Et parce qu'elles en empruntent les caractéristiques, les critères et l'autorité, elles sont, dans un premier temps, contrôlées par les mêmes règles. Si le concept en édification peut de cette manière, à la fois s'affirmer progressivement[741] et éviter de se heurter aux notions anciennes qu'il a pour vocation de concurrencer ou de remplacer[742], ses traits s'en trouvent cependant parfois déformés. Ainsi en est-il du conflit d'intérêts du banquier.

237. L'existence du conflit d'intérêts du banquier, comme il a été vu[743], est conditionnée par un environnement, un contexte, un cadre particulier sans lequel il ne peut naître. Toutefois, ce décor n'est pas le propre du conflit d'intérêts, car une même situation peut donner lieu à des manquements différents. Il convient donc de compléter cette première approche par l'étude de l'expression du conflit d'intérêts du banquier.

D'abord, le danger de l'état de conflit d'intérêts ne vient en effet pas du seul fait de s'y placer, mais de la façon d'en sortir en servant illégitimement son intérêt ou un intérêt tiers au détriment de l'intérêt supérieur. C'est la première expression du conflit d'intérêts (Section 1).

Ensuite, parce que la question qui se pose ici est celle de la nocivité du conflit d'intérêts, il apparaîtra que si la situation peut être gênante, tant qu'elle n'est pas « exploitée », « consommée », elle n'est pas en soi préjudiciable. C'est précisément l'existence d'un préjudice qui fonde la

---

[741] C'est de cette manière par exemple que la notion d'enrichissement sans cause s'est démarquée de celle de gestion d'affaires : CHEVALLIER (J.), « Observations sur les enrichissements non causés », *Études Ripert*, 1950, t. 2, p. 236 et s. ; ou que celle de trouble de voisinage s'est détachée de celle d'abus de droit, elle même détachée de la théorie de l'apparence, etc.

[742] MORIN (G.), « L'abus des droits et les relations du réel et des concepts dans le domaine juridique », *Rev. de méthaph. et de morale* 1929, p. 276 et s.

[743] V. *supra* chap. 1.

responsabilité du banquier qui prend la décision de l'exploiter. C'est la seconde expression du conflit d'intérêts (Section 2).

Section 1. Une décision asservie

238. Les conflits d'intérêts existent indépendamment de leurs conséquences et de l'atteinte qu'ils pourraient porter à l'intérêt supérieur. Assurément, il arrive que la situation conflictuelle soit sans incidence et que l'intérêt supérieur ne soit pas compromis du seul fait de sa présence. C'est une décision en faveur d'un intérêt particulier autre que celui protégé qui en provoque l'éclosion, c'est-à-dire qui fait évoluer le conflit réel vers un conflit exploité, éclairant de la sorte sur la troisième phase du conflit d'intérêts du banquier.

L'exploitation suppose en effet une action positive, une prise de décision en faveur d'un intérêt différent de l'intérêt supérieur (§ 1), dont résulte une rupture de la relation de confiance où prend naissance le conflit d'intérêts (§ 2).

§ 1 - Une prise d'intérêt

239. Il n'y a pas de conflit d'intérêts s'il n'y a pas simultanément deux ou plusieurs intérêts en présence, s'il n'y a pas d'intérêt à prendre. Et décider[744] de s'emparer d'un intérêt au détriment de l'intérêt supérieur concrétise le conflit d'intérêts. Mais, l'intérêt pour lequel le client est légitimement en droit d'attendre une protection, comme l'intérêt que le banquier est susceptible de saisir, ne bénéficie pas vraiment, dans l'état actuel des textes, d'un éclairage suffisant. Il faut dire que l'intérêt est un concept « aussi important qu'étrange. Plus on l'étudie plus il semble ubiquitaire »[745]. Son caractère « fuyant »[746] justifie toutes les réserves que

---

[744] Il est nécessaire de souligner l'importance de cet élément de décision dans l'étude du conflit d'intérêts. La prise de décision fait l'objet d'études dans plusieurs sciences. Ainsi de la théorie du prospect entre autres. Or, le conflit d'intérêts supposant à ce stade une décision, il est intéressant de noter, comme le fait un auteur, qu'« au sein des activités financières, ceux qui traitent d'opérations à très court terme comme les "*traders*" ont des conditions psychologiques bien meilleures pour développer une intuition féconde que ceux dont les décisions portent sur des périodes plus longues » : KAHNEMAN (D.), « L'appréhension du risque », *Risques* sept. 2006, p. 11. Peut-on alors assimiler la marge d'erreur des premiers à celles des seconds ? En tous cas, « le point de départ de ces analyses du risque, notamment dans les industries financières, est fourni par des données objectives ; peu de travaux statistiques sur des échantillons plus limités comportent nécessairement leur part de subjectivité. »

[745] SCHLUTZ (T.), « Pesée d'intérêts : réflexions autour de la notion d'intérêt », *Diritto & questioni pubbliche* vol. 3, 2003, p. 299.

l'on a pu formuler à son égard, et la doctrine, d'ailleurs, n'en donne pas de définition consensuelle. L'état de la théorie se résume à l'idée que si tout est « comptabilisable en intérêt »[747], il reste « une notion fondamentale et négligée que l'on illustre, qu'on qualifie (personnel, légitime), qu'on classe (moral, patrimonial), mais qu'on ne définit pas »[748]. Un auteur[749] en particulier a consacré un ouvrage à cette notion qui donne des pistes de réflexion très enrichissantes, mais dont la conclusion ne s'éloigne guère du constat global : « l'intérêt résiste à la définition »[750]. Sa pensée est du reste fortement contestée par un autre auteur qui étudie le même sujet[751].

240. Cependant, le droit a « horreur des intérêts nus, non qualifiés »[752]. Il convient donc nécessairement de s'efforcer à déterminer la nature et les caractères de l'intérêt composant le conflit d'intérêts du banquier. Précisons alors que si l'on partage l'idée que l'intérêt doit être nécessairement traduit en droit, nous ne considérons pas pour autant qu'il doive en constituer une norme[753]. Pour cette raison, nous nous attacherons surtout, pour donner une représentation de ce qu'il est, à catégoriser ce concept d'intérêt en tant que partie intégrante du conflit d'intérêts en relation avec le banquier exclusivement. L'utilité d'une telle démarche n'est d'ailleurs pas que théorique puisque dégager une classification de l'intérêt à l'origine du conflit d'intérêts du banquier ouvre la voie à une meilleure prévention, un meilleur traitement et une réparation adéquate.

241. L'analyse débute par l'article 17 de la directive du 1er juillet 2010[754] qui tente de caractériser les situations pouvant donner naissance au conflit d'intérêts. Ce sont celles dans lesquelles la banque, ou une personne qui lui est liée, est susceptible de réaliser un gain financier, ou d'éviter une perte financière, aux dépens du client, celles où elle a un intérêt dans le résultat d'un service fourni au client ou d'une transaction effectuée pour le compte

---

[746] CARBONNIER (J.), note sous CA Paris, 30 avr. 1959, *D.* 1960, p. 675.

[747] OST (Fr.), *Droit et intérêt, op. cit.* p. 13.

[748] CORNU (G.) et FOYER (F.), *Procédure civile*, PUF, 1996, p. 256.

[749] OST (Fr.), *ibid.* p. 10.

[750] OST (Fr.), *op. cit. & loc. cit.*

[751] MORAND (Ch.-A.), « Pesée d'intérêts et décisions complexes », *in La pesée globale des intérêts, droit de l'environnement et de l'aménagement du territoire*, Helbing et Lichtenhahn, 1996, p. 44.

[752] GAILLARD (E.), *Le pouvoir en droit privé*, préf. CORNU (G.), Economica, 1985, p. 185.

[753] L'intérêt est regardé comme un concept à pluralité de définitions qui évoque à la fois l'action, la loi ou le droit subjectif. À ce titre, l'intérêt a pu d'abord être présenté en opposition avec les droits subjectifs. V. ROUBIER (P.), *Droits subjectifs et situations juridiques*, *op. cit.*, p. 68 ; MOTULSKY (H.) cité par GUTMANN (D.), « Droits subjectif », *in* Alland (D.) et RIALS (S.) (dir.), *Dictionnaire de la culture juridique*, PUF, 2003, p. 530 ; il a été ensuite assimilé à eux : COING (H.), « Signification de la notion de droit subjectif », *in Le Droit subjectif en question*, Sirey, 1964, p. 7 et s. ; GERVAIS (A.), « Quelques réflexions à propos de la distinction "droits" et des "intérêts" », *Mélanges Roubier (P.)*, Dalloz, 1961, p. 241 et s.

[754] Dir. 2010/43/UE préc.

de celui-ci qui est différent de celui du client. Ce sont aussi celles où la banque est incitée à privilégier les intérêts d'un autre client, ou groupe de clients, par rapport à celui du client normalement bénéficiaire du service rendu, celles encore où elle a la même activité professionnelle que le client, et celles enfin où elle reçoit, ou recevra, d'une personne autre que le client, un avantage en relation avec le service fourni, en plus de la commission ou des frais ordinairement facturés[755].

Cette disposition est le point de départ de la réflexion sur la nature des intérêts en prise au conflit (A). Mais cette analyse ne peut être considérée comme satisfaisante si elle n'est pas complétée par une identification claire de la personne finalement intéressée (B).

A/ Qualification de l'intérêt

242. Parce que l'intérêt faisant « irruption aux creux des règles de droit, en subvertit les caractères d'abstraction, de généralité, d'intemporalité »[756], il arrive que, dans la loi, il soit déterminé et attribué à un bénéficiaire connu. Ce n'est pas le cas dans le domaine bancaire et financier. En effet, bien que, comme il a été vu[757], l'intérêt du client et celui du marché, soient nettement mis sur un piédestal, et opposés à l'intérêt du banquier, ils ne sont pas pour autant plus précisément qualifiés.

Nous proposons, pour tenter de ce faire, de catégoriser l'intérêt tiers – intérêt supérieur – en fonction de ce qu'il est individuel, intérêt du client, ou collectif, intérêt du marché (1°).

Pour ce qui est de l'intérêt du banquier, seconde composante de son conflit d'intérêts, il semble intéressant de s'inspirer de matières où des définitions existantes du conflit d'intérêts renvoient systématiquement, à l'issue d'une énumération plus ou moins exhaustive des intérêts, à « tous les autres intérêts de nature à porter atteinte » à la – ou aux – valeur(s) que la normalisation des conflits cherche à protéger[758]. L'intérêt du banquier, suivant cette logique, n'est donc rien d'autre qu'un intérêt personnel (2°).

---

[755] Transposé aujourd'hui à l'article 313-19 du règlement général de l'AMF.

[756] OST (Fr.), *op. cit.*, p. 14.

[757] V. *supra* n° 96 et s.

[758] Par exemple, l'article L. 5323-4 du Code de la santé publique, relatif aux conflits d'intérêts des experts de l'Agence française de sécurité sanitaire des produits de santé (AFSSAPS) énonce que « les agents contractuels [...] ne peuvent, par eux-mêmes ou par personne interposée, avoir, dans les établissements ou entreprises contrôlés par l'agence ou en relation avec elle, aucun intérêt de nature à compromettre leur indépendance. »

1° - L'intérêt supérieur : un intérêt type catégoriel

243. L'intérêt tiers qui entre en conflit avec l'intérêt du banquier peut-être individuel et d'une nature bien précise lorsqu'un contrat encadre la relation bancaire (a), ou collectif lorsque le banquier se positionne par rapport au marché en dehors de tout contrat (b). Il convient d'en déterminer la nature avant d'en rechercher les caractères.

a - L'intérêt typique raisonnable du bénéficiaire de service

244. Dans une première acception, l'intérêt consiste « à avoir la possibilité matérielle soit de satisfaire des besoins, soit d'obtenir des avantages, soit d'éviter des inconvénients »[759]. Tel que le définit un auteur, il « apparaît comme une "utilité", matérielle ou morale, actuelle ou future, en général égoïste »[760]. En droit processuel, l'intérêt à agir est supposé conduire à l'amélioration de la condition juridique et est ainsi assimilé à « l'avantage escompté par un individu en particulier »[761]. Enfin, au sens étymologique, *quod inter est*, « ce qui entre », le terme suggère l'idée d'un lien entre le service ou le bien offert et le besoin qu'il tente de satisfaire.

Quelle que soit la manière de le définir, il semble que l'intérêt prend sa source dans le besoin qui pousse à conclure le contrat. Concrètement, dans une relation bancaire, l'intérêt de tout client, de tout investisseur, personne physique ou morale, ce qui l'incite finalement à conclure, est la perspective d'un enrichissement personnel ou son maintien. Le contrat bancaire a donc bien pour origine la recherche d'un intérêt qui est essentiellement d'ordre pécuniaire. Cet intérêt individuel pécuniaire du bénéficiaire du service offert par le banquier se révèle comme le moteur de la conclusion du contrat. Néanmoins, si cette affirmation que l'intérêt du bénéficiaire est d'ordre pécuniaire peut être érigée en principe, il est possible qu'elle connaisse des variantes selon le type de contrat conclu, l'intérêt du bénéficiaire du service devenant alors un intérêt typique.

245. Prenons l'exemple du contrat de compte courant, un contrat composite qui englobe différentes conventions pouvant être regardées comme autonomes[762]. La jurisprudence a eu l'occasion, le 6 avril 1993[763], de définir l'intérêt typique contractuel du client bénéficiaire d'un compte-

---

[759] GERVAIS (A.), art. préc., p. 241.
[760] *Ibid.*
[761] GUINCHARD (S.), *Procédure civile*, 31e éd., Dalloz, p. 165.
[762] GRUA (F.), *Contrats bancaires*, Economica, 1990, t. 1, p. 63 et s.
[763] Cass. com., 6 avr. 1993, *Bull. civ.* IV, n° 138, *D.* 1993, p. 310, note Gavalda (Ch.) ; *JCP G* 1993, II, 22062, note Stoufflet (J.) ; *LPA* 5 juill. 1993, p. 17, note Samin (T.) ; *LPA*, 21 juill. 1993, p. 13, note Courtier (J.-L.) ; *RTD. com.* 1993, p. 258, note Grua (F.) ; v. égal. CABRILLAC (M.), « L'assiette de l'intérêt », *RJ com.* 1993, p. 318 et s.

courant[764]. En effet, la question posée à la cour a nécessité qu'elle définisse dans un premier temps un intérêt typique d'un contrat annexe qui imposait un paiement en date de valeur[765] pour, dans un second temps, statuer sur l'élimination des clauses qui posaient ces dates de valeur. Les dates de valeur, conformément à la définition du contrat de compte-courant, s'insèrent dans un « cadre contractuel »[766] qui est celui du contrat de crédit. En réalité fictives, elles induisent que les crédits soient pris en compte postérieurement à leur réalisation effective, à l'inverse des débits, ce qui a une incidence sur le montant et l'existence d'un intérêt dû par le déposant en cas de découvert, comme sur la rémunération du compte lorsqu'il est créditeur, voire même sur des opérations d'apparence éloignées[767]. En l'espèce, plusieurs demandes faisaient valoir que les sommes prises en considération pour le calcul des intérêts débiteurs étaient augmentées sans motif par l'application de dates de valeur aux dépôts et aux retraits. La Haute Juridiction, se fondant sur l'article 1131 du Code civil, a cassé l'arrêt d'appel aux motifs que la clause fixant paiement en date de valeur (hormis le cas de remise de chèque) n'a pas de contrepartie, autrement dit que l'engagement à l'obligation de payer est dénué d'intérêt pour le client de la banque.

Cet arrêt, dont la solution a été par la suite plusieurs fois reprise[768], s'est en fait inscrit dans le cadre d'un effort général de la jurisprudence de rééquilibrer la relation contractuelle dans le contrat d'adhésion en s'appuyant sur l'exigence d'une « contrepartie nécessaire » telle que la désignaient les juges depuis le début des années 1990[769]. Mais, surtout, il prend en compte le seul type du contrat pour délimiter les obligations correspondant à la finalité, à l'intérêt, de chacune des deux parties. On peut

---

[764] *Rappr.* avec la notion de cause typique telle que la définit ROCHFELD (J.), *Cause et Type de contrat*, LGDJ, 2000.

[765] Les dates de valeur se définissent comme un mécanisme qui consiste, pour la banque, à décompter le temps qui lui est nécessaire pour enregistrer, sur le compte de son client, les liquidités que ce dernier a déposé ou, à l'inverse, celles qui ont été retirées : RIVES-LANGE (J.-L.) et CONTAMINE-RAYNAUD (M.), *Droit bancaire*, Dalloz, 1990, p. 198 et s.

[766] STOUFFLET (J.), note sous Cass. com., 6 avr. 1993, *JCP G* 1993, II, 22062.

[767] V. pour ex. le célèbre arrêt : Cass. com., 27 juin 1995, *Bull. civ.* IV, n° 192, *D. affaires* 1995, p. 24 ; *D.* 1996, somm. p. 114, obs. Libchaber (R.) (rejet d'un effet de commerce en raison du jeu des dates de valeurs).

[768] Plusieurs arrêts ont vu le jour dans les années qui suivirent la décision, V. notamment : Cass. com, 29 mars 1994, *Bull. civ.* IV, n° 134 ; Cass. com. 7 juin 1994, *Bull. civ.* IV, n° 201 ; Cass. com, 10 janv. 1995, *Bull. civ.* IV, n° 8 ; *D.* 1995, p. 229, note Gavalda (Ch.) ; *D.* 1996, somm. p. 114, obs. Libchaber (R.).

[769] Pour ex., la Cour de cassation a rendu le 19 déc. 1991 sept arrêts exigeant une « contrepartie nécessaire » et en délimitant la nature : Cass. 1re civ., 19 déc. 1991, *Bull. civ.* I, n° 303, p. 212 ; *RTD civ.* 1991, p. 323, obs. Mestre (J.). Ainsi, affirme la Cour, « le versement des primes pour la période qui se situe entre la prise d'effet du contrat d'assurance et son expiration [...] a pour contrepartie nécessaire la garantie des dommages qui trouvent leur origine dans un fait qui s'est produit pendant cette période. »

alors estimer que si l'intérêt du bénéficiaire du service est définissable par rapport au type de contrat, il est typique.

Et cet intérêt typique est raisonnable. En effet, dans l'exemple choisi, s'il était possible de comprendre la nécessité d'un délai pour l'enregistrement d'un chèque, la technique à l'époque de l'arrêt rendait plus difficile à comprendre la nécessité d'un délai pour l'enregistrement des espèces ou des virements[770].

246. Les solutions jurisprudentielles[771] en matière de contrat d'assurance illustrent également le caractère typique et raisonnable de l'intérêt du bénéficiaire de service. Du seul fait que le contrat d'assurance est technique et fourmille de formules savantes, et sans même considérer l'aspect d'adhésion qu'il implique, l'intérêt typique du contractant bénéficiaire d'un service d'assurance se définit par le résultat du contrat tel que celui-ci se l'imagine et qui l'a poussé à contracter. Ainsi, la Cour de cassation délimite l'obligation de l'assureur en considérant l'intention de chacune des parties en fonction du type de contrat et par référence à l'intérêt typique[772] du cocontractant qui réside raisonnablement dans la couverture des dommages survenus pendant la période de garantie.

247. L'explication vraisemblable de l'engagement contractuel par l'existence d'un intérêt typique s'inspire directement d'une vision utilitariste que d'autres ont pu avoir longtemps avant nous. En effet, l'utilitarisme, dans un sens large, avant de constituer une théorie[773], repose sur un principe général que les hommes sont guidés par la poursuite d'une satisfaction propre et égoïste. Cette idée, Saint-Thomas d'Aquin la formula déjà au XIIIe siècle[774], puis Hume[775] échafauda sur cette base une théorie que Mill[776]

---

[770] La solution a été étendue par la suite aux virements : Cass. com., 27 juin 1995, préc.

[771] V. par ex. : Cass. 3e civ., 17 avr. 1991, *Bull. civ.* III, n° 118, *Resp. civ. et assur.* 1991, comm. n° 308, obs Groutel (H.) ; Cass. 3e civ., 3 juin 1992, *Bull. civ.* III, n° 179, *Resp. civ. et assur.* 1992, comm. n° 285 ; Cass. 3e civ., 4 nov. 1992, *Bull. civ.* III, n° 285 ; Cass. 1re civ., 28 avr. 1993, *Bull. civ.* I, n° 149 ; Cass. 1re civ., 9 mai 1994, *Bull. civ.* I, n° 168 ; Cass. 3e civ., 11 mai 1994, *Bull. civ.* III, n° 93 ; Cass. 1re civ., 3 oct. 1995, *Bull. civ.* I, n° 334, *Resp. civ. et ass.* 1996, comm. n° 38 et chron. n° 3, Peano (M.-A.).

[772] Et non par la recherche d'un équilibre en dehors des volontés : V. critiques BIGOT (J.), note sous Cass. 1re civ., 19 déc. 1990, *JCP G* 1991, II, 21656.

[773] Cette théorie est construite en deux temps. Premièrement, les individus sont présentés comme absorbés par une « arithmétique du bonheur » correspondant à la seule recherche de l'intérêt propre, et au « calcul du plaisir et de la peine ». Deuxièmement, l'analyse prône l'application de ces tendances en tant que méthode de législation pour finalement atteindre une « utilité générale », le « bonheur pour le plus grand nombre » : BENTHAM (J.), *Traité de législation civile et pénale*, Elibron classics, 2003, p. 11 et s. Pour une présentation générale : GÉRARD (P.), OST (F.), VAN KERCHOVE (M.), *Actualités de la pensée juridique de Jeremy Bentham*, Publication des facultés universitaires de Saint-Louis, 1987.

[774] CAILLÉ (A.), *Critique de la raison utilitariste*, La découverte, 1989, p. 17 et s. Saint-Thomas relevait particulièrement à propos de la vente que le moteur résidait dans la réciprocité des besoins et des avantages à obtenir : *Summa Theolgiae,* II, art. I, cité par

poursuivi et dont Jeremy Bentham[777] fut le promoteur le plus connu. Cette pensée a été largement critiquée. On a souvent dénoncé son absence de moralité[778] et le fait qu'elle la remplace par le besoin[779]. Lui a aussi été reproché le fait qu'elle réduise l'existence de l'homme à la seule recherche de son intérêt[780] et enfin qu'elle nie toute forme de justice[781]. Mais les aspects excessifs de cette doctrine ne se retrouvent pas dans toutes ses variantes [782] et, surtout, l'analyse descriptive sur laquelle elle repose s'applique de manière pertinente au contrat bancaire qui est dominé par la satisfaction d'un besoin, d'un intérêt[783].

L'intérêt typique et raisonnable ainsi défini, il convient de conclure cette partie du développement en précisant que le conflit d'intérêts du banquier oppose soit un intérêt tiers typique raisonnable à l'intérêt personnel du banquier dans le cas du conflit d'intérêts interpersonnel, soit met en contradiction deux intérêts tiers typiques raisonnables dans le cas du conflit d'intérêts extrapersonnel. Le raisonnement diffère lorsqu'il s'agit de conflits

---

POUGHON (J.-M.), *Histoire doctrinale de l'échange*, préf. Baud (J.-P.), LGDJ, 1987, p. 32 et s.

775 HUME (D.), *Traité de la nature humaine*, L. III, *De la morale*, Aubier, p. 608 et s.

776 MILL (J. S.), *De l'utilitarisme*, champs classiques, 2008.

777 V. BENTHAM (J.), *op. cit.*

778 Pour Proudhon, l'utilitarisme est « le système qui consiste à ramener la notion du juste à celle de l'utile et, par conséquent, à faire de l'intérêt le principe du droit et de la morale » : PROUDHON (P.-J.), *De la justice dans la révolution et dans l'église. Essai d'une philosophie populaire*, cité par LALANDE (A.), *Vocabulaire technique et critique de la philosophie*, 18e éd., PUF, 2010, *v°* « Utile ».

779 Cette théorie s'oppose en effet à toute morale de l'intention des actes, pour ne s'intéresser qu'à la seule appréciation utilitaire de leurs conséquences.

780 H. BATIFFOL, « Préfaces historiques », *Arch. phil. dr.* 1978, t. 23, p. 1 et s.

781 « Le stupide utilitarisme semble avoir tué la justice comme la vérité » : VILLEY (M.), *Réflexions sur la philosophie et le droit*, PUF, 1995, p. 159.

782 Notamment celle de « l'utilitarisme moral », V. MILL (J. S.), *op. cit.*,

783 Au delà de la relation bancaire, le rôle que prend l'intérêt dans les contrats et, de manière générale, « dans la circulation juridique » est indéniable comme l'a relevé un auteur : OST (Fr.), *Droit et intérêt, op. cit.*, t. 2, p. 13. Le Droit romain déjà fondait expressément ses différents *contractus* sur les besoins les plus fréquents : THOMAS (Y.), *Causa : sens et fonction d'un concept dans le langage du droit romain,* thèse Paris II, 1976, p. 234 et s. Le *Digeste* notait à son point D. 18. I. I, l'utilité de l'échange en définissant celui-ci comme la cession d'une chose inutile pour acquérir une chose utile et Connan, au XVIème siècle, affirmait que l'on contracte pour « l'espoir du gain que l'on recherche » : POUGHON (J.-M.), *op. cit.*, p. 32 et s. Après le Code civil, de nombreux auteurs comme Emmanuel Gounot, Henri Capitant, et plus tard Ihering, ont regardé l'intérêt comme fondement du contrat, parfois exclusif. Pour Gounot, le contrat est « un simple instrument en vue de la satisfaction d'intérêts humains » : GOUNOT (E.), *Le principe de l'autonomie de la volonté en droit privé. Contribution critique à l'étude de l'individualisme juridique,* thèse Dijon, 1912, p. 141 et 351. Pour un autre auteur, « c'est la satisfaction de l'intérêt qui incite habituellement l'homme à entrer en rapports avec autrui » : CAPITANT (H.), *De la cause des obligations*, 3e éd., Dalloz, 1927, n° 1, p. 18 ; rappr., VON IHERING (R.), *L'évolution du droit*, chap. III « L'égoïsme au service des buts d'autrui », 3e éd., trad. Meulenaere (O.), Librairie Maresq, 1901, p. 24 et s.

d'intérêts extracontractuels, le conflit d'intérêts du banquier dans ce cas opposant forcément un intérêt du banquier, direct ou indirect, à un intérêt tiers collectif homogène.

b - L'intérêt collectif homogène des acteurs de marché

248. Si l'identification de l'intérêt que le banquier décide de prendre est délicate quand le conflit d'intérêts se produit dans le cadre d'un contrat, elle s'avère plus difficile encore lorsqu'il advient hors contrat et que l'on doit envisager l'intérêt non plus comme individuel, mais comme celui d'un groupe.

La théorie de l'État en droit public est toute entière fondée sur une combinaison des intérêts individuels, qu'elle s'accommode ou non d'intérêts intermédiaires. Et les différents groupements d'intérêts privés jugés dignes de protection[784] paraissent être conçus sur ce modèle. Peut-on alors, dans le cadre d'une relation bancaire, résumer l'intérêt collectif à la somme des enrichissements individuels de la collectivité ou est-ce donner une définition trop réductrice d'une valeur dont il semblerait qu'on veuille affirmer clairement la supériorité ? Par ailleurs, le champ de l'intérêt collectif n'étant pas illimité, à quelle communauté l'étendre ? La totalité des clients de la banque ? Les clients de la banque et ceux de ses partenaires ? La collectivité des clients des banques d'une place donnée ? L'ensemble des investisseurs des places où agissent les banques concernées ? Les citoyens qui subissent une crise à laquelle a contribué, même indirectement, le conflit d'intérêts ?

249. Pour espérer découvrir la réalité de l'intérêt collectif composant le conflit d'intérêts, il s'avère en fait nécessaire de revenir sur la question de la combinaison d'intérêts qui se trouve au cœur de toute réflexion de ce genre. Plusieurs critères sont utilisés pour distinguer les intérêts de l'individu de ceux du groupement, le mode de différenciation le plus courant opposant l'intérêt « individuel » à l'intérêt « collectif », un autre considérant un intérêt « particulier » à l'inverse d'un intérêt « général ». Mais, s'ils divergent, ni l'un ni l'autre ne correspond, à notre sens, à la situation particulière du conflit d'intérêts. Il semble plus simple de considérer que « la somme des intérêts est l'avantage escompté par un individu en particulier. La somme des intérêts individuels désigne l'adjonction des différents avantages attendus. Ensuite, l'intérêt collectif consiste dans l'intérêt spécial d'une

---

[784] Cass. req., 23 févr. 1891, *D.P.* 1891, 1, p. 337 ; *S.* 1892, 1, p. 73, note Meynial (E.). L'arrêt est célèbre : il concrétise la thèse de la réalité de la personne morale qui appartient, en principe à tout groupement pourvu d'une possibilité d'expression collective pour la défense d'intérêts licites, et est implicitement reconnue existante en faveur d'organismes créés par la loi elle-même ayant mission de gérer certains intérêts collectifs présentant ainsi le caractère de droits susceptibles d'être déduits en justice ; rappr. Cass. 2e civ., 28 janv. 1954, *D.* 1954, p. 217, note Levasseur (M.).

catégorie sociale ou professionnelle, supérieur aux intérêts individuels des membres d'une même communauté d'intérêts. L'intérêt général, enfin, désigne l'intérêt de tous, le bien public »[785]. Cependant, comme l'a justement relevé le doyen Carbonnier, « la distinction est souvent ténue entre l'intérêt général dont la République seule a la charge, l'intérêt collectif du groupe concerné et l'intérêt propre de tel membre du groupe qui, par hypothèse, aurait été directement victime de l'infraction »[786]. Force est de constater, avec d'autres, que dans certains domaines, comme le droit de la consommation, qui régit une grande partie de l'activité du banquier, « l'intérêt collectif est particulièrement difficile à saisir juridiquement puisque, par hypothèse, tout citoyen étant consommateur, l'intérêt collectif et l'intérêt général semblent coïncider le plus souvent »[787]. Or, les enjeux de la distinction sont à la fois théoriques et pratiques, ne serait-ce que pour déterminer la personne qui peut agir en justice en cas d'atteinte à chacun des intérêts dans le cadre du groupement.

250. La notion d'intérêt général s'est progressivement imposée en France à la fin du XVIIIe siècle comme un principe justifiant la légitimité de l'État en définissant à la fois son objet et ses limites. L'intérêt général est alors apparu comme le fondement de l'action publique parce qu'il en détermine les finalités alors que, dans sa définition traditionnelle, il s'apparentait à l'expression d'une volonté générale supérieure aux intérêts particuliers[788]. Mais, s'il est souvent invoqué, il n'est toutefois nulle part défini de façon précise et opératoire. Il fait ainsi davantage figure d'idéologie, dont la vocation est de légitimer l'action de l'Etat, que d'objectif à atteindre, d'où lui vient d'ailleurs son caractère indéfinissable par essence, que Locke a soulevé[789]. En résumé, l'intérêt général est le principe régulant l'intervention des pouvoirs publics et aussi une référence pour la définition d'autres notions clés comme celles de « service public » ou de « domaine public ». Le conflit d'intérêts peut porter indirectement atteinte à l'intérêt général

---

785 GUINCHARD (S.), *op. cit.*, p. 165. ; « Grandeur et décadence de la notion d'intérêt général : la nouvelle recevabilité des actions civiles en cas d'infraction à la législation économique », *Mélanges Vincent (J.)*, Dalloz, 1981, p. 137.

786 CARBONNIER (J.), *Droit civil - Introduction*, *op. cit.*, p. 734.

787 *JO Sénat*, séance du 10 déc. 1987, p. 5226 et s. En effet, prenons l'exemple de l'article L. 421-1 du Code de la consommation qui dispose que « les associations régulièrement déclarées ayant pour objet statutaire explicite la défense des intérêts des consommateurs peuvent, si elles ont été agréées à cette fin, exercer les droits reconnus à la partie civile relativement aux faits portant un préjudice direct ou indirect à l'intérêt collectif des consommateurs. » Cette règle a été effectivement édictée en faveur de « tous » les consommateurs, l'expression d'intérêt collectif employée par le législateur ne désignant pas ici autre chose que l'intérêt général.

788 Sur cette notion v. TRUCHET (D.), *Les fonctions de la notion d'intérêt général dans la jurisprudence du Conseil d'État*, LGDJ, 1977.

789 LOCKE (J.), *An Essay Concerning Human Understanding*, Book III, Everyman's library, 1974, t. 2, p. 27: «... *the names of simple ideas, and those only, are incapable of being defined.* »

« car en la matière, ce sont moins le nombre d'individus et la taille des groupements concernés qui importent que la qualité de l'intérêt en cause. L'intérêt collectif recoupe donc bien l'intérêt général, le premier étant une composante du second, en ce sens que dans certains groupements, ce que l'on appelle l'intérêt collectif n'est rien d'autre que des causes humaines supérieures, des idéaux ou des objectifs communs »[790]. Ceci revient à dire que si l'intérêt collectif peut composer l'intérêt général, il restera en définitive « un intérêt général catégoriel celui de la collectivité des membres et tiers intéressés par la situation »[791].

251. L'intérêt collectif est pour sa part généralement assimilé à l'intérêt du groupe. Il correspond à « la traduction juridique de l'existence du groupe »[792]. Le groupe s'entend comme un ensemble de personnes[793] partageant un certain nombre de caractéristiques communes dont souvent un but commun, mais il peut également se définir et se construire par opposition et comparaison aux « autres » groupes. Cette première approche de la notion est cependant insuffisante parce qu'elle recouvre des situations très hétérogènes qui ne peuvent pas s'apparenter les unes aux autres. Pour cette raison, la sociologie et la psychologie se sont intéressées de plus près à cette notion de groupe. Dans la continuité des travaux de Tajfel assimilant l'identité sociale[794] d'un individu à « la connaissance de son appartenance à certains groupes et à la signification émotionnelle et évaluative qui résulte de cette appartenance »[795], Turner a souligné « qu'un groupe n'existe que si au moins deux individus se définissent eux-mêmes comme faisant partie de ce groupe, et qu'un troisième individu reconnaît ensuite cette existence »[796]. Ce faisant, il a considéré le groupe comme une « construction mentale » de soi, d'un « autrui » appartenant au groupe et d'un « autrui » situé à l'extérieur du groupe. Il a ainsi défini le groupe à l'issue d'un processus d'identification à trois niveaux : celui de l'espèce humaine, celui de l'individu et enfin celui du groupe. Au premier, le processus d'identification vise à retrouver des

---

[790] LIKIILLIMBA (G. A.), « Le préjudice individuel et/ou collectif en droit des groupements », *RTD com.* 2009, p. 1

[791] *Ibid.*

[792] DIDIER (Ph.), *De la représentation en droit privé*, préf. Lequette (Y.), LGDJ, 2000, p. 200.

[793] Dictionnaire E. Littré, *op. cit.*, *v°* « groupe ».

[794] En l'occurrence, deux théories générales forment la nomenclature des études à ce sujet : « la théorie de l'identité sociale » et la théorie « des dynamiques des groupes ». TAFJEL (H.) et TURNER (J. C.), « *The Social Identity Theory of Inter-group Behavior* », *in Psychology of Intergroup Relations,* Nelson-Hall, 1986 ; TURNER (J. C.), « *Towards a Cognitive Redefinition of the Social Group* », *in Social Identity and Intergroup Relations*, Cambridge University Press, 1982.

[795] TAFJEL (H.), « La catégorisation sociale », *in Introduction à la psychologie sociale*, Larousse Université, 1972, t. 1, p. 292.

[796] TURNER (J. C.) cité par MUCCHIELLI (R.), *La Dynamique des groupes*, 15e éd., ESF, 2006, p. 6 et s.

concepts et des termes partagés par tous les humains et permet à l'individu de se définir comme membre de l'Humanité, par opposition avec les autres espèces vivantes. Au second, le processus d'identification se rapporte à la définition de soi en tant qu'être unique, doté de caractéristiques propres, différent de tous les autres individus. C'est celui qui correspond à l'identité personnelle. Au dernier, celui qui nous intéresse, le processus d'identification a trait à la définition de soi comme membre d'un groupe social, qu'il s'agisse d'une communauté, d'une culture ou d'une société, doté de normes de référence et de principes identitaires spécifiques, le différenciant des autres groupes sociaux. À ce dernier niveau, le processus d'identification renvoie assez directement à l'identité sociale de l'individu et conduit Turner à donner du groupe cette définition, favorisant par là même une certaine dépersonnalisation de l'individu.

Il en découle que le groupe peut avoir une existence autonome de celles des individus qui le composent et qu'il devient lui-même une personne dotée d'une « personnalité collective »[797]. Cette vision, établie par la sociologie et la psychologie, permet ainsi de distinguer le groupe de notions proches mais auxquelles il ne peut être assimilé, comme celle de foule, attroupement fortuit et anonyme d'individus[798], de bande, réunion de taille réduite et volontaire d'individus autour d'un point commun[799], ou encore de regroupement, réunion plus ou moins fréquente d'individus poursuivant un intérêt commun[800].

252. Cette approche de la notion de groupe s'apparente à celle qu'en a le droit. En effet, le droit romain connaissait déjà une sorte d'universalité des personnes[801]. Et le droit n'ignore pas l'existence de regroupements comme la foule ou la bande, dont il tient même parfois compte, par exemple en droit pénal lorsque l'on considère que commettre une infraction en groupe est une circonstance aggravante au sens de la section 3 du chapitre II du Titre III du Livre premier du Code pénal. À quelques exceptions près, en droit, le groupe est émancipé des personnes qui le constituent et mène une vie distincte et appréhendée par la notion d'intérêt collectif. L'intérêt collectif, forme de critère d'identification du groupe, se définit par opposition à l'intérêt individuel de chaque membre du groupe et n'est pas la somme des intérêts particuliers des personnes composant le groupe. C'est un intérêt partagé de tous, un intérêt homogène[802].

---

[797] LÉVY-BRUHL (H.), *La personnalité collective – notion sociologique*, Ann. socio, 1938, p. 1.
[798] ANZIEU (D.) et MARTIN (J.-Y.), *La Dynamique des groupes restreints*, PUF, 1994, p. 16 et s.
[799] *Ibid.*
[800] *Ibid.*
[801] LEFEBVRE-TEILLARD (A.), *Introduction historique au droit des personnes et de la famille*, PUF, 1996, p. 88.
[802] DIDIER (Ph.), thèse préc., p. 202.

Ainsi de l'intérêt collectif de la masse d'obligataires. En effet, l'article L. 228-46 du Code de commerce prévoit que les porteurs d'obligations d'une même émission sont groupés de plein droit pour la défense de leurs intérêts communs en une masse qui jouit de la personnalité civile. C'est bien l'intérêt homogène des différents intérêts individuels de chaque obligataire qui permet le regroupement en une masse digne de protection, chose qui se confirme à la lecture du deuxième alinéa de ce même article : « en cas d'émissions successives d'obligations, la société peut, lorsqu'une clause de chaque contrat d'émission le prévoit, grouper en une masse unique les porteurs d'obligations ayant des droits identiques ».

253. Il faut cependant prendre garde à ce que cette traduction de l'existence du groupe par l'existence d'un intérêt collectif « ne dérive vers une trahison »[803], dans le sens où on ne peut être sûr que l'intérêt collectif « ne dépasse jamais le but poursuivi et que l'intérêt personnifié ne finisse par échapper à ses auteurs pour vivre une vie propre »[804]. Autrement dit, dans la mesure où l'on admet une séparation entre l'intérêt collectif et l'intérêt individuel des membres de la collectivité, le risque est de voir cet intérêt collectif être considéré comme indépendant des membres de la collectivité, ce qui reviendrait au final à supprimer tout lien entre le groupe lui-même et les membres qui le constituent, ce qui, on s'en doute, n'a pas de sens, un groupe ne pouvant avoir d'existence hors de celle de ses membres.

Mais il ne faut pas non plus exclure que « détaché des intérêts particuliers qui le composent, l'intérêt collectif ne se fasse oppressif [ou que] des composantes du groupement ne [puissent] trouver avantage à se retrancher derrière l'intérêt général pour satisfaire leurs intérêts propres »[805]. Ce risque est cependant moindre lorsque l'intérêt du groupement constitue « la projection dans le groupe d'intérêts individuels réellement convergents »[806] comme ce peut être le cas en matière bancaire et financière. Un exemple de la prise en compte de l'intérêt collectif par le droit est fourni par l'habilitation donnée aux associations de défense des investisseurs. Les associations régulièrement déclarées, ayant pour objet statutaire la défense des investissements en valeurs mobilières ou en produits financiers, peuvent en effet agir par voie de constitution de partie civile relativement aux faits portant préjudice, direct ou indirect, à l'intérêt collectif des investisseurs ou de certaines catégories d'entre eux[807]. Ces mêmes associations peuvent

---

[803] *Ibid.*, p. 200 ; rappr. GAILLARD (E.), thèse préc., p. 191.

[804] GAILLARD (E.), thèse préc., p. 191.

[805] *Ibid.*

[806] *Ibid.*, p. 193.

[807] C. monét. fin., art. L. 452-1, al. 1er. Il s'agit, plus précisément, des associations agréées justifiant de six mois d'existence et, pendant cette période, d'au moins deux cents membres cotisant individuellement et dont les dirigeants remplissent des conditions d'honorabilité et de compétence fixées par décret, ainsi que des associations qui répondent aux critères définis par

également être mandatées pour agir en réparation devant toute juridiction, y compris répressive, au nom de plusieurs personnes physiques, identifiées en leur qualité d'investisseur[808].

254. Cependant, si l'intérêt composant le conflit d'intérêts du banquier semble connaître depuis peu une évolution, parce que l'interprétation qui en est faite est plus large, il souffre toujours d'une protection insuffisante en raison de la faiblesse des textes qui l'administrent.

Prenons à titre d'exemple les *credits default swaps* qui, comme on a pu le voir[809], s'utilisent en tant qu'outil de transfert de risques vers l'investisseur, de spéculation contraire au devoir d'agir dans l'intérêt du marché, voire parfois de manipulation de cours. Si des mesures ponctuelles ont été prises pour en encadrer l'usage, malgré leur dangerosité bien des fois avérée pour l'intérêt collectif des investisseurs, ils sont restés longtemps hors du champ de la répression des abus de marché. C'est notamment parce que l'intérêt collectif susceptible d'être affecté par l'utilisation abusive de ces CDS n'a pas été explicitement défini en tant qu'intérêt supérieur protégé par un texte spécifique, qu'il ne pouvait être considéré comme composant d'un conflit d'intérêts. En effet, le conflit d'intérêts s'entend de la situation où le banquier, parce qu'il détient un pouvoir déterminé, est susceptible d'affecter un intérêt tiers, déclaré préalablement intérêt supérieur, qu'il doit protéger en vertu d'un devoir particulier. Dans le cas des CDS, l'intérêt collectif était bien considéré comme supérieur, mais la directive abus de marché du 28 janvier 2003[810] qui aurait pu déclarer le devoir de le protéger, à l'instar du droit positif français, a limité le champ des intérêts protégés aux instruments admis à la négociation sur un marché réglementé[811] et aux instruments dits « liés », compris comme ceux dont la valeur dépend du cours d'un instrument coté. Or, du fait que ce sont les primes attachées aux CDS qui influencent le cours des instruments côtés, ils sont restés en dehors du champ d'application des lois en vigueur et de la sorte exclus du devoir de protection. De ce fait, les conflits d'intérêts les impliquant ont échappé à la sanction. La réglementation devait par conséquent évoluer[812]. La lecture des

---

l'article L. 225-120 du Code de commerce, si elles ont communiqué leurs statuts à l'Autorité des marchés financiers. C. monét. fin., art. L. 452-1, al. 2.

[808] C. monét. fin., art. L. 452-2, al. 1er. Il faut pour cela que le mandat soit donné par écrit et par un groupe d'au moins deux personnes physiques ayant subi des préjudices individuels qui soient causés par le fait d'une même personne et qui aient une origine commune (cf. al. 1er et 2). La personne physique qui a donné son accord à l'exercice de l'action devant la juridiction pénale est considérée à l'inverse comme exerçant les droits reconnus à la partie civile en application du Code de procédure pénale : C. monét. fin., art. L. 452-3.

[809] V. *supra* n° 131.

[810] Dir. 2003/6/CE du 28 janv. 2003, préc.

[811] Ainsi que sur les systèmes multilatéraux de négociations.

[812] Chose que plusieurs participants à la consultation publique sur la réforme de la directive abus de marché avaient d'ailleurs réclamé : CESR, *CESR's Response to the Commission call for Evidence on the Review of the Market Abuse Directive*, 9 juill. 2009. Pour une vision

travaux parlementaires français laisse apparaître que le législateur a bel et bien entendu viser les CDS[813] même s'il n'est, encore une fois, fait mention que des seuls instruments « liés » et qu'il n'est pas donné davantage de précision sur leur nature. Une modification du règlement général de l'Autorité des marchés financiers sur ce point reste donc souhaitable[814]. Appel à la réforme que la Commission des sanctions semble partager puisque, dans une affaire jugée le 9 avril 2013[815], elle a reproché à un prestataire de services d'investissement (au sens de l'institution et au sens d'un de ses salariés) d'avoir méconnu ses obligations professionnelles dans le cadre de la gestion d'une information privilégiée. En l'espèce, pour caractériser l'information privilégiée, la Commission des sanctions a estimé que celle-ci « était susceptible d'emporter des conséquences favorables quant à l'appréciation de la qualité de crédit de la société émettrice et au cours des instruments financiers qui dépendent de cette appréciation » et « qu'une telle information était donc bien "susceptible d'avoir une influence sensible", [...] sur les instruments de dette de Lafarge et singulièrement sur les outils de mesure les plus sensibles à la qualité de crédit de l'émetteur qu'étaient alors les contrats de protection », sous entendus les CDS. D'ailleurs, le collège de l'Autorité des marchés financiers, dans sa notification des griefs, se référait explicitement et exclusivement aux CDS, relevant en ces termes qu'un « investisseur raisonnable pouvait [...], sur la base des informations relatives à l'augmentation de capital de Lafarge, anticiper une baisse significative de ses CDS ». En définitive, il semble nécessaire pour saisir plus facilement les infractions portant atteinte à l'intérêt collectif même impliquant des instruments financiers complexes de poser un principe ou légiférer à partir d'objectifs plutôt que de cumuler des textes répressifs appelant une interprétation stricte.

Le point ainsi fait sur l'intérêt collectif homogène et l'intérêt typique raisonnable, il convient de s'intéresser maintenant à l'intérêt du banquier qui achève notre mise en situation du conflit d'intérêts.

2° - L'intérêt du banquier : un intérêt personnel significatif

255. Si l'intérêt du banquier peut s'exprimer sous la forme d'un avantage quelconque (a), il doit être significatif pour prendre part à un conflit d'intérêts (b).

---

d'ensemble : MARTIN (D.), « Quelques réformes souhaitables de la directive abus de marché », *RTDF* 2010, p. 30.

[813] Rapp. CHARTIER (J.), doc. AN, n° 2550.

[814] MARTIN (D.), « Credit Default Swaps. Un encadrement nécessaire », *JCP G* 2010, 802.

[815] AMF, 9 avr. 2013, Sanct. n° 2013-09, Stéphane Egnelle c/ Sté Exane.

a - Un avantage de nature indifférente

256. L'intérêt personnel est un état, une situation, pouvant motiver un acte personnel. Subversif, il surgit toutes les fois qu'une personne retire un avantage de sa position. Un intérêt peut être matériel, moral, familial, professionnel, financier comme il peut être un intérêt à l'opération, à l'acte, etc. Et le recours à la notion de morale en étend largement le champ. Finalement, que l'intérêt concerne la profession, le patrimoine, la famille ou un groupement dans lequel le banquier en conflit d'intérêts (personne physique ou morale) assure des fonctions ou une responsabilité, il suffit d'un acte dont le résultat soit favorable au banquier pour donner naissance au conflit d'intérêts, il suffit d'un avantage quelconque pour le caractériser. À notre sens, cet intérêt personnel peut ne pas être très précisément défini. Il devrait s'apprécier *in concreto* et *a posteriori*. Surtout, il est impossible et parfaitement inutile de prétendre vouloir le circonscrire tant il peut prendre de formes différentes.

Néanmoins, lorsque l'objectif souhaité est celui d'harmoniser la prévention et la sanction du conflit d'intérêts, l'étape de la qualification de l'intérêt est difficilement contournable et, pour y parvenir, il est nécessaire de déterminer un critère permettant de l'apprécier. C'est notamment à travers l'étude des décisions de la Commission des sanctions de l'Autorité des marchés financiers qu'apparaît ce critère d'évaluation de l'intérêt : l'intérêt doit être significatif.

b - Un avantage susceptible de motiver un acte

257. Pour illustrer la nécessité de ce critère, il convient de s'intéresser plus spécifiquement à la décision du 8 janvier 2009[816] relative à une entreprise d'investissement, la société Euroland Finance, « en charge du placement - coordinateur » d'une augmentation de capital pour le compte d'un de ses clients, la société Bac Majestic. Alors que le prospectus établi en vue de l'émission et de l'admission sur l'Eurolist d'Euronext Paris des titres à provenir de cette augmentation avait été visé par l'Autorité de marchés financiers le 8 février 2007, l'entreprise d'investissement a publié, la veille de la première cotation, une analyse financière réalisée en interne de la société Bac Majestic recommandant le titre à l'achat. Reprochant au prestataire son manque d'indépendance, certains investisseurs ont manifesté leur mécontentement, et l'ont fait connaître au médiateur de l'Autorité des marchés financiers qui a décidé, comme l'y autorise l'article L. 621-9, II du Code monétaire et financier, de s'assurer du respect par le prestataire de ses obligations professionnelles. Les conclusions du rapport du service de

---

[816] AMF, 8 janv. 2009, Sanct. n° 2009-10, Société Euroland finance.

contrôle de l'Autorité de régulation ont décidé son collège à ouvrir une procédure de sanction à l'encontre du prestataire. En effet, ayant constaté que l'analyste financier en charge du suivi de l'émetteur avait obtenu, avant la diffusion de son étude, des informations confidentielles sur l'existence de l'opération sur capital devant avoir lieu, la Commission des sanctions a adressé deux reproches au prestataire. En premier lieu d'avoir publié une analyse financière manquant d'objectivité, car ne faisant pas état des « relations et des circonstances concernant le prestataire ou l'analyste dont on peut raisonnablement penser qu'elles sont de nature à porter atteinte à l'objectivité de l'analyse »[817]. Et en second lieu de ne pas avoir respecté la muraille de Chine (aujourd'hui barrière à l'information) qui tenait à la fois à « l'absence de séparation de l'activité d'analyse financière et de celle de *corporate finance* » et aux conditions dans lesquelles l'analyste a reçu l'information confidentielle. C'est le premier grief qui est intéressant ici. Pour conclure au manquement du prestataire à ses obligations professionnelles, la Commission s'est d'abord attachée à identifier si le prestataire et l'émetteur, à la date de la diffusion de l'analyse financière, entretenaient une relation d'affaires laissant penser que celle-ci était de nature à porter atteinte à l'objectivité de l'analyse. Plus exactement, la Commission des sanctions a considéré deux éléments distincts. Premièrement, elle a relevé que le prestataire s'était contractuellement engagé à « proposer une offre de stratégie et de marketing boursier dans le but de favoriser la valorisation de la société [...] notamment en diffusant des analyses ». Deuxièmement, elle a mis en exergue le fait que, deux mois plus tard, la filiale avait confié au prestataire un mandat exclusif en vue d'une augmentation de capital avec droit préférentiel de souscription par émission d'actions à bons de souscription d'actions qui s'est réalisée. La Commission en a conclu qu'il existait bien entre l'émetteur et le prestataire, à la date de la publication de l'analyse financière, un lien d'affaires permettant de douter de son objectivité. Par conséquent, il aurait impérativement dû être « à tout le moins » mentionné dans l'analyse produite[818]. Pour ainsi décider que le manquement était constitué et imputable à la société Euroland Finance, la Commission s'est appuyé sur les dispositions du règlement général l'Autorité des marchés financiers, telles qu'elles étaient en vigueur au moment des faits, plus particulièrement sur l'ancien article 321-129[819] qui énonçait que « l'analyse diffusée présente les relations et circonstances concernant l'analyste ou le prestataire de services d'investissement, dont on peut raisonnablement penser qu'elles sont de nature à porter atteinte à l'objectivité de l'analyse [...] en particulier lorsque le prestataire ou

---

[817] Règl. gén. AMF, art. 315-5.

[818] Conformément à l'ancien art. 315-8.

[819] Le contenu de cet article se trouve aujourd'hui à l'article 315-5 du règlement général de l'AMF.

l'analyste ou toute personne qui a participé à l'élaboration de l'analyse a un intérêt financier significatif dans un ou plusieurs instruments financiers faisant l'objet de l'analyse ou un conflit d'intérêts significatif avec un émetteur auquel se rapporte l'analyse ».

258. Dans une autre espèce[820], c'est la convention de partenariat entre une société de gestion, qui a multiplié les opérations sur instruments financiers à terme, et l'intermédiaire auquel elle a recouru massivement, qui fût à l'origine de la suspicion. La convention qui les liait prévoyait en effet une commission partagée plus importante que celle pratiquée avec d'autres intermédiaires et assurait à la société de gestion des avantages en nature à chaque fois que le montant cumulé des commissions perçues par l'intermédiaire atteignait un certain seuil. La Commission des sanctions a considéré que cet intéressement incitait la société de gestion à privilégier cet intermédiaire en violation des dispositions des articles 322-31 et 322-33 du règlement de l'Autorité des marchés financiers, relatifs respectivement à l'intérêt des porteurs de parts et à la prévention des conflits d'intérêts[821].

259. La loi ne précise pas les cas dans lesquels le banquier bénéficie d'un intérêt à l'acte ou à l'opération. Il appartient par conséquent aux juges du fond d'apprécier souverainement cette question en fonction des circonstances de l'espèce. Mais de la lecture de leurs décisions, on peut avancer que cet intérêt doit être un minimum significatif. En effet, deux éléments caractérisent l'intérêt personnel. D'une part, les actes dans lesquels le banquier a un intérêt sont ceux dont il tire un profit quelconque même s'il n'en est pas le principal bénéficiaire. D'autre part, le banquier intéressé doit détenir un pouvoir suffisant pour infléchir l'intérêt en sa faveur. Il n'existe donc pas d'intérêt significatif quand le banquier ne dispose pas d'intérêts suffisamment importants dans l'acte ou dans l'opération pour influer sur l'intérêt tiers supérieur et l'intérêt non significatif n'entre ainsi pas dans le cadre du conflit d'intérêts.

Comme il vient d'être vu, lorsque le banquier est dans une situation où il peut privilégier son intérêt sur celui d'un tiers ou favoriser un autre intérêt parce qu'il a quelque chose à y gagner et qu'il le fait, le conflit d'intérêts devient réel, décidé, exploité. Mais il n'y a pas de conflit d'intérêts sans « personne intéressée ».

---

[820] AMF, 15 mai 2008, Sanct. n° 2008-18, Sté Agilis Gestion.

[821] Également des articles 322-36, qui pose une obligation d'indépendance à l'égard des intermédiaires, 322-38 : « les conditions de rémunération de la société de gestion ne doivent pas être de nature à la placer en situation de conflits d'intérêts avec les porteurs », et 322-44 en vertu duquel les commissions en nature ne doivent pas contrevenir à « l'obligation de meilleure exécution des ordres et de mise en concurrence des intermédiaires ».

B/ Qualification de la personne intéressée

260. Identifier la personne « intéressée » exige de prendre en compte tout type de relation qu'entretient cette personne, d'affaires, financière ou familiale, qui pourrait raisonnablement faire penser qu'elle affectera son jugement. L'identification de la personne intéressée ne se fera pas de la même manière face à un intérêt direct (1°) ou face à un intérêt indirect (2°).

1°- Face à un intérêt direct

261. Dans le domaine de la gestion de portefeuille, l'un des terrains de prédilection du conflit d'intérêts, la directive du 1er juillet 2010[822] définit ce qu'on doit entendre par personne intéressée. À son article 3, paragraphe 3, elle désigne par « personne concernée » un administrateur, associé ou équivalent, ou un gérant de la société de gestion prestataire de services d'investissement, un employé, ou toute autre personne physique qui participe à la fourniture, par ou pour la société, de services de gestion collective de portefeuille, directement ou dans le cadre d'une délégation.

Par conséquent, lorsque l'intérêt est direct, c'est-à-dire s'il est possible pour celui qui est en charge d'un intérêt supérieur de prendre directement son intérêt, il est relativement facile de déceler l'exploitation abusive du conflit d'intérêts. Ainsi, le conflit d'intérêts de l'analyste qui émet des avis inexacts sur la santé financière d'une société, dans le but d'attirer les investisseurs vers une autre entreprise à laquelle il est lié, finira par se révéler, par exemple, lors de la publication des comptes annuels. Pareillement, si un analyste diffuse une opinion influençant la valeur de titres côtés qu'il détient, ou s'il utilise une information privilégiée[823] à son profit, il aura plus de chance de voir sa responsabilité engagée, le lien étant plus facile à établir que lorsqu'il s'agit d'un intérêt indirect.

2°- Face à un conflit d'intérêts indirect

262. L'article 13 paragraphe 1 de la directive du 1er juillet 2010[824] invite les établissements financiers à mettre en œuvre, et à garder opérationnels, des dispositifs appropriés empêchant toute personne intéressée, telle qu'elle vient d'être définie, de réaliser une transaction personnelle que la directive 2003/6/CE lui interdit parce qu'elle suppose l'utilisation abusive ou la communication inappropriée d'informations confidentielles, ou qu'elle est

---

[822] Dir. 2010/43/UE du 1er juill. 2010, préc.

[823] Cass. com., 12 mai 2004, *D.* 2004, p. 1599, obs Lienhard (A.) ; Cass. com., 27 févr. 1996, *JCP E* II, 838, note Schmidt (D.) et Dion (N.).

[824] Dir. 2010/43/UE, du 1er juill. 2010, préc.

incompatible, ou susceptible d'être incompatible, avec les obligations de la société de gestion au titre de la directive 2009/65/CE ou de la directive 2004/39/CE. Il est encore prohibé à la même personne, en dehors du cadre normal de son emploi ou du contrat de service qui la lie, de conseiller à toute autre personne d'effectuer, ou d'obtenir qu'elle effectue, une transaction sur instruments financiers qui, s'il s'agissait d'une transaction personnelle, lui serait défendue ou constituerait un usage abusif d'informations relatives à des ordres en attente. Dans le même sens, en dehors du cadre normal de son emploi ou du contrat de service qui la lie, il est proscrit à cette personne intéressée de divulguer à toute autre personne des informations ou des avis dont elle sait, ou devrait raisonnablement savoir, que leur divulgation incitera vraisemblablement cette autre personne à effectuer une transaction sur instruments financiers qui, s'il s'agissait d'une transaction personnelle, lui serait interdite ou constituerait un usage abusif d'informations relatives à des ordres en attente. Elle ne peut également conseiller à une autre personne d'effectuer, ou obtenir qu'elle effectue, une telle transaction. La directive du 10 juillet 2010 vise ainsi l'intérêt indirect également.

263. L'intérêt indirect s'avère relativement bien défini en droit des sociétés. Il convient dans ce cas de s'y intéresser pour savoir si des enseignements peuvent en être tirés. Pour caractériser l'intérêt indirect en droit des sociétés, les juges du fond recherchent un profit et un pouvoir assez important du dirigeant qui conduit à ce que la convention soit conclue de façon déséquilibrée. Ce profit est souvent matériel et parfois moral[825]. Est par conséquent indirectement intéressé le directeur général d'une société se portant caution alors qu'il est également président-directeur général de la société cautionnée, dans la mesure où l'accroissement du soutien financier accordé par la première société à la seconde était le moyen de conforter sa position à la tête de l'entreprise et de lui permettre de poursuivre son mandat social en bénéficiant des rémunérations et avantages correspondants[826]. Il faut noter que les juges du fond sont tenus de rechercher si l'intérêt indirect est suffisamment important au regard du profit éventuel[827]. Mais, si la notion d'intérêt indirect reste imprécise[828], elle est fréquemment caractérisée par l'interposition de personnes morales ou physiques.

Lorsqu'il est question d'un intérêt indirect, la personne indirectement intéressée n'est pas l'auteur de l'acte mais est d'une certaine manière intéressée à l'acte puisqu'elle en retire un profit pécuniaire ou un avantage d'une autre nature. Dans l'interposition de personnes, la personne intéressée se sert d'un prête-nom. Ainsi, si dans l'intérêt indirect la personne intéressée

---

[825] CA Paris, 20 nov. 1998, *Bull. Joly Sociétés* 1999, p. 476, note Le Cannu (P.).

[826] Cass. com., 7 mars 1977, *Bull. civ.* IV, n° 70.

[827] Cass. com., 4 oct. 1988, *Bull. Joly Sociétés* 1988, p. 861, note Le Cannu (P.) ; *Rev. sociétés* 1989, p. 216, note Chaput (Y.).

[828] Cass. com., 4 oct. 1988, préc. ; V. égal. Cass. com., 23 oct. 1990, *Rev. sociétés* 1991, p. 92, note Guyon (Y.).

qui n'est pas partie au contrat ne se dissimule pas derrière un tiers et ne retire qu'un avantage indirect, dans l'interposition de personnes, elle apparaît comme l'auteur officieux de l'acte, tout en étant directement intéressée. Le bénéficiaire, la personne interposée, est un bénéficiaire apparent qui fait écran. Cependant, concrètement, s'il est fait appel à une autre personne pour s'interposer dans l'accomplissement de l'acte, c'est probablement parce qu'il existe un intérêt indirect qui pousse à sa conclusion. Il peut alors parfois suffire, selon les circonstances d'exploitation du conflit d'intérêts, de prouver l'interposition de personnes pour faire apparaître l'intérêt indirect.

En pratique, intérêt indirect et interposition de personnes sont parfois assimilés. Dans une espèce, la Haute juridiction a rejeté le pourvoi formé contre un arrêt de la cour d'appel de Rouen qui avait rendu nulle la promesse de vente d'une partie d'un immeuble appartenant à la société, passée entre le président-directeur général et son épouse sans autorisation préalable du conseil d'administration. Elle a en effet considéré que peu importait leur régime matrimonial (en l'occurrence, il s'agissait d'un régime de séparation de biens), les époux habitant ensemble l'immeuble au centre du litige, le mari, administrateur de la société, était de ce fait indirectement bénéficiaire du contrat litigieux. À la suite de la convention souscrite avec l'épouse de son président, la société avait ainsi contracté avec ce dernier par personne interposée[829]. Dans le même sens, la Cour d'appel de Paris, pour déclarer qu'il y a bien eu un intérêt indirect à la conclusion d'un contrat de bail en raison de la participation d'un dirigeant de l'entreprise dans la société bailleresse[830], a totalisé les parts détenues non seulement par lui, mais aussi par son épouse.

264. Il ressort de ce qui précède qu'on parle d'intérêt indirect lorsque celui qui est en charge de l'intérêt supérieur tire un profit quelconque de l'opération nécessitant son intervention, sans y participer directement, parce que s'interpose une personne physique[831] ou encore une entreprise[832]. C'est le cas non seulement lorsque le banquier prestataire de services d'investissement favorise l'un de ses créanciers en proposant la vente de ses titres[833], mais aussi lorsqu'il assure deux intérêts contradictoires et encore quand un analyste financier perd son indépendance et sa neutralité parce

---

[829] Cass. com., 23 janv. 1968, *Bull. civ.* IV, n° 38.

[830] CA Paris, 20 nov. 1998, préc. ; rappr. Cass. com., 23 oct. 1990, préc. ; Cass. com. 23 janv. 1968, préc.

[831] Cass. crim., 25 nov. 1997, n° 96-86.446, inédit ; Cass. crim., 24 oct. 1996, n° 95-85.817, inédit.

[832] La Haute Cour, pour identifier qu'il y a bien eu prise illégale d'intérêts contre un responsable local, a pu reconnaître qu'il avait un intérêt au travers d'une entreprise interposée dans le but de permettre « un jeu optimal de l'incrimination » de prise illégale d'intérêts : Cass. crim., 27 nov. 2002, n° 7066, *JCP A et collec. terr.* 2003, 821.

[833] En ce sens, CA Paris, 27 sept. 1996, préc.

qu'il donne une information, par nature non objective, sur une société qu'il est par ailleurs amené à conseiller.

265. Il est possible maintenant de se demander si un raisonnement identique peut s'appliquer pour qualifier l'intérêt indirect du banquier. Les dispositions qui édictent l'interdiction d'agir pour compte propre ou de profiter d'une information privilégiée doivent-elles légitimement s'étendre aux conjoints, ascendants et descendants des personnes visées, comme à toute personne interposée ?

Prenons l'exemple des offres publiques, hautement propices à l'éclosion de conflits d'intérêts[834]. Ces opérations mettent en évidence une inégalité certaine d'information entre les initiés et le public investisseur. Pour cette raison, le législateur français, comme ses homologues européens ou américains, s'est fixé pour ce cas de figure deux objectifs : assurer la moralité des opérations et protéger les actionnaires lors des prises de contrôle. Le danger redouté consiste dans le fait que les initiés, profitant de cette asymétrie informationnelle, n'en tirent un avantage personnel aux dépens des intérêts protégés en jeu. En pratique, on pourrait fréquemment craindre que la personne intéressée se retrouvant en conflit d'intérêts ne l'exploite avec le secours d'individus ou de sociétés étrangères à la préparation de l'offre en question, est-il alors envisageable d'invoquer une interposition de personnes en la matière ?

La jurisprudence habituellement refuse de permettre aux relations de parenté de fonder une présomption d'interposition de personnes. La seule existence d'un lien de parenté ne suffit pas. Lorsqu'il s'agit d'ascendants ou de descendants, l'acte conclu par l'un ne produit pas d'effet dans le patrimoine de l'autre, les patrimoines demeurant distincts[835]. Lorsqu'il s'agit de mariage, l'interdiction de créer une présomption est la même, à la différence que celui-ci prédispose à la reconnaissance d'une telle interposition. Finalement, il n'y a pas de présomption établie. Évoquer l'intérêt indirect dans la situation présentée n'est pas exclu, mais encore faudrait-il en établir la preuve.

Il est possible aussi, en s'inspirant de l'article L. 225-109 du Code de Commerce qui impose à tous les mandataires de sociétés cotées sur un marché réglementé de mettre leurs actions sous la forme nominative et étend cette exigence à leurs enfants mineurs non émancipés et à leur conjoint non séparé de corps, d'envisager de demander au banquier, et aux employés qui sont affectés à une opération donnée, de produire une déclaration des parts qu'ils détiennent étendue au cercle visé par l'article L. 225-109.

Il resterait toutefois une dernière question à discuter : une telle obligation de transparence, qui répond certes à une logique de bon fonctionnement des

---

[834] V. *supra* n° 160.

[835] Selon une jurisprudence constante à l'origine de laquelle : CA Lyon, 21 mai 1951, *Gaz. Pal.* 1951, 2, jurispr. p. 179.

marchés, n'entrerait-elle pas en conflit avec la liberté des personnes et plus particulièrement celle des époux ?

266. Finalement, de ce qui a été développé, il ressort que le conflit d'intérêts du banquier confronte un intérêt personnel significatif à un intérêt individuel typique ou à un intérêt collectif homogène, et lorsqu'il est au stade du conflit de volontés, c'est la décision de prendre cet intérêt au détriment de l'un des deux intérêts tiers qui provoque le conflit d'intérêts exploité, dont la conséquence est de rompre une relation de confiance.

§ 2 - La rupture d'une relation de confiance

267. L'opposition d'intérêts caractéristique du conflit d'intérêts du banquier suppose l'existence d'un préalable : une relation de confiance. La confiance est ici comprise soit dans sa dimension individuelle : le client en vertu d'un contrat confie la gestion de ses intérêts au banquier et un tel agissement est nécessairement commandé par la confiance. Soit, au-delà, la confiance est entendue dans sa dimension collective et abstraite, confiance dans le marché dont le banquier est un acteur majeur. En effet, toute la réglementation bancaire « entretient un bien collectif, la confiance »[836]. Le professionnel de la place lui-même l'atteste : « les relations d'affaires reposent sur la confiance, le respect de la parole donnée et de l'engagement souscrit »[837].

La notion de confiance qui se manifeste avec une particulière acuité s'agissant du conflit d'intérêts du banquier n'est pas une idée nouvelle (1°) et a un sens bien déterminé (2°).

1° - La justification de la confiance

268. La confiance est inséparable de la sécurité juridique[838]. Le doyen Carbonnier, sur la base des développements de Gino Gorla[839], et en opposition avec le principe de l'autonomie de la volonté, avait d'ailleurs

---

[836] ZAJDENWEBER (D.), « Introduction », *Risques*, sept. 2009, p. 17

[837] FLEURIOT (P.), « Leçon solennelle des mastères du CERAM sur la déontologie des opérations financières », *Bull. COB* juin 1994, p. 33.

[838] KENFACK (H.), « La consécration de la confiance comme fondement de la force obligatoire du contrat », *in La confiance en droit privé des contrats*, Dalloz, 2008, p. 126 ; rappr. MAZEAUD (D.), « La confiance légitime et l'estoppel », *RIDC* févr. 2006, p. 367 : « Quant au droit français, jurisprudentiel ou savant, il est finalement assez favorable à cette exigence de cohérence comportementale contractuelle et ce, tant en ce qui concerne le lien contractuel lui-même, que les pouvoirs dont un contractant est titulaire. »

[839] GORLA (G.), *Il Contractto ; problemi fondamentali tratti con il metodo comparativo e casuistico*, 1955, I, n° 6, cité par FABRE MAGNAN (M.), *Les obligations*, PUF, 2004, p. 57.

avancé que, ce qui fait la force obligatoire du contrat, c'est la confiance du créancier, non la promesse du débiteur [840]. Avec cette affirmation controversée[841], il proposait que le lien de droit qui unit les co-obligés ne soit pas une conséquence de la volonté déclarée à travers la promesse qu'ils formulent, mais la conséquence d'une confiance légitime, et rejoignait de la sorte l'approche d'Emmanuel Levy pour qui « le contrat est le rapport de confiance légitime qui crée l'activité (ou volonté) formulée ou non formulée »[842]. La confiance à laquelle ce dernier songeait ne procède pas d'une situation déterminée, mais plutôt de « croyances générales qui s'élaborent sur certaines situations »[843].

D'autres ont eu de la confiance une approche plus nuancée. Sa place serait variable selon la nature de la relation contractuelle. C'est ainsi qu'un auteur ne qualifie de « contrats de confiance » que ceux où « la satisfaction de l'une des parties dépend de la qualité de l'autre et que pour cette raison elle est portée à s'y fier » [844], c'est-à-dire les contrats *intuitu personae*. D'ailleurs, la doctrine considère généralement à cet égard que le contractant à un contrat *intuitu personae* est guidé soit par un sentiment d'affection, soit par la confiance dans la qualité de l'exécution ou dans la certitude de l'exécution [845]. Mais un autre auteur, rompant avec cette approche conventionnelle, démontre que « la confiance est aussi une réalité du contrat sans *intuitu personae* » [846]. Un dernier auteur a même affirmé que la confiance contribuait à créer l'*intuitu personae* et non l'inverse[847].

269. Chacune de ces pensées trouve à s'appliquer au contrat bancaire : dans un premier temps, les parties s'associent parce que guidées par la qualité de l'exécution et son attente. Dans un second temps, l'*intuitu personae* s'exprime par une confiance durable, nécessaire à la pérennité de leur relation[848]. Enfin, la relation d'affaires qui se noue entre un client et un banquier intermédiaire financier est fréquemment de longue durée et empreinte d'une forme de confiance mutuelle. Cette relation a son support

---

[840] FABRE MAGNAN (M.), *ibid.*

[841] V. not. GOUNOT (E.), thèse préc., p. 320. Il a aussi été affirmé que « le contrat pourrait bien être à l'inverse de la confiance : il apparaitrait quand elle disparaît » : CHIREZ (A.), *De la confiance en droit* contractuel, thèse Nice, 1977, p. 3. L'auteur s'inspire visiblement de la vision du philosophe René Descartes pour qui « c'est pour remédier à l'inconstance des esprits faibles que les lois permettent que l'on fasse des vœux ou des contrats qui obligent à persévérer » : DESCARTES (R.), *Discours*, III, Gilson VRIN, p. 24.

[842] LEVY (E.), « La confiance légitime », *RTD civ.* 1910, p. 717 et s.

[843] *Idem*, « Responsabilité et contrat », *Rev. crit. de la législation et de la jurisprudence* 1899, p. 361 et s.

[844] LOISEAU (G.), « Contrats de confiance et contrats conclus *intuitu personae* », *in La confiance en droit privé des contrat*, Dalloz, 2008, p. 97.

[845] VALLEUR (F.), *L'intuitu personae dans les contrats*, thèse Paris, 1938, p. 33.

[846] CHIREZ (A.), thèse préc., p. 110.

[847] VALLEUR (F.), *ibid.*

[848] STOUFFLET (J.), « Le particularisme des contrats bancaires », *Mélanges Jauffret (A.)*, Faculté de droit de science politique d'Aix-Marseille, 1974, p. 365.

dans un nombre souvent considérable de contrats distincts, qui se juxtaposent ou se succèdent. Mais, en plus des contenus propres à chaque contrat, une relation bancaire comporte des discussions, des échanges d'informations, des conseils, des négociations. Toutes participent à des degrés différents à l'existence du conflit d'intérêts, et ces interactions qui précèdent les contrats, les accompagnent ou leur suppléent, ne peuvent de ce fait être ignorées par le droit. Or, elles ne peuvent être saisies que grâce au recours à la notion de confiance qui semble le mieux correspondre à la particularité de la relation bancaire. En effet, « pour situer et caractériser un contrat [bancaire], il devient tout à fait insuffisant de se référer aux éléments énumérés à l'article 1108 du Code civil, ou même d'en déterminer la nature en le rapprochant de l'un ou l'autre des types nommés de contrats »[849].

2° - La délimitation de la confiance

270. Parmi les différentes approches de la notion de confiance, une en particulier retient notre intérêt. Une auteure démontre que pris sous un angle formel, l'*intuitu rei* suffit à assurer la validité d'une convention[850]. Ce n'est qu'en présence d'un risque dans l'exécution de la prestation que la considération du cocontractant devient essentielle. Par extension, et au regard des développements qui précèdent, on peut comprendre de cette idée que c'est lorsqu'un risque apparaît dans l'exécution du contrat que la confiance joue pleinement son rôle. En effet, dans la mesure où on peut valablement considérer que le conflit d'intérêts potentiel constitue un risque dans l'exécution de la prestation, on peut aussi sans trop d'erreurs soutenir que le conflit d'intérêts potentiel est une situation susceptible de porter atteinte non seulement à l'intérêt supérieur, mais aussi à la confiance du titulaire de cet intérêt supérieur. Dès lors, à l'issue de la prise de décision, un conflit d'intérêts exploité rompt également la relation de confiance, ce qui implique un élargissement du champ de la potentialité de sanction, puisque celle-ci peut être à présent recherchée sur des terrains nouveaux. Encore faut-il, pour en espérer une application efficace, déterminer la nature (a) et le contenu de cette confiance (b).

a - Une confiance subjective

271. Concernant la nature de cette confiance, on a pu penser que « l'expérience prouve que l'élément *intuitu personae* est presque toujours le même dans un type de contrat déterminé ou du moins que les variétés qu'il peut comporter n'existent qu'en nombre limité parce que cet élément fait

---

[849] STOUFFLET (J.), art. préc., p. 58

[850] VALLEUR (F.), thèse préc., p. 718.

partie de l'équilibre économique du contrat qui est sa force justificative »[851]. Peut-on alors estimer, ainsi que nous l'avons fait pour l'intérêt, que la confiance exprimée de manière sous-jacente dans cet *intuitu personae* est une confiance typique, parce qu'ayant trait à un type de contrat déterminé, mais qu'en plus elle est une confiance type parce qu'au dire de l'auteur, elle est identique pour un type de contrat ? Ce serait sans doute hasardeux. Si l'intérêt se prête à la typologie, c'est parce qu'il est essentiellement d'un seul ordre dans la relation bancaire : pécuniaire. La nature de la confiance est quant à elle variable, évolutive et empreinte de considérations psychologiques distinctes, en fonction de chaque situation et de chaque individu. Circonscrire la confiance relèverait du défi et cet effort ne présenterait pas grand apport dans la mesure où la notion de confiance dans une situation de conflit d'intérêts exploité devrait surtout, à notre sens, servir au juge de critère pour apprécier le « lien » ou la « relation d'affaires » et permettre de resituer le contexte d'apparition du conflit d'intérêts. La notion de rupture de relation de confiance, quant à elle, devrait plutôt participer à l'appréciation de la faute et à l'évaluation du préjudice. Venons-en au contenu.

b - Un contenu objectif

272. La conclusion d'un contrat bancaire nécessite que les parties croient l'une en l'autre. Par exemple, dans le cas d'un contrat de crédit – la racine même du mot crédit, *credere,* suggérant l'idée de confiance – le banquier doit croire que le client va rembourser, tandis que dans le cadre de la gestion de patrimoine, c'est au client qu'il est demandé de croire que le banquier va faire ses meilleurs efforts. Mais si l'évocation de la notion de confiance peut laisser penser à l'existence d'une certaine forme d'altruisme ou de générosité dans la relation entre un banquier et son client, la réalité est beaucoup moins noble et l'analyse montre que la confiance dont il est question se limite généralement à la fiabilité des deux acteurs. Il s'agit simplement d'une confiance en la capacité d'un acteur à faire appliquer les termes d'un engagement ou d'une contrainte en l'absence de toute mauvaise foi. On a d'ailleurs dit que cette confiance n'est pas seulement la confiance au sens commun du terme : c'est la confiance au sens commercial, sentiment raisonné, une confiance méfiante et prudente[852]. Si dans l'évaluation d'un conflit d'intérêts exploité, il convient de s'attarder sur les particularités du contexte juridique et d'en déduire les raisons pour lesquelles l'acteur concerné s'attend à ce que son banquier se comporte honorablement, si la « confiance » occupe une place de choix dans la décision du client comme

---

[851] VALLEUR (F.), *ibid.*
[852] ESCARRA (J. et E.) et RAULT (J.), *Principes de droit commercial*, 1937, t. 6, p. 404 et s.

dans celle du banquier, elle ne doit pas pour autant être élevée au rang de caractéristique inhérente à toute relation client-banque. Chaque situation de conflit d'intérêts ne suppose pas une relation de confiance préalable identique. Selon la nature de la relation, le contenu des conventions, la teneur des obligations, cette confiance sera présente d'une manière plus ou moins intense. En revanche, tout conflit d'intérêts peut constituer un risque de rupture d'une relation de confiance. L'appréciation des juges de la rupture provoquée par le conflit d'intérêts devrait résulter de ces deux éléments.

273. Prenons l'exemple du mandat dont la confiance fait indéniablement partie intégrante. En tant que contrat, il est « un échange de confiance et de bienfaisance et qui a lieu entre les deux contractants [et tout] mandat de représentation est basé sur la confiance »[853]. La relation entre le mandant et le mandataire est une relation de confiance fondée sur l'*intuitu personae*[854] et marquée par la personnalité de certains acteurs, puisque le client compte sur les qualités du banquier et se fie à lui pour la bonne fin de la mission qu'il lui confie. Par ailleurs, on considère habituellement que « lorsqu'un contrat est plus particulièrement caractérisé par la confiance, la poursuite de la relation contractuelle dépend, pour une bonne part, du maintien de cette confiance »[855]. Or, le conflit d'intérêts ne permet pas, comme on l'a dit, la préservation de cette confiance, ce que du reste le droit reconnaît.

La doctrine admet ainsi la liberté de rompre les relations contractuelles dans lesquelles existe un rapport de confiance[856] si celui-ci est perdu, et le client mandant peut notamment choisir de mettre fin au mandat en invoquant cette rupture de confiance. L'article 2004 du Code civil dispose en effet que « le mandant peut révoquer sa procuration quand bon lui semble », révocation *ad nutum*[857]. La jurisprudence, quant à elle, a admis que « la gravité du comportement d'une partie à un contrat peut justifier que l'autre partie y mette fin de façon unilatérale à ses risques et périls »[858], que le contrat soit assorti d'une durée indéterminée ou non[859]. Elle a estimé que la

[853] DE GREUILLE cité par LEDUC (F.), « Deux contrats en quête d'identité. Les avatars de la distinction entre le contrat de mandat et le contrat d'entreprise », *Mélanges Viney (G.)*, LGDJ, 2008, n° 4.

[854] LOISEAU (G.), « Contrats de confiance et contrats conclu *intuitu personae* » *in La confiance en droit privé des contrats,* Dalloz, 2008, p. 97.

[855] CHIREZ (A.), « La perte de confiance par l'employeur constitue-t-elle une cause réelle et sérieuse de licenciement ? », *D.* 1981, p. 193.

[856] LOISEAU (G.), art. préc., p. 103.

[857] Si le contrat de mandat est à durée indéterminée, il peut y être mise un terme en vertu de la prohibition des engagements perpétuels. En revanche, dans le cas où il est assorti d'une durée, le principe posé par l'article 1184 du Code civil est celui de la résolution judiciaire. L'urgence et l'état de nécessité autorisent à passer toutefois outre l'intervention du juge.

[858] Cass. 1re civ., 13 oct. 1998, n° 96-21485, *Bull. civ.* I, n° 300.

[859] Cass. 1re civ., 20 févr. 2001, n° 99-15170, *Bull. civ.* I, n° 40.

confiance constituant un des fondements du contrat, la perte de confiance justifie dès lors la rupture unilatérale de celui-ci[860].

274. Les développements de cette première section ont permis d'éclairer sur la troisième phase d'évolution du conflit d'intérêts. Le banquier, pendant l'exercice de son activité, est exposé à divers conflits d'intérêts que le passage de l'état potentiel à l'état réel fait muer en conflits de volontés. Mais c'est seulement la décision du banquier de prendre son intérêt qui les fait évoluer au stade de conflits d'intérêts exploités et les rend susceptibles d'être préjudiciables. L'entreprise de définition va maintenant s'achever par l'étude de ce préjudice.

[860] Cass. 3e civ., 2 févr. 1999, n° 97-10851.

Section 2 : Une décision préjudiciable

275. Les techniques du droit visant à contrôler les abus et qui aujourd'hui contrôlent le conflit d'intérêts du banquier ont fait l'objet de louanges comme de critiques. On a pu féliciter leur souplesse, encourager leur « anti-individualisme »[861] et saluer leur coloration morale qui fait entrer « des rayons de lumière dans le sombre atelier des formes juridiques »[862]. On s'est aussi méfié de « l'envahissement de la conscience »[863] qu'elles impliquent. Il n'est pas toutefois dans notre projet d'en mesurer la valeur. Remarquons seulement que d'une part, le contrôle qu'elles opèrent ne porte le plus souvent que sur la conséquence du conflit d'intérêts exploité et parfois sur la prise de décision elle-même ayant conduit à lui conférer son caractère exploité alors que la situation de conflit d'intérêts, comme il a été vu[864], n'attend pas la réalisation d'un abus pour être constituée[865]. D'autre part, elles ne saisissent du conflit d'intérêt que certaines expressions. De la sorte, la spécificité du conflit d'intérêts n'est pas mise lumière. C'est dans ce cas la distinction des effets propres à l'exploitation du conflit d'intérêts qui peut le permettre.

L'exploitation du conflit d'intérêts du banquier produit une atteinte dommageable (§ 1), qui trouve sa source dans une faute dont il reste à déterminer la nature exacte (§ 2).

§ 1 - Une atteinte dommageable

276. La décision d'exploitation du conflit d'intérêts du banquier ne semble généralement condamnée que dans le cas où un préjudice certain en découle (A), ce qui tend à rapprocher sa qualification de celle de l'abus auquel elle peut être assimilée par plusieurs aspects, mais s'en différencie par d'autres (B).

---

[861] WALINE (M.), *L'individualisme et le droit*, 2e éd., Dalloz, 2007, p. 409.

[862] RIPERT (G.), *La règle morale dans les obligations civiles*, *op. cit.*, p. 291.

[863] HUC (T.), *Commentaire du Code civil*, *op. cit.*, t. 6, n° 39, p. 64.

[864] V. *supra* titre 1.

[865] Le juge communautaire en droit de la concurrence a pu toutefois, dans un arrêt isolé, considérer que le conflit d'intérêts est un abus en soi : CJCE, 13 déc. 1991, aff. C-18/88, GB-Inno-BM, Rec. 91.I.59-41. V. égal. la décision de la Commission du 23 oct. 2001, 2002/344/CE, n° 1120, 7 mai 2002, p. 19 et s., spéc. n° 64 : « La Cour a établi que le conflits d'intérêts est un abus en soi », à propos de la tâche confiée à une entreprise, qui commercialise des appareils terminaux, de formaliser des spécifications et d'agréer ces appareils qui « revient à lui conférer le pouvoir de déterminer, à son gré quels appareils sont susceptibles d'être raccordés au réseau public et lui octroyer ainsi un avantage évident sur ses concurrents ».

A/ Un préjudice nécessaire

277. La jurisprudence a souvent sanctionné le banquier qui, en situation de conflit d'intérêts, préfère son intérêt propre à celui de son client indifféremment du type de contrat qui le liait à ce client. Des affaires, déjà anciennes, où le banquier, choisissant de s'avantager, rapporte sciemment une information dénaturée à son client ou à un tiers, en donnent l'illustration. C'est le cas, par exemple, du banquier qui communique au fournisseur d'un de ses clients une fausse information sur la santé financière de ce client afin qu'il soit livré des marchandises commandées et, par voie de conséquence, puisse rembourser son découvert[866]. En l'espèce, sans faire référence à l'appellation de conflit d'intérêts, la Cour a retenu la responsabilité de la banque de ce fait. Mais, si engager la responsabilité du banquier lorsqu'existe un préjudice avéré ne pose pas de difficulté à proprement parler, en est-il de même lorsqu'il n'y en a pas ou pas encore ? Autrement dit, peut-on le tenir responsable du simple fait de se retrouver en situation de conflit d'intérêts ? Son devoir d'agir dans l'intérêt du client, dans l'intérêt du marché, son obligation d'éviter les conflits d'intérêts postule-t-elle un risque de sanction pour celui qui ne réussirait pas à balayer tous les conflits d'intérêts de son chemin ? La jurisprudence ne semble pas de cet avis.

278. Ainsi en est-il d'une espèce dans laquelle la Cour de cassation a censuré les juges du fond, estimant qu'un établissement de crédit n'a pas, en sa qualité de prêteur ou de garant, à s'immiscer dans les affaires de son client et ne commet donc pas de faute du seul fait de l'octroi d'un concours à une entreprise concurrente[867].

Dans une autre affaire, le banquier qui avait conseillé le changement de forme sociale d'une société concomitamment à son acquisition, en l'occurrence le passage de société anonyme en société en nom collectif, avec pour objectif de lui permettre de cautionner les engagements souscrits par les emprunteurs, et détourner de cette manière l'interdiction de l'article L. 225-45 du Code de commerce, n'a pas été jugé fautif, car l'opération n'a pas « été source [de] préjudice pour les acquéreurs bénéficiaires des engagements souscrits à leur profit par la société et rendus possibles par la modification critiquée »[868]. Sa responsabilité n'a même pas été retenue pour ne pas avoir attiré l'attention sur « le caractère très spécial et peu conforme de l'opération »[869].

---

[866] TI Strasbourg, 10 mai 1928 cité par ROUTIER (R.), *Obligations et responsabilités du banquier*, 2e éd., Dalloz, 2008, p. 581.

[867] Cass. com., 19 nov. 2002, n° 99-20.828, *Bull. civ.* IV, n° 167, *D.* 2003, p. 240, *Banque et droit* juill.-août 2004, p. 66, obs. Guillot (J.-L.) ; *Banque et droit* mars-avr. 2003, p. 61, obs. Bonneau (Th.), *RTD com.* 2003, p. 150.

[868] Cass. com., 3 déc. 2002, n° 99-14.951, *Banque et droit* mai-juin 2004, p. 56, obs. Guillot (J.-L.).

[869] *Ibid.*

Dernier exemple, celui du banquier investi, en vertu de deux mandats distincts, du pouvoir d'agir pour le compte de deux intérêts opposés, en l'occurrence de reconnaître, à la fois au nom d'une société débitrice et au nom de ses cautions, le montant du solde débiteur à la clôture du compte-courant. La Cour de cassation a considéré que les mandats donnés au directeur de la banque étaient valables et que le conflit d'intérêts n'a pas conduit le banquier à privilégier l'une des parties. Or, comme il avait pour seule mission la simple constatation du solde du compte[870], aucun conflit d'intérêts préjudiciable ne pouvait être prouvé.

279. Cette position que nous venons d'illustrer par quelques espèces choisies est ancienne et bien établie. En effet, dès 1812, la Cour de cassation a jugé que le commissionnaire « qui voudrait vendre à un prix supérieur à celui indiqué par le commettant, ou qui voudrait acheter à un prix inférieur à celui précisé par le commettant, s'il traitait sans en avoir préalablement référé au commettant », commet une faute, car « si le commettant a fixé les prix de façon impérative, c'est qu'il peut vouloir provoquer ou maintenir un certain cours ». Cependant, « le commissionnaire ne serait condamné à payer une indemnité au commettant que si ce dernier avait subi un préjudice »[871]. La vision de la Cour de cassation se confirme en outre au-delà des seules espèces mettant en cause le banquier[872] : du fait qu'un préjudice soit indispensable pour qu'un conflit d'intérêts soit sanctionné, c'est bien

---

[870] Cass. 1re. civ., 3 oct. 2000, n° 98-20.075, inédit.

[871] Cass. req. 22 janv. 1812 cité *in* Rép. prat. Dalloz, v° « commissionnaire », 235.

[872] Ainsi d'une où l'expert chargé de donner son appréciation sur l'évaluation proposée par un établissement de crédit a été accusé de ne pas être indépendant. De l'avis du demandeur au pourvoi, l'expert avait été sélectionné et rémunéré par l'initiateur de l'offre, avait par ailleurs une communauté d'intérêts avec l'établissement de crédit évaluateur, résultant de leur appartenance aux mêmes conseils d'administration, et il existait enfin d'étroites relations d'affaires entre l'établissement de crédit évaluateur, choisi par la société initiatrice, et l'expert. La Haute Juridiction a cependant remarqué que l'expert avait reçu l'agrément et qu'en « l'absence de tout grief fondé sur des manquements précis, la seule allégation de l'appartenance de la banque évaluatrice à un même conseil d'administration n'était pas de nature à mettre en cause l'indépendance de l'expert », Cass. com., 17 juill. 2001, n° 98-20.188, *Bull. civ.* IV, n° 137 ; *D.* 2001, p. 2749, obs. Boizard (M.) ; *D.* 2002, somm. p. 1664, obs. Thomasset-Pierre (S.) et p. 1747, obs. Reinhard (Y.).- *Adde,* CA Orléans, 11 avr. 2011, n° 10/00335, Juris-data n° 2011-017796. En l'espèce, un notaire avait vendu le bien propre d'une épouse et réparti le prix de vente, à la demande du mari, sur plusieurs comptes bancaires. Les juges ont considéré que le notaire avait incontestablement commis une faute en ne s'assurant pas que le mari disposait du pouvoir de décider de cette répartition, d'autant plus qu'il était le gérant de la société acquéreur du bien, et qu'à ce titre, il pouvait exister un conflit d'intérêts manifeste puisque celui qui versait le prix ne pouvait pas être celui qui allait décider du compte et le recevoir. Toutes les allégations du notaire sur les actes précédents et sur l'apparence du mandat donné au mari ont donc été jugées parfaitement inopérantes au regard de la spécificité de l'opération de cession litigieuse mais, les fonds issus de la vente ayant alimenté des comptes bancaires communs des époux et permis d'en apurer les soldes débiteurs, il a été estimé que l'épouse n'avait subi qu'un préjudice moral évalué à la somme symbolique d'un Euro.

l'exploitation de la situation et non la situation en elle-même qui est source de responsabilité.

280. Ces exemples illustrent que si le conflit d'intérêts du banquier est réel indépendamment de ses conséquences, le préjudice qu'il est susceptible de provoquer est toutefois un préalable à la sanction. La non-prévention du conflit d'intérêts ne devrait donc être sanctionnée qu'au titre du non-respect des exigences organisationnelles qui s'imposent au banquier du moins tant qu'un préjudice déterminé ne peut être invoqué. La notion de conflit d'intérêts du banquier se rapproche ainsi de celle d'abus. La question maintenant est de savoir ce qui différencie *in fine* la situation de conflit d'intérêts exploité des autres hypothèses classiques d'abus.

B/ Un abus déterminé

281. L'appellation conflit d'intérêts, ainsi que nous l'avons exposé[873], est apparue plutôt récemment en comparaison d'autres notions et théories du droit privé qui ont eu tout le temps nécessaire pour exister et occuper la place qui leur revient actuellement en droit positif. Mais si la situation n'était pas désignée en ces termes, elle n'a pas totalement échappé aux règles de droit. Certaines de ses formes ont été appréhendées par le droit positif qui la contrôlait notamment à travers le concept d'abus. L'abus, « notion à réalités multiples offre des grilles d'interprétation différentes selon les droits analysés »[874]. On se trouve en présence d'un abus chaque fois que le détenteur d'un droit ou d'un pouvoir l'exerce au détriment d'autrui et outrepasse de cette manière les limites de ce que la loi considère normal ou raisonnable. De ce fait, l'abus permet de contrôler le conflit d'intérêts du banquier exploité, mais imparfaitement, la notion d'abus ne s'assimilant pas à celle de conflit d'intérêts.

En effet, la notion de conflit d'intérêts est à distinguer des situations d'abus qui peuvent éventuellement en rendre compte de façon partielle (2°) et de celles qui lui sont complètement étrangères (1°).

1° - « Conflit d'intérêts » et « abus » : notions distinctes

282. En principe, une personne titulaire d'un droit subjectif est pleinement libre de l'exercer ; elle est seule juge de ses intérêts. Pour autant, les droits subjectifs restent soumis à des conditions de jouissance posées par le droit objectif[875]. S'il s'agit de prérogatives accordées à la personne dans

---

[873] V. *supra* n° 23.
[874] FISCHER (J.), *Le pouvoir modérateur du juge en droit civil français,* PUAM, 2004, p. 243.
[875] LE TOURNEAU (Ph.) et CADIET (L.), *Rép. civ. Dalloz, v°* « Abus de droit », 12.

son intérêt propre, conséquemment, l'exercice de ces droits ne doit être ni excessif, ni anormal. De cette hypothèse est née la théorie de l'abus de droit[876]. L'abus de droit existe dès lors qu'une personne use de son droit de manière fautive, comme ne le ferait nullement un homme avisé[877].

La théorie naissante du conflit d'intérêts et celle plus ancrée de l'abus de droit ne semblent pourtant aucunement se rejoindre sauf peut-être sur quelques aspects mineurs et marginaux. Certes, le droit subjectif peut être assimilé à « l'intérêt d'un homme ou d'un groupe d'hommes juridiquement protégé »[878]. Il s'agit donc d'« une prérogative individuelle [...] sanctionnée par le droit objectif qui permet à son titulaire de faire, d'exiger ou d'interdire quelque chose dans son propre intérêt ou parfois dans l'intérêt d'autrui »[879]. Enfin, il renferme également des pouvoirs qui consistent dans la possibilité de faire des actes pour défendre des intérêts[880]. En tout cela, le droit subjectif trouve à s'imbriquer avec les règles précédemment dégagées pour définir le conflit d'intérêts. Pour autant, le conflit d'intérêts n'est pas un conflit de droits subjectifs et son exploitation ne peut être constitutive d'un abus de droit, bien qu'il ne soit pas exclu que l'abus de droit autorise de sanctionner certains conflits d'intérêts[881].

283. Cependant, si dans une situation de conflit d'intérêts, le point de départ du manquement réside dans la décision de s'écarter de la finalité d'un pouvoir, la théorie de l'abus de droit sanctionne surtout, quant à elle, l'utilisation d'un droit dans l'intention de nuire. En effet, la jurisprudence rappelle souvent qu'« en application de la théorie de l'abus de droit, toute personne a le droit de faire usage de ses propres droits si elle ne les utilise pas dans le seul but de nuire à autrui, car c'est alors détourner un droit de la

---

[876] L'usage abusif des droits est sanctionné *ab ovo*, même si la systématisation de l'abus de droit est plus récente : LE TOURNEAU (Ph.) et CADIET (L.), *op. cit.*, *v°* « Abus de droit ». La construction doctrinale de la théorie de l'abus de droit date du XIXème siècle. Plus précisément, elle apparaît après l'adoption de la loi de 1890 sur la résiliation unilatérale du contrat de travail, qu'elle a liée à des décisions de justice plus ou moins sporadiques, ANCEL (P.) et DIDRY (G.), « L'abus de droit : une notion sans histoire ? L'apparition de la notion d'abus de droit en droit français au début du XXe siècle », *in L'abus de droit : comparaisons franco-suisses*, Publications de l'université de Saint Étienne, 2001, p. 51 et s.

[877] FLOUR (J.), AUBERT (J.-L.) et SAVAUX (É.), *Les obligations, le fait juridique*, 14e éd., Sirey, 2011, p. 147.

[878] SALEILLES (R.), *De la personnalité juridique ; histoire et théories : vingt-cinq leçons d'introduction à un cours de droit civil comparé sur les personnes juridiques*, Références, 2003, p. 539.

[879] *V°* « intérêt », CORNU (G.) (dir.), *Vocabulaire juridique*, 10e éd., PUF, 2014, p. 563.

[880] ROBIN (M.), *Droit subjectif et pouvoir fonctionnel, contribution à la théorie générale des pouvoirs*, thèse Paris, 1953, p. 103 et s.

[881] Le droit subjectif est considéré comme un ensemble de prérogatives accordées à une personne pour assurer la satisfaction d'un intérêt particulier quelle que soit alors sa finalité. Ces prérogatives sont soumises à des conditions d'exercice posées par le droit objectif, conditions dont le respect constitue la mesure de l'abus de droit, et certaines situations de conflits d'intérêts peuvent dès lors tomber sous la sanction de l'abus de droit.

finalité qui lui a été donnée par le législateur »[882]. C'est depuis l'intention de nuire que la jurisprudence a élargi son contrôle de l'abus de droit. Elle en fait d'ailleurs une application régulière, sinon fréquente. La Cour de cassation, depuis longtemps déjà, ne censure pas les décisions des juges du fond qui se fondent expressément sur le constat d'une intention de nuire pour caractériser l'abus de droit[883] et ne manque pas de censurer les décisions qui auraient relevé une intention de nuire, mais qui ne sanctionneraient pas pour autant « l'exercice malicieux, partant abusif, du droit » [884]. Certaines décisions laisseraient même croire qu'elle voit dans cette intention le critère exclusif de l'abus[885].

Dès lors, l'intention de nuire opère une distinction claire entre l'abus de droit et le conflit d'intérêts. Bien sûr, ce critère de l'intention de nuire dans son principe s'applique distributivement à ces deux catégories. Mais si l'intention de nuire constitue le noyau dur de la théorie de l'abus de droit, le conflit d'intérêts exploité survient et est sanctionné également en dehors de toute intention de nuire.

Ensuite, même si pour une partie de la doctrine « l'abus de droit ne s'arrête plus seulement aujourd'hui à l'intention de nuire ou au détournement de la finalité » [886], confirmant ainsi le pressentiment de Josserand[887], lorsqu'une personne use de son droit dans une finalité égoïste, au mépris de l'intérêt d'autrui, l'abus ne sera pas pour autant caractérisé[888].

---

[882] CA Bordeaux, 4 déc.1991, *D.* 1993, p. 130, note Dubaele (T.). Et, en la matière, la « gamme des critères jurisprudentiels » est large et variée : JOSSERAND (L.), *De l'esprit des droits et de leur relativité. Théorie dite de l'abus de droit*, Dalloz, 1939, p. 365.

[883] Cass. 3e civ., 22 févr. 1968, *D.* 1968, p. 607 ; Cass. 3e civ. 12 oct. 1971, *D.* 1972, p. 210 ; Cass. com, 20 janv. 1976, *Bull. civ.* IV, n° 26.

[884] Cass. 1re civ., 20 janv. 1964, Dame Blum c/ Delle Lassus, *D.* 1964, p. 518 ; *JCP* 1965, II, 14035, obs. Oppetit (B.).

[885] Cass. 3e civ., 25 févr. 1975, *RTD com.* 1975, p. 736, obs. Cornu (G.).

[886] MESTRE (J.), « L'abus de droit dans la vie des affaires : propos introductifs », *Dr. et patrimoine* juin 2000, p. 39. Dans le sens ou l'abus de droit contrôle aujourd'hui également les motifs légitimes, V. par ex. (contrats de distribution) : Cass. com., 27 oct. 1998, *Bull. civ.* IV, n° 256 ; Cass. com., 2 juill. 2002, *Bull. civ.* IV, n° 113 ; *RTD civ.* 2002, p. 810, obs. Mestre (J.) et Fages (B.) ; *RDC* 2003, p. 50, obs. Stoffel-Munck (Ph.) ; *D.* 2003, p. 93, obs. Mazeaud (D.); *JCP* 2003, II, 10023, obs. Mainguy (D.).

[887] JOSSERAND (L.), *op. cit.*, p. 163 et s. L'auteur avait en effet déjà à son époque pressenti une telle évolution faisant de l'abus de droit la traduction de l'« équité », de l'« humanité », de la « justice, il appliquait ses préceptes à la prérogative contractuelle lorsqu'il relevait que cette acception de l'abus de droit, qu'il caractérisait à partir du « motif légitime », commandait « la réalisation des droits contractuels » comme il « conditionne l'exercice de presque tous les droits. »

[888] La Cour de cassation est de cet avis sans équivoque : dans une espèce où le président de deux associations paramédicales, et maire d'une commune, décide de cesser l'approvisionnement des premières auprès de l'officine d'un pharmacien dont l'époux avait présenté une candidature concurrente à la mairie, la Cour de cassation retient l'abus de droit ; les faits qui sont rapportés ne suffisant pas selon la Cour à caractériser la faute (l'atteinte à liberté de s'approvisionner chez un commerçant et la rupture des relations commerciales).

Le droit subjectif n'a pas en soi une intention altruiste que devrait respecter son titulaire qui reste libre de l'utiliser de la manière la plus égoïste qui soit. L'abus de droit ne peut dès lors être assimilé à la situation de conflit d'intérêts dans laquelle l'acteur n'exerce pas un droit subjectif dans son seul intérêt, mais dans l'intérêt d'un tiers. En effet, la circonstance qui fait naître l'abus de droit est à l'inverse de celle permettant la naissance du conflit d'intérêts. Dans la première situation, le titulaire d'un droit subjectif peut en principe l'employer dans son propre intérêt sans pour autant nuire aux tiers. Dans la seconde, le titulaire détient une prérogative mais ne l'exerce pas dans son intérêt personnel au risque de se détourner de sa fonction : il use d'un droit subjectif dans l'intérêt d'une autre personne.

284. La situation de conflit d'intérêts relève d'une logique complètement distincte de celle de l'abus de droit. Si le point commun entre les deux théories est bien l'existence d'un pouvoir, l'esprit est néanmoins tout différent et les principes radicalement inverses. Les droits subjectifs, prérogatives « égoïstes », peuvent naturellement se pratiquer librement. Leur titulaire n'est tenu de prendre en considération aucun autre intérêt que le sien propre. L'abus de droit demeure l'exception. Au contraire, les pouvoirs qui peuvent se heurter à un conflit d'intérêts sont entièrement orientés vers la satisfaction d'un intérêt autre que celui de leur titulaire. Le principe est la sanction de tout détournement de cette finalité. Cette opposition commande en réalité, la finalité de contrôle de l'une et l'autre des notions. La technique et l'étendue du contrôle, comme le régime de la preuve et de la sanction des agissements abusifs, seront toutefois fondamentalement différentes dans l'un ou l'autre des cas.

Les notions d'abus de droit et d'exploitation abusive du conflit d'intérêts s'opposent par conséquent, tant par leur régime que par leur critère. Qu'en est-il des autres catégories d'abus ?

2° - « Abus » et « conflit d'intérêts » : notions corollaires

285. Parce que les notions étudiées, en dépit de leur efficacité à contrôler certains conflits d'intérêts, ne suffisent pas à en saisir toutes les facettes, il convient de les démarquer de la situation d'abus issue d'un conflit d'intérêts exploité pour en révéler une certaine autonomie. Il reste cependant plus délicat de distinguer le résultat du conflit d'intérêts du détournement de pouvoir (a), de l'abus de confiance (b) et de l'abus de marché (c).

Cass. com., 5 juill. 1994, *JCP* 1994, II, 22323, note. Leonnet (J.) ; *RTD civ.* 1995, p. 119, obs. Jourdain (P.) ; *RTD civ.* 1995, p. 96, obs. Mestre (J.) ; *JCP G* 1994, I, 3828, obs. Fabre-Magnan (M.). L'abus de droit ne se limite pas à l'intention de nuire, il peut résulter du défaut d'intérêt légitime ou du détournement du droit de sa fonction : Cass. 3e. civ., 17 janv. 1978, *Bull. civ.* III, n° 41 ; *RTDC*, 1978, p. 655, note Durry (D.).

a - Conflit d'intérêts et détournement de pouvoir

286. Les détournements[889] ou les dépassements de pouvoir[890] rendent compte d'un certain nombre de situations de conflits d'intérêts exploités, sans que, sauf à adopter une conception exagérément extensive de la notion de détournement de pouvoir, celle-ci n'épuise toutes les hypothèses de conflit d'intérêts.

Lorsque le banquier mandataire en situation de conflit d'intérêts l'exploite dans son propre intérêt ou dans l'intérêt d'une personne autre que celle pour laquelle il doit agir, le conflit est constitutif d'un détournement de pouvoir ou d'une utilisation abusive du mandat[891]. En effet, le détournement de pouvoir est généralement entendu comme l'utilisation des pouvoirs par leur titulaire pour une fin autre que celle en vue de laquelle ils lui avaient été conférés. Mais, lorsque le banquier dispensateur de crédit, ou analyste financier chargé de formuler une opinion à destination d'une collectivité ou d'un groupement d'investisseurs, se retrouve en conflit d'intérêts et l'exploite au détriment de l'intérêt supérieur, il ne peut être considéré qu'il y a détournement de pouvoir. Dans la mesure où le banquier n'est pas, dans ces situations, titulaire d'un pouvoir délégué, c'est-à-dire d'un pouvoir attribué contractuellement dans l'unique dessein de protéger un intérêt particulier, la notion de détournement de pouvoir, telle que communément définie, ne peut qu'être écartée pour cette catégorie de conflits d'intérêts. Les pouvoirs – conférés conventionnellement – causent des situations de conflits d'intérêts, mais tout conflit d'intérêts ne découlant pas de ce cas de figure, le conflit d'intérêts exploité ne peut être sanctionné par le recours à la notion de détournement de pouvoir.

b - Conflit d'intérêts et abus de confiance

287. Au sens large, l'abus de confiance a comme premier point commun avec le conflit d'intérêts la réprobation générale que tous deux évoquent dans les esprits. L'abus de confiance a même pu être qualifié d'« archétype

---

[889] La notion trouve surtout usage en droit administratif depuis la seconde moitié du XIXe siècle. Plus précisément, ses premières utilisations furent fixées par le Conseil d'Etat aux arrêts Vernhes : CE, 19 mai 1858 rec. CE, p. 399 et Lesbats : CE, 25 févr. 1864, rec. CE, p. 210.

[890] En détournant un pouvoir, on n'en respecte pas la finalité. En dépassant un pouvoir, on sort des limites de ce pouvoir. Lorsqu'il est question de dépassement, le cadre de la mission confiée à un acteur est illégitimement élargi. Le détournement ne remet pas en cause la validité de l'acte passé alors qu'un acte pris en dépassement de ses pouvoirs par un acteur encourt la nullité. CHEN (C. W.), *Apparence et représentation en droit positif français*, préf. Ghestin (J.), LGDJ, 2000, p. 142.

[891] PERIER (F.), « L'utilisation abusive des pouvoirs et mandats », *RD bancaire et bourse* 1991, p. 12.

de la sanction du conflit d'intérêts »[892]. Mais, concrètement, qu'est-ce qui réunit ces deux notions ?

Dès le droit romain, la trahison de la confiance était sanctionnée à travers le concept générique de *furtum* qui désignait différentes espèces de vol et dont elle constituait une circonstance aggravante. Et vers la fin de l'Ancien Régime[893], la jurisprudence assimilait ce même délit à une délinquance économique et intellectuelle qui avait trouvé ses bases dans l'essor du commerce, de la banque et des finances. L'abus de confiance ne sera finalement consacré, sous son actuelle dénomination, et comme délit pénal spécifique à la protection de la propriété[894], que par le Code pénal de 1810 qui dressa une liste de contrats visant la remise d'une chose dans le but « d'en faire un usage ou un emploi déterminé ». Le Code civil de 1804 viendra placer le contrat de dépôt[895] au cœur de la première incrimination d'abus de confiance, mais très vite, les contrats de mandat, de louage, de gage, de prêt à usage seront progressivement ajoutés, car ils devenaient indispensables à la gestion des affaires. Or, parce que ces contrats n'emportent pas un transfert de propriété et reposent sur l'obligation pour le débiteur de rendre la chose, de représenter la chose ou d'en faire un usage convenu, la confiance est une condition préalable à la remise d'une chose mobilière à titre précaire[896]. Dès lors, en l'absence de sanctions civiles adéquates, et face à un Code de commerce dépassé par les grands bouleversements économiques du XIXe siècle le législateur a naturellement eu recours à l'effet dissuasif des sanctions pénales. Mais bien que le délit d'abus de confiance soit traditionnellement considéré comme un instrument de protection de la propriété d'autrui contre les détournements abusifs, de longue date, la jurisprudence a porté le délit au-delà du champ strictement patrimonial et contractuel où le Code pénal l'enserrait. La définition du délit a évolué dans les années 1990 et l'actuel article 314-1 du Code pénal ne se réfère plus à des contrats, mais à un pur fait, celui d'avoir détourné un bien remis. Aujourd'hui, au nombre d'arrêts recensés, le délit d'abus de confiance paraît être, revenant à sa finalité d'origine, un instrument de protection de la confiance, spécialement dans le cadre des relations de nature économiques.

---

[892] MAGNIER (V.), « Mouvements et inerties en matière de conflits d'intérêts dans le cadre du droit des sociétés », *JCP* 2011, suppl. au n° 52, p. 34. L'auteur écrit : « l'incrimination d'abus de biens sociaux est l'archétype de la sanction de conflits d'intérêts. »

[893] VIDAL (J.), *Essai d'une théorie générale de la fraude en droit français : le principe « fraus omnia corrumpit »*, Dalloz, 1957, Marty G. (dir), p. 208 ; rappr. LEMAIRE (F.), *Du détournement et de la dissipation frauduleux dans l'abus de confiance*, thèse Paris, 1913, p. 6.

[894] SAMET (C.), *La naissance de la notion d'abus de confiance dans le ressort du Parlement de Paris au cours du XVIIIe siècle*, PUF, 1989, p. 22 et s.

[895] PONT (P.), *Explication théorique et pratique du Code napoléon*, 1867, t. 8, p. 168.

[896] CARBONNIER (J.), *Flexible droit, pour une sociologie du droit sans rigueur*, *op. cit.*, p. 339.

288. Les situations fréquemment sanctionnées en pratique visent surtout une catégorie de personnes déterminées, les mandataires, qu'ils tiennent leurs pouvoirs du contrat ou d'un mandat non contractuel, institutionnel par exemple comme peut l'être le mandat social. Il faut dire que le mandat forme un cadre particulièrement propice et privilégié de l'abus de confiance où il s'illustre souvent. Les mandataires doivent agir dans l'intérêt et pour le compte du mandant et recevoir la rémunération convenue en échange. Mais ceux-ci peuvent parfois commettre des détournements à leur profit – et au préjudice matériel ou moral d'autrui – d'une valeur[897] ou d'un bien, qui leur a été remis volontairement[898] par un mandant, pour qu'ils en fassent un usage déterminé et le restituent une fois le mandat terminé. Lorsqu'ils intervertissent la possession et s'attribuent le bien d'autorité, le détournement est sanctionné au titre du délit d'abus de confiance[899]. Aussi, nous partageons l'avis d'un auteur qui analyse l'abus de confiance comme un délit qui poursuivrait à la fois un objectif de protection de la propriété et de garantie de la foi contractuelle[900]. On élargira cependant sa conception, soutenant que l'abus de confiance poursuivrait aujourd'hui un objectif de protection des biens d'autrui détenus par une autre personne que leur propriétaire, que la relation soit contractuelle ou non. C'est ici que se recoupent conflit d'intérêts et abus de confiance. En effet, nous admettons qu'en gardant le bien d'autrui, l'on détient plus largement les intérêts d'autrui sur lesquels, du fait de la détention, on a un pouvoir. Or, ce pouvoir est la première condition de la potentialité du conflit d'intérêts. Pour compléter le raisonnement, déterminons maintenant les éléments constitutifs de l'abus de confiance.

289. Au sens strict, l'abus de confiance s'entend du fait pour « une personne de détourner, au préjudice d'autrui, des fonds, des valeurs ou un bien quelconque qui lui ont été remis et qu'elle a acceptés à charge de les

---

[897] Par valeur, il a lieu d'entendre des sommes d'argents, des valeurs mobilières principalement.

[898] En ce qui concerne la cause de cette remise, l'ancien Code pénal dressait une liste de contrats emportant la remise, notamment le louage, le dépôt, le mandat, le nantissement, le prêt à l'usage et le travail salarié ou non salarié : Ancien C. pén., art. 408. Aujourd'hui, la liste n'existe plus, le nouveau Code sanctionne le détournement indépendamment du type de contrat et, d'ailleurs, même en dehors de toute relation contractuelle. VÉRON (M.), *Droit pénal des affaires,* 10e éd., Dalloz, p. 58.

[899] Ils exposent leur auteur à une peine d'emprisonnement de trois ans et à une amende de 375.000 euros (C. pén., art. 314-1) et l'examen de la jurisprudence laisse paraître nombre de ces condamnations prononcées à l'encontre de personnes agissant en tant que mandataires : Cass. crim., 23 janv. 1995, *Dr. Pénal* 1995, n° 119, obs. VÉRON (M.) (agents d'assurance) ; Cass. crim., 15 févr. 1972, *Bull. crim.* n° 57 (gérants de sociétés civiles), et dans chacune des situations, nul doute que les arrêts sanctionnent le conflit d'intérêts, châtient le mandataire qui fait prévaloir son intérêt personnel ou celui d'une tierce personne sur l'intérêt de son mandant.

[900] OTTENHORF (R.), *Le droit pénal et la formation du contrat civil*, thèse Paris, 1968, p. 1 et s.

rendre, de les représenter ou d'en faire un usage déterminé »[901]. Pour constituer le délit, un acte de remise préalable et à titre précaire du bien détourné est indispensable à la création de la confiance dont l'auteur va abuser[902]. Il justifie la sanction pénale. Ces éléments sont fondamentaux pour la qualification d'abus de confiance.

Ainsi, d'abord, il faut un bien. L'abus doit porter sur une chose corporelle ou incorporelle, « des fonds, des valeurs ou un bien quelconque »[903]. Ensuite, il faut une remise précaire[904] en vue d'en faire un usage déterminé, une affectation précise. La remise, qui doit être volontaire, porte sur un bien que le détenteur a accepté, peu important que le titre soit ou non contractuel. Enfin, il faut un lien de confiance entre l'auteur du délit et la victime. La trahison du lien de confiance ne saurait toutefois se résumer à la seule violation des obligations issues de la remise préalable, ni d'une façon générale, être réduite à l'impossibilité pour le détenteur précaire de restituer le bien[905].

L'abus de confiance suppose aussi la preuve d'un acte de détournement, qui ne peut pas non plus être assimilé à la simple inexécution contractuelle[906] relevant de la responsabilité civile : c'est l'élément matériel. Le détournement correspond à l'usage irrespectueux de l'affectation originale d'un bien ou à un usage entraînant la diminution de la substance ou de la valeur d'une chose, détournement qu'il faut pouvoir constater, caractériser[907]. La jurisprudence, pour dissocier la simple inexécution contractuelle du détournement frauduleux, prend soin de relever que l'auteur a trahi la confiance qui lui avait été accordée[908]. Il faut en plus prouver une intention coupable : c'est l'élément moral qui peut se déduire notamment de la connaissance par l'auteur de la précarité de sa possession et de la prévisibilité du résultat dommageable de son comportement. À l'élément matériel et l'élément moral s'ajoute enfin l'exigence d'un préjudice :

---

[901] C. pén., art. 314-1, al. 1er.

[902] *Lamy droit pénal des affaires*, *v°* « Abus de confiance », n° 421.

[903] OTTENHOF (R.), « Abus de confiance. Conditions préalables. Nécessité d'un contrat (non) », note sous Cass. crim., 18 oct. 2000, *RSC* 2001, p. 384.

[904] Cass. crim., 14 janv. 1853, *S.* 1853, I, 237 ; Cass. crim., 26 janv. 2005, *Dr. pénal* avr. 2005, p. 20 ; Cass. crim., 17 mars 1976, *D.* 1976, p. 732.

[905] Cass. crim., 9 déc. 1969, n° 68-91.801 ; Cass. crim., 16 mars 1987, n° 86-91.200.

[906] V. en ce sens : Cass. crim., 12 nov. 1990, *Dr. pénal* 1991, comm. 111 ; Cass. crim., 3 févr. 2004, n° 03-82.580.

[907] Cass. crim., 17 oct. 1978, *Bull. crim.,* n° 273. L'ancien Code pénal évoquait non seulement le détournement, mais aussi la dissipation, détournement faisant disparaître l'objet matériellement en le consommant, ou juridiquement en prenant un acte incompatible avec ce qui était prévu au départ, et une impossibilité de restituer la chose dans les termes convenus.

[908] Cass. crim., 16 mars 1987, préc. Pour une affaire similaire, Cass. crim., 7 mai 1969, n° 68-92.699.

l'appauvrissement de la victime, moral ou matériel, une privation définitive ou temporaire, affectant le contractant ou un tiers[909].

Il y a ainsi conflit d'intérêts que les juges sanctionnent par l'abus de confiance lorsque le banquier utilise pour son compte personnel des sommes d'argent qui ont été déposées par des clients dans une finalité précise[910]. Autrement dit, si les qualifications d'abus de confiance et de conflit d'intérêts ont en commun la condition de préexistence d'un lien de confiance, l'abus de confiance n'est toutefois susceptible de saisir le conflit d'intérêts que lorsque l'exploitation de ce conflit se traduit très exactement par un détournement intentionnel de fonds ou de valeurs, remis pour une affectation déterminée, entraînant un appauvrissement du client, qui n'est qu'une forme parmi d'autres de conflits d'intérêts.

c - Conflit d'intérêts et abus de marché

290. Les abus de marché traduisent fréquemment une situation exploitée de conflit d'intérêts du banquier. Le délit d'initié par exemple sanctionne la rupture d'égalité entre les investisseurs et tend à assurer la transparence et la loyauté des marchés boursiers. Il est visé à l'article L. 465-1 du Code monétaire et financier comme le fait, pour des personnes ayant accès à des informations privilégiées, « de réaliser ou de permettre de réaliser, soit directement, soit par personne interposée, une ou plusieurs opérations avant que le public ait connaissance de ces informations ».

Le délit d'initié permet de condamner l'initié[911], et par là le banquier[912] (ou tout autre professionnel[913] de la place) qui utiliserait une information pour s'avantager ou avantager un intérêt autre que celui qu'il doit protéger.

---

[909] S'il s'agit d'une chose fongible, cette intention coupable doit être prouvée, même si selon une jurisprudence, celui qui dissipe un bien qu'il sait devoir rendre le fait à ses risques et périls et laisse présumer l'intention coupable : Cass. crim., 18 févr. 1937, *D.* 1937, 1, p. 46 cité par RASSAT (L.), *Droit pénal spécial. Infractions du Code pénal*, 6e éd., Dalloz, 2011, p. 218.

[910] Cass. crim., 1er avr. 1968, *JCP G* 1969, II, 15930, note Bouloc (B.).

[911] Il existe trois catégories d'« initiés ». Tout d'abord, les initiés primaires, encore appelés initiés de droit, initiés internes, de première main ou initiés par nature, c'est-à-dire les dirigeants sociaux. Ensuite, les initiés secondaires, de fait, de seconde main, ou encore initiés « par occasion », sont les personnes amenées à détenir cette information du fait des fonctions qu'elles exercent ou des liens qu'elles entretiennent avec la société objet de l'information. Enfin, il y a des initiés tertiaires. Il s'agit là de toute personne autre que celles précédemment indiquées qui aurait connaissance de l'information privilégiée et qui réaliserait ou permettrait de réaliser, directement ou indirectement, une opération, avant que le public en ait connaissance : *Lamy, Droit pénal des affaires*, *v°* « délit d'initié », nos 1487 et s. ; MATSOPOULOU (H.), « Les conflits d'intérêts en droit pénal », *in Les conflits d'intérêts dans le monde des affaires, un Janus à combattre ?,* PUF, 2006, p.113.

[912] Pour ex. : TGI Paris, 13 janv. 1978, *Bull. COB*. févr. 1978, n° 101 (cadre de banque).

[913] Par ex. : Cass. crim., 18 févr. 1991, *Bull. crim.*, n° 81 ; *Rev. sociétés* 1991, p. 787, note Jeandidier (W.) (employés de sociétés de bourse ou de compagnies d'assurance).

Le banquier initié détient un pouvoir et ne doit pas agir au détriment de l'intérêt d'un client ou de la collectivité des investisseurs. Or, commettre un délit d'initié revient à violer l'un de ces intérêts. Un parallèle peut ainsi être établi avec les justifications qui sous-tendent l'obligation de gestion des conflits d'intérêt. L'effet indésirable des deux situations est la rupture de l'égalité entre investisseurs, ce que l'on appelle en anglais le « *level-playing field* »[914] (niveau de jeu), qui a pour conséquence qu'un intérêt soit privilégié au détriment d'un ou de plusieurs autres[915]. Mais, dans le délit d'initié, « l'intention spéculative ne [constitue] pas une condition »[916] à la formation du délit, celui-ci étant caractérisé même en l'absence de profit réalisé[917], contrairement au conflit d'intérêts exploité, qui nécessite, pour être sanctionné, un intérêt significatif, donc un profit minimum dont le versant est un préjudice porté à autrui.

Le délit d'initié, les abus qui viennent d'être étudiés, comme le conflit d'intérêts exploité engendrent d'ailleurs tous une atteinte illégitime à l'intérêt supérieur, et il s'agit là de la dernière expression du conflit d'intérêts.

§ 2 - Une atteinte fautive

291. La notion de conflit d'intérêts est fréquemment rattachée entre autres à celle de faute. Il est certain que la notion protéiforme de faute peut seule saisir la situation polymorphe de conflit d'intérêts. La faute a, en effet, l'avantage de la souplesse, indispensable pour contrôler le conflit d'intérêts du banquier. Elle est d'abord et avant tout déduite d'un fait, elle est le résultat d'une activité de l'homme. Pourtant, comme le souligne un auteur, « on met peu l'accent sur cet élément matériel de la faute, car celui-ci est en réalité tellement large qu'il englobe pratiquement tout type d'acte ou de fait »[918]. Cet aspect objectif de la faute permet aujourd'hui au droit de soumettre la situation de conflit d'intérêts du banquier à son contrôle (A).

De ces affirmations il faut conclure que la notion de faute est applicable au conflit d'intérêts exploité comme à la notion de conflit d'intérêts non prévenu, c'est-à-dire de conflit d'intérêts réel. La seule différence qui

---

[914] Parce que nombre d'entre eux bénéficient d'informations qui ne sont pas disponibles à tous.

[915] Il faut mentionner que certains questionnent le bien-fondé de faire du délit d'initié une infraction et estiment que de telles opérations ne sont pas réellement préjudiciables à l'intérêt des épargnants : V. *infra* n° 626.

[916] BAILLET (F.) : « Les délits et manquements d'initiés : états de la réglementation », *Gaz. Pal.* 6 sept. 2006, doctr. p. 4.

[917] STASIAK (F.), « Le délit d'initié mis en scène », *LPA* 18 juin 2008, p. 41.

[918] FABRE-MAGNAN (M.), *Droit des obligations*, 3e éd., PUF, 2013, p. 92.

demeure est que la faute pour non-prévention engendre une responsabilité pour inobservation de règles organisationnelles spécifiques au banquier, tandis que la faute pour exploitation du conflit d'intérêts relève du droit commun. La création d'un chef particulier de responsabilité relatif au conflit d'intérêts pourrait être une solution simple d'harmonisation. Le troisième type de conflit d'intérêts dégagé précédemment, le conflit de volontés, doit en revanche être exclu de la qualification de faute. L'utilité de cette dernière notion n'apparaît qu'*a posteriori*, c'est-à-dire une fois le conflit d'intérêts exploité, pour identifier les motifs de l'exploitation et en déduire le cas échéant des circonstances aggravantes de la faute et de la responsabilité. Le recours à la notion de faute apparaît d'autant plus opportun que la situation de conflit d'intérêts prend naissance aussi bien dans le cadre du contrat qu'en dehors du contrat, tout comme la faute peut être caractérisée s'il existe ou non une relation contractuelle (B).

A/ Un acte objectivement illicite

292. La faute du banquier pour exploitation du conflit d'intérêts peut être caractérisée en l'absence d'intention de nuire (1°). Néanmoins, il importe d'insister sur l'élément intentionnel qui marque la différence entre l'exploitation abusive d'un conflit d'intérêts et la gestion malheureuse et qui pourrait donner au conflit d'intérêts du banquier toute la spécificité qui lui manque (2°).

1° - Une faute en l'absence d'intention de nuire

293. La généralisation de la faute dans le domaine de la responsabilité civile[919] par rapport à la casuistique de l'Ancien Droit, explique que la responsabilité pour faute soit devenue aujourd'hui la responsabilité traditionnelle, aussi bien en matière contractuelle que délictuelle. La formule générale de l'article 1382 est unique et son champ d'action est considérable, car la victime de quelque dommage que ce soit a toujours la possibilité de l'invoquer, à défaut d'autres moyens juridiques. Corollairement, d'application universelle, le droit de la responsabilité pour faute, sauf

---

[919] Cette généralisation constitue un apport majeur du Code civil. Le législateur fonda la responsabilité sur la faute, en s'inspirant largement de la tradition canoniste, ainsi que de Grotius (Prolégomènes, § 8) et de Domat : « toutes les pertes et tous les dommages qui peuvent arriver par le fait de quelque personne [...] doivent être réparés par celui dont l'imprudence ou autre faute y a donné lieu. Car c'est un tort qu'il a fait, quand même il n'aurait pas eu l'intention de nuire » : *Les loix civiles*, L. II, t. 8, n° 1. Mais aussi de Pothier, dans la lignée de Domat, marquant toutefois nettement la distinction des délits et des quasi-délits : DESCAMPS (O.), *Les origines de la responsabilité pour faute personnelle dans le Code civil de 1804*, préf. Collard-Dutilleul (F.), LGDJ, 2005.

dispositions contraires, a vocation à s'employer en toute hypothèse, fût-ce pour la simple omission. Ainsi, le tribun Tarrible affirmait que « le dommage, pour qu'il soit sujet à réparation, doit être l'effet d'une faute ou d'une imprudence de la part de quelqu'un : s'il ne peut être attribué à cette cause, il n'est plus que l'ouvrage du sort, dont chacun doit supporter les chances »[920]. Et il rajoutait « mais s'il y a faute ou imprudence, quelque légère que soit leur influence sur le dommage commis, il en est dû réparation »[921].

La responsabilité pour faute, principe général du droit, comme l'a reconnu le Conseil constitutionnel dans ses décisions du 22 avril 1982[922] puis du 9 novembre 1999[923], est ainsi « un moyen efficace, souvent le seul, pour lutter contre la vocation impérialiste du marché, [...] Bon Samaritain toujours disponible (*l'ultimum subsidium*), elle est un remède général aux lacunes du Droit, aux défaillances du législateur et aux modifications des données »[924].

294. Quand il s'agit d'un professionnel, comme l'est le banquier, la faute s'apprécie en observation à la fois du contrat et des obligations que la loi ou la jurisprudence lui imposent indépendamment du contrat. Autrement dit, si la faute s'évalue en général par comparaison avec le comportement d'une personne raisonnable, lorsqu'il s'agit d'un professionnel, le modèle de référence change. La personne raisonnable est alors remplacée par le bon professionnel du métier concerné, disposant des moyens nécessaires pour assurer sa mission et gérer le risque afférent. De plus, le modèle de référence évolue en fonction du poids économique de l'entreprise, de son degré de spécialisation, etc. De la sorte, la diversité économique se traduit juridiquement par une échelle variée de modèles de comparaison même si, dans chaque catégorie, la faute reste jugée *in abstracto*. L'application de l'article 1382 du Code civil n'exige pas non plus l'existence d'une intention de nuire[925].

295. Par ailleurs, la jurisprudence opère un alourdissement de la gamme des fautes du professionnel par rapport à celles du non-professionnel. En effet, elle tend de manière générale à adapter la faute en fonction de la qualité du professionnel, ce qui se vérifie dès le stade de la qualification du contrat. La Cour de cassation juge que le prêt consenti par un professionnel

---

920 Séance du 19 pluviôse an II, Locré, n° 19, cité par LE TOURNEAU (Ph.) (dir.), *Droit de la responsabilité et des contrats*, Dalloz, 9e éd., 2012, p. 21.

921 *Ibid.*

922 Cons. const. n° 82-144 DC du 22 oct. 1982, loi relative au développement des institutions représentatives du personnel, Rec. Cons. const. 61, *JO* 23 oct. 1982, p. 3210 ; *D.* 1983, p. 189.

923 Cons. const. n° 99-419 DC du 9 nov. 1999, loi relative au pacte civil de solidarité, Rec. cons. Const., 116 ; *D.* 2000, somm. p. 424, *RTD civ.* 2000, p. 109, obs. Mestre (J.) et Fages (B.).

924 LE TOURNEAU (Ph.) (dir.), *op. cit.*, p. 24.

925 Cass. 1re civ., 2 avr. 1997, *Bull. civ.*, n° 113.

du crédit n'a pas « la nature de contrat réel »[926] et que « le mandat est présumé salarié en faveur des personnes qui font profession de s'occuper des affaires d'autrui »[927]. Elle applique la même solution au dépôt.

Au-delà de la qualification du contrat, elle s'appuie précisément sur cette qualité de professionnel pour continuer à retenir la faute par dérogation au droit commun. Par exemple, elle ne permet pas au professionnel de s'exonérer de sa responsabilité du simple fait qu'il ait suivi l'avis d'un organisme de contrôle[928].

En plus, lorsque plusieurs professionnels interviennent dans une affaire à des titres différents, la responsabilité de l'un n'efface pas celle de l'autre. Ainsi, le créancier n'a pas l'obligation d'intenter au préalable une instance contre le supposé responsable de premier rang[929], ni à l'encontre d'autres débiteurs[930], et peut parfaitement agir contre tout responsable du même dommage tant qu'il n'a pas effectivement reçu réparation[931].

La jurisprudence a même imaginé des obligations de moyens renforcées[932].

296. Le Code civil ne donne toutefois pas de définition de la faute, c'est à la Cour de cassation que revient le contrôle de la qualification de faute caractérisée par les juges du fond aux faits qu'ils ont souverainement constatés. Il ressort traditionnellement de l'analyse de ce contrôle que la faute est constituée de trois éléments : le premier est matériel, le second est une contrariété à la loi ou aux usages et le troisième est volontaire. Les termes de l'article 1382 selon lesquels « tout fait quelconque de l'homme » sont en réalité délibérément très larges. Ce fait peut être une faute civile ou une infraction pénale, voire une faute par omission ou abstention si elle est actée avec intention de nuire[933]. L'élément de contrariété à la loi ou aux

---

[926] Cass. 1re civ., 27 mai 1998, *Bull. civ.*, n° 186, *D.* 1999, p. 14, note Bruschi (M.) ; *D.* 1999, somm. 28, note Jobart-Bachelier (M.-N.) ; *Defrénois* 1999, art. 36921, note Piedelièvre (S.) ; Cass. 1re civ., 28 mars 2000, *JCP* 2000, II, 10296, concl. Sainte-Rose (J.).

[927] Cass. 1re civ., 11 févr. 1981, n° 79-16.473, *Bull. civ.* I, n° 50.

[928] Cass. 3e civ., 14 nov. 1991, n° 89-18.699, *Bull. civ.* III, n° 271 ; *D.* 1992, p. 2 ; Cass. 2e civ., 3 mai 1995, n° 93-15.777, *Bull. civ.* II, n° 132 ; *RTD civ.* 1996, p. 155, Mestre (J.).

[929] Cass. 3e civ., 3 juill. 1996, n° 94-16.827, *Bull. civ.* III, n° 166 ; *JCP G* 1997, II, 22758, note Le Tourneau (Ph.).

[930] Cass. 1re civ., 5 févr. 1991, n° 89-13.528, *Bull. civ.* I, n° 46 ; Cass. 1re civ., 16 sept. 2010, n° 09-65.909, *Bull. civ.* I, n° 172.

[931] Cass. 1re civ., 20 juin 2000, n° 97-22.660, *Bull. civ.* I, n° 188 ; *Gaz. Pal.* 2002. somm. p. 214, note Rusquec (E. du).

[932] Par ex., le prestataire soumis à de faibles aléas est engagé de fait à un résultat conforme. Pareillement, c'est au professionnel spécialiste de prouver ses diligences : Cass. 1re civ., 25 févr. 1997, *Bull. civ.* I, n° 75 ; *Gaz. Pal.* 1997, I, 22, rapp. Sargos (P.) ; note Guigue (J.) ; *Defrénois*, 1997, p. 751, obs. Aubert (J.-L.) ; *Contrats, conc. consom.* 1997, n° 76, obs. Leveneur (L.). Il incombe ainsi au vendeur professionnel de prouver qu'il s'est acquitté de son obligation de conseil : Cass. 1re civ. 28 oct. 2010, n° 09-16.913.

[933] Ont également été retenues comme fautes par omission, même sans intention de nuire : la négligence d'une banque ayant omis de vérifier l'identité d'un client lors de l'ouverture d'un

usages de la morale sociale peut consister dans la transgression d'une règle légale ou de déontologique. L'expression de la volonté peut être traduite comme la possible imputabilité du fait à son auteur.

Or, chacun de ces éléments constitutifs de la faute se retrouve dans la situation de conflit d'intérêts exploitée, qui donne lieu à une responsabilité aggravée en présence d'une intention de nuire à l'intérêt supérieur.

2° - Une faute aggravée en présence d'une intention de nuire

297. De l'analyse de la jurisprudence menée jusqu'à présent, il ressort que l'exploitation du conflit d'intérêts ne se fait presque jamais de manière fortuite. La notion même de conflit d'intérêts suppose que l'acteur qui s'y retrouve ait conscience de l'étendue de son pouvoir et de la nature du devoir qui en pose les limites. Le contrôle du conflit d'intérêts est alors, mais pas seulement, un contrôle d'opportunité. Il consiste à confronter le motif qui anime l'auteur de l'exploitation abusive au devoir qui était le sien conformément à la norme dont il tire son pouvoir. Et ce devoir, comme il a été vu[934], est dans le cas du banquier au moins assez précisé pour déterminer l'abus qui en découle. L'office du juge consiste donc simplement à en apprécier les éléments. Et c'est l'inadéquation des motifs à l'objectif assigné qui caractérisera l'exploitation abusive de la situation de conflit d'intérêts[935].

Si l'intention de nuire n'est pas indispensable à caractériser la faute du banquier, elle peut néanmoins être prise en considération comme facteur aggravant la faute et pour en déduire la sanction adéquate.

---

compte ainsi que sa négligence dans le contrôle du fonctionnement de ce compte : Cass. 1re civ., 2 nov. 2005, n° 03-10.909.

934 V. *supra* n° 96.

935 Ainsi, dans une affaire présentée devant la Cour d'appel de Pau, un emprunteur agent immobilier et sa caution ont accusé la banque, dont une agence immobilière avait ouvert ses portes à proximité de leur agence, d'avoir commis de multiples fautes à leur encontre, notamment des réticences dolosives, arguant qu'ils n'auraient jamais contracté un prêt bancaire si celle-ci ne leur avaient pas sciemment dissimulé le conflit d'intérêts manifeste existant entre son activité professionnelle immobilière et la leur. Le jugement du tribunal de commerce avait accueilli leur demande, mais la Cour d'appel l'a infirmé considérant qu'« un banquier a nécessairement des clients concurrents et ses propres activités peuvent également entrer en concurrence avec celles des autres clients. Si le client trouve cette situation intolérable, il lui est possible de changer de banquier ». Selon les juges du second degré, il n'appartenait pas au banquier « d'informer un agent immobilier de sa stratégie future » surtout qu'« il n'est pas établi non plus que la banque aurait volontairement voulu éliminer un autre concurrent » : CA Pau, 26 nov. 2009, n° 08/00725.

B/ Un acte fautif

298. L'assimilation de l'exploitation du conflit d'intérêts à la faute contractuelle ou extracontractuelle suppose de s'interroger brièvement sur les différences entre la faute, fait générateur de responsabilité délictuelle, et la faute, fait générateur de responsabilité contractuelle. Rappelons qu'une partie de la doctrine a affirmé que la faute, pour être source de responsabilité contractuelle, doit être d'une certaine gravité, alors qu'une faute, même légère, suffit à engager la responsabilité délictuelle[936]. D'autres auteurs ont considéré, au contraire, que la responsabilité contractuelle ne nécessite qu'un simple fait[937]. Ces théories n'ont pas néanmoins trouvé d'appui en doctrine ni en jurisprudence[938]. Concernant le fait personnel générateur de responsabilité, la faute délictuelle ou l'inexécution contractuelle peuvent donc se recouper. Certes, la faute désignée par les articles 1382 et 1383 du Code civil n'est pas mentionnée par les articles 1146 à 1155, ce qui a pu laisser parfois place à la controverse[939], toutefois, « la tradition historique »[940] et la lecture des décisions de jurisprudence[941], comme des ouvrages de doctrine, démontrent que cette discussion est dépassée. La faute est à considérer aussi bien comme contractuelle que délictuelle et, par conséquent, être assimilée à l'exploitation du conflit d'intérêts d'origine extracontractuelle (1°) comme contractuelle (2°).

1°- La qualification de la faute extracontractuelle

299. L'affaire Morgan Stanley c/LVMH[942] illustre parfaitement le raisonnement qui consiste à assimiler l'exploitation du conflit d'intérêts à la faute[943].

---

[936] DEMOLOMBE (M.), cité par VINEY (G.), *Traité de droit civil. Introduction à la responsabilité*, 3e éd., LGDJ, 2008, p. 422.

[937] PLANIOL (M.), cité *in ibid.*, p. 423.

[938] BRUN (Ph.), *Les présomptions dans le droit de la responsabilité civile*, De Jean de la batie (N.) (dir.), thèse Grenoble, 1993, p. 463 et s.

[939] TALLON (D.), « Pourquoi parler de faute contractuelle », *Mélanges Cornu (G.)*, PUF, 1994, p. 429.

[940] En effet, Domat désignait déjà les manquements contractuels par « faute » : VINEY (G.), *ibid.*, p. 424.

[941] V. par ex., Cass. 1re civ., 11 oct. 1983, *Bull. civ.* I, n° 228, qui qualifie un même comportement de « faute contractuelle » à l'égard du contractant et de « faute délictuelle » à l'égard des tiers.

[942] T. com. Paris, 12 janv. 2004, SA LVMH c/ Sté Morgan Stanley & Co International Ltd et Sté Morgan Stanley Dean Witter Inc., RG 2002/093985 ; *Rev. sociétés* 2004, p. 297, note Simon (F.-L.) ; *RJDA* 2004, n° 424 ; *Bull. Joly Bourse* 2004, p. 388, note Schmidt (D) ; *D.* 2004, somm. p. 1800, Daigre (J.-J.) ; *JCP E* 2004, 33, obs. Reinhard (Y) ; *LPA* 1er mars 2004, p. 4 ; *Capital Finance*, 2 févr. 2004, p. 10, note Terrier (G.).

La faute délictuelle, ou quasi délictuelle, des articles 1382 et 1383 du Code civil est un standard juridique particulièrement souple. Comme il a été dit, il s'agit d'un fait illicite qui est habituellement apprécié avec plus de rigueur lorsque c'est un professionnel qui est jugé[944]. Pour caractériser la faute, la Cour de cassation a estimé que l'intention de nuire n'est pas requise[945]. Ainsi, le simple manque de rigueur d'un professionnel peut être qualifié de faute au sens des articles 1382 et 1383 du Code civil.

LVMH avait notamment reproché la diffusion de mentions fausses concernant les relations entre les parties : révélation de faux conflits d'intérêts et dissimulation des vrais. Les rapports de la banque avaient en outre, à tort, indiqué à quatre-vingt-cinq reprises qu'un membre de la société Morgan Stanley était salarié ou administrateur de LVMH. Selon LVMH, l'erreur était donc patente et fautive. La persistance dans l'erreur, malgré des mises en demeure, dénotait un manque de rigueur fautif. De plus, l'entretien paru dans le *Financial Times* en mars 2002 mentionnant un ratio d'endettement non daté, la faute était constituée.

Le tribunal de commerce de Paris a d'abord retenu la faute lourde des deux sociétés de tête de la banque d'affaires Morgan Stanley, spécialisées dans l'analyse financière, à l'égard de la SA LVMH, « une faute lourde qui est proche, surtout de la part d'un professionnel, de la faute dolosive »[946].

Le tribunal aurait encore pu caractériser la faute par le fait que les relations d'affaires entre Morgan Stanley et Gucci n'avaient pas été révélées, faussant doublement l'appréciation des investisseurs. D'une part, ils pouvaient penser à tort que la banque avait des liens avec LVMH et, d'autre part, ils ne pouvaient savoir qu'elle en avait, en fait, avec Gucci. L'accumulation d'un nombre important d'erreurs et d'omissions de la part d'un professionnel constitue bien une faute au sens de l'article 1382 du Code civil.

300. La Cour d'appel[947] a cependant estimé que la mention de la banque comme membre du syndicat de placement de LVMH ne relevait que de l'erreur. Selon la Cour d'appel, la banque n'avait pas non plus commis de faute en parlant de la maturité de la marque Louis Vuitton ou de son exposition aux évolutions du Yen. La mise en cause de la crédibilité ou de la

---

943 Pour la Cour, le fondement unique de la demande était la responsabilité pour faute telle que prévue par les articles 1382 et 1383 du Code civil.

944 PUECH (M.), *L'illicéité dans la responsabilité civile extra-contractuelle*, préf. Rieg (A.), LGDJ, 1973.

945 Cass. 2e civ., 2 avr. 1997, *Bull. civ.* II, n° 113.

946 RONTCHEVSKY (N.), « Du coût d'un conflit d'intérêts non révélé : le tribunal de commerce de Paris condamne une banque d'affaires à payer des dommages-intérêts considérables à une société cotée pour avoir manqué gravement et à de multiples reprises à ses devoirs d'indépendance… », *RTD com.* 2004, p. 337.

947 CA Paris, 30 juin 2006, n° 04/06308, Sté Morgan Stanley et Co. et Sté Morgan Stanley DW. Inc. c/ Sté LVMH ; *D.* 2006, p. 2241, obs. Delpech (X.) ; *Banque et droit* juill.-août 2006, p. 34, obs. Vauplane (H. de) ; *RTDF* 2006, p. 6, note Pietrancosta (A.).

réactivité des dirigeants du groupe n'a pas non plus été considérée comme une faute, la Cour relevant que les propos de la banque, certes critiques, portaient sur des faits avérés et que son opinion était partagée par d'autres analystes s'agissant de la dette du groupe, de son endettement et de sa politique d'achats. Elle a alors jugé que l'opinion de la banque avait été exprimée sans excès et sans intention de nuire démontrée.

En ce qui concerne « la décote de 10% et la perte de valeur du titre », l'opinion critiquée était exprimée à partir d'une méthode argumentée d'analyse financière dont les résultats étaient partagés par d'autres analystes. La Cour estimant ne pas avoir à expertiser la méthode sur le plan financier et ayant relevé que l'opinion n'avait pas fait l'objet d'une présentation particulière et demeurait modérée dans son acception du langage financier, a rejeté la faute civile quasi délictuelle.

Relativement à la recommandation de la banque, la Cour d'appel a pensé qu'elle présentait un caractère raisonnable et qu'il ne pouvait être considéré que l'établissement avait commis une faute en assortissant d'un commentaire réservé l'annonce de l'amélioration de la situation financière de LVMH, alors même que son opinion ne différait guère de celles émises par d'autres banques ou agences. Mais, ce qui est intéressant n'est pas tant la solution que le raisonnement qui lui a donné naissance. En effet, la cour a d'abord pris position sur l'articulation des règles gouvernant la responsabilité quasi délictuelle et celles relatives aux services d'investissement en ces termes : « les règles en matière délictuelle et quasi délictuelle telles que la société LVMH en demande l'application au comportement de la banque, ne sont pas incompatibles avec la directive 932/22/CE du 10 mai 1993 (abrogée par la directive 2004/39/CE du 21 avril 2004, mais applicable aux faits litigieux) concernant les services d'investissement ». Elle a ajouté que les dispositions de la directive sur les services d'investissement [948] n'excluent pas qu'une entreprise d'investissement puisse être sanctionnée du chef des fautes éventuellement commises dans le cadre de son activité[949]. Ensuite, elle a rappelé qu'en l'absence de contrat entre les parties, le fondement juridique unique des demandes de LVMH est la responsabilité quasi délictuelle pour faute des articles 1382 et 1383 du Code civil : « non définie par ces articles 1382 et 1383 du Code civil, la faute mentionnée peut naître de l'abstention, aussi bien que de l'action ; la volonté qui la sous-tend peut exprimer une intention de nuire ou être non intentionnelle et traduire la transgression d'une règle

[948] « L'application des règles de la responsabilité civile à la banque anglaise ne réduit pas sa liberté de prestation de services sur le territoire français, instituée par l'article 49 du traité CE, en ce qu'elle sanctionne des fautes éventuellement commises et non la violation de règles relatives à son organisation. »

[949] Dès lors que le fait générateur de responsabilité civile et une partie des dommages invoqués sont réputés être survenus en France, mais seulement dans la mesure où il s'agit de réparer les dommages qui auraient été subis en France.

légale ou coutumière, voire de principes professionnels issus de codes ou d'usages et ne pas être justifiée, notamment, par l'exercice non abusif d'un droit ; enfin toute faute, même légère, ouvre droit à la réparation intégrale du dommage causé, mais à ce seul dommage certain, actuel, né de la faute ».

301. Il faut en déduire une qualification du conflit d'intérêts comme faute, seule notion assez souple pour saisir les multiples facettes de ce conflit. En effet, la faute délictuelle se caractérise par la violation d'une règle de conduite ou d'une norme de comportement relevant de la loi, du règlement ou éventuellement de la jurisprudence, qui s'imposent en principe à toute personne se trouvant dans une situation donnée. Ainsi, quand pèse sur le banquier l'obligation de respecter l'intégrité du marché, et qu'il est en proie à un conflit d'intérêts qu'il exploite au détriment de l'intérêt du marché, sa faute sera de nature délictuelle. Il en va autrement de la faute contractuelle.

2°- La qualification de la faute contractuelle

302. La faute contractuelle ne requiert pas nécessairement une violation ou un manquement à une obligation légale ou réglementaire, le contrat créant des obligations qui ne s'appuient sur aucune règle qui pourrait être généralisée. La faute du banquier dans le cadre d'un contrat de commission ne pourrait être la même que dans le cadre d'un contrat de mandat ou de fiducie par exemple. Les règles de comportement existent en dehors du contrat qui n'en est pas la source. Le contrat n'est quant à lui à l'origine que du socle d'obligations qui sont destinées à servir les intérêts des contractants conciliés par le biais de ce contrat. Les contractants se promettent par ce biais des obligations bien déterminées, ils ne s'imposent pas des règles de conduite. Il y a donc faute dès lors qu'une des obligations résultant du contrat est inobservé.

303. Un rapprochement s'est opéré toutefois entre l'inexécution d'une obligation et la faute délictuelle, notamment par le fait du juge, approuvé par la doctrine. De cette manière, des normes de comportement sont devenues par l'action du juge des obligations contractuelles sanctionnées par la responsabilité délictuelle. Or, dans le cas où le conflit d'intérêts du banquier est contractuel, la faute du banquier n'est pas d'origine délictuelle ou rattachée au réseau d'obligations contractuelles par le biais qui vient d'être décrit, la faute est contractuelle, purement et simplement parce qu'elle est inhérente à la nature même du contrat dans le cadre duquel le conflit d'intérêts prend naissance. En effet, l'obligation du banquier d'agir au mieux de l'intérêt de son contractant n'est pas exécutable parce qu'elle serait découverte, comme a pu l'être l'obligation d'exécuter le contrat de bonne foi ou l'obligation de sécurité qui engage aujourd'hui la responsabilité du transporteur, elle l'est parce qu'elle constitue l'obligation naturelle et la prestation essentielle dans les contrats que nous avons pu étudier, bien que son intensité varie. Ce n'est donc plus tant le principe d'existence d'une obligation d'agir dans l'intérêt du client qui peut être discuté, que son véritable contenu, car dire que le banquier est tenu d'une obligation de traiter le conflit d'intérêts en faveur de l'intérêt de son contractant, dont l'inexécution est qualifiée de faute, parce que l'objet du contrat le justifie est une chose, mais dire ce que recouvre exactement cette obligation est une autre. En fait, comme on pourra le justifier plus loin[950], cette obligation s'assimile à une obligation de garantie. La garantie que le banquier face au conflit d'intérêts contractuel protégera l'intérêt supérieur, ce qui ne doit pas être confondu avec la garantie du meilleur résultat possible, mais la garantie que l'intérêt supérieur n'aurait pas pu être mieux protégé.

[950] V. *infra* titre 1, partie II.

Conclusion du titre premier

304. L'objectif initialement assigné à cette recherche était l'identification du conflit d'intérêts du banquier. C'est par cette interrogation que la réflexion s'est amorcée. Or, si le conflit d'intérêts du banquier doit être saisi, il doit avant tout être compris et sa compréhension passe par sa qualification, la plus précise possible.

Observer les activités du banquier apparaissait par conséquent comme une première approche pour découvrir l'origine du conflit d'intérêts du banquier parce que, loin d'être une donnée objective intemporelle, il semblait avoir nécessairement une genèse aussi bien que des conditions d'émergence.

De cette exploration s'est dégagé un premier critère de la situation de conflit d'intérêts. Le conflit d'intérêts est de prime abord le résultat de l'incompatibilité que révèlent deux éléments, un pouvoir et un devoir. Le dénominateur commun des situations de conflit d'intérêts est le heurt que provoque la rencontre d'un pouvoir et d'un devoir lorsqu'ils se trouvent concomitamment sur la tête du banquier. S'il n'y a pas de pouvoir, il n'y a pas de conflit d'intérêts.

Il convenait dès lors d'identifier cette notion de pouvoir et de rechercher ses principaux instruments dans le contexte spécifique de la relation du banquier à son client ou au marché. L'examen a alors porté sur le pouvoir qu'obtient le banquier de son client en vertu d'un contrat, pouvoir compris comme une prise de possession d'un droit légal d'agir, puis sur le pouvoir économique factuel qu'il détient dans l'absolu, qu'il existe ou non une investiture conventionnelle.

L'étude s'est en conséquence attelée, dans un premier temps, à rechercher la nature de ce pouvoir dans les catégories de contrats pour le compte d'autrui les plus fréquents en pratique et où le conflit d'intérêts semblait pouvoir se loger en raison, principalement, du pouvoir que les cocontractants délèguent au banquier. Dans cet esprit, la singularité du pouvoir du banquier a été mise en lumière. Qu'il s'agisse des contrats de droit français ou de droit anglo-américain, il est d'une part apparu que si les prérogatives n'étaient pas identiques, le risque de conflit d'intérêts en résultant non plus, et d'autre part que si le pouvoir se retrouve aussi au cœur du droit de la représentation qui régit une partie considérable des rapports clients-banquier, il n'est pas cantonné aux seuls contrats de représentation.

Le concept de pouvoir ne se réduisant pas à l'exercice d'un pouvoir donné, il convenait de s'intéresser, dans un second temps, au pouvoir factuel. Différentes sphères de pouvoir pouvaient être isolées, qui étaient en fait en lien avec la compétence du banquier, ou avec sa position. Cerner ces zones de pouvoirs, dont les catégorisations proposées ne prétendent toutefois pas à l'exhaustivité, a permis de dresser un premier schéma des sphères de pouvoir du banquier susceptibles de donner naissance à un conflit d'intérêts. Il restait néanmoins impossible d'y dessiner les sphères du conflit d'intérêts.

305. En effet, une fois confirmé que la première condition du conflit d'intérêts est le pouvoir, il est apparu que c'est l'existence de devoirs s'opposant aux pouvoirs qui crée le risque de la situation de conflit d'intérêts. Le moment était naturellement venu d'analyser ce devoir qui limite ce pouvoir.

De l'examen de ces obligations, il est ressorti qu'elles font écho en droit français à la supériorité de l'intérêt du client et de l'intérêt du marché, placés en haut de l'échelle de valeurs, par différence avec les Etats-Unis où sont plutôt mis sur un piédestal la protection des investisseurs et l'efficacité du marché. Ces deux concepts, intérêt du client et intégrité du marché, exigeaient donc d'être définis avec précision. L'idée était que plus l'étendue du devoir pouvait être cernée, plus il était possible de délimiter le champ conflictuel. La notion conflit d'intérêts était susceptible de la sorte être maîtrisée.

Deux cas de figure se sont par conséquent présentés : si cet intérêt est remis au banquier en vertu d'une délégation de son client, c'est cette délégation qui justifie le devoir de protection qui oblige le banquier dès qu'il y a consenti. La règle « agir au mieux des intérêts de son client » suggère dans cette hypothèse une prise en considération de la supériorité de l'intérêt du client, ce qui suppose de lui obtenir le meilleur résultat possible. Lorsque l'intérêt est collectif, le fondement du devoir est différent ; il n'apparaît plus comme la conséquence d'une délégation, mais plutôt comme une contrepartie du pouvoir économique factuel. L'action dans l'intérêt du marché qui trouve alors à s'appliquer s'assimile à un principe directeur qui naît de la stigmatisation morale d'un comportement et qui contribue exclusivement à faire exister la règle qui évince ce comportement.

Toutefois si le devoir d'« agir dans l'intérêt du client » semble constituer une exigence équivalente à celle de « l'action dans l'intérêt du marché », les nomenclatures réglementaires protégeant l'un et l'autre des intérêts supérieurs ne le sont pas, car les règles ou les procédures relatives au marché encadrent très étroitement l'activité, édictent des interdictions, précisent des conduites, imposent des actes, tandis que celles censées protéger l'intérêt du client énoncent des valeurs et des principes généraux, et laissent une certaine latitude au banquier pour s'autodiscipliner.

306. Cette approche avait pour objectif de dessiner les frontières du pouvoir et du devoir du banquier pour ensuite esquisser les premiers contours du champ conflictuel, c'est-à-dire du terrain où le conflit d'intérêts exprime sa potentialité. Le conflit d'intérêts est ainsi défini à l'état potentiel. Il ne prend naissance qu'à trois conditions cumulatives : un intérêt spécifique, individuel ou collectif, a préalablement été déclaré comme intérêt supérieur aux autres intérêts ; un pouvoir d'affecter cet intérêt est détenu par un acteur ; un devoir de protection déterminé à l'égard de cet intérêt pèse sur ce même acteur. Une fois la supériorité de certains intérêts affirmée, le conflit d'intérêts demeure, mais devient l'état de fait où le banquier a la possibilité d'affecter un intérêt, prédéfini comme supérieur, qu'il est tenu de protéger par devoir. Un conflit d'intérêts est en effet possible lorsque pèse sur le banquier une obligation spécifique d'agir dans un intérêt particulier et lorsqu'il dispose concomitamment d'un pouvoir déterminé lui permettant d'affecter cet intérêt. Le conflit d'intérêts potentiel s'entend de la situation où le banquier, parce qu'il détient un pouvoir déterminé, est susceptible d'affecter un intérêt tiers, déclaré préalablement intérêt supérieur, qu'il doit protéger en vertu d'un devoir particulier.

307. L'étape de l'observation de l'activité du banquier, si elle est incontournable, ne pouvait pas pour autant suffire à cerner la notion de conflit d'intérêts avec la précision souhaitée. Compléter cette démarche par une analyse de la jurisprudence était donc nécessaire, non seulement pour affiner l'éclairage sur le contexte d'apparition du conflit d'intérêts, sphère qui s'est avérée plus extensible que ne l'imaginait le législateur, mais aussi pour mettre en exergue l'élément déclencheur du conflit d'intérêts.

En effet, après avoir présenté la genèse et les conditions d'émergence du conflit d'intérêts, il était possible de regrouper les différentes formes de conflits d'intérêts au sein de trois sphères. Les conflits qui opposent l'intérêt du client à celui du banquier, ceux qui confrontent deux clients aux intérêts contraires, et enfin ceux mettant en heurt deux intérêts contraires du banquier, qui doit dans ce cas arbitrer en interne entre les intérêts, celui qui prime pouvant aller à l'encontre de celui d'un client ou du marché. Les conflits d'intérêts ainsi catégorisés, il était possible de les analyser selon qu'ils sont d'ordre institutionnel ou d'ordre personnel.

Lorsque le conflit d'intérêts est d'ordre institutionnel, le risque auquel il correspond est inhérent à la combinaison au sein de la banque des activités pour compte propre et pour le compte de la clientèle, qu'il s'agisse des activités qualifiées d'opérations de banque ou de celles non constitutives d'opérations de banque, notamment des services d'investissement, des services connexes ou de la combinaison de tout ou partie de tels services, activités qu'il était possible de regrouper en fonction de leur nature : l'activité pour compte propre *versus* l'activité pour compte de tiers, les services offerts simultanément à plusieurs clients, ce qu'on appela la multigestion, enfin les activités n'entrant ni dans l'une, ni dans l'autre des deux premières catégories, mais où le conflit peut survenir en raison de l'évaluation par la banque de son ratio profit-risque.

Quand il est d'ordre personnel, le risque de conflit d'intérêts est présent dès qu'entrent en jeu des incitations financières comme la rémunération ou les gains d'opérations personnelles. Mais le risque s'est avéré exister même en dehors de toute considération financière.

308. Ainsi, les scénarios du conflit d'intérêts divergent. Le principe, en revanche, reste inchangé. En effet, cataloguer les conflits d'intérêts en zones de risques a révélé un second élément commun : le conflit d'intérêts demeure potentiel tant que le banquier qui y est sujet ignore son existence. Lorsque l'acteur en a conscience, le conflit d'intérêts évolue vers un conflit de volontés, volonté du banquier et celle du porteur d'un intérêt tiers supérieur, ou volontés de deux porteurs d'intérêts tiers supérieurs.

Il a semblé que cette volonté est un des éléments composant le conflit d'intérêts, car c'est dans certaines situations où celle-ci ne peut s'exprimer telle qu'elle le souhaiterait, en raison de l'existence d'un pouvoir qui l'opprime, que le conflit d'intérêts cherche à se nicher. C'est le cas lorsqu'un intérêt personnel est confié à un banquier en vertu d'un contrat : le client n'extériorise plus de manière directe sa volonté, au moins le temps du contrat, parce qu'il délègue son pouvoir d'action. Mais il a pu être vérifié également qu'il en va de même en dehors de toute relation contractuelle.

309. En mettant de la sorte en exergue l'élément de volonté qui transforme les situations potentielles de conflits d'intérêts, c'est le terrain de la réalité du conflit d'intérêts qui est exploré. Dans chacune des catégories, le conflit d'intérêts potentiel mue en conflit d'intérêts réel par le biais exclusif de la volonté du banquier, contraire à celle de son client ou à celle plus générale du marché. Le conflit d'intérêts réel est un conflit de volontés, volonté d'un acteur et de celle du porteur d'un intérêt tiers supérieur dans le cas d'un conflit d'intérêts interpersonnel, ou volontés de deux porteurs d'intérêts tiers supérieurs dans le cas d'un conflit d'intérêts extrapersonnel.

310. À l'issue de cette deuxième analyse, la spécificité de la notion de conflit d'intérêts ne pouvait encore être véritablement affirmée. En effet, la réalité du conflit d'intérêts, l'opposition de volontés, peut être sans incidence sur l'intérêt du client ou du marché. La spécificité du conflit d'intérêts ne se dégage pas du seul fait de s'y placer, mais de la façon d'en sortir. L'étude de l'expression du conflit d'intérêts devait alors être menée pour permettre d'en comprendre la singularité et, à travers les mécanismes de contrôle qui s'y appliquent, d'en révéler l'autonomie par rapport à des notions voisines.

Or, il est ressorti de cet examen que l'éclosion du conflit d'intérêts ne se produit qu'à l'instant où l'acteur prend une décision en faveur d'un intérêt particulier autre que celui protégé, provoquant ainsi un abus. Il n'y a pas de conflit d'intérêts s'il n'y a pas deux ou plusieurs intérêts en jeu, s'il n'y a pas d'intérêt à prendre, et c'est la décision de prendre un intérêt au détriment de l'intérêt supérieur qui concrétise le conflit d'intérêts.

Cependant, le conflit d'intérêts abusif, exploité, présentait encore le visage de théories voisines avec lesquelles il avait bien des similarités comme souvent peuvent le faire des constructions juridiques nouvelles. Le risque était que ses traits s'en trouvent déformés. Il convenait dès lors d'en extraire l'originalité en le confrontant à chacune des notions auxquelles il s'assimilait en apparence, confrontation de laquelle a été conclu que l'exploitation abusive du conflit d'intérêts suppose une prise de décision en faveur d'un intérêt déterminé dont découle ensuite la rupture d'une relation de confiance, car l'opposition d'intérêts, caractéristique du conflit d'intérêts du banquier suppose l'existence d'un préalable : une relation de confiance. La confiance devait être comprise soit dans sa dimension individuelle : le client en vertu d'un contrat confie la gestion de ses intérêts au banquier et un tel agissement est nécessairement commandé par la confiance. Mais, au-delà, la confiance devait être entendue dans sa dimension collective et abstraite.

311. Cependant, l'intérêt et la confiance étant très largement définis dans l'état actuel des textes, il convenait de s'efforcer d'en dégager des caractères ouvrant la voie d'une définition spécifique de la situation du conflit d'intérêts du banquier.

L'étude menée s'est par conséquent attachée, pour donner une représentation de ce qu'est l'intérêt, à réduire ce concept en tant que partie intégrante du conflit d'intérêts, en relation au banquier exclusivement. Il a été proposé, pour tenter de ce faire, de catégoriser l'intérêt tiers – intérêt supérieur – en fonction de ce qu'il est individuel, intérêt du client, lorsqu'un contrat encadre la relation bancaire, ou collectif, lorsque le banquier se positionne par rapport au marché en dehors de tout contrat. Et pour ce qui est de l'intérêt du banquier, seconde composante du conflit d'intérêts exploité, il s'est avéré qu'il pouvait être réduit en toute circonstance à un intérêt personnel pourvu toutefois qu'il soit significatif.

L'intérêt individuel, intérêt du bénéficiaire d'un service, s'étant révélé définissable par les juges par rapport au type de contrat et au résultat escompté, il a alors semblé être un intérêt typique et raisonnable. En effet, la jurisprudence délimite l'obligation du banquier en considérant l'intention de chacune des parties en fonction du type de contrat et par référence à l'intérêt typique du cocontractant qui réside raisonnablement dans l'objet du contrat. Le conflit d'intérêts abusif oppose ainsi, dans le cas du conflit d'intérêts interpersonnel, un intérêt tiers typique raisonnable à l'intérêt personnel du banquier, ou, dans le cas du conflit d'intérêts extrapersonnel, deux intérêts tiers typiques raisonnables. La logique diffère lorsqu'il s'agit de conflits d'intérêts extracontractuels, le conflit d'intérêts du banquier dans ce cas opposant forcément un intérêt du banquier, direct ou indirect, à un intérêt tiers collectif homogène.

312. Par ailleurs, comme il n'y a pas de conflit d'intérêts sans « personne intéressée », identifier la personne « intéressée » a exigé de prendre en compte tout type de relation qu'entretient cette personne, pouvant raisonnablement faire penser qu'elle est de nature à affecter son jugement. L'identification de la personne intéressée ne se fait pas de la même manière face à un intérêt direct ou face à un intérêt indirect.

313. L'intérêt de ces distinctions n'est pas que théorique puisqu'elles ont permis de dégager une classification de l'intérêt à l'origine du conflit d'intérêts, qui ouvrira la voie à une meilleure prévention, alors qu'un traitement et une réparation plus adéquats ne sauraient se faire sans tenir compte de la relation de confiance particulière dans laquelle le conflit d'intérêts prend naissance. Les distinctions ont également offert la possibilité de caractériser ou d'écarter l'intention fautive préjudiciable, deuxième expression du conflit d'intérêts et dernier point commun qui fondent conjointement la responsabilité pour exploitation du conflit d'intérêts.

314. La démonstration permet de définir le conflit d'intérêts du banquier comme une situation de fait évolutive. Elle s'assimile à son stade de potentialité à un manquement du professionnel aux règles organisationnelles, le contrôle de la règle de droit trouvant sa justification dans le pouvoir d'affecter aisément l'intérêt tiers, et à son stade de réalité, à un conflit de volontés qui, s'il venait à être exploité, s'assimilerait à une faute de nature contractuelle et/ou délictuelle. Il a fallu déduire que la notion protéiforme de faute est la plus à même à saisir la situation polymorphe de conflit d'intérêts. L'aspect objectif de la faute offre la possibilité au droit de soumettre la situation de conflit d'intérêts du banquier. La notion de faute est applicable au conflit d'intérêts exploité comme à la notion de confit d'intérêts non prévenu, c'est-à-dire de conflit d'intérêts réel. La seule différence qui demeure est que la faute pour non-prévention relève de la responsabilité pour inobservation des règles organisationnelles spécifiques au banquier, tandis que la faute pour exploitation du conflit d'intérêts relève du droit commun. La création d'un chef particulier de responsabilité relatif au conflit d'intérêts pourrait être une solution simple d'harmonisation. La notion de conflit de volonté, pour sa part, servirait à identifier les motifs de l'exploitation et en déduire le cas échéant des circonstances aggravantes de la faute et de la responsabilité.

315. Le conflit d'intérêts du banquier s'avère être une notion juridique totalement originale. Il serait dès lors naturel à ce titre qu'il puisse bénéficier d'un régime de responsabilité et d'une sanction propres, dérogatoire du droit commun, au regard de l'intérêt qu'on lui porte et de l'importance particulière de ses conséquences. Pour se faire, il convient préalablement de mener une analyse critique des règles de prévention et de traitement du conflit d'intérêts du banquier, formant son régime actuel, et auxquelles il convient maintenant de s'intéresser.

TITRE DEUX

LE REGIME DU CONFLIT D'INTERETS DU BANQUIER

316. De façon générale, si certains moyens du contrôle de l'activité bancaire, notamment les règles mises en place pour préserver l'intégrité du marché ou assurer les avoirs des déposants, ont participé à lutter contre le risque de conflits d'intérêts, ils n'avaient pas pour autant été créés dans ce dessein. C'est en fait progressivement que la prise de conscience de la nécessité d'appréhender de façon ciblée les risques de conflits d'intérêts et les abus en découlant s'est opérée dans l'esprit du législateur. Finalement, c'est aujourd'hui une politique spécifique de gestion des conflits d'intérêts qui est menée, dont l'objectif est exposé jusque dans les textes juridiques, et plus seulement dans les considérants des directives européennes ou dans les motifs et rapports de présentation des lois nationales[951].

---

[951] Cet affichage délibéré de l'objectif recherché est d'ailleurs cohérent avec la démarche plus globale du législateur ces dernières années, la tendance étant à la formulation d'objectifs (Par ex., L. n° 2008-776 du 4 août 2008 de modernisation de l'économie qui se donne ouvertement pour objectifs de renforcer l'attractivité de l'économie et de faciliter le développement des entreprises en constitue une illustration intéressante), y compris dans le corps même de la loi (*Les formulations d'objectifs dans les textes législatifs*, *RRJ*, 1989, n° spécial Cahiers de méthodologie juridique. Le plus souvent, les objectifs sont formulés en début de texte, dans un article en particulier, le premier généralement, par ex. pour expliciter la loi ou pour consacrer un principe ou fixer une orientation en indiquant si l'obligation qui y est assortie est de moyens ou de résultat). Cette tendance s'inscrit dans un mouvement plus général vers un droit « post moderne » (CHEVALLIER (J.), « Vers un droit postmoderne ? », *in Les transformations de la régulation juridique*, LGDJ, 1998, p. 677. V. égal. ARNAUD (A.-J.), « De la postmodernité », *in Entre modernité et mondialisation*, LGDJ, 1998, p. 141. Rappr. PÉRÈS (C.), « Propos introductif », *in Mesurer l'efficacité économique du droit*, Economica, 2010, p. 2 qui écrit à propos de l'efficacité économique spécifiquement qu'elle constitue

Mais, si l'on a pu s'accorder à dire que tout texte juridique vise à atteindre des objectifs, un résultat donné[952], et que ces objectifs assurent au système juridique et à l'action législative l'efficacité dont ils ont besoin[953], de telles affirmations s'appliquent-elles à la politique de gestion des conflits d'intérêts du banquier ou trouvent-elles précisément leurs limites en ce domaine ? C'est ce qu'il est proposé de vérifier dans les développements qui vont suivre.

317. Apprécier l'efficacité du dispositif de gestion du conflit d'intérêts du banquier revient à définir le concept même de l'efficacité en droit. Qu'est-ce qu'un droit efficace ?

Plusieurs approches pourraient être retenues pour tenter d'y répondre. La première consisterait à s'interroger sur la manière dont les dispositions juridiques visant à prévenir et traiter les conflits d'intérêts du banquier répondent aux caractères du droit considéré comme le moyen de réguler le secteur bancaire et financier. Autrement dit, les règles gouvernant ce domaine revêtent-elles une certaine efficacité « formelle »[954] ? Leur contenu est-il suffisamment clair, précis et prévisible ? On pourrait se demander s'il n'y aurait pas eu une inflation incontrôlée du *corpus* législatif en la matière et si, en conséquence, l'ordonnancement juridique ne se serait pas complexifié au point d'en devenir inintelligible. Or, le constat d'une certaine inflation normative a été dégagé précédemment[955] et la complexification de la matière est parfaitement illustrée par la multiplicité des sources et le phénomène de renvois entre articles.

La seconde approche serait celle de l'observation. Elle commanderait dans un premier temps d'appréhender le dispositif de gestion du conflit d'intérêts bancaire dans son ensemble puis dans le détail et enfin de le confronter à la situation concrète. Or, la lecture de la seconde section du premier chapitre[956] de cette étude permet aisément de conclure que le conflit d'intérêts arrive à se faire une place, et même plusieurs, au sein de l'activité du banquier, malgré la multitude de mesures destinées à le prévenir.

Ainsi, ces approches, si elles sont indispensables pour identifier le conflit d'intérêts du banquier, ne sont toutefois pas suffisantes pour établir une critique de son régime. Il convient donc d'en adopter une troisième que nous présentons en deux temps.

« sinon une mutation majeure au moins une orientation marquée du droit contemporain. »), vecteur de programmes d'actions finalisés, MORAND (C.-A.), *Le droit néo-moderne des politiques publiques*, LGDJ, 1999, p. 74.

[952] BRISSON (J.-F.), « Objectifs dans la loi et efficacité du droit », *in Les objectifs dans le droit*, Dalloz, 2010, p. 29.

[953] BERGEL (J.-L.), « Essai de synthèse », *RRJ*, 1989, n° spécial Cahiers de méthodologie juridique, p. 983.

[954] BRISSON (J.-F.), *op. cit.*, p. 31.

[955] V. *supra* n° 28.

[956] V. *supra* n° 44.

Le premier est celui de la mesure de l'efficacité des normes encadrant la prévention du conflit d'intérêts du banquier : comprendre si elles atteignent ou non l'objectif qui leur a été assigné, relever, le cas échéant, les difficultés qui y font obstacle (Chapitre I).

Ce procédé, il faut l'admettre, est délicat dans la mesure où, pour pouvoir atteindre l'ambition qu'il se fixe, il exige de recourir à certains moments à des connaissances qui dépassent les seuls savoirs juridiques. Aussi, faire appel également à des disciplines extrajuridiques pourrait prêter à débat. En effet, des auteurs ont déjà critiqué les méthodes de mesure de l'efficacité de politiques publiques et leur principe même, considérant que la recherche d'efficacité participerait au délaissement d'un certain nombre de valeurs[957] telles que la morale, la justice ou l'équité. La recherche d'efficacité serait de la sorte, selon eux, réduite à un « simple vecteur d'ingénierie sociale »[958]. Mais, en la matière, il n'est fait que trop souvent référence à des mécanismes et des notions que le juriste utilise comme légitimation première de son discours, mais ne questionne pas suffisamment, faute de les appréhender correctement[959]. Force est de constater qu'en droit bancaire et financier, les théories microéconomiques sont fréquemment évoquées sans nécessairement en analyser en détail ni les implications, ni les incertitudes fondamentales et en se fondant sur des concepts qui ne font parfois pas l'unanimité en matière économique même. Pourquoi dans ce cas une tentative (modeste) de le faire serait-elle critiquable, quand parfois s'expriment même des craintes d'inféodation du droit à l'économie[960], dans le sens que s'opère « un effacement des catégories, des valeurs que le droit structure et impose aux personnes vivant en société, remplacées par les notions, méthodes et valeurs de l'économie »[961] ? Mais, si depuis Rome, « exemple parfait de l'interaction de la politique et de l'économie »[962], la prise en compte de l'économie par la législation n'a jamais fait de doute, pour le processus inverse, l'évaluation de l'efficacité du droit par l'économie, on garde à l'esprit que l'économie ne doit être qu'un moyen de mieux comprendre, comme prévenait déjà lui-même l'un des plus grands représentants du mouvement de l'analyse

---

[957] OPPETIT (B.), « L'Hypothèse du déclin du droit », *Droits* 1986, p. 527.

[958] AUBY (J.-B.), « Prescription juridique et production juridique », *RD publ.* 1988, p. 673.

[959] À l'instar du droit de la concurrence, le droit financier est fréquemment présenté comme la consécration par l'ordre juridique de théories économiques, sans qu'il soit évident de présenter de manière univoque leur interaction : VOGEL (L.), « L'Economie, serviteur ou maître du droit ? », *in Mélanges Decocq (A.)*, Litec, 2004, p. 605 (droit de la concurrence).

[960] SUPIOT (A.), « La justice sociale saisie par la régulation », *in Mélanges Normand (J.)*, Litec, 2003, p. 427.

[961] FRISON-ROCHE (M.-A.), « La convergence du droit et de l'économie sur le secteur bancaire », *in Les banques entre droit et économie*, LGDJ, 2006, p. 26.

[962] IMBERT (J.) et LEGOHÉREL (H.), *Histoire de la vie économique ancienne, médiévale et moderne*, Cujas, 2004, p. 79.

économique du droit[963], car l'efficacité économique reste un « instrument imparfait, qui porte en lui un risque d'erreur et de manipulation, et qui par conséquent ne doit être utilisé qu'avec précaution »[964].

Pour compléter notre approche ainsi admise de mesure de l'efficacité du dispositif de gestion du conflit d'intérêts, il convient, dans un second temps, de tenir compte des règles de traitement de la situation du conflit d'intérêts du banquier. Après l'étude des règles de prévention, seront donc mises en exergue les insuffisances du régime de traitement du conflit d'intérêts du banquier (chapitre II).

---

[963] POSNER (R.), « *Values and Consequences : an Introduction to Economic Analysis of Laws* » *in Chicago lectures in Law and Economics*, Foundation Press, 2000, p. 189 et s.

[964] LAITHIER (Y. M.), « Le droit comparé et l'efficacité économique » *in L'efficacité économique en droit*, Economica, 2010, p. 60.

Chapitre premier. La prévention du conflit d’intérêts

318. La politique de prévention des conflits d’intérêts au sein des banques se matérialise par le recensement de l’ensemble des situations pouvant engendrer des conflits d’intérêts et par la définition de mesures et de procédures qui permettent de gérer leurs occurrences. L’objectif est ainsi, en premier lieu, de révéler l’existence du conflit d’intérêts, et en second lieu, d’éviter que ce conflit ne dicte la réalisation d’opérations préjudiciables à l’intérêt du client ou du marché. De cette manière, si un conflit venait à survenir, le banquier devrait pouvoir démontrer qu’il a exécuté sa fonction en conformité avec les règles d’exécution des prestations et de gestion des conflits d’intérêts.

Si les règles visant à lutter contre l’apparition du conflit d’intérêts sont aussi nombreuses qu’éparses, elles reposent cependant toujours sur les deux mêmes principes : l’établissement de séparations matérielles entre les différentes fonctions de la banque universelle susceptibles d’entrer en conflit et l’engagement à respecter ces mesures (Section 1). Reste que si la volonté d’encadrer le mieux possible le conflit d’intérêts du banquier est indubitable, les résultats obtenus ne semblent pas toujours probants, ou tout du moins, ils ne sont pas facilement mesurables (Section 2).

Section 1. Le principe de l'universalité

319. Dans la théorie économique traditionnelle, la banque assure un certain nombre de missions qui permettent le « bien-être » global de la société, qu'il s'agisse de sa fonction principale qui réside dans le financement de l'économie – collecter l'épargne et encourager l'investissement – ou d'activités en apparence secondaires comme la gestion des moyens de paiement ou la couverture de risques[965]. Considérer tous les métiers du banquier et observer les conséquences produites par le système bancaire sur l'économie au cours de l'Histoire confirme que sa mission est d'utilité publique et dépasse largement l'utilité privée des banques et de leurs clients. En effet, ses fonctions situent la banque « au carrefour des circuits monétaires »[966] et elle s'assimile de la sorte à « un point obligé de tous les paiements et règlements des différents agents économiques »[967]. De ce fait, les banques ont une capacité indéniable à répondre aux besoins de financement de l'économie dont elles tirent d'ailleurs leur légitimité, à tout le moins parce la bonne santé de l'économie est tributaire de l'accès au crédit de ses acteurs.

320. Mais si ces fonctions « de base » demeurent et forment encore aujourd'hui et dans la majorité des cas le socle de la relation d'une banque avec ses clients, ce socle est désormais séparé par l'interface du marché financier, autre source de financement de plus en plus privilégiée par les entreprises[968]. Les banques, face à cette situation, se regroupent en organisations plus importantes, ces mouvements de concentration se trouvant qui plus est justifiés par la concurrence et la nécessaire recherche d'économies d'échelle. Le couplage des activités commerciales et financières est en effet volontaire, car la structure diversifiée des bilans qui en résulte offre un moyen réputé efficace d'optimiser le profil rendement-risque. Ainsi, le concept de banque universelle apparaît-il comme une nécessité économique.

321. Pour autant, aujourd'hui, la confusion règne autour des multiples rôles de la banque et des liens qu'elle entretient avec une finance toujours en procès depuis les dernières crises, d'autant plus que les mêmes schémas semblent se répéter indéfiniment. La complexité des produits, les marchés

---

[965] MOORE (B. J.), « *A Simple Model of Bank Intermediation* », *Journal of post keynesian economic* 1989, vol. 12, p. 10 et s.
[966] MOSHETTO (B.), *La banque et ses fonctions*, 5e éd., PUF, 2003, p. 3.
[967] *Ibid.*
[968] ZAKHIA (Th.) et VAUTRIN (G.), « Les entreprises plus opportunistes dans leur financement », *La lettre du trésorier, Mensuel de l'association française des trésoriers d'entreprise (AFTE)* oct. 2012, p. 11.

virtuels, l'émergence du *shadow banking*[969], pour ne citer que ceux-là, font oublier que le rôle premier – et indispensable – du banquier est le financement de l'économie. Cette confusion conduit alors naturellement à s'interroger sur la place qu'occupent désormais les banques dans la société : sont-elles toujours au service d'une prospérité économique qui profite à tous ? Plus exactement, le profil de la banque actuelle, son modèle d'organisation sous la forme universelle, lui permet-il d'exercer efficacement cette mission réputée bénéfique à l'ensemble de la société ? Existe-t-il un profil optimal qui réponde à la fois aux impératifs de la banque et aux besoins de ses clients, dans le respect de l'intégrité du marché, avec pour but ultime de servir le développement économique de la société ?

Répondre à cette question, il faut l'admettre, nécessite d'explorer des connaissances qui ne relèvent pas de notre compétence. Cependant, il n'est pas interdit de se demander, ne serait-ce que de façon élémentaire, si l'universalité de la banque, modèle dicté par son environnement (§1), est finalement un modèle bénéfique à l'intérêt collectif, justifiant que l'on puisse faire l'économie d'une réforme structurelle radicale, voire même, que certains conflits d'intérêts liés au cumul d'activités puissent être, soit ignorés, ou gérés au cas par cas, autrement dit en s'en remettant à l'engagement du professionnel à respecter certaines mesures restrictives et une forme de déontologie ainsi que cela a longtemps été l'usage (§2).

§ 1 - Un modèle dicté par son environnement

322. La réglementation des banques varie au gré des fluctuations de l'économie. Plébiscitées quand l'économie générale va bien, les banques sont rejetées dès qu'elle tourne mal. Les diverses structures bancaires choisies puis écartées, réintroduites ou remodelées, font écho à l'interminable rhétorique du libéralisme contre l'interventionnisme, sur laquelle il ne convient pas de s'attarder dans le cadre de cette étude. Simplement, il apparaît nécessaire de comprendre les enjeux des évolutions structurelles envisagées pour le secteur bancaire, à un moment où l'engouement à définir un nouveau cadre pour les activités financières n'a débouché sur aucune certitude en matière de réformes globales et où, à

[969] Le conseil de la stabilité financière définit le *shadow banking* comme le système d'intermédiation de crédit auquel concourent des entités et activités qui ne font pas partie du système bancaire classique. Et, selon l'Association française des sociétés financières, les *shadow banks* sont celles qui suggèrent des services se rapprochant par leurs caractéristiques des dépôts, réalisent des opérations de transformation d'échéance ou de transferts de risques, et pratiquent l'effet de levier comme la titrisation. Mais cette « finance parallèle n'est ni illégale ni irrégulière et se conforme aux normes en vigueur » : KARYOTIS (C.) (dir.), *La crise en 40 concepts clés*, *op. cit.*, p. 87.

l'inverse, se multiplient les initiatives individuelles des États, notamment de la France.

L'analyse ici sera intentionnellement globale en gardant à l'esprit que la situation des banques américaines ne peut être comparée avec celle des banques européennes, pas plus qu'au sein même du continent européen, les banques allemandes ou italiennes, par exemple, ne peuvent être mises sur le même plan que les banques françaises[970].

D'abord, à travers une brève perspective historique, nous nous attacherons à identifier l'utilité collective des banques, en faisant ressortir la spécificité de l'activité bancaire dans le paysage économique et en analysant les raisons de l'évolution d'un certain nombre de fonctions au cours des époques, l'objectif étant de savoir si les mutations que le secteur bancaire a connues n'ont pas remis en cause cette utilité (A). Pour compléter l'analyse, quelques données économiques permettront de comprendre qu'une adaptation du modèle bancaire à son environnement est nécessaire à la réalisation de la mission évolutive de l'institution (B).

L'approche transdisciplinaire choisie permet, à notre sens, de procéder à des recoupements entre les constats dressés par des travaux de recherche issus de disciplines diverses, et peut exposer des angles de vue croisés que nous imaginons offrir un recul indispensable à l'appréciation et rendre possible un diagnostic le plus fidèle possible.

A/ La perspective historique

323. Les fonctions bancaires ont varié à la fois dans le temps et dans l'espace, leur régulation aussi. Depuis que le changeur du Moyen Âge derrière son *banco*, son comptoir, est devenu banquier, que le banquier prêtant sous la restauration ou la monarchie de juillet sur ses propres deniers est devenu financier, ensuite compensateur et enfin créateur[971], une vague de réglementation a suivi chacune des ces mutations, lesquelles avaient toutefois toujours une certaine longueur d'avance sur les règles qui souhaitaient régir l'exercice de l'activité. Quant aux conflits d'intérêts, bien que souvent dénoncés sans être visés en ces termes, ils ne sont pris en compte par le régulateur qu'indirectement avec la loi de 1945, qui classa les banques en trois catégories : banques de dépôt, les banques d'affaires et les banques de crédits à long et moyen terme, les premières ne pouvant plus, du fait de cette loi, prendre des participations dans le capital des entreprises non bancaires.

---

[970] Dès le XIXe siècle, alors que le tissu bancaire en Europe était dominé par des banques privées, celles-ci opéraient dans le cadre de structures déjà différentes au Royaume-Uni, en France, et en Allemagne : BOGEART (R.), KURGAN-VAN HENTENRYK (G.) et VAN DER WEE (H.), *History of European banking*, Anterwerp, 1994, p. 279 et s.

[971] Sur cette évolution, MOSHETTO (B.), *op. cit.*

Ainsi, l'étude de certaines périodes de l'évolution du système bancaire français et de sa réglementation explique le premier lien entre le cloisonnement ou l'imbrication des activités du banquier, favorisant les conflits d'intérêts, et les situations conjoncturelles et économiques justifiant pour une part non négligeable l'appel fait à la réglementation qui à son tour conditionne le cloisonnement ou l'imbrication des activités du banquier (1°). À cette première étude sera confrontée ensuite celle de l'évolution du système et de la réglementation de la banque d'Outre-Atlantique (2°).

1° - Causes de l'universalité et conflits d'intérêts en France

324. Le métier de banquier, un des plus vieux au monde, ne commence à se professionnaliser en France – pays qui fournit un exemple assez significatif des mutations qu'ont pu connaître les banques européennes malgré maintes variantes d'un pays à l'autre – que vers le début du XIXe siècle avec la structuration d'un système bancaire cohérent autour de la Banque de France[972]. Il compte d'un côté de riches familles de banquiers parisiens, principaux prêteurs de l'État, qui fructifient leurs fortunes au travers de multiples activités, financières comme commerciales, dont il faut remarquer qu'elles sont déjà ouvertes sur le reste du monde, et d'un autre côté, en région, de multiples banques locales, souvent les correspondants locaux de maisons parisiennes, qui mènent principalement des opérations d'escompte. Tous ces établissements sont des sociétés par actions aux moyens encore limités, mais qui s'aventurent dangereusement dans le placement de leurs fonds, ce qui leur vaudra d'être, dans leur majorité, emportées par la crise économique et politique de 1846-1848. Cette crise, largement due au surinvestissement, notamment dans des grands projets d'infrastructure, a par la même occasionné de très importants besoins de financement que les banques existantes ne pouvaient satisfaire. C'est de cette manière que sont apparues, pour répondre à ces demandes, des structures financières nouvelles telles le Comptoir d'escompte de Paris en 1848 ou le Crédit Foncier et le Crédit Mobilier en 1852. Cette activité a donné naissance à son tour à des entités telles que le Crédit Industriel et Commercial en 1859, le Crédit Lyonnais en 1863 et la Société Générale en 1864, et a nécessité par conséquent la constitution d'un réseau d'agences ainsi que la mise en œuvre d'un démarchage systématique des déposants potentiels.

Les conflits d'intérêts ont commencé quand les fonds centralisés sous forme de dépôts (à vue majoritairement) ont été engagés dans des

---

972 Sur cette évolution v. : PLESSIS (A.), *Une histoire de la Banque de France sous le Second Empire*, Droz, 1987 ; *Histoire de la Banque de France*, Albin Michel, 1998 ; *Banques locales et banques régionales en France au XIXe siècle*, Albin Michel, 1999 ; *Banques locales et banques régionales en Europe au XXe siècle*, Albin Michel, 2004.

spéculations risquées et dans des prêts à long terme. C'est d'ailleurs ce qui a valu à ces institutions l'appellation de « banques à tout faire », dont certaines ne se sont pas remises des retraits massifs consécutifs à la guerre de 1870, tandis que d'autres ont souffert des crises de la « grande dépression » entre 1873 et 1896. Ces entités, dont plusieurs avaient été sollicitées quelques années plus tôt pour le soutien à des projets industriels d'envergure, ont dû réduire leur activité aux dépôts et aux crédits à court terme. Ces évènements ont marqué un retour à la spécialisation et opéré une distinction plus nette entre les établissements avec, d'une part, les banques de dépôt, concentrées sur des opérations d'escompte, les avances sur titres et les reports en bourse et prêts à court terme, et, d'autre part, les banques d'affaires, disposant de ressources à long terme qui leur permettaient de proposer des financements plus longs et de prendre des participations dans des entreprises[973].

Malgré cette spécialisation, des voix se sont élevées pour dénoncer les conflits d'intérêts et critiquer le détournement d'une partie des dépôts au profit de placements inopportuns de titres étrangers, comme les célèbres emprunts russes[974], jugés se faire au détriment des besoins de financement locaux dans l'industrie ou l'agriculture.

C'est ensuite une longue succession de difficultés que les banques françaises vont affronter.

325. En effet, lorsque la Première Guerre mondiale éclate, les banques de dépôt sont assaillies de demandes de retraits et la reconstitution de leurs ressources sera difficile : les épargnants sont appauvris par l'inflation, l'Union soviétique refuse toujours de reconnaître les dettes de la Russie tsariste et les capitaux continuent de fuir à l'étranger, notamment lors des crises du franc de 1923-1926[975]. Les banques de dépôt se cantonnent alors à des crédits à très court terme en achetant massivement des bons du Trésor. Les maisons de la Haute banque se limitent souvent à gérer leurs positions antérieures et les banques d'affaires préfèrent intervenir en Europe centrale et orientale ou dans les colonies. Ce sont finalement les banques locales qui aident alors les entreprises industrielles à financer leurs investissements[976], mais ces structures bancaires restent faibles, et ce n'est qu'avec la stabilisation du franc par Poincaré en 1926-1928 que les établissements bancaires parviennent à reconstituer leurs ressources.

---

[973] Comme la Banque de Paris et des Pays-Bas nées en 1872, la Banque de l'Indochine en 1875, ou la Banque de l'Union parisienne,

[974] Sur ce point : GIRAULT (R.), *Emprunts russes et investissements français en Russie, 1887-1914*, Comité pour l'Histoire économique et financière de la France, Études générales, 1999.

[975] BONIN (H.), *Les banques françaises de l'entre-deux-guerres (1919-1935), I. L'apogée de l'économie libérale bancaire française, II. Les banques et les entreprises, III. Les métiers financiers des banques*, Plage, 2000.

[976] LESCURE (M.), « *Banking in France in the Inter-war period* », *in Banking, Currency and Finance in Europe between the wars*, Oxford University Press, 1995, p. 315 et s.

326. La première vague de crises, fin 1930, voit à nouveau la banque mise en accusation. On lui reproche d'utiliser ses instruments commerciaux pour financer ses activités spéculatives. La Banque Oustric notamment tente de la sorte par des prêts bancaires de valoriser le portefeuille de titres du groupe, et pour ce faire, dans son activité sur le marché, sélectionne des sociétés dont le titre en bourse est jugé sous-évalué et par ses achats, financés par endettement, en fait monter le cours jusqu'à ce qu'il atteigne un certain niveau de survalorisation qui lui permet de revendre en tirant une plus-value[977]. Le comportement d'Oustric et de ses alliés (Devilder, Banque Vasseur, Banque Adam) est vu comme la manifestation de conflits d'intérêts qui dégénèrent en manipulations de cours et soutien abusif et sont perçus par les contemporains comme des « détournements de fonds »[978]. L'organisation conglomérale est alors déjà remise en cause à cette époque[979].

Lors de la deuxième panique de l'automne 1931, les accusations concernent cette fois spécifiquement la banque universelle. Est ainsi visée la Banque nationale de crédit, une banque jeune qui connaît une croissance exceptionnelle, au point d'absorber son ancienne maison mère, le Comptoir d'escompte de Mulhouse. Il s'agit d'une banque disposant d'un réseau de collecte considérable qui cumule des activités commerciales et d'investissement, et qui concentre ses investissements dans des opérations de crédit à des secteurs industriels en plein essor et à rendement et risque élevés. Il est alors reproché à cette banque, comme à celles présentant un profil semblable, de renoncer délibérément à la diversification de leurs actifs et de s'engager dans des rapports trop étroits avec l'industrie[980].

La troisième vague de panique en 1932 met encore en doute l'opportunité de l'universalité et pointe du doigt les conflits d'intérêts qu'elle accueille en son sein. C'est cette fois la banque de l'Union parisienne qui est accusée. Il s'agissait d'une banque plus connue comme banque d'affaires à activité internationale, mais qui, en réalité, était aussi une banque de dépôt, activité qui n'était pas négligeable[981]. Il lui a été reproché d'avoir laissé s'installer des problèmes de liquidité en transformant excessivement la maturité de ses investissements, sans couverture de risque, au point que l'incertitude sur le

---

[977] BONIN (H.), « Oustric, un financier prédateur ? (1914-1930) », *Revue historique* 1996, p. 429 et s.

[978] LACOUE-LABARTHE (D.), « La France a-t-elle connu des paniques bancaires inefficientes ? Une analyse exploratoire de la crise des années trente », *Revue d'économie politique* 2005/5, vol. 115, p. 643.

[979] BOULLE (R.), *Les grands établissements de crédit devant la crise*, Sirey, 1938, p. 13 et s.

[980] HAUTCOEUR (P.-C.), « La banque de France et la crise bancaire de 1930-32 », *Comité pour l'histoire économique et financière, Études et documents* 1990, vol. 2, p. 295 et s. ; LESCURE (M.), art. préc., p. 315 et s. ; « La crise bancaire des années 1930 : la crise des banques locales et régionales en France ? » *in Banques locales et banques régionales en Europe au XXe siècle*, *op. cit.*, p. 162 et s.

[981] Sur ce point : BONIN (H.), *La Banque de l'Union parisienne (1874/1904-1974) - Histoire de la deuxième grande banque d'affaires française*, Plage, 2001.

rendement espéré des actifs à long terme de la banque avait fragilisé la confiance des déposants.

La solution sera recherchée ultérieurement, par les lois du 2 décembre 1945, dans la séparation des banques de dépôt, des banques de crédit à moyen et long terme et des banques d'affaires, l'adossement des ressources longues aux emplois longs et l'interdiction aux banques d'affaires de collecter des dépôts à vue ou à moins de deux ans et, enfin, l'interdiction aux banques de dépôt d'octroyer des prêts excédant une durée de deux ans. Entre temps, à la faveur de la Seconde Guerre mondiale, l'État accentua sa prise de contrôle du système bancaire avec la nationalisation en 1945 de la Banque de France et des quatre premières banques commerciales. Cette vague de nationalisation finit par sceller le cloisonnement strict entre les activités de dépôt et d'investissement.

327. Jusqu'au début des années 1950, le caractère essentiellement local des transactions et la croissance économique fragile ne nécessitant pas un effort considérable d'investissement, le concours des banques n'était pas souvent sollicité, ce qui justifiait une intermédiation classique : collecte des dépôts, redistribution en crédits. Les banques constituaient alors un secteur cartellisé où on évitait de se faire concurrence et dont la croissance par l'augmentation du nombre de guichets fut limitée de 1945 à 1959 par une politique restrictive du Conseil national du crédit. Ce frein au développement des réseaux sur une longue période eut pour conséquence d'encourager certaines banques à en absorber de plus petites, les conduisant à acquérir de ce fait une taille importante.

À la fin des années 1950 et au début des années 1960, l'État surveillait toujours de près les activités bancaires et, de façon plus distante, les rapports boursiers, encore peu importants à l'époque[982], relativement à ce qu'ils sont devenus aujourd'hui. Ainsi, les principales banques commerciales étaient nationalisées et un consortium contrôlait la création d'établissements nouveaux et l'évolution des taux d'intérêt. Les normes applicables à toute catégorie de prêts, distribués par les banques commerciales ou réservés aux établissements spécialisés, étaient établies par le canal de la Banque de France qui surveillait d'ailleurs, avec l'aide de la direction du Trésor du ministère des Finances, le volume global du crédit, et, périodiquement, le détail des opérations de chacun de ces établissements. Et les banques étaient dans l'obligation de consacrer une fraction déterminée de leurs dépôts au financement de leur trésorerie. L'activité de la banque était en outre strictement cloisonnée.

328. Les évolutions ainsi retracées illustrent que le secteur bancaire et financier est resté longtemps structuré autour des trois principales activités que sont la banque de dépôt et de crédits, la banque d'affaires et les activités

---

[982] COLLING (A.), *La Prodigieuse Histoire de la Bourse*, Société d'éditions économiques et financières, 1949.

de marchés de capitaux et enfin l'assurance. Cependant, par un mouvement qui s'est accéléré durant les années 1970, il allait se transformer de façon radicale. Dès la phase de reconstruction d'après-guerre dépassée, dans le courant des années 1960, et avec l'accroissement de l'interventionnisme étatique dans de multiples domaines, le démantèlement de la réglementation bancaire jusqu'alors en vigueur s'est amorcé. Ce sont notamment les lois Debré de 1966[983] qui ont remis le secteur en mouvement. Elles ont permis de décloisonner les activités, donnant de la sorte plus de latitude aux banques commerciales pour prendre des participations, et ont de ce fait encouragé le développement des réseaux d'agences, ce qui a eu pour conséquence de stimuler la concurrence entre établissements bancaires. L'exigence d'augmentation du capital des banques a été un autre facteur favorable à la disparition des banques de petite dimension, le plus souvent absorbées par de plus grandes. La libéralisation des marchés nationaux a fini par internationaliser la confrontation de l'offre et de la demande, contribuant à faire des banques des acteurs multiprofils, dont les divers métiers s'autoalimentent en plus de cohabiter.

À la fin des années 1960, les systèmes bancaires et boursiers s'étaient généralisés à l'échelle nationale et l'économie avait finit de se « bancariser », même si c'est toujours à la Banque centrale que revenait la tâche d'assurer la liquidité par l'escompte ou par l'*open market*, et de moduler ses concours pour inhiber ou stimuler le crédit. Du côté des banques d'affaires, on allait assister à une consolidation du secteur qui aboutit à la constitution de grands groupes financiers au terme de plusieurs fusions et rachats[984].

En 1982, une deuxième vague de nationalisation allait intervenir, mais le rapprochement des métiers n'allait pas réellement en être affecté. Et, à partir de là, la loi bancaire de 1984[985], la loi du 6 août 1986[986] décidant la privatisation des banques, qui s'étalera essentiellement entre 1986 et 1987, la

---

[983] Principalement L. n° 66-1010 du 28 déc. 1966 relative à l'usure, aux prêts d'argent et à certaines opérations de démarchage et de publicité, *JORF*, 29 déc. 1966, p. 11623 et, accessoirement, L. n° 66-380 du 16 juin 1966, relative à la réglementation des professions se rattachant à la profession de banquier.

[984] Concentrations qui ont par ailleurs fait couler beaucoup d'encre, SAIDANE (D.), « Concurrence et concentration des activités bancaires », *in L'Europe des banques*, A. Pedone, 2010, p. 13 et s. ; KERJEAN (S.), « Le secteur bancaire européen à l'épreuve du contrôle des concentrations », *Banque et droit* janv.-fév. 2000, p. 14 ; ADJIMAN (G.), « Les fusions-acquisitions dans les banques européennes s'accélèrent », *Rev. banque* févr. 1998, n° 589 ; « Les fusions-acquisitions remodèlent l'Europe bancaire », *Banque et stratégie* févr. 1999, n° 157 ; GAVALDA (C.), « Les regroupements bancaires internes, européens, et internationaux », *in Mélanges Stoufflet (J.)*, LGDJ, 2001, p. 115.

[985] L. n° 84-46 du 24 janv. 1984, relative à l'activité et au contrôle des établissements de crédit, *JORF*, 25 janv. 1984, p. 390.

[986] L. n° 86-912 du 6 août 1986, relative aux modalités d'application des privatisations décidées par la loi 86-793 du 2 juill. 1986 autorisant le gouvernement à prendre diverses mesures d'ordre économique et social, *JORF*, 7 août 1986, p. 9695.

suppression de l'encadrement des crédits en 1987 et du contrôle de change en 1989, ont amorcé un mouvement de déréglementation de l'activité qui, mêlé à l'imbrication croissante entre banques locales et marchés financiers internationaux, ont provoqué une explosion des transactions financières et des volumes négociés. L'activité est alors sortie du cadre national pour s'insérer dans un marché financier mondialisé dont les différentes logiques s'imposent désormais aux groupes bancaires français. Les fonctions de banque de dépôt et de crédit, d'assurance et les activités de marchés de capitaux, longtemps restées distinctes, ont commencé de cette manière à se rapprocher pour finalement fusionner sous la pression de différents facteurs[987].

329. D'abord il y a eu la « globalisation des capitaux », qui avait déjà commencé dans les années 1970 et n'a pas cessé de se développer depuis.

Ensuite le *Big Bang*[988] anglais, qui eut pour conséquences d'assouplir les règles encadrant l'activité des preneurs de marché – ou *brokers* – en permettant l'entrée de capitaux d'origine bancaire[989], et son pendant sur le marché français[990], la réforme du statut de l'agent de change, qui aboutit à la création des sociétés de bourse[991] dont le capital s'est peu à peu retrouvé majoritairement dans les mains des banques, provoquant l'enrichissement du champ habituel d'activité des secondes par l'adjonction des fonctions[992] des premières.

Enfin, l'avènement d'une nouvelle culture internationale d'aversion au risque[993] a achevé la réunion de ces trois professions. Le risque est en effet

---

[987] JACQUILLAT (B.) et LEVY-GARBOUA (V.), *Les 100 mots de la crise financière*, PUF, 2011, p. 104.

[988] L'expression désigne l'ensemble des mesures de libéralisation des marchés financiers britanniques prises en 1986 comme la suppression de la distinction entre « *stockjobbers* » et « *stockbrokers* » ou l'autorisation pour les groupes étrangers à acheter 100 % des actions d'entreprises britanniques cotées. Le terme vient de l'extrême rapidité avec laquelle ont été mises en place les réformes (en un jour) et de la brutale augmentation de l'activité qui en a résulté.

[989] SCHNEITER (B.), « La City de Londres à la veille du Big Bang », *Rev. banque* déc. 1986, p. 1067.

[990] Comme d'ailleurs américain ou japonais pour ne citer que ces deux là.

[991] COURET (A.), « Le Big-Bang à Paris », *Bull. Joly Bourse* 1988, p. 7 ; BOUDILLON (C.), « Le Big-Bang, révolution ou déroute », *Rev. banque* déc. 1986, p. 1063.

[992] DIDIER (P.), « Les entreprises, la bourse et le Matif ou la déréglementation des marchés de capitaux », *JCP E* 1988, 11. Sur ce sujet v. : VAUPLANE (H. de), *L'influence des réformes du marché financier sur les négociations en bourse et ses intermédiaires*, B. PETIT *(dir.)*, thèse Paris II, 1991.

[993] Au fils de l'évolution du XXIe siècle, cette tendance s'est alourdie. Comme le pense un auteur : « c'est une réalité bien connue que le goût du risque se perd ; chacun cherche à s'assurer contre tout » : SERLOOTEN (P.), « L'entreprise unipersonnelle à responsabilité limitée », *D.* 1985, chron. p. 187. Au sein de la vie des affaires, le secteur bancaire et financier n'y échappe pas : ITHURBIDE (Ph.), « Le grand retour de l'aversion pour le risque », *Banque-magazine* mars 2003, p. 12 ; rappr., BECK (U.), *La société du risque, sur la*

devenu une chose du commerce d'une telle ampleur financière que le seul modèle classique de l'assurance ne permettait plus de le gérer. Les organismes d'assurance se sont donc tournés vers les marchés de capitaux en recherche de nouveaux moyens de couverture[994] et l'on a assisté en quelques décennies à l'émergence de couvertures de risques prenant des formes multiples : croisées[995], dynamiques[996] ou en piles[997], et empruntant des appellations originales : *Cap*, instrument permettant à un opérateur ayant une banque pour contrepartie de se protéger contre une hausse des taux (prix)[998], tout en bénéficiant d'une éventuelle baisse, *Swap*, juridiquement traduit comme un contrat d'échange de créances ou de dettes[999], *Floor*[1000], *Collar*[1001], etc. Il n'est d'ailleurs pas banal d'observer que « la société du risque a tendance à générer un totalitarisme légitime de la prévention qui,

---

voie d'une autre modernité, Flammarion, 2001 et PERETTI-WATEL (P.), *La société du risque*, Repères, 2010.

[994] La couverture est la fonction majeure d'un marché dérivé. L'objectif du contrat de couverture est de protéger un actif (ou un engagement) financier contre le risque de fluctuation de sa valeur, consécutive à une évolution des taux de change, des taux d'intérêt, des marges de crédit, etc. Le principe d'une opération de couverture repose sur l'exploitation d'un parallélisme dans l'évolution des prix de deux marchés : celui sur lequel est détenu l'actif à couvrir, et celui sur lequel sont négociés les instruments de couverture : LAUTHIER (D.) et SIMON (Y.), *op. cit.*, p. 54.

[995] Opération consistant à initier une position de couverture sur un instrument négocié sur un marché organisé ayant pour sous-jacent un actif dont le prix est étroitement corrélé à celui de l'actif à couvrir (par exemple couvrir des obligations privées par des contrats sur titres publics) : *ibid.*, p. 58.

[996] La couverture dynamique implique une gestion active visant à réduire le coût de sa couverture (voire à le transformer en un gain) en tirant parti d'écarts de valorisation se manifestant ponctuellement sur le marché dérivé : *ibid.*, p. 54.

[997] Le principe de la couverture en pile est de protéger un actif ou un engagement à terme en concentrant (pour des raisons de liquidité) la totalité de la position de couverture sur la ou les premières échéances d'un marché dérivé : *ibid.*

[998] En contrepartie de cette protection, le vendeur, reçoit une prime qui lui est définitivement acquise. Les sous-jacents les plus utilisés sont les taux d'intérêt et les matières premières. Dans le cadre des taux d'intérêt, cet instrument garantit à l'emprunteur un taux d'emprunt maximal (taux plafond), pour un montant et une durée déterminés. À chaque échéance, si le taux d'intérêt sur le marché est supérieur au taux garanti, l'acheteur du *cap* exerce son option et le vendeur (la banque contrepartie) lui verse la différence entre le taux de marché et le taux garanti : SOUSI-ROUBI (B.), *Lexique de la banque et des marchés financiers*, 6e éd., Dunod, 2009, p. 44.

[999] Instrument financier à terme. Le *swap* peut prendre plusieurs formes selon l'élément échangé (taux, devise, indice, dividende…), selon la combinaison de ces éléments ou selon les parties à l'opération : *ibid.*, p. 295.

[1000] Cet outil offre la protection de l'opérateur contre une baisse de taux tout en permettant de tirer profit d'une hausse de taux éventuelle : LAUTHIER (D.) et SIMON (Y.), *op. cit.*, p. 23.

[1001] Le *Collar* résulte de la combinaison du *cap* et du *floor*. L'opérateur contacte le banquier pour acheter un *cap* et lui vendre simultanément un *floor*. L'opérateur se garantit ainsi contre une hausse des taux au-delà du niveau fixé par le *cap*, et bénéficie d'une baisse. Il reçoit en contrepartie une prime correspondant à la vente du *floor* qui réduit d'autant le coût d'achat du *cap* : *ibid.*, p. 24.

sous couvert d'empêcher que ne se produise le pire, finit par créer [...] les conditions d'apparition de ce qui est encore pire »[1002].

Comme pour parachever l'ensemble, la percée fulgurante de l'informatique, le développement d'Internet [1003] et l'accélération des opérations impulsée par les nouvelles technologies ont conduit à une véritable révolution sur les marchés financiers mondiaux, modifiant fondamentalement les paramètres de l'intermédiation bancaire et financière, en facilitant les échanges et la diffusion de l'information.

Ces mutations profondes, le décloisonnement[1004] du marché comme la déréglementation [1005] des activités, ont affecté le monopole bancaire en matière d'opérations de crédit[1006] et se sont accompagnées, comme dans toute industrie, d'une intensification de la concurrence et d'une pression sur les marges, qui ont naturellement conduit à des rapprochements entre entités dont les métiers confluent[1007]. Cette concentration aux mains d'un petit nombre d'acteurs, d'un grand nombre de métiers aux intérêts souvent mêlés, a eu pour inévitable conséquence que les banques sont devenues un foyer de développement des conflits d'intérêts.

[1002] BECK (U.), *op. cit.*, p. 145.

[1003] LAFITTE (M.), « Internet et la Banque », *Rev. banque* mars 1996, p. 73 ; MICHELIN (P.) et RIOU (F.), « Les perspectives de la cyberbanque », *Banque-magazine* sept. 1999, suppl., p. 23.

[1004] ANDREW (S.), « Le monde des banques et des bourses », *Hérodote* 2003, n° 109, p. 129 et s. ; THOMAS (R.), « La banque des années 1990, perspectives et enjeux », *Rev. banque* nov. 1991, p. 1014.

[1005] RIVES-LANGES (J.-L.) et CONTAMINE-RAYNAUD (M.), *Droit bancaire*, *op. cit.*, p. 14 ; CASSOU (P.-H.), « Les évolutions de la réglementation bancaire », *Rev. banque* mars 1991, p. 229.

[1006] BETBÈZE (J.-P.), « Réintermédiation ? », *Rev. banque* nov. 1993, p. 16.

[1007] Ce mouvement procède aussi de contraintes d'ordres différents comme la généralisation de l'automatisation qui, faisant disparaître la composante humaine de la relation client-banque, a rendu la fidélisation du client difficile dans un domaine où la concurrence s'est exacerbée. Mais également parce que, dans un tel contexte, face aux demandes des clients ou du marché, les banques ont été obligées de proposer des produits et services de plus en plus innovants et complets. Citons par exemple la création et le développement de services tels que les avis de prélèvement en réponse au problème posé à l'origine par une demande d'EDF-GDF, la centralisation automatique de trésorerie ou le crédit documentaire (en effet, avant le XVIIIe siècle, les marchandises voyageaient sur les navires des grosses maisons de commerce, en même temps que leurs représentants chargés de l'acquisition des marchandises, qui étaient payées avec le produit de la vente des biens exportés. À la fin du siècle, avec l'émergence des lignes de navigation, acheteurs et les vendeurs ont commencé à traiter à distance. L'écart entre le lieu et le moment de la conclusion du contrat et du paiement s'est creusé). C'est ainsi pareillement que les banques décidèrent de créer la carte bancaire qui a vu le jour en France en 1967, et plus récemment Monéo, porte-monnaie électronique. Ces services se multiplient d'abord en réponse aux demandes des clients, du marché ou dans un intérêt commun : la banque tente de développer ses activités pour satisfaire les objectifs ponctuels fixés par le client puis, le cas échéant, de les proposer à tous ses clients qui seraient susceptibles d'être intéressés par la solution mise en œuvre.

Par ailleurs, les banques se sont liées les unes aux autres, créant un écheveau d'engagements à terme variés qui se dénoue et se renoue continuellement. Ces transactions, sans doute nécessaires, résultent autant des besoins en couverture à terme du risque de change du commerce international de biens et services que de la centralisation des trésoreries comme de l'activité de prêts aux entreprises nationales ou multinationales. Elles s'entremêlent encore avec les flux de capitaux issus des activités quotidiennes avec les opérateurs sur les marchés : compagnies d'assurance, fonds de pension, caisses de retraite par capitalisation, etc.

Le risque de ces enchevêtrements n'est toutefois devenu patent que lorsque plusieurs banques, privées de liquidités du fait de leurs propres spéculations, ont menacé de ne pas respecter leurs engagements auprès d'autres banques qui étaient leurs créancières. Or, depuis 1982, ce schéma se répète bien souvent et nombreuses sont les crises qui ont fait trembler tout le système financier mondial. La crise de change de l'Argentine, suivie par celle du Mexique et prolongée par celle du Brézil, la bulle Internet ou la crise des *subprimes* comme celle de l'Euro, pour s'arrêter à celles-là, ont chacune à leur tour mit en péril les grandes banques et l'économie de manière générale. Et ce n'est que dans ces moments-là que les fragilités intrinsèques du système mondial des banques sont apparues comme le résultat direct ou indirect de la rupture des digues entre métiers de banque, de bourse et d'assurance, et que la dangerosité de certains conflits d'intérêts auxquels cette confusion des métiers peut mener a commencé à être pris en compte. Le modèle de fonctionnement de la banque universelle s'est alors retrouvé violemment remis en cause et l'on a songé, comme ultime solution, à une réforme structurelle visant à séparer de nouveau les métiers.

330. L'évocation de l'histoire des transformations du secteur bancaire français, si elle conduit à prendre conscience du rôle qu'il a joué dans le développement économique du pays, l'accompagnant et même le stimulant, révèle également que les transformations qu'il a connues ne sont que le résultat du développement économique du pays auquel il a participé. La banque universelle est la conséquence de son environnement économique et juridique. La banque se structure en fonction des besoins économiques auxquels elle est appelée à répondre et la réglementation apparaît ensuite pour la réguler, ce qui ne manque pas d'affecter sa structure. Mais l'inverse peut aussi être vrai quand, en réponse à une situation économique changée, la loi définit une structure nouvelle qui s'impose à la banque.

331. Ce retour en arrière permet accessoirement de constater que la banque en France est longtemps demeurée un monde où évoluaient petits et grands banquiers, s'appuyant les uns et les autres sur les crédits de la Banque de France. Les causes de concentration ont été nombreuses et il est difficile de déterminer celles qui ont eu le plus d'importance. La concentration a été recherchée pour réduire les coûts par la rationalisation, aplanir la fluctuation des affaires et imposer des structures bancaires plus grandes, donc plus puissantes dans les relations internationales. Une certaine peur de la concurrence a aussi pu être un facteur de concentration face à des marchés élargis et au développement des moyens de communication. D'autres institutions bancaires, pour répondre à la tendance de diversification provoquée notamment par les textes de 1966, ont elles aussi cherché des solutions dans ce mouvement. L'accélération des décloisonnements douaniers et la nécessité de s'associer aux besoins d'investissements d'entreprises multinationales ont également été des causes de concentration des banques de grande dimension et d'autres groupes financiers. Les politiques gouvernementales enfin ont participé au mouvement de concentration[1008]. Ces causes de la concentration dans le secteur bancaire ont de ce fait été diverses, mais à part l'effet particulier de la réglementation, elles n'ont pas été très différentes des raisons qui ont poussé d'autres secteurs de l'économie à se concentrer.

L'évolution décrite n'est pas celle qu'ont connue les Etats-Unis, les banques y ayant très tôt pris la forme de sociétés anonymes et ayant disposé d'un réseau de succursales qui s'est déployé beaucoup plus rapidement[1009], le tout aidé par une volonté prononcée de déréglementation. Pour ces raisons sans doute, les règles organisationnelles y sont quelque peu différentes et leurs évolutions se font parfois de manière plus radicale.

2° - Causes de l'universalité et conflits d'intérêts aux États-Unis

332. Aux Etats-Unis, c'est notamment la crise de 1907[1010] qui déclencha une campagne de dénonciation des banques, de leurs conflits d'intérêts, et abus de pouvoir économique[1011]. Le modèle de banque universelle continua toutefois de prévaloir jusqu'à l'adoption en 1933 du *Glass Steagall Act* (section 16 du *banking act* de 1933). En effet, dans les années trente, « chaque phase de panique mettait particulièrement en évidence ce qui passe aux yeux des contemporains pour des faiblesses inhérentes à certains types d'activités et de spécialisations bancaires »[1012]. Cependant, dès le lendemain de son adoption, les offensives législatives cherchant à abolir le *Glass Steagall Act* se sont succédées.

[1008] Par exemple en créant la BNP de la fusion de la BNCI et du CNEP.

[1009] V. sur ce point LEMIERRE (J.), *La banque américaine*, préf. Merieux (A.), éd. Revue banque, 1998.

[1010] Sur les similitudes entre la crise américaine de 1907 et celles de 2008 v. MENDEZ (J.) et TUTIN (C.), « De la crise bancaire à la régulation : l'expérience américaine de 1907 », *L'Économie politique* 2010/4, p. 42 et s.

[1011] ANDERSON SELIGMAN (E. R.), *The Crisis of 1907 in the Light of history*, éd. Kessinger Publishing, 2010.

[1012] LACOUE-LABARTHE (D.), art. préc., p. 642.

C'est en particulier l'interprétation faite des termes de cet acte qui a été à l'origine d'une première attaque. Le *Glass Steagall Act* avait notamment posé, à ses articles 20 et 21, une interdiction majeure, celle des rapprochements entre les banques commerciales et toute société « dont l'activité était principalement l'émission, la garantie, la vente au public et la distribution d'actions, d'obligations à court ou à long terme, ou d'autres titres »[1013]. Or, le mot principalement, « *principally* », a donné lieu à une interprétation élargie par rapport à ce que recherchait réellement l'esprit de la loi. Il était ainsi lu et compris que toute société dont l'activité n'était pas liée « principalement » aux activités d'émission, de garantie, de vente au public et de distribution d'actions, d'obligations à court terme ou à long terme, ou équivalents échappait à cette interdiction et pouvait de ce fait être affiliée aux établissements bancaires. Cette interprétation avait ouvert la voie à un certain nombre de fusions[1014].

C'est ensuite la formulation générale du texte qui a motivé le second assaut. La banque commerciale ne pouvait, selon le texte, garantir une offre publique d'émission de titres. Toute émission d'ordre « privé » pouvait dans ce cas être autorisée selon l'interprétation qui était faite de cette disposition. Or, le domaine de l'émission d'ordre « privé » n'étant pas strictement défini, les banques commerciales ont saisi l'occasion pour participer à un nombre important d'émissions que le texte ne souhaitait pas à l'origine leur autoriser.

Mais, bientôt, le *Glass Steageall Act* dans son ensemble allait se trouver remis en cause, à partir de la fin des années 1960[1015], à la même période où s'amorçaient d'importants changements en Europe. Cet appel à la déréglementation fut justifié par le constat d'une « inadéquation »[1016] de la réglementation et de l'interventionnisme aux besoins des marchés et à l'intérêt de ses acteurs[1017], comme les idées doctrinales prédominantes à l'époque l'affirmaient. L'appel à la déréglementation eut un écho en particulier en 1971 avec la *Commission on Financial Structure and Regulation* ou commission *Hunt*, qui allait rendre un rapport appelant à la

---

[1013] Art. 20 et 21, préc.

[1014] MIDDLETON (M.), « Banks v. Brokers : Pressure Builds to change Glass-Steagall Act », *American Bar Association Journal*, sept. 1982, vol. 68, n° 9, p. 1068 et s.

[1015] Le point de départ fut l'autorisation (provisoire) de la fusion de Bankers Trust New york Corp. avec une société de courtage de Wall street, Alex Brown & Sons, qui révéla que l'emprise de la loi « est bien morte » : TRUELL (P.), « More Pressure seen on Big Banks to Aquire Securities Firms », *New york times* 7 avr. 1997, p. 2.

[1016] Les théories néolibérales estimaient même que la réglementation mise en place à l'époque constituait une « entrave » au fonctionnement optimal des marchés. Le bien public, selon cette école, était placé en dehors des préoccupations gouvernementales et il ne pouvait retrouver sa place au centre qu'à la suite d'un allégement de cette réglementation et du retour à la « discipline de marché » : BALLEISEN (E. J.) et MOSS (D. A.), *Governement and Markets : Toward a new theory of regulation,* Cambridge university, 2013, p. 3.

[1017] HOFFMANN (H.), *Politics and banking : ideas, public policy, and the creation of public institutions*, Johns hopkins university press, 2001, p. 228.

réforme réglementaire progressive[1018] du système bancaire et financier. Mais, c'est avec l'adoption d'une série de textes spécifiques comme le *Depository institutions deregulation and monetary control act* en 1980 et le *Garn-St Germain Act*[1019] que la volonté de déréglementation fut le plus affichée. Plusieurs propositions de lois suivirent, mais restèrent lettre morte, car jugées trop « favorables au secteur bancaire »[1020]. À partir de 1995 en revanche, le nombre de tentatives s'intensifia[1021], et c'est finalement l'adoption en 1997 du *Riegle-Neal Interstate Banking and Branching efficiency Act* et du *Gramm-Leach-Bliley Act*[1022] qui a achevé les efforts entrepris en venant à bout des derniers vestiges du *Glass Steagall Act.*

À partir de là, certaines banques d'investissement ont créé leurs propres fonds mutuels, tandis que d'autres ont acquis des fonds qui existaient déjà, et les banques américaines ont de la sorte adopté à nouveau le modèle de la banque universelle, mais, cette fois, tel que le connaissait l'Europe, à cette différence près que les activités de banque d'investissement prirent très vite une place plus importante dans la structure des établissements bancaires[1023].

333. Ainsi, si en France les banques se sont développées sur le modèle de la banque universelle, elles se sont dotées pour la plupart de départements de banque d'affaires dont les activités s'avèrent au final plus spécialisées que celles des banques d'investissement américaines, et dont l'offre est structurée par domaines d'intervention : *Corporate Finance*, *Fixed Income, Structured Finance*, *Export*, *Commodities*, *Project Finance*, etc. Aux Etats-Unis, la spécialisation sur une niche d'activité, ou sur un segment de clientèle en particulier, ne constitue pas la norme et les banques d'investissement sont plutôt classées par catégories[1024]. Cependant, depuis la

---

[1018] ROBINSON (R. I.), « The Hunt Commission Report », *Journal of finance* sept. 1972, n° 4, p. 765 et s.

[1019] OLSON (M. W.), « The monetary control act, 30 years later », *ABA Banking journal* mars 2010, vol. 102, n° 3, p. 5 et s. ; CORNETT (M. M.) et TEHRANIAN (H.), « *An Examination of the Impact of the Garn-St-Germain Act Depositary Institutions of 1982 on commercial Banks and Savings and Loans* », *Journal of finance* mars 1990, n° 1, p. 95 et s.

[1020] CRANFORD (J. R.), « *Banking Overhaul Bill* », *Congressional Quarterly Weekly Report* 13 juil. 1991, vol. 49, n° 28, p. 1924.

[1021] H. R. 18, *Financial services competitiveness Act*, cité par TAYLOR (A.), « *Glass Steagall Act Bill to paired with Regulatory Relief* », *Congressional quaterly weekly report* 17 juin 1995, vol. 53, n° 24, p. 1721 ; LEACH (J. A.), « *Introduction : Modernization of Financial institutions* », *The journal of corporation law* 2000, p. 681 et par DOS SANTOS (J. C.), « *Glass Steagall Act and the Regulatory Dialectic* », *Economy commentary* 15 févr. 1996, p. 1. –*Adde,* H.R. 10, *Financial services modernisation act.*

[1022] *Gramm-Leach-Bliley Act of 1999,* 12 nov.1999, loi préc.

[1023] CAIRNS (A. J.), DAVIDSON (J. A.) et KISILEVITZ (M. L.), « *The Limits of Bank Convergence* », *Mc Kinsey quarterly* 2002, p. 42, spéc. le graphique n° 1 : retour sur investissement des banques commerciales et des banques d'investissement aux États-Unis 1999-2000.

[1024] *Bulge Bracket firms* (ces structures couvrent toute la gamme de services d'investissement. Ainsi sur un prospectus d'émission d'actions, figurent les différents noms des banques

disparition du *Glass-Steagall Act* en 1999, les grandes banques commerciales américaines se sont rapprochées de l'exemple européen par acquisition de banques d'affaires de petite taille.

Finalement, aux Etats-Unis aujourd'hui, il existe deux catégories de « banques », l'équivalent des banques de dépôt et de crédits placées sous le contrôle de la Réserve fédérale, la banque centrale américaine, et les « pures » banques d'investissement, régulées par la *Securities and Exchange Commission.* Toutefois, durant la crise des *subprimes*, certaines banques d'investissement pures ont disparu, ont connu la faillite (Lehman Brothers), ou ont été rachetées (Bear Stearns, Merill Lynch) et les survivantes ont changé de statut (Goldman, Morgan Stanley).

Cette mise en perspective historique, si elle a permis de comprendre le modèle autour duquel se structure l'activité bancaire, mérite d'être complétée avec des précisions d'ordre économique afin de pouvoir appréhender au mieux les avantages et inconvénients des formes que l'exercice du métier de banquier peut prendre.

B/ Les principales données économiques

334. Les cours d'initiation présentant le circuit économique distinguent les principaux agents selon leur fonction majeure et en dressent une typologie précise – les ménages, les administrations, les sociétés non financières – et réservent les banques et les institutions financières dans une catégorie à part, en raison notamment de la mission particulière qui leur est attribuée : le financement de ce circuit, autrement dit le fait de drainer les disponibilités financières vers les agents qui sont en besoin de financement. Ce rôle majeur aiderait le décollage économique global et il y a là un rare point de consensus des différentes théories de la croissance.

Les cours de microéconomie bancaire, quant à eux, mettent en évidence les services rendus par la banque aux acteurs économiques. Les principales théories modernes détaillent les activités qui fondent l'utilité économique de la banque, en tant qu'intermédiaire de marché, et expliquent d'ailleurs la pérennité des banques par ce rôle d'intermédiaire qu'elles jouent, en opposition avec les idées de la théorie classique selon lesquelles les mécanismes de marché permettent une mise en relation directe des prêteurs et des emprunteurs[1025]. Le rôle de la banque est ainsi considéré comme double. D'une part, il consiste à assurer la production de liquidités[1026] à

---

d'investissement qui participent au syndicat. Ces noms apparaissent entre parenthèses d'où le nom *Bulge bracket firms*), *Tier One* (il s'agit de grandes maisons de titres qui ont un statut quelque peu différent des premières), Boutiques, etc.

[1025] LOBEZ (F.) et VILANOVA (L.), *Microéconomie bancaire*, PUF, 2006, p. 4 et s.

[1026] DIAMOND (D.) et DYBVIG (P.), « Banks Runs, Liquidity, and Deposit Insurance », *Journal of political economy* 1983, n° 91, p. 401 et s.

travers les prêts à long terme, à savoir les entreprises, à partir de ressources à court terme mises à disposition par les déposants. D'autre part, il vise à réduire l'asymétrie d'information entre déposants et investisseurs emprunteurs, car les banques en savent plus qu'eux sur la qualité des projets à financer[1027]. Les banques s'apparentent de cette manière à une sorte de contrôleur délégué par les épargnants pour surveiller les emprunteurs[1028] dans la mesure où elles produisent une information crédible qui sert par ailleurs de signal pour le marché financier dans son ensemble[1029]. Enfin, la banque joue un rôle spécifique dans la mesure où elle participe à la création monétaire, mission fondamentale, car la monnaie sert aux échanges, et parce que l'émission de monnaie compte parmi les fonctions régaliennes qui théoriquement ne sauraient être déléguées puisqu'elles participent de la souveraineté de l'État. En somme, doit ainsi être admise l'existence d'un lien fort entre croissance économique et développement que les banques renforceraient. Les établissements bancaires de dimensions différentes ont comme objectif collectif de faire fonctionner un système monétaire qui soit considéré comme sain et satisfaisant. La dimension de ces établissements a-t-elle une importance dans la réalisation de cet objectif ? Le modèle de banque universelle contribue-t-il à son atteinte ? C'est ce que nous espérons comprendre.

De l'analyse de diverses études, menées dans plusieurs disciplines confondues qui ont cherché à déterminer la dimension optimum d'une banque, seront tirées quelques pistes générales de réflexion, notamment quant au couple rendement-risque et à la taille de la banque (1°), puis nous verrons dans quelle mesure les fonctions complémentaires de la banque universelle produisent des effets plus globaux en fonction de sa taille, en ce sens que la dimension de la banque affecterait également son utilité économico-sociale (2°).

1°- Universalité et ratio rendement-risque

335. Pour toute entreprise, une préoccupation essentielle est celle d'éviter le « risque ». En matière bancaire, ceci est particulièrement crucial. Assurément, l'équilibre commercial ou industriel s'établit en théorie entre une fabrication et un stockage et les besoins d'un marché, que l'on peut suivre, et sur lesquels une entreprise, sauf difficultés exceptionnelles, peut aligner son activité selon sa souplesse. L'activité de banque comporte en plus des risques spéciaux, inhérents à la nature même du prêt d'argent, c'est-

---

[1027] « Le contrat de dette », *in Les banques entre droit et économie*, *op. cit.*, p. 53.

[1028] DIAMOND (D. W.), « *Financial Interdmediation and Delegated Monitoring* », *Review of economic studies* 1984, p. 393 et s.

[1029] LELAND (J.) et PYLE (D.), « *Informational Asymetries, Financial Structures and Financial Intermediation* », *The Journal of Finance*, 1977, vol. 2, n° 32, p. 193 et s.

à-dire d'une matière essentiellement fongible dès la conclusion du contrat et qui ne réapparaît qu'au moment du remboursement, sous réserve qu'aucun élément extérieur ne soit venu entre temps troubler le déroulement normal de l'opération. Certes, contre cet inconnu, le banquier va se prémunir par diverses garanties ; le risque subsiste néanmoins en partie du fait que les ressources utilisées pour l'octroi du prêt sont principalement des dépôts disponibles à tout moment, tandis que les crédits sont à terme. Le risque bancaire comprend par conséquent diverses composantes, mais qui sont habituellement regroupées en deux catégories principales[1030] : le risque de non-paiement et le risque d'immobilisation. Le risque de non-paiement ou le risque de non-remboursement revêt lui-même différents aspects selon les cas : risque personnel, risque propre à une branche d'activité déterminée, risque pays, etc. Le risque d'immobilisation correspond au risque de voir les fonds déposés en deçà de la marge de sécurité normale. À ces deux catégories de risque, il convient d'en rajouter de nombreux autres : risque de taux d'intérêt, de taux de change, etc.

Il y a donc un risque général inhérent à la profession bancaire qui n'existe pas dans les autres commerces ou industries et qui explique que les banques doivent constituer des provisions spéciales et respecter continuellement un certain rapport entre le montant de leurs engagements et celui de leurs dépôts. Ce risque constitue la préoccupation majeure des banques, quelle que soit leur taille. Mais la loi des grands nombres leur assure un certain équilibre grâce au volume des opérations traitées et est évidemment plus avantageuse quand la dimension est importante. C'est en partie pour profiter de cet effet que les banques cherchent à multiplier leurs opérations : elles divisent de la sorte leur risque … mais en même temps, elles le multiplient en ajoutant celui des activités nouvelles. Qu'en est-il alors ?

Après avoir dégagé les principaux arguments en faveur d'une diversification des métiers de banquier et leur regroupement au sein de structures de taille importante (a), la synthèse des arguments militant pour une spécialisation et une dimension moins importante permettra de répondre à cette question (b).

a - Arbitrages sur la diversification et la grande dimension

336. Du point de vue de la théorie économique, lorsque la banque universelle dispose de ressources stables, la distribution de nouveaux crédits ne dégrade pas nécessairement l'équilibre de sa trésorerie. Cette dégradation n'a lieu que si les fonds alloués aux emprunteurs se retrouvent dans le passif d'une autre banque, c'est-à-dire lorsque le crédit qu'elle a accordé est

---

[1030] DUMONT (G.-F.), *Efficience et dimension des* banques, préf. Baeque (D. de), LGDJ, 1975, p. 42 et s.

racheté par une banque concurrente, auquel cas la première se retrouve dans l'obligation de se refinancer sur le marché[1031]. Dans cette optique, une petite banque serait ainsi susceptible de subir une fuite de trésorerie plus forte qu'une grande, ce qui rendrait en conséquence son coût d'intermédiation plus élevé[1032].

Les banques auraient également intérêt à rechercher une taille suffisante afin d'amortir les coûts opérationnels liés au développement d'outils spécifiques de gestion financière et des risques[1033].

Dans une optique similaire, les rapprochements entre entités aux profils complémentaires (caisses d'épargnes et organismes de crédit par exemple)[1034] sont jugés judicieux.

337. Des nuances à ces résultats ont toutefois été apportées par plusieurs auteurs[1035], selon lesquels la diversification entraîne un risque de faillite qui n'est pas négligeable et qui s'accroît quand la taille de la banque s'accroît. En partant de ce principe, ces auteurs militent plutôt pour une spécialisation des banques, à la fois sectorielle et géographique, qui leur permettraient d'être moins affectées en période de tensions économiques. Ce courant de pensée est à l'origine de la réforme Bale II portée aujourd'hui à Bale III.

b - Arbitrages sur la spécialisation et la petite dimension

338. Au stade actuel des mouvements de concentration, débutés dans les années 1960, il n'est plus vraiment possible de trouver en France de banques d'aussi petite dimension que certaines banques américaines[1036]. Pour autant, l'objectif mené dans ces développements étant la recherche d'un modèle de banque optimum, la distinction spécialisation *versus* diversification ne doit pas conduire à délaisser la question de la taille, à défaut de quoi l'analyse ne serait que partielle.

De manière générale, comme pour les grandes banques multicapacitaires, la prospérité des petites et moyennes banques spécialisées dépend de

---

[1031] ALLEN (F.) et GALE (D.), « *Financials Markets, Intermediarie and Intertemporal Smoothing* », *Journal of political economy* 1997, vol. 105, p. 523.
[1032] PASTRE (O.), « Industrie bancaire : les espoirs de David face à Goliath », *Rev. d'éco. fin.* 2001, p. 54.
[1033] LHOMME (G.), « S, X, ou XL ? Quelle est la bonne taille des banques ? », *Perspectives* 2004, n° 79.
[1034] *Ibid.*
[1035] KRASA (S.) et VILLAMIL (A) « *Monitoring the Monitor : an Incentive Structure for a Financial Intermediary* », *Journal of economic theory* 1992, n° 57, p. 197 ; WINTON (A.), « *Delegated Monitoring and Bank Structure in a Finite Economy* », *Journal of financial intermediation* 1995, n° 4, p. 158.
[1036] AVERY (R.) et SMAKOLYK (K.), « *Bank Consolidation and Small Business Lending : The Role of Community Banks* », *Journal of Financial Services Research* 2004, n° 25, p. 291 et s.

plusieurs facteurs et les difficultés qu'elles rencontrent sont nombreuses. Quelques faiblesses de la petite et moyenne dimension tiennent précisément à la taille, d'autres à l'environnement[1037].

Qu'elle soit d'investissement ou de crédit, les outils d'action des banques varient naturellement en fonction de leur taille et ceux des plus petites sont évidemment plus limités. Leurs ressources restent relativement faibles, surtout que le recours au marché leur est souvent malaisé ou simplement prohibé, et elles peuvent avoir des difficultés à engendrer des ressources importantes d'amortissement ou de provisions. Lorsqu'elles y parviennent, la petite ou moyenne banque « aura une moins bonne utilisation des fonds destinés à l'amortissement » [1038] et, par conséquent, de moins bonnes possibilités de financement. Du fait de cette faiblesse financière, sa prise de risque doit être limitée et un mauvais choix peut coûter cher. À cela il faut ajouter que les dirigeants, face à des difficultés qui nécessitent des solutions immédiates, consacrent moins de temps à envisager les risques sur le long terme et ne peuvent d'ailleurs accéder dans cet objectif à la même documentation que les dirigeants d'une grande banque, ni s'appuyer sur la recherche fondamentale[1039] que le coût met hors de leur portée.

Une autre difficulté, relevée à la veille des mouvements de concentration, est liée au caractère familial des petites banques, car, même si de tels établissements n'occupent aujourd'hui en France qu'une place marginale par rapport aux Etats-Unis où des structures familiales de cette taille existent toujours, notamment des banques d'affaires [1040], leur taille demeure un handicap. Les moyennes et petites banques peuvent avoir comme actionnaires importants un ou plusieurs membres d'une famille et être ainsi liées en grande partie à la volonté de l'actionnaire principal et à sa réputation.

Par ailleurs, un découragement face à des prélèvements fiscaux et une réglementation trop lourds, l'inquiétude devant une instabilité politique ou l'incapacité à assurer une augmentation de capital pour se conformer aux minimums légaux sont autant de raisons de mettre à mal les petites et moyennes banques, tout comme les départs de banquiers clés, les successions ou les transmissions qui tournent mal[1041].

Face à ces risques spécifiques, la petite ou moyenne banque ne peut pas non plus envisager la diversification, considérée comme une possibilité d'atténuation des risques grâce à la répartition qu'elle permet entre les régions et les clientèles. Enfin, condamnée de la sorte à la spécialisation, la

---

[1037] DUMONT (G.-F.), *op. cit.*, p. 143 et s.

[1038] DUMONT (G.-F.), *op. cit.*, p. 144 et s.

[1039] *Ibid.*, p. 145.

[1040] AVERY (R.) et SMAKOLYK (K.), « *Bank Consolidation and Small Business Lending : The Role of Community Banks* », *Journal of Financial Services Research* 2004, n° 25, p. 291 et s.

[1041] Pour un ex. v. MARTINE (O.), *Rothschild, une banque au pouvoir,* Albin michel, 2012.

petite ou moyenne banque n'affronte pas avec la même force qu'une grande banque les fluctuations saisonnières ou cycliques[1042].

339. Malgré ces entraves, les petites et moyennes banques spécialisées n'apparaissent « pas comme un résidu appelé à vivoter et à disparaître, mais au contraire, parviennent à surmonter les handicaps permanents qu'elles supportent »[1043].

En effet, globalement, leur taux de rentabilité financière (ratio des bénéfices indiqués au passif du bilan sur les fonds propres, capital et réserves) n'est pas moins bon que celui des grandes. Cela a été notamment expliqué par le fait que les petites et moyennes banques ont un besoin plus important de satisfaire leurs actionnaires, car ne pouvant se financer sur le marché, elles comptent sur eux, notamment lors des augmentations de capital.

Quant à la rentabilité commerciale (produit net bancaire), l'histoire de la banque apprend que les petites et moyennes structures ont toujours possédé plus de dépôts à terme, et nonobstant les charges d'exploitation relativement supérieures, elles peuvent réaliser, et ont souvent réalisé, un bénéfice d'exploitation, ou rentabilité commerciale, proportionnellement plus élevé[1044].

À l'échelon de la productivité, une étude montre qu'elle croît sensiblement au même rythme dans les petites et moyennes banques que dans les grandes[1045].

Enfin, les économies d'échelle et de gamme associées aux grandes banques ne peuvent être dissociées de la perte d'information que ces structures connaissent et donc aux conséquences d'une mauvaise décision de crédit potentielle. Les petites et moyennes banques concurrencent ainsi les plus grandes, car, dans une industrie fortement tributaire de l'information comme l'industrie bancaire, elles arrivent à collecter plus aisément l'information spécifique, l'information *soft*, qui nécessite pour les grandes banques une délégation de pouvoir plus importante[1046] et qui est par conséquent plus coûteuse[1047]. Des organisations de petite taille, moins hiérarchisées et plus décentralisées[1048], exploitent aussi mieux la relation

---

[1042] DUMONT (G.-F.), *op. cit.*, p. 146.
[1043] DUMONT (G.-F.), *op. cit.*, p. 190.
[1044] CARTER (D.), MCNULTY (J.) et VERBRUGE (J.), « *Do Small Banks have an Advantage in Lending ? An Examination of Risk-Adjusted Yields on Business Loans at Large and Small Banks* », *Journal of Financial Services Research* 2004, n° 25, p. 233 et s.
[1045] DUMONT (G.-F.), *ibid.*
[1046] V. LIBERTY (J.), « *Initiative, Incentives and Soft Information : How does Delegation Impact the Role of Bank Relationship Managers ?* », *Job market paper* 1999.
[1047] Le coût de transfert de connaissance est fonction également de la nature de cette connaissance, de l'environnement organisationnel et de la technologie disponible.
[1048] STEIN (J.), « *Information Production and Capital Allocation : Decentralized versus Hierarchical Firms* », *Journal of Finance*, 2000, n° 57, p. 1891et s.

avec la clientèle, la distance entre l'entreprise et la banque s'accroissant avec la taille de la banque et les relations devenant plus courtes et moins exclusives[1049].

340. S'il ne peut de la sorte être défendu que le profit diminue avec la dimension de la banque, ni le contraire, il est en tout cas possible d'affirmer que les petites et moyennes banques spécialisées restent rentables parfois proportionnellement plus que les grandes, mais elles demeurent moins armées face aux projets les plus importants et à la concurrence transfrontalière comme internationale. Par ailleurs, la simple observation des faits montre que, d'une manière générale, la solidité des banques ne croît pas avec l'importance de leurs effectifs ou de leurs capitaux. C'est ainsi que le principe *too big to fail* a connu des limites en 2008 avec la faillite de *Lehman Brothers* par exemple, ou qu'en 1928 alors que de très puissants établissements comme la *Dresdner Bank* en Allemagne, l'*Oesterreichische creditanslat* en Autriche et quelques vingt mille banques des Etats-Unis étaient en état de cessation de paiement, une seule petite banque de Chicago ne l'était pas[1050].

2°- Universalité et utilité économico-sociale

341. Du point de vue de la théorie économique, les classiques[1051] ont enseigné qu'un secteur économique concurrentiel, comprenant donc des entreprises de taille modérée, est plus dynamique qu'un secteur où règne une entreprise monopolistique. Cette idée a depuis été rejetée par d'autres auteurs comme Joseph A. Schumpeter[1052] qui a cherché à démontrer que les secteurs fortement concurrentiels n'ont pas de marges de profit pour financer les innovations[1053]. John K. Galbraith a abouti à la même conclusion : une industrie, comme l'industrie bancaire, avec quelques gros acteurs, a plus de chance d'être un facteur de progrès, car elle a des fonds et la perspective de bénéfices élevés qu'elle peut consacrer pour partie à l'innovation[1054]. Selon ces deux auteurs, la dimension des entreprises doit être grande, concentration

---

[1049] PETERSEN (M.) et RAJAN (R.), « *The Benefits of Lending Relationships : Evidence from Small Business Data* », *Journal of Finance* 1994, p. 3 et s.

[1050] Sur le rythme des faillites et des liquidations en France notamment, LACOUE-LABARTHE (D.), « La France a-t-elle connu des paniques bancaires inefficientes ? Une analyse exploratoire de la crise des années trente », *Revue d'économie politique* 2005/5, vol. 115, p. 641 et s.

[1051] Principalement SMITH (A.) et RICARDO (D.), v. DARMOUTH COLLEGE, *Theories of economic growth*, Free Press Collier-Macmillan, 1965.

[1052] SCHUMPETER (J. A.), *Capitalisme, socialisme et démocratie*, trad. Fain (G.), Payot, 1983.

[1053] PERROUX (F.), *La pensée économique de Joseph Schumpeter : les dynamismes du capitalisme*, Droz, 1965, p. 10 et s.

[1054] GALBRAITH (J. K.), *La science économique et l'intérêt général*, trad. Crémieux-Brilhac (J.-L.) et Le Nan (M.), Gallimard, 1974.

rimant naturellement avec progrès. Cette opinion a été largement acceptée en France dès les années 1960, et plus tôt encore aux Etats-Unis. Les affirmations et les démonstrations s'y sont développées qui prônaient la thèse de la concentration, considérée alors comme le remède à toutes les difficultés économiques. Une décennie d'éloges plus tard, des hésitations ont commencé à pointer. Que faut-il en déduire ?

342. Des travaux d'économistes assignent aux banques commerciales combinant différentes activités d'autres fonctions économiques qu'ils rajoutent à leur fonction première de financement de marché[1055]. Ainsi, certains auteurs[1056] expliquent que le coût d'analyse bancaire demeure constant pour chaque prêt, peu important la taille de la banque, car celui-ci est fixe et insensible aux montants de crédits alloués. Les grandes banques posséderaient toutefois un avantage par rapport à des entités plus petites en ce qu'elles parviendraient à le réduire par l'exploitation d'informations croisées. La loi des grands nombres permettrait pour sa part de réduire les coûts d'agence entre le déposant et la banque et le risque d'illiquidité, ce qui aurait comme conséquence d'accroître la rémunération des dépôts.

343. D'un autre côté, les petites et moyennes banques spécialisées semblent avoir une vocation propre qui consiste à maintenir là où elles sont implantées un lien plus étroit avec leurs clients de particuliers et d'entreprises. Plus proches de leurs clients, les banquiers de taille moins importante seraient mieux placés pour pratiquer le crédit personnel et répondre aux besoins de trésorerie des petits exploitants qui ont plus de qualités personnelles que de sûretés pour garantir leurs emprunts. Par leur dimension et leur spécialisation, les petites et moyennes banques auraient une connaissance spécifique de leur clientèle, de leur région, de la culture et de la conjoncture environnante, du fait de leur appartenance à une localité ou une région, et du fait que leurs dirigeants connaissent dans leur entreprise des problèmes semblables à ceux de leurs clients, qui sont généralement de la même dimension. Elles nouent ainsi des liens beaucoup plus étroits avec les clients et la grande stabilité de leurs dirigeants assure la continuité de ces relations. Elles peuvent prendre des décisions plus rapides et à un moindre coût sans avoir à recourir à des comités lointains et à des analystes spécialisés anonymes. Leur rôle de conseil est par ailleurs sans doute plus affirmé et les produits offerts à la clientèle plus individualisés.

[1055] GORTON (G.) et WINTON (A.), *Financial Intermediation*, NBER working paper series, 2002, n° 8928.

[1056] BOYD (J. H.), « *Expansion of Commercial Banking power… or, Universal Banking is the Cart, not the Horse* », *Journal of banking and finance* 1999, n° 23, p. 195 et s. ; DIAMOND (D. W.), « *Banks runs, deposit insurance, and liquidity* », *Journal of political economy* 1983, vol. 91, p. 401 et s. ; « *Financial intermediation and delegated monitoring* », *Review of Economic Studies*, 1984, vol. 51, p. 393 et s., « *Liquidity, banks, and markets* », *Journal of political economy* 1997, n° 105, p. 928 et s.

344. Les données économiques révèlent que banques spécialisées et banques mixtes ont leurs avantages, mais, bien sûr, aussi leurs inconvénients. Notamment, la variation de leur taille impacte naturellement leur rentabilité comme leur risque. Il n'est pour autant pas possible de soutenir, faute de consensus en doctrine et à défaut d'étude ou de rapport technique qui emporte conviction, qu'une banque multicapacitaire, ou de taille importante, est un modèle plus rentable et plus solide dans un environnement concurrentiel, mais plus risqué et plus générateur de conflits d'intérêts qu'une banque spécialisée. Il n'est pas évident non plus d'affirmer, *a contrario,* qu'une structure de taille moins importante est un modèle moins armé contre la concurrence, moins rentable, mais présentant moins de risques. Conclure qu'un de ces modèles l'emporte sur l'autre est d'autant plus difficile que ce qui peut être valable dans une conjoncture économique donnée ne semble plus l'être dans une autre.

La perspective historique, quant à elle, enseigne que le modèle de la banque actuelle est la conséquence de son environnement économique et juridique. La structure de la banque est fonction des besoins économiques du moment, auxquels elle est appelée à répondre, et arrive ensuite une réglementation pour la restructurer. Mais l'inverse est tout aussi vrai. Une structure est définie par la loi, qui la remodèlera lorsque les besoins économiques le nécessiteront. À la question de départ qui était de savoir si les multiples évolutions que la banque moderne a connues, ayant conduit à ce qu'elle devienne une grosse structure multicapacitaire, n'ont pas modifié son utilité, il convient de répondre que c'est pour la conserver qu'elle a mué, soit spontanément, face aux divers changements économiques, soit obligatoirement, sous l'effet de la réglementation qui est intervenue pour la préserver.

Ce n'est finalement pas la structure ou le modèle de la banque qui pose difficulté, mais le comportement des acteurs qui y exercent leurs différents métiers face aux conflits d'intérêts qui se présentent à eux, du plus haut au plus petit des échelons. Comme le pensait Isaac Newton commentant les pertes importantes qu'il avait subies à la suite de la fluctuation des cours et de la faillite de la compagnie du Missisippi, s'il était possible pour lui de calculer les mouvements des corps pesants, il était difficile de prévoir la folie de gens[1057]. Assez naturellement donc, des restrictions et interdictions d'activités combinées à une multitude d'autres mesures ont accompagné l'évolution de la banque, qui ne sont que des mesures réalistes face à la nature et la fréquence du risque de conflit d'intérêts engendré par l'imbrication des activités de la banque universelle.

[1057] Larousse encyclopédie v. « Isaac Newton ».

§ 2 - Des engagements réalistes

345. La prévention des confits d'intérêts commence d'abord par la définition d'une structure organisationnelle visant à assurer sécurité et confidentialité des informations en circulation. Est notamment mis en place un organigramme aux lignes hiérarchiques nettes au sein duquel sont distinguées les diverses fonctions, les responsabilités et les différents mécanismes de contrôle interne. Le concept n'est pas nouveau : le droit français a consacré depuis fort longtemps la double idée que les entreprises sont organisées selon un principe hiérarchique et que les pouvoirs sont partagés et spécialisés[1058]. Doit ensuite être prévue une fonction dite de conformité[1059] (*compliance*) qui a pour mission, d'une part, d'évaluer en permanence les moyens instaurés pour remédier aux manquements des professionnels des différents métiers à leurs obligations et, d'autre part, de conseiller et d'assister ces acteurs[1060] afin qu'ils se conforment au mieux à ces obligations. Un contrôle permanent est conduit par les responsables de la conformité, sorte de contrôle de deuxième niveau, destiné à s'assurer de la bonne exécution des contrôles de premier niveau pris en charge par les personnes assurant directement les fonctions opérationnelles. En résumé, la prévention repose sur des séparations matérielles entre les métiers (A) renforcées par une pluralité de restrictions d'origine essentiellement légales (B).

A/ Une séparation fonctionnelle

346. Le principe des séparations entre les fonctions est simple. Différentes dissociations matérielles sont mises en place pour limiter l'accès à l'information de manière générale (1°) et pour organiser au plus près les différents flux d'ordres (2°).

1°- La limitation de l'accès à l'information

347. Le banquier est d'abord invité à adopter une approche connue sous le nom de « Besoin de savoir » ou « *Need to know* » : l'accès aux informations confidentielles est limité aux personnes qui en ont un besoin avéré et dans l'intérêt légitime d'un client ou de la banque.

[1058] Cass. civ., 4 juin 1946, arrêt Motte, *JCP G* 1947, II, 3518, note Bastian (D.).

[1059] Règl. gén. AMF, art. 313-2 et s.

[1060] Les personnes concernées par cette assistance sont les dirigeants au sens large, les salariés, les agents liés au prestataire ainsi que toute personne mise à sa disposition ou participant à l'activité en vertu d'un accord d'externalisation.

Dans cette optique, le règlement général de l'Autorité des marchés financiers exige des banques qu'elles mettent en place des procédures efficaces en vue d'interdire ou de contrôler les échanges d'informations ou des procédures d'organisation, notamment matérielle, conduisant à la séparation d'entités susceptibles de détenir des informations privilégiées[1061]. Sont ici visées notamment les « barrières d'informations » plus connues sous le nom de « murailles de Chine »[1062] ou « *chinese wall* »[1063], expression métaphorique inspirée de la muraille de Chine élevée du IVe siècle au IIIe siècle avant J.-C, et qui désigne un ensemble de règles et de procédures internes établies au sein d'un établissement financier afin d'éviter la circulation d'une information sensible, confidentielle ou privilégiée. Le concept apparaît pour la première fois aux Etats-Unis en 1966 dans le cadre de l'affaire *Merill Lynch, Pierce, Fenner & Smith Inc*[1064]. *Merril Lynch* agissait alors comme syndicataire dans le cadre d'une émission d'obligations convertibles pour la société *Douglas Aircraft*. Au cours du processus de préparation de cette émission, *Douglas Aircraft* informa le département concerné de *Merill Lynch* que les profits estimés pour l'exercice suivant seraient revus à la baisse. Cette information fut communiquée au département de gestion de portefeuilles institutionnels qui céda immédiatement les titres et mit au courant certains clients privilégiés qui en firent autant. La *Securities and Exchange Commission* engagea alors une action contre *Merill Lynch* pour délit d'initié. Lors de la transaction avec cette dernière, *Merill Lynch* s'engagea à mettre en place de nouvelles procédures fournissant une meilleure protection contre la divulgation et la circulation d'informations reçues dans le cadre des différentes activités, et la *Securities and Exchange Commission* imposa une séparation entre le département d'émission et de syndication et les autres départements[1065]. Enfin, en 1988, une interprétation extensive de l'article 15(f) de la loi de 1934, qui oblige les courtiers inscrits aux Etats-Unis à maintenir des procédures destinées à prévenir l'utilisation abusive d'informations privilégiées[1066], a été utilisée pour prescrire aux firmes de courtage l'établissement de murailles de Chine.

1061 Règl. gén. AMF, art. 315-15.

1062 *Ibid.*, appelées également « barrières informationnelles », « murailles éthiques » (*ethics walls*), « systèmes de blocage d'informations » ou « écrans déontologique ».

1063 POSER (N.), « *Chinese walls or Emperor's new Clothes* ? », Part I, *Company lawyer* 1988, vol. 9, n° 5, p. 119.

1064 *Merrill Lynch, Pierce, Fenner, & Smith Inc.*, 43 SEC. 933, [1968] 938.

1065 « *Prohibits disclosure by any member of the underwriting division of material information obtained from one corporation in connection with the consideration or negotiation of a public or private offering and which has not been disclosed by the corporation to the investing public* ». *Merrill Lynch, Pierce, Fenner, & Smith Inc.*, préc.

1066 L'article 15 (f) de la loi de 1934 de *la Securities Exchange Act of 1934*, ch. 404, title I, Sec. 1, 48 Stat. 881 (6 juin 1934), et l'article 204A du *Investment Advisers Act of 1940,* ch. 686, title II, Sec. 201, 54 Stat. 847 (22 août 1940), codifiée à 15 U.S.C. § 80b-1 à § 80b-21.

348. La « muraille de Chine » n'interdit pas l'exercice de deux professions ou activités, mais prévoit leur séparation au sein d'une même entreprise dans le but d'éviter les conflits d'intérêts. Cette séparation fait obstacle à la circulation d'informations privilégiées entre les métiers, l'objectif étant d'empêcher que le professionnel ne réalise son intérêt par l'action combinée de plusieurs services. Concrètement, elle consiste en une série de mesures, généralement des séparations physiques entre les départements concernés (séparation des lieux de travail par exemple), des barrières procédurales ou informatiques permettant de cloisonner l'information et d'encadrer la circulation de l'information privilégiée, tant à l'intérieur qu'à l'extérieur d'un groupe, et des mesures de discipline particulières, consignées dans un recueil de dispositions déontologiques par le responsable de la conformité.

349. Le rôle de ce responsable de la conformité est double : il définit, d'une part, les principes d'indépendance entre les lignes de métiers potentiellement en conflits d'intérêts et la séparation physique qui constituent les « barrières d'information », et il contrôle, d'autre part, le respect de cette indépendance et le non-franchissement de ces barrières. L'activité d'analyse financière doit ainsi être radicalement séparée des activités de « *corporate finance* » : placement et prise ferme, conseil aux entreprises en matière de structure de capital, de stratégie industrielle et de questions connexes ou des services concernant les fusions et le rachat d'entreprises. Une séparation physique doit également exister entre les activités de compte propre et les activités pour compte de tiers. Une interdiction de communiquer doit être prévue entre les *traders* et les *brokers* en salle des marchés, etc. Et si un cas de franchissement d'une « muraille de Chine » se présente, par un analyste par exemple, celui-ci ne devrait reprendre ses fonctions qu'avec l'accord des responsables de la conformité et de l'analyse financière.

Toutefois, conformément aux dispositions des textes d'application de la directive relative aux marchés d'instruments financiers[1067] dont elles sont issues, les règles d'organisation que l'on vient de voir sont assorties d'un principe de proportionnalité, chaque établissement devant mettre en place des procédures et mesures appropriées[1068]. Il revient en effet au banquier prestataire de services d'investissement de définir une « politique

[1067] Notamment l'ord. n° 2007-544, 12 avr. 2007 du 12 avr. 2007 relative aux marchés d'instruments financiers prise par le Gouvernement, préc.

[1068] Règl. gén.AMF, art. 313-20 et 313-21 II 1° : En vertu de ce principe, pour des établissements de petite taille, l'AMF accepte que les équipes partagent les mêmes bureaux à condition que l'établissement soit en mesure de justifier son choix de ne pas instaurer la séparation physique et établisse que des mesures alternatives efficaces sont mises en place, comme la possibilité d'isolement temporaire des analystes, la séparation des photocopieurs, et une politique de « clear desk ».

efficace »[1069], les établissements devant décrire comment ils adaptent leur organisation pour respecter cette disposition.

350. Ce dispositif implique donc, comme a eu l'occasion de le rappeler l'Autorité des marchés financiers dans l'affaire Euroland Finance[1070], une séparation stricte des fonctions et des tâches et suppose en particulier l'autonomie réelle des activités potentiellement conflictuelles. En l'espèce, la Commission des sanctions de l'Autorité des marchés financiers a pu reprocher au prestataire de ne pas avoir su garantir une stricte séparation de ses activités de « *corporate finance* », de production et de diffusion de travaux de recherche en investissement et, par conséquent, de n'avoir pas satisfait à « l'obligation générale de prévenir la circulation indue d'informations confidentielles », laquelle doit se traduire par une séparation qui soit « tangible, fonctionnelle et hiérarchique entre les entités susceptibles de générer de tels conflits d'intérêts ». La répartition, dans deux salles différentes, des équipes attachées à chacune des activités litigieuses n'était pas suffisante pour considérer que le prestataire avait répondu aux exigences de la loi. Il n'aurait pas dû inclure au sein d'un même pôle d'« ingénierie financière », les activités d'analyses financières et de « *corporate finance* » dont la direction avait au surplus été confiée aux mêmes personnes, d'autant plus, comme l'a relevé la Commission, que rien n'empêchait les membres de l'une des équipes d'accéder au bureau de l'autre et qu'aucun système de badge n'avait été mis en place, quand les deux salles n'étaient séparées que de quelques mètres et que les cloisons étaient vitrées. Il apparaît ainsi de cette décision que les activités conflictuelles doivent appartenir à des pôles ou des services distincts et que l'organigramme du prestataire doit être aménagé de façon à ce que leur direction soit assurée par des personnes différentes. Cependant, si la Commission considère que les manquements étaient en l'espèce constitués, elle a souligné qu'il fallait de manière générale tenir compte d'un certain nombre de circonstances particulières, propres au prestataire, et « de la difficulté qu'il peut y avoir à mettre en œuvre, dans une petite structure, les règles relatives à la séparation fonctionnelle et hiérarchique ».

Les dispositions visant à limiter l'accès à l'information sont complétées par un certain nombre d'autres tendant à contrôler les différents flux d'ordres.

2°- L'organisation étroite des flux d'ordres

351. Les règles de séparation fonctionnelle sont renforcées par un encadrement des différentes opérations qu'effectue le banquier sur le

[1069] Règl. gén. AMF, art. 313-20.
[1070] AMF, Sanct. 8 janv. 2009, préc.

marché. Cet encadrement prend la forme d'obligations d'information du régulateur (a) et de responsabilisation des différents acteurs impliqués dans la négociation sur les marchés (b).

a - L'information sur les dispositifs de traitement utilisés

352. C'est notamment l'activité de négociation à haute fréquence (*High Frequency Trading*) [1071] qui sera prise ici en exemple pour illustrer l'encadrement étroit des activités souhaité par le législateur. Les reproches adressés à cette forme de négociation portent principalement sur le caractère artificiel de la liquidité que cette activité peut créer[1072], les ordres qui sont donnés étant pour la plupart annulés, sur le risque de propagation de crise[1073] et sur le risque d'exploitation des conflits d'intérêts qui prennent souvent, dans ce cas, la forme de manipulations de cours difficiles à repérer en raison de la très grande vitesse d'exécution des ordres.

Ainsi, pour détecter les flux d'ordres provenant d'une entreprise de négoce haute fréquence et repérer tout abus de marché qui pourrait être commis dans un tel cadre, l'article L. 451-4 du Code monétaire et financier impose aux opérateurs une obligation d'information étendue. Tout banquier utilisant des dispositifs de traitement automatisé engendrant des ordres de vente ou d'achat de titres de sociétés dont le siège social est localisé en France doit nécessairement se faire connaître auprès de l'Autorité des marchés financiers. Ce banquier doit ensuite assurer une traçabilité de chaque ordre envoyé vers un marché réglementé ou un système multilatéral de négociation. Il doit, en outre, conserver pendant une durée fixée par le régulateur tout élément permettant d'établir le lien entre un ordre donné et les algorithmes ayant permis de déterminer cet ordre ou utilisés pour l'élaborer, l'Autorité des marchés financiers pouvant en faire la demande lorsqu'elle estime utile de le faire. L'objectif est de faciliter le déroulement des enquêtes et notamment d'établir le lien de causalité entre un ordre donné et un algorithme, indispensable pour retenir la responsabilité de l'auteur.

b - Le renforcement des responsabilités

353. Avant la réforme du 26 juillet 2013, un banquier prestataire de services d'investissement disposant d'un accès direct au marché, ce qui est quasiment le cas de tout négociateur (*trader*), avait la possibilité de faire

---

[1071] Ce procédé consiste à exploiter sur des volumes très élevés et en un temps infime, des écarts de cours très réduits entre les différents opérateurs.
[1072] RONTCHEVSKY (N.) et STORCK (M.), « Encadrement des marchés, renforcement de la répression des abus de marché et des pouvoirs de l'Autorité des marchés financiers par la loi de séparation et de régulation des activités bancaires », *RTD com.* 2013, p. 769
[1073] *Ibid.*

profiter un tiers de cet accès sans contrôler au préalable les ordres que ce dernier transmettait au marché (pratique dite du « *naked market access* »). Désormais, il est précisé à l'article L. 533-10 du Code monétaire et financier que lorsqu'ils fournissent à une autre personne un accès direct à une plate-forme de négociation, les prestataires de services d'investissement sont tenus de signer un accord écrit avec le tiers portant « sur les droits et obligations essentiels découlant de la fourniture de ce service ». Cet accord doit stipuler que le prestataire conserve la responsabilité de garantir la conformité des négociations effectuées par son intermédiaire. Les prestataires, devenus ainsi responsables des ordres transmis par leur biais, devraient être plus incités à les contrôler et, éventuellement, à refuser l'offre de ce service aux opérateurs à haute fréquence qui risquent de commettre des abus de marché.

L'organisation que commande la prévention des conflits d'intérêts est encore complétée par une série de mesures allant de la rotation temporaire des acteurs, ou de la restriction d'activité à l'interdiction pure et simple.

B/ Des restrictions légales

354. Après avoir établi une liste de règles nécessaires à détecter les situations de conflits d'intérêts, l'article 313-21, II, du règlement général de l'Autorité des marchés financiers dispose, à son dernier alinéa, que ces normes ne sont pas limitatives et que si elles s'avèrent insuffisantes, le banquier est tenu de « prendre toutes les mesures et procédures supplémentaires ou de substitution qui sont nécessaires et appropriées à cette fin ». Un rapprochement doit être fait avec le 5° du même texte qui impose pour sa part des « mesures visant à interdire ou à contrôler la participation simultanée ou consécutive d'une personne concernée à plusieurs services d'investissement ou connexes ou autres activités lorsqu'une telle participation est susceptible de nuire à une gestion adéquate des conflits d'intérêts », puisque le régulateur considère que « la mise en place de procédures et contrôles permettant d'assurer l'indépendance de la recherche est aussi importante que la séparation physique des activités d'analyse, de ventes et de trading »[1074].

Cependant, on conviendra qu'il est alors délicat de réaliser une présentation des séries d'engagements, complétant les mesures de séparation d'activités au sein de la banque universelle que l'on vient de voir, qui soit suffisamment rigoureuse compte tenu notamment de la diversité de ces mesures et de leur nature bien souvent dénuée de sens juridique précis. Il en est ainsi des exigences d'honnêteté, de sincérité, ou encore d'indépendance, présentées comme des conditions essentielles à l'objectivité des analystes financiers et/ou à l'intégrité des prestataires des services d'investissement et

[1074] Position – recommandation AMF n° 2013-25, Guide relatif à l'analyse financière, p. 11.

des services connexes. Quelle approche avoir face à ces notions dont la détermination du sens juridique est en soi un travail de longue haleine ? De plus, l'indépendance, comme l'honnêteté ou la sincérité, est préservée par des règles aux objets différents et aux champs d'application peu ou mal coordonnés, ce qui n'est pas pour faciliter la détermination exacte de leur contenu. Ce sont déjà deux premières critiques à adresser à cette méthode d'élaboration des normes aux connotations fort moralistes, mais consistant à juxtaposer par cycles quasi réguliers des directives-cadres qui permettent de nombreuses spéculations à la fois sur leur effectivité comme sur leur efficacité, méthode conduisant parfois à des incohérences. Il est donc plus utile de s'intéresser à l'objectif recherché au travers de ces exigences pour établir de quelle manière il pourrait être atteint.

On retiendra qu'il existe diverses interdictions qui autorisent à « définir des sphères distinctes d'exercice du pouvoir »[1075] et, au sein de ces sphères des incompatibilités « sériant davantage les intérêts du centre et ceux de la périphérie »[1076], ces mesures visant à préserver selon les cas une autonomie économique (1°) ou une autonomie opérationnelle (2°).

1° - Une autonomie économique

355. En matière d'analyse par exemple, l'article 313-21, II, 3° du règlement général de l'Autorité des marchés financiers demande « la suppression de tout lien direct entre la rémunération des personnes concernées exerçant principalement une activité particulière, et la rémunération d'autres personnes concernées exerçant principalement une autre activité, ou les revenus générés par ces autres personnes, lorsqu'un conflit d'intérêts est susceptible de se produire en relation avec ces activités ». Ceci suppose que ces acteurs (salariés comme partenaires de la banque) intervenant dans la production de l'analyse financière ne peuvent accepter d'avantages de la part de personnes qui auraient des intérêts importants dans l'objet de l'analyse[1077]. À cela s'ajoute l'interdiction de réaliser des transactions personnelles sur les instruments financiers ou instruments liés sur lesquels porte l'analyse[1078]. D'ailleurs, devant les difficultés relatives à la mise en place d'un contrôle effectif des transactions et les risques de divulgation d'information confidentielle ou privilégiée au sein des différentes équipes d'analyse financière, de nombreux établissements[1079] ont opté pour un dispositif plus strict qu'exigé par le législateur, en édictant une interdiction permanente des transactions des

---

[1075] GUISELIN (E.-P.), *Le droit de la vie politique*, Ellipses, 2004, p. 103.
[1076] *Ibid.*
[1077] Régl. gén. AMF, art. 313-27, 3°.
[1078] *Ibid.*, 2°.
[1079] Position – recommandation AMF n° 2013-25, Guide relatif à l'analyse financière, p. 11.

analystes sur tous les titres cotés[1080]. Mais, du fait de la relation de proximité entre les analystes d'un même bureau de recherche, il paraissait insuffisant à l'Autorité des marchés financiers de limiter l'interdiction aux seules sociétés que l'analyste suit directement à titre personnel. L'autorité de régulation a alors récemment préconisé que les mêmes modalités s'appliquent aux titres cotés détenus préalablement à leur entrée en fonction ou des mesures alternatives (domiciliation des comptes ou obligation d'accès aux comptes ; système de préapprobation des transactions personnelles par le responsable de la conformité) permettant d'obtenir des résultats comparables[1081].

Déjà, en 2003, le comité technique de l'Organisation internationale des commissions de valeurs avait proposé une série de prohibitions[1082]. Entre autres, il a interdit « aux analystes de participer aux côtés des services de la banque d'investissement, aux *road shows*, et à toute opération publicitaire liée à une opération spécifique »[1083], ou de promettre à des émetteurs des analyses favorables ou des recommandations particulières en termes d'objectif de cours, en échange d'une relation d'affaires suivie, d'un service ou d'un investissement, ou encore « de préapprouver les rapports d'analyses sauf dans les cas visant à vérifier l'exactitude de certains éléments financiers et sous le contrôle des services déontologie ou juridique » [1084]. Le comité avait également suggéré de faire peser sur les analystes, ou ceux qui les emploient, l'obligation « de rendre public le fait que l'émetteur ou un tiers a, le cas échéant, offert une rémunération ou tout autre avantage lié à un rapport d'analyse »[1085].

Entrent nécessairement dans cette catégorie de restrictions les dons, cadeaux et autres avantages. Il est généralement intégré dans les règles légales comme dans la quasi-totalité des chartes et codes déontologiques de la profession bancaire que les employés s'abstiennent d'accepter des dons, de quelque nature que ce soit, dès lors qu'ils peuvent mettre en question leur indépendance. Sont envisagés en fait les avantages en nature, voyages, cadeaux, invitations, formations … ou en argent, commissions, remboursement de frais, sauf si leur valeur est négligeable : divers avantages sont admis à la condition d'être prévus dans une convention soumise à l'avis du responsable de la conformité. La solution semble satisfaisante, mais on peut s'interroger sur son effectivité dans la mesure où le cadeau ou le don interdit, parce que source de conflit d'intérêts, peut se faire en toute opacité et en dehors du cadre professionnel.

Ces règles se justifient pleinement. Il serait d'ailleurs possible d'en faire davantage en imposant l'obligation de mentionner dans les analyses toute

---

[1080] Hors OPCVM et gestion sous mandat de gestion discrétionnaire.
[1081] Position – recommandation AMF n° 2013-25, préc., p. 11 et s.
[1082] COB, communiqué de presse, 1er oct. 2003, n° 383, p. 183, p. 185 et p. 223 et s.
[1083] *Ibid.*
[1084] *Ibid.*
[1085] *Ibid.*

sorte de liens d'intérêts en présence, la « principale mesure de prévention des conflits d'intérêts, permettant leur gestion, [étant encore] leur révélation »[1086], laissant de la sorte à l'utilisateur le soin de faire le tri pour se forger sa propre opinion et comprendre où se situe son intérêt, car une information inutile pour l'un peut être primordiale pour l'autre.

2° - Une autonomie opérationnelle

356. Quand il s'agit de préserver l'autonomie opérationnelle du banquier, son intervention peut être dans certains cas interdite. Plus précisément, l'acteur qui détient un intérêt à une affaire peut se trouver écarté d'une mission, d'une question, ou d'une décision, le risque de conflit d'intérêts étant jugé trop aigu. À titre d'exemple, la jurisprudence[1087], même en l'absence de texte de loi, imposait aux personnes considérées comme initiées une obligation d'abstention pendant la période précédant la révélation des informations au public (publication d'avis dans les journaux spécialisés, conférences ou communiqués officiels de l'émetteur dans la presse générale ou spécialisée, etc.). En ce sens, le Code de bonne conduite de l'Organisation internationale des commissions de valeurs, en plus d'imposer la séparation des activités d'évaluation des autres activités, y compris de conseil, pouvant présenter un conflit d'intérêts, recommande toujours la mise en place de procédures et mécanismes internes et écrits de nature à identifier les opinions de l'analyste et l'utilisation de l'information confidentielle pour les seuls besoins de son activité d'évaluation, ou de celle menée conformément aux accords de confidentialité passés avec l'émetteur.

Les interdictions édictées pour préserver l'autonomie opérationnelle ou économique peuvent d'ailleurs viser un cercle d'intervenants plus large que celui des salariés et partenaires. Ainsi en est-il de l'interdiction formulée à l'article L. 544-2 du Code monétaire et financier qui dispose que « les dirigeants d'une entreprise doivent s'abstenir de toute initiative auprès des analystes financiers dont ils rémunèrent les services qui aurait pour objet ou pour effet de privilégier leurs intérêts propres, ou ceux de leurs actionnaires, au détriment d'une information sincère ».

357. Dans d'autres cas, le conflit d'intérêts étant inhérent au cumul de qualités – au sens « positions », « fonctions » ou « titres »[1088] – portées par une même personne, il ne s'agit plus d'interdire une opération ou un acte particulier, mais d'identifier les circonstances dans lesquelles un cumul de

---

[1086] SCHMIDT (D.), obs. sous T. Com., Paris, 12 janv. 2004, SA LVMH Moet Henessy Louis Vuitton c/ Sté Morgan Stanley & Co international limited ; *Bull. Joly sociétés* 2004, p. 388.

[1087] CA Paris, 26 mai 1977, *JCP G* 1978, II, 18789, note Tunc (A.) ; *D.* 1978, p. 379, note Cosson (J.).

[1088] V. sur cette notion : DUBIGEON (A.), *op. cit.*

fonctions est incompatible, car source d'opposition[1089] d'intérêts, le simple cumul de qualités n'étant pas considéré habituellement comme un motif suffisant pour caractériser un conflit d'intérêts et donc pour définir une incompatibilité. En effet, contrairement aux interdictions, qui comme il a pu être constaté, ne peuvent qu'être saluées, l'édiction d'une incompatibilité constitue « la réaction juridique la plus massive »[1090], mais qui peut s'avérer disproportionnée selon les cas de figure. Pour cette raison, l'idée globale qui ressort de l'analyse du dispositif de prévention est que le cumul n'est interdit que s'il existe une suspicion d'atteinte à l'activité exercée dans l'intérêt du client. Par conséquent, selon les hypothèses, une information ou une autorisation sera préférée.

L'incompatibilité a pour objet l'interdiction faite à une personne titulaire d'intérêts particuliers d'exercer une profession ou une fonction précisées par une règle juridique ou professionnelle. Au sens strict, il s'agit de l'impossibilité légale de cumuler certaines activités, certaines fonctions ou situations privées[1091]. Elle oblige l'acteur qui se trouve en situation de cumul à faire un choix et à se dessaisir d'un des intérêts qu'il porte. Le champ de l'incompatibilité est plus ou moins large selon l'activité exercée : le cumul pour la création d'entreprise, le cumul avec une activité accessoire, etc. L'incompatibilité n'étant pas une simple règle déontologique[1092], sa méconnaissance conduit à l'exercice illicite de l'activité professionnelle[1093].

358. Au terme de l'analyse du dispositif de prévention des conflits d'intérêts, c'est le manque de cohérence qui surprend. Les règles d'organisation de la banque universelle sont faites, défaites et refaites, au gré des changements de la conjoncture, sans qu'il soit réellement possible d'en dégager une logique claire, alors qu'en France comme aux Etats-Unis, depuis plus d'un siècle, sont toujours dénoncés des conflits d'intérêts d'une même nature, que ce soit au début du XIXe siècle, dans les années 1930 ou encore aujourd'hui. Quant aux arguments pour ou contre le maintien du

---

[1089] Pour un ex. : Cass. com., 29 avr. 1997, n° 95-18.407.

[1090] DECOOPMAN (N.), « Conflits d'intérêts, impartialité, incompatibilités », *in Les conflits d'intérêts dans le monde des affaires, un Janus à combattre ?*, PUF, 2006, p. 121.

[1091] *V°* « Incompatibilités », CORNU (G.) (dir.), *Vocabulaire juridique*, 10e éd., PUF, 2014, p. 532.

[1092] BERGEL (J.-L.), *Droit et déontologies professionnelles*, Libr. univ. d'Aix-en-Provence, 1997, p. 14.

[1093] Toute nomination à une fonction en violation d'une incompatibilité peut être sanctionnée d'une nullité, Cass. soc., 20 oct. 1976, *Rev. sociétés* 1977, p. 277. En revanche, les juges, en application notamment du droit commun, refusent en général de prononcer la nullité des actes passés en violation de la règle (Cass. 1re civ., 15 févr. 1961, *Bull. civ.* I, n° 105 ; Cass. 1re civ., 21 oct. 1968, *D.* 1969, p. 81 ; Cass. com., 30 janv. 1996, *Bull. civ.* IV, n° 30). En effet, la nullité n'est pas toujours la sanction adéquate, notamment parce qu'elle prive souvent le cocontractant de bonne foi de l'opération escomptée. Pour cette raison, il est utile de recourir à d'autres modes de sanction de manière à ôter ponctuellement à l'auteur du conflit l'avantage recherché sans pour autant remettre en cause l'acte accompli.

modèle de banque universelle, ils fluctuent d'une crise à l'autre et d'une doctrine à l'autre, et s'appuient sur des considérations économiques elles-mêmes changeantes, si bien qu'il s'avère difficile d'en extraire un sous-ensemble convaincant.

Cette hétérogénéité de règles et d'usages ne peut qu'être source de déséquilibres et porteuse de risques en raison des possibilités d'arbitrage et d'interprétation que cette situation autorise. Elles ont ainsi une portée imprécise sur laquelle il convient à présent de s'attarder.

Section 2 : L'appréciation : une portée incertaine

359. Ce que l'on nomme ici dispositif de prévention des conflits d'intérêts n'est jamais, et n'a jamais été que l'assemblage de différentes lois et règles déontologiques qui n'ont pas le même champ d'application et n'obéissent pas à un régime commun, marqué par une certaine distance entre le conflit original et le modèle de résolution offert pour en sortir.

Cette situation résulte de ce que cette nomenclature s'est construite de manière opportuniste, en réponse à des situations de conflits d'intérêts données, ne permettant pas souvent la généralisation des solutions trouvées. L'attitude du législateur modulant le champ d'application des règles protectrices en fonction des nécessités présentes n'est pas en soi condamnable. La construction entière du droit ne s'efforce-t-elle pas d'épouser au mieux les besoins de la société[1094] ? Un philosophe observe[1095] d'ailleurs que « le rapport qui existe entre une société et son droit n'est pas de l'ordre de celui qui s'établit entre une cause mécanique et son effet, mais plutôt de l'ordre de celui qui relie la solution d'un problème à ses données ». Plus loin, il remarque que « le droit est une réaction adaptative ; et l'adaptation est un processus actif qui ne consiste pas à subir purement et simplement l'empreinte des conditions d'existence, mais à y répliquer »[1096]. Cependant, à partir de là, il apparaît que la faille a sa place dans l'élaboration et l'évolution d'une législation.

Dans son ensemble, le lourd dispositif de prévention des conflits d'intérêts semble tout de même juridiquement incertain et, accessoirement, économiquement coûteux (§1). Quant à l'ultime solution de réforme structurelle, elle connaît également des limites (§2).

[1094] Après la célèbre formule de Portalis : « Les codes des peuples se font avec le temps, à proprement parler on ne les fait pas », la pensée de l'école historique allemande : « Tout droit est le résultat de l'essence intime de la nation et de son histoire, le produit des forces intérieures et silencieuses », une théorie sociologique du droit en opposition à l'école d'exégèse prône que le droit n'est pas l'œuvre consciente, libre et délibérée, mais l'aboutissement d'un processus complexe d'interactions qui font intervenir la société toute entière.

[1095] HUSSON (L.), « Nouvelles études sur la pensée juridique », *Revue philosophique de la France et de l'étranger* oct.-déc. 1976, p. 457 et s.

[1096] *Ibid.*, p. 502.

§ 1 - Les limites globales du dispositif

360. Mettre en exergue les limites globales du régime de prévention des conflits d'intérêts suppose d'une part de s'interroger sur la valeur juridique d'un dispositif constitué pour l'essentiel de mesures matérielles dont – et c'est paradoxal – l'articulation avec le devoir du banquier de préserver l'intérêt du client n'est pas toujours évidente, comme on pourra le constater (B). En outre, l'objet de notre appréciation ayant une nature économique, l'exercice impose d'autre part d'intégrer dans l'examen des règles la dimension économique, car l'écarter revient à « maltraiter l'objet lui-même »[1097] (A).

A/ La mesure quantitative

361. L'analyse économique des règles de droit apparaît ainsi indispensable comme l'ont souligné la doctrine[1098] et les rédacteurs du Code civil[1099]. Cet impératif a encore été rappelé, plus récemment, par le Conseil d'Etat[1100] et le comité de réflexion sur les institutions de la Ve république[1101]. Il faut toutefois garder à l'esprit que l'économie ne doit être qu'un moyen de mieux comprendre, comme prévenait déjà lui-même l'un des plus grands représentants du mouvement de l'analyse économique du droit[1102], et éviter

---

[1097] FRISON-ROCHE (M.-A.), « La convergence du droit et de l'économie sur le secteur bancaire », *in Les banques entre droit et économie*, *op. cit.*, p. 26. Surtout qu'en matière bancaire, « les intérêts en jeu sont matériels et parce que les personnes en cause anticipent la satisfaction de ces intérêts en considération de laquelle elles agissent », *ibid.*

[1098] Ripert écrivait déjà en ce sens que « les juristes ne sauraient appliquer, ni interpréter les règles de droit s'ils ne connaissaient pas l'économie », tout comme les économistes ne sauraient « analyser l'activité productrice des hommes [sans connaître] quelles sont les institutions par lesquelles elles s'exerce » : RIPERT (G.), *Aspects juridiques du capitalisme moderne*, 2e éd., LGDJ, 1951, p. 4.

[1099] En témoignent par exemple des extraits des travaux préparatoires relatifs au prêt à intérêt : NIORT (J.-F.), « Droit, économie et libéralisme dans l'esprit du Code Napoléon », *Arch. phil. dr.* 1992, p. 101 et s.

[1100] Le conseil d'État souhaitait notamment voir instaurée l'obligation d'effectuer une étude d'impact lors de l'élaboration de tout projet de loi, v. *Sécurité et complexité du droit*, Rapport public 2006, la documentation française.

[1101] Comité de réflexion et de proposition sur la modernisation et le rééquilibrage des institutions de la Ve république, *Une V^e république plus démocratique*, La documentation française, p. 38 et s. Ce comité proposait de faire de ces études d'impact des conditions de recevabilité des lois, ce qui a finalement été décidé par la loi organique du 15 avr. 2009 qui a conféré un caractère obligatoire à l'évaluation préalable notamment des conséquences économiques et financières (art. 8) : L. n° 2009-403 du 15 avr. 2009 relative à l'application des articles 34-1, 39 et 44 de la Constitution.

[1102] POSNER (R. A.), « *Values and Consequences : an Introduction to Economic Analysis of Laws* », *in Chicago lectures in Law and Economics* 2000, p. 189 et s.

de conclure hâtivement[1103] qu'une réglementation comme celle visant à prévenir le conflit d'intérêts est inefficace parce que complexe.

362. Pour cette raison, en marge de la doctrine juridique classique, et pour une bonne part en opposition avec celle-ci, des écoles de pensée d'analyse économique du droit[1104] se sont constituées qui, si elles restent minoritaires, sont à la base d'une production académique particulièrement dynamique et prolifique. Ces écoles, qui ont vu le jour aux Etats-Unis[1105] avant de connaître un succès considérable, y compris dans certains pays non anglo-américains, ont en commun l'ambition de conceptualiser à nouveau la théorie générale du droit, spécifiquement celle des contrats, cherchant de cette manière à rétablir le contact du droit avec la théorie économique, l'économie politique, l'histoire et la sociologie. Cette collaboration a été désignée sous le terme de *Old Law-and-Economics*[1106], qui a fait ensuite place à la *New Law-and-Economics* qui trouve son origine dans le théorème de Coase[1107]. Plus exactement, l'analyse économique du droit se préoccupe d'évaluer les règles juridiques et leur lien avec le fonctionnement optimal du marché[1108], et repose sur l'idée que les règles de droit devraient être, quand elles ne le sont pas déjà, orientées vers la recherche de la maximisation des satisfactions économiques de l'homme qui, considéré comme un être rationnel, contribuera par sa démarche calculée à accroître l'utilité générale de la société.

[1103] En ce sens, FRISON-ROCHE (M.-A.), « L'idée de mesurer l'efficacité économique du droit », *in Mesurer l'efficacité économique du droit*, LGDJ, 2005, p. 23.

[1104] MACKAAY (V. E.) et ROUSSEAU (S.), *Analyse économique du droit,* Dalloz, 2008 ; JAMIN (Chr.), « Économie du droit », *in Dictionnaire de la culture* juridique, *op. cit.*, p. 578 s. ; OGUS (A.), FAURE (M.), *Économie du droit : le cas français*, éd. Panthéon-Assas, 2002 ; KIRAT (T.) et MARTY (F.), *Économie du droit et de la réglementation*, Gualino éditeurs, 2007 ; KIRAT (T.), *Économie du droit*, éd. La découverte, 1999 ; ENCINAS DE MUNAGORRI (R.), « L'analyse économique est-elle une source du droit ? Propos sur la doctrine du premier président de la Cour de cassation », *RTD civ.* 2006, p. 505 et s. ; VER LOREN VAN THEMAAT (P.), « L'économie à travers le prisme du juriste », *RID éco.* 1989/1, p. 133 et s.

[1105] Le décollage de l'analyse économique du droit remonterait selon E. Mackaay à la fin des années 1950, date de la création de la revue *Journal of Law and Economics* à l'université de Chicago : MACKAAY (E.), « La règle juridique observée par le prisme de l'économiste : une histoire stylisée du mouvement de l'analyse économique du droit », *RID éco.* 1986, p. 43. Mais ces racines seraient plus lointaines : KITCH (E. W.), « *Chicago school of law and economics* », *in The new Palgrave dictionary of Economics and the Law*, Macmillan, 2004, t. 1, p. 227 et s.

[1106] POSNER (R. A.), « *The Economic Approach to Law* », *Texas Law Review* 1975, vol. 53, p. 758 et s.

[1107] COASE (R.), *Le coût du droit*, PUF, 2000.

[1108] Ce mouvement est toutefois distinct du droit économique dont l'objet est d'étudier les mutations économiques : CHAMPAUD (Cl.), « Contribution à la définition du droit économique », *D.* 1967, chron. p. 215 et FARJAT (G.), *Pour un droit économique*, PUF, 2004.

Certains, notamment Aaron Director, fondateur de la *Old Law-and-Economics*, estimant que le but du droit n'est autre que l'efficience économique, ont alors pu défendre l'idée que, dans l'ensemble, la jurisprudence produite était favorable à une saine régulation du marché et se sont autorisés en conséquence à mettre en doute l'opportunité économique des interventions législatives, lesquelles desservent, selon eux, le rendement du marché en même temps qu'elles portent atteinte au droit commun des contrats[1109]. D'autres ont nourri une position beaucoup plus radicale. L'école critique du droit, particulièrement sa variante américaine « *critical legal studies* », a ainsi développé une théorie visant à démontrer que doctrine et jurisprudence ne sont que des pratiques idéologiques de résolution des conflits d'un ordre sociopolitique déterminé qu'elles servent à légitimer[1110]. D'autres encore, notamment Ronald Coase, en cherchant davantage à démontrer les faiblesses de la théorie économique dite des coûts globaux de transaction, insistent sur le fait que les droits et les obligations juridiques doivent être envisagés dans le contexte d'un marché où, si les coûts de la négociation sont négligeables, la solution optimale est atteinte en dépit de ces droits et obligations juridiques[1111]. Enfin, Richard Posner a adopté des positions médianes et a soutenu que la régulation des relations contractuelles, le droit positif étatique et les normes contextuelles spécifiques aux différents marchés créaient une interférence dynamique entre droit et économie, bénéfique à l'efficience des marchés[1112].

C'est en combinant au mieux les apports de cette analyse économique du droit avec un effort de compréhension détaillée des théories les plus notoires en sciences économiques appliquées au domaine bancaire que nous nous efforcerons de dégager les faiblesses, inévitablement générales au regard de la technicité qu'exigent les matières économiques et financières, spécifiques au conflit d'intérêts, afin de mesurer non pas simplement les effets de ce phénomène, mais davantage « la corrélation de ces effets avec la finalité recherchée »[1113] par l'adoption des règles préventives du conflit d'intérêts.

Ainsi, s'il ne fait pas de doute que « les règles de droit élaborées par le législateur et façonnées par la jurisprudence retentissent [nécessairement] sur la manière dont s'exerce l'activité bancaire »[1114], l'affirmation selon laquelle la règle de droit, de manière générale, qui intervient en matière bancaire, sur un marché donné, peut contribuer, ou non, au fonctionnement efficient des marchés financiers mérite examen. Après quoi on pourra tenter de

---

[1109] *V°. « R.H. Coase, A. Director » in The new Palgrave dictionary of Economics and the Law*, Macmillan, 2004, t. 1, p. 601 et s.
[1110] MACKAAY (E.) et ROUSSEAU (S.), *op. cit.*, p. 12 et s.
[1111] COASE (R.), *op. cit.*, p. 77 et s.
[1112] MACKAAY (E.) et ROUSSEAU (S.), *ibid.*, p. 13.
[1113] FRISON-ROCHE (M.-A.), art. préc., p. 23.
[1114] CANIVET (G.), « Les effets économiques de la jurisprudence bancaire », *in Les banques entre droit et* économie, *op. cit.*, p. 7.

synthétiser les effets que peuvent avoir particulièrement la règle de droit encadrant le conflit d'intérêts sur cette efficience (1°) pour ensuite s'intéresser au coût de la règle de droit et la manière dont il affecte une des principales fonctions économiques de l'institution bancaire (2°).

1° - Les effets sur la recherche d'efficience

363. Notion autour de laquelle s'est construite notamment la théorie économique et financière des marchés efficients, l'efficience est aussi devenue un outil de mesure des effets économiques de la règle juridique dans le cadre de l'analyse économique du droit, en ce sens qu'elle constitue le moyen d'en analyser les conséquences sur la répartition et l'exploitation de ressources déterminées. Dans cette acception, l'efficience est souvent qualifiée d' « allocative » ou d' « allocationnelle ». Un marché sera alors dit efficient au plan allocationnel s'il « est capable d'orienter les fonds vers les emplois les plus productifs et [lorsqu'il] contribue au développement satisfaisant de l'économie »[1115]. Si la notion d'efficacité économique renvoie à l'idée « d'appréciation de l'adéquation du moyen employé à la fin poursuivie »[1116], le terme efficient revêt « un sens propre lorsqu'il qualifie un moyen qui atteint le résultat souhaité au moindre coût »[1117].

364. L'efficience suppose de la part des instances normatives un jugement sur le caractère approprié ou proportionné du moyen utilisé, et du juge national un arbitrage entre les principes structurants de droit bancaire « en examinant chaque fois, au préalable la nature des intérêts à protéger, intérêt général ou intérêts privés »[1118]. Plus largement, si l'efficience devient synonyme de bon fonctionnement du marché, jusque dans les considérants des directives européennes[1119], du fait de la référence constante à l'idée d'un marché financier intégré et efficace, des difficultés proviennent de ce que le contenu de l'efficience fait l'objet de plusieurs approches selon les économistes[1120].

La conception classique de l'efficience, envisagée selon la recherche de l'optimum de Pareto, ne peut donc être assimilée à la conception plus moderne de Kaldor-Hicks. Pour Pareto en effet, l'hétérogénéité de toute société exige, face à la difficulté d'établissement et de perpétuation de

---

[1115] GILLET (P.), *L'efficience des marchés financiers*, 2e éd., Economica, 2006, p. 7.

[1116] LAITHIER (Y.-M.), *Étude comparative des sanctions de l'inexécution du contrat*, préf. Muir-Watt (H.), LGDJ, 2004, p. 20.

[1117] SIBONY (A.-L.), *Le juge et le raisonnement économique en droit de la concurrence*, préf. Canivet (G.), LGDJ, 2008, p. 88.

[1118] CANIVET (G.), art. préc., p. 8.

[1119] V. par ex. : dir. « Abus de marché », préc. ; dir. « Prospectus », préc. ; dir. « Transparence », préc. ; dir. « MIF », préc.

[1120] POSNER (R.), *Economic Analysis of Law*, 7e éd., Aspen Publishers, 2007, p. 12 et s. ; OGUS (A.) et FAURE (M.), *op. cit.*, p. 37 et s.

l'équilibre, une distinction entre le maximum d'utilité pour une collectivité considérée en tant que sujet unique et le maximum d'utilité pour « la » collectivité. Il y a alors efficience lorsqu'un point est atteint où il n'est plus possible de procurer un avantage à un individu sans en désavantager un autre, quitte à ce qu'il soit décidé « au moyen de considérations sociales, éthiques, et autres quelconques, dans l'intérêt de quels individus il convient d'agir, en en sacrifiant d'autres »[1121]. De la sorte, une situation est dite efficiente selon l'optimum de Pareto lorsqu'il n'est plus possible d'accroître l'utilité d'un agent économique sans réduire corrélativement celle d'au moins un autre, c'est-à-dire qu'une modification de l'état général du niveau de répartition réalisée par la règle de droit ne peut être considérée comme optimale qu'à la condition qu'elle n'engendre de perte d'utilité pour aucun agent[1122]. L'efficience est de cette façon appréciée de manière individuelle. Pour Kaldor-Hicks, en revanche, la règle de droit sera dite efficiente chaque fois que les gains d'utilité qu'elle engendre pour certains agents seront capables de compenser la baisse d'utilité qui en résulte pour d'autres agents. Seule compte, dans l'hypothèse de Kaldor-Hicks, l'augmentation du niveau général d'utilité de la société [1123] et l'efficience est donc appréciée de manière collective. L'analyse de Kaldor-Hicks est celle qui est le plus généralement utilisée par l'analyse économique du droit[1124].

Il est ainsi possible d'illustrer comment l'adoption d'une règle juridique de prévention du conflit d'intérêts du banquier peut modifier la répartition de l'utilité du banquier, du client et du tiers de nature efficiente ou non. Trois cas simplifiés sont envisageables. Dans le premier, prenons l'exemple d'une règle préventive qui augmente l'utilité des trois acteurs pouvant être affectés par un conflit d'intérêts du banquier. Cette règle ne sera pas considérée comme efficiente selon le critère de Pareto dans la mesure où elle affecte l'utilité de l'ensemble d'un des trois acteurs. Dans le deuxième cas, on peut considérer un effet de la règle différent : le banquier retire le maximum d'utilité possible sans affecter l'intérêt tiers et vice versa. La situation est efficiente selon le critère de Kaldor-Hicks, bien qu'elle ne soit pas équitable dans la mesure où elle profite davantage au banquier. Or, l'objectif de la règle de droit ne se résume pas seulement, comme pourrait le laisser penser la lecture hâtive des considérants des directives européennes, à contribuer à l'efficience du marché financier. La règle de droit vise également à assurer une certaine équité notamment au regard de la réglementation préventive du conflit d'intérêts qui ne peut être que protectrice face à la situation de fait de prédominance d'un intérêt sur l'autre dès la position initiale qui justifie une certaine perte d'efficience. En revanche, c'est l'objet du dernier cas, la

[1121] PARETO (V.), *Traité de sociologie générale*, *op. cit.*, p. 1339.
[1122] OGUS (A.) et FAURE (M.), *op. cit.*, p. 37 et s.
[1123] *Ibid.*, p. 39.
[1124] *Ibid.*, p. 40.

question se pose si l'adoption de la règle est justifiée lorsque la protection de l'intérêt tiers supérieur nécessite d'affecter de manière significative l'utilité que retire le banquier. Sa légitimation peut-être discutée compte tenu du même objectif d'équité que tend à préserver la règle de droit et surtout compte tenu de la corrélation entre la maximisation de l'intérêt du banquier et l'utilité sociale, si évidemment l'on admet pareille corrélation.

Ces développements avaient pour principal intérêt d'expliquer les effets actuels ou éventuels de l'adoption de règles matérielles de prévention du conflit d'intérêts sur l'efficience du marché, telle que définie par la théorie économique de l'efficience. Ce premier aspect analysé, il convient à présent, pour en compléter le sens, d'étudier les conséquences de l'adoption de ces mêmes règles sur la mission que définit la théorie de l'intermédiation financière, et plus exactement, sur le coût des mesures visant à prévenir les conflits d'intérêts.

2° - Le coût de la mission d'intermédiation

365. Du point de vue de la théorie de l'intermédiation, l'existence même des banques est liée à leur capacité à traiter des informations : les banques sont une réponse rationnelle à l'existence d'asymétries d'information sur le marché du crédit[1125]. En effet, elles sont censées résoudre en partie les problèmes d'aléa moral et sont ainsi considérées comme une alternative efficace au marché qui montre des lacunes lorsque l'information n'est pas parfaite. En l'absence des banques, certains crédits jugés plus risqués que les autres ne seraient tout simplement pas accordés, car le mécanisme de régulation par les prix ne fonctionnerait pas. Cependant, cette fonction de surveillance a un coût, en ressources et en temps. Ce coût, qui inclut l'accès aux informations, est au cœur de l'efficacité bancaire. Et une solution pour le réduire est la diversification[1126]. Grâce à cette multiplication des métiers, les banques sont plus efficaces, car capables de prêter quand d'autres types de prêteurs (non institutionnels) ne le pourraient pas. Les banques bénéficient de synergies entre leurs activités de crédit et leurs autres activités. Les comptes courants des entreprises emprunteuses, par exemple, sont une source particulièrement intéressante d'informations privées qui aide la banque dans son activité de surveillance, beaucoup plus que les informations comptables, bilans, comptes de résultat et annexes[1127]. Différentes activités

---

[1125] LELAND (H. E.) et PYLE (D. H.), « *Informational Asymetries, Financial Structure, and Financial Intermediation* », *The Journal of Finance* 1977, vol. 32, p. 371 et s.

[1126] Ainsi, les banques sont présentées comme des surveillants spécialisés délégués par les acteurs de marché : DIAMOND (D. W.), « *Financial Intermediation and Delegated Monitoring* », *Review of Economic Studies*, 1984, vol. 51, p. 393 et s.

[1127] FAMA (E. F.) et JENSEN (M. C.), « *Organizational Forms and the Investment Decisions* », *Journal of Financial Economics* 1985, n° 1, p. 101 et s. ; MESTER (L. J.),

contribuent également à la diversification des risques et peuvent même permettre aux banques de lisser les taux d'intérêt pratiqués[1128]. De plus, les annonces de prêts bancaires ou de renouvellement de crédits étant perçues comme des informations de valeur, en termes non seulement de contenu, mais aussi de fiabilité, en octroyant un crédit, elles révèlent une partie des informations privées auxquelles elles ont pu avoir accès et envoient de cette manière un signal aux autres parties prenantes de l'emprunteur et au marché entier[1129].

On a pu considérer que leur « coût acceptable, même s'il est impossible d'en déterminer précisément le modèle économique est celui qui, tout à la fois en respectant la norme de droit et en assurant une protection des intérêts des clients, ne mettra pas en péril l'activité de l'entité assujettie, ni n'empêchera son développement commercial, technologique et financier »[1130]. Mais, sans aller jusqu'à mettre en péril l'activité de l'institution bancaire, la réglementation telle qu'elle est aujourd'hui conduit ces établissements à augmenter leurs coûts de fonctionnement pour se conformer aux exigences qui pèsent sur eux. Ces coûts sont de deux ordres : des coûts possiblement quantifiables reliés à la mise en place et à l'application des dispositions réglementaires qui sont indirectement supportés par les clients et les investisseurs, et des coûts d'opportunité qui sont beaucoup moins facilement quantifiables. Ainsi, les économies d'échelle résultant de la concentration en un même lieu de plusieurs activités, les procédures de traitement communes ou le partage de certains personnels perdent leur intérêt à partir du moment où il faut briser ces liens structurels, en installant des murailles de Chine par exemple, avec pour corollaire une hausse des coûts d'opération. Le coût de la superposition des réformes dans l'objectif de pallier le manque d'indépendance des analystes financiers et d'éviter leurs conflits d'intérêts est par conséquent considéré comme dépassant les bénéfices escomptés, et même parfois comme

---

NAKAMURA (L.I.) et RENAULT (M.), « *Checking Accounts and Bank monitoring* », *Working Paper n° 98-25*, 1998, Federal Reserve Bank of Philadelphia.

[1128] BERLIN (M.) et MESTER (L. J.), « *Deposits and Relationship Lending* », *The Review of Financial Studies* 1999, vol.12, n° 3, p. 579 et s.

[1129] Ce constat est dressé par une grande majorité de la doctrine financière. Par exemple, il semble que le cours de bourse d'une entreprise s'apprécie après l'annonce d'un prêt par une banque : JAMES (C.), « *Some Evidence on the Uniqueness of Bank Loan* », *Journal of Financial Economics* 1987, vol. 19, n° 2, p. 217 et s. ; LUMMER (S.L.) et McCONNELL (J. J.), « *Further Evidence on the Bank Lending Process and the Capital-Market Response to Bank Loan Agreements* », *Journal of Financial Economics* 1987, vol. 25, no 1, p. 99 et s. ; MOSEBACH (M.), « *Market Response to Banks Granting Lines of Credit* », *Journal of Banking & Finance* 1999, vol. 23, n° 11, p. 1707 et s.

[1130] BEGUE (G.), « La prévention des conflits d'intérêts : quel coût acceptable ? », *Journal sp. sociétés* 2009, n° 62, p. 46.

produisant un résultat inverse[1131]. Par exemple, les banques, ne pouvant plus utiliser le travail des analystes comme instrument de vente, montrent évidemment moins d'intérêt au financement de la recherche financière et, par voie de conséquence, moins de sociétés sont suivies par des analystes, ce qui signifie moins d'informations disponibles sur le marché, et donc moins de transparence, ce qui est paradoxal puisqu'il s'agit précisément de la valeur recherchée par cette réglementation.

366. On considère habituellement que sur un marché où toutes les informations utiles circuleraient gratuitement et sans entrave, les échanges se fonderaient uniquement sur des différences de goûts et de préférences entre acheteurs et vendeurs. Mais les acteurs du marché n'accèdent que très rarement à des informations et ne peuvent en outre y accéder au même instant et en tirer un même avantage. De plus, les informations sur le marché sont coûteuses à obtenir, rarement complètes et inégalement partagées. Les asymétries d'informations influenceront nécessairement les choix et les manières de décider, d'échanger, de collaborer. Cette idée fut développée par Akerlof[1132] en 1970. La multitude de séparations fonctionnelles empêchant la libre circulation de l'information, le banquier doit chercher l'information ailleurs, moyennant une contrepartie qui sera indirectement répercutée sur la facture du client.

Dès lors, dans le cadre d'une décision visant, soit à ignorer, soit à encadrer, soit à éliminer un conflit d'intérêts, il ne peut être fait l'économie d'une opération d'analyse entre les effets négatifs sur les investisseurs et les bénéfices potentiels de l'opération en cause, d'autant plus que les pratiques innovantes visant à contourner certaines règles préventives de conflit d'intérêts sérieux peuvent être à l'origine d'autres conflits encore plus sérieux[1133].

367. Ces développements sont à comprendre en liaison avec les enseignements de la perspective historique. L'objectif n'est autre que de mettre en exergue et de justifier la nécessité évidente d'envisager une prévention réaliste des conflits d'intérêts face aux limites d'une réglementation désordonnée et fluctuante, qui se résume bien souvent à la seule transposition des directives européennes, elles-mêmes désordonnées et fluctuantes. Une telle démarche s'accompagnerait d'une généralisation des études d'impact économique et social, approche naturelle, l'objet à réguler étant en soi économique, mais dont la mise en œuvre se heurte à la définition de critères pertinents et précis d'évaluation. Il ne s'agit pas là pour le

---

[1131] BONI (L.), « *Analyzing the Analysts after the Global Settlement* », *in Financial Gatekeepers : Can They Protect Investors ?,* Brookings institution Press and nomura institute of capital markets research, 2006, p. 139.

[1132] AKERLOF (G. A.), « *The Market for Lemons : Quality Uncertainy and the Market Mechanism* », *Quarterly journal of economics* 1970, p. 488 et s.

[1133] JOHNSEN (D.), « *The SEC's 2006 Soft Dollar Guidance : Law and Economics* », *Cardozo Law Review*, 30 (4), 2009, 1545.

législateur « de substituer des critères économiques aux règles de droit comme fondements de décisions »[1134], mais force est de constater qu'« il est indispensable que par une meilleure approche économique, ses décisions soient renseignées sur les conséquences qu'elles peuvent engendrer »[1135]. C'est sans doute convaincu de cette vision que le législateur a prévu que le projet de la loi de séparation des activités bancaires, aujourd'hui loi[1136], soit ainsi accompagné d'une étude d'impact[1137].

Mais, si la recherche du moyen le plus efficace au moindre coût est une fin légitime, son entreprise se heurte à de nombreux obstacles en raison non seulement de la difficulté d'en mesurer certains effets, d'en prévoir certains autres, comme le rappelait Hayek[1138], mais aussi du fait que ses conclusions peuvent être sujettes à débat lorsqu'elles font intervenir des considérations d'ordres différents, sociaux, moraux, etc. Dès lors, ce qui pourrait apparaître comme une solution pertinente aux yeux des uns pourrait être critiquable aux yeux des autres. De telles divergences s'expriment de manière exacerbée lorsqu'il s'agit du banquier. À l'évidence, affirmer fermement quelle est en réalité la finalité attribuée aux règles qui régissent l'exercice de cette profession n'est pas chose aisée, le système bancaire et financier restant en permanence tiraillé entre la stabilité ou l'efficacité, deux finalités perçues nécessairement comme s'opposant l'une à l'autre[1139]. Pourtant, on s'accorde à observer que « l'absence de stabilité du système bancaire plonge dans un état de catatonie qui contrarie l'efficacité de cette activité » [1140]. Par conséquent, comme le pense l'auteur de cette observation à l'opinion duquel nous nous joignons, « on saisit alors que la stabilité du système bancaire est une condition préalable et nécessaire à son efficacité » [1141]. Donc, dans l'élaboration des règles encadrant la prévention du conflit d'intérêts, la préoccupation ne devrait pas être de savoir s'il s'agit de préférer efficacité ou stabilité, ni même de rechercher un équilibre illusoire entre l'une et l'autre, mais bien de privilégier la stabilité, ce qui suppose la prévalence de l'intérêt tiers supérieur, car stabilité converge avec efficacité. La réglementation n'est pas comme il est fréquemment prétendu, notamment outre-Atlantique, un obstacle dont on encourage même parfois le

---

[1134] CANIVET (G.), art. préc., p. 13
[1135] *Ibid.*
[1136] L. n° 2013-672 du 26 juill. 2013 de séparation et de régulation des activités bancaires, *JORF*, 27 juill. 2013, p. 12530. V. *infra* n° 321.
[1137] L'étude visait ainsi quatre groupes bancaires : BNP, Société Générale, Crédit Agricole et BPCE.
[1138] HAYEK (F. A.), *Droit, législation et liberté, I. Règles et ordres*, trad. Audoin (R.), PUF, 1995, p. 14.
[1139] REMY (B.), « Efficacité économique et droit bancaire », *in L'efficacité économique en droit,* Economica, 2010, p. 95.
[1140] *Ibid.*
[1141] *Ibid.*

détournement[1142]. Toute la difficulté consiste à déterminer les conditions de cette stabilité.

Il serait dans ce cas nécessaire de mener la réflexion non plus à partir des apports qu'offre l'économie, mais plutôt à partir des limites de ces apports et des critiques qui leur sont adressées. L'objectivisation des savoirs économiques serait en quelque sorte une première étape suivie ensuite d'un travail de relativisation des résultats que l'approche proposée ne saurait jamais parfaire, et enfin d'un effort de systématisation des études qui rapprochent des angles de vue scientifiques qui paraissent *a priori* lointains.

B/ La mesure qualitative

368. La critique adressée au dispositif de prévention des conflits d'intérêts du banquier ne relève pas du seul ordre économique. La valeur juridique de ces mesures (1°) comme leur compatibilité avec le besoin de la banque en information (2°) peuvent également être discutées.

1° - La valeur juridique

369. Juridiquement, le doute subsiste sur la valeur des règles de prévention. L'absence de séparation fonctionnelle ne suffit pas à caractériser une situation de conflit d'intérêts ; elle constitue un élément parmi d'autres à prendre en considération, mais n'implique pas forcément une situation de conflit d'intérêts. Il faut mettre à jour l'intérêt indirect suffisamment significatif, susceptible d'influencer l'action du banquier. La séparation présume une absence d'intérêt personnel, mais il devrait être possible de rapporter la preuve contraire en indiquant que le professionnel a suivi son intérêt personnel. La muraille de Chine peut-elle dans ce cas-là prémunir le professionnel d'une éventuelle responsabilité ?

Aux Etats-Unis, la législation prévoit que les murailles de Chine sont susceptibles, dans certaines circonstances, de constituer un moyen de défense à une accusation de délit d'initié[1143], cette possibilité étant réservée à la personne morale accusée et non pas à une personne physique. Toutefois, la règle de séparation mise en œuvre par le professionnel ne peut pas être opposée au client qui s'estime victime d'un conflit d'intérêts, comme a pu

---

[1142] Le professeur Mishkin notamment félicite l'inventivité de la pratique pour détourner les exigences en fonds propres imposées aux banques : MISHKIN (F.), BORDES (Ch.) et HAUTCOEUR (P.-C.), *Monnaie, banque et marchés financiers*, 8e éd., Pearson Education, 2007, p. 293.

[1143] Art. 21A (b)(1)(B) de la loi de 1934, de *la Securities Exchange Act of 1934*, ch. 404, title I, Sec. 1, 48 Stat. 881 (6 juin 1934), et la Rule 14e-3 (b) de la SEC - *Transactions in Securities on the Basis of material, nonpublic information in the context of tender offers,* codifiée à 17 C.F.R. § 240.14-e3.

l'affirmer l'arrêt *Slade* v. *Shearson, Hammill & Co.*[1144]. En l'espèce, *Shearson, Hammill & Co.* avait érigé conformément à la réglementation en vigueur des séparations entre les différents services pouvant être sujets à des conflits d'intérêts. Le service vente au détail recommandait alors à ses clients les titres de *Tidal Marine*, pendant que le département de prises de participations et investissements recevait des informations qui pouvaient affecter négativement le cours de ces mêmes titres. Un des clients de *Shearson* fondait ses prétentions notamment sur la jurisprudence *Securities and Exchange Commission v. Texas Gulf Sulphur Co.*[1145]. Ce dernier arrêt affirmait qu'une personne en possession d'une information interne doit la divulguer au public investisseur. Si elle a choisi de ne pas la divulguer ou qu'en vertu d'une obligation de confidentialité, elle est dans l'incapacité de le faire, elle doit s'abstenir de toute action de négociation *trading* ou de recommandation tant que cette information n'est pas divulguée[1146]. La demande en dédommagement contre *Shearson, Hammill & Co.* arguait que cette dernière avait l'obligation de ne pas recommander les titres de *Tidal* et qu'en agissant de la sorte, elle violait l'obligation de loyauté qu'elle devait dans le cadre des devoirs fiduciaires établis dans le contrat de mandat. La Cour, reconnaissant la difficulté pour la banque de gérer pareille situation[1147], rejeta l'argument de *Shearson* à l'effet que l'existence d'une muraille de Chine puisse constituer un moyen de défense à cette accusation, estimant que *Shearson*, dès lors qu'elle est entrée volontairement dans une relation fiduciaire avec *Tidal Marine* et avec ses clients, doit assumer les obligations fiduciaires qui en découlent[1148] et précisa que son obligation de loyauté commandait d'arrêter les recommandations.

La *Securities and Exchange Commission*, intervenant dans l'affaire en tant qu'*amicus curiae*, considérait qu'une personne ayant en sa possession des informations non publiques ne peut pas les utiliser sur le marché et que le mandat de conseil au profit d'un client implique que l'intermédiaire détienne toutes les informations nécessaires pour donner des conseils à son

---

[1144] 517 Federal. 2d 398, 2d. circuit 1974 cité par HERZEL (L.) et COLLING (D.), « *The Chinese Wall and Conflict of Interest in Banks* », *Business lawyer review* 1978, p. 73.

[1145] SEC v. Texas Gulf Sulphur Co., 401 F.2d 833 (2d Cir. 1968).

[1146] *Ibid* : « *anyone in possession of material inside information must either disclose it to the investing public, or, if he is disabled from disclosing it in order to protect a corporate confidence, or he chooses not to do so, must abstain from trading in or recommending the securities concerned while such inside information remains undisclosed.* », p. 848.

[1147] « *It's difficult for any brokerage firm to function as an investment banker for a company and the same time as a broker-dealer in the company's securities* ».

[1148] « *It must be remembered, however, that Shearson voluntarily entered into a fiduciary relationship with Tidal Marine, as a consequence of which it received confidential information. Shearson also voluntarily entered into fiduciary relationships with its customers. It cannot recognize its duty to the former while ignoring its obligation to the latter. Having assumed fiduciary responsibilities, Shearson is required to incur whatever commercial disadvantage fulfillment of those obligations entails* ».

client. Dès lors, elle estima que *Shearson*, en plus de sa muraille de Chine, aurait dû établir une procédure de liste restreinte (*restricted list*) qui aurait permis à ses conseillers de cesser de recommander certains titres lorsqu'un département de la banque entrait en possession d'informations privilégiées sur ce titre, toute valeur placée sur la *restricted list* devant alors immédiatement cesser d'être achetée ou recommandée aux clients.

370. En France, lorsqu'il s'agit du secteur de l'analyse indépendante, l'indépendance effective de l'analyste à l'égard de toute entité permet d'établir à son profit une présomption « d'indépendance d'appréciation » au sens de l'article 327-4, I, du règlement général de l'Autorité des marchés financiers et « une "présomption de légitimité" au regard de la réglementation des conflits d'intérêts »[1149]. Mais, concernant le banquier, analyste ou prestataire de services d'investissement, une telle présomption ne semble pas exister. En effet, la Commission des sanctions de l'Autorité des marchés financiers n'a pas hésité à écarter cette présomption[1150] qui semble donc reposer sur l'absence de liens capitalistiques « significatifs » entre, d'une part, les analystes personnes physiques et les émetteurs sur lesquels portent leurs analyses, et d'autre part, entre les analystes personnes physiques et l'activité de prestation de services d'investissement. Le manquement à l'obligation de gestion des conflits d'intérêts est bien envisagé comme « un manquement distinct »[1151].

2° - Le besoin d'information et l'obligation de servir l'intérêt tiers

371. Lorsqu'une banque consent un crédit dans le cadre d'une relation suivie avec un client, elle est, sauf exception, en mesure d'apprécier correctement la solvabilité de celui-ci. En revanche, lorsqu'elle octroie un prêt ponctuellement, l'information dont elle dispose est plus fragile. Quand une autre banque achète à la première sa créance, sous la forme d'un titre négociable, la distance s'allonge entre l'emprunteur et le nouveau créancier et, ce faisant, la connaissance que ce dernier a du premier diminue. Au fur et à mesure que le titre circule et que le nombre d'intervenants augmente, la connaissance se perd notamment sur les risques de défaillances des débiteurs initiaux. Cette constatation est le point de départ d'un raisonnement visant à mettre en évidence un élément incontournable pour le bon fonctionnement du système bancaire : l'information. Si l'accès à l'information est avancé

[1149] MARTIN (D.) et CHEKROUN (L.), « Le cadre juridique de l'analyse financière », *RTDF* 2008, p. 39.

[1150] AMF, 23 sept 2010, Sanct. préc.

[1151] RIASETTO (I.), « Action dans l'intérêt exclusif des porteurs de parts et gestion des conflits d'intérêts dans le contexte des fonds de capital investissement », *Bulletin Joly Bourse* 1er juill. 2013, p. 365.

comme explication de l'efficacité des banques[1152], il convient de souligner que la qualité du service bancaire en dépend aussi, puisque cette information, qui n'empêche pas toujours le banquier de prendre de mauvaises décisions, lui est d'une indéniable utilité pour prendre la meilleure décision à la fois pour lui et pour son client.

372. Ainsi apparaissent les limites du mécanisme de restriction de circulation de l'information, qui ne s'avère pas toujours nécessairement pertinent aux fins de la qualité des activités d'analyse par exemple. La logique de prévention des conflits d'intérêts ne devrait en effet pas nuire aux conditions mêmes d'exercice des activités d'analyse qui requièrent non seulement une qualification, mais aussi une expérience des analystes eux-mêmes. Si, pour les émissions, les activités de notation impliquent une analyse individuelle, particulière à chaque émission et dont la qualité ne devrait pas être modifiée par les restrictions, il en va différemment pour les émetteurs, dont la notation procède d'une connaissance dans la durée de leur secteur d'activité, de leur historique bancaire, de toute information ponctuelle susceptible d'orienter l'analyse dans un sens ou dans un autre.

Pour illustrer cette affirmation, prenons encore l'exemple du banquier dispensateur de crédit, plus révélateur de ce raisonnement. Il est admis que, pour prendre une décision de crédit et gérer son risque, la banque a besoin d'effectuer un diagnostic qui nécessite un traitement de l'information. La littérature économique s'accorde à distinguer deux types d'informations qu'elle qualifie d'information *soft* et d'information *hard*. L'information financière publique[1153], qui est utilisée pour évaluer le risque par *scoring*[1154] entre autres, est de nature quantitative, il s'agit de l'information de type *hard*[1155]. L'information recueillie dans le cadre de la relation de clientèle, information privée et non financière, est qualifiée d'information *soft*. De ce fait, malgré les développements de la méthode des scores par la Banque de France[1156], l'utilisation de scores dans le milieu bancaire demeure réservée

---

[1152] FAMA (E. F.), « *What's Different About Banks ?* », *Journal of Monetary Economics* 1985, vol. 15, n° 1, p. 29 et s. ; BLACK (F.), « *Bank Funds Management in an Efficient Market* », *Journal of Financial Economics* 1975, n° 4, p. 323 et s.

[1153] Données comptables (bilans, comptes de résultat et annexes), données de marché, etc.

[1154] Le *scoring* est une méthode statistique d'estimation de la probabilité de défaut de la contrepartie. Sorte de grille d'évaluation, ce procédé utilise des données passées et différentes caractéristiques des emprunteurs.

[1155] La Banque de France centralise de nombreuses informations *hard* dans ses bases de données accessibles uniquement aux établissements de crédit. Ainsi, grâce à la base de données FIBEN, il est possible pour chaque banque de connaître le montant global d'endettement réel de l'entreprise, la part des financements qu'elle a accordé dans cet endettement, à court ou long terme, les cautionnements reçus par l'entreprise. FIBEN renseigne également sur les incidents de paiement, la note donnée par la Banque de France à l'emprunteur et à ses dirigeants lorsqu'il s'agit d'une société.

[1156] BARDOS (M.), « Développements récents de la méthode des scores de la Banque de France », *Bulletin de la Banque de France* juin 2001, p. 73 et s.

aux particuliers et aux petites entreprises[1157]. Il semble que les banquiers se méfient des modèles, lorsqu'il s'agit de l'activité de crédit davantage que lorsqu'il s'agit d'activité pour compte propre. En particulier dans le cadre de crédits à des entreprises de moyenne ou grande taille[1158] souvent jugées plus complexes, les banquiers tendent à préférer se fier à leur jugement, basé pour une grande part sur l'information *soft*, qu'ils estiment plus riche que l'information *hard*, car apportant une variété d'éléments, notamment sur la situation professionnelle de l'emprunteur, sa réputation, sa capacité et sa qualité de gestion de même que son positionnement sur le marché, qui donne plus de précision au diagnostic du risque. Or, le manque d'information fiable sur les entreprises et leurs projets étant la cause essentielle du rationnement du crédit[1159], l'exploitation de l'information *soft*, au dire d'une majorité d'économistes, en ce qu'elle offre une meilleure mesure du risque de défaillance du débiteur, participe à réduire le rationnement systématique du crédit[1160], voire à octroyer des prêts à un taux plus faible aux emprunteurs « de qualité »[1161]. Pour livrer un prêt adapté, pour choisir l'effet de levier le moins risqué ou pour déterminer le mode de financement à privilégier, le banquier a donc besoin d'un maximum d'information de bonne qualité.

373. Ensuite, la théorie économique s'accorde à dire que les données publiques et accessibles à tous, même moyennant paiement, peuvent difficilement être à l'origine d'un avantage concurrentiel, à moins de supposer que les banquiers ne soient exceptionnellement performants en matière d'analyse financière. Ainsi, la proximité géographique permettant aux employés de banque d'acquérir des connaissances sur des clients potentiels est un élément de la stratégie concurrentielle des petites banques et institutions financières face aux plus grosses. Il est en ce sens souvent

---

[1157] FRACHOT (A.) et GEORGES (P.), « Aide à la décision : avantage au scoring face au système expert », *Banque-Magasine*, n° 627, p. 45 et s.

[1158] MESTER (L. J.), « *What's the Point of Credit Scoring ?* », *Business Review*, Federal Reserve Bank of Philadelphia, sept-oct.1997, p. 3 et s.

[1159] LANHA (M.), « Résolution des problèmes d'information en micro-finance », *Mondes en Développement* 2002, t. 30, 119, p. 47.

[1160] Lorsqu'il concerne des sommes considérables, le rationnement du crédit emporte des conséquences sérieuses pour l'économie. En effet, les banques qui finalement se retrouvent avec un excédent de liquidité privent leurs économies nationales des ressources qu'elles ont sécrétées et dont elles ont besoin en plaçant ces sommes sur le marché monétaire international.

[1161] GODLEWSKI (Ch.), « Le traitement de l'information par les analystes crédit dans les banques », *Rev. du financier* mai-juin 2009, p. 51. C'est la raison pour laquelle « la relation bancaire de long terme apparaît comme l'expression de la capacité des établissements de crédit à éliminer partiellement les asymétries d'information en créant de l'information. Elle permet ainsi à l'entreprise d'obtenir, en termes de coûts et de disponibilité, un meilleur accès aux financements » : ZIANE (Y.), « Nombre de banques et relations de crédit », *Rev. économique* mai 2004, vol. 55, n° 3, p. 419 et s.

affirmé que les petites banques peuvent concurrencer les grands établissements dans le cadre de stratégies de « niches locales »[1162].

La majorité des banques a d'ailleurs adopté une structure en succursales. Il s'agissait pour elles, notamment, de « rationaliser »[1163] l'octroi de crédits en rendant la procédure moins onéreuse suivant le raisonnement que l'on a eu l'occasion de développer plus haut[1164]. Il en résulte que si la banque veut mettre à profit la qualité des informations et relations de ses conseillers locaux, elle opte pour les anciennes méthodes d'octroi de crédit qui accordaient beaucoup d'importance à l'immersion des conseillers dans une communauté donnée, à l'entretien de liens commerciaux et sociaux avec les emprunteurs présents et à venir[1165].

374. Cependant, la valeur d'une information dépend « de qualités en partie inconciliables : exactitude, précision, comparabilité dans le temps et dans l'espace, crédibilité des sources, fraîcheur des données, pertinence, exclusivité. Les quatre premières concernent l'apport d'une information à la connaissance ; les trois dernières commandent directement l'action du récepteur »[1166]. En somme, le banquier a besoin des informations les plus précises et les plus pertinentes possibles pour comprendre la situation du client et décider au mieux de ce qui convient à l'intérêt de celui-ci comme au sien. Une affaire en particulier permet de rendre compte de cette difficulté, l'affaire *First Boston Corp.*[1167]. Pour mener à bien une de ses missions, le service d'investissements financiers d'une banque avait dû faire appel au département d'analyses pour évaluer les pertes prévues d'un client et l'impact de l'annonce de ces pertes sur le marché. À cette fin, le premier service avait transmis au second des informations privilégiées qu'il avait en sa possession. Un analyste chargé de l'étude l'avait à son tour divulguée au chef du département de *trading actions* qui l'utilisa dans le cadre de l'activité pour compte propre de la banque, commettant ainsi un délit d'initié qui entraîna la condamnation de banque. Ce qui est à noter ici n'est pas tant le délit d'initié que la muraille n'a pas su d'ailleurs éviter, que le besoin informationnel de la banque mis en exergue dans cette affaire. En effet, il est souvent indispensable que toutes sortes d'informations circulent au sein de l'établissement bancaire afin que différents acteurs puissent exercer leurs métiers. La nécessité de transmettre diverses informations pour pouvoir honorer les services que les clients attendent de leur banquier conduit à se

---

[1162] Cités par GODLEWSKI (Ch.), *ibid.*

[1163] FERRARY (M.), « Confiance et accumulation de capital social dans la régulation des activités de crédit », *Revue française de sociologie* 1999, vol. 40, n° 3, p. 586 et s. ; GUINNANE (T.-W.), « Les économistes, le crédit et la confiance », *Genèses 2010/2*, n° 78, p. 18.

[1164] V. *supra* n° 287 et s.

[1165] FERRARY (M.), art. préc., p. 586 et s. ; GUINNANE (T.- W.), *ibid.*

[1166] BIENAYMÉ (A.), « Le pouvoir subversif de l'information », *Commentaire* 2009, p. 39.

[1167] SEC v. First Boston Corp., Fédéral section law report (CCH) § 92.712 à § 93.465, 1986.

questionner sur l'impact des barrières d'information sur la qualité du service offert.

375. Autant d'informations essentielles donc à la prise de décision, par nature difficiles à acquérir, mais paradoxalement utiles au banquier pour agir au mieux dans « l'intérêt de ses clients », impératif que le dispositif réglementaire de lutte contre les conflits d'intérêts s'efforce de préserver. Le devoir d'agir dans l'intérêt du client n'implique-t-il pas de mettre chaque moyen disponible au service du client, autrement dit toute l'information détenue par l'ensemble des départements de la banque ? La *Securities and Exchange Commission* rappelle depuis longtemps que pour donner des conseils à son client le banquier *agent* doit préablement détenir la totalité des informations nécessaires pour le faire[1168]. Ne peut-on pas alors estimer que de telles dispositions ignorent les règles de droit commun propres au mandat qui veulent que le banquier mandataire soit dans l'obligation de mettre en œuvre chacun des moyens à sa disposition pour accomplir sa mission ? La réponse est en théorie affirmative, les barrières d'informations faisant en effet obstacle à pareille obligation, alors même qu'en pratique elles ne constituent pas le moyen de lutte espéré réellement efficace contre les conflits d'intérêts qu'elles sont censées éliminer ou, du moins, restreindre de manière significative.

Ce besoin d'information peut être surmonté par le détachement provisoire de spécialistes et leur affectation à un autre département tout au long d'une opération. Par exemple, lors de la préparation d'une introduction en bourse, les compétences des analystes financiers ou des négociateurs de marché seront sollicitées afin de déterminer notamment le moment le plus opportun pour lancer l'émission. Cette démarche résoudrait, semble-t-il, le risque de conflit d'intérêts institutionnel (celui de la banque) comme personnel (celui des analystes et négociateurs) et le risque de son exploitation qui s'apparenterait ici à un délit d'initié. Cependant, le détachement, signal donné aux autres acteurs, est déjà une source de conflits d'intérêts immédiats dans la mesure où le fait de savoir qu'un détachement est opéré pour telle ou telle entité positionne celui qui en prend connaissance en conflit d'intérêts réel, car, dès cet instant, son intérêt, ou l'intérêt de l'institution qu'il représente, entre en opposition avec l'intérêt protégé par cette action de détachement.

376. Il pourra être opposé à ce qui vient d'être affirmé que la tâche de définir des barrières d'informations et, de manière générale, de structurer l'organigramme des activités revient concrètement au responsable de la

[1168] 517 Federal. 2d 398, 2d. circuit, 1974 cité par HERZEL (L.) et COLLING (D.), « *The Chinese wall and Conflict of Interest in Banks* », *Business lawyer review* 1978, p. 73.

conformité[1169] à qui incombe le devoir de prévoir un nombre de barrières suffisant pour « enbocaliser » les conflits d'intérêts, comme il se dit dans le jargon financier, tout en l'optimisant de manière à ne pas affecter la bonne marche des différentes activités. Mais, en tant qu'acteur de cette institution, dépendant financièrement de son employeur, le responsable de la conformité exerce simplement son métier, suivant la politique de l'établissement et ses objectifs. C'est un responsable chargé de défendre d'abord l'intérêt de la banque. L'intérêt de l'établissement imposera peut-être dans certaines situations de passer outre la règle de conformité pour préserver l'institution, car, indirectement, c'est bien son propre intérêt que l'employé défend. Les agents commerciaux, par exemple, refusent certaines règles déontologiques même en leurs aspects les plus simples, car ils voient que leur rémunération, notamment variable, repose sur leur « rentabilité » et sont donc nécessairement tentés d'ignorer la règle aux fins d'assurer la marche de la banque. Ils ne peuvent ainsi objectivement prendre en compte les règles déontologiques. C'est d'ailleurs l'une des raisons pour lesquelles la déontologie est devenue une « place forte »[1170] des établissements financiers.

377. De plus, malgré son rôle et l'arsenal mis à son service, le responsable de la conformité se retrouve parfois dans l'incapacité d'atteindre l'objectif qui lui est confié. Si les conflits d'intérêts institutionnels sont difficiles à déceler, que dire des conflits personnels ? La surveillance des opérations d'un salarié est très délicate. Il est parfois d'ailleurs impossible de comprendre les motifs qui ont poussé un salarié à effectuer une transaction plutôt qu'une autre, même pour le responsable de la conformité, pourtant censé être un homme de terrain et d'expérience. Pour connaître avec précision la raison d'une opération, il doit procéder à une analyse méticuleuse de chaque information qu'il a pu obtenir pour tirer ses propres conclusions sur son opportunité et les raisons susceptibles de justifier les agissements de l'auteur, et une raison peut ne pas lui apparaître valable alors qu'elle semblait l'être pour l'employé qui peut alors être invité à fournir des explications. Cette tâche est encore plus difficile dans un établissement de grande taille, le nombre de collaborateurs étant important et le volume d'opérations considérable. Le responsable de la conformité, pour accomplir sa mission, est donc généralement renseigné par les responsables des différents départements, par exemple les chefs de tables dans les salles de marché, qui sont plus à même de déceler les opérations suspectes, mais la complexité de certaines transactions notamment sur les marchés dérivés rend les analyses *a posteriori* extrêmement difficiles. C'est peut-être pour ces

---

[1169] Acteur émanant de la fusion des fonctions de responsable du contrôle et de déontologue ou *compliance officer*. Les missions du responsable de la conformité sont précisées dans le règlement général de l'AMF, à l'article 313-4.

[1170] GOURISSE (B.), « La déontologie et les conflits d'intérêts : un point de vue libre d'un ancien déontologue », *in Les conflits d'intérêts dans le monde des affaires, un Janus à combattre ?*, PUF, 2006, p. 82.

raisons que les textes légaux et réglementaires, même s'ils prévoient les buts assignés aux responsables de la conformité, ne comportent que très peu de directives et recommandations quant à la mise en œuvre et aux modalités d'exercice de ce contrôle.

Le contrôle est en fait régulier[1171], parfois même quotidien pour certaines activités, mais souvent assez superficiel. Il se heurte par ailleurs à un obstacle sérieux : si toute opération personnelle du salarié, réalisée en violation des dispositions réglementaires ou intérieures de l'établissement, doit être immédiatement contre-passée par le service de contrôle interne, elle ne peut être aisément découverte lorsqu'elle est opérée au profit de ce salarié ou au profit d'une personne proche sur un compte externe. Ainsi, seuls les abus flagrants sont susceptibles d'être repérés, ce qui montre une autre limite à l'efficacité du contrôle.

378. Il convient aussi de rappeler que les salaires et primes du responsable de la conformité ne dépendent pas en principe des résultats de la banque d'investissement, mais d'une hiérarchie extérieure au pôle banque d'affaires, et que sur le plan fonctionnel, cet acteur est généralement rattaché au secrétariat général ou à la présidence. En France, la solution retenue a été d'élever les murailles le plus haut possible et de nommer une personne, ou un nombre réduit de personnes, responsable de la coordination et de « rapporter au niveau de la direction générale et plus spécialement auprès du président, les informations nécessaires à l'élaboration de la politique commerciale de l'établissement »[1172]. L'exemple anglo-américain a plutôt choisi « un modèle de *management* où les responsables hiérarchiques les plus importants sont étroitement associés à la supervision générale des contrôles déontologiques »[1173]. Se pose par conséquent la question de la « hauteur » de ces murailles. En effet, les responsables des différents services, et *a fortiori*, la direction générale ou la présidence d'un établissement financier sont généralement au-dessus de ces murailles de Chine et ont donc un accès « libre » à toute l'information détenue par l'institution. Les murailles de Chine perdent de fait, si ce n'est de leur intérêt, au moins de leur efficacité, car qui plus que les dirigeants ou l'exécutif peut céder à la tentation d'exploiter un conflit d'intérêts pour préserver l'intérêt de l'institution et le leur par la même occasion ? Le problème de la hauteur de ces murailles est que, trop hautes, elles priveraient les responsables de la vision générale des activités de leur établissement dont

[1171] Le responsable de conformité peut exiger d'un salarié de communiquer le relevé des opérations qu'il a effectuées durant une période déterminée. Parallèlement, il se voit transmettre par le *back office* le relevé des opérations effectuées par le salarié pour le compte de la clientèle.

[1172] ÉCHARD (A.), *Conflits d'intérêts et déontologie en droit boursier en France et en Grande-Bretagne*, *op. cit.*, p. 292.

[1173] ÉCHARD (A.), *Conflits d'intérêts et déontologie en droit boursier en France et en Grande-Bretagne*, *op. cit.*, p. 292.

ils ont besoin pour établir et mettre en œuvre les différentes stratégies, et trop basses, elles dénueraient le dispositif de son efficacité, voire de son objet.

L'autre moyen de prévention des conflits d'intérêts du banquier qui est envisagé est la réforme structurelle dont il est nécessaire d'envisager également les limites.

§ 2 - Les limites spécifiques de la réforme structurelle

379. Depuis la crise des *subprimes*, trois réformes ont acquis notoriété : la règle *Volcker* aux Etats-Unis, qui interdit aux banques toute activité de négociation (*trading*) pour compte propre, le rapport *Vickers* en Grande Bretagne qui prône plutôt un cantonnement de la banque de détail (B) et le rapport *Liikanen* qui préconise une séparation légale entre métiers classiques et activités de *trading* à haut risque, notamment celles pour compte propre, et certaines autres liées aux marchés de titres et dérivés. Ces services seraient regroupés dans une entité séparée (banque ou société d'investissement) et dotée de capitaux propres. C'est dans ce contexte que le droit français a introduit une réforme qui paraît combiner à la fois les mesures anglo-américaines et celles dégagées par le groupe *Liikaanen*[1174], mais en écarte certains aspects qui semblent pourtant indispensables pour la prévention du conflit d'intérêts du banquier. Le droit français ne réserve ainsi la réforme qu'aux entités qui, semble-t-il, sont « *too big to fail* » (A).

A/ Le droit français

380. La loi du 26 juillet 2013[1175] impose désormais aux banquiers, ou plus exactement aux plus grandes banques, de séparer les activités pour le compte des clients de leurs activités pour compte propre, ces dernières devant être regroupées dans des filiales dédiées aux activités de marché, sans lien direct avec le service aux clients ou le financement de l'économie, dont le statut est légalement défini et dont les relations avec la maison mère sont strictement encadrées (1°). Le titre I de cette loi renforce également le contrôle sur les activités jugées spéculatives ou risquées. Sont ainsi ajoutées

---

[1174] Du nom d'Erkki Liikanen, gouverneur de la banque centrale de Finlande, sollicité par le commissaire européen chargé du marché intérieur et des services pour présider un groupe d'experts financiers de haut niveau afin de formuler des recommandations pour une réforme bancaire au sein de l'UE.

[1175] L. n° 2013-672 préc. ; rappr. Ord. n° 2014-158 du 20 févr. 2014 portant diverses dispositions d'adaptation de la législation au droit de l'Union européenne en matière financière.

au Code monétaire et financier de nouveaux articles, notamment L. 511-47 à L. 511-50 qui organisent le cantonnement des activités spéculatives ou risquées au sein des groupes bancaires[1176] (2°).

1° - La filialisation des activités pour compte propre

381. L'article L. 511-47, I du Code monétaire et financier dispose que les activités de négociation portant sur des instruments financiers faisant intervenir le compte propre de la banque et les opérations conclues avec un organisme de placement collectif à effet de levier (*hedges funds*) et non garanties, ne peuvent être exercées que par l'intermédiaire de filiales dédiées. L'obligation de filialisation ne s'applique toutefois qu'aux banques dont les activités de marché sont significatives, notamment les quatre plus grandes sur lesquelles l'étude d'impact préalable avait été menée. Des seuils de filialisation ont été fixés[1177].

382. La règle de filialisation connaît des exceptions cependant, pour ce qui concerne notamment les activités de fourniture des services d'investissement à la clientèle, la compensation d'instruments financiers, la couverture des risques propres de l'établissement, l'activité de tenue de marché, les opérations d'investissement du groupe et la gestion de sa trésorerie.

L'exception, s'agissant de la fourniture de services d'investissement, concerne les opérations « dont la rentabilité attendue résulte des revenus tirés des services fournis à la clientèle et de la gestion saine et prudente des risques associés à ces services »[1178]. Mais les garanties de la gestion saine et prudente des risques associés à ces services demeurent celles qui existaient avant la mise en place de cette réforme structurelle dont les limites sont connues.

Échappe aussi à l'obligation de filialisation l'activité de couverture des risques, telle que visée à l'article L. 511-47, IV du Code monétaire et financer consistant pour le banquier à se porter contrepartie d'opérations sur des instruments financiers dans le but de réduire ses expositions aux risques de toute nature liés aux activités de crédit et de marché, si les instruments utilisés présentent « une relation économique avec les risques identifiés ». Or, cette expression ne renseigne pas en pratique sur le contenu de la notion évoquée.

Sont pareillement exemptées de filialisation les opérations d'investissement du groupe consistant dans l'acquisition de titres financiers

[1176] À la section 7 (dispositions prudentielles et contrôle interne) du chapitre I (dispositions générales) du titre I (Prestataires de services bancaires) du livre V (Prestataires de services).
[1177] D. n° 2014-785 du 8 juill. 2014 relatif au seuil prévu à l'article L. 511-47 du C. monét. fin.
[1178] *Ibid.*

« dans l'intention de les conserver durablement, ainsi que les opérations sur instruments financiers liées à ces dernières » et « les opérations d'achat ou de vente de titres émis par les entités du groupe »[1179]. Les opérations de trésorerie du groupe et les opérations financières entre les entités d'un même groupe sont également soustraites à l'obligation de filialisation, sous réserve que les fonds soient gérés de façon « saine et prudente », sans autre indication, laissant subsister l'encadrement antérieur à cette loi.

La principale exception à l'obligation de filialisation concerne toutefois la tenue de marché. Le législateur a préféré de la sorte maintenir dans la banque de dépôt les opérations de tenue de marché jusqu'à un certain seuil fixé par arrêté ministériel après avis de l'Autorité de contrôle prudentiel et de régulation. Il est permis de se questionner sur pareille position qui va quelque peu à contresens de l'esprit de la loi, compte tenu de la nature de l'activité de marché et des risques de conflits d'intérêts qu'elle porte en son sein[1180]. Le rapport *Liikanen*, qui insistait sur le caractère spéculatif ou risqué de ces opérations, avait d'ailleurs préconisé leur filialisation.

La loi de séparation des activités bancaires précise par ailleurs le statut et le contrôle applicables aux filiales dédiées qui doivent être capitalisées et financées de manière entièrement autonome de sorte que les difficultés qu'elles seraient susceptibles de rencontrer ne devraient affecter d'aucune manière le reste du groupe.

2° - Le cantonnement des activités spéculatives ou risquées

383. Les filiales sont agréées par l'Autorité de contrôle prudentiel et de régulation, en tant qu'entreprises d'investissement et non comme établissements de crédit, statut pour lequel elles ne peuvent obtenir l'agrément qu'à titre dérogatoire, le cumul des opérations de banque avec les opérations de négociation leur étant en principe interdit[1181]. Dans le cas où ces filiales ont obtenu un agrément, elles ne peuvent pour autant recevoir de dépôts garantis ni fournir des services de paiement aux clients dont les dépôts sont garantis. Elles sont néanmoins tenues de respecter, indépendamment de leur statut, les normes de gestion applicables aux établissements de crédit prévues à l'article L. 511-41 du Code monétaire et financier, notamment celles relatives à la liquidité, à la solvabilité et à la répartition des risques.

Ces filiales doivent utiliser des raisons sociales et des noms commerciaux distincts de ceux des établissements de crédit du groupe qui les contrôlent et les personnes qui déterminent effectivement l'orientation de l'activité de ces filiales, de l'établissement de crédit, et de la *holding* qui les contrôlent

---

[1179] C. monét. fin., art. L. 511-47, IV et VI.

[1180] Sur l'activité de marché V. *supra*. n° 118 et s.

[1181] C. monét. fin., art. L. 511-48.

doivent être dissociées de manière à éviter toute confusion dans l'esprit de leurs créanciers et cocontractants de manière générale. Aucune souscription par la *holding* du groupe à une augmentation de capital de ces filiales ne peut avoir lieu sans autorisation préalable de l'Autorité de contrôle prudentiel et de régulation. Enfin, certaines activités sont simplement interdites[1182] aux filiales dédiées qui ne peuvent notamment réaliser d'opérations de négociation à haute fréquence, ni d'opérations sur les produits dérivés de matières premières agricoles à caractère fortement spéculatif.

384. Ces règles d'organisation et les règles de fonctionnement sont à communiquer à l'Autorité de contrôle prudentiel et de régulation. Celle-ci s'assure de l'adéquation du dispositif de contrôle interne de l'établissement[1183] et vérifie la gestion des risques de cette organisation ainsi que les rémunérations des acteurs chargés des opérations, qui ne sont pas censées encourager la prise de risque conformément à l'article L. 511-49, al. 4, du Code monétaire et financier. Finalement, elle a l'obligation de refuser l'agrément lorsqu'elle considère que l'organisation et le fonctionnement d'une entité, notamment la filiale dédiée ou son système de contrôle interne, ne permettent pas d'assurer le respect de ces dispositions[1184].

385. Les banques qui s'opposent à la séparation des métiers arguent en revanche que le modèle de banque universelle français a montré une résilience que les banques d'autres États n'auraient pas affichée, et en déduisent qu'une réforme de ce genre n'est pas opportune. La séparation conduirait, selon cette vision, à un affaiblissement des banques et un renchérissement du crédit. En effet, presque la moitié du bilan de ces banques d'investissement relèverait d'instruments utilisés pour immuniser le bilan de la banque de détail contre le risque de change ou de taux[1185]. La scission des activités aurait également un impact direct sur le financement des entreprises, car le resserrement des conditions de crédit pousserait les entreprises à délaisser le financement bancaire et à s'orienter davantage vers les marchés, les établissements étrangers ou le *shadow banking*. Il pourrait par ailleurs y avoir un changement dans les relations entre les banques et les entreprises : les banques d'investissement se concentreraient pour n'être au service que des seules grandes entreprises et PME de taille importante, les autres resteraient dans le giron de la banque de détail avec un accès plus limité au marché. Les particuliers risqueraient pareillement de supporter une partie du coût de la séparation des activités bancaires et de bénéficier de conditions désavantageuses pour les prêts. La loi du 26 juillet 2013[1186] est un vrai pas vers l'assainissement de la finance, mais reste aujourd'hui

---

[1182] C. monét. fin., art. L. 511-47, VI et I.
[1183] C. monét. fin., art. L. 511-49, al. 3.
[1184] C. monét. fin., art. L. 511-50.
[1185] C. KARYOTIS, *L'essentiel des banques*, Gualino, 2013, p. 117
[1186] L. n° 2013-672 du 26 juill. 2013 préc.

circonscrite à la France, ce qui nuirait à la faculté des établissements nationaux de faire concurrence aux banques transfrontalières ou internationales.... Le débat reste ouvert.

B/ Le droit anglo-américain

386. À différentes époques, des modèles de banques « étroites » ont été proposés sans pour autant ne jamais être mis en place de manière effective. Ce mode d'organisation est néanmoins présenté à chaque fois comme celui de la banque sûre. L'idée est la suivante : tous les paiements et transferts de fonds transiteraient par des banques de dépôt qui ne seraient pas autorisées à accorder des prêts et dont le rôle consisterait uniquement à recueillir des dépôts qu'elles ne pourraient investir que dans des placements à court et moyen terme, de même échéance que les dépôts. Elles n'effectueraient d'ailleurs des investissements que dans des actifs financiers à risque très faible comme des bons d'États[1187].

Dans l'esprit, cette activité circonscrite de la sorte ne pourrait laisser place à un quelconque conflit d'intérêts opposant l'intérêt de la banque à celui de ses clients, et encore moins à une opposition d'intérêts de différents clients. C'est cette voie que semblent poursuivre les récentes réformes anglo-américaines (2°) qui par plusieurs aspects s'inspirent du cloisonnement mis en place bien plus tôt par le célèbre *Glass-Steagall Act* (1°).

1° - Le cloisonnement traditionnel : Le Glass-Steagall Act

387. En réalité, l'efficacité de la séparation fonctionnelle instaurée par le *Glass Steageall Act* a été remise en cause dès son adoption[1188]. Les études sont innombrables qui démontrent, où tentent de démontrer, l'inefficacité de ces mesures, et au-delà, les conséquences néfastes qu'elles auraient sur le secteur bancaire et l'économie en général par effet de ricochet[1189]. Il est ainsi affirmé que même si l'on acceptait l'idée qu'en 1933 il était possible d'obtenir des avantages pour le bien public à la séparation des banques commerciales et d'investissement, ces avantages seraient devenus caducs avec le temps. Le *Glass-Steagall Act* ne jouerait plus non plus de rôle dans la protection du public, et encore moins dans la protection contre les faillites

---

[1187] La crise que l'on connaît aujourd'hui remet évidemment en question le degré de risque habituellement attaché à certains de ces actifs.

[1188] MARINI (F.), « Les développements récents de l'histoire des crises bancaires aux États-Unis », *document de travail du CERPEM*, Université Paris IX-Dauphine, sept. 2004.

[1189] Pour une vue d'ensemble sur les différentes analyses économiques et financières, ROUBINI (N.) et MIHM (S.), *Crisis Economics : A crash course in the future of finance,* Allen lane, 2010.

bancaires ou la concentration du pouvoir économique, et il serait probable que cette loi n'ait jamais joué ce rôle de protection[1190]. En revanche, « on peut dire tout simplement que nous sommes en présence d'une loi qui réussit assez bien à limiter la concurrence – et c'est à peu près tout »[1191].

Une recherche d'un professeur de finance de l'université d'Emory[1192], souvent citée en exemple, appelait à l'abolition de mesures qui n'étaient, selon lui, fondées que sur « un concept moralisateur et inopérant aspirant à un mode de fonctionnement de la banque qui ne tient pas du tout compte de la réalité »[1193]. Il démontre que les activités d'investissement ne constituent pas un risque supplémentaire et écrit qu'il est dès lors injustifié que ces entités ne bénéficient pas de l'assurance des dépôts dont jouissent des banques commerciales[1194]. Enfin, il réfute l'existence d'un lien entre assurance de dépôts et incitation à la prise de risque[1195].

Pour justifier ces mesures, ont été avancées, lors des débats précédant l'adoption des règles analysées, des déclarations selon lesquelles les grandes banques ont pu obliger les plus petites banques à racheter les titres qui les ont menées à la faillite. Or, l'auteur ne trouve pas de données vérifiant la véracité de ces déclarations et démontre que le schéma décrit au cours de ces débats était désavantageux sur divers plans pour la grande banque au point qu'avec une logique simplement rationnelle, il était impossible d'arriver aux conclusions avancées par le Sénat avant l'adoption de cet acte[1196].

Les résultats de ces études sont néanmoins nuancés par d'autres, certes minoritaires, mais dont l'écho dans le milieu économique était assez retentissant. Notamment une étude publiée par l'université de Chicago en 1994[1197], qui émit des réserves quant à l'abolition qui était prévue. Et un célèbre économiste, qui prédisait longtemps à l'avance la crise des

---

[1190] « *It seems quite apparent that even if it were conceded that in 1933 there were public benefits to be obtained from separating commercial banking and investment banking, those benefits are no longer obtainable today. Specifically, the Glass-Steagall Act has no role to play in the protection of the public against bank failure or against undue concentrations of economy power. Probably it never did* », GOLEMBE ASSOCIATES, *Commercial banking and Glass-Steagall Act*, Washington D.C., 18 févr. 1982, disponible sur le site de *l'American bankers association.*

[1191] *Ibid.*, « *In simplest terms, therefore, we are left with a statute that quite effective in restricting competition – and in nothing more.* »

[1192] BENSTON (G. J.), *The separation of commercial and investment banking : The Glass-Steagall Act Revisited and Reconsidered*, Oxford university press, 1990.

[1193] *Ibid.* p. 133 : « *A moralistic and inoperate concept of how banking ought to operate, and is not at all supported by evidence.* »

[1194] BENSTON (G. J.), *ibid.*, p. 159.

[1195] *Ibid.* p. 160 et s.

[1196] BENSTON (G. J.), *op. cit.*, p. 171.

[1197] KROSZNER (R. S.) et RAJAN (R. G.), « *The Role of Firewalls in Universal banks : Evidence from Commercial Bank Securities Activities before the Glass-Stegall Act* », *Center for study of economy and the state, University of chicago*, nov. 1994, Working Paper n° 103.

subprimes, recommandait même plus avant un « *Glass Steagall Act* aux amphétamines »[1198].

2° - Le cloisonnement moderne

388. Parce que la réforme du droit français s'inspire des principales réformes anglo-américaines, il apparaît nécessaire, pour finaliser le travail d'évaluation, de mener également une approche critique de la *Vickers Rule* anglaise (a) et de la *Volcker Rule* américaine (b).

a - Le cantonnement de la Vickers Rule

389. La réforme *Vickers* s'articule autour de la notion de cantonnement (*ring-fencing*) : elle vise à séparer des activités spécifiques et à en concentrer certaines dans des établissements « cantonnés ». Elle préconise une filialisation de l'activité banque de détail sans impliquer pour autant un changement de l'actionnariat, ni une modification dans l'utilisation de la marque du groupe. Aux entités cantonnées, seule l'activité de services et de prêts bancaires classiques serait autorisée. Elles ne sont plus habilitées à fournir des services financiers ou d'investissement, mais peuvent continuer à exercer des activités de négociation dans le cadre de la gestion des risques, de la liquidité et du financement de leurs activités, autrement dit, dans le cadre de leur fonction de trésorerie[1199]. Aux autres entités du groupe, en revanche, les activités de banques d'investissement ne seraient pas prohibées, mais elles devraient se conformer à certaines exigences, notamment une gouvernance et un fonctionnement indépendants, et la mise en place de limites strictes en matière d'exposition aux risques entre les entités cantonnées et le reste du groupe[1200].

La mise en œuvre de la réforme *Vickers* suppose de disposer des moyens permettant de s'assurer que les banques de crédit cantonnées n'exercent pas de manière furtive des activités interdites dans le cadre de la fonction de négociation et de couverture permise. Il faudrait par conséquent se doter d'un système de contrôle apte à détecter avec précision les opérations qui ne seraient pas tout à fait du domaine de la trésorerie[1201]. Le succès d'une telle

[1198] ROUBINI (N.) et MIHM (S.), *op. cit.*, p. 230 : « *Glass Steagall Act on steroïds.* »

[1199] La gestion de risques et les activités de couverture présentent en effet pour la fourniture des services bancaires une importance telle qu'elle justifie qu'elles soient exemptées de figurer parmi les activités interdites.

[1200] L'objectif de la loi *Vickers* est surtout de pouvoir garantir par l'État les dépôts des épargnants et des PME, en levant toute ambiguïté sur un éventuel financement par celui-ci de l'activité d'investissement.

[1201] Rappelons que les pertes de JP Morgan dans l'affaire dite de la baleine ont été enregistrées par son *Chief investment office*, une unité chargée d'opérer des fonctions de

réforme ne serait pas non plus assuré à défaut de moyens garantissant une réelle séparation des activités cantonnées de celles qui ne le sont pas, ce qui signifie d'imaginer des restrictions au niveau du financement de gros et un modèle de gouvernance indépendante efficace. Cette scission, pour être adéquate et opportune, nécessite aussi de veiller à ce que la présence d'établissements financiers en dehors des frontières où s'applique la réforme ne compromette pas les objectifs de cette dernière. Cela soulève des doutes sérieux quant aux chances de succès d'une telle réforme si elle est mise en œuvre par un État isolé. En effet, un État qui s'aventurerait à l'instaurer de manière unilatérale ne serait en mesure ni d'exiger, ni de maîtriser le cantonnement des entités étrangères opérant sur son espace territorial. Il suffirait en fait aux banques étrangères d'agir dans ce pays dans le cadre de succursales pour contourner la règle. Et, si l'activité de ces succursales se déployait à une échelle suffisamment importante, la lutte ne se ferait pas à armes égales. Une telle réforme pose, par ailleurs, des questions de nature différente, comme celle du sort de l'excédent d'épargne qui jusque là était recyclé.

b - Les interdictions de la Volcker Rule

390. La règle *Volcker* aux Etats-Unis interdit aux établissements de crédit de faire de la négociation pour compte propre, de détenir ou de promouvoir du capital privé ou des fonds d'investissement spéculatifs (*hedge funds*) ou de procéder à des transactions de banque d'investissement ou de négociation lorsqu'il existe un conflit d'intérêts par rapport à leurs clients ou leurs contreparties. La simple présence d'un conflit d'intérêts peut justifier que soit écarté un large éventail d'activités rentables jusque là admissibles. Contrairement à la loi *Vicker*s, la règle *Volcker* ne permet pas à d'autres entités du groupe bancaire d'exercer les activités de marché interdites aux banques de dépôt et de crédit. Soulignons toutefois que la règle ne concerne pas les positions à des fins d'investissement ou à long terme, les activités de teneur de marché de prise ferme, de couverture et de négociation pour compte propre de titres publics américains qui demeurent autorisées[1202].

Un premier défi majeur de la réforme *Volcker* doit être relevé par les diverses autorités de contrôle. Il leur faut en effet parvenir à établir une claire distinction entre les activités de négociation pour compte propre, soumises à l'interdiction, et les activités s'y rapprochant ou y ressemblant, comme les opérations de couverture ou la tenue de marché. Si, énoncée de cette manière la tâche ne semble pas insurmontable, les choses se

trésorerie pour la banque ; il s'agissait plus exactement de couvrir un portefeuille de dépôts excédentaires en conformité aux règles *Vickers* comme *Volcker*.

[1202] En effet, pas moins de 300 pages d'exceptions viennent nuancer le principe.

compliquent nettement dès lors qu'on s'y attelle. Examinons la situation de plus près. La banque se retrouve à la fois à agir comme teneur de marché et à négocier pour compte propre et le fait même qu'elle puisse être tentée de privilégier son intérêt dans le cadre de cette activité de négociation pour compte propre au détriment de son rôle de teneur de marché est constitutif d'un conflit d'intérêts. Dès lors, le plus simple est de lui interdire purement et simplement de négocier pour son propre compte. Et pourtant, les transactions passées dans le cadre de ces deux activités présentant des caractéristiques souvent similaires, il faudrait pouvoir examiner, transaction par transaction, la finalité de celle-ci ainsi que le rôle de l'entité qui l'a initiée pour distinguer une activité autorisée de celle qui ne l'est pas. Au regard de la complexité de ces transactions, à leur nombre et des intervalles de temps dans lequel elles interviennent, être capable de les distinguer supposerait de recourir à des outils et des modèles hautement techniques et complexes. Or, l'expérience n'a que trop bien démontré que ceux-ci risqueraient d'être plus ou moins facilement détournés, d'autant plus que, dans le cadre de cette réforme, les banques fixeraient librement leurs propres règles et politiques de conformité. Le texte de cette proposition définit alors un certain nombre de possibilités et donne des indices permettant aux autorités de contrôle de mener leur mission. Cependant, le degré d'expertise, les ressources nécessaires pour analyser les milliers de transactions journalières opérées par les banques, sont autant de limites à l'aptitude de l'autorité régulatrice à détecter les éventuelles anomalies.

391. La mise en œuvre de ces réformes françaises ou anglo-américaines, on le constate, pose un certain nombre de défis et les difficultés surgissent dès les premières étapes. D'abord, il n'est pas si simple d'identifier les activités interdites puis d'en définir avec précision le périmètre. Ensuite, garantir l'indépendance nécessaire entre entités au sein d'un même groupe et surtout mettre en place les moyens de la contrôler peut rapidement relever du casse-tête. Mais, en admettant que ces challenges puissent être relevés, comment affirmer avec certitude que toutes ces mutations n'auront pas de conséquences économiques non souhaitées et peut-être plus sérieuses encore que les problèmes que de telles transformations entendent résoudre ?

Aux difficultés inhérentes à la mise en œuvre des contrôles, sans lesquels le succès de ces réformes serait sérieusement hypothéqué, se superpose une problématique de renchérissement du coût de certaines activités bancaires dont l'incidence sur la rentabilité des banques mériterait à tout le moins d'être évaluée. La première implique en effet des coûts significatifs pour les activités d'investissement et l'organisation des groupes financiers. La seconde prive d'une bonne partie des ressources bancaires provenant de la négociation pour compte propre. La séparation ou l'élimination d'activités pourrait réduire les avantages qu'offrent les synergies de la banque universelle sur lesquels semblent s'accorder des générations d'économistes[1203] : le lissage des revenus, la centralisation de la liquidité et/ou de la gestion des risques, la possibilité de transférer le capital excédentaire entre les divisions de détail et de gros, la possibilité pour la clientèle d'utiliser une seule banque pour l'ensemble des services, la réduction des coûts d'agence et d'information profitables aux clients, l'aide plus efficace des banques aux entreprises en cas de difficultés financières et des montants de crédit accordés par les banques plus élevés.

On pourra toujours ignorer cet aspect, considérer qu'un réforme structurelle a aussi un geste punitif et accorder un même traitement aux bons et mauvais élèves dans la classe des banques, il reste que des coûts anormalement élevés influencent la capacité concurrentielle des banques[1204] et se répercutent par ailleurs sans surprise, d'une manière ou d'une autre, sur l'utilisateur du service. L'expérience a suffisamment montré à plusieurs occasions la nécessité d'une approche internationale coordonnée des réformes réglementaires. Dans tous les cas, une entreprise aussi laborieuse qu'une réforme structurelle mise en place de manière unilatérale reste, à notre sens, bien hasardeuse.

Enfin, ces réformes en ce qu'elles ont pour objet et/ou effet de modifier les structures juridiques, ne peuvent être exclues les incidences sur le mode de fonctionnement d'un système financier dans son ensemble, lequel est, il ne l'a que trop de fois prouvé, vulnérable.

392. Des règles structurelles en réponse aux conflits d'intérêts ou à la prise de risque excessive n'apparaissent pas en soi comme une originalité. En France, la séparation d'activités fut longtemps un état de fait. De la faillite de l'Union générale en 1882 aux lois Bérégovoy de 1984, la règle à peine assouplie par la loi Debré en 1966 était la stricte rupture entre banque de dépôt et banque d'investissement. En Belgique, un arrêté royal de 1935 allait dans le même sens. Quant à la méthode *Vickers*, c'est celle qui était pratiquée à l'époque du krach de 1929. L'ensemble des mesures étudiées rappelle aussi par beaucoup d'aspects la législation *Glass-Steagall*. À l'origine du *Glass-Steagall act*, il y avait l'inquiétude à l'égard des conflits d'intérêts, leurs relations avec les entreprises permettant aux banques commerciales d'accéder à une information dont une pure banque d'investissement ne serait pas en mesure de disposer. La crainte était de voir des abus découler de cette position privilégiée. Au fil du temps, plusieurs facteurs menèrent à l'abrogation de la loi *Glass-Steagall*. Deux facteurs en

---

[1203] Pour un exemple d'ouvrage et d'article synthétiques des différentes études menées à ce sujet : BENSTON (G. J.), *The Separation of Commercial and Investment Banking : The Glass Steagall Act Revisited and Reconsidered,* Oxford University Press, 1990 ; CYREE (K. B.), « *The Erosion of the Glass–Steagall Act : Winners and losers in the banking Industry* », *Journal of Economics and Business* 2000, n° 52, p. 343.

[1204] Le *Glass-Steagall act* allait avoir pour conséquence de désavantager les États-Unis par rapport à l'Europe et le Japon, au moins dans la course à la taille.

particulier initièrent cette décision. D'abord, la controverse qui a accompagné la loi américaine depuis son apparition. Elle a été combattue dès l'origine à coups d'études empiriques menées par un grand nombre de chercheurs et d'universitaires qui démontraient que la diversification des activités et les conflits d'intérêts en découlant n'auraient pu avoir toutes les conséquences qu'on leur attribuait. Ensuite, à la fin de la décennie 1990, plusieurs banques américaines étaient autorisées à exercer des activités de banque d'investissement et d'assurance, sans que des problèmes majeurs soient imputés à cet élargissement de l'activité, d'autant plus que, dans une majorité d'autres pays développés, ce genre de restrictions n'existait pas. Le deuxième facteur était lié à la perspective de réduction des coûts d'utilisation de données, grâce aux fortes avancées technologiques de cette période.

D'une manière générale, il faut garder à l'esprit qu'une séparation entre banque commerciale et banque d'investissement n'est nullement synonyme d'extermination des conflits d'intérêts dans ce domaine. Le conflit d'intérêts du banquier prend vie à chaque fois que son éventuelle action destinée à privilégier tout autre intérêt risque d'affecter de manière préjudiciable l'intérêt de son client ou l'intégrité du marché. Force est alors de constater que le terrain est fertile.

Dans ces conditions, une réforme structurelle ne résoudra pas tous les conflits d'intérêts. Contre les conflits d'intérêts entre banque d'investissement et activités de financement, l'assignation de l'activité pour compte propre à une entité juridique réellement distincte peut-être une solution. Pour les conflits d'intérêts entre l'activité pour compte propre et l'activité clients, ou l'opposition des intérêts de plusieurs clients, la réflexion reste encore un chantier ouvert : ils existeront toujours au sein des banques d'investissement ou banques d'affaires aussi isolées, cantonnées ou séparées soit-elles.

Pour toutes ces raisons peut-être, fût privilégié jusque là le recours à une régulation moins radicale, prônant la réglementation par principes directeurs et élisant l'autodiscipline au rang de source privée de droit en ce domaine.

La prévention des conflits d'intérêts réside dans un ensemble de solutions éparses, parfois incomplètes tant apparaît insaisissable abstraitement la situation de conflit d'intérêts que la prévention vise à empêcher et tellement il est délicat de bâtir un dispositif suffisamment précis et large qui permette de viser l'ensemble des situations dans lesquelles la dépendance d'un acteur ou de la personne morale dont il relève est susceptible d'être limitée. Il apparaît alors essentiel de le compléter par des remèdes aux conséquences des situations de conflits d'intérêts exploités. C'est ce à quoi tendent les mesures de traitement des conflits d'intérêts qu'il convient d'examiner à présent.

Chapitre deux. Le traitement du conflit d'intérêts

393. De nombreuses règles tendent à prévenir les situations de conflit d'intérêts du banquier. Cela tient « à la nécessité de régir au plus près chaque situation »[1205]. Mais, en cas d'échec de la prévention, d'autres règles spécifiques interviennent qui obligent à traiter le conflit d'intérêts non plus seulement supposé, mais avéré. Toutefois, le droit commun apparaît comme un véritable « régime primaire »[1206] de traitement des conflits d'intérêts du banquier. Il convient donc de s'interroger sur les solutions préconisées.

Les dispositions de traitement *ex ante* vont être étudiées, sous l'angle de leurs insuffisances notamment, dans l'esprit de rechercher d'éventuelles alternatives (Section 1). Puis, s'agissant du traitement *ex post* seront en particulier mises en exergue les faiblesses de l'action en responsabilité civile qui vise habituellement à réparer le préjudice découlant de l'exploitation du conflit d'intérêts (Section 2).

[1205] SCHMIDT (D.), « Essai de systématisation des conflits d'intérêts », *D.* 2013, p. 446.

[1206] DONDERO (B.), « Le traitement juridique des conflits d'intérêts : entre droit commun et dispositifs spéciaux », *D.* 2012, p. 1686.

Section 1. Le traitement *ex ante*

394. L'idée sous-jacente du traitement *ex ante* est de permettre aux destinataires de l'offre de service bancaire ou financier d'être à même d'apprécier dans quelle mesure les intérêts en conflit qui s'expriment en la personne du banquier, personne morale ou personne physique, peuvent porter atteinte aux leurs, et ce faisant de donner la possibilité au client du banquier ou au public investisseur d'exercer un contrôle direct sur la situation de conflit d'intérêts.

De ce fait, ce traitement est susceptible de prendre diverses formes qui découlent d'une règle générale de révélation des intérêts détenus et des conflits d'intérêts survenus (§1). La révélation suppose de laisser ensuite la décision d'autoriser ou non la poursuite de l'action du banquier sujet au conflit d'intérêts à celui qui pourrait voir ses intérêts lésés (§2).

§ 1 - La révélation

395. Il ressort de la lecture des textes et de l'analyse de la jurisprudence que l'obligation de révélation repose aujourd'hui sur un principe de partage de l'information (A) trop général pour éclairer le client dans sa prise de décision (B).

A/ Le principe : le partage de l'information

396. Quel que soit le domaine, la détention de l'information est un élément capital dans le processus de prise de décision et le détenteur de l'information dispose de ce fait d'un pouvoir considérable. Or, « l'information [n'étant] pas une fin en soi, [mais] un moyen d'une action qu'elle doit éclairer »[1207], le droit positif oblige de plus en plus le détenteur de l'information à la partager, qui plus est lorsqu'il agit à titre professionnel.

La déclaration d'intérêts imposée au banquier trouve donc sa justification dans l'information (1°). Quand, en revanche, cette dernière est spontanée de la part du professionnel, le droit s'assure de son utilité. C'est dans la

[1207] SAVATIER (J.), « Le fonctionnement des comités d'entreprise : quelques difficultés », *Dr. soc.* 1982, p. 185.

continuité de cette logique qu'est imposé au banquier, lorsqu'il ne peut les empêcher, de révéler ses conflits intérêts (2°).

1°- La déclaration des intérêts en général

397. L'obligation de révélation pèse sur le banquier de manière très fréquente, mais si les modalités et la forme qu'elle doit prendre diffèrent, l'objectif n'est autre que d'éviter toute opacité douteuse.

Dans cette quête de transparence, la loi exige du banquier la révélation des intérêts préalablement à l'exercice de ses différentes activités, le plus souvent dans des documents dénommés « déclarations d'intérêts ». Le banquier est ainsi tenu de mettre au jour ses différents intérêts dès qu'il souhaite obtenir l'agrément nécessaire à l'exercice de son activité[1208].

Ensuite, le banquier doit indiquer, chaque fois qu'existe un risque, si sa mission est susceptible d'engendrer d'éventuels conflits d'intérêts ou plus largement d'altérer son indépendance d'une façon ou d'une autre. En matière d'analyse financière par exemple, l'analyste doit informer le public investisseur des liens stables qu'il détient dans l'entreprise qu'il suit ou que cette entreprise détient dans son capital. Cette prescription est récurrente. Elle est affirmée notamment dans trois directives : la directive sur les opérations d'initiés et les manipulations de marché [1209], la directive d'application concernant la présentation équitable des recommandations d'investissement et la mention des conflits d'intérêts[1210], et la directive relative aux marchés d'instruments financiers [1211]. Et auparavant, une décision du Conseil des marchés financiers du 27 mars 2002 posait déjà ce principe : « le prestataire habilité établit une procédure relative aux avertissements devant figurer sur une analyse et permettant de mettre clairement en valeur les éléments susceptibles de limiter l'indépendance de l'analyste »[1212]. En conséquence, quand la banque intervient sur le marché primaire, à l'occasion d'une émission, en tant que présentateur en cas d'offre publique, de conseil ou membre d'un syndicat de placement, le public investisseur doit en être informé.

Par ailleurs, il est aujourd'hui admis sans restrictions que les conseillers en investissement doivent déclarer les liens qu'ils entretiennent avec les établissements concepteurs de produits financiers[1213].

1208 Pour la gestion de portefeuille, v. C. monét. fin., art. L. 532-9.

1209 Dir. 2003/6/CE, préc.

1210 Dir. 2003/125/CE du Parlement européen et du Conseil du 28 décembre 2003 en ce qui concerne la présentation équitable des recommandations d'investissement et la mention des conflits d'intérêts.

1211 Dir. 2004/39/CE, préc.

1212 Déc. n° 2002-01 du 27 mars 2002, préc.

1213 C. monét. fin., art. L. 541-8-1, 5°.

398. Cet ensemble de déclarations se fixe comme objectif d'éclairer sur les conditions dans lesquelles le banquier exerce son activité et d'alerter sur la possibilité d'émergence de conflits d'intérêts. Le contenu de ces déclarations peut être large tant que l'atteinte à l'intérêt supérieur n'est que potentielle. En revanche, dès que le conflit d'intérêts est avéré, l'information donnée devrait être suffisamment précise pour permettre à son bénéficiaire, non plus seulement de prendre conscience du contexte dans lequel opère le banquier, mais aussi et surtout de contrôler l'action de celui-ci de manière à préserver l'intérêt défini préalablement comme supérieur. Pour ce faire, un certain degré de précision est indispensable pour mesurer les effets du conflit d'intérêts sur l'intérêt protégé.

2°- La divulgation des conflits d'intérêts en particulier

399. Principe initialement posé dans le document publié par le *Forum group* du 4 septembre 2003[1214] relatif aux analystes financiers, l'obligation de révélation des conflits d'intérêts se retrouve dans la directive « abus de marché »[1215]. Cette directive recommande en l'occurrence la présentation « équitable, claire et précise des informations ainsi que la mention des intérêts et des conflits d'intérêts »[1216]. Elle impose également de mentionner les conflits d'intérêts des personnes « qui recommandent ou suggèrent une stratégie d'investissement pouvant influer sur l'opinion qu'elles expriment dans leurs recommandations » et ce « de manière appropriée » [1217]. Le règlement général de l'Autorité des marchés financiers fait de même peser une obligation de divulgation, dans le cadre de la diffusion de recommandations, de toutes « relations et circonstances concernant l'analyste ou le prestataire de services d'investissement, dont on peut raisonnablement penser qu'elles sont de nature à porter atteinte à l'objectivité de l'analyse, en particulier lorsque le prestataire ou l'analyste ou toute personne qui a participé à l'élaboration de la recommandation a un intérêt financier significatif portant sur un ou plusieurs instruments financiers faisant l'objet de la recommandation ou un conflit d'intérêts significatif avec un émetteur auquel se rapporte la recommandation »[1218]. Il en va de même en dehors de la seule activité de diffusion d'analyse, chaque fois que le banquier se retrouve en situation de conflit d'intérêts. Le

---

[1214] *Financial analysts : best practices in an integrated European financial market-recommandations from the Forum Group to the European Commission services,* p. 16 : « Disclosure : Conflicts of Interest, whether corporate or personal should be disclosed », et section 5-4, p. 29 s.
[1215] Dir. 2003/6/CE, préc.
[1216] *Ibid*, Considérant n° 1, et article 5, paragraphe 1, al. 1er.
[1217] *Ibid*, Considérant n° 7, et article 5, paragraphe 1.
[1218] Règl. gén. AMF, art. 315-5.

législateur attend de lui d'en informer les mandants de la façon la plus appropriée.

L'obligation de révélation ainsi décrite est justifiée. En effet, la connaissance de l'existence d'un conflit d'intérêts est un élément nécessaire à la juste appréciation de ses intérêts par le créancier de cette révélation, c'est-à-dire que les conflits d'intérêts doivent être divulgués à raison non seulement de leur influence sur la prise de décision de celui qui est avisé de l'existence d'un conflit d'intérêts, considération qui justifie habituellement toute obligation d'information, mais aussi à raison des conséquences directes de la décision d'autrui sur son propre intérêt. Toutefois, pouvoir prendre une décision à l'égard du conflit d'intérêts suppose d'être conscient des conséquences que peut avoir le conflit d'intérêts sur son intérêt, de pouvoir évaluer avec précision l'impact d'un conflit d'intérêts du banquier.

La réflexion conduit à ce stade à s'interroger sur ce que devrait être ce devoir de révélation.

B/ Les compléments au principe : un partage adapté à la prise de décision

400. L'obligation de révélation présente un certain nombre d'insuffisances.

En premier lieu, ce moyen ne semble avoir qu'une efficacité limitée et un désavantage en particulier : dès lors que le conflit a été révélé au client, c'est à lui que revient la tâche de le solutionner, alors que, paradoxalement, si à la base pèse sur le banquier une obligation de révélation, c'est précisément parce que l'intérêt du bénéficiaire de cette révélation a été déclaré comme supérieur. Autrement dit, c'est parce qu'il a été confié au banquier la mission de gérer cet intérêt, en grande partie puisque son titulaire est parfois contraint de le faire, que celui-ci a l'obligation de révéler le conflit. Et il serait dispensé de sa gestion par la simple révélation ? Parce qu'enfin, il ne sert pas à grand-chose de révéler un conflit d'intérêts possible si on ne le traite pas par la même occasion : le client est, en principe, tout aussi vulnérable après qu'avant qu'on l'ait mis au courant de la situation. D'autant qu'il n'est plus à démontrer que la qualité de certaines catégories de contractants limite sérieusement leur capacité à utiliser efficacement l'information qui leur est livrée[1219]. Une étude[1220] en particulier tente de démontrer que cette transparence n'est pas un remède optimal aux conflits d'intérêts et qu'elle pourrait même avoir un résultat inverse. Ainsi, selon les auteurs de cette recherche, pour que cette révélation puisse remplir sa

---

[1219] En ce sens, FUNG (A.), GRAHAM (M.) et WEIL (D.), *Full disclosure : the perils and promise of transparency,* Cambridge University Press, 2007, p. 30.

[1220] MOORE (A.) et LOEWENSTEIN (G.), « *Self Interest, Automaticity, and the Psychology of Conflicts of Interest* », *Social Justice Research* 2004, p. 189 et s.

fonction, son destinataire doit être en mesure d'évaluer l'impact que le conflit d'intérêts peut avoir sur le banquier, il lui faut donc estimer à quel point son interlocuteur adhère aux principes éthiques de sa profession, quelles sont les incitations qui pourraient l'en détourner et quelle est la probabilité de survenance d'un tel comportement.

La divulgation aurait comme effet, selon d'autres auteurs, une déculpabilisation de l'intermédiaire vis-à-vis du conflit, effet que ces auteurs qualifient de « permis moral »[1221].

La question qui se pose par conséquent à ce stade est de savoir quelle serait l'étendue et le contenu d'une obligation de révélation qui serait dispensée « de manière appropriée » [1222] telle que l'espère le législateur (2°). La réponse pour être complète suppose de s'interroger parallèlement sur le moment où elle doit s'effectuer pour être considérée comme telle (1°).

1°- La divulgation en temps opportun

401. L'obligation de révélation est encore précisée par les applications jurisprudentielles de l'obligation de transparence figurant dans les dispositions de l'ancien article 321-129[1223] du règlement de l'Autorité des marchés financiers. En effet, la Commission des sanctions de l'Autorité des marchés financiers, dans une décision datant du 8 janvier 2009, a eu l'occasion d'apporter des éclairages sur le moment où la révélation devrait s'opérer. En l'espèce, une entreprise d'investissement avait diffusé une analyse financière recommandant l'achat de titres d'un émetteur alors qu'elle préparait pour le compte de ce même émetteur une augmentation de capital et que le prospectus établi en vue de l'émission et de l'admission sur l'Eurolist d'Euronext Paris des titres à provenir de cette augmentation était visé par l'Autorité des marchés financiers le lendemain. Il a été reproché au prestataire d'avoir publié une analyse financière ne faisant pas état des « relations et des circonstances concernant le prestataire ou l'analyste dont on peut raisonnablement penser qu'elles sont de nature à porter atteinte à l'objectivité de l'analyse », selon les termes de l'ancien article 321-129 du règlement de l'Autorité des marchés financiers. Pour caractériser ce manquement, la Commission des sanctions a ainsi commencé par relever que le prestataire s'était contractuellement engagé à « proposer une offre de stratégie et de marketing boursier dans le but de favoriser la valorisation de la société [...] et de sa filiale cotée, [...], notamment en diffusant des analyses ». Puis, cet élément mis en exergue, la Commission des sanctions a retenu que, deux mois plus tard, la filiale avait confié au prestataire un

---

[1221] *Ibid.*
[1222] Considérant n° 7, et article 5, paragraphe 1, Dir. 2003/125/CE, préc.
[1223] Les dispositions de cet article se trouvent aujourd'hui à l'article 315-5 du même règlement.

mandat exclusif pour la réalisation d'une levée de fonds dans le cadre de laquelle l'augmentation de capital avait été réalisée et qu'un prospectus avait été à cette fin visé par l'Autorité des marchés financiers le jour suivant. La Commission a ainsi conclu que l'obligation de transparence exigeait que l'analyse fasse état de l'existence du contrat litigieux, mais n'impliquait pas que soient également fournies des précisions sur la mission de préparation de l'augmentation de capital. De l'analyse de la Commission des sanctions, il faut déduire que l'obligation de révéler ce conflit d'intérêts était justifiée du moment que la publication de l'analyse s'effectuait avant l'opération. Si elle ne devait être publiée qu'une fois l'opération réalisée, il aurait donc visiblement pu s'en dispenser. Or, si à cet instant les enjeux pour l'émetteur sont significativement moindres, il ne peut pas être affirmé fermement qu'il en soit nécessairement de même pour l'investisseur.

Le moment où doit intervenir la révélation du conflit d'intérêts est déterminant pour en comprendre l'étendue. Pour compléter cette étude, il est nécessaire maintenant de s'interroger sur le contenu des informations révélées, l'obligation de révélation ne pouvant être considérée en toute abstraction.

2°- La divulgation de manière appropriée

402. L'obligation de révélation gagne en précision lorsqu'on met en relation certaines dispositions du règlement général de l'Autorité des marchés financiers afférentes au principe général de transparence, les décisions de la Commission des sanctions de cette même autorité et celles des juridictions civiles.

D'abord, il convient de s'intéresser à un des textes de base qui régit au plus près l'obligation de révélation du banquier, l'article 5 de la directive du 28 janvier 2003[1224], transposé dans le règlement général de l'Autorité des marchés financiers. Cette disposition détaille notamment les informations qui doivent être fournies en cas de conflit d'intérêts de l'analyste financier. Ces informations concernent : les participations, les liens en capital, les contrats passés destinés à assurer la liquidité des titres de l'émetteur, l'intervention au cours des douze derniers mois du prestataire (ou de toute personne liée à lui) en qualité de chef de file lors d'une offre publique

[1224] Dir. 2003/6/CE, préc. L'article 5 de cette directive invite les États membres à s'assurer « qu'il existe une réglementation appropriée pour garantir que les personnes qui réalisent ou diffusent des travaux de recherche concernant des instruments financiers ou des émetteurs d'instruments financiers ou les personnes qui produisent ou diffusent d'autres informations recommandant ou suggérant une stratégie d'investissement, destinées aux canaux de distribution ou au public, soient présentées de manière équitable et mentionnant leurs intérêts ou l'existence de conflits d'intérêts en rapport avec les instruments financiers auxquels se rapporte cette information ».

portant sur les titres de l'émetteur, les divers accords concernant la prestation de certains services d'investissement et l'élaboration et la diffusion d'analyses sur l'émetteur[1225]. Les juges ont pu apporter différentes précisions sur la nature exacte des ces informations et ont notamment indiqué que sont exclues du champ d'application de cette disposition les faits qui sont notoirement connus[1226], ce qui ne peut qu'être salué, car mettre à la charge du banquier une obligation de révélation ne devrait pas être synonyme de passivité du titulaire de l'intérêt supérieur.

Ensuite, les articles 315-6 et 315-7 du règlement de l'AMF viennent dresser une typologie d'informations qu'il conviendrait de révéler lorsqu'un conflit d'intérêts survient à l'occasion de la diffusion d'une recommandation. Au visa de ces deux textes, la Commission des sanctions a pu quelques fois retenir la responsabilité de prestataires de services d'investissement au titre d'un manquement à leur obligation de révélation. Ainsi, une décision du 23 septembre 2010[1227] enseigne qu'une société qui produit une analyse financière alors qu'un de ses cogérants conseille un fonds à propos de titres faisant l'objet de l'analyse a l'obligation de révéler ce conflit d'intérêts lorsqu'elle diffuse une analyse relative à l'émetteur. La société prestataire doit, en effet, mentionner de façon explicite l'ensemble des liens directs comme indirects qu'elle peut avoir avec l'émetteur des titres qui font l'objet de son analyse, en particulier si l'analyste et l'émetteur « sont convenus de la fourniture par le premier au second d'un service de production et de diffusion de la recommandation d'investissement sur ledit émetteur »[1228]. En l'espèce, pour caractériser la violation de la règle de divulgation, l'Autorité des marchés financiers a constaté que le « flash d'information » litigieux, s'il indiquait bien l'existence d'un contrat de *listing sponsor*, ne précisait pas clairement que, par ce contrat, la société cogérante s'était engagée en fait aussi à produire des analyses financières. Or, cette information, exigée par l'article 315-7 du règlement général de l'Autorité des marchés financiers, n'avait pas été dévoilée, ce qui caractérisait le manquement, peu important, selon le défendeur, que l'analyse ait été prise en charge par un sous-traitant. Autrement dit, dans cette situation, tel que l'on a pu l'observer avant nous, « le fait qu'il n'y ait pas de lien contractuel direct entre la société qui produit l'analyse et l'émetteur ne dispense pas celui à qui cette analyse a été confiée par cet émetteur de son obligation de transparence déterminée par le texte »[1229]. La révélation est ainsi due même en l'absence de lien contractuel direct. La divulgation de manière appropriée suppose qu'elle ait comme objet toute

---

[1225] Règl. gén. AMF, articles 315- 5 et s.
[1226] Cass. 1re. civ., 24 févr. 1998, *RTD com*. 2008, p. 51.
[1227] AMF, 23 sept. 2010, Sanct. préc.
[1228] Règ. gén. AMF, art. 315-7.
[1229] GRANIER (Th.), note sous AMF, Sanct. 23 sept. 2010, préc., p. 24

sorte de liens contractuels mêmes lointains dès lors qu'ils sont susceptibles de constituer un élément significatif aux yeux du porteur de l'intérêt tiers. La sanction prononcée n'est qu'un simple avertissement, qui peut se justifier au regard des circonstances de l'affaire. Cependant, « il est possible que cet avertissement au sens technique et particulier du terme puisse se comprendre comme un avertissement plus général adressé par l'autorité régulatrice aux professionnels du secteur financier »[1230]. L'Autorité des marchés financiers rappelle ici la justification de l'obligation de révélation et l'objectif véritable qui lui a été assigné au départ : servir la décision éclairée du porteur de l'intérêt.

Enfin, ce devoir de révélation est également contrôlé rigoureusement par le juge civil. La cour d'appel de Paris, évoquant l'impératif de transparence induisant une obligation d'information en cas d'éventuel conflit d'intérêts caractérisé, a pu de la sorte reprocher à une banque de ne pas avoir averti son client qu'elle lui vendait les titres d'une société dont elle était la créancière[1231].

403. En résumé, il ressort de l'analyse que doivent être révélés les liens de nature à provoquer un doute raisonnable dans l'esprit du détenteur de l'intérêt supérieur sur l'agissement à venir du banquier. Autrement dit, il faut révéler tout événement qui, s'il n'était pas dénoncé, pourrait avoir une influence soit sur la décision de contracter ou sur celle de continuer une relation contractuelle existante, s'agissant de conflits d'intérêts contractuels, soit sur la décision de conclure une opération sur le marché, s'agissant de conflits d'intérêts extracontractuels. Sont ainsi visées toutes les circonstances de nature à provoquer un « doute raisonnable », ce critère élargissant de la sorte le champ de la révélation. Mais, si le doute doit être raisonnable, il est relatif. Il convient par conséquent qu'il soit apprécié au regard de celui qui le ressent. Il ne s'agit donc pas là d'un critère objectif, mais d'un doute subjectif propre à la qualité du porteur de l'intérêt supérieur que le juge devra interpréter *in concreto*. Il en résulte que le banquier est dans l'obligation de révéler des liens d'intérêts qui, s'ils venaient à l'être, ne pousseraient pas nécessairement le titulaire de l'intérêt supérieur à remettre en cause sa décision. Le banquier doit révéler tous les liens qui sont susceptibles de créer un doute raisonnable dans l'esprit du porteur de l'intérêt tiers. Il n'a pas à faire un tri préalable entre les éléments qui pourraient influencer de manière sûre la décision du créancier de la révélation et les autres. En faisant du doute subjectif le critère pour déterminer ce qui doit être révélé, il est attribué à l'obligation de révélation une nouvelle finalité destinée à coexister avec celle que l'on retient classiquement, car l'obligation de révélation a pour fin de permettre le contrôle préventif de l'agissement futur du banquier. En élargissant son

[1230] GRANIER (Th.), *ibid.*
[1231] CA Paris, 27 sept. 1996, préc.

étendue, lui est également attribuée la fonction de préserver la confiance dans le banquier, autre attente du législateur qui transparaît assez aisément de la lecture des textes.

404. Cette obligation de révélation présente un certain nombre d'analogies avec l'obligation d'information imposée au contractant au moment de la formation d'un contrat. Le banquier doit révéler les faits qui, s'ils avaient été connus de l'une des parties, l'auraient dissuadée d'agréer à sa désignation comme gestionnaire de ses intérêts ou de conclure une opération suivant une de ses recommandations, etc. D'ailleurs, traditionnellement, l'absence de divulgation d'un intérêt par le contractant peut être qualifiée de réticence dolosive entraînant la nullité de la convention conclue. Tel est le fondement retenu en jurisprudence afin de sanctionner la contrepartie occulte[1232] notamment.

De ce fait, relativement aux conflits d'intérêts contractuels précisément, la révélation ne pourrait être considérée, à notre sens, comme appropriée que si elle était accompagnée de tout renseignement, voire de tout conseil ou toute mise en garde, utile au client pour la direction des opérations qu'il effectue post-survenance d'un conflit d'intérêts menaçant ses intérêts. Cette affirmation se trouve légitimée et justifiée par la nature des contrats dans lesquels peut éclore le conflit d'intérêts[1233].

En effet, d'une part les conflits d'intérêts contractuels naissent dans le cadre de contrats de droit commun par lesquels une mission est confiée à l'un des contractants de gérer les intérêts d'autrui, d'autre part l'obligation de droit commun d'exécuter le contrat de bonne foi est renforcée en droit bancaire et financier par l'obligation d'agir au mieux des intérêts du client contractant. La conséquence, on a pu le constater, est que les conflits d'intérêts doivent être tranchés en faveur de l'intérêt supérieur dans le cadre de ces contrats. Or, d'abord, la simple obligation de révéler ne résout pas forcément le conflit d'intérêts en faveur de l'intérêt supérieur puisque le conflit d'intérêts n'a tout simplement pas encore été solutionné à ce stade, et ensuite, révéler le conflit d'intérêts au contractant sans lui donner une vision claire des possibilités qui s'offrent à lui pour décider dorénavant seul ce qu'il déléguait jusque là au banquier serait contraire à l'économie et à la prestation essentielle du contrat telles que prévues par le droit commun et les règles du droit spécial. Autrement dit, la qualité du bénéficiaire devrait être prise en compte pour espérer donner à la révélation un sens et lui permettre d'atteindre les objectifs qui sont attendus d'elle. Ces deux dernières obligations, conseil et mise en garde, étant d'ailleurs largement consacrées et trouvant leur justification dans le statut de professionnel et dans l'asymétrie informationnelle, il n'est pas inimaginable de considérer leur extension aux cas de conflits d'intérêts.

[1232] PETEL (Ph.), *Les obligations du mandataire*, préf. Lequette (Y.), Litec, 1988, p. 139.
[1233] V. *supra* n° 525 et s.

En l'absence de texte prévoyant un cas particulier, il peut encore être pertinent de s'inspirer de la jurisprudence constante de la Cour de cassation qui considère que « quelles que soient les relations contractuelles entre un client et une banque, celle-ci a le devoir de l'informer des risques encourus dans les opérations spéculatives sur les marchés »[1234], le conflit d'intérêts du banquier pouvant être à l'origine d'un risque avéré pour le client investisseur.

405. La divulgation sans les aménagements proposés risquerait de ne devenir finalement qu'un genre de « compromis de dernière heure » [1235] qui ne ferait que créer l'illusion qu'un problème a été traité tout en produisant un impact minimal[1236]. Il conviendrait dans ce cas que le professionnel prodigue un conseil face à cette situation ou mette en garde contre cette situation, en tenant compte toutefois de la qualité du contractant et de la nature du pouvoir dans la relation contractuelle qui a servi de nid au conflit d'intérêts. Cette obligation reconfigurée ne serait justifiée qu'à ce prix là. La révélation dans cette nouvelle forme aura au moins un intérêt majeur, celui de donner au client l'éclairage suffisant pour consentir de l'abstention ou de l'autorisation, principaux effets de la révélation.

§ 2 – Les effets de la révélation

406. La révélation du conflit d'intérêts est généralement suivie d'une autorisation (A) sans laquelle le banquier n'a pas d'autre choix que de s'abstenir (B).

A/ La révélation suivie d'une autorisation

407. Le verbe « autoriser » au sens premier du terme signifie « donner de l'autorité » [1237]. L'autorisation produit ainsi un effet de droit (2°), elle

---

[1234] Cass. com., 18 mai 1993, *Bull. civ.* IV, n° 188 ; *D.* 1994, p. 142, note Najjar (H. R.). Depuis, l'arrêt a fait jurisprudence : V. Cass. com., 10 mai 1994 et 2 nov. 1994, *RJDA* 1/1995, n° 34 ; Cass. com., 7 avr. 1998, *Banque et droit* juill.-août 1998, p. 37 ; CA Paris, 17 déc. 1992, *D.* 1993 somm. p. 98 ; Cass. com., 5 nov. 1991, *RJDA* 1/1992, n° 68 ; *Quot. jur.* 21 janv.1992, p. 6 ; *RTD com.* 1992, p. 436 ; *Bull. Joly Bourse* 1993, p. 292.

[1235] WEIL (D.), GRAHAM (M.) et FAGOTTO (E.), « *The political economy of Transparacy : what makes disclosure policies effective for democratic governance and innovation* », *John Kennedy School of Management, Harvard University, Working Paper* OP- 03-04, déc. 2004.

[1236] *Ibid.*

[1237] V. « autoriser », LITTRÉ, *Dictionnaire de la langue française*.

modifie une situation juridique en levant un obstacle juridique[1238], c'est-à-dire qu'elle permet ce qui serait en principe interdit[1239] (1°).

1° - Les modalités de l'autorisation

408. L'autorisation du banquier à poursuivre sa mission signifie l'acceptation du risque en découlant ou pouvant en découler (a). Mais la révélation des conflits d'intérêts, en ce qu'elle rétablit un certain équilibre lorsqu'il est mis fin à la situation d'infériorité[1240] que le conflit d'intérêts a créée, laisse admettre également une autorisation *a posteriori* (b).

a - L'autorisation prévue : l'autorisation préalable

409. L'autorisation apparaît tant comme une « mesure de contrôle »[1241] que comme la suite directe du contrôle. L'autorisation lève l'obstacle d'une prohibition après vérification que l'opération projetée n'est pas nuisible. Par conséquent, lorsque le mécanisme d'autorisation a pour finalité la protection de l'autorisant, il semble possible d'abdiquer ce droit. La jurisprudence a admis cette renonciation[1242]. La renonciation à son droit est donc valable. Pour autant, cette renonciation ne se présume pas. La jurisprudence « fait preuve d'une rigueur certaine pour admettre qu'elle est établie »[1243]. L'autorisation doit ainsi être expresse et non tacite.

410. Un auteur[1244] notamment a suggéré que cette autorisation soit concrétisée par une lettre dite *waiver letter*, par laquelle le client reconnaît l'existence du conflit, en accepte les conséquences et renonce à poursuivre son banquier en responsabilité. En cas de contestation, le juge saisi pourra donc tenir compte de l'autorisation par laquelle le titulaire d'un intérêt lésé par un conflit d'intérêts avait reconnu l'existence de la situation de conflit d'intérêts, voire en avait accepté par avance les conséquences. Il convient toutefois de nuancer la valeur juridique de cette autorisation, comme n'a pas manqué de le faire l'auteur même de la proposition. « Tant que le client n'a pas reçu une information complète et n'a pas accepté la situation de conflit [...] le risque juridique de mise en cause par le client demeure »[1245]. Cette

---

[1238] THULLIER (B.), *L'autorisation. Étude de droit privé,* LGDJ, 1996, p. 18.
[1239] *Ibid.*
[1240] PICOD (Y.), *Rép. civ. Dalloz, v°* « Nullité », n° 47.
[1241] PROMSY (F.), *Essai d'une théorie générale des autorisations,* éd. Jouve, 1923, p. 8.
[1242] THULLIER (B.), *op. cit.*, p. 156.
[1243] *Ibid.*
[1244] VAUPLANE (H. de), « L'identification des conflits d'intérêts - conflits d'intérêts et exercice multi-professionnel au sein des groupes bancaires », *RJ com.*, hors-série 2006, p. 57, spéc. p. 63.
[1245] *Ibid.*

renonciation n'aura pas une valeur à toute épreuve, notamment si des infractions pénales peuvent être caractérisées.

b - L'autorisation à prévoir : l'assentiment a posteriori

411. Le contexte conjoncturel et la rapidité de certaines opérations rendent matériellement difficile de prévenir chaque intéressé de l'avènement de tous les conflits d'intérêts susceptibles de lui nuire, et ce de manière adaptée, notamment en temps opportun. Prévoir un mécanisme qui permette d'entériner la décision du banquier prise dans l'urgence, ou l'incapacité de ce banquier d'éviter le conflit d'intérêts, ne doit pas être une solution à exclure. Juridiquement, cette possibilité serait voisine de la technique de la confirmation telle que prévue à l'article 1338 du Code civil. En effet, la confirmation permet de renoncer à son droit d'agir contre un acte juridique ou instrumentaire[1246], de droit patrimonial ou extrapatrimonial[1247], bilatéral ou unilatéral[1248]. Cependant, quant aux actes objets de la renonciation, nous savons qu'en principe la confirmation suppose un acte frappé d'une cause de nullité. Or, lorsque le conflit d'intérêts est contractuel, son exploitation peut justifier la nullité de l'acte du banquier. Mais le conflit d'intérêts en matière bancaire comme déduit à l'issue du travail d'identification de cette notion ne pouvant être qualifié que de faute, la nullité ne saurait être la seule sanction envisageable. La nullité serait parfois même difficile à fonder. Par exemple, nous avons constaté que l'activité de prestation de services s'exerçait fréquemment dans le cadre d'un contrat de mandat et que les règles de ce mandat étaient celles prévues classiquement par le Code civil. Ensuite, nous avons pu démontrer que l'exploitation d'un conflit d'intérêts pouvait prendre, dans le cadre de ce mandat, la forme d'un détournement de pouvoir, c'est-à-dire précisément une violation de l'article 1998 du Code civil, dont la conséquence est double. En principe, cet acte ne lie pas le mandant mais ne peut être annulé que lorsqu'il est accompagné de fraude. La confirmation *stricto sensu* ne pourrait par conséquent trouver à s'appliquer de manière générale ni, de ce fait, constituer la solution transversale aux conflits d'intérêts du banquier. Elle ne saurait donc avoir, en matière bancaire et financière, l'efficacité espérée que si l'on admet un certain aménagement de son régime, notamment, tel qu'il sera détaillé dans les argumentaires qui suivent, en écartant la possibilité classique de confirmation tacite, en mettant

---

[1246] Cass. req., 5 déc. 1938, *DH* 1939, 1, p. 150 : couverture d'une irrégularité provenant de la violation d'un article du Code civil.

[1247] Cass. 1re civ., 3 janv. 1966, *Bull. civ.* I, n° 1, cité par GHESTIN (J.), LOISEAU (G.) et SERINET (Y.-M.), *Traité de droit civil, La formation du contrat,* 4e éd., LGDJ, 2013, t. 2, p. 1128.

[1248] Cass. 1re civ. 26 oct. 2011, n° 10-23153, cité par GHESTIN (J.), LOISEAU (G.) et SERINET (Y.-M.), *ibid.*

en place un système de juste réparation systématique en cas de préjudice et, surtout, en envisageant la confirmation relativement aux actes frappés de nullité comme à ceux qui seraient sanctionnés par l'inopposabilité. La notion serait de cette manière volontairement dénaturée et son domaine élargi pour s'adapter au droit spécial où elle aurait de la sorte un sens bien déterminé.

412. Ainsi, s'agissant de la précision de la notion, selon la théorie classique du contrat, la confirmation « est une façon de guérir l'acte, de réparer le vice »[1249], l'acte étant de cette manière régularisé[1250]. L'analyse moderne voit plutôt la confirmation comme la renonciation d'un contractant à son droit de critique ou à son droit d'invoquer la nullité du contrat[1251].

C'est dans ce cas la conception classique qu'il conviendrait de retenir pour l'appliquer à l'hypothèse du conflit d'intérêts du banquier. La confirmation devient de la sorte un « acte unilatéral, abdicatif et déclaratif »[1252] dont la validité, calquée sur les conditions de validité de tout contrat, suppose d'une part la connaissance du vice et l'intention de réparer[1253], constamment visées par la jurisprudence, et d'autre part nécessite que l'acte de confirmation soit lui-même exempt de vice.

Quant au régime de la confirmation, il ne saurait y avoir en principe de renonciation à agir valable « sans connaissance personnelle et effective du vice qui justifiait celle-ci »[1254], sans intention de réparer, ou intention de confirmer, qui s'assimile en pratique à l'intention de renoncer à son droit d'agir, parce que la disparition préalable du vice ne constitue pas une condition suffisante à l'efficacité de la confirmation[1255]. En effet, à l'instar de tout acte juridique, la volonté de confirmer doit être libre et éclairée, la disparition du vice ne constituant pas une condition autonome de la confirmation. Enfin, elle ne peut être valable que si son auteur manifeste une volonté[1256] de ne pas faire valoir la nullité. Cette confirmation peut en principe être expresse ou tacite. Elle est tacite si elle n'est pas équivoque, c'est-à-dire si elle se déduit d'un comportement significatif, positif et qui ne peut pas faire l'objet de plusieurs interprétations[1257], notamment lorsqu'il y a

---

[1249] FABRE-MAGNAN (M.), *Les obligations*, *op.cit.*, p. 405.

[1250] COUTURIER (J.), *La confirmation des actes nuls*, préf. Flour (J.), LGDJ, 1972 ; DUPEYRON (C.), *La régularisation des actes nuls*, LGDJ, 1973.

[1251] FLOUR (J.), AUBERT (J.-L.) et SAVAUX (É.), *Les obligations. L'acte juridique*, 14e éd., Sirey, 2011, p. 357 ; TERRÉ (Fr.), SIMLER (Ph.) et LEQUETTE (Y.), *op. cit.*, p. 449.

[1252] GHESTIN (J.), LOISEAU (G.) et SERINET (Y.-M.), *Traité de droit civil, La formation du contrat, op.cit.*, t. 2, p. 1128, p. 1100.

[1253] Cass. req., 7 mars 1894, *DP* 1894, p. 398 ; *S.* 1894, 1, p. 240 ; Cass. req., 7 nov. 1899, *DP* 1899, 1, p. 278 ; *S.* 1899, 1, p. 224.

[1254] GHESTIN (J.), LOISEAU (G.) et SERINET (Y.-M.), *ibid.*, p. 1102.

[1255] BÉNABENT (A.), *Droit civil, Les obligations, op. cit.* , p. 170.

[1256] HOUTCIEFF (D.), *Rép. civ. Dalloz, v°* « Renonciation », n° 17.

[1257] Cass. civ., 17 nov. 1877, *DP*, 1878, 1, p. 169 ; Cass. civ., 16 janv. 1882, *DP* 1882, 1, p. 412 ; Cass. civ., 29 févr. 1888, 1, p. 224.

eu exécution volontaire de l'acte malgré la connaissance du vice qui l'affecte[1258]. Le silence ne suffit pas[1259].

Cependant, selon la conception traditionnelle choisie ici, la confirmation ne serait envisageable qu'à la condition que le vice ne soit pas trop grave, autrement dit, lorsque l'acte vicié ne peut être frappé que de nullité relative[1260]. Or, la nullité de l'acte passé par le banquier en exploitation du conflit d'intérêts peut être aussi bien une nullité relative qu'une nullité absolue, le conflit d'intérêts pouvant porter atteinte tant à l'intérêt privé que général. De ce fait, le principe étant que l'acte vicié susceptible d'être confirmé n'encourt pas de nullité absolue, si l'acte vicié du banquier atteint un autre intérêt que celui de son client ou affecte un intérêt général, la confirmation ne semble plus être une solution idoine. Il faudrait donc distinguer entre la situation où le conflit d'intérêts porte atteinte à l'intérêt individuel du bénéficiaire du service ou à l'intérêt collectif des acteurs de marché. Dans le premier cas, la confirmation, à condition de ne pas intervenir *ab origine,* devrait être considérée comme valable. Dans le second cas, affirmer la validité de la confirmation sans condition serait aller contre la volonté du législateur et la tendance à instaurer un ordre public de protection en matière bancaire et financière. En effet, le législateur, en combattant le conflit d'intérêts, ne tend pas à protéger les seules victimes contractuelles, mais cherche également à sauvegarder l'intérêt du marché défini dans le cadre de cette étude comme un intérêt collectif homogène[1261]. Cet objectif peut être atteint par une organisation autoritaire de la gestion de la sortie du conflit d'intérêts. Il conviendrait par conséquent de consacrer, dans ce régime propre à la confirmation du conflit, une exception lorsque le conflit d'intérêts affecte à la fois l'intérêt individuel et l'intérêt du marché.

413. La confirmation appliquée à la situation du banquier en position de conflit d'intérêts devrait encore se distinguer de la notion classique relativement aux conditions de forme, car si la confirmation telle qu'envisagée par le Code civil peut être formulée expressément ou être déduite d'un comportement, le déséquilibre contractuel, condition majeure d'apparition du conflit d'intérêts, justifierait que la confirmation, pour être juridiquement valable, doive être exclusivement expresse. Cette solution trahirait moins l'esprit des lois et de la jurisprudence en matière bancaire et financière, naturellement protecteur de l'intérêt des clients et de l'intérêt du marché. Il faut de ce fait que se retrouve dans l'acte de confirmation la substance de l'obligation confirmée et le motif de l'acte de confirmation tels que prévus par l'article 1338 du Code civil. Si, pour la jurisprudence, il suffit que l'engagement à confirmer soit nettement indiqué et qu'apparaissent de

[1258] Cass. civ., 10 avr. 1922, *Gaz. Pal.* 1922, jurispr. p. 7.
[1259] Cass. com., 29 mars 1994, *Bull. civ.* I, n° 134 (silence au reçu de relevés bancaires).
[1260] Cass. com., 7 avr. 1992, *Bull. civ.* IV, n° 154.
[1261] V. *supra* n° 197 et s.

manière claire la connaissance du vice et l'intention de renoncer à s'en prévaloir[1262], les prescriptions de l'article précité doivent, dans le cas d'un conflit d'intérêts non évité, être prises à la lettre.

Tout comme l'obligation de révélation ne peut être considérée comme accomplissant son rôle si elle n'est pas accompagnée le cas échéant des informations, conseils ou mises en garde pouvant éclairer son bénéficiaire sur la décision à prendre pour préserver ses intérêts, l'autorisation ne peut avoir de sens que si ses incidences sont connues préalablement. Le principe de sécurité juridique commande donc de s'interroger à présent sur les conséquences qui s'attacheraient à cette autorisation.

2° - Les conséquences de l'autorisation

414. L'autorisation est à la fois une mesure de défiance de celui qu'on autorise et une mesure de protection de celui qui autorise[1263]. Ces effets se produisent par conséquent à l'égard de l'autorisant (b) comme de l'autorisé (a).

a - Les effets à l'égard de l'autorisant

415. La confirmation étant un acte unilatéral, elle devient irrévocable sans qu'aucune acceptation ne soit requise[1264]. Toutefois, « la volonté unilatérale de renoncer est la mesure et la limite de la confirmation »[1265], ce qui signifie que la renonciation devrait s'interpréter strictement[1266]. En renonçant au droit de critique, « le confirmant s'est privé de tous les effets de cet acte tant passés qu'à venir »[1267]. Les conséquences de la confirmation présentées ont pourtant été contestées. Pour certains, la confirmation est avant tout une renonciation à l'action, elle n'aurait donc pour effet ni de rendre valide le contrat, ni de faire disparaître le vice[1268]. La renonciation au droit de critique ne vaudrait de ce fait que pour l'avenir[1269]. Pour d'autres, bien que la confirmation relève en grande part du droit procédural, il ne faudrait pas en oublier la dimension substantielle qui consiste avant tout « en un renouvellement du consentement dans des conditions qui en assurent la

---

1262 Cass. civ., 7 nov. 1877, *DP* 1878, 1, p. 169 ; *S.* 1878, 1, p. 62 ; Cass. req., 16 janv. 1882, *DP* 1882, 1, p. 412 ; S. 1882. 1, p. 199.

1263 THULLIER (B.), *L'autorisation. Étude de droit privé,* LGDJ, 1996, p. 67.

1264 Cass. civ., 10 nov. 1874, *DP* 1875, 1, p. 140 ; *S.* 1875, 1, p. 313.

1265 GHESTIN (J.), LOISEAU (G.) et SERINET (Y.-M.), *op. cit.,* p. 1120.

1266 HOUTCIEFF (D.), *op. cit.*, n°s 53 et 63.

1267 GAUDEMET (E.), *Théorie générale des obligations*, Dalloz, 2004, p. 175.

1268 V. GUELFUCCI-THIBIERGE (C.), *Nullité. Restitutions et responsabilités*, préf. Ghestin (J.), LGDJ, 1989.

1269 HOUTCIEFF (D.), *op. cit.*, n° 55.

validité »[1270]. C'est cette analyse de la confirmation qui devrait prévaloir compte tenu du caractère déclaratif de l'acte de confirmation.

416. En revanche, quand l'autorisation est préalable, « l'autorisant est investi d'une prérogative de contrôle qui n'est pas abandonnée à son libre arbitre »[1271]. L'auteur de cette affirmation pense que celui à qui est présentée l'autorisation ne peut la refuser « lorsque le projet qui lui est soumis n'est pas contraire à la protection voulue par les auteurs du système d'autorisation »[1272]. Cependant, restant « maître des intérêts à protéger qui sont les siens : il peut, à la différence du titulaire d'un pouvoir, accorder son autorisation même si le projet n'est pas respectueux de la protection voulue »[1273]. Ainsi, selon cet auteur, au raisonnement duquel nous adhérons, le mécanisme d'autorisation appliqué au banquier étant instauré dans l'objectif de protéger les intérêts du client, la prérogative de ce dernier serait finalisée. Par conséquent s'il semble de prime abord contradictoire d'affirmer qu'une finalité puisse être assignée à l'autorisant qui en principe peut normalement agir à sa guise dans la limite de l'abus de droit, le mécanisme d'autorisation investissant l'autorisant d'une fonction de contrôle, la prérogative de contrôle qui est offerte à l'autorisant ne devrait être mise qu'au seul service de la protection souhaitée par l'auteur de l'autorisation, à savoir le législateur. La protection étant précisée et érigée en finalité, l'autorisant qui n'est pas libre de déterminer les intérêts qu'il s'agit de protéger, doit la respecter. La vocation de cette prérogative d'autorisation interdit de s'écarter de l'objectif de protection. Concrètement, cela revient à exiger de l'autorisant d'exercer son contrôle dans la limite que lui a fixé le législateur, c'est-à-dire qu'il ne peut aller au-delà de la protection voulue. Il ne pourrait donc opposer un refus dans l'unique dessein de servir des intérêts autres que les siens. L'autorisant ne peut pas non plus fixer librement les termes de l'autorisation. Il suffit que l'acte à autoriser soit compatible avec ses intérêts, et non pas exactement conforme à ses intérêts. Si la situation de conflit d'intérêts n'affecte pas réellement l'intérêt du client, en ce sens qu'elle ne procure pas d'avantages, mais n'a pas non plus d'inconvénients, elle devrait être autorisée. En résumé, le client autorisant ne serait pas légitime à rechercher une protection renforcée par rapport à celle fixée par le législateur.

S'il convient en conséquence d'envisager l'autorisation du client comme une prérogative finalisée, la technique de l'autorisation comme solution au conflit d'intérêts gagnerait en efficacité si ses effets à l'égard du banquier

---

[1270] MALAURIE (Ph.), AYNÈS (L.) et STOFFEL-MUNCK (Ph.), *Droit civil. Les obligations*, 4e éd., Défrenois, 2009, n° 704, passage non repris dans les éditions qui ont suivi.
[1271] THULLIER (B.), *op. cit.*, p. 184.
[1272] *Ibid.*
[1273] THULLIER (B.), *op. cit.*, p. 184.

étaient également entendus strictement et si l'autorisation était restreinte à ce que son auteur a expressément entendu et compris.

b- Les effets à l'égard de l'autorisé

417. Si l'autorisation préalable anéantit les possibilités d'action pour le futur, la confirmation conduit pour sa part en principe à rendre valable le contrat initialement vicié de manière rétroactive. Elle est irrévocable sans aucun concours « de la partie au profit de laquelle elle est faite »[1274]. Le vice est considéré comme n'ayant jamais existé. La confirmation ne produit toutefois d'effets qu'à l'égard de celui qui l'a invoqué, même si on peut se prévaloir de la confirmation résultant d'un acte auquel on n'a pas été partie[1275], et la confirmation peut, en outre, ne porter que sur certains éléments et pas d'autres, ou être conditionnelle, son effet abdicatif demeurant subordonné à la réalisation d'un événement dont elle dépend[1276]. Par conséquent, celui qui a consenti à l'acte ne peut prétendre en être victime. En donnant un consentement *a posteriori*, le porteur de l'intérêt supérieur renonce au droit qu'il possède d'invoquer la faute du banquier et, le cas échéant, à celui de se prévaloir de l'inopposabilité ou de la nullité de l'acte juridique qui a pu être conclu. Les projets de réforme du droit des contrats suggèrent néanmoins de modifier cette règle. Le projet de la chancellerie, et l'avant-projet de réforme du droit des obligations[1277] dans son article 1129-5, prévoient ainsi en ce sens que celui dont dépend la confirmation ou la ratification peut être mis en demeure par l'autre partie soit de confirmer ou de ratifier, soit d'agir dans un délai de six mois, à peine de forclusion. Ce mécanisme a l'avantage d'abréger la période d'incertitude qui affecterait la validité de l'acte à confirmer. Ce renforcement de la sécurité juridique a fait penser à certains auteurs que « l'attributaire auquel le droit de critique est réservé en perd partiellement la maîtrise »[1278]. Toutefois, ce délai pourrait, même pour le cas du banquier, être réduit davantage sans que cela porte nécessairement atteinte au droit de critique de son attributaire comme le pensent ces auteurs. En effet, la confirmation a été envisagée dans cette étude comme une possibilité d'autorisation du banquier à continuer sa mission en tenant compte de deux éléments. Premièrement, en considérant les conditions particulières d'exercice de certaines opérations et l'incapacité ponctuelle d'éviter le conflit d'intérêts. Deuxièmement, le recours à la technique de la confirmation étant motivé par l'objectif de protection de

---

[1274] AUBRY (C.) et RAU (C.), *Cours de droit civil français*, 1860, t. 4, p. 396.
[1275] Cass. req., 1er mars 1870, *DP* 1870, 1, p. 331.
[1276] Cass. civ., 19 août 1857, *DP* 1857, 1, p. 339.
[1277] Avant-projet de réforme du droit des obligations (articles 1101 à 1386 du Code civil) et du droit de la prescription (articles 2234 à 2281 du Code civil)
[1278] GHESTIN (J.), LOISEAU (G.) et SERINET (Y. M.), *op. cit.*, p. 1116.

l'intérêt du client, envisager une confirmation *a posteriori* systématiquement accompagnée d'une réparation en cas de préjudice, dans la mesure où il est raisonnable de supposer qu'un individu n'abandonne pas son droit de critique sans contrepartie[1279], peut parfois s'avérer une alternative plus rapide et moins coûteuse que le recours aux juridictions civiles. Ensuite, l'autorisation vient après la révélation, qui est indispensable. Or, en décidant d'entourer la révélation d'un conseil et d'une mise en garde, l'idée est de faire de l'autorisation préalable ou *a posteriori* un acte totalement éclairé. La renonciation à son droit se fait en parfaite connaissance de l'objet de l'autorisation et de ses conséquences. Le régime de la preuve de l'autorisation et des obligations qui l'entourent paraît relever des principes de droit commun. En tant qu'acte juridique, elle devrait obéir aux exigences de la preuve littérale, exigences à entendre strictement s'agissant du cas du banquier en situation de conflit d'intérêts, bien que la Cour de cassation ait jugé que la confirmation n'était pas soumise aux dispositions de l'article 1341 du Code civil, et n'exigeait donc pas un écrit[1280].

418. Néanmoins, une acceptation par la confirmation de l'acte passé étant une forme d'autorisation, et une autorisation en général n'étant délivrée que lorsqu'il s'avère que « certains intérêts, que l'on veut protéger, ne seront pas altérés par le déploiement de l'activité »[1281], la confirmation a *posteriori* comme l'autorisation préalable doivent céder la place à l'abstention pure et simple du banquier si cette autorisation s'avère incompatible avec la protection de l'intérêt supérieur.

B/ La révélation suivie d'une abstention

419. Une question se pose ici à titre principal : si le banquier révèle son conflit d'intérêts, mais qu'il s'avère que la poursuite de sa mission, même à la suite d'une autorisation, serait nécessairement préjudiciable au titulaire de l'intérêt supérieur, serait-il légitime à continuer sa mission ? La réponse est négative, car il apparaît être tenu d'une obligation d'abstention volontaire (1°) qui trouve son fondement dans ses différents devoirs professionnels, notamment le devoir de loyauté. Par ailleurs, certaines dispositions législatives laissent penser que l'abstention forcée pourrait également trouver sa place comme solution au conflit d'intérêts (2°).

[1279] CARBONNIER (J.), « Les renonciations au bénéfice de la loi en droit privé », *in Travaux de l'association Henri capitant pour la culture juridique*, Dalloz, 1963, p. 290.

[1280] Cass. civ., 24 déc. 1919, *DP* 1920, 1, 12 ; *RTD civ.* 1921, p. 259, obs. Demogue (R.).

[1281] THULLIER (B.), *op. cit.*, p. 67.

1° - L'abstention prévue : une abstention volontaire

420. Tout comme le juge qui doute de son impartialité ou de son indépendance est autorisé à s'abstenir et à se faire remplacer[1282], ou comme l'avocat qui peut se départir de sa mission lorsqu'il craint de ne plus pouvoir la conduire de manière indépendante, il est attendu du banquier une abstention si, en situation de conflit d'intérêts, l'exercice de son activité risque d'être préjudiciable au porteur de l'intérêt supérieur. Cette abstention se justifierait par le rôle particulier du banquier et au nom de ses obligations d'agir au mieux des intérêts de son client : si son conflit d'intérêts le rend incapable de respecter cette mission, il doit s'abstenir, à défaut de quoi il violerait l'une de ses obligations. Contrairement à son activité de dispensateur de crédit qui n'implique qu'un devoir de conseil ou de mise en garde face à une opération risquée et envers le seul emprunteur non averti, laissant la décision finale au bénéficiaire de ces obligations, la règle « agir au mieux des intérêts de son client » implique ici sans équivoque une obligation de s'abstenir si la protection de l'intérêt supérieur le commande.

2° - L'abstention à découvrir : une abstention forcée

421. Désormais, l'article 84-2 de la directive OPCVM IV[1283] autorise les « États membres d'origine des OPCVM » à « permettre à leurs autorités compétentes d'exiger dans l'intérêt des porteurs de parts ou dans l'intérêt du public la suspension du rachat ou du remboursement des parts ». Cette possibilité de suspension est une technique efficace pour garantir la liquidité des organismes de placement collectif et pour assurer l'égalité de traitement des porteurs de parts ou actionnaires. La prise d'une telle décision revient en principe à la société de gestion, mais il s'est avéré souhaitable que l'Autorité des marchés financiers puisse adopter cette mesure dans l'intérêt de l'ensemble des investisseurs[1284]. L'ordonnance du 1er août 2011 destinée à transposer cette directive[1285] n'a pourtant pas introduit cette possibilité en droit français, laissant aux gérants des fonds l'appréciation de l'opportunité de s'abstenir de racheter ou de rembourser des parts. Aujourd'hui, le Code monétaire et financier prévoit la possibilité de suspension forcée à son article L. 621-13-2 : « l'Autorité des marchés financiers peut exiger la suspension, à titre provisoire, du rachat de parts ou d'actions ou de l'émission de parts ou

---

[1282] COJ, art. L. 111-7.

[1283] Dir. 2009/65/CE du Parlement et du Conseil du 13 juill. 2009 portant coordination des dispositions législatives, réglementaires et administratives concernant certains organismes de placement collectif en valeurs mobilières.

[1284] En ce sens, v. not. DOUVRELEUR (O.), « Suspension des rachats et émission de parts d'OPC : vers un nouveau pouvoir d'urgence de l'AMF », *RTDF* 2013, p. 105.

[1285] Ord. n° 2011-915 du 1er août 2011 relative aux organismes de placement collectif en valeurs mobilières et à la modernisation du cadre juridique de la gestion d'actifs.

d'actions nouvelles d'un organisme de placement collectif lorsque des circonstances exceptionnelles l'exigent et si l'intérêt des porteurs de parts, des actionnaires ou du public le commande ». Un nouveau dispositif pourrait venir utilement compléter les pouvoirs d'urgence de l'Autorité des marchés financiers en imaginant une règle générale pour forcer l'abstention du banquier, au-delà du seul cas des organismes de placement collectif, quand apparaît un conflit d'intérêts susceptible d'être préjudiciable à l'intérêt supérieur.

422. Les mesures de traitement *ex ante* du conflit d'intérêts ainsi analysées, il convient à présent de s'intéresser aux mesures de traitement *ex post*, qui trouvent leurs sources principalement dans le droit commun. Mais, si le droit commun comporte également son lot de mesures de traitement, il a également son lot de faiblesses.

Section 2 : Le traitement *ex post*

423. Les développements qui suivent se limiteront volontairement aux règles de la responsabilité civile, celles des responsabilités disciplinaires et administratives ne présentant pas un particularisme tel qu'il conviendrait de s'y attarder. Quant à la responsabilité du banquier pour manquement à des règles de prévention ou de divulgation des conflits d'intérêts, elle a déjà été retenue à diverses reprises comme il vient d'être évoqué.

Mais si le traitement des conflits d'intérêts peut être assuré par une palette de dispositifs, ce n'est que lorsque l'existence du conflit d'intérêts et de son exploitation sont découverts que les instruments mis en place peuvent recevoir application. Or, mettre à jour le conflit d'intérêts relève parfois du défi pour celui qui est étranger à l'institution. Le professionnel ayant seul la connaissance de ce conflit, il est souvent caché et tout traitement est alors voué à l'échec s'il demeure confiné dans l'obscurité. La difficulté est encore renforcée par la nature des prestations offertes par le banquier, souvent intellectuelles (analyse, conseil, choix d'investissement, etc.), ainsi que par l'aléa inhérent aux décisions prises sur les marchés financiers.

La responsabilité civile fondée sur une situation de conflit d'intérêts du banquier demeure par conséquent délicate à mettre en œuvre, car elle suppose la réunion des conditions de droit commun de la responsabilité, éléments habituellement difficiles à établir (§ 2). Mais la responsabilité suppose encore de rapporter la preuve de la faute qui n'est pas si aisée à rapporter (§ 1).

§ 1- Les limites liées à l'opacité du conflit d'intérêts

424. La preuve permet la réalisation du droit lié à une notion[1286]. Elle est « destinée, dans toutes les situations que couvre le juridique, à démontrer les données de fait et les solutions de droit qui lui sont adaptées »[1287].

Les difficultés liées à la preuve sont des questions auxquelles le juriste est accoutumé. On reconnaît ainsi habituellement que les possibilités de contrôle du mandant sur son mandataire sont limitées[1288] ou qu'il existe toujours une

---

[1286] JHERING (R.) cité par LEGEAIS (R.), *Les règles de preuve en droit civil : permanences et transformations*, thèse Poitiers, LGDJ, 1955, p. 3.
[1287] TERRÉ (Fr.), *Introduction générale au Droit,* 9e éd., Dalloz, 2012, p. 479.
[1288] LAFFONT (J.-J.), « Le risque moral dans la relation de mandat », *Rev. économique* 1987, vol. 38, p. 5.

incertitude du principal sur la moralité de l'agent, un danger qui plane[1289]. Cette difficulté d'« observabilité » [1290] dans toute relation d'agence est indéniable. On s'accorde aussi à penser que si la preuve de l'acte positif n'est pas toujours facile, elle est encore plus difficile, voire impossible[1291], quand il s'agit de prouver un fait négatif ou *a fortiori* une intention ou un mobile. Mais il s'agit là d'une question classique en bien des matières du droit, qui rend compte d'une difficulté particulière lorsqu'il s'agit d'établir la preuve du conflit d'intérêts de manière générale, mais plus encore lorsqu'il s'agit du banquier, l'exploitation du conflit d'intérêts bancaire et financier pouvant prendre la forme d'un acte positif (achat, vente de titres, conseils...) ou d'une abstention (ne pas vendre ou ne pas acheter, retenir des informations...), voire combiner ces formes. Prouver par exemple qu'un gestionnaire de portefeuille a détenu à un moment donné une information est en soi difficile, mais comment imaginer prouver que son abstention est due spécifiquement à la détention ? Comment envisager de déterminer dans la psychologie de l'auteur de l'acte l'existence ou l'absence d'un mobile, conforme ou non, à l'objectif assigné au départ ?

La place considérable prise par l'immatériel dans les échanges sur les marchés financiers devenus « des marchés électroniques, fortement intégrés » où l'information se « propage à la vitesse de la lumière »[1292], ne fait qu'accroître la difficulté et introduire des risques toujours plus délicats à appréhender[1293].

Les difficultés probatoires du conflit d'intérêts, puis de son exploitation abusive, si elles sont bien réelles, sont-elles pour autant insurmontables ? C'est ce que se propose d'examiner cette partie de l'étude.

S'il s'avère que les règles classiques en matière de preuve relatives à la charge et aux moyens de preuve doivent être maintenues (A), des

---

[1289] *Ibid.*, p. 6.

[1290] CHARREAUX (G.), COURET (A.), JOFFRE (P.), KOENIG (G.), MONTMORILLON (B. de), *De nouvelles théories pour gérer l'entreprise*, Economica, 1987, p. 25.

[1291] LARGUIER (J.), « La preuve d'un fait négatif », *RTD com.* 1953, p. 1.

[1292] PACLOT (Y.), « Les conflits d'intérêts des analystes financiers », *in Les conflits d'intérêts dans le monde des affaires, un Janus à combattre ?*, PUF, 2006, p. 34.

[1293] Le commerce électronique offre à l'utilisateur de produits bancaires et financiers une infinité de possibilités d'entrer en contact avec des banquiers établis dans et au delà des frontières de son pays de résidence. L'utilisateur averti peut de manière générale profiter d'une offre riche et variée : Sur ces avantages, v. LITAN (R. E.), « *Law and Policy in the Age of the Internet* », *Duke Law Journal* 50, 2001, p. 1045. Mais en contrepartie des services que l'utilisateur demande, il doit livrer des informations personnelles, ce qui pose en soi des difficultés, ENDESHAW (A) « *Consumer Protection in Cyberspace : Back to Caveat Emptor ?* », *Consumer L.J.* 1999, p. 163. Mais, face au conflit d'intérêts, l'utilisateur même averti fait confiance à un banquier qui lui est inconnu. Dans l'absolu, les craintes qu'a pu engendrer l'avènement d'internet à ses débuts, même si elles ne pouvaient être totalement écartées, sont susceptibles d'être aujourd'hui tempérées, l'applicabilité des lois nationales n'ayant pas été remise en cause de ce fait. Reste que cet espace opaque et détaché des territoires nationaux enfouit en son sein tout élément preuve.

aménagements pourraient cependant intervenir en ce qui concerne l'objet de la preuve (B).

A/ L'application des règles relatives à la charge et aux moyens de preuve

425. Le régime de droit commun de la preuve est trop connu pour qu'il soit besoin d'y revenir à nouveau. Deux règles nécessitent néanmoins d'être analysées, car toutes deux appellent des observations dans le cas du conflit d'intérêts du banquier : la charge de la preuve devrait peser sur le professionnel (1°) et le principe de liberté de la preuve devrait être maintenu (2°).

1° - La charge de la preuve

426. Le demandeur dans une action en responsabilité pour exploitation d'un conflit d'intérêts devrait en principe établir que les conditions de l'action sont réunies. Considérant qu'une telle preuve serait extrêmement difficile à rapporter, il serait plus naturel de faire peser la charge de la preuve sur le professionnel, débiteur de l'obligation de gérer les conflits d'intérêts et de préserver l'intérêt supérieur. Dans le cadre de son activité, le professionnel a en effet la possibilité, au moment où il exécute ce devoir, de se ménager une preuve de l'exécution de l'obligation qui pèse sur lui. Un principe général pourrait de la sorte être fixé. Il s'appliquerait à tout banquier débiteur d'une obligation de gérer les conflits d'intérêts et de préserver l'intérêt supérieur. Évoquer un tel principe ne serait que la simple prédiction de ce que déciderait le juge s'il avait à le faire. Un survol rapide des arrêts des chambres civiles et de la chambre commerciale laisse voir la récurrence de cet attendu de censure des juges du fond pour violation de l'article 1315 du Code civil relatif à la charge de la preuve : « en statuant ainsi, alors que c'est à celui qui est contractuellement tenu d'une obligation particulière [...] de rapporter la preuve de l'exécution de cette obligation, la cour d'appel a violé le texte susvisé »[1294]. La solution applicable aux différents devoirs pesant sur le banquier, notamment les devoirs d'information, de conseil ou de mise en garde, ne trouverait que fort logiquement à s'appliquer en cas de conflit d'intérêts.

427. Cette règle exposée ne devrait pas être comprise comme faisant peser sur le professionnel la preuve qu'il n'a pas commis de faute. Si une action est intentée contre le banquier, ce dernier doit pouvoir justifier qu'il

---

[1294] Pour ex. : Cass. com., 22 mars 2011, n° 10-13.727 ; Cass. 1re civ., 28 oct. 2010, n° 09-16.913, *D.* 2010, p. 2580, obs. Delpech (X.) ; Cass. 1re civ., 25 juin 1997, *Bull. civ.* I, n° 75 ; Cass. 1re civ., 29 avr. 1997, *Bull. civ.* I, n° 132 (devoir de conseil).

s'est bien acquitté, selon les cas, de son obligation de prévention des conflits d'intérêts, de son obligation de révélation, ou qu'il a bien obtenu l'autorisation de continuer sa mission malgré l'existence du conflit d'intérêts (non préjudiciable). Tout comme son contractant, le banquier n'est pas non plus tenu d'établir un fait négatif, une absence de faute, mais un fait positif dont il peut plus aisément constituer la preuve. Le professionnel doit au final simplement pouvoir établir qu'il a respecté les dispositions légales et les stipulations contractuelles qu'il lui incombe de respecter dans le cadre des différents contrats le liant à son client. Il doit dès lors pouvoir justifier qu'il n'a pas abusé de son pouvoir lorsqu'il s'est retrouvé en situation de conflit d'intérêts. C'est *a contrario* au client de démontrer que le banquier a commis une faute et a porté atteinte à ses intérêts, selon les cas en continuant sa mission sans y être autorisé, en ne révélant pas un conflit d'intérêts, etc. La solution procède d'une application stricte de l'article 1315 du Code civil qui commande de raisonner de la sorte. Elle reflète les règles que consacre cet article : « celui qui réclame l'exécution d'une obligation doit la prouver, réciproquement, celui qui se prétend libéré, doit justifier le paiement ou le fait qui a produit l'exécution de son obligation », dont les dispositions ne pourraient être comprises comme autorisant une forme de passivité ou d'immunité pour celui qui a la qualité de défendeur ou de demandeur.

428. Par ailleurs, le principe susvisé ne s'oppose pas à ce que les parties aménagent contractuellement les règles sur la charge de la preuve, sous réserve toutefois que seuls des intérêts privés soient en cause et que la loi n'en dispose pas autrement. La Cour de cassation a expressément[1295] admis cette possibilité, suivant une évolution similaire à celle qui a précédé la validité expresse des clauses de non-responsabilité. Rappelons en effet qu'avant d'envisager que des contractants pouvaient valablement recourir à des clauses de non-responsabilité, la jurisprudence avait longtemps considéré que de telles clauses avaient comme unique conséquence de renverser la charge de la preuve[1296].

429. En outre, la difficulté liée à l'opacité du conflit d'intérêts peut être dépassée grâce aux pouvoirs d'enquêtes de l'Autorité des marchés financiers qui, saisie d'une contestation, est autorisée par l'article L. 621-9, II du Code monétaire et financier à s'assurer du respect de ses obligations professionnelles par le prestataire, grâce à une série de mesures d'instruction, notamment l'expertise, qui peuvent en outre être pareillement ordonnée par le juge.

Le régime de droit commun devrait encore trouver à s'appliquer lorsqu'il s'agit de connaître les moyens de la preuve.

[1295] Cass. 1re civ., 30 oct. 2007, n° 06-19.390, *Bull. civ.* I, n° 328 ; *D.* 2007, p. 3005.

[1296] Cass. 18 janv. 1933, *DH* 1933, p. 115. L'efficacité de ce procédé demeure toutefois soumise à l'absence de dol, de faute lourde ou de déséquilibre significatif des prestations comme nous le savons depuis notamment la série d'arrêts Chronopost et Sncf.

2° - La liberté de la preuve

430. L'autre règle classique qui trouverait à s'appliquer au cas du conflit d'intérêts du banquier est celle figurant à l'article L. 110-3 du Code de commerce : « à l'égard des commerçants, les actes de commerce peuvent se prouver par tous moyens à moins qu'il n'en soit autrement disposé par la loi ». Cet article est l'unique disposition d'un titre du Code de commerce, celui « des achats et ventes », ce qui laissait à penser que la règle qu'il énonçait ne concernait formellement et restrictivement que ces deux contrats en particulier. La Cour de cassation lui donne toutefois une portée générale à la fin du XIXe siècle estimant, qu'« aux termes de l'article 109 du Code de commerce, il appartient aux tribunaux, statuant en matière commerciale, de puiser les éléments de leur conviction, dans tous les moyens de preuve établis par la loi »[1297]. La jurisprudence qui avait alors parfois montré quelques hésitations sur la question de savoir si, en présence d'un acte mixte, la preuve était libre pour les deux parties ou si elle ne l'était qu'à l'encontre du commerçant, s'était en définitive fixée. En effet, de nombreuses décisions de la Cour de cassation jugeaient que la preuve d'un acte mixte devait se faire selon les formes civiles[1298]. Puis un arrêt de la Chambre des requêtes du 4 juillet 1935 sema le doute. Interprété parfois comme s'étant prononcé pour la liberté des preuves à l'égard des deux parties, il amena d'autres à penser qu'il était hasardeux de lui donner une telle portée. La jurisprudence de la Cour de cassation s'est finalement rapidement retournée vers l'exigence de la preuve civile[1299]. La règle de liberté de la preuve s'est alors fermement forgée si bien que la modification de l'article 109 ne fut introduite que pour « inscrire dans la loi une situation de droit »[1300] et y « donner une portée générale »[1301]. Dans les litiges qui les opposent à des commerçants, les non-commerçants peuvent, par conséquent, librement prouver l'existence et le contenu des actes de commerce qu'ils invoquent à leur encontre. La règle, on le sait, est bien ancrée dans des décisions déjà anciennes des tribunaux et des

[1297] Cass. civ., 17 mai 1892, *DP* 1892, p. 604.
[1298] Cass. civ., 19 nov. 1862, *DP* 1862, p. 472 ; Cass. civ., 3 mars 1874, *DP* 1874, p. 25.
[1299] Cass. crim., 21 déc. 1950, *D.* 1951, p. 112 ; Cass. com., 5 déc. 1961, *D.* 1962, p. 88. *Contra.* Cass. crim., 1er févr. 1972, arrêt jugeant qu'à l'encontre d'un gérant de fait d'une société à responsabilité limitée qui avait commis divers détournements de fonds, « la preuve de l'existence d'un mandat social, mandat de nature commerciale, peut être rapportée par tous moyens » : *JCP* 1973, II, p. 17304, note Brust (J.-J.) ; *Rev. Sc. crim.* 1973, p. 134, obs. Bouzat ; *RTD com.* 1973, p. 208, obs. Jauffret (A.).
[1300] Rapport CELLARD (M.), doc. Ass. Nat. 1980, n° 1801, p. 11.
[1301] Rapport de RUDLOFF (M.), doc. Sénat, 1979, n° 324, p. 25.

Cours[1302]. Les actes de nature civile peuvent également être librement prouvés dès lors qu'ils émanent d'un commerçant[1303].

L'étude des règles relatives à la charge et aux moyens de preuve nécessite à présent d'être complétée par une analyse des normes afférentes cette fois à l'objet de la preuve.

B/ L'aménagement des règles relatives à l'objet de la preuve

431. Pour compléter le principe général qui pourrait être appliqué à tout banquier débiteur d'une obligation de gérer les conflits d'intérêts et de préserver l'intérêt supérieur, selon lequel il devrait prouver, non pas l'absence de faute, mais l'exécution de son obligation, il conviendrait, semble-t-il, de distinguer selon que cette obligation résulte de la loi et de la convention conclue par les parties, cas des conflits d'intérêts contractuels (1°), ou seulement de la loi, cas des conflits d'intérêts extracontractuels (2°).

1°- La preuve du conflit d'intérêts contractuel

432. Lorsque l'obligation du banquier résulte de la loi et de la convention, il incomberait au banquier de prouver qu'il s'est acquitté de l'obligation de gestion des conflits d'intérêts. Il pourrait, à cet effet, se concevoir que soit imposé au professionnel la charge de l'allégation des motifs qui ont dicté son action, motifs qui doivent être conformes à l'intérêt supérieur. Cette obligation ne serait rien d'autre que l'application légèrement étendue de l'obligation de reddition de compte qui pèse déjà sur le banquier cocontractant. Sur le demandeur qui juge son intérêt affecté pèsera *a contrario* la charge de prouver la fausseté du motif invoqué. Plus exactement, il s'agira de mesurer la conformité des motifs à l'intérêt supérieur face au conflit d'intérêts personnel (a) ou du motif déterminant face au conflit d'intérêts extrapersonnel (b).

a - Le poids des motifs face au conflit d'intérêts personnel

433. De manière générale, la précipitation dans la prise de décision[1304] ou l'existence de discriminations[1305] avérées constituent des premiers indices de

---

[1302] Pour ex. : Cass. req., 1er juill. 1908, *DP* 1909, p. 11 ; Cass. 1re civ., 6 mars 1974, *Bull. civ.* I, n° 80, p. 68 ; Cass. com., 17 févr. 1976, *Bull. civ.* IV, n° 58 ; Cass. com., 20 mai 1980, *Bull. civ.* IV, n° 210.

[1303] Cass. com., 13 oct. 1975, *Bull. civ.* IV, n° 231. Lorsqu'il s'agit en revanche de prouver un acte étranger à l'activité commerciale, ce sont les règles du droit civil qui trouvent application : Cass. 1re civ., 23 mai 1977, *Bull. civ.* I, n° 246.

[1304] CE, 23 févr. 1933, Trique, Rec. CE 1933, p. 228.

l'exploitation abusive d'un conflit d'intérêts. Le résultat objectif de l'acte peut aussi être pris en considération pour déterminer l'intention de son auteur. Au demandeur de fournir des éléments de preuve pour inciter le juge à tirer la conviction que l'intention de l'auteur est étrangère au but qui oriente le pouvoir contractuel dont il dispose, de l'ensemble des faits objectifs connus, comme des circonstances qui ont pu entourer la prise de la décision litigieuse. Cette logique pourrait servir en réponse à l'exploitation d'un conflit d'intérêts personnel.

Cette prise en compte des motifs devrait être menée avec davantage de rigueur quand le conflit d'intérêts est extrapersonnel.

b- La pesée des motifs déterminants face au conflit d'intérêts extrapersonnel

434. Lorsqu'il s'agit d'un conflit d'intérêts dû à la confrontation de deux intérêts étrangers à l'intérêt personnel de l'acteur, personnel ou institutionnel, la question se pose dans les mêmes termes. Le juge se trouvera ici en présence de différents mobiles ayant conduit à l'acte litigieux. Certains pourraient être légitimes alors que d'autres ne le seraient pas, car éloignés de l'objectif assigné à l'auteur de l'acte. En effet, à supposer que ces mobiles soient établis, après avoir relevé la concurrence de motifs légitimes et d'autres illégitimes s'ils devaient être pris isolément, leur analyse aboutirait à des solutions différentes. Dans ce cas-là, il serait judicieux de préférer une pesée des mobiles à l'affirmation que la légitimité d'un mobile suffirait à légitimer l'acte entier. Il serait sans doute plus approprié de ne prendre en considération que les motifs effectivement déterminants pour délaisser les plus marginaux. Cette attitude que pourrait adopter le juge est celle qui domine lorsqu'il s'agit de sanctionner la fraude par exemple. L'analyse de la jurisprudence laisse entendre que sont condamnés les agissements litigieux dans le « seul dessein » ou « l'unique but de nuire »[1306]. Cependant, face à une véritable pluralité de mobiles, l'hésitation ne se fait pas ressentir à sanctionner le motif le plus déterminant lorsqu'il apparaît illégitime comme l'indique l'attendu d'une décision ancienne mais fréquemment rappelée : « la complexité des intentions [...] n'est pas exclusive de l'idée de fraude [...] l'existence ou l'absence de

---

[1305] CE, 2 févr. 1957, Castaing, Rec. CE 1957, p. 78 (refus d'accorder une licence pour la création d'une officine pharmaceutique, suivi de l'octroi de deux licences à d'autres sollicitants).

[1306] Cass. req., 3 août 1915, *D.* 1917, I, p. 79. V. égal. de nombreux exemples cités par VIDAL (J.), *Essai d'une théorie générale de la fraude en droit français – Le principe fraus omnia corrumpit*, Dalloz, 1957, p. 127 et s.

fraude dépend de la recherche, non du mobile unique, mais du mobile déterminant »[1307].

Cette solution semble servir au mieux l'intérêt qui doit légitimement primer. Le conflit d'intérêts exploité, même en présence de plusieurs motifs ayant poussé à cette exploitation, n'en est pas moins exploité. Or, la nécessité de sanction l'emporte sur la recherche d'un éventuel mobile légitime marginal. L'appréciation du motif essentiel ou déterminant de l'auteur de l'acte litigieux permettra également, le cas échéant, d'écarter toute incidence du motif illégitime si l'intention dominante était celle de servir l'intérêt supérieur.

Les aménagements ainsi proposés ne peuvent trouver à s'appliquer que lorsque le conflit d'intérêts prend naissance dans des situations où le banquier, en vertu d'un contrat, détient un pouvoir qu'il est susceptible de détourner. Par conséquent, ces propositions montrent leurs limites lorsqu'il s'agit de conflits d'intérêts extracontractuels qui appellent des règles propres.

2°- La preuve du conflit d'intérêts extracontractuel

435. La preuve de l'exploitation du conflit d'intérêts s'avère plus simple à établir lorsqu'il s'agit de conflits d'intérêts extracontractuels. Différentes décisions de la Commission de sanction de l'Autorité des marchés financiers permettent de déduire que la preuve de l'exploitation du conflit d'intérêts est présumée existante dès qu'est constaté un manquement aux règles de prévention des conflits d'intérêts (a). Le banquier défendeur doit dans cette hypothèse prouver, non pas seulement qu'il a mis en place des mesures de prévention, mais aussi l'efficacité de ces mesures, à défaut de quoi sa faute est présumée (b).

a - La présomption simple de faute déduite d'un manquement

436. Descartes, dans sa méthode pour assurer le savoir, préconise l'évidence comme première règle de preuve, selon laquelle il ne faut admettre comme vrai que ce qui se présente à l'entendement d'une façon évidente et indubitable. Elle implique qu'il faut rejeter également toutes les choses qui ne sont pas entièrement certaines et indubitables et celles qui paraissent fausses[1308]. Est ainsi écartée toute possibilité de poser des présomptions. Pourtant, une exigence prise à la lettre rendrait parfois impossible la décision judiciaire. Le philosophe ne manque pas de l'observer

---

[1307] L'observation mène à la conclusion que le juge qualifie presque toujours le mobile pour mieux le censurer : Cass. civ., 4 nov. 1940, *DH* 1940, p. 192 ; VIDAL (J.), *ibid.*

[1308] DESCARTES (R.), *Discours de la méthode, 1re méditation.*

dans la troisième partie de son œuvre : « c'est une vérité très certaine que lorsqu'il n'est pas en notre pouvoir de discerner les plus vraies opinions, nous devons suivre les plus probables »[1309]. Cette logique a permis aux présomptions *juris tantum*, qui admettent la preuve contraire, d'exister. Ces présomptions se bornent d'ordinaire à présumer, ce qui effectivement se produit le plus souvent dans la société régie par le droit qui les impose.

Cette possibilité de recourir aux présomptions définies par l'article 1349 du Code civil comme « les conséquences que la loi ou le juge tire d'un fait connu à un fait inconnu », l'Autorité des marchés financiers en a usé plus d'une fois en réponse à l'opacité du conflit d'intérêts. Pour illustration, il convient de s'intéresser à une décision de la Commission des sanctions datant du 24 janvier 2008[1310]. À l'origine de cette espèce, on trouve un certain nombre d'opérations litigieuses d'un prestataire de services d'investissement exerçant différentes activités d'exécution d'ordres pour compte propre et compte de tiers et produisant des analyses financières. Plusieurs griefs furent adressés et/ou retenus, mais une opération en particulier intéresse cette étude ayant trait à un placement de titres sur le marché secondaire. La société Bull avait donné ordre, le 31 janvier 2005 à 15 h 33, au prestataire mis en cause de céder en dehors du marché réglementé 1.067.930 actions de la société Steria dont elle détenait une partie du capital au prix unitaire de 30,50 euros. Le lendemain de la réception de cet ordre de vente, un analyste financier salarié du prestataire publia une analyse conseillant l'achat du titre Steria avec un objectif de cours de 40,00 euros. Le même jour, le prestataire a, pour compte propre, cédé 1.130.000 titres au prix unitaire de 31,20 euros, cession qui a été réalisée grâce, d'une part aux 1 067.930 titres acquis auprès de la société Bull et, d'autre part, à des achats complémentaires réalisés sur le marché les 28 et 31 janvier ainsi que le 1er février 2005. Le rapport de l'Autorité des marchés financiers établi ultérieurement affirme que les acquisitions intervenues les 28 et 31 janvier ont été faites de façon concentrée et ont représenté plus de 50% des volumes acheteurs. Au regard de ces constatations, la Commission des sanctions a retenu un manquement relatif à la mise en place des séparations fonctionnelles de manière générale et à la prévention des conflits d'intérêts impliquant l'analyse financière en particulier. La Commission a en effet décidé que l'absence de muraille de Chine suffisait, à elle seule, à caractériser le manquement. Elle a considéré que : « le grief est donc caractérisé, peu important que l'information relative à l'opération sur le bloc de titres Steria n'ait pas été "privilégiée" ou que des diligences aient été accomplies à réception de l'ordre de Bull ; que le moyen tiré de la bonne foi est inopérant, le manquement étant objectif »[1311]. La

---

[1309] *Ibid.*, *3e méditation.*
[1310] AMF, 24 janv. 2008, Sanct. n° 2008-17.
[1311] *Ibid.*

faute est de la sorte présumée du seul manquement à l'obligation. Pourtant, cette décision pourrait être critiquable, car, à l'époque des faits, la lecture des dispositions de la directive MIF relatives à la prévention du conflit d'intérêts et de ses textes d'application ne permettaient pas d'affirmer que seule la muraille de Chine pouvait justifier la prévention des conflits d'intérêts à l'exclusion de toute autre mesures qui, sans avoir la qualification de muraille de Chine, contribuaient à éviter le conflit d'intérêts[1312]. Le prestataire se défendait, en effet, en assurant que si le déontologue n'avait pas estimé indispensable de devoir mettre en place un tel dispositif, il avait néanmoins pris le soin, pour éviter les conflits d'intérêts, de mettre en place « des mesures très strictes en matière d'opérations de bourse du personnel pour son compte propre »[1313], ce que la Commission des sanctions ne contredisait pas. Il faut donc comprendre de cette décision qu'il aurait encore fallu prouver, en plus de l'existence de procédures de préventions, l'efficacité des mesures mises en place, seule preuve qui paraît ainsi admissible.

b - La libération par la seule preuve de l'efficacité des mesures

437. Admettre que la faute peut être déduite du manquement à l'obligation légale signifie inversement que pour renverser la présomption simple de culpabilité, il ne fait plus aucun doute qu'il conviendrait, pour le banquier qui tente de se libérer, de prouver que les mesures prises et les procédures suivies pour prévenir le risque de conflits d'intérêts « garantissent » que le conflit d'intérêts qui viendrait à survenir ne pourrait être exploité. Ainsi en témoigne notamment une décision de la Commission des sanctions du 8 janvier 2009[1314]. En l'espèce, une société d'investissement avait diffusé une analyse financière à une période où elle préparait pour le compte de l'émetteur une augmentation de capital dont la note allait être visée le lendemain par l'Autorité des marchés financiers. Parmi les griefs adressés à cette société, était reproché le manquement à l'article 321-23-3 du règlement général de l'Autorité des marchés financiers, en vigueur à l'époque des faits, qui imposait aux prestataires de services d'investissement de contrôler la circulation des informations confidentielles, notamment en mettant en place une séparation fonctionnelle entre les entités sensibles aux conflits d'intérêts. Or, le pôle *corporate finance* de la société mise en cause incluait les fonctions d'analyse financière sans qu'elles ne soient suffisamment séparées, tandis que la direction était confiée conjointement à deux mêmes personnes. La Commission des sanctions a

---

[1312] V. en ce sens note VAUPLANE (H. de), DAIGRE (J.-J.), SAINT-MARS (B. de) et BORNET (J.-P.), *Banque et droit* juill.-août 2008, p. 24 et s.

[1313] AMF, 24 janv. 2008, Sanct. préc.

[1314] AMF, 8 janv. 2009, Sanct. préc.

adopté un raisonnement en deux étapes. Elle a d'abord caractérisé un manquement par la société à ses obligations légales en constatant que les mesures à prendre et les procédures qu'il fallait suivre en vue de gérer les conflits d'intérêts dus à la circulation de l'information privilégiée n'avaient pas été respectées. En effet, la Commission a considéré que la répartition, dans deux salles différentes, des équipes attachées à chacune des activités ne pouvait être considérée comme une séparation suffisante correspondant aux exigences légales. Ensuite, elle a déduit la faute du prestataire en relevant qu'un des analystes en charge de l'émetteur avait pu avoir connaissance d'une information confidentielle, car rien n'empêchait les membres de l'une des équipes d'accéder au bureau de l'autre, qu'aucun système de badge n'avait été mise en place, que les cloisons du bureau de *corporate finance* étaient vitrées et que les deux salles n'étaient séparées que de quelques mètres. Il ne s'agit pas par conséquent de prouver que des mesures ont été prises pour se défendre de l'exploitation du conflit d'intérêts, il s'agit de prouver que ces mesures contribuent effectivement à lutter contre le conflit d'intérêts.

438. Cette solution confirme celle étudiée dans le précédant paragraphe[1315] également rendue par la Commission des sanctions, quelques mois plus tôt. La Commission des sanctions a considéré par ailleurs que les analystes du prestataire s'étaient rendus coupables d'un manquement « d'une particulière gravité » en n'indiquant pas aux destinataires de l'analyse diffusée par leurs soins que le prestataire s'était porté acquéreur d'une fraction du capital de la société dont les titres avaient précisément été recommandés. Elle a estimé que l'on pouvait raisonnablement penser que cette situation était de nature à porter atteinte à l'objectivité des analystes et que le manquement était dès lors caractérisé « sans qu'il soit besoin de rechercher si le défaut de mention de l'existence du conflit d'intérêts dans le document publié a eu des conséquences sur les investisseurs ». La faute de l'exploitation du conflit d'intérêts est là encore déduite du manquement à une l'obligation légale.

439. Il convient donc, à l'issue de ces développements, de souligner que les présomptions auxquelles recourt la Commission des sanctions pour se ménager la preuve de l'exploitation du conflit d'intérêts sont exactement conformes aux mécanismes de déplacement de l'objet prévu à l'article 1349 du Code civil et qui trouve son fondement dans l'idée d'une « probabilité raisonnable de l'existence du fait inconnu. Présomptions que Pothier définissait comme "des jugements" que la loi ou l'homme porte sur une chose, par une conséquence tirée d'autre chose. Ces conséquences sont fondées sur ce qui arrive communément et ordinairement »[1316]. Si l'on admet

---

[1315] AMF, 24 janv. 2008, Sanct. préc.

[1316] AMMAR (D.), « Preuve et vraisemblance, Contribution à l'étude de la preuve technologique », *RTD civ.* 1993, p. 499.

que le fait inconnu puisse être déduit du fait connu, c'est parce que ce lien logique apparaît vraisemblable, parce que la probabilité de l'existence du fait inconnu est suffisamment importante pour être tenue pour vraie. Dès lors, il faudra abandonner la présomption si ces conditions ne peuvent être réunies, mais il conviendra également au regard de son utilité d'y recourir en cas de conflit d'intérêts contractuel en complément des règles présentées jusque là, car au final, il ne s'agit de rien d'autre que de rapporter une vérité. Or, à la différence de la vérité dogmatique, la vérité juridique suppose le filtre d'un raisonnement source de vraisemblance[1317], « on appelle preuve ce qui persuade l'esprit d'une vérité... La vérité n'est autre chose que ce qui est à connaître, une vérité c'est simplement savoir si une chose est ou n'est pas, si elle est telle qu'on dit ou si elle est différente »[1318]. La preuve n'a en effet d'autre objet que d'établir au moyen de procédés admis par la loi une adéquation entre ce qu'allègue le demandeur et ce qui effectivement passé. Si tout arbitraire doit indiscutablement être écarté, « l'un des impératifs majeurs du Droit étant de réguler la vie sociale, le juge participe à cette régulation en éliminant un prurit que sécrète journellement la société. Or, confronté à une multiplicité infinie de situations litigieuses noyées dans un temps qui s'écoule inexorablement [...] le juge ne peut adopter pour principe celui de la certitude. Et le Droit non plus »[1319]. Le système probatoire du Code civil démontre que tel est le raisonnement du législateur puisqu'il organise la notion de présomption[1320].

Les difficultés de preuve d'un conflit d'intérêts opaque comme l'est le conflit d'intérêts du banquier, quand elles sont surmontées, laissent place à l'aléa de la réparation.

[1317] *Ibid.*

[1318] DOMAT (J.) cité par AMMAR (D.), *ibid.*

[1319] AMMAR (D.), *ibid.*

[1320] *Ibid.* S'appuyant sur le raisonnement de messieurs BARTIN, AUBRY, et RAU, cet auteur affirme que « Le statut épistémologique de la preuve juridique est d'autant plus enserré dans la notion de vraisemblance que l'article 1347 du Code civil exige du commencement de preuve par écrit qu'il rende "vraisemblable le fait allégué". Certes, cette vraisemblance est à elle seule insuffisante et doit être complétée. Mais le complément apporté n'a pas pour effet de rendre certaine la vérité établie. Son effet est de permettre l'accession au seuil de la vraisemblance probatoire minimum ; soit celui de la vraisemblance probable ».

§ 2 - Les limites dues à l'aléa de la réparation

440. Le droit semble attaché à ce que la réparation du préjudice replace, autant que possible, la victime dans la situation qui aurait existée si le dommage ne s'était pas produit[1321]. À cet effet, depuis le début du XXe siècle, l'indemnisation des dommages s'est considérablement élargie. La victime a été placée au premier plan et la ligne directrice du droit de la responsabilité a évolué vers une nécessité que tout dommage donne lieu à la désignation d'un responsable, débiteur de la réparation. Les développements qui vont suivre tentent d'évaluer, à la lumière des solutions des juridictions civiles et de l'autorité de régulation, les limites du processus de réparation des dommages découlant de l'exploitation des conflits d'intérêts, et de rechercher si d'éventuelles solutions sont envisageables en réponse aux difficultés soulevées, notamment grâce à des références aux mécanismes existants à l'étranger.

Ces difficultés d'indemnisation tiennent principalement à l'imprécision du préjudice (A) et à l'indétermination des victimes (B).

A/ L'imprécision du préjudice

441. S'il est un constat facile à dresser, c'est celui de la confusion qui règne sur le contentieux lié aux manquements d'un prestataire de services d'investissement à son obligation de gestion des conflits d'intérêts en raison de la tendance naturelle de l'investisseur à invoquer le plus souvent l'intégralité des pertes enregistrées sur le portefeuille à titre de préjudice. Il apparaît ainsi nécessaire de rappeler, au préalable, la divergence de vues qui partage la doctrine sur la définition du dommage et du préjudice. Suivant l'étymologie, le terme dommage nous vient du XIe siècle « *damage* », devenu « *domage* » au XIIe, dérivant de « *dam* », lui-même emprunté du latin « *damnum* » ou « *praejudicium* »[1322]. Les deux concepts, synonymes, font par conséquent référence à une « atteinte aux droits, aux intérêts de quelqu'un »[1323]. Cependant, un certain nombre d'auteurs[1324] considère que

[1321] EWALD (F.) (dir.), *Les limites de la réparation du préjudice*, Dalloz, 2009, p. 5.
[1322] Dictionnaire de l'Académie française, *op. cit.*, V. « dommage ».
[1323] *Ibid.*
[1324] LE TOURNEAU (Ph.), « Droit de la responsabilité et des contrats », *Dalloz Action* 2014-2015, p. 567. Cet auteur précise que « pour penser rationnellement le droit de la responsabilité civile, il convient de reconstruire ce droit à partir de la distinction des notions mêmes de dommage et de préjudice, là où elles sont traditionnellement données pour équivalentes » ; ROUXEL (S.), *Recherche sur la distinction du dommage et du préjudice en droit privé français*, thèse Grenoble II, 1994.

les termes diffèrent et qu'ils devraient être utilisés distinctement. En effet, le dommage correspondrait à « toute atteinte à l'intégrité d'une chose, d'une personne, d'une activité ou d'une situation [...] indépendamment de l'idée que peut s'en faire la personne qui en est victime et des conséquences diverses qu'il peut avoir pour elle »[1325], tandis que le préjudice, qui seul constituerait une notion juridique, serait « un ensemble d'éléments qui apparaissent comme les diverses conséquences découlant du dommage à l'égard de la victime de celui-ci »[1326]. Le préjudice ne serait de ce fait que la conséquence du dommage. Jusqu'à récemment encore, on a pu juger que la distinction entre préjudice et dommage « correspond à une réalité incontestable » [1327] ou « fondée sur des arguments rationnels » [1328]. Les auteurs majoritaires [1329] assimilent néanmoins les deux concepts l'un à l'autre, ce à quoi on ne peut qu'acquiescer puisque, de façon générale, le préjudice est considéré comme « une notion subjective, appréciée en fonction d'une personne déterminée (et un) même dommage peut causer des préjudices très différents selon la personne qui en est la victime »[1330]. La distinction perd de cette manière de son intérêt. D'ailleurs, ni la loi, ni la jurisprudence n'ont pris position dans ce débat doctrinal et toutes deux semblent s'accommoder de l'emploi indifféremment du terme dommage ou préjudice. Dans le cadre de la présente étude, il ne sera par conséquent opéré aucune distinction, d'autant que le préjudice comme le dommage induisent pareillement l'idée d'indemnisation ou de réparation : « le préjudice est la mesure des répercussions d'un fait générateur sur les victimes »[1331].

Cette précision apportée, les difficultés à déterminer la nature du préjudice réparable, en cas d'exploitation d'un conflit d'intérêts bancaire ou financier, ne sont pas pour autant écartées (1°), pas plus que celles de son évaluation (2°).

1325 BENOÎT (F.), « Essai sur les conditions de la responsabilité en droit public et droit privé (Problèmes de causalité et d'imputabilité) », *JCP* 1957, I, 1351, n° 11.

1326 *Ibid.*

1327 GHESTIN (J.), LOISEAU (G.), SERINET (Y.-M.), *op. cit.*, n° 246-1 : « La distinction du dommage et du préjudice proposée [...] correspond à une réalité incontestable. »

1328 PORCHY-SIMON (S.), « Dommage », *Dictionnaire de la culture juridique*, *op. cit.*, p. 412.

1329 MALAURIE (Ph.), AYNÈS (L.) et STOFFEL-MUNCK (Ph.), *op. cit.*, p. 131 ; TERRÉ (Fr.), SIMLER (Ph.) et LEQUETTE (Y.), *op. cit.*, p. 753 : « La responsabilité civile suppose un fait dommageable, c'est-à-dire un fait ayant porté préjudice. »

1330 BENOÎT (F.), art. préc., n° 14.

1331 LIKILLIMBA (G.-A.), « Le préjudice individuel et/ou collectif en droit des groupements », *RTD com.* 2009, p. 1.

1°- La nature complexe du préjudice réparable

442. Dans son discours de présentation du projet de Code civil de 1804, le Tribun Tarrible affirmait que le préjudice « embrasse dans sa vaste latitude tous les genres de dommages et les assujettit à une réparation »[1332], que « tout est déclaré susceptible d'une appréciation qui indemnisera la personne lésée des dommages quelconques qu'elle a éprouvés »[1333]. De nos jours, la rédaction proposée par la commission Catala à l'article 1343 du Code civil prévoit de même qu'« est réparable tout préjudice certain consistant dans la lésion d'un intérêt licite, patrimonial ou extrapatrimonial, individuel ou collectif ».

443. Le préjudice découlant d'un conflit d'intérêts devrait être appréhendé, non seulement comme une atteinte aux différents intérêts en présence, mais également comme une atteinte à des droits collectifs. Il faut comprendre de cette affirmation qu'indépendamment de la taille du groupement affecté par les conséquences du conflit d'intérêts, ses membres et, le cas échéant, tout tiers intéressé, devraient être en position de solliciter réparation d'un préjudice purement individuel.

En jurisprudence, la coexistence du préjudice individuel et du préjudice collectif a parfois été exclue[1334], parfois prise en considération[1335] ; il a finalement été admis que l'action individuelle (b) n'est pas exclusive de l'action collective et, par conséquent, que le préjudice individuel n'est pas exclusif du préjudice collectif[1336] (a).

a - Préjudice réparable et atteinte à l'intérêt collectif

444. L'idée d'un préjudice collectivement subi, soit un préjudice à l'intérêt collectif, soulève encore des interrogations quant à son caractère réparable, conformément aux règles de droit. En effet, le préjudice collectif, pour pouvoir être réparé, doit répondre aux caractères classiquement requis. Il doit d'abord être personnel, direct et légitime. Or, le préjudice collectif trouvant son siège dans la violation d'un intérêt collectif ne se situe pas dans la personne ou dans les biens du groupement qui en demande réparation. Il doit ensuite être certain. Cependant, si une personne physique peut subir un préjudice moral, il est moins concevable qu'un « intérêt collectif » subisse un préjudice du même ordre. Il apparaît ainsi que les caractères traditionnellement attribués au préjudice réparable ne sont pas simples à

[1332] GREUILLE (B. de), *in Recueil complet des travaux préparatoires du code Civil,* vol. 15, 1827-1828, t. 8, p. 147.
[1333] *Ibid.*
[1334] Cass. crim., 9 avr. 1954, *S.* 1954, p. 117.
[1335] Cass. soc., 28 nov. 1916, *S.* 1920, p. 49.
[1336] Cass. crim., 7 oct. 1959, *D.* 1960. jurispr. p. 294, note Verdier (M.-M.).

établir en matière de préjudice subi par un groupement (la masse d'investisseurs par exemple), notamment lorsqu'il est dépourvu de personnalité morale. Les difficultés de définition du préjudice collectif, qui s'ajoutent à celles d'ordre processuel, ont souvent conduit le juge à indemniser en se basant sur des constructions parfois originales qui ne peuvent pas toujours être considérées comme satisfaisantes.

445. Assurément, la jurisprudence est également hésitante. Sont indifféremment employées les expressions « préjudice collectif » ou « préjudice à l'intérêt collectif ». La doctrine peine également à proposer une définition qui fasse consensus de la notion de préjudice collectif, absente des textes relatifs à la responsabilité[1337], notamment parce qu'une telle opération nécessite de définir l'atteinte portée à l'intérêt qui en soi résiste à la définition. Deux tendances se dégagent toutefois : le préjudice collectif est conçu soit comme une simple addition des préjudices individuels, soit comme un préjudice qui en est distinct et autonome.

Une première approche consiste à envisager le préjudice collectif comme une atteinte à « l'intérêt de la collectivité considérée comme une entité générale et abstraite qui absorbe et dépasse la somme des intérêts individuels de ses membres »[1338]. Cette formulation pouvant convenir éventuellement pour désigner l'intérêt social dépassant celui des associés devrait être écartée au regard de la particularité du préjudice, certes collectif, des différents acteurs du marché qui ne sont pas réunis et n'ont pas de liens juridiques particuliers entre eux.

Selon une deuxième approche, il s'agit de dire que le préjudice collectif est « celui qui atteint un nombre indéterminé d'individus à raison de leurs appartenances ou croyances, sans que l'on puisse dire qu'un d'entre eux est particulièrement lésé »[1339] ou qu'« il y a dommage collectif lorsque se trouvent nettement atteints non seulement la plupart ou chacun des individus qui exercent une profession ou se trouvent dans une situation déterminée »[1340]. Cette conception a l'avantage d'être plus élastique et pourrait donc vraisemblablement trouver à s'appliquer. Faute de définition, le préjudice collectif devrait, selon un auteur[1341], se comprendre *a contrario*. Il ne serait pas, « en principe, un préjudice que subit le groupement à titre individuel, car il ne concerne pas les intérêts égoïstes de cette personne mais les intérêts d'un groupe de personnes qui peuvent être ou ne pas être ses membres »[1342]. Il ne devrait pas non plus désigner le simple agrégat de

---

[1337] Seule l'expression « préjudice direct ou indirect à l'intérêt collectif » est incidemment reprise par les différents textes d'habilitation des associations à agir en justice.
[1338] SOLUS (H.) et PERROT (R.), *Droit judiciaire privé*, Sirey, 1961, t. 1, n° 245.
[1339] MARTY (G.) et RAYNAUD (P.), *Les obligations*, 2e éd., Sirey, 1988, vol. 1, p. 739.
[1340] DEMOGUE (R.), *Traité des obligations en général*, *op. cit.*, 1924, p. 433.
[1341] DREVEAU (C.), « Réflexions sur le préjudice collectif », *RTD civ.* 2011, p. 249.
[1342] *Ibid.*

préjudices individuels[1343]. Il se situerait en fait entre « le dommage individuel, celui subi par les individus composant le groupe et le dommage social. Il s'agit donc de la violation d'un intérêt qui est commun à chaque membre du groupe mais qui transcende l'intérêt individuel de chacun »[1344]. Cependant, la notion de préjudice collectif n'est pas suffisante pour qualifier le préjudice résultant de l'exploitation d'un conflit d'intérêts. Celui-ci devrait également être considéré comme un préjudice de masse, autrement dit comme le préjudice découlant des « atteintes aux personnes, aux biens et au milieu naturel qui touchent un grand nombre de victimes à l'occasion d'un fait dommageable unique, ce dernier pouvant consister en un ensemble de faits dommageables ayant une origine unique »[1345].

La nature complexe du préjudice collectif ainsi relevée, il convient de s'intéresser à présent aux difficultés relatives au préjudice individuel.

b - Préjudice réparable et atteinte à l'intérêt individuel

446. Si le préjudice subit susceptible de réparation doit traditionnellement être matériel ou moral (I), la conception moderne tend à y voir également une perte de chance, voire, un préjudice par ricochet (II).

I - L'insuffisance des chefs de préjudice classiques

447. Le principe du préjudice matériel ne paraît guère prêter à discussion et il est de règle que la victime doit établir l'étendue de son préjudice[1346]. Quant au préjudice moral, rappelons que de manière générale, jusqu'au XIXe siècle, le droit français n'admettait pas qu'il puisse exister pour les personnes physiques, et *a fortiori*, pour les personnes morales[1347], seul le préjudice matériel étant concevable. Cette exclusion était due notamment à l'imprécision de la notion même d'intérêt moral : « presque tout intérêt » disait Demogue, « est moral par certains côtés »[1348] tout en définissant cet intérêt moral comme « un droit qui est susceptible d'être lésé sans qu'un bien corporel le soit »[1349]. L'auteur précisait encore que « même en l'absence d'un droit bien défini, l'atteinte à un intérêt moral, à des sentiments – pourvu que ce soient plus que de simples susceptibilités – peut constituer un

[1343] *Ibid.*
[1344] *Ibid.*
[1345] GUEGUAN-LECUYER (A.), *Dommages de masse et responsabilité civile*, préf. Jourdain (P.), LGDJ, n° 428.
[1346] Cass. com. 12 janv. 1989, *Bull. civ.* IV, n° 12.
[1347] CARBONNIER (J.), *Les obligations*, *op.cit.*, n° 206, p. 381.
[1348] DEMOGUE (R.), *Les notions fondamentales du droit privé*, 1911, réimpr., La Mémoire du Droit, 2001, p. 185.
[1349] *Ibid.*

dommage réparable »[1350]. Aujourd'hui, il est admis que « la notion de dommage moral trouve son application naturelle là où il y a lésion de l'un de ces droits que l'on qualifie de droits extrapatrimoniaux ou patrimoniaux »[1351]. Par conséquent, le préjudice matériel ou économique éprouvé peut naturellement comporter des aspects moraux, donc non économiques, et l'inverse vaut également. Plus généralement, ce concept est appréhendé en doctrine comme toute « atteinte à la considération, à l'honneur, à l'affection »[1352], ou équivalent. C'est en somme un préjudice extrapatrimonial qui résulte d'une atteinte à un droit lié à la personnalité.

448. Le préjudice moral appelle toutefois des observations quand il s'agit d'analyser des préjudices découlant de l'exploitation du conflit d'intérêts. La jurisprudence reconnaît aux personnes morales un préjudice moral lié à l'atteinte à l'image[1353]. Pourtant, il a été souligné que ce préjudice, qui consiste dans l'atteinte à l'attractivité d'une société commerciale, n'est pas exactement un préjudice extrapatrimonial[1354]. On a en effet révélé que les tribunaux usent de ce chef de préjudice simplement pour augmenter les dommages-intérêts face à un comportement leur paraissant très répréhensible. Les dommages-intérêts ainsi alloués au titre du préjudice moral s'assimilent à des dommages et intérêts punitifs et jouent alors le rôle d'une peine privée[1355]. Le jugement LVMH[1356] en offre une remarquable illustration. Le montant alloué en l'espèce de ce chef a été d'une ampleur étonnante en comparaison à l'indemnisation modeste, voire dérisoire ou symbolique, à laquelle il donne lieu habituellement. D'ailleurs, la Cour de cassation a refusé à juste titre de suivre cette voie[1357].

449. Enfin, rappelons que si les victimes de l'exploitation du conflit d'intérêts peuvent se prévaloir d'un préjudice matériel ou moral, c'est à la condition qu'il soit personnel et direct. Par exemple, la jurisprudence a précisé que les actionnaires d'une société - victimes du conflit d'intérêts – doivent, pour obtenir réparation, justifier d'un préjudice qui n'est pas la simple résultante d'un dommage infligé à la société[1358]. Il constitue un dommage autonome et distinct. La tendance traditionnelle consiste à ne

---

[1350] *Ibid.*

[1351] TERRÉ (Fr.), SIMLER (Ph.) et LEQUETTE (Y.), *op. cit.*, p. 771.

[1352] CORNU (G.) (dir.), *Vocabulaire juridique*, 10e éd., PUF, 2014, *vo* « Dommage » ; v. égal. EISMEIN (P.), « La commercialisation du dommage moral », *D.* 1954, chron. p. 113 ; KAYSER (P.), « Remarques sur l'indemnisation du dommage moral dans le droit contemporain », *Mélanges Macqueron*, 1974, p. 411.

[1353] V. par exemple : Cass. com., 6 nov. 1979, D. 1980, p. 416, obs. Ch. LARROUMET.

[1354] WESTER-OUISSE (V.), « Le préjudice moral des personnes morales », *JCP* 2003, I, p. 145.

[1355] CARVAL (S.), *La responsabilité civile dans sa fonction de peine privée*, préf. Viney (G.), LGDJ, 1995.

[1356] LVMH c. Morgan Stanley, T. com., Paris, 12 janv. 2004, préc.

[1357] V. not. Cass. 2e civ., 20 nov. 2003, *RTD civ.* 2004, p. 103, obs. Jourdain (P.).

[1358] Cass. 3e civ., 22 sept. 2009, no 08-18.483.

retenir, le plus souvent, au titre de préjudice réparable, hormis le préjudice moral symbolique, que le préjudice matériel éprouvé à l'occasion de la cession, de l'acquisition, ou de la souscription[1359] de titres sociaux, réalisée sous l'empire d'une infraction, excluant *a contrario* les réclamations émanant de personnes ayant acquis leurs titres antérieurement à cette infraction et les ayant conservés pendant la période durant laquelle elle est intervenue. Ainsi, dans les arrêts Fonderie[1360] ou Régina Rubens[1361], dont le principe peut valablement être appliqué à la situation d'exploitation du conflit d'intérêts, seules les personnes dont la certitude du préjudice ne pouvait être mise en cause ont été indemnisées. Les arrêts Sidel[1362] et Gaudrio[1363] participent cependant au développement d'une orientation nouvelle, qui se confirme notamment dans l'arrêt Pfeiffer[1364], et fondée sur la notion de perte d'une chance.

Ces évolutions sont révélatrices de l'inadaptation des chefs de préjudices traditionnellement reconnus à la situation du conflit d'intérêts.

II - L'inadaptation des chefs de préjudices reconnus

450. Les juridictions, en plus des chefs de préjudices classiques, recourent souvent à d'autres, comme la perte de chance[1365], pour qualifier les préjudices supposés découler d'un manquement aux obligations légales ou contractuelles du banquier prestataire de services d'investissement[1366]. Le préjudice découlant de l'exploitation d'un conflit d'intérêts peut donc être encore assimilé à la perte d'une chance (i), voire à un préjudice par ricochet (ii).

i - La perte de chance

451. On ne peut, sans hésitation, affirmer qu'une solution adéquate a été trouvée pour indemniser les situations où le fait générateur de la

[1359] Cass. com., 8 sept. 2005, n° 04-11.716.
[1360] Cass. soc., 21 avr. 2010, n° 09-40.463.
[1361] Cass. com., 8 sept. 2005, préc.
[1362] TGI Paris, 12 sept. 2006, n° 0018992026 ; CA Paris, 17 oct. 2008, n° 0609036 ; Cass. soc., 7 nov. 2006, n° 04-48.329.
[1363] Cass. com., 9 mars 2010, n°s 08-21.547 et 08-21.793.
[1364] CA Colmar, 14 oct. 2003, aff. Pfeiffer c/ S.A. Eurodirect Marketing, *RJDA* 2004, p. 535 ; *LPA* 28 avr. 2004, p. 7, note Leplat (Fr.) ; *Bull. Joly Bourse* 2004, p. 466, § 89, note Dolidon (G.) ; la Chambre commerciale de la Cour de cassation va dans le même sens dans une décision du 22 nov. 2005, *Banque et droit* 2006, p. 35, obs. Vauplane (H. de) ; *RJDA* 2006/3, p. 267.
[1365] Pour ex. : CA Versailles, 21 sept. 1999, n° 284/97, *Bull. Joly Bourse* janv.-févr. 2000, p. 51, note Ruet (L.) ; TGI Paris, 7 nov. 2001, ING Ferri SA c/ époux Azoulay, *Bull. Joly Bourse* 2002, p. 16.
[1366] Cass. com. 10 déc. 1996, France compensation Bourse c/ chevalier, *Bull. civ.* IV, n° 307, p. 261 ; *Bull. Joly Bourse* 1997, p. 205, note Vauplane (H. de) ; *RD bancaire et fin.* nov.-déc. 1997, p. 20, obs. Lucas (F.-X.).

responsabilité cause la perte d'une chance de réaliser un gain ou la perte d'une chance d'éviter ou de réduire une perte. La perte d'une chance « est une notion complexe ayant trait à l'évaluation du préjudice et non pas au lien de causalité unissant la faute et le dommage. En effet, le risque probable se situe à mi-chemin entre le dommage futur certain, qui est réparable, et le dommage éventuel qui, par principe, ne l'est pas »[1367].

La perte de chance entend particulièrement apporter une solution à deux cas de figure précis[1368].

Soit le fait générateur de responsabilité entrave ou anéantit un processus favorable en soi, mais dont l'issue n'est pas certaine. Le préjudice correspond dans ce cas à la privation de l'éventualité d'une issue favorable. C'est le cas notamment quand le préjudice découle de la violation d'une obligation contractuelle. Cette première hypothèse ne pourrait, à notre sens, concerner que le préjudice résultant de l'exploitation d'un conflit d'intérêts contractuel.

Soit le fait générateur de responsabilité entrave, et avec un degré de probabilité variable, un processus aléatoire dont l'issue est également incertaine. Le préjudice consiste ici « en l'absence de réalisation d'une issue (plus) favorable que l'intervention due aurait pu éventuellement produire »[1369]. Cette situation se rencontre à la fois en présence d'un devoir d'agir légal ou contractuel, et trouve de ce fait à s'appliquer lorsque la perte de chance tend à réparer le dommage découlant de l'exploitation du conflit d'intérêts extracontractuel. Le préjudice causé par le fait générateur admet donc l'aléa, car il est impossible de prévoir de manière exacte et précise le débouché des situations exposées en l'absence du fait générateur. Le préjudice imputable à l'auteur du fait générateur de responsabilité n'est pas l'issue favorable perdue, mais la valeur que représente la chance d'obtenir cette issue favorable, évaluée au jour où cette chance est perdue.

452. Est ainsi admise la perte de chance « d'acquérir pour un prix moindre »[1370], mais la responsabilité d'une banque est aussi retenue si elle rompt brutalement des pourparlers alors qu'une série d'accords étaient intervenus[1371], ou lorsque la rupture résulte « d'exigences nouvelles de

---

[1367] PASQUALINI (Fr.), *Rép. com. Dalloz*, *v°* « Responsabilité du banquier », n° 102.

[1368] THEVENOZ (L.), « La perte de chance et sa réparation », *in Quelques questions fondamentales du droit de la responsabilité civile : actualités et perspectives*, Stämpfli, 2002, p. 240.

[1369] THEVENOZ (L.), « La perte de chance et sa réparation », *art. préc.*, p. 240.

[1370] CA Colmar, 14 sept. 2006, Juris-data n° 2006-316883.

[1371] T. com. Paris, 5 avr. 1990, *Bull. Joly* 1990, p. 765. En l'espèce, il s'agissait d'une importante opération de rapprochement. Plusieurs négociations avaient été menées conjointement et le candidat fut évincé alors que des frais importants avaient été exposés et des informations divulguées.

garanties financières, auxquelles la société contractante pouvait se trouver dans l'impossibilité de satisfaire »[1372].

Le préjudice ne peut toutefois pas être « une perte de chance de réaliser les gains que permettait d'espérer la conclusion du contrat »[1373]. Le banquier peut se voir obligé de réparer le préjudice découlant de la perte d'un marché consécutive aux renseignements très défavorables qu'il avait fournis sur la situation commerciale et financière de son client, même si son opinion n'a pas de conséquence directe sur les titres d'une société, mais sur son activité, en l'occurrence la perte d'un marché[1374].

453. La perte de chance, en conclusion, doit être appréciée et évaluée : la chance perdue ne doit pas être hypothétique, elle doit établir « la disparition actuelle et certaine d'une éventualité favorable »[1375]. Elle doit apparaître suffisamment sérieuse et suppose d'ériger une probabilité en certitude[1376]. C'est l'existence de la chance qui doit être certaine[1377] pour fonder un droit de la réparation limité à sa seule perte, qui constitue le préjudice réparable, et non l'événement favorable lui-même qui, simplement éventuel, n'est pas indemnisable et, s'il était certain, constituerait alors un préjudice futur rendant inutile le recours à la notion de perte de chance[1378]. Les juges du fond ont, à cet égard, un pouvoir souverain d'appréciation, étant rappelé que la chance n'est pas une certitude et implique toujours un aléa, ce qui justifie qu'il en soit tenu compte dans la détermination du préjudice indemnisable, « la chance [n'étant] pas le rêve et [...] non plus la croyance au miracle »[1379]. Or, la difficulté réside justement dans la mesure de cette chance perdue dont la preuve incombe à celui qui l'invoque. Il s'agira d'indemniser les conséquences de la disparition d'un événement favorable ou de la possibilité d'éviter un dommage. La réparation ne peut être égale à l'avantage qu'aurait procuré cette chance si elle n'avait pas été perdue[1380].

[1372] T. com., Nanterre, 8 mars 1991, cité par POITRINAL (F.-D.), « Fusion-acquisition la responsabilité en cas de rupture des négociations », *Banque* 1993, p. 45.

[1373] Cass. com., 26 nov. 2003, n° 00-10.243 et n° 00-10.949, *Bull. civ.* IV, n° 186 ; *D.* 2004, p. 869, note DUPRÈS-DALLEMAGNE (A.-S.) ; *RTD civ.* 2004, p. 80, obs. Mestre (J.) et Fages (B.) ; *RTD com.* 2004, p. 257, note Mazeaud (D.) ; *Rev. sociétés* 2004, p. 325, obs. Mathey (N.).

[1374] CA Paris, 6 févr. 1975, cité par ROUTIER (R.), *Obligations et responsabilités du banquier*, 2e éd., Dalloz, 2008, p. 594.

[1375] Cass. 1re civ., 26 nov. 2006, *Bull. civ.* I, n° 498 ; *D.* 2006, IR, 3013 ; *JCP G* 2007, I, 115, obs. Stoffel-Munck (P.) ; *RDC* 2007, p. 266, obs. Mayeaud (D.).

[1376] BÉNABENT (A.), *La chance et le droit*, préf. Carbonnier (J.), LGDJ, 1973, p. 8.

[1377] VINEY (G.) et JOURDAIN (P.), *Les conditions de la responsabilité*, 3e éd., LGDJ, 2006, p. 91.

[1378] *Ibid.*, p. 90.

[1379] VASSEUR (M.), note sous Cass. com., 22 avr. 1980, *D. S.* 1981, I. R. 22, cité par CRÉDOT (F.-J.), « La relation causale et le préjudice en cas de rupture brutale de concours bancaires », *Mélanges Vasseur (M.)*, Banque éditeur, 2000, p. 61

[1380] TERRÉ (Fr.), SIMLER (Ph.) et LEQUETTE (Y.), *op. cit.*, p. 758.

454. Le recours des tribunaux à la notion de perte de chance a souvent été contesté en France[1381], berceau de cette théorie. Il a notamment été jugé excessif en comparaison avec les droits anglo-américains qui admettent également ce mode de réparation. En effet, en droit anglais, si le principe est admis depuis environ le début du XXe siècle[1382], il l'est dans une mesure plus limitée[1383], au point qu'un auteur ironisait en qualifiant la perte de chance de cause perdue (*lost cause*)[1384], relevant de l'ordre du fantasme (*fantasy*)[1385]. Le mécanisme de réparation adopté par le juge est étroitement lié à la capacité du demandeur à établir la cause la plus vraisemblable : si la probabilité de succès est supérieure à 50%, une indemnité entière est accordée et inversement lorsque la probabilité de succès est inférieure, le demandeur n'obtient rien[1386]. Aux Etats-Unis, certains États, majoritaires, admettent la réparation pour perte de chance, de manière variable, tandis que d'autres ne la reconnaissent pas[1387]. Le droit français se montrerait donc plus généreux que les droits américain et anglais[1388].

455. Pour faire l'application à la situation du conflit d'intérêts du banquier, il est certain que lorsque l'indemnisation pour perte de chance est envisagée, le préjudice réparable est défini à partir de l'impossibilité dans laquelle se trouvait le client de prendre une décision d'investissement, ou de prendre une décision d'investissement qui lui aurait été plus profitable. Le préjudice peut alors, selon cette conception, résider dans le fait de ne pas avoir eu conscience d'amorcer une relation – ou de demeurer en relation – avec un banquier sujet à un conflit d'intérêts, ce qui aurait privé la victime de la possibilité de ne pas entrer dans cette relation, d'y mettre fin, ou d'en modifier les termes. Le manquement du banquier face au conflit d'intérêts est considéré comme ayant privé le client d'une chance d'échapper, par une décision plus opportune ou par une abstention, à un risque qui va finalement se réaliser à cause de l'agissement du banquier.

[1381] CLERC (C.), « La réparation du préjudice subi par un actionnaire du fait de la diffusion de fausses informations », *RTDF* 2007/1, p. 31.
[1382] Chaplin v. Hicks, [1911]2 KB 786.
[1383] MARKESINI (B.), *Tort law*, , 3e éd., Clarendon Press1999.
[1384] « *In England therefore " loss of chance" theory seems to be a lost cause* » : WEIR (T.), « *Loss of a chance, compensable in tort* », *Neuere Entwicklungen im Haftpflichtrecht, Guillod O.*, 1991, p. 124 et s., cité par THEVENOZ (L.), « La perte de chance et sa réparation », *in Quelques questions fondamentales du droit de la responsabilité civile : actualités et perspectives*, Stämpfli, 2002, p. 245.
[1385] « *Plaintifs lawyers must dreamup some otherfantasy* », WEIR (T.), cité par THEVENOZ (L.), art. préc., p. 245.
[1386] THEVENOZ (L.), *ibid.*
[1387] SPEAKER (P.), « *The Application of Loss of Chance Doctrine in Class Action* », *The Review of Litigation*, 2001, p. 345.
[1388] DAVIES (P.), « *Liability for misstatements to the market a discussion paper* », *Economic Secretary to the Treasury* 27 mars 2007, p. 9.

Mais il convient de préciser encore que lorsqu'un conflit d'intérêts n'a pas été géré dans le sens où il aurait dû l'être, ou n'a tout simplement pas été géré, le client n'a pas été privé d'une chance d'agir différemment puisque c'est le manquement de ce banquier qui a créé pour le client deux sortes de chances d'agir dans un sens ou dans un autre, menant chacune à une situation différente. Le banquier a, de cette manière, exposé le client à un risque et a été la source directe du préjudice. La conséquence dommageable de l'inexécution doit être assimilée ici à un préjudice de condition, pour reprendre l'expression d'un auteur[1389]. Il est en effet possible de se référer à cet égard à la distinction opérée par cet auteur, dans le domaine des préjudices boursiers, entre préjudice de condition et préjudice de décision. Dans le premier cas, ce sont les conditions objectives de réalisation de l'opération qui sont source du préjudice, dans le second cas, c'est la décision d'investir en elle-même qui a causé un préjudice à l'investisseur, compte tenu des circonstances qui ont entouré la prise de décision. Il devient donc nécessaire à ce stade de distinguer selon la nature du conflit d'intérêts, car un préjudice découlant d'un conflit d'intérêts contractuel ou extracontractuel peut être, selon les cas, caractérisé comme une perte de chance ou une exposition au risque, ce qui n'est pas assimilable, comme on a pu le démontrer relativement à l'inexécution d'autres obligations[1390].

456. Ainsi, si la perte de chance est envisageable quand le conflit d'intérêts est extracontractuel, deux raisons militent en revanche en faveur de la reconnaissance d'une réparation totale lorsqu'il est contractuel. La première résulte de la présence d'un double dispositif légal de gestion issu à la fois du droit commun et du droit spécial, qui intègre les règles de conduite à respecter, que rappelle un grand nombre d'obligations déontologiques plus précises les unes que les autres. La seconde tient à la situation particulière du conflit d'intérêts qui implique un pouvoir finalisé dont tout détournement est synonyme d'abus. Considérer une solution contraire à la réparation intégrale reviendrait à affirmer que l'inexécution de son obligation par le banquier n'a pas causé de manière exclusive le dommage subi par l'investisseur. Libre dans sa décision d'investir, sa volonté de s'engager n'est pas remise en cause par le manquement du banquier, alors même que la situation en soi suppose de relativiser la liberté dont il peut disposer, ses intérêts étant gérés par autrui.

457. La réparation peut de cette manière correspondre à un « montant qui permette de placer, autant que possible, le créancier dans la situation où il se

---

[1389] SPITZ (N.), *La réparation des préjudices boursiers*, préf. Pietrancosta (A.), Banque édition, 2010, p. 212.

[1390] FABRE-MAGNAN (M.), *De l'obligation d'information dans les contrats. Essai d'une théorie*, préf. Ghestin (J.), LGDJ, 1992, p. 493 ; MARTIN (D.-R.), « De la causalité dans la responsabilité civile du prêteur », *Banque & Droit* nov.-déc. 1999, p. 7 ; BONFILS (S.), *Le droit des obligations dans l'intermédiation financière*, préf. Frison-Roche (M.-A.), LGDJ, 1992, p. 119 et s., RUELLAN (C.), « La perte de chance en droit privé », *RRJ* 1999, p. 734.

serait trouvé si le contrat avait été dûment exécuté »[1391]. Cette réparation tient aussi bien compte de « la perte qu'il a subie que du gain dont il a été privé »[1392]. Elle peut correspondre ainsi à l'*expectation interest* de la *Commun law* et au *Erfüllungsinteresse* du droit allemand[1393].

458. Ces analyses achevées, il est encore possible de se demander si le préjudice individuel peut être assimilé au préjudice par ricochet[1394].

ii - Les faiblesses du préjudice par ricochet

459. Il s'agit là du préjudice subi par une personne « du fait d'un dommage dont est atteinte une victime première avec qui elle entretenait des liens d'intérêts particuliers »[1395]. Ce sont notamment la notion de liens d'intérêts et le caractère indirect du préjudice personnel des membres du groupement qui autorisent d'envisager le recours à la théorie du préjudice par ricochet. C'est précisément ce qui peut arriver à un investisseur en raison de ses liens contractuels et/ou institutionnels avec la victime principale d'un dommage résultant d'un conflit d'intérêts. Ainsi de l'exemple d'une société dont les actions ont vu leur valeur s'effondrer en raison du conflit d'intérêts du banquier. Les investisseurs directs, professionnels ou non, ou les porteurs de parts d'OPCVM investissant dans cette société seraient-il recevables à demander réparation de leur préjudice personnel ?

Selon cette théorie du préjudice par ricochet, « le dommage subi par la victime médiate est distinct par son objet de celui de la victime initiale [et] son montant peut être différent »[1396]. Appliquée à l'exemple proposé, il faudrait comprendre que le préjudice déploré par les investisseurs indirects ne devrait avoir ni le même objet, ni la même somme que le préjudice subi par la victime directe, la société. En effet, si l'existence d'un préjudice est reconnue dans certaines hypothèses[1397], qu'est-ce qui justifierait de l'écarter dans le cas étudié ? L'intérêt de l'investisseur en l'espèce étant par définition la rentabilité de son investissement, tout préjudice résultant d'un conflit d'intérêts porté à la société qui se refléterait sur la valeur des parts qu'il

---

1391 Article 4. 502 des principes européens du droit des contrats. Commission pour le droit européen du contrat, *Les principes du droit européen des contrats, l'inexécution et ses suites*, 1997, p. 238 et s., disponible sur www.europa.fr

1392 *Ibid.*

1393 *Ibid.*

1394 Sur cette théorie, v. VINEY (G.), « L'autonomie du droit à réparation de la victime par ricochet par rapport à celui de la victime initiale », *D.* 1974, chron. p. 3 ; LAMBERT-FAIVRE (J. Y.), *De la responsabilité encourue envers les personnes autres que la victime initiale : le problème dit du « dommage par ricochet*, thèse Lyon, 1959.

1395 PORCHY-SIMON (S.), *v°* « Dommage », *Dictionnaire de la culture juridique*, Alland (D.) et Rials (S.) (dir), PUF-Lamy, 2003, p. 415.

1396 LAMBERT-FAIVRE (J. Y.), thèse préc., p. 186.

1397 Il est ainsi admis que les parents, l'époux, ou le concubin de la victime d'un accident de la circulation subissent un préjudice moral par ricochet.

détient de cette société, avec laquelle il entretient des liens d'intérêts particuliers, ne peut qu'avoir des répercussions sur ses intérêts. Il devient de la sorte victime indirecte à la fois à proportion de ses participations et quant à l'éventuel manque à gagner qui pourrait résulter de la situation initiale.

460. Le secours de la théorie du préjudice par ricochet est dans ce cas loin d'être négligeable. L'enjeu de la proposition consiste à tenter de contourner l'obstacle de réparation du préjudice personnel des groupements victimes indirectes du conflit d'intérêts à l'image de ce qui a pu être envisagé en droit des sociétés[1398] pour contrarier la position des juges, qui ne semblent voir dans le préjudice personnel de l'associé qu'un simple corollaire de celui infligé à la personne morale. Certes, l'assimilation du préjudice personnel au préjudice par ricochet dans le cas des associés risquerait d'être synonyme de refus d'assumer « l'aléa des affaires »[1399]. De plus, « si la jurisprudence contemporaine refuse de prendre en compte le préjudice individuel adossé au préjudice social, c'est précisément parce que la réparation de celui-ci absorbe les préjudices personnels [des associés] »[1400], mais absorbe-t-il celui des victimes médiates dans notre exemple ? Sans revenir sur le débat relatif à la réalité de la qualité d'associé de l'investisseur professionnel ou des porteurs de parts des organismes de gestion collective, la tendance[1401] n'est-elle pas à l'assimilation de ces catégories à des bailleurs de fonds plutôt qu'à des associés répondant au critère prétorien de l'*affectio societatis* ?

461. La théorie du préjudice par ricochet connaît toutefois des limites. La « source du préjudice (de la victime immédiate et de la victime médiate) est une et, dès lors, la responsabilité [devrait] être appréciée de façon identique »[1402] ; en conséquence, toutes fautes et causes exonératoires ou

---

[1398] En effet, on a pensé que recourir à cette théorie serait opportun, HONORAT (J.), note sous Cass. com., 18 juill. 1989, *Defrénois* 1990, p. 636 ; BARBIÈRI (J.-Fr.), note sous Cass. com., 1er avr. 1997, *Bull. Joly Sociétés* 1997, p. 652.

[1399] HONORAT (J.), note préc..

[1400] *Ibid.*

[1401] C'est tout d'abord par une référence faite à la notion de « bailleur de fonds » que la chambre commerciale de la Cour de cassation a considéré que certaines clauses qui pouvaient en donner l'apparence ne devaient pas être qualifiées de léonines (Cass. com. 16 nov. 2004, *Bull. civ.* IV, n° 197 ; Rev. sociétés 2005, p. 593, note Le Nabasque (H.)). Reprenant la solution antérieure consistant à valider une promesse de rachat à prix minimum au regard de son objet, la Cour a toutefois semblé attacher de l'importance au fait que le bénéficiaire de la clause était un bailleur de fonds, auquel il pouvait prétendre au remboursement de son investissement « peu important à cet égard qu'il s'agisse d'un engagement unilatéral de rachat ». Toutefois la solution retenue par la chambre commerciale n'est pas celle de la chambre civile qui semble faire du cas par cas.

[1402] LAMBERT-FAIVRE (J. Y.), thèse préc., p. 186. En effet, régissant la situation de la victime par ricochet, l'article 6 de la loi du 5 juillet 1985 (L. n° 85-677, tendant à l'amélioration de la situation des victimes d'accidents de la circulation et à l'accélération des procédures d'indemnisation, dite « loi Badinter »), dispose que « le préjudice subi par un tiers du fait des dommages causés à la victime directe d'un accident de la circulation est réparé en

limitatives de responsabilité opposables à la victime immédiate influent nécessairement sur le préjudice de la victime médiate. Cette règle, appliquée largement par la jurisprudence[1403], transposée en matière de préjudice individuel affectant la victime du conflit d'intérêts, peut avoir comme effet d'exclure ou de limiter la portée du préjudice individuel que peuvent subir les victimes médiates à l'occasion du dommage causé et imputable, par hypothèse, à une exploitation du conflit d'intérêts.

En outre, « le principe d'autonomie du préjudice par ricochet a pour conséquence que les victimes médiates reçoivent davantage ou soient mieux traitées que la victime immédiate »[1404]. Les victimes médiates seraient-elles fondées à invoquer un préjudice personnel plus important que le préjudice de la victime directe si tel était vraiment le cas ? Ces difficultés apparentes peuvent trouver des éléments de réponse dès que l'on songe que la victime médiate et la victime immédiate « subissent des dommages distincts qui n'ont pas la même consistance »[1405], ce qui explique plus facilement cette disparité de la réparation du dommage. D'ailleurs, « les deux préjudices ne naissent pas toujours simultanément »[1406].

Ce préjudice, même lorsque son existence et sa nature ne sont pas remises en cause demeure souvent délicat à mesurer[1407].

2°- Les critères changeants d'évaluation du préjudice réparable

462. Avant de développer la problématique portant sur les critères d'évaluation du préjudice réparable, il convient de définir brièvement le concept de réparation pour pouvoir appréhender le sujet. La réparation s'entend, du point de vue de la victime, comme le fait de remettre en état ce qui a été endommagé[1408]. Ainsi apparaissent les premières difficultés liées à l'évaluation monétaire, seule envisageable lorsqu'il s'agit du conflit d'intérêts du banquier. En effet, « le juge justifie l'existence du dommage par la seule évaluation qu'il en fait sans être tenu d'en préciser les éléments ayant servi à en déterminer le montant »[1409], ce qui rend délicate la synthèse des principes méthodologiques adoptés pour arriver à évaluer les dommages invoqués. Par conséquent, l'évaluation des préjudices boursiers a pu être

---

tenant compte des limitations ou exclusions applicables à l'indemnisation de ces dommages ». Cette disposition doit nécessairement être lue conjointement avec l'article 5 de la même loi, selon lequel « la faute commise par la victime a pour effet de limiter ou d'exclure l'indemnisation des dommages aux biens qu'elle a subis ».

[1403] VINEY (G.) et JOURDAIN (P.), *op. cit.*, p. 176.

[1404] LIKILLIMBA (G.-A.), art. préc., p. 1.

[1405] VINEY (G.) et JOURDAIN (P.), *op. cit.*, p. 176.

[1406] *Ibid.*

[1407] M. FABRE-MAGNAN, *Les obligations,* PUF, 2004, n° 259,.

[1408] *v°* « Réparation », E. LITTRÉ.

[1409] VINEY (G.) et JOURDAIN (P.), *ibid.*, p. 126.

qualifiée de « mission impossible »[1410] tant elle était difficile à réduire en quelques formules logiques[1411]. En la matière, on a observé que l'étude de cette question est demeurée en France relativement sous-développée contrairement aux États-Unis[1412], l'impératif répressif prenant semble-t-il le dessus sur l'obligation d'indemnisation[1413].

Dans ce contexte, force est de constater que la préoccupation indemnitaire reste encore à améliorer[1414] aussi bien dans le cadre de la répression administrative (a) que devant les juridictions civiles (b).

a - Dans le cadre de la répression administrative

463. Considérons une décision prise par la Commission des sanctions de l'Autorité des marchés financiers contre la société de gestion OAM[1415]. Il ressort de cette espèce que des transferts d'actifs de titrisation entre les fonds monétaires au sein du groupe financier Oddo ont permis d'atténuer l'impact de la crise des *subprimes* pour le fonds Oddo cash, au détriment des intérêts des porteurs. En effet, les OPCVM dynamiques du groupe avaient acheté des produits titrisés pour des quantités au total proches de celles dont Oddo cash souhaitait se défaire, sans que ces OPCVM, et par conséquent les porteurs de leurs parts, n'y trouvent aucun intérêt. De plus, les opérations entre Oddo cash et les fonds monétaires dynamiques ont été réalisées au pair tandis que les cessions réalisées par Oddo cash sur le marché l'ont été bien en dessous du pair. La société de gestion OAM a ainsi délibérément privilégié l'intérêt du fonds Oddo cash qui attirait habituellement des investisseurs professionnels au détriment des fonds Oddo dynamiques. Cette dernière

---

[1410] MAZEAUD (L.), « Le délit d'altération des prix », *DP* 1927, 4, p. 146.

[1411] ALAMOWITCH (S.), « De la rumeur à la manipulation : la diffusion de fausses informations », *Marchés et Techniques Financières* oct. 1995, p. 13.

[1412] ARSOUZE (C.) et LEDOUX (P.), « L'indemnisation des victimes d'infractions boursières », *Bull. Joly Bourse* 2006 p. 404 ; CONAC (P.-H.), « La responsabilité civile dans le cadre d'une action collective aux États-Unis au titre d'un manquement à l'obligation d'information », *Bull. Joly Bourse* 2007, p. 359.

[1413] L'intérêt général semble ainsi primer l'intérêt particulier, comme peut le dévoiler l'intitulé des lois les plus importantes de la matière, où s'affiche la volonté de protéger l'« Épargne », les « Investissements » ou les « Marchés financiers », et non « l'épargnant », « l'investisseur » et « l'acteur » œuvrant sur le marchés. La terminologie choisie ne signifie pas pour autant que ceux-ci sont écartés du champ de protection, mais plutôt que le législateur semble envisager la dissuasion, qu'est censé inspirer le panel de sanctions, comme un moyen indirect de protéger les différents intérêts particuliers.

[1414] Le législateur ne mentionnant, dans ce cadre, les droits de la partie civile que pour en attribuer la jouissance à l'AMF elle-même, C. monét. fin., art. L. 621-16-1. GEWINNER (D.), « Le rôle de l'AMF », *Bull. Joly Bourse* 2007, p. 354.

[1415] Sanc. préc. V. STORCK (M.), « La Commission des sanctions de l'AMF prononce des sanctions à l'égard des sociétés Oddo et Cie et Oddo-Asset Management pour des manquements à des règles de bonne conduite dans la gestion et la dissolution anticipée d'OPCVM monétaires : respect de l'intérêt des porteurs », *RTD com.* 2009, p. 775.

entité comptait en effet des investisseurs jugés moins intéressants par OAM. Par conséquent, « une prise de position de la société OAM pour le compte du fonds Oddo cash, suivie de son débouclage avec les OPCVM monétaires dynamiques comme contrepartie, a permis à Oddo cash de réaliser un profit sans aucun risque au détriment des OPCVM monétaires dynamiques qui ont été placés dans une situation moins favorable que celle qui aurait été la leur s'ils avaient été la contrepartie directe de Bank of America »[1416]. Comme elle le fait en cas de manquement avéré, l'Autorité des marchés financiers a interrogé la société de gestion sur l'impact de ce manquement sur l'organisme de placement collectif et sur les porteurs pour tenir compte de l'indemnisation des victimes dans sa décision. Le rapport de l'Autorité des marchés financiers rendu postérieurement à cette décision (du 25 janvier 2011) et dont l'objectif est une meilleure indemnisation des victimes propose d'ailleurs de poursuivre cette pratique[1417]. Conformément à l'article L. 621-15 du Code monétaire et financier, la Commission des sanctions détermine, en effet, la sanction « en fonction de la gravité des manquements commis et en relation avec les avantages ou les profits éventuellement tirés de ces manquements » et peut ainsi tenir compte de l'étendue des dommages causés aux épargnants et investisseurs et, en sens inverse, des mesures prises pour les réparer. Toutefois, comme c'est souvent le cas, les porteurs de parts de ces fonds monétaires se prévalaient toujours devant les juridictions civiles de la perte de plus de la moitié du capital investi, et la réparation fut autre. Cette disparité entre les sanctions disciplinaires prononcées par l'Autorité des marchés financiers et les réparations civiles prononcées par les juridictions judiciaires illustre les difficultés rencontrées pour obtenir réparation des préjudices.

b - Devant les juridictions civiles

464. Rappelons que les règles de droit commun en la matière sont constituées par les articles 1149 et 1150 du Code civil. Le premier de ces textes définit la nature du préjudice réparable, en y incluant à la fois la perte subie et le gain dont la victime a été privée. Le second délimite l'étendue du

[1416] STORCK (M.), art. préc., p. 775.

[1417] Le groupe de travail de l'AMF envisage, en particulier, une systématisation de la pratique des recommandations d'indemnisation des clients lésés lors des contrôles. Il recommande ainsi aux établissements financiers de suivre les « meilleures pratiques » en matière de règlement amiable des litiges destinées à la clientèle de particuliers. MATHEY (N.), « L'intervention des autorités de régulation du secteur bancaire et financier dans la réparation civile du préjudice », *RD bancaire et fin.* juill. 2012, n°s 13 et s. L'ACP a adopté dans le même sens une recommandation sur le traitement des réclamations 2011-R-05 du 15 déc. 2011, mais l'objectif de réparation du préjudice y reste toutefois un peu en retrait comme l'observe l'auteur : « l'idée de réparation du préjudice ne figure d'ailleurs pas expressément dans la recommandation. »

préjudice réparable du fait d'une inexécution, en ne prenant en considération que des « dommages et intérêts qui ont été prévus ou qu'on a pu prévoir lors du contrat », sauf à caractériser un dol. L'objectif est que le préjudice soit réparé et que le débiteur puisse « évaluer le risque qu'il court du chef du contrat »[1418]. C'est ce dispositif de détermination de la nature du préjudice et de mesure de la responsabilité du débiteur de l'obligation qui permettrait d'apporter un éclairage sur la question de l'évaluation du préjudice de la victime du conflit d'intérêts du banquier.

465. Après l'étude de la jurisprudence se fondant sur ces textes pour déterminer le préjudice subi par le client du fait de l'inexécution de ses obligations par le prestataire de services d'investissement[1419], deux orientations peuvent être dégagées. La tendance dominante est à la reconnaissance d'un préjudice constitué par la perte de chance subie par le client de n'avoir pu réaliser une opération. Néanmoins, des arrêts relativement récents semblent vouloir engager une autre voie. La Cour de cassation a en effet considéré qu'un prestataire de services d'investissements est tenu de la réparation du préjudice à hauteur de l'intégralité des pertes subies par le client, en estimant que la fourniture d'un conseil inadapté constituait « une faute sans laquelle ce dernier n'aurait pas procédé aux opérations génératrices de pertes »[1420]. Si la réparation intégrale ne pose pas réellement de difficultés d'évaluation, lorsqu'il s'agit de la perte de chance, une même méthode d'évaluation devrait en principe être définie. Or, l'analyse des arrêts démontre au contraire qu'une ligne directrice claire est loin d'exister.

466. Les décisions récentes semblent préférer la méthode forfaitaire d'évaluation des préjudices. Serait-il donc judicieux d'introduire un système d'indemnisation forfaitaire ou doit-on plutôt mettre en place un principe de responsabilité proportionnelle visant à n'accorder de dommages-intérêts qu'à hauteur de la partie des pertes correspondant au degré de faute ? La méthode forfaitaire, que l'on retrouve en d'autres domaines du droit, dans le cadre d'actions intentées sur une base collective[1421], apparaît difficilement contournable. L'exactitude dans ce domaine n'existant pas, une première solution consisterait à instaurer un seul seuil identique pour une même catégorie d'opérations. Mais comment déterminer un seuil adéquat ? Un seuil trop élevé serait un facteur de multiplication des actions en responsabilité, qui ne seraient pas toutes justifiées. Un seuil trop bas, à l'inverse, ne serait pas conforme à l'objectif de contrôle des éventuels abus.

[1418] TERRÉ (Fr.), SIMLER (Ph.) et LEQUETTE (Y.), *op. cit.*, p. 568 et s.
[1419] BONNEAU (Th.) et DRUMMOND (F.), *Droit des marchés financiers*, Economica, 2002, p. 553.
[1420] Cass. com., 8 avr. 2008, n° 07-13.013, *D.* 2008 ; *RTD com.* 2008, p. 592, note Storck (M.) ; *RD bancaire et fin.* juill.-août 2008, comm. 96, note Crédot (J.-F.) et Samin (T.) et comm. 125, note Muller (A.-C.) ; *RTD com.* 2008, p. 1177, note Carval (S.).
[1421] VINEY (G.) et JOURDAIN (P.), *op. cit.*, p. 1014 et p. 1028.

En outre, l'harmonisation ne permettrait pas non plus de prendre en compte la diversité des situations du conflit d'intérêts, même lorsqu'il s'agit d'une catégorie identique. Il semblerait donc plus raisonnable de se limiter à des montants qui correspondent à l'étendue de la faute du banquier, ce que fait déjà, d'une certaine manière, la Commission de sanction de l'Autorité des marchés financiers. Une seconde piste consisterait à calculer ce montant sur la base d'un multiple des frais des services facturés au client, cette méthode n'étant pas exclusive d'une négociation de ce montant entre les sociétés clientes et le banquier, dans le cadre d'accords contractuels, sous réserve que l'accord présente un caractère juste et raisonnable.

467. Au terme de cette réflexion, la question essentielle n'est plus celle de l'étendue du préjudice réparable. Se pose maintenant la question du lien de causalité entre les pertes subies et l'inexécution constatée dont l'établissement est une condition nécessaire aux victimes pour espérer solliciter cette réparation.

B/ L'indétermination des victimes

468. Comme on vient de le voir, une des lacunes essentielles du dispositif actuel de traitement du conflit d'intérêts du banquier réside dans l'absence de règles précises permettant d'établir les conditions dans lesquelles les investisseurs peuvent obtenir réparation du préjudice causé par un conflit d'intérêts. Compte tenu des difficultés constatées dans le cadre des actions en responsabilité, aussi bien devant les instances civiles que commerciales ou pénales[1422], les réflexions menées par le régulateur dans le rapport du 25 janvier 2011 relativement à l'indemnisation des préjudices subis par les épargnants et les investisseurs ont d'ailleurs essentiellement conduit à privilégier le règlement amiable des litiges[1423]. Les règles de la responsabilité civile de droit commun n'ont pas non plus permis de dégager des principes clairs en la matière[1424], la réparation du dommage selon le Code civil supposant sa détermination mathématique sur une base individuelle, alors même que les victimes demeurent le plus souvent inertes (2°). Et identifier les victimes n'est pas suffisant, car il leur faudra encore établir le caractère direct du préjudice, autrement dit le lien de causalité entre le conflit d'intérêts et le préjudice prétendument subi (1°).

[1422] VINEY (G.) et JOURDAIN (P.), *op. cit.*, p. 6 et s.

[1423] Groupe de travail DELMAS-MARSALET (J.) et RACT-MADOUX (M.), *Rapport relatif à l'indemnisation des préjudices subis par les épargnants et les investisseurs*, 25 janv. 2011, p. 11.

[1424] AROUZE (C.) et LEDOUX (P.), « L'indemnisation des victimes d'infractions boursières », *Bull. Joly Bourse* juill. 2006, p. 406.

1° - Lien de causalité

469. Aristote pensait que « si la cause est, l'effet est ; et si la cause n'est point, l'effet aussi n'est point ; attendu que toute cause et tout effet ne vont jamais l'un sans l'autre, et qu'absolument nul effet ne peut être produit, qu'il n'y ait quelque cause qui le produise »[1425]. La causalité[1426] a été érigée traditionnellement en condition générale de toute responsabilité. Le droit de la responsabilité conditionne la réparation à l'existence d'un lien de causalité entre le fait générateur et le dommage. Il réclame ainsi « une explication satisfaisante »[1427] de l'apparition du préjudice à partir du constat du fait générateur, c'est-à-dire « un ensemble d'énoncés dont l'un décrit l'état de choses à expliquer (l'*explicandum*), alors que les autres, les énoncés explicatifs, forment l'explication au sens strict du terme (l'*explicans* de l'*explicandum*) »[1428]. Cette « constante »[1429] apparaît comme « une exigence de la raison »[1430] que la Cour de cassation contrôle systématiquement[1431]. Toutefois, des auteurs dénoncent le plus souvent le caractère relativement insatisfaisant des efforts de théorisation dont la notion de lien de causalité a pu faire l'objet (notamment les théories de l'équivalence des conditions, de la causalité adéquate ou encore de la *causa proxima*)[1432].

470. Force est de constater, en effet, que la notion de causalité, qui n'est pas définie par le Code civil, est une notion délicate. Le fait dommageable doit avoir été, selon une expression classique, mais quelque peu

---

[1425] ARISTOTE, *Rhétorique*, L. I, chap. 23, XXV.

[1426] VINEY (G.) et JOURDAIN (P.), *op. cit.*, p. 179 et s. ; QUÉZEL-AMBRUNAZ (C.), *Essai sur la causalité en droit de la responsabilité civile*, thèse Université de Savoie, 2008.

[1427] CANSELIER (G.), « De l'explication causale en droit de la responsabilité civile délictuelle », *RTD civ.* 2010, p. 41.

[1428] POPPER (K. R.), *Le réalisme et la science : Post-scriptum à la logique de la découverte scientifique*, I, trad. A. Boyer et D. Andler, Hermann, 1990, p. 152, cité par CANSELIER (G.), art. préc., p. 41.

[1429] C'est le terme qu'employait Carbonnier pour désigner « les conditions élémentaires impliquées dans la formule même du dommage causé à autrui », CARBONNIER (J.), *Les obligations, op. cit.*, n° 1121.

[1430] *Ibid.*

[1431] V. par exemple Cass. 2e civ., 20 nov. 2003, *Bull. civ.* II, n° 355.

[1432] La notion de « lien de causalité » ne fait pas l'unanimité au sein de la doctrine et il semble exister un refus systématique de définir le concept. En matière contractuelle, l'article 1151 du Code civil caractérise le préjudice réparable comme la suite « immédiate et directe de l'inexécution de la convention ». Deux modes d'appréciation sont généralement mis en avant par la doctrine aux fins de l'application de la règle : le système de l'équivalence des conditions et celui de la cause adéquate. Pour le premier, il suffit que le dommage puisse être rattaché par un lien quelconque à la faute du débiteur pour que ce dernier en soit responsable. Le second en revanche distingue parmi les causes prépondérantes et les causes secondaires. Les premières sont celles qui ont nécessairement contribué à la réalisation du dommage, les secondes celles dont la réalisation n'aurait pas à elle seule pu provoquer le dommage. Pour une présentation de ces différentes théories, MARTY (G.) et RAYNAUD (Ph.), *Les obligations, op. cit.*, p. 679 et s.

tautologique, la « cause génératrice du dommage. Les termes des articles 1382 et suivants indiquent pour leur part qu'il s'agit d'un enchaînement de circonstances qu'il convient de suivre. Apparaît ainsi la difficulté de démêler le rôle exact des différents facteurs ayant pu être ensemble la source du dommage, car le lien causal doit être établi indépendamment d'une faute et d'un préjudice : il doit être expressément constaté[1433] (b). Notamment, s'il y a eu rupture du lien de causalité par un ou plusieurs événements intermédiaires, une faute peut constituer un antécédent du dommage sans pour autant être causale (a).

a - La nécessité d'établir une faute causale

471. Le simple constat d'une exploitation du conflit d'intérêts ne suffit pas à présumer de la faute, et quand la faute est établie, il faut encore démontrer un lien de causalité avec le dommage. C'est le caractère non automatique de cet enchaînement qu'illustre cette espèce[1434] où la société de droit suisse DPF Holding avait souscrit à une première augmentation de capital de la société Mauboussin le 6 juin 2000, et à une seconde le 23 mai 2001. La société DPF a affirmé avoir procédé à ces opérations au vu des rapports d'évaluation de la société Mauboussin émanant de la banque BNP Paribas et de sa filiale Banexi, et a reproché aux intéressées de l'avoir induite en erreur, par leur comportement déloyal et négligent, sur la situation financière réelle de la société Mauboussin, qu'elle a découverte très dégradée et dans laquelle elle a dû investir des sommes importantes. Elle a soutenu que la banque ne pouvait pas ignorer que ses évaluations du groupe Mauboussin ne correspondaient pas à sa situation réelle et qu'elle n'avait pas respecté son obligation de délivrer aux investisseurs des informations sincères et fiables. Elle a notamment considéré que le manque de loyauté de la banque procédait du conflit d'intérêts dans lequel elle se trouvait en étant aussi la créancière de la société Mauboussin au titre de prêts importants, dont la recapitalisation aurait permis le remboursement. La Cour d'appel, estimant que la société DPF Holding fondait son action sur l'article 1382 du Code civil, l'a déboutée faute pour elle d'avoir pu établir de lien de cause à effet entre le conflit d'intérêts de la banque BNP Paribas et le préjudice qu'elle invoquait.

472. Il en va de même dans une autre espèce où, la preuve de l'existence de fautes professionnelles commises par la société de gestion étant rapportée par renvoi aux procédures de condamnation antérieures de ce prestataire[1435],

[1433] Cass. civ., 14 mars 1892, *DP* 1892, 1, p. 523.
[1434] CA Paris, 14 mai 2013, n° 11/23149, Société DPF holding, SA Bnp Paribas.
[1435] Une responsabilité de la société de gestion envers les porteurs de parts de FCP est expressément prévue par le législateur : il est précisé à l'article L. 214-28 du code monétaire et financier que la société de gestion est responsable envers les porteurs de parts des

la discussion portait essentiellement sur le lien de causalité. Après mise en liquidation judiciaire de la société de gestion Financière Rembrandt, des porteurs de parts de FCP qui avaient été gérés par cette société ont déclaré des créances correspondant au préjudice qu'ils avaient subi en raison des fautes professionnelles commises par la société de gestion, du fait notamment du non-respect des ratios prudentiels de division des risques et des règles de composition de l'actif des OPCVM. Ces créances ont été admises par le juge-commissaire. Les demandeurs réclamaient à titre principal la réparation de la perte de valeur du Fonds Euro Sécurité engendrée par le non-respect du principe prudentiel de l'objectif du fonds tel que précisé dans la notice visée par la COB (pour chaque pourcentage de variation du taux de référence, le risque de variation du cours du fonds ne devait pas être supérieur à deux fois cette variation). Sur appel formé par les dirigeants de la société de gestion, la cour d'appel de Paris a rejeté les créances déclarées au motif que les créanciers n'apportaient pas la preuve d'un préjudice personnel imputable à la société de gestion.

473. L'indemnisation individuelle de l'un des copropriétaires d'un fonds commun de placement à raison du préjudice personnel qu'il a pu subir n'est pas en soi exclue[1436]. Cependant, en l'espèce, la cour d'appel a précisé que ce préjudice devrait être déterminé sur la base du différentiel entre la situation théorique qui aurait découlé du respect des ratios et la situation réelle du client considéré. Or, c'est l'équivalent de la perte de valeur du portefeuille qui était réclamé et la cour d'appel a relevé que cette moins-value ne pouvait constituer un préjudice indemnisable, surtout qu'il ne pouvait être exclu que cette perte ait été liée à une baisse importante des cours globaux de la bourse à l'époque des faits. C'est le défaut de preuve d'un lien de causalité entre la faute et le préjudice allégué par le souscripteur qui justifie le rejet des créances.

474. Ces arrêts ne semblent pas poser de difficulté au regard des règles de la responsabilité civile. Doctrine et jurisprudence s'accordent sur cette exigence d'un lien de causalité direct entre la faute et le préjudice[1437], y

---

infractions aux dispositions législatives ou réglementaires applicables aux FCP qu'elle gère, ainsi que de la violation du règlement du FCP et de ses fautes.

[1436] Ainsi, dans les affaires des fonds turbo, la jurisprudence a pu retenir la responsabilité des sociétés de gestion envers des porteurs de parts, dès lors qu'il y avait une obligation de résultat contractée envers les souscripteurs, portant sur la délivrance d'un certificat de crédit d'impôt propre à permettre aux souscripteurs de bénéficier des dispositions fiscales relatives aux parts de fonds communs de placement : CA Paris, 1er févr. 2005, Sté Vivendi Universal Publishing c/ Sté BMA ; Cass. com., 24 sept. 2002, *Banque magazine* 2003, n° 652, p. 72, note Cappelaere (J.-J.) ; *LPA* 14 avr. 2003, n° 74, p. 13 et p. 134, obs. Storck (M.) ; *D.* 2003. p. 235, note Delebecque (Ph.) ; *Banque et Droit* 2002, n° 86, p. 39, note Bussière (F.) ; *RD bancaire et fin.* 2002, n° 5, p. 280, note David (C.) ; *JCP E* 2002, n° 5, p. 231 note Boutemy (B.) et Meier (E.) ; *Bull. Joly Bourse* 2002, p. 578.

[1437] Cass. com., 15 mars 1976, *JCP* 1977, II, 18632, note Ghestin (J.).

compris dans le domaine contractuel[1438]. Le juge saisi de l'action en réparation doit constater l'existence d'un lien de causalité entre la faute, la non-prévention du conflit d'intérêts ou son exploitation, et le dommage. Le juge n'a pas de pouvoir souverain pour la constatation de la causalité. En revanche, son pouvoir est discrétionnaire lorsqu'il s'agit d'apprécier les éléments de preuve de cette causalité.

b - La confusion entre présomption de causalité et présomption de responsabilité

475. Dans le jugement LVMH étudié précédemment[1439], le tribunal de commerce de Paris a constaté l'existence du préjudice et du lien de causalité d'un certain nombre d'éléments. D'abord, le tribunal a souligné que la banque condamnée est un établissement international de premier rang dont l'opinion jouit d'une véritable considération de la part des investisseurs. Ensuite, il en a déduit que les analyses et opinions financières litigieuses élaborées et promues par un analyste de notoriété internationale n'avaient pu qu'avoir un impact sur la société visée, compte tenu de son envergure et du secteur dans lequel elle exerçait son activité, le luxe, où l'atteinte à l'image peut avoir des répercussions considérables, tant sur la clientèle que sur les investisseurs. Par conséquent, tout dénigrement ne pouvait que valoriser la société concurrente, d'autant plus que la banque n'analysait pas isolément ces sociétés, mais les comparait. La faute ainsi caractérisée a, selon le tribunal, causé un préjudice considérable, aussi bien moral que matériel, à la société, dans son image, justifiant une réparation, et il s'est prononcé en ces termes : « à l'évidence les agissements fautifs de Morgan Stanley ont porté une atteinte grave à l'image de LVMH ». Il ressort de la motivation de sa décision que le tribunal a retenu l'existence d'un préjudice certain de la société LVMH consistant en une « atteinte grave à l'image de marque et à l'image financière » qui est en relation directe avec les fautes commises par la banque. Pourtant, cette démarche peut être, ne serait-ce qu'en partie, critiquable. La preuve de la relation de cause à effet s'établit certes par tous moyens, y compris par présomptions, mais comme l'a démontré un auteur, la jurisprudence tend à « confondre imputabilité du dommage et responsabilité de l'auteur »[1440].

[1438] La jurisprudence rappelle régulièrement la nécessité de l'existence d'un lien de causalité dans le domaine contractuel. V. not. Cass. ass. plén., 13 juill. 2001, n° 97-17.359, n° 97-19.282 et n° 98-19.190, *Bull. ass. plén.* n° 10, *D.* 2001, p. 2325, note Jourdain (P.) ; *D.* 2002, p. 1314, obs. Mazeaud (D.) ; *JCP* 2001,II, 10601, note Chabas (F.) ; *RTD civ.* 2001, p. 850, obs. Hauser (J.).

[1439] V. *supra* n° 248.

[1440] RADÉ (C.), « Les présomptions d'imputabilité en droit de la responsabilité civile », *Mélanges Le Tourneau (Ph.)*, Dalloz, 2008, p. 885.

476. De simples présomptions de causalité seraient alors susceptibles de devenir de véritables présomptions de responsabilité[1441]. La doctrine affirme en effet fréquemment que la jurisprudence se réfère à une appréciation extensive de la causalité en présence d'une responsabilité pour faute. Certains auteurs estiment que lorsque l'exploitation du conflit d'intérêts est qualifiée de faute dolosive, il devrait y avoir « comme une absorption de toute la causalité par la faute intentionnelle, ce qui est une façon de punir son auteur, et donc de faire jouer pleinement à la responsabilité son rôle de sanction des comportements fautifs »[1442], idée conforme à la pensée du doyen Carbonnier[1443]. Il s'agirait, de cette manière, de sanctionner son auteur et de consacrer la fonction répressive et dissuasive de cette institution. Cependant, le but que le droit français assigne à la responsabilité civile est de réparer un dommage.

477. Aux États-Unis, les tribunaux ont cherché à adapter les conditions de la responsabilité civile de manière à contourner la difficulté pour chaque investisseur de démontrer l'existence d'un lien de causalité directe entre la faute et le dommage subi, en forgeant progressivement une théorie connue sous le nom de « *contemporaneous trading rule* », selon laquelle l'auteur de la faute doit être tenu responsable du dommage causé à tous les investisseurs qui, pendant la période critique, ont pris sur le marché des positions opposées aux siennes[1444]. Afin cependant de ne pas lui faire supporter l'intégralité du préjudice subi par l'ensemble de ces personnes, on admet que le niveau des réparations se limite aux profits résultant de l'exploitation de l'information privilégiée « *disgorgement approach* »[1445].

2°- Inertie des victimes

478. Le développement de l'action collective répond à des raisons identiques à celles qui ont conduit à l'objectivisation qu'a pu connaître la responsabilité civile ou à la collectivisation des risques. L'action collective représente un moyen d'obtenir l'indemnisation de masse découlant des « délits à grande échelle »[1446] et de lutter contre l'inertie des victimes. En effet, face à de tels préjudices, les victimes sont souvent dissuadées d'agir.

[1441] RADÉ (C.), « Les présomptions d'imputabilité en droit de la responsabilité civile », *art. préc.*, p. 885

[1442] LE TOURNEAU (Ph.), *Rép. civ. dalloz*, *v°* « Responsabilité (en général) », n° 35.

[1443] CARBONNIER (J.), *Les obligations*, *op. cit.*, n° 256 s., p. 298 s.

[1444] V. e.g. Wilson v. Comtech Telecommunications Corp., 648 F.2d 88, 94-95 (2d Cir. 1981) ; ; Backman v. Polaroid Corp., 540 F. Supp. 667, 670 (D. Mass. 1982).

[1445] HOVASSE (H.), obs. sous CA Paris, 15 janv. 1992, *Rev. société* sept 1992, PELTIER (F.), obs. *Banque & Droit*, nov. déc.1993, n° 32, p. 22, *Gaz. Pal.*, 22-23 avril 1992, MARCHI J.-P.

[1446] CALAIS-AULOY (J.), « Les délits à grande échelle en droit civil français », *RID comp.* 1994, p. 379.

Le coût de la justice constitue notamment un frein au regard du montant de l'objet du litige. Les victimes sont ainsi exclues de l'accès concret et effectif au juge. L'inertie est amplifiée dans le domaine bancaire et financier en raison des difficultés de quantification du préjudice, laquelle nécessite souvent d'avoir recours à des expertises dont le coût et la durée peuvent être rédhibitoires. Or, les préjudices résultent d'une faute ayant permis au responsable de réaliser des profits. L'inaction de la victime peut dans ce contexte laisser impunis des comportements fautifs, voire encourager des comportements répréhensibles.

479. C'est dans ce contexte qu'ont d'abord vu le jour les ligues de défense, ces groupements pouvant agir pour la défense des intérêts personnels de leurs membres et réclamer réparation du préjudice personnel subi par ces derniers. Fut ensuite consacrée l'action en représentation conjointe[1447] qui permet à certaines associations d'agir au nom de plusieurs victimes de préjudices individuels causés par le fait d'une même personne et ayant une origine commune. Ces recours se sont pourtant révélés non adaptés en cas de préjudice de masse et par conséquent peu utilisés[1448], notamment l'action en représentation conjointe qui nécessite la réunion préalable de mandats écrits qui ne peuvent être sollicités par l'association. À cela s'ajoutent des considérations d'ordre économique. Une action de groupe reviendrait à rationaliser l'utilisation des moyens de l'institution judiciaire, par regroupement des victimes d'un même préjudice dans un même procès[1449]. L'idée d'importer une *class action* américaine ou un recours collectif québécois en droit français a donc été fréquemment émise[1450] depuis de nombreuses années et le débat à son sujet régulièrement relancé[1451]. Cette action peut être définie comme « l'action introduite par un représentant pour le compte de toute une classe de personnes ayant des droits identiques ou

---

[1447] C. consom., art. L. 422-1 et s.

[1448] CALAIS-AULOY (J.), « La *class action* et ses alternatives en droit de la consommation », art. préc., p. 29 et s. ; BORÉ (L.), « L'action en représentation conjointe : class action française ou action mort-née ? », *D.* 1995, chron. p. 267.

[1449] Selon la Cour, l'action collective peut pallier les inconvénients qui résultent parfois des déséquilibres économiques entre les parties, au regard du droit d'accès effectif au juge : « Dans les sociétés actuelles, lorsque le citoyen se voit confronté à des actes administratifs spécialement complexes, le recours à des entités collectives telles que l'association constitue l'un des moyens accessibles, parfois le seul, dont il dispose pour assurer une défense effective des communautés européennes de leurs intérêts particuliers », CEDH, 27 avr. 2004, Gorraiz Lizzarraga et al. c/ Espagne, point 4. Rappr. CJCE, 24 mars 1993, CIFRES et al., C-313/90, Rec. I. 1125 ; 2 févr. 1998, Van der KooyBV et al. Rec. 219.

[1450] CABARELLO (F.), « Plaidons par procureur ! De l'archaïsme procédural à l'action de groupe », *RTD civ.* 1985, p. 247 ; VINEY (G.), « Actions associatives et actions de groupe », *Mélanges MALINVAUD (Ph.)*, Litec, 2007, p. 697 ; GUINCHARD (S.), « L'action de groupe en procédure civile française », *RID comp.* 1990, p. 599 ; JEHL (J.), « Action de groupe : des exemples européens pour la France », *JCP* 2010, 641

[1451] DOUCHY-OUDOT (M.), « Où en est l'action de groupe… ? », *Dr. et proc.* févr. 2010, p. 41.

similaires et aboutissant au prononcé d'un jugement ayant autorité de la chose jugée à l'égard de tous les membres de la classe, du groupe »[1452]. Aux Etats-Unis, elle est exercée par une personne sur autorisation judiciaire préalable, mais sans mandat. Le tribunal qui habilite le demandeur définira ensuite les contours du groupe représenté, à l'exception des victimes qui auront manifesté explicitement leur refus d'agir en justice, c'est le principe de l'*opt out*. Toutefois, l'introduction en droit français d'une *class action* à l'américaine ne va pas sans difficultés[1453]. Tout d'abord, la *class action* ne serait pas conforme à la règle selon laquelle « nul ne plaide par procureur » qui suppose l'existence d'un mandat préalable de la personne représentée en justice. Ensuite, l'action ne serait pas conforme notamment au principe du contradictoire, le défendeur ne connaissant pas tous ses adversaires membres du groupe.

480. Une partie de la doctrine proposait alors depuis quelques années de l'introduire en France moyennant un aménageant de son régime[1454]. La loi Hamon du 17 mars 2014 relative à la consommation se situe dans la lignée de ces travaux. Le texte s'ouvre par un chapitre premier relatif à l'action de groupe inséré au chapitre III du titre II du livre IV du Code de la consommation (art. L. 423-1 à L. 423-25). Aux termes de l'article L. 423-1, « une association de défense des consommateurs représentative au niveau national et agréée en application de l'article L. 411-1 peut agir devant une juridiction civile afin d'obtenir la réparation des préjudices individuels subis par des consommateurs placés dans une situation similaire ou identique et ayant pour cause commune un manquement d'un ou des mêmes professionnels à leurs obligations légales ou contractuelles : 1°- À l'occasion

---

[1452] GUINCHARD (S.), *ibid.*, p. 599.

[1453] FRISON-ROCHE (M.-A.), « Les résistances mécaniques du système juridique français à accueillir la *class action* : obstacles et comptatibilités », *LPA* 10 juin 2005, p. 122.

[1454] CALAIS-AULOY (J.), « Vers un nouveau droit de la consommation », *Rapport de la commission de refonte du droit de la consommation*, 1984. Une commission s'est également réunie en 2005 pour réfléchir aux voies et moyens de l'introduire, mais ce projet n'a jamais abouti. Ces propositions doctrinales ont ensuite été relayées par deux rapports (ATTALI (J.), *Rapport sur la libération de la croissance française,* Documentation française, 2008 ; COULON (J.M.), *Rapport sur la dépénalisation de la vie des affaires,* Documentation française, 2008), par le rapport d'information déposé le 26 mai 2010 au Sénat (Rapp. d'information n° 499 BÉTEILLE (L.) et YUNG (R.), « L'action de groupe à la française : parachever la protection des consommateurs ») ainsi que par la proposition de loi tendant à renforcer la protection des consommateurs par la création d'une action de groupe enregistrée au Sénat le 22 décembre 2010. Ces différentes initiatives n'ont pas non plus abouti. Les juges du fond, pour leur part, ont voulu contrebalancer ces positions en avalisant le forum-shopping des actionnaires français choisissant d'agir devant les tribunaux américains afin de pouvoir se constituer en *class action* (TGI Paris, 13 janv. 2010, RG n° 09/ 15408 ; CA Paris, 28 avr. 2010, *D.* 2010, chron. p. 975). Dans le même temps, la Commission européenne a émis une recommandation relative à des principes communs applicables aux mécanismes de recours collectif en cessation et en réparation dans les États membres en cas de violation de droits conférés par le droit de l'Union européenne *JOUE* L 201, 26 juill. 2013.

de la vente de biens ou de la fourniture de services ; 2°- Ou lorsque ces préjudices résultent de pratiques anticoncurrentielles au sens du titre II du livre IV du Code de commerce ou des articles 101 et 102 du Traité sur le fonctionnement de l'Union européenne ». Le texte ajoute que « l'action de groupe ne peut porter que sur la réparation des préjudices patrimoniaux résultant des dommages matériels subis par les consommateurs ».

481. La loi a choisi un système d'*opt in* ou d'inclusion, les victimes devant expressément se déclarer afin d'être représentées dans l'action de groupe ainsi engagée, et a limité le domaine de l'action quant aux victimes, quant à la faute et enfin, quant à la nature du préjudice subi. Le texte réserve notamment l'action à certaines victimes de dommages de masse, celles qui ont la qualité de consommateur. Mais étendre le bénéfice de la loi Hamon aux petits investisseurs victimes d'un conflit d'intérêts du banquier serait-il inenvisageable ? Il n'est pas inutile de se poser la question. D'abord, si cette définition du consommateur exclut du champ de l'action de groupe les personnes morales, conformément à l'orientation de la jurisprudence qui limite la définition du consommateur aux seules personnes physiques, elle n'interdit pas d'inclure dans son champ d'application les particuliers investisseurs en leur qualité de consommateur. Comme on pourra l'observer, le droit des marchés financiers tend à organiser une protection de l'investisseur, à l'instar de celle recherchée par le droit de la consommation[1455] de sorte qu'il n'y a pas de raison d'exclure *a priori* les souscripteurs d'actions et d'instruments financiers du champ d'application de l'action de groupe[1456]. Mais il est légitime de défendre l'idée d'une extension du bénéfice de cette loi aux petits porteurs de valeurs mobilières sans avoir recours à cette technique[1457]. En effet, comme le remarque un auteur, « la dette de réparation n'est *a priori* limitée ni par la nature de l'intérêt atteint ni par celle du fait générateur »[1458]. Or, la loi Hamon opère *a contrario* une différenciation en isolant certaines fautes bien définies et en soumettant la réparation de préjudices déterminés à un traitement distinct alors que tous les préjudices ont donc une égale vocation à être réparés[1459]. Cette loi, de ce fait, « heurte le principe de l'unité des fautes et la clause générale de responsabilité pour faute de l'article 1382 du Code civil »[1460]. Rien n'empêche, par conséquent, d'étendre le champ d'application de cette loi au-delà des domaines actuellement prévus. Un mécanisme répondant aux objectifs de la loi Hamon tout en étant conforme au principe de

---

[1455] V. *infra* n° 773.

[1456] MAINGUY (D.) et DEPINCÉ (M.), « L'introduction de l'action de groupe en droit français », *JCP* 2014, 1144.

[1457] BACACHE (M.), « Action de groupe et responsabilité civile », *RTD civ*. 2014, p. 450.

[1458] *Ibid.*

[1459] LEDUC (F.), « Les préjudices réparables », *in Le droit français de la responsabilité civile confronté au projets européens d'harmonisation, synthèse des travaux du GRERCA*, p. 899.

[1460] BACACHE (M.), *ibid.*

responsabilité a d'ailleurs été suggéré par la doctrine[1461] : une procédure en deux temps. Un premier jugement statuerait sur le principe de responsabilité même, avant qu'un second ne se prononce, consécutivement à la publicité du jugement, sur l'évaluation individuelle des préjudices des victimes qui adhèrent au groupe.

[1461] GUINCHARD (S) « Une *class action* à la française », *D*. 2005, p. 2180

Conclusion du deuxième titre

482. La nécessité d'une gestion ciblée des conflits d'intérêts du banquier ne s'est manifestée que progressivement. Mais le constat d'une certaine inflation normative a pu être dressé. Il était donc indispensable, une fois l'effectivité des politiques de gestion des conflits d'intérêts du banquier démontrée, d'en apprécier aussi l'efficacité.

Dans ce dessein, il convenait de confronter le dispositif de gestion du conflit d'intérêts du banquier, dans son détail, à la réalité. Il s'est alors avéré que, dans l'ensemble, le conflit d'intérêts résiste à la multitude de mesures destinées à le prévenir. L'objectif était devenu, par conséquent, celui d'identifier les difficultés qui font obstacle à la pleine efficacité de ce socle de règles.

483. Pour ce faire, on s'est d'abord interrogé sur le rôle même du banquier. Le point de départ de l'étude fut donc le consensus pluridisciplinaire selon lequel les banques tirent leur légitimité de leur capacité à répondre aux besoins de financement de l'économie. Or, dès le début de l'analyse, cette affirmation a vite semblé dépassée, tant au regard de l'avènement de sources nouvelles de financement, que de la confusion qui règne autour des multiples rôles effectivement joués par les banques. Il s'est alors naturellement agi, à ce stade, de s'attarder sur l'opportunité du couplage des métiers. À cet effet, une approche transdisciplinaire a été choisie, car seul le recoupement des constats dressés par les travaux de recherche diversifiés pouvait, à notre sens, permettre un diagnostic fidèle à la réalité. Cette démarche s'est faite en deux temps.

Premièrement, à travers une perspective historique, nous nous sommes attachés à identifier l'utilité collective des banques, avant d'analyser les causes de l'évolution de leurs fonctions, l'objectif étant de savoir si les mutations qu'elles ont pu connaître n'avaient pas remis en cause cette utilité. L'évocation de l'histoire a permis de constater que les raisons de concentration des banques en France ont été nombreuses, mais pas très lointaines de celles d'autres secteurs de l'économie alors qu'aux Etats-Unis, les rapprochements comme les fractionnements des métiers se sont fait parfois de manière radicale. Cependant, au final, de part et d'autre de l'Atlantique, la banque universelle est apparue comme la conséquence de son environnement économique et juridique tout à la fois. La banque s'est structurée en fonction de ses besoins et des besoins auxquels elle était amenée à répondre. La loi est venue ensuite pour réguler son activité, ce qui n'a pas manqué d'affecter son modèle. Les situations conjoncturelles et économiques justifient ainsi, pour une part non négligeable, l'appel fait à la réglementation, qui à son tour conditionne le cloisonnement ou l'imbrication des spécialités du banquier sans qu'il soit réellement possible d'en dégager une logique claire, tandis que sont toujours dénoncés des conflits d'intérêts de mêmes natures. Quant aux arguments pour ou contre le maintien du modèle de banque universelle, ils s'appuient sur des considérations elles-mêmes changeantes, si bien qu'il s'avère difficile d'en extraire un sous-ensemble convaincant. Cette mise en perspective historique méritait alors d'être complétée par des précisions d'ordres économiques, afin de pouvoir appréhender au mieux les avantages et inconvénients des formes que l'exercice du métier de banquier peut prendre.

En second lieu, il convenait donc de se pencher sur des données économiques. Il a pu de cette manière être constaté qu'il existe un aléa général inhérent à la profession bancaire qui ne se retrouve pas dans d'autres activités commerciales ou industrielles et qui explique que les banques, quelle que soit leur taille, doivent constituer des provisions spéciales et respecter continuellement un ratio entre le montant de leurs engagements et celui de leurs dépôts. Il s'est également avéré que la combinaison des métiers est justifiée très fréquemment en doctrine par la nécessité de gérer ce risque. Différentes théories enseignent que c'est pour profiter de l'effet de la loi des grands nombres que les banques multiplieraient leurs opérations. Elles s'assureraient ainsi un certain équilibre grâce au volume des transactions traitées et diviseraient de la sorte leur risque. Dans le même temps, cette vision ne paraissait pas satisfaisante, car dans les banques de taille considérable, l'hétérogénéisation des activités est forcément synonyme d'apparition de nouveaux aléas. Par conséquent, après avoir dégagé les principaux arguments en faveur d'une diversification des métiers et de leur regroupement au sein de structures notables, il convenait de dresser une synthèse des raisonnements militant pour la spécialisation et un dimensionnement moins important. À l'issue de cet exercice, il a été possible d'attester que les moyennes et petites banques sont parfois plus rentables, proportionnellement, que les grandes. Elles restent moins armées face aux projets d'envergure et à la concurrence transfrontalière et internationale. Il ne pouvait toutefois être affirmé que le risque est inversement proportionnel à la dimension de la banque, ni le contraire, faute de consensus en doctrine et à défaut d'études ou rapports techniques convaincants. Conclure qu'un de ces modèles l'emporte était d'autant plus difficile, que ce qui pouvait être valable dans une conjoncture économique donnée ne semblait plus l'être dans une autre. Parallèlement ont été explorées quelques pistes esquisses de réflexion, notamment quant au couple rendement-risque, ou à la capacité des fonctions complémentaires de la banque universelle à produire des effets plus globaux sur l'économie en fonction de sa taille.

Cette démarche a confirmé que le rapprochement des secteurs d'activités était volontaire, mais justifié, selon la doctrine majoritaire, par la nécessité économique. Cette configuration, semble-t-il inévitable, permettait-elle de concilier les intérêts de la banque et l'intérêt général, en même temps qu'elle limiterait le risque de conflit d'intérêts ? L'évaluation de différentes organisations a conduit à s'apercevoir que ce n'est finalement pas le modèle de la banque qui pose difficulté, mais le comportement, face aux conflits d'intérêts, des professionnels qui y exercent leur métier. Il devenait donc nécessaire de se s'attarder sur les règles qui ont accompagné l'évolution de la structure de la banque. Il en est ressorti qu'aussi nombreuses et éparses soient-elles, elles se réduisaient en fait à l'établissement de barrières matérielles entre les différentes activités et l'auto-engagement à respecter ces mesures.

Le principe de séparation entre les fonctions est simple. Différentes dissociations matérielles sont mises en place pour limiter l'accès à l'information en interne et sont complétées par des obligations de renseignement de l'autorité de régulation et par plusieurs contrôles visant à organiser au plus près les flux d'informations. Cependant, le doute subsiste sur sa valeur juridique. L'inexistence de séparation fonctionnelle, si elle constitue un élément parmi d'autres à prendre en considération, ne suffit pas à caractériser une situation de conflit d'intérêts. Mais la séparation ne semble pas présumer pour autant une absence d'intérêt personnel, ni rapporter la preuve contraire, en indiquant que le professionnel a suivi ou non l'intérêt de son client. De plus, l'articulation du dispositif de prévention du conflit d'intérêts avec le devoir du banquier de préserver l'intérêt du client n'est pas toujours évidente. Les mesures de prévention limitent l'accès à de nombreuses informations, par nature difficiles à acquérir, mais essentielles à la prise d'une décision au mieux de « l'intérêt du client », impératif que l'appareil réglementaire de lutte contre les conflits d'intérêts s'efforce de protéger. Enfin, il est ressorti de l'étude que le problème de la hauteur de ces murailles est loin d'être négligeable : trop élevées, elles priveraient les responsables de la vision générale des activités de leur établissement dont ils ont besoin, et trop basses, elles dénueraient le dispositif de son efficacité, voire de son objet.

484. Les mêmes interrogations se sont posées face aux séries d'engagements complétant les mesures de séparations les notions utilisées s'apparentant davantage à des valeurs morales, dont on ne sait pas aisément apprécier la portée juridique, ni la place dans l'ordonnancement juridique, et qui sont elles-mêmes préservées par des règles aux objets différents et aux champs d'application peu ou mal coordonnés, ce qui ne facilitait pas non plus la détermination exacte de leur contenu. Cette méthode d'élaboration des normes, aux connotations fort moralistes, mais consistant à juxtaposer des directives-cadres qui permettent de nombreuses spéculations, se révélait critiquable, tant du point de vue de son effectivité que de son efficacité, et conduisait parfois à des incohérences. Il était donc plus nécessaire de considérer l'objectif recherché au travers de ces exigences pour établir de quelle manière il pourrait être atteint. Il a ainsi été observé que ces mesures visaient en fait à préserver, selon les cas, une autonomie économique ou une autonomie opérationnelle. Mais au terme de l'étude du dispositif de prévention des conflits d'intérêts, c'est le manque d'harmonie qui surprend. L'hétérogénéité ne peut pourtant qu'être porteuse de risques en raison des possibilités d'arbitrage et d'interprétation que cette situation autorise.

485. Dans son ensemble, l'appareil de prévention des conflits d'intérêts a semblé par ailleurs économiquement coûteux. Ainsi, à l'issue d'une analyse économique des règles de droit, confrontées aux théories les plus notoires en sciences économiques appliquées au domaine bancaire et financier, un certain nombre de faiblesses spécifiques au conflit d'intérêts a pu être dégagé. Parallèlement, les conséquences que peut avoir particulièrement la règle de droit encadrant le conflit d'intérêts sur l'efficience du marché ont été synthétisées, avant de s'attarder sur la manière dont la règle de droit affectait une des principales fonctions économiques de l'institution bancaire.

486. Cet aspect examiné, il convenait, pour en compléter le sens, d'étudier l'effet de l'adoption de ces mêmes règles sur la mission du banquier telle que définie par la théorie de l'intermédiation financière, et plus exactement, sur le coût des mesures visant à prévenir les conflits d'intérêts. On a pu estimer que ces coûts sont de deux ordres. Des coûts possiblement quantifiables, reliés à la mise en place et à l'application des dispositions réglementaires, et des coûts d'opportunité, qui le sont beaucoup moins facilement, mais qui tous deux sont indirectement supportés par le client. Il a pu être constaté que le coût de la superposition des réformes est certaines fois considéré comme dépassant les bénéfices escomptés, et d'autres, comme produisant un résultat inverse.

487. Les propos ainsi défendus ont été illustrés avec des exemples de modifications récentes, la règle Volcker aux Etats-Unis, le rapport Vickers anglais, le rapport Liikanen en Europe et la réforme introduite par le droit français. La mise en œuvre de ces changements pose un certain nombre de difficultés qui surgissent en fait dès les premières étapes, mais qui finalement rappellent, sous plusieurs aspects, celles qui ont poussé à l'abandon de réformes plus anciennes auxquelles elles ont beaucoup emprunté. D'une manière générale, il a été démontré qu'une séparation entre banque commerciale et banque d'investissement n'est nullement synonyme d'élimination des conflits d'intérêts. Une généralisation des études d'impacts économiques et sociaux a par ailleurs été préconisée. Cependant, il s'est avéré que la mise en œuvre de ces enquêtes se heurtait à de nombreux obstacles, et en premier lieu à la définition de critères pertinents et précis d'évaluation. Il est ainsi apparu nécessaire de mener la réflexion non plus à partir des apports qu'offre l'économie, mais plutôt de leurs limites et des critiques qui leurs sont adressées. La seconde difficulté tient au fait que les conclusions tirées peuvent être sujettes à débat lorsqu'elles font intervenir des considérations d'ordres différents, sociaux, moraux ou économiques.

488. La première approche tendant à analyser l'appareil de prévention achevée, devait s'amorcer l'examen des normes visant à traiter le conflit d'intérêts survenu. Or, dès le départ, il a fallu observer que ce que l'on nomme ici dispositif de traitement des conflits d'intérêts est marqué par une certaine distance entre le conflit originel et le modèle de résolution offert pour en sortir. Les règles de traitement du conflit d'intérêts devaient donc naturellement être étudiées sous l'angle de leurs insuffisances, en s'efforçant de rechercher d'éventuelles alternatives. Le traitement du conflit d'intérêts, susceptible de prendre diverses formes, ne consiste véritablement qu'à faire connaître l'existence de la situation au détenteur de l'intérêt supérieur sans plus d'indications. L'obligation de révélation a gagné en précision lorsqu'ont été mises en relation certaines dispositions légales afférentes au principe général de transparence, des décisions de sanctions disciplinaires et celles des juridictions civiles. Il en est ressorti que la révélation est due même en l'absence de lien contractuel direct. Du point de vue de son contenu, il est apparu que doivent être révélés les liens et intérêts de nature à provoquer un doute raisonnable sur la conduite à venir du banquier. Et ce critère élargit ainsi le champ de la révélation, en lui attribuant une nouvelle finalité, destinée à coexister avec celle que l'on retient classiquement (le contrôle préventif), à savoir la fonction de préserver la confiance dans le banquier, autre attente du législateur qui se dégage à la lecture des textes.

489. Dans cette figure, la révélation a permis d'admettre en outre une possibilité d'autorisation a posteriori, dont les critères, le régime et les effets ont été précisés. Cependant, une limite a été posée. Lorsque la poursuite de la mission du banquier serait préjudiciable au titulaire de l'intérêt supérieur, il demeurerait tenu d'une obligation d'abstention volontaire qui trouve son fondement dans ses différents devoirs professionnels. Dans le même temps, l'analyse de certaines dispositions législatives a permis d'affirmer que l'abstention forcée pourrait également être envisagée comme réponse au conflit d'intérêts.

490. Finalement, lorsque revenait au juge d'appliquer les règles de responsabilité, il est apparu que son attitude était semblable à celle du législateur modulant le champ d'application des règles protectrices en fonction des nécessités présentes, ne permettant pas la généralisation des solutions trouvées. Devaient donc être mises en exergue les faiblesses de l'action en responsabilité civile. Mais la responsabilité suppose encore la preuve d'un conflit d'intérêts particulièrement opaque. À ce sujet, il s'est avéré que les règles classiques relatives à la charge et aux moyens de preuve devaient être maintenues, mais que des aménagements pouvaient cependant intervenir en ce qui concerne l'objet de la preuve. Un principe général pouvait être appliqué à tout banquier débiteur d'une obligation de gérer les conflits d'intérêts et de préserver l'intérêt supérieur, selon lequel il devrait prouver, non pas l'absence de faute, mais l'exécution de son obligation. Néanmoins, il conviendrait, a-t-il semblé, de distinguer selon que cette obligation résulte de la loi et de la convention conclue par les parties. Lorsque le conflit d'intérêts est contractuel, il incomberait au banquier de prouver qu'il s'est acquitté de l'obligation de gestion des conflits d'intérêts lui imposant de se renseigner sur la situation de son contractant afin, d'une part, d'être en mesure d'exercer sa mission au mieux des intérêts de celui-ci, et d'autre part, de garantir la protection des intérêts de celui-ci dans le cas de survenance d'un conflit d'intérêts. La preuve de l'exploitation du conflit d'intérêts s'est avérée en revanche relativement plus simple à établir en matière de conflits d'intérêts extracontractuels. Le banquier défendeur devrait dans cette hypothèse prouver non seulement qu'il a mis en place des mesures de prévention, mais aussi leur efficacité, à défaut de quoi sa faute serait présumée.

491. Cette première difficulté liée à la preuve analysée n'était pas exclusive d'autres, tenant tant à l'imprécision de la nature du préjudice, à son évaluation, qu'à l'indétermination des victimes. Différentes hésitations se ressentaient quand il s'agissait de distinguer le préjudice individuel du collectif, comme le préjudice moral du matériel. L'étude des arrêts a été révélatrice de l'inadaptation des chefs de préjudices traditionnellement reconnus, comme ceux auxquels recourent les juridictions, tel la perte de chance, voire le préjudice par ricochet, qui ont également laissé apparaître des limites. C'est ainsi qu'il s'est avéré que la perte de chance est envisageable si le conflit d'intérêts est extracontractuel. En revanche, lorsqu'il est contractuel, les raisons qui militaient en faveur d'une réparation totale ont été avancées. Dans ce contexte force était de constater que la préoccupation indemnitaire restait encore à améliorer. À la disparité entre les sanctions disciplinaires et les réparations civiles prononcées par les juridictions civiles s'ajoutait l'absence de méthode d'évaluation préalablement définie et de ligne directrice claire, ainsi que les confusions autour du lien causal, de la présomption de causalité et de responsabilité. Devant cette situation, les victimes sont passives et les instruments d'action collective peu efficaces face à des préjudices de masse souvent inadaptés

CONCLUSION DE LA PREMIERE PARTIE

492. Une fonction reconnue du droit est d'anticiper les conflits pouvant naître de la convergence d'intérêts divergents, portés tant par des sujets différents que par une même personne, comme le conflit d'intérêts du banquier. Cette mission pacificatrice du droit ne se réalise cependant que s'il existe des normes positives efficaces, que la partie qui s'achève s'est attachée à la fois à identifier et à compléter, dans l'espoir d'une meilleure gestion juridique de l'objet étudié. Mais, comme le disait Portalis, « tout prévoir est un but qu'il est impossible d'atteindre »[1462] et toute législation fragmentaire, spécialisée, ponctuelle, manque certainement ses objectifs, aussi louables soient-ils, et participe au phénomène d'inflation des règles dénoncé au cours de cette première partie. Si Montaigne notait déjà qu'il y a plus de lois « qu'il n'en faudrait à régler tous les mondes d'Épicure »[1463], son constat reflète particulièrement bien l'état de la réglementation encadrant l'activité du banquier et ses conflits d'intérêts. L'enseignement tiré des développements précédents apparaît ainsi clairement : l'effort devrait porter sur la simplification.

493. Ce sera donc l'objectif assigné à notre deuxième partie : une réflexion sur une gestion des conflits d'intérêts tenant compte de cette ambition de simplification qui semble s'imposer. En effet, le doyen Carbonnier[1464] distinguait trois traits qui devraient caractériser le système juridique. Le premier est la « limitation du nombre des normes, limitation mesurée aux besoins réels de droit », condition bridant selon lui la « passion » du droit. Le second est l'existence de « positions claires sur les rapports du droit avec les autres systèmes normatifs notamment avec la morale, la morale étant soupçonnée d'introduire dans le droit des dérives passionnelles ». Le troisième enfin consiste en « une résistance du droit objectif à se laisser pulvériser en droits subjectifs ». Ce sont ces trois idées qui imprégneront la seconde partie de cette étude, car, face au conflit d'intérêts du banquier, il conviendrait davantage « d'établir des principes féconds en conséquence, et non de descendre dans le détail de chaque question qui peut naître sur chaque matière ».

1462 PORTALIS (J.-M.-É.), *Discours préliminaire*, Flammarion, 1989, p. 35 s ; P.-A. FENET, *Recueil complet des travaux préparatoires du Code civil français*, *op. cit.*, p. 33.

1463 MONTAIGNE (M.), *Essais*, livre III, chap. 13, p. 1580.

1464 CARBONNIER (J.), *Droit et passion du droit sous la $V^{\text{ème}}$ République*, Flammarion, 2008, p. 106.

DEUXIEME PARTIE

L'OBLIGATION DE GESTION DU CONFLIT D'INTERETS

494. Aristote regrettait que « la loi [soit] toujours quelque chose de général, et qu'il y [ait] des cas d'espèce pour lesquels il n'est pas possible de poser un énoncé général qui s'y applique avec rectitude »[1465]. La loi ne prendrait en considération que les cas les plus fréquents, laissant ainsi place à l'erreur[1466]. On observera cependant, à l'inverse, que des normes soucieuses du détail et provisoires[1467] sont tout aussi critiquables. En réalité, comme le relevait Motulsky, la philosophie du droit pourrait se résumer à la quête d'un idéal supérieur[1468]. Chaque règle serait le « reflet » d'une situation sociale donnée[1469]. Pour pouvoir s'imposer, elle devrait être conceptualisée en préceptes à la portée de tous, clairs et collectifs. Pour cette raison, la simplification de la loi, dans l'espoir que celle-ci emporte en gain d'efficacité[1470], a de tout temps été privilégiée. L'ambition de Luther de « faire court, bon, peu et bien »[1471] devrait donc servir de référence quand il s'agit de poser l'obligation du banquier de gérer le conflit d'intérêts.

495. Le législateur doit sans doute « adopter des dispositions suffisamment précises et des formules non équivoques afin de prémunir les sujets de droit contre une interprétation contraire à la Constitution ou contre le risque d'arbitraire »[1472]. On a pu en conclure que les expressions volontairement générales relèvent de la catégorie des définitions « non normatives »[1473] ou tiennent à des « à des défaillances techniques »[1474]. Cependant, le constat de la rigidité de la règle de droit d'une part, et de

---

[1465] ARISTOTE, *Éthique à Nicomaque*, vol. 14, éd. Vrin, 1990, p. 267.
[1466] *Ibid.*
[1467] Sur le « culte de l'impermanence », v. TERRÉ (Fr.), « La méthode législative », *in Hommage à Jean Carbonnier*, Dalloz, 2007, p. 151 et s.
[1468] MOTULSKY (H.), « Mission pratique de la philosophie du droit », *Arch. phil. dr.* 1952, p. 177. Partageaient cette même idée Bentham, Kant et Hegel.
[1469] Selon l'expression de Motulsky. L'idée est d'appréhender une situation sociale au regard des exigences dominantes du moment grâce à une méthode d'abstraction intemporelle et en recourant à des valeurs universelles qui tournent toutes autour de la paix sociale et du respect d'autrui.
[1470] L'efficacité du droit, « se réaliserait sans doute bien mieux et bien davantage par la suppression de multiples lois et réglementations dont l'utilité, voire la nécessité, ne se discuteraient pas, si leur rédaction embrouillée n'en faisait pas des galimatias », WIEDERKHER (G.), « Le droit et le sens des mots », *Mélanges Goubeaux (G.)*, Dalloz, 2009, p. 573.
[1471] LUTHER cité par CARBONNIER (J.), *Essai sur les lois*, 2e éd., Défrenois, 1995, p. 334, note 14.
[1472] En vertu de l'objectif de valeur constitutionnelle d'intelligibilité et d'accessibilité de la loi déduit des articles 4, 5, 6, et 16 de la Déclaration de 1789, MONTALIVET (P. de), « La "juridicisation" de la légistique », *in La confection de la loi,* PUF, 2005, p. 100.
[1473] TRUCHET (D.), « Les définitions législatives », *in La confection de la loi, op. cit.*, p. 201. En ce sens, MATTHIEU (B.), *La loi*, 3e éd., Dalloz, 2010, p. 102 s. et AMSELEK (P.), « L'évolution générale de la technique juridique dans les sociétés occidentales », *RD publ.*, 1982, p. 287 et s.
[1474] OUTIN-ADAM (A.) et REITA-TRAN (A.-M.), « Excès et dérives dans l'art de légiférer. Quelques réflexions axées sur le droit des affaires », *D.* 2006, chron. p. 2919.

« l'impossibilité [pour le législateur] d'assurer la concrétude optimale de la loi » [1475], d'autre part, incitent à délaisser une rigueur excessive. L'opportunité de légiférer à partir d'objectifs dont le contenu resterait vague au moment de leur formulation[1476] devrait être reconnue. En effet, le rôle du législateur a toujours été de rechercher le principe qui trouverait à s'appliquer au plus grand nombre de situations, l'expérience ayant révélé que la prévisibilité de la loi est hors d'atteinte[1477].

496. Par conséquent, face aux limites d'une réglementation technique et détaillée, analysée dans la première partie, peut-être faudrait-il se résoudre, pour encadrer le conflit d'intérêts du banquier, à énoncer un postulat en termes larges. Cette affirmation suppose de comprendre quelle est la véritable ambition de chacune des normes participant, dans l'état actuel du droit positif, à contrôler le conflit d'intérêts du banquier, principalement ou accidentellement.

L'approche décrite permet de la sorte d'éclairer sur les fondements et la nature du devoir du banquier face au conflit d'intérêts (Titre I). Cet exercice implique de déterminer ensuite la manière dont il devrait s'exécuter afin d'éviter toute trahison malheureuse de la volonté du législateur (Titre II).

[1475] THIBIERGE (C.), « Le droit souple, réflexions sur les textures du droit », *RTD civ.* 2003, p. 533.

[1476] Ainsi, l'indétermination de la norme est acceptée quand la loi impose une obligation de moyens laissant le débiteur de cette obligation maître des dispositions à prendre pour l'exécuter. V. Cons. constit., décision n° 2000-436 DC du 7 déc. 2000.

[1477] C'est au juge en dernière analyse qu'il est le plus souvent revenu de réduire l'imprévisibilité normative au cas par cas. V. en ce sens, HAUSER (J.), « Le juge et la loi », *Pouvoirs* 2005, n° 114, p. 139. L'auteur distingue l'office du juge par rapport au dit et non-dit de la loi.

TITRE PREMIER. LES FONDEMENTS D'UNE OBLIGATION DE GARANTIE

497. La théorie classique du contrat soutenait que le droit positif devait se contenter d'« un minimum de civisme, de justice et de sincérité contractuelle » [1478] . Cette vision a rapidement trouvé ses limites et, aujourd'hui, elle est définitivement caduque. En effet, les efforts répétés de la doctrine et des juges[1479] ont provoqué un glissement vers un engagement contractuel prenant en compte l'inégalité des protagonistes, et ce faisant, ont élargi le champ des obligations entourant à la fois la conclusion et l'exécution du contrat[1480]. C'est ainsi que le contrat bancaire s'est vu accoler graduellement une série de nouvelles règles impératives. L'étude de cette évolution démontrera que, dans la continuité de cette quête de rééquilibrage contractuel, s'est progressivement construit un principe général imposant au banquier de protéger l'intérêt tiers contre le sien. En effet, en dehors de tout

[1478] CARBONNIER (J.), *Flexible droit, op. cit.*, n° 32, p. 106. Ce civisme ne s'entendait que de la conformité à l'ordre public et aux bonnes mœurs et cette sincérité n'était considérée qu'au regard de la notion de simulation. Ces valeurs, ainsi réduites à leur degré d'exigence le plus faible, étaient les seules attendues au-delà des conditions générales de validité de la convention.

[1479] En effet, les tribunaux se sont autorisés un pouvoir de réfaction d'un contrat clair en se fondant, notamment, sur la bonne foi, l'équité ou sur l'intention présumée. Un des exemples les plus classiques est la découverte d'une obligation de sécurité dans le contrat de transport : Cass. civ., 21 nov. 1911, *Bull.* civ. n° 134 ; *DP* 1913, I, p. 249.

[1480] Si, en principe, une convention claire, interdit au juge toute modification sous prétexte d'interprétation, *Interpretatio cessat in claris*, il est d'ordinaire plutôt rétif à l'idée d'interpréter la loi comme l'affirmation d'une vérité absolue et aspire à une application qui fasse prévaloir l'esprit sur la lettre. La Cour de cassation approuve régulièrement les initiatives qui tempèrent l'application mécanique de la loi et lui préfèrent des solutions plus conformes à l'idée de justice.

contrat, les exigences, si elles sont d'une nature différente, aspirent à contraindre à une même règle.

Ce devoir de protection se traduit plus particulièrement, en cas de conflit d'intérêts, par une obligation pour le banquier de garantir l'intérêt tiers. Les fondements d'un tel axiome, s'ils sont certaines fois explicites, d'autres fois implicites, existent en présence d'une investiture conventionnelle (Chapitre I) comme en son absence (Chapitre II).

Chapitre Premier. Une garantie attendue en présence d'un contrat

498. Par delà la diversité des notions auxquelles il est fait – ou peut être fait – recours pour contrôler le conflit d'intérêts du banquier, se cache en réalité une profonde unité de principe : l'intérêt tiers, considéré comme supérieur, prime constamment sur celui du banquier. L'analyse de chacun de ces concepts et de leur évolution révélera que l'obligation attendue du banquier va au-delà de l'abstention de nuire ou de la simple prise en compte de l'intérêt tiers. Dans l'absolu, l'ambition est que le banquier protège l'intérêt tiers contre le sien. En cas de conflit d'intérêts, pour respecter cet impératif, il ne s'agit pas d'autre chose que d'exiger de lui qu'il garantisse l'intérêt supérieur contre son propre fait. Il s'agit là d'un devoir à part entière, qu'il conviendrait de reconnaître. Il trouve son fondement aussi bien dans le droit commun des obligations et des contrats que dans le droit spécial. La nature ainsi présentée de l'obligation du banquier face au conflit d'intérêts sera davantage confirmée par une approche comparative visant à en révéler la particularité.

Cette obligation de garantie se trouve justifiée aussi bien par la volonté du contractant (Section 1), que par l'économie du contrat (Section 2).

Section 1. La garantie justifiée par la volonté du contractant

499. La première condition de validité de toute convention est l'existence d'un accord et son intégrité[1481]. L'exercice visant à démontrer la présence d'un principe de protection de l'intérêt tiers, qui se traduit en devoir de garantie en cas de survenance d'un conflit d'intérêts[1482], devrait donc commencer par l'étude des règles relatives au consentement[1483], d'autant plus qu'en matière de contrats bancaires, ce contrôle semble renforcé[1484].

En effet, la sanction classique des articles 1110 et 1111 du Code civil s'applique parfois au prix d'une interprétation extensive, voire originale, pour arriver à soumettre le conflit d'intérêts du banquier (§1). Et il en va de même de l'obligation d'information utilisée aux mêmes fins (§2).

[1481] Étant entendu que « ce qui constitue le consentement, c'est l'adhésion intellectuelle », BUFNOIR (C.), *Propriété et contrat*, 2e éd., Rousseau, 1924, n° 67, p. 605 et s., autrement dit la manifestation de la volonté telle qu'elle a existé, la volonté intérieure, G. DEREUX, « Études des diverses conceptions actuelles du contrat », *Rev. crit. de législ. et de jurispr.*, 1901, p. 514 et 516.

[1482] En effet, on pensait la théorie des vices de consentement déjà désuète le lendemain de la rédaction du Code Napoléon, « Vieilles théories dont les grandes lignes sont arrêtées depuis le droit romain et qui n'ont de nouveau que quelques applications introduites par les usages de la vie moderne » disait BEUDANT (Ch.), *Les contrats et obligations*, 2e éd., Rousseau, 1936, t. 8, p. 70. Elle a pourtant conservé une remarquable vigueur, même si la doctrine a souvent fustigé son faible rendement et a pronostiqué son déclin face aux moyens réputés plus efficaces comme les mentions informatives obligatoires par exemple.

[1483] OUERDANE-AUBERT DE VINCELLE (C.), *Altération du consentement et efficacité des sanctions contractuelles*, préf. Lequette (Y.), Dalloz, 2002.

[1484] Ce contrôle renforcé est justifié par la « protection nécessaire des volontés affaiblies », RIPERT (G.), *Aspects juridiques du capitalisme moderne*, *op. cit.*, p. 43. Les volontés sont affaiblies devant des actes n'offrant souvent d'autres choix au contractant que l'adhésion à un modèle standardisé et non négociable ou le rejet en bloc v. BERLIOZ (G.), *Le contrat d'adhésion*, *op. cit.* ; BERLIOZ-HOUIN (B.) et BERLIOZ (G.), « Le droit face à l'évolution économique », *Études offertes à Roger Houin*, Dalloz-Sirey, 1985, p. 3. Or, dès que le pouvoir exerce une contrainte sur la volonté d'autrui, un moyen de le contrôler consiste à protéger cette volonté afin notamment d'assurer la « liberté effective du consentement », L. JOSSERAND, « Aperçu général des tendances actuelles de la théorie des contrats », *RTD civ.* 1937, p. 30.

§ 1 - L'adaptation des vices de consentement

500. De la même manière qu'Ulpien inscrivait au Digeste : « la stipulation qui se fait par paroles est nulle, si elle ne comporte pas de consentement »[1485], Planiol écrivait : « l'accord de volontés, est l'élément essentiel de tout contrat. Il doit toujours exister » [1486]. Quant aux codificateurs, ils exigèrent, en plus de l'existence du consentement, critère objectif, qu'il soit valablement accordé. Ce n'était ainsi plus parce que le contrat était vivant qu'il était pour autant viable. Et l'article 1109 du Code civil dispose qu'il n'y a point d'assentiment valable, si, notamment, il n'a été donné que par erreur ou extorqué par la violence.

Depuis, les notions d'erreur (A) et de violence (B) se sont vues dotées d'une fonction protectrice de l'intérêt individuel du contractant du banquier de manière générale, et contre son conflit d'intérêts en particulier.

A/ L'erreur

501. L'article 1109 du Code civil soumet la validité d'une convention à l'absence d'erreur. L'erreur[1487] est la croyance de ce qui n'est pas[1488]. C'est

---

[1485] ULPIEN, cité par GAUDEMET (J.) et CHEVREAU (E.), *Droit romain privé*, Montchrestien, 2009, n° 127, p. 382.

[1486] PLANIOL (M.), *Traité élémentaire de droit civil*, *op. cit.*, t. 2, n° 944, p. 325.

[1487] L'erreur est considérée comme « l'élément le plus important, parfois même l'unique élément du fait juridique, la volonté », TRESCARTES (E.), *De l'erreur dans les actes juridiques et spécialement dans les contrats*, *op. cit.*, p. 11, dans le même sens voir VÉZINHET (A.), *De l'erreur et de ses effets dans les contrats et quelques autres rapports juridiques*, Imprimerie A. Chauvin et fils, 1875, p. 1 et s. Notons que l'on a pu penser que l'expression d'un consentement et l'expression d'une volition devaient être nettement distingués. V. VERY (M.) *De l'erreur dans les contrats*, G. Mollat Libraire éditeur, 1912, p. 1. L'auteur critique la formulation de l'article 1108 du Code civil et voit dans le consentement à la base du contrat un « état d'âme », différent de la volonté, qui serait l'adhésion de l'esprit à un fait juridique déterminé, donc un acte unilatéral qui se suffit à lui-même, alors que le consentement supposerait le concours de deux volontés à propos d'un acte juridique. Rappr. GHESTIN (J.), *La notion d'erreur dans le droit positif actuel*, *op. cit.*, p. 3. De manière générale, les auteurs se sont partagés sur le rôle de la manifestation de la volonté, les uns ont en fait le point central du contrat : DEREUX (G.), « Études des diverses conceptions actuelles du contrat », *Revue critique* 1901, p. 513. D'autres n'y voyaient que l'accessoire : SALEILLES (R.), *De la déclaration de volonté, contribution à l'étude de l'acte juridique dans le Code civil allemand (art. 116 à 144)*, F. Pichon, 1901, p. 1 et s.

[1488] Les connaissances de l'individu, selon Kant, sont le résultat de son entendement, de son jugement, de sa sensibilité, comme de sa capacité de représentation des choses, et lorsque la sensibilité prend le dessus sur l'entendement, arrive l'erreur. KANT (E.), *Éléments méthaphysiques de la doctrine du droit*, trad. Barni (J.), éd. A. DURAND, 1853, p. 169 et s.

la fausse notion que nous avons d'une chose[1489]. Dans l'article 1110, le législateur précise la portée qu'il entend attribuer à cette règle. Mais ces dispositions principales ont rapidement, dès après leur codification, montré leurs limites.

En effet, plusieurs difficultés sont apparues, qui ne pouvaient se résoudre à la lumière de ces deux articles exclusivement. Le juge a donc fait des interprétations diverses et élargies[1490], et la doctrine a soulevé nombre de discussions dont le résultat a été d'allouer au concept d'erreur un rôle de protection qui n'était pas le sien à l'origine (1°) et qui ne se retrouve d'ailleurs pas en droit comparé (2°).

1° - L'erreur subjective en droit français

502. La notion d'erreur a très tôt constitué, pour le juge, appuyé par la doctrine, un moyen de protéger l'intérêt du contractant et de préserver son consentement quand l'intention de tromper est absente ou délicate à prouver[1491] (a). Or, l'erreur permettant de contrôler le conflit d'intérêts, son évolution n'est pas sans influence sur ce que devrait être l'obligation du banquier face au conflit d'intérêts (b).

a - L'évolution

503. Après avoir dit que seule l'erreur sur la substance[1492] peut annuler le contrat, la difficulté a été de savoir quel serait le *criterium* d'après lequel devrait se faire la distinction entre erreurs substantielles et non substantielles. Cette question suppose au plus d'indiquer ce qui définit au juste, dans le langage juridique, la substance.

[1489] Définition posée par Savigny dans son ouvrage *Système de Droit romain*, cité par TRESCARTES (E.), *De l'erreur dans les actes juridiques et spécialement dans les contrats*, *op. cit.*, p. 17. Dans le même sens Demolombe définit l'erreur comme « une opinion contraire à la vérité », cité par VÉRY (M.), *ibid.*, p. 2, et Radulesco y voit « une représentation erronée d'un objet déterminé » : RADULESCO (J.), *De l'influence de l'erreur sur la responsabilité pénale*, Éditions de la vie universitaire, 1923, p. 10. Pour Ghestin, « l'erreur consiste à croire vrai ce qui est faux, ou faux ce qui est vrai » : GHESTIN (J.), *La notion d'erreur dans le droit positif actuel*, préf., Boulanger (J.), LGDJ, 1963, p. 2.

[1490] 62e Congrès des notaires, *La formation des contrats, L'avant-contrat,* Lyon imprimerie, 1964, p. 68.

[1491] Cass. com., 18 juill. 1958, Compagnie parisienne, *Bull. civ.*, III, 1956, n° 220.

[1492] Dans les développements qui vont suivre, seule l'erreur sur la substance sera étudiée à l'exclusion par exemple de l'erreur sur la personne ou l'erreur-obstacle. Pour un arrêt récent v. l'erreur-obstacle : Cass. 3e civ., 21 mai 2008, *D.* 2008, p. 1693 et 2965, obs. Amarani Mekki (S.).

Le droit romain entendait par le mot *substantia* la qualité essentielle d'une chose, qualité qui a fait donner à cette chose un certain substantif[1493]. Ainsi, il y avait erreur sur la substance lorsque l'or était pris pour de l'argent, un cheval pour une ânesse, etc., mais non quand du vin piqué avait été pris pour du bon vin.

Pour Pothier, la substance, assimilée à la qualité, est « ce qui permet de donner à une chose le nom substantif qui la distingue ; ce sont, par conséquent, les attributs sans lesquels la chose, objet du contrat, serait classée dans une autre catégorie de substantifs, ces attributs ont pour trait distinctif de n'être susceptibles ni de plus, ni de moins »[1494].

Après la codification, la détermination du mot substance a alors été traitée par de nombreux auteurs. Pour définir ce qu'est la substance, la doctrine se divisa à l'origine en deux : l'école objective et l'école subjective. La première, qui n'a plus cours aujourd'hui, a eu pour chef de file incontesté Savigny[1495] qui voyait la substance, non pas dans l'identité de l'objet, mais dans ses éléments, dans ses attributs. Cette première théorie a été résolument et rapidement écartée. Sans lui nier l'avantage d'établir une règle inflexible, elle ne correspondait pas aux nécessités pratiques et ne paraissait pas être en rapport avec la complexité des besoins de l'époque, car bien souvent la matière d'un objet n'est que d'une importance secondaire. Cette thèse ne reflétait ainsi pas en réalité cette idée de protection de l'intérêt individuel à laquelle la notion d'erreur devait participer, ce qui explique en l'occurrence l'assouplissement que cette théorie a connu au cours du XIXe siècle.

La seconde école, formée notamment par Demolombe[1496], cessant d'envisager l'objet en lui-même, fit de la substance une dépendance de volonté des parties, les qualités de la chose n'étant pas fixées *a priori*, mais étant celles que les parties auront considérées les plus importantes. Ce n'est pas que cette deuxième théorie ne soulève aucune critique sérieuse, on lui a entre autres reproché de porter atteinte à la sécurité des transactions, mais c'est que les améliorations qui furent apportées par la suite, en réponse à la

---

[1493] DE VAREILLES-SOMMIÈRE (G. de L.), *Étude sur l'erreur en droit romain et en droit français*, Cotillon et fils, 1871, p. 152 et s. ; GIRARD (P. F.), *Manuel de droit romain*, *op. cit.*, p. 459. Marcellus, jurisconsulte du IIe siècle, n'imaginait pas l'erreur comme source de nullité ; MARCELLUS cité par NOUR (F.), *L'erreur, vice des contrats en Droit français et en Droit anglais*, Impr. Bosc Frères & Riou, 1926, p. 12.

[1494] DE VAREILLES-SOMMIÈRE (G. de L.), *Étude sur l'erreur en droit romain et en droit français*, *op. cit.*, p. 152 et s.

[1495] Rappelant qu'à Rome on pouvait faire annuler pour erreur un marché dans lequel on s'était trompé sur le sexe d'un esclave à raison des taches attendues de celui-ci, l'auteur explique que : « l'erreur sur une qualité de la chose est essentielle, lorsque d'après les idées admises dans les relations de la vie réelle, la qualité faussement supposée range la chose dans une autre classe d'objets que celle dont elle fait partie » : SAVIGNY (F. C. V. de), *Traité de Droit Romain*, 2e éd., Firmin Didot frères, 1856, t. 3, p. 286 et p. 432.

[1496] DEMOLOMBE (Ch.), *Cours du Code napoléon*, *Traité des contrats et des obligations conventionnelles en général*, Imprimerie générale Ch. Lahure, 1877, p. 83 et s.

contestation, lui permirent d'être mieux comprise aujourd'hui. Ricardo Fubini [1497] a notamment proposé une formule qui tient compte des enseignements des deux écoles. Elle peut se résumer de la manière suivante : les erreurs substantielles portent, en premier lieu, sur les qualités auxquelles la nature même de la chose convenue assigne cette caractéristique, et en second lieu, sur les qualités qui, dans l'usage, sont considérées avoir été envisagées comme telles par les parties et, enfin, sur les qualités qui, à raison du concours des circonstances dans lesquelles une convention a été conclue, ou du caractère spécial que lui ont donné les contractants, sont réputées avoir été essentielles. À la suite, Célice a déduit de l'étude de la jurisprudence de l'époque que la notion de substance est composée en plus d'un élément subjectif, à savoir « le lien qui psychologiquement unit la représentation de certains éléments objectifs à la volition »[1498], autrement dit « le caractère déterminant et décisif qui se greffait sur certaines qualités d'une chose, ou certains faits d'une personne, pour entraîner la résolution prise par un contractant, toutes choses qui reviennent à dire qu'il n'est autre qu'un rapport de cause à effet s'établissant entre un élément objectif de la volonté »[1499]. Et pour finir de déterminer quelle est la part de chacun de ces éléments, l'auteur conclut que « c'est l'intention des parties qui constitue l'élément essentiel, l'élément objectif n'apparaissant en somme que pour lui servir de support »[1500].

504. Finalement, si l'on reprend l'opinion de Colin et Capitant, « la substance de la chose ne sera pas un ensemble d'éléments stables, toujours les mêmes, quel que soient les contractants. Ce seront au contraire, des éléments variables en fonction des individus. Ce sera la qualité que le contractant avait principalement en vue, celle qui l'a déterminé à contracter, celle dont on peut dire : si l'intéressé avait connu son erreur, il n'eût certainement pas conclu le contrat »[1501]. Pour résumer, l'erreur porte sur les qualités et « les qualités sont multiples, elles sont en très grand nombre et embrassent, par exemple, pour ne citer que quelques-unes des plus importantes, […] l'usage »[1502] ou encore le « résultat juridique »[1503]. En tous cas, ce n'est plus l'objet en soi qui est scruté, mais bien l'esprit du contractant. La chose n'est pas examinée isolément, mais à travers le prisme de l'intention de l'agissant. C'est cette aspiration qui prime et l'erreur devient le moyen de protéger ce que recherchait le contractant. L'erreur ne

---

[1497] FUBINI (R.), « Contribution à l'étude de la théorie de l'erreur sur la substance et sur les qualités substantielles », *RTD civ.* 1902, p. 301.

[1498] CÉLICE (R.), *L'erreur dans les contrats, étude de la jurisprudence française*, *op. cit.*, p. 107.

[1499] *Ibid.*

[1500] *Ibid.*

[1501] COLIN (A.) et CAPITANT (H.), *Cours élémentaire de Droit civil*, *op. cit.*, t. 2, p. 281.

[1502] TRESCARTES (E.), *op. cit.*, p. 47.

[1503] *Ibid.*, p. 48.

sert plus à autre chose qu'à préserver l'intérêt du contractant. Il n'y aura désormais jamais qu'une qualité substantielle pour le même objet et elle sera toujours la fonction utile au cocontractant. C'est en somme une « étiquette commode »[1504] : l'erreur est substantielle si elle autorise l'annulation du contrat. L'erreur sur la substance, *error in materiae* ou *substantia*, que le droit romain n'entendait pourtant que dans un sens strict, a été dotée par la jurisprudence d'un « impérialisme certain »[1505]. De nos jours, elle permet au juge de contrôler jusqu'à la valeur économique de la prestation[1506] et lui offre un moyen de faire respecter les intérêts du client cocontractant du banquier.

505. L'évolution de la notion d'erreur ainsi cernée, il convient de s'intéresser à la manière dont elle influence l'obligation du banquier face à la situation de conflit d'intérêts.

b - L'influence

506. Très tôt, le concept d'erreur sur la substance a fait l'objet d'une interprétation extensive dès qu'il s'est agi de défendre l'intérêt du client cocontractant du banquier. Les tribunaux se sont montrés extrêmement réservés à l'égard du terme lui-même et ont parfois dévoyé l'expression du Code « erreur sur la substance », en employant à la placc « erreur substantielle », parce que l'analyse qu'ils en faisaient tendait plus à se rapprocher du sens erreur « essentielle » ou « importante ». Cependant, le *criterium* objectif, qui a eu un temps l'honneur de la jurisprudence, a été rapidement détrôné par le principe de protection du contractant, qui existait déjà en filigrane. Plus précisément, c'est dans un jugement du tribunal de Douai rendu le 2 février 1865[1507] que se retrouve la formule qui a connu un brillant avenir : « l'erreur sur les qualités essentielles et inhérentes à la destination que les parties avaient principalement en vue ». Puis, la jurisprudence s'est empressée de favoriser le *criterium* subjectif, jusqu'à souvent prononcer la nullité sur la constatation que seules des qualités purement subjectives faisaient défaut. Ainsi, le 1er décembre 1877, la Cour de Paris s'est attelée à rechercher quelle a été la « raison principale et déterminante du contrat »[1508]. Et un arrêt de la Cour d'appel de Paris du 19 juillet 1890[1509] a estimé qu'un contrat de vente doit être déclaré nul pour

---

[1504] J. GHESTIN, thèse préc., p. 41.

[1505] LOUSSOUARN (Y.), *RTD civ.*, 1969, p. 556 cité par BRENNER (C.), « L'erreur dans la théorie des vices de consentement », *in* Foyer (J.), Terré (Fr.) et Puigelier (C.) (dir.), *L'erreur*, PUF, 2007, p. 35.

[1506] OPPETIT (B.), *Le rôle du juge civil en présence des problèmes économiques*, Publications de l'association Henri Capitant, 1970, p. 8 et s.

[1507] Tribunal de Douai, 2 févr. 1865, *D.* 1876, p. 238.

[1508] CA Paris, 1er déc. 1877, *S.* 1877, p. 325.

[1509] CA Paris, 19 juill. 1890, *DP.* 1892, p. 257.

cause d'erreur sur la substance lorsque la chose est dépourvue des « propriétés en vue desquelles l'acquisition a été faite ». Dans cette affaire, l'acquéreur avait acquis des titres négociables, de valeur variable selon le cours de la bourse, remboursables à une date déterminée, et il lui a été livré des titres ne constituant qu'une créance fixe. Le contrat fut annulé par la Cour en « considérant que la nullité édictée pas l'article 1110 du Code civil frappe non seulement les ventes dans lesquelles les éléments matériels de l'objet font défaut, mais aussi celles dans lesquelles la chose vendue est dépourvue des propriétés en vue desquelles l'acquisition a été faite »[1510]. Cet arrêt n'était pas un cas isolé. Il a depuis été jugé maintes fois de la sorte dans l'objectif de protéger l'intérêt du contractant. Ainsi d'une autre décision de la Cour de cassation du 30 juillet 1894[1511], à l'origine d'une jurisprudence aujourd'hui bien établie en matière d'annulation de contrat de cautionnement pour erreur sur son étendue. Une personne avait offert sa caution à un emprunt en pensant que l'affectation hypothécaire garantissant l'obligation cautionnée portait sur la totalité des immeubles dont l'emprunteur était propriétaire. Appelée à exécuter son engagement, elle invoqua son erreur. La Haute Juridiction considéra que la croyance de la caution étant « une condition expresse et formelle du cautionnement », l'*errans* s'était dès lors trompé. En vérité, des prémices de ces solutions se retrouvent dans un arrêt de la Cour d'appel de Douai de 1848 qui annule une convention estimant « que le consentement n'avait été donné que par erreur de fait ». Il n'y était déjà plus question de substance puisque c'est uniquement l'influence de l'erreur sur l'accord qui était envisagée[1512].

Au-delà de toutes ces divisions de l'erreur, « un peu fantaisistes »[1513], on peut également penser à un rapprochement avec la notion d'erreur sur les motifs. À considérer qu'il s'agisse, dans notre exemple de conflit d'intérêts, d'une simple erreur sur les motifs, on pourrait rejoindre l'avis de Pufendorf[1514] pour qui l'erreur sur les motifs est susceptible d'entraîner la nullité de la convention si un des cocontractants a fait part à l'autre du motif erroné par lequel il est poussé à contracter. Cette théorie a aussi été

1510 CA Paris, 19 juill. 1890, *DP*. 1892, p. 257.

1511 Cass. req., 30 juill. 1894, *DP*. 1895, p. 340.

1512 CA Douai, 21 fév. 1848, *D*. 1849, p. 48. Cass. req., 16 mars 1898, *D*. 1898, p. 301 ; *S*. 1902, p. 331. Cass. req., 17 juin 1946, *Gaz. pal*., 1946, 2, p. 204. Toutefois, pour déclarer le consentement vicié par l'erreur, la jurisprudence de manière générale exige que le contractant soit persuadé du caractère substantiel pour l'autre partie au contrat, c'est-à-dire qu'elle ait eu connaissance du caractère déterminant de l'erreur, et c'est ce dont rendent compte Y. Loussouarn et J. Ghestin notamment en posant que la qualité objet de l'erreur doit être entrée dans le champ contractuel, qu'elle doit porter sur une qualité convenue : notes sous Cass. com., 20 oct. 1970, *RTD civ*., 1971, note Loussouarn (Y.), p. 131 ; *JCP*, 1971, II, 16916, note Ghestin (J.).

1513 VÉZINHET (A.), *op. cit*., p. 6.

1514 PUFENDORF (S. V.), L. III, chap. 6, n° 7, cité par POTHIER (R.-J.), *Traité des obligations*, *op. cit*., n° 20, p. 18.

reproduite par Toullier[1515] pour qui il suffit qu'une partie ait connu, ou dû connaître, le motif déterminant de l'autre, et qu'elle ait dû le regarder comme un prérequis de la promesse acceptée, car, continue-t-il, il est des motifs qui constituent des conditions tacites inhérentes au contrat, qui n'ont pas moins de force que celles qui sont expresses. Quant à Pardessus[1516], il distingue entre le motif commun des parties et celui qui serait particulier à l'une d'elles. Dans le premier cas seulement, dit l'auteur, l'engagement doit être annulé. Cependant, son raisonnement paraît assurément méconnaître que le fondement de la nullité réside plutôt dans l'absence de cause. C'est sans doute cette faiblesse qui a valu à cette idée d'avoir été aussi fortement réfutée. Mais, compte tenu de la particularité de la situation du conflit d'intérêts pris en exemple plus haut, admettre l'erreur sur les motifs pourrait se justifier. Les illustrations de Puffendorf, comme celles de Toullier ou de Pardessus, se rapprochent des nôtres en ce sens que le client fait part à son banquier de son attente prévisible qui le pousse à s'obliger. Il faut toutefois préciser que l'idée d'annuler le contrat pour atteinte au mobile a partagé la doctrine. Selon certains auteurs, l'erreur qui ne porte pas exclusivement sur une qualité de la chose ne peut exercer aucune influence sur le contrat, puisque pour constituer un vice de consentement, elle doit affecter l'objet du contrat, ou plus exactement, l'un des engagements nés du contrat. Telle est la position prise par Célice[1517], Baudry-Lacantinerie et Barde[1518] par exemple. Pour d'autres, auquel l'évolution des choses a donné raison, l'erreur sur le motif déterminant justifierait à tout coup l'annulation du contrat contesté, dès lors que ce motif, même strictement personnel et dépourvu de tout lien avec l'objet, a déterminé l'acceptation de la victime de l'erreur. Cette solution, qui a été notamment affirmée par Ripert[1519], Boulanger[1520] et Esmein[1521], ne porte d'ailleurs pas atteinte à l'équité, ni surtout à la sécurité nécessaire dans les relations juridiques.

Ainsi, à notre époque, prononcer la nullité du contrat pour cause d'erreur sur les motifs n'est plus une originalité[1522]. Certes, le terme motif revêt des

---

[1515] TOULLIER (C. B. M.), *Droit civil français, suivant l'ordre du code*, Imprimerie de Migneret, 1824, t. 6, p. 46.

[1516] PARDESSUS (J.-M.), *Cours de droit commercial*, Librairie de jurisprudence de H. Tarlier, 1836, t. 1, p. 82.

[1517] CÉLICE (R.), *L'erreur des les contrats, étude de la jurisprudence française*, *op. cit.*, p. 77, 83 et s., 92 et s., et 100.

[1518] BAUDRY-LACANTINERIE (G.) et BARDE (L.), *Traité théorique et pratique de droit civil, Les obligations*, 3e éd., Sirey, 1906, t. 1, p. 112.

[1519] RIPERT (G.), *La règle morale dans les obligations civiles*, *op. cit.*, p. 78.

[1520] RIPERT (G.) et BOULANGER (M.), *Traité de droit civil.*, LGDJ, 1952, t. 2, p. 70.

[1521] PLANIOL (M.) et RIPERT (G.) par ESMEIN (P. E.), *Traité pratique de droit civil français*, LGDJ, 1952, t. 5, p. 223 et s.

[1522] V. par ex. Cass. 1re civ., 13 févr. 2001, *Bull.* civ., I, n° 31 ; *Defrénois* 2002, p. 476, note Robine (D.) ; *RTD civ.*, 2001, p. 352, obs. Mestre (J.) et Fages (B.). Cass. com., 11 avr. 2012, *D.* 2012, p. 1117, obs. Delpech (X.) ; *RTD com.*, 2012, p. 381, obs. Legeais (D.) et p. 608,

significations variées (simples motifs, motifs étrangers à l'objet du contrat, motifs déterminants, motifs s'assimilant à la cause ou non, etc.), mais il convient de remarquer que l'étude des hypothèses dans lesquelles l'erreur sur les motifs est invoquée qui se sont présentées jusque là devant les juridictions laisse apparaître, et ce n'est pas un fait récent, que les juges retiennent essentiellement le but poursuivi par le demandeur en annulation. Les tribunaux s'efforcent de comprendre si l'objet était apte à satisfaire l'utilité escomptée par la victime de l'erreur. Toutes les espèces s'occupent de rechercher la fin qui pousse le contractant à s'obliger. En effet, il n'est pas difficile au juge de faire valoir que l'erreur n'est pas une simple erreur sur les motifs, mais bien une erreur sur la substance dans la mesure où l'attente prévisible des parties est appréciée *in concreto*. En outre, cette démarche n'est pas tellement surprenante, la jurisprudence ayant trouvé ici un moyen de protection de la justice contractuelle et de respect de l'économie du contrat. Et dans ce registre, les magistrats usant de la notion peuvent assez librement faire la part entre les erreurs qui doivent être sanctionnées parce que l'attente raisonnablement concevable a été déçue et celles qui ne doivent pas l'être. Parfois même, la jurisprudence ne s'interdit plus de sanctionner des déconvenues personnelles[1523], voire d'utiliser l'erreur comme outil de moralisation du contrat[1524].

507. L'existence, dans le droit positif, d'un principe général de protection visant à faire toujours primer l'intérêt du client trompé est palpable. Or, ce postulat justifie que cet intérêt considéré comme supérieur soit systématiquement privilégié dans la circonstance particulière du conflit d'intérêts, car la notion d'erreur permet de saisir la situation de conflit. La substance du contrat bancaire répond à la fois au critère tant objectif que subjectif de l'erreur. L'élément objectif de l'engagement dans un contrat bancaire est la nécessité ou le besoin de recourir à l'intermédiation du banquier, qui se vérifie dans tous les contrats d'une même espèce. L'élément subjectif du contrat passé par le client est un intérêt typique d'ordre pécuniaire. Nous retrouvons donc dans cette conception de la substance les éléments objectifs et subjectifs qui composent à notre sens la notion d'intérêt contribuant à définir le conflit d'intérêts. Dès lors, il est logique que le juge ait pu également recourir à l'erreur pour saisir des situations de conflit d'intérêts. Pour illustrer ces propos, prenons un exemple des plus simples de conflit d'intérêts : un client souhaite conclure un contrat de prêt auprès de sa banque pour l'acquisition d'une société cliente du même professionnel qui sait que l'opération n'est avantageuse pour aucune des parties, mais y trouve

obs. Bouloc (B.) ; *Gaz. Pal.*, 2 juin 2012, p. 23, obs. Houin-Bressans (C.) ; *D.* 2013 p. 394, obs. Amrani Mekki (S.) et Mekki (M.).

[1523] CA Versailles, 30 mars 1989, *RTD civ.*, 1989, p. 739. Cass. 1re civ., 14 déc. 2004, *Bull. civ.*, I, n° 326.

[1524] V. par ex. : CA Paris, 27 mars 1987, *D.* 1987, somm. 446, note Aynès (L.). CA Paris, 18 janv. 1978, *JCP*, 1980, II, 19318, note Simler (Ph.).

son propre intérêt. En pratique, c'est l'hypothèse du banquier souscripteur pour deux sociétés d'un seul secteur ou conseiller à la fois de l'acquéreur et du cédant dans le cadre d'une offre publique d'achat[1525]. Le repreneur, ne pouvant pas se retourner contre le banquier pour lui avoir dissimulé la situation de la société dont il était le banquier et avoir financé sa prise de contrôle, même si c'est ce banquier qui a pu rapprocher les deux clients[1526], celui qui a conclu l'emprunt peut-il invoquer son erreur pour se délier du contrat ? Cette interrogation se retrouve dans d'autres cas de conflit d'intérêts, comme les opérations réalisées en « face à face », c'est-à-dire la passation d'un ordre d'achat ou de vente rapidement suivi d'un ordre en sens contraire à partir d'un compte différent et portant sur un volume identique ou presque, le toute sur quelques séances. Ces mouvements, qui tendent généralement à animer fictivement un titre très peu liquide, sont bien sûr susceptibles de fournir au marché des indications fausses ou trompeuses sur la réalité de l'offre et de la demande, et peuvent renforcer l'intérêt des investisseurs pour le titre, les incitant de cette manière à s'en porter acquéreurs[1527]. Pareillement, les annulations importantes d'ordres passés sur un titre très peu liquide avant leur exécution, même partielle, sont de nature à créer un intérêt acheteur artificiel[1528]. Le conflit d'intérêts ici est bien à l'origine d'une erreur du client sur la substance, telle que la définit Demolombe, c'est-à-dire « la qualité [de la] chose, qui la rend spécialement

---

[1525] CALOMIRIS (C. W.) et SINGER (H.-J.), « *How often do "Conflicts of interests" in the Investment Banking Industry Arise During Hostile Takeovers ?* », *Working Paper columbia University* 26 févr. 2004.

[1526] T. com. Paris, 14 juin 1994, *Dr. sociétés* 1994, n° 204, obs. Chaput (Y.). V. égal. Cass. com., 8 janv. 1991, n° 89-17.477. Pareillement, la banque « ne saurait se substituer à [l'emprunteur] pour en apprécier l'opportunité et engage sa responsabilité faute de l'avoir mis en garde, en l'absence de circonstances établissant qu'elle aurait incité son client à contracter un tel investissement et hors le cas où ce dernier établirait qu'il a sollicité un tel conseil » : Cass. com., 7 juill. 2004, n° 02-15.208, Laffite et a. c/ CDR Créances. La solution retenue par les juges n'est pas surprenante. D'une part, elle correspond à une jurisprudence bien établie qui veut que la responsabilité du banquier ne puisse être engagée en se fondant sur son obligation de conseil si le client « avait toutes les raisons de connaître la situation réelle » qu'il reproche à la banque de ne pas lui avoir communiquée : Cass. com., 4 juin 1991, *RD bancaire et bourse* 1992, p. 151. D'autre part, le repreneur, emprunteur, a une obligation de vigilance sur la conduite de ses propres affaires, sauf à la banque de lui avoir dissimulé des éléments dont elle avait connaissance et alors qu'elle avait des raisons de penser que l'emprunteur ne les connait pas. En réalité, en cette matière, tout dépendra de la qualification du contrat et des obligations qui lient le banquier à ses clients. Un banquier, intermédiaire et courtier, peut toujours indiquer légitimement à son client les possibilités de développement de la société cible, à la condition que « les renseignements fournis [soient] exacts en eux-mêmes [et communiqués] de façon neutre » : Cass. com., 18 oct. 1988, n° 87-11.082, Revay c/ Banque privée de gestion financière. Encore faut-il se demander ce que cette neutralité donne en pratique.

[1527] AMF, 20 déc. 2007, Sanct. 2008-09.

[1528] CA Paris, 24 sept. 2008, n° 08-02369.

propre à un certain usage »[1529]. Il est aussi source d'une erreur sur la substance au sens de Vareilles-Sommières, à savoir, « la qualité principale et caractéristique qui individualise les choses et les rend propres à tel ou tel usage et d'où elles tirent leur nom »[1530]. Il s'agit bien là d'un cas où la volition a été altérée à cause « d'une influence néfaste qui s'est exercée sur une volonté ordinairement saine et suffisamment armée, mais que les circonstances particulières [le conflit d'intérêts en est une] ont mises en état d'infériorité »[1531].

La jurisprudence est de cet avis. Si la Cour de Bordeaux qui a très tôt admis qu'il y a erreur substantielle lorsque l'objet ne remplit pas le but qui lui était assigné[1532], relativement au conflit d'intérêts précisément, la même solution a été donnée par la deuxième chambre civile de la Cour de cassation dans un arrêt du 13 avril 1972, considérant que si c'est par un contrat *stricto sensu* que la mission a été confiée à l'agent, le vice du consentement résultant de l'ignorance du conflit d'intérêts permet de fonder l'annulation du contrat[1533]. Il est ainsi possible de constater des développements qui précèdent que la notion d'erreur est devenue un outil de protection de l'intérêt du client cocontractant de manière générale. En cas de conflit d'intérêts, le respect de cette ambition de protection ne suppose pas autre chose que d'exiger du banquier qu'il garantisse l'intérêt supérieur au sien.

2° - Le Mistake objectif en droit anglo-américain

508. Au terme d'une longue évolution, l'erreur, « vice d'intelligence »[1534], peut porter non seulement sur la substance, sur les motifs ou l'identité de la chose, mais aussi de la personne, *error in persona*, ou sur la nature du contrat, cas d'erreurs que distinguaient déjà le droit romain[1535], et encore sur l'objet du contrat, les qualités de la chose, le sens, voire l'existence de clauses. La théorie des vices du consentement admise en droit anglo-américain présente une certaine homogénéité avec celle du droit français. Trois vices peuvent comme en droit français affecter le consentement : l'erreur, le dol et la violence. Des divergences existent toutefois en ce qui concerne la manière dont est conçu tel ou tel vice, ou les conditions dans lesquelles un des cocontractants est admis à le faire valoir. Notamment, les considérations de protection n'y ont pas la même place.

[1529] DEMOLOMBE (Ch.), *Cours du Code napoléon, Traité des contrats et des obligations conventionnelles en général*, *op. cit.*, n° 89 s., p. 84.
[1530] DE VAREILLES-SOMMIÈRE (G. de L.), *op. cit.*, p. 152 et s.
[1531] TRESCARTES (E.), *op. cit.*, p. 14.
[1532] CA Bordeaux, 13 nov. 1905, *D.* 1908, p. 287.
[1533] Cass. 2e civ., 13 avr. 1972, *Bull. civ.*, II, n° 91 ; *D.* 1973, p. 2, note Robert (J.).
[1534] 62e Congrès des notaires, *op. cit.*, p. 68.
[1535] Rappelons que le droit romain distinguait également l'erreur sur la personne, *error in personae*,CUQ (E.), *Institutions juridiques des romains, op. cit.*, p. 388 et s.

509. La *Common Law* « ne s'attarde pas à des recherches d'intention. Elle va en conséquence ignorer à proprement parler l'idée même de vice de consentement »[1536]. Au départ, il n'y a pas d'erreur-vice. Le seul *mistake* que retient la *Common Law* est l'erreur obstacle, quand le consentement nécessaire à l'existence du contrat ne s'est tout simplement pas formé parce qu'objectivement, il n'y a pas concordance des manifestations de volonté des parties. L'*Equity* est intervenue pour élargir le concept de *mistake*. Elle considérait ainsi comme contraire à la « conscience » qu'une personne exige l'exécution d'une promesse qu'elle a obtenue d'une autre sous l'empire d'une erreur, mais seulement dans le cas où le demandeur l'a provoquée ou si, compte tenu du contexte, il a eu ou dû en avoir connaissance.

L'*Equity* a fait ainsi admettre une nouvelle idée, celle de *misrepresentation,* une notion se rapprochant à la fois des idées d'erreur et de dol. Mais « on se gardera toutefois de pousser trop loin les théories nouvelles, permettant d'obtenir l'annulation du contrat » [1537] . Diverses conditions en plus seront exigées pour demander l'annulation, et surtout dans tous les cas, le contrat ne sera pas nul, *void*, il sera simplement annulable, *voidable*, ce qui ne signifie pas qu'il s'agisse d'une nullité relative, mais qu'il dépend du juge de l'annuler ou non.

La fusion des juridictions de *Common Law* et d'*Equity* ne changera pas les règles anciennes quant au fond [1538]. Les Cours, hostiles à toute recherche d'intention, ne s'engageront finalement pas dans les discussions relatives à l'erreur sur la substance.

B/ La violence économique

510. Doctrine, juge et législateur ont pourvu la notion de violence d'une fonction protectrice qui ne lui avait pas été assignée à l'origine. Ce rôle est aujourd'hui reconnu aussi bien en droit français (1°) qu'en droit anglo-américain (2°).

1° - La violence en droit français

511. Pour comprendre l'influence de la violence sur l'obligation du banquier face au conflit d'intérêts (b), il convient de rappeler au préalable les principales étapes de l'évolution de la notion (a).

[1536] DAVID (R.) et PUGSLEY (D.), *Les contrats en droit anglais*, LGDJ, 1985, p. 162.
[1537] DAVID (R.) et PUGSLEY (D.), *op. cit. & loc. cit.*
[1538] *Ibid.*

a - L'évolution

512. Le concept de violence, vice de consentement[1539], est apparu dans le droit civil Romain[1540], mais seule l'exécution d'une menace permettait la sanction, pas le seul fait de la proférer. Comme le rapporte Pothier[1541], les jurisconsultes de Sparte et de Rome ont admis tardivement la possibilité d'une action en nullité pour violence. Et ils l'ont réservée aux cas où la violence est capable de faire impression sur une personne courageuse, qui a été intimidée par un grand mal et qu'on a menacé d'endurer sur-le-champ si elle ne faisait pas ce qu'on lui proposait. Pourtant, en matière de violence, des voix se sont élevées très tôt contre ces principes jugés inapplicables aux faits concrets[1542]. Les éléments constitutifs de la violence qui permettaient l'ouverture de l'*édit* s'assouplirent donc et devinrent alors la crainte d'un

---

[1539] La violence est la « contrainte exercée sur la personne afin de lui arracher son accord », (DEMOLOMBE (Ch.), *Cours du Code napoléon, Traité des contrats et des obligations conventionnelles en général, op. cit.*, n° 132, p. 123. En ce sens, HUC (Th.) : « une contrainte extérieure exercée sans droit sur la volonté par une tierce personne » : *Commentaire théorique et pratique, op. cit.* t. 7, p. 285 et COLIN (A.) et CAPITANT (H.) : « la contrainte physique ou morale, exercée sur un individu pour le déterminer à conclure un acte », *Cours élémentaire de droit civil*, 7e éd., Dalloz, 1932, t. 2, p. 40) ou la « pression anormale et injuste qui s'exerce sur la volonté d'autrui pour l'amener à passer un acte », (DEMOGUE (R.), *Traité des obligations en général, Sources des obligations, op. cit.*, t. 1, p. 496). L'erreur a été qualifiée de « plus grand vice » des conventions (POTHIER (R.-J.), *Traité des obligations,* Siffrein, 1821, t. 1, p. 92), et on souligne le faible intérêt des juristes pour la notion de violence (PARLEANI (G.), « Violence économique, vertus contractuelles, vices concurrentiels », *Mélanges Guyon (Y.)*, Dalloz, 2003, p. 881), mais la violence devrait figurer à la première place d'un éventuel classement des vices de consentement. En effet, la violence, cette « vieille institution » (BRETON (A.), *La notion de violence en tant que vice de consentement*, Publications de l'association des étudiants en doctorat de l'université de Caen, 1925, p. 9), non seulement annule le contrat de la même manière que l'erreur, mais elle est encore susceptible de constituer le fait générateur d'une action en responsabilité civile et la source de sanctions pénales. Par ailleurs, ce « vestige de la barbarie » qui « répugne le plus », (AL. IUCA (N.), *La violence comme vice du contrat et du consentement*, Librairie de jurisprudence ancienne & moderne, 1930, p. 14), est le seul vice du consentement sur la légitimité duquel les doctrines les plus éloignées se sont accordées.

[1540] Tardivement en comparaison d'autres théories juridiques. Cette indifférence du droit romain ancien à l'égard de la violence s'explique en particulier par le principe du formalisme qui y régnait et qui conduisait à ne tenir pour valables que les actes passés dans les formes voulues qui elles-mêmes exigeaient presque toujours l'aide de jurisconsultes et la présence de témoins. Ces éléments étaient considérés comme des garanties suffisantes qui ne pouvaient qu'exclure un consentement vicié par la crainte, GIRARD (P. F.), *Manuel de droit romain*, 4e éd., Arthur Rousseau éditeur, 1906, p. 460 ; CUQ (E.), *op. cit.*, p. 581.

[1541] POTHIER (R.-J.), *op. cit*, p. 96 et s.

[1542] Cicéron par exemple a réclamé, dans son célèbre plaidoyer contre Verrès, la protection pour les victimes de violences ne présentant pas les caractères de la violence tels qu'imposés par le Digeste. ZIMMERMANN (V.-R.), *The law of obligations*, Oxford University Press, 1996, p. 553.

malheur grave et irrésistible causé par l'homme pour obtenir la passation d'un acte de manière immorale[1543].

Domat le premier, dans ses écrits, a admis formellement l'appréciation subjective de la crainte[1544] et n'a pas hésité à condamner les règles romaines lorsqu'elles lui paraissaient contraires à l'équité et aux solutions de la pratique, même s'il n'a pas eu sur les rédacteurs du Code civil la grande influence qu'a eue Pothier[1545].

Évidemment, à l'image de beaucoup de théories du Code civil, celle de la violence, dès qu'elle fut introduite, a d'abord été accueillie à l'unanimité par les premiers commentateurs attachés à la tradition romaine. Ceux-ci posèrent d'ailleurs en guise de résultat d'une interprétation exégétique que la violence ne détruit pas la volonté, mais la vicie seulement, puis listèrent les maux classiques, distinguant s'ils peuvent faire naître une crainte suffisante pour provoquer la nullité. Ceux qui suivirent se libérèrent progressivement de l'influence du droit romain et découvrirent, notamment dans l'article 1112, quelques discordances et lacunes qu'ils ont cherché à combler. Avec d'autres auteurs, Demolombe, Aubry et Rau par exemple, un nouvel élément d'appréciation est apparu : la pratique, dont l'observation a révélé que le cadre de la violence était devenu trop étroit pour les solutions de la jurisprudence. Ultérieurement, allant au bout de cette logique, on s'est efforcé de justifier un renversement de plusieurs règles, et un article de Demogue en ce sens eut une résonance particulière[1546].

Finalement, de nos jours, dès que le consentement résulte d'une trop forte pression, d'une intimidation certaine, d'une influence violente sur la

[1543] Si les critères furent ainsi allégés, les « maximes peu humaines et trop excessives » restaient toutefois si minutieusement réglementées qu'elles ne laissaient au juge presqu'aucune liberté, CASTEL (A.), *De l'erreur et de la violence dans les contrats en droit romain et en droit français*, Le blanc-hardel librairie, 1873, p. 220 et s. Plus tard, la grande glose d'Accurse n'a fait, sur ce sujet, que reprendre la réglementation romaine. Et au XIIIe siècle, si les décisions du parlement statuent indiscutablement sur des cas de violence, la terminologie reste encore voisine de celle du droit romain (BRETON (A.), *op. cit.*, p. 26). Ce n'est qu'avec l'avènement du droit canonique que se sont amorcées des modifications substantielles et qu'a été introduite l'interprétation subjective de la violence.

[1544] DOMAT (J.), *Les loix civiles dans leur ordre naturel*, 2ème éd., Libraire les enfants de France, t. 1, p. 499 et s.

[1545] En effet, les auteurs du Code se sont davantage inspirés de la configuration que Pothier a donné à la violence. Ainsi, les deux premiers projets du Code de Cambacérès ont reconnu la violence, que le projet de 1793 appelait défaut de liberté, comme vice de consentement, et le troisième a ajouté dans son article 719 que la violence grave annule les conventions, même exercées par un tiers à l'insu des contractants (BRETON (A.), *op. cit.*, p. 45). Et ce n'est finalement que dans le Projet de l'an VIII, dont le texte est presque identique à sa rédaction définitive (*Ibid.*), immuable depuis 1804, que les critères permettant aux juges d'invoquer la violence pour anéantir un contrat ont été un peu assouplis. POTHIER (R.-J.), *op. cit*, p. 99 et s. Pour une critique de la vision d'ensemble de Pothier et notamment sur l'erreur et la violence : CASTEL (A.), *op. cit.*

[1546] DEMOGUE (R.), « La violence comme vice de consentement », *RTD civ.* 1914, p. 435.

« sensibilité »[1547], en synthèse d'une violence suffisamment caractérisée, il est possible de trouver secours dans les articles du Code civil et de rendre le contrat annulable[1548], tant que cette violence a déterminé l'acceptation de la victime[1549].

513. En outre, la formule de l'article 1112 du Code civil, qui n'exige pas d'ailleurs une violence physique, mais seulement un mal considérable de nature à impressionner une personne raisonnable, en tenant compte de sa condition, a laissé place à une interprétation plus extensive de la violence. Si on y vit d'abord une référence à la violence morale[1550] que l'Ancien droit n'aurait admise qu'avec de grandes difficultés, on affirma ensuite que cet article devait être lu de manière à protéger, y compris le contractant qui se laisse effrayer plus facilement qu'une personne raisonnable, parce que plus faible d'esprit par exemple[1551]. Puis on combattit le principe de la force obligatoire des contrats lorsqu'il aboutissait à conforter une stipulation où l'une des parties a manifestement profité de sa situation de prépondérance, car en de telles conditions, le contrat porte atteinte à l'ordre public et, partant, sa nullité est justifiée au regard de l'article 6 du Code civil[1552].

514. Enfin, se firent entendre des suggestions qui prônaient la possibilité d'étendre cette catégorie de vice de consentement aux types de pressions subies par les parties économiquement faibles. L'article 1112 du Code civil servit alors de base à l'appréciation de la violence, cette fois, en fonction de la condition économique du contractant[1553]. Le Doyen Cornu a observé en ce sens que « les moyens comminatoires que la partie dominante met en réserve entrent dans l'économie du contrat [...] au même titre que le couteau sous la table fait partie du jeu »[1554]. D'autres ont affirmé que « dans les contrats où l'une des parties dispose d'une force morale économique [...] l'atteinte

---

[1547] TRESCARTES (E.), *op. cit.*, p. 14.

[1548] Cass. 1re civ., 5 juin 1961, *Bull. civ.* I, n° 289 ; Cass. 3e civ., 13 janv. 1999, *D.* 2000, p. 76, note Willmann (C.) ; *Defrénois* 1999, p. 749, obs. Delebecque (Ph.). Cass. 1re civ., 30 mai 2000, *D.* 2000, p. 879, note Chazal (J.-P.) ; *D.* 2001, p. 1140, obs. Mazeaud (D.) ; *JCP* G 2001, II, 10461, note Loiseau (G.) ; *Defrénois* 2000, p. 1124, obs. Delebecque (Ph.) ; *RTD civ.* 2000, p. 827, obs. Mestre (J.) et Fages (B.) et p. 823, obs. Gautier (P.-Y.) ; Cass. 1re civ., 3 avr. 2002, *D.* 2002, p. 1860, notes Gridel (J.-P.) et Chazal (J.-P.) ; *Defrénois* 2002, p. 1246, obs. Savaux (E.) ; *RTD civ.* 2002, p. 502, obs. Mestre (J.) et Fages (B.).

[1549] L'appréciation du caractère déterminant est faite *in concreto* selon les critères de l'article 1112 du Code civil.

[1550] CASTEL (A.), *op. cit.*, p. 225.

[1551] DEMANTE (A. M.) et COLMET DE SANTERRE (E.) *Cours analytique de Cours Napoléon*, Henri Plon, t. 5, p. 26.

[1552] RIPERT (M.) cité par AL. IUCA (N.), *op. cit.*, p. 62 et s.

[1553] Pour exemple v. CA Paris, 27 sept. 1978, *D.* 1978, juris. p. 690, note Souleau. Cass. 1re civ., 30 mai 2000, arrêt préc., cet arrêt avait affirmé fermement que la contrainte économique se rattache à la violence et non à la lésion et Cass. 1re civ. 3 avr. 2002, arrêt préc., qui a posé que l'exploitation abusive d'une situation de dépendance économique peut vicier le consentement à l'acte juridique.

[1554] CORNU (G.), « Contrats de leasing », *RTD com.* 1971, p. 168.

portée à la liberté de la partie faible peut, si elle est grave, compromettre la validité du contrat »[1555]. Le Doyen Carbonnier a fait référence à la notion de violence économique en notant que « la disparition ou le camouflage de la violence ne signifie pas nécessairement l'abolition de la violence tout court. Il peut se produire une simple métamorphose. Or, notre époque a vu naître un système de mise en condition psychologique et sociale des individus [...] sous nos yeux distraits, un colossal édifice de violence feutrée est en train d'émerger »[1556].

En définitive, les terminologies diffèrent, mais de nouvelles perspectives semblent se dessiner, toutes inspirées par la vision protectrice de l'intérêt tiers face à la partie forte. L'idée reste des dizaines d'années en germe aussi bien en doctrine que dans les tribunaux, mais lorsqu'elle éclot, la réaction à la violence économique est, si l'on peut dire, violente. Le banquier pour sa part, n'est pas en marge de cette évolution, il en est même l'un des principaux protagonistes.

515. Il ressort de cette étude que le législateur, la doctrine et la jurisprudence ont progressivement admis le pouvoir dont jouissait le professionnel, et la Cour de cassation a surtout considéré que la faiblesse, économique ou psychologique, ou l'ignorance d'une partie peuvent caractériser une contrainte morale de nature à établir le vice de violence, lorsque « l'exploitation abusive d'une situation de dépendance économique est faite pour tirer profit de la crainte d'un mal menaçant directement les intérêts légitimes de la personne »[1557]. Finalement, la jurisprudence accepte aujourd'hui que l'exploitation abusive d'une dépendance économique constitue une violence, vice de consentement, lorsqu'elle est opérée dans le but d'obtenir un avantage indu[1558].

516. Le changement de perception de la violence est manifeste et n'est pas sans influence sur ce la nature de l'obligation du banquier face au conflit d'intérêts.

b - L'influence

517. À Rome, la philosophie première qui avait inspiré au législateur la sanction de la violence était une idée de répression. Le fait que les législations primitives aient choisi la nullité à titre de sanction s'explique

---

[1555] VERDOT (R.) et HÉBRAUT (P.), « Acte », *Rép. civ. Dalloz*, 1970, n° 96.

[1556] CARBONNIER (J.) cité par ROVINSKI (M.), *La violence dans la formation du contrat*, thèse Aix-Marseille, 1987, p. 2.

[1557] Selon une interprétation jugée extensive par la doctrine de l'article 1112 du Code civil, Cass. 1re. civ., 3 avr. 2002, *Bull. civ.* I, n° 108 ; *D.* 2002, juris. 2834, obs. Mazeaud (D.) ; *D.* 2002, juris. 1806, note Gridel (J.-P.) et Chazal (J.-P.) ; *JCP* G 2002, I, 19, obs. Virassamy (G.).

[1558] Cass. 1re civ., 3 avr. 2002, *Bull. civ.*, I, n° 108 ; *D.* 2002, p. 1860, obs. Mazeaud (D.).

simplement par la première réaction de bon sens contre l'acte de violence qui consiste à le punir par l'annulation de ce qu'il a conduit à approuver. En effet, le consentement doit être libre pour être valable. Encore faut-il s'entendre sur ce qu'est un accord libre. On conçoit aisément que la liberté n'est jamais absolue. Comme nous le rappelle Durkheim, « il y a toujours de la contrainte dans les contrats que nous accomplissons »[1559], et « qui dit contrat[s] dit concessions, sacrifices accordés pour éviter de plus graves »[1560]. Il est vrai que le contractant agit toujours sous l'emprise d'une nécessité, sous l'impulsion d'un besoin. Diverses circonstances commandent sa décision, y compris celles qui l'obligent à accepter les termes que la situation économique de l'autre partie permet d'imposer. Mais ce sont là des événements prévisibles, le contractant éventuel n'aura qu'à peser mûrement son choix avant de s'engager aux conditions les plus convenables possible, dans un contrat qui sauvegarde au mieux ses intérêts, en tenant compte de l'inégalité économique, le contrat étant par définition un « champ de forces inégales »[1561]. Ce qu'on doit entendre par consentement libre est le fait que le contractant ne soit pas mis, par l'action de l'autre partie ou d'un tiers, dans une situation qui le force à contracter. Comme le disait Kant, « quand quelqu'un décide quelque chose à l'égard de l'autre, il est toujours possible qu'il lui fasse quelque injustice ; mais toute injustice est impossible dans ce qu'il décide [lui-] même »[1562]. Placé dans une position où, s'il ne contracte pas, le futur contractant ne peut pas s'en tirer avec ses propres moyens, il donnera son accord sous la pression, sans laquelle il ne se serait pas engagé. La force sert de contrainte et l'assentiment est arraché. C'est en cela qu'il n'est plus libre.

518. Dès lors, au sein d'un monde d'*homo violens*[1563], et particulièrement dans la sphère des affaires, dont le banquier est un pionnier et « où l'angélisme n'est pas spontanément de mise »[1564], il est apparu naturel de veiller à ce que l'acceptation du client contractant ne devienne pas un « instrument de vassalité économique »[1565] et le contrat un outil d'assujettissement, de sorte à prévenir la pensée de Rousseau selon laquelle « le plus fort n'est-il jamais assez fort pour être toujours le maître s'il ne

---

[1559] DURKHEIM (E.), *Leçons de sociologie*, 3e éd., PUF, 1997, p. 232.
[1560] *Ibid.*
[1561] LOISEAU (G.), « L'éloge du vice ou les vertus de la violence économique », *Droit et patrimoine* sept. 2002, p. 27.
[1562] KANT (E.), *op. cit.*, p. 169.
[1563] DADOUN (R.), *La violence- Essai sur l'homo violens*, éd. Hatier, 1993, p. 5.
[1564] MESTRE (J.), « La violence dans les relations contractuelles », *in La violence et le droit.* Actes du XIXe colloque de la confédération des juristes catholiques de France, Pierre Tequi, 2003, p. 86.
[1565] CABRILLAC (M.), « Remarques sur la théorie générale du contrat et les créations récentes de la pratique commerciale », *Mélanges Marty (G.),* Université des sciences sociales de Toulouse, 1978, p. 239.

transforme pas sa force en droit »[1566]. Il s'agit alors d'une certaine manière de « libérer la liberté »[1567]. À partir de ce moment-là, l'idée de répression s'est enrichie d'un objectif de protection qui est renforcé quand le contractant a un statut de professionnel et en particulier de banquier.

519. Par exemple, dans la lutte contre les pratiques et clauses abusives, le banquier a été très vite concerné. Ces clauses ont commencé à être systématiquement éliminées des contrats avec la loi du 10 janvier 1978[1568]. Puis, la Cour de cassation, suivie des tribunaux, s'est arrogé le pouvoir de déclarer une clause abusive, même en l'absence de décret, depuis un arrêt du 14 mai 1991[1569]. Le législateur est ensuite intervenu à nouveau par la loi du 1er février 1995[1570], après l'adoption d'une directive communautaire du 5 avril 1993[1571] qui a, entre autres, confirmé le pouvoir que s'était attribué le juge. La loi sur les nouvelles régulations économiques du 15 mai 2001 a persévéré dans cette voie, apportant des précisions sur les pratiques abusives les plus graves et en renforçant également la sanction. Puis la loi de modernisation de l'économie du 4 août 2008[1572] et le décret du 18 mars 2009[1573] ont complété le dispositif. Ajoutons encore qu'une commission des clauses abusives a été créée, qui est chargée de détecter de telles clauses dans les contrats types proposés par les professionnels et de recommander leur suppression. Enfin, l'avant-projet Catala envisage de consacrer la clause abusive dans le Code civil : « la clause qui crée dans le contrat un déséquilibre significatif au détriment de l'une des parties peut être révisée ou supprimée à la demande de celle-ci, dans les cas où la loi la protège par une disposition particulière, notamment en sa qualité de consommateur ou encore lorsqu'elle n'a pas été négociée » (art. 1122-2). Cette solution a été reprise dans des termes voisins par le projet Terré (art. 67) et le projet de la Chancellerie (art. 79). Désormais, dépassant l'approche subjective des juges face aux cas qui se présentent devant leurs juridictions, le législateur pose un critère purement objectif. Le « déséquilibre significatif », les « conditions manifestement abusives », ou « l'avantage manifestement disproportionné »

[1566] ROUSSEAU (J.-J.), *Du contrat social*, Livre I, Poche, p. 11.

[1567] EDELMAN (B.), « De la liberté et de la violence économique », *D.* 2001, p. 2316.

[1568] L. n° 78-23,10 janv. 1978, sur la protection et l'information des consommateurs de produits et de services qui a introduit la notion de clause abusive dans le droit français, laissant au pouvoir réglementaire le soin de définir les clauses abusives, réputées non écrites.

[1569] Cass. 1re civ., 14 mai 1991, arrêt préc.

[1570] L. n° 95-96, 1 févr. 1995, concernant les clauses abusives et la présentation des contrats et régissant diverses activités d'ordre économique et commercial.

[1571] Dir. 93/13/CEE du 5 avril 1993 concernant les clauses abusives dans les contrats conclus avec les consommateurs, *JOCE* L 95/29 du 21 avr. 1993.

[1572] L. de modernisation de l'économie du 4 août 2008, préc.

[1573] D. n° 2009-302 du 18 mars 2009 portant application de l'article L. 132-1 du Code de la consommation, *JORF* n° 0067 du 20 mars 2009 p. 5030.

deviennent non plus des conséquences de la violence économique, mais ses conditions d'existence[1574], ses éléments constitutifs.

520. D'autres droits spéciaux, tel le droit de la consommation, dont les règles intéressent directement le banquier, confortent encore et toujours l'idée de protection de l'intérêt du client contractant du banquier face à sa violence économique[1575]. Par exemple, en plus des sanctions civiles, le non-respect des obligations d'information dans la commercialisation de services financiers donne lieu à une contravention de cinquième classe[1576] et peut même être qualifié d'abus de faiblesse. Cette appellation très forte empruntée au droit pénal, et donc applicable à un délit, sanctionne désormais le fait d'obtenir l'engagement d'un consommateur ignorant à la suite d'un démarchage[1577]. Remarquons d'ailleurs ici que l'abus de faiblesse fait fi de l'élément intentionnel du démarcheur, élément intentionnel pourtant habituellement exigé pour caractériser les infractions pénales. Comment, en effet, expliquer pareille sévérité sinon par le rejet qu'inspire la violence économique dans l'esprit du législateur et par sa volonté de pousser le banquier à protéger l'intérêt de son client contractant avant de penser au sien ?

521. L'évolution du concept de violence permet d'affirmer que le législateur, corroboré par la doctrine et le juge, tente bien de « libérer la liberté » [1578] et de protéger largement, même au prix d'interprétations extensives, l'intérêt du contractant contre la violence économique. Comment, par conséquent, en cas de conflit d'intérêts impliquant une violence économique, protéger l'intérêt du client qui, du fait du conflit d'intérêts, se retrouve plus faible, autrement qu'en exigeant du banquier de le garantir contre son propre fait, contre son propre intérêt qui entre en concurrence ? Lorsque le banquier se débarrasse de ses titres illiquides ou toxiques en les affectant à des comptes de clients[1579], il ne fait pas autre chose que d'user de sa situation de force. Il s'agit bien de violence économique. Il fait de même lorsqu'il exerce son pouvoir de créancier tel

---

1574 BOIZARD (M.), « La réception de la violence économique en droit », *LPA* 16 juin 2004, p. 16

1575 Cette approche, le consumérisme, vit le jour aux États-Unis sous l'influence notamment d'auteurs comme GALBRAITH (J.), « L'ère et l'opulence », 1958, et MARCUSE (H.), « L'Homme unidimensionnel. Essai sur l'idéologie de la société industrielle avancée », 1964. Par la suite, dans son célèbre discours sur l'état de l'Union le 15 mars 1962, le président Kennedy devait reconnaîtra aux consommateurs des droits sur les professionnels comme le droit à la sécurité, à l'information. WIEVIORKA (M.), *Justice et consommation*, La documentation française, 1976.

1576 C. consom., art. R.121-2-4.

1577 C. consom., art. L. 122-8 et L. 122-9. Notons que la jurisprudence semble faire une interprétation restrictive de ce texte : V. par exemple CA Bordeaux, 13 mai 1998, *Contrats, Concurrence, Consommation,* févr. 1999, n° 2, p. 19, obs. Raymond (G.).

1578 EDELMAN (B.), art. préc., p. 2316.

1579 AMF, 6 juill. 2012, préc.

que nous l'avons défini[1580]. Il a été affirmé qu'en sa qualité de bailleur de fonds, le banquier tire sa puissance tant de sa position dominante dans l'accès au financement que de sa capacité à contrôler le débiteur en le soumettant à l'opinion du marché[1581]. Nous avons démontré que dans cette hypothèse, c'est bien la crainte[1582] de la sanction économique qui pousse à s'engager. Cette situation se rapproche de la violence, vice de consentement. Dans ce cas spécifique, la pression sur les dirigeants les conduit, et à travers leur personne, la société, à agir sous une menace qui fait naître un sentiment de crainte[1583]. Ces derniers propos ont été prouvés, particulièrement dans le cas des banquiers investisseurs[1584], qui sont aussi des auteurs de violence économique. Mais, dans les deux hypothèses, la violence vice de consentement ne sait pas saisir véritablement le conflit d'intérêts tout simplement parce que cette technique est inadaptée pour la situation de conflit d'intérêts. En exigeant du banquier de protéger l'intérêt tiers en cas de conflit, c'est-à-dire de le garantir contre son propre fait, le conflit d'intérêts serait contrôlé et en toute conformité avec l'ambition de protection décrite jusqu'ici.

522. Admettre un tel principe en droit français ne serait pas si original et s'inscrirait dans le mouvement qui vient d'être décrit. En effet, pour revenir à cette évolution de la notion de violence, remarquons que dans les législations anglaises, où pourtant l'intention des parties au moment de la conclusion du contrat est relativement peu considérée [1585], parce que l'extériorisation de la volonté[1586] lui est préférée, le chemin parcouru par la violence en tant que vice de consentement corrobore notre raisonnement.

2° - La duress en droit anglo-américain

523. À l'origine, les visions des Cours de la chancellerie et des Cours d'*Equity,* relativement à la violence, différaient. La *Common law* accordait

---

[1580] V. *supra* n° 88.

[1581] En ce sens, l'évaluation faite d'une entreprise par la banque à un moment considéré a une portée qui dépasse l'octroi ou le refus d'un crédit en ce qu'elle va renseigner toute la communauté financière et, par ricochet, potentiellement influer sur plusieurs autres décisions, ou exercer une pression indirecte, mais immédiate, sur les équipes dirigeantes.

[1582] PEYRELEVADE (J.), *Le gouvernement d'entreprise ou les fondements incertains d'un nouveau pouvoir*, Economica, 1999, p. 4.

[1583] LEQUETTE (Y), TERRÉ (Fr.) et SIMLER (Ph.), *Droit civil, les obligations, op. cit.*, p. 276.

[1584] MANIN (F.), *Les investisseurs institutionnels*, *op. cit.*, p. 72.

[1585] En témoigne une célèbre et dominante pensée du juge Brian dans un arrêt de 1477 : « c'est un lieu commun que l'intention d'un homme ne peut être déduite en justice et soumise au jury, car le diable lui-même ne peut avoir connaissance de l'intention des hommes », cité par AL. IUCA (N.), *op. cit.*, p. 82.

[1586] En effet, s'il n'y a pas de concordance entre la proposition exprimée et l'intention du contractant, c'est la volonté extériorisée qui l'emporte sur la volonté interne.

réparation pour un mal qui est subi, mais limitait en revanche les cas d'ouverture de l'action en nullité. En effet, elle entendait par *duress* la contrainte sous laquelle une personne passe un acte par peur de souffrances personnelles, d'atteintes au corps, d'emprisonnement ou de menace de l'être (*threatened*)[1587]. En sont ainsi exclues toutes sortes de contraintes abusives qui ne seraient pas accompagnées d'une des intimidations envisagées, car la *duress* ne pouvait être invoquée qu'à condition que la personne exclusivement soit affectée. L'*Equity*, quant à elle, annulait facilement une transaction chaque fois qu'une partie avait agi « *unfairly* », à savoir lorsqu'elle avait manqué significativement de loyauté, même si à cette époque la violence revêtait toujours sa première forme, c'est-à-dire l'acte de violence physique ou la promesse de l'accomplir. L'*Equity* pouvait aussi annuler la convention quand l'accord était donné sous une influence exercée contrairement à la conscience, par une personne détenant un pouvoir sur le consentant, pour le décider à conclure[1588], comme cette influence peut exister dans les relations de confiance, par exemple entre le *principal* et *l'agent* ou entre le *trustee* et le *cestui que trust*. C'est ainsi que se définit « *l'indue influence* », c'est-à-dire la présomption que la partie la plus faible a été conduite à contracter du fait de l'ascendant que l'autre partie avait sur elle. À la suite, les tribunaux ont consacré la *duress of goods*, comprise en tant que contrainte résultant de la saisie ou de la dépossession illégale de biens par l'une des parties contractantes[1589]. Ainsi, si dans un ancien arrêt en la matière, *Ashlëy v. Reynolds*[1590], datant de 1732, les juges ne différenciaient pas encore le chantage de la dépossession effective, retenant surtout le caractère illégal de la contrainte, mais se désintéressant en vérité de son impact sur le consentement, un arrêt *Skeate v. Beale* décida en 1840 qu'une pression sur les biens de la victime ne saurait justifier l'annulation du contrat, mais uniquement la restitution des paiements effectués en vertu de ce contrat[1591]. Cette solution retarda pendant plus d'un siècle le développement d'une doctrine cohérente en matière de contrainte économique en droit anglais, même si les juges s'autorisèrent malgré tout à étendre la notion de violence aux hypothèses de menaces portant sur les intérêts économiques des victimes[1592], en même temps que le législateur s'intéressa ponctuellement aux situations pouvant favoriser des violences

---

1587 HALSBURY (E.), *Laws of England*, Butterworth, 1909, p. 356 ; rappr. MCNAIR (A. D.), *Stephen's Commentary on the Laws of England, obligations and civil* procedure, vol. 3, 17e éd., Butterworth, 1922, p. 129.

1588 HALSBURY (E.), *ibid.*, p. 357.

1589 BEASTON (J.), *The Use and Abuse of Unjust Enrichment. Essays on the law of Restitution*, Oxford, Clarendon Press, 1991, p. 97.

1590 DALZELL (J.), « *Duress by Economic Pressure* », *North Carolina Law Review*, 1942, p. 341.

1591 DAWSON (J.-P.), « *Economics Duress - An Essay in perspective* », *Michigan Law Review* janv. 1947, p. 255.

1592 EVANS (E.), « *Economic Duress* », *Journal of Business Law* 1981, p. 188.

économiques, émanant notamment des prêteurs professionnels, avec le *moneylenders act* de 1900. Les dispositions de cette législation s'apparentaient à la doctrine de *l'indue influence*, ou plus exactement, à la théorie des *unconsicionable bargains* qui visait également à secourir celui dont on a obtenu un avantage excessif à cause de l'état de nécessité dans lequel il se trouvait.

Dans le droit américain, les notions de *duress* et de *undue influence* sont semblables à celles du droit anglais. Mais si, pour tous les cas où il existait une relation de confiance, les juridictions recouraient à l'instar du droit anglais au concept d'*undue influence*, la théorie de la *duress* était dès l'origine plus étendue que celle que l'on vient de voir; elle dépassait le cadre strict que lui assignait la doctrine. En effet, le *corpus juris* donnait une définition différente de la définition anglaise en estimant que la *duress* « est le degré de contrainte ou de danger, infligé actuellement ou seulement imminent, qui est suffisant, en force ou en appréhension, pour influencer la raison d'une personne de fermeté ordinaire. Elle consiste non seulement dans le fait d'un emprisonnement ou de toute souffrance (*hardship*) à laquelle la partie a été soumise, mais aussi dans un état d'esprit produit par de telles circonstances et dans lesquelles l'acte annulable a été conclu »[1593]. Cette conception se rapprochait de celle des pays latins, dont la France, mais l'interprétation qui en était faite différait de part et d'autre de l'Atlantique. Puis, la *duress* a pu être valablement invoquée lorsque les parties ne traitaient pas à conditions égales, comme c'est le cas du banquier qui refuse d'honorer le chèque de son client, sauf pour ce dernier à accéder à une réclamation que ce banquier lui demandait de signer[1594] ; dans ce dernier cas, il y a *duress* même si aucune violence ou intimidation n'est vraiment caractérisée.

Mais l'*economic duress* a réellement été consacrée aux Etats-Unis dans les années 1930-1940[1595] et bien plus tard au Royaume-Uni[1596]. Et même en l'état actuel du droit positif, si au Royaume Uni les éléments composant cette violence ouvrant droit à la sanction s'avèrent être clarifiés, aux Etats-Unis, il existe encore quelques incertitudes. En effet, à la *duress*, il convient encore d'ajouter la notion d'*unconscionability* issue de l'*Equity* qui, malgré son absence de définition légale, semble s'appliquer lorsque sont réunis une importante inégalité des parties, ayant privé le demandeur d'un choix réel au moment de son engagement, et un manifeste déséquilibre du contrat. Mais il est difficile de dire si ces deux critères sont cumulatifs dans la mesure où certaines décisions ont retenu l'*unconscionability* au seul motif que le

---

[1593] AL. IUCA (N.), *op. cit.*, p. 134, citant le *Corpus juris*, vol. XIII, p. 396.
[1594] *Ibid.* p. 137, citant le *Corpus juris*, vol. XIII, p. 403.
[1595] DAWSON (J.-P.), art. préc., p. 255.
[1596] EVANS (E.), art. préc., *loc. cit.*

contenu du contrat était gravement déséquilibré[1597]. Selon un auteur, l'*economic duress* s'appliquerait pour la violation des règles du consentement tandis que l'*unconscionability* sanctionnerait plutôt le déséquilibre contractuel économique manifeste[1598].

Comme il vient d'être vu, la violence, l'erreur, sur la substance comme sur les motifs, servent de techniques particulières permettant de protéger l'intérêt du client cocontractant du banquier. Leur adaptation révèle la volonté d'instaurer un principe général de protection de cet intérêt, qui ne peut se traduire en cas de conflit d'intérêts qu'en un devoir de garantie. L'existence d'un tel principe est encore confirmée à l'étude du contrôle du consentement éclairé.

§ 2 - L'adjonction d'une information personnalisée

524. L'obligation d'information est une des principales techniques qu'utilise le juge pour contrôler le conflit d'intérêts. Elle peine toutefois à le saisir. La variété des aspects de l'obligation d'information en droit bancaire et financier[1599] témoigne pourtant de la volonté de protéger l'intérêt du client du banquier du fait de ce dernier. Cette ambition existait déjà à l'époque où le défaut d'information s'exprimait au travers de la notion générale de dol (A), elle persiste aujourd'hui alors que l'information a pris la forme autonome et personnalisée qu'on lui connaît (B).

A/ Le dol

525. Le devoir du banquier de protéger l'intérêt supérieur, c'est-à-dire celui du contractant, qui justifie qu'il convienne de garantir purement et simplement au contractant la défense de son intérêt cas de conflit d'intérêts, transparaît à l'étude de l'évolution du concept de dol, plus prononcé en droit français (1°) qu'en droit anglo-américain (2°).

[1597] LAITHIER (Y.-M.), « Remarques sur les conditions de la violence économique (suite et fin) », *LPA* 23 nov. 2004, p. 7.

[1598] *Ibid.*

[1599] La jurisprudence, suivie de près par le législateur, a opéré un net glissement de sa référence traditionnelle au bon père de famille « obligé de se tenir au courant des techniques » vers une approche plus pragmatique tirant toutes les conséquences de l'inégalité d'information des parties au contrat, STARCK (B.), note sous Cass. 2e civ., 19 mai 1958, *JCP*, 1958, II, 10808. Cette évolution témoigne d'une meilleure prise en compte de la réalité des relations contractuelles et d'une tendance très marquée à faire supporter au mieux informé la charge de partager ses connaissances avec le moins, ou moins bien, renseigné, que ce soit au stade contractuel ou au stade précontractuel.

1° - La transformation en droit français

526. Le dol a notamment été appréhendé par le Code civil dans les articles 1109, 1116 et 1117 en vertu desquels, sous peine de nullité de la convention, il n'y a point de consentement valable s'il a été vicié par le dol, c'est-à-dire quand les manœuvres pratiquées par l'une des parties sont telles qu'il est évident que sans elles, l'autre partie n'aurait pas contracté.

La notion de dol a été dotée d'une fonction protectrice qui ne lui avait pas été assignée à l'origine (a) et qui n'est pas sans influence sur ce que devrait être l'obligation du banquier face au conflit d'intérêts (b).

a - L'évolution

527. La définition du dol a été laborieuse, encore plus que celle de l'erreur ou de la violence[1600]. En effet, dans le droit romain, le dol ne relevait pas d'une matière civile, mais du pénal, où tout est *stricti juris*. Même si certains philosophes n'étaient déjà pas de cet avis[1601], l'ancien droit romain laissait initialement le dol impuni[1602]. Il ne constituait ni un délit, ni un vice de consentement[1603].

[1600] Il fallait, disait Starck, une définition correspondant à un « filet aux mailles serrées ne laissant échapper aucun fait dolosif », STARCK (B.), note préc.

[1601] ALAIN (V.), *Les passions et la sagesse*, Partie XI, *Sur l'esprit et les* passions, livre VI, *Des vertus*, chap. III, *De la sincérité*, présentation BENEZE (H.), Gallimard, 1972, p. 1225 et s. : en s'interrogeant sur les contrat, Le philosophe songe : « il n'y faut aucun mensonge ni tromperie ; ainsi la pleine justice exige que j'instruise mon acheteur de tout ce que je sais de la chose que je lui vends » ; rappr. CICERON, *Les devoirs, De Officis*, *op. cit.*, p. 98 et s.

[1602] DUBUISSON (E.), *Essai sur la théorie du dol en droit romain*, Impr. Barbier-marillier, 1897, p. 14. Les contractants avaient toutefois la possibilité d'insérer dans le contrat qu'ils concluaient une *stipulatio doli* qui obligeait à s'abstenir de tout dol.

[1603] Ni « vice de l'autonomie de la volonté », v. not. PERRIN (M.), *Le dol dans la formation des actes juridiques*, thèse Paris, 1931, p. 7 et s. Plus tard, mais toujours en droit romain, le dol a été défini comme un artifice pour tromper autrui, sans pour autant représenter un procédé de déloyauté déshonorante. C'est ainsi qu'on pouvait retrouver dans les textes la notion de *dolus bonus* (Pour des illustrations plus récentes du *dolus bonus* v. par ex. Cass. com. 2 juin 1981, *Bull. civ.*, IV, n° 259 ; Cass. com. 13 déc. 1994, *Contrats, conc., consom.*, 1995, n° 48, obs. Leveneur (L.)). Il s'agissait d'une sorte de dol licite qui permettait de justifier au regard de la loi l'usage de ruses pour se défendre contre l'ennemi, ou dans un tout autre registre, d'accepter l'habileté employée par l'une des parties afin d'obtenir des conditions avantageuses à un contrat (par ex., vanter la marchandise en faisant des affirmations vagues et générales sur sa bonté, louer la fertilité d'un fonds de terre, etc. Sur les diverses sens du terme *dolus bonus* : SAVATIER (H.), *Étude sur le dol : de sa nature, de son influence sur les faits juridiques volontaires en droit romain et en droit français*, *op. cit.*, p. 18). La victime n'était pas dans ce cas fondée à se plaindre puisqu'elle n'avait qu'à démasquer le dol pour s'en protéger. À la suite (HUVELIN (P.), *Cours élémentaire de droit romain*, éd. R. Monier, 1927, t. 2, p. 132), à coté de ce *dolus bonus*, est également apparu le *dolus malus*. Les lacunes des nombreux recours de cette époque poussèrent la tradition romaine à admettre que la victime du dol puisse échapper aux conséquences de l'acte qu'elle

528. Le Code civil a consacré la solution du dernier état du droit romain, empreinte autant des modifications de l'époque barbare[1604] et des influences

---

n'aurait pas ratifié autrement. Illustré par exemple par l'épisode de Canius, (TESTARD (M.), *Cicéron De Officiis*, *Traité des devoirs*, trad. Mercier (S.), Les belles lettres, 1984, p. 12 et s.). Cette logique amena le préteur Aquilius Gallus à ériger le dol en délit (FRANSEN (G.), *Le dol dans le conclusion des actes juridiques, évolution des doctrines et système du code canonique*, *op. cit.*, p. 8.) et à offrir à la victime l'action de dolo, l'exceptio *doli mali* et *la restitutio in integrum* (*Ibid.*). Il fut aussi à l'origine de la précision de la notion (TESTARD (M.), *op. cit.* p. 30) : le dol comporte une intention de tromper. L'acception d'Aquilius sera modifiée par Servius Sulpicius qui y ajoutera la nécessité d'une simulation FRANSEN (G.), (*ibid.*). Puis Labéon, ne l'approuvant pas - il fera remarquer que la simulation n'était pas propre au dol pas plus qu'elle ne lui était essentielle (*Ibid ; Adde.* SAVATIER (H.), *Étude sur le dol : de sa nature, de son influence sur les faits juridiques volontaires en droit romain et en droit* français, thèse Faculté de droit de Paris, Imprimerie de l'étoile, 1881, p. 10.), en donnera une définition plus étroite, à laquelle se rangera plus tard Pothier en particulier. Remarquons toutefois que le dolus malus n'empêchait pas encore l'existence du consentement, sauf dans le cas où il avait déterminé une erreur, à raison non pas du dol, mais de cette erreur (JHERING (R. V.), *L'esprit du droit romain*, A. Maresq, 1887, t. 3, p. 118). Les fausses déclarations et les dissimulations n'étaient pas non plus considérées comme dolosives si elles n'avaient pas été accompagnées de manœuvres, c'est-à-dire d'actes positifs. Une réticence ne pouvait constituer un dol. Enfin, l'action du dol était une action pénale subsidiaire, elle ne pouvait être intentée qu'à défaut de toute autre voie de recours (TAG-ELDINE (Y.), *Le dol, vice de consentement en droit français et la misrepresentation anglaise*, Impr. Bosc Frères & Riou, 1926, p. 9) et arbitraire, le juge décidant de son opportunité et uniquement dans la situation où le défendeur se refusait à rétablir les choses dans leur état de départ. Avec le temps, l'origine pénale de l'action de dolo fut peu à peu oubliée et la notion de dol elle-même perdit de son importance (en parlant de la seule disposition relative au dol qui figurait dans les textes après la chute de l'empire romain, un auteur observait que « ce court passage de Paul ne devait pas être jugé d'une grande importance puisqu'il n'est accompagné dans le texte de la loi d'aucun commentaire » : MEYNIAL (E.), « Note sur l'histoire du dol et de la violence ans les contrats dans notre ancien droit français », *Mélanges Fournier (P.)*, Sirey, 1929, p. 530). Le droit romain réintroduit par la doctrine médiévale s'accompagna par ailleurs d'une certaine déformation de cette institution. La théorie du dol chez les romanistes et les scholastiques constituait « une sorte de moyen-type de restitution et on va tenter d'y englober la crainte et la lésion », l'action de dol visait à réparer indifféremment le dommage causé par la violence *dolus velatus* ou pour la lésion *dolus re ipsa*, (FRANSEN (G.), *op. cit.*, p. 46. *Contra*, BONNASSIES (P.), *Le dol dans la conclusion des contrats*, thèse Lille, 1955, p. 42 et s. L'auteur indique que les effets respectifs de chaque concept n'étaient pas totalement confondus) . Le droit canon, au moins dans un premier temps, admit intégralement la position des romanistes. Puis, dans un second temps, on finit par considérer que le dol laissait subsister un accord suffisant à assurer la validité de l'acte juridique (FRANSEN (G.), *ibid.*, p. 190). Les canonistes de l'époque moderne précisèrent davantage la distinction, introduite auparavant par les citramontains, entre dol substantiel portant sur la substance du contrat et qui l'annule, et dol incident qui laisse survivre le contrat (*ibid.*). Ils y rajoutèrent en plus un type nouveau de dol : le dol accidentel mais principal, c'est-à-dire un dol principal mais qui, s'il ne porte pas sur la substance du contrat, n'annule pas ce dernier mais le rend sujet à rescision (*ibid.*).

[1604] Les recueils que firent rédigés les rois de l'époque et auxquels ils donnèrent force de loi, par exemple la loi romaine des Wisigoths et Bréviaire d'Alaric ou encore des Burgondes ou Papien, ne contenaient toutefois qu'un seul passage relatif au dol recopié notamment du Code théodosien : FABRE (Y.), *Essai sur la nature juridique du dol dans la formation des contrats*, Dalloz, 1941, p. 12 et s. Rappr. PERRIN (M.), *op. cit.*, p. 19 et s.

du droit canonique[1605], que des écrits de Domat[1606] et de Pothier[1607], pour qui le dol était toute espèce d'artifice *machinatio* dont quelqu'un se sert pour tromper autrui [1608]. Une théorie autonome des vices de consentement, incluant le dol, n'y était pas présente.

529. La transformation de la notion de dol n'était donc pas parvenue à son terme dans le Code civil et toutes les conséquences naturelles de l'assimilation du dol à un vice de consentement n'avaient pas été pleinement déduites. C'est l'influence romaine et le caractère personnel de l'action de dol qui s'exprimaient dans l'article 1116 (seul le dol pratiqué par l'une des parties contractantes à l'encontre de l'autre était pris en compte). En outre, la lettre de cet article impliquait également qu'il n'y ait dol que si pouvait être démontré l'accomplissement de manœuvres frauduleuses, c'est-à-dire d'actes positifs, prémédités et combinés en vue de la tromperie, à l'exclusion d'un simple mensonge. Même s'il est vrai que les tribunaux ont pu sanctionner le dol par réticence dans certains contrats exceptionnels[1609], ou quand la réticence avait été accompagnée d'agissements délictueux[1610] ou de circonstances graves [1611], les mensonges ne suffisaient pas, d'après la jurisprudence dominante, pour constituer le dol[1612]. La Haute juridiction est même parfois allé jusqu'à reconnaître nettement que des allégations pouvaient être fausses, mais n'en a pas pour autant déduit qu'il s'agissait là d'un élément pouvant provoquer la nullité du contrat, considérant que les contractants devaient eux-mêmes vérifier l'exactitude des faits prétendus[1613]. De la sorte, la jurisprudence n'admettait que de manière assez stricte le dol. Ainsi pour les juges, l'exagération de la chose ne constituait pas un dol en

---

[1605] C'est notamment « le Pape Innocent III qui formule en 1208 le principe que *fraus et dolus cuiquam patrocinari non debent* et c'est encore au *corpus juris canonici* qu'est empruntée la maxime *scienti et conscienti non fit injuria usque dolus* » : FABRE (Y.), *op. cit.*, p. 15 ; rappr. PERRIN (M.), *op. cit.*, p. 20 et s.

[1606] Domat admet sans réserve le caractère délictuel du dol que lui a accolé le droit romain : « comme le dol est une espèce de délit » : DOMAT (J.), *Les lois civiles dans leur ordre naturel*, *op.cit.*, livre I, t. 18, sect. 3, loi III, p. 153 et en donne une définition qui ne fait que compléter et préciser celle du droit romain : « on appelle dol, toute surprise, fraude, feintise et toute autre mauvaise voie pour tromper quelqu'un » : *ibid.*, p. 144.

[1607] Pothier n'a fait que reprendre la définition qu'en a fait Labéon en droit romain : le dol est toute espèce d'artifice *machinatio* dont quelqu'un se sert pour en tromper un autre : VIRENQUE (E.), *op. cit.*, p. 7.

[1608] VIRENQUE (E.), *op. cit.* p. 7.

[1609] Par ex. les contrats d'assurance en matière maritime. – *Adde.* Cass. req., 9 juillet 1888, *S.* 1889, I, p. 361. La jurisprudence ensuite n'hésitera pas à assurer à ce texte une application pour toutes les assurances

[1610] Cass. req., 2 déc. 1901, *S.* I, 1902, p. 181 ; Cass. req. 19 juill. 1904, *DP*, I, 1905, I, p. 349 ; Cass. req. 17 oct. 1934, *DH* 1934, p. 522.

[1611] Cass. civ., 17 févr. 1874, *S.* 1874, I, p. 249.

[1612] On trouve toutefois quelques arrêts jugeant que l'allégation d'un fait inexact est constitutive d'un dol : CA Nancy 27 mars 1882, Rec. arr. Nancy, 1882-1883, p. 265, cité par TAG-ELDINE (Y.), *op. cit.*, 1926, p. 17.

[1613] Cass. civ., 14 juill. 1862, *DP* 1862, I, p. 429, note Laurent (M.).

général ; elle rentrait dans les pratiques commerciales qui, pour n'être pas toujours en accord avec la morale, ne justifiait pas la sanction juridique. Les Cours estimaient par exemple que « les recommandations ou vanteries habituelles au moyen desquelles le vendeur cherche à vendre sa marchandise en exaltant le mérite et la valeur, ne constituent pas des manœuvres dolosives de nature à annuler le contrat de vente »[1614]. N'étaient considérés en réalité comme manœuvres proprement dites que les faits positifs, les interventions actives de la part de celui qui y recourt. Pendant longtemps donc, la réticence n'était cause de nullité du contrat que dans certaines conventions particulières et à la condition qu'un texte spécial ait prévu cette sanction.

530. Un revirement s'est toutefois opéré en 1902[1615]. Les auteurs se sont alors interrogés sur le point de savoir si le dol pouvait être constitué autrement que par des manœuvres positives[1616] et les avis semblèrent de plus en plus favorables à l'idée que le mensonge, voire la simple réticence, pouvait caractériser un dol. La doctrine était, en effet, plus portée à s'affranchir de la tradition romaine et avait volontiers interprété le terme « manœuvres » de manière large. Déjà, pour Domat, on pouvait appeler dol « toute surprise, fraude, feintise et toute autre mauvaise voie pour tromper quelqu'un »[1617]. Après l'avènement du Code civil, Planiol[1618] affirmait que tous les civilistes admettaient qu'un simple mensonge, tromperie purement verbale sans aucune manœuvre qui l'accompagne, était un dol. Quant à Colin et Capitant, ils estimaient que le dol s'entend « depuis les simples affirmations mensongères jusqu'aux machinations frauduleuses »[1619]. La jurisprudence suivit finalement le mouvement et reconnut que les mensonges qui « dépassent par leur habileté, leur gravité, ou le défaut de défense de l'autre partie, la norme de l'inexactitude tolérée »[1620], sont assimilés à un dol s'ils portent sur un point particulier du contrat auquel la partie trompée attache de l'importance.

531. Une même évolution se retrouve lorsqu'on envisage le cas de la réticence. Comme pour le mensonge, la réticence n'était sanctionnée que si les faits qui l'entouraient étaient illicites, et non de son propre chef[1621]. Pour leur part, certains auteurs considéraient que la réticence ne pouvait être un

[1614] CA Riom, 12 mai 1888, *S.* 1888, II, p. 13. Elles observaient ainsi que « l'acheteur sait qu'il doit se tenir en garde contre les prospectus, les annonces et les exagérations de valeur émanées du vendeur, et qu'il doit chercher ailleurs et dans un examen personnel de l'objet vendu les motifs déterminants de son achat » ; CA Paris, 29 janv. 1861, maintenu par Cass. req., 14 juill. 1862, préc.
[1615] Cass. req., 30 avr. 1902, *DP* 1902, I, p. 258 ; *S.* 1906, I, p. 307 ; *S.* 1906, I, p. 124.
[1616] IVANUS (N.), *De la réticence dolosive dans les contrats*, éd. Jouve et Cie, 1924.
[1617] DOMAT (J.), *op. cit.*, p. 144.
[1618] PLANIOL cité par TAG-ELDINE (Y.), *op. cit.*, 1926, p. 17.
[1619] COLIN (A.) et CAPITANT (H.), *Cours élémentaire de droit civil*, t. 2, *op. cit.*, p. 284.
[1620] CA Rennes, 15 déc. 1910, *DP* 1911, II, p. 211.
[1621] Cass. civ., 17 févr. 1874, *DP* 1874, I, p. 193.

dol que dans les hypothèses prévues expressément par la loi[1622]. C'est Duranton[1623], auquel se ralliera Charles Beudant[1624], qui a formulé le plus nettement cette opinion : la simple dissimulation d'un fait, à ses yeux, ne saurait être qualifiée de dol, du moins au sens de la loi. Les juges de leur côté estimaient qu'il n'y avait pas dol lorsqu'on ne pouvait reprocher à l'autre partie qu'une attitude passive, un silence, au sujet de tel ou tel fait, ou des réticences qui ne seraient pas accompagnées d'artifices coupables[1625]. Ce raisonnement s'étant vite avéré non concluant, une très grande majorité d'auteurs admit que la réticence pouvait constituer un dol quand la partie se trouve dans le cas où son devoir est de parler. Notamment Planiol, qui pourtant affirmait que « celui qui ne dit rien ne trompe pas »[1626] et que « c'est à chaque partie de prendre des précautions et de vérifier par elle-même les points qu'elle a besoin de connaître »[1627], nuance un peu plus loin son propos en indiquant que se taire dans un moment où on aurait dû parler est en revanche une réticence dolosive. Demogue visait celui qui a un devoir spécial tenant aux circonstances et à la situation de l'auteur de la réticence[1628]. Ripert disait que pour apprécier un dol, il fallait prendre en compte la nature du contrat, les relations des parties et la confiance réciproque qu'elles s'accordent[1629]. En partant de cette idée, pensait-il, on pouvait découvrir une cause de nullité dans la simple réticence, « si l'une des parties a l'obligation de conscience de parler sous peine d'abuser de l'ignorance de l'autre »[1630]. Selon Ripert, renseigner exactement le contractant devient donc une obligation juridique, et la réticence une cause légale de nullité du contrat, mais dans l'unique cas où le contrat suppose une confiance réciproque[1631] entre les parties. Josserand allait pour sa part reconnaître à la simple réticence le caractère d'une manœuvre illicite, trait fondamental du dol, dès que celui qui a gardé le silence avait le « devoir de parler soit en vertu d'un texte de loi, soit à raison des circonstances de la cause ou de la nature du contrat et qui supposait chez les parties des rapports de confiance réciproque »[1632].

Probablement pareille logique finit par gagner les juges et l'on put désormais lire dans leurs décisions que la réticence constituait un dol dès

---

[1622] POIRIER (V.), *Les effets juridiques du silence*, éd. Jouve, 1920, p. 62.
[1623] GUYOT (P.), « Dol et réticence », *in Etudes de droit civil à la mémoire de Henri Capitant*, Dalloz, 1939, p. 288.
[1624] *Ibid.*
[1625] Cass. civ., 9 juill. 1888, *S.* 1888, I, p. 361 ; Cass. civ., 30 mai 1927, *S.* 1928, I, p. 105.
[1626] PLANIOL, « le dol civil et le dol criminel », *Rev. crit. législ. et jurispr.* 1893, p. 545.
[1627] *Ibid.*, p. 546.
[1628] DEMOGUE (R.), *Traité des obligations, Des obligations en général*, t. 1, *op. cit.*. n° 358, p. 561.
[1629] RIPERT (G.), *La règle morale dans les obligations civiles, op. cit.*, p. 256.
[1630] *Ibid.*
[1631] Il cite notamment l'article 348 du Code de commerce ou la loi sur l'assurance.
[1632] JOSSERAND (L.), *Cours de droit civil positif français*, t. 2, *op. cit.*, p.51.

lors qu'elle avait été calculée dans le but de tromper le cocontractant[1633]. Puis ces magistrats se montrèrent de plus en plus sévères envers l'auteur de la réticence et eurent tendance à convenir, d'une façon générale, que toute réticence volontaire entraîne la responsabilité de son auteur dès qu'elle porte sur un point que l'autre avait intérêt à connaître[1634]. Remarquons à ce propos qu'un auteur ira même plus loin dans ses tentatives pour élargir la notion de dol, admettant que « le contractant qui utilise la situation inférieure de l'autre partie pour tirer un avantage excessif du contrat, qui exploite immoralement l'état ou la nécessité de ce cocontractant, commet un dol parce qu'il commet un acte contraire à la bonne foi »[1635]. Cette opinion ne trouva toutefois, et à juste titre, aucun soutien dans le droit positif. L'auteur de cette affirmation cite en effet de rares décisions dans lesquelles, tout en annulant l'acte critiqué sur le fondement de l'article 1116 du Code civil, le juge observe que le consentement n'avait pas été suffisamment libre et conscient[1636]. L'auteur en conclut que le dol consiste dans une atteinte à la bonne foi, indépendamment des procédés employés[1637], alors qu'il s'agissait dans ces espèces de simples répétitions dont la solution ne pouvait être déduite.

Aujourd'hui, au terme de cette évolution, la jurisprudence prend en considération le dol par réticence quand il résulte d'une collusion frauduleuse, qui suppose une machination[1638], ou de la dissimulation d'un fait que la loyauté ou la bonne foi obligerait à révéler, et quelle que soit la nature du contrat vicié[1639].

532. Le changement de perception du dol est manifeste et n'est pas sans influence sur ce que doit être l'obligation du banquier face au conflit d'intérêts.

b - L'influence

533. La notion de dol, comme l'erreur ou la violence, est susceptible de saisir la situation du conflit d'intérêts. En effet, le dol, comme le conflit

---

[1633] Cass. req., 28 octobre 1924, *DH* 1924, II, p. 635.

[1634] CA Lyon, 25 oct. 1934 et CA Paris, 28 déc. 1935, *Gaz. pal.* 1936, p. 421 cités par FABRE (Y.), *op. cit.*, p. 25 ; CA Lyon, 28 nov. 1930, *S.* 1932, II, p. 201.

[1635] BONNASSIES (P.), *op. cit.*, p. 522.

[1636] *Ibid.*, p. 136 et s.

[1637] *Ibid.*, p. 446 et s., p. 479, p. 484 et s., p. 522, p. 535 et s.

[1638] Cass. 1re civ., 14 déc. 1983, *JCP* 1983, IV, 72.

[1639] Par ex. : Cass. com., 13 oct. 1980, *D.* 1981, IR, p. 309, obs. Ghestin (J.) et Cass. com., 20 juin 1995, *JCP* 1995, IV, 2020 ; *D.* 1995, IR, p. 211 (vente de fonds de commerce) ; Cass. 1re civ., 7 janv. 1997, *JCP* 1997, 380 (contrat d'assurance) ; Cass. 1re civ., 10 mai 1989, *D.* 1989, IR, 173 ; *JCP* 1989, II, 21366, obs. Legeais (D.) (contrats de cautionnement). Rappr. Cass. 1re civ., 9 juill. 1996, *D. A*, 1996, p. 1164 et Cass. 1re civ., 18 févr. 1997, *D. A.* 1997, p. 380 ; Cass. 1re civ., 13 mai 2003, *JCP* 2003, II, 10 144 (absence d'information de la caution par la banque créancière de la situation obérée du débiteur).

d'intérêts, trouve son fondement dans l'intérêt. Cependant, l'élément caractéristique du dol, est l'intention de tromper[1640], élément qui ne se retrouve pas nécessairement dans le conflit d'intérêts, même exploité. Or cette notion manifeste elle aussi l'existence d'un devoir du banquier de préserver l'intérêt de son cocontractant, qui ne consiste plus dans la simple abstention de nuire et ne peut s'assimiler qu'à un devoir de garantie en cas de conflit d'intérêts.

534. Trois arrêts, un ancien et deux récents, corroborent notre propos, notamment au regard de la nature des contrats aléatoires, dont on sait qu'ils n'ouvrent que rarement le droit à une action pour dol. La première décision, du 5 mai 1902[1641], a jugé de la sorte, avant de caractériser le dol, « que l'intermédiaire qu'un donneur d'ordres a chargé de faire une opération en bourse pour son compte, ne peut à l'insu et sans le consentement de celui-ci, se constituer sa contrepartie ». Le raisonnement était le suivant : le banquier en dissimulant sa qualité de contrepartie, se rend coupable de supercherie et son acte est donc suspect, dans la mesure où il détermine l'accord de son client cocontractant. Remarquons que la décision date de 1902 et que le juge démontre ici une sévérité particulière envers ce professionnel, pour une réticence qu'il considère dolosive, quand il n'est pas encore admis à cette époque-là que la réticence en droit commun des contrats puisse constituer un dol. Comment alors expliquer pareille position, si ce n'est par la volonté d'imposer au banquier un devoir de protection de l'intérêt du client cocontractant, considéré comme supérieur ? Le second arrêt émane de la chambre commerciale de la Cour de cassation et date du 3 juillet 2001[1642].

[1640] Une intention de tromper autrui, donc, mais qui ne se confond pas à proprement dit avec la fraude : BOISTEL (M.), note sous CA Paris, 27 avr. 1896, *DP* 1898, II, p. 257 : l'adjonction de ces deux mots « fait croire qu'il y a deux théories différentes à appliquer suivant les cas, et elle fait perdre facilement de vue les règles édictées pour le cas du dol ». La jurisprudence a pourtant longtemps assimilé les deux, Cass. req. 28 juin 1881, *DP* 1882, I, p. 161 ; Cass. req. 21 déc. 1886, *DP*, I, 1887, p. 230 ; Cass. civ., 18 févr. 1930, *S.* 1930, I, p. 151. Mais la fraude consiste dans les actes de mauvaise foi commis pour tromper autrui, parfois avec l'accord de toutes les parties contractantes, sans forcément la présence de la personne à l'encontre de laquelle la fraude est commise. En revanche, le dol s'entend des manœuvres employées pour tromper le consentement. Le dol ne peut exister sans l'emploi de manœuvres imputées à l'une des parties, ou sans leur exécution par un tiers, mais dans l'intérêt d'une des parties. Le dol vicie la convention parce qu'il produit une erreur dans l'esprit de l'une des parties contractantes, provoquée par l'autre, quand la fraude n'a pas la même influence sur la validité du contrat et conséquemment sur l'exécution qui s'ensuit. En effet, Josserand résumait ainsi la distinction : l'acte entaché de fraude serait conclu dans l'intention de nuire aux droits d'un tiers alors que l'acte entaché de dol serait conclu dans l'intention de léser le contractant. JOSSERAND (L.), *Les mobiles dans les actes juridiques de droit privé*, Dalloz, 1928, p. 214 et s.

[1641] CA Rennes, 5 mai, 1902, *P. F.* 1904, II, 225 cité par MOUSTAPHA MOHAMED (M.), *Dol, erreur et lésion dans les contrats aléatoires en droit français*, Impr. J. chevalier, 1926, p. 65.

[1642] Cass. com., 3 juill. 2001, *RJDA* 2002, n° 80.

En l'espèce, la Cour a sanctionné sur le terrain du dol une banque qui avait reçu de la Commission des opérations de bourse des mises en garde relatives à certains placements, mais n'en avait pas informé un client qui avait justement emprunté auprès d'elle des sommes d'argent destinées à ces placements, en accordant la nullité du contrat invoquée par le demandeur. Or, il ne s'agissait dans cette affaire, ni plus, ni moins, que d'un conflit d'intérêts, pleinement exploité par la banque en question, l'élément intentionnel du conflit d'intérêts (à son stade d'exploitation) et du dol ayant composé un tout. Pourtant, toute la notion de conflit d'intérêts ne peut être réduite à celle de dol. La dernière ne saisit la première que partiellement. Plus précisément, si dol et conflit d'intérêts peuvent se rejoindre pour déterminer certains faits d'inexécution des conventions, ou d'exécution défectueuse, le principal trait du dol est l'élément intentionnel tandis que l'utilisation de son pouvoir par le banquier cocontractant, au détriment de l'intérêt de son client, peut être simplement fautive.

Ainsi, l'élément intentionnel n'existe pas aux premiers stades d'apparition du conflit d'intérêts et ne voit le jour qu'au stade précédent son exploitation. Autrement dit, le conflit d'intérêts est, comme le dol, une situation de fait, mais il se différencie du premier par ce trait qui lui est particulier : son caractère évolutif qui exclut nécessairement son assimilation au dol. Le dol ne peut être synonyme que de la quatrième phase du conflit d'intérêts et dans les seuls cas où, au-delà de la simple faute du banquier, il peut être relevé une intention de tromper, comme l'a fait la Cour de cassation dans cet arrêt du 3 juillet 2001[1643]. Le juge utilise le dol comme technique pour sanctionner le conflit d'intérêts exploité, mais ce contrôle reste insatisfaisant, le dol n'étant pas un mécanisme adapté à cet effet. L'évolution qu'a connue cette notion prouve pourtant une volonté d'en faire un réel outil protecteur de l'intérêt du client cocontractant du banquier, mais cet outil révèle ses limites. La reconnaissance d'une obligation de garantir la défense de l'intérêt du client dont le manquement est susceptible d'être réprimandé à part entière semble indispensable pour assurer la protection du client tant recherchée. L'affaire Marnier Lapostolle SA c/ Oddo Asset Management SA et Oddo & Cie du 30 octobre 2012[1644], qui voit la cour d'appel de Paris sanctionner une situation de conflit d'intérêts par l'annulation d'un contrat, en se fondant sur des manœuvres dolosives, démontre la nécessité de reconnaître un tel principe en raison des limites de la notion de dol.

En l'espèce, la société Marnier Lapostolle avait souscrit des parts du fonds commun monétaire dynamique Oddo Cash Arbitrages géré par Oddo AM et ayant pour dépositaire la société Oddo & Cie, maison mère de la société Oddo AM. Cette dernière a, après la conclusion du contrat, procédé à

[1643] Cass. com., 3 juill. 2001, *RJDA* 2002, n° 80.
[1644] CA Paris, 30 oct. 2012, préc.

la dissolution du fonds. La société Marnier Lapostolle a par conséquent assigné ces deux sociétés en nullité pour dol du contrat de souscription et en réparation du préjudice subi. La Cour d'appel de Paris a prononcé l'annulation après avoir établi l'existence d'informations mensongères et de manœuvres dolosives, tant lors de la commercialisation que de la liquidation du fonds. La société de gestion avait notamment vendu à travers son fonds monétaire classique Oddo cash la totalité des produits de titrisation américains sans passer par le marché, en crise à cette période, et en cachant l'origine. Le dol dans la souscription était caractérisé, selon la Cour d'appel, tant par la présentation mensongère de la composition du fonds Oddo Cash Arbitrages, que par le transfert, en provenance d'un autre fonds également géré par cette société, de produits toxiques et d'actifs risqués, en pleine connaissance de cause et hors marché. Les juges ont déduit le caractère mensonger après avoir constaté des discordances entre le contenu des prospectus simplifiés et les documents commerciaux remis aux investisseurs. Ayant relevé que ces transferts d'actifs étaient contraires à la stratégie de gestion du fonds qui avait orienté le choix de l'investisseur, la cour d'appel a considéré que la dissimulation volontaire de ces risques lors de la conclusion du contrat a provoqué une erreur déterminante du consentement de la société Marnier Lapostolle. Pourtant, les faits ne semblent pas permettre la qualification du dol sans hésitation. Comme on vient de le voir, le dol repose sur une faute intentionnelle et une volonté de tromper qui « suppose nécessairement, à titre de condition préalable, que lors de la conclusion du contrat le contractant ait eu connaissance de la circonstance »[1645], ce que n'établit pas la Cour d'appel. Le manquement à une obligation précontractuelle d'information, comme en l'espèce, ne suffit pas habituellement à caractériser seul la réticence dolosive[1646]. Le fait est que les fonds accusés étaient dans une situation de conflit d'intérêts qu'ils ont exploitée. La société Marnier Lapostolle n'avait objectivement aucun intérêt à récupérer des produits dont la société de gestion souhaitait se défaire en privilégiant délibérément son intérêt à celui de ses porteurs, en méconnaissance certaine des intérêts des porteurs. C'est là que la reconnaissance d'un devoir de garantir la protection de l'intérêt du client cocontractant, et non plus seulement de respecter ses intérêts, trouve toute sa pertinence. En effet, on n'attend pas simplement de ne pas porter atteinte à l'intérêt du cocontractant, on demande que lors de chaque opération, il soit garanti au client cocontractant que ses intérêts sont effectivement protégés, car considérés comme supérieurs. Cet objectif ne peut être atteint en cas de

[1645] STORCK (M.), art. préc., *loc. cit.*

[1646] Cass. com., 28 juin 2005, *D.* 2006, p. 2774, note Chauvel (P.) ; *RTD civ.* 2005, p. 591, obs. Mestre (J.) et Fages (B.) ; *D.* 2005, p. 2836, obs. Amarani Mekki (S.) et Fauvarque-Cosson (B.).

conflit d'intérêts que s'il est exigé du banquier un devoir de garantir l'intérêt supérieur de son propre fait.

535. Il est intéressant aussi de remarquer que si le droit anglais a connu une évolution de la notion de dol témoignant également de l'ambition de protéger l'intérêt du cocontractant, allant au-delà de l'exigence de ne pas nuire en cas de conflit d'intérêts, elle diffère toutefois dans son contenu de celle du droit français.

2° - La transformation en droit anglo-américain

536. Du point de vue des règles de *Common Law,* telles qu'elles sont appliquées principalement en Grande Bretagne et aux Etats-Unis, depuis l'affaire *Polhill v. Walter*[1647] en particulier, il n'est pas exigé d'intention frauduleuse dans le sens qui lui est donné en droit français pour caractériser le dol. Dans cette acception plus large, il suffit que l'auteur de fausses déclarations s'en soit servi comme instrument destiné à déterminer le consentement d'un individu, intentionnellement ou innocemment. Au départ, Pollock[1648], en parlant du dol et de l'erreur, distinguait trois combinaisons différentes : l'ignorance non déclenchée par l'acte de l'autre partie, soit l'erreur *mistake*, l'ignorance provoquée par l'autre partie sans mauvaise intention, soit la *misrepresentation*, et enfin l'ignorance impliquée par l'autre partie, mais cette fois avec intention frauduleuse, *fraud.* Le dol se rapprocherait ainsi de la *misrepresentation*, qui elle même se subdivise en *fraudulent misrepresentation* et *misrepresentation* innocente.

L'ancien droit anglais n'ouvrait à l'origine aucun recours à la *misrepresentation* de manière générale, quand bien même celle-ci aurait été entachée de fraude. Puis naquit, en matière de vente exclusivement, une action générale servant à la fois d'action en réparation du dommage causé par le dol dans la formation des contrats et d'action de garantie, c'est l'action de *deceit*. En effet, cette action était utilisée dès la fin du XIVe siècle pour sanctionner toute allégation d'un vendeur ayant entraîné l'acheteur à contracter et qui s'avérait ensuite inexacte. Toutefois, comme l'a enseigné l'arrêt *Chandelor vs. Lopus*[1649], le vendeur n'était responsable que des affirmations dont il connaissait la fausseté ou qu'il avait expressément garanties en en sachant l'inexactitude.

Par la suite, en revanche, avec l'extension du domaine de l'action *deceit*, qui devint l'action normale du contrat[1650], les juges se firent les artisans de l'évolution protectrice de la notion de *misrepresentation* qui relevait aussi

---

[1647] Polhill v. Walter, 3 B.S Ad. 114, 124.
[1648] POLLOCK (F.), *Principles of contracts*, éd., Stevens, 1950, p. 476.
[1649] Chandelor v. Lopus (1603) Cro. Jac. 4, 79 E. R 3.
[1650] Stuart v. Wilkins (1778) L Doug, 18, 99 E. R. 15.

bien des cours d'équité que des tribunaux de droit commun, les *courts of law*.

Ce sont finalement les tribunaux de droit commun qui ont amorcé le mouvement d'assouplissement progressif de la conception anglaise du dol, qui allait faire consacrer le droit de réparation de la victime d'un dol frauduleux « dès la seconde moitié du XVIIIe siècle, notamment dans l'affaire *Pasley v. Freeman* »[1651]. Cette décision sanctionne le contractant Freeman ayant poussé l'autre, Pasley, à s'engager dans un contrat en émettant des fausses déclarations. Le raisonnement de la Cour, nouveau à cette époque-là, admettant que des déclarations erronées ouvrent la voie d'une action en annulation du contrat, conduit habituellement les auteurs à reconnaître que cette décision [1652] marque l'avènement d'une doctrine nouvelle. Il convient d'observer qu'à la lecture de l'arrêt, il ressort en réalité qu'il ne suffisait pas, aux yeux de la cour, d'affirmer des déclarations fausses pour caractériser un dol, il fallait le faire tout en en ayant conscience. Autrement dit, si Freeman n'avait pas connu le caractère mensonger de ses dires, la solution du procès aurait sans doute été différente, comme ce fût le cas dans d'autres affaires, comme *Haycraft v. Creasy*[1653]. En l'espèce, le défendeur avait prétendu, et de bonne foi, qu'il savait que la personne avec laquelle le demandeur devait traiter jouissait d'un grand crédit. Les juges ont alors saisi l'occasion pour préciser que l'action de dol ne se justifiait que si la déclaration a été faite *malo animo*, c'est-à-dire qu'elle relevait de quelque chose de plus que d'une erreur ou d'un malentendu.

Malgré tout, et bien que tous les juges dans cette affaire n'aient pas été disposés à l'entendre, on pouvait voir transparaître dans l'argumentation de Lord Kenyon une volonté d'élargir la notion de dol, en plus des cas de mauvaise foi, aux hypothèses où l'auteur de l'affirmation a fait preuve de légèreté. La fraude consisterait ici non dans la déclaration, mais dans le fait de prétendre positivement la connaissance d'une chose dont on ne savait rien en vérité. Cette idée de Lord Kenyon, si elle n'eut pas beaucoup d'échos lors de l'affaire *Haycraft v. Creasy*, triomphera néanmoins plus tard. Ainsi, les arrêts *Adamson v. Jarvis*[1654] et *Smout v. Hibery*[1655] confirmèrent que celui qui affirme la réalité d'un fait dont il ne sait rien, soit pour causer préjudice à autrui, soit pour en profiter lui-même, doit être condamné pour son mensonge non seulement d'un point de vue moral, mais également juridique. La règle aurait pu se résumer de la sorte : toute attitude peut constituer une *misrepresentation* dès lors que le contractant commet une erreur provoquée par une allégation fausse, ce qui ne pouvait inclure la réticence, les

---

[1651] TAG-ELDINE (Y.), *op. cit.*, p. 5. – *Adde* : BONNASSIES (P.), *op. cit.*, p. 228.
[1652] Parsley v. Freeman (1789) 3 T.R. 51. Rappr. Derry v. Peek (1889) 14 App. Ca. 337.
[1653] Haycraft v. Creasy (1801), 2 East., 92.
[1654] Adamson v. Jarvis 4 Bing. 66. 73. 74 cité par TAG-ELDINE (Y.), *op. cit.*, p. 34.
[1655] Smouth v. Hibery 10 M. S. W. I, I, 9, 10, *ibid.*

juridictions de *Common law* n'ayant pas admis que le silence du contractant pouvait être assimilé à un dol. L'arrêt *Laidlaw v. Organ,* que nous aurons l'occasion d'étudier plus loin[1656], en témoigne.

Les *Courts of Equity*, adoptaient des solutions semblables à celles des tribunaux de droit commun, du moins en matière de vente, mais contribuèrent néanmoins pour une grande part à la transformation de la notion de dol. En effet, si comme on vient de le voir, les Cours de *Common Law* ont déclenché le mouvement en sanctionnant progressivement la *misrepresentation* frauduleuse, c'est devant les cours d'équité que l'élargissement du concept se remarquera le plus, car elles vont prendre en considération la *misrepresentation* innocente, dont les juges de droit commun ne tenaient compte qu'exceptionnellement. Il est vrai que c'est devant les juridictions d'équité que pendaient le plus fréquemment les affaires de violation du devoir par des personnes qui sont en relation de confiance et c'est sans doute de la sorte qu'ils qualifiaient de dol l'inobservation d'une obligation particulière, présentée comme la conséquence des relations de confiance réciproque établies entre les parties[1657]. Ainsi, soit l'auteur de la *misrepresentation* innocente réclamait l'exécution du contrat et le tribunal la lui refusait, caractérisant un manque de conscience de la part de celui qui, par sa fausse déclaration, était à l'origine de l'engagement inexécuté[1658], soit de manière plus radicale prononçait la nullité de l'acte litigieux. Puis, avec l'avènement du *Judicature act* de 1873, qui fusionna en un système unique les règles de *Common law* et de l'*Equity*, tous les contrats sans exception devinrent annulables et plus seulement ceux marqués d'une relation de confiance, à la condition évidente que la *misrepresentation* ait exercé une influence déterminante sur la volonté du contractant. Quant à la réticence, avant d'arriver à son état actuel, elle est devenue dolosive d'abord dans certaines conventions dans lesquelles une véritable obligation de renseignement pèse sur les parties, ou entre certaines personnes tenues à des attitudes de droiture et d'honnêteté, en vertu de leurs *fiduciary duties*, puis enfin dans tous les contrats lorsqu'elle pouvait être assimilée à une *misrepresentation* positive.

Pour ce qui est précisément du cas du banquier, la *fraudulent misrepresentation* est souvent invoquée pour des hypothèses de conflits d'intérêts. La *Securities and Exchange Commission* a encore récemment poursuivi Goldman Sachs pour fraude pour avoir revendu des produits titrisés en en cachant l'origine grâce au recours à une interface, quand dans

---

[1656] V. *infra*
[1657] Nocton vs. Ashburton (1914) A. C. 932.
[1658] Lemare v. Dixon L. R. 6 H. L. p. 414 cité par TAG-ELDINE (Y.), *op. cit.*, p. 39.

le même temps, devant les juridictions civiles, était alléguée une *fraudulent misrepresentation*[1659].

537. Les fondements du devoir de garantie du banquier face au conflit d'intérêts sont également mis en exergue par l'étude de l'évolution de l'obligation générale d'information.

B/ L'obligation de renseignement

538. La défense de l'intérêt du client a commandé d'introduire une obligation de renseignement propre aux contrats bancaires[1660]. En effet, le droit positif semble avoir mis à la charge du banquier une obligation d'information qu'on pourrait qualifier de « personnalisée » (1°), vision que le droit anglo-américain ne partage pas (2°).

1° - Les réinventions en droit français

539. Le devoir d'information est par essence doté d'une fonction protectrice qui n'a fait que se renforcer depuis qu'elle a vu le jour (a) et qui n'est pas sans influence sur ce que devrait être l'obligation du banquier face au conflit d'intérêts (b).

a - L'évolution

540. La réflexion sur la valeur juridique du silence[1661] et sur la présence d'un devoir de renseigner son contractant avant la conclusion de l'acte ne

---

[1659] Litigation April 16, 2010, *Securities and Exchange Commission v. Goldman, Sachs & Co. and Fabrice Tourre, op. cit.*

[1660] Introduction qui s'est faite à partir de ce constat qu'illustre une jurisprudence abondante : « les tribunaux [faisaient] notamment de fréquentes applications [de cette obligation de renseignement] dans les contrats d'adhésion où le risque de lésion est plus grand en fonction de la force inégale des parties » : PEROT-MOREL (M. A.), *De l'équilibre des prestations dans la conclusion du contrat*, Dalloz, 1961, p. 201. Cette constatation a pu éveiller le sentiment prémonitoire que l'obligation deviendrait « le droit commun des contrats d'adhésion » : *Ibid.* En effet, les arrêts sont anciens qui laissaient présager l'idée. Déjà, dans un arrêt du 15 juillet 1952 ou elle annulait le contrat pour cause d'erreur, la Cour de Lyon remarquait que « s'il n'apparaît pas que [le client] ait été amené par des manœuvres ou des promesses fallacieuses à contracter avec la Société Française Mutuelle de Crédit, il n'en est pas moins certain qu'il n'a pas été exactement renseigné sur les conditions et la portée des engagements réciproques, et n'a pas été en mesure de le faire » : CA Lyon, 15 juill. 1952, *D.* 1952, p. 753. La Cour insistait sur la rédaction du texte en termes « sibyllins » qui rendaient la compréhension difficile même pour un « esprit averti. »

[1661] Sur les multiples rôles du silence : autorisation, confirmation, acceptation, v. VOIRIN (M.), note sous Cass. req., 29 mars 1938, *DP* 1939, I, p. 1.

date pas d'hier. Cicéron[1662] déjà, exposant la situation d'un homme de bien qui aurait amené d'Alexandrie à Rhodes une importante quantité de blé, à une période de disette et famine, se posait la question suivante : si ce marchand venait à prendre connaissance que d'autres acheminements de blé étaient en cours de route, aurait-il une obligation morale de partager cette information ou pourrait-il licitement la dissimuler et vendre son blé le plus cher possible ? Selon Cicéron, il fallait tout dévoiler de sorte que l'acheteur n'ignore rien de ce que savait le vendeur au nom, au-delà des prescriptions du droit civil, d'un devoir de veiller au bien des hommes et de servir la société humaine[1663]. Plusieurs penseurs se sont penchés des siècles durant sur cette hypothèse de Cicéron. Saint Thomas d'Aquin, par exemple, dont l'avis était partagé par les théologiens de façon générale, estimait que si le vendeur divulguait l'information, il « pratiquerait une vertu parfaite » [1664], mais qu'il n'était toutefois pas tenu de le faire. Il pouvait, « sans blesser la justice »[1665], s'abstenir de toute révélation, car les acheteurs, forts de cette information, lui offriraient un prix plus bas, alors que la diminution du prix n'était censée s'opérer qu'ultérieurement. Selon Pothier, l'équité implique, dans tout contrat commutatif, que chacune des parties donne l'équivalent de ce qu'elle reçoit, ce qui justifie de ne pas retenir une information si elle devait causer une variation du prix, certaine, considérable et rapide[1666].

541. Comme on le voit, l'existence d'un devoir d'information, procédant de « l'idée qu'il faut sauvegarder la moralité des actes juridiques » [1667], préoccupait depuis longtemps l'esprit du juriste, au moins à son stade moral ou philosophique. Cependant, le terme d'obligation d'information[1668] et son

---

[1662] CICERON, *Les devoirs, De Officis*, *op.cit.*, p. 96 et s., égal. p. 104 et s.

[1663] Il prolongeait de la sorte la loi de droit naturel selon laquelle l'intérêt du marchand (citoyen) est l'intérêt général (de tous les citoyens) et inversement, *ibid.*, n° 65 s., pp. 96 s. Sur cette pensée de Cicéron v. DECAQUERAY (G.), *Explication des passages de droit privé contenu dans les œuvres de Cicéron*, Durand, 1857, p. 482 et s. Remarquons qu'à Rome « les édiles curules, chargés de la police des marchés, ont été les premiers à organiser un mécanisme d'information dans les contrats relevant de leur compétence, c'est-à-dire les ventes d'esclaves et d'animaux. Ces édiles, estimant que le vendeur doit connaître le bien qu'il vend, obligèrent le marchand à faire état des vices de la chose au public. Si cette obligation était violée, l'acheteur pouvait demander soit la résolution du contrat, soit la réduction du prix. Par conséquent, le vendeur était obligé par une autorité administrative, de donner des informations précises à l'acheteur. », BONJEAN (B.), « Le droit à l'information du consommateur », *in L'information en droit privé*, LGDJ, 1978, p. 355.

[1664] SAINT THOMAS D'AQUIN, *Somme théologique*, tome 3, partie II, vol. 2, Les éditions du Cerf, 1985, question 77 : la fraude, p. 487.

[1665] *Ibid.*

[1666] POTHIER (R.-J.), *Traité du contrat de vente*, Chasseriau Librairie, 1823, p. 554.

[1667] BOYER (Y.), *L'obligation de renseignement dans la formation du contrat*, préf. Lobin (Y.), PUAM, 1978, p. 18.

[1668] Le devoir de « parler » invoqué par L. Josserand, peut être un ancêtre de l'obligation d'informer, v. JOSSERAND (L.), *Cours de droit civil français*, t. 2, *op. cit.*, p. 55.

étude[1669] sont relativement récents comparativement aux notions explorées dans les développements précédents. En effet, pour les rédacteurs du Code civil, inspirés du principe de l'autonomie de la volonté et liés par le dogme de la philosophie individualiste prévalant à l'époque, les conventions devaient être accomplies « par voie de concessions réciproques »[1670], car la conclusion des contrats serait le résultat d'un échange de volitions « libres, égales et aptes à défendre des intérêts personnels antagonistes »[1671]. La rétention d'information ne semblait donc mériter aucune sanction juridique.

542. Mais les transactions ne restèrent pas éternellement simples et, au fur et à mesure de leur complexification, doctrine et juge ont commencé à s'interroger sur ce qui demeurait de l'égalité entre les parties[1672]. Ripert, notamment, admit la réalité d'un devoir d'informer son contractant dans le cas d'inégalité d'accès des deux parties à l'information[1673]. Puis en 1945, de Juglart mit en lumière l'apparition de la notion d'obligation précontractuelle de renseignement dans le droit positif[1674], même si, plusieurs années plus tard, des auteurs la contestaient encore, n'imaginant pas son existence de manière autonome[1675]. Le législateur, pour sa part, allait imposer, dans tous les contrats où la protection du contractant par le jeu du droit commun s'avérait insuffisante, un nombre important de mentions informatives, à la charge des professionnels[1676] surtout. Au départ, devaient figurer, à titre

---

[1669] L'ouvrage juridique réputé être le plus ancien consacré à l'étude de la question à part entière date seulement de 1915. Il s'agit d'un ouvrage de SPENCER BOWER (G.), *The law Relating to Actionnable Non-Disclosure and Other Breaches of Duty in relations of Duty in relations of Confidence, Influence and Advantage*, Butterworth, 1915.

[1670] LARROUMET (C.) et BROSS (S.), *Droit civil, les obligations, le contrat*, 7e éd., Economica, 2014, t. 3, p. 93.

[1671] MESTRE (J.), « Transparence et droit des contrats », *RJ com.* nov. 1993, p. 77.

[1672] Car on pensait qu'« en présence d'un contrat, la conscience morale se montre toujours choquée de l'inégalité des contractants, par laquelle l'une des parties se trouvant, en fait, en état d'infériorité par rapport à l'autre, est obligée en quelque façon de subir la volonté du plus fort », BASTIDE (G.), *Traité de l'action morale dans les obligations civiles*, PUF, 1961, p. 256.

[1673] RIPERT (G.), *op. cit.*, p. 89 et s.

[1674] JUGLART (M. de), « L'obligation de renseignements dans les contrats », *RTD civ.* 1945, p. 1.

[1675] M. Ghestin par exemple rétorquait : « aucune des solutions de M. de Juglart, ne se déduit directement d'un tel principe » et ajoutait un peu plus loin : « l'idée d'une obligation de renseignement n'ajoute donc rien au droit positif », GHESTIN (J.), *La notion d'erreur dans le droit positif actuel*, *op. cit.*, p. 111 et s.

[1676] L'idée, qui s'est de la sorte généralisée, selon laquelle le contrat ne peut être juste si les deux parties ne sont pas d'égale puissance, et notamment si l'une ne connaît pas certaines informations, explique la rigueur croissante qui se manifeste envers le professionnel. M. Le Tourneau partageait sans doute cette vision lorsqu'il eu cette pensée singulière que les devoirs généraux du professionnel « ne se limitent pas à de froides obligations » car, disait-il, « le professionnel pratique les vertus. L'honneur, l'amitié, la courtoisie, la patience, tiennent leur rôle dans la vie des affaires », voire même « la générosité » continuait l'auteur, LE TOURNEAU (Ph.), « Les professionnels ont-ils du cœur ? », *D.* 1990, p. 22.

d'information, les éléments essentiels du contrat proposé et exclusivement ceux-là[1677]. Puis il est devenu nécessaire qu'ils le soient avec précision, le pollicitant devant faire figurer, en plus des prestations promises et de leur objet, des conditions substantielles, c'est-à-dire des éléments commandés par la volonté des futurs contractants, indispensables à leur accord[1678], de sorte qu'aucune « expression complémentaire de l'intention des parties ne soit nécessaire »[1679]. Enfin, il a été exigé que les indications du rédacteur de l'acte soient intelligibles au cocontractant. La jurisprudence ne pensait pas différemment, ainsi que l'atteste un arrêt de la Cour d'appel de Paris du 21 novembre 1975, affirmant qu'indépendamment des dispositions légales, la bonne foi ajoute un devoir d'honnêteté élémentaire de renseigner le cocontractant sur tous les points propres à l'intéresser[1680], devoir renforcé lorsque le contractant est un professionnel[1681].

Le mouvement ici décrit participe fortement à définir l'obligation du banquier face au conflit d'intérêts.

b - L'influence

543. Le législateur, dans le prolongement de la réflexion sur l'inégalité des parties et dans un souci de protection du consentement du contractant, a progressivement exigé une obligation d'information chaque fois qu'il n'était plus possible de l'ignorer. Or, la toute première loi [1682] imposant des mentions informatives dans les propositions de contrats est la loi du 12 mars 1900 promulguée à la suite des abus commis en matière de vente à crédit des valeurs de bourse[1683]. Il s'agit bien là d'un témoignage de la recherche de préservation de l'intérêt du client contractant du banquier qui va au-delà de la simple interdiction d'y nuire. En effet, on observe que le mouvement en matière bancaire a significativement précédé les actions menées dans d'autres domaines[1684].

1677 Plusieurs décisions ont consacré cette solution : Cass. 1re civ., 26 nov. 1962, *D.* 1963, Jurispr. p. 61 ; Cass. 1re civ., 15 janv. 1963, *Gaz. Pal.*, 1963, p. 211 ; Cass. 3e civ., 14 janv. 1975, *Bull. civ.*, III, n° 11 ; *Gaz. Pal.*, 1975, somm. p. 74.

1678 Cass. 1re civ., 19 févr. 1958, *Bull. civ.*, I, n° 108 ; Cass. 1re civ., 26 oct. 1964, *Bull. civ.*, I, n° 470, p. 364.

1679 AUBERT (J.-L.), *Notions et rôles de l'offre et de l'acceptation dans la formation du contrat*, LGDJ, 1970, p. 68.

1680 CA Paris, 21 nov. 1975, *D.* 1976, somm., p. 50.

1681 Ripert affirmait, en ce sens, l'existence d'un droit civil professionnel, RIPERT (G.), « Ébauche d'un droit civil professionnel », *in Études de droit civil à la mémoire de Henri Capitant*, Dalloz, 1939, p. 616.

1682 BOYER (Y.), thèse préc., p. 95.

1683 L. du 14 déc. 1926, *DP,* 1927, IV, p. 154.

1684 Pour une vision globale sur la question : DAIGNE (J.-F.), *L'éthique financière*, PUF, 1991, p. 50 et s.

544. Cette ambition d'ancrer chez le banquier une pratique consistant à assurer la défense de l'intérêt tiers avant le sien se retrouve dans la réglementation du démarchage financier. Les premiers textes, à savoir le décret-loi du 8 août 1935 pour les valeurs mobilières[1685] et la loi du 28 décembre 1966 pour la collecte des fonds ou les prêts d'argent[1686], et leurs travaux préparatoires, corroborent l'idée d'existence de ce devoir, tant par leur contenu que par le moment de leur apparition. Aujourd'hui, l'intérêt du client est préservé également par le droit de la consommation, y compris lorsqu'il a la qualité d'investisseur. Or, il suffit d'ouvrir le Code de la consommation pour que se reflète déjà la conception de ce que doit être la protection du consommateur, perçu comme « un profane et un isolé »[1687]. Le droit de la consommation a été justement appréhendé en doctrine comme visant à « organiser les rapports entre fournisseurs de biens et de services et consommateurs dans un souci de protection des seconds »[1688]. Des auteurs ont parfois parlé d'une instrumentalisation du droit[1689], en ce sens que les règles rassemblées dans le code de la consommation auraient une « fonction commune : protéger »[1690]. La logique de secours et la volonté de contraindre le banquier à agir d'abord dans l'intérêt tiers est présente partout. De la sorte, en matière de démarchage, l'investisseur est assimilé à un consommateur[1691]. L'obligation générale de s'enquérir auprès de la personne démarchée de son expérience et de ses objectifs[1692], couplée à celle d'éclairer cette dernière aux fins de sa prise de décision[1693], associée encore au délai de réflexion et de rétractation et complétée enfin par le lot d'informations

---

[1685] D.-L. du 8 août 1935 pour les valeurs mobilières, *DP*, 1935, IV, p. 223.

[1686] L. n° 66-1010 du 28 déc. 1966, *JORF*, 5 janv. 1966, p. 154.

[1687] GUYON (Y.), *Droit des affaires*, *op. cit.*, p. 985 ; rappr. ROUETTE (G.), « "Droit de la consommation" et théorie générale du contrat », *Études offertes à René Rodière*, Dalloz, 1981, p. 254.

[1688] TERRÉ (Fr.), SIMLER (Ph.) et LEQUETTE (Y.), *Droit civil, Les obligations*, *op. cit.*, n° 47, p. 56.

[1689] SAUPHANOR (N.), *L'influence du droit de la consommation sur le système juridique*, préf. Ghestin (J.), LGDJ, 2000, p. 9.

[1690] CALAIS-AULOY (J.), « L'influence du droit de la consommation sur le droit commun des contrats », *RTD civ.* 1994, p. 240.

[1691] La protection étant justifiée au regard du procédé de commercialisation : l'activité de démarchage est constituée par une prise de contact non sollicitée avec un client potentiel ou par le fait de se rendre à son domicile, sur son lieu de travail ou dans tout autre lieu non destiné à la commercialisation de produits, instruments et services financiers, et par quelque moyen que ce soit : C. monét. et fin. art. L. 341-1. Pour une présentation exhaustive : ARESTAN (P.), *Démarchage bancaire et financier & conseillers en investissement financier*, 4e éd., Revue Banque, 2011. Ce procédé « vient ajouter au risque inhérent aux produits financier un risque supplémentaire », AUBRY (H.) et SAUPHANOR-BROUILLAUD (N.), « La protection de l'investisseur par les législations spéciales : quels critères ? », *RD bancaire et fin.* nov.-déc. 2010, n° 33, p. 57.

[1692] C. monét. et fin., art. L. 341- 11, al. 1er.

[1693] C. monét. et fin., art. L. 341- 11, al. 2.

spécifiques[1694], sont autant d'éléments qui prouvent l'ambition, non plus simplement de rééquilibrer le contrat, mais d'obliger le banquier à favoriser l'intérêt du client au moment de la conclusion de celui-ci, justifiant que face au conflit d'intérêts, il est attendu du banquier de garantir de son propre fait la défense de l'intérêt de son client, considéré comme supérieur.

545. Il en va de même en matière de commercialisation jusqu'au moment où le client s'apprête à signer le contrat. Le mouvement a notamment démarré avec un arrêt du 28 octobre 1974[1695] à l'occasion duquel la Cour de cassation a retenu que constituait une faute le fait d'avoir permis au client, « dont le compte était débiteur, de poursuivre des opérations spéculatives inconsidérées, sans le renseigner suffisamment, comme elle en avait le devoir, sur les risques qu'il encourait ». L'existence d'une obligation d'information a ensuite été confirmée par l'arrêt *Buon* : « quelles que soient les relations contractuelles entre le client et sa banque, celle-ci a le devoir de l'informer, à l'origine des relations contractuelles, des risques encourus dans les opérations spéculatives des marchés à terme » [1696]. D'abord, la jurisprudence a le plus souvent retranscrit la lettre de cet arrêt, cantonnant la nécessité d'informer aux opérations spéculatives sur les marchés à terme, avant d'en reprendre l'esprit et d'étendre sa solution à toute opération spéculative[1697], puis d'en faire une obligation d'information indispensable en présence de tout risque[1698]. Elle a ensuite veillé à son application jusque dans les documents publicitaires, en imposant au passage une obligation additionnelle de cohérence[1699], alors même que toute responsabilité à cet égard semblait exclue dans l'arrêt *Bénéfic*[1700], rendu deux ans plus tôt, où la Cour considérait l'obligation d'information assurée par la seule remise de la notice.

1694 C. monét. et fin., art. L. 341- 12.

1695 Cass. com., 28 oct. 1974, Sebag c. Banque populaire, *JCP* 1976, II, 18251, note Boitard (M.).

1696 Cass. com., 5 nov. 1991, *Bull. civ.* IV, n° 327, p. 227 ; *RJDA*, 1/ 92, n° 68.

1697 Par ex. : Cass. com., 7 juill. 2009, Bel c/ Société générale, *RD bancaire et fin.* nov.-déc. 2009, comm. 199, note Djoudi (D.).

1698 Par ex. : Cass. com., 30 nov. 2010, Sté Farrucci c/ JP Morgan AM et L&D money finance, *Bull. Joly Bourse* 2011, p. 185, note Riasetto (I.).

1699 Cass. com., 24 juin 2008, Aubin c/ Caisse d'épargne et de prévoyance Ile de France, *Bull. civ.* IV, 2008, n° 127 ; *D.* 2008, p. 1892, obs. Delpach (X.) ; *JCP G* 2008, II, 10160, note Mathey (N.) ; *Banque & Droit* 2008, n° 112, p. 23, obs. Vauplane (H. de), Daigre (J.-J.), Saint Mars (B.) et Bornet (J.-P.), et p. 70, obs. Buissière (F.) ; *Bull. Joly Bourse*, 2008, p. 398, note Guyander (H.), *RTD com.* 2008, p. 590, obs. Storck (M.).

1700 Cass. com., 19 sept. 2006, *D.* 2006, p. 2395, obs. Delpech (X.) ; *JCP G.* 2006, II, 10201, note Gourio (A.); *JCP E.* 2006, 40, obs. Mathey (N.) ; *Gaz. Pal.* 24 nov. 2006, p. 35, note Vray (H.) ; *Banque & Droit* 2006, n° 110, p. 27, obs. Vauplane (H. de), Daigre (J.-J.), Saint Mars (B.) et Bornet (J.-P.), et p. 46, obs. Buissière (F.) ; *Banque* 2006, n° 685, p. 80, obs. Guillot (J.-L.) et Boccara (M.) ; *Bull. Joly Bourse* 2007, p. 24, note Riasetto (I.) et Storck (M.).

546. Plus largement, la jurisprudence ne démontre aucune hésitation à accorder le droit à la réparation, ni à annuler le contrat, si une information adaptée n'a pas été dispensée, que l'objet soit la souscription d'un crédit[1701] ou des opérations sur compte courant, parfois en dehors de l'information légalement exigée[1702], voire en l'absence de convention[1703]. Elle admet en fait que l'obligation d'information a pour but de permettre « à celui qui n'a ni les connaissances ni les qualités nécessaires pour cela d'apprécier aussi

---

1701 Il sera alors exigé du banquier une information parfaite sur le caractère différé de ce prêt, (CA Lyon, 13 mars 1952, *S.* 1953, p. 21 ; CA Lyon, 15 juill. 1952, *D.* 1952, jurispr. p. 753), solution confirmée peu de temps après par la Cour de cassation dans un arrêt du 18 juill. 1956, *Bull. civ.*, III, n° 220. La caractéristique de cette forme de crédit est la difficulté pour les parties de prévoir la date à laquelle le prêt sera finalement consenti, le danger de l'opération pour l'emprunteur pouvant résulter de la confusion de ce mécanisme avec un crédit à long terme qui n'est pas soumis aux mêmes règles. Il sera régalement exigé une information sur le taux d'intérêt, le taux effectif global. Le TEG doit en effet être mentionné dans tout document contractuel constatant un contrat de prêt : C. consom., art. L. 313-2. De ce fait le banquier est souvent inquiété en sa qualité de : « professionnel du crédit [ne pouvant] ignorer [cette] condition» : Cass. 1re civ., 7 mars 2000, Banque de Bretagne c/ Roose, *JCP E* 2001, 1331, n° 9, obs. Stoufflet (J.). La jurisprudence étend d'ailleurs cette obligation à tout document constatant le prêt même n'émanant pas du banquier. Actes notariés : Cass. 1re civ., 22 janv. 2002, Sté Mathy c/ Banque française de crédit coopératif, *D.* 2002, jurispr. p. 2670 et somm. p. 884, obs. Lienhard (A.) ; *Banque et droit* mars 2002, p. 54, obs. Bonneau (Th.) ; CA Paris, 17 nov. 2005, OSEO BDPME c/ Sté Soprotel Bobigny, *JCP E* 2006, 1850, p. 964, obs. Lassalas-Langlais (S.). Contrats d'affacturage : Cass. 1re civ., 30 mai 2006, *Bull. civ.* I, n° 277 ; *RTD com.* 2006, p. 895, obs. Legeais (D.) ; *JCP E* 2007, n° 688, p. 82, note Ansaloni (G.) ; *Banque* févr. 2007, p. 82, note Guillot (J.-L.) et Fayner (S.) ; *RD bancaire et fin.* janv.-févr. 2007, p. 13, note Crédot (F.-J.) et Samin (T.). L'information concerne également l'assurance liée à ce crédit, fut-t-elle facultative. Ainsi, c'est au banquier souscripteur « *de rapporter la preuve qu'il avait informé les emprunteurs de l'absence totale de garantie en cas de décès [de l'un d'entre eux] après le refus de l'assureur d'accepter son adhésion* », Cass. 1re civ., 16 juin 2005, Cts Gotorbe c/ Banque populaire Lorraine-Champagne, *RCA* oct. 2005, n° 10, comm. 309.
Par ex., c'est la jurisprudence qui a imposé à l'établissement de crédit une obligation de pallier la carence du Comité de réglementation bancaire dans la mise à jour des modèles d'offres de crédit à la consommation : Cass. 1re civ., 17 juill. 2001. Sur ce point : LASBORDES (V.), « Le contenu de l'offre de crédit la consommation proposée au candidat emprunteur », *LPA* 16 janv. 2002, p. 15.

1702 À une époque ou l'opération d'escompte d'effet n'était pas encore totalement encadrée légalement, la Cour de cassation a jugé que le banquier qui informe son client que l'effet a été réglé à l'échéance alors qu'il n'en est rien et qui, s'apercevant ensuite de son erreur, fait ultérieurement savoir au client que l'effet demeure impayé commet une faute dont il doit entière réparation : Cass. com., 5 fév. 1962, Crédit Lyonnais c/ Garrigue, *Bull. civ.* IV, n° 69.

1703 Dans cette hypothèse, une obligation d'information pèse notamment sur le banquier qui avait omis de porter à la connaissance d'un nouveau client les conditions d'utilisation du compte et le prix de ses différents services : CA Paris, 7 mai 2004 n° 2002/22068, crédit industriel et commercial c/ Sté Créative Job Cie et a., Lexbase n°A2263DCS ; Cass. com. 13 mars 2001, Caisse d'épargne de Champagne Ardenne c/ Marty, *Bull. civ.* IV, n° 55 ; *RTD com.* 2001, p. 743, note Cabrillac (M.) ; *JCP E* 2001, p. 1328, obs. Stoufflet (J.) ; *RD. Bancaire et fin.* 2001, p. 152.

précisément que possible l'utilité que doit lui procurer le contrat »[1704] et réforme les décisions d'une philosophie contraire.

547. Enfin, au devoir d'information *stricto sensu,* l'ordonnance du 12 avril 2007[1705] a ajouté celle de s'informer pour mieux informer. Sous l'empire de ces nouvelles dispositions, la jurisprudence a continué son travail d'édification, rappelant au fil des espèces que le banquier prestataire de services d'investissement, « quelles que soient ses relations contractuelles avec son client est tenu de s'enquérir de la situation financière de celui-ci »[1706]. Il s'agit là d'un devoir de collecte de tout renseignement nécessaire à l'exécution, équivalent à la règle anglo-américaine du « *Know your customer* », qui impose à ce professionnel de recueillir d'une manière appropriée auprès de ses contractants toute information utile concernant leur situation financière, leur expérience et leurs objectifs et les informations raisonnablement significatives permettant de pouvoir réaliser au mieux son engagement vis-à-vis du client. Un tel « profilage »[1707] est notamment lié à l'impératif pour le banquier de fournir au client un conseil adapté.

548. La consécration puis le développement de l'obligation de conseil[1708], composante de l'obligation plus générale d'information personnalisée, qui forme une des évolutions majeures du droit de la responsabilité bancaire[1709], illustrent encore l'existence d'un principe de

[1704] LECLERCQ (P.), « L'obligation de conseil du banquier dispensateur de crédit », *RJDA* 1995, p. 323.

[1705] Ord. n° 2007-544, 12 avr. 2007 relative aux marchés d'instruments financiers, préc.

[1706] Par ex. : Cass. com., 12 févr. 2008, *Bull. civ.* IV, n° 31 ; *D.* 2008, p. 689, *act. jurispr.* note Delpech (X.) ; *Dr. sociétés* 2008, comm. 162, note Bonneau (Th.) ; *RD banc. et fin.* 2008, comm. 90, obs. Storck (M.) ; *Banque & Droit* 2008, p. 23 obs. Vauplane (H. de), Daigre (J.-J.), Saint Mars (B.) et Bornet (J.-P.) ; Cass. com., 5 mai 2009, *Bull. Joly Bourse* 2010, p. 48, note Buissière (F.).

[1707] RIASETTO (I.), note sous cass. com., 16 déc. 2008, *RD banc. et fin.* mai-juin 2009, comm. 105.

[1708] La limite entre la notion d'information et de conseil, que R. Savatier percevait comme « floue » (SAVATIER (R.), note sous CA Lyon, 27 oct. 1971, *JCP* 1972, II, 17012) est bien distincte. Si être créancier d'une information ou d'un conseil procède de la même essence, éclairer le débiteur, des différences de degré (CHIREZ (A.), note sous Cass. 1re civ., 16 avr. 1975, *D.* 1976, jurispr., p. 514.) et de portée séparent en réalité ces deux concepts. Le débiteur d'une information doit un renseignement à l'état brut, la finalité étant de communiquer des conditions d'engagement au contrat, tandis que « le conseil a pour but d'orienter une décision » (SAVATIER (M.), « Les contrats de conseil professionnel en droit privé », *D.* 1972, chron. p. 137.) Par conséquent, le renseignement est neutre. Il n'implique pas, contrairement au conseil, une impulsion à agir ou non, du moins une impulsion qui soit le résultat d'un acte positif, d'une recommandation du cocontractant. Le conseil comprend une part de renseignements, mais l'information ne comprend pas de conseil (SCAPEL (Ch.), note sous Cass. com., 28 oct. 1974, *JCP* 1976, *Etudes et commentaires*, 12028.). Lorsque l'on parle d'obligation de mise en garde en revanche, « il ne suffit plus de dire ou d'écrire, il faut tout à la fois insister et préciser » (CHIREZ (A.), note préc.).

[1709] LEGEAIS (D.), « L'obligation de conseil de l'établissement de crédit à l'égard de l'emprunteur et de la caution », *Mélanges AEDBF-France II*, La Banque-éditeur, 1999, p.

protection fédérant les multiples exigences qui pèsent sur le banquier dispensateur de crédit ou prestataire de services d'investissement. L'analyse des arrêts montre que s'il était, au départ, assez difficile d'obtenir sa condamnation sur le fondement d'un devoir de conseil, un basculement s'est opéré de manière radicale en comparaison avec d'autres obligations dont la naissance se laissait présager plus facilement. Ainsi, on s'accorde habituellement pour dire que le devoir de conseil trouve son origine dans un arrêt du 27 juin 1995[1710] qui a pris à revers une partie de la doctrine pour laquelle les établissements bancaires n'étaient tenus qu'à une simple information[1711] s'accomplissant par la seule remise du formulaire légal. En l'espèce, la Cour de cassation a mis à la charge du prêteur un devoir de conseil autonome, affirmant que la « présentation d'une offre conforme » aux exigences de l'article L. 312 du Code de la consommation[1712] « ne dispense pas l'établissement de crédit de son devoir de conseil à l'égard de l'emprunteur »[1713].

549. L'apparition de l'obligation de mise en garde, qui ambitionne de faire prendre conscience au contractant d'un aléa au sens large du terme[1714], dernière composante du devoir général d'information personnalisée, vient compléter la démarche du droit positif visant à obtenir du banquier la défense de l'intérêt de son client cocontractant. La jurisprudence, soutenue par la doctrine, en édifiant cette nouvelle notion, ne remet pas en cause le fait que ce dispensateur de crédit est tenu, à l'égard de ses clients professionnels ou particuliers, d'une certaine prudence, ou vigilance. Le devoir de mise en garde n'évince pas non plus le devoir de conseil. En

---

157 ; CRÉDOT (F.), « L'octroi de crédit et l'obligation de conseil du banquier », *Dr. et Patrimoine* janv. 1994, p. 34 ; LECLERC (P.), « L'obligation de conseil du banquier dispensateur de crédit », *RJDA* avr. 1995, p. 322.

[1710] Cass. 1re civ., 27 juin 1995, *Bull. civ.* I, n° 287, p. 200. *D.* 1995, jurispr. p. 623, obs. Piedelièvre (S.) ; *RTD civ.* 1996, p. 386, obs. Mestre (J.) ; *JCP E* II, p. 652, note Legeais (D.). En vérité, « par voie d'interprétation complétive », la jurisprudence a découvert bien plus tôt dans les contrats bancaires une obligation de conseil à la charge du banquier, v. CA Angers, 18 juill. 1951, *D.* 1951, jurispr. p. 691 ; *JCP*, 1951, II, 6622 ; Cass. com., 9 avr. 1973, *JCP*, 1973, II, 17555, note Gavalda ; *Rec. gén. lois et jurisp.* 1974, p. 20, note Vasseur (M.) ; CA Aix-en-Provence, 9 mai 1972, *JCP* 1976, II, 18251, note Boitard ; *D.* 1976, jurispr., p. 373, note Decamme (Th.).

[1711] Le fondement de ce principe était en effet vivement discuté. Certains y voyaient un heurt de principes fondamentaux comme le devoir de non-immixtion du banquier : DION (S.) et GHOZI (A.), « L'obligation d'information et de conseil du banquier à l'égard des personnes aux revenus modestes », *Revue d'économie financière* 3/2000, p. 243 ; LEGEAIS (D.), « L'obligation de conseil de l'établissement de crédit à l'égard de l'emprunteur et de la caution », *in Droit bancaire et financier*, *op. cit.*, p. 258. D'autres y voyaient une atteinte au traditionnel devoir des contractants de s'informer : JOURDAIN (P.), « Le devoir de se renseigner, contribution à l'étude de l'obligation de renseignement », *D.* 1983, chron. p. 139.

[1712] Tel qu'en vigueur à l'époque des faits.

[1713] Cass. 1re civ., 27 juin 1995, *préc.*

[1714] *Ibid.*

réalité, la mise en garde vient protéger l'intérêt du client là où l'obligation d'information et de conseil trouve ses limites. À travers cette autre charge, on demande au prêteur de métier de jouer un rôle plus actif depuis l'arrêt époux Jauleski du 12 juillet 2005[1715] émanant de la chambre civile et censurant les juges du fond pour ne pas avoir recherché « si l'établissement de crédit avait, avant d'apporter son concours aux époux , vérifié les capacités financières de ceux-ci, emprunteurs profanes, en vertu du devoir de mise en garde auquel il était tenu à leur égard »[1716]. Finalement, la chambre commerciale, qui durant de nombreuses années refusait de le reconnaître, finit également par en admettre l'existence à l'égard des emprunteurs profanes[1717], qualifiés plus tard de non avertis, qu'ils aient ou non disposé des mêmes informations que la banque[1718], rejoignant de cette manière la position de la première chambre civile[1719]. Les arrêts du 3 mai 2006 réaffirment cette idée. Depuis, le banquier ne peut accorder de bonne foi un crédit sans mettre en garde son cocontractant sur les risques qu'il encourt. Le banquier est censé ne pas poursuivre son intérêt exclusif, mais veiller d'abord à la sauvegarde de celui de son client.

550. Les considérations juridiques de protection s'intensifient quand surviennent des chocs conjoncturels économiques. Ainsi, les dernières crises économiques et financières ayant mis en lumière le risque de l'excès de

---

1715 Cass. 1er civ. 12 juill. 2005, *Bull. civ.* I, n° 327 ; *D.* 2005. Jur. 3094, note Parance (B.), *AJ.* 2276, obs. Delpech (X.), et 2006. *Pan.* 155, obs. Martin (D. R.) et Synvet (H.); *RTD com.* 2005. 820, obs. Legeais (D.) ; *RDI* 2006. 123, obs. Heugas-Darraspen (H.) ; *JCP* 2005. II. 10140, note Gourio (A.); *Banque et Droit* 2005, n° 104, p. 80, obs. Bonneau (Th.). Cette solution apparaissait, plus implicitement, dans des arrêts plus anciens, et notamment : Cass. 1er civ. 8 juin 2004, *Bull. civ.* I, n° 166 ; *D.* 2004. *AJ.* 1897 ; *RTD com.* 2004. 581, obs. Legeais (D.) ; *JCP E* 2004. 1442, note Legeais (D.) ; *Banque et Droit* 2004, n° 98, p. 56, obs. Bonneau (Th.).

1716 La chambre commerciale jugeait en effet qu'il n'incombait pas au banquier, en principe, d'informer, de conseiller, ni de mettre en garde son client, à moins qu'il ne soit établi que ce dernier ait eu sur la situation de son client, des informations que celui-ci « par suite de circonstances exceptionnelles, aurait ignorées » : Cass.com., 11 mai 1999, *JCP E* 1999, 1730, note Legeais (D.) ; *Bull. civ.*, IV, n° 95 ; Cass. com., 26 mars 2002, n° 99-13.810 ; Cass. com., 24 sept. 2003 ; *RTD com.* 2004, p. 142, obs. Legeais (D.) ; *Banque et Droit* 2004, n° 93 p. 56 ; Cass. com., 14 mars 2006, n° 04-17.336. La même chambre considérait par conséquent, que la responsabilité du fournisseur de l'établissement de crédit ne pouvait être recherchée, lorsque le financement octroyé avait été accepté par l'emprunteur en dehors de tout vice de consentement : Cass. com., 24 janvier 1995, *RJDA* 1995, n° 605, p. 466.

1717 Cass. com. 3 mai 2006, n° 02-11.211, n°04-15.517 et 04-19.315, *Bull. civ.*, IV, n° 101 à 103, *RLDA* 2006/8, n° 437 ; *D.* 2006, 1618 note François ; *ibid.* AJ. 1445, obs. Delpech ; *JCP E* 2006, 1890 note Legeais (D.) ; *Banque et droit* 2006, p. 53, obs. Rontchevsky (N.) ; *Banque et droit* 2006, p. 49, obs. Bonneau (Th.).

1718 Cass. com., 20 juin 2006, *Bull. civ.*, 2007, IV, n° 145 ; *Resp. civ. et assur.* 2006, comm., p. 296.

1719 Cass. 1re civ., 2 nov. 2005, *Bull. civ.* 2005, I, n° 397 ; Cass. 1re civ., 12 juill. 2006, *Bull. civ.*, I, n° 398 ; *Resp. civ. et assur.* 2006, comm., n° 23 ; Cass 1re civ., 13 février 2007, n° 04-17.287, *Juris-Data* n° 2007-047341.

crédit, la préconisation d'un prêt « responsable », et de finance « responsable » se sont fait entendre. Dans les rapports internationaux, il a aussi pu être fait mention d'une charte d'Eurodad pour des prêts responsables consentis envers des pays en voie de développement. Et les instances européennes, en particulier la Commission européenne qui est à l'origine de cette terminologie[1720], se sont également saisies du sujet, la directive communautaire du 23 avril 2008 concernant les contrats de crédit aux consommateurs[1721] en ayant fixé les bases. En droit interne, la loi du 1er juillet 2010 réformant le crédit à la consommation cherche pareillement à promouvoir cette notion. Or, l'expression, si elle semble permettre de justifier des règles assez différentes, a une portée incertaine. Un crédit « ne peut être responsable au sens juridique du mot »[1722]. On a pu donc le définir « comme l'obligation faite au prêteur de mesurer l'opportunité d'octroi du crédit à l'aune de la capacité vérifiée du consommateur à rembourser»[1723]. S'agit-il là d'autre chose que d'une incitation à s'assurer de la protection des intérêts de son client avant de lui consentir le prêt et, surtout, avant de servir son propre intérêt ? Ce concept de crédit responsable ne fait-il d'ailleurs pas doublon, dès lors que l'on comprend que la notion, comme celle de la mise en garde, cherche à garantir que l'emprunteur ne s'engage qu'en ayant bien compris le risque qu'il prend ? Pourquoi pareille redondance sinon dans une quête désespérée du législateur de pousser le banquier à faire passer l'intérêt de son client avant le sien, de garantir la sauvegarde des intérêts de son client avant ses propres intérêts et alors même que l'intérêt du banquier rejoint *in fine* celui de son client : le remboursement du prêt ?

551. Ce devoir d'information personnalisée sert justement de moyen pour préserver la prééminence de l'intérêt du client quand survient la situation de conflit d'intérêts. Par exemple, dans le cadre de l'activité pour compte propre, la banque est en droit de vendre à ses clients mandants des titres qu'elle détient en inventaire et le conflit d'intérêts apparaît lorsque cette dernière procède dans son intérêt, en ignorant délibérément celui de son client auquel elle aurait pu proposer un meilleur investissement. Il l'est aussi lorsque le banquier recommande des produits peu performants qui malgré tout assurent une bonne rémunération, au détriment d'autres plus intéressants pour ses clients, mais moins pour lui. Ce type de conflit d'intérêts se rencontre également lorsqu'un service d'émission n'arrive pas à placer un

---

[1720] Proposition de Dir. du Parlement européen et du Conseil relative à l'harmonisation des dispositions législatives, réglementaires et administratives des Etats membres en matière de crédit aux consommateurs, COM/2002/0443 final - COD 2002/0222.

[1721] Dir. 2008/48/CE du Parlement européen et du Conseil du 23 avr. 2008 concernant les contrats de crédit aux consommateurs et abrogeant la dir. 87/102/CEE du Conseil.

[1722] LEGEAIS (D.), « Le crédit responsable : Les dangers d'un slogan », *Mélanges Tricot*, Dalloz, 2011, p. 41.

[1723] BOUJEKA (A.), « Le crédit responsable en droit communautaire », *RD bancaire et fin.* sept.-oct. 2007, p. 76.

reliquat de titres[1724] et que les portefeuilles individuels ou collectifs sont utilisés pour les absorber. En effet, le service est conscient qu'il permet par ce biais à sa société de transférer la charge d'un risque, voire d'une perte, de son compte propre vers celui d'un ou de plusieurs comptes clients. Il en va de même lorsque le département crédit d'un établissement bancaire apprend qu'une de ses sociétés clientes prévoit des pertes et qu'il prévient le service de compte propre pour que ce dernier puisse se débarrasser à temps des titres de cette société. Tous ces agissements, les juges du fond ont eu l'occasion de les sanctionner en considérant que la banque « bien que non titulaire d'un mandat de gestion avait l'obligation d'informer [ses clients] sur les risques qu'ils prenaient et ce d'autant plus [que la banque] avait un intérêt personnel à ce qu'ils achètent les titres » dont il s'agissait[1725]. Cette manière de procéder visant le secours des mandants du banquier est encore un témoignage qu'il est attendu de ce dernier que, face à un conflit d'intérêts, il garantisse la défense de l'intérêt supérieur. D'autres décisions prouvent la même idée.

Ainsi d'un arrêt récent de la cour d'appel de Grenoble[1726]. En l'espèce, le banquier avait proposé à son client de souscrire à des actions d'une société dont il était actionnaire majoritaire dans le cadre d'une offre publique à prix ouvert lors de la procédure d'introduction en bourse, mais la valeur des titres s'est effondrée peu de temps après. Il a été dans cette affaire relevé une série de manquements de la banque à ses obligations de conseil, d'information, de loyauté et de mise en garde. Mais l'originalité de l'arrêt réside dans la reconnaissance en termes clairs d'une violation supplémentaire de son devoir de s'efforcer d'éviter les conflits d'intérêts et de veiller à ce que les clients soient équitablement traités. Dans ce litige, les magistrats de la cour d'appel ne se sont pas contentés de remarquer la présence du conflit d'intérêts et de le sanctionner sur le fondement du devoir général d'information ; ils ont aussi reproché au banquier le fait de se placer volontairement en situation de conflit d'intérêts et de ne pas éclairer ses clients sur l'existence de ce conflit d'intérêts, ni de leur expliquer l'intérêt majeur qu'il avait à la souscription massive des actions qu'il avait la charge de commercialiser. La cour d'appel de Paris, pour sa part, évoquant l'impératif de transparence induisant une obligation de renseignement dans le cas d'un éventuel conflit d'intérêts caractérisé, a pu de la sorte reprocher à une banque de ne pas avoir averti son client qu'elle lui vendait les titres d'une société dont elle était la créancière[1727]. Enfin, une jurisprudence constante de la Cour de cassation considère que « quelles que soient les

---

[1724] Ces titres étant alors désignés en pratique sous le vocable de « la colle ».

[1725] CA Paris, 15e ch., B, 27 sept. 1996, RG n° 94/018264, Epx Mounier c/ Crédit Lyonnais, *Juris-Data* n° 02233 ; *Banque et droit* janv.-févr. 1997, p. 38, note Vauplane (H. de).

[1726] CA Grenoble, 1re civ., 17 déc. 2013, n° 11/04208 : *JurisData* n° 2013-029583.

[1727] CA Paris, 27 sept 1996, *Mounier c/ Crédit Lyonnais, Banque et droit*, janv.-févr. 1997, p. 38.

relations contractuelles entre un client et une banque, celle-ci a le devoir de l'informer des risques encourus dans les opérations spéculatives sur les marchés »[1728], le conflit d'intérêts du banquier pouvant être à l'origine d'un risque avéré pour le client investisseur.

552. Les droits anglo-américains ont connu une évolution qui se rapproche par certains points de celle que nous venons de voir pour la France, mais qui s'en distingue toutefois par beaucoup d'autres.

2° - La réserve du droit anglo-américain

553. Une espèce en particulier, ayant donné lieu outre-Atlantique à un arrêt très célèbre, est intéressante à évoquer, il s'agit du cas *Laidlaw v. Organ*[1729]. Organ était un marchand de tabac à la nouvelle Orléans. Il avait appris, grâce à ses relations dans l'amirauté britannique, avant que l'information ne soit rendue publique, la signature d'un traité de paix mettant fin à la guerre de 1812 et au blocus maritime de la nouvelle Orléans. Il avait alors pris contact avec la société Laidlaw pour l'achat d'une quantité importante d'unités de tabac. Avant d'accepter le contrat, Laidlaw demanda s'il y avait quelque nouvelle qui serait de nature à augmenter le prix de la marchandise qu'Organ souhaitait acheter. À l'annonce de la signature du traité de paix, le tabac augmenta rapidement et de manière significative. Laidlaw refusa donc de délivrer la marchandise et Organ l'assigna devant les juridictions. L'arrêt de la Cour suprême, au final, conclut sur un simple point de procédure en déclarant que la recherche d'une éventuelle manœuvre aurait dû être soumise au jury et que, par conséquent, l'entière procédure était « erronée ». Toutefois, on pouvait constater dans les motifs que l'exemple du marchand de Rhodes était cité et qu'il était indiqué en conclusion que le demandeur n'était pas tenu en droit de communiquer à son vendeur les faits qu'il lui avait cachés. En outre, pour le juge Marschall, la question était de savoir si les informations sur des circonstances de nature à influencer le prix des marchandises, connues seulement de l'acheteur, auraient dû être communiquées au vendeur. La cour était d'avis qu'il n'était pas tenu de les communiquer, mais le juge Marshall pensait qu'il serait « difficile de circonscrire la doctrine inverse dans des limites convenables quand les moyens de connaître l'information sont également accessibles aux deux parties. Cependant, dans le même temps, chaque partie doit prendre le

---

[1728] Cass. com., 18 mai 1993, *Bull. civ.* IV, n° 188 ; *D.* 1994, p. 142, note Najjar (H. R.). Depuis, l'arrêt a fait jurisprudence : v. Cass. com., 10 mai 1994 et 2 nov. 1994, *RJDA* 1/95 n° 34 ; Cass. com., 7 avr. 1998, *Banque et droit* juill.-août 1998, p. 37 ; CA Paris, 17 déc. 1992, *D.* 1993 somm. p. 98 ; Cass. com., 5 nov. 1991, *RJDA* 1/92, n° 68 ; *Quot. jur.*, 21 janv.1992, p. 6 ; *RTD com.* 1992, p. 436 ; *Bull. Joly Bourse* 1993, p. 292.

[1729] *Laidlaw v. Organ*, cité et commenté par KRONMAN (A. T.), « *Mistake, disclosure, information, and the Law of contracts* », *Journal of Legal Studies* 1978, p. 9 et s.

soin de ne pas dire ou faire quoi que ce soit qui tende à influencer l'autre »[1730].

554. Le mouvement jurisprudentiel tendant à mettre en cause la responsabilité des prêteurs en raison des crédits consentis s'est également affirmé aux Etats-Unis, plus tôt même qu'en France. Dès le début des années 1960, la responsabilité du prêteur (*lender liability*) a commencé à susciter l'attention des juges, qui se sont montrés à la suite de plus en plus sévères[1731], puis du législateur[1732] américain. Parmi plusieurs séries de lois visant à prévenir des situations d'abus du banquier prêteur ou lui apporter un remède nous pouvons en évoquer une, car pionnière en la matière et abondamment commentée, le *Truth in Lending Act*[1733], qualifié parfois de « grand-père » de toute réglementation occidentale du banquier[1734], né de la volonté d'aboutir en pratique à une décision informée de l'emprunteur. Depuis lors, l'importance de la responsabilité du banquier au sein du droit de la responsabilité ne s'est pas démentie, cependant une différence entre les évolutions française et américaine demeure : la *lender liability* n'est pas une théorie juridique à part entière, mais un agrégat de théories appliquées largement au rapport débiteur créancier[1735]. Reste que la vision américaine du banquier a radicalement changé par rapport à l'époque pas si lointaine où le prêteur était perçu comme quelqu'un « à qui on doit de l'argent » ayant par conséquent « tous les droits sauf celui de pointer un pistolet sur la tête de l'emprunteur »[1736].

[1730] « *The question in this case is, where the intelligence of extrinsic circumstances, which might influence the price of the commodity, and which was exclusively within knowledge of the vendee, ought to have been communicated by him to the vendor? The Court is of opinion that he was not bound to communicate it? It would be difficult to circumscribe the contrary doctrine within proper limits, where the means of intelligence are equally accessible to both parties. But at the same time, each party must take care not to say or do anything tending to impose upon the other.* »

[1731] CAPELLO et KOMOROSKE, « *Despite Some Recent Reversals, Borrowars Continue Suing Bankers* », *National L. J.* 19 févr. 1990, p. 19.

[1732] PEARSON (T. C.), « *Note, Limiting Lender Liability : The Trend Toward Written Credit Agreement Statues* », 76 Minn. L. Rev., 1991, p. 295 ; GRANOFF (L. H.), « *Emerging Theories of Lender Liability : Flawed Application of Old Concepts* », *Banking L. J.*, 492, 1991, p. 515.

[1733] Mise en œuvre par la Règle Z de la Fed, adopté en 1968 (Pub. L. n° 90-321, 82, Stat. 146 (1968), codifiée sous le titre 15 U.S.C.

[1734] MCBRIDE (N.), « *Consumer credit regulation* », Senior advisor, Ministry of Consumer Affaires, New zealand, disponible sur www.consulerinternational.org.

[1735] V. en ce sens : BLOOM (A.), *Lender liability : practice and prevention*,Wiley Law publications, 1989 ; CHAITMAN (H. D.), *The law of Lender liability, Warren,* Ghorham & Lamont, 1990 ; MANNINO (E.F.), *Lender Liability and Banking litigation,* Law Journal Seminars-Press, 1993, PATTERSON (D. M.), *Lender Liability : Definitions, Theories, Applications*, Salem, 1990.

[1736] « *The Lender who is owed Money can do Almost Anything short of Holding a Gun to Borrower's Head* » : ESELGOTH et MINOT, *A Fight of Control of Decision making*, The Ohio farmer, 1985, p. 6.

Comme on vient de le constater, à l'heure actuelle, la sanction de l'obligation d'information personnalisée passe implicitement par la notion de garantie. Pourtant, informer et garantir ne peuvent être assimilées en leur principe : « dans le premier cas, est en cause la décision de contracter ou le choix du contrat ; dans le second, il s'agit de l'exécution du contrat. Dans le premier cas, la faute résultera de la comparaison entre le résultat escompté et le contrat passé qui détermine le résultat escomptable ; dans le second, de la comparaison entre le contrat passé et le résultat obtenu »[1737]. Cependant, négligeant la cause véritable de la distorsion, la jurisprudence traite la faute précontractuelle comme une faute contractuelle, intervenue lors de l'exécution d'un contrat et qui aurait eu le même effet[1738]. Il y a de la sorte confusion entre l'obligation de garantir et l'obligation d'informer. Ce devoir d'information ainsi utilisé peut avoir plusieurs sources et peut d'ailleurs même faire l'objet d'un contrat en soi[1739]. Mais, comme l'information brute n'a pas grande utilité pour celui qui n'a pas les moyens de l'interpréter, la jurisprudence fait généralement en plus supporter au banquier d'autres obligations fondées sur sa seule supériorité technique dans le dessein de préserver, notamment l'économie originelle du contrat.

[1737] LUCAS de LUSSAC (C.), « L'obligation de renseignement des les contrats », *in L'information en droit privé, op. cit.*, p. 340.

[1738] *Ibid.*

[1739] On constate, en effet, la généralisation des contrats ayant pour objet la fourniture d'informations de tout genre : informations sur les tendances sur un marché donné, sur les actions d'une entreprise donnée, etc.

Section 2 : Une garantie rattachée à l'économie du contrat

555. En tant que mode de contrôle interne des conventions, l'économie du contrat participe à saisir le conflit d'intérêts du banquier. En effet, depuis la fin du XIXe siècle, le juge recourt à cette notion pour déduire « de l'opération globale et concrète que veulent réaliser les parties des effets conformes à l'utilité économique de l'acte »[1740]. Ce mouvement semble se prêter à deux interprétations cumulatives qui, l'une comme l'autre, justifient le devoir de garantie décrit ici. L'économie du contrat paraît, d'une part, traduire une volonté de s'aligner sur la vision utilitariste du contrat qui a animé sa formation (§1) et, d'autre part, en vérifier l'exécution loyale (§2).

§ 1 – L'exigence d'une exécution utile

556. La protection de l'intérêt du client a commandé l'instrumentalisation de la notion de cause (A) quand l'interprétation stricte de l'objet du contrat suffisait (B).

A/ L'instrumentalisation de la notion de cause

557. La fonction protectrice de la notion de cause est propre au droit français (1°). En effet, en droit anglo-américain, malgré plusieurs tentatives, ce concept n'a pas véritablement trouvé de place (2).

1° - La cause en droit français

558. Le besoin de sécurité des transactions conduit à s'interroger, une fois la régularité formelle d'un acte démontrée, sur l'existence de l'engagement qu'il suppose. Assurément, les seuls termes d'un accord ne laissent pas nécessairement deviner le but recherché par son auteur : « dissociée de sa raison d'être, l'obligation est une affirmation que rien n'explique »[1741]. La crainte que des contrats puissent s'éloigner de la volonté

[1740] PIMONT (S.), *L'économie du contrat*, PUAM, 2004, p. 18.
[1741] CHEVRIER (G.), *Essai sur l'histoire de la cause dans les obligations, Droit savant du Moyen-Âge, Droit savant français*, Sirey, 1929, p. VII.

première de ceux qui les ont conclus a donc été à l'origine de plusieurs tempéraments au principe de validité formelle. C'est ainsi que l'on a commencé à apprécier la régularité de l'engagement au regard de sa finalité.

Cela revient précisément à rechercher la cause de l'obligation, une notion « fruit d'une longue expérience morale, très variable selon les milieux »[1742] (a) dont l'évolution participe également à la définition du devoir du banquier face aux conflits d'intérêts (b).

a - L'évolution

559. Au départ, le droit romain offrait de multiples applications de la cause[1743], mais sans réelle vue d'ensemble[1744]. En tout cas, la cause n'y était pas introduite à titre d'élément nécessaire à la formation de l'acte formel[1745]. L'idée de cause était en fait « basée sur une véritable transmutation de la pensée »[1746].

[1742] *Ibid.*, p. X.

[1743] V. not. MEIJERS (E. M.), « Les théories médiévales concernant la cause de la stipulation et la cause de la donation », *in Le droit romain au moyen âge*, Leyde, 1966, t. 4, p. 107 et s. ; ZIMMERMANN (R.), *The Law of obligations. Roman Foundations of Civilian Tradition*, Juta & co. Ltd, 1990, p. 550.

[1744] CHEVRIER (G.), *ibid.*; CAPITANT (H.), *De la cause des obligations*, Dalloz, 1923, p. 94, note n° 1.

[1745] CAPITANT (H.), *ibid.*, p. 99. Toutefois, selon cet auteur, en matière de louage, la notion de but poursuivi, de fin économique, et la recherche de l'intention des parties par le juge, avaient pénétré la compréhension juridique romaine, n° 49, p. 110 et s.

[1746] RASTIT (R.), *De la cause dans les marchés à terme*, Impr. nouvelle de Marseille, 1931, p. 3. C'est au Moyen-âge, grâce aux dispositions romano-canoniques (MEIJERS (E. M.), art. préc., p. 109) que l'on a commencé à admettre la cause de l'engagement comme condition de validité d'un acte. Dans un premier temps, la cause est apparue comme une protestation contre l'excès de formalisme et contre des accords inconsidérés. Au XIIe siècle, le créancier pour obtenir exécution de l'obligation, doit démontrer qu'elle a un fondement sérieux (ZIMMERMANN (R.), *The Law of obligations. Roman Foundations of Civilian Tradition*, *op. cit.*, p. 549). Si une « cause naturelle » (CHEVRIER (G.), *ibid.*, p. 8) manque, si le but économique fait défaut, l'écrit est frappé de ce qui est appelé « nullité directe » (*Ibid.*). laquelle ne peut toutefois concerner que des actes unilatéraux, des contrats innommés ou des contrats réels, le pur contrat nommé n'étant jamais résoluble (CHEVRIER (G.), *Essai sur l'histoire de la cause dans les obligations*, *op. cit.*, p. 87. Concernant les contrats synallagmatiques, pour faire jouer la cause, il était soit imaginée une catégorie d'actes intermédiaires entre le contrat nommé et innommé, soit était modifiée l'essence du contrat nommé par l'adjonction d'un pacte, *ibid.*, p. 133). De la moitié du XIIIe siècle jusqu'au XIVe siècle, les coutumes ont brièvement évoqué la notion de cause, mais dans la Glose il s'agissait d'une formalité relative aux actes de procédure dont le rôle était bien défini : faire obstacle au demandeur à l'instance requérant la reconnaissance d'une obligation dénuée de cause (*Ibid.*, p. 8). Chez les canonistes, la cause était considérée comme le soutien à l'obligation née du pacte, entendu comme l'accord ne prenant pas une forme déterminée de contrat (CAPITANT (H.), *De la cause des obligations*, *op. cit.*, p. 140 et s.). Le pouvoir de contraindre juridiquement (CHEVRIER (G.), *Ibid.*, p. 15. Une nouvelle fonction est ainsi assignée à la cause qui complète celle qui lui a été donnée par les romanistes. Toutefois, jusque là, ces deux

560. C'est traditionnellement à Domat qu'on attribue le mérite de la première systématisation de la notion[1747]. Sa pensée est toutefois sur de nombreux points aussi hésitante que celle de ses précurseurs et il n'a, en outre, donné nulle part une explication de ce qu'est la cause. S'il a distingué les contrats en catégories, en raison de la nature des prestations dues, la cause lui a davantage servi à spécifier les différentes espèces de contrat[1748]s. Dans ces contrats, l'engagement de l'un, précise-t-il, constitue le fondement de l'autre. À l'opposé, dans les contrats unilatéraux, la cause, selon lui, est tantôt le motif qui a poussé à s'obliger, tantôt « le seul plaisir de faire du bien »[1749]. Ces considérations « tiennent lieu de cause »[1750]. Pothier[1751] rompt avec la pensée de Domat, en faisant une large part à la conception de la cause illicite que ce dernier n'évoquait pas, et n'admet plus comme cause de la libéralité le mobile déterminant. Il parle plutôt d'intention libérale.

Les travaux préparatoires du Code ne font, pour leur part, que des allusions courtes et imprécises à la notion de cause. Bigot-Préameneu dans l'exposé des motifs de l'article 1131 écrivait ainsi : « il n'y a point d'obligation sans cause : elle est dans l'intérêt réciproque des parties ou dans la bienfaisance de l'une d'elles »[1752]. Portalis parlait, quant à lui, de cause raisonnable et proportionnée[1753].

La cause n'est pas non plus définie dans le Code civil[1754]. L'interprétation qui en est faite au XIXe siècle fera de la cause une notion abstraite, n'autorisant aucun contrôle des mobiles. Cette conception a été sévèrement critiquée. Et depuis Portalis qui écrivait qu'« il n'y a de cause dans la vente

---

courants ne distinguaient pas nettement l'obligation de l'action qui la sanctionne. Ils étudièrent donc peu le rôle de la cause lors de la formation d'un contrat. Ils considérèrent surtout le moment de l'exécution judiciaire de celle-ci, *ibid.*, p. 23) était ainsi attaché aux seuls pactes fondés sur une cause véritable. À partir de la seconde moitié du XIVe siècle, avec une doctrine nouvelle, la cause a fini par s'assimiler au but que recherche la volonté et, de cette manière, est apparue comme une partie du consentement (*Ibid.*, p. 121) Au XVIe siècle ensuite, parce que la dissociation entre l'acte d'engagement et la fin poursuivie était devenue impossible en pratique, y compris dans les contrats synallagmatiques (*Ibid.*, p. 218) le juge devait laisser sans sanction une obligation dont la raison lui échappait. La cause restait toutefois encore étrangère aux conventions synallagmatiques, (*ibid.* p. XII). Puis au XVIIe siècle, lorsqu'à l'étude des différentes catégories contractuelles romaines s'est substituée celle des éléments constitutifs du contrat, la fonction de la cause était de la sorte tout à fait précisée, mais sa définition, en revanche, ne l'était pas encore. Enfin, au XVIIIe siècle, la conception de la cause devint celle du Code civil

1747 GHESTIN (J.), *Cause de l'engagement et validité du contrat*, LGDJ, 2006, p. 18.

1748 DOMAT (J.), *Les lois civiles dans leur ordre naturel*, *op. cit.*, t. 1, p. 21.

1749 *Ibid.*

1750 *Ibid.*

1751 POTHIER (R.-J.), *Traité des obligations,* t. 1, *op. cit.*, p. 107 et s.

1752 Discours BIGOT- PRÉAMENEU, *in Recueil des lois composant le Code civil*, Rondonneau, 1804, p. 20 ; LOCRÉ (J. G.), *La législation civile, commerciale et criminelle de la France ou commentaire et complément des codes français*, *op. cit.*, p. 325.

1753 FENET (A.-P.), *op. cit.* t. 14, p. 130.

1754 RIPERT (G.) et BOULANGER (M.), *op. cit.*, t. 6, p. 114.

que lorsque le prix est en proportion avec la valeur de la chose vendue »[1755], jusqu'à nos jours, un courant doctrinal déplore l'édifice que constitue la théorie classique de la cause et suggère qu'elle pourrait jouer un rôle plus actif dans la préservation des intérêts individuels. Cette pensée est, en outre, encouragée par la jurisprudence.

561. En effet, la jurisprudence, s'en tenant longtemps à une conception étroite de la cause, n'admettait que rarement qu'elle puisse être source de nullité. Puis, animée par le souci de protection que nous sommes attachés à décrire, la Cour de cassation n'a plus hésité à se doter des instruments nécessaires à un contrôle renforcé du contrat, faisant évoluer la notion vers quelque chose de plus subjectif et de plus souple[1756]. Les manifestations en sont diverses. Ainsi, il est arrivé que, tout en maintenant l'affirmation que l'absence de cause s'assimile à une contrepartie dérisoire, le juge estime que cette situation se réalise dans des hypothèses où la contrepartie n'est assurément qu'insuffisante [1757]. S'est même opéré un glissement de l'inexistence de la cause vers le défaut d'équivalence des prestations dans des cas où la lésion est censurée[1758]. Ce changement de perspective s'est traduit, de manière plus significative, par des décisions plus récentes, et l'arrêt Chronopost [1759], notamment, l'a mis en pleine lumière. Il avait

---

1755 LOCRÉ (J. G.), *op. cit.*, p. 76.

1756 Il est également intéressant de se demander si le juge, à l'instar de l'utilisation qu'il fait de la notion d'erreur sur la substance, ne manipule pas les autres types d'erreur dans le même but. *Quid* de l'erreur relevant de la cause, ou erreur « improprement dite » comme la désignait De Savigny, c'est-à-dire une erreur sur l'intérêt à l'engagement, qui est aussi une cause erronée. De Savigny assimile l'erreur sur la cause à la fausse cause, et une fausse cause ne signifie pas autre chose qu'une cause inexistante, comme l'affirme l'article 1131 (aux termes duquel l'obligation sans cause ne peut avoir aucun effet). À ce propos, un arrêt de la Cour de Douai a affirmé que l'erreur entraîne la nullité de l'acte dont elle a été « la cause principale et déterminante », CA Douai, 9 févr. 1893, *D.* 1894, p. 213. La Cour de Chambéry (CA Chambéry, 9 fév. 1893, *D.* 1895, p. 235), suivie par la chambre des requêtes la même année (Cass. req., 30 juill. 1894, *S.* 1895, p. 72), a utilisé les termes « cause déterminante » pour désigner l'erreur sur la substance. Il ne s'agit pas dans ces arrêts d'une terminologie fortuite mais de l'expression de l'intention bien arrêtée de réduire les conséquences juridiques aux seuls cas où l'erreur tomberait sur le motif « sans lequel on n'eût pas contracté » (Cass. civ., 28 janv. 1913, *S.* 1913, p. 487) et laisser le reste dans le domaine de la cause.

1757 Cass. 1re civ., 14 oct. 1997, *Defrénois* 1998, p. 1042, obs. Mazeaud (D.) ; *RJDA* 1998, p. 164.

1758 Ainsi, certaines décisions font parfois référence à la cause pour fonder le pouvoir reconnu aux tribunaux de réviser le montant des honoraires promis aux membres de certaines professions, notamment les mandataires et agent d'affaires, lorsque le service rendu est hors de proportion avec la somme stipulée, Cass. req., 29 janv. 1867, *DP* 1867, I, p. 53 ; *S.* 1867, I, p. 245.

1759 Cass. com., 22 oct. 1996, *Contrats, conc., consomm.* févr. 1997, n° 24, obs. Leveneur (L.) ; *D.* 1997, chron. p. 145, jurispr. p. 121, note Sériaux (A.), somm. p. 175, obs. Delebeque (Ph.) ; *D. Affaires* 1998, p. 235, chron. Delebeque (Ph.) ; *Defrénois* 1997, p. 333, obs. Mazeaud (D.) ; *JCP* 1997, I, n° 4002, obs. Fabre-Magnan (M.) et 4025, n° 17, obs. Viney (G.) ; *JCP* 1997, II, n° 22881, obs. Cohen (D.) ; *RTD civ.* 1997, p. 418, obs. Mestre (J.) ; *RJDA* 1997, p. 291, note Lavabre (Ch.).

d'ailleurs été précédé par une jurisprudence relative, d'abord aux contrats d'assurance[1760], puis aux « dates de valeur »[1761], utilisant la cause pour réputer non écrite une clause d'un acte dès lors qu'elle en affecte la cohérence interne, qu'elle en altère l'économie, au prix de « diverses applications spectaculaires »[1762]. Cette subjectivisation de la cause se manifeste encore par les décisions prenant en compte purement et simplement des enjeux économiques propres à chaque contractant, comme dans l'arrêt Vidéoclub[1763]. En réalité, les juges donnent une sorte de nouvelle fonction à la cause : elle fait désormais office d'outil de protection individuelle. Elle tend à « assurer la protection de la volonté individuelle et la prééminence de la volonté réelle »[1764].

562. Comme on le voit, l'évolution de la notion de cause révèle indéniablement le souci de protection qui est à l'origine du mouvement de transformation de ce concept. Actuellement, la cause peut correspondre au but ayant déterminé à s'obliger, selon la vision d'Henri Capitant[1765], ou à l'intérêt[1766] de celui qui s'engage, si l'on se réfère à la distinction entre cause efficiente et cause finale[1767], cette dernière emportant la conviction de la doctrine contemporaine. Ces définitions choisies, volontairement larges, font

---

[1760] Cass. 1re civ. 19 déc. 1991, préc.
[1761] Cass. com. 6 avr. 1993, préc.
[1762] GHESTIN (J.), *Cause de l'engagement et validité du contrat*, *op. cit.*, n° 265, p. 180.
[1763] Cass. 1re civ., 3 juill. 1996, *Bull. civ.* I, n° 286 ; *D.* 1997, jurispr. p. 500, note Reigné (Ph.) ; *RTD civ.* 1996, p. 901, obs. Mestre (J.) ; *RTD com.* 1997. p. 308, obs. Bouloc (B.) ; *JCP* 1997, I. 4015, obs. Labarthe (F.).
[1764] VAN OMMESLAGHE (M.), « Observations sur la théorie de la cause dans la jurisprudence et la doctrine moderne », *Revue critique de jurisprudence belge* 1970, p. 365.
[1765] CAPITANT (H.), *De la cause des obligations*, *op. cit.*, n° 1, p. 17.
[1766] L'intérêt, dans le sens de recherche d'une utilité particulière, explique pourquoi une partie s'engage. Le recours à l'intérêt pour déduire la notion de cause fait depuis longtemps l'objet d'un consensus. Le droit romain reconnaissait déjà que le contrat était l'instrument de la satisfaction des intérêts des parties, POUGHON (J.-M.), *Histoire doctrinale de l'échange*, préf. Baud (J. P.), LGDJ, 1985, p. 32 et s. Le Digeste tenait compte du rôle de l'intérêt dans l'échange, *D.* 18.I.I, cité par GHESTIN (J.), *Cause de l'engagement et validité du contrat*, *op. cit.*, p. 75. Pothier dans ses explications de la cause parle de « l'intérêt et l'utilité réciproque de chacune des parties », POTHIER (R.-J.), *op. cit.*, p. 11. Il n'est plus à démontrer que de tout temps on a pu définir la cause en tant que « l'intérêt ou l'avantage » de chaque contrat, aussi bien dans l'ancien droit lors de la préparation du code civil, v. les nombreuses citations de ROCHFELD (J.), *Cause et type de contrat*, LGDJ, 2000, p. 83 et s. Il est fait référence à la notion d'intérêt également lors du XIXe siècle, v. par ex. BRISSAUD (D.), *De la notion de cause dans les obligations conventionnelles en droit romain et en droit français*, J. Péchade, 1879, p. 39 ; COLIN (P.), *Théorie de la cause dans les obligations conventionnelles*, 1896, p. 68 et s. Il en va de même au XXe siècle, v. BEUDANT (Ch.), *Les contrats et obligations*, *op. cit.*, t. 8, p. 153 , et AUBRY (C.) et RAU (C.), *Cours de droit civil français*, Marchald et Billard, 1902, t. 4,, p. 546 ; CARBONNIER (J.), *Les obligations*, *op. cit.*, p. 298 et s.
[1767] POUGHON (J.-M.), *op. cit.*, p. 32 et s. ; BROUSSEAU (E.) et GLACHANT (J.-M.), « *The contract as economic trade* », *in The Economics of contracts, Theory and Application*, Cambridge University Press, 2002, p. 102 et s. ; MAURY (J.), *Essai sur le rôle de la notion d'équivalence en droit civil français*, Jouve, 1920, p. 40 et s.

de l'existence de la cause un critère de validité du contrat[1768]. Par leur généralité, ces conceptions englobent aisément toutes les acceptions traditionnelles[1769], objectives[1770], subjectives[1771] ou fonctionnelles[1772] proposées par de nombreux auteurs[1773]. Dans les faits, les diverses doctrines se rejoignent. En effet, la cause, tantôt apparaît sous l'aspect objectif d'une valeur économique, tantôt est rapprochée de la volonté. Dire que la formation du contrat est conditionnée par la présence d'une cause signifie que cette cause doit s'apprécier par rapport à l'ensemble des charges des contractants résultant du contrat[1774].

563. Dans un contrat bancaire, contrat à titre onéreux, chacune des parties entend, en s'obligeant, recevoir de l'autre un avantage en contrepartie de celui qu'elle procure. L'engagement de l'une des parties doit être justifié par la satisfaction d'un intérêt. Sur le plan normatif, la cause s'assimilerait au motif déterminant de l'une des parties, connu de l'autre et pris en compte par elle, c'est-à-dire la contrepartie convenue[1775]. Un arrêt contemporain de la chambre commerciale du 11 janvier 2005[1776] confirme cette vision. La Cour s'y prononce ainsi : « dans les contrats synallagmatiques, l'obligation de chaque contractant trouve sa cause dans l'obligation envisagée par lui comme devant être effectivement exécutée de l'autre contractant ». Une même pensée soutient au final la cause dans son rôle. Elle tend à « mettre en

---

[1768] CAPITANT (H.), *op. cit.*, p. 21 et s.

[1769] La cause est un élément subjectif de l'obligation, AUBRY (C.) et RAU (C.), *ibid.* ; BAUDRY-LACANTINERIE (G.) et BARDE (L.), *Traité théorique et pratique de droit civil, Des obligations*, t. 1, L. Larose, 1897, n° 301, p. 283 ; COLIN (P.), *ibid.*, p. 54. – *Adde.*, La cause est une contrepartie objective, LOUIS-LUCAS (P.), *Volonté et cause, étude sur le rôle respectif des éléments générateurs du lien obligatoire en droit privé*, Sirey, 1913, p. 155.

[1770] La cause est la raison d'être économique de l'obligation, LOUIS-LUCAS (P.), *ibid.*, p. 123, et p. 155 ; rappr. MAURY (J.), *Essai sur le rôle de la notion d'équivalence en droit civil français*, *op. cit.*, p. 31 qui tente de concilier la doctrine traditionnelle et les pensées qui ont suivi en parlant d'équivalent voulu par les parties.

[1771] Les définitions subjectives assimilent la cause au mobile du contrat, (DUBREUIL (L.), *Des mobiles dans les contrats*, A. Rousseau, 1909), ou substituent au concept étroit de cause celui plus compréhensif de mobile, (JOSSERAND (L.), *Les mobiles dans les actes juridiques du droit privé. Essais de téléologie juridique*, Dalloz, 1928).

[1772] Ces définitions font ressortir la fonction de la cause, qui correspondrait à l'utilité sociale de l'obligation, (BEUDANT (Ch.), *Les contrats et obligations*, *op. cit.*, n° 209, p. 147 ; DEMOGUE (R.), *Traité des obligations, op. cit.*, t. 2, p. 520) ou garantirait la pénétration de la règle morale dans le domaine contractuel, (RIPERT (G.), *La règle morale dans les obligations civiles*, *op. cit.*, p. 61 et s.)

[1773] Ainsi selon MAURY (J.), la cause serait « l'équivalent voulu » ou « la contrepartie envisagée », MAURY (J.), *ibid.*, p. 3. D'après Ripert et Boulanger, la cause serait plutôt « le motif déterminant », « la raison d'être de l'obligation », ou encore « l'avantage procuré par le contrat », RIPERT (G.) et BOULANGER (M.), *op. cit.*, t. 6, p. 322 et s.

[1774] REIGNÉ (A.), *La notion de cause efficiente du contrat en droit privé*, thèse Paris II, 1993, p. 175.

[1775] GHESTIN (J.), *Cause de l'engagement et validité du contrat*, *op. cit.*, n° 9, p. 8.

[1776] Cass. com., 11 janv. 2005, pourvoi n° 01-11077, *JCP E* 2005, p. 1860, obs. Simler (Ph.) ; *Dr. sociétés*, comm. 5, obs. Trébulle (Fr. G.).

accord l'expression apparente de la volonté des parties [...] avec leur véritable intention »[1777]. Quant à la sanction de son absence ou de ses défauts, elle est inspirée parfois par l'idée d'intérêt social[1778], mais le plus souvent par celle de protection privée.

b - L'influence

564. Si la notion de cause constitue un mécanisme permettant – sans doute – de contrôler certaines situations de conflit d'intérêts du banquier, elle est en revanche insatisfaisante, principalement en raison de l'indécision permanente entourant aussi bien sa définition, que son rôle et sa mise en œuvre. Et s'il est palpable que l'évolution de la notion n'est justifiée que par la volonté protectrice qu'elle sous-tend, les hésitations qui l'entourent et les applications contradictoires qui en sont faites témoignent à l'inverse de ce que la notion n'arrive pas tout à fait à honorer la fonction qui lui a été assignée. Ces insuffisances poussent par conséquent à délaisser cette notion, quand pourtant le conflit d'intérêts pourrait bien être certaines fois désigné de conflit de cause, tant les deux notions ont de points communs. La situation du banquier en conflit d'intérêts peut, en effet, se traduire par une opposition entre la cause de l'engagement de son cocontractant et la sienne. Lorsque le banquier propose, à la place d'un prêt, une opération d'*equity* moins favorable à l'intérêt de son contractant qu'au sien, il s'agit bien d'un conflit de cause. Or, en posant que l'obligation sans cause ne peut avoir aucun effet, l'article 1131 indique que le lien d'obligation ne se noue valablement qu'en présence d'une volonté justifiée par une cause. Cet article va donc permettre à celui qui s'est engagé de se délier de son obligation, s'il apparaît que le but qu'il poursuivait n'est pas réalisable, notamment parce que le conflit d'intérêts a été, par exemple, exploité. C'est dire que la condition d'existence de la cause est posée dans un souci de protection individuelle, bel et bien renforcée. On est bien loin de la conception traditionnelle de la cause et même du souci de justice contractuelle. La cause n'est plus seulement un moyen de rééquilibrage du contrat, elle devient l'instrument qui permet de garantir que le contrat a réellement préservé l'intérêt en considération duquel chaque contractant s'est engagé. En cas de conflit d'intérêts, cet impératif de protection ne peut donc se traduire autrement que par la nécessité de garantir que les intérêts du contractant sont, à n'en pas douter, protégés.

[1777] CHEVRIER (G.), *op. cit.*, p. X.

[1778] JAPIOT (R.), *Des nullités en matière d'actes juridiques*, Librairie nouvelle de droit et de jurisprudence, 1909, p. 223 et s.

2° - La consideration en droit anglo-américain

565. En droit anglais, le concept de cause n'existe pas, ce droit n'ayant pas connu la même évolution que le droit français. En revanche, il exige comme condition de validité du *simple contrat*[1779] et du *parol contract,* une *consideration*, c'est-à-dire une contrepartie financière à l'engagement, fournie ou promise[1780]. La doctrine de la *consideration* est l'expression d'un principe, hérité du droit romain, selon lequel il n'y a pas lieu de sanctionner juridiquement tous les accords de volonté, mais seulement ceux qui présentent pour la société un intérêt particulier. La *consideration* est une contrepartie dotée d'une valeur économique, donnée par le bénéficiaire de la promesse, au promettant [1781]. La *consideration* a comme fonction de distinguer les engagements qui sont obligatoires de ceux qui ne le sont pas, et la *Common Law* s'applique à ces derniers exclusivement.

566. Cause et *consideration* jouent donc des rôles différents. Dans la *Common Law*, qui n'admet pas le consensualisme, la *consideration* est un élément purement objectif. Son existence, ou son absence, est appréciée indépendamment de l'intention des parties, et sans aucune analyse de volonté. Les engagements sanctionnés ont ainsi été exclusivement ceux que l'utilité sociale commandait de reconnaître comme obligatoires, pour des raisons d'un ordre essentiellement économique, parce qu'ils étaient nécessaires au développement du commerce[1782]. Cette doctrine a de ce fait été critiquée à plusieurs reprises[1783] et on tenta, mais sans succès, de l'abolir, soit en la transformant radicalement, soit en la confondant avec l'idée de cause, ou en ignorant simplement son existence.

567. En effet, au départ, dans la *Common Law*, une *action of debt* pouvait être intentée par une personne quand une autre lui devait une somme déterminée en vertu de la loi, d'un jugement, d'un acte administratif ou d'un acte formel. L'écrit dressé, on ne s'interrogeait pas sur ce qui en était la cause. En présence d'un contrat, l'*action of debt* se rapportait à l'idée de propriété et non de cause. Elle s'assimilait davantage à une action de restitution. Pour l'engager, le demandeur devait avoir préalablement honoré

[1779] Par opposition aux deux autres types de contrat de droit anglais, à savoir le contrat de *record* et le contrat *under seal* contrats formels.

[1780] POLLOCK (F.), *op. cit.*, p. 178. Cette définition a été reprise dans la décision *Dunlop v. Selfridge* (1915) AC p. 847.

[1781] TREITEL (G.H.), *The Law of contract*, Sweet & Maxwell, 11e éd., 2009, p. 89. La *consideration* implique un transfert de valeur : *Currie v. Misa* (1875) LR 10 Ex 153. Il s'agit en quelque sorte « d'acheter » la promesse du contractant : *Dunlop Pneumatic Tyre Co. Ltd v. Selfridge & Co. Ltd.* préc., p. 855. C'est la permutation de valeur qui est importante est non la valeur intrinsèque de l'échange : « *consideration must be sufficient but need not be adequate* », « la contrepartie doit être réelle mais n'a pas à être proportionnée », TREITEL (G.H.), *ibid.*, p. 73.

[1782] DAVID (R.) et PUGSLEY (D.), *Les contrats en droit anglais*, *op. cit.*, p. 136.

[1783] *Ibid.*

ses obligations au terme du contrat et fourni quelque chose au défendeur, qui lui, n'avait en contrepartie pas respecté les siennes. Les termes *cause,* ou *occasion*, étaient alors employées pour justifier la nécessité d'exécuter puisque le bénéfice réclamé était le motif ou la raison de faire une transmission par contrat (*for making a grant*)[1784].

L'expression *quid pro quo* fût ensuite préférée[1785]. Elle désignait les conditions sous lesquelles cette *action of debt* serait recevable. Par extension, elle est venue à être utilisée pour empêcher, de manière générale, un enrichissement injuste du défendeur, mais toujours sous réserve que le demandeur ait déjà fourni un *quid pro quo*. Ce terme avait de la sorte acquis une acception technique particulière[1786].

Au XVe siècle, une *action on the case*[1787], l'*action d'assumptit*, allait se substituer à l'*action of debt* et devenir le moyen d'obtenir, en *Common Law*, une sanction en cas d'inexécution des contrats. La *consideration* ne signifiait rien d'autre que le prix payé en contrepartie d'un engagement[1788].

À la fin du XVIe siècle, le terme *consideration* était utilisé pour désigner l'ensemble des faits et circonstances devant être prouvé afin de rendre une promesse exécutoire par l'action *d'assumptit*[1789]. Elle servit ensuite aux tribunaux de remède au défaut d'exécution des contrats implicites ou équivalents à des quasi-contrats[1790].

568. Les juridictions d'*Equity,* dans leur domaine de compétence, exigeaient en droit de propriété et en droit du *trust*, une *valuable consideration* et *good consideration*[1791]. Dans la première moitié du XVIe siècle, le mot *consideration* était fréquemment employé en rapport avec le droit du contrat, mais n'avait acquis aucune acception technique. En 1556, dans l'affaire *Sharington v. Strotten*[1792], la *consideration* allait désigner les circonstances qui rendent le contrat exécutoire par l'*action of debt*, ou bien

---

1784 HOLMES (O. W.), « *Early english equity* », *Law Quarter & Rev*., vol. 1, p. 171.

1785 *Idem*., *The common Law,* New Brunswick, N.J. London, 1963, p. 285.

1786 *Ibid*., p. 287.

1787 Sur cette action v. DAVID (R.) et PUGSLEY (D.), *op. cit*., p. 35.

1788 MILES (J.-C.) et BRIELY (J.), *Anson's principles of contract,* Stevens & sons, 1923, p. 53, note n° 1 ; POLLOCK (F.), *Principles of contracts*, *op. cit*., p. 178.

1789 L'action *d'assumptit* est une action qui a son origine dans un acte dommageable extra-contractuel, dans un délit, mais qui devient un recours contractuel. Elle était donnée au départ contre des agissements coupables (*maleasance*) ou la commission d'un acte fautif (*wrongful*). Plus tard, elle fut donnée pour l'accomplissement incorrect d'un acte qui n'était pas illicite en soi. Dans cette forme, elle était utilisable dans des promesses partiellement exécutées, négligemment exécutées ou abandonnées au détriment de celui à qui la promesse était faite (*promisee*). Finalement, elle fut étendue à la simple omission de faire et au défaut de faire. C'est dans cette dernière figure qu'elle s'adapta aux contrats portant sur des prestations à venir (*executory contracts*). MILES (J.-C.) et BRIELY (J.), *Anson's principles of contract, op. cit*., p. 50 et s.

1790 W. S. HOLDSWOTH, *History of English Law,* t. 3, London Methuen 1922, p. 446 et s.

1791 *Ibid*., t. 8, p. 4.

1792 Citée par HOLDSWOTH (W. S.), *History of English Law*, *op. cit.,* t. 8, p. 5.

par l'action *d'assumpsit*. Dans l'affaire Colthrop (1574), le terme signifie « une cause ou occasion méritoire exigeant une compensation mutuelle en fait ou en droit »[1793]. À la fin du 17ème siècle, la prise en compte de la *consideration* avait abouti à des décisions contradictoires sur un ensemble d'espèces très semblables[1794]. La *consideration* pouvait consister dans des promesses mutuelles, une dette précédente ou un préjudice (*detriment*) à la personne à qui la promesse est faite (*promissee*).

569. Il n'y a pas, en fait, de consensus sur l'origine de la notion de *consideration*. Pour certains, la *consideration* dérive du principe romain de « causa », adopté d'abord par *l'Equity* puis par la *Common Law*[1795]. Pour d'autres[1796], c'est plutôt le résultat d'une généralisation de la conception de « prix » ou encore, une extension du mécanisme de *quid pro quo*. Une partie de la doctrine pense plutôt que l'exigence de la *consideration* dérive des conditions que doit remplir le demandeur à l'*action of Assumpsit* et à l'*action on the case* pour fraude. Enfin, selon une théorie qui a eu le plus d'autorité en droit anglais, la *consideration* trouverait sa source dans la *Common Law*, d'une manière principale [1797], mais différentes autres conceptions de *Common Law*, comme d'*Equity*, auraient contribué à la création de cette notion. Une doctrine de la *consideration* allait pourtant commencer à se développer au XVIIIe siècle, principalement sur des lignes qui ne tenaient aucun compte de son rapport historique avec l'action *d'assumptit*.

570. Dans la *Common Law*, il n'a pas non plus manqué d'esprits pour faire disparaître la *consideration* au profit de la théorie de la cause, en particulier dans la seconde moitié du XVIIIe siècle, lorsque Lord Mansfield occupait le siège de juge en chef à la Cour du banc du roi. En effet, celui-ci s'est efforcé de dénaturer profondément cette notion en faisant reconnaître qu'elle n'avait d'intérêt qu'en ce qui concerne la preuve du contrat. L'intention des parties de contracter un engagement obligatoire suffisait, selon lui, pour faire naître cet engagement. Mais pour le prouver, il faut ou bien produire un écrit, ou bien établir une *consideration*[1798].

571. Avec la fusion des juridictions de *Common Law* et d'*Equity* en 1875, la dualité des conceptions est devenue de plus en plus difficile à maintenir et « le droit anglais a tendu, sans s'en rendre compte, à devenir plus causaliste qu'il ne l'a été par le passé »[1799]. La doctrine originaire de la *consideration* a graduellement perdu du terrain au profit d'une théorie,

---

[1793] *Ibid.*
[1794] *Ibid.*, p. 8.
[1795] SALMOND (J. W.), « *History of contract* », *L. Q. Rev.*, vol. 3, p. 166 et p. 178.
[1796] V. HOLDSWOTH (W. S.), *op. cit.*, p. 436 et s. ; p. 445 et s., t. 8, p. 7 et s.
[1797] *Ibid.*
[1798] Pillans v. Van Miecrop (1765) 3 Burr. 1663.
[1799] DAVID (R.) et PUGSLEY (D.), *op. cit.*, p. 140.

émancipée du formalisme ancien, où souvent, sous le nom de *consideration*, on sanctionne les solutions qui en France sont rattachées à la théorie de la cause. L'évolution est encore plus nette aux Etats-Unis où l'on tend à remplacer la doctrine de la *consideration* par un principe, à vrai dire tout différent, de *mutuality*.

572. L'instrumentalisation de la cause apparaît ainsi propre au droit français et permet d'affirmer avec conviction l'ambition protectrice décrite jusque là, qui justifie qu'en cas de conflit d'intérêts, il n'est possible de se conformer à cette volonté qu'en exigeant du banquier de garantir l'intérêt supérieur de son propre fait. Ce raisonnement se trouve encore conforté lorsque l'on s'intéresse à l'objet des contrats où le conflit d'intérêts prend habituellement naissance.

B/ L'interprétation *stricto sensu* de l'objet du contrat

573. L'économie du contrat semble faire référence aux attentes des contractants, objectivement définies, en particulier à partir de la nature du contrat[1800]. La chambre des requêtes relevait déjà en 1863 qu'« un contrat ne peut légalement exister s'il ne renferme les obligations qui sont de son essence »[1801]. Or, suivant l'essence de certains accords, le cocontractant du banquier est en droit d'espérer que ce dernier le garantisse contre son propre fait en cas de conflit d'intérêts. Cette obligation se rapporte, en effet, directement à l'objet des contrats qui ont pour raison d'être la gestion de l'intérêt d'autrui.

Dans ces conventions, une telle obligation se trouve fondée, que ce soit en droit français (1°) ou anglais (2°).

1° - Dans les contrats de droit français

574. Il ne peut y avoir de contrat sans objet[1802] dit l'article 1108 du Code civil[1803]. L'objet est la matière de l'engagement des parties. Selon Planiol, « on appelle objet ce que le créancier est en droit d'exiger du débiteur »[1804]. Il désigne « la prestation à propos de laquelle l'accord des volontés

---

1800 ROCHFELD (J.), *Cause et type de contrat*, *op. cit.*, n° 7, p. 13.

1801 Cass. req. 19 janv. 1863, DP, 1863, I, p. 248.

1802 Sur cette notion : OVERSTAKE (J.-F.), *Essai de classification des contrats* spéciaux, préf. Brethe de la Gressaye (J.), LGDJ, 1969 ; LUCAS-PUGET (A.-S.), *Essai sur la notion d'objet du contrat*, préf. Fabre-Magnan (M.), LGDJ, 2005.

1803 Selon une partie de la doctrine, l'objet est perçu plutôt comme l'effet de la convention : PUIG (P.), *La qualification du contrat d'entreprise*, Panthéon Assas, 2002.

1804 PLANIOL (M.), *Traité élémentaire de droit civil*, *op. cit.*, t. 2, n° 157, p. 57 et s.

intervient et autour de laquelle s'ordonne l'économie du contrat »[1805]. Cette obligation principale « est l'élément en l'absence duquel les parties n'auraient pas songé à former le contrat »[1806]. C'est à cette prestation « que se rapportent les autres obligations que le contrat peut créer ; elle absorbe en quelque sorte l'utilité économique du contrat »[1807].

L'objet est ainsi compris comme une condition de validité du contrat dont on apprécie la profitabilité[1808]. On dit classiquement de l'objet qu'il représente l'intérêt de l'obligation pour le créancier[1809] et fixe de la sorte ce qui est lui dû. C'est une préfiguration, au jour de la conclusion de l'acte, de ce que sera l'effet concret de l'engagement[1810]. C'est, « au niveau de l'exécution, un instrument objectif de définition de l'étendue de l'obligation »[1811] et notamment quand survient le conflit d'intérêts.

Le raisonnement est le suivant : si l'objet d'un contrat suppose que toutes les obligations qui découlent de ce contrat doivent être accomplies conformément à la prestation promise et que dans les contrats de mandat et de commission, cette prestation correspond à la gestion d'affaires d'autrui dans le seul intérêt de celui-ci, alors, en cas de conflit d'intérêts, la réaction à avoir doit également être concordante avec cette prestation. Une telle obligation ne peut donc prendre la forme que d'une protection, une garantie de l'intérêt supérieur contre le fait du banquier.

Cette garantie apparaît comme la conséquence aussi bien de l'obligation générale du banquier d'exécuter sa mission (a) que de ses autres devoirs spécifiques résultant de son statut de mandataire professionnel (b).

a - La garantie conséquence de l'obligation d'exécuter la mission

575. La garantie est une conséquence naturelle de l'obligation d'exécuter utilement sa mission à la charge du banquier mandataire (i) ou commissionnaire (ii).

i - Le banquier mandataire

576. Le caractère essentiel du mandat « consiste dans le pouvoir donné au mandataire de représenter le mandant »[1812]. Le mandataire doit ainsi agir

---

1805 RIPERT (G.) et BOULANGER, *op. cit.*, p. 99. Rappr. CARBONNIER (J.), *Droit civil, Les obligations, op. cit.*, p. 296.

1806 RIPERT (G.) et BOULANGER, *ibid.*

1807 *Ibid.*

1808 ANCEL (M. E.), *La prestation caractéristique*, Economica, 2002, p. 79 et s.

1809 GAUDEMET (E.), *Théorie générale des obligations, op. cit.*, p. 89 ; CARBONNIER (J.), *ibid.*, p. 11 ; SALEILLES (R.), *La théorie générale des obligations, op. cit.*, p. 7 et s.

1810 RONTCHEVSKY (N.), *L'effet de l'obligation,* Economica, 1998, p. 11.

1811 PIMONT (S.), *L'économie du contrat, op. cit.*, n° 176, p. 120.

1812 Cass. civ. 14 avr. 1886, préc.

au nom et pour le compte d'autrui. Il a l'obligation d'accomplir le mandat tant qu'il en demeure chargé conformément à l'intérêt qui lui a été confié[1813]. L'objet de ce contrat est d'interprétation restrictive[1814]. Donner mandat pour quelque chose s'assimilerait à faire soi-même[1815] cette chose ce qui, en toute logique, impose au mandataire de mettre en œuvre tous les moyens en vue d'exécuter ses obligations[1816] dans l'intérêt de son mandant[1817]. Faire pour le compte de quelqu'un signifie en faveur de cette personne, ce qui implique nécessairement de préserver les intérêts de cette dernière dans le cadre de la mission. La jurisprudence contemporaine est très attentive sur ce point et « semble plus rigoureuse à l'égard du mandataire »[1818].

577. Que le mandat définisse à la fois la nature et l'objet des actions à effectuer[1819] ou qu'il soit plus général, il est attendu du banquier d'agir dans l'intérêt de son cocontractant, obligation qui serait vidée de son sens s'il ne devait pas défendre l'intérêt ainsi confié *a minima* contre son propre fait. En précisant les actes que le banquier peut accomplir ou en indiquant globalement ce qu'il espère objectivement du contrat, le cocontractant a préalablement apprécié son intérêt et la manière de le satisfaire. Le banquier doit par conséquent mener sa mission dans ces conditions. Quand il ne le fait pas ou le fait mal, il ignore l'intérêt qu'il gère et engage habituellement sa responsabilité en conséquence. Ainsi du banquier qui néglige d'exécuter un avis de prélèvement, laissant de la sorte impayée une prime d'assurance due par son client[1820], ou du banquier chargé de réaliser un crédit documentaire qui débloque les fonds alors que les documents fournis ne sont pas conformes aux instructions du mandant[1821].

[1813] L'institution romaine de la *procuration in rem suam*, destinée à réaliser, grâce au détournement du mandat de son sens initial, une cession de créance à laquelle la conception primitive de l'obligation ne permettait pas de parvenir directement serait insuffisante à soutenir l'opinion inverse : MALAURIE (Ph.), *Droit civil, Cours 1977-1978, Les cours du droit*, p. 683 ; CORNU (G.), *Cours de droit civil 1972-1973, La Mémoire du droit*, p. 328.

[1814] CA Orléans, 15 févr. 1973, *JCP G* 1973, IV, 254.

[1815] *Qui mandat dicitur ipse facere.*

[1816] Doctrine et jurisprudence s'accordent généralement à considérer que le mandataire n'est tenu, en principe, que d'une obligation de prudence et de diligence, autrement dit d'une obligation de moyens ; v. par ex. en ce sens : Cass. com., 7 oct. 1997 ; *Bull. civ.*, n° 243, concernant un mandat de recherche d'un acquéreur pour une importante quantité de titres à diffusion restreinte. Cependant, il en va différemment lorsque les actes à accomplir ne comportent pas véritablement d'aléa et lorsque les termes du mandat imposent clairement au mandataire d'effectuer tous les actes nécessaires à la bonne exécution de sa mission, COLLART-DUTILLEUR (F.) et DELEBECQUE (Ph.), *les contrats civils et commerciaux*, 9e éd., Dalloz, 2011, p. 562.

[1817] PETEL (Ph.), *Les obligations du mandataire*, *op. cit.*, p. 91 et s.

[1818] *Ibid.*, p. 13.

[1819] AUBRY (C.) et RAU (C.), *op. cit.*, t. 6, p. 252.

[1820] Cass. com., 4 janv. 1979, *D.* 1979, IR, p. 357.

[1821] Cass. com., 13 juill. 1954, *D.* 1954, p. 630.

578. Toutefois, en cas de conflit d'intérêts, la même inexécution prend une dimension différente. En effet, le banquier chargé d'encaisser des fonds et mandaté expressément pour en virer une partie au profit d'un créancier de son client manque « gravement », dit le juge, [1822] à ses obligations en décidant volontairement de ne pas effectuer ce virement afin de se rembourser de sa propre créance sur son client. Autrement dit, l'importance d'une même atteinte aux intérêts du client mandant peut différer selon qu'elle est accompagnée ou non d'un conflit d'intérêts. Considérer que la faute est plus lourde dans le second cas laisse entendre que le comportement du banquier est plus choquant si l'atteinte aux intérêts du client est directement de son propre fait quand il est attendu de lui, au contraire, de les protéger.

579. En outre, cette obligation du mandataire d'exécuter sa mission acquière assure un auteur[1823], « une portée nouvelle ». On la conçoit généralement comme une obligation de moyens, mais elle tend, continue-t-il, « à devenir une obligation de résultat quand elle est assumée par un professionnel ». On ne peut que souscrire à cette affirmation. À l'analyse, elle trouve appui à la fois dans les textes, notamment les articles 1991[1824] et 1992[1825] et en doctrine. En effet, en abordant les règles de responsabilité du mandataire, Aubry et Rau appliquaient déjà le régime de l'obligation de résultat : « sauf le cas de force majeure, [le mandataire] est présumé en faute s'il n'exécute pas ses obligations »[1826]. Et Baudry-Lacantinerie déclarait que « le mandant n'a pas à démontrer la faute du mandataire. Cette faute est présumée »[1827]. Cette solution s'impose également « si l'on se réfère à l'un des critères les plus utilisés pour caractériser l'obligation de résultat, le critère de l'aléa : la fidélité aux instructions reçues est normalement exempte de tout aléa »[1828]. En outre, elle relève du devoir disciplinaire du banquier et elle est conforme à la nature de l'engagement : s'il est une chose que le banquier mandataire peut raisonnablement garantir, c'est bien le respect des instructions reçues. Mais, si l'obligation d'exécuter s'assimile ainsi à une obligation de résultat et que le conflit d'intérêts peut entraver l'atteinte de ce résultat, il doit être géré de façon à n'avoir aucune incidence sur le déroulement de la mission. Dans ces conditions, seule une obligation de garantie de la protection des intérêts qui lui sont confiés contre son propre fait, contre son propre conflit d'intérêts, est envisageable.

[1822] Cass. com., 3 juin 1981, *GP* 1982, 1, p. 2.

[1823] PÉTEL (Ph.), *ibid.*, p. 11.

[1824] « Le mandataire est tenu d'accomplir le mandat tant qu'il en demeure chargé et répond des dommages-intérêts qui pourraient résulter de on inexécution ».

[1825] « Le mandataire répond non seulement du dol, mais encore des fautes qu'il commet dans sa gestion ».

[1826] AUBRY (C.) et RAU (C.), *op. cit.*, t. 7., p. 256.

[1827] BAUDRY-LACANTINERIE (G.) et BARDE (L.), *op. cit.*, t. 24, p. 355.

[1828] PÉTEL (Ph.), *op. cit.*, p. 72.

Le raisonnement est identique lorsqu'il s'agit du contrat de commission.

ii - Le banquier commissionnaire

580. La spécificité du contrat de commission, l'agissement pour le compte d'autrui, relie ce contrat au mandat. Le contrat de commission suppose l'exécution d'une prestation positive pour autrui. L'objet de l'obligation du contrat de commission consiste dans le déploiement d'actes juridiques ou matériels, pour le compte du commettant, et l'appréciation de ce contrat s'effectue par rapport à la prestation légitimement escomptée.

Le commissionnaire « faisant foi d'agir pour le compte d'autrui », d'une part reçoit un pouvoir finalisé devant par conséquent s'accomplir dans le respect des instructions du commettant[1829], et d'autre part, se doit d'honorer la confiance que le commettant a placée en lui et qui est plus élevée lorsque le commissionnaire est banquier, en raison de sa qualité de professionnel et des compétences que l'on s'attend à ce qu'il mette en œuvre[1830]. À cet effet, le banquier commissionnaire doit suivre les indications du commettant et se comporter comme un « commerçant soigneux »[1831], « faisant profession d'agir pour le compte d'autrui »[1832]. Bien que dans la pratique la commission puisse revêtir diverses formes, rendant la mission du banquier variable, il s'agit là d'un postulat qui demeure.

581. Ainsi, dans un arrêt du 30 juin 2003[1833], la Cour d'appel de Bruxelles a explicité le devoir du banquier commissionnaire. En l'espèce, un client avait adressé deux ordres de vente verbaux à cours limité portant sur des actions russes. Les ordres avaient été transmis par la banque à son correspondant américain, lequel ne les avait pas exécutés, la limite n'ayant pas été atteinte à la Bourse de New York. Soulignant qu'il avait insisté pour une réalisation rapide de son ordre, ce que l'établissement de crédit ne contestait pas, l'investisseur affirmait que la Bourse de Londres ou celle de Francfort, toujours ouvertes au moment de la passation de l'ordre et sur lesquelles le cours plancher était atteint, aurait dû être choisie. Les juges ont retenu la faute de la banque. Pour se prononcer ainsi, l'arrêt se fonde sur le droit commun du contrat de commission et non sur la règle technique de la « *best execution* » qui figure, comme en France et aux États-Unis, au nombre des règles de conduite légalement imposées aux intermédiaires financiers belges, confirmant de la sorte le rôle primordial que joue l'objet dans la définition de l'étendue et de la teneur des obligations pesant sur le banquier,

---

1829 Cass. com., 20 mai 1997, *RJDA* 10/97, n° 1187.

1830 CA Versailles, 23 sept. 1993, *Bull. Lamy droit du financement*, n° 40, mars 1994.

1831 LYON-CAEN (G.) cité par DERRIDA (F.), « Les obligations du commissionnaire et les garanties du commettant », *in Le contrat de commission, Etudes de droit commercial*, *op. cit.*, p. 88.

1832 *Ibid.*

1833 CA Bruxelles, 30 juin 2003, *Dr. banc. et fin.* 2004/III, p. 175, note Vuyst (V. de).

et confortant l'idée qu'une obligation de garantie telle qu'elle est ici décrite est seule envisageable.

582. L'obligation de garantie transparaît encore au-delà de la seule exécution *stricto sensu* des ordres reçus quand il s'agit de regarder la mission du banquier mandataire ou commissionnaire dans sa globalité.

b - La garantie conséquence du renforcement des obligations du professionnel

583. La technique du mandat a, de tout temps, été largement utilisée dans le secteur bancaire. Ce contrat, le plus souvent standardisé, n'est plus l'acte de bienfaisance que décrivait Pothier[1834], mais il n'obéit pas pour autant à des règles différentes de celles qui régissent le mandat traditionnel. Du reste, sa professionnalisation s'est accompagnée d'un renforcement des obligations du mandataire[1835], s'inscrivant dans le mouvement général de protection jusqu'ici présenté. Il en a résulté un accroissement des obligations découlant des contrats du banquier mandataire ou commissionnaire. En effet, la jurisprudence identifie continuellement des obligations nouvelles qu'elle fait peser sur le banquier. Il arrive ainsi que les juridictions « superposent »[1836] ces devoirs. Et, dans tous les cas où le mandataire est un professionnel, la jurisprudence est plus encline à mettre une obligation de résultat à sa charge[1837]. Cette évolution, et les différents aspects des contrats mentionnés pris en lien avec leur objet, finissent de convaincre qu'est attendue du banquier une obligation pure et simple de garantie de protection des intérêts de son cocontractant contre son propre fait.

584. En effet, tenu de se conformer aux directives reçues, le banquier mandataire bénéficie le plus souvent d'une certaine latitude dont le revers est son devoir de diligence. Ainsi, on s'accorde en général à dire qu'effectuer la mission qui lui est confiée suppose également de « fournir toute la diligence requise dans l'intérêt bien compris du mandant »[1838] lorsque l'accomplissement comporte un caractère aléatoire. Or, après analyse, « le devoir de diligence peut lui-même devenir une obligation de résultat »[1839]. Dans ces conditions comment le devoir de diligence du banquier pourrait-il prendre tout son sens, s'il ne s'agissait pas pour le banquier mandataire de garantir la protection des intérêts de son client mandant contre son fait personnel, contre son conflit d'intérêts ?

1834 POTHIER (R.-J.), *Traité du contrat de mandat*, Béchet Ainé librairie, 1824, t. 4, p. 208.
1835 O'MEARRA (V. P.), *Le banquier mandataire*, thèse Paris II, 1975.
1836 MAZEAUD (D.), *Défrenois*, art. 36210, n° 149, p. 1416 et s.
1837 PÉTEL (Ph.), *op. cit.*, p. 110.
1838 *Ibid.*, p. 26.
1839 *Ibid.*, p. 26 et p. 84 et s.

585. En outre, si « le devoir de diligence s'arrête là où commence l'autorité des instructions reçues »[1840], l'obligation du banquier, enrichie par l'idée de protection de l'intérêt du cocontractant, va plus loin. A l'évidence, pèse également sur le banquier mandataire un devoir de conseil. Ainsi, la Cour de cassation estime régulièrement que le banquier, simplement chargé de transmettre un ordre de bourse, a failli à ses devoirs à l'égard du donneur d'ordre, s'il n'a pas accompagné son intervention d'un conseil de prudence[1841]. Le devoir de conseil semble être dû même lorsque le mandat n'a pour autre objet que l'encaissement d'un effet pour le compte de son client[1842].

586. C'est pour la même raison qu'est aussi mise à la charge du banquier mandataire une obligation de s'informer afin de mieux conseiller. Par exemple, une banque domiciliataire investie d'un mandat basique de payer s'est vue reprocher de ne pas avoir indiqué « à son client les solutions susceptibles de lever les obstacles à l'impossibilité de payer »[1843] un effet en devises durant une période de contrôle des changes alors « qu'intermédiaire agréée, elle devait connaître ces solutions »[1844].

587. Il est également frappant de constater que les décisions relatives à l'obligation de reddition de compte du mandataire comportent la même idée de protection. Les motivations des arrêts se construisent à partir de l'idée d'offrir au cocontractant la possibilité d'intervenir utilement pour sauvegarder ses intérêts[1845].

588. Il existe indiscutablement quantité d'obligations supplémentaires qui incombent plus spécialement au banquier mandataire professionnel. Leur réalité et leur multiplication, en même temps qu'elles démontrent le courant délibérément plus exigeant à l'égard du banquier à la recherche d'une meilleure protection de son client, justifient le devoir de garantie décrit ici ici, lequel se trouve par ailleurs fondé, y compris dans les contrats de droit anglo-américains.

2° - Dans les contrats d'inspiration anglo-américaine

589. La confiance, moteur de la fiducie et de *l'agency*, est aussi génératrice de risques, dont celui de conflit d'intérêts, contre lesquels il est

---

[1840] *Ibid.*, p. 153.

[1841] La solution est constante depuis un arrêt : Cass. com. 28 oct. 1974, *Bull. civ. IV*, n° 264 ; *RTD com.* 1975, p. 343, obs. Cabrillac (M.) et Rives-Lange (J.-L.) ; *JCP* 1976, II, 18251, note Boitard (M.), *D.* 1976, p. 373, note Decame (Th.).

[1842] CABRILLAC (M.), *Le chèque et le virement*, 5e éd., Librairies techniques, 1980, p. 89.

[1843] Cass. com. 9 avr. 1973, *JCP* 1973, II, 17555 ; *RTD com.* 1973, p. 843, obs. Cabrillac (M.) et Rives-Lange (J.-L.).

[1844] *Ibid.*

[1845] Cass. com., 12 déc. 1982, *Bull. civ. IV*, n° 413, p. 345.

exigé de l'agent ou du fiduciaire de garantir (a) pour être en concordance avec les attentes objectives découlant du contrat (b).

a - La garantie découlant du rapport de confiance

590. Le devoir de garantie, lorsqu'il s'agit des contrats de droit anglo-américain, trouve son fondement tant dans l'obligation d'exécuter la mission (i) que dans le plus général *fiduciary duty* (ii), élément de base incontestable, aussi bien du lien fiduciaire que de l'agency.

i- La garantie corollaire de l'obligation d'exécuter la mission

591. Le premier devoir de *l'agent* ou du fiduciaire qui a volontairement accepté sa mission est naturellement de la réaliser en se pliant aux instructions du principal ou du constituant, autrement dit dans son intérêt.

Dans une relation de fiducie, le fiduciaire doit procéder dans un but déterminé[1846], conformément aux intérêts confiés[1847]. L'*equity* lui impose de respecter la finalité du *trust* et sanctionne toute infraction qui constituerait un *breach of trust*. Il est tenu d'agir dans l'intérêt du bénéficiaire.

Dans le cas d'une *agency*, on parle de *nonfeasance*. Même en l'absence de document écrit, ou s'il en existe un ne définissant pas la mission en des termes précis, l'*agent* doit s'efforcer de concilier les instructions qu'il a reçues avec ce qui apparaît comme représentant l'intérêt du principal[1848].

592. Or, le conflit d'intérêts peut entraver l'accomplissement de la mission de banquier fiduciaire ou agent. La réaction attendue du banquier est de faire en sorte que ce risque soit éliminé ce qui revient à demander au banquier de garantir le constituant ou le principal de son propre fait.

ii - La garantie composante implicite du fiduciary duty

593. En acceptant sa mission, *l'agent* ou le fiduciaire souscrit à deux sortes d'obligations que sa qualité lui impose : un devoir de fidélité et un devoir spécial de respect des intérêts du principal. Le devoir de fidélité est un devoir strict qui « en droit anglais […] engendre les garanties les plus sérieuses »[1849]. Il se compose de plusieurs obligations et interdictions dont la principale est celle de ne pas faire entrer les intérêts personnels du fiduciaire ou de l'agent en conflit avec ceux du principal ou du constituant. C'est là la meilleure illustration de l'existence en filigrane d'un devoir de garantie pur et simple. Le droit anglais attache, en effet, la plus grande importance à l'honnêteté dans le droit de *l'agency*, quand pourtant, comme il a pu être

---

[1846] C. civ., art. 2011.
[1847] C. civ., art. 2027.
[1848] Goby v. Nelson's agency (1967), 111, sol. jo. p. 470.
[1849] DAVID (R.) et PUGSLEY (D.), *op. cit.*, p. 241.

constaté dans les développements précédents, il se révèle moins protecteur que le droit français. Ainsi, la contrepartie y est interdite sans l'autorisation du principal. Et en cas de permission, *l'agent* lui est redevable du bénéfice qui résulte de l'opération faite à titre personnel[1850]. Ensuite, « afin de garantir le principal de la façon la plus sûre, la jurisprudence apprécie très sévèrement le moindre avantage tiré de la situation de l'agent »[1851]. Il n'est même pas nécessaire de relever une intention frauduleuse[1852] et les juges interprètent d'une manière particulièrement rigoureuse les interdictions, y compris à des époques nettement antérieures à celles où se réalisaient les faits[1853].

Ces solutions sont louables, car cohérentes avec l'essence même de ce type de relation et avec les attentes légitimes et objectives du cocontractant.

b - La garantie corollaire des expectations

594. À suivre le droit anglo-américain du contrat, la reconnaissance d'un lien entre le contrat et les expectatives passe également par la théorie des attentes (*expectation mesure*)[1854], à laquelle la doctrine anglo-américaine accorde une place privilégiée. En effet, il a rapidement été acquis que l'attente constitue l'un des fondements essentiels de l'obligation juridique. De la réflexion sur les fondements du contrat et de la théorie des attentes est née l'incertitude, due à un défaut de texte, entourant la réparation du dommage causé par l'inexécution du contrat. La question qui se posait alors était de savoir s'il était possible de déduire d'une disposition relative à la réparation du dommage ce qui peut être le contenu du contrat et sa justification. Une controverse est ensuite intervenue pour déterminer s'il s'agissait de la seule attente, *expectation theory*[1855], ou d'une attente additionnée à une *reliance* (*reliance theory*)[1856]. Au final, une perspective adoptée par les auteurs anglo-américains consiste à abandonner toute

---

[1850] De Bussche v. Alt (1878) 8 Ch D. p. 286.
[1851] DAVID (R.) et PUGSLEY (D), *ibid.*, p. 242.
[1852] Boardman v. Phipps (1967), 2 AC p. 46.
[1853] *Ibid.*
[1854] COOTE (B.), « *The essence of contract* », *Journal of Contract Law* 1988, p. 107.
[1855] Pour les partisans de *l'expectation theory*, le créancier doit recevoir ce qu'il aurait obtenu si l'obligation avait été exécutée, autrement dit l'équivalent de l'attente engendrée par le contrat, FRIED (C.), *Contract as Promise, A theory of Contractual Obligation*, Harvard, 1981, p. 17.
[1856] La *reliance theory* conduit à limiter les dommages et intérêts aux dépenses effectuées par le destinataire en se fiant à l'engagement initial, le créancier devant se retrouver dans une situation identique à celle qui était la sienne avant que le contrat ne soit conclu. HENDERSON (S. D.), *Promissory Estoppel and Traditionnal Contract doctrine*, Yale L. J., 1969, p. 364.

référence au débiteur pour se concentrer exclusivement sur les attentes du créancier[1857].

595. L'obligation de garantie s'explique également quand on remarque qu'aux différents aspects essentiels de l'obligation d'exécuter utilement le contrat s'ajoute un devoir de loyauté, quand le contrat est basé sur la confiance, comme peut l'être dans certains cas le contrat bancaire. Le devoir de loyauté est également un fondement du devoir de garantie de la protection des intérêts du client mandant, la loyauté commandant par essence de garantir la protection de son propre fait.

§ 2 - L'exigence d'une exécution loyale

596. L'obligation de garantie présentée ici se déduit aussi bien de l'exigence générale d'exécuter les conventions de bonne foi (A) que de sa traduction : le devoir spécifique du banquier d'agir loyalement (B).

A/ Le devoir général d'agir de bonne foi

597. Comme l'observait Josserand, le droit privé « devient plus subjectif, plus souple, plus humain dans la réalisation comme dans son principe formel ; il devient de plus en plus affaire de volonté, d'intention »[1858]. Or, l'intention occupe, dans la notion de conflit d'intérêts, une place prépondérante et produit un certain nombre d'effets qui sont aussi ceux de l'absence de bonne foi[1859]. La bonne foi, « âme des relations sociales »[1860] selon l'expression de Demolombe, peut se définir comme la concordance entre les actes, d'une part, et l'intention, d'autre part[1861]. Elle est une

---

[1857] LÉCUYER (H.), « Redéfinir la force obligatoire du contrat ? », *LPA* 6 mai 1998, p. 44.

[1858] JOSSERAND (L.), *Les mobiles dans les actes juridiques du droit privé*, *op. cit.*, n° 3, p. 7.

[1859] Sur les effets de la bonne foi : BRETON (A.), « Des effets civils de la bonne foi », *Rev. critique* 1926, p. 88 et s.

[1860] DEMOLOMBE (Ch.), *Cours du Code Napoléon, Traité des contrats et es obligations conventionnelles en général*, *op. cit.*, n° 393, p. 376.

[1861] Sur la notion de bonne foi : GORPHE (F.), *Le principe de la bonne foi*, Dalloz, 1928 ; VOLANSKY (V.), *Essai d'une définition expressive du droit basée sur l'idée de bonne foi*, L. Chauny et L. Quinsac, 1929 ; VOUIN (R.), *La bonne foi, notion et rôle actuels en droit privé français*, préf. Bonnecase (J.), LGDJ, 1939 ; TISSEYRE (S.), *Le rôle de la bonne foi en droit des contrats : essai d'analyse à la lumière du droit anglais et du droit européen*, préf Fabre-Magnan (M.), PUAM, 2012 ; DESGORGES (R.), *La bonne foi dans le droit des contrats : rôle actuel et perspectives*, thèse Paris II, 1992. La bonne foi évoque d'abord la croyance erronée en l'existence d'une situation juridique régulière, que cette croyance repose sur la seule ignorance ou sur une apparence trompeuse (V. « Bonne foi », CORNU (G.) (dir.), *Vocabulaire juridique*, *op. cit.*, p. 133. Cette première acception, si elle n'est pas sans portée

prestation implicitement promise[1862], supposée par l'économie du contrat, qui justifie également l'obligation de garantie, dans la mesure où celle-ci participe de la nécessité d'agir de bonne foi.

La garantie n'est finalement qu'un simple aspect de l'exigence de bonne foi, laquelle serait dénuée de sens s'il n'était pas demandé au banquier à qui ont été confiés les intérêts du client de les garantir contre son propre fait. Exécuter de bonne foi les obligations découlant d'une convention c'est, au-delà de le faire conformément à la volonté des parties (2°), « s'obliger à le faire utilement » [1863] pour son cocontractant, c'est-à-dire en prenant en compte ses intérêts (1°).

1° - La garantie liée au rôle protecteur des intérêts d'autrui

598. La doctrine a eu de la notion de bonne foi des approches multiples et diverses. Toutefois, sa nécessité paraît d'une telle évidence[1864] qu'on se contente d'indiquer son inspiration morale[1865] ou ses origines romaines, et ils sont peu nombreux à s'être interrogés sur sa raison d'être. Or, la logique de l'exigence de bonne foi permet également de corroborer l'affirmation selon laquelle, pris dans un conflit d'intérêts, le banquier doit une garantie de protection des intérêts de son cocontractant. En effet, la bonne foi a semble-t-il comme motivation indiscutable la volonté de préserver les intérêts d'autrui. Un bref retour sur les fondements de la bonne foi donne l'occasion de le vérifier.

---

en droit des contrats, y reste d'une importance moindre au regard de celle aujourd'hui accordée à la bonne foi entendue comme évoquant un comportement loyal, une attitude d'intégrité et d'honnêteté (*ibid.*). C'est cette dernière bonne foi qui, aujourd'hui, « domine de haut tout le droit des contrats» (V° « Bonne foi », LE TOURNEAU (Ph.) et POUMARÈDE (M.), *Rép. civ.* Dalloz. La bonne foi s'oppose ainsi à la mauvaise foi, au dol, à la tromperie ou à la fraude, termes utilisés ici abstraction faite de leur signification technique. Sur les difficultés de terminologie en cette matière LYON-CAEN (M.), « De l'évolution de la notion de bonne foi », *RTD civ.* 1946, p. 76.

[1862] ANSELME-MARTIN (O.), « Étude critique du devoir d'exécuter les conventions de bonne foi », *LPA* 22 janv. 1997, n° 10, p. 1. La bonne foi est également présentée comme une obligation contractuelle, GHOZI (A.), *RTD civ.* 1992, p. 682 et s., qui relate les principaux apports de la thèse de DESGORGES (R.), *La bonne foi dans le droit des contrats : rôle actuel et perspectives, op. cit. – Adde*, ANCEL (P.), « Force obligatoire et contenu obligationnel du contrat », *RTD civ.* 1999, p. 796 ; DARMAISIN (S.), *Le contrat moral*, préf. Teyssié (B.), LGDJ, 2000, p. 149.

[1863] POTHIER (R.-J.), *op. cit.*, p. 93.

[1864] Demolombe, commentant l'article 1134 du Code civil, s'exclame que toute convention, légalement formée, doive tenir lieu de loi aux parties, « cela est d'évidence ! », DEMOLOMBE (Ch.), *Cours du Code Napoléon, Traité des contrats et des obligations conventionnelles en général, op. cit.*, p. 372.

[1865] RIPERT (G.), *La règle morale dans les obligations civiles, op. cit.*, p. 287 et s. ; VOLANSKY (A.), *Essai d'une définition expressive du droit basée sur l'idée de bonne foi, op. cit.*, p. 190.

599. La bonne foi trouve ses origines à Rome dans l'institution *fides*[1866]. Ce concept « fondamental de l'ancienne Rome demeure cependant obscur car chacun des savants auteurs qui en ont traité n'a envisagé qu'un des aspects, qu'une des applications particulières »[1867]. De manière générale, la *fides* correspond, selon une première acception, à l'abandon total d'une personne à une autre[1868]. Notion d'abord religieuse et sociale[1869], la *fides* a permis au préteur romain d'élargir la protection juridique à des situations nouvelles, issues de l'expansion de l'empire. On se serait ainsi référé à la *fides* notamment dans l'acte de mandat[1870]. Pour Volansky, l'expression *fides* a un sens précis. Elle indique spécifiquement l'état de protection du client[1871]. Pour Jhering avant lui, le domaine de la bonne foi à Rome était bien celui « du commerce exclusivement fondé sur la loyauté et la confiance »[1872]. Ces termes sont assez révélateurs du rôle protecteur de la notion et particulièrement des intérêts de celui qui contracte avec un commerçant.

Le droit du Moyen Âge a apporté à la bonne foi deux importants renforts, l'un canonique, l'autre germanique[1873]. Le droit français doit ainsi aux canonistes la règle selon laquelle toute convention doit s'interpréter de bonne foi[1874].

Arrivée à Domat, cette formule se trouve encore renforcée dans sa fonction de protection, voire d'altruisme : « il n'y a aucune espèce de convention, où il ne soit sous-entendu que l'un doit à l'autre la bonne foi »[1875]. Chacun, continue Domat, « est obligé à tout ce qu'elle [la bonne foi] demande, selon la nature de la convention, et les suites qu'elle peut avoir »[1876]. Mais au-delà, il pensait que « la bonne foi nécessaire dans les

---

[1866] IMBERT (J.), « De la sociologie au droit : la 'Fides' romaine », *Mélanges Lévy-Bruhl (H.)*, Sirey, 1959, p. 408.

[1867] *Ibid.*

[1868] *Ibid.*, p. 411.

[1869] *Ibid.* La *fides* « était de tout temps au nombre des mœurs de la cité », SENN (F.), « Des origines et du contenu de la notion de bonnes mœurs », *in Recueil d'études sur les sources du droit en l'honneur de F. Gény*, Sirey, 1934, p. 62. Les premiers Romains la qualifient de « méta-valeur » (CIZEK (E.), *Mentalités et institutions politiques romaines*, Fayard, 1990, p. 36). La sanction de son absence était toutefois purement morale (LEPOINTE (G.) et MONIER (R.), *Les obligations en droit romain et dans l'Ancien droit français*, Sirey, 1954, p. 55).

[1870] IMBERT (J.), *ibid.*, p. 413.

[1871] VOLANSKY (A.), *ibid.*, p. 249.

[1872] JHERING (R. V.), *L'esprit du droit romain*, *op. cit.*, t. 3, p. 174.

[1873] Deux acceptions majeures se dégagent généralement, inspirées de la distinction allemande entre « Guter Glaube » et « Treu und Glauben ».

[1874] DUMAS (A.), *Histoire des obligations dans l'Ancien droit français*, Publications du centre d'histoire institutionnelle et économique de l'antiquité romaine, 1972, p. 15 ; LÉVY (J. Ph.) et CASTALDO (A.), *Histoire du droit civil*, Dalloz, 2002, p. 692.

[1875] DOMAT (J.), *op. cit.* t. 1, p. 26.

[1876] *Ibid.*

conventions n'est pas bornée à ce qui regarde les contractants ; ils la doivent aussi à tous ceux qui peuvent avoir un intérêt à ce qui se passe entre eux, dans le contrat »[1877].

Pothier confirme que l'exigence de bonne foi est directement inspirée par la prise en considération des intérêts de l'autre. Ses nombreuses références à la bonne foi semblent toutes traduire cette même pensée : le devoir de tenir compte des intérêts d'autrui, tant positivement, en adoptant un comportement particulier, que négativement, en s'abstenant d'agir d'une certaine manière.

Les travaux préparatoires du Code civil n'ont été empreints d'aucun débat concernant la bonne foi[1878]. Cette absence de discussion marque le consensus et l'adhésion aux idées de Rome, de Domat et de Pothier. La nécessité de prise en considération des intérêts d'autrui est sans aucun doute présente. Ainsi, Cambacérès a pu écrire qu'il « est permis de chercher son intérêt ; mais il ne l'est pas de le chercher aux dépens de l'intérêt d'autrui »[1879]. Il est fait de cette manière directement référence à la défense des intérêts de l'autre. La bonne foi est envisagée comme moyen de préservation de l'intérêt d'autrui. La protection est encore mise en relation avec la bonne foi au cours du discours préliminaire du projet de la commission du gouvernement[1880]. La bonne foi va, de la sorte, de pair avec celle de prise en compte de l'intérêt de l'autre.

Au XIXe siècle, aucune attention particulière n'est portée à la notion de bonne foi, et *a fortiori*, à la question de ses fondements. On peut néanmoins constater que l'idée de protection des intérêts d'autrui n'est pas pour autant remise en cause. Par exemple, Larombière, définissant la bonne foi empreinte la formule Romaine d'Arpinate : « sans exiger un raffinement de délicatesse qui pousse le désintéressement jusqu'au sacrifice, la loi bannit des contrats les ruses [etc.] les calculs frauduleux, les dissimulations et les simulations perfides, la malice [etc.] »[1881]. Or, reconnaître que la bonne foi n'appelle pas « un raffinement de délicatesse qui pousse le désintéressement jusqu'au sacrifice », c'est admettre qu'inversement elle suppose nécessairement une concession. Les développements de l'auteur confirment, par ailleurs, le lien qu'elle entretient avec la protection des intérêts d'autrui, et trahissent même une certaine idée de bienveillance qui apparaît encore plus clairement au XXe siècle.

1877 *Ibid.*

1878 Le Tribun Favart a ainsi affirmé qu'« il n'y aura plus d'incertitude sur ce principe ; il sera désormais fondé sur une loi positive garante de la bonne foi qui doit régner dans l'exécution des conventions », FENET (A.-P.), *Recueil complet des travaux préparatoires du code Civil, op. cit.*, t. 8, p. 312.

1879 *Ibid*, p. 108.

1880 *Ibid*, t. 7, p. 515.

1881 LAROMBIERE (M.), *Théorie et pratique des obligations, ou commentaire des Titre III et IV, Livre III, du Code Napoléon*, Durand, 1857, p. 362.

En effet, Ripert évoquant le précepte selon lequel nul ne doit nuire à autrui, indique que la lutte des intérêts privés est « inévitable et, dans une certaine mesure, légitime »[1882]. Mais il envisage justement la bonne foi comme limite à cet affrontement, en ce qu'elle nécessite de prendre en compte les intérêts d'autrui. La protection des intérêts d'autrui, que la bonne foi suppose, se confirme dans les développements de Ripert sur le dol[1883] ou l'exécution des contrats[1884]. Avec Demogue, la protection s'intensifie. Cet auteur ayant entendu renouveler la vision du contrat au contact de la notion de bonne foi, sa conception fait clairement référence à l'exigence de protéger les intérêts d'autrui, et ce, dans l'absolu, et indépendamment de la nature ou de l'objet de ce contrat. Toute l'idée de solidarité que suppose la théorie du contrat, en tant que microcosme contractuel basé sur la bonne foi, repose sur la nécessité de protéger les intérêts d'autrui.

Aujourd'hui, la bonne foi comme instrument de protection de l'intérêt d'autrui ne fait plus de doute[1885].

En tout cela, une obligation de garantie contre le fait personnel pendant l'exécution du contrat fondée sur la bonne foi peut se justifier, et encore davantage lorsque la fonction protectrice de la bonne foi est mise en relation avec son rôle dynamique.

2° - La garantie liée au rôle dynamiquc dc la bonne foi

600. Le rôle dynamique de la bonne foi justifie l'obligation de garantie du banquier face au conflit d'intérêts à deux niveaux. D'abord, la bonne foi est dotée d'une fonction interprétative de la volonté des parties à laquelle l'obligation de garantie permet de se conformer (a). Ensuite, la bonne foi est dotée d'une force créatrice d'obligations implicites aux contrats dont l'obligation de garantie du banquier ici décrite peut valablement faire partie (b).

[1882] *Ibid.*, p. 293.

[1883] *Ibid.*, p. 294 et s.

[1884] *Ibid.*, p. 297 et s.

[1885] MESTRE (J.), « D'une exigence de bonne foi à un esprit de collaboration », *RTD civ.* 1986, p. 101 ; PICOD (Y.), *Le devoir de loyauté dans l'exécution du contrat*, préf. Couturier (G.), LGDJ, 1989 ; FAGES (B.), *Le comportement du* contractant, préf. Mestre (J.), PUAM, 1997, p. 298 et s. ; LEQUETTE (Y.), TERRÉ (Fr.) et SIMLER (Ph.), *Droit civil, les obligations, op. cit.*, p. 47 et s. ; FLOUR (J.), AUBERT (J.-L.) et SAVAUX (E.), *Les obligations, op. cit,.* p. 362 et s.

a - La garantie et la bonne foi liées au respect de l'intention des parties

601. La doctrine a dégagé des acceptions différentes de la bonne foi[1886]. Quand la bonne foi est subjective, elle est une croyance erronée, créatrice de droit[1887]. Lorsqu'elle est objective, elle s'inscrit plus largement dans la théorie de l'apparence. Les auteurs lui ont aussi conféré de multiples rôles. D'abord, la bonne foi permet au juge d'interpréter le contrat selon le but qu'elle ne peut manquer de lui donner. Ensuite, tandis que sa fonction limitative est invoquée essentiellement en référence à l'abus de droit, dans sa fonction complétive elle autorise à parachever le contenu de l'acte par des devoirs non expressément prévus à l'origine, mais que cette bonne foi exige implicitement. Enfin, la bonne foi aurait une vocation adaptative en admettant l'ajustement du contrat aux circonstances extérieures[1888]. Chacune de ces positions est exacte, car, au final, « il s'agit, dans tous les cas, de tenir compte d'une certaine attitude des parties, et plus précisément de la concordance entre les actes et les intentions »[1889].

602. En effet, le rôle attribué à la bonne foi paraît notamment lié à la volonté des parties et à leur intention. Par exemple, pour Aubry et Rau ou Baudry-Lacantinerie et Barde, les conventions doivent être exécutées de bonne foi, « c'est à dire conformément à l'intention des parties, et au but en vue duquel elles ont été formées »[1890], « au but qu'elles se sont proposées en contractant »[1891]. Demolombe[1892] et Josserand[1893] vont également dans ce sens. Dans sa thèse, Gorphe, lorsqu'il envisage l'interprétation subjective, semble assimiler totalement la *bona fides* des Romains à l'intention des contractants[1894]. À propos de l'interprétation objective, cet auteur affirme qu'il « n'est pas nécessaire de recourir à d'ingénieuses et subtiles théories, comme celles élaborées par les auteurs allemands, pour déterminer comment doit se faire une interprétation conforme à la bonne foi, si l'on s'en tient,

---

[1886] MASSE (C.), « Rapport général », *in La bonne foi*, Litec 1994, p. 224 ; GORPHE (F.), *op. cit.*, p. 241 et s.

[1887] V. « Bonne foi», CORNU (G.) (dir.), *Vocabulaire juridique*, *op. cit.*, p. 133.

[1888] STOFFEL-MUNK (Ph.), *L'abus de droit dans les contrats*, préf. Bout (R.), LGDJ, 2000, p. 64 et s.

[1889] GHESTIN (J.), *La notion d'erreur dans le droit positif actuel*, *op. cit.*, n° 86, p. 102

[1890] AUBRY (C.) et RAU (C.), *op. cit.* t. 3, n° 346, p. 223.

[1891] BAUDRY-LACANTINERIE (G.) et BARDE (L.), *op. cit.*, t. 1, p. 319.

[1892] « C'est, avant tout, d'après la convention elle-même, que doivent être décidées toutes les questions, qui peuvent s'élever sur les relations, que les parties ont entendu établir entre elles ». DEMOLOMBE (Ch.), *op. cit.*, n° 389, p. 375.

[1893] JOSSERAND (L.), *Cours de droit civil positif français, op. cit.,* t. 2, n° 247, p. 143.

[1894] L'auteur cite Charondas: « On donne un *judex*, non pour appliquer étroitement les stipulations des plaideurs et leur sens littéral, mais bien pour rechercher la *bona fides*, l'intention des contractants », GORPHE (G.), *op. cit.*, p. 10.

toutes les fois qu'il est possible, au respect des intentions »[1895]. La bonne foi peut donc « se manifester […] dans le sens de cette volonté, de l'intention commune, pour en assurer plus exactement le respect »[1896].

603. Comment par conséquent « assurer l'exact respect de la volonté des parties » si l'on ne considérait pas que l'exigence de la bonne foi suppose, dans les contrats bancaires où le conflit d'intérêts est fréquent, de garantir la protection des intérêts du client en cas de survenance de ce conflit d'intérêts ?

D'une part, le banquier est un professionnel, et à ce titre, on estime que « l'exigence de bonne foi [lui incombant ne] peut-être satisfaite [que s'il] traite de façon loyale et équitable avec l'autre partie, dont il doit prendre en compte les intérêts légitimes »[1897]. Prendre en compte ces intérêts légitimes signifie, *a minima*, de les défendre contre son propre fait, c'est-à-dire contre tout « trouble » à l'origine duquel il pourrait être, comme un conflit d'intérêts par exemple.

D'autre part, la bonne foi exige que les contractants ne suscitent pas la confiance légitime d'autrui, s'ils savent qu'elle sera violée[1898]. Or, la particularité même du conflit d'intérêts est de trouver naissance dans les contrats nés de la confiance placée dans le banquier et dans sa compétence en tant que professionnel. Donc, d'évidence, si on entend par la bonne foi une obligation de s'abstenir de susciter la confiance d'autrui quand on sait qu'elle sera violée, par extension on attend du banquier, s'il est déjà engagé, qu'il ne viole pas cette confiance. Garantir les intérêts de son contractant de son propre fait de son propre conflit d'intérêts contribue à conserver cette confiance et n'apparaît que comme le prolongement logique du devoir d'agir de bonne foi.

De plus, le respect de la bonne foi exige que les contractants exécutent les termes exprimés[1899]. Or, l'objet d'un contrat de mandat ou de fiducie, par exemple, réside dans l'action dans l'intérêt exclusif d'autrui, ce qui signifie pour le banquier mandataire ou fiduciaire, de ne pas faire entrer ses propres intérêts en conflit avec ceux du mandant ou du constituant, et dans le cas où c'est inévitable, de privilégier les intérêts de ce dernier. Cette exigence s'apparente très exactement à une obligation de garantie contre le fait personnel, qui consiste à « ne rien faire qui puisse troubler la jouissance »[1900], mais aussi à assurer « une jouissance paisible en fait ou en droit »[1901].

[1895] *Ibid.*, p. 33.

[1896] VOUIN (R.), *La bonne foi, notion et rôle actuels en droit privé français*, p. 69.

[1897] Dir. 93/13/CEE du Conseil, du 5 avril 1993, concernant les clauses abusives dans les contrats conclus avec les consommateurs, *JO*, L. 95 du 21 avr.1993, p. 29 et s.

[1898] LEQUETTE (Y.), TERRÉ (Fr.) et SIMLER (Ph.), *op. cit.*, n° 43, p. 50.

[1899] LEQUETTE (Y.), TERRÉ (Fr.) et SIMLER (Ph.), *op. cit.*, n° 43, p. 50.

[1900] C. civ., art. 1628.

[1901] *Ibid.* – *Adde* art. 1719 et s.

Au regard de ce qui précède, la garantie n'est finalement ici qu'affaire de bon sens. Il convient de finir de s'en convaincre en s'attardant sur la fonction complétive de la bonne foi.

b - La garantie liée à la fonction complétive de la bonne foi

604. La bonne foi est souvent envisagée comme l'origine d'un certain nombre de devoirs (coopération[1902], information, conseil, non-concurrence, renégociation, etc.)[1903] de même qu'elle sert dans le cadre de cette étude à fonder une obligation de garantie. Il s'agit là de la fonction complétive[1904] de la bonne foi qui « permet de compléter les clauses et obligations assignées dans le contrat au débiteur par des devoirs et obligations accessoires qui vont l'obliger à exécuter utilement»[1905]. La jurisprudence a très tôt admis que certaines obligations implicites puissent être imposées aux parties sur le fondement de l'exigence de bonne foi. La bonne foi accroît de cette manière le contenu contractuel[1906].

605. Les prémices de ce rôle créateur d'obligations se rencontrent à l'époque romaine. Parmi ces rôles dont était dotée la bonne foi durant cette période, un en particulier a conduit à cette fonction complétive. En effet, les savants romains ont eu recours à la pensée grecque[1907], ce qui a eu une « influence certaine sur la consécration »[1908] de la notion de bonne foi,

---

[1902] FLÉCHEUX (G.), « Renaissance de la notion de bonne foi et de loyauté dans le droit des contrats », *Mélanges Ghestin (J.)*, LGDJ, 2001, p. 341 ; LE TOURNEAU (Ph.) et POUMARÈDE (M.), « Bonne foi », *op. cit.* ; MAZEAUD (D.), « Loyauté, solidarité, fraternité : la nouvelle devise contractuelle ? », *Mélanges TERRÉ (Fr.)*, Dalloz, 1999, p. 603 ; ZIMMERMANN (R.) et WHITTAKER (S.) (dir.), *Good Faith in European Contract Law*, Cambridge University Press, 2000, p. 37.

[1903] Ce phénomène est connu sous l'appellation de « forçage du contrat », LEVENEUR (L.), « Forçage du contrat », *Dr. et patr.* mars 1998, p. 69. ; MOULY (C.), *Retour sur l'article 1135 du Code civil*, préf. Ferrier (F.), LGDJ, 2006. La bonne foi a même été envisagée comme le fondement de tout le droit par un auteur : VOLANSKY (A.), *op. cit.*

[1904] TISSEYRE (S.), *Le rôle de la bonne foi en droit des contrats: essai d'analyse à la lumière du droit anglais et du droit européen, op. cit.*, n° 347 et s., p. 245 et s.

[1905] MASSE (C.), « Rapport général », *op. cit.*, p. 225 et s.

[1906] La fonction complétive de la bonne foi ne fait plus de doute aujourd'hui même si des auteurs affirment que le juge ne détient pas le pouvoir de compléter l'engagement contractuel sur le fondement de l'article 1134, al. 3, du Code civil. La bonne foi ne lui permettrait tout aux plus, selon eux, que de contrôler l'exécution du contrat et non son contenu lequel est normalement fixé par les parties. En ce sens, JACQUES (Ph.), *Regards sur l'article 1135 du Code civil*, préf. Chabas (Ph.), Dalloz, 2005, p. 308 ; MOULY-GUILLEMAUD (C.), *Retour sur l'article 1135 du Code civil, une nouvelle source du contenu contractuel*, préf. Ferrier (F.), LGDJ, 2006, p. 199 et s. *Adde*, STOFFEL-MUNCK (Ph.), *L'abus dans le contrat, essai d'une théorie*, *op. cit.* Ces critiques doivent être écartées, car, il nous semble témoigner avant tout de craintes d'un recours abusif à cette notion.

[1907] RAMPELBERG (R.-M.), *Repères romains pour le droit européen des contrats*, *op. cit.*, p. 44.

[1908] *Ibid.*

caractérisée alors par les notions de justice et d'équité[1909]. Or, l'aspiration soutenant ces notions de justice et d'équité est illustrée par l'adage romain *suum cuique tribuere*, « attribuer à chacun ce qu'il lui revient ». Comme les juges bénéficiaient d'une grande liberté d'interprétation des actions de bonne foi[1910], les prêteurs animés par cette pensée[1911] faisaient preuve d'une interprétation dynamique de la volonté des parties et s'efforçaient d'attribuer à chacun son dû. Ainsi le rôle complétif de la bonne foi était né. Mais la bonne foi, source de liberté d'interprétation, a également eu pour corollaire un accroissement des pouvoirs du prêteur, celui-ci devant, avant tout, tenir compte de l'intention des parties[1912], déterminer quel comportement devait être adopté par elles et adjoindre des obligations supplémentaires dans les contrats.

L'époque médiévale a préservé l'effectivité de ce rôle. En droit canonique, il est même exacerbé. La distinction entre contrats de droit strict et contrats de bonne foi est délaissée. Pour Baldus, « tous les contrats du monde sont de bonne foi »[1913]. Et pour faire exécuter des obligations implicites[1914], une harmonie est recherchée entre les obligations dites « substantielles », « accidentelles » et « naturelles ».

Au vingtième siècle, on voit la bonne foi comme l'instrument d'une intervention du juge, qui lui permet de s'affranchir du contenu précis du contrat[1915]. On admet qu'elle rend possible une appréciation de la seule conduite du contractant. Pour Gorphe comme pour Volansky, la bonne foi est « une notion active de création et de fonction sociale »[1916].

[1909] *Ibid.*

[1910] Les jurisconsultes romains opposaient les contrats de droit strict aux contrats de bonne foi. Sur cette distinction : LÉVY (J. Ph.) et CASTALDO (A.), *Histoire du droit civil*, *op. cit.*, p. 690 et s. ; DEROUSSIN (D.), *Histoire du droit des obligations*, Economica 2007, p. 72 et s.

[1911] Notamment par la philosophie d'Aristote, qui dans le chapitre V de l'*Ethique à Nicomaque, op. cit.*, p. 232, distingue deux types de justice : la justice universelle (l'homme juste respecte la loi et ne se montre pas avide en prenant plus que son dû, p. 241) et la justice particulière qui a pour finalité d'attribuer à chacun son dû en s'intégrant aux rapports des individus, p. 236 et s. Cette justice particulière se subdivise elle-même en deux catégories : la justice distributive (des honneurs, des richesses, etc. p. 241 et s.) et la justice corrective qui commanderait au juge de rétablir un rapport égalitaire entre deux personnes lorsque cette égalité a été rompue, (p. 249 et s.). C'est sous cette influence notamment que les jurisconsultes romains ont attribué à l'un des contractants ce qui lui était dû, en imposant à l'autre le respect d'obligations complémentaires.

[1912] DEROUSSIN (D.), *op. cit.*, p. 74.

[1913] Baldus cité par LÉVY (J. Ph.) et CASTALDO (A.), *op. cit.*, p. 692.

[1914] RAMPELBERG (R.-M.), *Repères romains pour le droit européen des contrats*, LGDJ, 2005, p. 47.

[1915] PLANIOL (M.) et RIPERT (G.), *Traité pratique de droit civil français*, *op. cit.*, p. 509.

[1916] VOLANSKY (A.), *Essai d'une définition expressive du droit basée sur l'idée de bonne foi*, *op. cit.*, p. 164.

Finalement, à l'heure actuelle, la lecture exégétique est considérée comme contraire à la bonne foi lorsque l'esprit de la convention exige qu'une autre interprétation en soit faite[1917]. Et par ce biais de nouvelles obligations se sont imposées aux cocontractants, notamment professionnels. La bonne foi « statique, la norme d'interprétation, s'est muée en une bonne foi dynamique, une norme de création »[1918].

606. Ce rôle « créateur d'obligations »[1919] de la bonne foi achevé, les notions et concepts nouveaux trouvent une place naturelle parmi les différentes catégories juridiques. La bonne foi, combinée au devoir de protection de l'intérêt de son client, peut par conséquent tout à fait justifier que soit édictée une obligation pour le banquier en conflit d'intérêts de garantir l'intérêt supérieur contre son propre fait. En effet, d'une part, les conflits d'intérêts contractuels surviennent dans des contrats où l'obligation principale, ou l'une des obligations principales du banquier est de gérer les intérêts de ce contractant déclarés comme supérieurs. Or, gérer de bonne foi signifie protéger *a minima* contre son propre fait. D'autre part, c'est bien le rôle complétif de la bonne foi, tel qu'il vient d'être décrit, qui a par le passé donné naissance à une obligation aujourd'hui incontestée : la garantie d'éviction. Il convient, en effet, de rappeler que la garantie d'éviction, dont la garantie contre le fait personnel est une composante, est une pure création des juges de la Rome antique. À l'origine elle ne s'apparentait qu'à une simple clause contractuelle que les parties étaient libres d'utiliser[1920]. L'obligation qui pesait sur le vendeur était une obligation de délivrance exclusivement. Le juge, pour imposer cette obligation complémentaire et permettre au demandeur de faire valoir son droit, commençait par préciser la cause de la créance[1921]. Il vérifiait ensuite s'il existait une obligation d'agir de bonne foi *ex fide bona*. Dès lors qu'il en existait une dans le contrat, il déterminait son étendue. C'est ainsi qu'il a été amené à considérer que l'exigence de bonne foi supposait également une garantie d'éviction, estimant que le devoir d'agir de bonne foi était violé chaque fois qu'un contractant ne pouvait pas, du fait de l'autre, jouir paisiblement de la chose. L'obligation de délivrance de bonne foi commandait selon le préteur une obligation d'éviction, telle qu'elle nous est parvenue, qui s'est généralisée en droit romain par le biais de cette même exigence de bonne foi. Une autre garantie, également incontestée, la garantie des vices cachés[1922], a connu un essor similaire. De plus, suivant un raisonnement en syllogisme, auquel le juriste est habitué, si l'obligation de garantir s'entend de l'obligation de ne

---

[1917] BÉNABENT (A.), « Rapport français », *in La bonne foi, op.cit.*, p. 294.
[1918] TISSEYRE (S.), *op. cit.*, p. 248.
[1919] *Ibid.*
[1920] RAMPELBERG (R.-M.), *Repères romains pour le droit européen des contrats*, *op. cit.*, p. 45 et s.
[1921] *Ibid.*
[1922] *Ibid.*

pas évincer, et si on attend du banquier en conflit d'intérêts de ne pas évincer les intérêts de son client, on ne lui demande pas autre chose que de les garantir contre son éviction, contre son propre fait.

607. La bonne foi, si elle ne s'y réduit pas, est également synonyme de loyauté[1923] ou de « norme de loyauté »[1924]. Que le banquier soit visé par la loyauté ou la bonne foi, l'attitude stigmatisée est identique : le comportement qui consiste, pour lui, à privilégier ses intérêts propres ou des intérêts tiers, au détriment d'intérêts qu'il a l'obligation de protéger. Le devoir de loyauté est par conséquent le dernier des fondements de l'obligation de garantie envisagée ici.

B/ Le devoir d'adopter une attitude loyale

608. Il n'y a pas de texte, à notre connaissance, qui prévoit une exigence de loyauté aux contours clairs et déterminés[1925]. On tend parfois, de ce fait, à confondre loyauté et bonne foi[1926] ou, inversement, on s'attache à vouloir les délier l'une de l'autre[1927], ouvrant la voie à une controverse interminable sur laquelle il n'y a pas lieu de revenir[1928]. Retenons que la loyauté semble constituer un standard juridique « à la mesure duquel est apprécié un comportement, selon qu'il est loyal ou déloyal, ou le contenu d'un contrat en tant qu'il correspond ou non à ce standard »[1929]. Mais, comme il a pu être observé, la notion de loyauté « suggère plus qu'elle ne définit »[1930]. Or, s'il ne faut pas dénier tout intérêt aux notions floues[1931], la question du conflit

---

[1923] GORPHE (F.), *Le principe de la bonne foi*, *op. cit.*, p. 29 et s. ; BRETON (A.), « Des effets civils de la bonne foi », *Rev. critique* 1926, p. 86 et s.

[1924] STOFFEL-MUNK (Ph.), *L'abus dans le contrat, Essai d'une théorie*, *op.cit.*, p. 116.

[1925] La loyauté, dans le sens usuel qui lui est attribué par les dictionnaires, identifie la qualité d'une personne qui obéit aux règles de l'honneur, de la probité et de la droiture (Petit Robert, Dictionnaire de la langue française, *op. cit.*,V. Loyauté). Cette notion qui procède étymologiquement du latin *legalis*, a pour sens premier ce qui est conforme à la loi (E. LITTRÉ, *Dictionnaire de la langue française*, *op.cit.* V. Loyauté). Est loyal celui dont le comportement est exempt d'intentions malveillantes. LYON-CAEN (G.), « De l'évolution de la bonne foi », *op. cit.* n° 5 et s. Sur cette notion : PICOD (Y.), *Le devoir de loyauté dans l'exécution du contrat*, *op. cit.* ; AYNES (L.), « L'obligation de loyauté », *Arch. phil. droit* 2000, p. 197 ; LE TOURNEAU (Ph.) et POUMARÈDE (M.), « Bonne foi », *op. cit.* ; MAINGUY (D.), « Loyauté et droit des contrats de droit privé », *in Droit et loyauté*, Dalloz, 2015.

[1926] V. par ex. GHESTIN (J.), *Traité de droit civil, La formation du contrat*, p. 231 et s., qui emploie les deux termes comme équivalents.

[1927] PICOD (Y.), *op. cit.*, n° 6, p. 11 ; AYNES (L.), art. préc., p. 198.

[1928] Sur la distinction « bonne foi » et « loyauté » : LE TOURNEAU (Ph.) et POUMARÈDE (M.), « Bonne foi », *op. cit.* ; RIVES-LANGES (J.-L.), « Rapport de synthèse. Le devoir de loyauté : essai d'une définition unitaire », *Gaz. Pal.* déc. 2000, p. 2168 ; PICOD (Y.), *ibid.*

[1929] MAINGUY (D.), art. préc., p. 6.

[1930] PICOD (Y.), *op. cit.*, p. 14.

[1931] FORTIER (V.), « La fonction normative des notions floues », *RRJ* 1991, 3, p. 755 et s.

d'intérêts du banquier, dont la conceptualisation est elle même en progression, ne paraît pas pouvoir être réglée par le recours à une notion aussi incertaine. Parce que la loyauté constitue une justification, et non une technique juridique en tant que telle, elle ne se confond pas avec l'obligation juridique de gérer le conflit d'intérêts. Et ce d'autant plus le conflit d'intérêts du banquier, comme on a pu le constater tout au long de nos développements, aspire à l'autonomie de régime.

Si la loyauté ne peut offrir un moyen de gestion du conflit d'intérêts du banquier, elle a néanmoins des fondements communs avec l'obligation de garantie décrite ici puisque toutes deux recherchent la conformité du comportement du banquier pris d'un conflit d'intérêts avec son obligation de protéger l'intérêt supérieur (1°). Cette appréciation de la loyauté de la conduite ne se retrouve pas en droit anglo-américain où l'exigence de loyauté est cantonnée à la seule relation fiduciaire (2°).

1° - La garantie et la loyauté liées à l'appréciation du comportement

609. La loyauté a longtemps été étroitement liée à la « forme primitive du pouvoir »[1932] que constitue le pouvoir « paternaliste » à partir duquel a souvent été conçu celui du chef de famille et du chef d'entreprise. Il est ainsi attendu un agissement loyal de certaines personnes possédant un pouvoir sur d'autres. Jugeant que le souscripteur du service bancaire était « contraint »[1933], en raison de la complexité du contrat proposé, « de se fier entièrement à la bonne foi du cocontractant »[1934], le banquier, de la sorte détenteur d'un pouvoir, fut considéré comme redevable de loyauté à son contractant.

610. Cette loyauté, Cicéron en fait une vertu[1935], parce qu'elle inspire et conserve la confiance[1936], qu'elle exige de ne pas nuire, et particulièrement d'exclure l'attitude double[1937]. Or, c'est précisément une telle conduite que le conflit d'intérêts remet en cause[1938]. Les rapports qu'entretiennent le principe de la loyauté et le conflit d'intérêts ont, par conséquent, été plusieurs fois soulignés. La doctrine relie fréquemment la notion de loyauté

[1932] WEBER (M.), *Sociologie du droit*, PUF, 1986, p. 30.
[1933] CA Rennes, 26 oct. 1950, *Gaz. Pal.* 1951, 1, jurisp., p. 27.
[1934] *Ibid.*
[1935] CICÉRON, *De officiis*, *op. cit.*, Livre II, IX.
[1936] « Pour inspirer confiance deux qualités sont requises : il faut qu'on nous attribue l'habileté dans la conduite de la vie et la justice […] on a confiance dans les hommes justes et loyaux, c'est-à-dire les braves gens que nul soupçon d'injustice ou de déloyauté ne peut atteindre », *Ibid.*
[1937] AYNÈS (L.), *L'obligation de loyauté*, *op. cit.*, p. 197 ; MALAURIE (Ph.), AYNÈS (L.) et STOFFEL-MUNCK (Ph.), *Les obligations*, *op. cit.*, n° 764, p. 352.
[1938] CUIF (P.-F.), « Le conflit d'intérêts », *op. cit.*, 2005, p. 16.

à celle de conflit d'intérêts, soit comme fondement de son interdiction, soit comme assise à sa révélation. Le juge, pour sa part, s'il n'entend pas, semble-t-il, s'enfermer dans une définition de la loyauté[1939], y trouve bien souvent secours pour sanctionner le professionnel qui exploite la situation de conflit d'intérêts en sa faveur. L'étude des arrêts laisse apparaître une volonté d'instaurer la loyauté dans un grand nombre d'opérations de nature différentes, mais qui possèdent cependant comme point commun l'existence, concomitante et incompatible, d'un intérêt tiers et d'un intérêt du banquier.

611. La Cour de cassation a ainsi pu rappeler que « le mandataire doit agir avec bonne foi et loyauté avec son mandant, dont il est chargé, par l'effet du contrat de mandat, de défendre les intérêts »[1940], ou que « les banques ont commis des fautes en se portant cessionnaires des parts qu'elles avaient pour mandat de céder » et manqué « à leur obligation d'informer loyalement leur mandant »[1941]. Les juridictions du fond, dans la célèbre affaire Adidas[1942], ont considéré que le mandat emporte pour le banquier mandataire une « obligation de loyauté »[1943], de sorte que la banque « en se portant contrepartie par personnes interposées et en n'informant pas loyalement son client n'a pas respecté les obligations résultant de son mandat ». L'appréciation de l'agissement loyal ou déloyal du banquier contractant, comme on le voit, est systématique face à la situation du conflit d'intérêts[1944]. De cette manière, l'exigence de loyauté « offre au juge une

---

[1939] Depuis longtemps la notion est laissée à l'appréciation souveraine des juges du fond, Cass. 1re civ., 4 avr. 1991, *D.* 1991, p. 307, note Bouloc (B.). La cassation n'est encourue que si la décision de ces derniers se fonde sur des motifs insuffisants ou inopérants, Cass. 1re civ., 10 févr. 2005, n° 121, note Raymond (G.).

[1940] Pour illustration, CA Aix en Provence, 21 juin 2007, n° 06/08333.

[1941] Ass. plén., 9 oct. 2006, n° 06-11056 et 06-11307, *Bull. AP*, n° 11, Sté CDR Créances et Sté Crédit Lyonnais c/ SELAFA MJA ès qual., Bull. AP, n° 11 ; Lexbase hebdo éd. priv. gén. 19 oct. 2006, n° N4036AL3, note Routier (R.) ; *D.* 2006, AJ p. 2525, obs. Delepech (X.) et jurispr. p. 2933, note Houtcieff (D.) ; *JCP E* 2006, II, 10175, note Bonneau (Th.) ; *JCP E* 2006, p. 1924 et 2618, note Viandier (A.) ; *RD banc. fin.* nov-déc. 2006, p. 13, note Samin (Th.) ; *RLDC* nov. 2006, p. 25, note Kleitz (C.) ; *Gaz. Pal.* 11 oct. 2006, n° 284, p. 20 ; *Bull. Joly* 2007, p. 57, note Lucas (F.-X.) ; *RTD civ.* 2007, p. 115, note Mestre (J.) et Farges (B.) et p. 145 note Gautier (P.-Y.) ; *D.* 2007, p. 753, note Martin (D.-R.).

[1942] Paris, 30 sept. 2005, *D.* 2005, AJ 2740, obs. Delepech (X.) ; *JCP E* 2005, 1617, note Viandier (A.) – *Adde*, LAGARDE (X.), « Observations critiques sur une affaire médiatique (à propos de l'arrêt rendu par la cour de Paris le 30 sept. 2005 », *D.* 2005 chron., p. 2945. Cass. Ass. plén. 9 oct. 2006, n° 06-11.056, « Affaire Tapie : la Cour de cassation annule la condamnation du Crédit lyonnais », *D.* 2006, p. 2525 ; HOUTCIEFF (D.), « L'édifiante histoire d'un intermédiaire médiatisé qui n'était pas mandataire... », *D.* 2006, p. 2933.

[1943] CA Paris, 30 sept. 2005, RG n° 96/12548, Crédit Lyonnais et a. c/ SELAFA MJA ès qual., Lexbase hebdo éd. Aff. 06 oct. 2005, n° N9275AID, note R. ROUTIER ; D. 2005, AJ., p.2740, obs. X.DELPECH. V. aussi LAGARDE (X.), « observations critiques sur une affaire médiatique », *D.* 2005, chron., p. 2495 ; *Gaz. Pal.* 12-13 oct. 2005, p. 11, note Dagorne-Labbé (Y.).

[1944] Et ce même si les tribunaux rappellent qu'« il n'entre pas dans la mission du mandataire de financer l'opération pour laquelle il s'entremet et que, hors le cas où il est tenu par un

double possibilité d'immixtion dans le contrat à travers le concept de loyauté du contractant – permettant d'évaluer concrètement une conduite individuelle et de la sanctionner – ainsi que celui de loyauté contractuelle, critère d'évaluation du contenu obligationnel »[1945]. De plus, lorsque le contractant du banquier entre dans la catégorie du consommateur, c'est le législateur qui « insuffle au professionnel soit un comportement contractuel exempt de mauvaise foi (loyauté du contractant professionnel), soit, positivement, des obligations particulières (loyauté contractuelle du professionnel) »[1946].

612. Une unité ressort des arrêts étudiés : les décisions ont pour finalité de réprimer les agissements faisant obstacle à la bonne exécution de la convention. En somme, le banquier serait déloyal dès l'instant où il aurait dû avoir conscience que la situation dans laquelle il est placé le conduirait à ne pas honorer son engagement[1947]. En l'occurrence, la loyauté commande de ne pas manquer délibérément à ses obligations. Le banquier contractant, débiteur d'obligations issues du contrat, doit les accomplir. À défaut, il commet une faute. Pour autant, cette faute ne traduit pas nécessairement une déloyauté. Cela n'est le cas que si cette inobservance est voulue. Il n'est pas requis qu'une intention de nuire soit attestée pour que la déloyauté soit caractérisée. La simple violation délibérée de l'obligation suffit. Cette déloyauté est également prouvée lorsque le débiteur de l'obligation se place consciemment dans une situation l'empêchant d'exécuter utilement la convention. Or, comme il a été démontré plus haut, la volonté est l'élément phare qui fait muer un conflit d'intérêts potentiel en un conflit d'intérêts réel ou un conflit d'intérêts en un conflit d'intérêts exploité. C'est l'élément volonté qui donne au conflit d'intérêts du banquier tout son sens. Ensuite, l'obligation du banquier a va au-delà. Il a une obligation spéciale de protéger les intérêts qui lui sont confiés, qui vient aggraver la déloyauté et la responsabilité, en cas de violation. En effet, le dommage réparable en matière contractuelle se limite en principe au dommage prévisible, conformément à l'article 1150 du Code civil. Cet article pose toutefois une exception. Lorsque l'inexécution est volontaire, le débiteur doit réparer l'intégralité du préjudice et non plus simplement le dommage prévisible. La

---

engagement antérieur, le banquier est toujours libre, sans avoir à justifier sa décision qui est discrétionnaire, de proposer ou de consentir un crédit quelle que soit la forme, de s'abstenir ou de refuser de le faire : Cass. ass. plén., 9 oct. 2006, préc.

[1945] PICOD (Y.), « Bonne foi et droit de la consommation », *Mélange Tricot (D.), op. cit.*, p. 123.

[1946] *Ibid.*, p. 122.

[1947] Comme le remarquait un auteur, la loyauté contractuelle suggère « une fidélité à l'opération que les parties ont entendu réaliser par leur convention. Dans cette optique, le critère pertinent n'est pas la morale de la sociabilité, mais plus prosaïquement le respect du but économique recherché », STOFFEL-MUNK (Ph.), *L'abus de droit dans les contrats, op. cit.*, n° 84, p. 83.

déloyauté du banquier accroît de la sorte l'étendue de sa responsabilité. C'est là que loyauté et garantie se rejoignent. La garantie a également deux objets [1948] : des obligations spéciales d'une part, et une responsabilité aggravée, qui vient les sanctionner d'autre part[1949]. Dire par conséquent qu'une attitude loyale suppose de ne pas manquer à cette obligation de protéger ou de garantir que l'intérêt supérieur soit préservé n'est finalement, dans cette hypothèse, qu'une seule et même chose.

2° - La loyauté cantonnée au devoir fiduciaire en droit anglo-américain

613. Une réserve sur ce point doit être faite s'agissant du droit anglo-américain. L'exécution loyale y suppose, en effet, que les parties accomplissent l'engagement conformément aux stipulations contractuelles. L'approche est par conséquent l'inverse de celle du droit français. La sécurité juridique est privilégiée et l'absence d'un devoir général de bonne foi[1950] conduit à faire primer la lettre du contrat sur son esprit[1951]. Ainsi, dans les décisions *Carter v. Boehm*[1952], et *Banque financière de la Cité SA v. Westgate Insurance Co. Ltd*, Lord Mansfield a fait une tentative pour introduire un devoir général de bonne foi[1953], qu'il considérait applicable à « tous les contrats »[1954], mais sa proposition fût infirmée par la jurisprudence postérieure[1955]. La méthode d'interprétation du contrat n'est donc pas fondée

---

1948 GROSS (B.), *La notion d'obligation de garantie dans le droit des* contrats, LGDJ, 1963, p. 4.

1949 *Ibid.*

1950 *Walford v. Miles* (1992) 2 AC 128, p. 138. Pour une appréciation critique de cette décision, voir STEYN (J.), « *Contract Law : Fulfilling the Reasonable Expectations of Honest Men* », *Law Quarterly Review*, 1997, n° 113, p. 439. Sur la notion en droit anglais BROWNSWORD (R.), HIRD (N.) et HOWELLS (G.) (dir.), *Good Faith in Contract, Concept and Context*, Aldershot, 1999 ; BROWNSWORD (R.), *Contract Law, Themes of the Twenty-first Century*, Butterworths, 2000, pp. 97 et s. ; R. POWELL, « Good faith in contracts » *Current Legal Problems*, 1956, p. 16 ; TEUBNER (G.), « *Legal Irritants: Good Faith in British Law of How Unifying Law Ends Up in New Divergences* », *Modern Law Review* 1998, n° 61, p. 11. C'est la directive européenne concernant les clauses abusives qui a introduit la notion de bonne en droit des contrats au champs d'application limité : Dir. 93/13/CEE du 5 avr. 1993, préc. : AUER (M.), « *Good Faith: A Semiotic Approach* » *European Review of Private Law*, 2002, p. 279.

1951 Par exemple, un retard de dix minutes d'un contractant dans la délivrance de documents nécessaires permet à l'autre d'être délié de son engagement : *Eagle Limited v. Golden Achievement Limited,* (1997), UKPC 5.

1952 *Carter v. Boehm* (1766) 3 Burrow 1905.

1953 Pour une tentative plus récente de Lord Bingham : *Director General of Fair Trading v. First National Bank plc* (2002) 1 AC 481 (HL) 25/10/2001, V. en particulier paragraphe 17.

1954 *Ibid.*

1955 Les décisions postérieures ont en effet développé une conception exclusivement procédurale de la bonne foi : *Interforo Picture Library Ltd v. Stiletto Visual Programs Ltd* (1989), QB, 433 ; *Thornton v. Shoe Lane Parking Ltd* (1971) 2 QB 163.

sur la notion de bonne foi. Les juges n'imposent pas non plus, par ce biais, des obligations complémentaires aux contractants.

614. Toutefois, cette affirmation doit être nuancée pour plusieurs raisons. D'abord, parce qu'existe dans ce droit la théorie dite des *implied terms*. Ces *implied terms* correspondent à un équivalent de l'article 1135 du Code civil, selon lequel les conventions obligent, non seulement à ce qui y est exprimé, mais encore à toutes les suites que l'équité, l'usage ou la loi donnent à l'obligation d'après sa nature. Ensuite, l'interprétation se fait au regard de ce qu'un homme jugerait raisonnable en tenant compte de circonstances de fait[1956]. Enfin, bien qu'elle n'ait pas été théorisée par les juristes anglais – ni par les juristes français – la notion de confiance, qui renferme une origine anglaise et rappelle celle de *reliance*[1957], sert à obtenir les mêmes résultats que ceux recherchés par le recours à la bonne foi. Le concept de *Reliance* est une notion classique du droit de *common Law*. Il exprime la confiance d'un individu dans la réalisation d'un acte par son partenaire ou en l'abstention de celui-ci. La *reliance* permet de donner, par exception, une force obligatoire à certains engagements. Cette confiance est protégée par différents mécanismes. Par la *consideration* que l'on a pu étudier plus haut[1958], ou par *l'estoppel*, qui peut être invoqué et produire ses effets dès lors qu'un contractant a fait une promesse et que le cocontractant s'est raisonnablement fié à cette promesse [1959]. Il a aussi été reconnu, au travers de la *misrepresentation*, que dans les contrats avec un professionnel, le client devait pouvoir se fier aux affirmations du stipulant quant à la teneur du contrat et à une certaine bonne foi[1960].

615. En outre, on retrouve en droit anglais et américain une exigence particulière de loyauté (*duty of loyalty*) dans toute relation de confiance[1961], contractuelle ou non[1962]. Ainsi, les obligations fiduciaires constituent une charge représentant la contrepartie de l'extension des pouvoirs de certains professionnels. Bien qu'elle trouve son origine dans le droit anglais, c'est en droit américain que l'obligation de loyauté est d'application plus large. En effet, le fiduciaire y est contraint à un devoir de loyauté plus grand que le devoir général de loyauté de la *Common law*[1963]. C'est de la sorte que

---

1956 *Investors compensation scheme v. West Bromwich Bulding Society* (1997) UKHL 28.

1957 Le terme *reliance* « évoque indubitablement la *confiance* », MUIR WATT (H.), « *Reliance* et définition du contrat », *Mélanges JEANTIN*, Dalloz, 1999, p. 58 et s. *To rely* siginife en outre « avoir confiance en », Dictionnaire Harrap's, V° « reliance ».

1958 V. *supra* n° 516.

1959 TREITEL (G.H.), *The Law of contract*, *op. cit.*, p. 107 et s.

1960 *Curtis v. Chemical cleaning and dyeing Co.* (1951), K. B. 805 1 (1951) All. E. R. 631.

1961 WEINBERBER (A.), « *Expanding the fiduciary relationship bestiary : does concurrent ownership satisfy the family resemblance test ?* », *Seton hall law review* 1994, p. 1788.

1962 DION (N.), *Les obligations fiduciaires des dirigeants de sociétés commerciales, droit des États-Unis et du droit français*, Thèse Orléans, 1994, p. 2 et s.

1963 MCGUEE (J.), *Snell's Equity*, sweet&Maxwell, 2000, 30e éd., V. « L'avant-propos » ; BOATRIGHT (J.-R.), « *Financial Services* », *in* David (M.) et Starck (A.) (dir.), *Conflicts of*

l'obligation d'agir de manière loyale face à un conflit d'intérêts a, aux États-Unis, pris une place certaine dans le monde des affaires[1964], au point qu'elle est devenue une conséquence naturelle de toute relation fiduciaire[1965]. Dans ce cadre, le niveau de vulnérabilité du bénéficiaire s'évalue par rapport à la personne du conseiller et à l'opportunité que celui-ci peut avoir de violer son devoir de loyauté[1966].

616. Néanmoins, contrairement au droit français, la loyauté n'est pas une traduction générale de la nécessité d'agir de bonne foi. Elle reste cantonnée à l'obligation fiduciaire. Avant d'exiger ou non cette obligation de loyauté du banquier, la jurisprudence d'outre-Atlantique s'attache d'abord à rechercher si la relation conflictuelle peut être qualifiée ou non de fiduciaire. Il semble cependant, à l'examen, qu'une certaine prudence, voire même une forme d'hésitation, soit de mise lorsque se pose la question d'imposer une obligation de loyauté. Ainsi, dans la décision *Cafe La France* contre *Schneider Secs*, le tribunal a très explicitement soutenu que la relation commerciale entre une banque d'affaires et son client ne s'élevait pas à un niveau de confiance de nature à induire un devoir fiduciaire[1967] et, de là, à contraindre la banque à une obligation de loyauté. Pareillement, les juridictions saisies dans les arrêts *Joyce* v. *Morgan Stanley*[1968], *Young* v. *Goldman Sachs*[1969] et *HA 2003 Liquidating Trust* v. *Credit Suisse USA*[1970] ont à chaque fois conclu que la banque n'avait pas d'obligation fiduciaire envers les actionnaires de la compagnie cible lorsqu'elle fournissait un avis sur le caractère équitable de la transaction.

Interest in the Professions, Oxford University Press, 2001, p. 219 ; V. aussi *Meinhard* v. *Salomon,* (1928) 249 NY 458, 464: « *Many forms of conduct permissible in a workaday world for those acting at arms' length, are forbidden to those bound by fiduciary ties. A trustee is held to something stricter than morals of the marketplace. Not honesty alone, but the punctilio of an honor the most sensitive, is then the standard of behavior* »

1964 J. MCGUEE, *Snell's Equity, op. cit.,* V. *« avant propos ».*

1965 L'obligation fiduciaire est définie comme « *the duty of a person in a position of trust to act solely in the interests of the beneficiary, without gaining any material benefit except with the knowledge and consent of such person* » : BOATRIGHT (J.-R.), « Financial Services », *in Conflicts of Interest in the Professions, op. cit.* p. 220; ou encore « *a duty of utmost good faith, trust, confidence, and candor owed by a fiduciary (such as a lawyer or corporate officer) to the beneficiary (such as a lawyer's client or a shareholder); a duty to act with the highest degree of honesty and loyalty toward another person and in the best interests of the other person (such as the duty that one partner owes to another)* » *Black's Law Dictionary,* GARNER (B.- A.) (dir.), Thomson Reuters, 9e éd., 2009, p. 581. L'obligation fiduciaire emporte une obligation de loyauté, de prudence et de diligence.

1966 *Australian Securities and investments Commission (ASIC) v. Citigroup Global Capital Markets Australia* (2007) 61 ACSR 427.

1967 *Cafe La France, Inc.* v. *Schneider Secs., Inc.,* (2003), District of Rhode Island, n° 281, federal supplement, Second series, p. 272 s.

1968 *Joyce v. Morgan Stanley & Co.*, (2008) United States Reports. Lexis n°17588.

1969 *Young v. Goldman Sachs & Co.*, (2009) CH 28542, Ill. Cir. Ct., Jan. 13.

1970 *The HA 2003 Liquidating Trust v. Credit Suisse Sec. (USA) LLC*, (2008) 517 F.3d 454, 7th Cir.

617. Il semblerait que, pour déterminer s'il existe ou non une relation fiduciaire, une distinction doive être opérée entre la relation où le banquier est simple exécutant des ordres de son client et la situation où le professionnel a une certaine latitude. Tout rapport d'intermédiation n'étant pas fiduciaire par nature[1971], seule la deuxième hypothèse est considérée comme telle[1972]. Par exemple, dans l'affaire *EBC I, Inc.* v. *Goldman Sachs & Co.*[1973], la *Court of appeal* de New York, reconnaissant qu'une convention de prise ferme en elle-même ne créait pas, par nature, d'obligation fiduciaire, a néanmoins admis que la banque pouvait avoir une obligation fiduciaire à l'égard d'*EToys* - société du groupe *EBC I* - indépendamment du contrat de prise ferme, au regard de la dimension de conseil dont était empreinte leur relation[1974]. Et dans l'affaire *Bear Stearns* contre *Daisy Sys. Corp*[1975], la Cour a considéré que la banque d'affaires pouvait avoir un devoir fiduciaire envers son client au-delà des limites de leur contrat, s'il était déterminé que le client avait placé une « confiance excessive » (*inordinate trust*) dans les conseils de la banque, en raison de sa compétence particulière en matière d'opérations de fusions[1976]. Cependant, elle a nuancé son propos en précisant que toute relation entre un conseiller financier et son client n'est pas automatiquement fiduciaire et que cette caractérisation dépend essentiellement des faits de chaque espèce. Cette hésitation ressort également de l'arrêt *Australian Securities and Investments Commission v. Citigroup Global Capital Markets Australia Pty Limited*[1977]. *Toll* avait mandaté *Citigroup* en vertu d'un contrat contenant une clause qui excluait expressément l'existence de toute relation fiduciaire. En raison de la clause d'exclusion de l'obligation fiduciaire contenue dans le contrat, l'arrêt jugea que *Citigroup* n'avait aucune obligation fiduciaire et souligna que la relation entre une banque d'investissement, agissant en qualité de conseiller financier, et son client ne faisait pas partie des catégories établies de relations fiduciaires. Il précisa cependant que dans certains cas, notamment lorsque le conseiller se présente comme un expert en matière financière et

---

[1971] *Hunt v. TD Securities*, (2003) Ontario Reports, 3d, n° 66, p. 481.

[1972] Alberta jugments, 2001, n° 552.

[1973] *EBC I, Inc.* v. *Goldman Sachs & Co.* (2005) 799 NY S.2d 170 V. aussi *Baker* v. *Goldman Sachs & Co.*, 2009 US Dist. Lexis 84416.

[1974] *EBC I, Inc.* v. *Goldman Sachs & Co.*, préc.

[1975] *Bear Stearns & co. v. Daisy Sys. Corp*, (1996) Federal Reporter, Third series, n° 97, p. 1171.

[1976] En l'espèce, la banque conseillait la société pour l'acquisition d'une autre société tout en promettant d'assister cette dernière dans la mise en place du financement nécessaire à l'opération.

[1977] TUCH (A.), « *Obligations of Financial Advisers in Change-of-Control Transactions: Fiduciary and Other questions* », 2006, vol. 24, n° 88 *Company and Securities Law* Journal, pp. 488 et s.

s'engage à exercer une fonction de conseiller[1978], cette relation pouvait revêtir un caractère fiduciaire[1979].

618. Le droit français dote donc la bonne foi, et sa traduction, la loyauté, d'un rôle qui ne se retrouve pas en droit comparé. Ces notions « instaurent un commandement clair [en] imposant des comportements particuliers ou des obligations que le contrat n'aurait pas prévus »[1980]. Une telle fonction, combinée aux fondements et effets communs à l'obligation de garantie, justifie valablement que l'obligation du banquier de gérer le conflit d'intérêts prenne la forme d'une obligation de garantie ainsi qu'elle est décrite ici.

[1978] L'arrêt renvoie à d'autres décisions comme notamment *Daly* v. *Sydney Stock Exchange Ltd.* (1986) 160 CLR 371, 377 et *Aequitas* v. *Sparad Ltd.*(2001) 19 ACLC 1006.

[1979] TUCH (A.), *ibid.*

[1980] MAINGUY (D.), « Loyauté et droit des contrats de droit privé », *in Droit et loyauté*, Dalloz, 2015, p. 27.

Chapitre deux. Une garantie attendue en l'absence de contrat

619. Les situations de conflit d'intérêts ne se cantonnent pas au cadre contractuel [1981]. Comme Adam Smith l'avait déjà souligné, « l'intérêt particulier de ceux qui exercent une branche particulière de commerce ou de manufacture est toujours à quelques égards, différent et même contraire à celui du public » [1982]. Par conséquent, si les règles régissant l'activité du banquier sont naturellement axées sur la sécurité des transactions sur le marché, au-delà, elles sont surtout dictées par la volonté de protéger l'intérêt du client investisseur. Celle-ci s'est manifestée, au fil du temps, par des mouvements, des méthodes et des périodes d'élaboration de normes dont on peut conclure que, derrière l'exigence de prendre en compte cet intérêt

---

[1981] Par ex. dans une espèce où la banque participait à des enchères à l'insu d'un client potentiel dont elle négociait par ailleurs les conditions du prêt qui devait lui permettre l'acquisition de l'immeuble mis en adjudication, la Cour d'appel affirma que le conflit d'intérêts était caractérisé car le but du banquier se trouvait marqué par le souci d'une part, d'améliorer le taux de remboursement de sa créance hypothécaire et, d'autre part, d'augmenter le montant de son concours, CA Colmar, 14 décembre 2006, *Jurisdata* n° 2006-316883, *JCP E* 31 mai 2007, n° 22, note Mathey (N.). Des exemples comme celui-ci foisonnent autant que les décisions de justice illustrant l'idée qu'il est bel et bien possible d'engager la responsabilité du banquier pour ne pas avoir, même en l'absence de toute assise contractuelle, pris en compte cet intérêt supérieur et ne pas avoir agi dans le sens de ce dernier. Il en a été ainsi d'une espèce où un banquier, très engagé dans une société émettrice de titres, a été sanctionné par les juges du fond qui n'ont pas admis que ce dernier se décharge librement sur ses autres clients lorsque la société émettrice était en difficulté alors que « bien que non titulaire d'un mandat de gestion [la banque] avait l'obligation d'informer [ses clients] sur les risques qu'ils prenaient et ce d'autant plus [qu'elle] avait un intérêt personnel à ce qu'ils achètent les titres » en question CA Paris, 27 sept. 1996, RG n° 94/018264, Epx Mounier c/ Crédit Lyonnais, Juris-Data n° 02233 ; *Banque et droit*, janv.-févr. 1997, p. 38, note Vauplane. Autrement dit, la banque devait agir en informant ses clients dans leur intérêt et au détriment du sien, même en dehors de tout contrat stipulant la protection de leur intérêt. La solution se comprend d'autant mieux que, dans de telles situations, « les profits réalisés par (les banques)… sont généralement proportionnels aux pertes de leurs clients », CHABERT (P.-Y.), « Dérivés et spéculation : le risque utilisateur », *Marchés et techniques financières*, juin 1994, p. 54.

[1982] SMITH (A.), *Recherche sur la nature et les causes de la richesse des nations*, t. 1, Flammarion, 1991, n° 598, p. 336.

supérieur ou de ne pas y nuire, transparaît l'ambition d'imposer au banquier un devoir de le garantir contre son propre fait.

Cette affirmation se vérifie dans l'hypothèse où l'investisseur est le client (section 1) comme dans celle où l'est le banquier (section 2).

Section 1. Le client investisseur

620. L'obligation de préserver l'intérêt supérieur du client investisseur attendue du banquier est renforcée et la sanction de sa violation est aggravée, de sorte que, face au conflit d'intérêts, elle ne peut s'apparenter qu'à un devoir de garantie.

Cette idée ressort aussi bien de l'analyse des règles relatives à la protection du client investisseur (§ 1) que de celles assurant le bon fonctionnement du marché (§ 2).

§ 1 – La garantie révélée par les règles visant la protection de l'investisseur

621. La réglementation de l'activité du banquier affirme explicitement la supériorité de « l'intérêt du client » et de « l'intérêt du marché » et non pas de « l'intérêt de l'investisseur », par différence avec le droit anglais et américain. Cependant, il s'agit là d'une nuance de lettre et non d'esprit qui, en pratique, n'a aucun effet[1983].

[1983] La notion d'investisseur trouve son origine en droit américain dans les lois visant à protéger les épargnants. La définition américaine limitait toutefois le concept à la situation ou « une personne investit son argent dans une entreprise commune et dont les espoirs de profit sont subordonnés aux efforts du fondateur ; l'investisseur fournit le capital et reçoit sa part de bénéfice tandis que le fondateur gère l'entreprise », SEC v. W.J. Howey co, 328 US 293, 66 S. Ct, 1100, 90 L Ed. 1244 (1946) cité par LUCAS (F. X.), *Les transferts temporaires de valeurs mobilières*, *op. cit.*, n° 338, p. 179, note 79. *Adde*, *Black's Law Dictionary*, *op. cit.*, V. « *investment contrat* ». La notion d'investisseur est toutefois plus largement comprise aujourd'hui en France. L'investisseur traditionnellement saisi en qualité de porteur d'actions a vu son statut évoluer. Il est parfois pris en qualité de consommateur (également aux Etats-Unis). Dans la directive 2002/65/CE concernant la commercialisation à distance des services financiers, préc., l'investisseur est ainsi défini comme « toute personne physique qui, dans les contrats à distance, agit à des fins qui n'entrent pas dans le cadre de son activité commerciale ou professionnelle ». Le plus souvent, il est appréhendé en sa qualité de client du prestataire de services d'investissement. La directive MIF, préc., assimile de la sorte l'investisseur et le client : « les mesures destinées à protéger les investisseurs doivent être adaptées aux particularités de chaque catégorie d'investisseurs (client de détail, professionnels, et contreparties) » - Rappr. CA Paris, 26 mars 1999, *Bull. Joly Bourse*, sept-oct. 1999, § 92, p. 461, note Vauplane (H. de). Cette directive définit en outre le « client » comme « toute personne physique ou morale à qui une entreprise d'investissement fournit des services d'investissement et/ou des services auxiliaires ». Plus généralement, il s'agit de celui qui fait partie de « l'épargne publique » à la protection de laquelle veille l'Autorité des marchés financiers. Dans tous les cas, « le législateur ne semble pas avoir une approche restrictive des

Le devoir de garantie décrit ici se trouve en réalité fondé pour deux raisons. L'impératif de protection de l'intérêt du client investisseur est traditionnellement omniprésent (A), mais bien au-delà, il commande le retour de la loi lorsqu'est pressentie ou avérée toute atteinte à cet intérêt supérieur (B).

A/ L'omniprésence de l'impératif de protection du client investisseur

622. Les sources du droit régissant l'activité du banquier sont diverses. Ces normes ont toutefois la particularité d'avoir été, dans une large mesure, élaborées avec et par le professionnel. Pour autant, le législateur a toujours été soucieux d'assurer la protection de l'intérêt de l'investisseur et de rappeler sa supériorité.

Par conséquent, l'agissement du banquier sur les marchés financiers a constamment été surveillé de près, en période de droit professionnel (1) comme étatique (2).

1° - En période de « droit professionnel »

623. De tout temps, des sources privées ont émaillé le droit de l'activité du banquier. Il apparaît comme un « droit professionnel »[1984] à l'élaboration duquel les organismes représentatifs du métier ont été le plus souvent associés. Mais cette singularité n'a jamais dispensé de la nécessité de préserver l'intérêt de l'investisseur, dont on ressentait la suprématie[1985], et le

bénéficiaires de l'objectif de protection », TEHRANI (A) *Les investisseurs protégés en droit financiers*, préf. Bonneau (Th.), Lexisnexis, 2015, n° 67 et s., p. 85 et s.

[1984] Sur cette notion : RIPERT (G.), « Ébauches d'un droit civil professionnel », *in Études de droit civil à la mémoire de H. Capitant,* Dalloz, 1939, p. 677 et s.

[1985] À côté des sources traditionnelles du droit, le droit bancaire s'est constitué également à partir d'usages variés et de pratiques non réglementées. Dans certains cas, dans le but de renforcer une pratique et de l'officialiser, un consensus de place est recherché. Dans d'autres cas, c'est une démarche individuelle qui est menée dans l'objectif de maintenir la confidentialité autour d'un projet. Or, la nécessité d'informer sur l'existence de certaines de ces pratiques pour protéger l'intérêt supérieur est apparue très tôt. C'est la technique des parères qui s'est alors développée, édictés par l'Association professionnelle des banques et entérinés par la Cour de cassation. Mais cette publication des parères s'est avérée insuffisante et la jurisprudence de plus en plus refusait d'appliquer les principes de ces usages bancaires aux relations avec les clients, dès lors que ceux-ci n'avaient pas été préalablement portés à leur connaissance. Les banques ont alors progressivement contractualisé ces usages, mais les clients qui ne sont pas établissements de crédit n'étaient pas présumés avoir consenti à ces pratiques ni ne pouvaient se les voir opposer par le professionnel. Inversement, ils pouvaient opposer à la banque leur contenu. Il est apparu ensuite nécessaire de prendre des engagements, de fixer des règles et d'en informer collectivement certaines catégories de clientèle. La loi bancaire de 1984, préc., dans ses articles 37 et 42, s'est alors référée

législateur s'est continuellement efforcé d'assurer la police des transactions du banquier qui se déroulent sur le marché financier.

L'intervention de l'État en matière de protection de l'investisseur a été plus précoce et plus significative en droit français (a) qu'en droit anglo-américain, où elle est restée longtemps inexistante (b).

a - Un contrôle durable en droit français

624. Le souhait du législateur de laisser au professionnel le soin de réguler les opérations s'est longtemps fait ressentir. Ainsi, sur ce sujet, le Code de commerce de 1807 est quasiment muet. En effet, il consacre simplement le monopole des agents de change, sans édicter de règles précises de fonctionnement. Cependant, dès que la législation embryonnaire n'a plus été en phase avec la sophistication de certaines pratiques de marché, l'État s'est manifesté en commençant par l'ordonnance royale de 1816, qui s'est empressée d'instituer la compagnie nationale et la chambre syndicale des agents de change et de leur confier un certain nombre de responsabilités en matière de discipline, de réglementation et d'organisation du métier. Ce statut, précisé par décret le 7 octobre 1890, n'a quasiment pas été modifié jusqu'en 1988. La chambre syndicale, en particulier, a été investie par le règlement général de la compagnie d'un véritable pouvoir qui s'exerce au moyen d'avis et de décisions publiés à la côte officielle[1986].

L'essor du capitalisme sous la monarchie de juillet s'est accompagné d'un renforcement de l'autorité étatique. La compagnie et la chambre syndicale de Paris ont alors été mises sous la tutelle du ministère des Finances et les autres places sous celle du ministère du Commerce. De la même manière, des mesures ont été adoptées pour lutter contre les mouvements spéculatifs pendant la période révolutionnaire. Et si sous le Second Empire, des lois d'inspiration libérale sont venues enrichir le droit bancaire et financier[1987], dès la fin du XIXe siècle, le courant d'encadrement a repris. Progressivement, des règles de police économique ont été édictées, visant à sauvegarder l'épargne publique et principalement les petits porteurs.

---

expressément « aux pratiques et aux règles de bonne conduite de la profession » et a donné à la Commission bancaire à la fois la mission de veiller à leur respect et le pouvoir d'intervenir en cas de manquement à l'une d'entre elles. C'est ainsi que les chartes ou les codes de bonne conduite se sont développés.

[1986] La compagnie nationale et la chambre syndicale ont disposé de cette manière de pouvoirs d'appréciation étendus sur les textes législatifs et réglementaires relevant de leur sphère de compétence et ont été à l'origine d'une production autonome de normes. Cette imbrication de pouvoirs leur a valu la qualification d'institutions *sui generis* dans un arrêt datant du 16 février 1885 : Cass. civ. 16 févr. 1885, *DP*, 1, p. 167.

[1987] L. 24 juill. 1867 sur les sociétés commerciales et L. 2 juill. 1862 sur les bourses et valeurs.

625. Avec la crise des années trente[1988], la question de la protection de l'intérêt de l'investisseur est désormais sur le devant de la scène. Les premiers textes, à savoir les décrets-lois du 8 août 1935 pour les valeurs mobilières [1989], s'inscrivent de manière bien déterminée dans cette perspective, notamment lorsque l'investisseur l'est devenu du fait d'un acte de démarchage.

Pendant le second conflit mondial, la réglementation des marchés est profondément modifiée et la nécessité de préserver l'intérêt de l'investisseur est encore plus affirmée. La loi du 18 juin 1941 donne ainsi naissance à la Caisse centrale de dépôts et de virements de titres auprès de laquelle, dans un souci de surveillance accrue du marché, les sociétés françaises se sont vues imposer en 1943 le dépôt obligatoire des titres au porteur [1990]. Auparavant, la loi du 14 février 1942 avait créé le Comité des bourses et valeurs et l'avait chargé d'une mission générale de veille sur les opérations de marché. Cet organisme, dont le secrétariat était assuré par la Banque de France, avait aussi été investi d'un pouvoir normatif. Il était consulté et invité à faire des propositions sur toute modification du fonctionnement des bourses de valeurs. Ce comité allait disparaître en 1968 avant de réapparaître en 1988, période à laquelle la nécessité d'un meilleur contrôle s'est à nouveau fait ressentir.

Les années soixante connaissent à leur tour nombre de réformes majeures visant une protection efficace des investisseurs. Dans cet esprit, la Commission des opérations de bourse voit le jour en 1967[1991], sur le modèle américain de la *Securities and Exchange Commission*. Avec la création de cet organisme public s'affiche la volonté de retirer définitivement la fonction de surveillance aux institutions issues des milieux professionnels. La Commission des opérations de bourse ne dispose pas d'un pouvoir réglementaire général, mais va jouer un rôle essentiel aussi bien dans l'élaboration que dans l'application des normes, la jurisprudence ayant très vite reconnu un caractère réglementaire à certains des actes de cette autorité[1992]. Le législateur, pour sa part, est intervenu le lendemain du *big bang* français pour renforcer son indépendance et ses prérogatives[1993].
Les droits anglais et américains n'ont pas connu une évolution identique.

[1988] LEHMANN (P.-J.), *Histoire de la Bourse de Paris,* PUF, 1997, p. 46.

[1989] Décret- loi, 8 août 1935 pour les valeurs mobilières, préc.

[1990] La liberté des titres est cependant rétablie par décret le 4 août 1949. C'est la société interprofessionnelle pour la compensation des valeurs mobilières (sicovam) qui prend sa place. Sur ce point, AVÉRAN-HORTEUR (L.), *De la CCDVT à la sicovam, le compte courant d'actions*, Dalloz, 1959.

[1991] Ord. n° 67-833, 28 sept. 1967 instituant une commission des opérations de bourse et relative à l'information des porteurs de valeurs mobilières et à la publicité de certaines opérations de bourse.

[1992] CA Paris, 18 mars 1988, *D.* 1989, p. 359.

[1993] L. n° 89-531, 2 août 1989 relative à la sécurité et à la transparence du marché financier, préc.

b - Un principe d'autocontrôle en droit anglo-américain

626. En France, le contrôle des agissements des acteurs de marché et le principe de protection des investisseurs sont dus « à un accident historique »[1994], à savoir la faillite du banquier Law[1995]. L'Angleterre et les États-Unis n'ont pas connu d'événement équivalent. Si est apparue en Angleterre, à la même époque, une bulle similaire, la *South Sea Bubble*, qui a conduit au vote en 1720 du *Bubble act*[1996], les effets de son éclatement sont restés cantonnés aux colonies anglaises d'Amérique du Nord. De ce fait, le principe est demeuré celui de la détermination par les professionnels des règles d'organisation et de fonctionnement du marché. Quant aux États-Unis, la première Bourse, celle de Philadelphie, ne vit le jour qu'en 1790 puis le *Buttonwood Agreement* institua celle de New York en 1792. Leur création s'assimilait toutefois, comme en France, à une promesse de protection faite à l'investisseur non professionnel contre les agissements illégitimes ou frauduleux des acteurs du marché. Mais, en règle générale, la protection des investisseurs n'était pas perçue comme une nécessité. D'abord, le libéralisme s'opposait à une réglementation contraignante, ensuite la protection semblait « inutile »[1997], car les investisseurs étaient surtout intéressés par les obligations d'État, des placements sûrs, les actions étant encore réservées à un public averti[1998]. C'est finalement la crise de 1929 qui a véritablement suscité aux États-Unis une réaction du législateur. En France, les faibles répercussions de cet événement n'ont pas rendu nécessaire une réponse aussi forte, et le droit français ne s'est pas rallié à l'idée de la régulation administrative au moment où la *Securities and Exchange Commission* a été créée (1934). Cette autorité a été dotée d'un pouvoir de réglementation avec pour seuls guides l'intérêt public, la protection des investisseurs et l'intégrité du marché. Au lendemain de la Première Guerre mondiale, les ménages américains ont massivement souscrit aux *Liberty Bond* émis pour sortir des difficultés financières dues à l'effort de guerre, ce qui a eu pour conséquence de les familiariser avec la détention d'instruments financiers[1999]. Les prérogatives de la *Securities and Exchange Commission* ont depuis été continuellement renforcées.

627. En résumé, en droit français, à l'exception de deux courtes époques libérales, contrairement aux droits anglo-américains, le législateur a gardé la

---

[1994] CONAC (P.-H.), *La régulation des marchés boursiers par la Commission des opérations de bourse et la Securities and Exchange Commission, op. cit.*, n° 9, p. 10.

[1995] Sur ce point FAURE (E.), *La banqueroute de Law,* Gallimard, 1977.

[1996] Acte préc.

[1997] CONAC (P.-H.), *op. cit. & loc. cit.*

[1998] *Ibid.*

[1999] SELIGMAN (J.), *The transformation of Wall Street, A History of the Securities and Exchange Commission and Modern Corporate Finance,* Wolters Kluwers, 2003, 3ème éd., p. 25.

maîtrise du processus normatif et a exercé une tutelle, directe ou indirecte, sur l'activité du banquier durant toute la période de droit professionnel. Les mouvements de recul ou de retour du contrôle ont eu comme fondement principal la défense de l'intérêt de l'investisseur. Et le passage, dans les années qui suivirent à une phase que l'on qualifie de dérégulation ou déréglementation[2000] n'a en rien altéré cet impératif de protection. Le législateur va en effet déléguer son pouvoir dans l'objectif de renforcer la protection souhaitée.

2° - En période de « droit étatique »

628. Afin de s'assurer de la réalité de la protection, le législateur a notamment opéré une double délégation de la mission de surveillance des agissements du banquier aux autorités de marché (a) et aux autorités bancaires (b).

a - Une protection déléguée aux autorités des marchés financiers

629. Dans les années 1980, pour préserver l'intérêt du client investisseur, le législateur a confié son pouvoir à des autorités de contrôle en même temps qu'il a renforcé les prérogatives ainsi déléguées et l'indépendance des autorités qui les reçoivent. Mais les textes d'origine législative et réglementaire ont fini par être tellement nombreux qu'ils donnaient l'apparence d'« un état de réforme permanente »[2001]. La loi de « déréglementation » du 22 janvier 1988, suivie de la loi de modernisation des activités financières[2002], procéda donc d'une tentative de « clarification des règles du jeu »[2003], sans pour autant affecter la hiérarchie des intérêts présents sur le marché financier. Au contraire, cette loi a été motivée par les pertes importantes du fonds de garantie de la chambre syndicale des agents de change sur le marché à terme international de France. Et la loi du 2 août

---

[2000] La réglementation est souvent opposée à la régulation (CE, *Étude annuelle 2013, Le droit souple*, documentation française, p. 35, NICOLA (E.) et ROBINEAU (M.), « Prendre le droit souple au sérieux ? À propos de l'étude annuelle du Conseil d'État pour 2013 », *JCP G* 2013, p. 1116). La spécificité de la régulation réside dans son contenu - elle englobe tant la *hard law* que la *soft law* - et dans le rôle des autorités de supervision qui est déterminant tant pour l'élaboration que le contrôle de la réglementation. Toutefois, en matière bancaire et financière, la régulation s'identifie à la réglementation, BONNEAU (Th.), *Régulation bancaire et financière européenne et internationale*, Bruylant, 2012, p. 7 et s.

[2001] AIDAN (P.), *Droit des marchés financiers, Réflexions sur les sources*, préf. Boucobza (X.), Banque éditeur, 2001, p. 54.

[2002] L. n° 96-597, 2 juillet 1996 de modernisation des activités financières, préc.

[2003] MARINI (P.), « Les autorités de marché, source institutionnelle de la sécurité des marchés financiers », *LPA*, 8 mai 1996, n° 56.

1989, renforçant la répression des infractions boursières, est quant à elle une conséquence de l'affaire Péchiney/Triangle[2004].

630. À la fin des années 1980, la majorité des normes protégeant les investisseurs émanaient de la Commission des opérations de bourse et du Conseil des marchés financiers. Le législateur leur avait ainsi conféré un vaste pouvoir, dans le but de « veiller à la protection de l'épargne »[2005] et « au bon fonctionnement des marchés financiers »[2006]. Toutefois, avant même d'en avoir été autorisée par la loi, la Commission, pour inciter à la discipline, édictait déjà, de manière habituelle, des règles par le biais de différents instruments dont elle avait l'usage, instructions et recommandations notamment[2007]. Les recommandations[2008] sont généralement vues comme des actes *infra* réglementaires et leurs destinataires « libres de les prendre ou non en considération et d'apprécier dans quelle mesure ils le font »[2009]. Toutefois, dès lors qu'elles découlaient d'un des règlements de la Commission, « le lien souvent [devenait] très tenu »[2010] et il s'avérait difficile de dissocier ces recommandations des règlements auxquels elles se rattachent. Les instructions[2011] non plus n'auraient pas de valeur réglementaire[2012]. Et la procédure même de leur

---

[2004] Cass. crim. 26 oct. 1995, *Pechiney*, *Bull. crim.* n° 324, *Rev. sociétés*, avr.-juin, 1996, note BOULOC (B.). Cette espèce avait révélé la difficulté de poursuivre pénalement les auteurs de délits d'initiés. En novembre 1988, la société française Pechiney annonce une OPA sur la société américaine Triangle, cotée à New York. Dans les jours qui précèdent l'annonce officielle de l'OPA, le volume moyen d'échange du titre Triangle passe de 3.500 à 200.000 titres par jour. L'action Triangle s'envole de 10 à 56 dollars. Pechiney doit donc finalement racheter Triangle à un prix beaucoup plus élevé que prévu. La *SEC* remarque ces mouvements inhabituels, en retrace l'origine et avertit la Commission des opérations de bourse. Une procédure judiciaire est alors mise en route. Péchiney est une société nationalisée et des hommes de l'appareil d'État étaient au courant de l'opération et figuraient parmi les acquéreurs de titres Triangle. Dans la mesure où ils ont bénéficié d'informations confidentielles sur l'OPA, les faits répondaient à la qualification de délit d'initié.

[2005] Ord. 27 sept. 1967, art. 1, al. 1.

[2006] *Ibid.*

[2007] LEPINE (J.-L.), « La COB », *in Les autorités boursières créatrices de droit,* ENJA, 1981, p. 27 et s.

[2008] Le domaine des recommandations est le plus souvent l'information à fournir au marché, ou des situations spécifiques, P. AIDAN, *Droit des marchés financiers, Réflexions sur les sources*, *op. cit.*, n° 79, p. 74.

[2009] DECOOPMAN (N.), « La COB », *J.-Cl. Sociétés*, fasc. 1510, n° 96. *Adde,* Th. BONNEAU, « De l'inutilité du droit contractuel pour assurer le respect des règles de marché », *RTD com.*, avr.- juin. 1999, p. 266, note n° 72.

[2010] *Ibid.*

[2011] Les instructions apparaissent comme des textes d'application édictés pour définir une ligne de conduite, AIDAN (P.), *Droit des marchés financiers, Réflexions sur les sources*, *op. cit.*, n° 80, p. 75.

[2012] DECOOPMAN (N.), *ibid.*, p. 115.

adoption témoignait de cette nature *infra* réglementaire[2013], tout comme la fonction que la loi de modernisation des activités financières leur donnait « semble conforter cette approche »[2014]. Le législateur n'aurait ainsi « pas entendu étendre le champ de cette délégation aux textes d'application de la réglementation COB »[2015]. Mais si, *de jure*, ces instructions n'avaient pas nécessairement un caractère réglementaire, elles tendaient « à s'incorporer, de fait, aux textes dont elles précis[aient] les modalités d'application. D'ailleurs, une violation de l'instruction impliqu[ait] le plus souvent une violation du règlement lui-même »[2016]. Recommandations et instructions de la Commission des opérations de bourse revêtaient donc, *de facto*, une portée normative[2017].

Le Conseil des marchés financiers, né de la fusion du Conseil des bourses et valeurs et du Conseil des marchés à terme a, pour sa part, été qualifié par la loi de modernisation des activités financières[2018] « d'autorité professionnelle dotée de la personnalité morale ». Cependant, il ne pouvait être assimilé à un simple ordre professionnel et la Cour d'appel de Paris l'a qualifié « d'autorité de tutelle professionnelle de droit privé »[2019]. Sa mission et les moyens dont il disposait accréditent d'ailleurs l'idée que « le législateur l'a investi de puissance publique pour [...] contrôler les marchés réglementés »[2020]. En effet, en vertu de l'article 32 de la loi de modernisation des activités financières, le Conseil des marchés financiers était apte à déterminer les règles concernant tant les intermédiaires que les marchés réglementés. Son règlement général fixait différentes normes relatives aux prestataires de services d'investissement, notamment « les règles de bonne conduite », sous réserve des attributions de la Commission des opérations de bourse (gestion de portefeuille pour le compte de tiers).

631. La plénitude de juridiction dont étaient investies les autorités de marché, conjuguée à la mission transversale de la Commission des opérations de bourse, a posé des difficultés liées au chevauchement de compétences des différents acteurs de la régulation sous l'empire de la loi du

---

[2013] Les instructions de la COB devaient être seulement transmises au ministre qui n'avait pas le pouvoir de les homologuer. Par ailleurs, la loi exigeait leur publication, mais elle l'était au bulletin mensuel de la COB et non au JO.

[2014] AIDAN (P.), *Droit des marchés financiers, Réflexions sur les* sources, *op. cit.*, n° 80, p. 75.

[2015] *Ibid.*

[2016] *Ibid.*

[2017] *Ibid.* V. n° 79 et s., p. 74 et s. ; et n° 140 et s., pp. 110 et s.

[2018] L. 2 juill. 1996, n° 96-597, de modernisation des activités financières, préc., art. 46.

[2019] CA Paris, 11 juin 1997, *Filipacchi Media Génitau*, *Dalloz affaires*, 1997, p. 888 ; *JCP E* 1997, I, p. 976, obs. Viandier (A.) et Caussain (J.-J.); *Bull. Joly Bourse*, sept.-oct., 1997, p. 750, note Rontchevsky (N.), *Banque et droit*, n° 5, juill.-août 1997, obs. Vauplane (H. de) ; *D.* 1998, p. 74, obs. REINHARD (Y.).

[2020] CHARBONNIER (M.) et VAUPLANE (H. de), « Le contrôle des marchés réglementés », *in Le contrôle du gouvernement des sociétés côtées en Europe*, *LPA* 16 oct. 1998, n° 124.

22 janvier 1988, que la loi de modernisation des activités financières n'avait pas résolues. Une exception toutefois est à noter : le domaine de la gestion pour compte propre, qui a été, en raison du besoin de protection marqué de l'intérêt du client investisseur, confié en bloc à la Commission des opérations de bourse. La volonté de protection s'y est davantage affirmée, considérant que cette attribution s'est accompagnée de la création du Comité consultatif de la gestion financière qui devait être consulté par la Commission des opérations de bourse pour toute disposition réglementaire relative à la gestion de portefeuille.

632. L'ambition de protection renforcée ne transparaît pas seulement dans les règlements que les autorités des marchés financiers édictent. La pratique des règles des autorités des marchés financiers, appelée aussi « doctrine », « jurisprudence », « coutume », ou « droit mou » révèle également ce mouvement. Et c'est d'ailleurs au travers de procédés non prévus par la loi que les autorités de marché allaient achever l'élaboration de leur réglementation protectrice. Le Conseil des marchés financiers avait souvent recours à des communiqués et à des avis. La Commission des opérations de bourse procédait, en plus, par le biais des « autres textes de la Commission » publiés mensuellement dans son bulletin, à savoir les différents « avis », « notes », « guides », « *vademecum* », ou « précisions », « observations » et articles de toute sorte, ainsi que par son rapport annuel qui dressait le bilan de l'ensemble de ses positions. Il faut compter également les annexes qui accompagnent souvent ces textes destinés à standardiser les comportements des acteurs[2021]. S'ils avaient avant tout une fonction d'interprétation des règles applicables, ils allaient toutefois « au-delà de la simple expression de l'opinion de la COB »[2022]. Et si on ne leur a reconnu qu'une valeur « indicative »[2023] et qu'on leur a nié toute force obligatoire[2024], ils avaient « une force juridique indirecte »[2025] ou une « normativité négative : quelque soit son support formel et son fondement précis, la position de la COB devait être suivie »[2026]. Elle bénéficiait de la sorte d'une « autorité morale »[2027], léguée aujourd'hui à l'Autorité des marchés financiers.

[2021] AIDAN (P.), *Droit des marchés financiers, Réflexions sur les* sources, *op. cit.*, n° 124, p. 100.

[2022] *Ibid.*

[2023] DECOOPMAN (N.), « La COB », *op. cit.*, n° 97.

[2024] VAUPLANE (H. de) et BORNER (J.), *Droit des marchés financiers,* Litec, 2001, n° 151, p. 166.

[2025] AIDAN (P.), *ibid.*, p. 102.

[2026] *Ibid.*, n° 140, p. 111.

[2027] VAUPLANE (H. de) et BORNER (J.), *ibid.*

633. En effet, la fusion[2028] de la Commission des opérations de bourse et du Conseil des marchés financiers n'a pas entraîné de modifications substantielles du périmètre des attributions de l'Autorité des marchés financiers[2029] et la pratique de la Commission des opérations de bourse[2030] a ainsi perduré. Les apports de la loi de sécurité financière[2031] et des lois et règlements successifs ne constituent pas non plus un changement d'orientation. En effet, l'article L. 621-1 du Code monétaire et financier divise formellement la mission du régulateur en trois points, pour ce qui intéresse le présent propos : veiller à la protection de l'épargne investie en instruments financiers offerts au public ou négociés sur un marché réglementé, à l'information des investisseurs, et au bon fonctionnement des marchés d'instruments financiers. En réalité, ces points « participent de la même préoccupation »[2032], ils sont « intimement liés »[2033] et reflètent pareillement l'idée de protection des investisseurs, au sens large, parmi lesquels les clients du banquier. Il a ainsi été reconnu que « la première mission de l'AMF doit être d'abord la protection de l'épargne et des épargnants. Tout doit y ramener, tout doit en découler »[2034]. Les modifications successives du règlement de l'Autorité des marchés financiers ont été davantage synonymes d'un renforcement des moyens d'action, en en faisant « l'une des instances les mieux dotées à la fois au plan interne – par comparaison avec les autres autorités administratives ou publiques indépendantes –, mais également au niveau international si l'on opère cette fois la comparaison avec ses homologues étrangers »[2035], notamment la *Securities and Exchange Commission*[2036]. Et la plupart de ses instruments

---

[2028] CONAC (P.-H.), « Création de l'Autorité des marchés financiers », *RD bancaire et fin.*, sept.-oct. 2003, comm. 201, p. 299 ; VAUPLANE (H. de), « L'Autorité des marchés financiers », *in La loi sur la sécurité financière*, *Rev. Banque édition*, 2004, p. 16 ; DAIGRE (J.-J.), « La création de l'Autorité des marchés financiers », *Rev. sociétés*, oct.-déc. 2003, p. 623.

[2029] VABRES (R.), « Autorité des marchés financiers », *JCl. Banque - Crédit – Bourse*, fasc. 1512.

[2030] V. *Principes d'organisation et de publication de la doctrine de l'AMF*, 18 juin 2013. Seules les instructions et les recommandations sont prévues par le Code monétaire et financier (C. monét. fin., art. L. 621-6, al. 2), tel n'est pas le cas des autres instruments comme les positions par exemple.

[2031] L. 1er août 2003, n° 2003-706, préc.

[2032] VANEL (M.-J.), « Le contrôle par le régulateur : portée et limites », *in Entreprise : Information et rumeur, Colloque de l'association Droit et Commerce, Deauville, 2 et 3 avr. 2005, RJ. com*, Hors série, p. 47. – *Adde* , PELTIER (F.), *Droit des marchés financiers et droit commun*, Banque éd., 1997, n° 66, p. 49.

[2033] PARACHKÉKOVA (I.), « L'empreinte du droit de la consommation dur le droit des sociétés cotées », *in Les défis actuels du droit financier*, Joly éd., 2010, p. 57.

[2034] JOUYET (J.-P.), *Présentation du Rapport annuel 2008* disponible sur www.amf.fr ; C. monét. fin., art. L. 621-1.

[2035] VABRES (R.), « Autorité des marchés financiers », *op. cit.*, n° 64.

[2036] CONAC (P.-H.), *La régulation des marchés boursiers par la Commission des opérations de bourse et la Securities and Exchange Commission*, *op. cit.*

sont largement utilisés, qu'il s'agisse de l'édiction d'actes à caractère général ou des interventions ponctuelles. Or, il suffit de consulter l'index du « recueil des textes » de cette autorité pour s'apercevoir que, dans la majorité des cas, ils concernent la protection des épargnants.

634. Par ailleurs, le législateur a créé, sur le modèle des associations de consommateurs, un statut spécifique pour les associations d'investisseurs faisant l'objet d'un chapitre entier du Code monétaire et financier[2037], et dont les règles de fonctionnement ont été assouplies[2038] pour en faciliter l'action de protection.

635. La protection du client investisseur envisagé comme un « consommateur de services financiers » paraît également être emblématique aux États-Unis et notamment des réformes du cadre de supervision post-crise. Un titre X du *Dodd-Frank Act* lui a de la sorte été dédié et une nouvelle autorité de contrôle a été instituée (le *Consumer Financial Protection Bureau*).

636. Ainsi, on le voit, l'importance du principe de protection apparaît aujourd'hui comme un postulat directeur[2039] du droit français et « l'un de ses caractères distinctifs »[2040]. Le Code monétaire et financier le rappelle en consacrant un titre spécial « à la protection des investisseurs » et un socle de règles a été inséré dans la directive concernant le marché d'instruments financiers[2041] qui est intitulé « Dispositions destinées à garantir la protection des investisseurs »[2042]. Même quand il s'agit d'alléger certaines obligations, « sans affaiblir la protection dont bénéficient les investisseurs »[2043], ou d'améliorer la concurrence au profit des investisseurs, et si l'objectif de protection est subordonné à des impératifs plus pressants, c'est toujours sans incidence sur le niveau de protection atteint[2044]. Il n'y a donc pas de doute

[2037] Les prérogatives qui avaient été reconnues aux associations de consommateurs par la loi n° 88-14 du 5 janvier 1988 ont été étendues aux associations d'investisseurs ayant obtenu un agrément par la loi n° 89-421 du 23 juin 1989 et lorsque la loi n° 92-61 du 18 janvier 1992 accorda aux associations de consommateurs une action en représentation conjointe, la loi du 8 août 1994 en étendit le bénéfice aux associations d'investisseurs agrées. Il en va de même de la loi Hamon, préc.

[2038] L. 1er août 2003, n° 2003-706, préc.

[2039] BONNEAU (Th.) et DRUMMOND (F.), *Droit des marchés financiers*, Economica, n° 457, p. 658.

[2040] *Ibid.*

[2041] Dir. MIF, préc.

[2042] Art. 19 à 24. L'article 58, al. 1 de la loi L. 2 juill. 1996, n° 96-597, de modernisation des activités financières, préc. énonçait déjà que les prestataires de services d'investissement dont le banquier fait partie « sont tenus de respecter des règles de bonne conduite destinées à garantir la protection des investisseurs ».

[2043] DEMARIGNY (F.), « Un "Small Business Act" du droit boursier européen - Mettre en place un environnement financier et réglementaire adapté aux petits et moyens émetteurs cotés en Europe », La documentation française, mars 2010.

[2044] TEHRANI (A.), *Les investisseurs protégés en droit financiers, op. cit.*, n° 139 et s., pp. 173 et s.

sur l'ambition de voir l'intérêt de l'investisseur déclaré comme supérieur, garanti contre tout trouble injustifié, comme peut l'être l'exploitation du conflit d'intérêts par le banquier. Le législateur n'hésite d'ailleurs plus à évoquer expressément le terme « garantie », révélant exactement le but recherché. La protection du client investisseur s'appuie en plus sur différents acteurs et d'autres autorités[2045], notamment bancaires, dont les pouvoirs se juxtaposent à ceux des autorités du marché financier dans la poursuite d'un même objectif.

b - Une protection déléguée aux autorités bancaires

637. L'office des autorités bancaires dans la protection de l'intérêt de l'investisseur se cumule avec celui des autorités de marché. Déjà, la Banque de France était traditionnellement représentée au sein des autorités et entreprises de marché et donnait son avis sur le règlement général du Conseil des marchés financiers. Le Conseil national du crédit et du titre avait, quant à lui, un rôle consultatif et pouvait de la sorte, par le biais de propositions, concourir au processus normatif.

638. Mais c'est surtout le Comité consultatif de la législation et de la réglementation financière, anciennement Comité de la réglementation bancaire et financière, qui disposait d'un pouvoir réglementaire pour fixer les « prescriptions d'ordre général applicables aux établissements de crédit ». Pour assurer la protection décrite, cette entité était habilitée à dicter des règles de fonctionnement internes (organisation comptable, sécurité informatique, procédures) et des règles prudentielles concernant le capital minimum et les prises de participations dans le capital des prestataires de services d'investissement, la liquidité, la solvabilité, la division des risques, les conditions de détention, participation, création ou modifications d'entreprises.

639. La mission de surveillance du respect de la réglementation du Comité revenait à la Commission bancaire qui, d'une part, concourait à l'élaboration des normes de gestion et, d'autre part, pouvait être mandatée par le Comité pour mettre en œuvre les règlements qu'il avait édictés. Ainsi,

---

[2045] En ce domaine, les réformes législatives se sont multipliées. Ainsi, la loi du 25 juin 1999 avait institué le Collège des autorités de contrôle des entreprises du secteur financier, DECOOPMAN (N.), « Renforcement des pouvoirs et coordination des autorités de contrôle du secteur financier », *RD bancaire et bourse* 1999, p. 138. Cette institution a été ensuite supprimée par la loi de régulation bancaire et financière du 22 octobre 2010 qui lui a substitué le Conseil de régulation financière et du risque systémique, C. monét. fin., art. L. 632-1 lui même remplacé par le Haut Conseil de stabilité financière qui a été établi par la loi de séparation et de régulation des activités bancaires du 26 juillet 2013, préc. En outre, la loi de sécurité financière avait pour sa part ajouté le Comité consultatif du secteur financier, C. monét. fin., art. L. 614-1, dont les compétences sont directement liées aux relations des établissements avec leurs clientèles.

aux termes de l'article L. 613-1 du Code monétaire et financier, la Commission bancaire était chargée de vérifier l'observation par les établissements de crédit des dispositions législatives et réglementaires qui leur sont applicables et de sanctionner les manquements constatés. Elle veillait, de plus, à l'effectivité des règles de bonne conduite adoptées par la profession. La Commission devait encore, depuis l'ordonnance du 5 décembre 2008[2046], s'assurer que les entreprises soumises à sa surveillance mettaient en œuvre les moyens adaptés pour se conformer aux codes de conduite homologués mentionnés à l'article L. 611-3-1 du Code monétaire et financier[2047]. Elle était, de ce fait, en droit de sanctionner plusieurs manquements qu'elle était amenée à relever sous réserve de la compétence de l'Autorité des marchés financiers.

640. Aujourd'hui, c'est à l'Autorité de contrôle prudentiel et de résolution[2048] que revient le rôle de contrôle et de supervision. Deux objectifs généraux lui sont assignés : se préoccuper de préserver la stabilité du système financier et la protection des clients. Particulièrement, en vertu de l'article L. 612-1 du Code monétaire et financier, cette autorité est chargée de « veiller au respect par les personnes soumises à son contrôle des règles destinées à assurer la protection de leur clientèle, résultant notamment de toute disposition européenne, législative et réglementaire ou des codes de conduite approuvés à la demande d'une association professionnelle, ainsi que des bonnes pratiques de leur profession qu'elle constate ou recommande, ainsi qu'à l'adéquation des moyens et procédures qu'elles mettent en œuvre à cet effet ; elle veille également à l'adéquation des moyens et procédures que ces personnes mettent en œuvre pour respecter le livre I du Code de la consommation ». La compétence de cette autorité est

---

[2046] Ord. n° 2008-1271, 5 déc. 2008, relative à la mise en place de codes de conduite et de conventions régissant les rapports entre les producteurs et les distributeurs, en matière de commercialisation d'instruments financiers, de produits d'épargne et d'assurance sur la vie.

[2047] « En matière de commercialisation d'instruments financiers mentionnés à l'article L. 211-1, d'opérations de banque mentionnées à l'article L. 311-1, de services de paiement mentionnés à l'article L. 314-1, de produits d'épargne mentionnés au titre II du livre II du présent code ainsi que de contrats d'assurance individuels comportant des valeurs de rachat, de contrats de capitalisation et de contrats mentionnés à l'article L. 132-5-3 et à l'article L. 441-1 du code des assurances ».

[2048] La loi du 26 juillet 2013 de séparation et de régulation des activités bancaires, préc. a donné naissance à l'Autorité de contrôle prudentiel et de résolution anciennement Autorité de contrôle prudentiel. L'ACP a vu été instaurée par l'ordonnance n° 2010-76 du 21 janvier 2010. Elle était issue du rapprochement entre les autorités d'agrément - Comité des entreprises d'assurance, CEA et - Comité des établissements de crédit et des entreprises d'investissement, CECEI et de contrôle - Commission bancaire et Autorité de contrôle des assurances et des mutuelles, ACAM - des secteurs de la banque et de l'assurance. Si l'ACP est devenue l'ACPR, c'est parce qu'une nouvelle mission lui est confiée : elle doit veiller à préserver notamment la stabilité financière et à protéger les déposants. V. BONNEAU (Th.), « La réforme des autorités bancaires et financières », *RD banc. et fin.* nov. 2013, n° 6, dossier 55.

donc transversale. En particulier, elle décline sa mission de protection de la clientèle selon trois axes : le contrôle des pratiques commerciales du banquier et de ses intermédiaires, la réponse aux réclamations de la clientèle et la veille sur les campagnes publicitaires, contrats, produits et services[2049]. Pour assurer la protection que le législateur ambitionne, elle a le pouvoir[2050] de prendre des mesures de police administrative et de sanction. Elle peut de la sorte mettre en garde le banquier à l'encontre de la poursuite de pratiques susceptibles d'affecter les intérêts de ses clients, le mettre en demeure de se munir, dans un délai déterminé, de tous moyens pour être en conformité avec les obligations auxquelles il est soumis, voire prononcer des sanctions disciplinaires graduées en fonction de la gravité du manquement.

641. La complexité de la structure institutionnelle destinée à préserver les intérêts du client investisseur témoigne de la volonté férue d'une protection renforcée, dont le véritable dessein est de garantir l'intérêt supérieur contre toute atteinte illégitime. Dans l'intérêt de l'investisseur, le législateur n'hésite pas, par ailleurs, à supprimer la délégation accordée, ni à s'approprier les règles d'autodiscipline, habituellement qualifiées de droit mou ou *soft law*, élaborées par le professionnel, en en faisant ainsi un simple outil d'écriture du droit dur ou *hard law*.

B/ Le retour de la loi en faveur de la protection du client investisseur

642. S'agissant de l'encadrement des métiers du banquier, il y a toujours eu une interpénétration marquée des règles législatives et réglementaires et des normes professionnelles. D'abord, le professionnel est associé à l'élaboration des lois et règlements[2051]. Ensuite, il met en place sa propre

---

2049 Pour l'éclairer dans sa prise de décisions sur les sujets relatifs à la protection de la clientèle, le collège de l'Autorité de contrôle prudentiel et de résolution est composé d'une commission consultative « pratiques commerciales ».

2050 Comme auparavant l'Autorité de contrôle prudentiel. Sur ce point MARTIN LAPRADE (B.), « Réflexions sur la nature juridique de la commission des sanctions de l'Autorité de contrôle prudentiel (ACP) », *Mélanges Philippe Bissara*, Ansa, 2013, p. 241 ; du même auteur, « La commission des sanctions de l'ACP : une juridiction qui ne dit pas (plus) son nom ! », *Bull. Joly Bourse*, 2013, § 105, p. 319. COURET (A.) et DONDERO (B.), « La Commission des sanctions de l'Autorité de contrôle prudentiel est une juridiction dont il n'est pas sérieux de contester l'indépendance, *JCP E 2011*, p. 1544.

2051 Par ex. à l'instar de celles de ces prédécesseurs, la composition du Conseil des marchés financiers attestait la présence des organisations professionnelles. Quatorze des membres du collège du Conseil des marchés financiers étaient nommés après consultation des organisations professionnelles ou syndicales, L. n° 96-597, 2 juill. 1996, , préc., art. 27. S'agissant de son fonctionnement, le Conseil pouvait quand il l'estimait nécessaire renvoyer l'examen et l'instruction de ses décisions à des formations spécialisées d'experts notamment, *ibid.* art. 28. Les membres de la Commission des opérations de bourse n'avaient pas vocation à représenter directement le professionnel, mais le recours à la consultation de place

réglementation. Le volume des textes déontologiques en la matière est considérable. En réalité, cet état ne procède pas véritablement d'une volonté d'autodiscipline. Il reflète au contraire une démarche adoptée en réponse « à une crise de légitimité des activités financières »[2052], à la prise de conscience de laquelle le conflit d'intérêts du banquier, en particulier, a en grande partie participé.

En effet, le conflit d'intérêts du banquier s'avère être l'initiateur de la démarche déontologique moderne (1°) qui, dans l'objectif de garantir la protection de l'intérêt supérieur, est aujourd'hui absorbée par la loi (2°).

1° - Le conflit d'intérêts à l'origine de la démarche déontologique moderne

643. La démarche déontologique moderne d'origine anglo-américaine (a) s'est construite en droit français en particulier en réaction au conflit d'intérêts (b).

a - Une démarche éthique de droit anglo-américain

644. Le phénomène bien connu d'internationalisation des règles de droit français de la déontologie financière a pris de l'ampleur dès 1977, quand la Commission européenne a élaboré un « Code de conduite européen concernant les transactions de valeurs mobilières » [2053] . L'origine internationale des règles de déontologie, en général, et de gestion du conflit d'intérêts, en particulier, est aujourd'hui incontestable. On a même parlé de « mimétisme » [2054], dans la mesure où la référence à l'éthique et à la déontologie financière relève d'abord d'une logique anglo-américaine.

645. En effet, dans la vie des affaires, l'éthique est apparue dans sa forme moderne aux États-Unis[2055] avec le *Foreign Corrupt Practices Act* de 1977 qui recommandait aux entreprises de se doter d'un programme de prévention et de détection des délits, mais qui ne concernait qu'indirectement les établissements de crédit. Depuis cette époque, ce mouvement a pris de l'ampleur et a visé en particulier le banquier, surtout

---

demeurait toujours possible. Sur la notion de consultation de place : BONNEAU (Th.), « De la notion de la place dans les textes législatifs contemporains », *Mélanges AEDBF*, *op. cit.*, p. 83.

2052 HANNOUN (C.), « La déontologie des activités financières : contribution aux recherches actuelles sur le néo-corporatisme », *RTD com.* n° 42, juill.-sept., 1989, p. 422.

2053 Recommandation 77/534/CEE, JOCE, n° C 212/37, 20 août 1977.

2054 COURET (A.), « La dimension internationale de la production du droit, l'exemple du droit financier », *in les transformations de la régulation juridique*, LGDJ, 1998, p. 201.

2055 SCHWERER (V. F.), « Les établissements de crédit, l'éthique et les nouvelles technologies », *Banque et droit*, 2001, n° 79, p. 16.

dans les années 1990 quand un nouvel acteur a fait une entrée hésitante sur le marché : le petit investisseur. Suivant les enquêtes sur la situation financière des particuliers (*Surveys of Consumer Finance*), la proportion de ménages américains qui possédaient des actions est passée d'environ un tiers en 1992 à un peu plus de la moitié en 2001[2056], la grande majorité d'entre eux étant des actionnaires très peu expérimentés[2057]

b - Un essor particulier en droit français

646. À l'origine, les règles déontologiques de la profession d'agent de change, non écrites, étaient principalement issues d'usages de place[2058]. Elles étaient alors proches de celles des autres professions organisées. La déontologie actuelle telle qu'elle s'est construite à partir des années 1980 se distingue des précédentes. Elle « ne reflète pas vraiment la volonté d'une profession d'assurer sa cohésion autour d'un métier »[2059]. Elle est le fruit d'une démarche propre de protection qui a pris naissance d'une « véritable conscience des marchés financiers »[2060], à un moment où un réel besoin d'éthique s'est fait ressentir[2061]. Elle est le résultat d'un « retour en force de la morale au premier plan des préoccupations de l'époque »[2062], à la tête desquels se trouve la lutte contre le conflit d'intérêts du banquier.

647. Ainsi, c'est en matière bancaire que la notion de déontologie a émergé pour la première fois en droit français[2063]. La volonté de protection par le recours à la déontologie s'est initialement exprimée par la mise en place, par la Commission des opérations de bourse, début février 1987, du groupe de travail sur les principes généraux de déontologie qui s'imposent

---

[2056] AIZCORBE (A.), KENNICKELL (A.) et MOORE (K.), « *Recent changes in US family finances : Evidence from the 1998 and 2001 Survey of Consumer Finances* », *Federal Reserve Bulletin*, 2003, n° 89, p. 1.

[2057] Pour une évaluation précise des avoirs des différents groupes : *Ibid.*

[2058] V. sur ce point : RABUT (A.), *Le droit des bourses et valeurs et des agents de change*, Litec, 1983 ; VUILLEMIN (K.), *Du monopole des sociétés de bourse*, thèse Paris II, 1993 ; COSSERAT (P.), « La chambre syndicale des agents de change », *in Les autorités administratives créatrices de droit*, ENJA, 1981.

[2059] HANNOUN (Ch.), « La déontologie des activités financières : contribution aux recherches actuelles sur le néo-corporatisme », *op. cit.*, p. 422.

[2060] OPPETIT (B.), « L'éthique », *in Droit et modernité, op. cit.*, p. 272.

[2061] DAIGRE (J.-J.), *L'éthique financière*, PUF, 1991, p. 42.

[2062] OPPETIT (B.), « L'éthique », *in Droit et modernité, op. cit.*, p. 262.

[2063] Les premières « normes de comportements souhaitables » (OSMAN (F.), « Avis, directives, codes de bonne conduite, recommandations, déontologie, éthique, etc. : réflexion sur la dégradation des sources privées du droit », *RTD com.* 1995, p. 530) qui ont été dégagées par la jurisprudence étaient des règles destinées à assurer la sécurité des opérations de banque. La jurisprudence a, en effet, considéré que l'établissement de crédit doit adopter le comportement d'un « agent normalement prudent et avisé » (CA Paris, 17 févr. 1989, *Gaz. Pal.* 1989, 2, jurispr. p. 521, note Piedelièvre ; *RTD com.* 1989, p. 700, obs. Cabrillac et Teyssié).

dans l'exercice du métier, et notamment face au conflit d'intérêts. Le rapport Brac de la Perrière[2064], suivi par le rapport Pfeiffer[2065], ont ainsi permis, dès 1988, de dégager les principes fondamentaux de l'éthique bancaire et boursière : privilégier l'intérêt du client et respecter l'intégrité du marché. Or, d'une part, toute la démarche déontologique en France a consisté en un « effort mené depuis, à tous les niveaux du marché, pour approfondir et traduire dans les textes, les organisations et les comportements, les recommandations de ces deux groupes de réflexions »[2066] tandis que, d'autre part, l'objet même de cette déontologie institutionnelle était de mettre en place des procédures et des structures destinées à préserver les intérêts des clients investisseurs quand interfèrent les intérêts des intermédiaires boursiers, à l'image du banquier[2067]. À partir de là, la Commission des opérations de bourse a mis en œuvre dans ses règlements une large part des recommandations émises dans ces rapports[2068]. Ces axiomes ont de cette manière guidé l'action de sensibilisation des autorités de tutelle dans l'exercice de leur pouvoir réglementaire[2069] à la recherche d'une protection accrue du client investisseur. Suivant le mouvement, les banques, dans le cadre de leurs associations, ont élaboré des chartes de bonne conduite, enrichi leurs règlements intérieurs de normes déontologiques et, à l'instar des établissements anglo-américains, créé une fonction spécifique chargée de veiller au respect de ces préceptes. La réglementation déontologique s'est donc construite dans le but de préserver ces deux intérêts, celui du client et celui du marché, considérés comme supérieurs. Ces deux maximes ont désormais une valeur législative depuis la loi n° 97-597 du 2 juillet 1996 de modernisation des activités financières[2070].

648. Il en va de même, de manière générale, de toutes les règles déontologiques visant la protection du client investisseur et la lutte contre le

---

2064 Rapport préc.

2065 Rapport préc.

2066 DIDIER (P.), *Droit commercial, Le marché financier, Les groupes de* sociétés, PUF, 1993, t. 3, p. 166.

2067 LAVIALLE (Ch.), « Les normes déontologiques boursières », *JCP E* 1993, I, p. 215.

2068 Les règles ainsi énoncées pour les marchés organisés ont été ultérieurement complétées par des normes pour les marchés de gré à gré (*Recueil des normes déontologiques des marchés interbancaires de gré à gré : Banque et marchés*, n° 2, juill.-août, 1992, p. 31).

2069 Pour l'essentiel, l'activité et la profession bancaire sont régies par le droit commercial, le droit civil, le droit administratif. Mais elles ont également toujours eu une source qui leur est propre : les décisions des organes directeurs de la profession. De surcroît, l'activité se trouve également régie par les conventions internationales qui sont notamment à l'origine du régime juridique des instruments de paiement, les directives européenne et les usages bancaires qui ont toujours eu une grande importance. En effet, certaines procédures ou certains services bancaires parmi les plus ancrés, les plus développés et les plus représentatifs de l'activité bancaire, ne sont pas nés d'un texte de loi, ni même d'un règlement, mais d'une initiative d'une banque ou de la communauté bancaire.

2070 Art. 58.

conflit d'intérêts qui se trouvent, dans l'objectif de renforcer cette protection, mécaniquement absorbées par la loi.

2° - Le conflit d'intérêts à l'origine de l'absorption des normes déontologiques

649. La pratique de la *soft law* est aujourd'hui connue[2071]. On dit d'elle qu'elle concourt d'un droit assourdi et immature[2072], parfois « gazeux », ou « fourre-tout », un « jus mollis » ou une « zone grise où se préparent les balises du futur et où se recomposent les valises du passé »[2073]. Autrement dit, les règles de la *soft law* sont perçues comme des « notions confuses »[2074] qui prendraient des formes obscures pour le juriste et se présenteraient à lui comme difficiles à appréhender[2075]. Pourtant, force est de constater qu'aujourd'hui ces normes acquièrent une force obligatoire[2076]. S'agissant du conflit d'intérêts du banquier, l'élaboration de préceptes de droit souple a

---

[2071] La *soft law* désigne traditionnellement un ensemble de règles qui prescrivent un comportement sans pour autant avoir la force de le dicter. v. LE TOURNEAU (Ph.), *L'Éthique des affaires et du management au XXIe siècle*, Dalloz, 2000 ; OPPETIT (B.), « Éthique et vie des affaires », *Mélanges A. COLOMER*, Litec, 1993, p. 319 ; DEUMIER (P.), « Chartes et codes de conduites des entreprises : les degrés de normativité des engagements éthiques », *RTD civ.* 2009, p. 99.

[2072] ABI-SAAB (G.), « Éloge du droit assourdi. Quelques réflexions sur le rôle de la soft law » *in Hommage à François Rigaux*, Bruylant, 1993.

[2073] GRÉGOIRE (M.), « Libres marchés et droit masqué. - Pourquoi des instruments juridiques non contraignants en matière bancaire et financière ? », *Rev. Droit bancaire et financier* janv. 2012, dossier n° 2.

[2074] PERLEMAN (C.), « L'usage et l'abus des notions confuses », *in Le raisonnable et le déraisonnable en droit. Au delà du positivisme juridique*, LGDJ, 1984, p. 162.

[2075] En quelques années, la *soft law* s'est imposée dans de nombreux secteurs d'activité. Sa « juridicité » n'en demeure pas moins contestée (CHATZISTRAVROU (F.), « L'usage du soft law dans le système juridique international et ses implications sémantiques et pratiques sur la notion de règle de droit », *Revue de philosophie et de sciences humaines*, 2005/15, Dossier « La loi »), en raison de ce caractère non obligatoire de la règle pouvant heurter l'esprit du juriste qui souhaiterait en poser une définition ou en déterminer la nature (OSMAN (F.), « Avis, directives, codes de bonne conduite, recommandations, déontologie, éthique, etc. : réflexion sur la dégradation des sources privées du droit », *op. cit.*, p. 509). En effet, la règle de *soft law* ne perd-t-elle pas *a priori* tout lien avec le droit entendu dans la conception de Rousseau et de Portalis, comme un ensemble de lois qui n'ont de sens que si elles posent des obligations juridiquement assurées ? En outre, élaborées, hors de tout cadre, les règles de *soft-law* ne s'affranchissent-elles pas du principe de prévisibilité qui s'impose à la loi ? Dans ces conditions, selon le constat du Conseil d'État, la prolifération du droit mou participe au mouvement de dégradation de la loi comme source de droit, rend le droit moins accessible aux citoyens en noyant les dispositions obligatoires et peut ainsi créer des conditions d'insécurité juridique : Rapport du Conseil d'État, *Sécurité juridique et complexité du droit*, mars 2006, la documentation française.

[2076] FARJAT (G.), « Réflexions sur les code de bonne conduites privés », *in Le droit des relations économiques internationales, Études offertes à Berthold Goldman*, Litec 1982, p. 47 s. ; OPPETIT (B.), « Éthique et vie des affaires », *op. cit.*, p. 319.

permis d'amorcer assez rapidement le renforcement des mesures de prévention et de traitement.

En effet, ces règles de la *soft law* (a) ont constitué un socle commun, certes hétérogène, mais qui a abouti à l'adoption de textes plus contraignants se rapprochant de la tradition américaine avec cette manière de procéder (b).

a - Des instruments de droit doux, outils d'écriture du droit dur

650. La multiplicité des terminologies employées pour désigner la *soft law* – droit mou[2077], droit doux, droit souple[2078], droit vert[2079], pré-droit[2080], droit post moderne[2081], actes de juridicité naissante, actes pré ou *infra* juridiques – ne reflète qu'une même et unique chose : à partir d'énoncés moraux assez vagues et d'objectifs de comportement au sein d'un groupe déterminé, il est devenu possible d'établir une norme juridique qui soit efficace[2082]. Ainsi, au départ, le plus souvent, le législateur et le régulateur ne jugeaient pas utile de transcrire les normes de droit souple dans un texte de loi spécifique. La Commission des opérations de bourse, par exemple, qui disposait du pouvoir de prendre des règlements « prescrivant des règles de pratique professionnelle »[2083], avait indiqué qu'il revenait d'abord aux professionnels de façonner eux-mêmes les composantes de la déontologie financière[2084]. Pourtant, elle est tout de même intervenue en matière de gestion pour compte de tiers et, plus généralement, conjointement avec le *Securities and Investements Board*, pour formuler un ensemble de principes déontologiques communs aux systèmes de régulation des deux marchés[2085]. L'élaboration des principes était confiée aux professionnels de la place, certes, mais ces derniers étaient réunis sous l'égide d'une autorité qui a pour

[2077] Rapport public du Conseil d'État 1991, *De la sécurité juridique,* La documentation française, Études et documents, n° 43, p. 32.

[2078] BOISSON DE CHAZOURNES (L.), « Standards et normes techniques dans l'ordre juridique contemporain : quelques réflexions » *in Le droit international et la quête de sa mise en œuvre – Liber amicorum Vera Gowlland-Debbas*, Leiden, 2010, p. 353.

[2079] DUPUY (J.), *La technique de l'accord mixte utilisé par les Communautés européennes*, Annuaire de l'Institut de droit international, 1973, p. 259.

[2080] VIRALLY (M.), *La distinction entre textes internationaux ayant une portée juridique entre leurs acteurs et textes qui en sont dépourvus, Annuaire de l'Institut de droit international*, 1983, p. 224 et s.

[2081] CHEVALLIER (J.), « Vers un droit postmoderne ? », *in Les transformations de la régulation juridique*, LGDJ, 1998, p. 21.

[2082] JOUFFRIN (E.), « Le droit mou est-il en train de durcir ? Brèves réflexions au sujet de la *soft law* bancaire et de sa disparition », *Mélanges AEDBF-France VI,* éd. RB Edition, 2014, p. 265 et s.

[2083] Ord. 28 sept. 1967, préc., art. 4-1.

[2084] PERRIER (F.), « Abrégé de déontologie des activités financières », *RD bancaire et bourse* n° 18, mars-avr. 1990, p. 58.

[2085] *Bull.* COB, n° 234, mars 1990.

mission principale de surveiller les agissements des acteurs du marché, parmi lesquels le banquier, et de protéger l'intérêt des clients investisseurs.

651. En outre, une autre technique a été introduite : l'homologation par arrêté ministériel des codes de conduites, dont l'application pouvait être vérifiée par l'autorité de contrôle. L'homologation suppose un examen du contenu par celui qui y procède. C'est pourquoi il est certain que l'homologation du code de conduite par le pouvoir réglementaire confère un caractère obligatoire à celui-ci. Le législateur permettait de la sorte aux banquiers de se fixer des objectifs déontologiques, mais se réservait ensuite la possibilité de les soumettre à la force contraignante.

652. Ainsi, l'élaboration de ces règles déontologiques n'allait bientôt plus être laissée à la seule initiative des professionnels. Cette forme hybride de régulation[2086] n'était que provisoire. L'intervention d'une autorité étatique devait s'opérer, à un moment ou à un autre. Remises au soin des professionnels, parce que les sujets traités sont fréquemment assez techniques, ces normes déontologiques avaient en fait vocation à être approuvées par le pouvoir législatif ou réglementaire[2087]. C'est ainsi que la transposition de la directive services d'investissement[2088] a été l'occasion pour le législateur d'entrer en scène directement dans le champ de la déontologie[2089]. La loi du 22 janvier 1988 sur les bourses de valeurs comportait déjà certaines dispositions relatives aux obligations de nature déontologique, figurant dans le règlement intérieur des intermédiaires financiers, mais la nouveauté résultait dans l'inscription, dans le texte de cette loi[2090], de principes généraux destinés à gouverner l'élaboration de « règles de bonne conduite » par les autorités de place. Or, cette innovation ne semblait avoir d'autre but que d'adresser un signal fort aux acteurs de marchés[2091] et de mettre en exergue la supériorité de l'intérêt du client investisseur.

653. Cette manière d'absorber les règles protectrices de l'intérêt supérieur n'est pas unique. L'absorption s'est également opérée au travers des mécanismes de sanction. En effet, les normes de comportement ne sont pas *de jure* contraignantes et devraient donner lieu à des sanctions exclusivement disciplinaires. Toutefois, *de facto*, le non-respect de règles déontologiques peut entraîner des sanctions de nature juridique. D'abord, la violation d'un standard défini dans une charte privée peut, désormais,

---

[2086] AUBRY (H.), « Réflexions sur l'évolution de la déontologie en droit des affaires », *D.* 2009, p. 254.

[2087] RIASETTO (I.) et STORCK (M.), « Les codes de bonne conduite en droit des marchés financiers : d'un code à l'autre », *Mélanges Wiederkehr (G.)*, *op. cit.*, p. 669.

[2088] Dir. DSI, préc.

[2089] DOMPÉ (M.-N.), « Les règles de bonne conduite », *in La modernisation des activités financières*, *op. cit*, n° 531, p. 205.

[2090] L. n° 88-70 du 22 janv. 1988 sur les bourses et valeurs, préc. art. 58.

[2091] *Ibid.*

valablement être à l'origine de la mise en jeu de la responsabilité civile du banquier[2092]. Ensuite, en raison de la formalisation, de plus en plus, des relations entre le banquier et ses clients, la source de responsabilité peut être contractuelle pour des normes comportementales figurant dans un code de déontologie en vertu de l'article 1142 du Code civil[2093]. D'ailleurs, dans le silence du contrat, le juge, en ayant recours à l'article 1135 du même Code, a pu considérer que les obligations déontologiques sont « naturellement applicables » et en déduire que leur inobservation est constitutive de faute[2094]. Ainsi, la Cour de cassation a estimé qu'une banque pouvait engager sa responsabilité contractuelle, au profit de son client, pour ne pas avoir respecté une obligation de couverture, règle de nature déontologique[2095]. Enfin, la source de responsabilité peut également être délictuelle[2096], conformément au droit commun.

654. Ce cheminement est d'ailleurs devenu classique. En droit bancaire et financier, les règles de la *soft law* se transforment quasi systématiquement en lois pures et simples, qu'elles soient de sources européennes ou nationales. À titre d'illustration, le Comité européen des régulateurs des marchés de valeurs mobilières, dont le statut juridique était celui d'une association française de la loi de 1901, avait été à l'origine institué pour contribuer à une mise en œuvre cohérente des règles communautaires dans les États membres. Sa mission consistait concrètement à coordonner l'interprétation, puis l'application par les régulateurs des États membres, des textes européens. Ces derniers s'étaient, sur une base volontaire, engagés à respecter les prescriptions de ce comité et avaient formalisé cet accord dans sa charte constitutive. Les instruments utilisés par cette entité consistaient en des lignes directrices, « guidelines », des recommandations ou des standards, tous non contraignants[2097]. Ces instruments précisaient, conformément à la procédure Lamfalussy, les lignes générales issues de dispositions contenues dans les directives de niveau 1, adoptées par le Parlement européen et le

---

[2092] AMF, Sanct. 13 mars 2008, Sté Klein Investissement, préc. v. OSMAN (F.), « Avis, directives, codes de bonne conduite, recommandations, déontologie, éthique, etc. : réflexions sur la dégradation des sources privées du droit », *op. cit.*, p. 509. *Adde*, FARGAT (G.), « Nouvelles réflexions sur les codes de conduite privée », *in Les transformations de la régulation juridique*, 1998, édition, p. 151 et s.

[2093] MATTOUT (J.-J.), « La déontologie financière et bancaire en France », *in La déontologie bancaire et financière – The Ethical Standards in Banking and Finance*, Bruylant, 1998, p. 50.

[2094] *Ibid.*

[2095] Cass. com., 26 févr. 2008, *Bull. civ.* IV, n° 42, *AJ* 776, obs. Delpech (X.) ; Chron. C. cass. 1238, obs. Salomon (R.) ; *Banque et droit* mars-avr. 2008, p. 24 ; *Bull. Joly Bourse* 2008, p. 164, note Goutay (Ph.) et Saudo (C.) ; *RTD com.* 2008. 371, obs. STORCK (M.) ; *LPA* 16 juill. 2008, note Bussière et Merville.

[2096] Cass. com, 29 avr. 1997, *D.* 1997, p. 459, obs. Serra (Y.).

[2097] V. par ex : *A European Regime of Investor Protection, Standards for Alternative Trading Systems* en juin et juillet 2002, *standards sur l'information financière* en mars 2003 et avril 2004, *standards sur la mise en place de la directive Prospectus* en 2005.

Conseil, et celles de niveau 2, adoptées par la Commission. Mais, comme adopter des standards au sein du comité nécessitait un consensus, très vite, l'opposition de certains régulateurs nationaux a eu raison de ses capacités d'action. Pour remédier aux faiblesses de son appareillage normatif, la Commission européenne a alors préconisé une refonte de l'architecture européenne de régulation. Cet exercice, plus connu sous le nom de procédure Larosière, a notamment reposé sur la transformation du Comité européen des régulateurs des marchés de valeurs mobilières en une « agence européenne », l'Autorité européenne des marchés financiers (ESMA). Et le comité a disparu, emportant ses règles de *soft law* qui ont été remplacées par des actes juridiques contraignants, permettant à l'autorité européenne des marchés financiers de mener à bien sa mission. Les règles de niveau 1 sont donc maintenant composées de textes pris en codécision par le Parlement et le Conseil tandis que le niveau 2 comporte un corpus d'actes « subordonnés », toujours adoptés par la Commission, mais dont une très large partie est élaborée par l'Autorité européenne des marchés financiers. Autrement dit, le règlement instituant cette autorité lui a donné la faculté de créer des mesures réglementaires contraignantes, en application des directives de niveau 1 [2098]. Mais l'Autorité européenne des marchés financiers peut également opter pour des actes contraignants, tels que des orientations ou des recommandations, en dehors de ce cadre, par exemple lorsqu'elle mène une action à l'encontre d'un régulateur dont elle constate un manquement[2099] ou lors d'une médiation à la suite d'un conflit entre deux régulateurs nationaux [2100]. Ainsi, on le voit, la création de l'Autorité européenne des marchés financiers s'est inscrite dans une logique de *hard law*.

655. La question de savoir quelle est la véritable force contraignante des instruments utilisés par l'Autorité de contrôle prudentiel, devenue Autorité de contrôle prudentiel et de résolution, paraît en revanche moins tranchée. De fait, contrairement à l'Autorité européenne des marchés financiers, l'Autorité de contrôle prudentiel ne disposait pas de pouvoir réglementaire et le précisait d'ailleurs dans un document publié en juillet 2011 : « la méconnaissance des bonnes pratiques constatées ou recommandées par [elle] ne donne pas directement lieu à sanction disciplinaire ». Il semblerait toutefois que ses actes revêtaient un caractère contraignant, ne serait-ce qu'indirectement, ainsi que le montrent les trois exemples suivants. Premièrement, en cas de mise en danger des intérêts des clients, l'Autorité de contrôle prudentiel, comme aujourd'hui l'Autorité de contrôle prudentiel

---

[2098] Un premier champ de compétences en matière de standards techniques a été défini dans la directive dite « Omnibus 1 et 2 ». Il sera complété par des amendements aux directives MIF, Transparence, UCITS, MAD préc.

[2099] Règl. ESMA, art. 17.

[2100] Règl. ESMA, art. 19.

et de résolution, pouvait prendre une mesure de police, sous la forme d'une mise en garde individuelle, et le non-respect de cette mise en garde pouvait donner lieu à une procédure disciplinaire. La première décision de condamnation, qui émanait de cette Autorité, le 10 janvier 2011, a d'ailleurs donné un exemple de cette application[2101] et nous fait dire, avec d'autres avant nous, que « la prise en compte de la mise en garde est désormais de rigueur » [2102]. Deuxièmement, quand elle approuve un code de bonne conduite, il devient d'application obligatoire, et le constat d'un manquement à ses dispositions lui permet par conséquent de procéder à une mise en demeure suivie, si le manquement persiste, par le prononcé d'une sanction [2103]. Troisièmement, les instructions qu'elle émet revêtent indubitablement une portée obligatoire, car leur non-respect peut, dans certains cas, faire l'objet d'une mesure de police administrative ou d'une sanction disciplinaire, et dans d'autres[2104], entraîner le prononcé d'une injonction assortie d'une astreinte. Par ailleurs, sa mission consiste parallèlement à accorder les autorisations nécessaires à l'exercice d'activités réglementées et à veiller au respect des lois et règlements par les personnes soumises à son contrôle. Elle est dotée, à cette fin, du pouvoir d'injonction et d'astreinte en cas de méconnaissance d'une obligation de remise d'états, de documents ou de données, et de pouvoirs de police administrative[2105] pouvant comporter la prise de mesures conservatoires multiples : limitation ou interdiction temporaire d'activité, suspension ou interdiction temporaire de disposer des actifs, transfert d'office de tout ou partie du portefeuille de contrats d'assurance, interdiction ou limitation de la distribution aux actionnaires de dividendes ou autres rémunérations des parts sociales, suspension des dirigeants de la personne contrôlée, nomination d'un administrateur provisoire, etc. Son pouvoir va donc du simple avertissement

---

[2101] Dans une décision du 28 juillet 2011, portant sur une mise en garde prononcée par la Commission bancaire sur le fondement de l'ancien article L. 613-15 du Code monétaire et financier, le Conseil d'État a confirmé, sur le principe, le pouvoir qu'a reçu le superviseur de constater des mauvaises pratiques à l'occasion d'un contrôle et de mettre en garde la personne contrôlée afin qu'elle cesse de telles pratiques. La Commission bancaire avait invité un établissement bancaire à une « réaction vigoureuse et déterminée » en matière d'amélioration de son dispositif de contrôle interne, de maîtrise des risques et de lutte contre le blanchiment.

[2102] MERVILLE (A.-D.), « Première décision de condamnation de l'ACP », *Bull. Joly Bourse*, 1er mai 2011, § 5, p. 318.

[2103] Certains auteurs se demandent à ce sujet si la clientèle ne pourrait pas invoquer devant une juridiction un manquement aux obligations qu'ils édictent : MARLY (P.-G.), *op. cit.*, et ce d'autant plus que l'arrêt du Conseil d'État du 11 févr. 2011 (CE, 11 févr. 2011, n° 316508) décide, sur le fondement de l'article L. 533-4 du Code monétaire et financier, que des règles, à l'origine de nature déontologique, « s'imposent au prestataire de services d'investissement sur l'ensemble des activités dont il a la maîtrise, y compris celles exercées pour son compte ou à son bénéfice par une structure qu'il contrôle dotée de la personnalité juridique » : note RIASETTO (I.), *Bull. Joly Bourse*, juin 2011, p. 368.

[2104] Relatives notamment à la remise des documents périodiques.

[2105] C. monét. fin., art. L. 612-30 à L. 621-34.

à la radiation disciplinaire et inclut, soit à la place, soit en plus, le prononcé de sanctions pécuniaires pouvant s'élever à cent millions d'euros. Le rôle de l'Autorité de contrôle prudentiel, devenue Autorité de contrôle prudentiel et de résolution, ainsi éclairé s'inscrit sans nul doute, lui aussi, dans un cadre de *hard law*.

656. Comme nous le voyons, de nombreuses réglementations techniques, apparemment dépourvues de véritable portée juridique, finissent, à force de répétition et d'automatisme, par consacrer un ensemble d'usages qui évoluent ensuite en principes avant de se transformer en obligations juridiques dès l'instant où elles sont absorbées par le droit. Un tel constat nous rapproche de la pratique de la *Common law*.

b - Un rapprochement avec la tradition anglo-américaine

657. Dans les traditions anglo-américaines, la perception du droit s'exprime au travers de la notion de « justiciabilité ». Selon Hart [2106] et Dworkin[2107], une norme est qualifiée de règle de droit si elle est « justiciable », si elle a pu accéder à la « justiciabilité ». En d'autres termes, une règle de droit existe si le juge peut en connaître et s'il peut lui attacher une sanction. Or, le processus d'absorption des règles de la *soft law* en droit français, qui vient d'être étudié, rappelle nettement la vision de la *Common Law*. Le doyen Carbonnier avait déjà perçu qu'il était possible de rapprocher l'exigence de la contrainte étatique en droit français, pour caractériser une règle de droit, avec le critère anglo-américain de « justiciabilité » qui constitue un critère de droit[2108]. Il rappelait ensuite que l'autorité du juge lui vient de l'État, à tout le moins la force nécessaire à l'exécution du jugement[2109]. Il soulignait enfin qu'un glissement s'opère : la norme n'est pas forcément contraignante *ab initio*, c'est la sanction par les tribunaux qui lui fait accéder à la « juridicité » [2110]. Par conséquent, les règles de nature éthique et déontologique deviennent ainsi une norme contraignante dès lors que le juge le décide.

658. C'est ainsi que, volontariste, le législateur, soutenu par le juge, a assuré le passage du droit mou vers le droit dur, y voyant un moyen supplémentaire de stigmatiser le conflit d'intérêts du banquier dans l'ambition de garantir au client investisseur la protection de ses intérêts contre le fait de celui-ci.

2106 HART (H. L.), *Le concept de droit*, éditions universitaires de Saint-Louis, 1976, p. 33 et s.

2107 MICHAUT (F.), « Vers une conception postmoderne du droit : la notion de Droit chez Ronald Dworkin », *Droits*, n° 11, 1990, p. 107 et s.

2108 CARBONNIER (J.), *Sociologie juridique*, PUF, 1978, p. 322 et s.

2109 *Ibid.*, p. 321.

2110 *Ibid.*

§ 2 – La garantie révélée par les règles visant le fonctionnement du marché

659. À la lecture du code de conduite européen du 25 juillet 1977, la garantie, que l'on prête au législateur l'ambition d'instituer, transparaît déjà. En effet, ce document édictait des règles qui se veulent des principes généraux de bon fonctionnement du marché auxquels tous les systèmes européens devaient se conformer [2111]. Ces principes sont divisés formellement en plusieurs points, qui participent de la même préoccupation. L'idée est que toute opération sur les marchés implique le respect non seulement de la lettre, mais encore de l'esprit de l'ensemble des normes juridiques en vigueur, qui n'est autre que le respect des différents intérêts en présence, notamment celui de l'investisseur, le bon fonctionnement du marché nécessitant une telle exigence.

Il convenait pour y parvenir, d'une part, d'offrir au public une information accessible à tous en même temps, de façon que personne ne puisse être privilégié (A) et, d'autre part, de contraindre les intervenants sur le marché financier à toujours avoir un comportement loyal, même si, en cas de conflit d'intérêts, cela devait les priver d'un avantage financier quelconque (B).

A/ D'une information passive à une information active

660. Une part essentielle de la construction du droit régissant l'activité financière du banquier révèle la volonté du législateur [2112] d'assurer la satisfaction des besoins en information des opérateurs économiques liés à la prise de risques financiers [2113] afin qu'ils soient à même d'auto-protéger leurs intérêts, l'information étant avant tout la connaissance d'une chose que l'on se transmet. Le développement contemporain de l'information financière manifeste également l'existence d'un devoir de protection renforcée.

L'ambition de garantir la protection de l'intérêt supérieur du client investisseur a conféré à l'information à destination des clients une fonction égalisatrice (1°) et, de ce fait, l'information s'apparente aujourd'hui, par plusieurs aspects, à un bien public (2°).

2111 SCHWERER (F.), « Les établissements de crédit, l'éthique et les nouvelles technologies », *Banque et droit* 2001, n° 79, p. 16.

2112 De façon générale, que les obligations d'information s'intègrent dans le contenu contractuel ou qu'elles soient imposées aux émetteurs du fait de leur présence sur les marchés réglementés, les obligations d'information en droit bancaire et financier ont aujourd'hui une source principalement légale.

2113 En ce sens : Actes du colloque centre Dante, université Versailles Saint-Quentin, « L'appréhension du risque financier par le droit », *RD banc. et fin.*, nov.-déc. 2010, p. 27 s.

1° - Une information égalisatrice

661. Plusieurs règles tendant à révéler au client investisseur le risque dont un instrument est porteur ont été élaborées afin de garantir au mieux la protection de son intérêt. On peut s'en rendre compte dès la lecture des considérants des directives européennes, source principale des règles actuelles en la matière. Ainsi du n° 19 de la directive « prospectus »[2114] qui dispose que « l'investissement en valeurs mobilières, comme toute autre forme d'investissement, comporte des risques. Des garanties visant à protéger les intérêts des investisseurs effectifs et potentiels doivent être mises en place ». En effet, la première forme de protection des intérêts du client investisseur réside dans l'encadrement rigoureux de la présentation des différents instruments financiers proposés, les possibilités de réalisation du risque devant être inscrites dans les caractéristiques juridiques du produit.

L'obligation légale de publication du prospectus attachée à la diffusion de toute offre de valeurs mobilières du banquier au public lui donne une qualification qui lui est propre (a), dont découlent des responsabilités particulières au critère finaliste : l'exigence de garantir la protection de l'intérêt supérieur (b).

a - Des qualifications particulières à l'offre du banquier au public

662. La notion d'offre au public de valeurs mobilières résulte de la transposition en droit français de l'article 2-d de la directive « prospectus »[2115]. Il s'agit de toute « communication adressée sous quelque forme et par quelque moyen que ce soit à des personnes et présentant une information suffisante sur les conditions de l'offre et les titres à offrir, de manière à mettre un investisseur en mesure de décider d'acheter ou de souscrire ces valeurs mobilières ». L'exigence à l'égard d'un prospectus n'est que la conséquence naturelle de l'obligation de droit commun d'indiquer une information précise, demandée à tout pollicitant pour conférer à sa déclaration de volonté le caractère d'offre au public. L'offre au public est en effet source d'une obligation d'information « qui n'existe pas dans l'offre particulière [car] l'offre publique, si elle est acceptée, conduira plus sûrement à un contrat d'adhésion qu'à un contrat librement débattu »[2116].

[2114] Directive 2003/71/CE du Parlement européen et du Conseil concernant le prospectus à publier en cas d'offre au public de valeurs mobilières ou en vue de l'admission de valeurs mobilières à la négociation

[2115] Cette définition figure aujourd'hui en droit interne à l'article L. 411-1 C. monét. et fin. qui l'applique non pas aux valeurs mobilières, mais aux titres financiers selon les termes de cet article.

[2116] VIALARD (A.), « L'offre au public de contrat », *RTD civ.* 1971, p. 770.

Cependant, ce qui est intéressant, c'est que ce même article rajoute à son deuxième alinéa que « cette définition s'applique également au placement de valeurs mobilières par des intermédiaires financiers », incluant ainsi dans son champ d'application le banquier. De ce fait, le législateur étend l'offre au public de droit commun au simple procédé financier qu'est le service de placement de titres par le banquier intermédiaire financier. Une pareille extension n'a d'autre fondement que la protection des intérêts des porteurs. Notamment, un prospectus est imposé de manière générale, y compris pour la diffusion de titres financiers qui ne reçoivent pas véritablement la qualification d'offre au public. D'ailleurs, la lecture de l'article L. 412-1-I du Code monétaire et financier permet d'affirmer que l'exigence d'un prospectus apparaît liée à deux sortes d'opérations, dont une seule peut être juridiquement assimilée à une offre au public. L'article énonce ainsi que « les personnes ou les entités qui procèdent à une offre au public des titres financiers ou à une admission de titres financiers aux négociations sur un marché doivent, au préalable, publier et tenir à la disposition de toute personne intéressée un document destiné à l'information du public ». Or, il est difficile de qualifier l'admission de titres à la négociation sur un marché réglementé d'offre au public, au sens de la théorie du contrat, puisque cette admission se réalise « sans offre concomitante de titre au public »[2117]. C'est le cas par exemple lorsque le placement intervient, sans offre au public, sur le compartiment professionnel tel que prévu à l'article 516-18, al. 1 du règlement général de l'Autorité des marchés financiers. Dans cette hypothèse, l'établissement du prospectus constitue encore une exigence automatique, alors même que pareille admission ne suppose ni émission, ni diffusion au public. Cette assimilation des régimes ne se justifie que par la volonté de protéger l'intérêt du client investisseur puisqu'en vertu de ce même article, les émetteurs ne peuvent solliciter le transfert de leurs instruments financiers hors du compartiment professionnel qu'à l'occasion d'une émission ou d'une cession d'instruments financiers, nécessitant un prospectus. L'article 516-19 de ce règlement indique, pour sa part, que les instruments admis sur le compartiment professionnel ne peuvent être achetés par un investisseur non qualifié « qu'à l'initiative de cet investisseur et lorsque ce dernier a été dûment renseigné des caractéristiques de ce compartiment par le prestataire de services d'investissement ». Les clients investisseurs non qualifiés gardent de ce fait la possibilité d'acquérir les titres en question, mais sous réserve que le banquier prestataire de services d'investissement fournisse une information additionnelle. En même temps, les émetteurs ne peuvent élargir la diffusion de leurs titres en dehors du

2117 PIETRANCOSTA (A.), « La réforme de l'appel public à l'épargne par l'ordonnance du 22 janvier 2009 », *RTDF*, n° 1/2, 2009, p. 21.

compartiment qu'en observant les conditions normales[2118] d'information requises sur les marchés réglementés, correspondant aux besoins informationnels des investisseurs non qualifiés. C'est donc, compte tenu de leurs effets indirects sur les clients investisseurs non qualifiés, que cette obligation d'information et le prospectus par lequel elle se traduit sont maintenus[2119].

663. Il ne s'agit de rien d'autre que d'une volonté d'accorder une protection affirmée à l'intérêt du client investisseur considéré comme supérieur. Or, le premier objet de la garantie de droit commun est une obligation spéciale (ici la protection exigée) à laquelle est assortie une responsabilité renforcée, comme celle attachée à l'offre du banquier au public, à laquelle il convient maintenant de s'intéresser.

b - Des responsabilités particulières attachées à l'offre du banquier au public

664. La responsabilité du banquier, dans la conception classique, dépend de la nature du rapport entretenu avec son client. Si un contrat est à l'origine de leur relation, l'inexécution d'un engagement contractuel qui a causé un dommage à son cocontractant engage la responsabilité contractuelle du banquier. Si les faits du banquier ont des répercussions préjudiciables aux tiers, celles-ci doivent être réparées sur le fondement de sa responsabilité civile délictuelle ou quasi délictuelle. Cette distinction classique a néanmoins perdu beaucoup d'intérêt en matière de responsabilité professionnelle et tend à être abandonnée par la doctrine[2120]. L'approche de certaines responsabilités, notamment celle du banquier, se fait de nos jours conjointement par le législateur, qui met en place les conditions d'exercice de la profession, et par le juge, qui au fil des préjudices, reconnaît et précise ces conditions. C'est aujourd'hui moins l'inexécution du contrat que le risque suscité par l'inégalité des relations contractuelles, voire la qualité du professionnel, qui semble déterminer cette responsabilité et les effets de ces

[2118] « Le transfert hors du compartiment professionnel exige que cette information soit portée au niveau normalement requis sur les marchés réglementés » : DOUVRELEUR (O.), « Appel public à l'épargne sans offre au public : le nouveau compartiment professionnel réglementé », *RTDF*, n° 2, 2008, p. 5.

[2119] Cette affirmation est corroborée si les règles régissant cette admission sont rapprochées de la règle figurant à l'article 314-5 du règlement général de l'Autorité des marchés financiers selon laquelle l'investisseur qualifié peut renoncer à tout moment à cette qualité, la directive marché des instruments financiers n'ayant pas de ce fait « figé les contenus des catégories de clientèle qu'elle a créées », MOULIN (J.-M.), « L'investisseur averti », *Mélanges AEDBF*, Revue Banque édition, 2008, p. 323.

[2120] V. not. VINEY (G.), « Les grandes orientations de la responsabilité civile », *in Entretiens de Nanterre*, 3-4 avr. 1992, *JCP E* 1992, suppl. n° 6, p. 37.

obligations, qui ne se limitent plus à la sphère contractuelle[2121]. Cette vision est par nature protectrice. Or, la responsabilité du banquier pour défaut d'information du client investisseur s'inscrit dans cette logique.

665. Ainsi, tel qu'il résulte de l'article 212-7 du règlement général de l'Autorité des marchés financiers[2122], l'objet de l'information contenue dans le prospectus nous fait penser que ces diverses obligations « peuvent être résumées dans celle de fournir au destinataire tous les éléments pour que son consentement soit éclairé »[2123], afin notamment qu'il puisse protéger ses intérêts. Le prospectus doit être rédigé de façon intelligible, à un niveau d'information compréhensible par les investisseurs, et contenir un résumé[2124] qui peut être source de responsabilité civile séparée dans le cas où il « ne fournit pas, lu en combinaison avec les autres parties du prospectus, les informations essentielles permettant d'aider les investisseurs lorsqu'ils envisagent d'investir dans ces valeurs mobilières »[2125]. L'éventualité d'une telle responsabilité a pu faire penser à la doctrine que « le déclin des considérations subjectives [propre à l'offre au public de droit commun] conduit à un renforcement de la détermination objective des éléments essentiels du contrat projeté »[2126]. Il s'agit là d'une sorte d'aveu de

---

[2121] Bien que, les banques se contenteraient uniquement des règles du droit commun de la responsabilité, CREDOT (F.-J.), « Risque juridique et crédit bancaire aux entreprises », *LPA* 7 juill. 1993, p. 15.

[2122] « Le prospectus contient toutes les informations qui, compte tenu de la nature particulière de l'émetteur, notamment s'il s'agit d'une société à faible capitalisation boursière ou d'une petite et moyenne entreprise et des titres financiers qui font l'objet de l'offre au public ou dont l'admission aux négociations sur un marché réglementé est demandée, sont nécessaires pour permettre aux investisseurs d'évaluer en connaissance de cause le patrimoine, la situation financière, les résultats et les perspectives de l'émetteur et des garants éventuels des titres financiers qui font l'objet de l'offre au public ou dont l'admission aux négociations sur un marché réglementé est demandée, ainsi que les droits attachés à ces titres financiers et les conditions d'émission de ces derniers. Pour les sociétés à faible capitalisation boursière et les petites et moyennes entreprises, ces informations sont adaptées à leur taille et, le cas échéant, à leur historique ».

[2123] TRÉBULLE (F.-G.), *L'émission des valeurs mobilières,* préf. Guyon (Y.), Economica, 2002, p. 103.

[2124] Le prospectus, à l'inverse des documents publicitaires, doit donner les renseignements essentiels et nécessaires à la décision de l'investisseur ; il est structuré et rédigé de façon à pouvoir être aisément compris et doit donner une information complète mais claire permettant de prendre une décision en toute connaissance de cause. Il doit être rédigé de façon intelligible, l'information qu'il contient doit être compréhensible par les investisseurs et contenir un résumé (Art. 5 de la directive prospectus préc. tel que modifié par l'art. 1er de la directive 2010/73/UE du 24 déc. 2010) en complément des autres éléments d'information, synthétique mais non technique, qui doit, selon le considérant n° 15 de la directive 2010/73/UE, du 24 déc. 2010, préc. modifiant la directive prospectus « constituer une partie autonome du prospectus et être succinct, simple, clair et facile à comprendre pour les investisseurs concernés ».

[2125] C. monét. et fin., L. 412-1.

[2126] CHACORNAC (J.), *Essai sur les fonctions de l'information en droit des instruments financiers*, préf. Drummond (F.), Dalloz, 2014, p. 58.

l'existence d'une discrimination positive entre offre de contrat de gré à gré et offre de contrat bancaire, en faveur du client investisseur.

666. Le régulateur, dont l'étendue du pouvoir peut être appréciée à la lecture de l'article L. 621-8-1, al. 1er du Code monétaire et financier[2127], veille à l'applicabilité de cette responsabilité renforcée. En effet, le prospectus, dont le contenu est fixé par une instruction de l'Autorité des marchés financiers, doit avoir été approuvé par elle avant toute commercialisation. En cas de contestation ultérieure émanant du client investisseur portant sur un manquement relatif aux obligations d'information, de conseil, ou de mise en garde sur les risques présentés, le banquier distributeur pourrait se prévaloir de la remise du prospectus simplifié. L'affaire Bénéfic-La Poste[2128], dans laquelle la jurisprudence avait conféré une prédominance au prospectus, en apporte l'illustration. En l'espèce, la Cour de cassation a cassé la décision des juges du fond qui avaient retenu un manquement en se déterminant par référence au seul document publicitaire et sans rechercher si la notice d'information remise à l'investisseur faisait mention du risque lié à la baisse du CAC 40. Mais elle a vite opéré un revirement dans un arrêt du 24 juin 2008[2129], considérant que la seule remise de la notice visée par la Commission des opérations de bourse ne saurait suffire. La cohérence entre ces deux sources d'information est désormais contrôlée et encadrée, aussi bien par les juridictions judiciaires et l'autorité de régulation, que par le législateur. Ainsi, toutes les informations adressées au client investisseur, quel qu'en soit le support, doivent présenter un contenu exact, clair et non trompeur[2130], l'Autorité des marchés financiers exerçant également un contrôle sur la compatibilité[2131] de ces informations avec celles contenues dans le prospectus simplifié.

[2127] « L'Autorité des marchés financiers vérifie si le document est complet et compréhensible, et si les informations qu'il contient sont cohérentes », C. monét. et fin., art. L. 621-8 et Règl. gén. AMF, art. 212-20.

[2128] Cass. com., 19 sept. 2006, *D.* 2006. *AJ.* 2395, obs. Delepech (X.) ; *D.* 2007, p. 753, obs. Synvet (H.) et p. 2418, obs. Lebars (B.) et Thomasset-Pierre (I.) ; *Banque et Droit* nov.-déc. 2006, p. 27, obs. Vauplane (H. de), Daigre (J.-J.), Saint Mars (B.) et Bornet (J.-P.) et 46, obs. Bussière (F.) ; *JCP E* 2007, p. 1111, note Gourio (A.) ; *RD banc. fin.* 2007, n° 44, obs. Storck (M.) ; *Dr. sociétés* 2007, n° 13, note Bonneau (Th.) ; *Bull. Joly Bourse* 2007, p. 24, note Riasetto (I.) et Storck (M.).

[2129] Cass. com. *Aubin c/ Caisse d'épargne et de prévoyance Ile-de-France*, *Bull. civ.* IV, n° 127 ; *D.* 2008. AJ. 1892, obs. Delepech (X.) et Jurispr. 2697, note Houtcieff (D.) ; *D.* 2009. p. 1044, obs. Mrtin (D. R.) ; *JCP E* 2008, p. 20, obs. Rousille (M.) et II. 10160, note Mathey (N.) ; *Banque et Droit* juill.-août 2008, p. 23 ; *RD banc. fin.* 2008. Étude 17, par Causse (H.) ; *Dr. et patr.* sept. 2008, p. 98, obs. Mattout (J.-P.) et Prüm (A.) ; *RD banc. fin.* 2008. Comm. 20, obs. Rousille (A.) ; *Bull. Joly Bourse* 2008, p. 398, note Guyader (H.) ; *RD banc. fin.* 2008. comm. 27, note Mathey (N.) ; *Dr. sociétés* 2009, comm. 11, note Bonneau (Th.) ; *RDC* 2009, p. 107, obs. Carval (S.).

[2130] C. monét. fin., L. 533-12, I ; Règl. gén. AMF art. 314-10 et 314-11.

[2131] En effet, il est précisé dans le règlement général de l'AMF que les informations contenues dans une communication à caractère promotionnel doivent être « compatibles avec toutes les

667. Cette autorité exerce en outre un suivi des pratiques en matière de rédaction des documents commerciaux des produits financiers et diffuse depuis mai 2008 un « Guide de bonnes pratiques pour la rédaction des documents commerciaux », éclairant sur les pratiques qui pourraient être considérées comme incompatibles avec la réglementation en vigueur et sur celles qui participeraient à une amélioration de la qualité de l'information. Dans la décision de sanction contre la société Oddo[2132], la Commission de sanctions de l'Autorité des marchés financiers a considéré que le contenu des documents commerciaux ne doit pas, en ce qui concerne les caractéristiques essentielles indispensables à la bonne appréhension par les clients des risques et avantages du fonds, différer de celui du prospectus. La portée de la méconnaissance de cette règle doit être appréciée, selon la Commission des sanctions, au cas par cas, en fonction du risque de confusion dans l'esprit du client investisseur.

668. La mission de protection des intérêts des porteurs conférée au régulateur a de la sorte convaincu à quelques reprises l'Autorité des marchés financiers de la transformer en un contrôle d'opportunité. La Cour d'appel de Paris, du temps de la Commission des opérations de bourse, affichait déjà la finalité protectrice du prospectus en précisant que « par l'octroi de son visa, la Commission, ne se limitant pas à un simple contrôle formel de l'information, certifie qu'ont été vérifiées la pertinence et la cohérence de l'information diffusée aux investisseurs »[2133].

669. La protection renforcée de l'intérêt du client investisseur par l'information ne se révèle pas seulement à l'étude de l'offre du banquier au public ; elle transparaît également à travers la volonté de promouvoir la transparence et d'en faire un principe directeur du marché.

2° - Une information publique

670. La protection de l'intérêt du client investisseur a donné naissance a un mouvement de précarisation du caractère privé de l'information financière (a) qui trouve son origine aux États-Unis avec l'adoption du *New*

---

informations » fournies par le prestataire à ses clients (Règl. gén. AMF, art. 314-29). Rappr. Règl. gén. AMF, art. 314-11 : « L'information à caractère promotionnel, diffusée par le commercialisateur d'OPCVM, doit être exacte et ne doit pas mettre l'accent sur les avantages potentiels de cet instrument financier sans indiquer aussi, correctement et de façon très apparente, les risques éventuels correspondants. L'information est suffisante et présentée d'une manière qui soit compréhensible par un investisseur moyen de la catégorie auquel elle s'adresse ou auquel il est probable qu'elle parvienne ; elle ne travestit, ni ne minimise, ni n'occulte certains éléments, déclarations ou avertissements importants ».

[2132] AMF, Sanct, 18 juin 2009, préc.

[2133] CA Paris, 13 nov. 1996, ADAM c/ CMF, Banque & Droit, n° 51, janv.-fév. 1997, p. 32, chron. Vauplane (H. de).

deal[2134] dont les mesures ont définitivement placé le traitement et la transmission de l'information sur le marché financier au cœur de la politique juridique en ce domaine. Le *Securities Act* de 1933 et le *Securities exchange Act* de 1934 ont confirmé que cette approche, la *disclosure philosophy*[2135], visant à utiliser l'information comme procédé d'encadrement juridique des activités financières, était désormais ancrée, l'effectivité en étant assurée par un mouvement de pénalisation générale des abus d'information. La vision anglo-américaine a vite trouvé écho en droit français (b).

a - La précarisation du caractère privé de l'information

671. L'information circulant sur les marchés financiers a longtemps été considérée comme un bien de valeur. Ce caractère privé de l'information n'est plus d'actualité aujourd'hui. Il a laissé place au principe de transparence[2136], notion progressivement élevée au rang de vertu universelle[2137], employée allégrement, sans être toutefois véritablement définie. Au sens figuré, la transparence est la lumière faite sur un comportement, de sorte qu'il est possible de voir à travers[2138]. Ainsi, la transparence a une connotation positive et procure un sentiment de sécurité. Pourtant, tel n'a pas toujours été le cas. La transparence a pendant longtemps été privée de reconnaissance, et encore plus en droit bancaire et financier. Fidèlement attaché à la discrétion, le banquier a de tout temps sacralisé le secret dans la gestion de ses affaires et s'est installé dans un mutisme qui semblait nécessaire à la sauvegarde de ses intérêts, car ressenti comme le moyen par excellence de se prémunir contre la concurrence. Consacré par la coutume et pérennisé ensuite par la pratique, le secret des affaires était admis et la jurisprudence sanctionnait le confrère indélicat qui subtilisait une information, voyant dans ce geste un acte de concurrence déloyale[2139]. Après la Révolution française, le secret des affaires se trouvait encore conforté par la proclamation de la liberté de commerce et de l'industrie comme l'illustre l'article 17 de la Déclaration des droits de l'homme et du citoyen, qui

---

[2134] Acte préc.

[2135] COX (J. D.), HILLMANN (R. W.) et LANGEVOORT (D. C.), *Securities Regulation – Cases and materials*, 5e éd., Aspen Publishers, 2006, p. 3 s.

[2136] Sur la transparence v. : CHAPUT (Y.), « La transparence : clair-obscur juridique d'un concept économique », *RJC*, hors série 2005, p. 7 ; « Entreprise : information et rumeur, actes publiés », *Colloque Droit et commerce à Deauville*, 2 et 3 avr. 2005 ; VARAUT (J.-M.), « Secret et transparence », *Gaz. Pal.* 14 sept. 2002, n° 257, p. 2.

[2137] D. SOULEZ-LARIVIERE, « La transparence et la vertu », *in L'architecture du* droit, *Mél. en l'honneur de Michel TROPER*, Economica, 2006, p. 933.

[2138] La transparence se définit dans son sens premier comme « la propriété qu'a un corps, un milieu, à laisser voir se qui se trouve derrière », *Le trésor de la langue française*, V. « Transparence ».

[2139] GARAUD (E.), *La transparence en matière commerciale*, thèse Limoges, 1995, p. 12.

consacre l'inviolabilité du droit de propriété, interprété comme autorisant la répression de l'espionnage d'un professionnel, au même titre que le vol d'un bien dévolu à l'exploitation[2140]. La crédibilité même du banquier a toujours reposé sur sa discrétion. On a donc longtemps pensé que « le secret n'a pas un lien direct d'interdépendance avec le mal, mais bien le mal avec le secret »[2141]. Il y a une vingtaine d'années, on s'exclamait encore, en évoquant l'histoire de la transparence dans l'activité bancaire, que le terme transparence n'existait pas[2142].

672. Le secret des affaires, autrefois présenté comme « un élément du jeu de la bourse »[2143] fut néanmoins graduellement malmené et la transparence promue pour prévenir les dérives, puis présentée comme l'apanage de la protection du client investisseur. Ainsi, à l'heure actuelle, la transparence innerve tous les champs d'activité du banquier. La loi du 2 janvier 1996 relatif à la modernisation des activités financières[2144], la loi du 15 mai 2001 sur les nouvelles régulations économiques[2145], la loi du 1er août 2003 sur la sécurité financière[2146], la loi du 26 juillet 2005 pour la confiance et la modernisation de l'économie, ou la directive européenne du 15 décembre 2004 sur l'harmonisation des obligations de transparence en relation avec les titres admis à la négociation sur un marché réglementé[2147] n'en sont que les exemples les plus notoires. La transparence est une exigence omnipotente, au point qu'on a pensé à l'ériger en principe juridique[2148]. La transparence s'est finalement imposée dans les relations sociales, avant de se transcender en mythe sociologique[2149], et sa nécessité est rappelée dans le chapitre

[2140] *Ibid.* p. 13.

[2141] SIMMEL (G.), *Secret et sociétés secrètes*, cité *in Secret et transparence : l'individu, l'entreprise et l'administration actes du dix-septième Colloque de droit européen, Saragosse, 21-23 octobre 1987*, Publications du Conseil de l'Europe, 1988, p. 15. On pense encore aujourd'hui que « notre société a aussi soif de discrétion, de confidentialité », MALAURIE (Ph.), « Le secret et le droit, une petite anthologie littéraire », *Mélanges Mouly (Ch.)*, Litec, 1998, p. 104.

[2142] GUILLOT (J.-L.), « Transparence et banque », *RJC* nov. 1993, p. 139 et s.

[2143] GAVALDA (C.), « Le secret des affaires », *Mélanges Savatier (R.)*, Dalloz, 1965, p. 291.

[2144] L. préc.

[2145] L. préc.

[2146] L. préc.

[2147] Dir. n° 2004-109 du 15 décembre 2004 sur l'harmonisation des obligations de transparence en relation avec les titres admis à la négociation sur un marché réglementé et modifiant la directive 2001/34/CE, JOUE 31 déc. 2004, p. 38.

[2148] GARAUD (E.), *La transparence en matière commerciale*, *op. cit.*, p. 217. Toutefois, le Conseil constitutionnel ne semble pas de cet avis et a eu l'occasion plusieurs fois de dénier l'existence d'un tel principe. Pour ex. : dans une décision n° 84-181 DC du 11 octobre 1984 relative à la loi visant à limiter la concentration et à assurer la transparence financière et le pluralisme des entreprises de presse, 34ème considérant, le Conseil a affirmé que « les dispositions qui se justifient par l'objectif de transparence ne méconnaissent aucun principe ou règle de valeur constitutionnelle ».

[2149] REBUFAT-RAISON (L.), *Les fonctions de la transparence*, thèse Montpellier, 2000, p. 81

premier « transparence des marchés » du titre V « protection des investisseurs » du livre 5 du Code monétaire et financier.

673. En conséquence de ce principe, l'information arrivée sur le marché devient de la sorte une espèce de bien public[2150] qui perd toute exclusivité.

b - La pénalisation des abus d'informations d'inspiration anglo-américaine

674. L'information ayant été, des années durant, considérée comme une propriété privée, l'usage qui en était fait, même abusif, n'était pas sanctionné. Le changement ne s'est opéré qu'assez récemment, d'abord aux États-Unis, en particulier depuis une célèbre décision *Cady Roberts & Co.*[2151], où la *Securities and Exchange Commission* interpréta de manière novatrice l'origine des premiers alinéas de la règle 10-b-5 de son règlement, venue compléter en 1942 l'article 16 du *Securities Exchange Act* de 1934. C'est à partir de cette décision que la *Securities and Exchange Commission* a tenté de généraliser la règle « divulguer l'information ou s'abstenir de négocier le titre » (*abstain or disclose*). La Cour suprême n'avait pourtant pas, dans un premier temps, accueilli un tel principe[2152]. Néanmoins, cette décision servit de base à la jurisprudence dans la construction de ce qui deviendra par la suite une véritable prohibition légale du délit d'initié. En effet, face à la position de la Cour suprême, les juges fédéraux ont évité de forcer la reconnaissance d'un devoir général d'abstention des initiés et se sont plutôt attachés à multiplier les fondements pour arriver à la répression qu'ils souhaitaient. Finalement, fut reconnu de la sorte un devoir fiduciaire de l'initié (*insider*), à la suite de l'élargissement du champ de la responsabilité fiduciaire opéré, notamment, par l'arrêt *Dirks v. SEC*[2153]. Le raisonnement consistant à considérer l'information comme la propriété de l'émetteur, le comportement de l'initié était sanctionné au titre d'un détournement de la propriété (*misappropriation theory*) de l'émetteur, qualifié de bénéficiaire d'une fiducie[2154]. Or, dès les premiers signes de son avènement, la répression même du délit d'initié a été discutée dans son principe. Un auteur en particulier, Henry Manne, dont les travaux furent largement reconnus par les économistes, soulignait non seulement le caractère illégitime de la sanction, mais encore le rôle positif que pouvait

---

[2150] ROCHFELD (J.), *Les grandes notions du droit privé*, *op. cit.*, p. 269.
[2151] *Cady Roberts & Co.* 40 SEC 907 (1961).
[2152] SEC v. Texas Gulf Sulphur Co., 401 F. 2d 833 (1968).
[2153] *Dirks v. SEC,* 463 U.S. 646 (1983). Dans le même sens : *Chiarella v. United States*, 445 U.S. 222 (1980).
[2154] *United States v. O'Hagan*, 521 U. S. 642 (1997). Dans le même sens : *Carpenter v. United States*, 484 U. S. 19 (1987).

avoir le délit d'initié sur le marché[2155]. Ce débat, s'il n'a pas freiné le mouvement de réglementation, n'est pas pour autant tranché, encore aujourd'hui. Dans ces conditions, comme on a pu le penser avant nous, « il apparaît que le fondement de cette répression n'est pas économique, mais uniquement sociologique »[2156]. Il ne s'agit de rien d'autre que d'une volonté assumée d'assurer une protection renforcée. Un tel souhait ne peut se traduire, en cas de conflit d'intérêts, qu'en un devoir de garantir la défense de l'intérêt supérieur qui se vérifie en droit français.

675. En droit interne, depuis la directive « Abus de marché » [2157], il n'existe plus de distinction entre la communication ou diffusion d'informations fausses et trompeuses et la manipulation de cours. La notion d'abus de marché, originaire du droit anglais (*market abuse*) et résultant de la section 118 du *Financial Services and Markets Act 2000*[2158], s'en trouve donc privilégiée. Désormais, la protection de l'intérêt de l'investisseur, à travers la prohibition des abus d'information, est le principe. En effet, s'agissant du délit d'initié, de la même façon que le considérant n° 7 de la directive « délit d'initié » de 1989 [2159], constatant l'inexistence ou la faiblesse des réglementations sur les opérations d'initiés, préconise l'adoption d'une réglementation harmonisée au niveau communautaire, le considérant n° 11 de la directive « Abus de marché » estime toujours que « le cadre légal communautaire existant visant à protéger l'intégrité du marché est incomplet ». Et c'est encore autour de cette même quête de

---

[2155] MANNE (H. G.), *Insiders Trading and the Stock Market*, Collier-Macmillan Ltd, 1966 ; « *Insider Trading : Hayek, Virtual Markets, and the Dog That Did Not Bark* », *Journal of Corporation Law,* 31 janv. 2005, p. 185. Parmi les répercussions positives du délit d'initié, cet auteur a cité la diminution des risques d'agence (les initiés étant intéressés à la valorisation de l'émetteur, leurs opérations contribueraient à la réalisation de l'intérêt de celle-ci), une plus grande souplesse du système de contractualisation des pratiques d'initié entre les dirigeants de l'émetteur et un rôle important dans l'établissement « honnête » du prix des actifs. En outre, la prohibition des opérations d'initiés empêcherait le marché de s'ajuster aussi rapidement que possible aux changements dans l'offre ou la demande des titres d'une entreprise. Au titre des répercussions négatives d'une réglementation fut déploré notamment le coût des mesures de prohibition.

[2156] VAUPLANE (H. de) et DENOUN (C.), « Les justifications de la lutte pénale contre les opérations d'initié », *LPA* 28/03/1994, p. 4.

[2157] Directive 2003/6/CE préc.

[2158] De cette différence et du contenu de ces dispositions citées, il faut simplement comprendre que la qualification d'abus de marché englobe une pluralité de comportements, relevant de la déloyauté comme du déséquilibre qu'elle engendre, ayant pour point commun leur atteinte à l'intégrité du marché en faussant notamment les conditions normales de ce marché.

[2159] Directive 89/592/CEE du Conseil, 13 nov. 1989, concernant la coordination des réglementations relatives des opérations d'initié, JOCE, L. 334, 18 nov. 1989. Sur cette directive : GAILLARD (E.) et PINGEL (I.), « Les opérations d'initiés dans la communauté économique européenne », *RTD E* 1990, p. 329 ; « Les opérations d'initié en droit communautaire », *JCP G* 1991, I, 1315, 3515 ; GAILLARD (E.), « Le droit français des délits d'initié », *JCP G* 1991, I, 3516.

protection que s'est organisée la répression de ces abus, ainsi que le confirme la proposition de règlement [2160] et de directive prévoyant un mouvement de pénalisation de l'abus de marché[2161]. Plus précisément, la directive du 13 novembre 1989, dans son considérant n° 5, justifie le besoin d'une coordination européenne de la réglementation des délits d'initié par cette équation : la confiance du public est un élément de bon fonctionnement du marché, et pour préserver la confiance de ce public investisseur, il faut protéger ses intérêts. Cette logique est celle qui transparaît d'une série innombrable d'arrêts de la Cour de justice des Communautés européennes[2162]. Ainsi, l'association de la préservation de la confiance des investisseurs et de leur protection contre les délits d'initiés repose sur des arguments vagues et de nature bien différente. Ceux-ci peuvent être regroupés sommairement en deux catégories : les effets économiques et les effets psychologiques.

676. Des effets économiques : dans l'esprit du législateur, ne devraient concourir à la prise de décision d'investissement que les informations connues ou accessibles. Prohiber l'utilisation d'informations privilégiées est justifié par la volonté de rendre les investisseurs égaux, pas forcément devant l'information, car une même information peut être d'usage bien différent pour chaque agent économique, mais, comme a eu l'occasion de le confirmer la Cour de justice de l'Union européenne dans l'arrêt *Spector*, devant « l'accès à cette information »[2163]. Pourquoi rechercher l'égalité des investisseurs devant l'information ? Dans l'arrêt *Georgakis*[2164], la cour a répondu à cette interrogation : l'objectif poursuivi par la Commission et ses directives consiste à « garantir l'égalité des contractants » pour éviter « que l'un d'eux, qui détient une information privilégiée » ne « se trouve dans une position avantageuse par rapport aux autres investisseurs, et n'en tire profit au détriment de l'autre qui l'ignore ». L'arrêt *Spector* a repris les termes de l'arrêt *Georgakis* et a ainsi établi un lien entre la rétention ou l'utilisation de l'information et l'avantage qu'elle confère à son détenteur. L'objectif d'égalité n'est alors pas une fin en soi, mais il est asservi à un autre objectif qui est celui de la protection des intérêts de l'investisseur. Se demander

---

[2160] Proposition de règlement du Parlement européen et du conseil sur les opérations d'initiés et les manipulations de marchés, 20 oct. 2011, art. 3 et 4.
[2161] *Ibid.*
[2162] CAMPANA (M.-J.), « Le doute et la confiance en droit des affaires », *in Le doute et le droit*, Dalloz, 1994, p. 87.
[2163] CJUE, 23 déc. 2009, n° C-45/ 08, Spector Photo Group NV c/ CBFA : *D.* 2010, p. 2313, note Tocqueville (J.-G. de) ; *Bull. Joly*, avr. 2010, p. 346, note Schmidt (D.) ; *Bull. Joly Bourse* mars 2010, p. 79, obs. Garringues (B.) ; *JCP G* 2010, 485, note Zabala (B.) ; *RD banc. et fin.* mars-avr. 2010, comm. 80, Bonneau (Th.) ; *Rev. sociétés* 2010, p. 325, note Conac (P.-H.).
[2164] CJCE, 10 mai 2007, C-391/04, *Rec.* p. I-3741.

pourquoi protéger les intérêts du public investisseur conduit à la deuxième catégorie d'effets du délit d'initié comme abus de marché.

677. Des effets psychologiques : comme le remarquait un auteur, « en réprimant les délits d'initiés, les législateurs insistent plus sur les attentes des épargnants que sur le risque réel. En effet, même si les craintes du public quant à l'existence d'un préjudice causé par des opérations d'initié se révélaient infondées, on a cependant noté que cette attitude conduit systématiquement à une perte de confiance des investisseurs »[2165]. C'est bien de facteurs psychologiques dont il s'agit. Les investisseurs lorsqu'ils « pressentent l'arrivée d'agents supérieurement informés, prennent conscience qu'en cas d'échange, ils sont confrontés à un risque d'antisélection, c'est-à-dire au risque de contracter avec un agent détenteur d'informations privilégiées »[2166], ce qui « les désincitent à effectuer des transactions »[2167] selon le même auteur.

678. Pourtant, les liens pouvant exister entre ces fondements et les effets de la réglementation ne sont véritablement susceptibles d'aucune mesure satisfaisante. On en vient même à se demander si cette communauté de fondement ne serait pas perturbante : le bon fonctionnement du marché passe par la confiance des investisseurs, mais la confiance des investisseurs passe par le bon fonctionnement du marché. Les textes communautaires, en tout cas, se sont gardés de toute dissociation et admettent l'association imparfaite des deux fondements.

679. En résumé, à l'origine du mouvement de pénalisation de comportements qui n'inspirèrent des siècles durant que l'indifférence, se trouve une idée simple : la divulgation de l'information permet à l'investisseur de protéger ses intérêts de la même manière que l'initié, et cette protection assure une certaine égalité des investisseurs qui est, elle-même, une source de confiance. La confiance appelle l'investissement. Le délit d'initié empêche l'égalité. Donc, la lutte contre le délit d'initié est justifiée. C'est là un argument commun à la prohibition de l'ensemble des perturbations de marché[2168]. L'objectif d'égalité n'est ainsi pas une fin en soi, il est asservi à un autre : la confiance de l'investisseur, qui quant à elle, se réaliserait par la protection de ses intérêts. Cet objectif de protection est réalisé de deux manières. De manière indirecte, les sanctions des opérations d'initiés ou d'informations fausses ou trompeuses sont définies compte tenu de l'effet supposé de l'information privilégiée sur le cours. Une unité s'en

[2165] VAUPLANE (H. de) et DENOUN (C.), « Les justifications de la lutte pénale contre les opérations d'initiés », *LPA* 28 mars 1994, p. 6.
[2166] DEFFAINS (B.) et STASIAK (F.), « Les préjudices résultant des infractions boursières : approches juridiques et économiques », *in Le droit au défi de l'économie*, Publications de la Sorbonne, 2002, p. 182.
[2167] *Ibid.*
[2168] On peut s'en apercevoir par exemple à la lecture des considérants de la directive abus de marché, dir. 2003/6/ CE préc., considérants n° 2 et 12.

dégage alors : permettre dans un premier temps à l'investisseur de prendre une décision éclairée et de protéger lui-même ses intérêts. De manière directe, la sanction des opérations d'initié est une spécificité du droit financier. Quelle explication peut-on trouver à un tel constat si ce n'est une volonté assumée d'offrir au client investisseur une protection renforcée ? Et comment se conformer à une telle ambition de protection face à une situation de conflit d'intérêts, sinon par un devoir incombant au banquier de garantir au client investisseur une protection, *a minima*, contre son fait ?

B/ D'une conformité à la règle à une loyauté dans l'application

680. Les situations de conflit d'intérêts ne se cantonnent pas au cadre contractuel, l'exigence de loyauté non plus. La loyauté ne se contente pas, s'agissant du banquier, de la construction prétorienne basée sur l'article 1134, mais prend également la forme d'un devoir extracontractuel qui s'impose à lui, d'une portée d'ailleurs plus grande qu'en droit commun[2169]. Elle « concerne davantage non pas les obligations primaires [...], mais des obligations supplémentaires relatives à la façon de respecter ces obligations primaires, et plus généralement à l'existence d'un devoir général de respecter les principes directeurs de fonctionnement des marchés »[2170]. Il ne s'agit plus simplement de se conformer à une règle de droit ; il s'agit « d'adopter dans les espaces laissés vides par la règle, un comportement conforme à son génie »[2171].

Les textes qui régissent l'activité du banquier ont mis en œuvre le principe de loyauté et ont formalisé les obligations qui en découlent. Sa signification est alors double : elle constitue à la fois un engagement (1°) et une norme de comportement (2°).

1° - Un engagement préalable à l'exercice de l'activité

681. Pour pouvoir exercer son activité de négociation de titres sur un marché donné, le banquier doit en devenir membre. Sur les marchés d'Euronext, l'adhésion n'est pas de droit. Elle suppose de s'être engagé au respect des règles de marché, dont la violation emporte la sanction par l'entreprise de marché, qui dispose pour ce faire d'un large pouvoir. Pour en devenir membre, il faut donc adhérer au principe de loyauté. Une fois membre, le banquier s'engage encore formellement à respecter les règles, à prendre toutes les mesures prescrites par l'entreprise de marché et à mettre

---

[2169] En ce sens, BAY (C.), « Le principe de loyauté et le prix du marché », *Mélanges Schmidt (D.)*, Joly, 2005, p. 6.
[2170] *Ibid.*
[2171] *Ibid.*

en œuvre les éventuelles modifications[2172]. Notamment, il doit se conformer aux règles de conduite dont l'objectif n'est autre que de faire régner le principe de loyauté, afin de forcer la protection des intérêts du client investisseur. Les obligations qui y sont visées « s'entendent sans préjudice des règles générales de conduite établies par l'organe compétent en matière de réglementation »[2173].

En effet, pour pouvoir exercer son activité de prestataire de services d'investissement, le banquier doit, en plus de l'agrément délivré par l'Autorité de contrôle prudentiel et de résolution, obtenir celui de l'Autorité des marchés financiers qui exige, pour sa part, qu'il s'engage à respecter les règles d'organisation et de bonne conduite auxquelles sont soumis les professionnels autorisés à fournir des services d'investissement. Ces règles, qui s'efforcent de refléter un principe de loyauté des opérations d'application générale, complètent les dispositions déjà précisées dans la loi[2174], dont peut être tirée une même conclusion.

682. Cette loyauté n'est pas une fin en soi, mais un objectif intermédiaire. Le but final n'est autre que la protection du client investisseur. Sinon, pour quelle raison le seul acteur du marché qui échapperait au principe de loyauté serait le client investisseur, le devoir de loyauté n'étant exigé concrètement que des intermédiaires de marché et des émetteurs ? Cette exigence de loyauté se manifeste dès les demandes d'agrément et est comprise comme une norme de comportement avant même la conclusion de tout contrat.

2° - Une norme de comportement

683. Nombre de dispositions témoignent de la nécessité d'adopter une attitude loyale en dehors de tout contrat. C'est le cas des réglementations encadrant les pratiques commerciales précédemment étudiées[2175]. Que soient visés les fraudes et les abus de faiblesse, la transparence ou le manque d'information, c'est bien un devoir transversal de loyauté que le législateur s'emploie à instituer, devoir dont le fondement n'est autre que la protection de l'intérêt du client potentiel. L'exigence de loyauté se révèle aussi à travers la législation sur la publicité. Les obligations de comparer des caractéristiques essentielles, vérifiables et pertinentes des produits ou des services répondant aux mêmes besoins d'éviter tout dénigrement ou discrédit, ne sont que diverses manifestations d'une nécessité d'agir loyalement dans l'intérêt de l'investisseur client potentiel. Avec ces textes, l'approche de la loyauté est plus concrète. Une pratique déloyale paraît être

---

[2172] Règles Euronext, art. 2401/2.
[2173] Règles Euronext, art. 8101/2.
[2174] C. monét. et fin., art. L. 533-1 à L. 533-24.
[2175] V. *supra* n° 512.

considérée comme telle, notamment si elle altère ou si elle est simplement susceptible d'altérer, de manière substantielle, le comportement économique d'un investisseur moyen. Seule l'entrave, et pas nécessairement le résultat, semble devoir être caractérisée, pour qu'une pratique soit qualifiée de déloyale.

684. La cour d'appel de Colmar[2176] a d'ailleurs fourni un exemple de ce que peut être une pratique déloyale dans une espèce où une banque titulaire d'une hypothèque sur un immeuble mis en adjudication avait négocié avec un client potentiel un concours pour financer l'acquisition de cet immeuble en omettant de révéler l'existence de cette hypothèque. Ensuite, grâce aux informations confidentielles transmises par le client potentiel à la banque, elle avait participé aux enchères afin de l'amener à améliorer son offre. La Cour d'appel de Colmar ne pouvait que juger que la banque se trouvant en situation de conflit d'intérêts, avait eu un comportement déloyal. Il en ressort que la banque engage sa responsabilité civile en cas de manquement à l'obligation déontologique de loyauté, notamment dans le cas d'un conflit d'intérêts.

685. Un arrêt de la Cour d'appel de Grenoble du 17 décembre 2013[2177] en fournit une autre illustration. En l'espèce, le banquier avait proposé à son client de souscrire à des actions de la société Natixis dans le cadre d'une offre publique à prix ouvert lors de la procédure d'introduction en bourse. Peu de temps après, la valeur s'est effondrée. La banque a vainement invoqué la qualité d'investisseur qualifié de son contractant, mais la Cour d'appel a caractérisé un manquement du banquier à son obligation « de loyauté ». La banque était en effet actionnaire majoritaire de la société dont les titres étaient commercialisés. Par conséquent, il lui a été reproché, d'une part, de ne pas faire la preuve qu'une information avait été donnée au client sur l'origine des titres à caractère hautement risqué et, d'autre part, de ne pas avoir expliqué au client le conflit d'intérêts dans lequel elle se trouvait. C'est bien le conflit d'intérêts qui a dicté l'obligation de loyauté du banquier dans son approche du futur client. C'est bien parce que la situation de conflit d'intérêts était, avant la conclusion, susceptible de porter atteinte à l'intérêt du futur client investisseur qu'il a été demandé au banquier de faire preuve de loyauté. En l'absence de conflit d'intérêts, les manquements se seraient sans doute arrêtés à la formule, habituelle en jurisprudence, empruntée à l'arrêt Buon : « quelles que soient les relations contractuelles entre le client et sa banque, celle-ci a le devoir de l'informer, à l'origine des relations contractuelles, des risques encourus dans les opérations spéculatives des

---

[2176] CA Colmar, 14 sept. 2006, *Caisse de crédit mutuel région de Ribeauville c/ SCI Laurax*, Juris-Data n° 2006-316883, *JCP G* 2007, p. 1693

[2177] CA Grenoble, 17 déc. 2013, n° 11/04208, *Juris-Data* n° 2013-029583, *JCP G* 2014, p. 15.

marchés à terme »[2178] sans autre allusion à un quelque devoir de loyauté. En droit anglo-américain, au regard de nos précédentes constatations[2179], une telle vision serait inenvisageable.

686. Le juge français rejoint donc l'objectif du législateur d'inculquer une loyauté d'action en faveur exclusivement de l'intérêt supérieur et en dehors de tout contrat également. La traduction d'une telle ambition ne saurait, dans ces conditions, prendre une autre forme qu'un devoir de garantie de la protection du porteur de l'intérêt supérieur contre le fait personnel du banquier.

687. Le devoir imposé au banquier de protéger l'intérêt supérieur s'exprime également au travers du devoir d'agir avec précaution. Le banquier n'est-il pas « considéré comme fautif, non seulement [parce qu'il n'aurait] pas pris les mesures de prévention du risque connu ou prévisible, mais également [parce qu'il n'aurait pas] en situation d'incertitude ou de doute [...] adopté une démarche de précaution »[2180] ? Le principe n'est pas nouveau étant rappelé que « le banquier qui sait son métier est tenu de prendre des précautions »[2181]. Le renforcement du principe de vigilance[2182] ne fait que produire les effets d'un précepte bien ancien. De fait, on réclamait déjà du marchand du moyen âge, ancêtre du banquier, la prudence et le sens de ses intérêts[2183], tout comme on l'exige de lui aujourd'hui, notamment quand lui-même prend des risques dans ses investissements.

[2178] Cass. com., 5 nov. 1991, préc.

[2179] V. *supra*.

[2180] MARTIN (G.-J.), « Précaution et évolution du droit », *D.* 1995, chron. p. 299.

[2181] HAMEL (J.), *Banques et opérations de banques, Les dépôts et les virements. Les crédits de banque et leurs sûretés. Les opérations sur effets de commerce. L'escompte. Aperçu sur le nouveau statut des banques françaises* t. 2, Rousseau éd., 1943, p. 764.

[2182] Le devoir de vigilance peut se définir comme l'obligation pour le banquier de surveiller les intérêts dont il a la charge, qu'il s'agisse de ceux de ses clients ou de ceux des tiers. Plus précisément, il impose au banquier de découvrir, parmi les opérations qu'on lui demande de traiter, celles qui présentent une anomalie apparente et, en présence d'une telle anomalie, de tout mettre en œuvre pour éviter le préjudice qui résulterait pour le client ou pour un tiers de la réalisation de cette opération, BOUCARD (F.), *Les obligations d'information et de conseil du banquier*, PUAM, 2002, p. 119 ; « Les devoirs généraux du banquier », *Juris Classeur, Commercial*, fasc. 343, 2003, n° 1. Agir avec vigilance peut aussi bien consister à se renseigner sur l'expérience et les objectifs de placement du client qu'à choisir ses sous-traitants avec prudence et circonspection en accordant une attention particulière au maintien de la continuité des activités.

[2183] « Ne fréquente pas les pauvres, car tu n'as rien à attendre d'eux », disait au marchand un anonyme florentin : LE GOFF (J.), *Marchands et banquiers du moyen âge*, *op. cit.*, p. 82.

Section 2 : Le banquier investisseur

688. Le risque consubstantiel[2184] au métier de banquier peut conduire à de « spectaculaires défaillances d'établissements à la réputation la mieux établie »[2185]. Ce risque est un danger éventuel, plus ou moins prévisible[2186], susceptible d'être préjudiciable à la clientèle du banquier. Pourtant, le droit français est longtemps resté à l'écart du mouvement de réglementation des risques du banquier originaire des États-Unis. Il n'a décidé de mettre en harmonie ses règles, d'abord timidement entre 1994 et 1999, que parce qu'il en a été contraint par les directives européennes. Ce n'est cependant pas un signe d'indifférence à l'égard d'un tel risque. Seulement, la gestion de ce risque n'était pas une préoccupation de premier plan, tant que les conséquences des chocs de capitalisation ou de liquidité[2187] demeuraient relativement limitées. L'intervention du législateur se faisait donc *a posteriori* dans une logique de répression. Cette logique ne s'est inversée que lorsque le risque a concerné directement l'intérêt du client déposant. Le législateur a dès lors continuellement renforcé ses normes au point qu'elles sont devenues parmi les plus protectrices. Il s'agit là d'un dernier témoignage de la volonté renforcée de protéger l'intérêt supérieur qui, sans pouvoir constituer véritablement un fondement au devoir de garantie décrit ici, illustre néanmoins que les pans les plus éloignés du droit de l'activité du banquier privilégient la protection du client. Cette ambition de protection justifie, en revanche, l'exigence d'une garantie en cas de conflit d'intérêts.

En effet, en l'état actuel de la législation, le client déposant du banquier est protégé à la fois indirectement du fait des règles prudentielles (§1) et directement par les règles de résolution des difficultés (§2).

§ 1 - La protection du client grâce aux règles prudentielles

689. Tant que les banques montraient une certaine résilience, elles restaient assujetties au droit commun et la résolution des difficultés n'était pas soumise à la tutelle de l'État (A). Mais ces dernières années, la

---

2184 CRÉDOT (F.-J.), « La maîtrise du contentieux, autre variable des établissements de crédit », *Revue Banque* févr. 1993, p. 21.

2185 BURGARD (J.-J.), *La banque en France*, Dalloz, 1988, p. 102.

2186 Dictionnaire Robert, *op. cit.*, V. « Risque ».

2187 Un choc de liquidité est un événement où les banques ont soudainement besoin de ressources. Un choc de capitalisation provient d'un problème atteignant la valeur des actifs sur un bilan bancaire.

multiplication de l'indiscipline, des abus et des difficultés a été à l'origine d'un mouvement de protection continuel, affiché et sans précédent (B).

A/ En période de gestion individuelle du risque

690. Dans un premier temps, le droit français a été marqué par un interventionnisme épars, réagissant ponctuellement aux abus de la spéculation risquée, étranger à la logique des droits anglo-américains (1°). Un mouvement de balancier s'est opéré dans un second temps, mais auquel le droit français a toutefois refusé d'adhérer (2°).

1° - Un interventionnisme français refusé d'abord par le droit anglo-américain

691. En France, les marchés financiers se développent spontanément jusqu'à la fin du XVIIIe siècle[2188]. Toutefois, dès le règne de Philippe le bel aux XIe et XIIe siècles, on peut relever la consécration « du processus de financiarisation étatique »[2189]. Les mesures prises à cette époque ont contribué « à aménager les soubassements de ce qui deviendra le marché financier au sens large »[2190]. Sur le plan de la réglementation, c'est l'ordonnance de 1304 qui dote les activités de change d'un véritable cadre juridique.

Entre le XIVe et le XVIe siècle, les transactions financières demeurent régies par le droit coutumier, mais l'État est au cœur du mouvement et décide notamment des lieux de réunion des commerçants[2191].

Le XVIIe siècle connaît un interventionnisme plus marqué, mais les opérations financières ne sont pas encore à l'ordre du jour à l'exception de celles des agents de change. En effet, à la différence du *Stock Exchange* crée en 1690, et à une époque où les États-Unis ne connaissent aucune structure de ce genre, les agents de change sont regroupés en corporations dont l'activité est principalement organisée autour de l'État. L'existence de multiples « chambres ardentes et autres cours de justice réservées aux financiers montre que l'usage de la terreur, entre peine capitale, emprisonnements, confiscations et amendes judiciaires, sert de moyen de

---

[2188] LEHMANN (P.-J.), *Histoire de la Bourse de Paris,* PUF, 1997, p. 12.
[2189] THIVEAUD (J.-M.), « Le phénomène financier et les marchés financiers en perspective historique : des sociétés antiques à la création de la bourse de Paris en 1724 », *Rev. d'éco. fin.*, juill. 1933, p. 31.
[2190] *Ibid.*, p. 35.
[2191] LEHMANN (P.-J.), *ibid.,* p. 7.

réglementation pour inspirer aux traitants et officiers de finances une gestion individuelle des règles prudentielles »[2192].

Mais c'est l'effondrement du cours des titres de la compagnie du Mississippi et la crise de 1720 en ayant découlé qui ont fait véritablement ressentir la nécessité d'un contrôle accru. Ainsi, par un arrêt du Conseil du Roi du 24 septembre 1724[2193], la bourse est déplacée des jardins de l'Hôtel Soisson, où Law l'a établie, et sa surveillance est confiée au lieutenant général de police[2194]. Une réglementation sommaire est en outre mise en place.

Durant la révolution, plusieurs mesures sont prises pour tenter de réduire les risques de la spéculation, sans réel succès. La Bourse de Paris est même fermée.

692. Le législateur français, à travers la répression des abus de la spéculation, a donc très tôt incité le banquier à une certaine gestion du risque. C'est une logique différente qui a animé le législateur anglo-américain.

2° - Une réglementation anglo-américaine refusée ensuite par le droit français

693. Après une longue période d'indifférence, les États-Unis ont décidé dès 1933, à la suite des conséquences de la crise de 1929, de créer la *Federal Deposit Insurance Corporation*, fonds national de garantie des dépôts, destinée à assurer la stabilité du système bancaire. Les dispositions mettant en place cette institution ont ensuite été rassemblées dans une loi distincte, le *Federal Deposit Insurance Act* du 21 septembre 1950. Elles sont codifiées au titre 12, chapitre 16 de l'US Code, de l'article 1811 à l'article 1831.

694. Le législateur français a d'abord refusé d'introduire un tel fonds. Il s'en remettait aux sanctions prononcées postérieurement aux abus et à la possibilité d'engager la responsabilité de l'État à raison de la négligence des entités de contrôle. En effet, relativement moins affecté par les conséquences de la crise des années trente que les États-Unis, le droit français ne ressentait pas le besoin de se joindre au mouvement de contrôle des établissements de

---

2192 THIVEAUD (J.-M.), « Le phénomène financier et les marchés financiers en perspective historique : des sociétés antiques à la création de la bourse de Paris en 1724 », *Rev. d'éco. fin.* juill. 1933, p. 38.

2193 Arrêt du Conseil du Roi, 24 sept. 1724 qui institue la bourse de Paris et en fixe l'organisation notamment les règles de lutte contre les fausses transactions destinées à induire en erreur. LEHMANN (P.-J.), *Histoire de la Bourse de Paris,* PUF, p. 12. Il a en outre interdit les ventes à terme accusées de faciliter la spéculation, mais sans succès, THIVEAUD (J.-M.), *op. cit., loc. cit.* ; LEFEBVRE-TEILLARD (A.), « La révolution : une période décisive pour les sociétés par action », *Rev. soc.* 1989, p. 347. V. égal. FAURE (E.), *op. cit.*

2194 Équivalent du préfet aujourd'hui.

crédit. La loi du 19 juin 1930 [2195] est plus « moralisatrice qu'économique »[2196], en ce qu'elle définit pour la première fois la profession de banquier et en exclut tous les faillis non réhabilités et tous ceux qui ont pu être condamnés pour des crimes ou des délits de droit commun.

695. La tutelle des banques n'a été instituée véritablement que par les lois du 13 juin 1941[2197] et du 14 juin 1941[2198]. La première est ainsi à l'origine de la création de la Commission de contrôle des banques. Cette dernière s'était vue reconnaître des pouvoirs importants par la loi : pouvoir réglementaire concernant les règles que les banques devaient observer dans leur gestion en vue de garantir leur solvabilité et de maintenir leur liquidité, pouvoir de prendre des décisions individuelles et pouvoir disciplinaire. La banque de France a en outre été réformée. Tout en demeurant une société anonyme, elle a été placée sous l'égide d'un conseil général désigné par décret. Les banques sont, à compter de cette période, soumises au contrôle des organismes professionnels dotés d'un pouvoir disciplinaire. À partir de 1945, et avec le mouvement de nationalisation, le Conseil national du crédit a remplacé le Comité permanent d'organisation professionnelle des banques. Le rôle de la Banque de France s'est encore renforcé depuis.

696. Néanmoins, à aucun moment, il n'a semble-t-il été envisagé de mettre au point des procédures particulières pour faire face aux difficultés conséquentes à des opérations très risquées ou pour faire face à des faillites bancaires. En ce qui concerne les normes prudentielles, seul le coefficient de liquidité avait été mis en place en 1946[2199]. C'est la faillite de la banque Herstatt, le 26 juin 1974, qui a amorcé le mouvement réglementaire sous l'impulsion du Comité de Bâle.

B/ Sous l'influence du comité de Bâle

697. Au départ, la législation de la défaillance bancaire était composée de règles transposant simplement la réglementation du comité de Bâle (1°). Toutefois, dès qu'ont été mis en exergue les risques d'atteinte à l'intérêt du client, le droit français a devancé le mouvement anglo-américain comme européen (2°).

[2195] L. préc.
[2196] LÉGUEVAQUES (Ch.), *Droit des défaillances bancaires*, Economica, 2003, p. 32.
[2197] L. 13 juin 1941 relative à la réglementation et à l'organisation de la profession bancaire.
[2198] L. 14 juin 1941 relative à la réglementation et à l'organisation des professions se rattachant à la profession de banquiers.
[2199] ZERAH (D.), *Le système financier français, dix ans de mutation*, La documentation française, 1993, p. 61 et s.

1° - La simple transposition

698. Avec la loi bancaire du 24 janvier 1984[2200], deux autorités étaient chargées de superviser l'activité bancaire : le Comité des établissements de crédit et des entreprises d'investissement, qui réglementait l'accès au marché, et la Commission bancaire, qui avait un rôle de surveillance[2201]. La loi bancaire est venue dans le même temps imposer aux établissements de crédit des ratios de solvabilité et des normes de gestion internationales.

699. En effet, face à la montée des risques bancaires et à leurs conséquences, s'est créé le Comité de Bâle afin de mettre en place des règles de contrôle des opérations bancaires. Ce comité instaura le ratio dit ratio *Cooke* ou ratio Bâle I. Il s'agit d'une norme à respecter par les banques ayant une activité internationale[2202] qui limite les encours de prêts accordés en proportion des capitaux propres[2203]. La protection des déposants s'est aussi traduite par deux autres séries de mesures : l'invitation des actionnaires à fournir à un établissement en difficulté le soutien qui lui est nécessaire et l'exigence d'obligations relatives à la présentation, au contrôle, à la publicité et à la consolidation des comptes.

700. Toutefois, la loi bancaire ne prévoyait pas véritablement une garantie des dépôts. Il revenait aux banquiers de s'organiser. La crise immobilière des années 1980 fit prendre conscience que les banques n'étaient pas immortelles et que l'intérêt du client déposant devait être protégé. Une garantie minimale des dépôts et une pluralité de règles prudentielles furent alors mises en place.

2° - L'avancée de droit français

701. La volonté de protection contre les investissements risqués du banquier, et notamment leurs conséquences, a donné lieu, en un temps relativement court, à un renforcement remarquable des normes (a). Mais l'originalité réside dans l'interprétation qu'en fait le juge qui finit de

---

[2200] L. relative à l'activité et au contrôle des établissements de crédit, préc.

[2201] Par rapport à la Commission de contrôle des banques, la Commission bancaire a perdu certains pouvoirs, dont une partie lui a été retirée au bénéfice, à l'époque, du Comité de réglementation bancaire. De même, une partie de son pouvoir de décision individuelle a été transférée au Comité des établissements de crédit et des entreprises d'investissement. Néanmoins, dans le même temps, elle s'est vue reconnaître des attributions plus étendues que celles de la Commission de contrôle des banques.

[2202] À savoir les banques ayant un tiers de leur bilan consolidé réalisé avec des non-résidents.

[2203] Ce ratio était de 8%. Autrement dit, en face de tout crédit de 100, la banque doit allouer 8 en fonds propres (entendus alors de trois catégories : le noyau dur dit tiers 1, les fonds propres complémentaires, dits tiers 2, et les fonds propres surcomplémentaires, dits tiers 3. Ces fonds devaient être égaux ou supérieurs à 8% avec un minimum de 4% pour le tiers 1).

convaincre de l'omniprésence de cette ambition de préserver l'intérêt supérieur (b).

a - Le renforcement continuel des normes

702. En réponse à des spéculations risquées, des conflits d'intérêts exploités de toute sorte et des atteintes à l'intérêt supérieur répétées les années précédentes, le 14 juin 2004, les règles de Bâle II sont adoptées. Elles mettaient en place le ratio *McDonough* destiné à remplacer progressivement le ratio *Cooke*, et préconisaient des seuils minimaux de fonds propres, une surveillance prudentielle et une discipline de marché plus importants. La supervision réglementaire supposait un processus de surveillance prudentielle individualisée qui exigeait des autorités de contrôle de procéder à un examen qualitatif des techniques. Les méthodes d'évaluation des risques devaient être approuvées par le régulateur qui était en droit d'intervenir, en cas de non-respect, volontaire ou non, des normes applicables. Pour favoriser la discipline, les banques devaient en outre communiquer sur la composition des fonds propres et leur règle d'allocation, le système de notation interne et la gestion des risques. Les recommandations de Bâle II n'auront finalement été mises en place qu'au 1er janvier 2008. Toutefois, la même année avec les prémices de la crise des *subprimes*, les autorités de tutelle supranationales envisageaient déjà un Bâle II *Bis* face aux points faibles de la réglementation Bâle I et, particulièrement, le fait que certaines activités de marché et la titrisation ne soient pas couvertes. Mais, quand la crise a atteint son apogée, ce système de contrôle ainsi complété ne s'est pas non plus révélé suffisamment efficace et un Bâle III est apparu comme une évidence[2204].

703. Suivant le mouvement, en droit interne, l'ordonnance du 21 janvier 2010 a créé, comme on s'en souvient, l'Autorité de contrôle prudentiel, dont le renforcement du pouvoir a coïncidé avec le changement de nom (Autorité de contrôle prudentiel et de résolution), dans le but de veiller principalement à « la préservation de la stabilité financière et à la protection des clients ». Ces deux objectifs sont de fait liés, la protection des clients, et donc le maintien de leur confiance, participant à la stabilité recherchée. Un ensemble de mesures nouvelles a en outre été adopté. On y retrouve encore les mêmes

---

[2204] Aux Etats-Unis, « les nouvelles contraintes sont pour l'essentiel directes. Elles résultent tout à la fois de la mise en place progressive de nouveaux ratios réglementaires tels que le ratio de liquidité à court terme (LCR – *Liquidity coverage ratio*) ou le ratio de levier (adapté le cas échéant aux entités de nature systémique), de l'encadrement renforcé des opérations de titrisation (à travers notamment l'introduction de l'obligation de rétention) ou encore de la perspective d'un futur ratio de capacité d'absorption des pertes (TLAC – *Total loss absorbing capacity*) », JAMET (V.) et VINEL (A.-P.), « L'avenir de la banque de détail aux États-Unis : entre pluralité et hybridation des modèles industriels », *Rev. d'économie financière* 2015/2, n° 118, p. 117.

principes. D'abord est prescrite une amélioration de la qualité et du niveau des fonds propres. L'accent est mis également sur la nécessité pour les banques de renforcer la couverture de certaines titrisations complexes et d'analyser plus rigoureusement la qualité de crédit. Un ratio concernant les opérations qualifiées d'opérations de levier et d'hors-bilan complète les mesures relatives aux fonds propres et limite le recours à ce type d'opérations. Les banques sont, de plus, incitées à une gestion proactive des risques et à privilégier des rendements plus stables et sur le long terme, à adopter des pratiques saines en matière de rémunération et de gouvernance d'entreprise et à créer des collèges prudentiels dédiés à la prévention du risque et à la résolution des crises. Enfin, davantage de discipline du marché est exigée. Est notamment mis en place un système de responsabilité directe des véhicules de titrisation et de communication financière plus détaillée.

704. La loi de 2010 est suivie de la loi du 26 juillet 2013. La philosophie est la séparation des métiers pour une prévention et une résolution des crises plus efficaces en faveur, au moins partiellement, d'une meilleure protection des clients. En témoigne la centaine de mesures proposées, devançant de la sorte la directive CRD4[2205] et le règlement CRR[2206], en vigueur depuis le 1er janvier 2014. Ces derniers textes intègrent les dispositions Bâle III en les enrichissant de nouvelles règles. Des fonds propres et des coussins complémentaires pourront de surcroît être rajoutés à partir de janvier 2016. En matière de rémunération, il est prévu un plafonnement de la part variable des « preneurs de risques », sauf vote contraire en assemblée générale qui peut modifier ce plafond. Ceci s'applique en 2015 pour les bonus de 2014. Les banques doivent en plus publier, depuis janvier 2014, encore plus d'informations sur les profits, les opérations à effet de levier réalisées et les subventions reçues.

705. Ainsi, les règles prudentielles sont mises en place afin d'assurer « la préservation de la stabilité financière et la protection des clients », ces deux objectifs n'étant pas exclusifs l'un de l'autre. Elles ne reposent d'ailleurs pas uniquement sur des ratios comptables puisque l'incitation à la discipline et l'exigence de transparence y prennent une part importante. Or, comme on a pu le relever dans les développements précédents[2207], le fondement principal de la transparence est de permettre au porteur de l'intérêt supérieur de protéger lui-même cet intérêt dans un premier temps. Ensuite, la promotion de la discipline a comme objectif de préserver cet intérêt supérieur contre les atteintes illégitimes quand la transparence trouve ses limites. Les règles

---

[2205] Dir. 2013/36/UE, 26 juin 2013, concernant l'accès à l'activité des établissements de crédit et la surveillance prudentielle des établissements de crédit et des entreprises d'investissement, modifiant dir. 2002/87/CE et abrogeant les dir. 2006/48/CE et 2006/49/CE.

[2206] Règl. n° 575/2013, 26 juin 2013 concernant les exigences prudentielles applicables aux établissements de crédit et aux entreprises d'investissement et modifiant le règlement n° 648/2012.

[2207] V. *supra* n° 621.

prudentielles justifient donc, même incidemment, l'ambition de garantie espérée par le législateur.

La position du législateur français et de son homologue européen et l'idée de protection renforcée sous-jacente trouvent d'ailleurs écho en jurisprudence.

b - Le soutien du juge

706. Le juge, pour sa part, resté longtemps « étranger »[2208] au marché financier, a dû plus récemment faire face à une recrudescence de contentieux. Et, à l'analyse, il en ressort que le mouvement de protection est soutenu par les tribunaux. En effet, revenant sur sa position antérieure, la chambre commerciale a, dans un arrêt du 26 février 2008[2209], admis que l'inobservation d'une règle prudentielle pouvait être source de responsabilité contractuelle envers le client qui peut désormais prétendre à une réparation individuelle du fait de cette violation. En l'espèce, l'arrêt d'appel, pour rejeter les demandes présentées par le client, avait décidé « qu'il est de principe que le donneur d'ordres ne peut invoquer à son profit le non-respect de cette obligation, celle-ci n'étant édictée que dans l'intérêt de l'opérateur et afin de pourvoir à la sécurité des marchés, mais non dans le sien propre ». L'obligation de couverture est destinée avant tout à protéger le banquier prestataire contre un risque. Le raisonnement des juges du fond aurait donc pu être accepté. Toutefois, au visa des articles 1147 du Code civil et L. 533-4 du Code monétaire et financier dans sa rédaction en vigueur à l'époque des faits, la Haute juridiction a retenu « qu'aux termes du second de ces textes, le prestataire de services d'investissement est tenu d'exercer son activité avec la compétence, le soin et la diligence qui s'imposent, aux mieux des intérêts de ses clients et de l'intégrité du marché [et] de se conformer à toutes les réglementations applicables à l'exercice de son activité de manière à promouvoir au mieux les intérêts de son client et l'intégrité du marché ; qu'il résulte du premier qu'il est tenu de réparer les conséquences dommageables de l'inexécution de ces obligations ». Les juges du droit admettent de la sorte *a contrario* que l'obligation de couverture n'est pas édictée dans les seuls intérêts de l'opérateur et du marché, mais l'est aussi dans l'intérêt du client. Ils considèrent que l'obligation de couverture fait partie du contenu du contrat liant le banquier à son client dans le seul idéal de garantir au client la préservation de son intérêt regardé comme supérieur.

707. Le premier pilier de protection indirecte des intérêts des clients comprend donc l'ensemble des éléments destinés à éviter la défaillance. Il repose sur le renforcement de la supervision et des normes prudentielles. Les

[2208] MARTIN (D.), AMIEL-MORABIA (S.), « L'extension du contrôle juridictionnel des marchés », *RTD com.* 1996, p. 31.
[2209] Cass. com., 26 févr. 2008, préc.

établissements bancaires doivent en outre se doter d'un plan préventif de rétablissement qu'ils communiquent pour examen à l'Autorité de contrôle prudentiel et de résolution[2210]. Le second vise, pour sa part, à limiter les conséquences de la défaillance.

§ 2 - La garantie du client lors de la résolution

708. Une préoccupation commune aux législateurs français et européen est de préserver les intérêts du client déposant. L'article 31 de la nouvelle directive 2014/59/UE du 15 mai 2014 en révèle par exemple l'esprit, en affirmant l'égale importance aussi bien de la continuité de la banque que de la protection des avoirs des déposants. Dans les faits, la continuité de la banque ne se fait pas au détriment de l'intérêt du déposant[2211].

L'action protectrice du législateur apparaît doublement à travers une organisation des procédures de règlement des difficultés du banquier (A) et de garantie des dépôts dérogatoires au droit commun, plaçant le client au premier rang des créanciers (B).

A/ Un règlement des difficultés dérogatoire

709. La protection des avoirs des déposants a dicté des méthodes de résolution des défaillances bancaires échappant au traitement judiciaire de droit commun en France (1°) comme aux États-Unis (2°).

1°- La supervision de l'Autorité de contrôle en France

710. La loi bancaire se contentait, dans son article 52, d'inciter à la solidarité de place et d'appeler à la contribution des actionnaires. La directive 94/19/CEE du 30 mai 1994, relative aux systèmes de garantie des dépôts, a cependant contraint le législateur français à instaurer un nouveau régime d'assurance obligatoire. La loi du 8 août 1994[2212] transposant cette directive a donc été à l'origine de multiples systèmes de garantie, créant de la sorte des difficultés au regard de la loi du 25 janvier 1985 relative au

---

[2210] C. monét. et fin., art. L. 613-31-11.

[2211] Dir. 2014/59/UE, 15 mai 2014 établissant un cadre pour le redressement et la résolution des établissements de crédit et des entreprises d'investissement et modifiant la directive 82/891/CEE et les directives 2001/24/CE, 2002/47/CE, 2004/25/CE, 2005/56/CE, 2007/36/CE, 2011/35/UE, 2012/30/UE et 2013/36/UE et les règlements n° 1093/2010 et n° 648/2012,considérants n° 50 et 51 : *JOUE* n° L 173, 12 juin 2014, p. 190.

[2212] L. n° 94-679, 8 août 1994 portant diverses dispositions d'ordre économique et financier.

redressement et à la liquidation judiciaire des entreprises[2213], compte tenu de la spécificité des établissements de crédit. Le législateur a finalement unifié le régime du traitement des établissements de crédit en difficulté avec la loi du 25 juin 1999 relative à l'épargne et à la sécurité financière[2214]. Ainsi, par dérogation au droit commun, et notamment dans le but de préserver les actifs destinés à désintéresser en premier lieu les clients déposants, un droit spécial des défaillances bancaires a vu le jour. Par exemple, l'état de cessation des paiements ne correspondait pas à la définition de droit commun. La cessation de paiement faisait référence à l'incapacité de la banque à « assurer les paiements immédiatement ou à terme rapproché »[2215], à savoir le remboursement des dépôts à vue et de l'épargne à court terme. En outre, l'ouverture de la procédure ne pouvait se faire qu'après avis de la Commission bancaire[2216]. En effet, la Commission avait des pouvoirs très étendus lui permettant de réagir face aux premières difficultés financières des établissements de crédit et à tous les stades de la procédure. Celle-ci disposait notamment du pouvoir de nommer un administrateur provisoire, dont la mission se limitait néanmoins, encore par dérogation au droit commun des entreprises en difficulté, à un rôle de surveillance des opérations de gestion[2217]. En cas d'aggravation de la situation, et quand un administrateur avait été désigné, la Commission pouvait, sur avis du fonds de garantie des dépôts, demander la cession judiciaire des actions des dirigeants ou des actionnaires[2218], mais seulement lorsque l'intérêt des déposants était menacé. Si la situation continuait à se dégrader, l'ouverture d'une procédure de conciliation, sauvegarde, redressement ou de liquidation était soumise à des conditions particulières, différentes de celles du droit commun des entreprises en difficulté, et ne s'opérait qu'après avis de la Commission bancaire.

711. Les pouvoirs de la Commission sont aujourd'hui dévolus à l'Autorité de contrôle prudentiel et de résolution. Ils sont en outre renforcés, et la singularité de la procédure de résolution s'en trouve davantage marquée. En effet, la loi du 26 juillet 2013 de séparation et de régulation des

---

[2213] L. n° 85-98, 25 janvier 1985 relative au redressement et à la liquidation judiciaires des entreprises.

[2214] L. préc.

[2215] C'est aujourd'hui toujours la même définition : C. monét. fin., art. L. 312-15. - I : « Dans l'exercice de sa mission d'indemnisation prévue au I de l'article L. 312-5 ». - C. monét. fin., art. L. 312-5 - I : « Le fonds de garantie est mis en œuvre sur demande de l'Autorité de contrôle prudentiel et de résolution dès que celle-ci constate que l'un des établissements mentionnés à l'article L. 312-4 n'est plus en mesure de restituer, immédiatement ou à terme rapproché, les fonds qu'il a reçu du public dans les conditions législatives, règlementaires ou contractuelles applicables à leur restitution ».

[2216] C. monét. art. L 613-27, anc.

[2217] C. monét. art. L 613-28, anc.

[2218] C. monét. art. L 613-25, anc.

activités bancaires[2219] a confié à l'Autorité de contrôle prudentiel et de résolution une nouvelle mission : la prévention et la résolution des crises bancaires afin « de préserver la stabilité financière, d'assurer la continuité des activités, des services et des opérations des établissements »[2220] et « de protéger les déposants, d'éviter ou de limiter au maximum le recours au soutien financier public »[2221]. La loi a créé à cet effet un collège propre à la résolution chargé d'en élaborer les plans opérationnels. Ainsi, ce collège peut enjoindre à un banquier de prendre, dans un délai déterminé, des mesures jugées nécessaires à la mise en œuvre efficace des actions de résolution, sous réserve que des obstacles à la « résolvabilité »[2222] aient été constatés et que les solutions proposées apparaissent insuffisantes[2223]. Dans cette perspective, l'Autorité engagera les travaux d'évaluation de la « résolvabilité » des groupes. Elle pourra également, si elle le considère comme essentiel, exiger la modification des métiers ou de la structure d'un établissement. Elle aura le pouvoir de contraindre les actionnaires et les créanciers à financer tout ou partie du coût du sauvetage[2224], de demander l'émission de nouvelles actions ainsi que la dépréciation ou l'annulation du capital et de la dette. Elle pourra aussi céder les activités ou les confier à un établissement relais et révoquer les dirigeants.

712. L'article L. 613-50 al. 4 du Code monétaire et financier dispose, pour sa part, que lorsqu'il met en œuvre une mesure de résolution, le collège de l'Autorité tient compte des objectifs de protection des actifs des clients, en particulier ceux des déposants assurés par le fonds de garantie et les valeurs des investisseurs en titres couverts par la garantie prévue aux articles L. 322-1 et suivants du même Code[2225]. Enfin, comme auparavant, y compris en présence d'un texte contraire du Code de commerce, une liquidation judiciaire ne peut être ouverte à l'égard d'un établissement bancaire soumis

---

[2219] L. préc.

[2220] C. monét. et fin., art. L. 612-1, II, 4.

[2221] C. monét. et fin., art. L. 612-1, II, 4.

[2222] Définie par l'Autorité de contrôle prudentiel et de résolution comme la capacité de l'établissement à faire l'objet de mesures de résolution.

[2223] Ainsi, l'article L. 613-49 du Code monétaire et financier énonce que le collège de résolution de l'Autorité de contrôle prudentiel et de résolution peut prendre une mesure de résolution s'il est établi que la défaillance est avérée ou prévisible ou s'il n'existe aucune perspective raisonnable que cette défaillance puisse être évitée dans un délai raisonnable autrement que par la mise en œuvre d'une mesure de résolution.

[2224] C. monét. et fin., art. L. 613-31-16 II et III. Le principe reste toutefois qu'« aucun actionnaire, sociétaire ou créancier n'encoure de pertes plus importantes que celles qu'il aurait subies si la personne [avait] été liquidée selon la procédure de liquidation judicaire prévue par le Code de commerce ».

[2225] Le FGDR assure aussi la garantie des cautionnements, C. monét. fin., art. L. 313-50 et L. 313-51 ; dans un domaine voisin, il existe la garantie des clients des entreprises d'assurance : art. L. 326-4 et L. 423-1 et s. du Code des assurances, avec un fonds de garantie des assurés contre la défaillance de sociétés d'assurance de personnes.

à une procédure de résolution sauf si le collège de résolution en prend l'initiative.

Comme en France, aux États-Unis la *Federal Deposit Insurance Corporation* applique un droit spécial de la *bankruptcy* (titre 11 de l'US Code) aux *depository institutions*[2226].

2°- Le pouvoir étendu du fonds de garantie aux États-Unis

713. La *Federal Deposit Insurance Corporation* avait une possibilité d'éviction ou de suspension à l'encontre des dirigeants responsables d'une violation de la loi ou d'une gestion négligente, risquant de porter atteinte à l'intérêt des déposants, similaire à celui ayant été attribué à la Commission bancaire. Celle-ci pouvait en outre prononcer des sanctions pécuniaires. Mais le *Federal Deposit Insurance Corporation Improvement Act* de 1991 lui a conféré un pouvoir plus contraignant en la matière que celui qu'avait la Commission bancaire. Elle pouvait ainsi imposer un plan de restauration du capital à respecter durant une période déterminée.

714. En revanche, la nomination de l'organe de procédure était plus complexe qu'en France, à cause notamment de la coexistence du niveau fédéral et du niveau étatique et de l'hétérogénéité du système bancaire. En effet, dès lors que l'organe de la procédure était désigné, le processus était simplifié puisqu'il était seul à prendre des décisions et détenait des prérogatives étendues pour tenter de maintenir les actifs, disposant en cela d'un pouvoir comparable à celui, en France, d'un président de tribunal[2227]. La principale conséquence en était une certaine disparité dans l'appréciation du moment auquel la procédure collective devait commencer. De plus, les juges éventuellement saisis ensuite se refusaient à unifier le régime et respectaient généralement les prescriptions de l'organe compétent[2228]. Cette complexité a longtemps contribué à rendre la nomination d'un mandataire trop tardive. Le législateur a par conséquent permis à la *Federal deposit insurance corporation* de se désigner elle-même l'organe de la procédure. Elle remplit alors en cette qualité la mission d'administrateur (*conservator*) ou de liquidateur (*receiver*). Ayant comme devoir principal de désintéresser avant tout les clients déposants[2229], cette agence peut donc, à cet effet, prendre librement la décision de liquider, contrairement à ce qui se passe en

[2226] « […] bank, savings bank, cooperative bank » 11 U.S.C. 109 (b)(2).

[2227] Saisi sur avis auparavant de la Commission bancaire et aujourd'hui de l'Autorité de contrôle prudentiel et de résolution.

[2228] V. *United Savings Bank of Morgenthau*, 85 F.2d 811 (D.C. Cir. 1936), cert. denied 299 U.S. 60 (1937)).

[2229] « Le FDIC est habilité uniquement à prendre le contrôle de la banque défaillante et à protéger ainsi les déposants assurés », BLAIR (S. C.), « Gérer la transition ers un système financier plus sûr », *Rev. de la stabilité financière* sept. 2009, p. 15.

droit français. En effet, le fonds de garantie des dépôts et de résolution n'intervient que sur demande de l'Autorité de contrôle prudentiel et de résolution, soit préventivement, soit lorsque l'état de cessation des paiements au sens bancaire est avéré[2230].

715. La résolution des banques en difficulté vise d'abord le retour à la stabilité pour la structure défaillante. Mais, contrairement à la logique du droit commun accordant une place privilégiée aux créanciers ayant permis la poursuite de l'activité, face à l'alanguissement de la banque, il est plutôt question de minimiser les conséquences sur les déposants.

B/ Le déposant : un créancier chirographaire placé au premier rang

716. Ce sont les clients déposants, créanciers chirographaires, à qui les procédures du droit commun des entreprises en difficulté réservent le dernier rang, qui bénéficient, lorsqu'il s'agit de la défaillance du banquier, d'un rang privilégié en France (1°) comme aux États-Unis, à quelques nuances près (2°).

1°- Le créancier privilégié en France

717. De la manière dont l'entend l'Autorité de contrôle prudentiel, à l'heure actuelle, quand il est question de résolution, « tout d'abord, il s'agit de protéger les déposants »[2231]. En effet, la Cour de cassation considérait auparavant qu'il incombait aux créanciers de déclarer leurs créances[2232] et ils étaient privés du bénéfice de la revendication[2233] comme du privilège de *New money*.

718. La loi du 25 juin 1999 a créé, à l'image de la *Federal Deposit Insurance Corporation*, le Fonds de garantie des dépôts[2234], devenu Fonds de garantie des dépôts et de résolution depuis la loi du 26 juillet 2013[2235], dont la mission principale est de rendre leurs dépôts aux déposants des établissements de crédit[2236].

[2230] C. monét. fin., art. L. 613-26, al. 1er.

[2231] Présentation de la mission de résolution sur le site internet de l'ACPR.

[2232] Cass. com., 4 mars 1997 : Bull. civ. 1997, IV, n° 64 ; *Contrats, conc. consom.* 1997, comm. 110, note Leveneur (L.) ; *Bull. Joly Bourse* 1997, p. 590, note Bonneau (Th.).

[2233] S'agissant de la revendication des déposants : Cass. com., 22 mai 2013, n° 11-23.961 : *JurisData* n° 2013-009963 ; *Bull. civ.* 2013, IV, n° 87 ; *D.* 2013, p. 1342, note Lienhard (A.) ; *D.* 2013, p. 1594, note F. DANOS ; *JCP E* 2013, 1434, spéc. n° 5, note Ph. PÉTEL ; *Bull. Joly Entreprises* 2013, p. 226, note Laroche (M.) – MAFFÉI (A.), « Controverse autour des obligations du dépositaire », *RD bancaire et fin.* 2011, étude 8.

[2234] LÉGUEVAQUES (C.), « La création d'un fonds de garantie des dépôts : la fin d'une exception française », *Banque et droit* 1999, n° 68, p. 9

[2235] L. préc.

[2236] C. monét. et fin., art. L. 312-4 s.

719. La participation à ce fonds est, comme aux États-Unis[2237], un préalable à l'exercice de la profession bancaire. La directive européenne 2009/14/CE du 11 mars 2009 modifia une première fois le montant et le délai d'indemnisation, puis celle du 16 avril 2014, 2014/49/UE[2238], réduisit encore plus les délais. Cette dernière directive contient de nombreux éléments qui existaient déjà dans la loi de 2013. Elle a de ce fait anticipé la finalisation des discussions européennes[2239].

720. Ainsi, l'article L. 613-30 du Code monétaire et financier dispense les déposants éligibles à la garantie de la déclaration de leurs créances dans le cadre de la procédure collective. Le relevé qui est fait du montant de cette dette par le mandataire judiciaire peut faire l'objet d'un recours dans les deux mois. Le sort des déposants est déterminé notamment aux articles L. 312-4 à L. 312-18 du Code monétaire et financier. Les sommes éligibles[2240] à la garantie concernent le client contractant du banquier avant tout. Sont ainsi garantis les « fonds remboursables du public »[2241], c'est-à-dire ceux reçus par le banquier avec le droit d'en disposer librement pour son compte propre[2242] exclusivement[2243]. Ces déposants sont en outre épargnés de toutes

---

2237 Le Fonds de dépôt et de garantie est quant à lui une personne morale de droit privé alors que la FDIC est une *agency* de l'administration américaine qui en est le mandataire. La participation à la FDIC est obligatoire pour toutes les banques membres du *Federal Reserve System*.

2238 Directive 2014/49/UE du 12 juin 2014, relative aux systèmes de garantie des dépôts.

2239 Le SRM (*simple resolution mechanism*) donnera lieu pour sa part à un règlement d'application directe. L'idée est de construire un système sur le même périmètre que celui de la zone euro avec un *board* où chaque autorité de résolution nationale serait représentée. Les décisions de ce *board* européen impliqueront également la Commission et le Conseil européen. Une partie des sommes nécessaires à la résolution d'une crise bancaire pourra être apportée par le fonds de résolution européen financé par les banques et constitué durant une période de 10 ans (de 2015 à 2025).

2240 Sont écartés les autres établissements de crédits et financiers, les personnes de l'article L. 518-1 C. monét. fin., les entreprises d'investissement, les assurances, les OPCVM, les fonds de retraite et de pension, les États et les collectivités publiques. (V. toutefois Dir. 2014/49/UE, art. 5, 2° qui vise les très petites collectivités locales et les régimes de retraite personnels et professionnels pour les PME).

2241 Concrètement, sont couverts par le FGDR les comptes de dépôt, comptes courants et comptes d'épargne divers ouverts par les banques. L'article 2 du règlement n° 99-05 précise : « tout solde créditeur résultant de fonds laissés en compte ou de situations transitoires provenant d'opérations bancaires normales, que l'établissement de crédit doit restituer conformément aux conditions légales et contractuelles applicables, notamment en matière de compensation. Les dépôts ainsi définis incluent, notamment, les dépôts de garantie lorsqu'ils deviennent exigibles et les sommes dues en représentation de bons de caisse et de moyens de paiement de toute nature émis par l'établissement, ainsi que les dépôts en espèces, y compris ceux effectués en garantie ou en couverture de positions prises sur un marché d'instruments financiers, lorsque ces dépôts sont liés à un service d'investissement, à la compensation ou à la conservation d'instruments financiers, fournis par ledit établissements. »

2242 C. monét. fin., art. L. 312-2.

2243 Ce qui exclut les fonds reçus sans qu'il soit permis au banquier d'en disposer autrement que pour répondre aux ordres de paiement relevant de la garantie prévue à C. monét. fin., art.

les mesures habituelles aux procédures collectives de droit commun, comme la suspension des obligations de paiement et de livraison ou de l'exécution des sûretés. Les déposants non couverts par cette garantie bénéficient quant à eux d'une priorité en rang[2244].

2°- Un créancier privilégié aux États-Unis

721. Aux États-Unis, pour indemniser les déposants jusqu'à concurrence du maximum prévu, le plus tôt possible, la *Federal deposit Insurance Corporation* est autorisée, depuis 1991, à prononcer la liquidation d'une banque en difficulté dès que son ratio de fonds propres est inférieur à 2%, même si sa valeur nette comptable est encore positive[2245]. Le remboursement des dépôts est, aux États-Unis comme en France, sélectif quant à la qualité des déposants, mais le système américain est plus complexe. Il permet le dédommagement direct, auquel cas la *Federal deposit Insurance Corporation* détermine, comme le fonds de garantie et de dépôt, qui sont les assurés et pour quel montant, la décision restant contestable. Cependant, l'agence américaine, qui a l'obligation de liquider de la manière la moins onéreuse pour son fonds de garantie, a la possibilité de transférer le compte à une banque solvable contre une prime, l'intérêt pour cette dernière étant d'attirer de nouveaux clients. L'autre méthode privilégiée est celle de la *purchase and assumption transaction*, la vente par blocs d'actifs et de passifs (comprenant les dépôts garantis) de l'ancien établissement.

722. Les normes prudentielles et de résolution accordent une place centrale au client du banquier et veillent, directement et indirectement, à préserver son intérêt, confirmant de la sorte qu'à l'instar des règles régissant l'activité du banquier, elles sont naturellement axées sur la sécurité des opérations sur le marché, mais sont, au-delà, surtout dictées par la volonté de protéger l'intérêt du client investisseur. Cette volonté s'est manifestée

---

L. 613-30-1. V. BONNEAU (Th.), « Établissements de paiement, Règles spéciales », *Rev. proc. coll.* 2010, comm. p. 137.

[2244] Par ailleurs, l'article 108 directive 2014/59/UE dispose : « *a)* les dépôts suivants bénéficient du même niveau de priorité en rang qui est plus élevé que celui des créances des créanciers ordinaires non garantis et non privilégiés : *i)* la partie des dépôts éligibles des personnes physiques et des micro, petites et moyennes entreprises qui excède le niveau de garantie prévu par l'article 6 de la directive 2014/49/UE ; *ii)* les dépôts des personnes physiques et des micro, petites et moyennes entreprises qui seraient des dépôts éligibles s'ils n'étaient pas effectués par l'intermédiaire de succursales situées hors de l'Union, *b)* les dépôts suivants bénéficient du même niveau de priorité en rang qui est plus élevé que celui prévu en vertu du point *a)* : *i)* les dépôts couverts ; *ii)* les systèmes de garantie des dépôts subrogeant les droits et obligations des déposants couverts en cas d'insolvabilité ».

[2245] KRIMMINGER (M.), « *Banking in a Changing World: Issues & Questions in the Resolution of Cross-Border Banks* », *Federal Reserve Bank of Chicago conference on Cross-Border Banking : Regulatory Challenges*, 6–7 oct. 2005, disponible sur ssrn.com/abstract=872431.

progressivement, mais par des mouvements violents qui révèlent indéniablement l'ambition de voir le banquier garantir l'intérêt supérieur contre son propre fait.

Conclusion titre Premier

723. Une situation sociale s'appréhende au regard des exigences dominantes du moment et de normes provisoires qui, parce qu'elles sont changeantes et soucieuses du détail, révèlent souvent rapidement leurs limites. Pour cette raison, la simplification de la loi, dans l'espoir de lui faire gagner en efficacité, a de tout temps été privilégiée. C'est cette philosophie qui a guidé notre recherche de l'obligation du banquier de gérer le conflit d'intérêts. L'idée était de comprendre la véritable ambition de chacune des théories et techniques juridiques participant, dans l'état actuel du droit positif, à contrôler le conflit d'intérêts du banquier.

724. Il s'est avéré que les efforts répétés de la doctrine et des juges ont incité le législateur à prendre en compte l'inégalité des protagonistes au contrat et que, ce faisant, il a élargi le champ des obligations en entourant à la fois la conclusion et l'exécution. Influencé par ce mouvement, mais le plus souvent le devançant, le contrat bancaire s'est graduellement enrichi d'une série de nouvelles règles impératives. L'étude de cette évolution a montré que, dans cette quête continue d'un rééquilibrage contractuel, s'est progressivement construit un principe général imposant au banquier de préserver l'intérêt tiers supérieur contre le sien. Ce devoir de protection se traduit plus particulièrement, en cas de conflit d'intérêts, par une obligation pour le banquier de garantir l'intérêt tiers, considéré supérieur, contre son fait. Les fondements d'un tel axiome, s'ils se sont révélés certaines fois explicites et d'autres fois implicites, existent en présence comme en absence d'investiture conventionnelle.

725. En présence d'un contrat, par delà la diversité des notions auxquelles il est fait recours pour contrôler le conflit d'intérêts du banquier se cache en réalité une profonde unité de principe : l'intérêt tiers supérieur prime constamment sur celui du banquier. L'analyse a laissé apparaître que l'obligation attendue du banquier va plus loin que l'abstention de nuire ou de la simple prise en compte de l'intérêt tiers supérieur. L'ambition est que le banquier protège cet intérêt contre le sien. En cas de conflit d'intérêts, respecter cet impératif implique que le banquier garantisse l'intérêt supérieur contre son propre fait. Il s'agit là d'une obligation à part entière qu'il conviendrait de reconnaître. Elle trouve son fondement aussi bien dans le droit commun des obligations et des contrats que dans le droit spécial et paraît justifiée tant par la volonté du contractant, que par l'économie du contrat.

726. L'exercice visant à démontrer la présence d'un principe de protection de l'intérêt tiers, qui se traduit en obligation de garantie en cas de survenance d'un conflit d'intérêts, a commencé par l'étude des règles relatives au consentement, car le contrôle de l'intégrité du consentement semble être renforcé en matière de contrats bancaires. Il en est ressorti que la sanction classique des vices de consentement s'applique parfois au prix d'une interprétation extensive, voire originale, pour arriver à soumettre le conflit d'intérêts du banquier.

727. L'analyse s'est amorcée par la notion d'erreur, la substance du contrat bancaire répondant au critère tant objectif que subjectif de l'erreur. L'évolution de ce concept cernée, il convenait de s'intéresser à la manière dont elle influence l'obligation du banquier face à la situation de conflit d'intérêts. Il était ainsi possible de constater que cette notion est devenue un outil de protection de l'intérêt du client cocontractant de manière générale. En cas de conflit d'intérêts, le respect de cette ambition de protection ne suppose pas autre chose que d'exiger du banquier qu'il garantisse l'intérêt supérieur du sien.

728. La notion de violence a été utilisée aux mêmes fins. Notamment, il ressort de l'étude que si la philosophie première ayant inspiré au législateur la sanction de la violence était une idée de répression, cette idée s'est enrichie d'un objectif de protection, renforcée quand le contractant a un statut de professionnel et en particulier de banquier. Différents droits spéciaux, dont les règles intéressent directement le banquier, confortent encore et toujours l'idée de protection. Notamment, des peines sévères sanctionnent désormais certains manquements du banquier, tout en faisant fi de l'élément intentionnel qu'exige le droit pénal pour qualifier les infractions. Le changement de perception de la violence est manifeste et n'est pas sans influence sur ce que devrait être la nature de l'obligation du banquier face au conflit d'intérêts.

729. L'obligation d'information s'est également révélée comme procédant de ce mouvement de protection. Elle est en effet une des principales techniques qu'utilise le juge pour saisir le conflit d'intérêts, même s'il a pu être constaté qu'elle peine à le faire, alors que la variété de ses aspects en droit bancaire et financier témoigne de la volonté de protéger l'intérêt du client du banquier du fait de ce dernier.

Le droit positif semble avoir mis à la charge du banquier une obligation d'information qu'on pourrait qualifier de « personnalisée ». Le devoir d'information, par essence doté d'une fonction protectrice, a concerné le banquier à sa toute première apparition et n'a fait que se renforcer depuis. Cette ambition d'ancrer chez le banquier une pratique consistant à assurer la défense de l'intérêt tiers avant le sien se retrouve dans la réglementation du démarchage financier, depuis la commercialisation jusqu'au moment où le client s'apprête à signer le contrat. Plus largement, la jurisprudence admet en fait que l'obligation d'information a pour but de permettre d'apprécier aussi précisément que possible l'utilité que procure le contrat et réforme toutes décisions d'une philosophie contraire. La consécration, puis le développement de l'obligation de conseil et l'apparition de l'obligation de mise en garde, composantes de l'obligation plus générale d'information personnalisée, illustrent encore l'existence d'un principe de protection fédérant les multiples exigences qui pèsent sur le banquier. D'autre part, il est ressorti de l'analyse, qu'à l'heure actuelle la sanction de l'obligation d'information personnalisée passe implicitement par la notion de garantie, négligeant de ce fait la différence entre les deux notions. De telles positions sont révélatrices de l'ambition de protection recherchée.

730. Cette ambition existait déjà à l'époque où le défaut d'information s'exprimait au travers de la notion générale de dol ou plus exactement de la réticence dolosive, autre moyen de contrôle du conflit d'intérêts utilisé. L'évolution qu'a connue cette notion témoigne d'une volonté d'en faire un réel outil protecteur de l'intérêt du client cocontractant du banquier, mais il a aussi ses limites. En effet, toute la notion de conflit d'intérêts ne peut être réduite à celle de dol. L'élément caractéristique du dol est l'intention de tromper, élément qui ne se retrouve pas nécessairement dans le conflit d'intérêts, même exploité. L'utilisation de son pouvoir par le banquier cocontractant au détriment de l'intérêt de son client, peut être simplement fautive. Si, comme le dol le conflit d'intérêts est une situation de fait, il s'en différencie par ce trait qui lui est particulier : son caractère évolutif. Ainsi, l'élément intentionnel n'existe pas aux premiers stades d'apparition du conflit d'intérêts et ne voit le jour qu'au stade précédent son exploitation. Le dol ne peut être synonyme que de la quatrième phase du conflit d'intérêts et dans les seuls cas où, au-delà de la simple faute du banquier, il peut être relevé une intention de tromper.

731. Mais si l'ambition de garantie transparaissait dès la formation du contrat, des fondements incontestables en ont été également découverts dans l'économie du contrat. Notamment, l'instrumentalisation de la notion de cause est assez révélatrice de la protection recherchée. Animée par ce souci de préserver l'intérêt du client, la jurisprudence n'a pas hésité à se doter des instruments nécessaires à un contrôle renforcé du contrat , donnant une nouvelle fonction à la cause qui fait désormais office d'outil de protection individuelle. Mais les hésitations qui entourent cette notion et les applications contradictoires qui en sont faites témoignent de ce que la notion n'arrive pas tout à fait à honorer la fonction qui lui a été assignée. Ces insuffisances devaient par conséquent nous pousser à la délaisser, quand pourtant le conflit d'intérêts pourrait bien être certaines fois qualifié de conflit de cause tant les deux notions ont de points communs, la situation du banquier en conflit d'intérêts pouvant se traduire par une opposition entre la cause de l'engagement de son cocontractant et la sienne. On est bien loin de la conception traditionnelle de la cause et même du souci de justice contractuelle. La cause n'est plus seulement un moyen de rééquilibrage du contrat, elle devient l'instrument qui permet de garantir que le contrat a réellement préservé l'intérêt en considération duquel chaque contractant s'est engagé. En cas de conflit d'intérêts, cet impératif de protection ne peut donc se traduire autrement que par la nécessité de garantir que les intérêts du contractant sont protégés.

732. Ce raisonnement s'est trouvé conforté lorsque l'on s'est intéressé à l'objet des contrats où le conflit d'intérêts prend habituellement naissance. Il est apparu que cette obligation de garantie se rapportait directement à l'objet des contrats qui ont pour raison d'être la gestion de l'intérêt d'autrui. Que le contrat définisse à la fois la nature et l'objet des actions à effectuer ou qu'il soit plus général, il est attendu du banquier d'agir dans l'intérêt de son cocontractant, obligation qui serait vidée de son sens s'il ne devait pas défendre l'intérêt ainsi confié *a minima* contre son propre fait. Cette affirmation a pu trouver l'appui de la jurisprudence dans la mesure où il s'est avéré que de manière générale l'importance d'une même atteinte aux intérêts du client peut différer selon qu'elle est accompagnée ou non d'un conflit d'intérêts.

733. L'obligation de garantie s'explique également quand on remarque qu'à l'obligation d'exécuter utilement le contrat s'ajoute un devoir d'agir de bonne foi et avec loyauté, autre fondement du devoir de garantie de la protection des intérêts du client. La garantie s'est finalement avérée être un simple aspect de l'exigence de bonne foi et des multiples rôles qu'on consent habituellement à lui attribuer. Avant tout, la bonne foi a semblé avoir comme motivation indiscutable la volonté de préserver les intérêts d'autrui et le respect de l'intention des parties. En outre, le rôle dynamique de la bonne foi justifie l'obligation de garantie du banquier face au conflit d'intérêts à deux titres. D'abord, la bonne foi est dotée d'une fonction interprétative de la volonté des parties à laquelle l'obligation de garantie permet de se conformer. Ensuite, la bonne foi est dotée d'une force créatrice d'obligations implicites aux contrats, dont l'obligation de garantie du banquier peut valablement faire partie. C'est bien le rôle complétif de la bonne foi qui a donné naissance à une obligation aujourd'hui incontestée : la garantie d'éviction dont la garantie du fait personnel est une composante.

734. Par ailleurs, s'il a été constaté que la loyauté ne pouvait offrir un moyen de gestion du conflit d'intérêts du banquier, on lui a néanmoins découvert des fondements communs avec l'obligation de garantie. Une unité ressort des arrêts étudiés : la déloyauté est également prouvée lorsque le débiteur de l'obligation se place consciemment dans une situation l'empêchant d'exécuter utilement la convention. Or, la volonté est l'élément phare qui fait muer un conflit d'intérêts potentiel en un conflit d'intérêts réel ou un conflit d'intérêts en un conflit d'intérêts exploité. C'est l'élément volonté qui donne au conflit d'intérêts du banquier tout son sens. Ensuite, l'obligation du banquier va au-delà. Il a une obligation spéciale de protéger les intérêts qui lui sont confiés, qui lorsqu'elle est violée vient aggraver la déloyauté et la responsabilité. Si l'inexécution est volontaire, le débiteur doit réparer l'intégralité du préjudice et non plus simplement le dommage prévisible. La déloyauté du banquier accroît de la sorte l'étendue de sa responsabilité. C'est là que loyauté et garantie se rejoignent.

735. Les situations de conflit d'intérêts ne se cantonnant pas au cadre contractuel, il a pu ainsi être constaté qu'en dehors de tout contrat, les exigences, si elles sont d'une nature différente, aspirent à contraindre à une même garantie. En effet, si les règles régissant l'activité du banquier sont naturellement axées sur la sécurité des transactions sur le marché, elles sont surtout dictées par la volonté de protéger l'intérêt du client investisseur. Celle-ci s'est manifestée au fil du temps par des mouvements, des méthodes et des périodes d'élaboration de normes dont on peut conclure que, derrière l'exigence de prendre en compte cet intérêt supérieur ou de ne pas y nuire, transparaît l'ambition d'imposer au banquier un devoir de le garantir contre son propre fait.

736. Cette idée ressort aussi bien de l'analyse des règles relatives à la protection du client investisseur que de celles assurant le bon fonctionnement du marché. Le devoir de garantie s'est trouvé en réalité fondé pour deux raisons. L'impératif de protection de l'intérêt du client investisseur est traditionnellement omniprésent, mais bien au-delà, il commande le retour de la loi lorsqu'est pressentie ou avérée toute atteinte à cet intérêt supérieur. Assurément, si de tout temps des sources privées ont émaillé le droit de l'activité du banquier, cette singularité ne l'a jamais dispensé de la nécessité de préserver l'intérêt de l'investisseur, dont on ressentait la suprématie, et le législateur s'est continuellement efforcé d'assurer la police des transactions du banquier qui se déroulent sur le marché financier. Les mouvements de recul ou de retour du contrôle ont eu comme fondement principal la défense de l'intérêt de l'investisseur et le passage par des phases qualifiées de dérégulation ou déréglementation n'a en rien altéré cet impératif de protection. Le législateur n'allait déléguer son pouvoir que dans l'objectif même de renforcer la protection souhaitée. L'importance du principe de protection apparaît finalement tel un postulat directeur du droit français et l'un de ses traits distinctifs. La complexité de la structure institutionnelle destinée à préserver les intérêts du client investisseur témoigne de la volonté férue d'une protection renforcée, dont le véritable dessein est de garantir l'intérêt supérieur contre toute atteinte illégitime. Dans l'intérêt de l'investisseur, le législateur n'hésite d'ailleurs pas à supprimer la délégation accordée, ni à s'approprier les règles d'autodiscipline, habituellement qualifiées de droit mou ou *soft law*, élaborées par le professionnel, en en faisant ainsi un simple outil d'écriture du droit dur ou *hard law*. Cet état reflète une démarche du législateur adoptée en réponse, en particulier, à la prise de conscience des effets négatifs du conflit d'intérêts du banquier, démarche soutenue par le juge et laissant transparaître l'ambition d'instituer une garantie que l'on prête au législateur.

737. L'étude des règles qui se veulent des principes généraux de bon fonctionnement du marché dont découlent des responsabilités particulières au critère finaliste a fini de nous convaincre. La protection renforcée de l'intérêt du client investisseur par l'information ne se révèle pas seulement à l'étude de l'offre du banquier au public ; elle transparaît également à travers la volonté de promouvoir la transparence et un devoir extracontractuel qui s'impose à lui, d'une portée d'ailleurs plus grande qu'en droit commun : elle constitue à la fois un engagement et une norme de comportement. Cette loyauté n'est pas une fin en soi, mais un objectif intermédiaire. Le but final n'est autre que la protection du client investisseur dans la mesure où le seul acteur du marché qui échapperait au principe de loyauté serait le client investisseur, le devoir de loyauté n'étant exigé concrètement que des intermédiaires de marché et des émetteurs.

738. Enfin, la protection recherchée transparaît lorsqu'on s'intéresse à la réglementation des risques et des défaillances bancaires. Ainsi, tant que les conséquences des chocs de capitalisation ou de liquidité demeuraient relativement limitées, la gestion de ce risque n'était pas une préoccupation de premier plan. L'intervention du législateur se faisait donc *a posteriori* dans une logique de répression. Cette logique s'est inversée lorsque le risque a concerné directement l'intérêt du client déposant. Le législateur a dès lors continuellement renforcé ses normes au point qu'elles sont devenues parmi les plus protectrices. Il s'agit là d'un dernier témoignage de la volonté renforcée de protéger l'intérêt supérieur qui, sans pouvoir constituer véritablement un fondement au devoir de garantie, illustre néanmoins que les pans les plus éloignés du droit de l'activité du banquier privilégient la protection du client. Cette ambition de protection justifie en revanche l'exigence d'une garantie en cas de conflit d'intérêts.

Convaincu de l'opportunité de légiférer à partir des objectifs véritablement attendus *in fine* par la réglementation, il convient à présent de s'attarder sur la substance de cette garantie.

TITRE DEUX. LA SUBSTANCE DE LA GARANTIE

739. La survenance d'un conflit d'intérêts n'est généralement pas de nature à faciliter la bonne fin des opérations dont est chargé le banquier qui se retrouve dans une telle situation. De plus, les règles visant à le prévenir ou à le traiter ont révélé leurs limites. S'ajoutent à cela les difficultés de réparation et de sanction liées à l'absence d'un fondement juridique et d'un chef de responsabilité spécifiques à ce conflit d'intérêts. Par conséquent, comme il vient d'être constaté dans le titre précédent, la nécessité d'une protection spéciale de l'intérêt supérieur se fait vivement ressentir. Or, l'obligation de garantie figure au rang des institutions qui contribuent à donner aux contractants des chances supplémentaires pour que soit atteint le but qu'ils se sont fixé. Elle n'a d'autres objets[2246] qu'une responsabilité aggravée qui sanctionne des obligations spéciales imposées[2247]. Il n'y a de garantie « que là où ces deux objets se rencontrent simultanément »[2248].

740. De ce fait, les obligations de garantie sont peu nombreuses et ne se retrouvent traditionnellement que dans des contrats spéciaux déterminés. Puisant leurs origines dans le Code d'Hammourabi et fixées par le droit romain[2249], ces obligations paraissent figées. Il n'en est rien. Les obligations de garantie « bénéficient d'une grande faveur auprès des tribunaux. Ceux-ci, dans toute la mesure du possible, cherchent à étendre leur domaine d'application »[2250], et aujourd'hui, le conflit d'intérêts du banquier les remet au goût du jour. Ainsi s'explique l'ancienneté de l'idée de garantie dont il convient de souligner ici le renouveau.

[2246] GROSS (B.), *op. cit.*, p. 4.
[2247] *Ibid.*
[2248] *Ibid.*
[2249] GIRARD (P.-F.), SENN (F.), *Manuel élémentaire de droit romain*, A. Rousseau, 1929, p. 588 et s.
[2250] GROSS (B.), *op. cit.* , p. 5.

741. Si, en droit commun, une responsabilité appréciée avec rigueur exige du débiteur de respecter son engagement, en matière de garantie, il s'agit de dépasser ce stade. Or, c'est bien de cette manière que le législateur et le juge semblent entendre l'obligation d'épargner l'intérêt supérieur qu'ils font peser sur le banquier. Il est certes demandé au banquier de se conformer à ce qui découle explicitement du contrat, mais, au-delà, il est attendu de lui une obligation spécifique de préserver l'intérêt de son contractant contre son propre agissement. La violation en est sanctionnée par une multitude de techniques juridiques, qui souvent se superposent, attachant à cette obligation de protection une responsabilité aggravée. Par conséquent, ne serait-il pas préférable d'indiquer clairement au banquier ce dont il devra s'acquitter en cas de conflit d'intérêts – une garantie de protection de l'intérêt supérieur contre son propre fait – plutôt que de prendre prétexte du moindre dommage causé par son conflit d'intérêts pour le déclarer responsable ? Il serait, en effet, probablement plus judicieux de reconnaître *a priori* une obligation positive de garantie au contenu déterminé dont le banquier serait éclairé, que de contraindre *a posteriori* les juges à juxtaposer des textes inadaptés.

Ces réflexions conduisent à persévérer dans l'idée qu'il convient de consacrer une obligation de garantie du fait personnel en cas de conflit d'intérêts que rien n'empêche d'admettre (Chapitre I), mais dont les modalités d'exécution doivent toutefois être précisées (Chapitre II).

Chapitre premier. Présentation de l'obligation de garantie

742. L'idée d'imposer au banquier en situation de conflit d'intérêts une obligation de garantie du fait personnel peut effrayer, et on pourra sans doute faire valoir, non sans raison, qu'il est difficile de s'accommoder de la sévérité de cette obligation. En effet, une réglementation légale et une doctrine divisée n'ont pu jouer leur rôle traditionnel de guide de la jurisprudence, et l'obligation de garantie de droit commun, laissée sans gouvernail, est parfois allée à la dérive. Néanmoins, ce n'est pas l'institution qui est à blâmer, mais l'interprétation qui en a ponctuellement été faite. L'obligation de garantie décrite ici s'explique pour au moins deux raisons. D'abord, elle apparaît comme une réponse à une situation particulière d'inégalité contractuelle ou factuelle, premières conditions de survenance du conflit d'intérêts. Ensuite parce que la sécurité juridique commande de sanctionner celui qui, missionné de gérer les intérêts d'autrui et contraint par devoir de les protéger, rompt une relation de confiance en abusant de la situation de supériorité qu'engendre cette délégation.

Au-delà, l'obligation de garantie qui pèse ainsi sur le banquier se justifie par son opportunité (Section 1). Par ailleurs, pour éviter le caractère arbitraire qui a quelques fois été reproché à la garantie traditionnelle, et qui pourrait susciter des critiques, il convient de préciser en amont les caractères de l'obligation envisagée (Section 2).

Section 1. L'opportunité de la garantie

743. Une obligation de garantie du fait personnel imposée au banquier en conflit d'intérêts est une obligation que rien n'empêche de reconnaître (§1). Elle serait peut-être une alternative appropriée à l'obligation de ne pas faire, souvent invoquée par la doctrine comme réponse au conflit d'intérêts en droit privé, mais qui ne saurait, pour une série de raisons qui seront relevées, trouver place s'agissant du banquier (§2).

§ 1 - Une obligation légitime

744. L'obligation de garantie ne se rencontre pas dans tous les contrats et elle ne sanctionne pas l'inexécution de toutes les obligations du contractant dans les conventions où elle existe. Autrement dit, la garantie est une obligation spéciale à certains contrats et à des obligations déterminées de ceux-ci. Pour autant, ce constat ne constitue pas un obstacle à la conception de la garantie présentée ici (B) et, de surcroît, les différents fondements de la garantie qui ont pu être avancés par les auteurs ne sont pas non plus de nature à empêcher la consécration d'une telle obligation (A).

A/ L'absence de fondement consensuel à l'obligation traditionnelle de garantie

745. L'importance du fondement de la garantie n'a pas échappé à la doctrine qui par de nombreuses théories s'est efforcée de le découvrir[2251]. Toutefois, il n'y a pas eu de consensus sur celui qu'il conviendrait de reconnaître et « la grande majorité des auteurs est partie de l'idée que la garantie était une institution dont l'originalité ne reposait pas sur un fondement juridique sérieux »[2252]. Un auteur conclut même son étude en affirmant que « le fondement de l'institution demeure inconnu »[2253] ; pourtant, continue-t-il « toutes les théories développées à ce sujet sont ingénieuses et leur nombre semble avoir permis l'attaque de la citadelle par toutes ses portes »[2254].

[2251] GROSS (B.), *op. cit.*, n° 59, p. 62 et s.
[2252] STARCK (B.), *Essai d'une théorie générale de la responsabilité civile considérée dans sa double fonction de garantie et de peine privée*, Rodstein, 1947, p. 334 et s.
[2253] GROSS (B.), *op. cit.*, n° 95, p. 94.
[2254] *Ibid.*

En effet, certains ont rattaché la garantie aux conditions de formation du contrat (1°) et d'autres à la théorie de la responsabilité (2°), mais sans succès.

1° - La garantie rattachée parfois aux conditions de formation des contrats

746. La notion d'erreur, vice de consentement, a été envisagée, à juste titre, comme fondement de la garantie[2255]. Un premier courant doctrinal[2256] soutient de la sorte que la garantie se rattache à la théorie de l'erreur sur la substance. Les partisans de cette vision, après avoir observé que la garantie et l'erreur n'ont pas une origine identique (l'une concernant le paiement et l'autre le consentement) et qu'elles ont bien été séparées pendant longtemps, ont constaté que l'évolution des deux institutions avait conduit à ce qu'elles soient rapprochées. L'erreur tendrait ainsi à s'appliquer chaque fois que le contractant se méprend sur un avantage qu'il pensait obtenir du contrat, et les vices se confondraient avec l'absence de certaines qualités de la chose, variables selon les contractants ; telle est l'opinion de Célice[2257] ou de Colin et Capitant[2258] par exemple. D'après ces auteurs, toute distinction entre la garantie et l'erreur devient par conséquent très subtile[2259]. Les idées de cette école ont bénéficié de l'appui de la jurisprudence. En effet, peu soucieuse de distinguer les deux théories, la Cour de cassation, sans rechercher de critère, a pu considérer qu'il revenait au juge du fond de décider entre vice et erreur[2260]. Un arrêt de la chambre civile du 19 juillet 1960[2261] a affirmé nettement que toute distinction était inutile.

Un autre courant estime qu'entre erreur sur la substance et vice, il y aurait une différence de degré et non de nature[2262]. En fonction de la gravité du défaut d'une chose, serait caractérisé une erreur sur la substance emportant la nullité du contrat ou un vice rédhibitoire entraînant une réparation en

---

[2255] Toutefois, pour une fraction importante de la doctrine, garantie et erreur sur la substance sont deux théories distinctes : les théories de l'erreur (consentement) et de la garantie (paiement) sont de natures différentes. Mais les tenants de cette thèse ne s'accordent pas sur la portée de cette opposition. V. GROSS (B.), *op. cit.*, n° 66 s., p. 66 et s.

[2256] DEMOGUE (R.), *Traité des obligations*, *op. cit.*, t. 1, n° 270 s. , p. 450 et s.

[2257] V. CÉLICE (R.), *L'erreur dans les contrats, étude de la jurisprudence française*, *op. cit.*,

[2258] « La substance de la chose ne sera pas un ensemble d'éléments stables, toujours les mêmes, quel que soient les contractants. Ce seront au contraire, des éléments variables en fonction des individus. Ce sera la qualité que le contractant avait principalement en vue, celle qui l'a déterminé à contracter, celle dont on peut dire : si l'intéressé avait connu son erreur, il n'eût certainement pas conclu le contrat », COLIN (A.) et CAPITANT (H.), *Cours élémentaire de Droit civil*, *op. cit.*, t. 2, p. 281.

[2259] STARCK (B.), note ss. Cass. 4 janv. et 19 mai 1958, *JCP G* 1958, II, 10808.

[2260] Cass. req., 22 mai 1900, *D.* 1900, p. 414 ; Cass. req., 31 juill. 1905, *D.* 1908, p. 148.

[2261] Cass. com. 19 déc. 1961, *D.* 1962, p. 240.

[2262] GAUDEMET (E.), *Théorie générale des obligations,* Dalloz, 1937, p. 366.

exécution de l'obligation de garantie. Et il reviendrait au juge d'apprécier le seuil qui ferait passer de la garantie à l'erreur.

747. Cependant, le rapprochement qui a été fait entre l'erreur et la garantie n'a concerné que la seule garantie des vices cachés et non celle du fait personnel[2263]. Les auteurs ne comparent pas la théorie de l'erreur et la garantie d'éviction, alors que les sanctions de l'éviction, dont la garantie du fait personnel est une composante, sont parfois identiques à celles de l'erreur. En outre, il est bien possible d'affirmer que celui qui subit une éviction peut également être victime d'une erreur. Par exemple, il a bien cru devenir propriétaire d'instruments financiers peu ou non spéculatifs quand il a acquis des titres hautement risqués, que le banquier gestionnaire, en situation de conflit d'intérêts, lui a conseillés. Il s'agit bien ici d'une erreur.

748. Les auteurs ont aussi examiné la garantie sous l'angle de la ***cause*** objective[2264]. Ils ont ainsi considéré que la cause n'était pas seulement nécessaire au moment de la formation du contrat, mais qu'elle devait se maintenir pendant toute la durée du contrat. Dès lors, il leur a été possible de rapprocher les deux théories. Pour Beudant[2265] notamment, l'absence de cause dans un contrat justifie l'existence de l'obligation de garantie, et à titre de contre-épreuve, les effets de la garantie se confondraient avec les conséquences du défaut de cause. Précisément, il y aurait des obligations de garantie dans les cas où la contrepartie ne se produit pas. Il est en quelque sorte exigé une garantie des parties qui auraient modifié le but normal du contrat. Ensuite, les effets de la garantie s'assimileraient à ceux du défaut de cause : lorsqu'un contractant n'exécute pas ses obligations, l'autre a la faculté de se dégager de la convention en demandant sa résolution en vertu de l'article 1184 du Code civil. Les actions qui soutiennent la garantie d'éviction et la garantie des vices cachés seraient de cette façon des actions en résolution. En outre, l'article 1184 prévoit qu'en plus de la résolution, le contractant pourra réclamer des dommages-intérêts ; or il en est de même en matière de garantie.

749. Il est vrai que la garantie est liée à l'absence de contre-prestation dans un contrat et que c'est elle qui permet à la personne garantie d'agir contre son garant. L'obligation de garantie apparaît donc bien comme la sanction du défaut de cause dans les contrats à titre onéreux dont fait partie le contrat bancaire. La garantie découle directement de la théorie de la cause ; elle en est une application particulière. Toutefois, il faut admettre que cette théorie n'est pas convaincante comme fondement exclusif de la

---

[2263] La vente de la chose d'autrui entraîne, suivant les dispositions de l'article 1599 du Code civil, la nullité de la vente et la jurisprudence a précisé depuis longtemps que cette nullité est relative : Cass. req. 15 janv. 1934, *DH.* 1934, p. 97.

[2264] V. MAZEAUD (H. L.), MAZEAUD (J.), CHABAS (F.), *Leçons de droit civil, Obligations théorie générale*, t. 2, Montchrestien, 1998, 9ème éd., spéc. n° 977 et n° 994.

[2265] BEUDANT (Ch.), *Les contrats et obligations*, *op. cit.*, t. XI, n° 185, p. 124.

garantie et qu'elle ne recouvre pas non plus, au même titre que l'erreur, toute l'institution. En l'occurrence, la garantie du fait personnel échappe à la théorie de la cause et la prohibition qui est faite au garant de troubler la personne garantie se ramènerait davantage à l'interdiction de commettre un dol.

Force est alors de constater que, prises ensemble avec les autres conditions de formation du contrat, les théories de l'erreur sur la substance et de la cause justifient l'obligation de garantie, mais que prises isolément, elles ne le peuvent plus.

2° - La garantie rattachée d'autres fois à la responsabilité civile

750. À la fin du XIXe siècle, une thèse[2266] qui fit grande impression sur la doctrine, soutenait que l'appellation « garantie » désignait toute la responsabilité contractuelle alors que celle de « responsabilité » devait être réservée à la responsabilité délictuelle. Cette idée fut unanimement rejetée, mais a eu le mérite de servir de point de départ aux études postérieures tendant à fixer les frontières de la responsabilité et de la garantie.

Ainsi, selon certains auteurs, le droit de la responsabilité absorbe le droit de la garantie. Pour Saleilles[2267] par exemple, la garantie joue précisément en raison du défaut d'exécution du contrat et correspond de ce fait aux institutions de la ***responsabilité civile contractuelle***. Étant à l'origine de l'inexécution, le débiteur ne sera pas libéré de son obligation principale qui sera simplement remplacée par la garantie, laquelle l'obligera à compenser le préjudice causé à son cocontractant. Pour d'autres, c'est l'existence d'une faute qui distinguerait les deux institutions. La garantie commencerait là où cesserait la faute : « on est sorti du domaine de la responsabilité proprement dite lorsque le débiteur d'une obligation contractuelle est tenu de réparer le dommage dû à sa défaillance non fautive »[2268], ce qui équivaut à dire que l'on « voit que l'obligation de garantie, comme la responsabilité fondée sur la faute, impose à une personne de pallier un dommage. Mais le responsable répare les conséquences d'une faute qu'il a commise, par violation d'une obligation ou d'un devoir antérieur, tandis que le garant couvre un cas fortuit, un risque »[2269]. Dès lors que la faute « a quelque utilité pour condamner le contractant à verser des dommages-intérêts à l'autre partie, nous ne sommes plus dans le domaine de la responsabilité, mais celui de la

[2266] SAINCTELETTE (Ch.), *De la responsabilité et de la garantie (Accidents de transport et de travail)*, 1884.
[2267] SALEILLES cité par GROSS (B.), *op. cit.*, n° 80, p. 81.
[2268] RODIÈRE (R.), « Une notion menacée : la faute ordinaire dans les contrats », *RTD civ.* 1954, p. 201.
[2269] MAZEAUD (H. L.), MAZEAUD (J.), CHABAS (F.), *op. cit.*, t. 1, n° 103 à 108.

garantie »[2270]. Cependant, comme l'écrivait Larivière[2271], la doctrine a souvent fait appel au droit de la garantie pour expliquer certains points du droit de la responsabilité, et elle a arrêté là sa recherche, comme le remarquait le doyen Gross, pour qui « la distinction des auteurs est purement conventionnelle. Rien ne la justifie »[2272]. D'ailleurs, un second courant doctrinal affirme que si, lorsque la faute du contractant fonde son obligation de réparer, il y a responsabilité, le contraire n'est pas vrai ; il n'y a pas nécessairement de garantie quand on doit s'acquitter d'une obligation de réparation sans commettre de faute. Dans cet esprit, pour Eismen[2273] l'obligation de garantie « se sépare de la responsabilité par ce trait que l'absence de faute ne l'écarte pas »[2274]. En réalité, il convient de se joindre à l'opinion de ceux pour qui la garantie suppose que la notion de faute reste indifférente et n'intervienne pas dans la condamnation du contractant[2275]. Pour Starck[2276], il est aussi faux d'admettre que la responsabilité contractuelle est liée à la notion de faute que de différencier cette responsabilité de la garantie. Il n'est donc pas possible de considérer la faute comme un critère de séparation de la garantie et de la responsabilité, ni de voir dans cette dernière le fondement exclusif de la première. Les deux institutions découlent l'une de l'autre.

751. Comme on le constate, la garantie n'est pas plus associée au consentement ou aux éléments nécessaires à la formation de l'obligation qu'elle ne se rattache au droit de la responsabilité, mais sans non plus s'y opposer radicalement. Il est certain qu'une partie des règles de ces théories la justifient, mais ensemble et non séparément. Ainsi, les opinions s'affrontent et se heurtent pour résoudre le problème posé par un système consistant à sanctionner l'inexécution des obligations contractuelles par deux actions, mais au final, on ne s'explique toujours pas pour quelles raisons la garantie du fait personnel donne lieu à une action spéciale, différente du droit commun. L'historique de la garantie d'éviction montre, en outre, que la garantie a pour objet de réparer le préjudice causé par le manquement à une obligation considérée à un moment donné comme particulière et importante, et son étendue est relative au résultat que chaque partie visait en passant le contrat et ce, indépendamment d'ailleurs du type de contrat.

[2270] PLANIOL (M.), *Traité de droit* civil, *op.cit.*, t. 10, n° 511, p. 680.

[2271] LARIVIÈRE, (Y.), *Essai sur la théorie générale de la garantie en matière de transfert de droit, De la garantie d'éviction en fonction de la responsabilité,* Thèse, Paris, 1944, p. 1 et s.

[2272] GROSS (B.), *La notion d'obligation de garantie dans le droit des* contrats, *op. cit.*, n° 89, p. 88.

[2273] ESMEIN (P.), « Le fondement de la responsabilité contractuelle rapprochée de la responsabilité délictuelle », *RTD civ.* 1933, p. 627 s.

[2274] *Ibid.*

[2275] GROSS (B.), *op. cit.*, n° 90, p. 88.

[2276] V. STARCK (B.), *Essai d'une théorie générale de la responsabilité civile considérée dans sa double fonction de garantie et de peine privée, op. cit.*

B/ L'indifférence du type de contrat

752. C'est dans le but « de ménager les intérêts des parties que la loi détermine les obligations qui emportent la garantie »[2277]. De la sorte, la garantie pèse toujours sur une seule des parties au contrat et ne renforce que les conséquences de l'inexécution d'obligations que le législateur juge particulièrement importantes. Pour ce faire, elle s'inspire largement de la loi romaine. Or, l'obligation de garantie est née en droit romain d'une logique protectrice « qui tenait compte avant tout d'intérêts pratiques. Protégeant les citoyens des fraudes les plus courantes, la loi romaine garantissait les contractants de l'éviction et des vices »[2278]. Il convient, en effet, de rappeler que la garantie d'éviction, dont la garantie du fait personnel est la composante, est une pure création des juges romains. À l'origine elle ne s'apparentait qu'à une simple clause contractuelle que les parties étaient libres d'utiliser[2279]. L'obligation qui pesait sur le vendeur était une obligation de délivrance exclusivement. C'est au regard de la nécessité de protéger le citoyen romain contre les inconvénients de l'expansion de l'empire que le juge a été amené à considérer que l'obligation de délivrance commandait implicitement une obligation d'éviction, qui s'est généralisée et nous est parvenue telle qu'elle[2280]. Plus tard, le Code civil a adopté une démarche identique et réitéré les mêmes solutions. Il présente la garantie comme une obligation particulière incombant au contractant, à laquelle il réserve des règles spéciales dérogatoires au droit commun des contrats. La construction qui s'est ainsi faite correspond exactement au dessein des rédacteurs du Code civil : laisser sous l'empire du droit commun de la responsabilité contractuelle les obligations du contractant dont il estime l'inexécution moins grave ou moins importante, car n'emportant pas d'éviction. Ces derniers ont éprouvé ce besoin de renforcer dans des contrats déterminés les sanctions du droit commun et de troubler l'ordre juridique de la responsabilité, en considération du but qu'un tel renforcement peut atteindre. C'est donc pour contraindre les débiteurs de certaines obligations à les exécuter que le législateur a considéré qu'il n'y a pas de meilleur moyen que de les menacer de sanctions sévères au cas où ils ne respecteraient pas leurs engagements.

753. De plus, suivant une formule souvent reprise, l'obligation de garantie, si elle est de la nature de nombreux contrats, n'est pas de leur

---

[2277] GROSS (B.), *La notion d'obligation de garantie dans le droit des* contrats, *op. cit.*, n° 42, p. 47.

[2278] *Ibid.*

[2279] RAMPELBERG (R.-M.), *Repères romains pour le droit européen des contrats*, *op. cit.*, p. 45 et s.

[2280] La garantie des vices cachés est née pareillement d'une démarche identique et a connu un essor similaire, RAMPELBERG (R.-M.), *Repères romains pour le droit européen des contrats*, *op. cit.*, p. 45 et s.

essence. La garantie ne fait que se superposer aux obligations engendrées par la convention. Ainsi pourra-t-elle être supprimée dans une convention sans que pour autant celle-ci cesse d'être valable. Par ailleurs, le législateur n'a pas consacré des dispositions générales à la garantie. Certes, les auteurs ont essayé de remédier à la carence légale en considérant les règles de la vente comme constituant le droit commun en la matière, mais ce point de vue n'a pas été véritablement encouragé par le législateur. Il en résulte de grandes difficultés pour dresser la liste des contrats qui comportent une obligation de garantie. Des obligations de garantie sont, en effet, relevées non seulement dans le Code civil, mais aussi dans d'autres Codes et dans des lois particulières. Comme le souligne un auteur[2281], la doctrine a essayé depuis longtemps de résoudre la difficulté en groupant toutes les hypothèses où se rencontre la garantie, mais ne s'est pas accordée sur la solution. Les uns admettent la généralité de l'obligation de garantie, d'autres la refusent[2282]. La garantie ne semble pas en tout cas se limiter par son domaine aux cas prévus expressément par le législateur. Les solutions légales, en réalité, dérivent d'un principe général qui veut que la garantie soit incluse dans l'obligation de chaque partie d'assurer à l'autre la prestation promise[2283]. Toutes les fois que le contrat comporte une contrepartie, l'obligation de garantie est présente puisque le contrat est à titre onéreux. La jurisprudence a, elle aussi, envisagé la question. Elle s'est efforcée d'étendre l'obligation de garantie à des cas qui n'avaient pas été expressément prévus par le législateur.

754. Pourquoi donc une obligation de garantie du fait personnel ne pourrait-elle pas être pertinente quand le législateur, soutenu par le juge, impose déjà au banquier une obligation de protection spécifique de l'intérêt supérieur contre toute atteinte illégitime et quand ils considèrent que la situation de conflit d'intérêts est un facteur aggravant sa responsabilité ? Cela reviendrait à donner une qualification juridique à une solution existant déjà en pratique. Elle serait même une alternative à une simple obligation de ne pas faire, illégitime et sans doute excessive au regard de la complexité de l'activité du banquier.

[2281] LARIVIÈRE (Y.), thèse préc. p. 2 et s.

[2282] Pour sa part (ESMEIN (P.), art. préc., p. 627 s.), l'obligation « ne découle pas d'un principe général des obligations et que par suite, dans les cas où elle existe, elle doit recevoir une justification spéciale ».

[2283] *Ibid.*

§ 2 - Une alternative à une obligation de ne pas faire

755. Si une obligation de ne pas faire peut être ponctuellement imposée au banquier, elle ne saurait prétendre à la généralité. Écarter une obligation de ne pas faire (une interdiction au banquier de se mettre en situation de conflit d'intérêts ou une obligation simple de s'abstenir à l'avènement de celui-ci) suppose toutefois de rejeter les fondements et les critères de droit commun justifiant pareille obligation.

Seront à cet effet relevées tant l'insuffisance des théories du droit commun (A) que l'inadaptation des critères habituels de gestion des conflits d'intérêts auxquels il est parfois fait recours dans d'autres matières (B).

A/ L'insuffisance du droit commun

756. La doctrine considère ces dernières années que le traitement du conflit d'intérêts réside dans l'édiction d'une obligation de ne pas faire dont la portée serait générale. Toutefois, cette proposition n'est pas particulièrement adaptée au conflit d'intérêts du banquier (1°), pas plus que celle anciennement suggérée par la pensée du solidarisme contractuel (2°).

1° - Les difficultés de généralisation

757. Les obligations de ne pas faire imposées au banquier ne sont pas rares, mais leur généralisation s'avère difficile, qu'il s'agisse de l'éventualité de l'interdiction (a) ou de l'abstention (b).

a- L'interdiction

758. Un auteur a affirmé qu'il était parfaitement possible d'interdire, purement et simplement, les conflits d'intérêts en droit privé en vertu du principe de droit universel : « Nul ne peut faire prévaloir son intérêt personnel sur les intérêts dont il a la charge »[2284]. Ce principe, toujours selon cet auteur, devrait constituer un moyen de traitement des conflits d'intérêts de manière unitaire et donner au juge l'outil juridique dont il manque en l'absence de textes. L'idée principale est la suivante : une personne dont l'activité implique de veiller aux intérêts d'autrui doit s'interdire tout conflit entre ses intérêts personnels et les devoirs imposés par sa mission. Ce

[2284] CUIF (P.-F.), « Le conflit d'intérêts : Essai sur la détermination d'un principe juridique en droit privé », art. préc.

principe ainsi avancé permettrait de sanctionner différents excès, le plus souvent constitutifs d'un abus de droit ou d'une déloyauté contractuelle, sa mise en jeu ne faisant que traduire l'élargissement du domaine de la théorie de l'abus de droit et la prise en compte croissante de l'exigence de bonne foi dans le droit positif contemporain.

759. Toutefois, il apparaît que cette interdiction générale, au-delà des difficultés inhérentes à sa mise en œuvre et de ses faiblesses, ne se justifie pas pleinement. Si, dans tous les pans du droit, des textes en particulier édictent des attitudes spécifiques face à certaines situations de conflit d'intérêts, c'est bien qu'il y a lieu de combler par des textes *ad hoc* l'absence d'une obligation générale. En outre, l'idée rappelle celle, plus ancienne, du contrat avec soi-même[2285]. En effet, en faisant une large interprétation de l'article 1596 du Code civil, on a pu considérer que le mandataire – ou le commissionnaire auquel s'appliquent les règles du mandat – est tenu d'une obligation de ne pas faire, celle de ne pas se porter contrepartie, parce qu'agissant pour son compte, il aurait un intérêt opposé à celui du mandant et pourrait être tenté de veiller à son intérêt avant celui de ce dernier[2286].

760. Les auteurs qui recourent à l'article 1596 du Code civil pour servir leur analyse livrent une interprétation large[2287] d'un texte dont une lecture restrictive s'impose[2288], ce que la jurisprudence a eu l'occasion de confirmer[2289]. Par ailleurs, dans la mesure où la disposition ne vise que les ventes aux enchères, puisque le terme « adjudicataire » est utilisé, elle ne concerne que les mandataires à la vente[2290].

[2285] Cette discorde ne date pas d'aujourd'hui : GOUGET (L.), *Théorie générale du contrat avec soi-même : étude de droit comparé*, 1903, p. 253.

[2286] C. civ., art. 1596, al. 3. L'interdiction d'acheter s'applique dès l'instant où le mandat, fût-il seulement d'entremise, a pour objet la vente d'un bien aux enchères : Cass. 1re civ., 13 avr. 1983, n° 81-16.728, *Bull. civ.* I, n° 119, *D.* 1984, p. 273, note Prieur (E.) ; et ce y compris si la vente se fait au prix fixé par le mandant : Cass. 1ere civ., 27 janv. 1987, n° 84-16.113, *Bull. civ.* I, n° 32.

[2287] HUET (J.), DECOCQ (G.), GRIMALDI (C.), LÉCUYER (H.), *Les principaux contrats spéciaux, op. cit. & loc. cit.*

[2288] D'autant plus si l'article 1596 est confronté à l'article 1594 qui permet à « toute personne d'acheter. »

[2289] La jurisprudence précise que la situation est en fait prise en compte par certains textes particuliers « exorbitants du droit commun » selon les termes de la Cour de cassation, Cass. 3e civ., 3 nov. 1981, n° 80-12.884, inédit. Les situations non expressément interdites sont donc permises. *Adde.* avec la jurisprudence citée par HUET (J.), DECOCQ (G.), GRIMALDI (C.), LÉCUYER (H.), *op. cit.*, n° 31149, p. 1031, note 32.

[2290] La loi est claire et il n'est même pas nécessaire de recourir aux travaux préparatoires pour découvrir la pensée du législateur et l'appliquer. MAZEAUD (H. L.), MAZEAUD (J.), CHABAS (F.), écrivent à ce sujet que « deux points sont certains : 1° les travaux préparatoires ne lient jamais le juge. Celui-ci ne peut refuser de se soumettre à la volonté du législateur lorsqu'elle s'exprime sans ambiguïté dans la loi ; mais il peut s'en libérer si cette volonté ne résulte que des travaux préparatoires [...] ; 2° le recours aux travaux préparatoires est interdit lorsque le texte est clair. Le juge doit appliquer un tel texte ; il n'a pas à l'interpréter » : *Leçons de droit civil*, *op. cit.*, p. 147.

761. Ensuite, à la réflexion, l'avancée indéniable que représenterait une prohibition générale des conflits d'intérêts reste un idéal et ne trouve pas à s'appliquer dans le domaine de notre étude. Envisager la mise en place d'une telle règle en droit bancaire et en droit financier ne manquerait pas de soulever des difficultés. Considérons seulement que cette prévention des conflits d'intérêts, la plus drastique, supposerait que le banquier soit privé de la possibilité d'intervenir dès lors qu'il détient un intérêt, y compris un intérêt faible, différent de celui qu'il doit défendre. Entendue de la sorte, une telle prohibition aurait pour effet pervers d'empêcher le banquier d'exercer ses activités, ce qui serait en définitive préjudiciable à ses clients[2291]. Il convient par conséquent de rechercher une solution plus modérée et d'admettre, pour des raisons d'opportunité, qu'il existe des intérêts de différentes importances, certains majeurs, d'autres mineurs.

762. Sur le plan des carences, il apparaît en premier lieu qu'ainsi formulée, cette règle ne couvre pas toutes les probabilités de conflit d'intérêts. En effet, si elle met parfaitement l'accent sur l'intérêt interpersonnel, elle néglige le deuxième cas de figure des conflits d'intérêts, l'intérêt extrapersonnel, défini comme opposant deux intérêts de deux clients, le banquier y restant étranger. En second lieu, la mise en œuvre d'une pareille règle bute sur la réalité du domaine étudié dont la complexité en rend l'application pure et simple difficile, voire impossible. Autrement dit, les situations de conflit d'intérêts sont beaucoup trop nombreuses pour être toutes interdites et la dynamique du marché ne l'autoriserait pas[2292]. C'est dans cette optique sans doute que la contrepartie, par exemple, est aujourd'hui admise. Cette faculté de contrepartiste, offerte au départ aux sociétés de bourse, a été élargie par le règlement du Conseil des bourses de valeurs le 26 avril 1989[2293] pour permettre aux opérateurs français de concurrencer sur leur propre terrain les *market makers* anglais et américains. Mais les controverses que cette autorisation de la contrepartie n'a pas manqué de soulever trouvent en fait leurs racines à la fin du XIXe siècle lorsqu'un intermédiaire boursier, commissionnaire agissant en qualité de contrepartie face à son commettant, se portait acheteur des marchandises qu'il était chargé de vendre pour son commettant ou vendeur des marchandises qu'il était chargé d'acheter. Déjà, jurisprudence et doctrine ne s'accordaient pas sur la manière d'y répondre, car aucun texte n'était directement applicable à ce cas de figure. Le décret du 7 octobre 1890[2294] énonçait simplement que « l'exécution par voie d'application des ordres en

[2291] La règle de droit ne doit pas constituer une entrave au développement des concours bancaires. Elle doit d'autant moins l'être que chacun s'accorde à considérer que le développement du crédit est nécessaire à l'économie, et donc à la création d'emplois.
[2292] BOATRIGHT (J.-R.), « Financial Services », art. préc., p. 217.
[2293] BOATRIGHT (J.-R.), « Financial Services », art. préc., p. 217.
[2294] Décret du 7 oct. 1890 pris pour l'exécution de l'article 90 du C. com. [ancien] et de la L. du 28 mars 1885 sur les marchés à terme.

sens contraire reçus par un même agent se fait sous le contrôle de la chambre syndicale »[2295]. La doctrine[2296] soutenait alors que l'interdiction de la contrepartie ne devait pas s'appliquer dans le cas du commissionnaire de marchandises : il ne pouvait y avoir de conflit d'intérêts, le prix étant fixé en bourse indépendamment de la volonté du commissionnaire contrepartiste, qui n'était pas en mesure de retirer un avantage particulier de la transaction puisque les conditions étaient indépendantes de sa volonté. La jurisprudence, pour sa part, s'appuyant sur les articles 1582, 1584 et suivants du Code civil et sur l'article 94 du Code de commerce en vigueur à l'époque, interdisait la qualité de contrepartiste au commissionnaire, sauf dans le cas où ce dernier y était expressément autorisé par son commettant[2297]. Seule la contrepartie occulte était considérée comme un dol ou une erreur quant à la nature de la convention conclue entre le commissionnaire et le commettant, requalifiée pour l'occasion en contrat de vente et parfois en délit pénal d'escroquerie[2298]. C'est finalement la réintroduction de la contrepartie pour les agents de change par le décret du 11 juillet 1972[2299] sur les sociétés de contrepartie qui a clos le débat. Aujourd'hui, la diversité des intérêts en jeu peut expliquer que la tolérance soit de mise, le principe restant celui de la prohibition de la seule contrepartie occulte[2300].

763. Plus fondamentalement, le concept d'intérêt, considéré comme le point cardinal de la pensée économique, revêt une telle importance qu'il justifie une certaine souplesse quand il s'agit de l'activité bancaire : « le premier principe de la science économique est que chaque agent est exclusivement motivé par son propre intérêt (*self interest*). Comment ensuite lui en faire le reproche ? »[2301]. La jurisprudence est de cet avis. Ainsi d'une

---

[2295] La chambre syndicale devait être prévenue lorsque la transaction était d'au moins 500.000 francs de capitaux.

[2296] DREYFUS (A.), *Du commissionnaire en bourse de marchandises et de la contrepartie*, t. 1, Sirey, 1898, p. 498, et t. 2, Sirey 1903, p. 145. V. égal. MOREL (R.-L.), *Du commissionnaire contrepartiste*, thèse Lille, 1904.

[2297] Cass. civ., 28 oct. 1903, *Rec. Dalloz-Sirey* 1904, t. 3, p. 463.

[2298] *Ibid.*

[2299] L. n° 72-650 du 11 juill. 1972 portant diverses dispositions d'ordre économique et financier, *JORF*, 13 juill. 1972, p. 7368. Cette disposition fut inspirée par les recommandations contenues dans le rapport Baumgartner qui soutenaient que « l'une des fonctions essentielles du marché est d'assurer la mobilité de l'épargne. Les investisseurs doivent pouvoir entrer sur le marché et en sortir dans des conditions telles que leurs ordres soient exécutés immédiatement et sans rupture de cours ». DIDIER (P.), *Droit commercial, le marché financiers et les groupes de sociétés,* PUF, 1993, p. 229.

[2300] RIPERT (G.) et ROBLOT (R.), *op. cit .*, p. 685.

[2301] EDGEWORTH (F.-Y.), *Mathematical Physics : An Essay on the application of Mathematics to sciences,* Londres 1881, cité par STROWEL (A.), « À la recherche de l'intérêt en économie. De l'utilisation de la science économique néo-classique », *in Droit et intérêt, Approche interdisciplinaire,* GÉRARD (Ph.), OST (F.) et VAN DE KERCHOVE (M.) (dir), *op. cit.*, p. 37 et s.

espèce présentée devant la Cour d'appel de Pau[2302] dans laquelle un emprunteur, agent immobilier, et sa caution reprochaient à la banque de leur avoir dissimulé un conflit d'intérêts manifeste existant entre son activité professionnelle immobilière et la leur. Les juges du fond ont infirmé la décision du premier degré considérant qu'« un banquier a nécessairement des clients concurrents et [que] ses propres activités peuvent également entrer en concurrence avec celles des autres clients. Si le client trouve cette situation intolérable, il lui est possible de changer de banquier ». Dans une autre, la Cour de cassation a censuré les juges du fond, estimant qu'un établissement de crédit n'a pas, en sa qualité de prêteur ou de garant, à s'immiscer dans les affaires de son client et ne commet donc pas de faute du seul fait de l'octroi d'un concours à une entreprise concurrente[2303]. Dernier exemple, celui du banquier investi, en vertu de deux mandats distincts, du pouvoir d'agir pour le compte de deux intérêts opposés, en l'occurrence de reconnaître, à la fois au nom d'une société débitrice et au nom de ses cautions, le montant du solde débiteur à la clôture du compte-courant. La Cour de cassation a considéré que les mandats donnés au directeur de la banque étaient valables et que le conflit d'intérêts n'a pas conduit le banquier à privilégier l'une des parties. Or, comme il avait pour seule mission la simple constatation du solde du compte[2304], aucun conflit d'intérêts préjudiciable ne pouvait être prouvé.

Si, comme on peut le constater, un principe d'interdiction n'a pas sa place dans l'ordonnancement juridique s'agissant de l'activité bancaire, il en va pareillement d'un principe d'abstention.

b- L'abstention

764. Dans sa thèse, un auteur soutient que le traitement commun aux conflits d'intérêts serait un devoir d'abstention, qu'il qualifie de « véritable loi naturelle »[2305], et qui prendrait « racine dans des considérations universelles » et, notamment, dans l'adage « nul ne peut officier en sa propre cause ». Or, si cette maxime est définie par référence à la notion *d'auctoritas* qui se manifeste « dans toutes les situations qui requièrent un complément d'autorité pour conférer sa plénitude à l'acte juridique »[2306] et se traduit par « une approbation, une ratification, une confirmation d'un acte accompli par un autre »[2307] ; il découle des règles romaines relatives à la tutelle « qu'un

---

[2302] CA Pau, 26 nov. 2009, préc.
[2303] Cass. com., 19 nov. 2002, préc.
[2304] Cass. 1re. civ., 3 oct. 2000, préc.
[2305] DOUVILLE (Th.), *Les conflits d'intérêts en droit privé*, Thèse, Caen, 2014, n° 256, p. 296.
[2306] ROLAND (H.), BOYER (L.), *Adages du Droit Français*, Litec, 4ème éd. 1999, n° 255, p. 501.
[2307] LÉVY (J.-P.), CASTALDO (A.), *Histoire du droit* civil, Dalloz, 2002, n° 256, p. 502 et s.

tuteur ne peut pas autoriser son pupille à traiter ou plaider avec lui dans des affaires où ils ont des intérêts opposés »[2308]. L'adage a ainsi un champ d'application déterminé qui se retrouve « dans notre droit en conservant sa présence dans toutes les situations [où] il s'agit aussi bien de constater (légalisation de signature) que d'autoriser (conseil de famille dans la tutelle), d'homologuer (changement de régime matrimonial) »[2309]. Son domaine n'est donc pas « large »[2310], ni ne recouvre « un large panel de personnes chargées d'agir dans un intérêt différent du leur »[2311] comme l'affirme l'auteur, d'autant plus que cet adage n'a jamais été consacré de manière générale au cours de l'histoire et n'a pas à lui seul « convaincu le législateur ou la jurisprudence de le faire »[2312] de l'aveu de l'auteur.

765. Plus loin dans ses développements, on peut lire que le devoir d'abstention « trouve un relais déterminant dans les valeurs sociales que sont les exigences d'impartialité et de loyauté »[2313]. Mais, d'une part, aucun argumentaire n'est proposé pour ce qui concerne l'impartialité, et d'autre part l'analyse est très peu persuasive au sujet de la loyauté. Ainsi, après avoir relevé que le devoir de loyauté « ne correspond à rien d'autre qu'au devoir de l'agent d'agir dans l'intérêt d'autrui »[2314] et, qu'en matière de représentation, il se définit comme le devoir « d'agir » pour « le bien du représenté »[2315] ou d'« exercer les pouvoirs qui lui sont confiés »[2316], l'auteur conclut que, même si « la jurisprudence n'a pour l'instant jamais eu l'occasion de consacrer une telle règle », à savoir l'abstention, « la reconnaissance d'un devoir d'abstention à partir de l'exigence de loyauté est donc possible »[2317], sans véritablement justifier pourquoi. En effet, les arrêts utilisés à l'appui de son raisonnement concernent le salarié, le dirigeant de société et le banquier. S'agissant du dirigeant, la jurisprudence étudiée s'intéresse seulement au silence qu'il garde ou non quand il détient des informations privilégiées. Quant au salarié, si certains arrêts semblent découvrir une obligation de non-concurrence à sa charge pendant toute la durée du contrat de travail, ce n'est que pour mieux imposer son corollaire : le devoir d'information à l'égard de son employeur. Relativement au banquier, l'auteur analyse exclusivement l'emblématique affaire Tapie c/

[2308] Les institutes de l'empereur justinien cité par DOUVILLE (Th.), *Les conflits d'intérêts en droit privé*, n° 256, p. 296.

[2309] ROLAND (H.), BOYER (L.), *Adages du Droit Français*, Litec, 4ème éd. 1999, n° 255, p. 501.

[2310] DOUVILLE (Th.), *op. cit.*, n° 256, p. 296.

[2311] *Ibid.*

[2312] DOUVILLE (Th.), thèse préc., n° 257, p. 299.

[2313] *Ibid.*

[2314] DOUVILLE (Th.), thèse préc., n° 284, p. 336.

[2315] DIDIER (Ph.), *De la représentation en droit privé,* thèse préc., n° 224, p. 173.

[2316] PÉTHEL (Ph.), *Les obligations du mandataire, op. cit.*, n° 196, p. 128.

[2317] DOUVILLE (Th.), thèse préc., n° 290, p. 351.

Adidas[2318]. Il en déduit, à juste titre, que cette espèce a permis à la Cour de cassation d'énoncer à nouveau le devoir pour le mandataire de révéler le conflit d'intérêts. Il souligne également que cette dernière a jugé que la banque, en se portant contrepartie par personnes interposées et en n'informant pas loyalement son client, n'a pas respecté les obligations résultant de son mandat, mais conclut que « de tous ces éléments il apparaît donc [si] que le mandataire qui se trouve en conflit d'intérêts est tenu de révéler cette circonstance au mandant, il n'est pas tenu de s'abstenir de réaliser l'opération à l'origine du conflit d'intérêts »[2319].

Par conséquent, les fondements proposés à une obligation générale d'interdiction ou à une obligation d'abstention n'emportent nullement la conviction. Il faut dans ce cas se résoudre à l'alternative offerte par la garantie, surtout que la bienfaisance que supposent les obligations de ne pas faire n'est pas de mise dans une activité économique comme celle du banquier, pas plus qu'un quelconque solidarisme contractuel.

2°- Le mythe du solidarisme contractuel

766. Avec le « solidarisme contractuel »[2320], un changement radical de perspective s'opère. Doctrine forte de maintes sensibilités, d'ordre moral comme social[2321], le solidarisme contractuel évince le principe de l'autonomie de la volonté, « vision individualiste et égoïste du rapport contractuel »[2322], auquel elle cherche à substituer l'intérêt commun comme principe directeur du contrat. L'objectif est de « donner un climat nouveau aux relations entre les parties, qui ne sont plus considérées comme exclusivement guidées par leurs intérêts antagonistes respectifs »[2323]. Loyauté, confiance, coopération et même fraternité constituent, selon les partisans de cette théorie, autant de valeurs à intégrer dans le contrat. Celui-ci doit ainsi, selon eux, être imprégné du « souci de se dépenser au profit de son cocontractant, de collaborer avec lui, de lui faciliter la tâche, en un mot de l'aimer comme un frère »[2324].

[2318] Cass. ass. plén., 9 oct. 2006, préc.

[2319] DOUVILLE (Th.), thèse préc., n° 286, p. 340.

[2320] JAMIN (C.), « Plaidoyer pour le solidarisme contractuel », *in Le contrat au début du XXIe siècle, Études Ghestin*, LGDJ, 2001, p. 442 ; MAZEAUD (D.), « Loyauté, solidarité, fraternité : la nouvelle devise contractuelle ? » *in L'avenir du droit, Mél. en l'honneur de François Terré*, Dalloz, PUF, 1999, p. 609 ; COURDIER (A.-S.), *Le solidarisme contractuel*, Thèse, Dijon, 2003.

[2321] *Ibid.*, p. 454.

[2322] MAZEAUD (D.), « Loyauté, solidarité, fraternité : la nouvelle devise contractuelle ? », art. préc., p. 609.

[2323] FONTAINE (M.), *Les principes pour les contrats commerciaux internationaux élaborés par Unidroit*, RDIC 1991, p. 35.

[2324] SÉRIAUX (A.), *Droit des obligations*, 2ème éd., PUF, 1998, n° 55, p. 229.

767. Pour Demogue – critiqué notamment par le doyen Carbonnier[2325] – le contrat est « une petite société où chacun doit travailler dans un but commun qui est la somme des buts individuels poursuivis par chacun »[2326]. Il y a dans cette idée les prémices du courant de pensée dénommé solidarisme contractuel[2327] qui, entendu comme un idéal, comme un altruisme, peut être critiqué[2328]. Le rapport contractuel est conçu comme un rapport altruiste par lequel chaque contractant renonce à une partie de son intérêt pour satisfaire celui de son contractant (a). Cette pensée va à contre sens de la relation bancaire où le contrat s'assimile davantage à un outil qui permet « la transaction entre diverses personnes ayant des intérêts opposés »[2329]. C'est un « instrument technique mis à la disposition de deux intérêts opposés qui veulent être conciliés »[2330] (b).

[2325] Il s'étonnait « qu'à une époque où le mariage s'était peut être trop transformé en contrat, d'aucuns avaient rêvé de transformer tout contrat en mariage », CARBONNIER (J.), *Les obligations, op. cit.*, n° 1030, p. 2119.

[2326] DEMOGUE R., *Traité des obligations en général,* t. 6, *op. cit.*, n° 3, p. 6.

[2327] La théorie de Demogue a été reprise par un courant de pensée, le « solidarisme contractuel », dont l'expression revient à JAMIN (C.), « Révision et intangibilité du contrat ou la double philosophie de l'article 1134 du Code civil », *Rev. Patrimoine*, 1998, p. 46 s. Le solidarisme contractuel « substitue à la vision du contrat comme produit de conciliation des intérêts égoïstes d'individus également aptes à les défendre celle du contrat comme œuvre de coopération entre individus situés, unis par des liens de solidarité », SAVAUX (E.), « Solidarisme contractuel et formation du contrat », *in le solidarisme contractuel*, GRYNBAUM (L.), NICOD (M.) (Dir.), Economica, 2004, n° 2, p. 43. V. égal. MIGNOT (M.), « De la solidarité en général et du solidarisme contractuel en particulier ou le solidarisme a-t-il un rapport avec la solidarité ? », *RRJ*, 2004, 1, n° 4.

[2328] Il existe toutefois deux courants au sein de l'école solidariste : LEQUETTE (Y.), « Bilan des solidarismes contractuels » *in Études de droit privé*, *Mél. Paul Didier*, Economica, 2008, p. 7 et s. Le premier d'inspiration morale qui voudrait que le contrat fasse place à une certaine fraternité, une sorte d'acte « d'entraide mutuelle », NICOD (M.), « Avant-propos », *in le solidarisme contractuel*, *op. cit.*, p. VI. Celui-ci paraît plus relever du domaine du « mythe » : LEVENEUR (L.) « Le solidarisme un mythe », *ibid.* p. 8. Le second, plus réaliste, trouve son fondement dans l'inégalité qu'il peut y avoir entre certains cocontractants et paraît plus acceptable. En effet, on en retrouve l'esprit lorsqu'il s'agit de contrats dont l'objet consiste à gérer un intérêt tiers, qui par nature emporte protection de cet intérêt.

[2329] VALLIMARESCO (A.), « Des actes juridiques avec soi même passés par une personne qui veut fixer la situation relative de deux fractions de son patrimoine soumises à un régime distinct », *RTD. civ.*, 1926, p. 981. La conclusion d'un contrat provoque la confrontation de deux intérêts autonomes et distincts, ROMAIN (J.-F.), « Du contrat avec soi-même et des conflits d'intérêts : théorie générale dans le droit commun de la représentation, fondée sur le principe de bonne foi, et applications en droit financier », art. préc., p. 100.

[2330] MEKKI (M.), *L'intérêt général et le contrat, Contribution à une étude de la hiérarchie des intérêts en droit privé*, LGDJ, 2004. n° 1122, p. 677.

a- L'altruisme, le trait saillant du solidarisme contractuel

768. La notion de bonne foi inscrite à l'article 1134, alinéa 3 du Code civil a paru[2331] à une partie de la doctrine pouvoir servir de base à ce qu'elle a désigné sous la terminologie de solidarisme contractuel. Cette pensée aux racines anciennes[2332] préconise que le juge fasse respecter une éthique contractuelle solidaire. Comme la théorie de l'utile et du juste, la doctrine du solidarisme contractuel découle de la théorie solidariste, plus large, qui fonde la société civile sur un contrat implicitement convenu par ses membres et qui explique que le législateur doit veiller à sauvegarder l'égalité, la liberté et les droits de chacun et de tous. Appliquée au contrat, cette doctrine part du postulat qu'un équilibre des relations entre contractants est nécessaire et qu'il est dès lors indispensable d'affirmer que tout contrat déséquilibré doit être rééquilibré au profit de la partie faible, notamment dans les contrats dits « de sujétion »[2333], mais pas seulement. Selon ses partisans, ce principe aurait une portée générale dès le stade de la formation du contrat qui, bien que relevant de la volonté individuelle, doit être mené de bonne foi, celle-ci étant entendue au sens strict. Le principe vaut également pour l'exécution de la convention qui devrait être dominée par une obligation de coopération des parties laquelle suggère l'assistance à la partie faible.

769. La théorie du solidarisme contractuel considère que le contrat repose sur « une union des intérêts »[2334]. La « solidarité conduit les contractants à travailler ensemble dans un but commun, à poursuivre des

---

[2331] V. Cass. com. 10 juill. 2007, *D.* 2007, 1955, obs. Delpech (X.), p. 2839, note Stoffel-Munck (P.) : « si la règle selon laquelle les conventions doivent être exécutées de bonne foi permet au juge de sanctionner l'usage déloyal d'une prérogative contractuelle, elle ne l'autorise pas à porter atteinte à la substance des droits et obligations légalement convenus entre les parties » ; égal. Cass. civ. 3ème 9 nov. 2009, *RDC*, 2010, p. 561, obs. Mazeaud (D.). La bonne foi n'est pas une condition de validité du contrat, elle n'est qu'une condition de son efficacité.

[2332] DEMOGUE (R.), *Traité des obligations en général*, t. 6, 1931, n° 3 : « Les contractants forment une sorte de microcosme. C'est une petite société où chacun doit travailler dans un but commun qui est la somme des buts individuels poursuivis par chacun, absolument comme dans une société civile ou commerciale. Alors à l'opposition entre le droit du créancier et l'intérêt du débiteur tend à se substituer une certaine union. Le créancier quant à la prestation qu'il doit recevoir n'est pas seulement créancier, il peut avoir un devoir de collaboration. ». Mais elle s'appuie également sur les idées de Durkheim qui évoquait l'idée d'une « solidarité contractuelle » : DURKHEIM (E.), *De la division sociale du travail*, 1930, Quadrige/PUF, 1991, notamment p. 177. V. égal. RÉMY (P.), « La genèse du solidarisme », *in Le solidarisme contractuel*, Economica, 2004, p. 3 et s.

[2333] Les contrats où l'un des contractants se trouve de fait soumis au pouvoir de l'autre : JAMIN (C.), « Plaidoyer pour le solidarisme contractuel », *in Etudes offertes à Jacques Ghestin, le contrat au début du XXIème siècle*, art. préc., p. 442.

[2334] THIBIERGE-GUELFUCCI (C.), *Libres propos sur la transformation du droit des contrats*, *RTD. civ.*, 1997, p. 377.

objectifs convergents, à faciliter ou participer à l'activité de l'autre »[2335]. Au final, les tenants de cette théorie affirment qu'« il ne s'agit pas de faire preuve d'angélisme contractuel »[2336] et que leur vision n'est pas « idyllique ou sentimentale, et donc irréaliste »[2337], mais ils n'en exigent pas moins une attitude « altruiste »[2338] des cocontractants. Or, si la théorie du solidarisme contractuel a le mérite « de rappeler la nécessaire vigilance à l'endroit des excès de l'individualisme [et], si elle peut, comme telle, constituer un moteur pour la doctrine et un modèle pour le législateur, elle présente l'inconvénient de promouvoir un nouveau dirigisme généralisé et, surtout, un dirigisme judiciaire sans fondement bien établi »[2339].

b - L'inapplicabilité de la théorie à la relation bancaire

770. Le solidarisme contractuel a ses partisans, mais aussi ses détracteurs[2340], notamment parce que la priorité qu'il accorde aux valeurs morales ne peut être admise sans réserve et apparaît comme une fiction difficile à appliquer, alors même que le contrat permet la « mise en place d'un échange entre personnes objectivement ennemies puisqu'aux intérêts et visées contradictoires »[2341]. Au rang des seconds, on retrouve le doyen Carbonnier pour qui le contrat, qui repose avant tout sur un « antagonisme d'intérêts », n'est pas et ne doit pas être une œuvre de charité, mais doit tout simplement permettre de faire de bonnes affaires. Il considère également que s'il faut supprimer les manœuvres déloyales, il n'est pas nécessaire d'encourager le sentimentalisme[2342] et qu'on doit se garder « de la caricature consistant à ne voir que des dominés opprimés par des dominants sans scrupule »[2343].

Nous ne pouvons que rejoindre sa pensée. En effet, peut-on réellement songer que le contrat bancaire constitue « un haut lieu de sociabilité et d'amitié où chacune des parties tâche de rendre justice à l'autre »[2344] ? S'il n'est pas déraisonnable de faire appel à la loyauté en lui trouvant un fondement dans l'obligation de bonne foi ou de soutenir le besoin d'une

[2335] DIESSE (F.), *Le devoir de coopération comme principe directeur du contrat*, arch. phil. droit, 43, 1997, p. 140.
[2336] MAZEAUD (D.), *op. cit.*, p. 633.
[2337] JAMIN (C.), « Plaidoyer pour le solidarisme contractuel », *op. cit.*, p. 442.
[2338] *Ibid.*, p. 362.
[2339] AUBERT (J.-L.), COLLART DUTILLEUL (F.), *Le contrat,* 4ème éd., 2010, p. 27
[2340] LUCY (W.), *Good faith in contract and property law*, Oxford, 1999, p. 941
[2341] FRISON-ROCHE (M.-A.), « Remarques sur la distinction de la volonté et du consentement en droit des contrats », *RTD civ.*, 1995, p. 575.
[2342] CARBONNIER (J.), cité par DELEBECQUE (Ph.), note ss Cass. 2ème civ., 19 juin 1996, Defrénois 1996, p. 1374.
[2343] GRIDEL (J.-P.), CHAZAL (J.-P.), « Le consentement n'est pas vicié de violence par la seule dépendance économique inhérente au statut salarial », *D.* 2002, p. 1863.
[2344] SÉRIAUX (A.), *op. cit.*, p. 617.

obligation d'information pour contrecarrer l'asymétrie informationnelle, voire de la faire évoluer en devoir de conseil justifié par la différence de qualité entre le professionnel et le non professionnel, ni même encore de donner à l'ensemble une connotation morale affichée, en préférant le terme de devoir à celui d'obligation, il restera malgré tout difficile de conférer à un contrat bancaire une valeur de « fraternité » [2345] ou de faire appel à l'« abnégation »[2346] du banquier.

771. Cet aspect altruiste du contrat, le juge de droit étranger a d'ailleurs eu l'occasion de le réfuter[2347] de manière générale. Le juge français semble aussi de cet avis. Il a par exemple été jugé, concernant l'obligation d'information annuelle de la caution, que malgré le fait que la banque avait pris l'habitude d'informer la caution des échéances impayées par le débiteur, coopérant de cette manière dans l'exécution du contrat, la caution ne pouvait se prévaloir d'une telle pratique et en faire une obligation contractuelle plus contraignante que celle imposée par l'article L. 313-22 du Code monétaire et financier qui oblige la banque à la renseigner sur l'évolution de la solvabilité du débiteur principal[2348]. De ce fait, malgré quelques signes qui ont pu être considérés comme annonciateurs[2349], la thèse du solidarisme contractuel n'a pu prospérer. Or, si elle n'arrive pas à constituer une source de responsabilité, comment pourrait-elle constituer une source d'interdiction de se placer en conflit d'intérêts par solidarité ?

772. Affirmer que « le débiteur est tenu d'exécuter le contrat au mieux de l'intérêt de son créancier »[2350] n'est pas dénué de sens. En revanche, il est excessif d'affirmer que puisque le créancier doit agir au mieux des intérêts de son client, il doit s'abstenir de se retrouver en situation de conflit d'intérêts.

Le « solidarisme contractuel » ne s'entend par conséquent que comme une manière d'affirmer le principe de fidélité à l'esprit du contrat davantage qu'à sa lettre[2351], et avoir la seule fonction que le juge américain semble lui attribuer « de maximisation des intérêts » [2352]. Le contrat de droit commun, plus encore le contrat bancaire, demeure sans doute fondamentalement conflictuel parce que réunissant deux ou plusieurs intérêts égoïstes à valeur équivalente qui ne peuvent s'exercer qu'au prix d'une transaction : le contrat. Tout au plus, le solidarisme contractuel peut-il être analysé à l'égard

---

2345 MAZEAUD (D.), « Loyauté, solidarité, fraternité : la nouvelle devise contractuelle » art. préc., p. 609.
2346 *Ibid.*, p. 617.
2347 Market St assocs v. Frey, 941 F (2d), 594, (Judge Posner).
2348 Cass. com., 26 mai 2004, *RD bancaire et fin.* 2005, comm. 10, obs. Legeais (D.) et Cercles (A.).
2349 Cass. 1ère civ., 30 juin 2004, *D. affaires* 2004, p. 3150, obs, Avéna-Robardet (V.) .
2350 Cass. 1ère civ., 30 juin 2004, préc.
2351 CEDRAS (J.), « Le solidarisme contractuel », Rapp. C. cass. 2003, p. 215.
2352 *Ibid.*

des contrats dominés par les passions[2353] et non les intérêts, quoiqu'il y ait encore matière à en discuter. Du reste, le solidarisme contractuel « demeure un vœu pieux et s'est [...] récemment (et définitivement ?) éloigné des rivages contractuels »[2354].

L'obligation d'interdiction n'étant pas, au regard de ce qui précède, une obligation générale, son application dépend de l'effet conjoint de certains critères dont il convient à présent de relever l'inadaptation.

B/ L'inadaptation des critères de droit commun

773. Les conclusions auxquelles sont parvenus les auteurs, s'agissant des critères de droit commun susceptibles de fonder une obligation de ne pas faire face au conflit d'intérêts, ne convergent pas toutes. Les analyses doctrinales sont variées et les auteurs ne retiennent pas tous les mêmes éléments d'identification, ni n'attachent une importance ou des effets identiques à tel ou tel critère. Toutefois, un consensus semble s'en dégager.

On peut ainsi lire que le danger de la situation de conflit d'intérêts réside dans la dépendance ou la partialité de l'acteur. Une obligation de ne pas faire serait commandée par les exigences d'impartialité et d'indépendance (1°), voire par celles de confiance et de désintéressement (2°).

1° - Indépendance et impartialité

774. Le lien étroit entre conflit d'intérêts, impartialité et indépendance est souvent souligné. Mais, si ces notions ont pu être régulièrement accolées, elles ne s'appréhendent pas juridiquement de façon identique, même lorsque leurs domaines sont conjoints. Être parfaitement indépendant n'empêche pas d'être partial et vice-versa.

De plus, que ce soit l'indépendance du banquier qui risque d'être compromise ou qu'au contraire la situation de conflit d'intérêts découle de son impartialité, ces valeurs ne justifient ni l'une, ni l'autre une obligation de ne pas faire.

[2353] V. MERLIN (A.), *Répertoire universel et raisonné de jurisprudence*, vol. 3, 1827, Garneri libraire, p. 354 ; ALIBERT (J.-L.), *Physiologie des passions ou nouvelle doctrine des sentiments moraux*, vol. 2, Béchet jeune libraire, 1837, p. 5.

[2354] DELEBECQUE (Ph.), COLLART-DUTILLEUL (F.), *Les contrats civils et commerciaux op. cit.*, n° 948, p. 967.

a - L'indépendance

775. La notion d'indépendance, comme d'ailleurs celle de conflit d'intérêts, dont on tendrait intuitivement à la rapprocher[2355], semble difficile à définir. Des auteurs qui y ont consacré intégralement[2356] leurs travaux ont fini par y renoncer, parmi lesquels un avertit, dès la première page de son ouvrage, que l'indépendance est « avant tout [une] affaire de morale individuelle »[2357]. Un autre fait référence à un sentiment de sagesse[2358]. Mais c'est un autre, dans la conclusion d'un exposé consacré aux agences indépendantes américaines, qui résume le mieux cette difficulté à définir la notion : « finalement, nos deux cultures [française et américaine] sont toutes deux sceptiques sur la signification sémantique du terme d'indépendance. Toutes deux semblent comprendre que [cette notion] ne peut être mesurée ni par des critères objectifs ni par des lois ou ordonnances, sans tenir compte de l'imperfection de la nature humaine »[2359].

776. Au sens commun, l'indépendance s'entend d'« une absence de dépendance ou de subordination »[2360]. Cette « notion souple »[2361] ne semble pouvoir être qualifiée que par référence à la dépendance dont elle est la négation. Le banquier sera donc « indépendant » lorsqu'il n'a aucune relation, lien ou dépendance, de quelque nature que ce soit. En termes juridiques, l'indépendance ne se conçoit donc pas comme l'« absence de toute relation », car, notion juridique, elle est relative. L'indépendance a pu ainsi être définie sur un plan fonctionnel et organique. Dans le premier, l'indépendance est caractérisée en l'absence de subordination hiérarchique ou de tutelle[2362], tandis que dans le second, la définition suggère un ensemble de mécanismes statutaires qui concourent à la garantie de cette liberté de fonction[2363]. De ce point de vue, mérite le qualificatif d'indépendant le banquier qui est placé, selon les cas, hors lien de subordination, de tutelle, de partenariat, d'accord, etc. On dira dans ce cas d'un banquier qu'il est indépendant, par exemple, parce qu'il est un analyste financier et qu'il n'a

---

[2355] JARRONSON (Ch.), *La notion d'arbitrage*, Thèse, B. Oppetit (dir.), LGDJ, n° 469, p. 193.
[2356] Pour exemple : REDIN (J.-D.), « Qu'est-ce que l'indépendance du juge ? », Just. n° 3,1996, p. 161, n° 7.
[2357] MASSON (M.), *L'indépendance des magistrats judiciaires vis à vis du pouvoir politique de 1870 à nos jours,* Thèse, Paris II, 1975, p. 1.
[2358] PISIER (E.), « Vous avez dit indépendantes ? … Réflexions sur les A.A.I », Pouvoirs 1988, n° 46, p. 71.
[2359] DAVIS (M)., « L'expérience américaine des *Indenpendant Regulatory Commissions* », *in Les autorités administratives indépendantes*, PUF, 1988, p. 222.
[2360] Dictionnaire Robert, *op. cit.* v°. « indépendance ».
[2361] JARRONSON (Ch.), thèse préc., n° 477 s, p. 198.
[2362] MANSON (S.), *La notion d'indépendance en droit administratif,* Thèse, Paris II, 1995, p. 44 et s.
[2363] *Ibid.*

pas de lien de dépendance avec l'entreprise dont il conseille l'action aux investisseurs.

777. Peut-on alors estimer que l'absence de cette dépendance, c'est-à-dire la situation d'indépendance, élimine naturellement tout risque de conflit d'intérêts ? Autrement dit, doit-on affirmer qu'un banquier en situation de conflit d'intérêts est nécessairement un banquier dépendant et que la dépendance du banquier justifie de ce fait une obligation d'interdiction de se retrouver en situation de conflit d'intérêts ? Il apparaît nécessaire, pour répondre à ces questions, de s'interroger en amont sur un autre point : le banquier est-il dépendant à partir du moment où il se positionne en situation de conflit d'intérêts ou est-ce parce qu'il est à l'origine dépendant qu'il se retrouve en situation de conflit d'intérêts ?

Pour certains auteurs, l'indépendance fait partie intégrante de la définition du conflit d'intérêts : « le conflit d'intérêts est constitué quand les intérêts des praticiens ou leurs engagements compromettent l'indépendance de leur jugement »[2364], voire le conflit d'intérêts est tout simplement assimilé à la dépendance[2365]. Le banquier serait en situation de conflit d'intérêts à partir du moment où son indépendance est effectivement compromise.

D'autres semblent concevoir le conflit d'intérêts comme une situation qui compromet l'indépendance et mentionnent l'indépendance lorsqu'ils présentent les conflits d'intérêts, sans pour autant en faire un élément de définition[2366]. Le principe est celui de l'indépendance et c'est parce que survient la situation de conflit d'intérêts qu'elle est altérée. La perte d'indépendance est ainsi regardée comme une conséquence du conflit d'intérêts ; ce n'est qu'à partir du moment où il est en situation de conflit d'intérêts que l'indépendance du banquier peut être compromise.

778. Mais, considérant la spécificité de la matière étudiée, la notion d'indépendance n'est d'aucune aide, au moins en tant que justification d'une interdiction des conflits d'intérêts. Le manque d'indépendance peut sans doute expliquer la prohibition du conflit d'intérêts d'un juge[2367] par exemple,

---

[2364] Pour RODWIN (J.- M.), *Medicine, Money and Morals. physicians conflicts of interests*, Oxford University Press, 1993. Dans le même sens, CLAY (T.), L'arbitre, Dalloz, 2001, p. 930 ; MORET-BAILLY (J.), « Les conflits d'intérêts des experts consultés par l'administration dans le domaine sanitaire », Rev. dr. sanit. et soc., 2004, p. 855 s.

[2365] T. GIOVANNINI, « Arbitres et institutions d'arbitrage : conflits d'intérêts », *Rev. dr. aff. int.*, 2002, n° 6, p. 629 et s.

[2366] MULLER-QUOY (I.), « Conflits d'intérêts et responsables locaux », *op. cit.*, p. 41 ; DE BENALCAZAR (I.) et DE BENALCAZAR (S.), « L'avocat et le conflit d'intérêts : une notion au cœur de la déontologie et de la nouvelle économie », *LPA*, 2001, n° 96, 15 mai, p. 4.

[2367] Art. 14 du Pacte international sur les droits civils et politiques ou l'art. 6 § 1 de la convention européenne des droits de l'Homme exigent un « tribunal indépendant et impartial ».

ou d'un fonctionnaire investi d'une mission de service public[2368], mais ne peut aucunement fonder pareille obligation pour le banquier.

Certes, l'article L. 541-4-1 du Code monétaire et financier impose aux banquiers « d'agir au mieux des intérêts de leurs clients » tandis que l'article L. 533-10 préconise de prendre toute mesure raisonnable pour éviter les conflits d'intérêts. Mais, au-delà de ces obligations, il est évident que l'on n'attend pas du banquier qu'il soit indépendant de tout autre intérêt et il n'a pas à proprement parler, sauf dans certains cas particuliers, d'obligation juridique d'exclusivité. L'article précité en fait d'ailleurs l'aveu : « lorsque ces mesures ne suffisent pas ». Envisager d'une part des moyens de prévention du conflit d'intérêts et admettre d'autre part l'éventualité d'un échec signifie qu'en fait aucune indépendance du banquier n'est exigée. Sinon, pourquoi des mesures pour éviter des conflits d'intérêts échoueraient-elles ? Pourquoi y en aurait-il ? Si le banquier devait être indépendant, il n'y aurait pas de confrontation d'intérêts différents, mais concomitants, il n'y aurait donc pas de conflit d'intérêts. Autrement dit, ni le conflit d'intérêts, ni « le risque de porter atteinte aux intérêts des clients » en découlant, que l'article précité cherche à éviter, ne peut prendre naissance si pèse sur le banquier une obligation d'indépendance. Admettre l'existence du conflit d'intérêts au sein des banques revient à avouer la dépendance de l'institution ou des acteurs qui y travaillent.

779. En outre, il ne suffit pas d'affirmer un devoir d'indépendance, il faut aussi le garantir. Et les garanties sont diverses et variées[2369]. Certaines, pas des plus rares, ne sauraient s'appliquer dans l'activité bancaire et financière. L'indépendance suppose par exemple, au moins en théorie, l'irresponsabilité de principe de l'acteur que l'on souhaite voir indépendant. En ce sens, les actes qu'il accomplit dans l'exercice de ses fonctions doivent être couverts par l'irresponsabilité. Il doit également être impossible de lui donner des instructions dans l'exercice de ses fonctions. Enfin, il ne doit exister aucun lien de subordination. Il s'agit là d'une dimension importante de l'indépendance, au moins de l'indépendance individuelle[2370]. Or, il y aurait une contradiction entre la responsabilité exigée du banquier, parfois

---

[2368] Depuis 1983, l'art. 25, alinéa 2, du statut général des fonctionnaires dispose que « les fonctionnaires ne peuvent prendre par eux-mêmes ou par personnes interposées, dans une entreprise soumise au contrôle de l'administration à laquelle ils appartiennent ou en relation avec cette dernière, des intérêts de nature à compromettre leur indépendance », loi n° 83-634, 13 juill. 1983, portant droits et obligations des fonctionnaires (dite loi Le Pors), cette disposition s'appliquant également à toute personne qui prête son concours à l'administration (art. 2).

[2369] Pour les juges par exemple, la Cour européenne des droits de l'Homme rappelle souvent les critères objectifs tenant au statut du juge pour apprécier l'indépendance, V. par ex. Cour EDH, 28 juin 1984, Aff. Campbell et Fell c/ Royaume Uni, n° 7819/77 et 7878/77, et 22 oct. 1984, Aff. Sramek c/ Autriche, n° 8790/ 99.

[2370] POPESCU (C.-L.), « Indépendance et impartialité des juges internationaux », *in Indépendance et impartialité des juges internationaux,* A. PEDONE, 2010, p. 67.

plus sévère que celle du bon professionnel, et l'irresponsabilité indispensable à son indépendance, en plus que, concrètement, solliciter pareille obligation du banquier reviendrait à rechercher « une indépendance aux allures de mythe »[2371]. Par ailleurs, à supposer que pèse sur le banquier un devoir d'indépendance, il serait permis de s'interroger sur son opportunité dans le cas d'un conflit d'intérêts extrapersonnel. Qu'apporte l'indépendance comme solution à ce cas de figure ?

780. De préférence à l'indépendance, il y a la garantie. L'exigence de garantie, comme nous tentons de le démontrer, tout en étant conforme aux attentes du législateur, est nettement plus efficace que celle d'indépendance. Un banquier indépendant ne devra être soumis à aucun intérêt tiers, tandis qu'un banquier qui garantit les intérêts de son client contre son propre fait sera libre, mais devra s'efforcer de faire en sorte de ne pas privilégier ses intérêts au détriment de ceux du client dont il a choisi de prendre la charge. En effet, si pour certains professionnels l'indépendance constitue un réel enjeu, le client d'une banque n'attend-il pas davantage du banquier auquel il a confié ses intérêts de ne pas lui faire concurrence plutôt qu'il soit indépendant de tout et de tous ?

La difficulté d'imposer au banquier une obligation d'interdiction des conflits d'intérêts fondée sur un devoir d'indépendance, dont la définition reste encore à découvrir, se fait ressentir. Si ce devoir venait à être reconnu et permettait une interdiction des conflits d'intérêts, la mise en œuvre de l'obligation d'interdiction n'évincerait – et en théorie – que les conflits d'intérêts interpersonnels professionnels, à l'exclusion des conflits d'intérêts non professionnels, plus difficiles à détecter.

b - L'impartialité

781. Impartialité et indépendance sont deux notions souvent mêlées, voire confondues, mais pourtant distinctes. Un acteur, le banquier dans notre cas, peut ainsi être indépendant et pour autant totalement partial. *A contrario*, pour être impartial, il doit être un minimum indépendant. L'indépendance constitue de la sorte un moyen juridique permettant de garantir l'impartialité, mais ne s'y assimile pas. Être impartial signifie, dans le sens commun, ne pas être partie[2372]. Est impartial, « celui qui ne préjuge pas une question et qui ne manifeste pas de préférence pour une partie »[2373]. Le dictionnaire de droit international public, par exemple, énonce que

---

[2371] GOURISSE (B.), « La déontologie et les conflits d'intérêts : un point de vue libre d'un ancien déontologue », *op. cit.*, p. 76.
[2372] Selon le dictionnaire Robert, est partial celui qui prend parti pour ou contre une personne, une chose, un groupe, sans souci de justice ni de vérité ; qui a du parti pris. Dans le Littré, on peut lire que la partialité est « un attachement passionné et aveugle pour un parti ».
[2373] KOJÈVE (A.), *Esquisse d'une phénoménologie du droit*, Gallimard, 1997, p. 75.

l'impartialité est l'absence de parti pris, de préjugé et de conflit d'intérêts chez une personne en position analogue par rapport aux parties se présentant devant lui ou par rapport à la question qu'il doit trancher[2374].

782. Mais, si les notions sont différentes, la même question se pose pour l'impartialité que précédemment pour l'indépendance, à savoir, est-ce qu'il pèse sur le banquier une obligation d'impartialité qui justifie que tout conflit d'intérêts lui soit interdit ? D'abord, il faut préciser que l'impartialité a, comme l'indépendance, un caractère relatif[2375], ce qui oblige à introduire dès l'entreprise de définition plusieurs nuances qui ne facilitent pas l'identification et l'encadrement juridique de la notion. En effet, comme le soulignait un philosophe[2376] à propos du juge, et avant lui Jean Domat[2377], l'impartialité traduit un comportement impossible à atteindre, car ne pouvant être accompli que par un Dieu. Ensuite, cette première difficulté est aggravée par le fait que, si l'indépendance est généralement perçue comme une situation externe, l'impartialité est plutôt considérée comme une qualité personnelle[2378], une qualité vivante[2379]. De ce fait, il restera toujours une dimension essentielle de l'impartialité qui ne pourra pas être saisie par le droit[2380], car il s'agit d'une attitude humaine[2381], qui « plus même qu'une qualité, […] est une vertu : on est partial parce que, au regard d'un impératif moral, dans une situation donnée, on ne devrait pas l'être »[2382]. Il s'agit généralement d'une attitude attendue des juges. C'est « assurément l'une des

---

2374 *Dictionnaire de droit international public*, Salmon (J.) (dir.), 2001, p. 562.

2375 Si l'idée était celle d'une impartialité radicale, il serait requis de l'acteur impartial d'écarter totalement tout ce qui peut affecter son action, autrement dit, faire abstraction de toutes ses déterminants y compris sociaux, ce qui est évidemment impossible à réaliser.

2376 KOJÈVE (A.), *op. cit.*, p. 73.

2377 « Ce n'est pas assez pour marquer la grandeur du ministère des juges, que de dire qu'ils sont des dieux ; nous pouvons dire encore que ce nom leur est donné par un privilège si singulier qu'il n'a été donné à aucune autre dignité. De sorte que cette singularité jointe à la grandeur de ce titre, marque clairement que la divine égalité se communique davantage dans la qualité du juge que dans aucune autre » : DOMAT (J.) « Harangue prononcée aux Assises de 1660 », *in Les lois civiles dans leur ordre naturel. op. cit.*, p. 358. Le prêtre même est selon Domat inférieur au juge dans sa proximité à Dieu : *ibid.*, p. 359. En effet, pour le célèbre jurisconsulte « Être juge, c'est être Dieu » : *ibid.* p. 394.

2378 En ce sens : VAN COMPRENOLLE (J.), « Avant-propos », *in L'impartialité du juge et de l'arbitre. Étude de droit comparé,* Bruylant, 2006, p. VIII ; GUINCHARD (S.), « Indépendance et impartialité du juge. Les principes de droit fondamental », *ibid.*, p. 4 s.

2379 ROSANVALLON (P.), *La légitimité démocratique*, Seuil, p. 152.

2380 Ainsi s'explique par exemple la démarche casuistique mais compréhensible de la jurisprudence de la CEDH, qui différencie entre impartialité objective et impartialité subjective. La première vise à repousser l'existence de préjugés tenant à la situation du juge, la seconde est attentive au fait que le comportement du juge ou les déterminants de sa carrière ne soient pas de nature à susciter le doute sur son impartialité.

2381 ROETS (D.), *Impartialité et justice pénale*, Cujas, 1997, p. 13.

2382 *Ibid. Rappr.* GUINCHARD (S.), « Indépendance et impartialité du juge. Les principes de droit fondamental », art. préc., p. 4.

exigences permanentes de l'état de magistrat »[2383], ce qu'Aristote soulignait d'ailleurs : « dans la personne du juge, on cherche un tiers impartial »[2384], mais c'est aussi une forme de « manifestation de la neutralité de l'action étatique dans son rapport avec ses usagers »[2385].

783. Néanmoins, l'impartialité apparaît davantage comme un idéal, et en tant que tel, elle ne peut qu'être difficile à atteindre. Le système des *podestats* dans l'Italie de la fin du XIIe siècle et au cours du XIIIe avait déjà très bien démontré qu'aucun pouvoir ne peut être absolument détaché de son titulaire, ni jamais être totalement extérieur à ses intérêts[2386]. Le mouvement réaliste et critique américain[2387] a d'ailleurs déconstruit radicalement toute idée d'impartialité (du juge en l'occurrence). L'impartialité a ainsi été dénoncée comme une simple illusion, car le juge ne se déciderait qu'en fonction de ses préférences ou de ses intuitions selon certains, suivant le contenu de son petit déjeuner selon d'autres[2388]. Exiger l'impartialité d'un banquier aurait-il du sens s'il n'est même pas possible de garantir celle du juge ?

Sans aller plus loin dans la réflexion, la réponse paraît d'ores et déjà évidente, l'impartialité, critère d'interdiction du conflit d'intérêts en droit commun, est inapplicable en droit bancaire et financier.

2° - Confiance et désintéressement

784. L'obligation de ne pas se positionner en situation de conflit d'intérêts s'explique aussi en droit commun parce que le conflit d'intérêts s'oppose à la confiance (1°) et au désintéressement (2°) qui sont de l'essence de certains contrats.

2383 RONTCHEVSKY (N.), « Impartialité et justice économique en France », *in Impartialité et justice économique en Europe*, PUS, 2003, p. 114.

2384 *Éthique et Nicomaque, op. cit.* L. V, ch. IV, n° 7.

2385 MANSON (S.), *op. cit.*, 1995, p. 34.

2386 Épuisés des guerres intestines pour le pouvoir des grandes familles représentées au Conseil communal, de nombreuses communes décidèrent de recruter hors de leurs murs des *podestats* dont on attendait la qualité d'impartialité. Et pour la garantir, tout un ensemble de prescriptions et d'interdictions très détaillées leurs étaient énoncées allant jusqu'à l'interdiction d'épouser une femme de la ville, de manger et de boire avec des habitants de la cité, de recevoir des visiteurs après le coucher du soleil, ou même de se promener en compagnie d'un citoyen. Pourtant, la multiplication des précautions s'avéra progressivement insuffisante, puis on finit pas se rendre compte qu'il n' y avait pas d'impartialité pouvant être garantie par l'équivalent d'un statut.

2387 Notamment KENNEDY (D.), *A critique of adjudication*, Cambridge, 1997.

2388 Par exemple, HUTCHESON (J.) « The Judgement intuitive : The function of the "Hunch" in Judicial decision », 1929, 14 Corn. L. Q., 274, cité par JOUANNET (E.), « Indépendance et impartialité des juges internationaux », *in Indépendance et impartialité des juges internationaux, op. cit.*, p. 295.

a- La confiance

785. L'existence de rapports de confiance semble également justifier l'obligation d'éviter toutes les situations de conflit d'intérêts. En effet, en raison de la confiance qu'il a dans son partenaire, le contractant serait en droit d'attendre que ce dernier évite toute situation de conflit d'intérêts. Cette confiance peut découler de la nature du contrat[2389] comme elle peut résulter de la seule personnalité du cocontractant. Ainsi en est-il des relations avec le tuteur, le médecin ou l'avocat.

786. Cependant, comme on s'en souvient[2390], la confiance est une caractéristique omniprésente et générale de la relation banque-client, mais entendue dans un sens particulier. Même quand le contrat bancaire est conclu *intuitu personae*, la confiance dont le banquier est investi ne constitue pas un facteur d'aggravation de sa responsabilité en cas d'exploitation du conflit d'intérêts, la sanction restant liée à l'inobservation d'une règle coercitive donnée. Si la confiance ne justifie pas une responsabilité renforcée, elle ne fonde certainement pas une interdiction de se retrouver en conflit d'intérêts.

b - Désintéressement

787. Le désintéressement est un critère pertinent s'agissant des tuteurs et curateurs, des juges ou des avocats par exemple, qui justifie l'obligation d'interdiction de se retrouver en conflit d'intérêts puisqu'on demande particulièrement à l'acteur de ne pas être en général intéressé. Mais il n'y a aucun fondement au désintéressement du banquier qui ne lui est exigé, à notre connaissance, d'aucune manière. Des dispositions précisant que prendre en charge une mission en particulier suppose de ne pas être intéressé directement ou indirectement n'existent pas. Les textes mettent l'accent sur les mesures de prévention ou de traitement du conflit d'intérêts, mais ne vont pas dans cette voie jusqu'à demander au banquier de refuser une mission lorsqu'il y a un autre intérêt opposé direct ou indirect en jeu, c'est-à-dire de se désintéresser.

788. Les critères de droit commun que l'on vient d'examiner ne peuvent donc pas être pris en compte, puisqu'en raison de leur caractère, ils ne permettent pas de fonder une obligation d'interdiction, et à imaginer qu'ils l'autorisent, il reste permis de douter de l'efficacité de pareille obligation. En revanche, la lecture du droit positif et l'attention donnée aux évolutions de la jurisprudence témoignent de l'existence d'une obligation déjà bien ancrée ;

[2389] ALISSE (J.), *L'obligation de renseignements dans les contrats*, Thèse, Paris II, 1975, n° 98, p. 87.

[2390] V. *supra* n° 216 et s.

une obligation de faire et non de ne pas faire, à savoir garantir contre son propre fait.

Section 2. Les caractères de la garantie

789. L'analyse de la garantie du fait personnel imposée au banquier en conflit d'intérêts ne peut se faire qu'en reprenant la définition de l'obligation, à savoir un lien de droit entre deux personnes en vertu duquel l'une doit faire quelque chose pour l'autre. Cette définition révèle que doit exister la possibilité pour un contractant d'exiger du cocontractant l'exécution d'une prestation. Dès lors, la garantie vient seulement renforcer l'obligation principale du contrat. Appliquée au cas du banquier, l'obligation de garantie ne saurait peser sur lui que dans le cas où il s'est engagé contractuellement à gérer l'intérêt de son client, considéré dans ce cas comme supérieur. L'obligation du banquier de garantir l'intérêt supérieur de son propre fait, en cas de conflit d'intérêts, ne peut de cette manière se concevoir que lorsque le conflit d'intérêts est contractuel. S'agissant de conflits d'intérêts extracontractuels, les lois en la matière étant uniquement des mesures de police ou des dispositions de responsabilité, une telle garantie aura un sens différent. Elle devra s'entendre comme un principe directeur de marché à la mesure duquel devra être apprécié le comportement du banquier face à son conflit d'intérêts.

L'exigence de garantie qui pèse sur le banquier est donc une obligation (§1) qui vient à l'appui de l'obligation principale du contrat : la gestion de l'intérêt supérieur (§2).

§ 1 - Une obligation

790. C'est généralement une vision trop restrictive qui vient en premier lieu à l'esprit lorsque l'obligation de garantie est évoquée. En effet, c'est toujours sous l'angle d'une obligation de réparation et sous l'aspect d'une sanction qu'elle a été envisagée. Or, c'est une vision réductrice, car elle n'est pas que ça et c'est précisément dans son acception large qu'est conçue la garantie du banquier face au conflit d'intérêts. Il s'agit d'une obligation préventive (A) contractuelle (B).

A/ Une obligation préventive

791. Traditionnellement, la garantie est décrite comme une obligation négative qui frappe uniquement son débiteur de sanctions. L'obligation de réparation a d'ailleurs même été employée pour parler de garantie[2391]. Mais, envisagée uniquement du point de vue de la répression, l'obligation de garantie ne s'explique tout simplement pas. En effet, si on la regarde sous cet angle, la création d'une obligation spéciale pour sanctionner l'inexécution des obligations de certains contractants ne s'imposait pas nécessairement comme une évidence. Le droit commun de la responsabilité n'aurait-il pas pu suffire pour jouer ce rôle ? D'ailleurs, ainsi que le remarquait le doyen Gross, « si l'obligation de garantie n'avait pas existé, nul n'aurait l'impression que notre droit contient une lacune »[2392]. C'est sans doute pour cette raison que les auteurs ont tenté de limiter le particularisme de cette obligation[2393] et de la rattacher à – ou la faire absorber par – la responsabilité civile contractuelle.

792. Pourtant, la présentation du Code civil semble nettement donner un contenu positif[2394] à l'obligation de garantie, c'est-à-dire au rapport de droit qui oblige à exécuter un certain nombre d'obligations. En vérité, la garantie semble davantage se justifier par des considérations pratiques que par de stricts raisonnements à partir du droit positif. Le législateur, en créant l'obligation de garantie, a simplement voulu donner une sécurité supplémentaire à une catégorie spécifique de contractants qu'il souhaitait protéger en particulier. En effet, l'objectif de la garantie est double : faciliter la formation des contrats en offrant plus de sécurité et rassurer le contractant sur la bonne exécution de la convention. Appliquée au cas du banquier, elle créerait un climat de confiance propre à la passation de contrat, car les clients sauraient que l'inexécution des obligations est source pour lui de graves sanctions. L'obligation de garantie simplifierait les vérifications auxquelles doit se livrer le client sur les éventuels conflits d'intérêts et lui permettrait d'obtenir plus facilement une indemnisation.

793. L'idée de garantie est de la sorte très simple. Le banquier qui accepte de gérer les intérêts d'un client et qui sait devoir le garantir contre son fait en cas de conflit d'intérêts doit normalement être certain de ses agissements ; il sait qu'il a pris toutes les mesures nécessaires pour que son intérêt ne heurte pas celui de son client. Quant au client garanti, il est celui qui a placé sa confiance dans le banquier et qui attend en retour une sécurité. La certitude que donne la garantie n'est rien d'autre, du côté du débiteur comme du créancier, que l'assurance que l'opération se déroulera normalement.

794. L'engagement essentiel du banquier garant consiste à prendre un soin tout particulier lorsqu'il s'acquitte de ses obligations. Sa prestation se ramène à être particulièrement vigilant. Cet aspect capital, comme on a pu le

---

[2391] LARIVIÈRE, *op. cit.* n° 58, p. 135 et s.
[2392] GROSS (B.), *op. cit.*, n° 97, p. 95.
[2393] V. *supra* n° 701.
[2394] GROSS (B.), *op. cit.*, n° 97, p. 95.

constater[2395], apparaît nettement dans les textes et dans la jurisprudence qui, dans un certain nombre de solutions, ne s'explique pas rigoureusement sur les raisons qui les conduisent à les adopter. À ses diverses expressions, il est préférable de substituer celle de garantie, car c'est là que se trouve l'essentiel de l'obligation du banquier face au conflit d'intérêts.

B/ Une obligation contractuelle

795. L'obligation de garantie se rencontre uniquement dans les contrats et ne vit que dans le cadre qu'ils forment. Le Code civil ayant repris la classification romaine des sources essentielles d'obligations, les contrats et les délits, la garantie présente un caractère ***contractuel*** certain, ce qui ne signifie pas que la source de l'obligation de garantie soit toujours un contrat. Ce caractère contractuel de la garantie ainsi entendu n'est généralement pas discuté. Toutefois, comme on le sait, la théorie traditionnelle appréhendait la responsabilité civile comme une responsabilité subjective, au sens où elle trouve sa source dans la faute du sujet responsable et fait dériver la réparation d'une analyse psychologique et d'un jugement moral[2396]. Au cours du XIXe siècle, la faute a commencé à perdre le rôle exclusif que le Code civil semblait lui réserver et la responsabilité est devenue un « problème central de droit contemporain »[2397]. Les recherches sur cette notion ne pouvaient par conséquent que la rapprocher de celle de garantie[2398]. Ainsi, Sourdat consacrait à cette matière un ouvrage entier dès 1852. Ensuite, des « théories audacieuses [ont permis] l'ouverture d'un formidable chantier : celui de la construction de la responsabilité civile moderne »[2399]. Plusieurs auteurs[2400], appuyés par la Cour de cassation dans

---

[2395] V. *supra* titre 1, partie 2.

[2396] STARCK (B.), ROLAND (H.), BOYER (L.), *Obligations,* t. 1, *Responsabilité délictuelle,* Litec, 5ème éd., 1996, p. 18 s.

[2397] STARCK (B.), *op. cit.* p. 5.

[2398] La théorie traditionnelle est apparue comme inadaptée et c'est alors qu'est intervenu le véritable tournant. En effet, avec la révolution industrielle, et son lot d'accidents, la prise en charge du dommage s'est imposée comme une nécessité, d'autant plus que les systèmes de solidarités familiales, comme le lignage ou la mesnie traditionnels, commençaient à s'épuiser, TERRÉ (F.) et FENOUILLET (D.), *Droit civil, Les personnes. La famille. Les incapacités*, Précis Dalloz, 8ème éd., 2011, n° 288, p. 231). Dans le même temps, ce siècle était marqué par les premières luttes sociales, et parce que l'accident du travail cristallisait une part importante des revendications de l'époque, une transformation du régime de la responsabilité s'imposait.

[2399] CARVAL (S.), *La construction de la responsabilité civile*, PUF, 2001, p. 10.

[2400] Par exemple : SAUZET (M.), *De la responsabilité des patrons vis à vis des ouvriers dans les accidents industriels, Rev.crit.*, 1883, p. 32 ; SALEILLES (R.), *Les accidents du travail et la responsabilité civile*, 1897, et, du même auteur, « Le risque professionnel dans le Code civil », *in La réforme sociale*, 1898, p. 33 ; SAINTSCELETTE (C.), *op. cit.*

l'arrêt *Teffaine*[2401], dénonçant l'insuffisance de la faute à fonder l'ensemble de la responsabilité civile, ont alors cherché à expliquer et justifier la responsabilité sans faute, en proposant de fonder la responsabilité civile soit sur le risque, soit sur la faute objective, soit enfin sur l'idée de garantie.

Le défaut de consécration de la responsabilité sans faute témoigne que l'obligation de garantie ne se manifeste que dans le cadre contractuel. Ainsi, la théorie de la responsabilité pour risque comme la théorie de la garantie sont impuissante à justifier une obligation d'interdiction.

796. C'est Saleilles[2402] qui a donné à cette idée la portée d'une véritable théorie. Son analyse a abouti à la conclusion que toute activité qui crée un risque pour autrui rend son auteur responsable du dommage causé, indépendamment de l'existence ou non d'une faute. Selon lui, la victime est un sujet passif qui subit le dommage sans pouvoir y échapper et l'auteur de ce dommage doit donc assumer les conséquences de son activité.

797. La théorie du risque repose sur l'idée selon laquelle il est normal et moral que celui qui recueille les bénéfices d'une activité supporte en contrepartie la charge des dommages qui en découlent. En son sein, on peut distinguer la théorie du risque-profit de celle du risque-créé, car elles n'ont pas un objectif identique[2403]. La théorie du risque-profit a été conçue principalement sur le constat que le régime de la responsabilité classique ne permettait pas d'engager une responsabilité en matière d'accidents de travail et, accessoirement, de transport de personnes. Elle offrait ainsi une explication économique aux problèmes des dommages causés d'une manière ou d'une autre par l'entreprise. Autrement dit, il s'agissait de rechercher un moyen d'attribuer le dommage à cette dernière, et ce moyen fut le profit, dans son sens le plus strict c'est-à-dire le profit pécuniaire.

798. L'analyse de Saleilles a ensuite été appuyée par celle de Josserand qui en est devenu un fervent défenseur et qui en étendit le domaine à toutes « les choses quelconques », et plus seulement aux choses industrielles[2404], impliquant de cette manière que n'importe quel avantage, pécuniaire ou simplement moral, justifie la charge de la réparation. Il a ainsi donné naissance à la théorie du « risque-créé », selon sa propre expression, en écho à la pensée de Saleilles. En effet, ce dernier reconnaissait que si l'idée initiale de la théorie du risque était « que celui qui a le fonctionnement d'une entreprise doit en supporter les risques »[2405], il était du devoir de la

---

[2401] Cass. civ., 16 juin 1896, *S.* 1897, 1, p. 17, note Esmein (A.), *D.* 1897, 1, p. 433. Pour une consécration antérieure : Cass. ch. réunies, 23 juill. 1862, citée par LE TOURNEAU (Ph.) et CADIET (L.), « Sur les faits et les méfaits de l'idéologie de la réparation », *in Le juge entre deux millénaires*, *Mélanges Drai (P.)*, Dalloz, 2000, p. 498.

[2402] V. SALEILLES (R.), *Les accidents du travail et la responsabilité civile*, 1897.

[2403] BACH (L.), « Réflexions sur le problème du fondement de la responsabilité civile en droit français », *RTD civ.* 1977, p. 225.

[2404] JOSSERAND (L.), *De la responsabilité du fait des choses inanimées,* Thèse, Paris, 1897.

[2405] SALEILLES (R.), note ss Cass. civ. 16 juin 1896, *D.* 1897, 1, p. 439.

jurisprudence de ne pas cantonner cette idée « dans la sphère limitée de l'état économique dont elle est inspirée »[2406] et de « lui donner toute la vitalité progressive d'un principe qui opère et qui agit »[2407]. Dans le même temps, avec l'arrêt dit du remorqueur[2408], la Cour de cassation consacrait le principe de responsabilité délictuelle du fait des choses fondée sur l'idée de risque.

799. Avatar de la théorie du risque-profit, cette deuxième théorie du risque en constitue de fait une extension, mais elle apparaît excessive en certains points. Alors que la première était fondée sur la réalité économique de l'entreprise, la seconde avait un champ beaucoup plus ambitieux et présentait des potentialités d'applications plus grandes. Elle fut toutefois difficile à mettre en œuvre, notamment parce qu'elle espérait offrir la possibilité de retenir une responsabilité identique dans des situations dénuées d'homogénéité. Savatier la présente de la sorte : « la responsabilité fondée sur le risque-créé consiste dans l'obligation de réparer des faits dommageables produits par une activité qui s'exerçait dans votre intérêt [...] Et cette obligation ne peut trouver de contrepartie, en l'absence d'assurance proprement dite, que dans le profit tiré par la personne responsable de l'activité dommageable. C'est donc seulement sur l'intérêt que présentait pour elle cette activité que la responsabilité peut se fonder. Ce profit n'est pas d'ailleurs nécessairement un bénéfice pécuniaire [et ce] dans un intérêt moral »[2409]. Le risque-crée ne serait finalement qu'un risque-profit élargi du fait que le profit ne se cantonne plus à sa dimension pécuniaire.

Starck ira plus loin. Voyant le risque comme étant « la contrepartie de toute activité, il revendiquera a lui seul le domaine de la responsabilité tout entier et la faute n'y sera plus jamais une condition de la condamnation du défendeur »[2410]. De son côté, Josserand, prenant le contrepied de ces interprétations, remarquait plutôt que « sans doute des deux pôles d'attraction, la faute et le risque, c'est le premier qui continue a exercer la plus forte attirance sur la doctrine et sur la jurisprudence, mais le deuxième se fait sentir avec une force sans cesse accrue dans tous les pays »[2411], faisant du risque et de la faute deux pôles à part entière, totalement distincts.

800. Finalement, cette théorie apparaît aujourd'hui dépassée tant l'idée de risque a été déclinée sur tous les modes. La Cour de cassation s'est en outre refusée à reconnaître dans le principe de la responsabilité du fait des choses une responsabilité sans faute[2412]. De surcroît, la doctrine était

---

2406 *Ibid.*

2407 *Ibid.*

2408 Cass. soc. 31 janv. 1963 *Bull. civ.* n° 125.

2409 SAVATIER (R.), *Règles générales de la responsabilité civile*, *Rev. crit.*, 1934, n° 29, p. 442.

2410 STARCK (B.), *op. cit.*, p. 22.

2411 JOSSERAND (L.), *Cours de droit civil positif français*, *op. cit.*, n° 418, p. 238.

2412 Cass. req., 22 mars 1911, *DP* 1911, 1, p. 354. Plus récent, Cass. ass. plén., 25 février 2000, *JCP* 2000, 1, p. 241, obs. Viney (G.), *D.* 2000, p. 673, note Brun (Ph.).

globalement opposée à cette théorie. Une partie en relevait la faiblesse qui se manifeste dès le stade de la définition du risque-créé et contestait particulièrement l'extension de l'idée de risque-profit : « ainsi ce qui s'oppose à la réception de la théorie du risque, c'est la formule générale sous laquelle on la présente. Même si elle avait une valeur particulière sous une forme première, elle perd toute consistance sous sa forme généralisée »[2413].

801. Au-delà de ces divergences théoriques, les auteurs s'accordent pour constater une évolution qui va dans le sens d'une admission de la responsabilité comme moyen de réparation plutôt que de sanction. La question n'est plus d'infliger une sanction, mais de savoir qui doit supporter le dommage, le régime de responsabilité étant imputable en fonction de cet objectif d'indemnisation, à l'inverse de ce qui se produit avec le processus classique de détermination de la responsabilité.

Plusieurs explications[2414] à cette tendance ont été avancées. D'abord, une raison psychologique. Aujourd'hui, le sentiment général est celui d'un droit à la réparation qui déplace le point fondamental de la responsabilité de la sanction vers la réparation[2415]. Ensuite, une raison économique. Les pertes et dommages accidentels doivent être considérés comme des coûts sociaux qui, à l'image des coûts de production, méritent d'être imputés à l'activité qui a engendré le risque. Enfin, la dernière cause est la difficulté d'accès à la justice et la dépersonnalisation de la procédure qui semble déplacer les litiges de l'assureur du dommage vers l'assureur de responsabilité.

802. Néanmoins, s'il existe actuellement une volonté générale de responsabiliser le banquier, donc de le sanctionner le cas échéant, la théorie de la responsabilité civile, plus particulièrement la théorie du risque, n'offrant pas une assise suffisante à une obligation de garantie extracontractuelle qui s'imposerait au banquier en conflit d'intérêts.

803. Starck considérait que c'est l'atteinte à un droit qui justifie une sanction, posant alors la question de déterminer comment concilier un droit à la sécurité avec le droit d'agir que le premier est de nature à entraver. En effet, selon l'auteur, « l'extraordinaire mutation de la responsabilité civile s'étant faite dans le seul domaine des accidents corporels et matériels »[2416], seuls ces dommages devraient être pris en charge par la responsabilité sans

---

[2413] STARCK (B.), *Essai d'une théorie générale de la responsabilité civile considérée dans sa double fonction de garantie et de peine privée*, *op. cit.*, p. 20.

[2414] COUSY (H.), « Le débat en Europe », *Risques. Les cahiers de l'assurance,* supplément au n° 10/1992, p. 8.

[2415] Toutefois, la psychologie sociale démontre que même lorsque la loi impose un régime de responsabilité sans faute, les victimes d'accidents sont davantage prêtes à agir en justice si l'auteur a commis une faute, parce que l'aspect moral de la conduite demeure un élément important, LLOYD-BOSTOCK (S.), « Fault and Liability for accidents : the Accident Victim's Perspective », *in Compensation and Support for Illeness and Injury*, Oxford University press, ch. 4.

[2416] V. STARCK (B.), *op. cit.*

faute. Cette théorie constituerait ainsi le moyen de garantir la sécurité entendue comme un droit. Mais à ce droit à la sécurité de la victime s'oppose un droit d'agir de chacun. Il existe alors, selon l'auteur, des dommages licites et des dommages illicites, et une distinction doit être faite entre deux catégories de dommages : les dommages corporels et matériels illicites et les dommages économiques et moraux « dont le caractère licite ou illicite n'apparaît qu'après l'examen des droits du défendeur, celui-ci pouvant dans certains cas se prévaloir d'un pouvoir légitime de nuire »[2417].

804. Cette théorie présente l'inconvénient de raisonner, d'une part, en termes de droit subjectif, dont la qualification est, on le sait, délicate, et d'autre part, en termes de droit d'agir ou de nuire, dont les auteurs se demandent s'il ne devrait pas être qualifié de liberté plutôt que de droit[2418]. Les termes de l'un d'entre eux permettent d'illustrer ce propos : « c'est une chose de dire que le dommage doit être "effacé" ou "supprimé" et autre chose de dire qu'il doit être "réparé" ; car le mot même de "réparation" implique la désignation d'une personne, le responsable, qui devra réparer et lorsque cette désignation a lieu, le fondement de cette obligation de réparer, statuée par le droit, ne peut, de toute évidence, être recherché que du côté de celui qui s'en voit imposer la charge ; du moins est-ce de ce côté que, de toute évidence, on doit trouver quelques raisons à l'obligation de réparer »[2419]. Ainsi, il apparaît que la faiblesse de la théorie de la garantie porte moins sur l'absence de justification du rattachement de la réparation à un responsable, car on peut admettre une obligation générale de garantie au profit des victimes fondée sur un éventuel droit à la sécurité, que sur le fait de savoir pourquoi elle incombe à telle personne plutôt qu'à une autre. Or, la théorie de la garantie n'apporte pas de réponse à cette question.

805. La version moderne de la théorie de la garantie, fondée cette fois sur l'article 2 de la Déclaration des droits de l'homme et du citoyen, qui assure un droit à la sûreté entendu par l'auteur de cette proposition comme « le droit pour chaque citoyen de vivre tranquillement [et] de ne pas voir quiconque pénétrer dans sa sphère d'intimité, [ou] porter atteinte à ses intérêts et menacer l'intégrité de son patrimoine »[2420], appelle les mêmes critiques[2421].

[2417] *Ibid.*, p. 48.

[2418] TERRÉ (Fr.), SIMLER (Ph.) et LEQUETTE (Y.), *Droit civil, les obligations, op. cit.* n° 686, p. 663.

[2419] BACH (L.), « Réflexions sur le problème du fondement de la responsabilité civile en droit français », art. préc., p. 224.

[2420] RADÉ (C.), « Réflexions sur les fondements de la responsabilité civile », *D.* 1999, chron. p. 313 et du même auteur « Réflexions sur les fondements de la responsabilité civile-Les voies de la réforme: la promotion du droit à la sûreté », *D.* 1999, chron. p. 323.

[2421] FLOUR (J.), AUBERT (J.-L.) et SAVAUX (É.), *Les obligations, le fait juridique, op. cit.*, n° 84, p. 79.

Finalement, au regard de ce qui précède, l'obligation du banquier de garantie de son fait personnel ne peut être envisagée que comme obligation contractuelle qui vient renforcer l'obligation principale du contrat : exécuter la mission au mieux des intérêts du client.

§ 2 - Appuyant l'obligation principale

806. L'article 1101 du Code civil qui définit le contrat distingue trois types d'obligations : donner, faire ou ne pas faire. L'article 1126, reprenant les éléments énumérés dans l'article 1108, dispose à son tour que « tout contrat a pour objet une chose qu'une partie s'oblige à donner, ou qu'une partie s'oblige à faire ou à ne pas faire ». Ces dispositions font référence aux obligations principales du contrat que la garantie du fait personnel en cas de conflit d'intérêts ne vient qu'appuyer en tant qu'obligation accessoire (A), assurant de cette manière une meilleure exécution de l'obligation principale (B).

A/ Une obligation accessoire

807. L'obligation de garantie est une obligation ***accessoire***. Ainsi, il est généralement possible de distinguer deux sortes d'obligations dans les contrats : les obligations principales et les obligations accessoires. Les premières découlent de l'objet du contrat entendu dans un sens strict et sont de ce fait l'essence du contrat. Elles sont donc indispensables pour qualifier ce contrat. Les secondes s'incorporent à la convention principale en raison de la nature de celle-ci, mais restent toutefois sans influence sur sa qualification. L'obligation de garantie se range dans cette catégorie d'obligations accessoires. Conférant une plus grande efficacité aux obligations principales d'un contrat, la garantie contre son propre conflit d'intérêts ne peut être elle-même une obligation principale, les parties conservant le droit d'écarter la garantie du contrat sans que le contrat n'en souffre dans sa qualification ou son application. La garantie sera par conséquent une obligation accessoire.

B/ Assurant une protection spécifique

808. L'obligation qui pèserait sur le banquier de garantir la protection de l'intérêt supérieur n'aurait pas toujours une portée identique, indépendamment de la nature de l'obligation principale. En effet, tantôt le banquier s'engagerait à obtenir un résultat déterminé, tantôt il promettrait seulement à son contractant, porteur de l'intérêt supérieur, de faire diligence, de se conduire avec prudence pour tenter de parvenir au résultat souhaité[2422]. Il s'agit là de la classification traditionnelle de Demogue des ***obligations de résultat et des obligations de moyens.*** La classification entendant embrasser tout le domaine contractuel, plusieurs auteurs avaient proposé d'y ranger l'obligation de garantie de droit commun[2423], mais l'obligation telle qu'elle est envisagée ici n'est pas à géométrie variable et son domaine est bien déterminé : elle ne s'applique qu'en cas de conflit d'intérêts et n'exige rien d'autre que de ne pas privilégier ses intérêts au détriment de l'intérêt supérieur.

809. Des auteurs estiment que la garantie entre dans la catégorie des obligations de résultat, car il suffit au créancier d'établir qu'il est victime d'un trouble du fait de son cocontractant pour obtenir réparation. Il n'a pas besoin de démontrer une faute à la charge du garant. Cette affirmation peut être soutenue s'agissant du banquier, au regard notamment d'une décision de la Commission des sanctions de l'Autorité des marchés financiers datant du 24 janvier 2008[2424]. En l'espèce, des opérations litigieuses d'un prestataire de services d'investissement exerçant différentes activités d'exécution d'ordres pour compte propre et compte de tiers et produisant des analyses financières ont été relevées. Plusieurs griefs furent adressés au défendeur, en particulier une opération ayant trait à un placement de titres sur le marché secondaire. La Commission des sanctions a retenu, au regard des faits, un manquement relatif à la mise en place des séparations fonctionnelles, de manière générale, et à la prévention des conflits d'intérêts impliquant l'analyse financière, en particulier. Elle a considéré que « le grief est caractérisé, peu important que l'information relative à l'opération sur le bloc de titres Steria n'ait pas été "privilégiée" ou que des diligences aient été accomplies à réception de l'ordre de Bull ; que le moyen tiré de la bonne foi est inopérant, le manquement étant objectif »[2425]. Pourtant, cette décision pourrait être critiquable, car, à l'époque des faits, la lecture des dispositions de la directive MIF[2426] relatives à la prévention du conflit d'intérêts et de ses textes d'application ne permettait pas d'affirmer que seule la muraille de Chine pouvait justifier la prévention des conflits d'intérêts, à l'exclusion de toute autre mesure qui, sans avoir la qualification de muraille de Chine, contribuerait à éviter le conflit d'intérêts. Le prestataire se défendait, en effet, en assurant que si le déontologue n'avait pas estimé indispensable de devoir d'instaurer un tel dispositif, il avait néanmoins pris le soin de mettre en place « des mesures très strictes en matière d'opérations de bourse du

---

[2422] Cass. ass. plén., 30 mai 1986, *D.* 1987, p. 109.
[2423] LARIVIÈRE (Y.), *op. cit.*, n° 99, p. 216.
[2424] AMF, 24 janv. 2008, Sanct. préc.
[2425] *Ibid.*
[2426] Dir. préc.

personnel pour son compte propre »[2427] pour éviter les conflits d'intérêts, ce que la Commission des sanctions ne contredisait pas. Il faut donc comprendre de cette décision qu'il aurait encore fallu prouver, en plus de l'existence de procédures de préventions, l'efficacité des mesures prises, seule preuve qui paraît dès lors admissible. Autrement dit, la garantie de protection des intérêts du client contractant considérés comme supérieurs exige un résultat précis : l'efficacité des mesures de protection. Une protection effective est attendue sans qu'une faute spécifique puisse être rapportée. L'obligation de garantie présente bien tous les traits de l'obligation de résultat et l'assimilation de la première à la seconde semble justifiée.

810. Toutefois, il n'est pas indispensable de décider si l'obligation de garantie du banquier de protéger l'intérêt supérieur contre son fait est une obligation de résultat ou de moyens. D'abord, même les partisans de cette distinction soulignent ses imprécisions. Ensuite, est-il véritablement utile de procéder à une telle classification ? Elle ne sert en réalité qu'à constater une série d'obligations parfois si éloignées entre elles qu'il n'est presque pas pertinent de les rallier les unes aux autres. En effet, l'intérêt pratique de la distinction est surtout capital sur le plan de la preuve. En présence d'une obligation de résultat, il suffit au créancier d'établir que le résultat n'est pas atteint, que le débiteur n'a pas exécuté son obligation. À l'inverse, le débiteur doit prouver que l'inexécution provient de la force majeure pour se dégager. S'il s'agit d'une obligation de moyens, un examen de la conduite, diligente ou prudente, devient nécessaire si le résultat escompté n'est pas atteint. Cependant, ce principe souffre de nombreuses dérogations lorsqu'il s'agit d'apprécier la responsabilité du banquier. Ainsi, l'obligation de moyens du banquier mandataire s'apparente plutôt à une obligation de résultat et, en matière de preuve, un régime spécifique de présomption n'exclut pas la distinction entre obligation de résultat ou de moyens.

811. D'ailleurs, des auteurs soutenant la distinction entre obligations de résultat et obligations de moyens n'y incluent pas celle de la garantie[2428]. Ils affirment seulement que la distinction « englobe toutes les obligations contractuelles ou extracontractuelles »[2429]. Ils laissent en revanche à part l'obligation de garantie qu'ils jugent différente. Ils écrivent ainsi, que « le responsable répare les conséquences d'une faute qu'il a commise, par violation d'une obligation ou d'un devoir antérieur, alors que le garant couvre un cas fortuit, un risque ». Sans se joindre complètement à cette opinion, car il est faux de dire que le champ d'application de la garantie se limite aux cas fortuits, il convient néanmoins de l'approuver lorsqu'elle

[2427] AMF, 24 janv. 2008, Sanct. préc., MAZEAUD (H. L.), MAZEAUD (J.), CHABAS (F.), *op. cit.*, t. 2, p. 13.
[2428] MAZEAUD (H. L.), MAZEAUD (J.), CHABAS (F.), *op. cit. & loc. cit.*
[2429] *Ibid.* p. 14.

soutient que l'obligation de garantie est une catégorie dissociée de la classification. Qualifier d'obligation de résultat l'obligation de garantie de préserver l'intérêt supérieur contre son propre fait ne semble donc pas si utile.

812. Le mot « garantie », au sens étymologique, a une large acception. Garantir signifie protéger quelqu'un. Le garant est celui qui prend la place de la personne garantie pour la protéger contre un préjudice et supporte à sa place les conséquences du trouble. En exigeant du banquier de garantir l'intérêt supérieur « de tout fait pouvant lui être imputé et [de] s'abstenir de tout acte, antérieur ou postérieur [à la formation du contrat] qui soit susceptible de menacer »[2430] cet intérêt, on ne lui demande pas autre chose que de se conformer à l'esprit du contrat qui le lie au porteur de l'intérêt supérieur.

Enfin, suivant un raisonnement en syllogisme, auquel le juriste est accoutumé, si l'obligation de garantie s'entend d'une obligation de non éviction, et si on attend du banquier en conflit d'intérêts de ne pas privilégier ses intérêts à ceux de son client, on ne lui demande pas autre chose que de les garantir contre son éviction, contre son propre fait. Il convient donc de ne pas considérer le problème du conflit d'intérêts du banquier en pur technicien du droit, ni encore d'oublier que le droit a pour rôle de régir des rapports de la société et, qu'en l'occurrence, il peine à atteindre son objectif quand il est question de conflit d'intérêts du banquier. Entendue ainsi, l'obligation de garantie se justifie pleinement.

[2430] HUET (J.), DECOCQ (G.), GRIMALDI (C.), LÉCUYER (H.), *Les principaux contrats spéciaux, op. cit.* n° 11283, p. 249.

Chapitre deux. L'exécution de la garantie

813. L'introduction d'une obligation de garantie du fait personnel du banquier en cas de conflit d'intérêts suppose de suivre la démarche classique en matière de législations spéciales. Ainsi, tout mouvement de protection se construisant soit en fonction de catégories d'agents ou de types de contrats, soit à l'égard d'une clause, trois possibilités peuvent être envisagées qui ne sont pas exclusives l'une de l'autre et peuvent être combinées.

Dans cette approche, les conditions (section 1) et le contenu de cette obligation doivent être déterminés (section 2).

Section 1. Les conditions de la garantie

814. À la lecture des textes, qu'il s'agisse du Code monétaire et financier, du Code de la consommation ou des règlements particuliers des autorités de contrôle, un certain nombre de dénominateurs communs se font jour qui permettent de considérer que le législateur a toujours suivi la même inspiration. Partout où la garantie se devine, la loi exige que soient remplies des conditions identiques. Pour qu'il y ait garantie, il faut non seulement que le contrat soit à titre onéreux, mais aussi que le créancier de l'obligation principale du contrat ait besoin d'être spécialement protégé (§1). Dès lors, il peut en être déduit qu'inversement, lorsque le contractant est en mesure de se protéger, la garantie est susceptible de recevoir des aménagements (§2).

§ 1 - Des certitudes

815. La notion de garantie apporte une première certitude : celle que le contrat sera parfaitement exécuté. La force de l'obligation de garantie l'éloigne ainsi des concepts habituels de bonne ou de mauvaise foi. Pour la mettre en œuvre, il est donc inutile de se poser la question de savoir si le banquier garant a fait ou non tout ce qui lui était possible pour éviter de causer un préjudice à son client. Ce dernier ne compte pas seulement sur la bonne foi du banquier, il est en droit d'attendre de lui une diligence spéciale qui dépasse ce qui est demandé à un contractant en droit commun. Autrement dit, le banquier qui prétend avoir tout fait pour accomplir le contrat principal restera garant de l'intérêt de son client dans la situation où son propre conflit d'intérêts aura fait obstacle à l'exécution de la mission dont il était investi.

La sévérité de l'obligation de garantie ainsi mise en exergue implique d'acquérir préalablement deux autres certitudes : en premier lieu, que l'intérêt à préserver est véritablement supérieur (A) et, en second lieu, que le client garanti est bien dans l'impossibilité de se protéger (B).

A/ Un intérêt véritablement supérieur

816. Dans toutes les hypothèses, la personne garantie est toujours le créancier de l'obligation principale du contrat. Jamais en législation une obligation de garantie ne profite au créancier d'une obligation secondaire qui constitue la raison d'être de la convention.

La garantie est donc due de manière générale lorsque pèse sur le banquier une obligation explicite d'agir dans l'intérêt de ses clients à titre exclusif (1°) ou à titre principal (2°).

1° - L'action dans l'intérêt d'autrui à titre exclusif

817. Certaines dispositions posent explicitement un devoir d'œuvrer dans l'intérêt exclusif du client. Par exemple, le règlement de déontologie des organismes de placement collectif en valeurs mobilières indique dès son préambule que, quel que soit le type d'établissement concerné et la diversité des métiers qu'il exerce, il est impératif qu'il n'agisse que dans l'intérêt exclusif du porteur tout en respectant l'intégrité du marché[2431]. La charte de la gestion des fonds communs de placement d'entreprise dispose pareillement à son point 10 que « les opérations ne doivent pas nuire à l'intégrité du marché et doivent être réalisées en prenant uniquement en considération la défense de l'intérêt du porteur ». Dans les hypothèses où le banquier s'engage à agir – ou doit agir en vertu de la loi – dans l'intérêt exclusif de son client, aucune difficulté ne se pose : il doit une garantie du fait personnel à son client quand il se retrouve en conflit d'intérêts.

818. La solution est moins évidente lorsque le banquier est en situation de conflit d'intérêts extrapersonnel. Parce qu'il est tenu de l'obligation d'accomplir sa mission exclusivement dans l'intérêt de son client, que

---

[2431] AFG, *Règlement de déontologie des OPCVM et de la gestion individualisée sous mandat*, 10 déc. 2009.

devient l'exigence d'« agir conformément à l'intérêt dont il a la charge » qui fonde l'obligation de garantie quand les intérêts de deux clients se trouvent être contradictoires ? Bien que la Cour de cassation en ait admis la validité[2432], le double mandat ou « double mission »[2433] peut aussi être source de conflit d'intérêts. Ce dilemme survient généralement lorsque le banquier assume différentes fonctions d'intermédiaire pour ses clients. Il en est ainsi en matière de gestion collective[2434], car les souscriptions pour le compte des clients ne peuvent pas toujours être satisfaites selon les désirs du gestionnaire. Par exemple, dans le cas d'un achat de bloc de titres à un prix avantageux, la répartition entre les différents comptes de clients peut poser un problème de partage équitable. Pareillement, lorsqu'un titre connaît une forte baisse, le gestionnaire qui souhaite céder ne pourra pas se défaire de toutes les lignes de titres qu'il gère au même moment pour ses clients et les derniers clients se trouveront désavantagés, d'autant que la baisse du prix risque d'être amplifiée par les premières ventes.

819. Cette situation particulière où le banquier mandataire doit agir selon des finalités contradictoires, met en lumière une difficulté à définir l'intérêt supérieur. Ses devoirs sont alors antinomiques et l'exécution de ses obligations envers l'un de ses mandants se fait en violation des obligations qu'il a à l'égard d'un autre. Quels intérêts privilégier et suivant quelle logique ? Les critères de partage ne peuvent souvent qu'être subjectifs. Dans pareil cas, ce qui peut être demandé au banquier n'est pas tant d'évaluer subjectivement l'éventuel manque à gagner de chacun de ses clients, mais plutôt de mener sa mission objectivement en fonction du droit auquel chacun peut prétendre au regard de sa qualité. On peut en effet penser que, tel le juge pour Justinien détenant la libre puissance d'exprimer combien il était dû « d'après ce qui est bien et équitable »[2435], le banquier devrait agir avec équité face à cette situation.

820. Cette obligation est parfois clairement posée. Selon le règlement de l'Autorité des marchés financiers, le banquier gestionnaire de portefeuilles « doit prévenir les conflits d'intérêts et, le cas échéant, les résoudre équitablement dans l'intérêt des mandants ou des porteurs »[2436]. D'autres fois, elle se laisse deviner. Ainsi, si la banque participe à une première admission ou intervient dans les trois ans qui la suivent à toute opération financière portant sur des titres de créance, elle doit justifier à l'Autorité des marchés financiers avoir effectué les diligences professionnelles d'usage et

---

[2432] Cass. 1er. civ., 22 oct. 1996, *Bull. civ.* I, n° 358 ; Cass. 1ère. civ., 13 mai 1998, *Bull. civ.* I, n° 169 ; *RTD civ.* 1998, p. 927 s., obs. Gautier (P.-Y.).
[2433] V. par ex. Cass. 1er civ., 13 avr. 1983, *Bull. civ.* I , n° 119 (courtier).
[2434] Cette situation ne se rencontre toutefois que rarement ; les capacités d'absorption du marché sur un titre n'étant pas indéfiniment extensibles, le gestionnaire préférera interrompre ses ventes si le prix devient trop bas.
[2435] LÉVY (J.-P.), CASTALDO (A.), *op. cit.*, n° 466, p. 691.
[2436] Règlt. AMF, art. 322-1 ou 322-33.

qu'« aucune inexactitude ni aucune omission significative de nature à induire l'investisseur en erreur ou à fausser son jugement » n'a été révélée[2437]. En même temps, elle garantit « la régularité des conditions d'émission » et demeure toujours responsable « de l'exactitude du montant d'émission au regard des instructions de l'émetteur »[2438]. Autrement dit, elle a l'obligation de veiller à servir au mieux l'intérêt à la fois de l'émetteur et des porteurs. La garantie du fait personnel, qui n'a pas lieu d'être dans cette hypothèse, laisse donc place à l'équité. Elle pourra néanmoins être mise en œuvre s'il s'est avéré *a posteriori* que la décision prise par le banquier était dictée par un intérêt indirect significatif et non par le besoin d'équité.

2° - L'action dans l'intérêt d'autrui à titre principal

821. Lorsque le banquier est tenu d'agir dans l'intérêt d'autrui à titre principal, la garantie du fait personnel du banquier doit-elle s'appliquer en toutes circonstances ? L'intensité de la protection varie-t-elle en fonction de l'assise et de la nature de la relation établie par le professionnel ou est-elle encore fonction de la qualité du contractant ? Répondre à ces interrogations exige de s'intéresser à la notion d'ordre public bancaire, car les règles de bonne conduite mises à la charge du banquier en découlent directement[2439]. Pour mémoire, la notion d'ordre public trouve sa source dans l'article 6 du Code civil qui l'érige, aux côtés des bonnes mœurs, en critère général de licéité des conventions et en limite à la liberté contractuelle. Le développement de la législation économique a conduit à distinguer, à côté de l'ordre public classique[2440] ou politique[2441], un ordre public économique[2442]. Cette notion rend compte de l'intervention de règles destinées à « orienter la vie contractuelle dans une direction favorable à l'utilité sociale » ainsi qu'à protéger la partie faible « dans les rapports contractuels mettant aux prises des parties de puissance économique inégale »[2443].

Le client du banquier est considéré, selon les cas, comme un consommateur ou un investisseur (a). On pourrait donc penser à première vue que la notion d'ordre public économique – en ce qu'elle présente une dimension duale et désigne deux ensembles de règles théoriquement distincts[2444], l'ordre public de direction[2445] et l'ordre public de protection[2446]

[2437] Règlt. AMF, art. 212-16.
[2438] Règlt. AMF, art. 332-55, al.3.
[2439] V. MÉADEL (J.,) *Les marchés financiers et l'ordre public*, Thèse (Dir.) Germain (M.), LGDJ, 2007.
[2440] TERRÉ (Fr.), SIMLER (Ph.) et LEQUETTE (Y.), *op. cit.*, n° 377 s., p. 393 et s.
[2441] FLOUR (J.), AUBERT (J.-L.) et SAVAUX (É.), *op. cit.*, n° 281, p. 259.
[2442] TERRÉ (Fr.), SIMLER (Ph.) et LEQUETTE (Y.), *op. cit.*, n° 382 s. p. 396.
[2443] *Ibid.*
[2444] FLOUR (J.), AUBERT (J.-L.) et SAVAUX (É.), *op. cit.*, n° 293, p. 269.
[2445] TERRÉ (Fr.), SIMLER (Ph.) et LEQUETTE (Y.), *op. cit. & loc. cit.*

– doit influer sur l'obligation de garantie en cas de conflit d'intérêts. La protection est certes variable, mais la garantie est uniforme (b).

a- L'hétérogénéité de la notion de client

822. Lorsque le client du banquier est pris en sa qualité de consommateur, c'est le droit de la consommation qui s'applique. Or, dès le premier article du Code de la consommation s'exprime déjà la volonté de protection du consommateur perçu comme « un profane et un isolé »[2447]. En effet, le droit de la consommation est appréhendé en doctrine comme visant à « organiser les rapports entre fournisseurs de biens et de services et consommateurs dans un souci de protection des seconds »[2448]. Il est défini essentiellement à partir de la qualité respective des parties aux contrats. Son champ d'application est conditionné par la relation qui s'instaure entre un professionnel et un consommateur et non en fonction de la prestation envisagée[2449]. Le dispositif de protection est construit en prenant en compte la seule inégalité entre les parties, un non professionnel ou un consommateur d'un côté, un professionnel de l'autre. Ce constat n'est toutefois pas partagé par l'ensemble de la doctrine. La controverse s'est nouée autour de la délimitation de la matière : le droit de la consommation est-il un droit des consommateurs[2450] ? Une partie de la doctrine avait suggéré que le dispositif était en réalité doublement délimité, d'une part, de manière subjective d'après les relations entre professionnels et consommateurs et, d'autre part, de manière objective par la notion d'acte de consommation[2451]. La doctrine s'est cependant rapidement ralliée à l'approche finaliste de la définition du domaine du droit de la consommation, suivant en cela les orientations du législateur dans la codification de la matière. Des auteurs ont parfois évoqué une instrumentalisation du droit[2452], en ce sens que les règles rassemblées dans le Code de la consommation auraient une « fonction commune : protéger »[2453]. Ce courant doctrinal majoritaire conduit à ne voir, dans l'ensemble des procédés normatifs utilisés en droit de la consommation, que des expressions de cet objectif de protection. Dans cette vision, dès que le

---

[2446] *Ibid.*, n° 384, p. 399.
[2447] GUYON (Y.), *op. cit.*, n° 898, p. 985 ; *rappr.* ROUETTE (G.), art. préc., p. 254.
[2448] TERRÉ (Fr.), SIMLER (Ph.) et LEQUETTE (Y.), *op. cit.*.n° 47, p. 56.
[2449] CALAIS-AULOY (J.), TEMPLE (H.), *op. cit.*, n° 6 s., p. 7.
[2450] RZEPECKI (N.), « Le code de consommation, code du consommateur ? », *in Mélanges Wiederkehr (G.), op. cit.*, p. 711.
[2451] PIZZIO (J.-P.), « L'introduction de la notion de consommateur en droit français », *D.* 1982, chron., p. 91.
[2452] SAUPHANOR (N.), *L'influence du droit de la consommation sur le système juridique*, Thèse (Dir.) GHESTIN (J.), LGDJ, 2000, n° 11, p. 9.
[2453] CALAIS-AULOY (J.), « L'influence du droit de la consommation dur le droit commun des contrats », *RTD civ.*, 1994, p. 240.

client est un consommateur, le banquier doit la garantie du fait personnel en cas de conflit d'intérêts.

823. Quand le client du banquier est qualifié d'investisseur, le problème peut sembler se poser avec plus d'acuité. Ainsi, « l'investisseur n'est pas un consommateur ordinaire et ne mérite pas le même degré de protection. Si chacun doit pouvoir consommer des produits courants en toute sécurité, nul n'est tenu de risquer son argent en bourse. Chacun doit savoir qu'une bourse, comme un casino, n'est pas l'équivalent d'un supermarché. Au surplus, ce qui permet d'admettre des gains financiers inespérés est le risque de faire des pertes »[2454]. L'objectif du droit financier réside dans l'élaboration de normes générales et abstraites établissant les conditions dans lesquelles l'activité de prestation de services d'investissement doit être exercée. De prime abord, la préoccupation centrale du législateur semble se situer dans le correct déroulement de l'activité économique. De fait, les règles de bonne conduite, applicables aux prestataires de services d'investissement, se fondent sur le risque inhérent aux opérations sur instruments financiers. L'investisseur est protégé compte tenu des conditions dans lesquelles il est amené à exprimer son consentement et il est éclairé sur les conséquences de sa décision d'investissement au regard d'un risque patrimonial. Par conséquent, on a pu conclure que « c'est à l'encontre des risques de marché, qu'est organisée la protection de l'investisseur »[2455]. L'ordre public étant ici différent, le besoin de protection doit varier en intensité en fonction du risque.

Cependant, même si la distinction est claire au plan théorique, la doctrine s'accorde pour estimer que, concrètement, des incertitudes existent quant aux frontières à assigner aux deux champs de l'ordre public économique[2456].

b - L'uniformité de la garantie

824. Il semble que les contrats d'intermédiation financière reposent sur un ordre public « composite »[2457] sous-tendu par une association de considérations à la fois protectrices et dirigistes. L'ordre public en droit financier s'exprime autant par l'exigence de protection du client que par celle d'une correcte détermination des obligations qui pèsent sur les intermédiaires, parmi lesquels le banquier. Il en résulte que la protection ne résulte pas de la seule prise en compte du déséquilibre entre le client et le prestataire. Le client n'est pas toujours assimilé au consommateur et

---

[2454] DAIGRE (J.-J.), « La responsabilité du banquier en matière de prestations de services d'investissements », *RD bancaire et fin.*, nov.-déc., 2006, p. 91.
[2455] BONNEAU (Th.), DRUMMOND (F.), *op. cit.*, n° 435, p. 654.
[2456] MÉADEL (J.), *Les marchés financiers et l'ordre public*, *op. cit*, n° 87, p. 79.
[2457] BUREAU (D.), « L'extension conventionnelle d'un statut impératif – contribution du droit international privé à la théorie du contrat », *in Mélanges Malaurie (Ph.)*, Defrénois, 2005, n° 27, p. 142.

l'étendue de la protection dont il bénéficie peut être amenée à évoluer à son initiative. Ainsi, la reconnaissance jurisprudentielle de la distinction entre investisseurs avertis et profanes tend traditionnellement à n'imposer une obligation d'information sur les risques de l'opération que là où elle permet de remédier de manière effective à une asymétrie d'information. C'est la raison pour laquelle un lien est établi entre la connaissance supposée du risque par le client et sa compétence et/ou son expérience[2458].

825. Dans le dispositif communautaire, est client toute personne physique ou morale à qui un prestataire fournit des services d'investissement et, dans la directive concernant la commercialisation à distance des services financiers[2459], l'investisseur désigne « toute personne physique qui, dans les contrats à distance, agit à des fins qui n'entrent pas dans le cadre de son activité commerciale ou professionnelle ». La directive « Marché des instruments financiers »[2460] assimile de la sorte le client à l'investisseur : « les mesures destinées à protéger les investisseurs doivent être adaptées aux particularités de chaque catégorie d'investisseurs (clients de détail, professionnels et contreparties) »[2461]. Elle considère en outre le « client » comme « toute personne physique ou morale à qui une entreprise d'investissement fournit des services d'investissement et/ou des services auxiliaires ». Il ressort ainsi de cette hétérogénéité de définitions que la notion de client ne semble pas intrinsèquement problématique pour le législateur, au point que ni le Code monétaire et financier, ni le règlement de l'autorité n'en donnent une définition générique. Mais, dans tous les cas, « le législateur ne paraît pas avoir une approche restrictive des bénéficiaires de l'objectif de protection »[2462]. La protection est sans doute variable, mais il serait simpliste d'opposer les clients non professionnels ou les clients consommateurs afin de distinguer les clients protégés par la garantie, des clients qui ne le sont pas.

826. D'abord, l'obligation de *best execution* des ordres bénéficie au client qu'il soit professionnel ou non. Ensuite l'obligation de garantie en cas de conflit d'intérêts est conforme aussi bien à l'ordre public de protection qu'à celui de direction. En effet, la garantie est respectueuse du premier en ce qu'elle préserve les intérêts du client et du deuxième en ce qu'elle confère au client la confiance nécessaire au bon fonctionnement du marché. Enfin, l'uniformité de l'obligation de garantie du fait personnel se justifie parce que la sécurité juridique commande de sanctionner le banquier qui, missionné de

---

2458 Avec l'ordonnance du 12 avril 2007, l'approche adoptée privilégie la détermination *a priori* des obligations dues au client en fonction de sa qualité de professionnel, V. MULLER (A.-C.), « Modification du Règlement général AMF », *RD bancaire et fin.*, mai-juin, 2007, comm. 129, p. 37.
2459 Dir. concernant la commercialisation à distance des services financiers, préc.
2460 Dir. MIF, préc.
2461 La. directive 2004/39/CE, préc.
2462 TEHRANI (A), Thèse préc., n° 67 et s., p. 85 et s.

gérer les intérêts d'autrui et contraint par devoir de les protéger, rompt une relation de confiance en abusant de la situation de supériorité qu'engendre cette délégation. La garantie répond à une situation particulière d'inégalité factuelle où le client, consommateur ou non, professionnel ou non, est du fait d'une délégation de ses pouvoirs dans une position où il est dans l'impossibilité de se protéger contre un conflit d'intérêts opaque, indépendamment de tout critère de compétence ou d'exposition à un risque de marché.

B/ Une impossibilité de se protéger

827. La garantie a vocation à être mise en œuvre chaque fois que le conflit d'intérêts risque de porter atteinte à l'intérêt supérieur. Inversement, lorsque le client créancier de l'obligation de garantie a connaissance de l'existence du conflit d'intérêts et ne peut plus en être victime, l'obligation de garantie s'éteint. Dans ce cas, la garantie est supprimée parce que le banquier a été autorisé à continuer sa mission en connaissance de cause. En effet, on ne peut admettre qu'une fraction de responsabilité subsiste tandis que l'obligation de garantie disparaît totalement. Toutefois, si le client a pris connaissance du seul conflit d'intérêts et non pas de l'influence concrète que ce conflit peut avoir sur ses intérêts, le banquier demeure responsable et une certaine obligation de garantie reste à sa charge. Assurément, le client garanti qui découvre l'existence du conflit d'intérêts ou qui est prévenu de son existence peut toujours espérer que le garant prendra des mesures pour traiter le conflit d'intérêts afin qu'il ne lui soit pas préjudiciable. Si le garant ne prend pas les mesures qui s'imposent, le client garanti trompé pourra prétendre que son contractant n'a pas exécuté son obligation de garantie. Il existe un cas toutefois dans lequel la garantie est totalement supprimée, celui où client garanti connaissait l'existence du conflit d'intérêts du banquier et savait pertinemment que le banquier garant ne pourrait pas en sortir sans conséquence préjudiciable pour lui. Le client s'est alors engagé ou a continué le contrat à ses risques et périls. Une solution identique doit être adoptée lorsque le client est lié au banquier par un contrat dont l'exécution ne donne au banquier aucun pouvoir direct sur ses intérêts. Le prestataire est déchargé de son obligation de meilleure exécution lorsque le client, averti ou non, lui a donné une instruction spécifique concernant l'exécution de l'ordre donné[2463]. Dans les cas « où le prestataire n'est censé exercer aucun libre arbitre, il est dispensé de ses obligations » et, par conséquent, de celle de garantie[2464]. Le client n'a plus à être assuré de quoi que ce soit dès lors que

[2463] C. monét. et fin., L. 533-18, I, et règlt. gén. AMF, art. 314-70.
[2464] STOUFFLET (J.), DUROX (S.), « Observations sur le dispositif de classification des clients dans le domaine des services d'investissement », *op. cit.*, 2009, n° 58, p. 435.

la situation de conflit d'intérêts justifiant la garantie ne peut plus être caractérisée.

828. L'obligation de garantie suppose que l'on recherche les cas dans lesquels le client est dans l'impossibilité de protéger lui-même son intérêt. La portée pratique de la garantie dépend étroitement de la rigueur avec laquelle on apprécie ce critère. En conséquence, il conviendrait de distinguer l'impossibilité objective de l'impossibilité subjective.

En raison de la nature de certains conflits d'intérêts, un contractant se heurtera nécessairement à des obstacles tels qu'il lui sera objectivement impossible de se renseigner sur la prestation de l'autre contractant et donc de se protéger. La solution paraît acquise dans les contrats où l'idée de représentation intervient à un degré plus ou moins fort. Ainsi, une obligation de garantie s'imposera dans le contrat de mandat pour le banquier qui a pris « la charge des intérêts du client », le caractère essentiel du mandat consistant « dans le pouvoir donné au mandataire de représenter le mandant »[2465]. Par exemple, si la gestion de portefeuille passe par un contrat de mandat, l'impossibilité de se protéger du banquier mandataire transparaît dès la définition de ce service posée à l'article D. 321-1, 4° du Code monétaire et financier énonçant que « constitue le service de gestion de portefeuille pour le compte de tiers le fait de gérer de façon discrétionnaire et individualisée des portefeuilles incluant un ou plusieurs instruments financiers dans le cadre d'un mandat ». Le contrat de mandat conclu entre le client et son banquier prestataire répond de ce fait à la définition du mandat donné à l'article 1984 du Code civil, c'est-à-dire « l'acte par lequel une personne donne à une autre le pouvoir de faire quelque chose pour le mandant et en son nom », et par conséquent fait bénéficier le professionnel d'un pouvoir discrétionnaire de son client d'accomplir pour lui et en son nom[2466]. En effet, le corollaire du principe selon lequel le pouvoir est l'essence du mandat est que le mandataire doit jouir d'une autonomie certaine et d'une liberté, même relative, dans la gestion. En précisant les actes que le banquier peut accomplir ou en indiquant globalement ce qu'il espère objectivement du contrat, le cocontractant a, dans cette hypothèse, préalablement apprécié son intérêt et la manière de le satisfaire et il s'en remet pour se faire au banquier. Dès lors, toute possibilité pour le client mandant de se protéger est exclue.

Mais l'impossibilité peut également être subjective, c'est-à-dire engendrée par une situation et au regard de circonstances particulières. Ainsi, un arrêt très ancien de la Cour de cassation[2467] a fait peser sur le contractant un devoir de parler du conflit d'intérêts quand son cocontractant est dans l'impossibilité de le connaître, indépendamment de la nature du

---

[2465] Cass. civ. 14 avr. 1886, préc.
[2466] PELTIER (M.), « Marchés financiers et droit commun », art. préc., p. 173.
[2467] Cass. req., 12 janv. 1863, *D.*, 1863, I, n° 302, *S.* 1863, I, n° 249.

contrat qui se noue entre la partie en conflit d'intérêts et celle qui en subit les conséquences. En l'espèce, un créancier avait chargé deux agents d'affaires du recouvrement de la créance qu'il avait sur un de ses débiteurs décédés en état de faillite. Ce créancier décéda à son tour sans avoir recouvré sa créance. Ses fils cédèrent aux agents d'affaires ce qui pouvait leur revenir. Quelque temps après, ils apprirent qu'un fils de leur débiteur était décédé laissant un testament par lequel il exprimait la volonté que sa succession serve à éteindre les dettes de son père, circonstance connue des agents d'affaires et qu'ils s'étaient gardés de révéler, d'abord au créancier décédé, puis à ses héritiers. Suivant cette découverte, ces derniers intentèrent une action en nullité pour erreur et dol des deux conventions successives. Pour la Cour de cassation, en dissimulant aux cédants la situation exacte, les agents d'affaires, en conflit d'intérêts, avaient manqué à leur devoir de le dévoiler. En effet, si lors de la cession il n'y avait pas de lien juridique de mandant à mandataire entre les cédants et les cessionnaires, le contrat de mandat ayant pris fin par la mort du mandant, il demeurait entre eux des rapports d'affaires engendrant, par les relations de confiance qu'ils créent, un devoir de parler du conflit d'intérêts. L'impossibilité de se protéger devrait donc, à l'image du raisonnement suivi dans cet arrêt, s'apprécier *in concreto*.

La garantie, ainsi conditionnée par l'existence d'un véritable intérêt supérieur que le porteur est dans l'impossibilité de protéger, peut connaître des limites.

§ 2 - Des limites

829. Dès lors que la situation de conflit d'intérêts est apparente, la portée de l'obligation de garantie est diminuée (A). En outre, la garantie doit pouvoir être contractuellement aménagée voire supprimée (B).

A/ L'apparence du conflit d'intérêts

830. Au titre de son obligation de garantie, le banquier doit avertir son contractant de tout conflit d'intérêts susceptible de menacer ses intérêts. La question essentielle qui se pose est celle de l'étendue de l'obligation du banquier. Si, sans aucun doute, le banquier doit garantir son cocontractant de tout conflit d'intérêts susceptible de porter atteinte à ses intérêts, est-il chargé de le faire dans les autres cas ? La réponse est négative ; en effet, lorsque le conflit d'intérêts est apparent dès la conclusion du contrat, l'obligation du garant cesse. Les conflits d'intérêts sont considérés comme apparents selon une définition classique, c'est-à-dire « lorsque certains éléments extérieurs les rendent ostensibles, visibles à des personnes quelque peu diligentes ». La notion d'apparence « suppose une situation de fait ostensible suffisamment caractérisée pour donner naissance à une croyance légitime à quelque chose »[2468]. Pourquoi l'apparence libérerait-elle le banquier garant de son obligation ? La réponse est simple. La garantie protège les contractants, mais elle ne va cependant pas jusqu'à encourager une inertie totale de leur part. Il est naturel et équitable d'exiger du client qu'il se rende compte de tout ce qui est normalement visible. Mais à partir de quel moment passe-t-on du conflit d'intérêts opaque au conflit d'intérêts apparent que la personne garantie doit voir elle-même sans l'aide du banquier ? Pour répondre, il est nécessaire d'opérer une distinction. L'apparence peut résulter de constatations ou d'une démarche intellectuelle. L'apparence résultant de constatations suppose l'existence d'un moyen légal la rendant aisée. On est, par exemple, en présence de tels moyens dans l'hypothèse de déclarations d'intérêts ou de recommandations où doivent figurer les différents liens et intérêts du banquier. L'apparence résulte de la sorte de signes extérieurs suffisamment précis qui manifestent sans aucun doute possible la présence d'un conflit d'intérêts. Le point de savoir si un conflit d'intérêts est dans ce cas apparent ou non, étant une question de fait, relève du pouvoir souverain des juges du fond. Cela n'empêche pas les tribunaux de tenir compte des compétences particulières du contractant. Le fait pour le contractant, en raison de son activité, d'être capable à travers une démarche intellectuelle de relever un conflit d'intérêts qui aurait normalement échappé à l'examen attentif d'autres, doit ainsi être pris en compte.

831. Toutefois, « la présomption de connaissance de fait » que relevait Starck[2469] s'agissant du professionnel ne saurait jouer s'agissant du conflit d'intérêts interne au banquier et naturellement opaque. Seule l'hypothèse où la situation de conflit d'intérêts est apparente, c'est-à-dire visible, conduit à décharger le banquier garant de son obligation.

B/ La suppression de la garantie

832. La distinction entre client professionnel ou non, consommateur ou non, averti ou non, si elle n'a pas d'influence sur le principe même de la garantie, trouve du sens quand il s'agit d'aménager cette garantie (2°). Les parties au contrat peuvent en effet décider de l'exclure (1°).

[2468] VOIRIN (P.), note ss CA Bordeaux, 10 déc. 1928, *DP* 1929 2, p. 81.
[2469] STACK (B.), obs. ss. Cass. civ., 4 janv. et 19 mai 1958, *JCP E* 1958, II, 10808.

1°- Une exclusion admise dans son principe

833. Si l'exclusion de la garantie doit pouvoir s'envisager et quelques règles doivent alors être posées. La garantie du fait personnel est généralement considérée comme étant d'ordre public. Toute convention contraire est nulle[2470]. La suppression totale de la garantie est interdite, mais son aménagement reste possible. La raison en est simple : il est incohérent de confier la gestion de ses intérêts à autrui et d'accepter qu'il y porte atteinte. Les parties du contrat peuvent donc valablement prévoir que les obligations du garant soient écartées sur un ou des points déterminés, mais pas sur l'ensemble. De toute façon, l'accord des parties excluant partiellement la garantie du fait personnel doit, pour être valable, garder une certaine mesure. Le banquier garant ne peut pas adopter une attitude complètement incompatible dans sa mission. Une clause ne saurait de la sorte jamais entraîner l'impunité du banquier garant s'il venait à se rendre coupable d'une exploitation volontairement préjudiciable de son conflit d'intérêts.

834. En résumé, une stipulation de non-garantie partielle n'est retenue que si elle indique avec précision les faits exclus du champ de l'obligation et qu'elle l'est antérieurement à la survenance du conflit d'intérêts. L'idée est qu'il soit impossible pour le banquier de profiter de sa connaissance pour aménager son obligation de garantie. Pour cette raison et parce qu'il en est à l'origine, le banquier ne peut de toute façon valablement le faire, car on lui reprocherait un dol. Mais, dans les hypothèses où la bonne foi du banquier ne saurait être suspectée, notamment dans le cas d'une suppression partielle prévue dès la conclusion du contrat, la liberté contractuelle reprend le dessus. C'est tout au moins la solution à laquelle les principes habituels conduisent. Si une restriction de la garantie se comprend, la disparition totale de cette même liberté paraît injuste et ne sert pas nécessairement ceux que l'on voudrait voir protégés. Une clause de garantie ne saurait être retenue que si le garant est de bonne foi, autrement dit, la mauvaise foi redonne vie à la garantie.

La suppression de la garantie ne devrait toutefois concerner qu'une catégorie déterminée de clients.

2° - Un aménagement réservé à une catégorie de clients déterminée

835. Les règles régissant les relations du banquier avec son client relèvent notamment du droit des instruments financiers et du droit de la consommation. En droit des instruments financiers, l'origine de la

[2470] Cass. civ., 8 déc. 1880, *D.* 1881, I, n° 351 ; Cass. req. 25 mai 1869, *S.* 1870, I, n° 13.

distinction entre investisseurs, pour ce qui est de la détermination des obligations des prestataires de services d'investissement dont il convient de s'inspirer, remonte au célèbre arrêt Buon[2471]. Dans son attendu de principe, cet arrêt énonçait : « quelles que soient les relations contractuelles entre le client et sa banque, celle-ci a le devoir de l'informer, à l'origine des relations contractuelles, des risques encourus dans les opérations spéculatives des marchés à terme, hors les cas où il en a connaissance ». Cet arrêt limitait non seulement le champ d'application de sa solution aux opérations spéculatives sur les marchés à terme, mais aussi l'obligation d'information due au client au cas où il n'en avait pas connaissance. Comme a pu en rendre compte un auteur, « pour ne pas trop entamer la rentabilité des prestataires de services d'investissement, la directive MIF a souhaité davantage tenir compte de la qualité des clients pour moduler l'application de ces règles de bonne conduite gouvernant la relation des prestataires avec leurs clients qui, pour protectrices qu'elles soient, n'en sont pas moins lourdes à mettre en œuvre alors même qu'elles ne sont pas toujours justifiées face à des clients qui appréhendent correctement les risques inhérents aux services d'investissement qu'ils sollicitent et aux instruments financiers qu'ils souhaitent acquérir »[2472].

Cet impératif de prise en compte des différences de situation entre investisseurs est exprimé au considérant 31 de la directive « Marché des instruments financiers » qui énonce que « les mesures destinées à protéger les investisseurs doivent être adaptées aux particularités de chaque catégorie d'investisseurs (clients de détails, professionnels, et contreparties) »[2473]. Désormais, c'est l'article L. 533-16 du Code monétaire et financier qui consacre la distinction entre client professionnel et non professionnel. Le texte interne reprend à l'identique la définition de la notion de client professionnel telle qu'elle figure en annexe à la directive « Marchés des instruments financiers ». L'article L. 533-16 du Code monétaire et financier dispose en effet qu' « un client professionnel est un client qui possède l'expérience, les connaissances et la compétence nécessaires pour prendre ses propres décisions d'investissement et évaluer correctement les risques encourus ». La raison d'être de cette différenciation réside dans un souci de moduler l'étendue des obligations du prestataire compte tenu des besoins réels ou supposés de son client. Cette exigence qu'énonce l'article 314-33 du règlement général de l'Autorité des marchés financiers est encore spécifiée à l'article suivant qui précise les éléments que doit comporter la description

2471 Cass. com., 5 nov. 1991, préc.
2472 MOULIN (J.-M.), « L'investisseur averti », *in Mélanges AEDBF,* Revue Banque édition, 2008, p. 321.
2473 Dir. préc.

des risques, « eu égard au type particulier d'instrument concerné, au statut et au niveau de connaissance du client »[2474].

L'esprit de cette réglementation, dont la fonction réside dans le contrôle dévolu au prestataire sur les décisions d'investissement de ses clients, résulte de l'article 314-11, al. 3 du règlement de l'Autorité des marchés financiers. Cette disposition énonce de la sorte que l'information doit être « compréhensible par un investisseur moyen de la catégorie auquel elle s'adresse et auquel il est probable qu'elle parvienne ». Selon l'article 314-54 de ce règlement, le prestataire est fondé à présumer que le client professionnel à qui il fournit un service d'investissement possède l'expérience et les connaissances nécessaires pour comprendre les risques inhérents. Au sens des alinéas 4 et 6 de l'article L. 533-16 du Code monétaire et financier, possibilité est donnée au client de demander à changer de catégorie, mais il a été relevé que « face à un investisseur averti, personne physique, qui n'aurait pas demandé sa classification comme client professionnel, le prestataire pourrait se dispenser de la mise en garde en arguant que l'adaptation au niveau de connaissance du client l'a naturellement conduit à supprimer l'information sur les risques »[2475]. En effet, « lorsque le client est professionnel, le prestataire peut s'en tenir au socle minimal »[2476]. Dans ces conditions, la garantie peut également être minimale ou en tous cas aménagée s'agissant des professionnels avertis.

836. Cette vision est la même dans droit de la consommation qui limite la protection au seul consommateur. Par exemple, l'article L. 132-1, al. premier du Code de la consommation, délimite le champ d'application des clauses abusives aux contrats conclus entre professionnels et non professionnels, lorsqu'existent des clauses ayant pour objet ou pour effet de créer un déséquilibre significatif entre les droits et obligations des parties au contrat au détriment du « non-professionnel ou du consommateur ». Dans cette disposition, les termes de consommateur et de non-professionnel sont de la sorte utilisés de manière concurrente pour circonscrire le champ d'application du dispositif. Cette définition est reprise et précisée par la directive du Parlement européen et du Conseil relative aux droits des consommateurs du 25 octobre 2011, dont l'article 2-1 dispose que le consommateur est « toute personne physique qui, dans les contrats relevant de la présente directive, agit à des fins qui n'entrent pas dans le cadre de son activité commerciale, industrielle artisanale ou libérale ». Il convient de souligner qu'est qualifié de consommateur celui qui conclut un contrat ne relevant pas de son activité professionnelle. La notion de non-professionnel en droit interne ne dit pas autre chose. En droit de la consommation, le client peut ainsi être qualifié de professionnel non en raison du but qu'il poursuit,

---

[2474] Règlt. gén. AMF, art. 314-34.
[2475] BONNEAU (Th.) et DRUMMOND (F.), n° 390, p. 527.
[2476] *Ibid.* n° 388, p. 522.

mais du fait de l'expérience, des connaissances et de la compétence qui sont les siennes pour prendre des décisions d'investissement et évaluer correctement les risques encourus[2477]. La doctrine s'est accordée sur le fait que « la notion de consommateur doit être reliée à la finalité du droit de la consommation, c'est-à-dire à la protection de celui qui, dans l'exercice d'une fonction économique, se trouve en position d'infériorité par rapport aux professionnels » [2478]. La finalité non professionnelle que poursuit le consommateur le met dans une position d'infériorité structurelle liée à la place qu'il occupe dans le processus économique, contrairement à ce qu'il en est en droit des instruments financiers. Là où ce dernier prend en compte des éléments objectifs permettant d'apprécier la compétence du client pour déterminer l'étendue de la protection dont il bénéficie, le droit de la consommation procède de manière essentiellement subjective, définissant le consommateur comme « celui qui, en contractant, veut obtenir un bien ou un service en vue de satisfaire un besoin personnel ou familial, non professionnel » [2479]. Là aussi, la notion de consommateur révèle que la protection est écartée dès lors que le contractant semble disposer de compétence lui permettant de préserver ses intérêts.

837. Par conséquent, au regard de ce qui précède, il ne semble pas y avoir d'inconvénient majeur à ce que la garantie du banquier puisse être supprimée. Cependant, l'aménagement contractuel ne peut être autorisé qu'au « professionnel averti ». De fait, s'il est compréhensible pour des besoins professionnels d'imaginer des clauses de conflits d'intérêts écartant la garantie, il est incohérent d'accepter que le particulier, y compris expérimenté, confie la gestion de ses intérêts au banquier qu'il rémunère à cet effet et en même temps qu'il puisse y être porté atteinte.

Ces précisions apportées sur les conditions de la garantie, il convient à présent de s'intéresser à son contenu.

[2477] Annexe II dir. 2004/39/CE préc. et C. monét. et fin., art. L. 533-16 al. 2,.
[2478] SAUPHANOR (N.), *op. cit.*, n° 349, p. 244.
[2479] MALINVAUD (P.), « La protection des consommateurs », *D.* 1981, chron., p. 49.

Section 2. Le contenu de la garantie

838. Le contenu de la garantie du banquier contre son fait en cas de conflit d'intérêts est conçu comme positif et composite, c'est-à-dire prescrivant d'exécuter un certain nombre d'obligations de natures différentes (§1). Ces obligations, de prime abord hétérogènes, trouvent leur unité quand on envisage le but de l'institution : obtenir la réalisation des résultats pratiques de la convention sans que la concurrence des intérêts du banquier avec ceux de son client ne puisse constituer un obstacle. Les effets de l'obligation de garantie en préservent l'esprit (§2).

§ 1- Des modalités d'exécution protéiformes

839. La garantie du banquier en conflit d'intérêts contre son fait se traduit par des obligations positives. Elle exige de la sorte que le banquier fasse preuve de diligence avant même la conclusion du contrat. Il doit notamment veiller à ce que le consentement émis par son contractant soit éclairé, en le renseignant d'une façon précise sur les conflits d'intérêts susceptibles de survenir. Cette obligation de contextualisation se double d'une autre qui se manifeste après la conclusion du contrat, mais avant son exécution, à savoir une obligation de prévention en vertu de laquelle le banquier garant doit prendre toutes mesures utiles à la réalisation correcte du contrat. Lors de l'exécution, quand survient le conflit d'intérêts, le banquier garant doit le révéler, ce qui suppose de s'assurer, avant de solliciter l'autorisation du client de poursuivre l'activité, de lui avoir expliqué précisément les risques que son conflit d'intérêts peut comporter. Il s'agit là d'une exigence justifiée par le caractère interne du conflit d'intérêts dont l'opacité ne permet pas nécessairement au client de mesurer l'importance ou l'influence sur l'exécution du contrat. Enfin, dans le cas où le conflit d'intérêts est indéniablement préjudiciable au client, le banquier ne doit pas s'abstenir d'agir, car l'abstention ne résout rien, mais décliner la mission ou renoncer à la continuer, le client ayant toujours le choix de solliciter les services d'un autre professionnel.

En résumé, la gestion du conflit d'intérêts du banquier implique de prendre en compte l'intérêt supérieur (B) et de rendre compte à celui qui le porte (A).

A/ Rendre compte

840. Rendre compte du conflit d'intérêts comporte deux aspects. La première des obligations du garant, puisqu'elle se manifeste avant les autres, dès le stade de la formation du contrat, est l'obligation de renseignement (1°). La deuxième est l'obligation de révélation qui intervient quand apparaît le conflit d'intérêts (2°).

1° - Renseigner avant la conclusion du contrat

841. La garantie est une obligation « destinée à favoriser la conclusion des contrats ; elle donne, en effet, une grande certitude au contractant ; il sait que son intérêt sera efficacement protégé si les obligations promises ne sont pas exécutées »[2480]. La garantie contribue

842. à assurer la confiance du client qui est indispensable. Il apparaît donc naturel que la garantie du fait personnel du banquier en cas de conflit d'intérêts s'amorce dès la période précontractuelle. C'est là une simple application du droit positif français qui reconnaît qu'il y a obligation d'informer celui qui ne peut pas s'informer.

843. Le devoir d'information existant dans tout contrat étant largement entendu par le législateur, la doctrine et le juge, une telle obligation de contextualisation peut en principe l'être aussi. En effet, il s'agit d'inclure l'information sur les conflits d'intérêts et leur fréquence au devoir élémentaire du banquier qui oblige celui-ci à informer son futur contractant afin que ce dernier donne un consentement éclairé. Toutefois, dans le cas de figure de la garantie du banquier, l'obligation devient précise. Le banquier doit indiquer, d'une part, les types de conflits d'intérêts les plus fréquents au regard de la situation du futur contractant et, d'autre part, tout conflit d'intérêts susceptible en particulier de porter atteinte à l'intérêt de ce contractant. Dans tous les contrats qui emportent une obligation de garantie, le banquier garant est obligé de renseigner son futur contractant.

844. La garantie exige du banquier une attitude active parce que l'information sur les conflits d'intérêts revêt une importance majeure à ce moment là, non seulement pour le client dont on souhaite protéger les intérêts, mais aussi pour éviter au banquier toute responsabilité. Il s'ensuit que le banquier garant doit procéder à une vérification minutieuse au regard des informations que lui fournit le client et de celles dont il a l'obligation de s'enquérir, puis porter à la connaissance de son client contractant les résultats de sa recherche. Grâce aux indications fournies, le client qui se

---

[2480] GROSS (B.), *op. cit.*, n° 42, p. 47

propose de contracter peut réfléchir et décider en connaissance de cause de confier ou non la gestion de ses intérêts au banquier.

L'obligation d'information telle qu'elle vient d'être décrite est générale, elle ne s'assimile pas à l'obligation de révélation qui est conditionnée à l'existence d'un conflit d'intérêts particulier, susceptible de menacer les intérêts d'un client déterminé.

2° - Révéler la survenance du conflit d'intérêts lors de l'exécution du contrat

845. Le contrat s'inscrit dans le temps, lequel constitue d'ailleurs potentiellement un enjeu contractuel. Le temps joue pareillement un rôle important dans l'exécution des contrats. La prestation peut en effet prendre du temps ou être différée dans le temps. Par conséquent, s'agissant de situations susceptibles d'être qualifiées de conflit d'intérêts, la loi ne vise pas seulement les liens existants, mais, dans un certain nombre de situations, tient également compte des relations passées qui pourraient laisser présumer un intérêt personnel. Parfois, elle va même jusqu'à déterminer le délai pendant lequel cet intérêt reste supposé[2481]. Par exemple, une décision du Conseil monétaire et financier du 27 mars 2002 posait ce principe : « le prestataire habilité établit une procédure relative aux avertissements devant figurer sur une analyse et permettant de mettre clairement en valeur les éléments susceptibles de limiter l'indépendance de l'analyste »[2482].

846. La révélation du conflit d'intérêts, comme on a pu le conclure précédemment[2483], doit se faire en temps opportun au regard du contexte qui l'entoure. En effet, la Commission des sanctions de l'Autorité des marchés financiers, dans une décision datant du 8 janvier 2009, a eu l'occasion d'apporter des éclairages sur le moment où la révélation devrait s'opérer. En l'espèce, une entreprise d'investissement avait diffusé une analyse financière recommandant l'achat de titres d'un émetteur alors qu'elle préparait pour le compte de celui-ci une augmentation de capital et que le prospectus établi en vue de l'émission et de l'admission des titres à provenir de cette augmentation sur l'Eurolist d'Euronext Paris était visé par l'Autorité des marchés financiers le lendemain. Il a été reproché au prestataire d'avoir publié une analyse financière ne faisant pas état des « relations et des circonstances concernant le prestataire ou l'analyste dont on peut

[2481] Période appelée en pratique « délai de viduité », souvent cinq années à l'instar du délai retenu dans les incriminations de prise illégale d'intérêts pas un ancien fonctionnaire, C. pén. art. 432-13, ou pour les administrateurs et les liquidateurs judiciaires qui ne peuvent intervenir dans la faillite de la société dont ils ont perçu une rémunération moins de cinq ans auparavant, C. Com., art. L. 811-2, al. 3 et L. 812-2, al. 3.

[2482] CMF, 27 mars 2002, préc.

[2483] V. *supra* n° 351 et s.

raisonnablement penser qu'elles sont de nature à porter atteinte à l'objectivité de l'analyse », selon les termes de l'ancien article 321-129 du règlement de l'Autorité des marchés financiers. Pour caractériser ce manquement, la Commission des sanctions a ainsi commencé par relever que le prestataire s'était contractuellement engagé à « proposer une offre de stratégie et de marketing boursier dans le but de favoriser la valorisation de la société [...] et de sa filiale cotée, [...], notamment en diffusant des analyses ». Puis, cet élément mis en exergue, elle a retenu que, deux mois plus tard, la filiale avait confié au prestataire un mandat exclusif pour la réalisation d'une levée de fonds dans le cadre de laquelle l'augmentation de capital avait été réalisée et qu'un prospectus avait été visé à cette fin par l'Autorité des marchés financiers le jour suivant. La Commission a conclu que l'analyse devait faire état de l'existence du contrat litigieux, mais que cela n'impliquait pas que soient également fournies des précisions sur la mission de préparation de l'augmentation de capital. Il faut déduire que l'obligation de révéler ce conflit d'intérêts était justifiée du moment que la publication de l'analyse s'effectuait avant l'opération. Si elle n'avait été publiée qu'une fois l'opération réalisée, le destinataire de l'analyse aurait donc visiblement pu s'en dispenser. Or, si à cet instant les enjeux pour l'émetteur sont significativement moindres, il ne peut pas être affirmé fermement qu'il en soit nécessairement de même pour l'investisseur.

847. *Quid* du banquier qui a agi pendant une certaine durée pour le compte d'un client et accepte ensuite une autre mission où des intérêts opposés aux premiers lui sont confiés ? Le banquier n'étant pas en charge de défendre les intérêts concomitamment, il ne peut pas être question de conflit d'intérêts[2484].

B/ Prendre en compte

848. L'obligation de garantie suit le déroulement du contrat. À chaque phase de la vie de la convention de gestion des intérêts d'autrui, d'action pour le compte d'autrui, correspond une obligation du banquier garant de son fait en cas de conflit d'intérêts préjudiciable à l'intérêt de son client. Avant d'exécuter le contrat, le banquier garant sera tenu, **dans une mesure raisonnable,** par une o**bligation de prévision de ses propres conflits d'intérêts (1°). Quant à l'obligation de préserver l'intérêt supérieur, elle apparaît en dernier dans l'ordre chronologique (2°).**

[2484] La Cour de cassation a d'ailleurs eu l'occasion de le confirmer dans une affaire où un avocat représentant un entrepreneur dans un litige l'opposant à un autre entrepreneur que cet avocat avait précédemment défendu lors d'un différend. Pour la Haute juridiction, il n'y a nullement de conflit d'intérêts : Cass. 1ère. civ., 1er juin 1999, pourvoi n° 97-11759, inédit.

1° - Prévoir après la conclusion du contrat, mais avant son exécution

849. Les obligations de garantie sont également des obligations préventives et tentent de ce fait de protéger l'intérêt d'un contractant en particulier. En effet, elles « n'interviennent pas seulement quand le contrat n'est pas exécuté. Pendant toute la réalisation de la convention, elles se manifestent, elles contribuent directement à assurer le résultat recherché par les parties »[2485]. Dans un contrat dont l'objet est d'agir dans l'intérêt d'autrui, elles participent à l'atteinte de l'objectif. L'obligation de garantie comporte donc une obligation spéciale de prévision des conflits d'intérêts dont la définition n'est pas aisée. Pour en donner un aperçu, on peut dire qu'elle contraint le banquier à prendre, avant même l'exécution du contrat, des mesures afin de ne pas compromettre la bonne fin de l'opération qu'il a conclue. Lorsque le banquier a accepté de réaliser la mission que demande le client, il doit prendre les mesures nécessaires pour assurer la bonne exécution de la prestation. Aussi, elle ne doit commencer qu'à partir du moment où le banquier s'est entouré de toutes les précautions voulues. La faute du banquier garant qui est relevée consiste bien dans la violation de l'obligation de garantie. L'obligation de renseignement se situe dans le temps antérieurement au contrat et elle suppose un état de chose qui existe déjà et auquel on ne remédie pas. Comme son nom l'indique, elle a simplement pour but d'avertir le futur contractant du contexte. Au contraire, l'obligation de prévision qui se place avant ou au début de l'exécution du contrat exige de son débiteur qu'il prenne en considération le résultat définitif du contrat pour éviter une exécution défectueuse, voire pour refuser la réalisation d'une convention qui risque d'entraîner des conséquences fâcheuses pour le client garanti. Ainsi, l'obligation de prévision se révèle plus rigoureuse que l'obligation de renseignements. Dès que le garant a donné les renseignements voulus, il ne peut plus être inquiété. Son cocontractant prévenu a apprécié ses chances et il a contracté en connaissance de cause. S'il subit des dommages, il devra en supporter définitivement le poids. Le banquier débiteur a intérêt à réaliser l'obligation de protection lorsqu'il en a la possibilité plutôt que de subir les sanctions de la garantie. Le banquier garant en vertu de cette obligation doit repousser parmi ses intérêts ceux qui le gênent dans l'exercice de sa mission et privilégier l'intérêt tiers supérieur. Le 7 février 2008, la Commission des sanctions de l'Autorité des marchés financiers a ainsi retenu la responsabilité d'une banque au motif que le dispositif déontologique qu'elle avait mis en place pour prévenir les conflits d'intérêts « ne cherchait pas à identifier – de

---

[2485] GROSS (B.), *op. cit.*, p. 6.

façon à pouvoir les prévenir et surtout être en mesure de les gérer – les situations porteuses de risques de conflits d'intérêts »[2486].

850. Tenu par l'obligation de prévision, le garant ne sera libéré de son engagement que s'il a jugé, à raison, que le contrat pouvait être exécuté en tenant compte de ce qu'il sait sur le déroulement probable de l'opération. L'obligation de prévision implique que le garant prenne une part active à l'exécution de la convention. Il doit aussi porter un jugement de valeur et s'opposer à l'exécution d'un contrat lorsque cette opposition permet de préserver l'intérêt supérieur.

2° - Préserver l'intérêt supérieur

851. L'obligation de préserver l'intérêt supérieur se manifeste seulement pendant l'exécution ou, dans le cas d'une autorisation de poursuivre l'activité, après l'exécution de l'obligation principale du contrat. Il s'agit également d'une obligation spéciale du garant dont l'objet est de renforcer l'exécution de l'obligation principale du contrat et d'apporter au créancier la certitude de la réalisation concrète de l'engagement de son débiteur. Elle vise à obtenir la meilleure exécution possible du contrat.

Elle implique d'assister celui à qui le conflit d'intérêts a été révélé dans le cas où il est considéré comme non averti (a) ou de se retirer en cas de risque majeur (b).

a - Assister

852. Chaque fois que le banquier garant est obligé de révéler un conflit d'intérêts à la personne garantie, il ne doit pas seulement dénoncer l'existence du conflit ; il doit également préciser l'importance de ce conflit d'intérêts si son contractant est considéré comme non averti et ne laisser planer aucun doute dans l'esprit de celui-ci. Les tribunaux disposent à cet égard d'un pouvoir d'appréciation ; ce sont eux qui, en dernière analyse, affirment que le garant a ou n'a pas exécuté son obligation de renseignement. En effet, révéler ne semble avoir qu'une efficacité limitée et un désavantage en particulier : dès lors que le conflit a été révélé au client, c'est à lui que revient la tâche de le solutionner, alors que, paradoxalement, si à la base pèse sur le banquier une obligation de révélation, c'est précisément parce que l'intérêt du bénéficiaire a été déclaré supérieur. Or, la qualité de certaines catégories de contractants limite sérieusement leur capacité à utiliser l'information qui leur est livrée. Il convient dans ce cas que le professionnel prodigue un conseil face à cette situation ou mette en garde contre cette situation, en tenant compte toutefois de la qualité du

[2486] AMF, 7 fév. 2008, Sanc. 2008-08.

contractant et de la nature du pouvoir dans la relation contractuelle qui a servi de nid au conflit d'intérêts.

b - Se retirer

853. L'obligation de garantie qui prend naissance avant même la conclusion de la convention, dès le moment des pourparlers, se poursuit après la réalisation de l'engagement. Lorsqu'on parle de préserver l'intérêt supérieur, le terme est pris dans une large acception, aussi n'est-il pas possible de lui donner une définition précise. L'institution recouvre des aspects différents qui ne sont reliés entre eux que par le moment auquel ils apparaissent. Leur but commun est de « chercher à sauver l'exécution de la convention »[2487]. L'obligation de préserver l'intérêt supérieur n'est par pour autant une obligation de réparation ; elle fait partie intégrante de l'exécution de l'obligation de garantie.

854. Si la garantie du fait personnel met à la charge de son débiteur une obligation particulièrement impérieuse – celle de ne pas troubler par son fait la personne garantie –, le minimum de diligence que l'on peut en exiger est de ne pas entraver la bonne exécution en se retirant ou en refusant de s'engager.

L'essence de l'obligation de garantie est en résumé d'interdire au banquier de faire concurrence à son cocontractant lorsque survient le conflit d'intérêts.

§ 2 - Les effets de la garantie

855. L'obligation de garantie est une obligation positive, mais elle comporte également un aspect négatif : elle peut ne pas être exécutée. Rigoureuse dans son exécution, elle l'est aussi, à plus forte raison, dans son inexécution, car celle-ci se traduit par l'exploitation intentionnelle et préjudiciable de la situation de conflit d'intérêts. Le lien est très étroit entre ces deux aspects de la garantie. L'étendue du deuxième dépend du contenu du premier. La garantie ne supporte guère une inexécution. Considérée comme particulièrement grave, l'inexécution de l'obligation entraîne dans certains cas des conséquences importantes, indépendamment de l'existence ou non d'une faute (A).

L'obligation de garantie n'a pas été prévue pour être violée, mais, au contraire, pour être entièrement réalisée conformément à la vision des parties. La réparation n'est qu'un aspect secondaire de l'institution et les

---

[2487] GROSS (B.), *op. cit.*, n° 227, p. 217

sanctions qui frappent le garant dépassent parfois l'importance de la violation de son engagement. Il n'y a pas toujours une commune mesure entre le contenu de l'obligation de garantie et la réparation qu'obtiendra son créancier (B).

A/ Des conséquences spécifiques

856. Les obligations du banquier garant s'exécutent à des époques différentes de la vie du contrat : l'obligation de renseignements se réalise avant même la conclusion de la convention alors que l'obligation de prévision se manifeste au tout début son exécution et l'obligation de préserver l'intérêt supérieur pendant toute la vie du contrat. Le banquier garant est responsable chaque fois qu'il n'a pas exécuté une de ses obligations. Il suffit que le client garanti établisse le lien entre une des obligations du garant et le trouble, peu important sa date d'apparition.

Avant de devenir gestionnaire des intérêts de son client, le banquier en est déjà garant et la constatation de l'inexécution de la garantie peut donc avoir lieu avant (1°) comme en cours d'exécution de l'obligation principale du contrat (2°).

1° - Avant l'exécution de l'obligation principale du contrat

857. L'obligation de renseignements faisant partie de la garantie a besoin d'un support qui est la conclusion ultérieure de la convention. Le contrat engendre seul l'obligation de garantie comportant une obligation de renseignements sur les conflits d'intérêts. Dès sa conclusion, la première obligation du garant s'éteint. En effet, « on objectera sans doute qu'une telle obligation, appelée à s'exécuter dans la période précontractuelle, devrait suivre le régime délictuel »[2488] et que « tout se passe comme si le contrat du seul fait de son existence, absorbait les incidents qui ont précédé sa naissance et leur imposait ses sanctions propres »[2489]. Le banquier sera libéré de son fait personnel si celui-ci est antérieur au contrat et s'il est déclaré à la personne garantie. Ce dernier ayant eu connaissance de la situation ne saurait par la suite s'en plaindre.

2° - En cours d'exécution de l'obligation principale du contrat

858. Dans le droit commun de la responsabilité contractuelle, le créancier victime de l'inexécution d'une obligation doit, pour obtenir

---

[2488] GROSS (B.), *op. cit.* n° 205 et s. p. 197 et s.
[2489] *Ibid.*, n° 87, p. 56

réparation, établir le contenu de l'obligation, prouver l'inexécution de l'engagement et rattacher la violation de l'obligation au fait du débiteur. En matière de garantie, la situation se présente un peu différemment. Certes, le cocontractant garanti doit lui aussi déterminer le contenu de l'obligation, mais uniquement lorsque les parties, ayant écarté la garantie légale, ont adopté une garantie conventionnelle. En revanche, la preuve qu'il doit fournir de l'inexécution de l'obligation et du lien qui existe entre le dommage subi et le manquement à l'obligation est plus simple à établir qu'en droit commun. L'obligation de garantie, lorsqu'elle n'a pas été respectée, conduit toujours à des résultats semblables. Elle se manifeste par l'exploitation du conflit d'intérêts préjudiciable au client. Il n'est pas alors exigé de ce dernier de rapporter la preuve directe de l'inexécution. Il lui suffit de démontrer l'existence des conséquences de l'exploitation. Tout conflit d'intérêts ne saurait entraîner automatiquement la responsabilité du garant, car il ne se rattache pas nécessairement à l'inexécution de la garantie. Le client garanti, s'il veut obtenir réparation, doit démontrer que le préjudice est dû au fait du banquier et des personnes physiques dont il répond. Les principes rappelés sont les principes du droit commun de la responsabilité contractuelle, mais ils ne sont pas appliqués à la garantie sans subir de modifications. L'obligation de garantie a pour but de renforcer l'exécution des contrats et elle aggrave les charges qui pèsent habituellement sur le débiteur défaillant. Pour atteindre ce dernier résultat, les règles de constatation de l'inexécution doivent être simples pour être efficaces. Ainsi, pour faciliter la mise en cause du garant, il convient d'opérer une double simplification : simplifier, d'une part, la démonstration de l'inexécution de la garantie et, d'autre part, l'établissement du lien de causalité entre le dommage et le fait du garant.

859. L'inexécution de la garantie devient tangible lorsque l'intérêt du client garanti est troublé totalement ou partiellement par l'exploitation du conflit d'intérêts. Le fait du banquier, l'exploitation du conflit d'intérêts, se traduit en effet par un résultat qui ne peut être contesté. Le conflit d'intérêts rend le contrat impropre à l'usage auquel on le destine ou, du moins, diminue l'utilité que le client en retire de telle façon qu'il ne se serait pas engagé s'il avait connu l'impact du conflit d'intérêts. La responsabilité du banquier garant n'est toutefois mise en jeu que si le trouble atteint un certain degré de gravité. Dès lors que le conflit d'intérêts, même caché, n'entrave pas d'une manière sensible l'utilité du contrat, la garantie ne doit pas être déclenchée. Les tribunaux doivent apprécier cette condition *in concreto* et rechercher l'utilité du contrat ainsi que les parties l'avaient effectivement prévu. La responsabilité du garant n'est encourue, et ce principe vaut pour toutes les inexécutions, que si la violation de l'obligation de garantie entraîne des conséquences dommageables tangibles. Le créancier de la garantie doit avoir subi un préjudice pour agir en justice. Il sait, notamment parce qu'il a été renseigné avant la conclusion du contrat sur le contexte d'exercice de l'activité du banquier, que certains conflits d'intérêts sont susceptibles de survenir.

860. Les problèmes de preuve ne se posent pas avec une acuité particulière ; le client garanti n'a pas à prouver directement l'inexécution de l'obligation d'agir au mieux des intérêts du client, il lui suffit d'établir l'existence d'une exploitation du conflit d'intérêts. En outre, la raison milite en faveur d'un délai bref qui se justifie par la crainte que l'exploitation du conflit d'intérêts ne demeure plus la cause directe du préjudice. Certes, l'apparition du conflit d'intérêts fait présumer l'inexécution ou l'exécution défectueuse, mais il n'est possible d'imputer la responsabilité au banquier que si le client garanti agit avec célérité. L'action doit être intentée rapidement après la manifestation du conflit d'intérêts, car, au bout d'un laps de temps assez court, il n'est plus possible de savoir si le préjudice est imputable au conflit d'intérêts du banquier. Cette règle du bref délai est une règle générale. Son point de départ est le jour de la révélation de l'exploitation du conflit d'intérêts ou de sa découverte s'il n'a pas été révélé. Ce n'est qu'à partir de ce moment là que le client garanti peut agir utilement contre le garant et il commet une imprudence ou une négligence en assignant tardivement le garant.

861. Ces solutions sont destinées à obtenir les résultats recherchés par les juges. En effet, l'article 1147 du Code civil, un fondement des plus classiques en matière de responsabilité civile du banquier, est le plus souvent complété par des dispositions plus techniques. Il peut s'agir tout d'abord d'articles du Code monétaire et financier qui posent les principes auxquels doivent obéir les règles de bonne conduite que sont tenus de respecter les prestataires de services d'investissement, parmi lesquelles l'obligation de se conformer à toutes les réglementations applicables à l'exercice de leur activité de manière à promouvoir au mieux les intérêts de leurs clients et l'intégrité du marché. Les textes relatifs aux règles de bonne conduite étant formulés en termes larges, ils sont suffisamment souples pour autoriser le juge à « découvrir » dans le contrat des obligations qui n'auraient pas été exprimées de manière explicite, voire à en créer par la technique du forçage du contrat. En plus des dispositions législatives, les règles techniques contenues dans les règlements des autorités de contrôle sont fréquemment sollicitées par le juge à titre complémentaire. Tous les textes qui fondent la mise en jeu de la responsabilité contractuelle du banquier pour exploitation de son conflit d'intérêts se rattachent en réalité à l'obligation plus générale de garantie.

B/ Les sanctions de la garantie

862. En droit commun le débiteur dispose de plusieurs actions pour obtenir la réparation du préjudice qui lui a été causé et le droit de la garantie en suit, d'une manière générale, les principes. Le dispositif général de responsabilité du banquier (1°) inclut certaines actions propres au droit de la garantie visant soit à obtenir la réparation du dommage causé, soit à faire disparaître le contrat principal (2°).

1° - Les responsabilités du banquier

863. La sanction « détermine et limite les pouvoirs susceptibles d'être exercés à l'égard d'une personne tenue pour responsable. [Elle] est soumise aux principes de nécessité et surtout de proportionnalité » [2490] et ces exigences s'appliquent également aux sanctions susceptibles d'être prises par certaines autorités administratives indépendantes. S'agissant des conflits d'intérêts du banquier le domaine de la sanction reste ouvert. Mais si des techniques variées peuvent bien sûr être proposées pour les sanctionner, « ouvrir abstraitement l'angle de la responsabilité ne suffit pas » [2491] et il convient au préalable d'en avoir une vision précise.

Les sanctions qui peuvent être prononcées par les autorités de contrôle et /ou par le juge sont de deux ordres : juridique (a) et économique (b).

a - Les sanctions juridiques

864. La réglementation présente dans le domaine bancaire et financier un double appareil de sanctions destiné à assurer l'effectivité des différentes obligations imposées au banquier. La violation de l'obligation de garantie et, par suite, l'exploitation d'une situation de conflit d'intérêts justifient des sanctions de différentes natures.

865. Le terme « banque » désigne « toutes les personnes morales qui effectuent à titre de profession habituelle des opérations de banque », ce qui suggère une responsabilité renforcée par rapport à celle du droit commun[2492]. En réalité, la responsabilité du banquier pour exploitation de conflit d'intérêts, comme pour les autres manquements à ses obligations et devoirs généraux, est aujourd'hui, au terme d'une longue et considérable évolution, plus originale[2493]. Cette responsabilité est envisageable soit à raison de ses

---

[2490] VERMELLE (G.), « Le maximum et le minimum », *in La sanction du Droit, Mélanges Couvrat (P.)*, PUF, 2001, p. 38.

[2491] *Ibid.*

[2492] Le juge ne s'attache pas à identifier l'agent responsable et ne retient que la responsabilité de la personne morale pour inexécution ou pour les fautes commises par son préposé dans l'exercice de ses fonctions. V. par exemple, Cass. ass. plén. 19 mai 1988, *Gaz. Pal.* 30 sept. 1988, p. 2.

[2493] La responsabilité de droit commun semble céder la place à ce qu'on a pu appeler une « responsabilité-fonction » : l'ordre juridique habilite le banquier à remplir une certaine fonction sociale. Celle-ci justifie les pouvoirs qui lui sont reconnus. En contrepartie, si cette fonction de « gardien de situation de non-dommage » n'est pas remplie, sa responsabilité doit

fonctions, soit à raison des fautes commises dans l'exercice de ses fonctions, soit encore à travers des sanctions particulières.

866. Les sanctions peuvent d'abord être prononcées par le responsable de la conformité, mais la responsabilité interne à l'institution bancaire relevant du droit du travail, ce volet sera exclu de notre étude. Notons simplement que les sanctions prises directement par l'employeur sont encadrées par les dispositions du Code de travail dont l'article L. 122-34 qui prévoit que « les amendes ou autres sanctions pécuniaires sont interdites ». Ce texte impose à l'employeur la nature et l'échelle des sanctions et le respect de la procédure disciplinaire visée à l'article L. 122-41. Les sanctions disciplinaires peuvent ensuite être prononcées par l'Autorité des marchés financiers[2494]. Cependant, en la matière, le législateur ne codifie pas les règles concernant les différents acteurs en détail, car elles sont techniques. Il laisse donc aux professionnels le soin de les mettre en place et en attribue le contrôle aux autorités de régulation. En fait, les situations de conflit d'intérêts visées étant ponctuelles et particulières, elles nécessitent généralement une appréciation au cas par cas et empruntent leurs solutions à différentes sources. Une autre sanction envisageable est la mise en cause personnelle du responsable du contrôle interne de la banque, que celui-ci soit un préposé ou un prestataire extérieur. La défaillance d'un délégataire, chargé du contrôle et de la conformité, ne saurait cependant dégager la banque de sa responsabilité puisqu'il lui revient de mettre en place des procédures de contrôle avec une obligation de résultat.

867. La mise en jeu de la responsabilité civile est la sanction qui a la préférence du juge et qui est le plus souvent retenue. Les dommages et intérêts sanctionnent alors selon les cas soit une déloyauté contractuelle, soit un abus du créancier dans l'exercice de son droit. Cette solution a l'avantage de la souplesse puisque les dommages et intérêts peuvent être modulés en fonction des circonstances de l'espèce et de la bonne ou mauvaise foi des parties, ce qui préserve la sécurité juridique. Comme le relevait un auteur, « si l'on ne veut pas entraver les transactions commerciales, il ne faut en prononcer la résolution qu'à bon escient et non pas quand, en définitive l'opération projetée […] peut être compensée par l'allocation de dommages et intérêts »[2495].

868. La mission confiée au banquier étant variable, la responsabilité est modulable. Un contrat inexécuté n'est pas un contrat mal exécuté. Ainsi, le montant des sanctions prononcées est fixé en fonction de la gravité des manquements commis.

être engagée, R. ROUTIER *La responsabilité du banquier,* LGDJ, 1997, V° « introduction ».

[2494] C. monét.. et fin., art. L. 621-9 et L. 621-15.

[2495] HÉMARD (J.), *op. cit.*, t. 2, n° 699, p. 497.

869. De surcroît, des sanctions privatives ou restrictives du droit d'exercer l'activité peuvent être prononcées. Les procédures de retrait d'agrément ou de radiation sont définies par les articles L. 532-10 et suivants du Code monétaire et financier. Une décision de sanction de la Commission des opérations de bourse du 12 février 2002 les éclaire utilement. Le Président de la société Financière Rembrandt était administrateur d'une société qui connaissait des difficultés et dans laquelle la société Financière Rembrandt avait massivement réalisé des investissements pour le compte de fonds ou de clients sous mandat de gestion. Par ailleurs, le directeur général de la société Financière Rembrandt cumulait des fonctions de gestion pour le compte propre de la société et de gestion pour compte de tiers. Il en a été déduit que la société Financière Rembrandt a gravement méconnu l'obligation de prévention des conflits d'intérêts et de gestion dans l'intérêt exclusif des mandants ou porteurs de parts et le principe d'autonomie de gestion, posés par les articles 3, 7, 13 et 14 du règlement de la Commission des opérations de bourse en vigueur à l'époque des faits. Sur cette base, la Commission des opérations de bourse a prononcé, d'une part, à l'encontre de la société Financière Rembrandt une interdiction définitive d'exercice de l'activité de gestion pour le compte de tiers, cette interdiction emportant retrait de l'agrément, et, d'autre part, a interdit à titre définitif au directeur général de la société Financière Rembrandt d'exercer l'activité de gestion pour compte de tiers. Le Conseil d'État a prononcé la nullité de la mesure de retrait d'agrément pour manquement de la société de gestion aux devoirs de loyauté et d'équité entraînant un conflit d'intérêts, car cette mesure ne peut être prise qu'au titre de la radiation[2496].

870. Dans l'arsenal répressif figure enfin la possibilité de prononcer des sanctions pécuniaires d'un montant élevé. Avant les lois n° 78-22 du 10 janvier 1978 et n° 79-596 du 13 juillet 1979 qui ont introduit en droit français la réglementation du crédit à la consommation et du crédit immobilier, les abus auxquels se livraient certains établissements étaient nombreux. Le mouvement de pénalisation a sans doute participé à moraliser les rapports du banquier avec ses clients. À l'heure actuelle, c'est l'article L. 621-15 du Code monétaire et financier qui prévoit l'échelle des sanctions pouvant être prononcées à l'encontre des personnes physiques et morales, en distinguant les professionnels placés sous le contrôle de l'Autorité des marchés financiers et les autres personnes physiques ou morales. Globalement, les montants des sanctions pécuniaires ont été rehaussés par la

---

[2496] CE, 20 déc. 2000, Conseil Finances c/ COB, *Banque et droit*, mars-avr. 2001, p. 30, note Vauplane (H. de) et Daigre (J.-J.) ; *RD bancaire et fin.*, mars-avr. 2001, p. 100, obs. Frison-Roche (M.-A.) et Germain (M.) ; CE, 22 juin 2001, Sté Athis, *Banque et droit*, nov.-déc. 2001, p. 27, note Vauplane (H. de) et Daigre (J.-J.) ; *RTD com.* 2002, p. 132, obs. Rontchevsky (N.) ; *Bull. Joly Bourse*, nov.-déc. 2001, § 97, note Granier (Th.).

loi du 22 octobre 2010[2497]. S'agissant des prestataires et des professions réglementées contrôlées par l'Autorité des marchés financiers qui ont manqué aux obligations professionnelles et de toute autre personne physique ou morale qui s'est livrée ou a tenté de se livrer à un abus de marché, ce montant est désormais plafonné à 100 millions d'euros ou au décuple du montant des profits éventuellement réalisés. Pour les personnes physiques placées sous l'autorité ou agissant pour le compte d'un professionnel contrôlé, ce montant est plafonné à 15 millions d'euros ou au décuple du montant des profits éventuellement réalisés, en cas d'abus de marché, ou à 300.000 € ou au quintuple des profits éventuellement réalisés, dans les autres cas.

L'augmentation des sanctions pécuniaires est impressionnante par rapport aux montants prévus antérieurement, qui s'échelonnaient déjà de 1,5 à 10 millions d'euros, et témoigne d'une volonté de dissuasion claire et nette. En effet, le plafond est calqué sur le régime des sanctions prononcées par l'Autorité de contrôle prudentiel et de résolution fixé à 50 millions d'euros. Le législateur semble s'aligner de la sorte sur les niveaux en pratique aux États-Unis et en Grande-Bretagne. Il est d'ailleurs remarquable que le montant des sanctions administratives et disciplinaires soit nettement supérieur au montant des amendes prévues pour les délits réprimés par le Code monétaire et financier.

En outre, les sanctions pénales, civiles et disciplinaires peuvent être cumulées et les sanctions économiques ont un rôle non négligeable.

b - Les sanctions économiques

871. On a pu s'en apercevoir lors de la revue historique[2498], l'institution bancaire est très sensible à la critique, car son développement repose en grande partie sur la qualité des relations qu'elle peut développer et entretenir avec ses contractants. En effet, ces derniers se fient souvent à la perception qu'ils ont du banquier. Par exemple « *Bankers Trust*, qui fait maintenant partie de *Deutsche bank*, a été la première banque à créer de nouveaux produits – comme les *swaps*. Cela ne s'est pas fait sans mal et les *swaps* que *Bankers Trust* a réalisés avec des clients comme *Gibson Greetings* ou *Protcer & Gamble* ont terni sa réputation et provoqué sa chute »[2499]. De ce fait, la notoriété et la réputation du banquier lui sont essentielles et toute atteinte qui y est portée a des conséquences significatives, car les réparer nécessite d'importants investissements, non seulement en temps, mais aussi en argent. Cette crainte devrait donc pouvoir être utilisée pour dissuader les banques d'abuser des conflits d'intérêts. On pourrait ainsi utiliser les

---

[2497] L. n° n° 2010-1249, préc.
[2498] V. *supra*, n° 272 s.
[2499] FLEURIET (M.), *op. cit.*, p. 8.

classements ou *leagues tables* publiés par différents éditeurs spécialisés, qui sont très utiles aux banques d'affaires pour prouver leur savoir-faire dans une catégorie donnée. Celles en vigueur dans les domaines des fusions-acquisitions classent par exemple les banques-conseils en fonction de la valeur ou du nombre de transactions sur lesquelles elles sont intervenues pendant une année. Des classements de ce type existent pour les introductions en bourse, les augmentations de capital, les émissions d'actions, les émissions d'obligations, les financements structurés, les financements de projets, etc.

872. Dans un même ordre d'idée, les condamnations du banquier doivent normalement faire l'objet d'une publication. Or, la publication de la décision prise à l'encontre d'un banquier qui n'a pas satisfait à ses obligations possède de réelles vertus et produit des effets comparables à ceux de la sanction pécuniaire. Dans le jugement LVMH c/ Gucci[2500], le tribunal avait par exemple ordonné la publication de son jugement dans trois quotidiens de la presse financière internationale et dans une édition du rapport hebdomadaire du service d'analyse financière de la banque sur le secteur du luxe. Le principe de la publication des décisions de la Commission des sanctions est introduit au V de l'article L. 621-15 du Code monétaire et financier par la loi du 22 octobre 2010. Avant cette réforme, la publication était ordonnée dans la grande majorité des cas, mais ne constituait qu'une simple faculté. Les deux exceptions à ce principe, qui avaient été introduites par transposition des dispositions du 4 de l'article 14 de la directive « Abus de marché » du 28 janvier 2003, ont été maintenues pour les cas de risque de perturbation grave des marchés ou de préjudice disproportionné pour les parties en cause.

2° - Les actions du client garanti

873. Le créancier de l'obligation de garantie peut se contenter de demander des dommages-intérêts, mais il peut aussi vouloir se dégager d'une convention dont il n'attend plus rien. La garantie répond au désir du créancier et lui permet de former une action en résolution du contrat. La nullité[2501], « sanction normale des prohibitions édictées par la loi civile »[2502], peut être déduite des textes qui sont rédigés de façon à la laisser

---

[2500] T. com., Paris, 12 janv. 2004, préc.

[2501] La nullité évoquera peut être ses deux proches voisines, l'inexistence et l'annulation. L'inexistence, exposée pour la première fois par Lafferrière, est une théorie des plus controversées. On l'a pensé compliquée, inexacte, on a pu aussi la qualifier d'illogique ou encore d'inutile. Sur ce sujet, V. WITZ (C.), « La consécration de l'inexistence par plusieurs instruments d'uniformisation du droit », *in Études offertes au doyen Ph. Simler*, Dalloz, 2006, p.729.

[2502] DE MARGERIE (B.), *Des incapacités de jouissance en droit civil français*, Montchrestien, 1936, p.75.

transparaître. Il s'agit par exemple de dispositions contenant des formulations telles que l'acteur « ne peut » privilégier son intérêt au détriment de son client. Une sanction aussi grave que la nullité n'est toutefois prononcée par les tribunaux que si l'inexécution revêt une certaine importance et que l'espoir d'obtenir l'exécution du contrat est irrémédiablement perdu ou tout du moins véritablement compromis.

874. Pour mémoire, la nullité relative ne peut être demandée que par la personne protégée par la règle violée, tandis que la nullité absolue peut l'être par tout intéressé. La nullité pour conflit d'intérêts semble naturellement être une nullité de protection de la ou des personnes dont l'intérêt est sous la garde d'autrui. Aussi elle ne peut être demandée que par le bénéficiaire de la protection. Pour autant, elle n'est pas toujours la sanction la plus adéquate. Par exemple, il y a la plupart du temps une impossibilité technique de restituer des titres en nature lorsque ceux-ci ont été revendus et la restitution doit alors être effectuée en valeur par rapport au cours estimé « au jour de l'acte annulé »[2503]. La sanction de la nullité est-elle conciliable avec l'enrichissement de celui qui en est à l'origine ? Faut-il admettre que du fait de l'impossibilité de restituer les titres en nature, le banquier qui a exploité le conflit d'intérêts puisse gagner plus que la victime ? Les juges du fond ont eu à se prononcer à ce sujet et ont décidé la restitution de la plus-value dans les deux cas[2504]. Cette solution est plus satisfaisante. La victime de la nullité peut encore, en complément de la restitution, rechercher une réparation au titre de la garantie.

875. Mais si les grands principes du droit commun sont reçus par la garantie, cela ne signifie nullement qu'ils le soient sans aucune réaction particulière et que le droit de la garantie ne connaisse que les conséquences habituelles de l'inexécution des obligations. Depuis toujours on a estimé que le client garanti, victime de l'inexécution, était le maître de l'action qu'il intentait. Le droit de choisir est en principe un droit reconnu dans tous les contrats. Le client garanti choisit l'action qui conduit à réparer son préjudice le plus efficacement possible. Le client garanti, même lorsqu'il a déjà pris parti en faveur d'une action, peut revenir sur un choix hâtif tant qu'une décision passée en force de chose jugée n'a pas été rendue. Si le client garanti cherche avant tout à être indemnisé, il peut vouloir également profiter de l'inexécution pour mettre fin au contrat ou, si l'inexécution est moins grave, le modifier. Ces deux résultats de l'action peuvent être poursuivis simultanément ou séparément.

876. La garantie ne saurait se contenter de prévenir et de réparer les dommages, elle se doit de posséder aussi une fonction punitive. La

---

[2503] Com., 14 juin 2005, n° 03-12.339, Sté Thésée c/X..., *Bull. civ.* IV, n° 130 ; *Bull. Joly* 2005, p. 1399, note Le Cannu (P.) ; *RTD civ.* 2005, chron., p. 778, obs. Mestre (J.) et Fages (B.) ; *Rev. Sociétés* 2006, p. 66, note Mathey (N.).
[2504] CA Paris, 4 mars 1992, *Bull. Joly* 1992, p. 502, note Couret (A.).

réparation intégrale doit ainsi venir sanctionner d'une façon particulière l'auteur du dommage lorsque son conflit d'intérêts paraît extrêmement grave. Par ailleurs, lorsque l'exploitation est intentionnelle ou frauduleuse, la réparation n'aurait de sens qu'à condition qu'elle ne puisse pas couverte par une assurance afin de lui conserver son rôle moral. Une autre modalité serait de calquer l'indemnité infligée au banquier auteur du dommage sur le profit qu'il a réalisé ou qu'il escomptait.

877. De plus, pour protéger le client garanti contre les agissements du garant, la loi accorde au premier un moyen de droit « qui constitue une particularité de la garantie du fait personnel »[2505] : l'exception de garantie. Elle est un des aspects de l'obligation de défense qui incombe au garant. Il s'agit en quelque sorte « d'une obligation de défense à l'envers ; le bénéficiaire de l'obligation rappelle en quelque sorte le débiteur à son devoir »[2506].

878. L'originalité de la garantie ne s'accorde pas avec l'application intégrale des règles de la théorie générale des obligations qui doivent subir des modifications les adaptant à l'institution. Par ailleurs, la garantie ne se satisfait pas uniquement des sanctions du droit commun, elle y ajoute des sanctions particulières au banquier.

[2505] B. GROSS, *op. cit.* n° 8, p. 16.
[2506] *Ibid.*

Conclusion du titre deux

879. L'obligation de garantie figure au rang des institutions qui contribuent à donner aux contractants des chances supplémentaires pour que soit atteint le but qu'ils se sont fixé. Ces obligations paraissent figées, mais il n'en est rien, car aujourd'hui, le conflit d'intérêts du banquier les remet au goût du jour. Si, en droit commun, une responsabilité appréciée avec rigueur exige du débiteur de respecter son engagement, en matière de garantie il s'agit de dépasser ce stade. Or, c'est bien de cette manière que le législateur et le juge semblent entendre l'obligation de protéger l'intérêt supérieur qu'ils font peser sur le banquier. Il est certes demandé au banquier de se conformer à ce qui découle explicitement du contrat, cependant, au-delà, il est attendu de lui une obligation spécifique de préserver l'intérêt de son contractant contre son propre agissement. La violation de cette obligation est sanctionnée par une multitude de techniques juridiques, qui souvent se superposent, lui attachant une responsabilité aggravée. Par conséquent, il semblait plus judicieux de reconnaître *a priori* une obligation positive de garantie au contenu déterminé dont le banquier serait éclairé, que de contraindre *a posteriori* les juges à juxtaposer des textes inadaptés.

880. L'obligation de garantie qui pèserait ainsi sur le banquier et que rien n'a semblé empêcher de reconnaître se justifiait par son opportunité. En effet, si de prime abord, l'obligation de garantie ne se rencontre pas dans tous les contrats et ne sanctionne pas l'inexécution de toutes les obligations du contractant dans les conventions où elle existe, il s'est avéré que ce constat liminaire ne constituait pas un obstacle à la conception de la garantie présentée ici. De surcroît, les différents fondements de la garantie qui ont pu être avancés par les auteurs ne sont pas non plus de nature à empêcher sa consécration. Ainsi le rapprochement qui a été fait entre l'erreur et la garantie n'a concerné que la seule garantie des vices cachés et non celle du fait personnel. Les auteurs ont aussi examiné la garantie sous l'angle de la ***cause***, mais la garantie du fait personnel échappe à la théorie de la cause et la prohibition qui est faite au garant de troubler la personne garantie se ramènerait davantage à l'interdiction de commettre un dol. La garantie a été encore rattachée d'autres fois à la responsabilité civile. Toutefois, après la confrontation des pensées doctrinales, on a du se joindre à l'opinion de ceux pour qui la garantie suppose que la notion de faute reste indifférente et n'intervient pas dans la condamnation du contractant. Il n'est ainsi pas possible de considérer la faute comme un critère de séparation de la garantie et de la responsabilité, ni de voir dans cette dernière le fondement exclusif de la première. Il a fallu en somme admettre que ces théories n'étaient pas convaincantes comme fondement exclusif de la garantie et qu'elles ne recouvraient pas toute l'institution. Il est certain qu'une partie des règles de ces théories la justifient, mais ensemble et non séparément. L'historique de la garantie montre, en outre, que la garantie a pour objet de réparer le préjudice causé par le manquement à une obligation considérée à un moment donné comme particulière et importante, et que son étendue dépend du résultat que chaque partie visait en passant le contrat et ce, indépendamment du type de contrat. Il en a été déduit qu'une obligation de garantie du fait personnel pouvait être pertinente quand le législateur, soutenu par le juge, impose déjà au banquier une obligation de protection spécifique de l'intérêt supérieur contre toute atteinte illégitime et quand il considère que la situation de conflit d'intérêts est un facteur aggravant sa responsabilité.

881. Cela revenait à donner une qualification juridique à une solution existant déjà en pratique qui paraissait une alternative appropriée à une simple obligation de ne pas faire, souvent invoquée comme réponse au conflit d'intérêts en droit privé, mais qui ne pouvait prétendre à la généralité. Écarter une obligation de ne pas faire – une interdiction au banquier de se mettre en situation de conflit d'intérêts ou une obligation simple de s'abstenir à l'avènement de celui-ci – supposait néanmoins de rejeter les fondements et les critères de droit commun justifiant pareille obligation. Dans ce dessein, tant l'insuffisance des théories du droit commun que l'inadaptation des critères habituels de gestion des conflits d'intérêts, auxquelles il est parfois fait recours dans d'autres matières, ont été relevées.

882. Cependant, pour éviter le caractère arbitraire qui a quelques fois été reproché à la garantie traditionnelle, et qui pourrait susciter des critiques, il convenait de préciser en amont les caractères de l'obligation envisagée. L'analyse de la garantie du fait personnel imposée au banquier en conflit d'intérêts ne pouvait se faire qu'en reprenant la définition de l'obligation, la possibilité pour un contractant d'exiger du cocontractant l'exécution d'une prestation étant un préalable. L'obligation du banquier de garantir contre son fait personnel ne pouvait être conçue que comme une obligation contractuelle qui vient renforcer l'obligation principale du contrat : exécuter la mission au mieux des intérêts du client.

883. Cependant ce n'est pas sous l'angle d'une obligation de réparation qu'a été conçue la garantie du banquier face au conflit d'intérêts, mais sous son aspect préventif car appréhendée uniquement du point de vue de la répression, l'obligation de garantie ne s'expliquait tout simplement pas, ni ne s'imposait comme une évidence. En effet, l'objectif de la garantie est double : faciliter la formation des contrats en offrant plus de sécurité et rassurer le contractant sur la bonne exécution de la convention. Ainsi, elle créerait un climat de confiance propre à la passation de contrat, car les clients sauraient que l'inexécution des obligations est source de sanctions sévères. L'obligation de garantie simplifierait les vérifications auxquelles doit se livrer le client sur les éventuels conflits d'intérêts et lui permettrait d'obtenir plus facilement une indemnisation.

884. L'idée de garantie est de la sorte très simple. Le banquier qui accepte de gérer les intérêts d'un client et qui sait devoir le garantir contre son fait en cas de conflit d'intérêts doit normalement être certain de ses agissements ; il sait qu'il a pris toutes les mesures nécessaires pour que son intérêt ne heurte pas celui de son client. Quant au client garanti, il est celui qui a placé sa confiance dans le banquier et qui attend en retour une sécurité. La certitude que donne la garantie n'est rien d'autre, du côté du débiteur comme du créancier, que l'assurance que l'opération se déroulera normalement.

885. Mais l'introduction d'une obligation de garantie du fait personnel du banquier en cas de conflit d'intérêts a supposé d'en poser les conditions et le contenu. Pour qu'il y ait garantie, il a semblé qu'il fallait que le contrat soit à titre onéreux et que le créancier de l'obligation principale du contrat ait besoin d'être spécialement protégé. La sévérité de l'obligation de garantie implique d'acquérir préalablement à son application deux autres certitudes : en premier lieu que l'intérêt à préserver est véritablement supérieur et en second lieu que le client garanti est bien dans l'impossibilité objective ou subjective de se protéger.

886. S'il n'existait pas de doute sur la légitimité de la garantie quand le banquier devait agir dans l'intérêt de son client à titre exclusif, des difficultés se sont posées lorsque le banquier devait agir à titre principal. Cependant, il s'est avéré que l'obligation de garantie en cas de conflit d'intérêts est conforme aussi bien à l'ordre public de protection qu'à celui de direction. En effet, la garantie est respectueuse du premier en ce qu'elle préserve les intérêts du client et du deuxième en ce qu'elle confère au client la confiance nécessaire au bon fonctionnement du marché. Enfin, l'uniformité de l'obligation de garantie du fait personnel se justifie parce que la sécurité juridique commande de sanctionner le banquier qui, missionné de gérer les intérêts d'autrui et contraint par devoir de les protéger, rompt une relation de confiance en abusant de la situation de supériorité qu'engendre cette délégation. La garantie répond à une situation particulière d'inégalité factuelle où le client, consommateur ou non, professionnel ou non, est du fait d'une délégation de ses pouvoirs dans une position où il est dans l'impossibilité de se protéger contre un conflit d'intérêts opaque, indépendamment de tout critère de compétence du client ou d'exposition à un risque de marché.

887. La garantie ainsi conditionnée, il a semblé qu'inversement il pouvait en être déduit que lorsque le contractant est en mesure de se protéger, la garantie était susceptible de recevoir des aménagements, voire d'être supprimée, sous certaines réserves, notamment de la qualité du client bénéficiaire de cette garantie.

888. Est ensuite venu le temps d'exposer le contenu positif et composite de la garantie du banquier contre son fait en cas de conflit d'intérêts, c'est-à-dire prescrivant d'exécuter un certain nombre d'obligations de prime abord hétérogènes, mais qui trouvent leur unité quand est envisagé le but de l'institution : obtenir la réalisation des résultats pratiques de la convention sans que la concurrence des intérêts du banquier avec ceux de son client ne puisse constituer un obstacle. En somme, elle implique de prendre en compte l'intérêt supérieur et de rendre compte à celui qui le porte selon des modalités d'exécution différentes.

CONCLUSION DE LA DEUXIEME PARTIE

889. Les développements de cette deuxième partie ont permis de montrer que les techniques juridiques encadrant le conflit d'intérêts du banquier peuvent valablement être ordonnancées autour d'une obligation générale de garantie du fait du banquier en cas de conflit d'intérêts. Toute l'utilité de la garantie apparaît lorsqu'est constaté qu'aucun des mécanismes étudiés ne peut traiter séparément le conflit d'intérêts du banquier. Ils ne le peuvent qu'ensemble. D'ailleurs en l'état du droit positif, ils sont bien souvent associés les uns aux autres pour former un régime qui reste applicable à une partie seulement de l'activité. L'avènement de la garantie ne les remet pas en cause, mais apparaît comme une alternative à la diversité des moyens de traitement possibles principaux ou accidentels suggérant une cohérence d'ensemble qui ambitionne par sa généralité de saisir les multiples facettes du conflit d'intérêts du banquier. Il s'agirait d'un principe auxquels peuvent s'ajouter des dérogations particulières ou ponctuelles si les conditions en sont réunies.

890. Il n'y avait pas d'obstacle à la consécration d'une telle obligation. Pourrait de la sorte s'opérer le passage - ou le retour - vers la simplification face le culte du détail n'ayant pas prouvé son efficacité.

CONCLUSION GENERALE

891. Le conflit d'intérêts, qui semblait d'apparence simple avant d'initier cette étude, s'est finalement révélé bien éloigné de l'image qu'il véhicule.

Nous avons en particulier découvert que, loin d'être une notion fourre-tout, il répond au contraire à des critères précis et ne s'exprime que dans des circonstances spécifiques. Notamment, compagnon de toujours du banquier, il en accompagne l'activité silencieusement et pacifiquement, tant que ce dernier ne cherche pas à l'exploiter.

Paradoxalement, si la notion est ancienne, bien que l'expression qui la désigne soit récente, il ressort de l'étude des textes en vigueur susceptibles de la traiter, que la réglementation est essentiellement constituée d'une juxtaposition de réponses isolées, prises généralement en réaction à certaines de ses expressions, le plus souvent aussi spécifiques que spectaculaires.

Cette étude s'est donc fixé pour ambition d'en définir un mode de traitement global, au travers d'une analyse des forces et faiblesses des outils de droit existants lorsqu'ils ont à faire face au conflit d'intérêts du banquier et en s'appuyant sur un moyen de droit bien connu.

S'agissant de la source d'un tel moyen de gestion du conflit d'intérêts du banquier, il nous semble que l'incorporer dans les dispositions légales présenterait un double intérêt : remédier à la négligence ou à l'optimisme excessif des clients contractants du banquier et constituer une limite précise à l'initiative de ce dernier.

892. Sur la définition du conflit d'intérêts du banquier :

- Le conflit d'intérêts est de prime abord le résultat de l'incompatibilité que révèlent deux éléments, un pouvoir et un devoir. S'il n'y a pas de pouvoir, il n'y a pas de conflit d'intérêts. L'existence d'un pouvoir et d'un devoir s'opposant au pouvoir crée le risque de la situation de conflit d'intérêts.

- Le conflit d'intérêts du banquier prend ainsi naissance à trois conditions cumulatives : un intérêt spécifique, individuel ou collectif, a préalablement été déclaré comme intérêt supérieur aux autres intérêts ; un pouvoir d'affecter cet intérêt est détenu par un acteur ; un devoir de protection déterminé à l'égard de cet intérêt pèse sur ce même acteur. Il est ainsi l'état de fait où le banquier a le pouvoir d'affecter un intérêt, prédéfini comme supérieur, qu'il est tenu de protéger par devoir.

- Qu'il s'agisse des contrats de droit français ou de droit anglo-américain, il est d'une part apparu que si les prérogatives n'étaient pas identiques, le risque de conflit d'intérêts en résultant non plus, et d'autre part que si le pouvoir se retrouve aussi au cœur du droit de la représentation qui régit une partie considérable des rapports clients-banquier, le conflit d'intérêts du banquier n'est pas cantonné aux seuls contrats de représentation.

- Le conflit d'intérêts demeure potentiel tant que le banquier qui y est sujet ignore son existence. Le conflit d'intérêts potentiel ne mue en conflit d'intérêts réel que par le biais exclusif de la volonté du banquier. Le conflit d'intérêts réel est un conflit de volontés.

- Le conflit d'intérêts abusif oppose ainsi, dans le cas du conflit d'intérêts interpersonnel, un intérêt tiers typique raisonnable à l'intérêt personnel du banquier, ou, dans le cas du conflit d'intérêts extrapersonnel, deux intérêts tiers typiques raisonnables. La logique diffère lorsqu'il s'agit de conflits d'intérêts extracontractuels, le conflit d'intérêts du banquier dans ce cas opposant forcément un intérêt du banquier, direct ou indirect, à un intérêt tiers collectif homogène.

- La réalité du conflit d'intérêts peut être sans incidence sur l'intérêt supérieur. La spécificité du conflit d'intérêts ne se dégage pas du seul fait de s'y placer, mais de la façon d'en sortir. Il n'y a pas de conflit d'intérêts s'il n'y a pas deux ou plusieurs intérêts en jeu, s'il n'y a pas d'intérêt à prendre, et c'est la décision de prendre un intérêt au détriment de l'intérêt supérieur qui concrétise le conflit d'intérêts et dont découle ensuite la rupture d'une relation de confiance.

- Le conflit d'intérêts du banquier est en définitive une situation de fait évolutive. Elle s'assimile à son stade de potentialité à un manquement du professionnel aux règles organisationnelles, le contrôle de la règle de droit trouvant sa justification dans le pouvoir d'affecter aisément l'intérêt tiers, et à son stade de réalité, à un conflit de volontés qui, s'il venait à être exploité, s'assimilerait à une faute.

- La notion de faute est applicable au conflit d'intérêts exploité comme à la notion de confit d'intérêts non prévenu, c'est-à-dire de conflit d'intérêts réel. La seule différence qui demeure est que la faute pour non-prévention relève de la responsabilité pour inobservation des règles organisationnelles spécifiques au banquier, tandis que la faute pour exploitation du conflit d'intérêts relève du droit commun. La notion de conflit de volonté, pour sa part, pourrait servir à identifier les motifs de l'exploitation et en déduire le cas échéant des circonstances aggravantes de la faute et de la responsabilité.

893. Sur les règles encadrant le conflit d'intérêts du banquier :

- Les arguments pour ou contre le maintien du modèle de banque universelle, s'appuient sur des considérations elles-mêmes changeantes, si bien qu'il s'avère difficile d'en extraire un sous-ensemble convaincant. Mais il peut en revanche être affirmé, d'une manière générale, qu'une séparation entre banque commerciale et banque d'investissement n'est nullement synonyme d'élimination des conflits d'intérêts.

- S'agissant des règles de prévention, aussi nombreuses et éparses soient-elles, elles se réduisent en fait à l'établissement de barrières matérielles entre les différentes activités et l'auto-engagement à respecter ces mesures. Cependant, le doute subsiste sur leur valeur juridique. En outre, l'articulation du dispositif de prévention du conflit d'intérêts avec le devoir du banquier de préserver l'intérêt du client n'est pas toujours évidente.

- La méthode d'élaboration des normes, aux connotations fort moralistes, mais consistant à juxtaposer des directives-cadres qui permettent de nombreuses spéculations, se révèle critiquable, tant du point de vue de son effectivité que de son efficacité, et conduit parfois à des incohérences. Au terme de l'étude du dispositif de prévention des conflits d'intérêts, c'est le manque d'harmonie qui surprend.

- S'agissant du traitement du conflit d'intérêts, il ne consiste véritablement qu'à faire connaître l'existence de la situation au détenteur de l'intérêt supérieur sans plus d'indications.

- L'obligation de révélation gagne en précision lorsque sont mises en relation certaines dispositions légales afférentes au principe général de transparence, des décisions de sanctions disciplinaires et celles des juridictions civiles.

- La révélation a permis d'admettre en outre une possibilité d'autorisation *a posteriori*, dont les critères, le régime et les effets ont été précisés.

- L'analyse permet également d'affirmer que l'abstention forcée pourrait également être envisagée comme réponse au conflit d'intérêts.

- Les règles classiques relatives à la charge et aux moyens de preuve devraient être maintenues, mais des aménagements peuvent cependant intervenir en ce qui concerne l'objet de la preuve.

- Différentes hésitations se ressentent quand il s'agit de distinguer le préjudice individuel du collectif, comme le préjudice moral du matériel et les chefs de préjudices traditionnellement reconnus, comme ceux auxquels recourent les juridictions, restent inadaptés. Ainsi la perte de chance est envisageable si le conflit d'intérêts est extracontractuel, en revanche, lorsqu'il est contractuel, les raisons qui militaient en faveur d'une réparation totale ont été avancées.

894. D'une obligation nouvelle de gestion du conflit d'intérêts du banquier

- L'obligation attendue du banquier pris d'un conflit d'intérêts va plus loin que l'abstention de nuire ou de la simple prise en compte de l'intérêt tiers supérieur.

- L'obligation de garantie figure au rang des institutions qui contribuent à donner aux contractants des chances supplémentaires pour que soit atteint le but qu'ils se sont fixé. Si, en droit commun, une responsabilité appréciée avec rigueur exige du débiteur de respecter son engagement, en matière de garantie il s'agit de dépasser ce stade. Or, c'est bien de cette manière que le législateur et le juge semblent entendre l'obligation de protéger l'intérêt supérieur qu'ils font peser sur le banquier. Il s'agit là d'une obligation qui trouve son fondement aussi bien dans le droit commun des obligations et des contrats que dans le droit spécial et paraît justifiée tant par la volonté du contractant, que par l'économie du contrat. Elle est en outre conforme aussi bien à l'ordre public de protection qu'à celui de direction.

- Ce n'est pas sous l'angle d'une obligation de réparation qu'a été conçue la garantie du banquier face au conflit d'intérêts, mais sous son aspect préventif. L'objectif de la garantie est double : faciliter la formation des contrats en offrant plus de sécurité et rassurer le contractant sur la bonne exécution de la convention.

- L'uniformité de l'obligation de garantie du fait personnel se justifie également parce que la sécurité juridique commande de sanctionner le banquier qui, missionné de gérer les intérêts d'autrui et contraint par devoir de les protéger, rompt une relation de confiance en abusant de la situation de supériorité qu'engendre cette délégation.

- La garantie répond à une situation particulière d'inégalité factuelle où le client est, du fait d'une délégation de ses pouvoirs, dans une position où il est dans l'impossibilité de se protéger contre un conflit d'intérêts, indépendamment de tout critère de compétence du client ou d'exposition à un risque de marché.

- L'obligation du banquier de garantir contre son fait personnel est conçue comme une obligation contractuelle qui vient renforcer l'obligation principale du contrat pour compte d'autrui : exécuter la mission au mieux des intérêts du client.

- Elle implique d'acquérir préalablement à son application deux autres certitudes : en premier lieu que l'intérêt à préserver est véritablement supérieur et en second lieu que le client garanti est bien dans l'impossibilité objective ou subjective de se protéger.

- Lorsque le contractant est en mesure de se protéger, la garantie est susceptible de recevoir des aménagements, ou d'être supprimée, sous certaines réserves, notamment de la qualité du client bénéficiaire de cette garantie.

- L'obligation de garantie du banquier contre son fait en cas de conflit d'intérêts prescrit d'exécuter un certain nombre d'obligations de prime abord hétérogènes, mais qui trouvent leur unité quand est envisagé le but de l'institution : obtenir la réalisation des résultats pratiques de la convention sans que la concurrence des intérêts du banquier avec ceux de son client ne puisse constituer un obstacle. En somme, elle implique de prendre en compte l'intérêt supérieur et de rendre compte à celui qui le porte selon des modalités d'exécution différentes.

895. Si nous n'avons pas la prétention d'être parvenus à définir un moyen qui résiste à la critique, il reste indéniablement, pour espérer qu'il puisse quitter l'état de théorie dans lequel nous l'avons laissé, à s'assurer qu'il ne rencontrerait pas d'obstacles pratiques insurmontables sur son chemin vers les prétoires.

Bibliographie

—

Documentation française

—

- I - Ouvrages classiques et généraux

ARISTOTE, *Éthique à Nicomaque*, trad. Tricot (J.), éd. J. Vrin, 1990.
ARNAUD (A.-J.), (dir.), *Dictionnaire encyclopédique de théorie et de sociologie du droit*, LGDJ, 2e éd., 1993.
BASTIDE (G.), *Traité de l'action morale dans les obligations civiles*, PUF, 1961.
BERGEL (J.-L.) :
- *Théorie générale du droit*, Dalloz, 5e éd., 2012.
- *Méthodologie juridique*, PUF, 2001.

BEUDANT (Ch.), *Les contrats et obligations*, 2e éd., Rousseau, 1936.
BONNECASE (J.), *Introduction à l'étude du droit*, Librairie du recueil Sirey, 1939.
BOURDIEU (P.), *Langage et pouvoir symbolique*, Seuil, 2001.
BRAUD (Ph.), *Sociologie politique*, LGDJ, 10e éd., 2011, p. 23.
CARBONNIER (J.) :
- *Droit et passion du droit sous la Ve République,* Flammarion, 2008.
- *Flexible droit, Pour une sociologie du droit sans rigueur*, LGDJ, 10e 2001.
- *Sociologie juridique*, 2e éd., PUF, 2004.

COLIN (A.) et CAPITANT (H.), *Cours élémentaire de droit civil français*, t. 1, Dalloz, 1947.
CORNU (G.), (dir.), *Vocabulaire juridique*, PUF, 10e éd., 2014.
DABIN (J.) :
- *Théorie générale du droit*, Dalloz, 1969.
- *Droit subjectif*, Dalloz, 1952.
- *La technique de l'élaboration du droit positif, spécialement du droit privé*, Sirey, 1935.

DECAQUERAY (G.), *Explication des passages de droit privé contenu dans les œuvres de Cicéron*, Durand, 1857.
DELEBECQUE (Ph.) et COLLART-DUTILLEUR (F.), *Les contrats civils et commerciaux*, 9e éd., Dalloz, 2011.

DELAMARRE (E.) et LEPOITVIN (M.), *Traité du contrat de commission ou des obligations conventionnelles en matière de commerce*, éd. Joubet et Cosse, 1841.
DEMOGUE (R.), *Traité des obligations*, Librairie Arthur Rousseau, 1923.
DEMOLOMBE (Ch.), *Cours du Code napoléon, Traité des contrats et des obligations conventionnelles en général*, Imprimerie générale Ch. Lahure, 1877.
DEROUSSIN (D.), *Histoire du droit des obligations*, Economica 2007.
DOMAT (J.), *Les lois civiles dans leur ordre naturel*, Hérissant, 1705.
DURKHEIM (E.), *Leçons de sociologie*, PUF, 3e éd., 1997.
DUVERGIER (J.-B.), *Le droit civil suivant l'ordre du code*, éd. J. Renouard Libraire, 1837.
FABRE-MAGNAN (M.), *Droit des obligations*, 3e éd., PUF, 2013.
FENET (A.-P.), *Recueil complet des travaux préparatoires du code Civil*, Videcoq, 1836.
FLOUR (J.), AUBERT (J.-L.) et SAVAUX (É.), *Les obligations, le fait juridique*, 14e éd., Sirey, 2011.
GADBIN-GEORGES (G.), *Glossaire de droit anglais*, Dalloz, 2014.
GAUDEMET (J.) et CHEVREAU (E.), *Droit romain privé*, Montchrestien, 2009.
GÉNY (Fr.), *Science et technique en droit privé positif, Nouvelle contribution à la critique de la méthode juridique*, Sirey, 1921.
GIRARD (P.-F.), SENN (F.), *Manuel élémentaire de droit romain*, A. Rousseau, 1929.
IMBERT (J.) et LEGOHÉREL (H.), *Histoire de la vie économique ancienne, médiévale et moderne*, Cujas, 2004.
JESTAZ (Ph.), *Le droit*, Dalloz, 8e éd., 2014.
VON JHERING (R.), *La lutte pour le droit*, Dalloz, 2006.
KELSEN (H.), *Théorie pure du droit*, trad. Eisenmann (Ch.), LGDJ, 1999.
KOJÈVE (A.), *Esquisse d'une phénoménologie du droit*, Gallimard, 1981.
LÉVY (J.-P.), CASTALDO (A.), *Histoire du droit civil*, Dalloz, 2002.
PARDESSUS (J.-M.), *Cours de droit commercial*, Librairie de jurisprudence de H. Tarlier, 1836.
PLANIOL (M.), *Traité élémentaire de droit civil*, 8e éd., LGDJ, 1920.
PLESSIS RICHELIEU (A.-J. du), *Oeuvres du cardinal de Richelieu*, Plon, 1933.
PLUTARQUE, *La vie des hommes illustres*, trad. Ricard (D.), Didier libraire éditeur, 1844.
PORTALIS (J.-M.-É.), Discours préliminaire, Flammarion, 1989.
POTHIER (R.-J.), *Traité du contrat de mandat*, éd. Siffrein Chanson Imprimeur-Libraire, 1821.
RIPERT (G.),
- *Le régime démocratique et le droit civil moderne*, LGDJ, 1936.

- *La règle morale dans les obligations civiles*, LGDJ, 1949.
ROCHFELD (J.), *Les grandes notions du droit privé*, PUF, 2011.
ROUBIER (P.), *Droits subjectifs et situations juridiques*, Dalloz, 1963.
SAVIGNY (F. C.), *Traité de Droit Romain*, 2e éd., Firmin Didot frères, 1856.
SECONDAT de MONTESQUIEU (Ch. L.), *L'esprit des lois*, 1748.
SÉRIAUX (A.), *Droit des obligations*, 2ème éd., PUF, 1998.
SIMLER (Ph.), LEQUETTE (Y.), TERRE (F.), *Droit civil, les obligations*, Dalloz, 11e éd ;, 2013.
TESTARD (M.), *Cicéron De Officiis*, *Traité des devoirs*, trad. Mercier (S.), Les belles lettres, 1984.
THALLER (E.) et PERCEROU (J.), *Traité élémentaire de droit commercial*, éd. A. ROUSSEAU, 8e éd., 1931.
VILLEY (M.), *Réflexions sur la philosophie et le droit*, PUF, 1995
VIRALLY (M.), *La pensée juridique*, LGDJ, 1960.
WALINE (M.), *L'individualisme et le droit*, 2e éd., Dalloz, 2007.
WEBER (M.), *Sociologie du droit*, trad. GROSCLAUDE (J.), PUF, 1986, p. 28.
VINCENS (É.), *Exposition raisonnée de la législation commerciale et examen critique du Code de commerce*, éd. Barrois l'aîné, 1821.
VINEY (G.), *Traité de droit civil. Introduction à la responsabilité*, 3e éd., LGDJ, 2008.

- II - Monographies, thèses

AGLIETTA (M.) et RIGOT (S.), *Crise et rénovation de la finance*, Odile Jacob, 2009.

AIDAN (P.), *Droit des marchés financiers, Réflexions sur les sources*, préf. Boucobza (X.), Banque éditeur, 2001.

AL MASRI (M.), *L'intervention de la banque intermédiaire financier en vue de l'introduction en bourse et de la négociation*, (dir.) Conac (P.-H.), thèse Paris I, 2010.

ALIBERT (J.-L.), *Physiologie des passions ou nouvelle doctrine des sentiments moraux*, vol. 2, Béchet jeune libraire, 1837.

ALISSE (J.), *L'obligation de renseignements dans les contrats*, Thèse, Paris II, 1975.

ALLOMAR (M.), *Financement du développement de l'entreprise*, PUF, 1981.

AMBLARD (H.), BERNOUX (P.), HERREROS (G.) et LIVIAN (Y.-F.), *Les nouvelles approches des organisations*, Seuil, 1996.

ANZIEU (D.) et MARTIN (J.-Y.), *La Dynamique des groupes restreints*, PUF, 1994.

ARSOUZE (C.), *Procédures boursières. Sanctions et contentieux des sanctions,* thèse Paris I, 2007.

ASSENS (Ch.), *La dynamique des complémentarités et des conflits dans un réseau d'entreprises*, Paris, 1998.

Association Henri Capitant, *Les conflits d'intérêts*, Dalloz, 2013.

AUBERT (J.-L.), *Notions et rôles de l'offre et de l'acceptation dans la formation du contrat*, LGDJ, 1970.

AUBERT (J.), GILBERT (P.) et PIGEYRE (F.), *Savoir et pouvoir : les compétences en question*, PUF, 1993.

AVÉRAN-HORTEUR (L.), *De la CCDVT à la sicovam, le compte courant d'actions*, Dalloz, 1959.

BARRIÈRE (F.), *La réception du trust au travers de la fiducie*, préf. Grimaldi (M.), Litec, 2004.

BECK (U.), *La société du risque, sur la voie d'une autre modernité*, Flammarion, 2001.

BÉNABENT (A.), *La chance et le droit*, préf. Carbonnier (J.), LGDJ, 1973.

BENNINI (A.), *Le voile de l'intérêt social*, préf. Hannoun (C.), Lextenso, 2010.

BERGEL (J.-L.), *Droit et déontologies professionnelles*, Libr. univ. d'Aix-en-Provence, 1997.

BERLIOZ (G.), *Le contrat d'adhésion*, préf. Goldman (B.), LGDJ, 1973.

BILLIER (J.-C.), *Le Pouvoir*, Armand Colin, 2000.

BONFILS (S.), *Le droit des obligations dans l'intermédiation financière,* préf. Frison-Roche (M.-A.), LGDJ, 1992.

BONIN (H.) :

- *La Banque de l'Union parisienne (1874/1904-1974) - Histoire de la deuxième grande banque d'affaires française*, Plage, 2001.
- *Les banques françaises de l'entre-deux-guerres (1919-1935), I. L'apogée de l'économie libérale bancaire française, II. Les banques et les entreprises, III. Les métiers financiers des banques*, Plage, 2000.

BONNASSIES (P.), *Le dol dans la conclusion des contrats*, thèse Lille, 1955.

BONNEAU (Th.), Droit bancaire, Montchrestien, 9e éd., 2011.

BONNEAU (Th.) et DRUMMOND (F.), *Droit des marchés financiers*, Economica, 3e éd., 2010.

BOUCARD (F.), *Les obligations d'information et de conseil du banquier*, PUAM, 2002.

BOULLE (R.), *Les grands établissements de crédit devant la crise*, Sirey, 1938.

BOYER (Y.), *L'obligation de renseignement dans la formation du contrat*, préf. Lobin (Y.), Puam, 1978.

BRICKS (H.), *Les clauses abusives*, préf. Calais-Auloy (J.), LGDJ, 1982.

BRUN (Ph.), *Les présomptions dans le droit de la responsabilité civile*, Thèse Grenoble, 1993.

BRUYÈRE (R.), *Les produits dérivés de crédit*, 2e éd., Economica, 2009.

BUFNOIR (C.), *Propriété et contrat*, 2e éd., Rousseau, 1924.

CAILLÉ (A.), *Critique de la raison utilitariste*, La découverte, 1989.

CALAIS-AULOY (J.) et STEINMETZ (F.), *Droit de la consommation*, 8e éd., Dalloz, 2010.

CANTIN CUMYN (M.) (dir.), *La fiducie face au trust dans les rapports d'affaires*, Bruylant, 1999.

CARRIER (B.), *L'analyse économique des conflits : éléments d'histoire des doctrines*, publications de la Sorbonne, 1993.

CARVAL (S.)

- *La construction de la responsabilité civile*, PUF, 2001.
- *La responsabilité civile dans sa fonction de peine privée*, préf. Viney (G.), LGDJ, 1995.

CASTEL (A.), *De l'erreur et de la violence dans les contrats en droit romain et en droit français*, Le blanc-hardel librairie, 1873.

CERESOLI (M.) et GUILLAUD (M.), *Titrisation, gestion financière de la banque*, Eska, 1992.

CERNÈS (B.), *La levée de fonds : facteurs clés de* succès, Dunod, 2007.

CHACORNAC (J.), *Essai sur les fonctions de l'information en droit des instruments financiers*, préf. Drummond (F.), Dalloz, 2014.

CHAMPAUD (Cl.), *Le pouvoir de concentration de la société par actions*, Sirey, 1962.

CHEN (C. W.), *Apparence et représentation en droit positif français*, préf. Ghestin (J.), LGDJ, 2000.
CHIREZ (A.), *De la confiance en droit* contractuel, thèse Nice, 1977.
CLARISE (J.), *De la représentation. Son rôle dans la création des obligations*, thèse Lille, 1949.
COASE (R.), *Le coût du droit,* trad. Morisette (Y.-M.), PUF, 2000.
COBBAUT (R.), *Théorie financière,* Economica, 1989.
COLLING (A.), *La Prodigieuse Histoire de la Bourse*, Société d'éditions économiques et financières, 1949.
CONSTANTIN (A.), *Les rapports de pouvoir entre actionnaires*, (dir.) Ghestin (J.), Thèse Paris I, 1998.
COSER (L.-A.), *Les fonctions du conflit social*, PUF, 1982.
COURDIER (A.-S.), *Le solidarisme contractuel*, Thèse, Dijon, 2003.
COURET (A.), LE NABASQUE (H.) (Dir.), *Droit financier*, Dalloz, 2e éd., 2012.
COUTURIER (J.), *La confirmation des actes nuls*, préf. Flour (J.), LGDJ, 1972.
CROZIER (M.) et FRIEDBERG (E.), *L'acteur et le système*, Seuil, 1977.
CUIF (P.-F.), *Les contrats de gestion*, préf. Aynès (L.), Economica, 2004.
DAVID (R.) et PUGSLEY (D.), *Les contrats en droit anglais*, LGDJ, 1985.
DE MARGERIE (B.), *Des incapacités de jouissance en droit civil français,* Montchrestien, 1936.
DE VAREILLES-SOMMIÈRE (G. de L.), *Étude sur l'erreur en droit romain et en droit français*, Cotillon et fils, 1871.
DESCAMPS (O.), *Les origines de la responsabilité pour faute personnelle dans le Code civil de 1804*, préf. Collard-Dutilleul (F.), LGDJ, 2005.
DESGORGES (R.), *La bonne foi dans le droit des contrats : rôle actuel et perspectives,* thèse Paris II, 1992.
DEVÉSA (Ph.), *L'opération de courtage*, Litec, 1993.
DIDIER (Ph.), *De la représentation en droit privé*, préf. Lequette (Y.), LGDJ, 2000.
DION (N.), *Les obligations fiduciaires des dirigeants de sociétés commerciales, droit des États-Unis et du droit français,* Thèse, Orléans, 1994.
DISSAUX (N.), *La qualification d'intermédiaire dans les relations contractuelles*, préf. Jamin (C.), LGDJ, 2007.
DOCKÈS (P.), *Pouvoir et autorité en économie*, Economica, 1999.
DOLLAT (J.), *Les contrats d'adhésion*, Thèse Paris, 1915.
DOMERGUE (M.), *Étude d'ensemble sur le contrat d'adhésion*, thèse Toulouse, 1935.
DOUVILLE (Th.), *Les conflits d'intérêts en droit privé*, LGDJ, 2014.
DREYFUS (A.), *Du commissionnaire en bourse de marchandises et de la contrepartie*, Sirey, 1898.

DUBAR (C.) et TRIPIER (P.), *Sociologie des professions*, Armand Colin, 1998.
DUMONT (G.-F.), *Efficience et dimension des banques*, préf. Baeque (D. de), LGDJ, 1975.
DUMONT (M.-P.), *L'opération de commission*, préf. Mousseron (J.-M.), Litec, 2000.
DUPEYRON (C.), *La régularisation des actes nuls*, LGDJ, 1973.
DUPUY (J.), *La technique de l'accord mixte utilisé par les Communautés européennes*, Annuaire de l'Institut de droit international, 1973.
DURKHEIM (E.), *De la division sociale du travail*, 1930, Quadrige/PUF, 1991.
ÉCHARD (A.), *Conflits d'intérêts et déontologie en droit boursier en France et en Grande-Bretagne*, Paris II, 1995.
EL KHOURY (M.), *La fiducie, étude de droit comparé*, thèse Paris II, 2002.
ELDER (A.) et DUBLANC (A.), *Vendre et vendre à découvert*, Valor éditions, 2013.
EWALD (F.) (dir.), *Les limites de la réparation du préjudice*, Dalloz, 2009.
FABRE (Y.), *Essai sur la nature juridique du dol dans la formation des contrats*, Dalloz, 1941.
FABRE-MAGNAN (M.), *De l'obligation d'information dans les contrats. Essai d'une théorie*, préf. Ghestin (J.), LGDJ, 1992.
FAGES (B.), *Le comportement du contractant*, préf. Mestre (J.), PUAM, 1997.
FARJAT (G.), *Pour un droit économique*, PUF, 2004.
FISCHER (J.), *Le pouvoir modérateur du juge en droit civil français*, PUAM, 2004.
FLATTET (G. H.), *Les contrats pour le compte d'autrui : essai critique sur les contrats conclus par un intermédiaire en droit français*, Sirey, 1950.
FLEURIET (M.), *Banques d'investissement et de marché : Les métiers des banques d'affaires*, Economica, 2007.
FONTAINE (M.), *Les principes pour les contrats commerciaux internationaux élaborés par Unidroit*, RDIC 1991, p. 35.
FREUND (J.), *Sociologie du conflit*, PUF, 1992.
FRIEDBERG (E.), *Le pouvoir et la règle : dynamiques de l'action organisée*, Seuil, 1993.
GAILLARD (E.), *Le pouvoir en droit privé*, préf. Cornu (G.), Economica, 1985.
GALBRAITH (J. K.), *La science économique et l'intérêt général*, trad. Crémieux-Brilhac (J.-L.) et Le Nan (M.), Gallimard, 1974.
GASTAUD (J.-P.), *Personnalité morale et droit subjectif*, LGDJ, 1977.
GAUDEMET (E.), *Théorie générale des obligations*, Dalloz, 1937.

GAUVIN (A.), *Crise financière et la veuve de Carpentras dans tous ça ?*, Milelli, 2011.
GAUVIN (A.), *Droit des dérivés de crédit*, Banque-éditeur, 2003, p. 29.
GÉRARD (P.), OST (F.), VAN KERCHOVE (M.), *Actualités de la pensée juridique de Jeremy Bentham*, Publication des facultés universitaires de Saint-Louis, 1987.
GHESTIN (J.), *La notion d'erreur dans le droit positif actuel*, préf., Boulanger (J.), LGDJ, 1963.
GILLET (P.), *L'efficience des marchés financiers*, 2e éd., Economica, 2006.
GIRAULT (R.), *Emprunts russes et investissements français en Russie, 1887-1914*, Comité pour l'Histoire économique et financière de la France, Études générales, 1999.
GIVERDON (Cl.), *L'évolution du contrat de mandat*, thèse Paris, 1947.
GOUGET (L.), *Théorie générale du contrat avec soi-même : étude de droit comparé*, 1903.
GOUNOT (E.), *Le principe de l'autonomie de la volonté en droit privé. Contribution critique à l'étude de l'individualisme juridique,* thèse Dijon, 1912.
GRENON (A.),
- *Les fiducies,* éd. Yvon Blais, p. 7.
- *Les contrats de base de la pratique bancaire*, Litec, 2000.

GROSS (B.), *La notion d'obligation de garantie dans le droit des contrats*, LGDJ, 1963.
GRUA (F.), *Contrats bancaires, contrats de services*, Economica, 1990.
GUISELIN (E.-P.), *Le droit de la vie politique,* Ellipses, 2004.
GUYON (Y.), *Droit des affaires*, Economica, 12e éd., 2003.
HAMEL (J.) (dir), *Le contrat de commission. Études de droit commercial*, Dalloz, 1949.
HANNOUN (C.), LEBARS (B.), *Le contrôle des entreprises : évolution et perspectives,* L'harmattan, 2007.
HAPETTE (E.), *La banque de détail dans l'union européenne : quels acteurs dans quels marchés ?*, Paris IX, 2005.
HUET (J.), DECOCQ (G.), GRIMALDI (C.), LÉCUYER (H.), *Les principaux contrats spéciaux*, LGDJ, 4ème éd. 2013.
HUGON (A.), *Les mutations du droit de l'entreprise et l'objectif de développement durable*, Limoges, 2010.
JACQUEMIN (A.), *L'entreprise et son pouvoir de marché*, éd. Presses de l'université de Laval, 1967.
JACQUILLAT (B.) et LEVY-GARBOUA (V.), *Les 100 mots de la crise financière*, PUF, 2011.
JAUBERT (P.), *Commission commerciale. Courtage*, Sirey, 1960.
JOSSERAND (L.), *De la responsabilité du fait des choses inanimées,* Thèse, Paris, 1897.

JUVIN (H.), *Produire le monde. Pour une croissance économique*, Gallimard, 2008.

KIRAT (T.) et MARTY (F.), *Économie du droit et de la réglementation*, Gualino éditeurs, 2007.

KIRAT (T.), *Économie du droit*, éd. La découverte, 1999.

LAFFONT (J.-J.), *Cours de théorie microéconomique, Économie de l'incertain et de l'information*, Economica, 1991.

LAITHIER (Y. M.) *Étude comparative des sanctions de l'inexécution du contrat*, préf. Muir-Watt (H.), LGDJ, 2004.

LALANDE (A.), *Vocabulaire technique et critique de la philosophie*, 18e éd., PUF, 2010.

LARIVIÈRE (Y.), *Essai sur la théorie générale de la garantie en matière de transfert de droit, De la garantie d'éviction en fonction de la responsabilité,* Thèse, Paris, 1944.

LARROUMET (Ch.) *Les opérations juridiques à trois personnes*, thèse Bordeaux, 1968.

LARROUMET (Ch.), *Droit civil, les obligations, le contrat*, 7e éd., Economica, 2014,

LAURENS (J.-L.), *Le pouvoir bancaire en RFA*, Paris IX, 1981.

LAURENS (J.-L.), *Le pouvoir économique des grandes banques allemandes*, thèse Paris IX, 1981.

LAUTHIER (D.) et SIMON (Y.), *Les 100 mots des marchés* dérivés, PUF, 2012, p. 49.

LE BARS (B.), *Les associations de défense d'actionnaires et d'investisseurs*, LGDJ, 2004.

LE GOFF (J.), *Marchands et banquiers du moyen-âge*, PUF, 2001.

LEFEBVRE-TEILLARD (A.), *Introduction historique au droit des personnes et de la famille*, PUF, 1996.

LEGAL (A.), BRETHE DE LA GRESSAYE (J.), *Le pouvoir disciplinaire dans les institutions privées, étude de sociologie juridique,* Sirey, 1938.

LEHMANN (P.-J.), *Histoire de la Bourse de Paris,* PUF, 1997.

LEMAIRE (F.), *Du détournement et de la dissipation frauduleux dans l'abus de confiance*, Thèse, Paris, 1913.

LEMIERRE (J.), *La banque américaine*, préf. Merieux (A.), éd. Revue banque, 1998.

LÉVY-BRUHL (H.), *La personnalité collective – notion sociologique*, Ann. socio, 1938.

LHOMME (J.), *Pouvoir et société économique*, éd. Cujas, 1966.

LOBEZ (F.) et VILANOVA (L.), *Microéconomie bancaire*, PUF, 2006.

LOKIEC (P.), *Contrat et pouvoir. Essai sur les transformations du droit privé des rapports contractuels*, préf. Lyon- Caen (A.), LGDJ, 2004.

LUCAS (Fr.-X.), *Les transferts temporaires de valeurs mobilières. Pour une fiducie de valeurs mobilières*, préf. Lorvellec (L.), LGDJ, 1997.

LUCAS-PUGET (A.-S.), *Essai sur la notion d'objet du contrat,* préf. Fabre-Magnan (M.), LGDJ, 2005.
MACKAAY (V. E.) et ROUSSEAU (S.), *Analyse économique du droit,* Dalloz, 2008.
MADRAY (G.), *De la représentation en droit privé. Théorie et pratique,* Sirey, 1931.
MAERTEN (L.), *Le trust patrimonial anglo-américain en droit privé français*, thèse Lille III, 1992 .
MALAURIE (Ph.), AYNÈS (L.) et GAUTIER (P.-Y.), *Droit civil, les contrats spéciaux,* 6e éd., Défrenois, 2012.
MANIN (F.), *Les investisseurs professionnels*, thèse Paris I, 1996.
MANSON (S.), *La notion d'indépendance en droit administratif*, Thèse, Paris II, 1995.
MASSON (M.), *L'indépendance des magistrats judiciaires vis à vis du pouvoir politique de 1870 à nos jours,* Thèse, Paris II, 1975.
MÉADEL (J.), *Les marchés financiers et l'ordre public*, Thèse (Dir.) Germain (M.), LGDJ, 2007.
MEKKI (M.), *L'intérêt général et le contrat, Contribution à une étude de la hiérarchie des intérêts en droit privé*, LGDJ, 2004.
MILL (S.), *L'utilitarisme*, Flamarion, 2008.
MISHKIN (F.), BORDES (Ch.) et HAUTCOEUR (P.-C.), *Monnaie, banque et marchés financiers*Pearson Education, 8e éd., 2007.
MORAND (Ch.-A.), *Le droit néo-moderne des politiques publiques*, LGDJ, 1999
MOREL (R.-L.), *Du commissionnaire contrepartiste*, thèse Lille, 1904.
MORRISON (A.-D.) et WILHELM JR (W.-J.), *Investment Banking : Institutions, Politics and Law,* Oxford University Press, 2007.
MOSHETTO (B.), *La banque et ses fonctions*, 5e éd., PUF, 2003.
MOULY (C.), *Retour sur l'article 1135 du Code civil*, préf. Ferrier (F.), LGDJ, 2006.
MUCCHIELLI (R.), *La Dynamique des groupes*, 15e éd., ESF, 2006.
MULLER (A.-C.), *Droit des marchés financiers et droits des contrats*, Thèse Paris II, 2001.
O'MEARRA (V. P.), *Le banquier mandataire*, thèse Paris II, 1975.
OGIER (C.), *Le conflit d'intérêts,* Saint-Etienne, 2008
OGUS (A.) et FAURE (M.), *Économie du droit : le cas français*, éd. Panthéon-Assas, 2002.
OPPETIT (B.) :
- « Éthique et vie des affaires », *Mélanges A. COLOMER*, Litec, 1993.
- « L'Hypothèse du déclin du droit », *Droits* 1986,.
- *Le rôle du juge civil en présence des problèmes économiques*, Publications de l'association Henri Capitant, 1970

ORLÉAN (A.), *Le pouvoir de la finance*, odile jacob, 1999.

OUDINOT (M.), *De la représentation en droit français*, thèse Paris, 1909.
OUERDANE-AUBERT DE VINCELLE (C.), *Altération du consentement et efficacité des sanctions contractuelles*, préf. Lequette (Y.), Dalloz, 2002.
OVERSTAKE (J.-F.), *Essai de classification des contrats spéciaux*, préf. Brethe de la Gressaye (J.), LGDJ, 1969.
PARACHKÉVOKA (I.), *Le pouvoir de l'investisseur dans la société cotée*, préf. Gastaud (J.-P.), LGDJ, 2005.
PASQUALINI (Fr.) (dir.), *Les conflits d'intérêts : fonction et maîtrise*, publications de la Société de législation comparée, 2013.
PAYS (B.), *La gestion de patrimoine*, PUF, 1992.
PELTIER (F.), *Droit des marchés financiers et droit commun*, Banque éd., 1997.
PERETTI-WATEL (P.), *La société du risque*, Repères, 2010.
PERRIN (M.), *Le dol dans la formation des actes juridiques*, thèse Paris, 1931.
PERROUX (F.),
- *Pouvoir et économie généralisée*, PUG, 1994.
- *Pouvoir et économie*, Bordas, 1973.
- *La pensée économique de Joseph Schumpeter : les dynamismes du capitalisme*, Droz, 1965.

PÉTEL (Ph.) :
- *Le contrat de mandat*, Dalloz, 1994.
- *Les obligations du mandataire*, préf. Lequette (Y.), Litec, 1988.

PETIT (J.-P.), *La bourse : rupture et renouveau*, Odile Jacob, 2003.
PEYRELEVADE (J.), *Le gouvernement d'entreprise ou les fondements incertains d'un nouveau pouvoir*, Economica, 1999.
PIETRANCOSTA (A.), *Le droit des sociétés sous l'effet des impératifs financiers et boursiers*, thèse Paris I, 2000, p. 131.
PILLET (J.), *La substitution de contractant à la formation du contrat en droit privé*, préf. Jourdain (P.), LGDJ, 2004.
PILON (E.), *Essai d'une théorie générale de la représentation dans les obligations*, thèse Caen, 1897.
PLESSIS (A.) :
- *Banques locales et banques régionales en Europe au XXe siècle*, Albin Michel, 2004.
- *Banques locales et banques régionales en France au XIXe siècle*, Albin Michel, 1999.
- *Histoire de la Banque de France*, Albin Michel, 1998.
- *Une histoire de la Banque de France sous le Second Empire*, Droz, 1987.

POIRIER (V.), *Les effets juridiques du silence*, éd. Jouve, 1920.
POPESCO-RAMNICEANO (R.), *De la représentation dans les actes juridiques en droit comparé*, thèse Paris, 1927.

POUGHON (J.-M.), *Histoire doctrinale de l'échange*, préf. Baud (J.-P.), LGDJ, 1987.
PUECH (M.), *L'illicéité dans la responsabilité civile extra-contractuelle*, préf. Rieg (A.), LGDJ, 1973.
PUIG (P.), *La qualification du contrat d'entreprise*, Panthéon Assas, 2002.
RABUT (A.), *Le droit des bourses et valeurs et des agents de change*, Litec, 1983.
RADULESCO (J.), *De l'influence de l'erreur sur la responsabilité pénale*, Éditions de la vie universitaire, 1923.
RAMPELBERG (R.-M.), *Repères romains pour le droit européen des contrats*, LGDJ, 2005.
REBUFAT-RAISON (L.), *Les fonctions de la transparence*, Thèse Montpellier, 2000.
RIPERT (G.) et ROBLOT (R.), *Traité de droit commercial*, 16e éd., LGDJ, 2000.
RIVES-LANGE (J.-L.) et CONTAMINE-RAYNAUD (M.), *Droit bancaire*, Dalloz, 1995.
RIVOIRE (J.), *Histoire de la banque,* PUF, 1992.
ROBIN (M.), *Droit subjectif et pouvoir fonctionnel, contribution à la théorie générale des pouvoirs*, thèse Paris, 1953.
ROETS (D.), *Impartialité et justice pénale*, Cujas, 1997.
ROUAST (A.), *La représentation dans les actes juridiques*, Dalloz, 1949.
ROUTIER (R.), *La responsabilité du banquier,* LGDJ, 1997.
ROUTIER (R.), *Obligations et responsabilités du banquier*, 3e éd., Dalloz, 2010.
ROVINSKI (M.), *La violence dans la formation du contrat*, thèse Aix-Marseille, 1987.
RÜM (A.) (dir.), *La titrisation*, Anthémis, 2008.
RUSS (J.) :
- *Les théories du pouvoir*, Le livre de poche, 1994.
- *Savoir et pouvoir*, Hatier, 1980, t. 1, p. 8.

SAINCTELETTE (Ch.), *De la responsabilité et de la garantie (Accidents de transport et de travail),* 1884.
SALEILLES (R.) :
- *De la personnalité juridique ; histoire et théories : vingt-cinq leçons d'introduction à un cours de droit civil comparé sur les personnes juridiques*, Références, 2003.
- *De la déclaration de volonté*, LGDJ, 1929.
- *De la personnalité juridique. Histoire et théories*, 2e éd., Rousseau, 1922.
- *De la déclaration de volonté, contribution à l'étude de l'acte juridique dans le Code civil allemand (art. 116 à 144)*, F. Pichon, 1901.

SAMET (C.), *La naissance de la notion d'abus de confiance dans le ressort du Parlement de Paris au cours du XVIIIe siècle*, PUF, 1989.
SARDELLA (P.), *Nouvelles et spéculations à Venise au début du XVIe siècle,* éd. A. Colin, 1948.
SAUPHANOR (N.), *L'influence du droit de la consommation sur le système juridique*, préf. Ghestin (J.), LGDJ, 2000.
SAVATIER (H.), *Étude sur le dol : de sa nature, de son influence sur les faits juridiques volontaires en droit romain et en droit* français, thèse Faculté de droit de Paris, Imprimerie de l'étoile, 1881.
SCHMIDT (D.), *Les conflits d'intérêts dans la société anonyme*, 2e éd., Joly éd., 2004.
SCHUMPETER (J. A.), *Capitalisme, socialisme et démocratie*, trad. Fain (G.), Payot, 1983.
SIBONY (A.-L.), *Le juge et le raisonnement économique en droit de la concurrence*, préf. Canivet (G.), LGDJ, 2008.
SIEUZAC (C.), *Contribution à l'étude de la lex mercatoria financière,* thèse Paris I, 2006.
SIMMEL (G.), *Le conflit,* Poche, 1995.
SIMON (F.), TRAN SON TAY (E.), *l'entrepreneur et son banquier*, Dunod, 2004.
SOLTANI (A.), *Pratique de l'asset management. Fondamentaux, contexte légal et meilleures pratiques*, Eyrolles, 2012.
SOUMRANI (P.), *Le portage d'actions*, préf. Oppetit (B.), LGDJ, 1996.
SOUSI-ROUBI (B.), *Lexique de la banque et des marchés financiers*, 6e éd., Dunod, 2009.
STARCK (B.), *Essai d'une théorie générale de la responsabilité civile considérée dans sa double fonction de garantie et de peine privée*, Rodstein, 1947.
STOFFEL-MUNK (Ph.), *L'abus de droit dans les contrats*, préf. Bout (R.), LGDJ, 2000.
STORCK (M.), *Essai sur le mécanisme de la représentation dans les actes juridiques*, préf. Huet-Weiller (D.), LGDJ, 1982.
SUEUR (A.), *Les outils de la stratégie boursière*, Eyrolles, 2007.
TEHRANI (A.), *Les investisseurs protégés en droit financiers*, préf. Bonneau (Th.), Lexisnexis, 2015.
TERRÉ (Fr.) et LASZLO-FENOUILLET (D.), *Droit civil. Les personnes, la famille, les incapacités*, Dalloz, 2012.
THOMAS (Y.), *Causa : sens et fonction d'un concept dans le langage du droit romain,* thèse Paris II, 1976.
TISSEYRE (S.), *Le rôle de la bonne foi en droit des contrats : essai d'analyse à la lumière du droit anglais et du droit européen*, préf Fabre-Magnan (M.), PUAM, 2012.

TODOROVA (L.), *L'engagement en droit. L'individuation et le Code civil au XIX*^e^ siècle, éd. Publibook, 2007.
TRUCHET (D.), *Les fonctions de la notion d'intérêt général dans la jurisprudence du Conseil d'État*, LGDJ, 1977.
TUNC (A.), *Le droit américain des sociétés anonymes,* Economica, 1985.
VALLEUR (F.), *L'intuitu personae dans les contrats*, thèse Paris, 1938.
VAUPLANE (H. de) et BORNET (J.-P.), *Droit des marchés financiers,* 3e éd. Litec, 2001.
VERY (M.), *De l'erreur dans les contrats*, G. Mollat Libraire éditeur, 1912.
VÉZINHET (A.), *De l'erreur et de ses effets dans les contrats et quelques autres rapports juridiques*, Imprimerie A. Chauvin et fils, 1875.
VIALLE (S.), *La profession, études de ses principales incidences sur l'état et l'activité des personnes*, thèse Grenoble, 1990.
VOLANSKY (V.), *Essai d'une définition expressive du droit basée sur l'idée de bonne foi,* L. Chauny et L. Quinsac, 1929.
VOUIN (R.), *La bonne foi, notion et rôle actuels en droit privé français*, préf. Bonnecase (J.), LGDJ, 1939.
VUILLEMIN (K.), *Du monopole des sociétés de bourse,* thèse Paris II, 1993.
WICKER (G.), *Les fictions juridiques. Contribution à l'analyse de l'acte juridique*, préf. Amiel-Donat (J.), LGDJ, 1997.
ZERAH (D.), *Le système financier français, dix ans de mutation*, La documentation française, 1993.

- III - Articles

ABI-SAAB (G.), « Éloge du droit assourdi. Quelques réflexions sur le rôle de la soft law » *in Hommage à François Rigaux* , Bruylant, 1993.

ADJIMAN (G.) :

- « Les fusions-acquisitions remodèlent l'Europe bancaire », Banque et stratégie févr. 1999, no 157.
- « Les fusions-acquisitions dans les banques européennes s'accélèrent », *Rev. banque* févr. 1998, n° 589.

AGLIETTA (M.), « Entretien », *L'AGEFI* 13 déc. 2002, p. 3.

AMMAR (D.), « Preuve et vraisemblance, Contribution à l'étude de la preuve technologique », *RTD civ.* 1993, p. 499.

ANCEL (P.) et DIDRY (G.), « L'abus de droit : une notion sans histoire ? L'apparition de la notion d'abus de droit en droit français au début du XXe siècle », *in L'abus de droit : comparaisons franco-suisses,* Publications de l'université de Saint Étienne, 2001, p. 5.

ANDREW (S.), « Le monde des banques et des bourses », *Hérodote* 2003, n° 109, p. 129.

ANSELME-MARTIN (O.), « Étude critique du devoir d'exécuter les conventions de bonne foi », *LPA* 22 janv. 1997, n° 10, p. 1.

ARNAUD (A.-J.), « De la postmodernité », *in Entre modernité et mondialisation*, LGDJ, 1998, p. 141.

ATIAS (C.) et LINOTTE (D.), « Le mythe de l'adoption du droit au fait », *D.* 1977, chron. p. 251.

ATTALI (J.), *Rapport sur la libération de la croissance française,* Documentation française, 2008.

AUBRY (H.) et SAUPHANOR-BROUILLAUD (N.), « La protection de l'investisseur par les législations spéciales : quels critères ? », *RD bancaire et fin.* nov.-déc. 2010, n° 33, p. 57.

AUBRY (H.), « Réflexions sur l'évolution de la déontologie en droit des affaires », *D.* 2009, p. 254.

AUBY (J.-B.), « Prescription juridique et production juridique », *RD publ.* 1988, p. 673.

AYNES (L.), « L'obligation de loyauté », *Arch. phil. droit*, 2000, p. 197.

AYNÈS (L.) et CROCQ (P.), « La fiducie préservée des audaces du législateur », *D.* 2009, p. 2559.

BACACHE (M.), « Action de groupe et responsabilité civile », *RTD civ.* 2014, p. 450.

BAILLET (F.) : « Les délits et manquements d'initiés : états de la réglementation », *Gaz. Pal.* 6 sept. 2006, doctr. p. 4.

BAILLY-MASSON (C.), « L'intérêt social, une notion fondamentale », *LPA*, 9 nov. 2000, p. 6.

Banque de France, « Les différentes sources de financement des entreprises : schéma général et encours », 2012.

BARDOS (M.), « Développements récents de la méthode des scores de la Banque de France », *Bulletin de la Banque de France* juin 2001, p. 73.

BARRE (R.), « Quelques aspects de la régulation du pouvoir économique », *Rev. économique*, 1958, vol. 9, n° 6, p. 912.

BARRIÈRE (F.), « La fiducie. Commentaire de la loi n° 2007-211 du 19 février 2007 », *Bull. Joly Sociétés* 2007, p. 440.

BATIFFOL (H.), « La "crise du contrat" et sa portée », *Arch. phil. dr.* 1968, t. 13, p. 13.

BAY (C.), « Le principe de loyauté et le prix du marché », *Mélanges Schmidt (D.)*, Joly, 2005, p. 6.

BEGUE (G.), « La prévention des conflits d'intérêts : quel coût acceptable ? », *Journal sp. sociétés* 2009, n° 62, p. 46.

BEIGNIER (B.), « Interrogations sur la déontologie », *in La morale et le droit des affaires*, Montchestien, 1995, p. 28.

BENOÎT (F.), « Essai sur les conditions de la responsabilité en droit public et droit privé (Problèmes de causalité et d'imputabilité) », *JCP* 1957, I, 1351.

BERGEL (J.-L.), « Essai de synthèse », *RRJ*, 1989, n° spécial Cahiers de méthodologie juridique, p. 983.

BERNARD (M.), « La bourse n'aime pas les révolutions », *Marchés et technique financières* févr. 1993, p. 70.

BERTREL (J.-P.) et JEANTIN (M.), « Le portage d'actions », *RJDA* 1991, p. 683.

BERTREL (J.-P.), « La titrisation », *LPA* 24 mars 1989, p. 7.

BETBÈZE (J.-P.), « Réintermédiation ? », *Rev. banque* nov. 1993, p. 16.

BÉZARD (P.), « L'intérêt social, il faut déterminer avec précision la portée de l'intervention du juge », *Dr. et patrimoine* avr. 1997, p. 53.

BIARD (M.), « Contrainte ou liberté économique ? Les représentants du peuple en mission et le ravitaillement de Paris en l'an III », *in Annales historiques de la Révolution française*, 2005, n° 339, p. 35.

BISSARA (Ph.), « Analyse financière et agence de notation », *Bull. Joly Bourse* 2004, p. 11.

BITO (C.) et PONCET (P.), « Un nouveau métier sur la place financière de Paris : *Market maker* », *Rev. banque* janv. 1989, p. 56.

BONNEAU (Th.) :

- « L'adaptation de la France aux directives Résolution bancaire et Garantie des dépôts par l'ordonnance du 20 août 2015, *JCP E* sept 2015, p. 38.
- « Séparation et régulation des activités bancaires, Commentaire des titres 1, 4, 5 et 8 de la loi du 26 juillet 2013 », *JCP E* 2013, 1483.

- « Commentaire de la loi n° 2010-1249 du 22 octobre 2010 de régulation bancaire et financière », *JCP E* 2010, 195.
- « Crise financière : l'AMF hors la loi... Pour la bonne cause », *RD bancaire et fin.* 2008, repère, 12.
- « De l'inutilité du droit contractuel pour assurer le respect des règles de marché », *RTD com.*, avr.- juin. 1999, p. 266.

BOISSEL (J.-P.), « Conflits d'intérêts : acteurs et processus », *Médecine*, 2007, p. 35.

BOISSON DE CHAZOURNES (L.), « Standards et normes techniques dans l'ordre juridique contemporain : quelques réflexions » *in Le droit international et la quête de sa mise en œuvre – Liber amicorum Vera Gowlland-Debbas*, Leiden, 2010, p. 353.

BOIZARD (M.), « La réception de la violence économique en droit », *LPA* 16 juin 2004, p. 16.

BONIN (H.), « Oustric, un financier prédateur ? (1914-1930) », *Revue historique* 1996, p. 429.

BORDAS (F.), « Devoirs professionnels des établissements de crédit. - Déontologie d'opérations de banque. - Conflits d'intérêts », *J.-Cl. Banque, crédit, bourse*, fasc. 140, n° 113.

BOSSIN (J.-M.) et GOURMELON (A.), « Titrisation : vie d'un fonds commun de créances », *Rev. banque* 1989, p. 623.

BOSSIN (J.-M.) et LEFRANC (D.), « Le régime juridique des opérations de pension », *Banque et droit*, mai-juin 1995, p. 3.

BOUDILLON (C.), « Le Big-Bang, révolution ou déroute », *Rev. banque* déc. 1986, p. 1063.

BOUJEKA (A.), « Le crédit responsable en droit communautaire », *RD bancaire et fin.* sept.-oct. 2007, p. 76.

BOUTEILLER (P.), « Loi n° 2007-211 du 19 février 2007 instituant la fiducie », *JCP E.* 2007, 1404.

BRAC DE LA PERRIERE (G.), *Rapport général du groupe de déontologie des activités financières*, publié dans le supplément au Bull. mensuel de la COB, n° 212, mars 1988.

BRENNER (C.), « L'erreur dans la théorie des vices de consentement », *in* Foyer (J.), Terré (Fr.) et Puigelier (C.) (dir.), *L'erreur*, PUF, 2007, p. 35.

BRETON (A.), « Des effets civils de la bonne foi », *Rev. critique* 1926, p. 88.

BRISSON (J.-F.), « Objectifs dans la loi et efficacité du droit », *in Les objectifs dans le droit*, Dalloz, 2010, p. 29.

CABRILLAC (M.) :
- « L'assiette de l'intérêt », *RJ com.* 1993, p. 318.
- « Remarques sur la théorie générale du contrat et les créations récentes de la pratique commerciale », *Mélanges Marty (G.),* Université des sciences sociales de Toulouse, 1978, p. 239.

CALAIS-AULOY (J.) :

- « L'influence du droit de la consommation sur le droit commun des contrats », *RTD civ.* 1994, p. 240.
- *Essai sur la notion d'apparence en droit commercial*, préf. Cabrillac (H.), LGDJ, 1959.

CAMPANA (M.-J.), « Le doute et la confiance en droit des affaires », *in Le doute et le droit*, Dalloz, 1994, p. 87.

CASSOU (P.-H.), « Les évolutions de la réglementation bancaire », *Rev. banque* mars 1991, p. 229.

CATALA (P.), « La transformation du patrimoine dans le droit civil moderne », *RTD civ.* 1966, p. 185.

CAUSSE (H.), « Contrats sur titres : de la vente au parking de titres ? », *Marchés et techniques financières* déc. 1993, p. 51.

CERCLES (A.), « Simplication du régime de la fiducie à titre de sûreté », *RD bancaire et fin.* 2009., comm. 124.

CHAMPAUD (Cl.), « Contribution à la définition du droit économique », *D.* 1967, chron. p. 215.

CHARBONNIER (M.) et VAUPLANE (H. de), « Le contrôle des marchés réglementés », *in Le contrôle du gouvernement des sociétés côtées en Europe*, *LPA* 16 oct. 1998, n° 124.

CHARREAUX (G.) :

- « La théorie positive de l'agence : positionnement et apports », *Rev. d'économie industrielle* 2000, vol. 92, n° 1, p. 193.
- « La théorie positive de l'agence : une synthèse de la littérature », *in* COURET (A.) et *alii* (dir.), *De nouvelles théories pour gérer l'entreprise*, Economica, 1987, p. 25.

CHARTIER (Y.), « Les nouveaux fonds communs de placement », *JCP G* 1980, I, 3001.

CHATZISTRAVROU (F.), « L'usage du soft law dans le système juridique international et ses implications sémantiques et pratiques sur la notion de règle de droit », *Revue de philosophie et de sciences humaines*, 2005/15.

CHAZAL (J.-P.), « Les nouveaux devoirs des contractants, est-on allé trop loin ? », *in* Jamin (Ch.) et Mazeaud (D.) (dir.), *La nouvelle crise du contrat*, Dalloz, 2003, p. 104.

CHIREZ (A.) :

- « La perte de confiance par l'employeur constitue-t-elle une cause réelle et sérieuse de licenciement ? », D. 1981, p. 193.
- « Observations sur les enrichissements non causés », Études Ripert, 1950, t. 2, p. 236.
- « Vers un droit postmoderne ? », in Les transformations de la régulation juridique, LGDJ, 1998, p. 677.

COING (H.), « Signification de la notion de droit subjectif », *in Le Droit subjectif en question*, Sirey, 1964

COMBE (M.), « L'efficacité de la fiducie-sûreté », *LPA* 11 févr. 2011, p. 8.

CONAC (P.-H.), « L'influence de la loi Sarbanne-Oxley en France », *Rev. sociétés* 2003, p. 839.

CONSTANTIN (A.) « Dispositif de prévention des conflits d'intérêts par l'information en droit des sociétés », *in* Magnier (V.) (dir.), *Les conflits d'intérêts dans le monde des affaires, un Janus à combattre ?,* PUF, 2006, p. 61.

CORNU (G.) , « Contrats de leasing », *RTD com.* 1971, p. 168.

COSSERAT (P.), « La chambre syndicale des agents de change », *in Les autorités administratives créatrices de droit,* ENJA, 1981.

COURET (A.) :

- « La dimension internationale de la production du droit, l'exemple du droit financier », *in les transformations de la régulation juridique*, LGDJ, 1998, p. 201.
- « Le Big-Bang à Paris », *Bull. Joly Bourse* 1988, p. 7.

COURET (A.) et DONDERO (B.), « La Commission des sanctions de l'Autorité de contrôle prudentiel est une juridiction dont il n'est pas sérieux de contester l'indépendance, *JCP E 2011*, p. 1544.

COURTIER (A.-S.), « La fiducie et le principe d'unité du patrimoine », *Gaz. Pal.* 15 févr. 2007, doctr. p. 3.

COURTIER (J.-L.), « Premiers commentaires sur la loi du 23 décembre 1988 relative aux organismes de placement collectif en valeurs mobilières portant création des fonds communs de placement collectif en valeurs mobilières et portant création des fonds communs de créances », *Quot. jur.* 9 févr. 1989, p. 4.

CRÉDOT (F.), « L'octroi de crédit et l'obligation de conseil du banquier », *Dr. et Patrimoine* janv. 1994, p. 34.

CUIF (P.-F.), « Le conflit d'intérêts : Essai sur la détermination d'un principe juridique en droit privé », *RTD com.* janv.-mars 2005, p. 1.

DAIGRE (J.-J.) :

- « De la sélection discrétionnaire des investisseurs lors d'une introduction ou d'une émission en bourse », *Mélanges AEBDF*, Revue banque édition, 2004, p. 137.
- « La création de l'Autorité des marchés financiers », *Rev. sociétés* oct.-déc. 2003, p. 623.
- « Une nouvelle profession : analyste financier », *RD bancaire et fin.* 2002, p. 175.

DANIEL (S.), « Trading haute fréquence et manipulation de cours », *RTDF* 2012, p. 55.

DEFFAINS (B.) et STASIAK (F.), « Les préjudices résultant des infractions boursières : approches juridiques et économiques », *in Le droit au défi de l'économie*, Publications de la Sorbonne, 2002, p. 182.

DELAPIERRE (M.), MADEUF (B.), MICHALET (Ch.-A.) et MILELLI (Ch.), « La présence des investisseurs institutionnels étrangers dans les grandes entreprises françaises : logique financière ou logique industrielle ? », *Rev. d'éco. fin.* 2002, p. 280.

DELEBECQUE (Ph.), « Le privilège du commissionnaire », *Mélanges Bézard (P.)*, éd. Petites Affiches/Montchrestien, 2002, p. 211.

DEMARIGNY (F.), « Un "Small Business Act" du droit boursier européen - Mettre en place un environnement financier et réglementaire adapté aux petits et moyens émetteurs cotés en Europe », La documentation française, mars 2010.

DEMOGUE (R.), « la violence comme vice de consentement », *RTD civ.* 1914, p. 435.

DEREUX (G.) :

- « De la nature juridique des contrats d'adhésion », *RTD civ.* 1910, p. 503.
- « Études des diverses conceptions actuelles du contrat », *Rev. crit. de législ. et de jurispr.*, 1901, p. 514.

DESDEVISES (Y.), « Action en justice - Recevabilité - conditions subjectives - intérêt », *J.-Cl. Proc. civ.*, fasc., n° 6, p. 126.

DEUMIER (P.), « Chartes et codes de conduites des entreprises : les degrés de normativité des engagements éthiques », *RTD civ.* 2009, p. 99.

DIDIER (P.), « Les entreprises, la bourse et le Matif ou la déréglementation des marchés de capitaux », *JCP E* 1988, 11.

DIESSE (F.), « Le devoir de coopération comme principe directeur du contrat », *Arch. phil. dr.* 1999, p. 263.

DION (S.) et GHOZI (A.), « L'obligation d'information et de conseil du banquier à l'égard des personnes aux revenus modestes », *Revue d'économie financière* 3/2000, p. 243.

DONDERO (B.), « Le traitement juridique des conflits d'intérêts : entre droit commun et dispositifs spéciaux », *D.* 2012, p. 1686.

DOUVRELEUR (O.), « Appel public à l'épargne sans offre au public : le nouveau compartiment professionnel réglementé », *RTDF*, n° 2, 2008, p. 5.

DUBERTRET (M.) et MANGENET (D.) : « Réforme du droit des titres : commentaire de l'ordonnance du 8 janvier 2009 », *D.* 2009, p. 448.

DUBERTRET (M.), « La fiducie-gestion de sommes d'argent ou la garantie illimitée des dépôts », *Banque et droit*, hors-série mars 2012, p. 95.

DUCOULOUX-FAVARD (Cl.), « L'offre publique conflits d'intérêts en présence », *LPA* 22 nov. 1995 n° 140, p. 3.

DUPICHOT (H.), « Opération fiducie sur le sol français », *JCP G.* 2007, actu. p. 121.

DUPUIGRENET-DESROUSILLES (G.), « Pouvoir contre pouvoir », *Mélanges François Perroux*, PUG, 1978, p. 351.

EDELMAN (B.), « De la liberté et de la violence économique », *D.* 2001, p. 2316.
ELIET (G.), « Le droit et la place financière française : quelques remarques », *Rev. d'éco. fin.* 2000, n° 57, p. 195.
ENCINAS DE MUNAGORRI (R.), « L'analyse économique est-elle une source du droit ? Propos sur la doctrine du premier président de la Cour de cassation », *RTD civ.* 2006, p. 505.
ETZKOWITZ (H.), « *Conflicts of Interest and Commitment in Academic Science in the United States* », Minerva, 1996, p. 259.
FERRARY (M.), « Confiance et accumulation de capital social dans la régulation des activités de crédit », *Revue française de sociologie* 1999, vol. 40, n° 3, p. 586.
FERRY (C.) et BIGNON (J.-C.), « Les opérations de pension, Commentaire du titre V de la loi n° 93-1444 du 31 décembre 1993 portant diverses dispositions relatives à la Banque de France, à l'assurance et aux marchés financiers », *JCP E* 1994, I, 389.
FLÉCHEUX (G.), « Renaissance de la notion de bonne foi et de loyauté dans le droit des contrats », *Mélanges Ghestin (J.)*, LGDJ, 2001, p. 341.
FLEURIOT (P.), « Leçon solennelle des mastères du CERAM sur la déontologie des opérations financières », *Bull. COB* juin 1994, p. 33.
FORTIER (V.), « La fonction normative des notions floues », *RRJ* 1991, 3, p. 755.
FRISON-ROCHE (M.-A.), « L'idée de mesurer l'efficacité économique du droit », *in Mesurer l'efficacité économique du droit*, LGDJ, 2005, p. 23.
FUBINI (R.), « Contribution à l'étude de la théorie de l'erreur sur la substance et sur les qualités substantielles », *RTD civ.* 1902, p. 301.
GAILLARD (E.) :
- « Le droit français des délits d'initié », *JCP G* 1991, I, 3516.
- « La représentation et ses idéologies en droit français », *Droits* 1987, n° 6, p. 91

GAILLARD (E.) et PINGEL (I.), « Les opérations d'initiés dans la communauté économique européenne », *RTD E* 1990, p. 329.
GALLIEZ (L.) et POUZENC (F.), « La fiducie-sûreté : modes d'emploi », *Dr. et patrimoine* sept. 2011, p. 34.
GALLOIS (D.), « Les Bourses douchées par Goldman Sachs », *Le Monde*, 18 avr. 2010.
GAUTIER (P.-Y.), « Rôle et indépendance des analystes financiers », *in Rapport moral sur l'argent dans le monde en 2002*, publications de l'Association d'économie financière, 2002, p. 115.
GAVALDA (C.) :
- « Les regroupements bancaires internes, européens, et internationaux », *Mélanges Stoufflet (J.)*, LGDJ, 2001, p. 115.
- « Le secret des affaires », *Mélanges Savatier (R.)*, Dalloz, 1965, p. 291.

GERVAIS (A.), « Quelques réflexions à propos de la distinction "droits" et des "intérêts" », *Mélanges Roubier (P.)*, Dalloz, 1961, p. 241.
GHESTIN (J.), « Les données positives du droit », *RTD civ.* 2002, p. 11.
GODLEWSKI (Ch.) :
- « Le traitement de l'information par les analystes crédit dans les banques », *Rev. du financier* mai-juin 2009, p. 51.
- « Rôle de la nature de l'information dans l'intermédiation bancaire », *in Publications de l'institut d'études politiques de l'université Robert Schuman, Strasbourg III*, 2004, p. 2.

GOUPIL (L.), « Trading haute fréquence : empreinte de marché et enjeux de régulation », *Rev. éco. fin.* 2013/ 2, p. 277.
GOURISSE (B.), « La déontologie et les conflits d'intérêts : un point de vue libre d'un ancien déontologue », *in* MAGNIER (V.) (dir.), *Les conflits d'intérêts dans le monde des affaires, un Janus à combattre ?*, PUF, 2006, p. 75.
GRANIER (Th.) et TESTON (B.), « La gestion structurelle du risque », *Journ. sociétés* janv. 2013, p. 51.
GRÉGOIRE (M.), « Libres marchés et droit masqué. - Pourquoi des instruments juridiques non contraignants en matière bancaire et financière ? », *Rev. Droit bancaire et financier* janv. 2012, dossier n° 2.
GRIMALDI (M.) et DAMAN (R.), « La fiducie sur ordonnances », *D.* 2009, p. 670.
GROS (F.), « Introduction de la fiducie. Une réelle opportunité pour le banquier », *Rev. banque* juin 2007, p. 57.
GUILLOT (J.-L.), « Transparence et banque », *RJC* nov. 1993, p. 139.
GUINCHARD (S.), « Une *class action* à la française », *D.* 2005, p. 2180.
GUINNANE (T.-W.), « Les économistes, le crédit et la confiance », *in L'identification économique*, Belin, 2006, p. 18.
GUTMANN (D.) :
- « Droits subjectif », *in* Alland (D.) et RIALS (S.) (dir.), *Dictionnaire de la culture juridique*, PUF, 2003, p. 530.
- « L'obligation déontologique entre l'obligation morale et l'obligation juridique », *Arch. phil. dr.* 2000, p. 115.

GUYON (Y.) :
- « Liberté contractuelle et droit des sociétés », RJ com. avr. 2003, p. 147.
- « La société anonyme, une démocratie parfaite ! » in Mélanges Gavalda (J.), Dalloz, 2001, p. 133.
- « Prêts de titres », J.-Cl. banque et crédit 1991, fasc. 2125.
- « L'évolution récente des assemblées d'actionnaires en droit français », in Mélanges Flattet (G.), Payot, 1985, p. 42.

HANNOUN (C.), « La déontologie des activités financières : contribution aux recherches actuelles sur le néo-corporatisme », *RTD com.* n° 42, juill.-sept., 1989, p. 422.

HAUTCOEUR (P.-C.), « La banque de France et la crise bancaire de 1930-32 », *Comité pour l'histoire économique et financière, Études et documents* 1990, vol. 2, p. 295.

HENRION (R.), « La déontologie des banques », *in Mélanges Dirckx (G.)*, Leuven, 1977, p. 155.

IMBERT (J.), « De la sociologie au droit : la 'Fides' romaine », *Mélanges Lévy-Bruhl (H.)*, Sirey, 1959, p. 408.

ITHURBIDE (Ph.), « Le grand retour de l'aversion pour le risque », *Banque-magazine* mars 2003, p. 12.

IZORCHE (M.-L.), « Mandat sans représentation », *D.* 1999, chron. p. 369.

JAMET (V.) et VINEL (A.-P.), « L'avenir de la banque de détail aux États-Unis : entre pluralité et hybridation des modèles industriels », *Rev. d'économie financière* 2015/2, n° 118, p. 117.

JEANCOURT-GALIGNAN (A.), « La crise de 2008 ou le dérapage de l'innovation financière », *Commentaire*, 2008-2009, vol. 31, n° 124, p. 979.

JEANMART (N.), « Quelles mesures pour assurer l'intégrité des marchés d'actions américains ? Un débat de trente ans, toujours d'actualité », *Euredia rev. européenne de droit bancaire et fin.* 2004, p. 249.

JEANRENAUD (C.), « Conflits d'intérêts dans le système de santé », *Colloque de l'institut de droit de la santé de l'université de Neuchâtel*, 30 oct. 2008.

JEHL (J.), « Allemagne : la banque, entre devoir de conseil et conflit d'intérêts », *JCP G* 2011, 464.

JESTAZ (J.),

- « Pouvoir juridique et pouvoir moral », Rev. trim. dr. civ. 1990, p. 625
- « Pouvoir juridique et pouvoir moral », RTD civ. 1990, p. 633.

JOSELIN (F.), « Analyse financière et conflit d'intérêts », *Management & Finance* 1er déc. 2000, p. 21.

JOSSERAND (L.) :

- « Comment les textes de loi changent de valeur au gré des circonstances économiques » in Études de droit civil à la mémoire de Henri Capitant, Dalloz, 1939, p. 369.
- « Aperçu général des tendances actuelles de la théorie des contrats », RTD civ. 1937, p. 8.

JOUFFRIN (E.), « Le droit mou est-il en train de durcir ? Brèves réflexions au sujet de la *soft law* bancaire et de sa disparition », *Mélanges AEDBF-France VI*, éd. RB Edition, 2014, p. 265.

JOURDAIN (P.), « Le devoir de se renseigner, contribution à l'étude de l'obligation de renseignement », *D.* 1983, chron. p. 139.

JUGLART (M. de), « L'obligation de renseignements dans les contrats », *RTD civ.* 1945, p. 1.
KAHNEMAN (D.), « L'appréhension du risque », *Risques* sept. 2006, p. 11.
KARSENTY (S.), « La notion de "conflit d'intérêts" dans le monde de la santé », *in* Menard (O.) (dir.), *Le conflit*, L'Harmattan, 2006, p. 131.
KARYOTIS (C.) (dir.), *La crise en 40 concepts clés*, Revue banque édition, 2013.
KAYSER (P.), « Remarques sur l'indemnisation du dommage moral dans le droit contemporain », *Mélanges Macqueron*, 1974, p. 411.
KENFACK (H.), « La consécration de la confiance comme fondement de la force obligatoire du contrat », *in La confiance en droit privé des contrats*, Dalloz, 2008, p. 126.
KERJEAN (S.), « Le secteur bancaire européen à l'épreuve du contrôle des concentrations », *Banque et droit* janv.-fév. 2000, p. 14.
KHADEM RAZAVI (G.), « Recherche sur la fiducie en droit privé », *LPA* 23 août 2010, p. 5.
KHUN (C.), « Une fiducie française », *Dr. et patrimoine* avr. 2007, p. 32.
KLOEPFER PELÈSE (M.), « Analystes financiers et conflits d'intérêts », *Bull. Joly Bourse* 2008, p. 573.
LA BRUSLERIE (H. de), « Réflexions sur la déontologie des activités financières », *Rev. d'éco. fin.* 1988, p. 14.
LACOUE-LABARTHE (D.), « La France a-t-elle connu des paniques bancaires inefficientes ? Une analyse exploratoire de la crise des années trente », *Revue d'économie politique* 2005/5, vol. 115, p. 643.
LAFITTE (M.), « Internet et la Banque », *Rev. banque* mars 1996, p. 73.
LAITHIER (Y. M.)
- « Le droit comparé et l'efficacité économique » *in L'efficacité économique en droit*, Economica, 2010, p. 60.
- « Remarques sur les conditions de la violence économique (suite et fin) », *LPA* 23 nov. 2004, p. 7.

LAMÈTHE (D.),
- « Les clauses relatives aux conflits d'intérêts dans les contrats internationaux : art de vivre ou tactique guerrière ? », in Pasqualini (Fr.) (dir.), Les conflits d'intérêts : fonction et maîtrise, publications de la Société de législation comparée, 2013, p. 162.
- « L'innovation contractuelle », Recueil Dalloz 2008, p.1152.

LAPASSE (P. de), « Le nouveau régime juridique des opérations de pension », *Bull. Banque de France* juill. 1994, p. 101.
LARGUIER (J.), « La preuve d'un fait négatif », *RTD com.* 1953, p. 1.
LAROSIÈRE (J. de), « Titrisation : politique monétaire et contrôle de l'activité bancaire », *in La France à l'heure de la titrisation, colloque de la revue Banque, 24 et 25 janvier 1989.*

LARROUMET (Ch.), « La loi du 19 février 2007 sur la fiducie. Propos critiques », *D.* 2007, chron. p. 1350

LASSER (J. D.), WANG (X.) et ZHANG (Y.), « L'incidence de la vente à découvert sur les réactions du marchéà la publication des résultats », *Contemporary Accounting Research* 2010, vol. 27(2), p. 356.

LASSERRE CAPDEVILLE (J.) :

- « Séparation et régulation des activités bancaires, une avancée du droit », *JCP G* 2013, doctr. 925.
- « Commentaire des art. 20 à 22 de la loi n° 2013-672 du 26 juillet 2013 », *Banque et droit* sept.-oct. 2013, p. 53.
- « Loi n° 2013-672 du 26 juillet 2013 de séparation et de régulation des activités bancaires », *LPA* 27 sept. 2013, p. 67.
- « Présentation générale de la loi de régulation bancaire et financière », *LPA* 16 déc. 2010, p. 3

LAVIALLE (Ch.), « Les normes déontologiques boursières », *JCP E* 1993, I, p. 215.

LE BARS (B.), « Adoption d'un statut des services d'analyse financière et des agences de notation », *LPA* 14 nov. 2003, p. 63.

LEBÈGUE (D.), « L'Europe bancaire et financière », *Rev. Banque* 1991, nov-déc., n° 28, p. 219.

LEBORGNE (A.), « Responsabilité civile et opérations sur le marché boursier », *RTD com.* 1995, p. 275.

LE CANNU (P.) :

- « Du monopole en matière financière », in La modernité des activités financières, Joly, 1996, p. 127.
- « Réflexions sur l'apport de la loi du 2 juillet 1996 au droit des sociétés », Bull. Joly, 1996, n° 14, p. 278.
- « Légitimité du pouvoir et efficacité du contrôle dans les sociétés cotées », Bull. Joly Sociétés 1995, p. 637.

LÉCUYER (H.),

- « L'évidence du secret bancaire », RJ Com., juill. août, 2010, n° 4, p. 317.
- « Kerviel et les civilistes » Bull. Joly Bourse, 31 déc. 2014 n° 12, p. 577.
- « Redéfinir la force obligatoire du contrat ? », LPA 6 mai 1998, p. 44.
- « Responsabilité pour manquement aux obligations de conseil, d'information et de mise en garde : débats autour du fait générateur comme des préjudices réparables, Bull. Joly Bourse, 1 mai 2014, § 5, p. 261.

LEDUC (F.) :

- « Deux contrats en quête d'identité. Les avatars de la distinction entre le contrat de mandat et le contrat d'entreprise », Mélanges Viney (G.), LGDJ, 2008.

- « Les préjudices réparables », in Le droit français de la responsabilité civile confronté au projets européens d'harmonisation, synthèse des travaux du GRERCA, p. 899.
LECLERC (P.), « L'obligation de conseil du banquier dispensateur de crédit », *RJDA* avr.
LEFORT (C.), « La contrepartie sur actions : un nouveau marché », *Marchés et techniques financières* nov.-déc. 1989, p. 53.
LÉGUEVAQUES (C.), « La création d'un fonds de garantie des dépôts : la fin d'une exception française », *Banque et droit* 1999, n° 68, p. 9.
LEGEAIS (D.) :
- « La fiducie », RTD com. 2007, p. 581.
- « L'obligation de conseil de l'établissement de crédit à l'égard de l'emprunteur et de la caution », Mélanges AEDBF-France II, La Banque-éditeur, 1999, p. 157.
LE NABASQUE (H.), « Commentaire des principales dispositions de la loi de régulation bancaire et financière du 22 octobre 2010 intéressant le droit des sociétés et le droit financier », *Rev. sociétés* 2010, p. 547.1995, p. 322.
LEQUESNE-ROTH (C.), « Retour sur la crise des "subprimes" – autopsie d'une déraison d'État », *Rev. dr. éco.* 2009/2, p. 237.
LESCURE (M.), « La crise bancaire des années 1930 : la crise des banques locales et régionales en France ? » *in Banques locales et banques régionales en Europe au XXe siècle*, Albin Michel, 2004, p. 162.
LEVENEUR (L.), « Forçage du contrat », *Dr. et patr.* mars 1998, p. 69.
LEVEY-LANG (A.), « Gérer les conflits d'intérêts dans la banque d'investissement », *Rev. d'éco. fin.* mars 2003, p. 12.
LEVY (E.) :
- « La confiance légitime », RTD civ. 1910, p. 717.
- « Responsabilité et contrat », Rev. crit. de la législation et de la jurisprudence 1899, p. 361
LHOMME (J.),
- « S, X, ou XL ? Quelle est la bonne taille des banques ? », Perspectives 2004, no 79.
- « Considérations sur le pouvoir économique et sa nature », Rev. économique, 1958, vol. 9, no 6, p. 860.
LIEBAERT (J.), « À propos du règlement général des opérations de banque, les usages et le contrat d'adhésion », *Rev. de la banque* juin 1968, p. 345.
LIKIILLIMBA (G. A.), « Le préjudice individuel et/ou collectif en droit des groupements », *RTD com.* 2009, p. 1.
LOISEAU (G.) :
- « Contrats de confiance et contrats conclus intuitu personae », in La confiance en droit privé des contrat, Dalloz, 2008, p. 97.

- « L'éloge du vice ou les vertus de la violence économique », Droit et patrimoine sept. 2002, p. 27.
MACKAAY (E.), « La règle juridique observée par le prisme de l'économiste : une histoire stylisée du mouvement de l'analyse économique du droit », *RID éco*. 1986, p. 43.
MAGNIER (V.) « Mouvements et inerties en matière de conflits d'intérêts dans le cadre du droit des sociétés », *JCP* 2011, suppl. au n° 52, p. 34.
MAGNIN (F.), « Réflexions critiques sur une extension possible de la notion de dol dans la formation des actes juridiques. L'abus de situation », *JCP* 1976, I, 1780.
MAINGUY (D.), « Loyauté et droit des contrats de droit privé », *in Droit et loyauté*, Dalloz, 2015.
MARINI (Ph.), « Enfin la fiducie à la française ! », *D.* 2007, chron. p. 1347.
MAROIS (B.), « Les conséquences de l'acte unique sur la stratégie des banques françaises », *Rev. Banque*, avr. 1990, n° 504, p. 371.
MARRAUD DES GROTTES (G.), « Les établissements de crédit : de nouveaux fiduciaires ? », *LPA* 12 mars 2007, p. 5.
MARTIN (D.) :
- « Quelques réformes souhaitables de la directive abus de marché », *RTDF* 2010, p. 30.
- « Credit Default Swaps. Un encadrement nécessaire », *JCP G* 2010, 802.
MARTIN (D.) et AMIEL-MORABIA (S.), « L'extension du contrôle juridictionnel des marchés », *RTD com.* 1996, p. 31.
MARTIN (D.) et CHEKROUN (L.), « Le cadre juridique de l'analyse financière », *RTDF* 2008, p. 39.
MARTIN LAPRADE (B.) :
- « Réflexions sur la nature juridique de la commission des sanctions de l'Autorité de contrôle prudentiel (ACP) », *Mélanges Philippe Bissara*, Ansa, 2013, p. 241.
- « La commission des sanctions de l'ACP : une juridiction qui ne dit pas (plus) son nom ! », *Bull. Joly Bourse*, 2013, § 105, p. 319.
MASSE (C.), « Rapport général », *in La bonne foi*, Litec 1994, p. 224.
MATHEY (N.),
- « Le déséquilibre significatif devant la Cour de cassation », *Contrats Concurrence Consommation*, 1 mai 2015, n° 5, p. 50.
- « Information et asymétrie d'information dans la relation bancaire », *Mélanges AEDBF*, 2013, p. 423.
- « La portée du devoir de vigilance », *RD banc. et fin.,* sept. 2013, p. 93.
- « La notion d'établissement de crédit », *Banque et Droit*, mars 2014, p. 8-13
- « La rémunération du dirigeant de Banque », *RD. banc. et fin.*, n° 2, mars, 2015, p. 18.

MATSOPOULOU (H.), « Les conflits d'intérêts en droit pénal », *in Les conflits d'intérêts dans le monde des affaires, un Janus à combattre ?*, PUF, 2006, p. 113.
MATTOUT (J.-J.), « La déontologie financière et bancaire en France », *in La déontologie bancaire et financière – The Ethical Standards in Banking and Finance*, Bruylant, 1998, p. 50.
MAZEAUD (D.) :
- « La confiance légitime et l'estoppel », *RIDC* févr. 2006, p. 367.
- « Loyauté, solidarité, fraternité : la nouvelle devise contractuelle ? », *Mélanges TERRÉ (Fr.)*, Dalloz, 1999, p. 603.

MEIJERS (E. M.), « Les théories médiévales concernant la cause de la stipulation et la cause de la donation », *in Le droit romain au moyen âge*, Leyde, 1966.
MENDEZ (J.) et TUTIN (C.), « De la crise bancaire à la régulation : l'expérience américaine de 1907 », *L'Économie politique* 2010/4, p. 42.
MÉNIL (G. de), « La crise après le 15 septembre », *revue commentaire* 124, vol. 31, hiver 2008-2009, p. 973.
MESTRE (J.) :
- « La violence dans les relations contractuelles », *in La violence et le* droit. Actes du XIXe colloque de la confédération des juristes catholiques de France, Pierre Tequi, 2003, p. 86.
- « L'abus de droit dans la vie des affaires : propos introductifs », Dr. et *patrimoine* juin 2000, p. 39.

MICHELIN (P.) et RIOU (F.), « Les perspectives de la cyberbanque », *Banque-magazine* sept. 1999, suppl., p. 23.
MORAND (Ch.-A.), « Pesée d'intérêts et décisions complexes », *in La pesée globale des intérêts, droit de l'environnement et de l'aménagement du territoire*, Helbing et Lichtenhahn, 1996.
MORET-BAILLY (J.), « Qu'est-ce que la déontologie ? », *in* Beigner (B.), Blanchard (B.) et Villacèque (J.) (dir.) *Droit et déontologie de la profession d'avocat*, LGDJ, 2007, p. 55.
MORIN (G.), « L'abus des droits et les relations du réel et des concepts dans le domaine juridique », *Rev. de méthaph. et de morale* 1929, p. 276.
MOUSSERON (P.), « Conduite des négociations contractuelles et responsabilité civile délictuelle », *RTD com.* 1998, p. 244.
MUIR WATT (H.), « *Reliance* et définition du contrat », *Mélanges JEANTIN*, Dalloz, 1999, p. 58.
NICOLA (E.) et ROBINEAU (M.), « Prendre le droit souple au sérieux ? À propos de l'étude annuelle du Conseil d'État pour 2013 », *JCP G* 2013, p. 1116.
NORMAND (J.), « Les opérations bancaires de pension », *RTD com.* 1966, p. 791.

OPPETIT (B.) :

- « Éthique et vie des affaires », *Mélanges A. COLOMER*, Litec, 1993, p. 319.
- « L'Hypothèse du déclin du droit », *Droits* 1986, p. 527.

OSMAN (F.), « Avis, directives, codes de bonne conduite, recommandations, déontologie, éthique, etc. : réflexion sur la dégradation des sources privées du droit », *RTD com.* 1995, p. 530.

OST (Fr.) « Jupiter, Hercule, Hermès : trois modèles du juge », *in* Bouretz (P.) (dir.) *La force du droit, Panorama des débats contemporains*, Esprit, 1991, p. 266.

OTTENHORF (R.), « Abus de confiance. Conditions préalables. Nécessité d'un contrat (non) », note sous Cass. crim., 18 oct. 2000, *RSC* 2001, p. 384.

OUDINOT (M.), *De la représentation en droit français*, thèse Paris, 1909.

OUERDANE-AUBERT DE VINCELLE (C.), *Altération du consentement et efficacité des sanctions contractuelles*, préf. Lequette (Y.), Dalloz, 2002.

PACLOT (Y.), « Les conflits d'intérêts des analystes financiers », *in* MAGNIER (V.) (dir.), *Les conflits d'intérêts dans le monde des affaires, un Janus à combattre ?*, PUF, 2006, p. 31.

PAILLUSSEAU (J.) :

- « Le droit des activités économiques à l'aube du XXIème siècle », D. 2003, chron. n° 35, p. 260.
- « Entreprise, société, actionnaires, salariés, quels rapports ? », D. 1999, chron. p. 157.

PARACHKÉVOKA (I.), « L'empreinte du droit de la consommation dur le droit des sociétés cotées », *in Les défis actuels du droit financier*, Joly éd., 2010.

PASTRE (O.), « Industrie bancaire : les espoirs de David face à Goliath », *Rev. d'éco. fin.* 2001, p. 54.

PÉLISSIER TANON (A.), « La déontologie du conseil en gestion de patrimoine : bilan et perspective », *Gaz. Pal.* 2000, doctr. p. 727.

PÉLISSIER TANON (A.), « La déontologie du conseil en gestion de patrimoine : bilan et perspective », *Gaz. Pal.* 2000, doctr. p. 727.

PELTIER (F.) :

- « Le transfert de propriété des titres sur les marchés réglementés », Banque et droit janv.-févr. 1994, p. 53
- « L'adaptation du droit positif français à la titrisation : les fonds communs de créances », Banque et droit mai-juin 1989, p. 85.

PÉRÈS (C.), « Propos introductif », *in Mesurer l'efficacité économique du droit*, Economica, 2010, p. 2.

PERIER (F.), « L'utilisation abusive des pouvoirs et mandats », *RD bancaire et bourse* 1991, p. 12.

PERLEMAN (C.), « L'usage et l'abus des notions confuses », *in Le raisonnable et le déraisonnable en droit. Au delà du positivisme juridique*, LGDJ, 1984, p. 162.

PERREAU (E. H.), « Une évolution vers un statut légal des contrats », *in Mélanges GÉNY (Fr.)*, Edouard Duchemin, 1977, t. 2, p. 354.

PERRIER (F.), « Abrégé de déontologie des activités financières », *RD bancaire et bourse* n° 18, mars-avr. 1990, p. 58.

PFISTER (L.), « Un contrat en quête d'identité. Jalons pour une histoire de la qualification du mandat », *in* Dissaux (N.) (dir.), *Le mandat. Un contrat en crise ?*, 2011, Economica, p. 1.

PICOD (Y.), *Le devoir de loyauté dans l'exécution du contrat*, préf. Couturier (G.), LGDJ, 1989.

PIEDELIÈVRE (S.), « La timide consécration de la fiducie par la loi du 19 février 2007 », *Gaz. Pal.* 25-26 mai 2007, doctr. p. 2.

PIETRANCOSTA (A.), « La réforme de l'appel public à l'épargne par l'ordonnance du 22 janvier 2009 », *RTDF*, n° 1/2, 2009, p. 21.

PONSARD (A.), « Le contrat de commission dans le Code de commerce et dans la doctrine postérieure », *in Le contrat de commission. Études de droit commercial*, Dalloz, 1949, p. 81.

PONTBRIAND (G. de), « Le conseil patrimonial global. Que faut-il en penser ? », *Rev. banque*, janv. 1992, p. 80.

PORCHY-SIMON (S.), *v°* « Dommage », *Dictionnaire de la culture juridique*, Alland (D.) et Rials (S.) (dir), PUF-Lamy, 2003, p. 415.

PORCHY-SIMON (S.), *v°* « Dommage », *Dictionnaire de la culture juridique*, Alland (D.) et Rials (S.) (dir), PUF-Lamy, 2003, p. 415.

RAYMOND (H.) et BOUCHER (Ch.), « Les bulles spéculatives », *in Les systèmes financiers : mutations, crises et régulation*, 3e éd., Economica, 2009.

REBUFAT-RAISON (L.), *Les fonctions de la transparence*, thèse Montpellier, 2000.

REYMOND (C.), « Aspects fiduciaires de quelques opérations bancaires principalement dans l'euromarché », *in Les opérations fiduciaires*, LGDJ, 1985, p. 13.

RIASETTO (I.), « Action dans l'intérêt exclusif des porteurs de parts et gestion des conflits d'intérêts dans le contexte des fonds de capital investissement », *Bulletin Joly Bourse* 1er juill. 2013, p. 365.

RIEG (A.), « Contrats types et contrats d'adhésion », *in Étude du droit contemporain*, Trav. et Recherches de l'Institut de Droit comparé de Paris, 1970, t. 33, 1970, p. 108.

RIPERT (G.),

- « Ébauche d'un droit civil professionnel », *in Études de droit civil à la mémoire de Henri Capitant*, Dalloz, 1939, p. 616. «

- L'ordre économique et la liberté contractuelle », *Mélanges GÉNY (Fr.),* Sirey, t. 2, 1934, p. 347.

RIVES-LANGES (J.-L.), « Rapport de synthèse. Le devoir de loyauté : essai d'une définition unitaire », *Gaz. Pal.* déc. 2000, p. 2168.

ROCHE (M.) :

- « Le système Goldman Sachs en accusation », *Le Monde*, 17 avr. 2010.
- « Goldman Sachs vendait à ses clients des subprimes... dont il se débarrassait en douce », *Le Monde*, 29 déc. 2009
- « L'information du marché par les émetteurs », *RJ com.* nov. 2003, p. 103.
- « Instruments financiers et délits boursiers », *LPA* 28 mars 2002, p. 25.

ROCHFELD (J.), *Les grandes notions du droit privé*, PUF, 2011.

RONTCHEVSKY (N.) et STORCK (M.), « Une tentative de réponse française à la crise financière : commentaire de la loi de régulation bancaire et financière du 22 octobre 2010 », *RTD com.* 2011, p. 138.

ROUBIER (P.), « Les prérogatives juridiques », *Arch. phil. dr.*, 1960, t. 5, p. 65.

ROUSSEAU (J.-J.), *Discours sur l'origine et les fondements de l'inégalité parmi les hommes*, Garnier-Flammarion, 1971.

RUET (L.), « Ordre de bourse », *in Bourse et produits financiers*, éd. Joly, 2000.

SAIDANE (D.), « Concurrence et concentration des activités bancaires », *in L'Europe des banques*, A. Pedone, 2010, p. 13.

SAVATIER (J.), « Contribution à une étude juridique de la profession », *in Mélanges HAMEL (J.)*, Dalloz, 1961, p. 6.

SAVATIER (R.), « L'écran de la représentation devant l'autonomie de volonté de la personne », *D.* 1959, chron. p. 47.

SCHILLER (S.), « L'influence de la nouvelle économie sur le droit des sociétés », *Rev. sociétés* 2001, p. 47.

SCHLUTZ (T.), « Pesée d'intérêts : réflexions autour de la notion d'intérêt », *Diritto & questioni pubbliche* vol. 3, 2003, p. 299.

SCHMIDT (D.), « Essai de systématisation des conflits d'intérêts », *D.* 2013, p. 446.

SCHMIDT (D.), « Les opérations de portage de titres de sociétés », *in Les opérations fiduciaires*, LGDJ, 1985, p. 30.

SCHNEITER (B.), « La City de Londres à la veille du Big Bang », *Rev. banque* déc. 1986, p. 1067.

SCHWERER (V. F.), « Les établissements de crédit, l'éthique et les nouvelles technologies », *Banque et droit*, 2001, n° 79, p. 16.

SEKFALI (Z.) et VALUET (J.-P.), « La société émettrice et l'intermédiaire français face au trustee et au nominee », *RD bancaire et bourse* 1993, p. 147.

SERLOOTEN (P.), « L'entreprise unipersonnelle à responsabilité limitée », *D.* 1985, chron. p. 187.

SIMONART (V.), « Conclusions générales », *in Les conflits d'intérêts* : *Les conférences du centre de Droit privé*, coll. de la faculté de droit de l'université libre de Bruxelles, Bruylant, 1997, p. 300.

SMITH (W.-H.), « La mise en place d'une réglementation de l'analyse financière », *Lamy Droit des affaires* sept. 2003 p. 25.

STARCK (B.), « Les rapports du commettant et du commissionnaire avec les tiers », *in Le contrat de Commission - Études de droit commercial*, (dir.) Hamel (J.), Dalloz, 1949, p. 147.

STASIAK (F.), « Le délit d'initié mis en scène », *LPA* 18 juin 2008, p. 41.

STORCK (M.) :

- « L'encadrement du négoce à haute fréquence », *LPA* 27 sept. 2013, p 29.
- « Le défaut d'information d'un investisseur qualifié sur les risques présentés par le placement en FCP monétaires est sanctionné par l'annulation de la souscription pour dol », *RTD com.* 2012, p. 821.
- « Détermination du préjudice subi par des porteurs de parts de FCP du fait du non-respect des ratios prudentiels de division des risques et des règles de composition de l'actif des OPCVM », *RTD com.* 2009, p. 588.
- « La Commission des sanctions de l'AMF prononce des sanctions à l'égard des sociétés Oddo et Cie et Oddo-Asset Management pour des manquements à des règles de bonne conduite dans la gestion et la dissolution anticipée d'OPCVM monétaires : respect de l'intérêt des porteurs », *RTD com.* 2009, p. 775.
- « Manquement aux règles de bonne conduite applicables en matière d'ordres groupés : application anticipée du principe de best execution », *RTD com.* 2007, p. 809.
- « L'AMF apporte des précisions sur les conditions d'application des dispositions - relatives à l'exercice des droits de vote par les sociétés de gestion », *RTD com.* 2005, p. 558.

STOUFFLET (J.) :

- « Postface », *in* Gauvin (A.) (dir.), *Crise financière et la veuve de Carpentras dans tous ça ?*, éd. Milelli, 2011, p. 133.
- « Le particularisme des contrats bancaires », *Mélanges Jauffret (A.)*, Faculté de droit de science politique d'Aix-Marseille, 1974, p. 365.

STUCKI (D.), « La fiducie de droit français : un outil juridique adapté à la gestion de portefeuille ? », *Actes pratiques* mars-avr. 2010, p. 1.

SUEUR (A.), *Les outils de la stratégie boursière*, Eyrolles, 2007.

SUPIOT (A.), « La justice sociale saisie par la régulation », *Mélanges Normand (J.)*, Litec, 2003, p. 427.

TAFJEL (H.), « La catégorisation sociale », *in Introduction à la psychologie sociale*, Larousse Université, 1972.

TALLON (D.), « Trust », *in* Alland (D.) et RIALS (S.) (dir.), *Dictionnaire de la culture juridique*, PUF, 2003, p. 1487.
TCHAGUINE SEGURET (D. de) et FRANÇOIS-MARSAL (H.), « Portage : la clarification nécessaire », *Gaz. Pal.* 21-23 mai 1989, p. 244.
TERRAY (J.) et KERGOMMEAUX (X.), « Titrisation : enfin du nouveau ! », *Bull. Joly Bourse* 1993, p. 120.
TERRÉ (Fr.) :
- « Au cœur du droit, le conflit », *in La justice, l'obligation impossible*, éd. Séries Morales, 1994, p. 100.
- « Crise du juge et philosophie du droit : synthèse et perspective », *in La crise du juge*, LGDJ, 1990, p. 168.

THEVENOZ (L.) :
- « Le conflit d'intérêts : une composante inéluctable des marchés financiers », *Finance & Bien commun* 2006/1, n° 24, p. 65
- « La perte de chance et sa réparation », *in Quelques questions fondamentales du droit de la responsabilité civile : actualités et perspectives*, Stämpfli, 2002, p. 240.

THOMAS (R.), « La banque des années 1990, perspectives et enjeux », *Rev. banque* nov. 1991, p. 1014.
TROCHU (M.), « Les silences de l'adhésion », in Le contrat de consommation. Congrès national des Huissiers *de justice (Tours 12-16 juin 1974)*, LGDJ, 1974, p. 23.
ULLMO (Y.), « Intermédiation, intermédiaire financier et marché », *Revue d'économie politique* 1988, p. 639.
VABRES (R.), « Autorité des marchés financiers », *JCl. Banque - Crédit – Bourse*, fasc. 1512.
VANEL (M.-J.), « Le contrôle par le régulateur : portée et limites », *in Entreprise : Information et rumeur, Colloque de l'association Droit et Commerce, Deauville, 2 et 3 avr. 2005, RJ. com,* Hors série, p. 47.
VASSEUR (M.) :
- « Des aspects juridiques de l'Europe financière et plus particulièrement, bancaire », *Rev. dr. aff. Int.* 1991, n° 2, p. 171.
- « L'ingénierie financière », *Rev. banque* janv. 1990, p. 7.

VAUPLANE (H. de) :
- « La fiducie avant la fiducie : le cas du droit bancaire et financier », *JCP E.* 2007, 2051.
- « L'Autorité des marchés financiers », *in La loi sur la sécurité financière*, *Rev. Banque édition*, 2004, p. 16.

VAUPLANE (H. de) et DENOUN (C.), « Les justifications de la lutte pénale contre les opérations d'initié », *LPA* 28/03/1994, p. 4.
VAUPLANE (H. de) et DENOUN (C.), « Les justifications de la lutte pénale contre les opérations d'initié », *LPA* 28/03/1994, p. 4.

VER LOREN VAN THEMAAT (P.), « L'économie à travers le prisme du juriste », *RID éco.* 1989/1, p. 133.
VIALARD (A.), « L'offre au public de contrat », *RTD civ.* 1971, p. 770.
VIANDER (A.), « Les nouveaux fonds communs de placement », *Rev. sociétés* 1980, p. 245.
VITU (A.), « Prise illégale d'intérêts », *J.-Cl. Pén.*, fasc. n° 20.
VOGEL (L.), « L'Economie, serviteur ou maître du droit ? », *Mélanges Decocq (A.)*, Litec, 2004, p. 605.
WITZ (C.), « Rapport introductif », *in Les opérations fiduciaires*, LGDJ, 1985, p. 3.
YVON (S.), ALLAIN (Th.) et BERARD-GOURISSE (C.), « Panorama de la loi de régulation bancaire et financière », *Bull. Joly Bourse* 2010, p. 492.
ZAJDENWEBER (D.), « Introduction », *Risques*, sept. 2009, p. 17.
ZAKHIA (Th.) et VAUTRIN (G.), « Les entreprises plus opportunistes dans leur financement », *La lettre du trésorier, Mensuel de l'association française des trésoriers d'entreprise (AFTE)* oct. 2012, p. 11.
ZEIDENBERG (G.), « Le droit de la famille face à la contrariété d'intérêts », *RRJ* 2003, vol. 1, n° 1.
ZIANE (Y.), « Nombre de banques et relations de crédit », *Rev. économique* mai 2004, vol. 55, n° 3, p. 419.
ZIMMERMANN (J.-P.), « Les analystes financiers », *Rev. sociétés* 2003, p. 741.

- VI - Études, Rapports

CESR :

- *CESR's Response to the Commission call for Evidence on the Review of the Market Abuse Directive*, 9 juill. 2009.
- « *take all reasonable steps to achieve the best possible result* », *CESR's Technical Advice on Possible Implementing Measures of the Directive 2004/39/EC on Markets in Financial Instruments*, avr. 2005.

Conseil d'État, *L'intérêt général*, La documentation française, 1999.

Conseil économique, social et environnemental, *La crise bancaire et la régulation financière*, 26 févr. 2009.

COULON (J.M.), *Rapport sur la dépénalisation de la vie des affaires*, Documentation française, 2008.

Fédération française des banques, *Observatoire des Crédits aux Ménages*, rapp. janv. 2012.

HEILBRONNER (A.), *Le pouvoir professionnel, Rapport au Conseil d'État, Études et documents du conseil d'État*, 1952.

PEILLON (V.) et MONTEBOURG (A.), *La lutte contre le blanchiment des capitaux en France : un combat à poursuivre*, rapp. d'information 11 avr. 2002.

Documentation étrangère

—

- I - Ouvrages généraux, spécialisés, thèses

ANDERSON SELIGMAN (E. R.), *The Crisis of 1907 in the Light of history*, éd. Kessinger Publishing, 2010.

ALDRIGDE (I.), *High-Frequency Trading : A Practical Guide to Algorithmic Strategies and Trading Systems*, 2e éd. John Wiley & Sons, 2013.

AUBERT (V.), *The Hidden society*, Transaction Publishers, 1965.

BALLEISEN (E. J.) et MOSS (D. A.), *Governement and Markets : Toward a new theory of regulation,* Cambridge university, 2010, p. 3.

BEASTON (J.), *The Use and Abuse of Unjust Enrichment. Essays on the law of Restitution*, Oxford, Clarendon Press, 1991.

BENSTON (G. J.), *The separation of commercial and investment banking : The Glass-Steagall Act Revisited and Reconsidered*, Oxford university press, 1990.

BLOCK (D. J.), BARTON (N. E.) et RADIN (S. A.), *The business judgment rule-fiduciary duties of corporate directors*, 4e éd., prentic Hall Law & Business, 1993.

BLOOM (A.), *Lender liability : practice and prevention,*Wiley Law publications, 1989.

BOGEART (R.), KURGAN-VAN HENTENRYK (G.) et VAN DER WEE (H.), *History of European banking*, Anterwerp, 1994.

BROWNSWORD (R.), *Contract Law, Themes of the Twenty-first Century*, Butterworths, 2000, p. 97.

BROWNSWORD (R.), HIRD (N.) et HOWELLS (G.) (dir.), *Good Faith in Contract, Concept and Context*, Aldershot, 1999.

CAIRNCROSS (A. K.), *Home and foreign investment, 1870-1913*, Cambridge University Press.

CHAITMAN (H. D.), *The law of Lender liability, Warren,* Ghorham & Lamont, 1990.

COHEN (M.), *Law and social order*, 1967.

FRIDMAN (G. H. L.), *The law of agency*, 7e éd., Butterworths, 1996.

FRIEDMAN (M.), *Law in changing society,* Stevens and sons, 1959.

FURMSTON (M. P.), CHESHIRE (G.-C.) et FIFOOT (C.-H. S.), *The Law of contract*, Oxford University press, 2007.

GAJEWSKI (J. F.), *Frictions et asymétrie d'information sur les marchés d'actions*, Economica, 2000.

GALBRAITH (J.-K.), *American capitalism, The countervailing power*, 1956, chap. IX.

GOODE (R.-M.) (dir.), *Conflicts of Interest in the Changing Financial World*, Hyperion Books, 1986, p. XV.
GORTON (G.) et WINTON (A.), *Financial Intermediation*, NBER working paper series, 2002, n° 8928.
HAAN (L. de) et HINLOOPEN (J.), « *Preference Hierarchies for Internal Finance, Bank loans, Bond, and Share issues : Evidence for Dutch Firms* », p. 661
HANBURY (H. G.), *The principles of agency*, 2e éd., Stevens, 1960, p. 1.
HAYTON (V.) (dir.), *Principles of European Trust Law, Kluwer Law International*, 1999
HENDERSON (S. D.), *Promissory Estoppel and Traditionnal Contract doctrine*, Yale L. J., 1969.
HOFFMANN (H.), *Politics and banking : ideas, public policy, and the creation of public institutions*, Johns hopkins university press, 2001.
JENSEN (M. C.) :
- *A Theory of the Firm : Governance, Residual Claims and Organizational Forms,* Harvard University Press, 2000.
- *Foundations of Organizational Strategy*, Harvard university Press, 1998.

LOCKE (J.), *An Essay Concerning Human Understanding,* Book III, Everyman's library, 1974.
MALONE (M.-S.), *Going Public : MIPS Computer and the entrepreneurial dream,* Burlingame books, 1991.
MANNINO (E.F.), *Lender Liability and Banking litigation,* Law Journal Seminars-Press, 1993.
MUNDAY (R. J. C.), *Agency : law and principles*, Oxford University Press, 2010.
PHILIPS (L.), *The economics of imperfect information*, Cambridge university press, 1988.
POLLOCK (F.), *Principles of contracts*, éd., Stevens, 1950.
RICHARDSON (G.), *Information and Investment. A study in Working of Competitive Economy*, Cambridge University Press, 1960.
RIEDEL (F.), *Imperfect information and investor heterogeneity in the bond market*, Heidelberg, 2000, p. 123.
ROCHET (C.), *Microeconomics of Banking*, M.I.T. Press, 1998.
RODWIN (M.), *Medicine, money and morals. Physicians conflicts of interest*, Oxford University Press, 1993.
TREITEL (G. H.), *The Law of contract*, 13e éd., Sweet & Maxwell, 2011, p. 523.
ZIMMERMANN (V.-R.), *The law of obligations*, Oxford University Press, 1996.
ZIMMERMANN (R.) et WHITTAKER (S.) (dir.), *Good Faith in European Contract Law*, Cambridge University Press, 2000.

- II - Articles, Études

AKERLOF (G. A.),

- « *Economics and knowledges* », *Cahiers d'économie Politique, Papers in Political Economy* 2/2002, n° 43, p. 119.
- « *The Market for Lemons : Quality Uncertainy and the Market Mechanism », Quarterly journal of economics*, n° 84, 1970, p. 488.
- « *The use of Knowledge in Society* », *American Economic Review*, XXXV, sept. 1945.

ALLEN (F.) et GALE (D.), « *Financial Markets, intermediaries, and intertemporal smoothing* », *Journal of Political Economy*, 1997, vol. 105, p. 523.

ALLEN (F.) et SANTOMERO (A.), « *What do financial intermediaries do ?* », *Journal of Banking and Finance* 2001, vol. 25, p. 271.

ANDERSON (A. G.), « *Conflict of interest : efficiency, fairness and corporate structure* », *UCLA Review of University of california*, 1978, vol. 25, p. 738.

AUER (M.), « *Good Faith: A Semiotic Approach* » *European Review of Private Law*, 2002, p. 279.

AVERY (R.) et SMAKOLYK (K.), « *Bank Consolidation and Small Business Lending : The Role of Community Banks* », *Journal of Financial Services Research* 2004, n° 25, p. 291.

BALDWIN (W.), « *Conflict of Interest and its Significance in Science and Medecine* », *Science and Engeniering Ethics* 2002, vol. S, n° 3, p. 472.

BLACK (F.), « *Bank Funds Management in an Efficient Market* », *Journal of Financial Economics* 1975, n° 4, p. 323.

BOATRIGHT (J.-R.), « *Financial Services* », *in* David (M.) et Starck (A.) (dir.), *Conflicts of Interest in the Professions,* Oxford University Press, 2001, p. 219.

BONI (L.), « *Analyzing the Analysts after the Global Settlement* », *in Financial Gatekeepers : Can They Protect Investors ?,* Brookings institution Press and nomura institute of capital markets research, 2006, p. 139.

BOYD (J. H.), « *Expansion of Commercial Banking power... or, Universal Banking is the Cart, not the Horse* », *Journal of banking and finance* 1999, n° 23, p. 195.

BRADLEY (D.-J.), RITTER (J-R.) et JORDAN (B.-D.), « *Analyst Behavior Following IPOs : The "Bubble period" Evidence* », *Review of financial studies* avr. 2006, p. 5.

BRICK (J.-R.), « *A primer on Mortage-Baked Securities* », *The Bankers Magazine* 1986, p. 44.

CAIRNS (A. J.), DAVIDSON (J. A.) et KISILEVITZ (M. L.), « *The Limits of Bank Convergence* », *Mc Kinsey quarterly* 2002, p. 42.

CALOMIRIS (C. W.) et SINGER (H.-J.), « *How often do "Conflicts of interests" in the Investment Banking Industry Arise During Hostile Takeovers ?* », *Columbia University working paper*, 26 févr. 2004.

CARTER (D.), MCNULTY (J.) et VERBRUGE (J.), « *Do Small Banks have an Advantage in Lending ? An Examination of Risk-Adjusted Yields on Business Loans at Large and Small Banks* », *Journal of Financial Services Research* 2004, n° 25, p. 233.

COOPER ALEXANDER (J.), « *The Lawsuit Avoidance Theory of Why Initial Public Offerings are Underpriced* », [1993] 41 *UCLA Law Review*, n° 17, p. 24.

COOTE (B.), « *The essence of contract* », *Journal of Contract Law* 1988, p. 107.

CORNETT (M. M.) et TEHRANIAN (H.), « *An Examination of the Impact of the Garn-St-Germain Act Depositary Institutions of 1982 on commercial Banks and Savings and Loans* », *Journal of finance* mars 1990, n° 1, p. 95

CRANFORD (J. R.), « *Banking Overhaul Bill* », *Congressional Quarterly Weekly Report* 13 juil. 1991, vol. 49, n° 28, p. 1924.

CYREE (K. B.), « *The Erosion of the Glass–Steagall Act : Winners and losers in the banking Industry* », *Journal of Economics and Business* 2000, n° 52, p. 343.

DE HAAN (L.) et HINLOOPEN (J.), « *Preference Hierarchies for Internal Finance, Bank loans, Bond, and Share issues : Evidence for Dutch firms* », *Journal of Empirical Finance* 2003, vol. 10, p. 661.

DALZELL (J.), « *Duress by Economic Pressure* », *North Carolina Law Review*, 1942, p. 341.

DAVIDOFF (S.), MORRISON (A.) et WILHEM (W.), « *Computerization and the ABACUS : Reputation, trust, and fiduciary duties in investment banking* », *The journal of coporation law* janv. 2011, vol. 37/3.

DAWSON (J.-P.), « *Economics Duress - An Essay in perspective* », *Michigan Law Review* janv. 1947, p. 255.

DIAMOND (D. W.) :

- « *Liquidity, banks, and markets* », *Journal of political economy* 1997, n° 105, p. 928.
- « *Financial Interdmediation and Delegated Monitoring* », *Review of economic studies* 1984, p. 393.
- « *Financial intermediation and delegated monitoring* », *Review of Economic Studies*, 1984, vol. 51, p. 393.
- « *Banks runs, deposit insurance, and liquidity* », *Journal of political economy* 1983, vol. 91, p. 401

DIAMOND (D.) et DYBVIG (P.), « *Banks Runs, Liquidity, and Deposit Insurance* », *Journal of political economy* 1983, n° 91, p. 401.

DEAKIN (S.), LANE (C.) et WILKINSON (F.), « *Contract law, Trust Relations, and Incentives for Operation : a Comparative Study* », in *Contracts, cooperation, and competition, Studies in economics, management, and Law*, Oxford University press, 1997, p. 106.
DIAMOND (D.), « *Financial intermediation and delegated monitoring* », *Review of Economic Studies*, 1984, vol. 51, p. 689.
DOS SANTOS (J. C.), « *Glass Steagall Act and the Regulatory Dialectic* », *Economy commentary* 15 févr. 1996, p. 1.
ENDESHAW (A), « *Consumer Protection in Cyberspace : Back to Caveat Emptor ?* », *Consumer L.J.* 1999, p. 163.
EVANS (E.), « *Economic Duress* », *Journal of Business Law* 1981, p. 188.
FAMA (E. F.), « *What's Different About Banks ?* », *Journal of Monetary Economics* 1985, vol. 15, n° 1, p. 29.
FAMA (E. F.) et JENSEN (M. C.), « *Organizational Forms and the Investment Decisions* », *Journal of Financial Economics*, 1985, n° 1, p. 101.
FERGUSON (N.), « *The Descent of Finance* », *Harvard Business Review* juill.-août 2009, p. 48.
FISCH (J. E.) et SALE (H. A.), « *The Securities Analyst as Agent : Rethinking the Regulation of Analyst* », *Iowa Law review* 2002-2003, n° 88, p. 1035.
GILSON (R.-J.) et KRAAKMAN (R. H.), « *The Mecanisms of Market Efficiency* », *Va. L. Rev.* 1984, n° 70, p. 549.
GRANOFF (L. H.), « *Emerging Theories of Lender Liability : Flawed Application of Old Concepts* », *Banking L. J.*, 492, 1991, p. 515.
GRIFFITH (S.-J.), « *Spinning and Underpricing, a Legal and Economic Analysis of the Preferential Allocation of Shares in Initial Public offerings* », *Brooklyn Law Review* 2003, n° 69, p. 583.
HAUBRICH (J. G.) et SANTOS (J. A. C.), « *Alternative Forms of Mixing Banking with Commerce : Evidence from American History* », *Financial Markets, Institutions & Instruments* vol. 12, n° 2, p. 9.
HOLMES (O. W.), « *Early english equity* », *Law Quarter & Rev.*, vol. 1, p. 171.
HURT (C.), « *Moral Hazard and the Initial Public Offering* », 25 *Cardozo Law Review* 711, [2004] 724.
JAMES (C.), « *Some Evidence on the Uniqueness of Bank Loan* », *Journal of Financial Economics* 1987, vol. 19, n° 2, p. 217.
JOHNSEN (D.), « *The SEC's 2006 Soft Dollar Guidance : Law and Economics* », *Cardozo Law Review*, 30 (4), 2009, 1545.
KERVOKIAN (A.-J.), « *The Kevorkian Newsletter, 1980-2000, Vol. XV, No. 6, October, 1993* », in *Confessions of francophile, and other essays from*, Taderon Press, 2002, p. 124.
KINDLEBERGER (Ch. P.), *Manias, Panics and Crashes : A History of Financial Crisis*, Palgrave Mac Millan, 2005.

KITCH (E. W.), « *Chicago school of law and economics* », *in The new Palgrave dictionary of Economics and the Law*, Macmillan, 2004, t. 1, p. 227.

KOOP (C.), « *The Origins of the American Scientific Debate over Fallout Hazards* », *Social Studies of Science* 1979, vol. 9, n° 4, p. 403.

KRASA (S.) et VILLAMIL (A), « *Monitoring the Monitor : an Incentive Structure for a Financial Intermediary* », *Journal of economic theory* 1992, n° 57, p. 197.

LANGLOIS (R.), « *Transaction-cost Economics in Real time* », *Industrial and Corporate Change*, 1992, vol. 1, n° 1.

LEACH (J. A.), « *Introduction : Modernization of Financial institutions* », *The journal of corporation law* 2000, p. 681.

LELAND (J.) et PYLE (D.), « *Informational Asymetries, Financial Structures and Financial Intermediation* », 1977, vol. 2, n° 32, p. 193.

LESCURE (M.), « *Banking in France in the Inter-war period* », *in Banking, Currency and Finance in Europe between the wars*, Oxford University Press, 1995, p. 315.

LITAN (R. E.), « *Law and Policy in the Age of the Internet* », *Duke Law Journal* 50, 2001, p. 1045.

LJUNGQVIST (A.-P.) et WILHELM JR. (W.-J.), « *IPO Allocations : Discriminatory or Discretionary ?* », *Journal of Financial Economics* 2002, n° 65, p. 167.

LUMMER (S.L.) et McCONNELL (J. J.), « *Further Evidence on the Bank Lending Process and the Capital-Market Response to Bank Loan Agreements* », *Journal of Financial Economics* 1987, vol. 25, no 1, p. 99.

MARX (L.), « *Technology : The Emergence of a Hazardous Concept* », *Social Research* 1997, vol. 64, n° 3, p. 965.

MAYNARD (T.-H.), « *Spinning in Hot IPOs : A Matter of Business Ethics* », *Loyola-LA Public Law Research Paper* oct. 2002, n° 22.

McCOOL (G.) :

- « *Fraud Lawsuit Survives over Goldman's Abacus CDO* », *Reuters* 24 avr. 2012.
- « *Goldman's Tourre seeks appeal in SEC fraud case* », *Reuters* 22 sept. 2011.

MESTER (L. J.), NAKAMURA (L. I.) et RENAULT (M.), « *Checking accounts and bank monitoring* », *Federal Reserve Bank of Philadelphia*, 1998, *Working Paper* n° 98, p. 25.

MIDDLETON (M.), « *Banks v. Brokers : Pressure Builds to change Glass-Steagall Act* », *American Bar Association Journal*, sept. 1982, vol. 68, n° 9, p. 1068.

MILES (J.-C.) et BRIELY (J.), *Anson's principles of contract,* Stevens & sons, 1923.

MOORE (B. J.), « *A Simple Model of Bank Intermediation* », *Journal of post keynesian economic* 1989, vol. 12, p. 10.
MOORE (A.) et LOEWENSTEIN (G.), « *Self Interest, Automaticity, and the Psychology of Conflicts of Interest* », *Social Justice Research* 2004, p. 189
MOSEBACH (M.), « *Market Response to Banks Granting Lines of Credit* », *Journal of Banking & Finance* 1999, vol. 23, n° 11, p. 1707.
MULLER-FREIENFELS (W.), « *Legal Relations in the Law of Agency* », *American Journal of Comparative Law*, 1964, vol. 13, p. 193 et 341.
MYERS (S. C.), « *The Capital Structure Puzzle* », *The Journal of Finance*, 1984, vol. 39, n° 3, p. 575
OLSON (M. W.), « *The monetary control act, 30 years later* », *ABA Banking journal* mars 2010, vol. 102, n° 3, p. 5.
PATTERSON (D. M.), *Lender Liability : Definitions, Theories, Applications*, Salem, 1990.
PETERSEN (M.) et RAJAN (R.), « *The Benefits of Lending Relationships : Evidence from Small Business Data* », *Journal of Finance* 1994, p. 3.
POSER (N.), « *Chinese walls or Emperor's new Clothes ?* », Part I, *Company lawyer* 1988, vol. 9, n° 5, p. 119.
POSNER (R.), « *Values and Consequences : an Introduction to Economic Analysis of Laws* » *in Chicago lectures in Law and Economics*, Foundation Press, 2000, p. 189.
POWELL (R.), « *Good faith in contracts* » *Current Legal Problems*, 1956, p. 16.
QUINN (J.), « *Goldman Sachs, Fabrice Tourre and the Complex Abacus of Toxic Mortgages* », *Daily Telegraph*, 16 avr. 2010.
RITTER (J.-R.), « *Some Factoids about the 2009 IPO Market* », *University of Florida,* 6 avr. 2010.
ROBINSON (R. I.), « *The Hunt Commission Report* », *Journal of finance* sept. 1972, n° 4, p. 765.
ROSS SORKIN (A.), « *Goldman Acknowledges Conflicts with Clients* », *The New York Times* 12 janv. 2010, p. 26.
SHERMAN (A.) et TITMAN (S.), « *Building the IPO Order Book : Underpricing and Participation Limits With Costly Information* », *Journal of Financial Economics* 2001, n° 65, p. 3.
SIMING (L.), « *Dual Role Advisors and Conflicts of Interest* », *Bocconi University working paper*, 23 sept. 2009, p. 9.
SPENCER BOWER (G.), *The law Relating to Actionnable Non-Disclosure and Other Breaches of Duty in relations of Duty in relations of Confidence, Influence and Advantage*, Butterworth, 1915.

STEIN (J.), « *Information Production and Capital Allocation : Decentralized versus Hierarchical Firms* », *Journal of Finance*, n° 57, p. 1891.
STEYN (J.), « *Contract Law : Fulfilling the Reasonable Expectations of Honest Men* », *Law Quarterly Review*, 1997, n° 113, p. 439.
STRANGE (S.), « *Finance, information and Power* », *in* Tooze (R.) et May (C.) (dir.), *Authority and markets : Susan Strange's Writings on international political economy*, Palgrave, 2002, p. 75.
TAFJEL (H.) et TURNER (J. C.), « *The Social Identity Theory of Inter-group Behavior* », *in Psychology of Intergroup Relations,* Nelson-Hall, 1986.
The association of the bar of the city of new york, *Conflict of Interest and federal service*, Harvard University press, 1960.
TAYLOR (A.), « *Glass Steagall Act Bill to paired with Regulatory Relief* », *Congressional quaterly weekly report* 17 juin 1995, vol. 53, n° 24, p. 1721.
TEUBNER (G.), « *Legal Irritants: Good Faith in British Law of How Unifying Law Ends Up in New Divergences* », *Modern Law Review* 1998, n° 61, p. 11.
THOMPSON (D.), « *Understanding financial conflicts of interest* », *New England journal of medicine*, 19 août 1993, vol. 329, p. 573.
TREBILCOCK (M.-J.), « *The Liability of Company Directors for Negligence* », *Modern Law Review* 1969, n° 32, p. 499.
TRUELL (P.), « More Pressure seen on Big Banks to Aquire Securities Firms », *New york times* 7 avr. 1997, p.2.
TUCH (A.), « *Obligations of Financial Advisers in Change-of-control Transactions : Fiduciary and Other Questions* », *Company and Securities Law Journal* 2006, n° 24/88, p. 488.
TURNER (J.C.), « *Towards a Cognitive Redefinition of the Social Group* », *in Social Identity and Intergroup Relations*, Cambridge University Press, 1982.
WALSH (J.), « *Universities: Industry Links Raise Conflict of Interest Issue* », *Science* 1969, vol. 164, n° 3878, p. 411.
WEIL (D.), GRAHAM (M.) et FAGOTTO (E.), « *The political economy of Transparacy : what makes disclosure policies effective for democratic governance and innovation* », *John Kennedy School of Management, Harvard University, Working Paper* OP- 03-04, déc. 2004.
WEINBERBER (A.), « *Expanding the fiduciary relationship bestiary : does concurrent ownership satisfy the family resemblance test ?* », *Seton hall law review* 1994, p. 1788.
WELCH (I.), « *Herding Among Security Analysts* », *Journal of financial economics* 2000, n° 58, p. 369.
WINTON (A.), « *Delegated Monitoring and Bank Structure in a Finite Economy* », *Journal of financial intermediation* 1995, n° 4, p. 158.

WITMER MCTAGUE (R.), « *Unger Says Securities Firms Complied poorly with Rules Relating to Analyst's Investments* », *Securities Regulation & Law Report,* n° 33, p. 1136.

WOLFE (M.), « *Why Regulators Should Intervene in Bankers' Pay* », *Financial Times* 16 janv. 2008, p. 18.

WOLFSON (N.), « *Investment Banking* », *in Abuse on Wall Street : Conflicts of interest in the securities markets, Report of the twentieth century fund, steering committee on conflict of interest in the securities market,* Quorum, 1980, p. 365.

Décisions de justice

___

- I - Juridictions françaises

Abus de confiance

Cass. crim., 16 mars 1987, no 86-91.200.

Mandataire :

Cass. crim., 23 janv. 1995, Dr. Pénal 1995, no 119, obs. VÉRON (M.).

Cass. crim., 15 fév. 1972, Bull. crim. n° 57

Éléments constitutifs :

Cass. crim., 26 janv. 2005, *Dr. pénal* avr. 2005, p. 20

Cass. crim. 3 févr. 2004, n° 03-82.580

Cass. crim., 12 nov. 1990, *Dr. pénal* 1991, comm. 111

Cass. crim. 16 mars 1987, n° 86-91.200

Cass. crim., 17 oct. 1978, *Bull. crim.*, n° 273

Cass. crim., 17 mars 1976, *D.* 1976, p. 732

Cass. crim., 9 déc. 1969, n° 68-91.801

Cass. crim., 7 mai 1969, n° 68-92.699

Cass. crim., 14 janv. 1853, *S.* 1853, I, 237

Dépôts :

Cass. crim., 1er avr. 1968, JCP G 1969, II, 15930, note Bouloc (B.).

Abus de droit

Principe, définitions :

Cass. com., 5 juill. 1994, *JCP* 1994, II, 22323, note. Leonnet (J.) ; *RTD civ.* 1995, p. 119, obs. Jourdain (P.) ; *RTD civ.* 1995, p. 96, obs. Mestre (J.) ; *JCP G* 1994, I, 3828, obs. Fabre-Magnan (M.).

CA Bordeaux, 4 déc.1991, *D.* 1993, p. 130, note Dubaele (T.).

Intention de nuire :

Cass. 3e civ., 22 févr. 1968, *D.* 1968, p. 607.

Cass. com, 20 janv. 1976, *Bull. civ.* IV, n° 26.

Cass. 3e civ. 12 oct. 1971, *D.* 1972, p. 210

- *Intention de nuire critère exclusif de l'abus* :

Cass. 3e civ., 25 févr. 1975, *RTD com.* 1975, p. 736, obs. Cornu (G.).

- *Intention de nuire critère non exclusif* :

Cass. 3e. civ., 17 janv. 1978, *Bull. civ.* III, n° 41 ; *RTDC*, 1978, p. 655, note Durry (D.).

Cass. com., 27 oct. 1998, *Bull. civ.* IV, n° 256.

Cass. com., 2 juill. 2002, *Bull. civ.* IV, n° 113 ; *RTD civ.* 2002, p. 810, obs. Mestre (J.) et Fages (B.) ; *RDC* 2003, p. 50, obs. Stoffel-Munck (Ph.) ; *D.* 2003, p. 93, obs. Mazeaud (D.); *JCP* 2003, II, 10023, obs. Mainguy (D.).

Exercice malicieux :

Cass. 1e civ., 20 janv. 1964, Dame Blum c/ Delle Lassus, *D.* 1964, p.

518 ; *JCP* 1965, II, 14035, obs. Oppetit (B.).
Abus de marché
Cass. com., 7 avr. 2009, n° 08-13077
CA Paris, 29 janv. 2008, n° 07/00082
CA Paris, 9 oct. 2007, n° 06/12937
CA Paris, 20 nov. 2007, n° 07/00369.
AMF, 28 oct. 2011, Sanct. 2011-19
AMF, 26 mai 2011, Sanct. 2011-11
AMF, 12 mai 2011, Sanct. 2011-09
AMF, 24 janv. 2008, Sanct. 2008-17
AMF, 19 oct. 2006, Sanct. 2007-03
AMF, 9 mars 2006, Sanct., 2006-14
AMF, 26 janv. 2006, Sanct., 2006-1
AMF, 16 juin 2005, Sanct. 2005-14
AMF, 7 oct. 2004, Sanct. 2004-17
Actionnaire (Banquier actionnaire)
CA Paris, 7 oct. 2004, n° 262342, *JCP G* 2005, II, 10071, note Jacquet (J.-M.).
CA Versailles, 2 nov. 1994, *RD banc. et bourse* 1995, n° 1, p. 31
CA Paris, 6 avr. 1994, *RD bancaire et bourse* 1994, p. 177 ; *Rev. sociétés* 1994, p. 35, note Médus (J.-L.).
Analyse financière
Obligation d'abstention de publication :
CA Paris, 26 mai 1977, *JCP G* 1978, II, 18789, note Tunc (A.) ; *D.* 1978, p. 379, note Cosson (J.).
Cadre légal :
CMF, 27 mars 2002, n° 2002-01
Obligation de décrire les modalités administratives et organisationnelles de prévention des conflits d'intérêts :
AMF, 23 sept 2010, Bull. Joly Bourse 2011, p. 24, note Granier (Th.).
Objectivité :
CA Paris, 30 juin 2006, n° 04/06308, Sté Morgan Stanley et Co. et Sté Morgan Stanley DW. Inc. c/ Sté LVMH ; *D.* 2006, p. 2241, obs. Delpech (X.) ; *Banque et droit* juill.-août 2006, p. 34, obs. Vauplane (H. de) ; *RTDF* 2006, p. 6, note Pietrancosta (A.).
T. com. Paris, 12 janv. 2004, SA LVMH c/ Sté Morgan Stanley & Co International Ltd et Sté Morgan Stanley Dean Witter Inc., RG 2002/093985 ; *Rev. sociétés* 2004, p. 297, note Simon (F.-L.) ; *RJDA* 2004, n° 424 ; *Bull. Joly Bourse* 2004, p. 388, note Schmidt (D) ; *D.* 2004, somm. p. 1800,

Daigre (J.-J.) ; *JCP E* 2004, 33, obs. Reinhard (Y) ; *LPA* 1er mars 2004, p. 4 ; *Capital Finance*, 2 févr. 2004, p. 10, note Terrier (G.).

Assurance

Cass. 3e civ., 11 mai 1994, *Bull. civ.* III, n° 93

Cass. 1e civ., 9 mai 1994, *Bull. civ.* I, n° 168

Cass. 1e civ. 28 avr. 1993, *Bull. civ.*, I, n° 149

Cass. 3e civ., 4 nov. 1992, *Bull. civ.* III, n° 285

Cass. 3e civ., 3 juin 1992, *Bull. civ.* III, n° 179, *Resp. civ. et assur.* 1992, comm. n° 285.

Cass. 3e civ., 17 avr. 1991, *Bull. civ.* III, n° 118, *Resp. civ. et assur.* 1991, comm. n° 308, obs Groutel (H.).

Cass. 1e. civ., 27 févr. 1980, n° 78-15.701

Assurance groupe :

Cass. 1re civ., 3 oct. 1995, *Bull. civ.* I, n° 334, *Resp. civ. et ass.* 1996, comm. n° 38 et chron. n° 3, Peano (M.-A.)

Autorisation

Cass. civ. 10 nov. 1874, DP 1875, 1, p. 140 ; S. 1875, 1, p. 313.

Autorité de régulation (qualification)

CA Paris, 11 juin 1997, *Filipacchi Media Génitau, Dalloz affaires*, 1997, p. 888 ; *JCP E* 1997, I, p. 976, obs. A. VIANDIER et J.-J. CAUSSAIN ; *Bull. Joly Bourse*, sept.-oct., 1997, p. 750, note N. RONTCHEVSKY, *Banque et droit*, n° 5, juill.-août 1997, obs. H. DE VAUPLANE ; *D.* 1998, p. 74, obs. Y. REINHARD.

Bonne foi

Cass. civ., 21 nov. 1911, *Bull.* civ. n° 134 ; *DP* 1913, I, p. 249.

CA Aix en Provence, 21 juin 2007, n° 06/08333.

Best execution

CA Paris, 23 mars 2006, *Bull. Joly Bourse* 2006, p. 332, note Ruet (L.).

T. com. Paris, 12 janv. 2004, SA LVMH c/ Sté Morgan Stanley & Co International Ltd et Sté Morgan Stanley Dean Witter Inc., RG 2002/093985 ; *Rev. sociétés* 2004, p. 297, note Simon (F.-L.) ; *RJDA* 2004, n° 424 ; *Bull. Joly Bourse* 2004, p. 388, note Schmidt (D) ; *D.* 2004, somm. p. 1800, Daigre (J.-J.) ; *JCP E* 2004, 33, obs. Reinhard (Y) ; *LPA* 1er mars 2004, p. 4 ; *Capital Finance*, 2 févr. 2004, p. 10, note Terrier (G.).

Contrat réception-transmission d'ordres pour compte de tiers :

Cass. com. 4 nov. 2008, no 07-21.481, D. 2008, p. 2859, note Delpech (X.).

Compte d'attente :

AMF, 21 juin 2007, Sanct, n° 2007-28, AZZ Finances.

Cause

De l'engagement contractuel :

Cass. com, 10 janv. 1995, *Bull. civ.* IV, n° 8 ; *D.* 1995, p. 229, note Gavalda (Ch.) ; *D.* 1996, somm. p. 114, obs. Libchaber (R.).

Cass. com, 29 mars 1994, *Bull. civ.* IV, n° 134.

Cass. com., 6 avr. 1993, *Bull. civ.* IV, n° 138, *D.* 1993, p. 310, note Gavalda (Ch.) ; *JCP G* 1993, II, 22062, note Stoufflet (J.) ; *LPA* 5 juill. 1993, p. 17, note Samin (T.) ; *LPA*, 21 juill. 1993, p. 13, note Courtier (J.-L.) ; *RTD. com.* 1993, p. 258, note Grua (F.).

Cass. 1e civ., 19 déc. 1991, *Bull. civ.* I, n° 303, p. 212 ; *RTD civ.* 1991, p. 323, obs. Mestre (J.).

Contrepartie insuffisante

Cass. 1re civ., 14 oct. 1997, *Defrénois* 1998, p. 1042, obs. Mazeaud (D.) ; *RJDA* 1998, p. 164.

Cass. com., 22 oct. 1996, *Contrats, conc., consomm.* févr. 1997, n° 24, obs. Leveneur (L.) ; *D.* 1997, chron. p. 145, jurispr. p. 121, note Sériaux (A.), somm. p. 175, obs. Delebeque (Ph.) ; *D. Affaires* 1998, p. 235, chron. Delebeque (Ph.) ; *Defrénois* 1997, p. 333, obs. Mazeaud (D.) ; *JCP* 1997, I, n° 4002, obs. Fabre-Magnan (M.) et 4025, n° 17, obs. Viney (G.) ; *JCP* 1997, II, n° 22881, obs. Cohen (D.) ; *RTD civ.* 1997, p. 418, obs. Mestre (J.) ; *RJDA* 1997, p. 291, note Lavabre (Ch.).

Clause abusive

Etat d'ignorance du professionnel :

Cass. 1e civ., 25 mai 1992, *D.* 1992, somm. p. 401, obs. Kullmann (J.).

Cass. 1e civ., 28 avr. 1987, *D.* 1988, p. 1, note Delebecque (Ph.).

Qualité du contractant :

Cass. 1e civ., 24 nov. 1993, somm., p. 236, obs. Paisant (G.).

Lien direct avec l'activité professionnelle :

Cass. 1e civ., 24 janv. 1995, D. 1995, p. 327, note Paisant (G.).

Contrepartie nécessaire :

Cass. com, 10 janv. 1995, *Bull. civ.* IV, n° 8, p. 7, *D.* 1995, p. 229, note Gavalda (C.), *D.* 1996, somm. p. 114, obs. Libchaer (R.)

Cass. com. 7 juin 1994, *Bull. civ.* IV, n° 201

Cass. com, 29 mars 1994, *Bull. civ.* IV, n° 134, p. 104
Cass. com. 6 avr. 1993, *Bull. civ.* IV, n° 138, p. 94 ; *D.* 1993, p. 310, note Gavalda (Ch.) ; *RD bancaire*, 1993, n° 37, p. 106, obs. Ferry (C.) ; *JCP G*, 1993, II, 22062, p. 214, note Stoufflet (J.) ; *LPA*, 5 juill. 1993, n° 80, p. 17, note Samin (T.) ; *LPA*, 21 juill. 1993, n° 87, p. 13, note Courtier (J.-L.), *RTD. com.*, 1993, p. 258, note Grua (F.).
Cass. 1e civ. 19 déc. 1991, *Bull. civ.* I, n° 303, p. 212, *RTD civ.*, 1991, p. 323, obs. Mestre (J.)

Client (notion)
Cass. civ., 30 juill. 1912, *D.* 1913, p. 495.
CA Paris, mars 1961, *D.* 1962, p. 310, note Dalsace (A.) ; *RTD com.* 1961, p. 873, obs. Houin (R.).

Commission (contrat de)
Agissement en son nom pour le compte d'autrui :
Cass. 1e civ., 10 fév. 1988, *JCP G.* 1989, II, 21192, note Atias (Ch.).
Cass. civ. 14 juin 1982, *DP*, 1982, 1, p. 500
Cass. com., 13 mai 1958, *Bull. civ.* III, n° 187
Cass. com., 18 janv. 1955, *Bull. civ.* III n° 30
Cass. 2e civ., 2 nov. 1954, *D.* 1955, p. 5
Cass. civ., 14 juin 1892, *DP* 1893, 1, p. 500.
Cass. crim., 30 avr. 1853, *DP* 1853, 5, p. 140.
Cass. crim., 24 juill. 1852, *DP* 1852, 1, p. 254.
CA Poitiers, 13 déc. 1927, S. 1928, 2, p. 1981, note GARAUD
Agent de change :
Cass. civ., 14 juin 1892, *DP* 1893, 1, p. 500.
Banquier commissionnaire :
Cass. com., 8 déc. 1980, *JCP G.* 1981; IV, 76.
Cass. com., 1e févr. 1961, *Bull. civ.* III n° 60.
Interdiction de la qualité de contrepartiste sauf autorisation expresse du commettant :
Cass. civ., 28 oct. 1903, Rec. Dalloz-Sirey 1904, t. 3, p. 463.

Compte-courant
Cass. 1e civ., 2 nov. 2005, n° 03-10.909.
Cass. 1e civ., 27 juin 1995, *Bull. civ.* I, n° 287, p. 200. *D.* 1995, jurispr. p. 623, obs. Piedelièvre (S.) ; *RTD civ.* 1996, p. 386, obs. Mestre (J.) ; *JCP E* II, p. 652, note Legeais (D.).
Cass. com. 6 avr. 1993, *Bull. civ.* IV, n° 138, p. 94 ; *D.* 1993, p. 310, note Gavalda (Ch.) ; *RD bancaire*, 1993, n° 37, p. 106, obs. Ferry (C.) ; *JCP G*, 1993, II, 22062, p. 214, note

Stoufflet (J.) ; *LPA*, 5 juill. 1993, n° 80, p. 17, note Samin (T.) ; *LPA*, 21 juill. 1993, n° 87, p. 13, note Courtier (J.-L.), *RTD. com.*, 1993, p. 258, note Grua (F.).

Confiance

Cass. 1e civ., 13 oct. 1998, no 96-21485, Bull. civ. I, no 300.

Perte de confiance et rupture du contrat

Cass. 3e civ., 2 févr. 1999, no 97-10851.

Confirmation

Cass. civ., 24 déc. 1919, *DP* 1920, 1, 12 ; *RTD civ.* 1921, p. 259, obs. Demogue (R.).

Couverture d'une irrégularité provenant de la violation d'un article du Code civil :

Cass. req., 5 déc. 1938, DH 1939, 1, p. 150.

Actes :

Cass. 1ère civ. 26 oct. 2011, pourvoi n° 10-23153

Cass. 1ère civ., 3 janv. 1966, *Bull. civ.*, I, n° 1

Intention de réparer :

Cass. req. 7 nov. 1899 *DP* 1899, 1, p. 278, *S.* 1899, 1, p. 224

Cass. req. 7 mars 1894, *DP* 1894, p. 398, *S.* 1894, 1, p. 240

Tacite :

Cass. civ. 16 janv. 1882, *DP* 1882, 1, p. 412

Cass. civ. 17 nov. 1877, *DP*, 1878, 1, p. 169

Expresse :

Cass. com. 29 mars 1994, *Bull. civ.*, I, n° 134 (silence au reçu de relevés bancaires).

Cass. civ. 10 avr. 1922, *Gaz. Pal.*, 1922, jurispr. p.7

Nullité relative :

Cass. com. 7 avr. 1992, *Bull. civ.* IV, n° 154

Intention de renonciation :

Cass. req., 16 jnv. 1882, *DP* 1882, 1, p. 412 ; S. 1882. 1, p. 199

Cass. civ. 7 nov. 1877, *DP* 1878, 1, p. 169 ; S. 1878, 1, p. 62

Cass. req. 1er mars 1870, *DP* 1870, 1, p. 331

Cass. civ. 19 août 1857, *DP* 1857, 1, p. 339

Conservation

Détournement de titres dématérialisées :

Cass. crim., 30 mai 1996, n° 95-82.487, *RJ com.* 1er mars 1997, p. 101 ; *LPA* 18 nov. 1996, p. 7, comm. Lassalas (C.) ; *Bull. Joly Bourse* 1996, p. 597, note Le Cannu (P.) ; *RJDA* 1996, p. 728, note Dintillac (J.-P.) ; *Banque et droit*, juill.-août 1996, p. 30, note Peltier (F.) et Vauplane (H. de).

Conseil

Reprise-restructuration, absence d'obligation de conseil :

Cass. com., 4 juin 1991, *RD bancaire et bourse* 1992, p. 151.

Devoir de coneil
Cass. com., 9 avr. 1973, *JCP*, 1973, II, 17555, note Gavalda ; *Rec. gén. lois et jurisp.* 1974, p. 20, note Vasseur (M.) ; CA Aix-en-Provence, 9 mai 1972, *JCP* 1976, II, 18251, note Boitard ; *D.* 1976, jurispr., p. 373, note Decamme (Th.).
CA Angers, 18 juill. 1951, *D.* 1951, jurispr. p. 691 ; *JCP*, 1951, II, 6622.

Contrat d'adhésion
Prévision :
Cass. 1e civ., 28 avr. 1972, JCP, 1972, II, 17083, note Martine-Rémond (N.)

Contrat de gestion
Obligation d'informer son client de la nature des risques pris dans le cadre de la gestion :
CA Paris, 28 févr. 1994, Bull. Joly Bourse 1994, p. 287.

Contrepartie
Admission des contrats de liquidité comme pratique de marché :
Décision AMF, 22 mars 1995.
Article 1596 C. civ. :
- l'interdiction d'acheter s'applique dès l'instant où le mandat, fût-il seulement d'entremise, a pour objet la vente d'un bien aux enchères :
Cass. 1e civ., 13 avr. 1983, n° 81-16.728, *Bull. civ.* I, n° 119, *D.* 1984, p. 273, note Prieur (E.).
- l'interdiction d'acheter s'applique même si la vente se fait au prix fixé par le mandant :
Cass. 1e civ., 27 janv. 1987, n° 84-16.113, *Bull. civ.* I, n° 32.
- les situations non expressément interdites sont permises :
Cass. 3e civ., 3 nov. 1981, n° 80-12.884.
Interdiction de la qualité de contrepartiste au commissionnaire sauf autorisation expresse du commettant :
Cass. 28 oct. 1903, Rec. Dalloz, Sirey 1904, T. I, p. 463.
Requalification en délit pénal d'escroquerie :
Cass. 28 oct. 1903, *Rec. Dalloz, Sirey* 1904, I, p. 463.
Banquier contrepartiste occulte : manquement à l'obligation d'informer loyalement :
Ass. plén., 9 oct. 2006, n° 06-11056 et 06-11307, *Bull. AP*, n° 11, Sté CDR Créances et Sté Crédit Lyonnais c/ SELAFA MJA ès qual. ; Lexbase hebdo éd. priv. gén. 19 oct. 2006, n° N4036AL3, note Routier (R.) ; *D.* 2006, AJ p. 2525, obs. Delepech (X.) et jurispr. p. 2933, note Houtcieff

(D.) ; *JCP E* 2006, II, 10175, note Bonneau (Th.) ; *JCP E* 2006, p. 1924 et 2618, note Viandier (A.) ; *RD banc. fin.* nov-déc. 2006, p. 13, note Samin (Th.) ; *RLDC* nov. 2006, p. 25, note Kleitz (C.) ; *Gaz. Pal.* 11 oct. 2006, n° 284, p. 20 ; *Bull. Joly* 2007, p. 57, note Lucas (F.-X.) ; *RTD civ.* 2007, p. 115, note Mestre (J.) et Farges (B.) et p. 145 note Gautier (P.-Y.) ; *D.* 2007, p. 753, note Martin (D.-R.).

- *Sanction : nullité relative* :

Cass. 1re. civ., 29 nov. 1988, *Bull. civ.* I, n° 341, *D.* 1989, somm. p. 231, obs. Aubert (J.-L.).

Convention de portage

Cass. com., 23 janv. 2007, n° 05-15.652, Sté AXA France IARD c/ Sté DICRA *Bull. civ.* IV, n° 13 ; AJ p. 514, note Delpech (X.) ; *D.* 2007, p. 514, note Delpech (X.) ; *Dr. sociétés* 2007, p. 213, note Ginestet (C.)

CA Paris, 6 avr. 1994, *RD bancaire et bourse 1994*, p. 177 ; Rev. sociétés, 1994, p. 735, note Médus (J.-L.)

CA Paris, 20 mai 1987, *D.* 1989, somm. p. 326, obs. Vasseur (M.).

Courtage (contrat de)

Cass. com., 3 janv. 1967, D. 1967, p. 369.

Couverture

CA Paris, 27 nov. 2008, no 07/09685, Vernes c/ Selafa MJA.

Cumul de fonctions

Opposition d'intérêts :

Cass. com, 29 avr. 1997, *D.* 1997, p. 459, obs. Serra (Y.).

Incompatibilité :

Cass. soc., 20 oct. 1976, *Rev. sociétés* 1977, p. 277.

Dates de valeurs

Cass. com., 27 juin 1995, *Bull. civ.* IV, n° 192, *D. affaires* 1995, p. 24 ; *D.* 1996, somm. p. 114, obs. Libchaber (R.).

Cass. com. 6 avr. 1993, *Bull. civ.* IV, n° 138, p. 94 ; *D.* 1993, p. 310, note Gavalda (Ch.) ; *RD bancaire*, 1993, n° 37, p. 106, obs. Ferry (C.) ; *JCP G*, 1993, II, 22062, p. 214, note Stoufflet (J.) ; *LPA*, 5 juill. 1993, n° 80, p. 17, note Samin (T.) ; *LPA*, 21 juill. 1993, n° 87, p. 13, note Courtier (J.-L.), *RTD. com.*, 1993, p. 258, note Grua (F.).

Défaillance bancaire

Revendication de déposant

Cass. com., 22 mai 2013, n° 11-23.961 : JurisData n° 2013-009963 ; *Bull. civ.* IV, n° 87 ; *D.* 2013, p. 1342, note Lienhard

(A.) ; *D.* 2013, p. 1594, note DANOS (F.) ; *JCP E* 2013, 1434, spéc. n° 5, note Ph. PÉTEL ; *Bull. Joly Entreprises* 2013, p. 226, note Laroche (M.).

Délit d'initié

Cass. crim., 29 nov. 2000, *Bull. crim.* n° 359, *Rev. sociétés* 2001, p. 380, obs. Bouloc (B.).

Cass. crim., 15 mai 1997, *Rev. sociétés* 1998, p. 135, obs. Bouloc (B.).

Cass. crim., 26 oct. 1995, Aff. Péchiney-Triangle, *Bull. crim.* n° 324 ; *Bull. Joly Bourse* 1996, p. 120, obs. Rontchevsky (N.) ; *Rev. sociétés* 1996, p. 326, obs. Bouloc (B.).

Cass. crim., 18 févr. 1991, *Bull. crim.*, n° 81 ; *Rev. sociétés* 1991, p. 787, note Jeandidier (W.).

TGI Paris, 28 janv. 1985, *D.* 1985, p. 357, note Marchi (J.-P.).

TGI Paris, 13 janv. 1978, *Bull. COB.* févr. 1978, n° 101.

TGI Paris, 15 oct. 1976, *JCP G* 1976, II, 18329, note Tunc (A.).

Devoir général d'information

En présence de tout risque ou toute opération spéculative

Cass. com., 30 nov. 2010, Sté Farrucci c/ JP Morgan AM et L&D money finance, *Bull. Joly Bourse* 2011, p. 185, note Riasetto (I.).

Cass. com., 7 juill. 2009, Bel c/ Société générale, *RD bancaire et fin.* nov.-déc. 2009, comm. 199, note Djoudi (D.).

Cass. com., 5 nov. 1991, *RJDA* 1/1992, n° 68 ; *Quot. jur.* 21 janv.1992, p. 6 ; *RTD com.* 1992, p. 436 ; *Bull. Joly Bourse* 1993, p. 292.

Prêt

Cass. 1re civ., 22 janv. 2002, Sté Mathy c/ Banque française de crédit coopératif, *D.* 2002, jurispr. p. 2670 et somm. p. 884, obs. Lienhard (A.) ; *Banque et droit* mars 2002, p. 54, obs. Bonneau (Th.).

CA Paris, 17 nov. 2005, OSEO BDPME c/ Sté Soprotel Bobigny, *JCP E* 2006, 1850, p. 964, obs. Lassalas-Langlais (S.). Contrats d'affacturage.

Eléments essentiels du contrat

Cass. 3e civ., 14 janv. 1975, *Bull. civ.*, III, n° 11 ; *Gaz. Pal.*, 1975, somm. p. 74.

Cass. 1e civ., 26 oct. 1964, *Bull. civ.*, I, n° 470, p. 364.

Cass. 1e civ., 15 janv. 1963, *Gaz. Pal.*, 1963, p. 211.

Cass. 1e civ., 26 nov. 1962, *D.* 1963, Jurispr. p. 61.

Cass. 1re civ., 19 févr. 1958, *Bull. civ.*, I, n° 108.

Devoir général de s'informer
Cass. com., 5 mai 2009, *Bull. Joly Bourse* 2010, p. 48, note Buissière (F.).
Cass. com., 12 févr. 2008, *Bull. civ.* IV, n° 31 ; *D.* 2008, p. 689, *act. jurispr.* note Delpech (X.) ; *Dr. sociétés* 2008, comm. 162, note Bonneau (Th.) ; *RDBF* 2008, comm. 90, obs. Storck (M.) ; *Banque & Droit* 2008, p. 23 obs. Vauplane (H. de), Daigre (J.-J.), Saint Mars (B.) et Bornet (J.-P.)

Détournement de pouvoir
CE, 19 mai 1858 (Vernhes), rec. CE, p. 399
CE, 25 févr. 1864(Lesbats), rec. CE, p. 210.

Dol, réticence dolosive
Cass. 1e civ., 13 mai 2003, *JCP* 2003, II, 10 144.
Cass. 1e civ., 18 févr. 1997, *D. A.* 1997, p. 380
Cass. 1e civ., 7 janv. 1997, *JCP* 1997, 380 (contrat d'assurance)
Cass. 1e civ., 9 juill. 1996, *D. A*, 1996, p. 1164
Cass. com., 20 juin 1995, *JCP* 1995, IV, 2020 ; *D.* 1995, IR, p. 211
Cass. com., 18 mai 1993, *Bull. civ.* IV, n° 188 ; *D.* 1994, p. 142, note Najjar (H. R.).
Cass. 1e civ., 10 mai 1989, *D.* 1989, IR, 173 ; *JCP* 1989, II, 21366, obs. Legeais (D.)
Cass. 1re civ., 14 déc. 1983, *JCP* 1983, IV, 72.
Cass. com., 13 oct. 1980, *D.* 1981, IR, p. 309, obs. Ghestin (J.)
Cass. req. 17 oct. 1934, *DH* 1934, p. 522.
Cass. req. 19 juill. 1904, *DP*, I, 1905, I, p. 349.
Cass. req., 2 déc. 1901, *S.* I, 1902, p. 181.
Cass. civ., 17 févr. 1874, *S.* 1874, I, p. 249.
Cass. civ., 14 juill. 1862, *DP* 1862, I, p. 429, note Laurent (M.).
CA Paris, 30 oct. 2012, n° 2012/00087, *RD banc.* comm. Riasetto (I.).
CA Riom, 12 mai 1888, *S.* 1888, II, p. 13
AMF, 6 juill. 2012, Sanct. 2012-10.

Effet de commerce
Cass. com., 27 juin 1995, *Bull. civ.* IV, n° 192, *D. affaires* 1995, p. 24 ; *D.* 1996, somm. p. 114, obs. Libchaber (R.)

Erreur
Cass. 2e civ., 13 avr. 1972, *Bull. civ.*, II, n° 91 ; *D.* 1973, p. 2, note Robert (J.).
Cass. req., 17 juin 1946, *Gaz. pal.*, 1946, 2, p. 204.
Cass. req., 16 mars 1898, *D.* 1898, p. 301 ; *S.* 1902, p. 331.
CA Douai, 21 févr. 1848, *D.* 1849, p. 48.

CA Bordeaux, 13 nov. 1905, *D.* 1908, p. 287.
CA Paris, 19 juill. 1890, *DP.* 1892, p. 257.
CA Paris, 1er déc. 1877, *S.* 1877, p. 325.
Tribunal de Douai, 2 févr. 1865, *D.* 1876, p. 238.
AMF, 20 déc. 2007, Sanct. 2008-09.

Sur les motifs

Cass. com., 11 avr. 2012, *D.* 2012, p. 1117, obs. Delpech (X.) ; *RTD com.*, 2012, p. 381, obs. Legeais (D.) et p. 608, obs. Bouloc (B.) ; *Gaz. Pal.*, 2 juin 2012, p. 23, obs. Houin-Bressans (C.) ; *D.* 2013 p. 394, obs. Amrani Mekki (S.) et Mekki (M.).
Cass. 1re civ., 14 déc. 2004, Bull. civ., I, n° 326.
Cass. 1e civ., 13 févr. 2001, *Bull.* civ., I, n° 31 ; *Defrénois* 2002, p. 476, note Robine (D.) ; *RTD civ.*, 2001, p. 352, obs. Mestre (J.) et Fages (B.).
CA Versailles, 30 mars 1989, *RTD civ.*, 1989, p. 739.

Outil de moralisation du contrat

CA Paris, 27 mars 1987, *D.* 1987, somm. 446, note Aynès (L.). CA Paris, 18 janv. 1978, *JCP*, 1980, II, 19318, note Simler (Ph.).
CA Paris, 27 sept. 1978, *D.* 1978, juris. p. 690, note Souleau.

Faute

Qualification

Cass. 2e civ., 2 avr. 1997, *Bull. civ.* II, n° 113.
Cass. 1re civ., 11 oct. 1983, *Bull. civ.* I, n° 228.

Responsabilité pour faute principe général du droit :

Cons. const. n° 99-419 DC du 9 nov. 1999, loi relative au pacte civil de solidarité, Rec. cons. Const., 116 ; *D.* 2000, somm. p. 424, *RTD civ.* 2000, p. 109, obs. Mestre (J.) et Fages (B.).
Cons. const. n° 82-144 DC du 22 oct. 1982, loi relative au développement des institutions représentatives du personnel, Rec. Cons. const. 61, *JO* 23 oct. 1982, p. 3210 ; *D.* 1983, p. 189.

Responsabilité du professionnel pour faute :

Cass. 1e civ., 16 sept. 2010, n° 09-65.909, *Bull. civ.* I, n° 172.
Cass. 1e civ., 20 juin 2000, n° 97-22.660, *Bull. civ.* I, n° 188 ; *Gaz. Pal.* 2002. somm. p. 214, note Rusquec (E. du).
Cass. 1e civ., 3 juill. 1996, *Bull. civ.* I, n° 286 ; *D.* 1997, jurispr. p. 500, note Reigné (Ph.) ; *RTD civ.* 1996, p. 901, obs. Mestre (J.) ; *RTD com.* 1997. p. 308, obs. Bouloc (B.) ;

JCP 1997, I. 4015, obs. Labarthe (F.).
Cass. 2e civ., 3 mai 1995, n° 93-15.777, *Bull. civ.* II, n° 132 ; *RTD civ.* 1996, p. 155, Mestre (J.).
Cass. 3e civ., 14 nov. 1991, n° 89-18.699, *Bull. civ.* III, n° 271 ; *D.* 1992, p. 2 .
Cass. 1e civ., 5 févr. 1991, n° 89-13.528, *Bull. civ.* I, n° 46.
Cass. 1e civ., 28 mars 2000, *JCP* 2000, II, 10296, concl. Sainte-Rose (J.).
Cass. 1e civ., 7 mars 2000, Banque de Bretagne c/ Roose, *JCP E* 2001, 1331, n° 9, obs. Stoufflet (J.)
Cass. 1e civ., 27 mai 1998, *Bull. civ.*, n° 186, *D.* 1999, p. 14, note Bruschi (M.) ; *D.* 1999, somm. 28, note Jobart-Bachelier (M.-N.) ; *Defrénois* 1999, art. 36921, note Piedelièvre (S.).
Cass. 3e civ., 3 juill. 1996, n° 94-16.827, *Bull. civ.* III, n° 166 ; *JCP G* 1997, II, 22758, note Le Tourneau (Ph.)
Cass. 2e civ., 3 mai 1995, n° 93-15.777, *Bull. civ.* II, n° 132 ; *RTD civ.* 1996, p. 155, Mestre (J.)
Cass. 3e civ., 14 nov. 1991, n° 89-18.699, *Bull. civ.* III, n° 271 ; *D.* 1992, p. 2

Fiducie (ou *trust*)
Absence de représentation :
CA Paris, 11 mars 2005, Rev. crit. DIP 2005, p. 627, note Fohrer (E.).
Pouvoir du fiduciaire :
CA Aix, 4 févr. 2004, LPA 12 oct. 2004, p. 11, note Zulian (I.).
CA Poitiers, 13 déc. 1927, S. 1928, 2, p. 1981, note Garaud (R.).

Fusions-acquistions
Dissimulation de la situation de la cible :
Cass. com., 8 janv. 1991, n° 89-17.477.
T. com. Paris, 14 juin 1994, *Dr. sociétés* 1994, n° 204, obs. Chaput (Y.).
Absence de devoir de mise en garde :
Cass. com., 7 juill. 2004, n° 02-15.208, Laffite et a. c/ CDR Créances.
Absence d'obligation de conseil :
Cass. com., 4 juin 1991, *RD bancaire et bourse* 1992, p. 151.
Communication licite d'informations :
Cass. com., 18 oct. 1988, n° 87-11.082, Revay c/ Banque privée de gestion financière.

Incompatibilité
Cass. com., 29 avr. 1997, pourvoi n° 95-18407.
Sanction (nullité)
Cass. soc., 20 oct. 1976, *Rev. sociétés* 1977, p. 277.

Maintien des actes passés (pas de nullité) :
Cass. com., 30 janv. 1996, *Bull. civ.* IV, n° 30.
Cass. 1re civ., 21 oct. 1968, *D.* 1969, p. 81.
Cass. 1e civ., 15 févr. 1961, *Bull. civ.* I, n° 105

Indépendance
Cass. com., 17 juill. 2001, n° 98-20.188, *Bull. civ.* IV, n° 137 ; *D.* 2001, p. 2749, obs. Boizard (M.) ; *D.* 2002, somm. p. 1664, obs. Thomasset-Pierre (S.) et p. 1747, obs. Reinhard (Y.).

Information privilégiée
Cass. com., 27 févr. 1996, *JCP E* II, 838, note Schmidt (D.) et Dion (N.).
T. com., 5 avr. 1990, *Bull. Joly* 1990, p. 765.
CDS :
AMF, 9 avr. 2013, Sanct. n° 2013-09, Stéphane Egnelle c/ Sté Exane.
Montant des dividendes :
Cass. crim., 15 mai 1997, *Rev. sociétés* 1998, p. 135, obs. Bouloc (B.).
TGI Paris, 28 janv. 1985, *D.* 1985, p. 357, note Marchi (J.-P.).
Montant des pertes :
TGI Paris, 15 oct. 1976, *JCP G* 1976, II, 18329, note Tunc (A.).
Prises de contrôles, restructurations ou opérations de stellage :
Cass. crim., 29 nov. 2000, *Bull. crim.* n° 359, *Rev. sociétés* 2001, p. 380, obs. Bouloc (B.).
Préparation d'une offre publique d'achat :
Cass. crim., 26 oct. 1995, Aff. Péchiney-Triangle, *Bull. crim.* n° 324 ; *Bull. Joly Bourse* 1996, p. 120, obs. Rontchevsky (N.) ; *Rev. sociétés* 1996, p. 326, obs. Bouloc (B.).
Signature de contrats :
TGI Paris, 15 oct. 1976, *JCP G* 1976, II, 18329, note Tunc (A.).
Utilisation personnelle :
Cass. com., 12 mai 2004, D. 2004, p. 1599, obs Lienhard (A.).
Cass. com., 27 févr. 1996, *JCP E* II, 838, note Schmidt (D.) et Dion (N.).
Obligation d'abstention :
CA Paris, 26 mai 1977, *JCP G* 1978, II, 18789, note Tunc (A.) ; *D.* 1978, p. 379, note Cosson (J.).

Intérêt
Nature juridique :
CA paris, 30 avr. 1959, *D.* 1960, p. 675, note Carbonnier (J.).
Nature : dans le cadre d'un contrat :
Cass. 3e civ., 17 avr. 1991, *Bull. civ.* III, n° 118, *Resp. civ. et assur.* 1991, comm. n° 308, obs Groutel (H.).
Cass. 3e civ., 3 juin 1992, *Bull. civ.* III, n° 179, *Resp. civ. et assur.* 1992, comm. n° 285.

Cass. 3e civ., 4 nov. 1992, *Bull. civ.* III, n° 285
Cass. com. 6 avr. 1993, *Bull. civ.* IV, n° 138, p. 94 ; *D.* 1993, p. 310, note Gavalda (Ch.) ; *RD bancaire*, 1993, n° 37, p. 106, obs. Ferry (C.) ; *JCP G*, 1993, II, 22062, p. 214, note Stoufflet (J.) ; *LPA*, 5 juill. 1993, n° 80, p. 17, note Samin (T.) ; *LPA*, 21 juill. 1993, n° 87, p. 13, note Courtier (J.-L.), *RTD. com.*, 1993, p. 258, note Grua (F.).
Cass. 1e civ. 28 avr. 1993, *Bull. civ.*, I, n° 149
Cass. com, 29 mars 1994, *Bull. civ.* IV, n° 134.
Cass. 1e civ., 9 mai 1994, *Bull. civ.* I, n° 168
Cass. 3e civ., 11 mai 1994, *Bull. civ.* III, n° 93
Cass. com. 7 juin 1994, *Bull. civ.* IV, n° 201.
Cass. com, 10 janv. 1995, *Bull. civ.* IV, n° 8, p. 7, *D.* 1995, p. 229, note Gavalda (C.), *D.* 1996, somm. p. 114, obs. Libchaer (R.)
Cass. 1re civ., 3 oct. 1995, *Bull. civ.* I, n° 334, *Resp. civ. et ass.* 1996, comm. n° 38 et chron. n° 3, Peano (M.-A.)
Cass. crim., 26 sept. 2001, n° 00-84.368
Cass. 1e civ., 19 déc. 1990, *JCP G*, 1991, II, 21656, note Bigot (J.)

- *Hors contrat* :
  Cass. com., 27 févr. 1996, *JCP E* II, 838, note Schmidt (D.) et Dion (N.).
  Cass. com., 12 mai 2004, *D.* 2004, p. 1599, obs Lienhard (A.).
  AMF, 8 janv. 2009, Sanct. n° 2009-10, Société Euroland finance.

Direct :
TI Strasbourg, 10 mai 1928 cité par Routier (R.), *Obligations et responsabilités du banquier*, Dalloz, 2e éd. 2008, p. 581.

Indirect :
Cass. crim., 27 nov. 2002, n° 7066, *JCP A et collec. terr.* 2003, 821.
Cass. crim., 25 nov. 1997, n° 96-86.446.
Cass. com., 23 oct. 1990, *Rev. sociétés* 1991, p. 92, note Guyon (Y.).
Cass. com., 4 oct. 1988, *Bull. Joly Sociétés* 1988, p. 861, note Le Cannu (P.) ; *Rev. sociétés* 1989, p. 216, note Chaput (Y.).
Cass. com., 7 mars 1977, *Bull. civ.* IV, n° 70.
CA Paris, 20 nov. 1998, *Bull. Joly Sociétés* 1999, p. 476, note Le Cannu (P.).
CA Paris, 27 sept. 1996, RG n° 94/018264, Epx Mounier c/ Crédit Lyonnais, Juris-Data n° 02233 ; *Banque et droit* janv.-févr. 1997, p. 38, note Vauplane (H. de).

CA Paris, 16 fév. 1996, *Dr. soc.* oct. 1996, n° 200, note Hovasse (H.)
CA Paris, 26 juin 1990, *Dr. sociétés*, 1990, n° 269 ;
CA Paris, 26 juin 1990, *Dr. sociétés*, août-sept. 1990, n° 10 ;

Interposition de personne

Physique :
Cass. crim. 25 nov. 1997, n° 96-86.446
Cass. crim. 24 oct. 1996, n° 95-85.817
Cass. com. 23 oct. 1990, *Rev. sociétés* 1991, p. 92, note Guyon (Y.)
Cass. com., 23 janv. 1968, *Bull. civ.* IV, n° 38.
CA Paris, 20 nov. 1998, *Bull. Joly Sociétés* 1999, p. 476, note Le Cannu (P.).

Morale :
Cass. crim. 27 nov. 2002, n° 7066, *JCP A et collec. Terr.* 16 juin 2003, p. 821.

Patrimoines distincts :
CA Lyon, 21 mai 1951, *Gaz. Pal.* 1951, 2, jurispr. p. 179.

Introduction en bourse

Échec de l'opération, obligation de moyens :
T. com. Paris, 29 avr. 2003, *Bull. Joly Bourse* 2004, p. 193, note Ruet (L.) ; *Banque et droit* janv.-fév. 2004, p. 36, obs. Vauplane (H. de) et Daigre (J.-J.).

Absence de note de recherche, Responsabilité :
CA Paris, 23 mars 2006, Sté Médikéo c/ BNP Paribas, *Bull. Joly Bourse 2006*, p. 332, n° 76, note L. RUET.

Introduction non garantie fermement :
Cass. com., 25 janv. 2005, n° 02-16.689, X ès qual. c/ banque Paribas et a.

Banquier actionnaire majoritaire :
CA Grenoble, 17 déc. 2013, n° 11/04208 : JurisData n° 2013-029583.

Loyauté

Cass. 1e civ., 10 févr. 2005, n° 121, note Raymond (G.).
Cass. 1re civ., 4 avr. 1991, *D.* 1991, p. 307, note Bouloc (B.).
CA Aix en Provence, 21 juin 2007, n° 06/08333.
CA Paris, 30 sept. 2005, RG n° 96/12548, Crédit Lyonnais et a. c/ SELAFA MJA ès qual., Lexbase hebdo éd. Aff. 06 oct. 2005, n° N9275AID, note Routier (R.) ; *D.* 2005, AJ., p.2740, obs. X.DELPECH. V. aussi LAGARDE (X.), « observations critiques sur une affaire médiatique », *D.* 2005, chron., p. 2495 ; *Gaz. Pal.* 12-13 oct. 2005, p. 11, note Dagorne-Labbé (Y.).

Mandat
Cass. com., 30 oct. 2007, n° 06-12.677, *Bull. civ.* IV, n° 227 ; *D.* 2007, p. 2870, obs. Delpech (X.).
Exclusivité :
Cass. 1re civ., 16 févr. 1960, *Bull. civ.* I, n° 101.
Intuitu personae :
Cass. com., 9 avr. 1996, n° 94-11.395, *Bull. civ.* IV, n° 117, *D. affaires* 1996, p. 671; *Defrénois* 1997, art. 36516, obs. Delebecque (Ph.).
Pouvoir du mandataire :
Cass. soc., 23 juin 2010, n° 09-40.093, *D.* 2011, p. 540, obs. Ferrier (D.).
Cass. com., 24 juin 1986, *Bull. civ.* IV, n° 143.
Cass. civ. 14 avr. 1886, *DP* 1886, 1, p. 220
Pouvoir du mandataire caractéristique essentielle du contrat
Cass. civ., 14 avr. 1886, *DP* 1886, 1, p. 220.
Cass. civ., 9 juill. 1888, *S.* 1888, I, p. 361.
Régularité du mandat :
CA Bordeaux, 20 nov. 2007, n° 06/00331.
Révocation :
Cass. 1e civ., 20 févr. 2001, n° 99-15170, *Bull. civ.* I, n° 40.
Cass. 1e civ., 13 oct. 1998, n° 96-21485, *Bull. civ.* I, n° 300.
Mandat présumé salarié :
Cass. 1e civ., 11 févr. 1981, n° 79-16.473, *Bull. civ.* I, n° 50.

Manipulation de cours
Achetés-vendus, Ordres fictifs :
AMF, 19 oct. 2006, Sanct. 2007-02
AMF, 26 janv. 2006, Sanct., 2006-1
Gel, réservation de cotation, titres coiffés :
CA Paris, 20 novembre 2007, n° 07/00369
AMF, 19 oct. 2006, Sanct. 2007-03
AMF, 16 juin 2005, Sanct. 2005-14
Achats massifs :
Cass. com., 7 avr. 2009, n° 08-13077
CA Paris, 29 janvier 2008, n° 07/00082
Interventions massives sur titres :
AMF, 28 oct. 2011, Sanct. 2011-19.
AMF, 26 mai 2011, Sanct. 2011-11
AMF, 7 oct. 2004, Sanct. 2004-17
Annulations d'ordres :
AMF, 12 mai 2011, Sanct. 2011-09.
AMF, 9 mars 2006, Sanct., 2006-14
AMF, 16 juin 2005, Sanct., 2005-14
CA Paris, 9 oct. 2007, n° 06/12937

Manipulations de clôture :
AMF, 19 oct. 2006, Sanct. 2007-03.
Penny stock :
AMF, 9 avril 2009, Sanct. 2009-17.
AMF, 9 mars 2006, Sanct., 2006-14
Manœuvres :
AMF, 24 janvier 2008, Sanct. 2008-17.
Cumul d'intermédiaires :
AMF, 16 juin 2005, Sanct. 2005-14.
Méthode de contrôle AMF :
AMF, 9 mars 2006, Sanct. 2006-14.
Indications fausses ou trompeuses :
AMF, 20 déc. 2007, Sanct. 2008-09
CA Paris, 24 sept. 2008, n° 08/02369
Cass. com., 7 avr. 2009, n° 08-13077.
Position dominante :
AMF, 12 mai 2011, Sanct. 2011-09.
AMF, 9 avril 2009, Sanct. 2009-17

Marché d'application
Validité :
Cass. 1re civ., 13 mai 1998, *RTD civ.* 1998, p. 54, note Gautier (P.-Y.).

Mise en garde (devoir de)
Cass 1e civ., 13 février 2007, n° 04-17.287, *Juris-Data* n° 2007-047341.
Cass. 1re civ., 12 juill. 2006, *Bull. civ.*, I, n° 398 ; *Resp. civ. et assur.* 2006, comm., n° 23
Cass. com., 20 juin 2006, *Bull. civ.*, 2007, IV, n° 145 ; *Resp. civ. et assur.* 2006, comm., p. 296.
Cass. com., 14 mars 2006, n° 04-17.336.
Cass. com. 3 mai 2006, n° 02-11.211, n° 04-15.517 et 04-19.315, *Bull. civ.*, IV, n° 101 à 103, *RLDA* 2006/8, n° 437 ; *D.* 2006, 1618 note François ; *ibid.* AJ. 1445, obs. Delpech ; *JCP E* 2006, 1890 note Legeais (D.) ; *Banque et droit* 2006, p. 53, obs. Rontchevsky (N.) ; *Banque et droit* 2006, p. 49, obs. Bonneau (Th.).
Cass. 1re civ., 2 nov. 2005, *Bull. civ.* 2005, I, n° 397 ; Cass. 1e civ. 12 juill. 2005, *Bull. civ.* I, n° 327 ; *D.* 2005. Jur. 3094, note Parance (B.), *AJ.* 2276, obs. Delpech (X.), et 2006. *Pan.* 155, obs. Martin (D. R.) et Synvet (H.); *RTD com.* 2005. 820, obs. Legeais (D.) ; *RDI* 2006. 123, obs. Heugas-Darraspen (H.) ; *JCP* 2005. II. 10140, note Gourio (A.); *Banque et Droit* 2005, n° 104, p. 80, obs. Bonneau (Th.). Cette solution apparaissait, plus implicitement, dans des arrêts plus anciens, et notamment : Cass. 1er civ. 8 juin 2004, *Bull. civ.* I, n° 166 ; *D.* 2004. *AJ.* 1897 ; *RTD com.* 2004.

581, obs. Legeais (D.) ; *JCP E* 2004. 1442, note Legeais (D.) ; *Banque et Droit* 2004, n° 98, p. 56, obs. Bonneau (Th.).
Cass. com., 24 sept. 2003 ; *RTD com.* 2004, p. 142, obs. Legeais (D.) ; *Banque et Droit* 2004, n° 93 p. 56.
Cass. com., 26 mars 2002, n° 99-13.810
Cass.com., 11 mai 1999, *JCP E* 1999, 1730, note Legeais (D.) ; *Bull. civ.*, IV, n° 95
Cass. com., 24 janvier 1995, *RJDA* 1995, n° 605, p. 466.

Reprise-restructuration, absence de devoir de mise en garde :
Cass. com., 7 juill. 2004, n° 02-15.208, Laffite et a. c/ CDR Créances.

Négociation de marché

Titres en inventaire :
CA Paris, 27 sept. 1996, RG n° 94/018264, Epx Mounier c/ Crédit Lyonnais, Juris-Data n° 02233 ; *Banque et droit* janv.-févr. 1997, p. 38, note Vauplane (H. de)

Nullité

Nullité relative contrepartie occulte :
Cass. 1e. civ., 29 nov. 1988, *Bull. civ.* I, n° 341, *D.* 1989, somm. p. 231, obs. Aubert (J.-L.)

Obligation de cohérence

Cass. com., 24 juin 2008, Aubin c/ Caisse d'épargne et de prévoyance Ile de France, *Bull. civ.* IV, 2008, n° 127 ; *D.* 2008, p. 1892, obs. Delpach (X.) ; *JCP G* 2008, II, 10160, note Mathey (N.) ; *Banque & Droit* 2008, n° 112, p. 23, obs. Vauplane (H. de), Daigre (J.-J.), Saint Mars (B.) et Bornet (J.-P.), et p. 70, obs. Buissière (F.) ; *Bull. Joly Bourse*, 2008, p. 398, note Guyander (H.), *RTD com.* 2008, p. 590, obs. Storck (M.).

Absence :
Cass. com., 19 sept. 2006, *D.* 2006, p. 2395, obs. Delpech (X.) ; *JCP G.* 2006, II, 10201, note Gourio (A.); *JCP E.* 2006, 40, obs. Mathey (N.) ; *Gaz. Pal.* 24 nov. 2006, p. 35, note Vray (H.) ; *Banque & Droit* 2006, n° 110, p. 27, obs. Vauplane (H. de), Daigre (J.-J.), Saint Mars (B.) et Bornet (J.-P.), et p. 46, obs. Buissière (F.) ; *Banque* 2006, n° 685, p. 80, obs. Guillot (J.-L.) et Boccara (M.) ; *Bull. Joly Bourse* 2007, p. 24, note Riasetto (I.) et Storck (M.).

Obligation de couverture

Cass. com., 26 févr. 2008, *Bull. civ.* IV, n° 42, *AJ* 776, obs. Delpech (X.) ;

Chron. C. cass. 1238, obs. Salomon (R.) ; *Banque et droit* mars-avr. 2008, p. 24 ; *Bull. Joly Bourse* 2008, p. 164, note Goutay (Ph.) et Saudo (C.) ; *RTD com.* 2008. 371, obs. STORCK (M.) ; *LPA* 16 juill. 2008, note Bussière et Merville.

Obligation d'information

Absence d'une obligation d'information pesant sur l'acheteur :

Cass. 1e civ., 3 mai 2000, *JCP G* 2000, IV, 2080

De l'assuré sur l'existence des autres polices qu'il a pu souscrire :

Cass. 1e civ., 13 mai 1997, *D.* 1997, p. 351, note Aubert (J.-L.) ; *RTD civ.* 1997, p. 923, note Mestre (J.).

Banquier contrepartiste :

Ass. plén., 9 oct. 2006, n° 06-11056 et 06-11307, *Bull. AP*, n° 11, Sté CDR Créances et Sté Crédit Lyonnais c/ SELAFA MJA ès qual. ; Lexbase hebdo éd. priv. gén. 19 oct. 2006, n° N4036AL3, note Routier (R.) ; *D.* 2006, AJ p. 2525, obs. Delepech (X.) et jurispr. p. 2933, note Houtcieff (D.) ; *JCP E* 2006, II, 10175, note Bonneau (Th.) ; *JCP E* 2006, p. 1924 et 2618, note Viandier (A.) ; *RD banc. fin.* nov-déc. 2006, p. 13, note Samin (Th.) ; *RLDC* nov. 2006, p. 25, note Kleitz (C.) ; *Gaz. Pal.* 11 oct. 2006, n° 284, p. 20 ; *Bull. Joly* 2007, p. 57, note Lucas (F.-X.) ; *RTD civ.* 2007, p. 115, note Mestre (J.) et Farges (B.) et p. 145 note Gautier (P.-Y.) ; *D.* 2007, p. 753, note Martin (D.-R.).

Faits notoires :

Cass. 1e. civ., 24 fév. 1998, *RTD com.*, p. 51.

Vente de titre (banquier créancier) :

CA Paris, 27 sept. 1996, RG n° 94/018264, Epx Mounier c/ Crédit Lyonnais, Juris-Data n° 02233 ; *Banque et droit* janv.-févr. 1997, p. 38, note Vauplane (H. de).

Risque d'opérations spéculatives :

Cass. com., 7 avr. 1998, Banque et droit, juill.-août 1998, p. 37

Cass. com., 10 mai 1994 et 2 nov. 1994, *RJDA 1/95* n° 34

Cass. com., 18 mai 1993, Bull. civ. IV, n° 188 ; D. 1994, p. 142, note Najjar (H. R.).

CA Paris, 17 déc. 1992, *D.* 1993 somm. p. 98

Cass. com., 5 nov. 1991, *RJDA* 1/92, n° 68, Quot. jur., 21 janv.1992, p. 6, *RTD com.* 1992, p. 436, *Bull. Joly Bourse* 1993, p. 292

Obligation de s'informer
Ouverture de compte, fonctionnement de compte :
Cass. 1e civ. 2 nov. 2005, n° 03-10909.
Obligation de vigilance
Cass. com., 18 oct. 1988, n° 87-11.082, Revay c/ Banque privée de gestion financière.
Personnalité morale
Cass. 2e civ., 28 janv. 1954, *D.* 1954, p. 217, note Levasseur (M.).
Cass. req., 23 févr. 1891, *DP* 1891, 1, p. 337 ; *S.* 1892, 1, p. 73, note Meynial (E.).
Perte de chance
Cass. com., 26 nov. 2003, n° 00-10.243 et n° 00-10.949, *Bull. civ.* IV, n° 186 ; *D.* 2004, p. 869, note DUPRÈS-DALLEMAGNE (A.-S.) ; *RTD civ.* 2004, p. 80, obs. Mestre (J.) et Fages (B.) ; *RTD com.* 2004, p. 257, note Mazeaud (D.) ; *Rev. sociétés* 2004, p. 325, obs. Mathey (N.).
CA Colmar, 14 sept. 2006, Juris-data n° 2006-316883.
Obligation d'évaluation
Cass. 1e civ., 26 nov. 2006, *Bull. civ.* I, n° 498 ; *D.* 2006, IR, 3013 ; *JCP G* 2007, I, 115, obs. Stoffel-Munck (P.) ; *RDC* 2007, p. 266, obs. Mayeaud (D.).
Cass. com., 28 juin 2005, *D.* 2006, p. 2774, note Chauvel (P.) ; *RTD civ.* 2005, p. 591, obs. Mestre (J.) et Fages (B.) ; *D.* 2005, p. 2836, obs. Amarani Mekki (S.) et Fauvarque-Cosson (B.).
Pourparlers
Cass. com., 26 nov. 2003, *D.* 2004, p. 869, note Dupré-Dallemagne (A.-S.)
Cass. 1re civ., 6 janv. 1998, *JCP G* 1998, II, 10066, note Fages (B.)
Cass. com., 22 avr. 1997, note Chauvel (P.).
Cass. com., 9 avr. 1996, *Bull. civ.* IV, n° 117, *Defrénois* 1997, art. 36516, obs. Delebecque (Ph.)
Cass. com., 22 févr. 1994, *Bull. civ.* IV, n° 79.
Cass. com., 11 janv. 1984, *Bull. civ.* IV, n° 16.
Cass. 1e civ., 12 avr. 1976, *Bull. civ.* I, n° 122 ; *Defrénois* 1977, art. 31434, obs. Aubert (J.-L.).
Cass. com., 20 mars 1972, *Bull. civ.* IV, n° 93.
Pouvoir du professionnel
Clause abusive : *Etat d'ignorance du professionnel* :
Cass. 1e civ., 28 avr. 1987, *D.* 1988, p. 1, note Delebecque (Ph.).

Cass. 1e civ., 25 mai 1992, *D.* 1992, somm. p. 401, obs. Kullmann (J.).
- *Qualité du contractant*
Cass. 1e civ., 24 nov. 1993, somm., p. 236, obs. Paisant (G.).
Cass. com. 10 mai 1994, *D.* 1995, somm. p. 89.
- *lien direct avec l'activité professionnelle* :
Cass. 1e civ., 24 janv. 1995, *D.* 1995, p. 327, note Paisant (G.).
Nature :
Cass. 1re civ., 11 oct. 1988, JCP G 1989, II, 21358, note Dorsner-Dolivet (A.).

Préjudice
Absence
Cass. 1e. civ., 3 oct. 2000, n° 98-20.075
Cass. com., 19 nov. 2002, n° 99-20.828, *Bull. civ.* IV, n° 167, *D.* 2003, p. 240, *Banque et droit* juill.-août 2004, p. 66, obs. Guillot (J.-L.) ; *Banque et droit* mars-avr. 2003, p. 61, obs. Bonneau (Th.), *RTD com.* 2003, p. 150.
Cass. com., 3 déc. 2002, n° 99-14.951, *Banque et droit* mai-juin 2004, p. 56, obs. Guillot (J.-L.).
Commissionnaire
Cass. req, 22 janv. 1812 cité dans *D. Rép. prat.*, *v°* « commissionnaire », n° 235.
Détermination
AMF, 13 mars 2008, Sanct. n° 2008-10, JP Klein Investissement.

Prêt
Nature du contrat de prêt, professionnel du crédit dispensateur :
Cass. 1e civ., 27 mai 1998, *Bull. civ.*, I, n° 186, *D.* 1999, n° 14, note Bruschi (M.), somm. 28, note Jobart-Bachelier (M.-N.), Defrénois 1999, art. 36921, note Piedelièvre (S.).
Civ. 1re, 28 mars 2000, JCP 2000, II, 10296, concl. J. SAINTE-ROSE.

Preuve
Cass. com., 22 mars 2011, n° 10-13.727.
Cass. 1e civ., 28 oct. 2010, n° 09-16.913, *D.* 2010, p. 2580, obs. Delpech (X.).
Cass. 1e civ., 25 juin 1997, *Bull. civ.* I, n° 75
Cass. 1e civ., 29 avr. 1997, *Bull. civ.* I, n° 132

Ratios
Dépassement des ratios d'engagement :
CA Paris, 27 nov. 2008, n° 07/09685, Vernes c/ Selafa MJA.

Relations d'affaires
CA Paris, 27 sept. 1996, *Banque et droit* 1997, n° 51, p. 38, obs. De Vauplane (H.).

CA Paris, 16 fév. 1996, *Dr. soc.* oct. 1996, n° 200, note Hovasse (H.)

Rémunération

Cass. 1e civ., 29 juin 1999, n° 96-14.210.

Allers-retours, barattage financier, churning, moulinage :

Cass. crim., 30 nov. 2005, n° 04-86.905.

Répartition des pouvoirs

SA :

Cass. civ., 4 juin 1946, arrêt Motte, *JCP G* 1947, II, 3518, note Bastian (D.).

Violence économique

Cass. 1re civ., 3 avr. 2002, *D.* 2002, p. 1860, notes Gridel (J.-P.) et Chazal (J.-P.) ; *Defrénois* 2002, p. 1246, obs. Savaux (E.) ; *RTD civ.* 2002, p. 502, obs. Mestre (J.) et Fages (B.).

Cass. 1re civ., 30 mai 2000, *D.* 2000, p. 879, note Chazal (J.-P.) ; *D.* 2001, p. 1140, obs. Mazeaud (D.) ; *JCP* G 2001, II, 10461, note Loiseau (G.) ; *Defrénois* 2000, p. 1124, obs. Delebecque (Ph.) ; *RTD civ.* 2000, p. 827, obs. Mestre (J.) et Fages (B.) et p. 823, obs. Gautier (P.-Y.).

Cass. 1re civ., 5 juin 1961, *Bull. civ.* I, n° 289.

Virement

Cass. com., 27 juin 1995, Bull. civ., IV, n° 192, p. 177.

- II - Juridictions européennes

CJUE, 23 déc. 2009, n° C-45/ 08, Spector Photo Group NV c/ CBFA : *D.* 2010, p. 2313, note Tocqueville (J.-G. de) ; *Bull. Joly*, avr. 2010, p. 346, note Schmidt (D.) ; *Bull. Joly Bourse* mars 2010, p. 79, obs. Garringues (B.) ; *JCP G* 2010, 485, note Zabala (B.) ; *RD banc. et fin.* mars-avr. 2010, comm. 80, Bonneau (T.) ; *Rev. sociétés* 2010, p. 325, note Conac (P.-H.).

CJCE, 10 mai 2007, C-391/04, Rec. p. I-3741.

CJCE, 13 déc. 1991, aff. C-18/88, GB-Inno-BM, Rec. 91.I.59-41.

- III - Juridictions étrangères

Actionnaire (Banquier actionnaire)

SEC v. Deutsche Asset Management Inc., Admin. Proc. Rel. n° 2160, 19 août 2003.

Agency

Qualité de l'agent révélée :

Herson v. Bernett (1954) 3 All E. R., p. 370

Chapman vs. Smith (1907) 2 Ch. p. 97.

Pouvoir de l'agent : *Kennedy vs. De Trafford* [1932] 1 KB 710

Potter vs Customs excise commissioners [1985] STC 45.

Analyse financière

Obligation d'abstention de publication :

SEC v. Texas Gulf Sulphur Co., 401 F.2d 833 (2d Cir. 1968).

Couverture

Bundesgerichtshof, 22 mars 2011 : XI ZR 33/10

Délit d'initié

SEC v. First Boston Corp., Fédéral section law report (CCH) § 92.712 à § 93.465, 1986

Merrill Lynch, Pierce, Fenner, & Smith Inc., 43 SEC. 933, [1968] 938.

Dol, information

Securities and Exchange Commission v. Goldman, Sachs & Co. and Fabrice Tourre, 10 Civ. 3229 (BJ) S.D.N.Y. filed April 16, [2010].

Australian Securities and investments Commission (ASIC) v. Citigroup Global Capital Markets Australia (2007) 61 ACSR 427.

Toys R us, 877 Atlantic Reporter, Second series, [2005], 975.

EBC I, Inc. v. *Goldman Sachs & Co.,* 799 N.Y.S.2d [2005], 170.

Xpedior Creditor Trust v. *Credit Suisse First Boston (USA), Inc.,* 309 Federal supplement, second series, [2003], 459.

MDCM Holdings Inc. v. Credit Suisse First Boston Corp., 216 Federal supplement, second series, [2002], 251.

Investors compensation scheme v. West Bromwich Bulding Society (1997) UKHL 28.

Interforo Picture Library Ltd v. Stiletto Visual Programs Ltd (1989), QB, 433.

SEC v. First Boston Corp., Fédéral section law report (CCH) § 92.712 à § 93.465, 1986.

Bray v. Ford [1986] AC 44.

Potter vs Customs excise commissioners [1985] STC 45.

Thornton v. Shoe Lane Parking Ltd (1971) 2 QB 163.

Merrill Lynch, Pierce, Fenner, & Smith Inc., 43 SEC. 933, [1968] 938.

SEC v. Texas Gulf Sulphur Co., 401 F.2d 833 (2d Cir. 1968).

Siegelman v. Cunard Line white star ltd, 221 F. 2d. [1955] 189 2d Cir.

Herson v. Bernett [1954] 3 All E. R., p. 370.

United States v. Bethleem Steel Corporation, 315 U.S [1942] 289.

Kennedy vs. De Trafford [1932] 1 KB 710.

Meinhard v. *Salomon,* (1928) 249 NY 458, 464.

Derry v. Peek (1889) 14 App. Ca. 337.

NY Central R. v. Lockwood, 84 U.S. (17 Wall.) [1873] 357.

Ex parte Lacey [1802] 6 Ves 625.

Parsley v. Freeman (1789) 3 T.R. 51.

Stuart v. Wilkins (1778) L Doug, 18, 99 E. R. 15.

Charitable Corp. V. Sutton, 2 Atk. 400 (1742).

Chandelor v. Lopus (1603) Cro. Jac. 4, 79 E. R 3.

SEC:

- *Order execution obligations, Exchange act release*, n° 34-37619A.
- *Litigation Release* n° 21489 / April 16, 2010, *Securities and Exchange Commission v. Goldman, Sachs & Co. and Fabrice Tourre*, 10 Civ. 3229 (BJ) S.D.N.Y. filed April 16, [2010].
- « *The SEC charges Goldman Sachs with Fraud in Connection with the Structuring and Marketing of a Synthetic CDO* », *Litigation release* n° 21489, 16 avr. 2010.
- *Release* n° 34-58592, *Emergency Order*, 18 sept. 2008.

Devoirs fiduciaires

Young v. Goldman Sachs & Co., (2009) CH 28542, Ill. Cir. Ct., Jan. 13.

The HA 2003 Liquidating Trust v. Credit Suisse Sec. (USA) LLC, (2008) 517 F.3d 454, 7th Cir.

Joyce v. Morgan Stanley & Co., (2008) United States Reports. Lexis n°17588.

Hunt v. TD Securities, (2003) Ontario Reports, 3d, n° 66, p. 481.

EBC I, Inc. v. *Goldman Sachs & Co.* (2005) 799 NY S.2d 170 V. aussi *Baker* v. *Goldman Sachs & Co.,* 2009 US Dist. Lexis 84416.

Cafe La France, Inc. v. *Schneider Secs., Inc.,* (2003), District of Rhode Island, n° 281, federal supplement, Second series.

Carter v. Boehm (1766) 3 Burrow 1905.

Information privilégiée

Besoin : SEC v. First Boston Corp., Fédéral section law report (CCH) § 92.712 à § 93.465, 1986.

Gold Reserve : *Gold Reserve Inc. v. Rusoro Mining Ltd.*, 2009,16291 (on sc).

Muraille de chine (*Chinese wall***)**

Merrill Lynch, Pierce, Fenner, & Smith Inc., 43 SEC. 933, [1968] 938.

Opposabilité, présomption (non) : *Slade* v. *Shearson, Hammill & Co* 517 Federal. 2d 398, 2d. circuit 1974 cité par L. HERZEL et D. COLLING, « The Chinese Wall and Conflict of Interest in Banks », Business lawyer review, 1978, p. 73.

Obligation d'information

SEC v. Texas Gulf Sulphur Co., 401 F.2d 833 (2d Cir. 1968).

Pouvoir du professionnel

Reconnaissance : NY Central R. v. Lockwood, 84 U.S. (17 Wall.) 357 (1873) ; United States v. Bethleem Steel Corporation, 315 U.S 289 (1942) ; Siegelman v. Cunard Line white star ltd, 221 F. 2d. 189 2d Cir. (1955).

Relations d'affaires

Toys R us, 877 Atlantic Reporter, Second series, (2005), 975.

MDCM Holdings Inc. v. Credit Suisse First Boston Corp., 216 Federal

supplement, second series, (2002), 251.
Xpedior Creditor Trust v. Credit Suisse First Boston (USA), Inc., 309 Federal supplement, second series, (S.D.N.Y. 2003), 459.

Partage de gains (kickbacks), relations d'affaires anticipées (spinning) : EBC I, Inc. v. Goldman Sachs & Co., 799 N.Y.S.2d (2005), 170.

Index

Les numéros renvoient aux paragraphes.

- de légitimité 372

Table des matières

Questions juridiques aux éditions L'Harmattan

Dernières parutions

QU'EST-CE QUE LE DROIT ?
Théorie syncrétique et échelle de juridicité
Barraud Boris
La définition du droit ici est d'abord lexicographique et scientifique. La théorie syncrétique réunit toutes les définitions du droit en vigueur, loin d'être concurrentes elles s'associent. Ne s'opposant plus, elles se complètent. La seconde partie interroge les dimensions du droit en mesurant le niveau de force juridique par l'application des critères de juridicité. Cette nouvelle forme de rationalité de la pensée juridique permet au juriste de s'ouvrir à tout type de normes sociales tout en sauvegardant l'autonomie conceptuelle du droit.
(Coll. Le Droit aujourd'hui, 25.50 euros, 242 p.)
ISBN : 978-2-343-13423-9, ISBN EBOOK : 978-2-14-005340-5

LA RECHERCHE DE L'ÉQUILIBRE CONTRACTUEL DANS LE CAUTIONNEMENT
Regards croisés entre le droit français et le droit OHADA
Dibangue Guy - Préface de Pascal Rubellin
Le cautionnement est actuellement la sûreté qu'exigent de préférence les banques des emprunteurs. Si le législateur français semble surprotéger la caution par rapport au créancier, c'est l'inverse qui a été retenu par le législateur OHADA. Dans les deux cas, c'est le déséquilibre entre la protection raisonnable de la caution et la préservation des intérêts des créanciers. Suivant les récentes évolutions législatives en France et en droit OHADA, cette thèse vise l'équilibre contractuel du cautionnement dans une démarche de modernisation et de rationalisation de cette sûreté.
(Coll. Droit aujourd'hui, 42.00 euros, 456 p.)
ISBN : 978-2-343-13159-7, ISBN EBOOK : 978-2-14-005369-6

LE DROIT ANIMAL
Morales Frénoy Cathy
Plus qu'un droit protecteur, le droit animal réglemente les différentes utilisations de l'animal par l'Homme. Il est un corpus juridique transversal, issu du droit international, européen et national, qui régit les rapports entre l'homme et l'animal sans toujours offrir une protection juridique souvent souhaitée. Ce guide juridique offre à tout lecteur une étude complète de cette nouvelle discipline.
(Coll. Bibliothèques de droit, 45.00 euros, 470 p.)
ISBN : 978-2-343-12873-3, ISBN EBOOK : 978-2-14-005223-1

QUESTIONS D'ACTUALITÉ EN ÉTHIQUE ANIMALE
Pelé Marie, Sueur Cédric
L'éthique animale qui désigne l'étude de notre responsabilité morale à l'égard des animaux, n'est pas une prise de position mais un questionnement en perpétuelle évolution avec notre culture et notre temps. Cet ouvrage présente plusieurs éléments de réponses aux récentes questions posées par la société sur notre rapport aux animaux. Experts et étudiants abordent onze questions d'actualité en éthique animale. Leurs échanges sont retranscrits.
(Coll. Le Droit aujourd'hui, 24.00 euros, 236 p.)
ISBN : 978-2-343-13489-5, ISBN EBOOK : 978-2-14-005382-5

JE PARLE AUX ANIMAUX
Peter Friedman
Samantha Khury écoute les animaux et leur parle. Grâce à ce dialogue, elle parvient à comprendre leur comportement et à trouver les mots qui les guérissent. Non seulement Samantha Khury comprend le langage de nos fidèles compagnons, mais, en plus, ceux-ci lui confient leurs malheurs. Des propriétaires d'animaux domestiques, des gardiens de zoo et des entraîneurs de chevaux qui l'ont consultée en sont convaincus. Nous la voyons au travail, à l'écoute d'un chat dépressif, d'un perroquet déplumé en manque d'amour ou d'une jument qui a besoin de liberté... « Dans cette Théma Arte sur les rapports entre les hommes et les animaux, *Je parle aux animaux* est le plus intéressant. Sans doute parce qu'il pose la question de la communication avec nos compagnons à quatre pattes. Peter Friedman livre des séquences étonnantes. » (*TéléObs*). « Ce documentaire étonnant parvient à nous convaincre que la frontière entre les espèces est bien mince. Quand on dit que l'homme n'est qu'un animal ! » (*Le Figaro*)
(20 euros)
ISBN : 978-2-336-31591-1

TRAITÉ DE DROIT CONSTITUTIONNEL CONGOLAIS
Esambo Kangashe Jean-Louis
Préface de El hadj Mbodji - Postface de Dodzi Kokoroko
Dans sa conception, son évolution et sa pratique, le droit constitutionnel a toujours eu du mal à s'affranchir de crises politiques. Droit de crises ou de gestion de crise, le droit constitutionnel est avant tout au service des normes, dont le respect par tous contribue au fonctionnement régulier des institutions. Placés dans le contexte congolais, les trois versants du droit constitutionnel, à savoir le droit normatif, celui institutionnel et la branche consacrée aux libertés n'ont pas toujours été en cohérence avec le constitutionnalisme.
(Coll. Études africaines, 39.00 euros, 410 p.)
ISBN : 978-2-343-12352-3, ISBN EBOOK : 978-2-14-005341-2

SUR LE CHEMIN DES SAISIES
L'huissier de justice d'hier à demain
Berthé Ibrahim
Qu'est-ce qu'un huissier de justice ? D'où vient-il ? À quoi sert-il ? Cet ouvrage tente de répondre à ces interrogations et, à travers l'histoire, de peindre les différentes facettes de ce personnage spécifique du rouage de l'appareil judiciaire dans le temps et dans l'espace, des rives de la Seine en France jusqu'au bord du fleuve Djoliba au Mali.
(25.00 euros, 270 p.)
ISBN : 978-2-343-13501-4, ISBN EBOOK : 978-2-14-005261-3

LES TECHNIQUES D'ENQUÊTE CRIMINELLE
Typologie des crimes et constatations médico-légales
Moutassi Jean-Pierre
L'adoption de la loi de Juillet 2005 portant sur la procédure pénale démontre la volonté du gouvernement camerounais à promouvoir un état de droit. Voici un outil fondamental pour les praticiens du droit criminel : un outil de formation pour les jeunes fonctionnaires, ainsi que pour leurs aînés qui n'auraient pas eu l'occasion de vivre l'expérience des enquêtes judiciaires.
(Harmattan Cameroun, 45.00 euros, 498 p.)
ISBN : 978-2-343-13126-9, ISBN EBOOK : 978-2-14-005224-8

LES CLÉS DES ENJEUX FINANCIERS DU DIVORCE
Rond Patrice - Préface de Laurent Hincker
L'amour s'est consumé, l'argent part en fumée ! À une époque où toujours plus de couples se séparent, la finance du divorce inquiète. Comprendre ses arcanes financières, c'est pouvoir anticiper en cas de conflit au sein du couple. Comment rétablir un budget ou encore évaluer une prestation compensatoire ? À l'aide d'exemples chiffrés, l'auteur indique comment recenser et évaluer les revenus et patrimoines, et présente des méthodologies pratiques pour établir les droits

respectifs des époux. L'ouvrage rend compréhensibles les procédures financières qui ont lieu dans le divorce.
(17.00 euros, 156 p.)
ISBN : 978-2-343-11633-4, ISBN EBOOK : 978-2-14-004942-2

LUTTER EFFICACEMENT CONTRE LA FRAUDE
Enjeux stratégiques et opérationnels
Sous la direction de Catherine Véret Jost et Nicolas Dufour
Lutter efficacement contre la fraude pour recycler 50 à 100 milliards d'euros par an dans la croissance économique en France, voici l'enjeu de cet ouvrage qui explicite les leviers d'actions pour y parvenir, avec des retours d'expériences de professionnels et d'académiques. Il s'adresse à tous ceux qui ont la volonté de relever ce défi.
(Coll. Perspectives organisationnelles, 38.50 euros, 392 p.)
ISBN : 978-2-343-13167-2, ISBN EBOOK : 978-2-14-005143-2

L'ENFANT EN PRISON
Sous la direction de Catherine Ménabé et Mathieu Martinelle
Depuis 1946, les femmes détenues ont la possibilité de garder à leurs côtés, en prison, leur enfant jusqu'à ses 18 mois, voire 2 ans. Si la situation est peu étudiée, et souvent méconnue, elle mérite de profondes réflexions. Quelles sont les conditions de vie de ces jeunes enfants au sein du milieu pénitentiaire ? Comment est assuré leur développement psychomoteur et affectif malgré les contraintes carcérales ? Comment l'univers carcéral s'adapte à la présence d'enfants, non écroués mais, de fait, privés de liberté ?
(Coll. Bibliothèques de droit, 27.00 euros, 274 p.)
ISBN : 978-2-343-13051-4, ISBN EBOOK : 978-2-14-005015-2

LES TRENTE ANS DE LA LOI LITTORAL
Sous la direction de Jean-Luc Pissaloux et Anne Rainaud
La loi Littoral a maintenant plus de trente ans. Loi d'avant-garde, elle vise à concilier la protection du littoral avec le développement économique. Souvent contestée comme trop protectrice, empêchant l'urbanisation, elle est aussi considérée comme un « laisser-construire » dans les zones saturées. Ses concepts sont difficiles à interpréter et appliquer. Les défis climatiques auxquels est confronté le littoral ont impliqué la participation de géographes. La protection des cordons littoraux s'avère aujourd'hui une nécessité.
(Coll. Grale, 39.00 euros, 418 p.)
ISBN : 978-2-343-13140-5, ISBN EBOOK : 978-2-14-004988-0

CICÉRON, PÈRE DE LA CODIFICATION DU DROIT CIVIL
Gilardeau Eric
Confronté à la crise subie par la République, Cicéron cherchait une réponse au chaos des lois et aux contradictions du droit civil. Il en élabora une véritable codification. Du «De oratore» au «De officiis», il critiqua la science du droit et la soumit à la loi naturelle, avant d'instituer une méthode de codification protectrice des droits civils, dont se rapprocheront les codes civils français et autrichien. Il faut attendre les réformes du Code civil allemand de 2001 et du Code civil français de 2016 pour rejoindre Cicéron sur le rôle de la bonne foi et de l'imprévision en matière contractuelle.
(Coll. Logiques Juridiques, 26.00 euros, 248 p.)
ISBN : 978-2-343-13327-0, ISBN EBOOK : 978-2-14-004994-1

DROIT DES SOCIÉTÉS COMMERCIALES OHADA
Akam Akam André, Voudwe Bakreo
Ce livre vise à exposer, expliquer, systématiser et critiquer les règles qui régissent la constitution, le fonctionnement et la disparition des sociétés commerciales. Il montre que le droit des sociétés commerciales OHADA vise la promotion, la protection et la société judiciaire des investissements, autant qu'il tend à protéger les intérêts particuliers. En outre, il met en exergue la richesse, la

variété et la modernité du droit des sociétés de l'OHADA, ainsi que l'abondance et la qualité des travaux de recherche des auteurs africains et d'ailleurs qui s'intéressent au droit OHADA.
(Coll. Dynamiques du droit OHADA, 55.00 euros, 752 p.)
ISBN : 978-2-343-12819-1, ISBN EBOOK : 978-2-14-005077-0

LA PROTECTION CONTRE LES ATTEINTES AUX DROITS SUR LES SIGNES DISTINCTIFS DANS L'ESPACE OAPI
Badou Charles
Les signes distinctifs confèrent à leur propriétaire un droit exclusif d'exploitation. Celui-ci bénéficie de règles dérogatoires au droit commun, qui ont pour vocation première d'assurer aux signes distinctifs une protection contre les atteintes dont ils peuvent être l'objet. Mais l'efficacité de la protection est toute relative. La protection contre les atteintes aux signes distinctifs exige donc de nouvelles solutions qui, prenant en compte la particularité du droit de la propriété industrielle, protègeront efficacement les signes distinctifs contre les violations des droits exclusifs de leur propriétaire.
(Coll. Études africaines, 42.00 euros, 468 p.)
ISBN : 978-2-343-11816-1, ISBN EBOOK : 978-2-14-005019-0

DROIT DU TRAVAIL SÉNÉGALAIS
Tagum Fombeno Henri-Joël - Préface de Isaac Yankhoba Ndiaye
L'auteur questionne le droit du travail sénégalais, analyse les textes récents et leurs apports au droit du travail, met en lumière les imperfections de la législation et les difficultés d'interprétation qu'elles suscitent dans la pratique. La compréhension de la matière est rendue aisée avec les illustrations et exemples pratiques, souvent utilisés par l'auteur et issus de son expérience professionnelle.
(Harmattan Sénégal, 48.00 euros, 506 p.)
ISBN : 978-2-343-13272-3, ISBN EBOOK : 978-2-14-004933-0

LA FUSION DES SOCIÉTÉS COMMERCIALES EN DROIT INTERNE ET INTERNATIONAL
Contribution à la notion de «contrat-organisation»
Kalaani Adrian
La fusion est l'opération par laquelle une ou plusieurs sociétés transfèrent, par la suite de leur dissolution sans liquidation, leur patrimoine à une société établie ou nouvelle. Ce transfert est possible par la distribution de parts sociales aux associés de la société dissoute. Cette définition française et européenne souligne les effets principaux de la fusion en restant silencieuse sur sa nature juridique. Donc la fusion est un contrat-organisation qui entraîne une mise en commun du patrimoine et des membres de chacune des sociétés fusionnantes au sein d'une seule société préexistante ou nouvelle.
(Coll. Logiques Juridiques, 55.00 euros, 638 p.)
ISBN : 978-2-343-10971-8, ISBN EBOOK : 978-2-14-004827-2

LE PRAGMATISME JURIDIQUE
Barraud Boris
Le pragmatisme invite à se concentrer sur le mode de production des connaissances et sur les actions plutôt que sur les pensées. Le pragmatisme juridique, attaché à l'effectivité des normes, permettrait d'accepter et expliquer les modes de régulation originaux du XXIe siècle. L'enjeu est de permettre au droit scientifique d'accompagner l'évolution du droit pratique. Sont surtout concernées la gouvernance du cyberespace, la protection de l'environnement et la responsabilité sociale des entreprises. Affinant le visage du pragmatisme juridique, voici un outil ouvrant des pistes pour l'avenir de la recherche en droit.
(Coll. Bibliothèques de droit, 33.00 euros, 334 p.)
ISBN : 978-2-343-13206-8, ISBN EBOOK : 978-2-14-004920-0

L'HARMATTAN ITALIA
Via Degli Artisti 15; 10124 Torino
harmattan.italia@gmail.com

L'HARMATTAN HONGRIE
Könyvesbolt ; Kossuth L. u. 14-16
1053 Budapest

L'HARMATTAN KINSHASA
185, avenue Nyangwe
Commune de Lingwala
Kinshasa, R.D. Congo
(00243) 998697603 ou (00243) 999229662

L'HARMATTAN CONGO
67, av. E. P. Lumumba
Bât. – Congo Pharmacie (Bib. Nat.)
BP2874 Brazzaville
harmattan.congo@yahoo.fr

L'HARMATTAN GUINÉE
Almamya Rue KA 028, en face
du restaurant Le Cèdre
OKB agency BP 3470 Conakry
(00224) 657 20 85 08 / 664 28 91 96
harmattanguinee@yahoo.fr

L'HARMATTAN MALI
Rue 73, Porte 536, Niamakoro,
Cité Unicef, Bamako
Tél. 00 (223) 20205724 / +(223) 76378082
poudiougopaul@yahoo.fr
pp.harmattan@gmail.com

L'HARMATTAN CAMEROUN
TSINGA/FECAFOOT
BP 11486 Yaoundé
699198028/675441949
harmattancam@yahoo.com

L'HARMATTAN CÔTE D'IVOIRE
Résidence Karl / cité des arts
Abidjan-Cocody 03 BP 1588 Abidjan 03
(00225) 05 77 87 31
etien_nda@yahoo.fr

L'HARMATTAN BURKINA
Penou Achille Some
Ouagadougou
(+226) 70 26 88 27

L'HARMATTAN SÉNÉGAL
10 VDN en face Mermoz, après le pont de Fann
BP 45034 Dakar Fann
33 825 98 58 / 33 860 9858
senharmattan@gmail.com / senlibraire@gmail.com
www.harmattansenegal.com

www.ingramcontent.com/pod-product-compliance
Lightning Source LLC
LaVergne TN
LVHW011214061026
849535LV00001BA/24
* 9 7 8 2 3 4 3 1 0 9 8 8 6 *